Großkommentare der Praxis

Handelsgesetzbuch

Großkommentar

Begründet von Hermann Staub, weitergeführt von Mitgliedern des Reichsgerichts

Dritte Auflage, neubearbeitet von

Ministerialrat Dr. Dieter Brüggemann, Celle
Professor Dr. Claus-Wilhelm Canaris, Hamburg
Präsident des Bundesgerichtshofes Dr. Robert Fischer, Karlsruhe
Professor Dr. Johann Georg Helm, Nürnberg
Oberstlandesgerichtsrat Dr. Paul Ratz †, München
Dr. Joachim Schulze-Osterloh, Hamburg
Rechtsanwalt Professor Dr. Wolfgang Schilling, Mannheim
Professor Dr. Peter Ulmer, Hamburg
Professor Dr. Hans Würdinger/Ass. Volker Röhricht, Hamburg

Zweiter Band, 2. Halbband

§§ 145—177
§§ 335—342

Walter de Gruyter & Co., Berlin 1970

vormals G. J. Göschen'sche Verlagshandlung · J. Guttentag, Verlagsbuchhandlung · Georg Reimer · Karl J. Trübner · Veit & Comp.

Zitierweise

Schilling in Großkomm. HGB

Archiv-Nr. 2235001
Satz und Druck: Walter de Gruyter & Co., Berlin 30

Inhaltsverzeichnis des zweiten Bandes, 2. Halbband (§§ 145—342)

Zweites Buch · Handelsgesellschaften und stille Gesellschaft

Erster Abschnitt: Offene Handelsgesellschaft

Fünfter Titel:* Liquidation der Gesellschaft

Sechster Titel: Verjährung

Zweiter Abschnitt: Kommanditgesellschaft

* 1.—4. Titel sind in Halbband 1 enthalten.

Der 3. Abschnitt: Aktiengesellschaft (§§ 178 bis 319) und der 4. Abschnitt: Kommanditgesellschaft auf Aktien (§§ 320—334) waren durch das Aktiengesetz vom 30. Januar 1937, RGBl. I S. 107 ersetzt und durch § 1 Abs. 1, § 18 Abs. 1 des Einführungsgesetzes zum Aktiengesetz vom gleichen Tage, RGBl. I 166, mit Wirkung seit 1. Oktober 1937 aufgehoben worden.
An die Stelle des Aktiengesetzes 1937 ist mit Wirkung vom 1. Januar 1966 das Aktiengesetz vom 6. 9. 1965 getreten, §§ 29, 46 EGAktG 1965 (BGBl. 1965 I 1185).

Fünfter Abschnitt: Stille Gesellschaft

Fünfter Titel

Liquidation der Gesellschaft

§ 145

Nach der Auflösung der Gesellschaft findet die Liquidation statt, sofern nicht eine andere Art der Auseinandersetzung von den Gesellschaftern vereinbart oder über das Vermögen der Gesellschaft der Konkurs eröffnet ist.

Ist die Gesellschaft durch Kündigung des Gläubigers eines Gesellschafters oder durch die Eröffnung des Konkurses über das Vermögen eines Gesellschafters aufgelöst, so kann die Liquidation nur mit Zustimmung des Gläubigers oder des Konkursverwalters unterbleiben.

Inhaltsübersicht

I.

Der fünfte Titel enthält die Vorschriften über die „Liquidation" der Gesellschaft. **Anm. 1**
Nach dem Vorbilde des Aktiengesetzes (§§ 264ff.) sollen künftig statt der Ausdrücke Liquidation und Liquidator die Bezeichnungen **Abwicklung** und **Abwickler** gebraucht werden.

Der Titel handelt nach seiner Überschrift und seinen einzelnen Bestimmungen von der Abwicklung **der Gesellschaft.** Sie ist von der Abwicklung des Unternehmens, des Handelsgewerbes der Gesellschaft zu unterscheiden. Die Abwicklung des Unternehmens kann ein Mittel zur Abwicklung der Gesellschaft sein. Das Unternehmen als solches kann trotz der Abwicklung der Gesellschaft bestehenbleiben; es kann im Zuge der Abwicklung der Gesellschaft auf einen einzigen Gesellschafter oder auf einen Dritten übergehen.

Die **rechtliche Natur** der Abwicklung der Gesellschaft ergibt sich aus ihrem Zwecke. Durch die Auflösung ist die Gesellschaft in einen neuen Rechtszustand eingetreten. Mit der Auflösung — über ihre rechtliche Natur s. § 131 Anm. 2 — hört die Gesellschaft auf, eine auf Erwerb durch den Betrieb eines Handelsgewerbes gerichtete

Gesellschaft zu sein. An die Stelle dieses Zweckes tritt der Zweck, die persönlichen und vermögensrechtlichen Bindungen der Gesellschafter untereinander zu lösen, insbesondere das in der Gesellschaft gesamthänderisch gebundene Vermögen aus dieser Bindung zu lösen und zur freien Verfügung der bisherigen Gesellschafter zu stellen; RG 123, 155. Das Ziel der Gesellschaft nach der Auflösung ist danach auf ihre **Vollbeendigung**, auf ihr Verschwinden aus dem Rechtsverkehr gerichtet. Die Gesamtheit der auf diese Neuordnung des Rechtsverhältnisses gerichteten Tätigkeit wird als **Auseinandersetzung** im weiteren Sinne bezeichnet, im Gegensatz zu der nach der Abwicklung vorzunehmenden Abrechnung und **Ausgleichung** unter den Gesellschaftern, für die ebenfalls der Ausdruck Auseinandersetzung gebraucht wird; vgl. § 155 Anm. 19ff. Die Abwicklung ist nach dem Sprachgebrauche der §§ 145, 158 eine Art der Auseinandersetzung.

Die Abwicklung der Gesellschaft unterscheidet sich danach wesentlich von der sog. Abwicklung oder Liquidation des Geschäfts eines Einzelkaufmanns. Bei dieser werden nur die geschäftlichen Beziehungen des Inhabers zu Dritten abgewickelt und das Unternehmen als solches hört auf, zu bestehen. Die rechtliche Stellung des Inhabers zu den Bestandteilen des Geschäftsvermögens oder der an dessen Stelle tretenden Vermögensgegenstände wird grundsätzlich nicht geändert. Durch die Abwicklung der Gesellschaft wird aber gerade die Stellung der Geschäftsinhaber zum bisherigen Gesellschaftsvermögen durch die Beseitigung der gesamthänderischen Bindung und die Verteilung des regelmäßig in Geld umgesetzten Vermögens wesentlich geändert.

Um die Abwicklung einer Gesellschaft handelt es sich nicht, wenn die Erben eines Einzelkaufmanns das von diesem betriebene Unternehmen aufgeben, es also nicht fortführen, sondern abwickeln; denn weder durch den Eintritt der Erbfolge noch durch die Abwicklung entsteht unter ihnen eine Handelsgesellschaft, auch keine Abwicklungsgesellschaft. Für die Erbengemeinschaft kann deshalb auch kein Abwickler durch das Gericht (§ 146 Abs. 2) ernannt werden; OLG München in HRR 1937 Nr. 1593. Die Erben können aber zum Zwecke des Betriebs des Unternehmens durch Abschluß eines Gesellschaftsvertrages eine offene Handelsgesellschaft errichten, § 105 Anm. 65ff.

Anm. 2 Zur Erreichung ihres neuen Zweckes bleibt nach der Auflösung der Gesellschaft vorerst der Personenverband und die Selbständigkeit des Gesellschaftsvermögens bestehen; RG 54, 281; in JW 1901, 654[12]; KGJ 25 A 78; 27 A 276. Nur die Organisation der Gesellschaft wird dem veränderten Zwecke angepaßt; RG 54, 281; KG in DNotVZ 1926, 490. Über die Rückgängigmachung der Auflösung und **Fortsetzung als werbende Gesellschaft** s. § 131 Anm. 13ff. und BGH 8, 35; BGH WM 64, 152

II. Die Abwicklung der Gesellschaft als gesetzliche Regel

Anm. 3 **1.** § 145 Abs. 1 stellt in Übereinstimmung mit Art. 133 ADHGB den Grundsatz auf, daß nach der Auflösung der Gesellschaft die Abwicklung stattfindet. Das Gesetz verfügt damit, daß die Gesellschaft in der Regel mit der Auflösung ohne weiteres in den Abwicklungszustand tritt und die zur Herbeiführung der Vollbeendigung erforderlichen Abwicklungshandlungen nach näherer Vorschrift des fünften Titels vorzunehmen hat. Der Zustand der Abwicklung tritt somit mit der Auflösung ohne weiteres ein, auch wenn die Gesellschafter diese Folge nicht gewollt haben; BayObLG in HRR 1934 Nr. 1042. Nur wenn sie eine andere Art der Auseinandersetzung vereinbart haben, d. h. wenn sie ihren Willen, daß eine andere Art der Auseinandersetzung erfolgen solle, durch Vertrag bekundet haben, unterbleibt die Abwicklung; RG 25, 257; in SeuffA 84, 216; in HRR 1931 Nr. 1689. Dann muß aber eine Auseinandersetzung anderer Art stattfinden; **die Gesellschaft kann nicht dauernd im Zustande der Auflösung bleiben,** Anm. 7.

Die Gesellschaft führt die Abwicklung selbst durch ihre dafür bestimmten Organe, die Abwickler, soweit erforderlich, unter Mitwirkung der Gesellschafter durch. Die Abwicklung erfolgt somit nicht in Gestalt eines gerichtlichen oder sonstigen behördlichen Verfahrens. Es kann deshalb auch nicht von einer gerichtlichen Abwicklung gesprochen werden. Die Tätigkeit des Gerichts, bei Berufung und Abberufung von Abwicklern, dient nur der Förderung der von der Gesellschaft auszuführenden Abwicklung.

Die Abwicklung geschieht **im Interesse der Gesellschafter**, um nach Wegfall des ursprünglichen Gesellschaftszweckes das gesellschaftliche Band zu lösen und den Gesellschaftern die freie Verfügung über das gebundene Vermögen zurückzugeben. Die Abwicklung erfolgt somit nicht im Interesse der Gesellschaftsgläubiger. Anders als bei den Kapitalgesellschaften bestehen für die Abwicklung der Gesellschaft **keine Gläubigerschutzvorschriften.** Sie sind auch für die Abwicklungszeit vom Gesetze für entbehrlich angesehen worden, weil die Gesellschafter den Gesellschaftsgläubigern persönlich und unbeschränkt haften. Eine gesetzliche Frist für die Abwicklung oder die sonstige Art der Auseinandersetzung besteht nicht. Sie ist, sobald die Gesellschaft aufgelöst ist, von den dazu Berufenen unverzüglich, d. h. ohne schuldhaftes Zögern, durchzuführen. Die Gesellschafter können durch Vereinbarungen oder Weisungen an die Abwickler die Durchführung sichern; § 152. Jeder Gesellschafter hat einen Anspruch auf Durchführung der Abwicklung. Dieser kann auch durch Klage gegen die Gesellschaft, vertreten durch die Abwickler, gegen die Abwickler selbst und, soweit die Mitgesellschafter zur Mitwirkung, z. B. durch Abstimmung oder bei den erforderlichen Anmeldungen zum Handelsregister (§ 148) verpflichtet sind, auch gegen diese, auch im allgemeinen Gerichtsstand der Gesellschaft, durchgesetzt werden; ROHG 22, 204; RG in DJZ 30, 1521. Ein klagbarer Anspruch der Gesellschaftsgläubiger auf Durchführung der Abwicklung besteht nicht.

2. Daß die Gesellschaft nicht ins **Handelsregister** eingetragen ist, bildet kein Hindernis für die Auseinandersetzung, auch nicht für die Abwicklung nach den §§ 145ff. Soweit im Abwicklungszustande eine Eintragung nötig ist (§§ 148, 157), muß aber zuerst die Anmeldung und Eintragung erfolgen; KG im OLGR 41, 202. **Anm. 4**

Daß die Gesellschaft, wenn auch nicht durch Eintragung, so doch durch Beginn der Geschäfte nach außen wirksam geworden ist (vgl. § 123), ist nicht notwendig die Voraussetzung für eine Auseinandersetzung und Abwicklung. Aber sie richtet sich dann nach den Vorschriften über die Auseinandersetzung der Gesellschaft des bürgerlichen Rechts; DürHach. Anm. 3. Insbesondere ist für Anmeldungen zum Handelsregister dann kein Raum.

3. Die Abwicklung unterbleibt, **Anm. 5**

wenn sie gegenstandslos ist, etwa deshalb, weil keinerlei Aktivvermögen vorhanden ist, RG 40, 31, BGH BB 57, 489; Hueck § 31 II 3; vgl. **auch** Anm. 7. Dieser Fall ist nicht gegeben, wenn das Aktivvermögen nur mit Pfandrechten zugunsten von Gesellschaftsgläubigern belastet ist und nach deren Befriedigung für die anderen Gläubiger oder die Gesellschafter nichts mehr übrig bleibt. Dann können immer noch Abwicklungshandlungen, d. h. Handlungen zur Herbeiführung der Vollbeendigung der Gesellschaft, erforderlich sein, z. B. die Mitwirkung bei der Verwertung des Aktivvermögens zugunsten der bevorzugten Gläubiger, bei der Berichtigung des Grundbuchs, bei Löschungsbewilligungen. Sind die in § 149 aufgeführten Maßnahmen (Beendigung der Geschäfte, Einziehung der Forderungen, Versilberung des Vermögens und Befriedigung der Gläubiger) schon vor der Auflösung ergriffen (sog. **stille Abwicklung**), das verbleibende Vermögen aber noch nicht an die Gesellschafter verteilt worden, so hat mangels einer anderen Vereinbarung der Gesellschafter die Abwicklung stattzufinden, um diese Verteilung gemäß § 155 vorzunehmen (abw. die 2. Aufl., wie hier: Schlegelberger-Gessler 27, Hueck § 31 II 3 Fußn. 4).

Kommen solche Abwicklungshandlungen nicht mehr in Frage, so können auch die Gesellschafter, die einen Gesellschaftsgläubiger befriedigt haben und aus diesem oder einem sonstigen Grunde **Ausgleichsansprüche** gegen die Mitgesellschafter haben, weil sie etwa nach dem Gesellschaftsvertrage im inneren Verhältnisse in geringerem Maße als geschehen, beizutragen haben, diese Ansprüche alsbald und unmittelbar gegen die Mitgesellschafter geltend machen. Es bedarf dazu keiner Abwicklungshandlung. Sie können deshalb auch die Vornahme einer solchen nicht verlangen. Dies gilt auch dann, wenn noch unbefriedigte Gläubiger vorhanden sind und mit der Inanspruchnahme der Gesellschafter durch diese zu rechnen ist. Ergibt sich dadurch ein Bedürfnis zu einem neuen Ausgleich, so hindert dies den Ausgleich der bisherigen Leistungen nicht; RG 40, 32; in LZ 08, 534[3]. Um einen nochmaligen Ausgleich zu vermeiden, können die Gesellschafter eine allgemeine (etwa durch öffentliche Bekanntmachung) oder eine besondere Aufforderung an die Gesellschaftsgläubiger zur Geltendmachung ihrer Ansprüche richten, zu diesem Zwecke auch die Bücher und Schriften der Gesellschaft einsehen.

III. Die Ausnahmen von der gesetzlichen Regel

1. Der Konkursfall.

Anm. 6 Die Abwicklung nach den Vorschriften des fünften Abschnitts ist ausgeschlossen und kann auch nicht durch Vereinbarung der Gesellschafter angeordnet werden, wenn über das Vermögen der Gesellschaft das Konkursverfahren eröffnet worden ist. Dann erfolgt die Abwicklung der Gesellschaft nach den im öffentlichen Interesse erlassenen und somit zwingenden Vorschriften der Konkursordnung durch den Konkursverwalter; dabei handelt es sich in erster Linie um die Befriedigung der Gesellschaftsgläubiger. Die Gesellschaft und die Gesellschafter haben nur Anspruch auf das nach Befriedigung der Gläubiger oder einer sonstigen Erledigung des Konkurses verbleibende Vermögen. Sie haben deshalb auch keinen Einfluß auf den Gang des Verfahrens. Die alleinige Verwaltung und Verfügung über das Gesellschaftsvermögen liegt in der Hand des Konkursverwalters; vgl. über den Gesellschaftskonkurs auch § 131 Anm. 23. Das Konkursverfahren schließt auch den Fortgang eines bereits durch andere Auflösungsgründe, z. B. Tod oder Konkurs über das Privatvermögen eines Gesellschafters, in Lauf gekommenen Abwicklungsverfahren aus.

Nach Beendigung des Konkursverfahrens findet die Abwicklung nach den Vorschriften des fünften Titels statt, wenn dann noch ein Bedürfnis zur Vornahme von Abwicklungshandlungen besteht, insbesondere wenn noch ungeteiltes Vermögen vorhanden ist oder Rechtshandlungen namens der Gesellschaft vorzunehmen sind, z. B. die Erteilung einer Löschungsbewilligung für eine Hypothek, die der Sicherung einer getilgten Gesellschaftsordnung diente; ROHG 16, 289; RG 40, 31. Auch hier tritt die Abwicklung ohne weiteres ein, wenn nicht die Gesellschafter etwas anderes vereinbaren; RG in LZ 10, 546[4]. Auch eine vor Konkurseröffnung im Laufe befindliche Abwicklung kann unter den angegebenen Voraussetzungen wieder aufgenommen werden; RG im Recht 1910 Nr. 1654. Die früher bestellten Abwickler treten wieder in Tätigkeit. Neben dem Konkursverfahren kann ein Abwicklungsverfahren hergehen, wenn Gesellschaftsvermögen vorhanden ist, das nicht zur Konkursmasse gehört, z. B. wenn Grundstücke vorhanden sind, die der Konkursverwalter wegen Überlastung mit Hypotheken nicht zur Masse gezogen, sondern freigegeben hat, oder wenn der Gesellschaft nach Konkurseröffnung nicht zur Masse gehörendes Vermögen zugefallen ist. Die Eröffnung eines gerichtlichen **Vergleichverfahrens** schließt das Abwicklungsverfahren nicht aus. Es wirkt auf dieses nur ein wie ein Vergleichsverfahren über das Vermögen eines Einzelkaufmanns. Wird ein sog. Liquidationsvergleich geschlossen, so hat die Abwicklung nach Maßgabe des Vergleichs zu erfolgen. Ein Zwangsvergleich ist von den Abwicklern auch sonst zu beachten; wegen der Einzelheiten vgl. die Erläuterungsbücher zur Vergleichsordnung.

Anm. 7 **2.** Die Gesellschafter können eine **andere Art der Auseinandersetzung** vereinbaren und damit die Abwicklung der Gesellschaft nach den Vorschriften des fünften Titels ausschließen. Diese Vorschriften enthalten somit nachgiebiges Recht, insoweit als an Stelle der Abwicklung eine andere Art der Auseinandersetzung treten kann. Dagegen kann nicht vereinbart werden, daß die Auseinandersetzung nach der Auflösung überhaupt nicht stattfinden, die Gesellschaft also dauernd im Auflösungszustande verbleiben, insbesondere die gesamthänderische Bildung des Gesellschaftsvermögens unlöslich sein solle. Eine solche Vereinbarung wäre mit dem Zweck der Auflösung, die auf Beendigung der Gesellschaft abzielt, unvereinbar.

Wollen die Gesellschafter mit einer Vereinbarung des Unterbleibens einer Auseinandersetzung nur aussprechen, daß sie gegenseitig keine Ansprüche aus dem Gesellschaftsverhältnis haben, daß jeder das behalten soll, was er an Gesellschaftsvermögen im tatsächlichen Besitz hat, und sind weitere Abwicklungshandlungen nicht nötig, so liegt darin eine zulässige Art der Auseinandersetzung; DürHach. Anm. 6; vgl. die folgende Anm.

Zulässig ist die Vereinbarung, daß die Auseinandersetzung, auch die Abwicklung für absehbare Zeit **aufgeschoben** wird, wenn hierfür ein verständiger Grund gegeben ist (BGH 1, 324 = L M § 145 Nr. 1 m. Anm. v. Fischer). Dies kann im Interesse der Auseinandersetzung geboten sein, z. B. um einen günstigen Zeitpunkt für die Veräußerung des Unternehmens als Ganzes oder seiner Bestandteile abzuwarten, oder damit die Gesellschafter sich über die Fortsetzung der Gesellschaft (vgl. § 131 Anm. 13ff., § 144) schlüssig machen können. Unter Umständen liegt in der Vereinbarung der Verschiebung auf bestimmte Zeit ein Fortsetzungsbeschluß. Ist die Fortsetzung nicht beschlossen worden, so darf die Verschiebung der Auseinandersetzung nicht dazu mißbraucht werden, um sie überhaupt auszuschließen.

Für die Bestimmung der **Art der Auseinandersetzung** besteht Vertragsfreiheit. Es kommen namentlich die in Anm. 8—17 beschriebenen Arten der Auseinandersetzung in Betracht.

a) Die Übernahme durch einen Gesellschafter hat die Vollbeendigung der Gesellschaft zur Folge (§ 142 Anm. 14, OLG Oldenburg BB 55, 237). Der Übergang des Gesellschaftsvermögens geschieht durch **Gesamtrechtsnachfolge,** indem dem Übernehmenden die Anteile der anderen Gesellschafter **anwachsen** (§ 142 Anm. 15). Diese Regel des § 142 gilt auch für die vertragliche Übernahme (§ 142 Anm. 22, Schlegelberger-Gessler 14, Hueck § 31 V 1) und auch dann, wenn die Gesellschaft aus mehr als zwei Gesellschaftern besteht (§ 142 Anm. 2). Die Übernahme des Geschäfts durch einen Gesellschafter als eine andere Art der Auseinandersetzung bedarf der Zustimmung der anderen Gesellschafter (BGH DB 58, 1241). Ein Mehrheitsbeschluß genügt in der Regel auch dann nicht, wenn der Gesellschaftsvertrag vorsieht, daß die Auflösung der Gesellschaft mit Dreiviertelmehrheit beschlossen werden kann (BGH WM 66, 876). Im übrigen gilt das in Anm. 9—13 Gesagte. **Anm. 8**

b) Die Gesellschaft **veräußert das Geschäft** mit Aktiven und Passiven mit oder ohne das Recht zur Fortführung der Firma an einen Dritten; ROHG 24, 147; OLG Hamburg in OLGR 19, 131; wegen der Notwendigkeit der ausdrücklichen Einwilligung aller Gesellschafter s. RG 162, 374, § 126 Anm. 3. Geschieht dies, so ist für eine Abwicklung in der für diese typischen Form (§ 149) und damit auch für eine Tätigkeit von Abwicklern kein Raum. Es findet nur noch die Auseinandersetzung unter den Gesellschaftern, durch Verteilung des Reinvermögens und Feststellung der Ausgleichsansprüche statt; RG in JW 1908, 686[25]; KG in OLGR 43, 291; in DNotVZ 1929, 341/42. Auch eine Auseinandersetzung in dieser beschränkten Art fällt weg, wenn der Erwerber des Geschäfts nach dem Veräußerungsvertrag jedem Gesellschafter seinen Anteil an dem Erwerbspreise unmittelbar auszuzahlen und eine Ausgleichung unter den Gesellschaftern nicht stattzufinden hat; OLGR 43, 291. **Anm. 9**

Dagegen ist eine Abwicklung nicht entbehrlich, wenn nur für einen **Teil des Vermögens** eine besondere Art der Auseinandersetzung vereinbart ist, etwa des Inhalts, daß nur das Hauptgeschäft oder eine Zweigniederlassung als Ganzes zu veräußern ist oder daß die Veräußerung ohne oder nur mit einem Teil der Passiven erfolgt oder daß nur bestimmte Vermögensstücke, z. B. die Grundstücke von der Abwicklung ausgeschlossen sind; dann sind im übrigen die gesetzlich vorgeschriebenen Abwicklungshandlungen vorzunehmen; KGJ 33 A 188 = OLGR 21, 387; KGJ 39 A 106; BayObLG in LZ 17, 681; RFH in StuW 27 Nr. 475 (wegen der Zulässigkeit der Übertragung der Firma bei einer Teilveräußerung vgl. § 22 Anm. 29; OLG Braunschweig in OLGR 40, 181). Solange solches Vermögen vorhanden ist, ist auch noch ein Gesellschaftskonkurs möglich; DürHach. Anm. 8. Eine Abwicklung kann auch nötig sein, wenn nach dem Vertrag über die Veräußerung des Gesellschaftsvermögens als Ganzes der Erwerber die Gegenleistung nicht an die einzelnen Gesellschafter, sondern an die Gesellschaft zu leisten hat, insbesondere wenn die Gegenleistung nicht in Geld, sondern in Sachwerten (wie Wertpapieren, z. B. Aktien) besteht und diese erst wieder in Geld umgesetzt werden müssen oder zunächst gemeinsam verwaltet werden sollen. Die Gegenleistung wird dann Gesellschaftsvermögen, das der Abwicklung unterliegt, auch im Verhältnis zu Dritten als solches zu behandeln ist. Haben die Gesellschafter nur vereinbart, daß bestimmte Vermögensgegenstände gemeinschaftliches Eigentum bleiben sollen, so bilden sie insofern in Zukunft eine Gesellschaft des bürgerlichen Rechts; im übrigen hat **Anm. 10** dann die Abwicklung stattzufinden; RFH in StuW 31 Nr. 357; RG 155, 75. Hat die Gesellschaft bei der Veräußerung des Unternehmens die Haftung für den Eingang der übertragenen Außenstände übernommen, so sind ebenfalls noch Abwicklungshandlungen erforderlich, insbesondere wenn zur Erfüllung dieser Verpflichtung noch rückständige Beiträge einzuziehen sind; RG in BankA 14, 69.

Anm. 11 Ist das Geschäft mit der Firma veräußert, hat aber nach vorstehendem noch eine Abwicklung stattzufinden, so muß die Abwicklungsgesellschaft eine **neue Firma** annehmen, wenn dies für die Durchführung der Abwicklung, insbesondere für den Verkehr mit Dritten erforderlich ist; denn die Abwicklung ist ein Teil des Handelsgewerbes. Solange die Gesellschaft Geschäfte dieser Art vornimmt, z. B. Außenstände einzieht, Anschaffungen zur Erfüllung von Lieferungsverträgen macht, Prozesse führt, kann sie als typische Firmengesellschaft nur unter einer Firma auftreten; handelt es sich nur noch um das innere Verhältnis unter den Gesellschaftern, wie die Verteilung des Erlöses, und damit zusammenhängende Geschäfte, wie Abhebung des Bankguthabens, oder um vereinzelte Rechtsgeschäfte mit Dritten (Erteilung von Quittungen, Löschungsbewilligungen), so ist für die Annahme einer neuen Firma, die alsbald wieder gelöscht werden müßte, kein Bedürfnis vorhanden; solche vereinzelte Rechtshandlungen können, ebenso wie nach Beendigung einer Abwicklung erforderliche Handlungen, unter dem Namen der Gesellschafter mit dem Zusatz „als Gesellschafter der früher . . . firmierenden Gesellschaft" vorgenommen werden; OLG Kolmar in KGJ 37 A 317; KG in KGJ 39 A 106; RG 107, 33 unter Abweichung von RG 85, 397; § 22 Anm. 49; vgl. auch § 158 Anm. 4; Ritter § 157 Anm. 1; Brand § 153 Anm. 4; a. A. Schultze-Görlitz in DNotVZ 1909, 650. Da die Annahme einer anderen Firma eine Änderung des Gesellschaftsvertrags enthält, kann sie nur nach den für eine solche Änderung geltenden Vorschriften, also regelmäßig unter Mitwirkung aller Gesellschafter, erfolgen.

Anm. 12 Ist das Unternehmen ohne Firma veräußert worden, so ist im Zweifel als vereinbart anzusehen, daß noch unter der alten Firma eingehende Postsendungen demjenigen auszuhändigen sind, der das Geschäft weiterführt, und daß die anderen Beteiligten ihre Einwilligung dazu erteilt haben; RG 55, 121. Postsendungen, die nach ihrem Inhalt mit dem Unternehmen nichts zu tun haben, hat der Erwerber dann an die Veräußerer herauszugeben.

Die Übertragung des Geschäfts mit Aktiven und Passiven erstreckt sich, wenn nichts anderes vereinbart ist, auch auf die dazugehörigen **Handelsbücher** und Schriften; ROHG 19, 416. Den früheren Gesellschaftern steht aber deren Einsicht nach Maßgabe des § 810 BGB zu; ROHG 7, 73; RG 43, 135.

Anm. 13 Die Haftung des Erwerbers für die im Geschäftsbetrieb begründeten Verbindlichkeiten ist in den §§ 25 HGB und § 419 BGB geregelt, s. die Erl. zu § 25.

Wegen der Form des Erwerbs des Unternehmens vgl. § 22 Anm. 5 u. 20.

Anm. 14 **c)** Die Veräußerung des Unternehmens oder des gesamten Vermögens der Gesellschaft kann auch fiduziarisch (treuhänderisch) erfolgen, also mit der Verpflichtung des Übernehmers als **Treuhänder,** das Unternehmen allmählich abzuwickeln, das Vermögen in Geld umzusetzen, die Firma löschen zu lassen und den Reinerlös unter die Gesellschafter nach dem Maßstabe ihrer Beteiligung an der Gesellschaft so zu verteilen, wie wenn diese abgewickelt worden wäre; OLG Dresden in SeuffA 69 Nr. 84. Dann findet eine Abwicklung der Gesellschaft nicht statt. Die Abwicklung ist vielmehr durch eine andere Art der Auseinandersetzung ersetzt; Hueck § 31 V 3. Wegen dieser Bedeutung eines solchen Geschäfts geht es über die Vertretungsmacht der vertretungsberechtigten Gesellschafter und der Abwickler hinaus und bedarf der Zustimmung aller Gesellschafter; RG 162, 370 = DR 1940, 806[23] mit Anm.; vgl. § 149. Die Übertragung an einen Treuhänder kann auch durch einen **Liquidationsvergleich** zur Befriedigung der Gesellschaftsgläubiger erfolgen, vgl. BGH 26, 126 = L M § 155 Nr. 1 m. Anm. v. Fischer = JZ 58, 401 m. Anm. v. Hueck.

Anm. 15 **d) Umgründung, Umwandlung.** Statt der Abwicklung kann auch die Auseinandersetzung in der Weise vereinbart werden, daß das Unternehmen mit Aktiven und Passiven in eine bestehende oder von den bisherigen Gesellschaftern allein oder mit Dritten erst zu errichtende Aktiengesellschaft oder GmbH oder als Kommanditeinlage in eine Personengesellschaft oder in eine stille Gesellschaft als Einlage des Stillen eingebracht wird; RG in

JW 1908; 686[25]; KG in DNotVZ 1929, 341; Schlegelberger-Gessler 17; Hueck § 31V4. Darin liegt zugleich die Veräußerung des Unternehmens; vgl. die vorhergehenden Anmerkungen. Die Gesellschaft oder auch die einzelnen Gesellschafter können dabei als Gründer der anderen Gesellschaft auftreten. Sie erhalten als Gegenleistung Beteiligungen, z. B. Aktien oder Geschäftsanteile der zu gründenden Gesellschaft. Bei Einbringung des Unternehmens in eine bestehende Gesellschaft können sie ebenfalls Beteiligungen erhalten. Erhält die aufgelöste Gesellschaft nach dem Veräußerungs- und Einbringungsvertrag die Anteile, so kann sie sie in Natur an ihre Gesellschafter verteilen oder veräußern und den Erlös verteilen; OLG Kiel in DNotVZ 1930, 135 Nr. 5a; RG 74, 6. Wegen der Zulässigkeit einer solchen Auseinandersetzungsvereinbarung im Gesellschaftsvertrag vgl. § 132 Anm. 15.

Der Einbringungsvertrag bedarf des für die Teilnahme an der Gründung oder den Beitritt zu der betreffenden Gesellschaft erforderlichen Inhalts und der hierfür erforderlichen Form; insbesondere muß eine im Gesellschaftsvertrage der offenen Handelsgesellschaft enthaltene Vereinbarung, auch wenn sie in Gestalt eines Vorvertrages geschieht, diesen Erfordernissen genügen.

Aufgrund der §§ 40ff. des Umwandlungsgesetzes in der Fassung vom 6. 11. 1969 (BGBl. I 2081) kann jetzt auch eine oHG (KG) in eine AG oder GmbH umgewandelt werden, was ursprünglich (Umwandlungsgesetz vom 12. 11. 1956) nur umgekehrt möglich war. Der Umwandlungsbeschluß bedarf der Zustimmung aller Gesellschafter, §§ 42, 48. Führt die Kapitalgesellschaft das Handelsgeschäft weiter, so kann sie die Firma der oHG fortführen. Die Umwandlung wird mit der Eintragung der Kapitalgesellschaft in das Handelsregister wirksam. Damit geht das Vermögen im Wege der Gesamtrechtsnachfolge auf die Kapitalgesellschaft über. Die oHG ist aufgelöst, ihre Firma erloschen, was von Amts wegen einzutragen ist, §§ 44, 49. Mit dieser Eintragung beginnt die Verjährung des § 159 (§ 45). **Anm. 15a**

e) **Ausschluß der Abwicklung.** Zulässig ist eine Vereinbarung im Gesellschaftsvertrage, daß niemals eine Liquidation der Gesellschaft, d. h. die gewöhnliche Abwicklung nach der gesetzlichen Regel, eintreten solle, daß vielmehr, wenn nicht unter den Gesellschaftern eine Einigung über die Art der Auseinandersetzung erreicht werde, die Gesellschafter nur berechtigt seien, zu verlangen, daß das Geschäft mit Aktiven und Passiven unter ihnen oder ihren Rechtsnachfolgern versteigert oder als Ganzes an Dritte verkauft werde. Eine solche Vereinbarung schließt die Auseinandersetzung einer aufgelösten Gesellschaft nicht aus, sondern bestimmt nur die Art der Auseinandersetzung. Soll die Vereinbarung für den Fall der Kündigung durch einen Gesellschafter gelten, so ist im Zweifel die Vereinbarung dahin auszulegen, daß dem Kündigenden das Wahlrecht zusteht. Es handelt sich dabei nicht um eine wahlweise geschuldete Leistung (§ 262 BGB), sondern um die Bestimmung der Leistung nach billigem Ermessen eines Gesellschafters (§ 315 BGB). Darin liegt keine unzulässige Beschränkung des Kündigungsrechts; § 132 Anm. 15. **Anm. 16**

f) Statt der Abwicklung kann auch **Naturalteilung** vereinbart werden (Schlegelberger-Gessler 18, Hueck § 31 V 5). Es können die einzelnen Gegenstände des Gesellschaftsvermögens oder auch zusammengehörige Teile, z. B. Haupt- und Zweigniederlassungen unter die Gesellschafter verteilt werden; KG in OLGR 43, 289; RG 106, 128. In diesem Falle findet keine Anwachsung statt. Es sind vielmehr die einzelnen Vermögensstücke zu übertragen. Werden Grundstücke in dieser Weise verteilt oder einem einzelnen Gesellschafter überlassen oder wird das Gesamthandseigentum in Bruchteilseigentum umgewandelt, so bedarf die Vereinbarung der Form des § 313 BGB. Auch ist Auflassung erforderlich; vgl. KGJ 33 A 184; vgl. auch § 105 Anm. 42. Auch die sonst für die einzelne Rechtsänderung vorgeschriebene Form ist einzuhalten; vgl. z. B. § 15 GmbHG. Im übrigen kann die Vereinbarung formlos erfolgen. Eine Abwicklung ist in diesen Fällen entbehrlich, wenn keine Gesellschaftsschulden vorhanden sind oder sie von den Gesellschaftern bei der Teilung der Aktiven übernommen werden. Andernfalls muß insofern eine Abwicklung stattfinden. **Anm. 17**

8. Der Abschluß einer Auseinandersetzungsvereinbarung kann auch nach Abschluß des Gesellschaftsvertrags, auch erst nach der Auflösung der Gesellschaft erfolgen. Da sie der Ordnung der inneren Verhältnisse der Gesellschaft dient, **Anm. 18**

muß die Vereinbarung den Erfordernissen einer Änderung des Gesellschaftsvertrages genügen. Es ist also die Zustimmung aller Gesellschafter erforderlich, wenn nicht nach dem Gesellschaftsvertrag, und zwar unzweideutig auch für derartige Vertragsänderungen, Mehrheitsbeschlüsse zugelassen sind; § 119 Anm. 12; RG 114, 393 = JW 1926, 2887. Bedürfen Vertragsänderungen nach dem Gesellschaftsvertrag der *Zustimmung eines Dritten*, so ist auch diese einzuholen.

Anm. 19 **4.** Die Befugnis, eine andere Art der Auseinandersetzung anzuordnen, kann durch den Gesellschaftsvertrag oder eine nachträgliche Vereinbarung auch *einem einzelnen Gesellschafter oder einem Dritten* eingeräumt werden.

Auch einem *Schiedsgericht* kann diese Befugnis eingeräumt werden; Schlegelberger-Gessler 25. Wegen der Form des Schiedsvertrags vgl. §§ 1025ff. ZPO; vgl. auch RG 146, 22.

Anm. 20 **5.** Die Vereinbarung bedarf auch wenn *geschäftsunfähige* oder *in der Geschäftsfähigkeit beschränkte Gesellschafter* beteiligt sind, *nicht der* **vormundschaftsgerichtlichen Genehmigung,** auch wenn Grundstücke zum Gesellschaftsvermögen gehören und in Natur verteilt werden oder das Gesamthandseigentum in Bruchteilseigentum umgewandelt werden soll; denn es handelt sich nicht um eine Verfügung über das Privatvermögen des Gesellschafters, sondern um eine solche über das Gesamthandsvermögen, die auch vor Auflösung der Gesellschaft, selbst bei einer Veräußerung an Dritte, nicht der vormundschaftsgerichtlichen Genehmigung bedarf; RG 54, 278; vgl. auch RG 122, 370; DürHach. Anm. 14; BGH 38, 26; Hueck § 31 III. Schlegelberger-Gessler 22 hält die Genehmigung für nötig, wenn eine von den üblichen Arten abweichende Art der Auseinandersetzung vereinbart werden soll, weil hierfür die in der Genehmigung zur Eingehung des Gesellschaftsvertrages liegende stillschweigende Genehmigung für *übliche* Änderungen nicht ausreiche. Die Geschäftsunfähigkeit usw. kann aber auch nach Gründung der Gesellschaft eingetreten sein. Im einen wie im anderen Fall handelt es sich um ein Sondervermögen, das nicht wie sonstiges Vermögen des einzelnen Gesellschafters zu behandeln ist; die Verfügung über dieses richtet sich nur nach den gesellschaftsrechtlichen Regeln.

Anm. 21 Bestritten ist, ob eine Auseinandersetzungsvereinbarung, *nach der das Geschäft als Ganzes auf einen Gesellschafter oder einen Dritten übertragen wird*, der vormundschaftsgerichtlichen Genehmigung nach § 1822 Nr. 3, § 1643 Abs. 1 BGB bedarf; bejahend: RG 122, 370 = JW 1929, 630[2] mit Anm. daselbst und S. 1649; BayObLGZ 21, 222; KG in OLGR 40, 96; OLG Dresden in SächsA 1921, 73; Hueck § 31 III. Dieser Auffassung ist zuzustimmen, wenn die Gesellschaft im Zeitpunkt der Vereinbarung nicht bereits aufgelöst ist (ebenso Schlegelberger-Gessler und Hueck a. a. O.). Die genannten Vorschriften des BGB wollen dem nicht oder nicht unbeschränkt Geschäftsfähigen nur Schutz gewähren gegen den Verlust seiner Beteiligung, der durch eine Handlung des Verfügungsbeschränkten oder seines gesetzlichen Vertreters eintritt, nicht gegen einen solchen, der auf Grund einer anderen Tatsache (die Auflösung der Gesellschaft) und als deren gesetzliche Regel ohnedies, wenn auch vielleicht in anderer Weise (durch Abwicklung des Geschäfts) eintreten würde. Die Genehmigung ist jedenfalls dann nicht erforderlich, wenn man annimmt, daß auch die Abwickler das Geschäft als *Ganzes* ohne vormundschaftsgerichtliche Genehmigung veräußern dürfen; vgl. die Erl. zu § 149; RG 65, 227 = JW 1907, 303[6]; DürHach. Anm. 14; RG 122, 370 hält es für allein entscheidend, daß ein Erwerbsgeschäft veräußert werde.

Anm. 22 *Soll nach der Vereinbarung der verfügungsbeschränkte Gesellschafter das Geschäft als Alleininhaber übernehmen*, so bedarf es dazu nach dem Sinne des § 1822 Nr. 3 der vormundschaftsgerichtlichen Genehmigung, da das Geschäft künftig allein auf sein Risiko geht, und dieses dadurch erheblich verstärkt wird; DürHach. Anm. 14; Hueck § 31 III, Schlegelberger-Gessler 22.

Anm. 23 **6.** Die Auseinandersetzungsvereinbarung bedarf, auch wenn sie nach Auflösung der Gesellschaft getroffen wird, *nicht der Zustimmung der Abwickler*, auch wenn diese bereits in Tätigkeit getreten sind. Diese haben vielmehr auch in diesem Falle den Anordnungen der Gesellschafter Folge zu leisten; § 152.

Anm. 24 Soll nach der Vereinbarung der Gesellschafter überhaupt keine Abwicklung stattfinden, *so erreicht die bereits begonnene ihr Ende. Die Befugnisse der*

Abwickler erlöschen; KGJ 39 A 111. Sie haben über ihre Tätigkeit Rechnung zu legen und können Entlastung verlangen.

Die Vereinbarung macht die inzwischen erfolgte Abwicklung und die einzelnen Abwicklungshandlungen nicht rückwirkend unwirksam; BayObLG in HRR 1934 Nr. 1042 mit Rechtsprechungs- und Schrifttumsnachweisen. Aus der Vereinbarung kann sich aber — auch durch Vertragsauslegung — die Verpflichtung der Gesellschaft und ihrer Organe ergeben, bereits getroffene Maßnahmen tunlichst rückgängig zu machen. Die Rechte Dritter, die durch die Tätigkeit der Abwickler entstanden sind, und die sich daraus ergebenden Ansprüche der Gesellschaft, werden durch die Beendigung der Abwicklung, wenn sie nicht ihrem Inhalt nach die Fortdauer der Abwicklung voraussetzen, nicht berührt.

Wer die andere Art der Auseinandersetzung vorzunehmen hat, bestimmen die Gesellschafter; regelmäßig in der Vereinbarung, andernfalls durch in der Regel einstimmigen Beschluß. Treffen sie keine Bestimmung, so sind nur alle Gesellschafter gemeinsam dazu berufen; § 146 Abs. 1 gilt dann sinngemäß.

7. Vertragsmäßige Abweichung von den einzelnen Vorschriften über die Abwicklung. Anm. 25

Statt der völligen Ausschließung der gesetzlichen Abwicklung und deren Ersetzung durch eine andere Art der Auseinandersetzung können die Gesellschafter auch vereinbaren, daß die Abwicklung zwar stattfindet, aber in anderer Weise als es das Gesetz als Regel vorschreibt. So kann vereinbart werden, daß die Veräußerung bestimmter Vermögensgegenstände zuerst oder zuletzt erfolgen oder daß zur Schuldentilgung zunächst der Erlös aus der Veräußerung bestimmter Gegenstände verwendet werden soll. Es kann auch vereinbart werden, daß ein Teil des Vermögens in Natur unter die Gesellschafter verteilt wird, im übrigen aber die Abwicklung stattfindet. Eine Vereinbarung über die Abwicklung liegt auch vor, wenn das Geschäft nur mit den Aktiven an einen Gesellschafter oder einen Dritten veräußert werden soll; dann muß im übrigen die Abwicklung stattfinden. Wenn von der Veräußerung des Unternehmens im ganzen bestimmte Teile ausgeschlossen werden, so liegt ebenfalls nicht ein Ausschluß der Abwicklung überhaupt, sondern eine Vereinbarung über deren Beschränkung auf die ausgenommenen Vermögensstücke und die neben der Veräußerung des Unternehmens erforderlichen Abwicklungshandlungen vor. Eine bloße Vereinbarung über die Durchführung der Abwicklung enthält die Abrede, daß bei Streit über die Auseinandersetzung die Entscheidung durch Schiedsrichter zu erfolgen habe. Das Schiedsrichteramt kann auch nicht als Gesellschafter beteiligten Abwicklern übertragen werden; vgl. RG 54, 278.

8. Beschränkung der Befugnis der Gesellschafter zu Auseinandersetzungsvereinbarungen im Interesse der Gläubiger. Anm. 26 Da die Auseinandersetzung nur im Interesse der Gesellschafter erfolgt und Gläubigerschutzbestimmungen zugunsten der Gesellschaftsgläubiger nicht bestehen, so sind die Gesellschafter an Vereinbarungen über die Art der Auseinandersetzung, insbesondere an der Ersetzung der gesetzlichen Abwicklung durch eine andere Art der Auseinandersetzung nicht dadurch gehindert, daß die Gesellschaftsgläubiger noch nicht befriedigt sind (Hueck § 31 III). Diese können sich, auch wenn die Abwicklung unterbleibt, an das Gesellschaftsvermögen und an die einzelnen Gesellschafter halten; § 128. Im Einzelfall können aber die Auseinandersetzungsvereinbarungen, durch die die gesetzliche Abwicklung ausgeschlossen oder geändert wird, nach § 3 des Anfechtungsgesetzes (§§ 29ff. KO) anfechtbar sein, wenn sie zum Nachteile der Gläubiger erfolgt sind; DürHach. Anm. 15. Die Gesellschaftsgläubiger können z. B. durch die Ausschüttung des Gesellschaftsvermögens an die einzelnen Gesellschafter schon dadurch benachteiligt sein, daß das Gesellschaftsvermögen der ausschließlichen Befriedigung der Gesellschaftsgläubiger entzogen wird und daß sie beim Vorgehen gegen den einzelnen Gesellschafter mit dessen Privatgläubigern konkurrieren müssen. Ist durch das ihrem Anspruch zugrunde liegende Rechtsverhältnis die Haftung auf das Gesellschaftsvermögen beschränkt, so würde ihnen durch die Verteilung dieses Vermögens sogar jedes Befriedigungsobjekt entzogen werden. Die Privatgläubiger können benachteiligt sein, wenn ihr Schuldner durch die Auseinandersetzungsvereinbarung mit einer dem Werte des Gesellschaftsvermögens nicht entsprechenden Summe abgefunden wird; RG in JW 1919, 34. Jedoch müssen, um die Anfechtung durchgreifen zu lassen, zu der objektiven Benachteiligung die weiteren Voraussetzungen

der Anfechtungsbestimmungen, insbesondere in subjektiver Beziehung, hinzukommen; vgl. die Erläuterungen zu den genannten Gesetzen. In den beiden nachfolgend behandelten Fällen des Abs. 2 gewährt das HGB darüber hinaus den Privatgläubigern eines Gesellschafters einen besonderen Schutz.

IV. Auflösung durch Gläubigerkündigung oder Gesellschafterkonkurs

Anm. 27 **1.** Ist die Gesellschaft durch Kündigung des Gläubigers eines Gesellschafters oder durch die Eröffnung des Konkurses über das Vermögen eines Gesellschafters aufgelöst, so kann die Liquidation nur mit Zustimmung des Gläubigers oder des Konkursverwalters unterbleiben; **Abs. 2**. Danach muß ein Zugriff zugunsten der Gläubiger auf das in der Beteiligung des Schuldners liegende Vermögensobjekt durch bestimmte Rechtsakte, nämlich Kündigung der Gesellschaft nach § 135, oder Konkurseröffnung über das Privatvermögen des Gesellschafters erfolgt sein. Es genügt nicht, daß die Ansprüche gegen den Gesellschafter eingeklagt sind oder daß er bereits verurteilt ist. Nicht einmal die Pfändung des Auseinandersetzungsguthabens genügt. Es muß die Kündigung und als deren Folge die Auflösung der Gesellschaft hinzukommen (§ 131 Nr. 6, § 135) oder es muß infolge der Eröffnung des Privatkonkurses über das Vermögen des Gesellschafters die Auflösung der Gesellschaft eingetreten sein (§ 131 Nr. 5). Liegen diese Voraussetzungen vor, so darf die Abwicklung nur mit Zustimmung des kündigenden Gläubigers oder des Konkursverwalters unterbleiben. Eine Vereinbarung über eine andere Art der Auseinandersetzung ist dem kündigenden Gläubiger oder dem Konkursverwalter gegenüber nicht nur unwirksam, wenn sie nach der durch Kündigung oder Konkurseröffnung erfolgten Gesellschaftsauflösung getroffen wird, sondern auch dann, wenn sie nach der Pfändung des Auseinandersetzungsguthabens erfolgt; denn mit diesem staatlichen Rechtsakte verliert der Schuldner das Verfügungsrecht über das zugunsten der Gläubiger beschlagnahmte Vermögensobjekt; § 804 ZPO. Er kann deshalb vom Eintritt dieser Wirkungen an ohne Zustimmung des pfändenden Gläubigers oder des Konkursverwalters auch keine andere Art der Auseinandersetzung mehr vereinbaren.

Anm. 28 **2.** Die Eröffnung des gerichtlichen Vergleichsverfahrens allein hat diese Wirkung noch nicht. Ist aber gegen den Vergleichsschuldner ein allgemeines oder ein den Auseinandersetzungsanspruch umfassendes besonderes **Veräußerungsverbot** ergangen (§§ 50ff. VglO) — so ist eine später getroffene Auseinandersetzungsvereinbarung den Vergleichsgläubigern gegenüber nur wirksam, wenn sie mit Zustimmung des Vergleichsverwalters erfolgt (das gleiche gilt, wenn im Konkurseröffnungsverfahren, § 106 KO, ein Veräußerungsverbot ergangen ist) —; DürHach. Anm. 16; vgl. Jaeger-Weber KO § 106 Anm. 3ff.

Anm. 29 **3.** Nach dem Wortlaute des Abs. 2 ist die Zustimmung des pfändenden Gläubigers oder des Konkursverwalters nur nötig, wenn die Auflösung der Gesellschaft gerade durch die Kündigung oder die Eröffnung des Privatkonkurses eingetreten ist; sie wäre danach nicht erforderlich, wenn die Auflösung aus anderen Gründen eingetreten ist, z. B. durch den Tod eines Gesellschafters, und wenn während der Abwicklung oder sonstigen Auseinandersetzung dann der Privatkonkurs eines Gesellschafters eingetreten oder die Pfändung seines Auseinandersetzungsguthabens stattgefunden hat. Der Zweck der Vorschrift wie auch des § 131 Nr. 5 u. 6, § 135, den Gläubigern den Zugriff auf das gesellschaftlich gebundene Vermögen ihres Schuldners zu erleichtern und zu sichern, sprechen jedoch für die **ausdehnende Anwendung des Abs. 2** auch auf diesen Fall. Abs. 2 will nicht eine Sondervorschrift wegen der besonderen Ursache der Gesellschaftsauflösung aufstellen, sondern den allgemeinen Schutz der Gläubiger, der schon in der Beschlagnahme durch Pfändung und Konkurseröffnung liegt, für das Gesellschaftsrecht verwirklichen oder seine Anwendbarkeit auf dieses klarstellen. Demgemäß ist die Zustimmung des Forderungsberechtigten auch erforderlich, wenn der Gesellschafter seinen Auseinandersetzungsanspruch einem Dritten abgetreten oder verpfändet hat. Der Forderungserwerber oder Pfandgläubiger hat allerdings nicht das dem pfändenden Gläubiger zustehende Kündigungsrecht und die damit verbundene Möglichkeit, die Auflösung der Gesellschaft und die Auseinandersetzung zu erreichen. In allen genannten Fällen hat aber der ursprüngliche forderungsberechtigte Gesellschafter sein

Verfügungsrecht über den Auseinandersetzungsanspruch verloren oder es ist doch zugunsten der Rechtserwerber eingeschränkt. Der Anspruch der Rechtserwerber auf dieses Guthaben kann zu deren Nachteil nicht durch nachträgliche Auseinandersetzungsvereinbarungen der Gesellschafter geändert oder beeinträchtigt werden; Schlegelberger Anm. 30, 31, 35; Ritter Anm. 3a, 5; für den Fall, daß eine Abweichung zum Nachteil des Abtretungsempfängers oder des Pfandgläubigers vereinbart wird; RG 90, 20; 91, 431; in JW 17, 539[1]; überhaupt ablehnend, weil in der Ausübung des Zustimmungsrechts ein Eindringen in die inneren Verhältnisse der Gesellschaft liege, § 145 Abs. 2 enthalte eine Ausnahmebestimmung: Hueck § 31 IV 3.

4. Bestritten ist, ob Abs. 2 auch eine **vor der Beschlagnahme** des Auseinandersetzungsguthabens (vgl. vorstehende Anm. 27) erfolgte Vereinbarung einer anderen Art der Auseinandersetzung unwirksam macht, ob also, wenn eine solche Beschlagnahme erfolgt ist, die Gläubiger stets den Anspruch auf Abwicklung der Gesellschaft nach den gesetzlichen Regeln der §§ 145ff. haben, wenn sie oder der Konkurs- oder Vergleichsverwalter nicht einer anderen Art der Auseinandersetzung zustimmen; bejahend: u. a. Brand Anm. 2b 8; Wieland I 963 Anm. 9; verneinend: Ritter Anm. 2b; DürHach. Anm. 16; Schlegelberger-Gessler 30; Hueck § 31 IV 1 u. 2. Die erste Ansicht wäre nur begründet, wenn Abs. 2 den Gläubigern oder dem Konkursverwalter ein über das Recht des Gesellschafterschuldners hinausgehendes selbständiges Recht einräumen würde. Für diese Annahme ergibt aber weder der Wortlaut des Gesetzes noch sein Zweck einen genügenden Anhalt. Abs. 2 will nur das Recht der Gläubiger auf das in der Gesellschaft steckende Vermögen ihres Schuldners sichern. Wie sonst muß aber der Gläubiger sich mit dem Vermögen begnügen, wie es durch die bis zur Beschlagnahme erfolgten rechtmäßigen, nicht wegen Gläubigerbenachteiligung anfechtbaren Verfügungen des Schuldners, insbesondere durch Verträge mit Dritten sich gestaltet hat. Ein Grund, den Gläubigern gerade dann, wenn der Anspruch aus dem Gesellschaftsverhältnis herrührt, weitergehende Rechte zu gewähren, ist nicht ersichtlich. Auseinandersetzungsvereinbarungen, besonders wenn sie im ursprünglichen Gesellschaftsvertrage erfolgen, z. B. über das Übernahmerecht der übrigen Gesellschafter, dienen meist berechtigten Belangen der Mitgesellschafter oder der Allgemeinheit (Erhaltung des Unternehmens); vgl. § 138 Anm. 1, § 141 Anm. 1. Würden sie bei der Auflösung der Gesellschaft durch den Vermögenszerfall eines Gesellschafters nicht gelten, so würden sie gerade in den Fällen, in denen sie von besonderer Bedeutung sein könnten, ihren Wert verlieren. Anm. 30

Wegen der üblichen Vereinbarungen und der der Vertragsfreiheit, namentlich mit Rücksicht auf die Belange der Gläubiger durch das allgemeine Recht gezogenen Grenzen vgl. § 135 Anm. 24, § 138 Anm. 35, § 141 Anm. 23.

5. Neben der Zustimmung des Konkursverwalters im Privatkonkurse des Gesellschafters ist die **Zustimmung des Gesellschafters** nicht erforderlich, da während des Konkurses der Konkursverwalter allein über den Auseinandersetzungsanspruch verfügt; § 146 Abs. 3; Schlegelberger-Gessler Anm. 33. Anm. 31

Im Fall der Kündigung der Gesellschaft durch einen Privatgläubiger bedarf eine Auseinandersetzungsvereinbarung auch der Zustimmung des Gesellschafters; denn der Gläubiger hat auf das Auseinandersetzungsguthaben nur Anspruch in Höhe seiner Forderung; der überschießende Betrag gebührt dem Gesellschafter. Er hat schon deshalb ein Interesse daran, wie die Gesellschaft auseinandergesetzt wird. Der Gläubiger nimmt auch nicht selbst an der Auseinandersetzung teil. Diese erfolgt vielmehr nur unter Mitwirkung des Gesellschafters. Dieser gilt auch im Falle des § 135 als an der Abwicklung beteiligt; vgl. auch §§ 146 Abs. 2 Satz 2, 147, 152. Der Gläubiger hat nur Anspruch auf das Ergebnis der Auseinandersetzung; vgl. § 135 Anm. 19; Schlegelberger-Gessler Anm. 34; Hueck § 31 IV 1. Anm. 32

6. Haben mehrere Privatgläubiger gekündigt, so ist die Zustimmung aller erforderlich, da die Beschlagnahme zugunsten aller wirkt. Anm. 33

7. Ein Ausschluß der gesetzlichen Abwicklung durch Vereinbarung einer anderen Art der Auseinandersetzung liegt nicht vor, wenn die Abwickler in Erfüllung ihrer Aufgabe (§ 149) zwecks Versilberung der Masse das Unternehmen als Ganzes veräußern. Es ist deshalb auch nicht die in Abs. 2 vorgesehene Zustimmung des Privatgläubigers oder des Konkursverwalters über sein Vermögen einzuholen. Anm. 34

Anm. 35 8. Die Erteilung der Zustimmung liegt im freien Ermessen desjenigen, dessen Zustimmung erforderlich ist. Wird sie **verweigert,** so können die übrigen oder der einzig übrig bleibende Gesellschafter von dem ihnen etwa zustehenden Ausschließungs- oder Übernahmerecht Gebrauch machen; § 141, § 142 Abs. 2.

Anm. 36 **Das Fehlen der erforderlichen Zustimmung** hat die Unwirksamkeit der Auseinandersetzungsvereinbarung nach Abs. 1 zur Folge, jedoch nur im Verhältnis zu demjenigen, dessen Zustimmung nicht beigebracht worden ist.

Die Rechtswirksamkeit der in Ausführung einer Auseinandersetzungsvereinbarung mit Dritten vorgenommenen Rechtshandlungen, z. B. der Veräußerung des Unternehmens an einen Dritten, wird durch das Fehlen der Zustimmung des Konkursverwalters oder des pfändenden Gläubigers allein nicht berührt, wenn die namens der Gesellschaft Handelnden zu deren Vertretung befugt waren. Ist die Auseinandersetzungsvereinbarung unwirksam, so befindet sich die Gesellschaft auf Grund der Auflösung in der gesetzlichen Abwicklung und wird deshalb nach außen durch die Abwickler, nicht etwa durch die nach § 125 vertretungsberechtigten Gesellschafter vertreten; §§ 149ff. Da sämtliche Gesellschafter aber die Abwicklung selbst gemeinsam übernehmen können, so können sie auch ein einzelnes Rechtsgeschäft, wie die Veräußerung des Unternehmens, vornehmen; im Ergebnis ebenso DürHach. Anm. 17.

Anm. 37 9. Abs. 2 enthält, da er im Interesse der Gläubiger gegeben ist, **zwingendes Recht.** Seine Anwendung kann nicht durch den Gesellschaftsvertrag ausgeschlossen werden. Er findet deshalb auch auf die Gesellschaften Anwendung, die vor Inkrafttreten des neuen Handelsgesetzbuchs entstanden sind, wenn die Auflösung der Gesellschaft nach diesem Zeitpunkt eingetreten ist.

§ 146

Die Liquidation erfolgt, sofern sie nicht durch Beschluß der Gesellschafter oder durch den Gesellschaftsvertrag einzelnen Gesellschaftern oder anderen Personen übertragen ist, durch sämtliche Gesellschafter als Liquidatoren. Mehrere Erben eines Gesellschafters haben einen gemeinsamen Vertreter zu bestellen.

Auf Antrag eines Beteiligten kann aus wichtigen Gründen die Ernennung von Liquidatoren durch das Gericht erfolgen, in dessen Bezirk die Gesellschaft ihren Sitz hat; das Gericht kann in einem solchen Falle Personen zu Liquidatoren ernennen, die nicht zu den Gesellschaftern gehören. Als Beteiligter gilt außer den Gesellschaftern im Falle des § 135 auch der Gläubiger, durch den die Kündigung erfolgt ist.

Ist über das Vermögen eines Gesellschafters der Konkurs eröffnet, so tritt der Konkursverwalter an die Stelle des Gesellschafters.

Inhaltsübersicht

Da mit der Auflösung der Gesellschaft der bisherige Zweck der Gesellschaft, der Betrieb eines Handelsgewerbes, weggefallen ist, sind damit auch die Befugnisse der zur Erfüllung dieser Aufgabe berufenen Organe, der geschäftsführenden und vertretungsberechtigten Gesellschafter erloschen. § 146 Abs. 1 Satz 1 bestimmt, daß die neue Aufgabe der Gesellschaft, die Abwicklung, durch Abwickler zu geschehen hat. Er beruft dazu, wenn der Gesellschaftsvertrag nichts anderes bestimmt, sämtliche Gesellschafter. Abs. 1 Satz 2 regelt die Vertretung der Erben eines verstorbenen Gesellschafters, Abs. 3 die Stellung eines in Konkurs geratenen Gesellschafters während der Abwicklung. Abs. 2 Satz 2 enthält eine Bestimmung über die Beteiligung eines Privatgläubigers, der von dem Kündigungsrecht nach § 135 Gebrauch gemacht hat. Abs. 2 Satz 1 spricht endlich die Befugnis des Gerichts zur Ernennung von Abwicklern aus. **Anm. 1**

Abs. 3 ist neu ins HGB aufgenommen. Die übrigen Vorschriften stimmen dem Inhalte nach mit Art. 133 ADHGB überein.

Die Stellung der Abwickler beruht entweder auf dem Gesetz oder auf dem Willen der Gesellschafter oder auf einer Entscheidung durch den Richter. **Anm. 2**

I. Die Abwicklung durch alle Gesellschafter als gesetzliche Regel

1. Sofern nicht durch Beschluß der Gesellschafter oder durch den Gesellschaftsvertrag etwas anderes bestimmt ist, erfolgt die Abwicklung der Gesellschaft durch sämtliche Gesellschafter als Abwickler; Abs. 1 Satz 1. Die Vorschrift stimmt mit der gesetzlichen Regel für die Geschäftsführung und Vertretung der Gesellschaft während des Betriebes des Handelsgewerbes (§§ 114, 125) überein. Wie das Gesetz als Regel annimmt, daß alle Gesellschafter im Betriebe des Handelsgewerbes tätig sind, überträgt es ihnen als Regel auch die gemeinsame Ausführung der Abwicklung. Für beide Entwicklungszustände läßt es abweichende Parteivereinbarungen zu. Es überträgt aber die für den Betrieb des Handelsgewerbes von den Gesellschaftern gewählte Regelung nicht ohne weiteres auf die Abwicklung. Was für den ersten Zustand paßt, braucht nicht für die Abwicklung gewollt zu sein und zu passen, weil eben die Aufgaben der Abwicklung und die dabei zu beachtenden Belange der Gesellschafter ganz andere sein können als beim Betriebe des Handelsunternehmens. Die Gesellschafter können Grund haben, den Betrieb des Handelsgewerbes bestimmten Gesellschaftern zu überlassen, bei der Abwicklung, insbesondere bei der Feststellung und Loslösung ihres in der Gesellschaft festgelegten Vermögens aber selbst mitzuwirken. Die gesetzliche Regel des Abs. 1 Satz 1 über die Vornahme der Abwicklung durch alle Gesellschafter gilt des- **Anm. 3**

halb auch dann, wenn die Geschäftsführung und Vertretung bis zur Auflösung abweichend vom Gesetz geordnet war. Diese besondere Regelung und die sich daraus ergebenden besonderen Verwaltungsbefugnisse einzelner Gesellschafter und die Ausschließung anderer von der Verwaltung hören mit der Auflösung der Gesellschaft von selbst auf; ROHG 7, 71. Sämtliche Gesellschafter sind nach der gesetzlichen Regel vom Zeitpunkt der Auflösung an gleichberechtigte Abwickler, auch die bisher von der Geschäftsführung oder Vertretung ausgeschlossenen und auch die Kommanditisten, § 177 Anm. 44. Dies gilt auch für die durch richterliches Urteil von der Geschäftsführung oder Vertretung ausgeschlossenen Gesellschafter, §§ 117, 127; Hueck § 32 IV 2 Fußn. 23; Schlegelberger-Gessler 2. Diese Ausschließung sollte die Belange der Gesellschaft als Handelsunternehmen wahren. Der Grund der Ausschließung ist mit dem Aufhören dieses Betriebes in Wegfall gekommen; an der Abwicklung sind auch die von der Verwaltung ausgeschlossenen Gesellschafter in gleicher Weise interessiert wie die übrigen. Die zur Geschäftsführung oder Vertretung Berufenen können unter Umständen sogar zur Abwicklung weniger geeignet sein als die anderen. Soweit ein Gesellschafter durch seine Eigenart oder sein Verhalten die Belange der Gesamtheit bei der Abwicklung gefährdet, kann er abberufen werden, § 147. Auch liegt ein gewisser Schutz darin, daß nach der Regel des § 150 mehrere Abwickler nur gemeinschaftlich handeln können, während entsprechend den Bedürfnissen des Handelsgewerbes jeder Geschäftsführer und Vertreter für sich allein zum Handeln berechtigt ist; §§ 114, 125.

Anm. 4 2. Die Abwickler nehmen wie die geschäftsführenden und vertretungsberechtigten Gesellschafter oder die Vorstände und Geschäftsführer von Kapitalgesellschaften die Stellung von **Organen** ein. Sie sind, auch wenn sie durch Dienstvertrag oder Auftrag bestellt sind, Prinzipale, nicht Handlungsgehilfen; OLG Hamburg in OLGR 16, 95.

Wegen der Möglichkeit der Übertragung der Abwicklerstellung oder der Ermächtigung zu einzelnen Handlungen, wegen der Zulässigkeit der Bestellung von Bevollmächtigten der Abwicklungsgesellschaft, insbesondere von Prokuristen, durch die Abwickler vgl. § 149 Anm. 4, 39f.; § 150.

Anm. 5 3. Ist ein Gesellschafter geschäftsunfähig oder in der Geschäftsfähigkeit beschränkt, z. B. minderjährig oder entmündigt, so ist er doch zur Mitwirkung bei der Abwicklung berufen. Seine Befugnisse und Pflichten als Gesellschafter und als Abwickler werden dann durch seinen **gesetzlichen Vertreter** wahrgenommen; Schlegelberger-Gessler 2; Hueck § 32 IV 2b α; a. M. Ritter Anm. 2, der annimmt, weder die geschäftsunfähigen oder in der Geschäftsfähigkeit beschränkten Gesellschafter noch ihre gesetzlichen Vertreter hätten Vertretungsmacht; deshalb müßten die Gesellschafter insofern durch Vereinbarung oder Beschluß für Ersatz sorgen oder nach Abs. 2 verfahren. Die Belange des Gesellschafters werden aber durch den gesetzlichen Vertreter des selbst an der Mitwirkung verhinderten Gesellschafters besser gewahrt, als wenn auch dieser an der Mitwirkung bei der Abwicklung verhindert ist; aus dem Wesen der Abwicklungsgesellschaft ergibt sich kein stichhaltiger Grund, der gegen die Mitwirkung des gesetzlichen Vertreters spricht. Da auch eine juristische Person oder eine offene Handelsgesellschaft Gesellschafter einer offenen Handelsgesellschaft sein kann, sind auch diese zur Abwicklung berufen. Sie sind Abwickler, nicht ihre vertretungsberechtigten Organe (Vorstand, Geschäftsführer, vertretungsberechtigte Gesellschafter). Diese üben nur im Namen der von ihnen Vertretenen die Tätigkeit des Abwicklers aus. Als Abwickler sind deshalb auch die Gesellschaften, nicht ihre Vertreter einzutragen; OLG Karlsruhe in JW 1925, 2017[5] und 2338[2] mit Anm.; KG in JW 1930, 1410[3].

Wer für die nicht selbst handlungsfähigen Personen oder Gesellschaften die Abwicklungstätigkeit auszuüben hat, ergibt sich teils aus den die Vertretung dieser Personen regelnden besonderen gesetzlichen Bestimmungen, z. B. aus § 78 AktG, teils aus den Gesellschaftsverträgen und Satzungen der betreffenden Körperschaften.

Mehrere Vormünder üben ihre Tätigkeit gemeinschaftlich aus, wenn nicht das Vormundschaftsgericht einem von ihnen bei der zulässigen Verteilung der Wirkungskreise die Wahrung der Stellung des Mündels als Gesellschafter zugewiesen hat; § 1797 BGB.

Über eheliches Güterrecht vgl. § 105 Anm. 25ff.

4. Auch wer zum Betriebe des Handelsgewerbes der Gesellschaft nicht Anm. 6
zugelassen ist, etwa weil ihm die Befugnis dazu durch behördliche Anordnung, z. B. durch gerichtliches Urteil, entzogen ist, ist, da es sich nach der Auflösung nicht mehr um den Betrieb des Handelsgewerbes handelt, zur Abwicklung zugelassen. Soweit aber das Handelsunternehmen fortgeführt wird, ist er von der Mitwirkung dabei ausgeschlossen; notfalls muß er durch das Gericht abberufen werden § 147.

5. Auch der Gesellschafter, über dessen Vermögen das **Konkursverfahren** Anm. 7
eröffnet worden ist, bleibt Gesellschafter und nimmt an der Auseinandersetzung teil. Aber da die Beteiligung an der Gesellschaft zur Konkursmasse gehört, steht dem Konkursverwalter das alleinige Verwaltungs- und Verfügungsrecht darüber zu; § 6 KO. Der Konkursverwalter übt deshalb auch die Tätigkeit als Abwickler aus. Er ist selbst kraft seines Amtes Abwickler, handelt also nicht als Vertreter des Gemeinschuldners oder der Konkursmasse. Er tritt „an die Stelle des Gesellschafters"; **Abs. 3;** Ritter Anm. 2. Deshalb ist auch er als Abwickler anzumelden und einzutragen, und zwar unter Hervorhebung seiner Stellung als Konkursverwalter. Im Falle des Nachlaßkonkurses über das Vermögen eines verstorbenen Gesellschafters ist der Nachlaßkonkursverwalter Abwickler; Anm. 27; a.M. Ritter Anm. 8. Der Gemeinschuldner kann nicht an Stelle des Konkursverwalters zum Abwickler bestellt werden. Dagegen kann er neben dem Konkursverwalter, durch Beschluß aller Gesellschafter mit Zustimmung des Konkursverwalters, oder durch das Gericht zum weiteren Abwickler bestellt werden; DürHach. Anm. 3.

Der Konkursverwalter tritt nur insoweit an die Stelle des gemeinschuldnerischen Gesellschafters, als es seine Aufgabe als Verwalter der Konkursmasse erfordert, also für die Abwicklung der Gesellschaft. Dazu gehört auch eine Vereinbarung oder ein Beschluß, daß die Abwicklung bestimmten Personen übertragen wird. Dagegen hat er nichts zu tun mit Wahrnehmung von **Gesellschafterrechten,** die mit der Feststellung und Verwaltung des Auseinandersetzungsguthabens nicht zusammenhängen. Insofern über der Gesellschafter selbst die Gesellschafterrechte aus, z. B. wenn es sich um die Änderung der Gesellschaftsfirma oder sonstige Änderungen des Gesellschaftsvertrags handelt, durch die das Auseinandersetzungsguthaben nicht berührt wird; Ritter Anm. 8.

War nach dem Gesellschaftsvertrag der einzelne Gesellschafter nicht zur Abwicklung berufen, so wird es auch nicht der Konkursverwalter über sein Vermögen. Denn nach Abs. 3 tritt er nur an die Stelle des Gesellschafters; Hueck § 32 IV 2b γ; a.A. Wieland S. 699.

Die Stellung des Konkursverwalters als Abwickler endigt mit seiner Stellung als Konkursverwalter, sei es durch Wechsel in der Person, sei es durch Beendigung des Konkursverfahrens. Ist im letzten Falle die Abwicklung der Gesellschaft noch nicht beendigt, so wird der bisherige Gemeinschuldner-Gesellschafter Abwickler.

6. Die Eröffnung des gerichtlichen **Vergleichsverfahrens** über das Vermögen eines Anm. 8
Gesellschafters hindert den davon betroffenen Gesellschafter nicht an der persönlichen Ausübung der Tätigkeit als Abwickler der aufgelösten Gesellschaft. Durch die Abwicklung wird das Gesellschaftsverhältnis nur seinem Ende zugeführt. Diese Tätigkeit steht mit dem Zwecke des Vergleichsverfahrens nicht im Widerspruch, sondern ist geeignet, es durch Freimachung des gebundenen Vermögens zu fördern. Das Recht des Gesellschafters zur Verfügung über sein sich aus der Abwicklung ergebendes Auseinandersetzungsguthaben richtet sich nach den allgemeinen Vorschriften der Vergleichsordnung; vgl. §§ 56ff. und die Erläuterungsbücher dazu; vgl. auch § 145 Anm. 28.

7. Hat ein **Privatgläubiger** eines Gesellschafters nach § 135 gekündigt und dadurch Anm. 9
die Auflösung der Gesellschaft herbeigeführt, so ist nicht er, sondern der schuldnerische Gesellschafter Abwickler; Hueck § 32 IV2b γ. Wegen der Stellung des Gläubigers bei der Abwicklung vgl. § 135 Anm. 19, § 145 Anm. 27ff. Wegen seiner Stellung als „Beteiligter" vgl. unten Anm. 48.

8. Gesetzliche Abwickler sind nicht nur die ursprünglichen Gesellschafter, Anm. 10
sondern auch ihre **Rechtsnachfolger,** in der Gesellschafterstellung, also diejenigen, die vor oder nach Auflösung der Gesellschaft, sei es durch Abtretung der Gesellschafterstellung, sei es durch allgemeine Rechtsnachfolge an die Stelle der ursprünglichen Ge-

sellschafter getreten sind. Eine besondere Regelung enthält das Gesetz für die Erben eines verstorbenen Gesellschafters; vgl. die folgende Anm.

II. Die Stellung der Erben eines verstorbenen Gesellschafters im Abwicklungsverfahren

Anm. 11 **1.** Die Erben eines Gesellschafters sind nicht kraft Erbrechts ohne weiteres Gesellschafter mit derselben Stellung, die der Erblasser in der Gesellschaft einnahm. Sie können dies nur werden, wenn der Gesellschaftsvertrag die Fortsetzung der Gesellschaft mit den Erben anordnet; § 139; vgl. auch Anm. 24f., § 147 Anm. 16. Wird die Gesellschaft durch den Tod eines Gesellschafters aufgelöst, so treten seine Erben in ihrer Verbindung als Erbengemeinschaft an die Stelle des Erblassers. Auf Grund dieser Rechtsnachfolge nehmen die Erben wie die anderen Gesellschafter an der Abwicklung oder einer sonstigen Art der Auseinandersetzung (§ 145 Abs. 1) teil. Dies gilt unbeschränkt, wenn ein Erbe vorhanden ist. Er ist auch zum Handelsregister anzumelden, wenn er Abwickler ist; § 148 Abs. 1.

Anm. 12 **2.** Mehrere Erben eines Gesellschafters bleiben in **Erbengemeinschaft** verbunden (§ 131 Anm. 26; Schlegelberger-Gessler 3). Sie haben einen **gemeinsamen Vertreter** zu bestellen; Abs. 1 Satz 2. Die Vorschrift gilt nur, wenn nicht nach Abs. 1 Satz 1 die Abwicklung einzelnen Gesellschaftern oder anderen Personen übertragen ist. Die Vorschrift gilt auch nur für die in Satz 1 genannte Abwicklung, wie sie sich aus der Umschreibung der Aufgabe der Abwickler in §§ 149ff. ergibt. Dies folgt nicht nur aus der Stellung der Vorschrift im Rahmen der Bestimmungen über die Abwicklung, sondern auch aus ihrem Zweck. Die Abwicklung nach der gesetzlichen Regel erfordert meist eine umfangreiche Tätigkeit. Diese würde erschwert werden, wenn eine größere Anzahl von Erben, die bisher mit der Gesellschaft nichts zu tun hatten, bei allen einzelnen Abwicklungshandlungen mitwirken mußten. Es soll durch die Vorschrift aber auch verhindert werden, daß die Stellung der übrigen Gesellschafter, die für die Gesellschaftsschulden unbeschränkt haften, während die Erben ihre Haftung auf den Nachlaß beschränken können, in dem für die endgültige Gestaltung besonders wichtigen Abwicklungsverfahren durch die Notwendigkeit der Mitwirkung einer größeren Anzahl von Erben beeinträchtigt wird.

Für **sonstige Maßnahmen** der Gesellschafter während des Auflösungszustandes, bei denen es sich meist um vereinzelte Handlungen oder um solche handelt, die für jeden einzelnen Erben ebenso wichtig sein können, wie für die übrigen Gesellschafter, wie z. B. die Änderung des Gesellschaftsvertrages, etwa durch Aufnahme neuer Mitglieder, Beschlußfassung über die Fortsetzung der Gesellschaft, Antrag auf Bestellung oder Abberufung von Abwicklern, Geltendmachung von Ansprüchen gegen die früheren Verwaltungsorgane oder einzelne Gesellschafter (§ 113), Vereinbarungen nach § 145 Abs. 1, Erteilung von Weisungen (§ 152), treffen diese Erwägungen nicht zu. **Die Vorschrift des Abs. 1 Satz 2 gilt deshalb nur für die Abwicklung.** Für Handlungen außerhalb der Abwicklung, insbesondere auch für den Fall, daß statt der Abwicklung eine andere Art der Auseinandersetzung vereinbart ist, ist deshalb ein gemeinsamer Vertreter der Erben nicht zu bestellen und der nach der genannten Vorschrift Bestellte nicht zuständig. Außerhalb der Abwicklung üben vielmehr die Erben in ihrer Verbindung als Erbengemeinschaft die sich aus ihrer Erbenstellung ergebenden Befugnisse aus (wegen der Ausübung des Stimmrechts vgl. unten Anm. 33, § 147 Anm. 6).

Anm. 13 **3.** Die einzelnen Erben sind nach Abs. 1 Satz 2 nicht selbst Abwickler. Der von ihnen bestellte gemeinsame Vertreter ist **allein Abwickler** an ihrer Stelle und als solcher anzumelden. Im Verhältnis zur Gesellschaft und zu den Mitgesellschaftern übt er allein die Befugnisse eines Abwicklers aus und hat die damit verbundenen Pflichten; Ritter Anm. 6. Er haftet der Gesellschaft für Pflichtverletzungen wie jeder andere Abwickler. Die Erben können weder unmittelbar in seine Tätigkeit eingreifen, noch sind sie dafür persönlich haftbar; vgl. aber Anm. 22; DürHach. Anm. 4; Schwarz Anm. 5.

Eine **Haftung** mit dem Nachlaß nach erbrechtlichen Grundsätzen und nach den Vorschriften des BGB, über die Haftung für Bevollmächtigte ist nicht ausgeschlossen. Die Mitwirkung des Erben bei der Abwicklung ist eine den Erben als solche treffende Verbindlichkeit, § 1967 Abs. 2 BGB. Es besteht kein Grund, die Haftung nicht eintreten zu lassen, wenn statt eines mehrere Erben vorhanden sind. Der oder die Erben haften mit dem Nachlaß oder auch nach erbrechtlichen Grundsätzen unbeschränkt für Verschulden der Personen, deren sie sich zur Erfüllung ihrer Verbindlichkeiten bedienen, in gleichem Umfange, wie für eigenes Verschulden, § 278 Abs. 2, vgl. auch § 831 BGB. Die Bevollmächtigten haften den Erben ihrerseits nach dem Rechtsverhältnis, das zwischen ihnen und den Erben besteht; vgl. unten Anm. 22.

Die Erben haben die Bestellung gemeinsam vorzunehmen. Diese hat ohne schuldhaftes Zögern zu erfolgen. Da die Miterben gemeinschaftlich handeln müssen und deshalb ein gegenseitiges Benehmen erforderlich ist, muß ihnen eine angemessene Frist gelassen werden.

4. Alle Erben sind zur Mitwirkung bei der **Bestellung** des gemeinsamen Vertreters berechtigt und auch verpflichtet. Dies ergibt sich aus ihrer Stellung als Rechtsnachfolger des verstorbenen Gesellschafters. Es handelt sich somit zunächst um eine gesellschafterliche Pflicht, die auf die Förderung der Auseinandersetzung gerichtet ist. Sie besteht deshalb gegenüber der Gesellschaft und den übrigen Gesellschaftern. Auf die Erfüllung der Verpflichtung können die Erben verklagt werden; da aber alle Miterben bei der Bestellung zusammenwirken müssen, die Ausführung der Handlung also nicht ausschließlich von dem Willen des einzelnen Schuldners abhängig ist, kann die Erfüllung nicht durch Strafen nach § 888 ZPO erzwungen werden; RG 24, 381; DürHach. Anm. 8; Schlegelberger-Gessler 5. Die Erben würden sich aber durch schuldhafte Nichterfüllung ihrer Verpflichtung aus dem Gesellschaftsverhältnis der Gesellschaft und den übrigen Gesellschaftern schadensersatzpflichtig machen. Die Haftung tritt auch dann ein, wenn durch das Verschulden eines der Miterben die Erfüllung dieser Verpflichtung der Gesamtheit der Erben unterbleibt. Eine Haftung kann auch daraus entstehen, daß die Erben es bei der Auswahl des Vertreters an der erforderlichen Sorgfalt fehlen lassen. Da es sich um die Erfüllung einer Gesellschafterpflicht handelt, ist für das zu vertretende Verschulden § 708 BGB maßgebend (Haftung für die in eigenen Angelegenheiten geübte Sorgfalt des einzelnen Erben nicht des Erblassers). Die Schadensersatzpflicht ist eine solche des Nachlasses und auf diesen beschränkt, solange die Erben nicht unbeschränkt haften und nicht aus anderen Gründen eine persönliche Haftpflicht besteht. **Anm. 14**

Auch gegenseitig sind sich die Miterben zur Mitwirkung bei der Bestellung des Vertreters verpflichtet. Dies folgt aus ihrer Stellung als Miterben. Es handelt sich um eine Maßregel, die zur ordnungsmäßigen Verwaltung des Nachlasses nötig ist. Eine zur Erhaltung des Nachlasses notwendige Maßregel, die jeder Miterbe ohne Mitwirkung der anderen vornehmen könnte (§ 2038 Abs. 2 BGB), liegt nicht vor. Das HGB regelt den Fall auch besonders und will nur einen gemeinsam, also von allen Gesellschaftern bestellten Vertreter. Unterlassung der Miterben begründet die Schadensersatzpflicht unter den Miterben nach erbrechtlichen Grundsätzen.

Die Bestellung des Vertreters kann nicht durch den Registerrichter durch Ordnungsstrafen nach § 14 erzwungen werden, wohl aber die Anmeldung des bestellten Vertreters, § 148. **Anm. 15**

5. Unterbleibt die Bestellung, so sind die Erben an der Abwicklung **nicht beteiligt.** Sie wird von den übrigen zur Abwicklung Berufenen allein besorgt. Diese sind auch ohne Mitwirkung des fehlenden Erbenvertreters zur Vornahme aller Abwicklungshandlungen im Verhältnis nach innen und außen berechtigt und verpflichtet. Nur die „vorhandenen" Abwickler haben nach § 150 mangels einer anderen Bestimmung gemeinschaftlich zu handeln; DürHach. Anm. 8; Schlegelberger-Gessler 5. **Anm. 16**

6. Durch die Unterlassung oder Verzögerung der Bestellung des gemeinsamen Vertreters verlieren die Erben nicht das Recht, **nachträglich** einen solchen zu bestellen; sie werden also dadurch nicht dauernd von der Abwicklung ausgeschlossen; DürHach. Anm. 8; Schlegelberger-Gessler 5. Selbst wenn sie einer Aufforderung der übrigen Gesellschafter oder Abwickler, innerhalb bestimmter Frist einen Vertreter zu bestellen, nicht nachkommen, verlieren sie das Recht zur nachträglichen Bestellung nicht. § 326 BGB ist, auch nur sinngemäß, nicht anwendbar. Es ist auch kein Grund ersichtlich, weshalb die Bestellung des Vertreters nicht sollte nachgeholt werden können. Die Erben müssen nur die bisherigen Abwicklungshandlungen der übrigen Abwickler gegen sich gelten lassen, auch diejenigen, die bei Gefahr im Verzuge vorgenommen wurden, bevor die Bestellung des Vertreters überhaupt möglich war. Zur Wirksamkeit ihrer Handlungen nach **Anm. 17**

innen und außen genügt es, daß die vorhandenen Abwickler, soweit erforderlich, gemeinsam gehandelt haben; § 150.

Anm. 18 **7.** Damit die besonderen Belange der Erben an der Durchführung der Abwicklung gewahrt werden, können einzelne Miterben als Beteiligte die Ernennung eines Abwicklers durch das **Gericht** nach § 146 Abs. 2 beantragen, wenn eine Einigung unter den Erben nicht zustande kommt.

Auch wenn sich die Bestellung des Bevollmächtigten aus irgend einem Grunde verzögert, kann nach Abs. 2 ein Abwickler durch das Gericht bestellt werden. Jeder Miterbe ist als „Beteiligter" nach Abs. 2 zur Stellung des Antrages berechtigt; vgl. unten Anm. 49. Der Bestellte bleibt im Amte bis er nach § 147 abberufen ist, wenn nicht seine Ernennung nur „bis zur Bestellung des Vertreters der Erben" begrenzt war; vgl. unten Anm. 46. Die Erben können den vom Gericht Ernannten nicht selbst abberufen; Schlegelberger-Gessler 5; Keyßner, Die Liquidation der oHG in ZHR 10, 335; Wieland I 696 Anm. 23; KGJ 32 A 135. Die nachträgliche Bestellung durch die Miterben ist aber in der Regel ein wichtiger Grund zur Abberufung des gerichtlich bestellten Vertreters gemäß § 147 (Hueck § 32 IV 2b β).

Entstehen der Gesellschaft durch die Ernennung eines Abwicklers durch das Gericht Aufwendungen, so sind die schuldigen Erben ihr ersatzpflichtig; DürHach. Anm. 8.

Anm. 19 **8.** Als gemeinsamer Vertreter kann jeder Miterbe, aber auch jeder Dritte, auch eine juristische Person (vgl. Anm. 3) bestellt werden. Wer bereits Gesellschafter und in dieser Eigenschaft Abwickler ist, kann, auch wenn er zugleich Miterbe ist, als gemeinsamer Vertreter bestellt werden. Zwar wird sich eine solche wegen der Möglichkeit eines Interessenwiderstreits in der Regel nicht empfehlen, vgl. § 181 BGB. Da aber auch von der Beschränkung des § 181 BGB bei Aufstellung eines Bevollmächtigten befreit werden kann, ist dies auch bei Bestellung eines gemeinschaftlichen Vertreters der Erben möglich. Diese müssen sämtlich zustimmen und so ihre besonderen Belange als Erben wahren. Bestellen sie einen anderen Gesellschafter, so schenken sie ihm ihr Vertrauen; für die Zulässigkeit auch Ritter Anm. 6; vgl. auch Schlegelberger-Gessler 5; a.M. DürHach. Anm. 5.

Die Zustimmung der übrigen Gesellschafter ist zur Wirksamkeit der Bestellung nicht erforderlich. Bestehen gegen die Mitwirkung des Bestellten wichtige Gründe, so können sie als Beteiligte seine Abberufung nach § 147 beantragen.

Anm. 20 **9.** Zur **Annahme** der Bestellung ist der Bestellte nicht verpflichtet, auch wenn er Miterbe ist, falls nicht auf Grund Vertrages oder aus einem anderen Rechtsgrunde (letztwillige Verfügung, Auflage des Erblassers) eine solche Verpflichtung besteht; Schlegelberger-Gessler 6. Hueck § 32 IV 2b β.

Anm. 21 Die Bestellung erfolgt im Verhältnis zu dem Bestellten durch formlose Einigung zwischen den Erben und dem Bestellten. Im Verhältnis zur Gesellschaft wird sie wirksam durch formlose Mitteilung aller Miterben an die übrigen Gesellschafter. Diese kann auch durch einen gemeinsamen Bevollmächtigten geschehen.

Anm. 22 **10.** Das Rechtsverhältnis zwischen den Miterben und dem bestellten Vertreter ist ein Dienstverhältnis, wenn eine Vergütung zu gewähren ist (§§ 611 ff. BGB), ein Auftrag, wenn die Geschäftsbesorgung unentgeltlich zu erfolgen hat (§§ 662 ff. BGB). Im Zweifel ist anzunehmen, daß eine Vergütung zu leisten ist. Nach diesem Rechtsverhältnis bestimmt sich auch, ob und unter welchen Voraussetzungen das Rechtsverhältnis zwischen den Erben, d.h. von sämtlichen Erben gemeinsam jederzeit **widerrufen,** von dem Beauftragten jederzeit **gekündigt** werden. Wenn nicht ein wichtiger Grund zur fristlosen Kündigung vorliegt, darf der Beauftragte nur in der Weise kündigen, daß der Auftraggeber für die Besorgung des Geschäfts anderweit Fürsorge treffen kann, andernfalls haftet er für den durch die unzeitige Kündigung entstandenen Schaden. Aus wichtigem Grund kann er auch dann jederzeit kündigen, wenn er auf das Kündigungsrecht verzichtet hat; § 671. Liegt ein Dienstverhältnis vor, so hängt es von dem Inhalt des Dienstvertrages oder von den Umständen ab, ob ein dauerndes Dienstverhältnis besteht. Dies kann namentlich der Fall sein, wenn mit einer längeren Dauer der Abwicklung zu rechnen ist. Es handelt sich regelmäßig um Dienste höherer Art, für die die Kündigungsfrist des § 622 BGB gilt. Aus wichtigem Grunde kann es von beiden Teilen jederzeit gekündigt werden; falls es sich nicht um ein dauerndes Dienstverhältnis handelt, kann auch ohne wichtigen Grund jederzeit gekündigt werden.

Der Dienstverpflichtete darf auch hier ohne wichtigen Grund nicht zur Unzeit kündigen; § 627 BGB. Die Erben können auf Grund eines einstimmigen Beschlusses die Bestellung widerrufen (kündigen); §§ 622ff., 626, 627, 671, BGB.

Die Vertreterstellung und damit die Eigenschaft als Abwickler erlischt der Gesellschaft und den übrigen Gesellschaftern gegenüber in dem Zeitpunkt, in dem der Widerruf von sämtlichen Erben den sämtlichen übrigen Gesellschaftern mitgeteilt worden ist. Hat der bestellte Vertreter gekündigt, so ist die Kündigung, um gegenüber der Gesellschaft wirksam zu werden, allen übrigen Gesellschaftern durch die Erben mitzuteilen. Der einzelne Miterbe kann nur die von der Kündigung rechtlich verschiedene Abberufung aus wichtigem Grunde beantragen; § 147.

Der Vertreter ist nach den allgemeinen Vorschriften über den Dienstvertrag und den Auftrag an die **Weisungen** der Erbengemeinschaft gebunden. Für die Erteilung der Weisungen gilt, wie für andere Maßnahmen, § 2038 i. V. m. § 745 BGB. Weisungen, die seiner Aufgabe, den Abwicklungszweck der aufgelösten Gesellschaft zu verwirklichen, zuwiderlaufen, braucht er und darf er nicht befolgen. Er kann den Widerstreit dadurch lösen, daß er aus wichtigem Grunde das Dienst- oder Auftragsverhältnis kündigt.

An Stelle eines weggefallenen Vertreters können die Erben, einen anderen Vertreter bestellen. **Anm. 23**

11. Die Bestellung eines gemeinsamen Vertreters ist auch erforderlich, wenn **nach der Auflösung ein Gesellschafter stirbt** und mehrere Erben hinterläßt. **Anm. 24**

Wenn aber die **Erben selbst Gesellschafter werden,** weil dies im Gesellschaftsvertrag bestimmt ist (§ 139) oder weil sie auf Grund einer nach dem Erbfall zwischen ihnen und den übrigen Gesellschaftern getroffenen Vereinbarung Gesellschafter mit der vermögensrechtlichen Beteiligung des Erblassers werden, so **entfällt der Grund** für die Bestellung eines gemeinschaftlichen Vertreters. Sie sind dann auf Grund ihrer Gesellschafterstellung selbst Abwickler, wenn der Gesellschaftsvertrag oder die mit ihnen beim Eintritt getroffene Vereinbarung nicht etwas anderes bestimmt. Scheiden die Erben innerhalb der Frist des § 139 Abs. 2 aus der Gesellschaft aus, so nehmen sie an der weiteren Abwicklung nicht teil, sondern haben nur Anspruch auf ihr Abfindungsguthaben (wegen dessen Feststellung vgl. § 138 Anm. 17ff., § 139 Anm. 46). Das gleiche gilt, wenn die Gesellschaft nach dem Gesellschaftsvertrag bei dem Tode eines Gesellschafters überhaupt nicht aufgelöst, sondern nur unter den übrigen Gesellschaftern fortgesetzt wird; vgl. § 138 Anm. 17ff. **Anm. 25**

12. Von der gesetzlichen Regel des Abs. 1 Satz 2 **abweichende Bestimmungen** können im Gesellschaftsvertrag oder durch spätere Vereinbarungen aller Gesellschafter, auch noch nach der Auflösung der Gesellschaft, getroffen werden. Es kann z. B. vereinbart werden, daß alle Erben Abwickler sind; RG in DNotZ 32, 271; Schlegelberger-Gessler 5) oder daß nur einzelne, mit Namen oder sonst bezeichnete, oder ein Dritter, etwa der Ehemann einer Miterbin an Stelle der Erben Abwickler sein solle. Auch vorübergehend, etwa bis das Hindernis der Bestellung des gemeinsamen Vertreters behoben ist, oder für bestimmte Fälle, wie die Veräußerung des Unternehmens, können durch den Gesellschaftsvertrag oder eine nachträgliche Vereinbarung alle Erben als Abwickler zugelassen werden. Die Miterben haben dann nicht das Recht, einen anderen Abwickler zu bestellen. **Anm. 26**

13. Ein Recht der Miterben zur Bestellung eines gemeinschaftlichen Vertreters besteht nicht, wenn über das Vermögen ihres Erblassers der **Nachlaßkonkurs** eröffnet oder die **Nachlaßverwaltung** angeordnet wird. Dann ist der Konkursverwalter oder der Nachlaßverwalter an Stelle des verstorbenen Gesellschafters kraft des ihm gesetzlich zustehenden Verwaltungsrechts (§ 6 KO, § 1985 BGB), Abwickler; Schlegelberger-Gessler 7. Wird der Nachlaßkonkurs oder die Nachlaßverwaltung erst angeordnet, nachdem die Erben bereits einen gemeinsamen Vertreter bestellt haben, so erlöschen dessen Befugnisse ohnes weiteres. **Anm. 27**

14. Ist ein **Testamentsvollstrecker** ernannt, so übt dieser kraft seines Verwaltungsrechts die Befugnisse des Abwicklers aus; §§ 2205, 2208 BGB. Eine Mitwirkung der Erben ist dann ausgeschlossen; DürHach. Anm. 6; Hueck § 32 IV 2b β; Schlegelberger-Gessler 6; a.A. Ritter Anm. 2, der auch in diesem Falle den Erben als Abwickler ansieht; vgl. auch § 139 Anm. 13. **Anm. 28**

III. Beginn und Ende des Abwickleramtes

Anm. 29 Die nach dem Gesetze zur Abwicklung Berufenen, also die Gesellschafter, werden ohne weiteres mit Eintritt der Auflösung, die an ihrer Stelle als Abwickler Berufenen mit Eintritt in die Stellung, die ihnen das Recht zur Abwicklung verleiht (z. B. als Testamentsvollstrecker) Abwickler nach der Regel des Abs. 1. Ihre Verpflichtung zur Mitwirkung bei der Abwicklung ergibt sich bei den Gesellschaftern aus ihrer gesellschafterlichen Beteiligung, bei den übrigen dazu Berufenen (Alleinerbe, Vormund, elterlicher Gewalthaber, gesetzlicher Vertreter der Kapitalgesellschaft, Konkursverwalter, Nachlaßverwalter) aus ihrem Recht und ihrer Pflicht, die gesellschaftlichen Befugnisse auszuüben, insbesondere die Gesellschaft nach ihrer Auflösung ihrem Ende entgegenzuführen. Die Auseinandersetzung in der gesetzlichen oder einer vereinbarten Art (§ 145 Abs. 1) ist eben eine Pflicht aller Gesellschafter. Eine Annahmeerklärung ist in diesen Fällen nicht erforderlich. Aus der Pflicht zur Mitwirkung bei der Auseinandersetzung folgt auch, daß sie ihre Stellung nicht willkürlich niederlegen können. Sie können sie aber, wie vor Auflösung der Gesellschaft auch die geschäftsführenden und vertretungsberechtigten Gesellschafter, **aus wichtigem Grunde** mit sofortiger Wirkung kündigen; § 712 Abs. 2 BGB; § 127 Anm. 24; RG 15, 80; DürHach. Anm. 7; Schlegelberger-Gessler 8; Hueck § 32 IV 3d; a. M. Ritter Anm. 2, 3, der die Kündigung nur zuläßt, wenn die Geschäftsführung dem einzelnen Gesellschafter übertragen ist, nicht wenn sie ihm kraft Gesetzes neben den übrigen zusteht, weil nach Abs. 1 und § 150 die Abwicklung allen Gesellschaftern gemeinschaftlich obliege. Für Zulässigkeit der Niederlegung der Tätigkeit auch ohne Grund das ältere Schrifttum so Keyßner, ZRH 10, 329.

IV. Die Berufung der Abwickler durch Beschluß der Gesellschafter oder durch den Gesellschaftsvertrag

Anm. 30 **1.** Wie Abs. 1 ausdrücklich ausspricht, sind sämtliche Gesellschafter zur Abwicklung nur berufen, wenn nicht durch Beschluß der Gesellschafter oder durch den Gesellschaftsvertrag die Abwicklung einzelnen Gesellschaftern oder anderen Personen übertragen ist. Das Gesetz überläßt es danach den Gesellschaftern, in erster Linie selbst zu bestimmen, wer Abwickler sein soll. Das Gesetz gibt dafür zwei Wege a) die Bestimmung im Gesellschaftsvertrage, b) die Bestimmung durch Gesellschafterbeschluß. Beide Möglichkeiten bestehen selbständig nebeneinander.

Die Bestimmung der Abwickler im Gesellschaftsvertrage kann im ursprünglichen oder in einem abgeänderten Vertrage auch noch nach Auflösung der Gesellschaft erfolgen. Außerhalb des Gesellschaftsvertrages kann die Bestimmung ebenfalls vor oder nach Auflösung der Gesellschaft durch Beschluß der Gesellschafter erfolgen; DürHach. Anm. 9. Eine im Gesellschaftsvertrag enthaltene andere Bestimmung kann dadurch allgemein geändert oder für den Einzelfall außer Wirksamkeit gesetzt werden. Erfolgt sie durch **einstimmigen** Beschluß (§ 119), so ist es Auslegungsfrage, ob darin nach dem Willen der Gesellschafter eine Änderung des Gesellschaftsvertrages enthalten sein soll oder nicht. Der einstimmige Beschluß genügt auch für den Einzelfall, wenn der Gesellschaftsvertrag für Änderungen seines Inhalts weitere Erfordernisse, etwa die Zustimmung eines Dritten, vorsieht, sofern nicht der Gesellschaftsvertrag ergibt, daß diese Erfordernisse auch für einen Beschluß nach § 146 Abs. 1 gelten sollen; vgl. Anm. 34.

Die Bestimmung der Abwickler kann auch durch **Mehrheitsbeschluß** der Gesellschafter erfolgen, wenn der Gesellschaftsvertrag solche Beschlüsse vorsieht und die Zulässigkeit unzweideutig auch für die hier in Betracht kommenden Beschlüsse ausgesprochen ist; § 119; OLG Karlsruhe in JFG 7, 166; Schlegelberger-Gessler 9.

Ist im Gesellschaftsvertrag oder einem Gesellschafterbeschluß die Abwicklung einem oder mehreren Gesellschaftern übertragen, so sind damit im Zweifel die anderen von der Abwicklung ausgeschlossen; vgl. § 114 Abs. 2. Mit der Ausschließung von der Geschäftsführung oder Vertretung der werbenden Gesellschaft ist noch nicht ohne weiteres die Ausschließung von der Abwicklung ausgesprochen. Für die eine Maßregel können Gründe bestehen, die für die andere nicht gelten. Auch kann ein Gesellschafter gerade an der Abwicklung ein besonderes Interesse haben.

Durch den Beschluß, einzelnen bestimmten Gesellschaftern oder Dritten, die Abwicklung allein zu übertragen, erfolgt, wenn er nach Beginn der Abwicklung gefaßt ist, indirekt eine Abberufung der bisherigen, in dem neuen Beschluß nicht Berufenen. Denn mit der Wirksamkeit der neuen Bestimmung hören die Befugnisse der nach der bisherigen Regelung berufenen, bereits im Amt befindlichen Abwickler auf. Deshalb muß ein solcher Beschluß auch den gesetzlichen oder vertraglichen Vorschriften über die Abberufung von Abwicklern genügen; § 147. Die Abberufung von Abwicklern geschieht aber nach § 147 durch einstimmigen Beschluß der nach § 146 Abs. 2, 3 Beteiligten. Danach ist nach der Auflösung ein Beschluß nach § 146 Abs. 1, wenn er zugleich eine Abberufung enthält, mit Mehrheit nur zulässig, wenn auch die Abberufung abweichend von der Regel des § 147 durch Mehrheitsbeschluß zulässig ist; eine solche Zulässigkeit kann der Gesellschaftsvertrag auch in beschränktem Umfange bestimmen; darüber, inwieweit dies möglich ist; vgl. § 147 Anm. 7; ebenso Ritter Anm. 5 und zu § 147 Anm. 2. Gegen die Zulässigkeit solcher eine Abberufung enthaltenden Mehrheitsbeschlüsse nach der Auflösung überhaupt: DürHach. Anm. 9.

2. Der Gesellschaftsvertrag oder der Gesellschafterbeschluß kann sich nicht darauf beschränken, lediglich alle Gesellschafter von der Abwicklung auszuschließen, ohne gleichzeitig für die Durchführung der Abwicklung durch andere Personen Sorge zu tragen oder ohne daß statt der gesetzlichen Abwicklung eine andere Art der Auseinandersetzung, die die Abwickler entbehrlich macht, vereinbart wird. Denn auf die Auflösung muß die Abwicklung oder sonstige Auseinandersetzung folgen; vgl. § 145. Dieser Notwendigkeit ist genügt, wenn zwar die gesetzliche Regel, daß alle Gesellschafter Abwickler sein sollen, ausgeschlossen, aber gleichzeitig bestimmt wird, daß die Abwickler nach Auflösung der Gesellschaft oder einer sie auslösenden Kündigung durch Beschluß (auch durch Mehrheitsbeschluß) der Gesellschafter aus einem beschränkten oder unbeschränkten Kreise gewählt werden sollen. Im Gesellschaftsvertrag oder durch Gesellschafterbeschluß kann auch angeordnet werden, daß die Bestimmung der Abwickler oder eines von ihnen durch einen mit Namen genannten Gesellschafter oder ein Schiedsgericht oder einen Dritten, z. B. einen stillen Gesellschafter oder einen die Gesellschaft finanzierenden Gläubiger, zu erfolgen habe, oder daß ein solcher mit stimmberechtigt sei oder daß dessen Zustimmung zur Berufung der Abwickler erforderlich sei; Hueck § 32 IV 2a; Ritter Anm. 4; DürHach. Anm. 9; a. M. Schlegelberger-Gessler 14. Eine solche Bestimmung kann auch auf einem Vertrag mit dem Dritten, z. B. einem Kreditvertrag, beruhen. Das Bedenken, daß nicht durch „Gesellschaftsvertrag" einem Dritten solche Rechte übertragen werden können, ist nicht berechtigt. Durch den Gesellschaftsvertrag wird zwar die gesellschaftsrechtliche Seite der Frage geregelt. Da es sich aber nur um die Abwicklung der Gesellschaft und damit nur um die Vermögensverwertung handelt, besteht kein Hindernis, durch Verträge mit Dritten diesen Einfluß auf die Abwicklung einzuräumen. Eine Beschränkung dieser Möglichkeit würde oft die Erhaltung des Unternehmens hindern. Anm. 31

3. Bei dem Beschluß der Gesellschafter haben nicht nur die im Zeitpunkt der Beschlußfassung vorhandenen Gesellschafter **mitzuwirken,** sondern auch diejenigen, die die Rechte von Gesellschaftern bei der Abwicklung wahrzunehmen haben, also die gesetzlichen Vertreter von Gesellschaftern, die Erben (wegen deren Vertretung durch den gemeinsamen Vertreter vgl. Abs. 1 Satz 2 und oben Anm. 11) der Konkursverwalter eines in Konkurs geratenen Gesellschafters, Abs. 3. Der Gläubiger eines Gesellschafters hat dagegen kein Stimmrecht; vgl. oben Anm. 9. Anm. 32

4. Erfolgt die Beschlußfassung nach Stimmenmehrheit, so hat jeder Abstimmende nur das **Stimmrecht,** das ihm oder demjenigen, an dessen Stelle er Abwickler ist, zusteht. Mehrere Miterben haben in ihrer Verbindung als Erbengemeinschaft das Stimmrecht des Erblassers. Dies ist namentlich von Bedeutung, wenn das Stimmrecht nach der Kapitalbeteiligung oder in anderer Weise durch den Gesellschaftsvertrag abgestuft ist; auch bei der Abstimmung nach Köpfen kann den Erben eines Gesellschafters nur dessen Stimme zukommen, da andernfalls das Stimmenverhältnis zu ungunsten der anderen Gesellschafter verschoben würde; sie können das Stimmrecht nur gemeinsam ausüben. In ihrem Innenverhältnis gilt § 2038 BGB. Anm. 33

Anm. 34 **5.** Der Gesellschaftsvertrag kann das gesetzliche Recht, durch Beschluß der Gesellschafter eine von der gesetzlichen Regel abweichende Anordnung über die Berufung der Abwickler zu treffen, aufheben oder beschränken, z. B. dahin, daß nur beim Wegfall bestimmter Abwickler oder beim Eintritt bestimmter Ereignisse oder nur beim Vorliegen eines wichtigen Grundes eine Beschlußfassung zulässig sei.

Anm. 35 **6.** Die Abwicklung kann auch **Nichtgesellschaftern** übertragen werden. Dadurch unterscheidet sich die Regelung der Abwicklung von der Vertretung des auf Erwerb gerichteten Unternehmens (§ 125), zu der nur Gesellschafter zugelassen sind, während Dritte davon ausgeschlossen sind. Auch eine **juristische Person** oder eine offene Handelsgesellschaft, die nicht Gesellschafterin der aufgelösten Gesellschaft ist, kann Abwickler sein, z. B. eine Treuhandgesellschaft; OLG Karlsruhe in JW 1925, 2017[5] und 2338[3]; KG in JW 30, 1410[30]; Hueck § 32 IV 2a; Schlegelberger-Gessler 13; a.A. Brodmann JW 1930, 1411; vgl. auch Flater, Behörden als Liquidatoren, DJZ 1903, 318; Ludewig, Juristische Personen als Liquidatoren, JW 1926 1792; Sauerbeck, Treuhandgesellschaft als Liquidator, DJZ 1925, 1118. Daß auch eine juristische Person Abwicklerin sein kann, spricht § 265 Abs. 2 Satz 2 des Aktiengesetzes zur Klärung der auch bei der Aktiengesellschaft bis 1937 streitig gewesenen Frage ausdrücklich aus und anerkennt damit das wirtschaftliche Bedürfnis; vgl. auch oben Anm. 5.

Anm. 36 **7.** Einer geschäftsunfähigen Person kann nicht die persönliche Ausübung der Stellung als Abwickler übertragen werden. Das gleiche gilt von in der **Geschäftsfähigkeit** beschränkten natürlichen Personen. Gegen diese Übertragung bestehen die gleichen Bedenken, die auch die Ausübung der Vertretungsbefugnis durch solche Personen für die werbende Gesellschaft ausschließen; vgl. § 125 Anm. 8 (a.A. Ritter Anm. 3). Allerdings kann eine geschäftsunfähige oder in der Geschäftsfähigkeit beschränkte Person Gesellschafter und damit nach der Regel des Abs. 1 auch Abwickler sein. Sie kann diese Befugnisse aber nur durch ihren gesetzlichen Vertreter ausüben; vgl. oben Anm. 5. Danach ist es auch möglich, einen geschäftsunfähigen oder in der Geschäftsfähigkeit beschränkten Gesellschafter oder Dritten zum Abwickler zu bestellen, aber nur in der Weise, daß die Ausübung der Befugnisse durch seinen gesetzlichen Vertreter erfolgt. Der betreffende Gesellschafter kann etwa wegen seiner besonderen finanziellen Beteiligung ein Interesse daran haben, auf diese Weise an der Abwicklung teilzunehmen. Doch wird diesem Bedürfnisse regelmäßig auch dadurch abgeholfen werden können, daß der gesetzliche Vertreter persönlich nach Abs. 1 oder 2 zum Abwickler bestellt und erforderlichenfalls nach § 147 abberufen wird.

Anm. 37 **8.** Gesellschafter oder Dritte, über deren Vermögen das **Konkursverfahren** eröffnet ist, können von den Gesellschaftern oder von dem Gericht (Abs. 2) als Abwickler berufen werden. Sie sind während der Dauer des Konkursverfahrens nicht geschäftsunfähig. Sie haben nur kein Recht zur Verfügung über ihr dem Konkurse unterworfenes Vermögen; Ritter Anm. 8. In der Regel werden sie für die Stellung als Abwickler ebenso ungeeignet sein, wie für die des Konkursverwalters. Häufig wird die Eröffnung des Konkurs- oder Vergleichsverfahrens über das Vermögen eines Abwicklers oder sein sonstiger Vermögenszerfall einen Grund zu seiner Abberufung bilden, § 147.

Anm. 38 **9.** Auch einem **Gesellschaftsgläubiger** oder einem Ausschuß von solchen d. h. einer mit Namen bezeichneten Gruppe von solchen, kann die Abwicklung übertragen werden. Auf diese Weise werden die Belange der Gläubiger gewahrt und insbesondere eine gleichmäßige Berücksichtigung aller Gläubiger nach konkursmäßigen Grundsätzen gesichert; ROHG 9, 215; Schlegelberger-Gessler 13.

Die Übertragung kann zugleich an Gesellschafter und Nichtgesellschafter erfolgen.

Anm. 39 **10.** Die Vereinbarung einer Abweichung von der gesetzlichenRegel kann sich auch aus den Umständen ergeben; RG in HoldhMschr. 14, 23.

Anm. 40 **11.** Zur Führung der Abwicklungsgeschäfte ist der durch den Gesellschaftsvertrag oder Gesellschafterbeschluß berufene Gesellschafter in gleicher Weise **verpflichtet** wie der durch das Gesetz berufene Gesellschafter. Er hat diese Verpflichtung durch seine Beteiligung an der Gesellschaft übernommen. Er hat sich mit der Beteiligung auch einem Gesellschafterbeschluß unterworfen, der mit der gesetzlichen oder vertragsmäßigen Stimmenzahl gefaßt ist; Hueck § 32 IV 2a. Die Verpflichtung tritt mit der Auflösung der Gesellschaft, bei späterer Beschlußfassung mit dem Wirksamwerden des Beschlusses ohne weiteres ein, ohne daß es einer Annahme der Stellung bedarf. Der Berufene kann die Stellung auch nur aus wichtigem Grunde kündigen; vgl. oben Anm. 29; Schlegelberger-Gessler 16; a. A. Schwarz Anm. 3; Wieland I 697 Anm. 23; Baumbach-Duden 3. Der Gesellschafter hat, wie auch der geschäftsführende Gesellschafter, keinen Anspruch auf eine besondere **Vergütung**, wenn ihm eine solche nicht durch den Gesellschaftsvertrag oder Gesellschafterbeschluß auch für die Tätigkeit als Abwickler bewilligt ist, was sich auch aus den Umständen ergeben kann, vgl. § 114 Anm. 13ff.; Hueck § 32 IV 7; denn die Verpflichtung zur Vornahme der Abwicklungstätigkeit ist eine Folge der Gesellschafterstellung; OLG Dresden in ZHR 37, 544; DürHach. Anm. 11; OLG Hamburg DB 58, 396.

12. Ist ein **Dritter** durch Gesellschaftsvertrag oder Gesellschafterbeschluß als Abwickler berufen, so bedarf es noch eines Vertrages mit ihm, durch den er zur **Annahme** des Amtes verpflichtet wird. Er wird dann mit Abschluß dieses Vertrages Abwickler, wenn in dem Vertrage nichts anderes bestimmt ist. Das Rechtsverhältnis zwischen Gesellschaft und Abwickler ist in diesem Falle ein Dienst- oder Auftragsverhältnis, je nachdem, ob eine Vergütung für die Dienste zu leisten ist oder nicht. Nach dem zugrunde liegenden Rechtsverhältnis richtet sich auch die Frage, wie das Rechtsverhältnis zu beendigen ist, ob es einer befristeten Kündigung bedarf, ob fristlose Kündigung zulässig ist (§§ 662ff., 627, 671 BGB) und ob und welche Vergütung der Abwickler zu beanspruchen hat; vgl. oben Anm. 22. **Anm. 41**

Im Zweifel ist eine angemessene **Vergütung** zu leisten; vgl. RG in LZ 13, 212[4]; OLG Hamburg in OLGR 16, 95; ROHG 9, 215; Anm. 68. In der Regel ist nicht zu erwarten, daß ein Unbeteiligter für die Gesellschaft eine mit Verantwortung und Zeitaufwand verbundene Tätigkeit unentgeltlich entwickelt. Bei Bemessung der Vergütung ist auch der Handelsbrauch zu beachten; § 346.

Die Abwickler haben keinen Anspruch auf Vorschuß auf die geschuldete Vergütung, falls dies nicht vereinbart ist; BayObLGZ 27, 42. Alle Abwickler haben Anspruch auf Ersatz der notwendigen Auslagen und auf Vorschuß für diese; §§ 669, 670, 675 BGB; vgl. § 110. Die Verpflichtung zur Leistung des danach Geschuldeten ist eine Gesellschaftsschuld, für die alle Gesellschafter persönlich samtverbindlich haften. Üben die Abwickler ihr Amt an Stelle von Gesellschaftern aus, z. B. als deren gesetzliche Vertreter, als Konkursverwalter, so regelt sich ihre Vergütung nur nach dem Rechtsverhältnis der Gesellschaft zu den in Betracht kommenden Gesellschaftern. Sie haben persönlich gegen die Gesellschaft keinen Anspruch auf Vergütung; DürHach. Anm. 11. Unter Umständen kommt aber der Anspruch den von ihnen Vertretenen zu.

Bei dem Vertragsabschluß mit dem Abwickler vertreten alle Gesellschafter die Gesellschaft, wenn der Abschluß nach Auflösung der Gesellschaft erfolgt, da dann die Vertretungsbefugnis der vertretungsberechtigten Gesellschafter nicht mehr besteht. Es gelten daher die Vorschriften des BGB, §§ 709, 714 über die Vertretung der Gesellschaft (§ 105 Abs. 2). Danach haben alle Gesellschafter beim Vertragsschluß mitzuwirken, wenn nicht im Gesellschaftsvertrag die Vertretung für diesen Fall anders geregelt ist; DürHach Anm. 11; Schlegelberger-Gessler 17. Vor der Auflösung wird die Gesellschaft auch bei einem Vertragsabschluß mit dem künftigen Abwickler durch die vertretungsberechtigten Gesellschafter vertreten. **Anm. 42**

13. Berufung von Abwicklern bei Wegfall der in erster Linie Berufenen. Sind die in erster Linie durch Gesellschaftsvertrag oder Gesellschafterbeschluß oder Gesetz Berufenen weggefallen, z. B. durch Tod, Ablehnung oder Niederlegung ihrer Stellung, so können durch Gesellschafterbeschluß andere berufen werden, vgl. auch Anm. 44. Der Gesellschaftsvertrag kann auch selbst den Ersatz regeln; auch dann können statt der im Gesellschaftsvertrag Berufenen andere durch Gesellschafterbeschluß berufen werden; vgl. Anm. 30. **Anm. 43**

14. Ist im Gesellschaftsvertrag bestimmt, daß die gesetzliche Regel nicht gilt, aber erst **nach der Auflösung** die Abwickler gewählt werden sollen, so ist die Gesellschaft bis zur Berufung derselben nicht ohne Abwickler. Es tritt zunächst die gesetzliche Regel ein, daß alle Gesellschafter Abwickler sind. Die geschäftsführenden und vertretungsberechtigten Gesellschafter führen nicht die Geschäfte weiter; denn ihre Befugnisse erlöschen mit der Auflösung. Andererseits kann es nicht im freien Belieben der Ge- **Anm. 44**

sellschaft liegen, ob sie durch Unterlassen der Beschlußfassung die Gesellschaft eine Zeitlang ohne Vertretungsorgan lassen wollen. Sind alle bestellten Abwickler weggefallen, so tritt allerdings nicht die gesetzliche Regel ein, da dies dem Willen der Gesellschafter widersprechen würde, a.M. Schlegelberger-Gessler 15. Diese müssen dann für Abhilfe sorgen entweder dadurch, daß sie einen Gesellschafterbeschluß herbeiführen oder einen Antrag nach Abs. 2 stellen (für den Prozeßfall vgl. auch § 57 ZPO); vgl. auch Anm. 46.

Anm. 45 15. Einfluß des Wegfalls eines Abwicklers auf die Stellung der übrigen. Gilt die gesetzliche Regel, so wird die Stellung der übrigen durch den Wegfall eines Abwicklers nicht berührt. Die übrigen führen die Abwicklung allein durch. Sie können nur bei Bedarf die Bestellung weiterer Abwickler durch die Gesellschafter oder das Gericht veranlassen. Sind mehrere Abwickler durch den Gesellschaftsvertrag oder Gesellschafterbeschluß (oder durch das Gericht) berufen, so hängt es von der Auslegung des Vertrages oder Beschlusses ab, ob bei Wegfall eines von ihnen auch die Befugnisse der anderen erlöschen sollen; Schlegelberger-Gessler 15. Ist über die Notwendigkeit ihres gemeinsamen Handelns nichts besonderes bestimmt, etwa dahin, daß zur Führung der Geschäfte alle Abwickler mitwirken müssen, so gilt zwar die gesetzliche Regel des § 150, wonach mangels anderer Bestimmung mehrere Abwickler die zur Abwicklung gehörenden Handlungen nur in Gemeinschaft vornehmen dürfen; aber das Zusammenwirken ist in § 150 nur den „vorhandenen" Abwicklern vorgeschrieben. § 150 würde also einer Auslegung, wonach bei Wegfall eines Abwicklers die übrigen im Amte bleiben, nicht entgegenstehen. Zweckmäßigkeitsgründe, die zu der angegebenen Beschränkung des Zusammenwirkens in § 150 geführt haben, können auch für die Auslegung des Vertrages oder Beschlusses herangezogen werden. Ist jeder Abwickler zur Alleingeschäftsführung befugt oder ist bei Gesamtgeschäftsführung nicht die Mitwirkung aller vorgeschrieben, sondern nur die eines Teiles (z. B. von mindestens zweien), so sollte dadurch gerade für den Fall des Wegfalls von einem die Fortführung der Geschäfte gesichert werden. Dann bleiben Befugnisse und Pflichten der übrigen durch den Wegfall im Zweifel unberührt.

Der Wegfall eines Abwicklers kann nach Lage des Einzelfalls für die übrigen einen wichtigen Grund zur Niederlegung der Stellung bilden oder zur Berufung weiterer Abwickler durch Gesellschafterbeschluß oder das Gericht Anlaß geben.

V. Die Berufung der Abwickler durch den Richter

Anm. 46 1. Auf Antrag eines Beteiligten kann aus wichtigem Grund die Ernennung von Abwicklern durch das Gericht erfolgen, in dessen Bezirk die Gesellschaft ihren Sitz hat; **Abs. 2.** Diese Art der Berufung ist möglich, wenn bereits Abwickler vorhanden sind, die durch das Gesetz oder durch den Gesellschaftsvertrag oder Gesellschafterbeschluß berufen sind. Die gerichtliche Ernennung kann aber auch erfolgen, wenn keine Abwickler vorhanden sind, etwa weil die gesetzliche Regelung durch den Gesellschaftsvertrag ausgeschlossen ist und die durch den Gesellschaftsvertrag oder Gesellschafterbeschluß Bestellten weggefallen oder an der Ausübung ihrer Befugnisse rechtlich oder tatsächlich verhindert und die Gesellschafter an der Bestellung eines Ersatzes verhindert sind. Das gleiche gilt, wenn man annimmt, daß bei einer Vertragsbestimmung des in Anm. 44 bezeichneten Inhalts, solange die Gesellschafter die Abwickler nicht bestimmt haben, überhaupt keine Abwickler vorhanden sind. Von dieser Möglichkeit kann namentlich in dringenden Fällen bis zur Behebung des Mangels durch die Gesellschafter Gebrauch gemacht werden. Insofern erfüllt Abs. 2 für den Zustand der Abwicklung eine ähnliche Aufgabe wie die allerdings auch vor der Auflösung geltenden Vorschriften des § 29 BGB (für den Verein) und des § 85 AktG; vgl. über die Anwendbarkeit des § 29 BGB auf die werbende Gesellschaft § 125 Anm. 32. Die Bestellung kann aber abweichend von diesen Vorschriften nicht nur bis zur Behebung des Mangels, sondern auf die Dauer geschehen, wenn dies zweckmäßig erscheint. Erfolgt die Ernennung trotz Vorhandenseins von durch Gesetz oder Gesellschaftsvertrag oder Gesellschafterbeschluß berufenen Abwicklern, so können die neuen neben den bereits vorhandenen ernannt, nach dem Sprachgebrauche des Art. 133 Abs. 2 ADHGB „beigeordnet" werden, z. B. zum Ersatz von weggefallenen oder zu ihrer Unterstützung oder Kontrolle. Die bisherige alleinige Befugnis der vorhandenen Abwickler wird dann durch die Mitwirkung der neu ernannten beschränkt; ROHG 20, 11; 21, 142. Sie können aber auch an Stelle der bisherigen Abwickler ernannt werden. Dann liegt in der Ernennung zugleich eine Abberufung der vorhandenen, falls diese bereits im Amte sind, wenn also die Ernennung erst nach der Auflösung erfolgt. Geschieht sie vor der Auflösung (vgl. Anm. 50), so liegt in der Ernennung eine Ausschließung der zunächst Berufenen. Es ist Aufgabe des Richters, in seinem Beschlusse klar zum Ausdruck zu bringen, ob die von ihm ernannten neben oder an die Stelle der vorhandenen treten sollen und im ersten Falle, wie sie mit diesen zusammenwirken sollen; vgl. Anm. 59.

2. Die Ernennung von Abwicklern durch das Gericht kann nur **aus wichtigem Grunde** erfolgen. Das Gesetz gibt, wie in anderen Fällen (§§ 70, 117, 127, 133), keine Begriffsbestimmung des wichtigen Grundes, nennt auch anders als z.B. in §§ 71f., 117, 127, 133 keine Beispiele eines solchen. Ein wichtiger Grund liegt nach dem Zwecke des Ernennungsrechts des Gerichts vor, wenn nach den Gesamtumständen des Falles die Abwicklung durch die vom Gesetz oder durch den Willen der Gesellschafter berufenen Abwickler eine gedeihliche Durchführung nicht erwarten läßt und erhebliche Nachteile zu befürchten sind; BayObLG in OLGR 45, 52; in JW 1928, 2639[3]; OLG Hamm BB 58, 497. Zu beachten sind entsprechend dem Zwecke der Abwicklung zunächst die Belange der Gesellschaft, wie sie sich aus ihrem Zustande als einer aufgelösten Gesellschaft ergeben. Es kommt also darauf an, ob die durch Gesetz oder den Willen der Gesellschafter berufenen Abwickler dieser Aufgabe gewachsen sind oder ob diese eine Änderung erfordert; BayObLGZ 2, 137. Aber auch die besonderen Belange eines Beteiligten können einen wichtigen Grund bilden, z. B. das Interesse der Privatgläubiger oder der Konkursgläubiger eines Gesellschafters, daß die Beendigung der Abwicklung und damit die Freimachung des gesellschaftlich gebundenen Vermögens ihres Schuldners nicht durch Mangel an Abwicklungskräften oder Behinderung, z. B. durch weite Entfernung ihres Wohnortes (KGJ 32A 134) oder Unfähigkeit derselben ungebührlich verzögert oder gefährdet wird. Auch die Gefährdung der Belange eines einzelnen Gesellschafters, namentlich eines solchen, der finanziell an dem Unternehmen stark beteiligt ist, oder eines Miterben eines verstorbenen Gesellschafters kann einen wichtigen Grund bilden. Bei der Abwägung aller Umstände sind auch die Belange der von der Abwicklung auszuschließenden Gesellschafter zu berücksichtigen; KGJ 32A, 133. Der wichtige Grund kann namentlich in der Person der bisherigen Abwickler liegen, z. B. in deren Unfähigkeit zur Durchführung der Abwicklung, mangelhafter Führung der Geschäfte und deren Verschleppung in der Vergangenheit (auch als Geschäftsführer der werbenden Gesellschaft) (OLGR 24, 136), Unredlichkeit, durch Tatsachen gerechtfertigtes, wenn auch nicht auf einem Verschulden der Abwickler beruhendes Mißtrauen der Beteiligten in ihre Redlichkeit oder Fähigkeit zur Geschäftsführung; OLGR 42, 214; 45, 53; RG in JW 1897, 291[1]; ROHG 9, 33; BayObLGZ 23, 193; in Voranstellung der persönlichen Belange vor denen der Gesellschaft, RG bei Gruchot 37, 1031; OLGR 24, 136; im Betrieb eines Wettbewerbsunternehmens, wenn dadurch die Belange der Abwicklungsgesellschaft gefährdet werden, Verfeindung der bisherigen Abwickler; BayObLGZ 15, 52; 26, 18; KGJ 32A 135; JFG 4, 172; 5, 246; nach Lage des Einzelfalls: Streit des einzigen Abwicklers mit einem Gesellschafter, RG in JW 97, 290 oder Vermögenszerfall des bisherigen Abwicklers, vgl. Anm. 37, oder die Verhinderung des einzigen Abwicklers oder bei Gesamtvertretung eines von ihnen, falls es dadurch an der erforderlichen Zahl von gesetzlichen Vertretern fehlt, z. B. wenn eine Gesellschaftsforderung gegen den Abwickler abgetreten oder gerichtlich geltend gemacht werden soll; R 162, 370. Auch die Uneinigkeit der Gesellschafter oder der Erben eines solchen, die die Bestellung eines Abwicklers oder eines gemeinsamen Vertreters nach Abs. 1 Satz 2 hindert, kann einen wichtigen Grund bilden; ebenso die zu große Zahl der nach dem Gesetz oder dem Willen der Gesellschafter zur Abwicklung Berufenen, wenn sie eine ordnungsmäßige Abwicklung gefährdet; KGJ 32A 135. **Anm. 47**

3. Der Richter ist zur Ernennung von Abwicklern nur befugt, wenn sie von einem „Beteiligten" **beantragt** ist. **Anm. 48**

Beteiligt und damit antragsberechtigt ist **jeder Gesellschafter** und der Gläubiger eines Gesellschafters, der nach § 135 die Gesellschaft gekündigt hat. Auch der Gesellschafter, dessen Gläubiger gekündigt hat, ist antragsberechtigt; denn nach der besonderen Vorschrift des **Abs. 2 Satz 2** ist „auch", also neben dem Gesellschafter selbst, der kündigende **Gläubiger** „beteiligt" und damit antragsberechtigt; dieses Recht steht nach dem Zwecke der Vorschrift und des § 135, die Belange des Gläubigers, der bereits mit Vollstreckungshandlungen vorgegangen ist, zu sichern, dem Gläubiger, der nach § 135 die Pfändung und Überweisung herbeigeführt hat, auch dann zu, wenn die Gesellschaft aus einem anderen Grunde, z. B. durch Kündigung eines anderen Gläubigers oder durch Privatkonkurs eines anderen Gesellschafters, aufgelöst worden ist. Abs. 2 Satz 2 regelt im übrigen die Stellung der Privatgläubiger als Beteiligte erschöpfend. Das Antragsrecht steht deshalb nicht allen Privatgläubigern, auch solchen, die nicht in der bezeichneten Weise vorgegangen sind, zu; erst recht nicht einem Gesellschaftsgläubiger. Diese Ausdehnung würde dem Zweck der Abwicklung, in erster Linie den Belangen der Gesellschafter zu dienen (vgl. § 145 Anm. 1, 2), zuwiderlaufen. Abs. 2 Satz 2 macht nur eine Ausnahme, die nicht auszudehnen ist; DürHach. Anm. 15; a.A. Haase in JW 1913, 719ff. Auch wenn überhaupt kein Abwickler vorhanden ist, haben die Privatgläubiger oder die Gesellschaftsgläubiger als solche kein Antragsrecht. Um einen vollstreckbaren Titel gegen die Abwicklungsgesellschaft zu erwirken, können sie gemäß § 57 ZPO die Bestellung eines Prozeßvertreters durch den Vorsitzenden des Prozeßgerichts herbeiführen.

Anm. 49 Befindet sich der antragsberechtigte Gesellschafter in Konkurs, so ist nur sein Konkursverwalter zur Stellung des Antrags befugt. Der Konkursverwalter gehört also ebenfalls zu den „Beteiligten"; vgl. Abs. 3 und § 147 Halbsatz 1.

Beteiligt sind auch die **Erben** eines Gesellschafters, auch wenn sie nicht Gesellschafter geworden sind, Anm. 11. Jeder Miterbe ist zur Stellung des Antrags befugt. Die Gründe, die für die Mitwirkung der Erben bei der Abwicklung die Vertretung durch einen gemeinsamen Vertreter rechtfertigen (Abs. 1 Satz 2, vgl. oben Anm. 11, 12), stehen hier der selbständigen Befugnis jedes einzelnen Miterben nicht entgegen; regelmäßig handelt es sich auch um eine zur Erhaltung des Nachlasses notwendige Maßregel, zu deren Vornahme jeder einzelne Miterbe nach § 2038 BGB befugt ist.

Die Abwickler als solche haben kein selbständiges Antragsrecht, auch nicht, wenn sie wegen Interessenwiderstreits, § 181 BGB, im Einzelfall von der Vertretung der Gesellschaft ausgeschlossen sind; sie können unter Umständen einen Antrag nach § 57 ZPO stellen; oder, falls die Vornahme eines Geschäfts mit der Gesellschaft unumgänglich ist, ihre Stellung aus wichtigem Grunde niederlegen; im übrigen ist es Sache der Gesellschafter oder der sonst Beteiligten, den Antrag nach Abs. 2 zu stellen.

Anm. 50 4. Die Ernennung (wie die damit etwa verbundene Aufhebung der Berufung von bereits früher durch den Gesellschaftsvertrag oder Gesellschafter- oder Gerichtsbeschluß bestellten Abwicklern, vgl. Anm. 30, 46) kann schon **vor Auflösung** der Gesellschaft erfolgen, auch nach Abs. 2 beantragt und vom Gericht mit Wirkung von der Auflösung an angeordnet werden. Es kann zweckmäßig sein, durch einen Gesellschafterbeschluß oder eine gerichtliche Anordnung zu verhüten, daß ungeeignete Abwickler überhaupt in Tätigkeit treten. Oft wird der Antrag nach Abs. 2 aber nur begründet sein, wenn sich im Zeitpunkt der Entscheidung die Lage im Zeitpunkt der Auflösung bereits übersehen läßt; dies wird meist erst kurze Zeit vor der Auflösung der Fall sein; KGJ 49, 116; KG in OLGR 43, 290; RJA 15, 121; vgl. auch KG in OLGR 14, 262; HoldhMschr. 1909, 22.

Anm. 51 Die Ernennung von Abwicklern durch das Gericht kann auch nach Erhebung einer **Auflösungsklage** nach § 133 oder einer Klage auf Feststellung, daß die Auflösung eingetreten ist, für den Fall, daß ihr stattgegeben wird, beantragt werden, damit im Zeitpunkt der Rechtskraft des Urteils ein unparteiischer Abwickler vorhanden ist; Ritter Anm. 7d; a. A.: KG in RJA 15, 123.

Anm. 52 Die Ernennung setzt auch nicht voraus, daß die Anmeldung und Eintragung der bisherigen Abwickler oder auch nur die **Eintragung** der Auflösung der Gesellschaft zum Handelsregister schon stattgefunden hat. Die Eintragung der Abwickler und ihrer Ersetzung durch andere hat nur rechtsbekundende, nicht rechtschaffende Wirkung; KG in JW 1939, 163[22]. Wegen der Bedeutung der Eintragung oder Nichteintragung im Verhältnis zu Dritten vgl. die Erl. zu § 148.

Anm. 53 Die Ernennung von Abwicklern durch das Gericht (wie auch die Berufung von solchen durch Gesellschafterbeschluß, vgl. Abs. 1) ist nicht mehr möglich, wenn die

Abwicklung vollständig beendigt, keine Abwicklungshandlung mehr vorzunehmen ist; KG in OLGR 43, 291. Dies ist nicht der Fall, wenn wenigstens noch von den Abwicklern zu verteilendes Vermögen vorhanden ist; § 155. Daß die übrigen Aufgaben der Abwickler (vgl. § 149) bereits erfüllt sind, hindert die Ernennung von Abwicklern nicht; KG in OLGR 9, 262.

5. **Zuständig** ist das Amtsgericht, in dessen Bezirk die offene Handelsgesellschaft ihren Sitz hat, und zwar die Abteilung, der die Entscheidung durch die Geschäftsabteilung zugewiesen ist; dies muß nicht notwendig das Registergericht sein, doch soll diesem die Entscheidung zugewiesen werden; § 145 Abs. 1 u. 2 FGG. Die Entscheidung erfolgt im Verfahren der freiwilligen Gerichtsbarkeit (§ 145 FGG) durch den Richter. Der Rechtspfleger ist zur Entscheidung nicht berufen; KG in DNotZ 1929, 342; 1930, 138 Nr. 6; wegen des Verfahrens vgl. auch HoldhMschr. 8, 123; ZHR 1926, 102. Der Antrag kann privatschriftlich oder zur Niederschrift des Urkundsbeamten gestellt werden. Die Einhaltung der Form des § 12 ist nicht erforderlich, da es sich nicht um eine Registersache handelt. Der Antrag kann bis zum Eintritt der Rechtskraft der Verfügung über die Ernennung der Abwickler zurückgenommen werden; BayObLG in JFG 2, 183. Nachher ist nur die Abberufung nach den für diesen geltenden Vorschriften (§ 147) zulässig. **Anm. 54**

Die Ernennung kann auch unter einer **Bedingung** beantragt werden, z. B. für den Fall, daß einem Antrag auf Abberufung eines anderen Abwicklers, auch des Antragstellers selbst, stattgegeben wird; BayObLG im Recht 14 Nr. 1148 (wegen Zulässigkeit der Beschränkung des Antrags auf Ernennung einer bestimmten Person vgl. unten Anm. 58). **Anm. 55**

Das Recht der Beteiligten, die Ernennung von Abwicklern zu beantragen, kann durch den Gesellschaftsvertrag **nicht ausgeschlossen** werden. Dies ergibt sich aus dem Zweck der Vorschrift, den einzelnen Beteiligten die zweckmäßige Durchführung der Abwicklung auch gegen den Willen der übrigen Beteiligten zu sichern, vgl. Anm. 62. Vor der Entscheidung sind, wenn tunlich, die anderen „Beteiligten" (vgl. Anm. 49) zu hören. Sie sind Gegner im Sinne des § 146 Abs. 1 FGG. Ist Dritten, z. B. den Gläubigern in einem Abwicklungsvergleich, die Mitwirkung bei der Berufung der Abwickler eingeräumt (vgl. oben Anm. 30, 31), so sind auch die Gläubiger oder der von ihnen Bevollmächtigte als Gegner zu hören; OLG Karlsruhe JFG 7, 164. Ist ein Gesellschafter von mehreren Personen beerbt, so sind alle Erben zu hören. Bei großer Zahl der Miterben oder der sonst Beteiligten, insbesondere bei großer räumlicher Entfernung ihres Aufenthaltsortes, kann die Anhörung im Einzelfall „untunlich" sein. Da es sich nicht um eine Handelsregistersache handelt, sind die Organe des Handelsstandes zur Mitwirkung nicht berufen; vgl. § 126 FGG. **Anm. 56**

Das Gericht hat **von Amts wegen** die erforderlichen Ermittelungen anzustellen und die geeigneten Beweise zu erheben; § 12 FGG; HoldhMschr. 1906, 199; 1913, 183. Es hat auch über die Vorfragen zu entscheiden, von deren Beantwortung die beantragte Verfügung abhängt. So ist im Streitfall oder auch von Amts wegen zu prüfen, ob überhaupt eine offene Handelsgesellschaft besteht, ob die Gesellschaft sich im Zustande der Auflösung befindet, ob nicht die Abwicklung ausgeschlossen oder durch eine andere Art der Auseinandersetzung ersetzt ist, § 145 Abs. 1; KG in RJA 10, 214; KGJ 49, 118 = RJA 15, 121. Das Gericht kann nicht die Entscheidung aussetzen, bis über die Vorfrage im Wege des Rechtsstreits entschieden ist. § 127 FGG, der dies zuläßt, gilt nur für das Registergericht. Als solches ist aber das Amtsgericht im Falle des § 146 Abs. 2 nicht tätig; Brand Anm. 3d, bb; Schwarz Anm. 5; HoldhMschr. 13, 383; a. A. LG Krefeld in ZBlFGG 64, 263; KG in RJA 4, 208 = Recht 1905 Nr. 136. Die Entscheidung über die Vorfrage hat nur die Bedeutung eines Entscheidungsgrundes, bewirkt also keine Rechtskraft hinsichtlich der Vorfrage, § 322 ZPO. Ist die Vorfrage bereits rechtskräftig mit Wirkung für alle Beteiligten entschieden, so ist das Gericht bei der Entscheidung nach Abs. 2 daran gebunden; DürHach. Anm. 17; teilweise a. A. Ehrenberg-Handb. I 577ff., und JheringsJ. 61, 428. **Anm. 57**

6. **Die Entscheidung des Gerichts.** Liegen die verfahrensrechtlichen und sachlichen Voraussetzungen für den Antrag vor, ist insbesondere der wichtige Grund gegeben, so muß das Gericht dem Antrage stattgeben, d. h. Abwickler berufen; vgl. § 133 Anm. 19. **Anm. 58**

In der Frage der Person ist es nicht an den Antrag gebunden. Der Vorschlag bestimmter Personen kann zweckmäßig sein. Das Gericht kann aber jede geeignete Person, gegen die nicht selbst Abberufungsgründe vorliegen, auch den Antragsteller berufen; BayObLG in OLGR 42, 214; in JJG 4, 172; 5, 246; BayObLGZ 23, 209; 24, 58 = JFG 2, 183; a.A. Ritter Anm. 7d. Erklärt der Antragsteller, daß er den Antrag nur unter der Bedingung stelle (vgl. Anm. 55), daß die von ihm vorgeschlagene Person bestellt wird, so hat das Gericht den Antrag abzulehnen, wenn ihm der Vorgeschlagene ungeeignet erscheint; Schlegelberger-Gessler 23. Der Antragsteller könnte jedenfalls die Abwicklung durch einen anderen vom Gericht bestellten Abwickler dadurch verhindern, daß er gegen dessen Ernennung sofortige Beschwerde einlegt und dann den Antrag zurücknimmt, was bis zur Rechtskraft der Entscheidung, auch noch im Beschwerdeverfahren zulässig ist; vgl. Anm. 60.

Wie im Falle der Berufung der Abwickler durch den Gesellschaftsvertrag oder durch Gesellschafterbeschluß kann auch das Gericht Gesellschafter oder Dritte, auch juristische Personen, zu Abwicklern ernennen; Abs. 2 Satz 1 Halbsatz 2; vgl. oben Anm. 35.

Anm. 59 Das Gericht ist auch, abgesehen von der Personenfrage, an die Anträge nicht gebunden. So kann es, wenn die Ernennung mehrerer Abwickler beantragt ist, nur einen ernennen, wenn ihm dies für die Bedürfnisse der Gesellschaft und der Beteiligten ausreichend erscheint. Oder es kann, wenn beantragt ist, an Stelle der bisherigen Abwickler neue zu ernennen, verfügen, daß die neu ernannten neben die bisherigen treten oder daß ein Teil der letzteren in ihrer Stellung bleibt. Statt der beantragten Einzelgeschäftsführungsbefugnis kann es die Ernennung mit Gesamtgeschäftsführungsbefugnis für alle oder einzelne anordnen. Es kann bei Fortdauer der Abwicklerstellung der bisherigen statt Einzel- Gesamtgeschäftsführungsbefugnis und umgekehrt anordnen. Zulässig ist auch die Ernennung auf bestimmte Zeit oder bis zur Behebung des Hindernisses, z. B. bis zur Rückkehr eines im Auslande befindlichen Abwicklers, oder bis die Gesellschafter selbst einen Abwickler bestellen können oder bestellt haben; vgl. Anm. 18. Das Gericht kann aber **nicht über den Antrag** hinausgehen, also z. B. nicht anordnen, daß andere Abwickler an die Stelle der bisherigen treten, wenn nur Ernennung neuer neben den bisherigen beantragt war. Unzulässig ist die Ernennung von Abwicklern unter Beschränkung auf einen bestimmten Geschäftszweig; DürHach. Anm. 18.

Anm. 60 **7.** Gegen die Verfügung des Gerichts steht, wenn der Antrag abgelehnt wird, dem Antragsteller, wenn ihm stattgegeben wird, jedem, dessen Recht dadurch beeinträchtigt wird, auch dem Ernannten und Abberufenen das Rechtsmittel der sofortigen Beschwerde zu, § 146 Abs. 2 FGG; wegen des Beschwerdeverfahrens, insbesondere auch wegen Zulässigkeit der weiteren Beschwerde, wird auf die Erläuterungsbücher zum FGG verwiesen.

Anm. 61 **8.** Im Wege der **einstweiligen Verfügung** des Prozeßgerichts kann die Ernennung (und Abberufung) von Abwicklern nicht angeordnet werden. Das Gesetz gibt den Beteiligten nur das in §§ 146, 147 geordnete Recht zur Stellung von Anträgen auf Entscheidung im Verfahren der freiwilligen Gerichtsbarkeit. Eine einstweilige Verfügung nach den Vorschriften der Zivilprozeßordnung würde voraussetzen, daß ein Gericht der Hauptsache vorhanden ist, das im Verfahren der streitigen Gerichtsbarkeit endgültig entscheiden könnte. Eine solche Entscheidungsbefugnis des Prozeßgerichts ist aber nicht gegeben; OLG Dresden in ZBlFGG 8, 337 = OLGR 16, 196; dasselbe in OLGR 5, 202; OLGR Frankfurt in JW 21, 763[17] mit Anm.; RG in JW 1901, 754[13]; KG in JW 31, 2992[1]; Hueck § 32 Anm. 31; Schlegelberger FGG § 145 Anm. 2; Schlegelberger-Gessler 22; Stein-JonasZPO Vorbem. vor § 916 Anm. I, 1; a.A. Ritter Anm. 7c; Brand Anm. 3d dd; Schwarz Anm. 5.

Auch im Verfahren nach § 146 Abs. 2 HGB kann eine einstweilige Verfügung nicht ergehen, da diese Art der Verfügung im Verfahren der freiwilligen Gerichtsbarkeit nicht vorgesehen ist; vgl. die erstgenannte Entscheidung des OLG Dresden. Es besteht auch kein Bedürfnis, die Vorschriften der ZPO über einstweilige Verfügungen entsprechend anzuwenden, indem man das Gericht (der freiwilligen Gerichtsbarkeit), das nach § 146 Abs. 2 HGB über Ernennung und Abberufung zu entscheiden hat, als Gericht der Hauptsache erklärt (vgl. OLG Köln in JW 1926, 2116) und neben diesem noch ein Gericht der einstweiligen Verfügung zu einer vorläufigen Entscheidung zuläßt. Das Gericht der freiwilligen Gerichtsbarkeit kann auch in dringenden Fällen ebenso schnell und unter Heranziehung des ganzen Streitstoffes entscheiden, wie ein Gericht, das nur über eine einstweilige Verfügung entscheidet.

9. Zulässig ist die Vereinbarung unter den Beteiligten im Sinne des Abs. 2 oder zwischen diesen und den durch den Gesellschaftsvertrag oder Gesellschafterbeschluß berufenen Abwicklern, daß über die Ernennung und Abberufung von Abwicklern an Stelle des Gerichts der freiwilligen Gerichtsbarkeit ein **Schiedsgericht** zu entscheiden habe. Es liegen keine Gründe dafür vor, daß das Gesetz die Entscheidung im Verfahren der freiwilligen Gerichtsbarkeit zwingend vorschrieben wollte. **Anm. 62**

Unzulässig ist eine Vereinbarung, durch die das in Abs. 2 ausgesprochene Recht jedes einzelnen Beteiligten, die Ernennung von Abwicklern durch eine unparteiische Stelle zu verlangen, **ausgeschlossen** oder wesentlich beschränkt wird. Abs. 2 will wie § 147 Halbsatz 2 das Recht des einzelnen Beteiligten auf Besorgung der Abwicklung durch unparteiische Abwickler wahren und ist insofern **zwingend,** ebenso Hueck § 32 IV 2 c. Auch eine Vereinbarung, daß das Antragsrecht nur von mehreren gemeinsam ausgeübt werden könne, ist unzulässig. Bei der Abwicklung tritt anders als bei der werbenden Gesellschaft das Recht des Einzelnen auf seinen Anteil am Vermögen der Gesellschaft in den Vordergrund.

10. Eine gesetzliche **Verpflichtung zur Übernahme** der Stellung des Abwicklers wird nach herrschender Ansicht durch die richterliche Ernennung nicht begründet, auch wenn der Ernannte **Gesellschafter** ist. Dem Gesellschafter, der bisher entweder überhaupt nicht oder nur zugleich mit anderen Gesellschaftern zur Abwicklung berufen war, werde durch die Bestellung zum Abwickler eine neue Beitragspflicht aufgebürdet, was nach § 707 nur mit seiner Zustimmung zulässig sei; DürHach. Anm. 20; Ritter Anm. 7 e; Schlegelberger-Gessler 24, Hueck § 32 IV 2 c. Nimmt man aber an, daß einem Gesellschafter auch ohne seine Zustimmung durch Gesellschafterbeschluß nach Abs. 1 die Verpflichtung zur Mitwirkung als Abwickler auferlegt werden kann (vgl. oben Anm. 40, DürHach. Anm. 11), so besteht kein Grund, diese Verpflichtung im Falle der Ernennung durch das Gericht nicht anzuerkennen. Auch in diesem Falle erfolgt die Berufung im gemeinsamen Interesse der Gesellschafter. Das Gericht handelt nur für die Gesellschaft; ebenso wie wenn es einen Dritten zum Abwickler bestellt (in diesem Falle nimmt auch DürHach. Anm. 20 Abs. 2 an, daß die gerichtliche Ernennung an Stelle der Mitwirkung der Gesellschaft beim Abschluß des Vertrages mit dem Dritten tritt). **Anm. 63**

Ein Nichtgesellschafter ist zur Annahme der Stellung nur verpflichtet, wenn er sich dazu durch Vertrag verpflichtet hat. Mit der Annahme der Bestellung kommt der Vertrag mit ihm zustande. Das Gericht handelt dabei auf Grund gesetzlicher Ermächtigung für die Gesellschaft; Hueck § 32 IV 2 c. **Anm. 64**

11. Die gerichtliche Verfügung wird nach § 16 FGG **wirksam** mit der Bekanntmachung an diejenigen, für die sie ihrem Inhalte nach bestimmt ist, d. i. der Antragsteller, der Ernannte (und Abberufene) und die Gesellschaft. Durch die Bekanntmachung an ihn erlangt der Ernannte die Stellung des Abwicklers; ist ein Dritter ernannt, erst mit der Annahme der Stellung, falls er nicht bereits durch Vertrag zur Annahme verpflichtet war; vgl. Anm. 64. Die Wirkungen der Ernennung treten schon vor der Rechtskraft der richterlichen Verfügung ein. Durch deren nachträgliche Aufhebung im Rechtsmittelverfahren wird die Rechtswirksamkeit der in der Zwischenzeit von dem Ernannten vorgenommenen Abwicklungshandlungen oder der ihm gegenüber abgegebenen Erklärungen nicht berührt; vgl. § 32 FGG; DürHach. Anm. 17; Schlegelberger-Gessler 25, LZ 13, 597. **Anm. 65**

12. Die Rechtsstellung des vom Gericht ernannten Abwicklers als **Organ der Gesellschaft** ist dieselbe wie die des durch das Gesetz oder den Willen der Gesellschafter berufenen Abwicklers. Er hat dieselben Rechte und Pflichten wie diese; RG in LZ 13, 212. **Anm. 66**

13. Das Gericht kann in die Tätigkeit der von ihm ernannten Abwickler nicht eingreifen. Es kann ihnen ebensowenig wie den durch Gesetz oder den Willen der Gesellschafter Berufenen Weisungen über die Art ihrer Geschäftsführung geben, auch nicht im Verhältnis nach innen. Es kann sie insbesondere nicht an- **Anm. 67**

weisen, eine bestimmte Handlung überhaupt oder in bestimmter Weise vorzunehmen. Es kann auch nicht eine von dem Abwickler verweigerte Zustimmung zu einer gemeinsam vorzunehmenden Handlung ersetzen; DürHach. Anm. 18; LZ 13, 597. Es hat die Tätigkeit der von ihm bestellten Abwickler auch nicht zu überwachen; KG in RJA 6, 131; RG 12, 32; in LZ 13, 212[4]. Das Gericht kann nur auf Antrag die Ernannten nach § 147 aus wichtigem Grunde abberufen oder an ihrer Stelle andere Abwickler ernennen.

Anm. 68 **14. Die Vergütung des Abwicklers.**

Der vom Gericht als Abwickler ernannte **Gesellschafter** hat wie der durch das Gesetz oder den Willen der Gesellschafter Berufene keinen Anspruch auf Vergütung für seine Tätigkeit, wenn ihm nicht eine solche durch Vereinbarung bewilligt ist; BGH 17, 301; OLG Dresden in ZHR 37, 544; vgl. Anm. 40, 41; DürHach. Anm. 20; a. A. Schwarz Anm. 6. Ob der zum Abwickler ernannte **Nichtgesellschafter** Anspruch auf Vergütung hat, bestimmt sich nach dem mit ihm abgeschlossenen Vertrage; vgl. Anm. 41. Im Zweifel ist anzunehmen, daß er eine angemessene Vergütung zu beanspruchen hat; vgl. § 612 BGB; Hueck § 32 IV 2c, 7. Über die Höhe entscheidet im Streitfall das Prozeßgericht. Das Gericht, das den Abwickler ernannt hat, ist zur Festsetzung der Vergütung nicht befugt; KG in RJA 4, 144; KGJ 27 A 222 und DNotVZ 1930, 139 Nr. 6b. Es kann aber die Ernennung eines Abwicklers, dieser den Abschluß des Vertrages mit ihm (vgl. Anm. 64) davon abhängig machen, daß eine angemessene Vergütung vereinbart wird. Wegen des Anspruchs auf Vorschuß und Auslagenersatz vgl. Anm. 41. Schuldner der Vergütung ist die Gesellschaft, da deren Geschäfte besorgt werden. Die Gesellschafter haften als Gesamtschuldner; § 128. Ist durch das Verschulden eines Gesellschafters oder eines anderen Beteiligten, z. B. der Erben eines verstorbenen Gesellschafters, die Ernennung von Abwicklern nötig geworden, so sind sie der Gesellschaft schadensersatzpflichtig; RG 22, 169.

§ 147

Die Abberufung von Liquidatoren geschieht durch einstimmigen Beschluß der nach § 146 Abs. 2, 3 Beteiligten; sie kann auf Antrag eines Beteiligten aus wichtigen Gründen auch durch das Gericht erfolgen.

Inhaltsübersicht

Anm. 1 § 147 regelt die Abberufung der Abwickler durch die Beteiligten oder durch das Gericht. Er stimmt mit Art. 134 ADHGB überein.

1. Begriff der Abberufung.

Anm. 2 Abberufung ist die Entfernung eines bereits im Amte befindlichen Abwicklers aus seiner Stellung. Sie unterscheidet sich von der bloßen Aufhebung einer noch nicht in Wirksamkeit getretenen Berufung. Die Abberufung kann mit einer Neuberufung nach § 146 Abs. 1 und 2 verbunden sein, wenn die Neuberufenen an Stelle schon im Amte befindlicher Abwickler treten; vgl. § 146 Anm. 30, 46, 50. Wegen des Eingriffs der Abberufung in den Gang der bereits im Laufe befindlichen Abwicklung erschwert das Gesetz die Abberufung im Verhältnis zur bloßen Neuberufung, indem es für die Abberufung den Willen der Gesellschafter (vgl. § 146 Abs. 1) nicht genügen läßt, sondern die Mitwirkung aller **„Beteiligten"** fordert; vgl. § 146 Anm. 48, 49. Abberufung im weiteren Sinne ist nicht nur die vollständige Entfernung des Abwicklers, sondern auch die Beschränkung seiner Macht durch Ernennung von selbständigen Mitabwicklern oder durch Ersetzung der Befugnis zum Alleinhandeln durch das bloße Recht zum gemeinsamen Handeln aller oder mehrerer Abwickler; ROHG 20, 11, 21, 142; Schwarz Anm. 1.

Die Abberufung ist nur möglich, solange die Stellung des Abwicklers **Anm. 3** noch nicht aus einem anderen Grunde erloschen ist. Sie ist insbesondere nicht mehr möglich, wenn die Abwicklung beendigt ist, keine Abwicklungshandlungen, auch nicht die Verteilung des Vermögens unter die Gesellschafter mehr vorzunehmen sind; ROHG 9, 261. Sie ist auch unmöglich, wenn die Stellung des einzelnen Abwicklers erloschen ist, z. B. durch Niederlegung der Stellung; vgl. über sonstige Beendigungsgründe Anm. 16.

2. **Alle Abwickler können abberufen werden,** mag ihre Berufung auf Gesetz, Gesell- **Anm. 4** schaftsvertrag, Gesellschafterbeschluß oder richterlicher Verfügung beruhen. Die Abberufung aller kann sowohl durch die Beteiligten nach Halbsatz 1 wie durch den Richter erfolgen, gleichgültig, von wem sie berufen sind. Bei den drei erstgenannten Arten der Berufung unterliegt das Abberufungsrecht der Beteiligten keinem Zweifel, da die Abwickler nur fremdes Vermögen zu verwalten haben, die Abwicklung im Interesse der Gesellschafter geschieht und diese durch die Auflösung der Gesellschaft die gemeinsame Verfügung über das Gesellschaftsvermögen nicht verloren haben; vgl. § 145 Anm. 1, 3. Aber auch die Berufung durch den Richter erfolgt nur im Interesse der Gesellschafter, um die Abwicklung zu fördern und die Belange der daran Beteiligten zu wahren, nicht im Interesse der Gesellschaftsgläubiger oder im öffentlichen Interesse. Sie erfolgt nur auf Antrag eines Beteiligten. Wenn im Falle des § 135 (Kündigung eines Privatgläubigers) oder des Privatkonkurses auch dem Gläubiger eines Gesellschafters oder dem Konkursverwalter ein Antragsrecht zusteht (§ 146 Abs. 2 Satz 2 und Abs. 3), so handelt es sich nur um eine Ausnahme; auch hier üben der Gläubiger oder der Konkursverwalter nur auf Grund einer Beschlagnahme ursprünglich dem einzelnen Gesellschafter allein zustehende Rechte aus, wenn auch ihre Berechtigung eine selbständige ist. Der Richter greift nur im Interesse der Beteiligten ein, weil eben diese nicht zu einer Einigung über die Person der Abwickler gelangt sind. Wird diese Einigung nachträglich erzielt und geht sie dahin, daß der durch den Richter Berufene ungeeignet oder entbehrlich ist oder aus anderen Gründen durch eine andere Person ersetzt werden soll, so sind die Voraussetzungen für die Berufung durch den Richter weggefallen. Da auch die vom Gericht bestellten Abwickler einstimmig gefaßten Beschlüsse der Beteiligten in betreff der Geschäftsführung Folge leisten müssen (§ 152), könnten die Beteiligten, wenn sie einig sind, dem gerichtlich bestellten Abwickler auch jede selbständige Geschäftsführung unmöglich machen. Auch das spricht dafür, daß sie das Recht haben müssen, ihn abzuberufen, auch wenn er vom Gericht ernannt ist. Durch das grundsätzliche Erfordernis der Einstimmigkeit des Abberufungsbeschlusses sind auch die Belange derjenigen gewahrt, auf deren Antrag — unter Umständen gegen den Willen anderer Beteiligten — früher die richterliche Berufung des nunmehr Abzuberufenden erfolgt ist. Wenn im Aktienrecht die Abberufung gerichtlich bestellter Abwickler durch die Hauptversammlung, also die Beteiligten, ausgeschlossen ist (§ 265 Abs. 5 AktG), so erklärt sich dies daraus, daß die Abwicklung der Aktiengesellschaft nicht in erster Linie dem Interesse der Aktionäre dient, sondern daß dabei vor allem die Gläubigerinteressen zu wahren sind; ebenso DürHach. Anm. 5; Schlegelberger-Gessler 3; Baumbach-Duden 1.

Auch der Konkursverwalter eines Gesellschafters, der an dessen Stelle Abwick- **Anm. 5** ler ist, kann abberufen werden. Er muß nicht notwendig an der Abwicklung als Abwickler teilnehmen. Er ist an der Abwicklung gar nicht als Abwickler beteiligt, wenn nach dem Gesellschaftsvertrag oder einem vor der Konkurseröffnung gefaßten, nicht etwa wegen Rechtsmißbrauch (§ 242 BGB) ungültigen Gesellschafterbeschluß der Gemeinschuldner überhaupt nicht zu den Abwicklern gehörte. Er übt dann nur die Befugnisse aus, die auch ein anderer Gesellschafter hat, der nicht zu den Abwicklern gehört. Ist er Abwickler, so kann seine Abberufung durch Gesellschafterbeschluß nach der Regel des Halbsatzes 1 nur mit seiner Zustimmung erfolgen (wegen der Möglichkeit von

Mehrheitsbeschlüssen vgl. Anm. 7). Seine Abberufung durch den Richter kann geschehen, wenn die Voraussetzung dafür (wichtiger Grund, z. B. weite Entfernung seines Aufenthaltsortes und dadurch verursachte erhebliche Erschwerung der Abwicklung) gegeben sind.

3. Die Abberufung durch Beschluß der Beteiligten, Halbsatz 1. Beteiligt sind und

Anm. 6 müssen mitwirken die in § 146 Abs. 2 und 3 Genannten, also a) alle Gesellschafter; b) der Gläubiger eines Gesellschafters, der nach § 135 gekündigt hat, oder der nach Auflösung der Gesellschaft aus einem anderen Grunde den Auseinandersetzungsanspruch seines Schuldners gepfändet und sich hat überweisen lassen, daneben auch der schuldnerische Gesellschafter selbst, § 146 Anm. 48; c) der Konkursverwalter eines in Konkurs befindlichen Gesellschafters an Stelle des Gemeinschuldners, nicht neben ihm; d) die Erben eines verstorbenen Gesellschafters, und zwar alle persönlich in ihrer Verbindung als Erbengemeinschaft, nicht der von ihnen für die Abwicklung bestimmte gemeinsame Vertreter; vgl. § 146 Anm. 12. Alle diese Beteiligten müssen an der Abstimmung teilnehmen, auch wenn sie nach dem Gesellschaftsvertrag oder durch Gesellschafterbeschluß nicht selbst Abwickler sind; denn es handelt sich bei der Beschlußfassung um die Belange aller Beteiligten.

Nach ausdrücklicher Bestimmung des Gesetzes ist für diesen Beschluß ein **einstimmiger** Beschluß aller Beteiligten erforderlich. Danach müssen alle Beteiligten der Abberufung zustimmen. Dies gilt auch von mehreren Miterben (§ 2038 BGB), falls sie sich nicht der Abstimmung durch Mehrheit im inneren Verhältnis untereinander unterworfen haben; ist dies geschehen, so sind die Überstimmten den Miterben gegenüber verpflichtet, mit der Mehrheit zu stimmen; vgl. DürHach. Anm. 6; Schwarz Anm. 3. Im übrigen gilt § 2038 i. V. m. § 745 BGB, vgl. § 146 Anm. 12, 33.

Zur Wirksamkeit des Beschlusses ist auch die Zustimmung des abzuberufenden Abwicklers erforderlich, wenn er zu den Beteiligten gehört; ROHG 20, 11. Ohne sein Einverständnis kann er nur durch das Gericht aus wichtigem Grunde abberufen werden. Gehört der Abwickler nicht zu den Beteiligten, so nimmt er an der Abstimmung nicht teil.

Anm. 7 Bestritten ist, ob durch den Gesellschaftsvertrag wie sonst, z. B. auch für die Berufung von Abwicklern (§ 119, § 146 Anm. 30, 33), **Mehrheitsbeschlüsse** zugelassen werden können. Die besondere Hervorhebung der Notwendigkeit der Einstimmigkeit, obwohl diese schon nach § 119 die Regel für Gesellschafterbeschlüsse bildet, beweist nichts für die Unabdingbarkeit der Vorschrift, da es sich hier um die Abstimmung durch alle Beteiligten, also einen größeren Kreis als den der Gesellschafter handelt, und die Notwendigkeit der Zustimmung aller Mitglieder dieses Kreises als Regel festgestellt werden sollte. Gegen die Zulässigkeit eines Mehrheitsbeschlusses wird eingewendet, daß dadurch z. B. leicht der Privatgläubiger von den Gesellschaftern selbst überstimmt werden könnte; auch könne dadurch das Recht auf richterliche Ernennung von Abwicklern illusorisch gemacht werden; der auf Antrag eines Gesellschafters ernannte Abwickler werde einfach durch Überstimmung des Antragstellers wieder abberufen; DürHach. Anm. 6. Diese Einwendung beweist aber nur, daß durch die Einführung des Mehrheitsgrundsatzes das **unentziehbare Recht** einzelner Gesellschafter und sonstiger Beteiligter auf Herbeiführung der Abberufung eines Abwicklers aus wichtigem Grunde, das gerade die Antragsberechtigten gegen den Willen der Mehrheit schützen soll, nicht mißachtet werden darf. Abgesehen hiervon ergeben sich aber aus dem Wesen und Zweck der Abwicklung keine grundsätzlichen Bedenken gegen die Zulassung von Mehrheitsbeschlüssen. Läßt man mit der neueren Rechtsprechung sogar die Ausschließung von Gesellschaftern aus der fortbestehenden Gesellschaft oder die Abberufung der geschäftsführenden oder vertretungsberechtigten Gesellschafter durch Mehrheitsbeschlüsse zu (vgl. § 127 Anm. 18), § 140 Anm. 33), so muß das gleiche auch für die Abberufung von Abwicklern gelten. Auch bei der Aktiengesellschaft können Abwickler durch Mehrheitsbeschluß abberufen werden; § 265 Abs. 5 AktG. Danach sind Mehrheitsbeschlüsse zwar grundsätzlich zulässig, wenn sie der Gesellschaftsvertrag unzweideutig auch für Abberufungsbeschlüsse vorsieht, vgl. § 119 Anm. 12. Es kann aber nicht durch Mehrheit ein Abwickler abberufen werden, der auf Antrag eines Beteiligten aus wichtigem Grunde ernannt ist, wenn nicht der Antragsteller der Abberufung zustimmt. Es bleibt dann nur die Abberufung aus wichtigem Grunde durch das Gericht auf Antrag eines Beteiligten.

Der Konkursverwalter eines Gesellschafters kann, wenn er nicht selbst die richterliche Ernennung beantragt hatte, ebenfalls überstimmt werden, da er als solcher keine weitergehenden Rechte hat, als der Gesellschafter; a. M. in diesem Punkte Ritter Anm. 2a, der grundsätzlich Mehrheitsbeschlüsse anerkennt. Die Abberufung kann auch in anderer Weise **erleichtert** werden, z. B. durch die Vereinbarung, daß sie durch einen einzelnen Gesellschafter oder einen Dritten, etwa einen Gläubiger, ausgesprochen werden könne. Oder es kann vereinbart werden, daß sie beim Vorliegen bestimmter Tatsachen von den Beteiligten ausgesprochen werden müsse.

Der Abberufungsbeschluß bedarf keiner Begründung. Die Beteiligten haben nach pflichtmäßiger Prüfung sich lediglich davon leiten zu lassen, ob die Abberufung im Interesse einer gedeihlichen Durchführung der Abwicklung zweckmäßig erscheint. **Anm. 8**

Die Abberufung durch Gesellschaftsbeschluß (wie auch die durch Gerichtsbeschluß) kann **jederzeit,** d. h. in jedem für geeignet erachteten Zeitpunkt, und mit sofortiger Wirkung erfolgen; vgl. § 265 Abs. 5 AktG. Sie kann aber auch mit Wirkung für einen späteren Zeitpunkt ausgesprochen werden, etwa auf das bevorstehende Ende des Kalenderjahres oder zu dem Zwecke, die rechtzeitige Bestellung eines anderen Abwicklers zu ermöglichen. **Anm. 9**

Der Abberufungsbeschluß der Gesellschafter wird, da er eine empfangsbedürftige Willenserklärung ist, dem Abzuberufenden gegenüber erst **wirksam,** wenn er ihm durch alle Beteiligten oder einen von ihnen zu der Mitteilung Ermächtigten mitgeteilt ist. Hat er selbst an dem Beschlusse als Beteiligter mitgewirkt, so tritt die Wirkung ein, sobald alle Beteiligten zugestimmt haben und dies dem Abwickler bekannt geworden ist. **Anm. 10**

Die **Nichtigkeit** des Abberufungsbeschlusses kann nach den gewöhnlichen Regeln über die Nichtigkeit von Gesellschafterbeschlüssen (vgl. § 119 Anm. 14ff.) geltend gemacht werden, auch wenn dabei andere Beteiligte als die Gesellschafter mitgewirkt haben. Die Geltendmachung kann insbesondere durch Klage im ordentlichen Prozeß erfolgen. Das ergehende Urteil über die Wirksamkeit oder die Nichtigkeit des Beschlusses hat nur rechtsbekundende, nicht rechtschaffende Wirkung. **Anm. 11**

4. Mit Eintritt der Wirksamkeit des Beschlusses oder des in ihm bezeichneten Zeitpunktes **endigt** die Stellung des Abwicklers. Für seine Ansprüche aus dem zwischen der Gesellschaft und ihm bestehenden Vertrage (Dienstvertrage) gelten, wie in anderen Gesetzesbestimmungen, z. B. § 52 für den Widerruf der Prokura, § 265 Abs. 5 Satz 2 AktG für die Abberufung der Abwickler ausdrücklich hervorgehoben ist, die allgemeinen Vorschriften. Nach ihnen bestimmt sich, welchen Einfluß das Aufhören seiner Organstellung, insbesondere hinsichtlich seiner Vergütungsansprüche, auf das Vertragsverhältnis hat. **Anm. 12**

5. Vertragsmäßige Ausschließung oder Beschränkung des Rechtes der Beteiligten auf Abberufung eines Abwicklers. **Anm. 13**

Da das Abberufungsrecht nach Halbsatz 1 nicht den Gesellschaftern, sondern einem weiteren Kreise, nämlich den Beteiligten zusteht, so können die Gesellschafter allein es nicht ausschließen, weder durch den Gesellschaftsvertrag noch durch eine Änderung des Vertrages oder eine Vereinbarung unter sich in einem einzelnen Falle. Der Ausschluß könnte nur zulässig sein, wenn auch die übrigen Beteiligten zustimmen. Zustimmen müßten alle Beteiligten, die in dem Zeitpunkt vorhanden sind, in dem über die Abberufung eines Abwicklers Beschluß gefaßt wird. Liegt diese Voraussetzung vor, so ist die Vereinbarung zulässig. Die Abwicklung erfolgt in erster Linie im Interesse der Gesellschafter, § 145 Anm. 1, 3. Außer ihnen haben an ihrer Durchführung und der Art der Durchführung nur die Beteiligten im Sinne des § 146 Abs. 2 u. 3 ein rechtlich geschütztes Interesse. Mit Zustimmung aller Beteiligten kann die Abwicklung jeder Zeit ganz aufgehoben und durch eine andere Art der Auseinandersetzung ersetzt werden, § 145. Die Auflösung kann sogar rückgängig gemacht und die Gesellschaft wieder in ein werbendes Unternehmen verwandelt werden; vgl. § 131 Anm. 13. Können die Beteiligten in dieser weitgehenden Weise über ihre mit der Beteiligung an der Gesellschaft als Gesellschafter oder Gläubiger usw. zusammenhängenden Belange frei verfügen, so muß es ihnen auch möglich sein, eine weniger weitgehende Verfügung zu treffen, wie sie in der Vereinbarung des Ausschlusses der Abberufung eines Abwicklers durch in der Regel einstimmigen Beschluß aller Beteiligten liegt. Es ist nicht ersichtlich, daß der Gesetzgeber gerade dieses Recht als unabdingbares festlegen wollte. Da schon die auch nicht mit Gründen belegte Verweigerung der Zustimmung auch nur eines Beteiligten die Abberufung durch Beschluß der Beteiligten unmöglich macht, kann nicht gesagt werden, daß es zu den grundlegenden Bestimmungen des Gesellschaftsrechtes gehört. Den wirksamen Schutz der Beteiligten, insbesondere der Nichtgesellschafter, nämlich der Erben eines Gesellschafters und namentlich der Gläubiger von Gesellschaftern gewährt die Vorschrift in Halbsatz 2, nach der die Abberufung eines Abwicklers durch das Gericht, auf Antrag jedes einzelnen Beteiligten, wenn auch nur aus wichtigem Grunde, verfügt werden kann; wegen des zwingenden Charakters dieser Bestimmung vgl. Anm. 15. Der Wortlaut des Halbsatzes 1 bietet auch für die Annahme einer Unabdingbarkeit dieser Vorschrift keine Stütze. Andererseits kann auch die Möglichkeit der Ausschließung oder Beschränkung des Abberufungsrechts im Interesse der Beteiligten liegen. Es kann z. B. durch die Möglichkeit eines Vertrages mit dem Abwickler, durch den seine Abberufung auch aus der Organstellung erschwert wird, erst eine geeignete Kraft zur Übernahme der Stellung gefunden werden. Es kann auch im Interesse der Beteiligten liegen, daß einem einzelnen von ihnen oder auch einem Dritten, z. B. einem Geldgeber, Einfluß auf die Bestellung des Abwicklers eingeräumt und im Zusammenhang damit die freie Abberufbarkeit des Abwicklers eingeschränkt oder aufgehoben wird. Das Gesetz sieht auch gerade in den Vorschriften der § 145 Abs. 2, § 146 Abs. 2, § 147 die Berücksichtigung anderer Belange als der der Gesellschafter vor. Es besteht kein Grund zu der Annahme, daß dieser Schutz nicht auch durch Abdingbarkeit der Vorschrift des Halbsatz 1 gewährt werden kann. Die Stellung der Beteiligten wird dadurch nicht mehr beeinträchtigt, als wenn die Gesellschafter zum Zwecke der außerkonkursmäßigen Abwicklung und gleichmäßigen Befriedigung der Gesellschaftsgläubiger einem Gläubiger oder einem von diesen bestimmten Treuhänder das ganze Gesellschaftsvermögen übertragen, was unbestritten zulässig ist; vgl. RG 39, 89.

Danach kann das Abberufungsrecht der Beteiligten durch Vereinbarung unter diesen aufgehoben oder beschränkt werden; Schlegelberger-Gessler 4; Ritter Anm. 2d; Brandt Anm. 1b; Teichmann-Koehler Anm. 1; Schwarz Anm. 3; a.A. DürHach. Anm. 7; ROHG 23, 329.

Es kann insbesondere auch, namentlich in Verbindung mit einem Abwicklungsvergleich, bestimmt werden, daß die Abberufung durch die Beteiligten nur mit Zustimmung eines Dritten (eines Gläubigers oder Treuhänders), oder nur aus wichtigem Grunde, oder beim Vorliegen eines bestimmten Grundes erfolgen könne. Es wird dadurch nur ein ähnlicher Rechtszustand geschaffen, wie er sachlich-rechtlich nach der gesetzlichen Regel für die Abberufung von geschäftsführenden oder vertretungsberechtigten Gesellschaftern, für die Auflösung der Gesellschaft oder die Ausschließung von Gesellschaftern gilt, §§ 117, 127, 133, 140.

Auf das Recht der Abberufung durch Beschluß der Beteiligten kann auch von diesen — in der Regel nur einstimmig — im Einzelfall verzichtet werden, z. B. um einen Abwickler zu gewinnen oder um die Aufnahme eines Kredits zu ermöglichen.

Ein Teil der Beteiligten, z. B. die Gesellschafter, können sich auch gegenseitig verpflichten, von dem Abberufungsrecht allgemein oder für einen bestimmten Fall keinen Gebrauch zu machen, d. h. gegen die Abberufung zu stimmen. Solche Vereinbarungen sind in gleicher Weise und mit denselben Beschränkungen (vgl. § 138 BGB) möglich wie andere Stimmrechtsvereinbarungen; vgl. § 119 Anm. 33ff.

Anm. 14 **6. Die Abberufung der Abwickler durch das Gericht.**

Sie kann auf Antrag eines Beteiligten aus wichtigem Grunde erfolgen; Halbsatz 2. Die Vorschrift entspricht der Bestimmung des § 146 Abs. 2 Satz 1 über die Ernennung von Abwicklern durch das Gericht. Der Begriff der Beteiligten ist derselbe wie in Halbsatz 1. Wegen des Begriffs des wichtigen Grundes, der Gerichtszuständigkeit, des Verfahrens, des Beschwerderechts, des Eintritts der Wirksamkeit der gerichtlichen Verfügung, der Unzulässigkeit des Eingreifens des Gerichts in die Geschäftsführung, insbesondere der Erteilung von Weisungen, vgl. die Erl. zu § 146 Anm. 46ff.; zum Begriff des wichtigen Grundes auch OLG Hamm BB 60, 918 und 1355.

Gehört der Abwickler zu den „Beteiligten", so ist er ebenfalls antragsberechtigt. Er kann dann auch seine eigene Abberufung beantragen. Er kann zur Stellung des Antrages, z. B. Anlaß haben, wenn die übrigen Beteiligten seinem berechtigten Verlangen auf Befreiung von der Abwicklerstellung nicht entsprechen; Ritter Anm. 3; Brand Anm. 2b aa.

Der Abwickler, der nicht zu den Beteiligten gehört, ist, wenn seine Abberufung beantragt ist, als „Gegner" zu hören; § 146 Abs. 1 FGG. Er hat auch das Beschwerderecht; DürHach. Anm. 10.

Mit dem Antrag auf Abberufung kann auch der Antrag auf Ernennung anderer Abwickler verbunden werden; § 146 Abs. 2.

Die Entscheidung kann nur auf Abberufung oder auf Beschränkung der Stellung lauten, soweit diese unter den Begriff der Abberufung fällt; vgl. Anm. 2.

Durch das Prozeßgericht, auch durch einstweilige Verfügung, können dem Abwickler einzelne Handlungen verboten werden, z. B. deshalb, weil sie wegen Widerspruchs eines anderen Abwicklers (§ 152) unzulässig sind.

Das Recht jedes einzelnen Beteiligten, die Abberufung eines Abwicklers aus wichtigem Grunde zu verlangen, enthält, ebenso wie das Recht, die Ernennung eines Abwicklers zu verlangen, **zwingendes Recht.** Dies ergibt sich aus dem Zwecke der Vorschrift, die Beteiligten gegen die Nachteile zu schützen, die durch die Belassung eines ungeeigneten Abwicklers in seiner Stellung entstehen können; vgl. § 146 Anm. 62. **Anm. 15**

7. Die Beendigung der Stellung des Abwicklers in anderer Weise als durch Abberufung. Wegen der Beendigung der Stellung durch Niederlegung der Stellung, Kündigung, vgl. § 117 Anm. 37, § 127 Anm. 24, § 146 Anm. 29. **Anm. 16**

Durch den **Tod** des zum Abwickler bestellten Dritten endigt dessen Abwicklerstellung ohne weiteres; §§ 611, 673 BGB. War ein Gesellschafter auf Grund der gesetzlichen Regel des § 146 Abs. 1 Abwickler geworden, so tritt sein Erbe in seine Stelle als Abwickler ein. Mehrere Erben haben einen gemeinsamen Vertreter zu bestellen, § 146 Anm. 11, 12, 24, 25. War er durch den Willen der Gesellschafter berufen, so geht diese Stellung nicht auf seine Erben über, wenn sie nicht selbst Gesellschafter geworden sind; vgl. § 139. Sind sie Gesellschafter geworden, so werden sie an seiner Stelle auch Abwickler, wenn sich nicht aus dem Bestellungsakt oder aus den Umständen ergibt, daß dem Verstorbenen die Stellung nur für seine Person übertragen war. Der Wechsel der Person kann nach Lage des Einzelfalls für die Erben einen wichtigen Grund zur Niederlegung der Stellung, für die übrigen Beteiligten zu einem Antrag auf Abberufung der Erben und Ernennung anderer Abwickler durch das Gericht bilden; DürHach. Anm. 12.

Die Beendigung der Stellung als Abwickler kann durch Vertrag mit dem Abwickler auch für den Fall des Eintritts bestimmter Ereignisse vereinbart werden. Die Stellung des gerichtlich bestellten Abwicklers oder eines von den Gesellschaftern berufenen Dritten geht nicht auf seine Erben über.

§ 148

Die Liquidatoren sind von sämtlichen Gesellschaftern zur Eintragung in das Handelsregister anzumelden. Das gleiche gilt von jeder Änderung in den Personen der Liquidatoren oder in ihrer Vertretungsmacht. Im Falle des Todes eines Gesellschafters kann, wenn anzunehmen ist, daß die Anmeldung den Tatsachen entspricht, die Eintragung erfolgen, auch ohne daß die Erben bei der Anmeldung mitwirken, soweit einer solchen Mitwirkung besondere Hindernisse entgegenstehen.

Die Eintragung gerichtlich bestellter Liquidatoren geschieht von Amts wegen.

Die Liquidatoren haben die Firma nebst ihrer Namensunterschrift zur Aufbewahrung bei dem Gerichte zu zeichnen.

Inhaltsübersicht

Anm. 1 § 148 enthält Vorschriften über die Anmeldung der Abwickler, von Veränderungen in der Person der Abwickler oder in ihrer Vertretungsmacht und über die Zeichnung der Firma durch die Abwickler zur Aufbewahrung bei dem Registergericht. Die Vorschriften im Abs. 1 Satz 1 u. 2 und Abs. 3 stimmen im wesentlichen mit Art. 135 ADHGB überein. Neu ist Abs. 1 Satz 3, der nach dem Vorbilde des § 143 Abs. 3 die Anmeldung im Falle des Todes eines Gesellschafters erleichtert. Neu ist auch Abs. 2, der die Eintragung der gerichtlichen Ernennung und Abberufung von Abwicklern von Amts wegen anordnet.

I. Die Anmeldung der Abwickler zum Handelsregister

Anm. 2 **1.** Der Eintritt der Gesellschaft in den Zustand der Abwicklung, die nach § 145 die regelmäßige Folge der Auflösung ist, ist nicht anzumelden und einzutragen; ebensowenig, daß statt ihrer eine andere Art der Auseinandersetzung vereinbart ist. Dagegen sind nach § 148 Abs. 1 die Abwickler von sämtlichen Gesellschaftern zum Handelsregister anzumelden. Findet eine Abwicklung überhaupt nicht statt, weil die Gesellschafter eine andere Art der Auseinandersetzung vereinbart haben oder weil über das Vermögen der Gesellschaft das Konkursverfahren eröffnet ist (§ 145), so kann auch eine Anmeldung und Eintragung von Abwicklern nicht erfolgen. Die erste Ausnahme setzt voraus, daß die Vereinbarung einer anderen Art der Auseinandersetzung schon im Zeitpunkt der Auflösung der Gesellschaft wirksam geworden ist. Ist dagegen die Gesellschaft zunächst in den Abwicklungszustand eingetreten, weil die bezeichnete Vereinbarung erst später erfolgt oder wirksam geworden ist, so hat die Anmeldung der nach dem Gesetz oder Vertrag oder einem Beschlusse der Gesellschafter berufenen Abwickler stattzufinden.

Anm. 3 Die Anmeldung hat auch zu geschehen, wenn die Gesellschaft selbst und ihre Auflösung (vgl. § 143 Abs. 1) noch nicht angemeldet war. Dann hat die Anmeldung und Eintragung der Gesellschaft und ihrer Auflösung vorher oder gleichzeitig zu erfolgen; KG in OLGR 41, 202.

Anm. 4 **2.** Anzumelden sind die Personen der Abwickler. Aus der Eintragung in das Handelsregister soll ersichtlich sein, wer die Abwicklung vornimmt und die mit der Abwicklung verbundene Vertretungsmacht ausübt. Daraus ergibt sich entsprechend der Vorschrift des § 106 Nr. 1, daß Name, Vorname, Stand, Wohnort des Abwicklers, bei juristischen Personen oder Personengesellschaften als Abwickler die Firma und der Gesellschaftssitz anzumelden sind.

Anm. 5 Die Anmeldung und Eintragung ist nicht nur, wenn es sich um durch den Willen der Gesellschafter (Gesellschaftsvertrag oder Gesellschafterbeschluß), sondern auch, wenn es sich um durch das Gesetz berufene Abwickler handelt, also auch dann vorzunehmen, wenn alle Gesellschafter Abwickler sind. Auch soweit die Abwickler bisher vertretungsberechtigte Gesellschafter waren, sind sie in ihrer neuen Eigenschaft anzumelden und einzutragen. Ist ein gemeinsamer Vertreter der Erben eines verstorbenen Gesellschafters (§ 146 Abs. 1 Satz 2) oder der Konkursverwalter eines Gesellschafters Abwickler (§ 146 Abs. 2), so sind auch diese anzumelden und einzutragen.

Nicht anzumelden ist die Ernennung und Abberufung von Abwicklern durch das Gericht, da hierfür Abs. 2 die Eintragung von Amts wegen anordnet; vgl. unten Anm. 16. Anm. 6

3. Anzumelden und einzutragen ist auch jede Änderung in den Personen der Abwickler oder in ihrer Vertretungsmacht, Abs. 1 Satz 2. Änderungen in der Person können erfolgen durch Abberufung, Tod, Amtsniederlegung oder auch durch Neuberufungen. Solche Änderungen können auch auf Grund des Gesellschaftsvertrages eintreten, z. B. wenn in diesem bestimmt ist, daß ein einzelner Abwickler nur auf bestimmte Zeit berufen ist. Als Änderungen der Vertretungsmacht kommen namentlich in Betracht Einführung der Einzelbefugnis statt der gesetzlichen Gesamtbefugnis der Abwickler (§ 150) oder Änderungen in diesem Zustand. Eine einzutragende Änderung der Vertretungsbefugnis liegt auch vor, wenn diese von Anfang an abweichend vom Gesetz geregelt ist. Anm. 7

Nicht anzumelden und einzutragen ist der Zeitpunkt des Beginns und des Endes der Stellung des Abwicklers und der Zeitpunkt der Änderung seiner Vertretungsbefugnis oder der Rechtsgrund der Berufung und Abberufung, da das Handelsregister für solche Eintragungen nicht bestimmt ist; KG in DNotVZ 13, 670; in RJA 12, 217.

4. **Anmeldepflichtig** sind sämtliche Gesellschafter, auch diejenigen, die nicht Abwickler sind; vgl. §§ 108, 143. An Stelle des Gesellschafters hat derjenige die Meldepflicht, der für ihn zur Ausübung der Gesellschafterrechte berufen ist (gesetzlicher Vertreter, Ehemann, Erben usw.). Wegen der auch für die Anmeldung der Auflösung streitigen Frage, ob im Falle des Konkurses eines Gesellschafters dieser selbst oder sein Konkursverwalter anmeldepflichtig ist, vgl. § 143 Anm. 8. Im Falle der Pfändung des künftigen Auseinandersetzungsguthabens eines Gesellschafters nach § 135 obliegt die Anmeldepflicht dem Gesellschafter, nicht seinem Gläubiger; vgl. § 143 Anm. 8. Anm. 8

Die Abwickler als solche sind zur Anmeldung weder berechtigt noch verpflichtet, da nur Gesellschafter anmeldepflichtig sind. Auch für nach Beginn ihrer Stellung eingetretene Tatsachen sind sie nicht anmeldepflichtig (anders bei der Aktiengesellschaft, § 266 AktG; beim eingetragenen Verein; § 76 BGB; der GmbH, § 67 GmbHG; der eingetragenen Genossenschaft, § 84 GenG). Anm. 9

5. **Im Falle des Todes eines Gesellschafters** kann, wenn anzunehmen ist, daß die Anmeldung den Tatsachen entspricht, die Eintragung erfolgen, auch ohne daß die Erben bei der Anmeldung mitwirken, soweit einer solchen Anmeldung besondere Hindernisse entgegenstehen; Abs. 1 Satz 3. Diese Vorschrift erleichtert im Falle des Todes eines Gesellschafters die Anmeldung der Abwickler in gleicher Weise wie die Anmeldung der Auflösung; vgl. § 143 Anm. 14. Auch die Anmeldung des gemeinsamen Vertreters der Erben, der an ihrer Stelle als Abwickler tätig wird, ist durch die Vorschrift erleichtert. Die Anmeldung kann durch die übrigen Gesellschafter allein erfolgen, wenn und soweit die Erben oder einige von ihnen an der Anmeldung verhindert sind. Die Bestellung des gemeinsamen Vertreters muß aber durch alle Miterben erfolgt sein und glaubhaft gemacht werden; Schlegelberger-Gessler 4. Anm. 10

Auch die Gesellschafter, die durch die anzumeldende Tatsache selbst betroffen, z.B. als Abwickler abberufen sind, sind zur Mitwirkung bei der Anmeldung verpflichtet.

6. Treten vor oder nach Beginn der Abwicklung **andere** als die nach Abs. 1 anmeldepflichtigen **Tatsachen** ein, die der Anmeldung bedürfen, so trifft die Anmeldepflicht den Abwickler, wenn es sich um Angelegenheiten handelt, die zum Geschäftskreis der Abwickler gehören, z. B. die Aufhebung einer Zweigniederlassung. Ausdrücklich festgestellt ist diese Pflicht für die Anmeldung des Erlöschens der Firma nach Beendigung der Abwicklung, § 157 Abs. 1. Ist dagegen eine Änderung in den Grundlagen des Gesellschaftsverhältnisses einzutragen, die auch im Abwicklungszustande nur von den Gesellschaftern selbst vorgenommen werden kann, wie Entlassung und Neuaufnahme von Gesellschaftern, Änderung der Firma, ein Beschluß über Fortsetzung der Gesellschaft, so ist die Anmeldung durch die Gesellschafter vorzunehmen; vgl. auch §§ 107, 108; Schlegelberger-Gessler 9, Hueck § 32 IV 4. Anm. 11

7. Die Anmeldung hat unverzüglich zu erfolgen, sobald die Abwickler in ihre Stellung eingetreten sind, also z.B. bei Berufung durch das Gesetz oder eine vor der Auf- Anm. 12

lösung erfolgte Vereinbarung oder Gesellschafterbeschluß mit der Auflösung der Gesellschaft, bei Bestellung eines Dritten mit der Annahme der Stellung oder sobald die Änderung in der Person oder in der Vertretungsmacht eingetreten ist.

Anm. 13 **8.** Die Anmeldung hat bei dem Registergericht des Sitzes der Gesellschaft (§ 106 Abs. 1) zu erfolgen. Wegen der Form vgl. § 12, wegen Zweigniederlassungen §§ 13ff.

Anm. 14 **9.** Die Anmeldepflicht ist eine öffentlich-rechtliche Pflicht; die Erfüllung kann durch Ordnungsstrafen auch gegen einzelne säumige Anmeldepflichtige erzwungen werden; § 14 HGB.

Anm. 15 Besteht Streit darüber, ob eine Tatsache anzumelden ist, z.B. darüber, ob der Beschluß über Berufung oder Abberufung eines Gesellschafters rechtswirksam ist, oder wer nach Gesellschaftsvertrag oder Gesetz als Abwickler berufen ist oder welche Vertretungsmacht dem Berufenen zukommt (vgl. § 150), ob die Abwicklung überhaupt eingetreten oder eine andere Art der Auseinandersetzung vereinbart oder ob die Auflösung überhaupt eingetreten ist oder wer anmeldungspflichtig ist, so kann der Richter im Ordnungsstrafverfahren (§ 132 FGG) auch über die Vorfrage, von der die Entscheidung über die Anmeldepflicht abhängt, entscheiden. Die Entscheidung kann aber bei Bejahung der Vorfrage nur dahin lauten, daß die nach Ansicht des Gerichts Anmeldepflichtigen zur Anmeldung der anzumeldenden Tatsache durch Androhung von Ordnungsstrafen angehalten werden; § 132 FGG; KG in OLGR 43, 290. Das Registergericht kann nicht ohne Anmeldung durch den Anmeldepflichtigen die Eintragung anordnen und ausführen; Schlegelberger-Gessler Anm. 5; a. A. Brand Anm. 1a. Das Gericht kann aber auch — abweichend von dem Falle in § 146 Abs. 2; vgl. daselbst Anm. 57 — seine Entscheidung bis zur Entscheidung der streitigen Vorfrage im Wege des Rechtsstreits aussetzen, auch eine Frist zur Erhebung der Klage bestimmen; § 127 FGG. Die rechtskräftige Entscheidung über die Vorfrage ist für den Registerrichter für seine künftige Entscheidung bindend. Für die Zwischenzeit kann eine Ernennung oder Abberufung aus wichtigem Grunde durch den Richter erfolgen; § 146 Abs. 2, § 147. Die Entscheidung im Rechtsstreit über die Verpflichtung zur Mitwirkung bei der Anmeldung ersetzt die verweigerte Mitwirkung des verurteilten Prozeßgegners, § 16. Hat der Registerrichter auf Grund eigener Entscheidung über die Vorfrage im Ordnungsstrafverfahren die Verpflichtung zur Eintragung ausgesprochen und diese dann auf Anmeldung vorgenommen, wird aber die Vorfrage später vom Prozeßrichter anders entschieden, so ist die unrichtige Eintragung zu berichtigen oder zu löschen.

II. Die Eintragung der gerichtlichen Bestellung und Abberufung von Abwicklern

Anm. 16 **Von Amts wegen** geschieht die Eintragung gerichtlich bestellter Abwickler sowie die Eintragung der gerichtlichen Abberufung von Abwicklern; Abs. 2. Eine gerichtliche Bestellung („Ernennung" nach § 146 Abs. 2) liegt auch vor, wenn die Vertretungsbefugnis der nach dem Gesetze (§ 146 Abs. 1) berufenen Abwickler abweichend von der gesetzlichen Regel (§ 150), im Ernennungsbeschluß geordnet wird (vgl. § 147 Anm. 2); ebenso wenn eine solche Anordnung für die sonst ernannten Abwickler erfolgt. Auch diese Änderungen sind von Amts wegen einzutragen. Nur wenn Abwickler durch das Gericht ernannt oder abberufen werden, geschieht die Eintragung von Amts wegen. Werden gerichtlich ernannte Abwickler nicht durch das Gericht, sondern durch Beschluß der Beteiligten nach § 147 Halbsatz 1 (vgl. Anm. 4 dazu) abberufen, so erfolgt die Eintragung nur auf Anmeldung und es besteht Anmeldezwang.

Anm. 17 Ist das Gericht, das die Ernennung oder Abberufung ausgesprochen hat, nicht das Registergericht (vgl. § 146 Anm. 54), so hat es diesem eine beglaubigte Abschrift der Verfügung zur Vornahme der Eintragung mitzuteilen. Ist die Bestellung oder Abberufung nichtig, so kann sie von Amts wegen gelöscht werden; OLG München in DFG 36, 241; Schlegelberger-Gessler 6.

III. Die Wirkung der Eintragung und Nichteintragung

Anm. 18 **Die Wirkung der Eintragung** und Nichteintragung der nach Abs. 1 u. 2. einzutragenden Tatsachen. Die Eintragung hat nur rechtsbekundende, aber keine rechtsbegründende Wirkung in dem Sinne, daß erst durch die Eintragung der Berufung die Rechtsstellung der Abwickler beginnt oder erst durch die Eintragung der Abberufung diese wirksam wird, oder die Änderungen in der Vertretungsmacht eintreten; ROHG 16, 73; 22, 204; RG in HoldhMschr. 13, 166; OLG Köln BB 59, 463. Nur die Folgen der Nichteintragung oder Eintragung nach außen werden nach dem Zweck der Eintragungsvorschrift durch § 15 bestimmt. Danach gilt, wer als Abwickler eingetragen und bekanntgemacht ist, jedem gutgläubigen Dritten gegenüber als Abwickler, mag er in Wirklichkeit auch nicht Abwickler geworden sein, oder seine Stellung, z. B. durch Zeitablauf nach dem Gesellschaftsvertrag, oder durch Abberufung erloschen sein; § 15 Abs. 1; OLG Kolmar in LZ 1909, 246. Ist die einzutragende Tatsache, wie die Berufung neuer Abwickler oder die Abberufung von solchen, die Änderung der Vertretungsmacht eingetragen und bekanntgemacht, so muß ein Dritter sie gegen sich gelten lassen, es sei denn, daß er sie weder kannte noch kennen mußte; § 15 Abs. 2. Ist keine von der gesetzlichen Regel des § 146 Abs. 1, § 150 Abs. 1 abweichende Bestimmung eingetragen, so gilt gutgläubigen Dritten gegenüber die gesetzliche Regel. Die vorstehend genannten sog. Publizitätswirkungen der Nichteintragung und Eintragung bestehen auch für die nach Abs. 2 von Amts wegen einzutragenden Tatsachen.

Wegen der Bedeutung der Eintragung und Nichteintragung vgl. auch § 143 Anm. 19ff. und Erl. zu § 15.

IV. Die Firmenzeichnung, Abs. 3

Die Abwickler haben die Firma nebst ihrer Namensunterschrift zur Aufbewahrung bei dem Gerichte zu zeichnen; Abs. 3. Die Firma ist als Abwicklungsfirma zu zeichnen, d. h. die Zeichnung hat einen Hinweis darauf zu enthalten, daß die Gesellschaft sich in Abwicklung befindet; § 153. Auch die durch das Gericht ernannten Abwickler haben die Firma zu zeichnen; ebenso Abwickler, die als vertretungsberechtigte Gesellschafter früher schon die Firma gezeichnet haben; vgl. § 108 Abs. 2. **Anm. 19**

V. Zwingendes Recht

Die Vorschriften des § 148 über Eintragung und Firmenzeichnung enthalten zwingendes Recht. Sie können nicht durch den Gesellschaftsvertrag oder Vereinbarung der Beteiligten geändert werden. **Anm. 20**

§ 149

Die Liquidatoren haben die laufenden Geschäfte zu beendigen, die Forderungen einzuziehen, das übrige Vermögen in Geld umzusetzen und die Gläubiger zu befriedigen; zur Beendigung schwebender Geschäfte können sie auch neue Geschäfte eingehen. Die Liquidatoren vertreten innerhalb ihres Geschäftskreises die Gesellschaft gerichtlich und außergerichtlich.

Inhaltsübersicht

Anm. 1 § 149 umschreibt den Aufgabenkreis der Abwickler und regelt ihre Vertretungsmacht. Die Vorschriften stimmen mit Art. 137 Abs. 1 ADHGB überein. Die daselbst in Abs. 2 enthaltene Beschränkung der Befugnis der Abwickler zur Veräußerung unbeweglicher Sachen (anders als durch öffentliche Versteigerung nur mit Zustimmung sämtlicher Gesellschafter) ist nicht übernommen. Die Bestimmungen des § 149 Satz 1 sind, teilweise wörtlich, übertragen auf die Abwicklung der Aktiengesellschaft, § 268 Abs. 1 AktG, der GmbH, § 70 GmbH, der eingetragenen Genossenschaft, § 88 GenG. Eine bedeutsame Abweichung enthält § 269 Abs. 1 AktG 1965. Er übernimmt die Beschränkung der Vertretungsbefugnis auf den Geschäftskreis der Abwicklung von § 210 AktG 1937 nicht, sondern verleiht den Abwicklern im Interesse der Sicherheit des Rechtsverkehrs unbeschränkte Vertretungsbefugnis.

I. Der Aufgabenkreis der Abwickler

Anm. 2 **1.** Der Aufgabenkreis ergibt sich aus dem Zwecke der Abwicklung, das Gesellschaftsvermögen aus seiner Gebundenheit zu lösen und den einzelnen Gesellschaftern die freie Verfügung über die ihnen zukommenden Anteile daran zu verschaffen und die Gesellschaft ihrem Ende entgegenzuführen. Satz 1 zählt eine Reihe von Handlungen auf, die der Erreichung dieses Zieles dienen. Satz 2 verleiht zu diesem Zwecke den Abwicklern die Befugnis zur Vertretung der Gesellschaft innerhalb dieses Geschäftskreises. Dieser Geschäftskreis erschöpft sich aber nicht in den in Satz 1 genannten Aufgaben. Da mit der Auflösung der Gesellschaft die Befugnis der bisher dazu berufenen Gesellschafter zur Geschäftsführung und Vertretung aufhört, die Gesellschaft aber, wenn auch mit verändertem Zweck fortbesteht, muß ein Organ vorhanden sein, das alle mit dem Bestehen der Gesellschaft verbundenen Aufgaben wahrnimmt. Zu diesen Aufgaben gehören auch Handlungen, die ihrem Zwecke nach nicht unmittelbar auf die Abwicklung gerichtet sind, die aber auch andererseits nicht in den Aufgabenkreis der Gesamtheit der Gesellschafter fallen. Dazu gehört insbesondere die auf die **Erhaltung des Gesellschaftsvermögens** gerichtete Tätigkeit, die in rein tatsächlichen, aber auch in Rechtshandlungen, insbesondere der Rechtsverteidigung bestehen kann. Dahin gehört auch die Erfüllung der schon mit dem Vermögensbesitz und dem Vorhandensein eines wenn auch im Abbau befindlichen Gewerbebetriebs verbundenen Pflichten, wie Verkehr mit den Behörden, Erfüllung der Steuerpflicht und sonstiger öffentlich-rechtlicher Verpflichtungen, z. B. der gewerbepolizeilichen, die Ausübung der damit zusammenhängenden Rechte, die Erwerbung und Verteidigung von Schutzrechten für Erfindungen, die Ausübung des Beschwerderechts und des Strafantragsrechts, die Teilnahme an öffentlich-rechtlichen Verbänden; Dür-Hach. Anm. 4. Diese Tätigkeit kann nur den Abwicklern obliegen, da sie von der sonstigen diesen ausdrücklich übertragenen Aufgabe untrennbar sind, ein anderes Organ dafür auch nicht vorhanden ist. Zum Geschäftskreis der Abwickler gehört somit die **gesamte Verwaltungstätigkeit,** die im Interesse der Gesellschaft im Abwicklungszustand erforderlich ist. Die Abwickler vereinigen damit in ihrer Person alle Befugnisse, die vor der Auflösung den geschäftsführenden und den vertretungsberechtigten Gesellschaftern zustanden und die dort in verschiedenen Händen sein konnten, vgl. §§ 114, 125. Geschäftsführung und Vertretung, soweit sie der Abwicklungszweck erfordert, sind im Abwicklungszustand notwendig in einem Organ, den Abwicklern, vereinigt; RG im Recht 1930 Nr. 2335. Die Gesellschafter als solche, auch in ihrer Gesamtheit, sind zur Ausübung dieser Befugnisse, insbesondere zur Vertretung der Gesellschaft neben oder an Stelle der Abwickler, nicht berechtigt; ROHG 10, 357; 12, 216; RG 5, 10; BayObLGZ 26, 21; KGJ 33 A 184; OLG Braunschweig im Recht 10 Nr. 2898 = OLGR 21, 388; OLG Karlsruhe in LZ 17, 556[10]; Wieland I 699

Anm. 43; a. A. RG 91, 55 = JW 18, 41[18] mit Anm. Aus der Befugnis der „Beteiligten", zu denen auch andere als Gesellschafter gehören können (§ 146 Abs. 2 u. 3), den Abwicklern Weisungen zu erteilen (§ 152), ergibt sich noch nicht das Recht zu eigenem Handeln. Die Gesellschafter können zwar statt der bisherigen, auch der vom Gericht ernannten, andere Abwickler, auch sich selbst berufen (vgl. § 146, § 147 Anm. 4), aber dann nehmen sie die Handlung als Abwickler vor und nicht als Gesellschafter; DürHach. Anm. 19.

Wegen der Fortdauer der Geschäftsführungsbefugnis der bisherigen geschäftsführenden Gesellschafter bis zu ihrer Kenntnis von der Auflösung und der Fürsorgepflicht der Gesellschafter und der Erben eines verstorbenen Gesellschafters bei Auflösung der Gesellschaft durch Tod eines Gesellschafters oder Gesellschaftskonkurs vgl. §§ 136, 137.

2. Ihrer rechtlichen Natur nach sind auch im Abwicklungszustande die Handlungen der **Geschäftsführung** und der **Vertretung** verschieden, die erstgenannten haben das Rechtsverhältnis nach innen, gegenüber der Gesellschaft, die letztgenannten das Rechtsverhältnis nach außen zum Gegenstande. Dieselbe Handlung kann und ist häufig zugleich eine Handlung der Geschäftsführung und der Vertretung, so die Anschaffung von Gegenständen zur Durchführung der Abwicklung; vgl. die Erl. zu § 114. Da die Vorschriften über die Geschäftsführung nur die Belange der Gesellschafter berühren, können sie durch Vertrag der Beteiligten geändert werden. Die Vertretungsbefugnis der Abwickler kann, da sie die Interessen Dritter, insbesondere der mit der Gesellschaft in Rechtsverkehr tretenden Personen angeht, aber durch Vereinbarung der Gesellschafter nur erweitert, nicht beschränkt werden; vgl. § 151. **Anm. 3**

3. Die Stellung der Abwickler ist eine höchstpersönliche. Sie können ihre Stellung **nicht** einseitig auf Mitgesellschafter oder Mitabwickler oder Dritte **übertragen.** Da die Abwicklung aber nur im Interesse der Gesellschafter stattfindet, können diese im Gesellschaftsvertrag oder bei der Bestellung etwas anderes anordnen. Das Gericht hat diese Befugnis nicht; es hat nur das Recht, auf Antrag Abwickler zu ernennen, wenn ein Bedürfnis dazu besteht. Allgemein zulässig ist es, daß die Abwickler Gesellschafter oder Mitabwickler oder Dritte für einzelne Vertretungsakte bevollmächtigen, für sie zu handeln. **Anm. 4**

II. Die im Gesetz einzeln genannten Aufgaben der Abwickler; Satz 1

1. Die Abwickler haben die laufenden Geschäfte zu beendigen.

Das bedeutet nicht, daß sie die laufenden Geschäfte zu einem vorzeitigen Abschluß zu bringen haben. Diese sollen vielmehr so abgewickelt werden, wie es auch ohne Auflösung geschehen müßte. Die Auflösung hat an sich keinen Einfluß auf die Rechte und Pflichten der Gesellschaft aus zur Zeit der Auflösung bestehenden Rechtsverhältnissen. Weder die Gesellschaft noch Dritte, insbesondere auch Gesellschaftsgläubiger oder Schuldner können in der Regel aus der Auflösung einen Anspruch auf vorzeitige Lösung eines Rechtsverhältnisses z. B. eines Dienst- oder Mietverhältnisses aus wichtigem Grunde ableiten; vgl. § 131 Anm. 2ff.; RG 5, 8; 24, 70; 123, 155; OLG Hamburg in OLGR 9, 260; DürHach. Vorbem. 5 vor § 145; Hueck § 32 V 1. Um die laufenden Geschäfte zu beendigen, müssen die Abwickler unter Umständen auch den Betrieb fortsetzen, die zu liefernden Waren in der Fabrik herstellen und die damit zusammenhängenden weiteren Handlungen der Geschäftsführung vornehmen. Sie haben im Rahmen der bestehenden Rechtsverhältnisse darauf bedacht zu sein, diese baldmöglichst zu lösen, z. B. durch Kündigung von Miet- und Pachtverhältnissen und von Dienstverträgen oder durch Ausübung eines außerordentlichen Kündigungsrechts. Sie haben dabei das Ziel der Abwicklung der Gesellschaft zu verfolgen und pflichtgemäß zu entscheiden, wieweit bestehende Rechte weiter auszuüben, der Betrieb fortzusetzen oder zu schließen ist. **Anm. 5**

Zu den zu beendigenden Geschäften gehört auch die Durchführung schwebender Prozesse und anderer Rechtsverfahren, z. B. Warenzeichenanmeldungen; wegen Unterbrechung eines Rechtsstreits durch die Auflösung vgl. § 124 Anm. 31.

2. Zur Beendigung schwebender Geschäfte können die Gesellschafter auch **neue Geschäfte** eingehen; Satz 1 Halbsatz 2. Die Vorschrift bildet die Ergänzung **Anm. 6**

zu der vorhergehenden Bestimmung, nach der die Abwickler die laufenden Geschäfte zu beendigen haben. Die Zulässigkeit solcher neuer Geschäfte ergibt sich aus dem Zwecke der Abwicklung, das Gesellschaftsvermögen bestmöglichst zugunsten der Gesellschafter zu verwerten. Zu diesem Zwecke müssen vielfach neue Geschäfte vorgenommen werden; z. B. müssen Rohstoffe für die Ausführung vor der Auflösung übernommener Aufträge beschafft, Arbeiter eingestellt, Bankgeschäfte vorgenommen, Transport- und Versicherungsverträge abgeschlossen werden. Der Zweck der Vorschrift erfordert **weite Auslegung;** RG 72, 240. Doch kann damit nicht allen Bedürfnissen des Lebens Rechnung getragen werden. Es handelt sich auch hier wie bei den anderen in Satz 1 genannten Aufgaben der Abwickler nur um die Hervorhebung der häufigsten Fälle; vgl. Anm. 2. Die Bestimmung sagt nicht, daß die Abwickler nur im Zusammenhang mit **einzelnen** schwebenden Geschäften neue eingehen dürfen. Es sind vielmehr alle Geschäfte zulässig, die aus irgendeinem Grunde innerhalb der Aufgabe der Abwickler liegen, die Gesellschaft der Vollbeendigung zuzuführen. Ausgeschlossen sollen nur Geschäfte sein, die diesem Ziele entgegenstehen. Die Abwickler sollen jedenfalls neue werbende Geschäfte nicht einrichten oder das bestehende lediglich zum Zwecke des Erwerbs weiterbetreiben oder eine sich sonst bietende außerordentliche Erwerbsmöglichkeit durch spekulative Geschäfte ausnutzen. Sie dürfen überhaupt keine Geschäfte machen, die außerhalb des Zweckes der Abwicklung liegen. Dagegen sind neue Geschäfte zulässig, die nötig sind, um das Vermögen der Gesellschaft zu verwalten und zu erhalten; BGH LM § 149 Nr. 2. So kann z. B., um den Ausfall einer Hypothek zu verhüten, im Rahmen der Abwicklung der Erwerb des belasteten Grundstücks in der Zwangsvollstreckung geboten sein; JFG 4, 279. Um ein im Betrieb befindliches Geschäft, z. B. ein Theater oder Restaurant oder ein Kaufhaus, in seinem wahren Werte als lebendes Unternehmen zu erhalten und dessen möglichst günstige Veräußerung als Ganzes zu einem geeigneten Zeitpunkte zu sichern, kann der Fortbetrieb des Unternehmens in vollem Umfang auf längere Zeit und können zu diesem Zwecke umfangreiche Materialkäufe, Miete von Geschäftsräumen, Anstellung von Betriebsleitern, die das Werk auf der Höhe halten, mit langfristigen Verträgen erforderlich sein. Auch neue gesellschaftliche Bindungen zur Verwertung sonst schwer verkäuflicher Gegenstände, Tauschverträge, können geboten sein; Recht 1905, 771; KGJ 21, 256. Auch die Ausübung eines bereits bestehenden Ankaufs- oder Vorkaufsrechts, die Annahme eines Vertragsangebots (RG 44, 84) können der Abwicklung dienen; ebenso der Beginn eines neuen Rechtsstreits und sonstige Maßregeln, wie Sicherung oder Verteidigung des Vermögens der Gesellschaft. Auch die Verlegung, selbst die Errichtung einer Zweigniederlassung, wenn sie die Abwicklung fördern soll, kann als Abwicklungshandlung zulässig sein; DürHach. Anm. 7. Sachlich (objektiv) ist der Kreis der Geschäfte, die hiernach als Abwicklungsgeschäfte in Betracht kommen, unbegrenzt; RG 49, 80; 72, 240; 85, 397; 106,72; RG in LZ 1913, 212.

Wieweit der Kreis der Geschäfte auszudehnen ist, haben die Abwickler im Einzelfall nach pflichtgemäßem Ermessen zu bestimmen. Ein Gegengewicht gegen Mißbrauch bildet außer der Verantwortung der Abwickler für Pflichtverletzungen (vgl. unten Anm. 54) die Regelvorschrift des § 150 über die Notwendigkeit gemeinsamen Handelns mehrerer Abwickler, das Recht der Beteiligten, den Abwicklern Weisungen über die Geschäftsführung zu erteilen (§ 152) und das den Beteiligten und dem Gericht zustehende Abberufungsrecht (§ 147).

Damit ein von den Abwicklern vorgenommenes einzelnes Geschäft ein nach Satz 1 zulässiges Abwicklungsgeschäft ist, muß es einmal geeignet, wenn auch nicht unbedingt dazu erforderlich sein, dem Zwecke der Abwicklung zu dienen (objektive Voraussetzung), dann aber auch zu diesem Zwecke vorgenommen sein (subjektive Voraussetzung); RG 4, 64; Gruchot 21, 307; DürHach. Anm. 6.

Anm. 7 Geschäfte, die **außerhalb des Rahmens der Abwicklung** liegen, dürfen von den Abwicklern zwar nicht vorgenommen werden. Der Gesellschaft sind sie aber nicht verboten. Solche Geschäfte, wie einzelne Spekulationsgeschäfte, können aber nur von den Gesellschaftern, regelmäßig nur einstimmig, beschlossen werden oder von den Abwicklern mit ausdrücklicher oder stillschweigender Zustimmung der Gesellschafter vorgenommen werden. Die Befugnis der Gesellschafter ergibt sich daraus, daß sie die Herren des Gesellschaftsvermögens sind und die Abwicklung in ihrem Interesse vorgenommen wird. Da sie die Abwicklung jederzeit beendigen können, indem sie die Fortsetzung der Gesellschaft beschließen oder indem sie eine andere Art der Auseinandersetzung vereinbaren (§ 145), können sie auch ein einzelnes Geschäft beschließen, das seiner rechtlichen Natur nach kein Abwicklungsgeschäft ist. Beschließen sie den Übergang zu dauerndem werbenden Betrieb, so liegt darin regelmäßig ein Fortsetzungsbeschluß; vgl. § 131 Anm. 13. Solange die Abwicklung fortbesteht, obliegt aber die Ausführung auch der von den Gesellschaftern beschlossenen Geschäfte, jedenfalls soweit es sich um die Vertretung nach außen handelt (vgl. Satz 2), ausschließlich den Abwicklern.

Das freie Entschließungsrecht der Gesellschafter besteht nicht, soweit anderen Beteiligten, dem Konkursverwalter oder dem Privatgläubiger eines Gesellschafters (im Falle des § 135) ein Recht auf Durchführung der Abwicklung zusteht; dann bedarf es zur Vornahme solcher Handlungen deren Zustimmung; DürHach. Anm. 6.

Ob ein bestimmtes Geschäft tatsächlicher oder rechtlicher Art ein Abwicklungsgeschäft ist, oder wegen Überschreitung des Rahmens der Abwicklung der Zustimmung der Gesellschafter oder der sonstigen Beteiligten (vgl. die vorige Anm.), die übrigens auch stillschweigend erteilt werden kann, bedarf, ist nach den Umständen des Einzelfalls zu beurteilen. Eine Vermutung dafür, daß eine sich äußerlich als neues Geschäft darstellende Handlung kein Abwicklungsgeschäft im Sinne von Satz 1 Halbsatz 2 ist, also nicht der Beendigung schwebender Geschäfte dient, besteht nicht. Es kann deshalb auch nicht gesagt werden, daß im Zweifel ein neues Geschäft durch die Abwickler allein nicht vorgenommen werden darf; im einzelnen siehe Anm. 37. **Anm. 8**

Die Gesellschafter, falls andere Beteiligte (vgl. Anm. 7) vorhanden sind, nur mit deren Zustimmung, können auch die Befugnisse der Abwickler einschränken, vgl. §§ 145, 151; sie können z. B. bestimmen, daß die Abwickler keine neuen Geschäfte machen dürfen, daß sie das Geschäft nicht als Ganzes veräußern dürfen oder daß bestimmte Handlungen nur mit ihrer Zustimmung stattfinden dürfen.

3. In den Geschäftskreis der Abwickler fallen nicht Geschäfte, die die **Grundlagen der Gesellschaft,** insbesondere den Gesellschaftsvertrag, ändern. Dazu gehört insbesondere die Änderung der Firma, die an sich auch während der Abwicklung zulässig ist (RG 107, 31) und auch zum Zwecke der Abwicklung, nämlich zur Veräußerung des Gesellschaftsunternehmens mit dem Firmenrecht (Anm. 20), aber auch aus anderen Gründen nötig sein kann, etwa weil die bisherige Firma wegen Änderung der tatsächlichen oder rechtlichen Verhältnisse irreführend und deshalb unzulässig geworden ist (§ 18) oder weil der Weitergebrauch der Gesellschaft durch richterliches Urteil verboten worden ist; Wieland I 813; DürHach. Anm. 7. Dazu bedarf es eines Beschlusses der Gesellschafter; Schlegelberger-Gessler 18. Auch die Verlegung des Sitzes der Gesellschaft, der im Gesellschaftsvertrag festzulegen ist (vgl. § 106 Abs. 2 Nr. 2), bedarf eines Beschlusses der Gesellschafter. Die tatsächliche Geschäftsführung kann zwar aus Zweckmäßigkeitsgründen, insbesondere in einem vorgeschrittenen Zustande der Abwicklung, wenn die Fabrik, die bisher den Mittelpunkt der Gesellschaft bildete, verkauft ist, an einem anderen Orte stattfinden. Aber die Gesellschafter können vor Beendigung der Abwicklung die Gesellschaft fortsetzen und müssen deshalb auch das Recht haben, allein über die Verlegung des Gesellschaftssitzes zu befinden; die Gesellschafter, nicht die Abwickler, haben demgemäß auch eine Sitzverlegung zum Handelsregister anzumelden; vgl. § 148 Anm. 11; a. A. DürHach. Anm. 7; Ritter Anm. 4; Schlegelberger-Gessler 18. **Anm. 9**

4. Für die Abwickler gilt nicht die für die geschäftsführenden Gesellschafter der werbenden Gesellschaft bestehende Beschränkung des § 116, nach der sich ihre Geschäftsführungsbefugnis nur auf Handlungen erstreckt, die der gewöhnliche Betrieb des Handelsgewerbes der Gesellschaft mit sich bringt, und zur Vornahme von Handlungen, die darüber hinausgehen, ein Beschluß sämtlicher Gesellschafter erforderlich ist. Die Abwickler können vielmehr selbständig alle Geschäfte vornehmen, die der Erreichung des Abwicklungszweckes dienen, z. B. auch das Geschäft veräußern; vgl. unten Anm. 19f. **Anm. 10**

5. Die Abwickler haben die Forderungen der Gesellschaft einzuziehen

Anm. 11 **a) Die Ansprüche gegen Dritte.** Zu den Forderungen im Sinne dieser Vorschrift gehören insbesondere die Ansprüche der Gesellschaft gegen Dritte aus besonderen Rechtsverhältnissen, z. B. aus Kauf. Wie die Vornahme sonstiger Abwicklungshandlungen ist auch die Einziehung dieser Forderungen ausschließlich Aufgabe der Abwickler; Anm. 2. Die einzelnen Gesellschafter können während der Abwicklung weder auf Zahlung an die Gesellschaft noch an die einzelnen Gesellschafter nach Verhältnis ihrer Beteiligung, noch auf Hinterlegung klagen; RG 86, 66; JW 1916, 837; bei Gruchot 36, 1162. Dies gilt auch für Ansprüche gegen Gesellschafter aus einem anderen Rechtsverhältnisse als dem Gesellschaftsverhältnis, z. B. aus einem Mietvertrage. Zu den von den Abwicklern allein geltend zu machenden Forderungen gehören auch Ansprüche auf andere als Geldleistungen, z. B. auf Erfüllung eines Kaufvertrages (RG 44, 84) oder auf Erfüllung dinglicher Ansprüche. Auch die Vornahme auf die Herbeiführung der Fälligkeit abzielender Handlungen, z. B. Kündigung von Darlehen, Abruf von Waren aus Lieferungsverträgen, Vereinbarungen über vorzeitige Fälligkeit, Mahnung, Unterbrechung der Verjährung, aber auch Stundung oder Ermäßigung einer Forderung durch Vergleich, Annahme von Ersatzleistungen, fallen in den Geschäftskreis der Abwickler. Die Abwickler können über die der Gesellschaft zustehenden Ansprüche auch anders als durch Einziehung derselben verfügen, wenn dadurch der Abwicklungszweck erreicht wird. Sie können sie zu diesem Zweck in geeigneter Weise verwerten, z. B. durch Veräußerung, Aufrechnung mit Gesellschaftsschulden; RG 44, 84.

Anm. 12 **b) Die Sozialansprüche der Gesellschaft,** d. h. die Ansprüche der Gesellschaft gegen die Gesellschafter aus dem Gesellschaftsverhältnis. Ihre Geltendmachung fällt ebenfalls in den Geschäftskreis der Abwickler, soweit sie der Förderung des Abwicklungszweckes dient. Insbesondere kann auch die Einziehung **rückständiger Einlagen** diesem Zwecke dienen, z. B. um die Gesellschaftsgläubiger zu befriedigen; ROHG 22, 136; 25, 165; RG 4, 67; 40, 31; 100, 166; Bolze 1 Nr. 1179; RG in JW 96, 322; OLG Hamburg in JR 29, 266; Frankfurt in ZHR 37, 543. Auch wenn die Einlage erst nach dem Zeitpunkt der Auflösung fällig geworden ist, können die Abwickler sie einfordern, wenn sie nach ihrem pflichtgemäßen Ermessen zur Erfüllung des Abwicklungszweckes erforderlich ist. Es ist nicht Aufgabe der Abwickler, bei Einforderung der Beiträge den Nachweis der Notwendigkeit der Beitragsleistung zur Erfüllung des Abwicklungszweckes zu erbringen; ROHG 22, 136; 25, 167. Dem in Anspruch genommenen Gesellschafter ist aber der Nachweis gestattet, daß die Leistung des Beitrags zur Erreichung des Abwicklungszweckes nicht erforderlich ist. Die Abwickler müssen im Streitfall die Verhältnisse der Gesellschaft soweit darlegen, als sie wegen ihres Einblicks in die Lage der Gesellschaft allein dazu imstande sind; RG 45, 155; 111, 77. Auch von Dritten, die die Leistung der Einlage für einen Gesellschafter zugesagt haben, kann diese durch die Abwickler eingezogen werden. Voraussetzung für die Geltendmachung des Anspruchs durch die Abwickler ist, daß sich nicht aus dem der Verpflichtung zugrunde liegenden Rechtsverhältnisse ergibt, daß die Einlagepflicht nur gelten soll, solange die Gesellschaft nicht aufgelöst ist. An dieser Voraussetzung kann es fehlen, wenn eine Sache nur zum Gebrauch durch das werbende Unternehmen einzubringen war oder wenn die Einlage nur als Betriebskapital zu leisten war; ROHG 25, 166; RG 4, 67.

Zu den Ansprüchen aus dem Gesellschaftsverhältnis, die die Abwickler geltend zu machen haben, gehören auch Ansprüche auf Übereignung (Auflassung) von Grundstücken, die ein Gesellschafter für Rechnung der Gesellschaft erworben hat (ROHG 12, 39), auf Herausgabe der Gesellschaft gehörender Vermögensgegenstände (Geschäftsbücher und Papiere), ROHG 21, 142; auf Zinsen (§ 111), auf Schadensersatz wegen unzulässiger Entnahmen (§ 110), wegen Verletzung der Gesellschafter-, insbesondere auch der Geschäftsführerpflichten, z. B. wegen vor der Auflösung erfolgter Verletzung des Wettbewerbsverbots; RG 90, 301; vgl. aber über die Notwendigkeit eines Gesellschafterbeschlusses in diesem Falle § 113; OLG Hamburg in ZHR 46, 512 und in HansRGZ 1929 B 38; OLG Kiel in OLGR 34, 345. Gesellschafter, die auf Rückzahlung unbefugter Entnahmen oder Einzahlung vereinnahmter Gesellschaftsgelder oder auf Zahlung von Zinsen in Anspruch genommen sind, können nicht einwenden, daß der geforderte Betrag zur Befriedigung der Gesellschaftsgläubiger nicht erforderlich sei; denn hier handelt es sich um einen unbedingten Anspruch der Gesellschaft, der nicht, wie der Anspruch auf die Einlage, davon abhängt, ob die Leistung zur Erfüllung des Gesellschaftszweckes noch erforderlich ist; OLG Köln in RheinA 105, 153. Die Abwickler machen auch den der Gesellschaft zustehenden Anspruch auf Rechnungslegung gegen die geschäftsführenden Gesellschafter aus deren Geschäftsführung geltend; ROHG 21, 143; RG 91, 36 = JW 18, 41[18] mit Anm.; OLG Karlsruhe in LZ 17, 556[10]; OLG Hamburg in JW 21, 687[3].

c) Die Abwickler sind, auch wenn die vorhandenen Mittel der Gesellschaft zur Erfüllung der mit der Abwicklung verbundenen Aufgaben, insbesondere zur Befriedigung der Gesellschaftsgläubiger, nicht ausreichen, nicht berechtigt, von den Gesellschaftern **Zuschüsse** über die nach dem Gesellschaftsvertrag bestehenden Einlageverpflichtungen hinaus zu fordern; § 707 BGB; ROHG 25, 160; RG 40, 31. Der Gesellschaftsvertrag oder spätere Beschlüsse der Gesellschafter (vgl. § 119) können etwas anderes bestimmen, die Gesellschafter also auch zu **Nachschüssen** verpflichten, wenn sich im Abwicklungsverfahren ein Bedürfnis dazu ergibt. Die Abwickler sind auch nicht berechtigt, den sich aus der letzten Jahresbilanz oder einer etwa während der Abwicklung aufgemachten Zwischenbilanz ergebenden Passivsaldo (den passiven Kapitalanteil) von den einzelnen Gesellschaftern zur Zahlung einzufordern; denn es handelt sich dabei nicht um einen auf Zahlung einer bestimmten Geldsumme gerichteten Anspruch, sondern um einen sog. Rechnungsposten, der nur das Rechtsverhältnis der Gesellschafter untereinander zum Gegenstand hat, ihre wirtschaftliche Beteiligung am Gesellschaftsvermögen zum Ausdruck bringt und der Auseinandersetzung unter ihnen, nach der Erledigung der Abwicklungsgeschäfte, als Grundlage dient. Die hierbei stattfindende Ausgleichung der Aktiv- und Passivsalden ist Sache der Gesellschafter, nicht der Abwickler; vgl. § 120 Anm. 25; ROHG 5, 390; OLG Hamburg in JR 29 Nr. 626; Schlegelberger-Gessler 7. Durch den Gesellschaftsvertrag oder besonderen Beschluß der Gesellschafter kann aber den Abwicklern auch diese Aufgabe übertragen und sie damit ermächtigt werden, auch den von den einzelnen Gesellschaftern nach dem Auseinandersetzungsplan zu zahlenden Betrag einzuziehen; RG in LZ 1914, 1030[5]. In einer solchen Vereinbarung liegt eine Erhöhung oder besondere Ausgestaltung der Beitragspflicht für den Abwicklungszweck — oder die Vereinbarung einer besonderen Art der Auseinandersetzung, § 145 —; KG in OLGR 19, 314; DürHach. Anm. 9. **Anm. 13**

d) Wie ihre sonstigen Aufgaben besorgen die Abwickler auch die Geltendmachung der Ansprüche der Gesellschaft im Namen der Gesellschaft. Sie können nur auf Leistung an die Gesellschaft, nicht an ihre Person klagen; RG im Recht 14 Nr. 2311. **Anm. 14**

e) Neben den Abwicklern ist jeder einzelne Gesellschafter befugt, die **Sozialansprüche** der Gesellschaft geltend zu machen (actio pro socio). Er kann aber, wie auch vor der Auflösung, nur Leistung an die Gesellschaft in das Gesellschaftsvermögen fordern; vgl. die Erl. zu § 124; RG 90, 301; 91, 34; RG in JW 1927, 1090[10]; RG 158, 314; BGH LM § 149 Nr. 3; OLG Kiel in OLGR 19, 315. Zu diesen Ansprüchen gehören auch die Ansprüche gegen Gesellschafter wegen Verletzung ihrer Pflichten als Geschäftsführer und Vertreter oder als Abwickler, nicht aber gegen Abwickler, die nicht Gesellschafter sind, wegen Verletzung ihrer Pflichten als Abwickler; denn dann handelt es sich nicht um Sozialansprüche; solche Ansprüche können nur namens der Gesellschaft durch einen Abwickler verfolgt werden; RG 86, 66; 91, 36 = JW 1918, 41[38] mit Anm.; in JW 1916, 837[10]; 1927, 1900[10]; bei Gruchot 36, 1162; OLG Braunschweig in OLGR 21, 388; Karlsruhe in LZ 17, 556[10]. Ausnahmsweise kann ein Gesellschafter Zahlung an sich selbst verlangen, wenn durch eine solche Leistung das Ergebnis der Auseinandersetzung mit den anderen Gesellschaftern in zulässiger Weise vorweggenommen und dadurch ein weiteres Auseinandersetzungsverfahren vermieden wird (RG 158, 314; BGH 10, 102). **Anm. 15**

Da rückständige Beiträge nur verlangt werden können, wenn ihre Leistung zur Erfüllung des Abwicklungszweckes erforderlich ist und über die Erforderlichkeit nur die Abwickler zu entscheiden haben (vgl. Anm. 12), so kann der einzelne Gesellschafter den Anspruch nur verfolgen, wenn die Abwickler den rückständigen Beitrag zuvor eingefordert haben; RG 100, 165 = JW 1921, 526[7] mit Anm.; OLG Celle im Recht 1905, 22; vgl. auch die Erl. zu § 124. Dies gilt auch dann, wenn ein Beitrag vor der Auflösung bereits eingefordert war. Nach der Auflösung bedarf es einer neuen Prüfung durch die Abwickler, ob die Zahlung noch erforderlich ist. Über die Geltendmachung von Schadensersatzansprüchen wegen schuldhafter Verletzung von Geschäftsführerpflichten s. BGH LM § 149 Nr. 3.

Den Anspruch aus § 113 kann der einzelne Gesellschafter, wie auch der Abwickler, für die Gesellschaft nur geltend machen, wenn der nach § 113 erforderliche Gesellschafterbeschluß vorliegt.

6. Die Abwickler haben das übrige Vermögen in Geld umzusetzen.

Anm. 16 **a)** Zweck der Vorschrift ist, die nötigen Gelder zur Befriedigung der Gesellschaftsgläubiger zu beschaffen und das Vermögen zur Verteilung an die Gesellschafter oder sonstigen Empfangsberechtigten bereitzustellen und in die dazu geeignete Gestalt zu bringen. Das Gesetz schreibt die vollständige Versilberung des Gesellschaftsvermögens vor, anders als bei der bürgerlich-rechtlichen Gesellschaft, bei der die Umsetzung des Vermögens in Geld nur soweit angeordnet ist, als es zur Berichtigung der Schulden und zur Rückerstattung der Einlagen erforderlich ist; § 733 Abs. 3 BGB. Es muß aber auch bei der offenen Handelsgesellschaft nicht notwendig der Umsatz in Währungsgeld geschehen. Soweit Bankguthaben vorhanden sind, über die in gleicher Weise verfügt werden kann, wie über Bargeld, können sie bestehen bleiben. Es können nach den volkswirtschaftlichen Grundsätzen über den bargeldlosen Verkehr auch Geldbeträge in Bankguthaben umgewandelt und so für die endgültige Verteilung bereitgestellt werden. Die Gesellschafter können auch vor und nach Beginn der Abwicklung eine andere Art der Verwertung und Verteilung des Vermögens vereinbaren, etwa in der Weise, daß eine **Verteilung** des Vermögens ganz oder teilweise **in Natur** stattfindet; § 145 Anm. 17. Die Abwickler sind an solche Anweisungen der Gesellschafter oder der sonstigen Beteiligten gebunden, § 152.

Unter Umständen kann es auch geboten sein, mit der Umsetzung von Sachwerten in Geld zurückzuhalten, z. B. wenn Geld etwa im Hinblick auf die Unsicherheit der Währung oder bei Veräußerung im Ausland befindlicher Gegenstände die Gefahr von Verlusten ergibt. In zweifelhaften Fällen kann es auch Pflicht der Abwickler sein, vor Ausführung einer Abwicklungshandlung die Gesellschafter und sonstigen Beteiligten zu hören und ihnen Gelegenheit zu Weisungen zu geben; vgl. § 152.

Umsatz des Vermögens in Geld kann, falls nicht etwas anderes vereinbart ist, nicht verlangt werden, wenn nur eine Innengesellschaft in der Weise besteht, daß der eine Gesellschafter Inhaber des Handelsunternehmens ist, und der andere nur im inneren Verhältnis wie ein offener Gesellschafter an dem Unternehmen beteiligt ist. In diesem Falle finden nicht die Vorschriften über die Abwicklung einer offenen Handelsgesellschaft, sondern diejenigen des bürgerlichen Rechts über die Auseinandersetzung §§ 730ff. BGB Anwendung. Der andere Gesellschafter kann nur Auszahlung seines Abfindungsguthabens verlangen; dessen Höhe kann auch ohne Versilberung des Geschäftsvermögens in ähnlicher Weise festgestellt werden, wie wenn ein Gesellschafter aus einer fortbestehenden offenen Handelsgesellschaft ausscheidet. Das gerade im Handelsrecht anerkannte Interesse an der Erhaltung eines Unternehmens geht dem Interesse des anderen Gesellschafters an Ermittelung seines Guthabens durch Versilberung des Unternehmens vor. Ein Vertrag, der eine solche Beteiligung nur im inneren Verhältnis festlegt, bedarf auch dann nicht der Form des § 313 BGB, wenn ein Grundstück zu dem Geschäftsvermögen gehört; anders, wenn der Geschäftsinhaber sich verpflichtet, zum Zwecke der Ermittelung des Abfindungsguthabens das Grundstück zu veräußern; RG II 99/40 vom 20. Februar 1941 = DR 1941, 1407[11] mit Anm.; BGH WM 60, 1121.

Anm. 17 Soweit eine besondere Vereinbarung oder Anweisung der vorstehend erwähnten Beteiligten nicht besteht, bestimmen die Abwickler frei die Art der Umsetzung des Vermögens in Geld, insbesondere den Zeitpunkt und die Reihenfolge und die Art der Verwertung. Sie können insbesondere den Eintritt einer günstigen Marktlage abwarten. Sie bestimmen nach pflichtmäßigem Ermessen ob Vermögensgegenstände wie Grundstücke freihändig oder durch Versteigerung zu verwerten sind; vgl. Anm. 1. Sie können auch Geschäfte vornehmen, durch die die Bereitstellung des

Vermögens für die letzten Zwecke der Abwicklung indirekt erreicht wird. So können sie schwer verkäufliche Gegenstände (Grundstücke) in leicht veräußerliche Hypotheken (Aktien) umtauschen oder einen Grundstückstausch oder eine Grundstücksumlegung vornehmen, zur Abrundung von Baugelände Stücke hinzukaufen, das Gelände erschließen, Straßen herstellen. Sie können auch Vermögensgegenstände gegen Gewährung von Aktien oder Geschäftsanteilen in eine neugegründete Kapitalgesellschaft, AG oder GmbH einbringen, sofern dadurch die möglichst günstige Verwertung des Gesellschaftsvermögens gefördert wird und nicht eine dem Abwicklungszweck zuwiderlaufende unverhältnismäßig lange zeitliche Festlegung des Vermögens eintritt (wegen Einbringung des ganzen Vermögens in eine andere oder eine neue Gesellschaft vgl. unten Anm.22); Schmidt-Goerdeler in Hachenburg GmbHG § 70 Anm. 8; Scholz, GmbHG § 70 Anm. 5; OLG Dresden im Recht 1905 Nr. 771; HoldhMschr. 1901, 136; a. A. KGJ 21 A 256 = OLGR 3, 67; Brand Anm. 2d; Brodmann, GmbHG § 70 Anm. 1 d. Durch Gesellschaftsvertrag oder Gesellschafterbeschluß oder durch Anweisung der Beteiligten (vgl. oben) kann diese Art der Verwertung ausgeschlossen werden; vgl. auch § 145 Anm. 15, 15a.

Die Abwickler können die einzelnen Gegenstände des Gesellschaftsvermögens veräußern. Sie können auch mehrere Vermögensstücke zusammen verkaufen, insbesondere das Warenlager oder alle Aktiven oder die Bestandteile einer Zweigniederlassung. Die Abwickler können auch alle Aktiven zusammen unter Ausschluß der Passiven veräußern. In der Regel sind sie auch verpflichtet, eine derartige Veräußerung zu wählen, wenn dadurch die Belange der Gesellschaft am besten gewahrt werden können. **Anm. 18**

b) Die Abwickler können auch, ohne daß es einer Mitwirkung der Gesellschafter bedarf, **das Geschäft als Ganzes** oder das ganze Gesellschaftsvermögen als Einheit in Bausch und Bogen an einen Mitgesellschafter oder einen Dritten veräußern. Sie können dabei auch Zahlungsfristen bewilligen, wenn dies im Interesse einer möglichst günstigen Verwertung des Gesellschaftsvermögens erforderlich ist, auch wenn dadurch die Verteilung der Masse unter die Gesellschafter hinausgeschoben wird. Diese Art der Verwertung des Gesellschaftsvermögens ermöglicht es oft erst, den vollen in dem Unternehmen steckenden Wert in Geld umzusetzen, da durch Zusammenhaltung der im Unternehmen angelegten Sachwerte und Erhaltung des lebenden Betriebes Werte erhalten werden, die durch Auflösung des Geschäfts und Veräußerung der einzelnen Vermögensgegenstände verloren gingen (vgl. OLG Hamm BB 54, 913). Die Zulässigkeit einer solchen Veräußerung ergibt sich schon aus dem Zweck der Abwicklung und der Aufgabe der Abwickler, das Gesellschaftsvermögen möglichst günstig in Geld umzusetzen. Sie entspricht auch kaufmännischen Anschauungen und volkswirtschaftlichen Belangen und wird von der handelsrechtlichen Gesetzgebung auch sonst begünstigt; vgl. §§ 138, 140—142. Die Veräußerung des Geschäfts an einen Dritten oder den einen oder anderen Gesellschafter (OLG Hamm BB 54, 913) ohne Zustimmung aller Gesellschafter ist oft das einzige Mittel, um das Unternehmen, auch im Interesse der Angestellten und Arbeiter zu erhalten, wenn infolge Uneinigkeit der Gesellschafter weder die Fortführung des Unternehmens durch die Gesellschafter oder einige von ihnen, noch eine Einigung über die Veräußerung zu erzielen ist. Zur Erreichung dieses Zweckes kann auch im Einzelfall die Ernennung von Abwicklern durch das Gericht unter Abberufung der übrigen geboten sein; § 146 Abs. 2, § 147. **Anm. 19**

Gründe, die zwingend gegen die Befugnis der Abwickler zur Veräußerung des Geschäfts und für die Notwendigkeit einer Mitwirkung aller Gesellschafter sprechen, sind nicht ersichtlich. Im Einzelfall mögen die Gesellschafter wohl ein Interesse daran haben, daß nach Auflösung der Gesellschaft auch ihr Unternehmen eingeht. Ist dies Interesse allen gemeinsam, so können sie im Gesellschaftsvertrag oder einem Nachtrag oder auch in einem nach der Auflösung gefaßten Beschluß (durch Weisung an die Abwickler, § 152) die Veräußerung des Geschäfts im ganzen ausschließen oder nur mit Zustimmung der Gesellschafter zulassen. Hat nur ein einzelner ein solches Interesse, so kann er nicht verlangen, daß die gemeinsamen Interessen den seinigen nachstehen, wenn er sich nicht ein entsprechendes Vorrecht im Gesellschaftsvertrage bedungen hat. Für Zulassung des Geschäftsverkaufs durch die Abwickler ist auch die Rechtsprechung und überwiegend das neuere Schrifttum: RG 85, 397; in LZ 13, 212[4]; Warneyer 13 Nr. 160; im Recht 24 Nr. 46; DürHach. Anm. 12; Hueck § 32 V 3; Ritter Anm. 2; Schlegelberger-Gessler 11;

Baumbach-Duden 21; a. A. Wieland I 701 Anm. 51. (Das Aktiengesetz enthält eine besondere Regelung, da es für die Veräußerung des ganzen Gesellschaftsvermögens einen Hauptversammlungsbeschluß mit erhöhter Kapitalmehrheit fordert; § 361 AktG stellt das Erfordernis der Zustimmung der Hauptversammlung auch für die Veräußerung des ganzen Gesellschaftsunternehmens auf, wenn damit auch das ganze Vermögen veräußert wird. Die Sondervorschrift des § 361 rechtfertigt sich aus den bedeutenden Werten, die regelmäßig in den Aktiengesellschaften angelegt sind. Sie läßt sich nicht auf die offene Handelsgesellschaft übertragen, bei der die Gesellschafter leichter ihren Einfluß auf die Abwicklung ausüben können als bei der Aktiengesellschaft.)

Anm. 20 Die Abwickler können das Geschäft auch **mit dem Recht zur Fortführung der Firma** veräußern. Sie bedürfen hierzu aber der Einwilligung aller Gesellschafter. Diese ist schon dann erforderlich, wenn die Gesellschaft, wenn auch nur als Abwicklungsgesellschaft, zur Führung ihrer sonstigen Geschäfte eine neue Firma annehmen müßte; denn in der Aufgabe der bisherigen und Annahme einer neuen Firma würde eine Änderung des Gesellschaftsvertrages liegen, die über die Befugnisse der Abwickler hinausgeht und nur von den Gesellschaftern vorgenommen werden kann; oben Anm. 9; § 145 Anm. 11. Nach der besonderen Vorschrift des § 22 ist zur Firmenübertragung auch die ausdrückliche Einwilligung der bisherigen Inhaber erforderlich. Inhaber sind aber bei der offenen Handelsgesellschaft alle Gesellschafter als Träger des Gesellschaftsvermögens. Auch diejenigen Gesellschafter müssen ausdrücklich einwilligen, deren Namen nicht in der Gesellschaftsfirma vorkommt. Der der Vorschrift des § 22 zugrunde liegende Gedanke trifft auch auf diese Gesellschafter zu; denn der Firmenname der Gesellschaft ist auch ihr Handelsname. Sie sind als Inhaber des Unternehmens mit der eingetragenen Firma bekannt. Sie haben deshalb ein Interesse daran, daß dieser Name nicht ohne ihre Einwilligung auf einen Dritten übergeht; RG 158, 226 (230); Ritter § 22 Anm. 5; Schlegelberger-Gessler 11; vgl. auch § 22 Anm. 34; § 145 Anm. 9ff. Bei Erteilung der Einwilligung für einen verstorbenen Gesellschafter müssen alle Miterben zustimmen, nicht der gemeinsame Vertreter. Nicht erforderlich ist die Einwilligung der sonstigen Beteiligten im Sinne des § 146 Abs. 2 u. 3. Diese haben die persönlichen Belange der Gesellschaft nicht zu wahren; Dür-Hach. Anm. 12.

Fehlt es an der erforderlichen Einwilligung der übrigen Gesellschafter, so ist der ganze Veräußerungsvertrag hinfällig, wenn nicht anzunehmen ist, daß die Vertragschließenden das Geschäft auch ohne den nichtigen Teil abgeschlossen hätten. Um die Übertragung der Firma, ohne die die Veräußerung des Geschäfts zu seinem wahren Wert oft nicht möglich ist, zu erleichtern, kann im Gesellschaftsvertrage oder einem Nachtrage, auch noch nach Auflösung der Gesellschaft vereinbart werden, daß für die Übertragung der Firma statt der Zustimmung aller Gesellschafter ein Mehrheitsbeschluß genügt; vgl. § 119. Die Gesellschafter können auf diese Weise auch die ausdrückliche Einwilligung zur Firmenübertragung durch den Abwickler im voraus erteilen oder vereinbaren, daß die Zustimmung nicht erforderlich ist; vgl. RG 158, 226 = JW 1938, 3180 mit Anm. Sie können die allgemein erteilte Einwilligung widerrufen, wenn sich nachträglich, etwa aus der Person des Erwerbers, ein wichtiger Grund dazu ergibt; § 242 BGB. Ein Gesellschafter, der etwa durch sein Verhalten die Auflösung verschuldet hat, haftet auch für den Schaden, der dadurch entsteht, daß infolge der Verweigerung der Einwilligung eines Gesellschafters zur Fortführung der Firma das Geschäft nicht zu seinem vollen Werte veräußert werden kann.

Anm. 21 Für die sich aus der Veräußerung des Geschäfts durch die Abwickler ergebenden Verbindlichkeiten der Gesellschaft, z. B. aus einer Einnahmegarantie, haften die Gesellschafter nach § 128, auch wenn sie der Veräußerung nicht zugestimmt haben. Über diese Verpflichtungen hinausgehende persönliche Verpflichtungen der Gesellschafter, z. B. ein persönliches Wettbewerbsverbot oder eine Bürgschaft, können die Abwickler ohne Zustimmung der betreffenden Gesellschafter nicht übernehmen; Schlegelberger-Gessler 11; Hueck § 32 V 3.

Bei der Veräußerung eines Erwerbsgeschäfts insbesondere mit dem Firmenrecht, und wenn für den Geschäftswert eine Vergütung gewährt wird, ergibt sich oft aus den Umständen 3uch die vertragsmäßige Pflicht des bisherigen Inhabers, d. h. der Gesellschaft dem Erwerber keinen Wettbewerb zu machen. Dies kann namentlich für den Fall zutreffen, daß die Gesellschaft wieder in ein werbendes Unternehmen umgewandelt wird; vgl. RG 463, 141, auch zur Frage der Sittenwidrigkeit einer solchen Vereinbarung nach den Umständen des Einzelfalls.

7. Eine Art der Veräußerung ist es auch, wenn das Unternehmen der Gesellschaft oder ihr ganzes Vermögen in eine andere Gesellschaft, insbesondere in eine neu zu errichtende Kapitalgesellschaft, AG oder GmbH **eingebracht** wird. Jedenfalls können die Gesellschafter selbst vor oder nach der Auflösung diese Art der Auseinandersetzung an Stelle der gesetzlichen Abwicklung nach § 145 vereinbaren, § 145 Anm. 15, 15a. Zweifelhaft ist, ob auch die Abwickler allein unter dem Gesichtspunkte der Umsetzung des Vermögens selbständig, ohne Zustimmung der Gesellschafter, diese Veräußerung vornehmen können (wegen der Zulässigkeit der Beteiligung mit einzelnen Vermögensgegenständen, wie Erwerb von Aktien mit vorhandenem Bargeld, vgl. oben Anm. 17). Sie bringt jedenfalls zunächst keine Umsetzung des Vermögens in Geld, die § 149 den Abwicklern gestattet und als Regel vorschreibt, weil auf diese Weise in der Regel die Verteilung des Vermögens unter die Gesellschafter am besten möglich ist. Das Einbringen des Vermögens in eine andere Gesellschaft enthält vielmehr zunächst eine neue Bindung des Vermögens, widerspricht also dem Zwecke der Abwicklung. Sie enthält insbesondere, wenn das Einbringen in eine Kapitalgesellschaft geschieht und wenn das ganze Vermögen so neu gebunden wird, im Ergebnis zugleich eine Veränderung der Gesellschaftsform, eine Umwandlung der Personengesellschaft in eine ganz andere Gesellschaftsart. Sie verändert damit zugleich die Grundlagen der Gesellschaft ebenso wie z. B. die Aufnahme neuer Mitglieder. Sie kann daher wie diese in der Regel nur mit Zustimmung aller Gesellschafter vorgenommen werden, ebenso KGJ 21 A 256 = OLGR 3, 67; a. A. OLG Dresden im Recht 1905 Nr. 771; Ritter Anm. 5 DürHach. Anm. 12; Schlegelberger-Gessler 12 läßt die Umwandlung durch die Abwickler allein zu, da auch dieses Geschäft im Endergebnis der Umsetzung des Gesellschaftsvermögens in Geld diene; unzulässig sei ein solches nur, wenn es nicht der Versilberung der Masse dienen könne; so, wenn etwa das Geschäft in eine GmbH umgewandelt werde und die der oHG dafür eingeräumten Geschäftsanteile nicht, auch nicht an die früheren Teilhaber abgetreten werden könnten. Aber auch wenn die Geschäftsanteile (oder Aktien) an die Gesellschafter der oHG verteilt und von ihnen frei veräußert werden können, wird die Umsetzung in Geld, die die Gesellschafter verlangen können, gerade bei einem neu gegründeten Unternehmen regelmäßig doch sehr erschwert, vielfach auch mit Verlusten verbunden sein, insbesondere wenn z. B. alle Aktionäre ihre neuen Aktien alsbald veräußern wollten. Erst recht liegt eine solche Erschwerung vor, wenn die Veräußerung der Anteile nur mit Zustimmung der anderen Gesellschafter oder einzelner Gesellschafter zulässig ist; vgl. § 61 Abs. 3 AktG, § 15 GmbHG (bei einer solchen Bindung hält auch Schlegelberger-Gessler a. a. O. diese Art der Verwertung des Vermögens nicht für zulässig; ebenso Hueck § 32 V 3). Ist die Gesellschaftsgründung allerdings nur das Zwischenstadium zu einem Umsatz des Gesellschaftsvermögens in Geld, ist z. B. die Übernahme der Aktien durch Dritte, etwa durch Verträge mit einer Bank gesichert, so liegt eine nicht zu beanstandende Abwicklungsmaßnahme vor, die die Abwickler allein vornehmen können. Jedenfalls können die Gesellschafter und sonstigen Beteiligten mit Bindung für die Abwickler vereinbaren oder beschließen (vgl. § 152), daß die Abwicklung durch Umwandlung nur mit ihrer Zustimmung erfolgen dürfe. Die Abwickler werden zweckmäßig schon wegen ihrer Haftung für Mißbrauch ihrer Stellung eine solche Beteiligung nicht ohne Zustimmung aller Gesellschafter eingehen. Anm. 22

Bei Übertragung des Geschäfts auf eine neue Gesellschaft kann die Haftung der Übernehmerin für die alten Schulden ausgeschlossen werden; § 25 Abs. 1. Die Haftung der Gesellschafter der Abwicklungsgesellschaft wird dadurch nicht berührt. Anm. 23

8. Die Abwickler haben die Gläubiger der Gesellschaft zu befriedigen. Anm. 24

Diese Vorschrift gilt für alle Gläubiger der Gesellschaft und für Ansprüche jeder Art, mögen sie öffentlichrechtlicher oder privatrechtlicher, schuldrechtlicher oder dinglicher Art sein, auf eine Geld- oder andere Leistung, auch eine Unterlassung gehen. Die Bestimmung stellt nur eine Pflicht der Abwickler fest, die ihnen gegenüber der Gesellschaft und den Gesellschaftern obliegt. Eine Gläubigerschutzbestimmung ist darin nicht enthalten. Die Gläubiger können in der Regel auch während der Abwicklung nur Erfüllung ihrer fälligen Forderungen von der Gesellschaft aber auch von ihren Gesellschaftern (§ 128) fordern. Wegen des Einflusses der Auflösung auf den Bestand und Inhalt der Gläubigeransprüche, insbesondere ihre vorzeitige Fälligkeit, vgl. § 131 Anm. 10. Die Abwickler haben die Befriedigung der Gesellschaftsgläubiger nur aus dem Gesellschaftsvermögen vorzunehmen. Sie können zu diesem Zwecke auch den Kredit der Gesellschaft, z. B. durch Aufnahme von Darlehen, ausnutzen, wenn ihnen das zweckmäßiger erscheint als die Beschaffung der erforderlichen Barmittel durch sofortige Versilberung von Sachwerten, wenn diese zu ungeeigneter Zeit erfolgen müßte; DürHach. Anm. 13. Sie bestimmen auch sonst, in welcher Weise die Befriedigung der Gläubiger zu erfolgen hat (durch Barzahlung, Aufrechnung). Sie üben das dem Schuldner etwa zustehende Wahlrecht aus. Sie entscheiden darüber, ob die Hinterlegung des Geschuldeten zu geschehen hat.

Die Abwickler können sich mit dem Gläubiger wegen vorzeitiger Befriedigung, unter Umständen gegen Bewilligung eines Nachlasses oder unter Abzug eines Zwischenzinses einigen. Bei bedingten Ansprüchen ist der Eintritt der Bedingung abzuwarten.

Anm. 25 Die Abwickler haben das Bestehen der geltend gemachten Ansprüche selbständig zu **prüfen.** Sie sind dabei an die Auffassungen der früher geschäftsführungs- und vertretungsberechtigten Gesellschafter nicht gebunden (wohl aber an rechtsverbindliche Anerkenntnisse derselben und an Weisungen der Gesellschafter, § 152, die sie in jedem Falle auch zu ihrer Sicherheit einholen können). Sie können den Streit durch Urteil entscheiden lassen, eine früher streitige Forderung aber auch auf Grund eigener pflichtmäßiger Prüfung anerkennen; RG in LZ 19, 376[12].

Die Abwickler können alle **Einreden** erheben, die der Gesellschaft zustehen. Sie können aber auch von der Erhebung von Einreden ebenso absehen, wie dies auch die Gesellschafter selbst oder ein Einzelkaufmann bei verständiger Würdigung der Lage des Einzelfalls tun würde. So können sie auch auf die Einrede der **Verjährung** verzichten und eine verjährte Schuld tilgen, wenn dies im Interesse der Gesellschaft und der Gesellschafter liegt; RG in LZ 19, 376[12]; auch die Rücksicht auf das persönliche Ansehen der Gesellschaft kann für die Nichterhebung der Einrede bestimmend sein; Schlegelberger-Gessler 13; Hueck § 32 V 4; Ritter Anm. 6; a. A. ROHG 9, 84, das den Verzicht auf die Einrede als Überschreitung des Rahmens der Abwicklung ansieht.

Die Abwickler sind auch nicht verpflichtet, andere Einreden zu erheben, wenn ihre Erhebung den Anschauungen der beteiligten Kreise widerspricht, sie in diesen Kreisen als unanständig angesehen wird. Dies gilt z. B. von der Einrede der Unklagbarkeit von Börsengeschäften (Differenzeinwand) durch ein in Abwicklung befindliches Bankgeschäft; so auch Ritter Anm. 3; Schlegelberger-Gessler 13; Hueck § 32 V 4; a. A. DürHach. Anm. 15, die weder die persönliche Auffassung der Abwickler noch die allgemeine Anschauung der beteiligten Kreise, sondern die Ansicht der Gesellschafter für maßgebend halten. Die Abwickler haben aber grundsätzlich nach eigenem pflichtmäßigen Ermessen zu entscheiden. Sie müssen zwar bestimmten Weisungen der Gesellschafter Folge leisten, sind aber nicht ohne weiteres verpflichtet, diese von sich aus einzuholen. Im Einzelfall, namentlich in besonderen Zweifelsfällen, kann die Einholung der Weisung zur Vermeidung von Schadensersatzansprüchen ratsam sein. Ein Widerstreit der Anschauungen kann für die Abwickler ein wichtiger Grund zur Niederlegung ihrer Stellung sein; § 146 Anm. 29.

Anm. 26 Das Vorhandensein betagter, bedingter oder bestrittener Forderungen bildet kein Hindernis für die Befriedigung der anderen Gläubiger aus den vorhandenen Gesellschaftsmitteln. Die Gläubiger, deren Forderungen fällig sind, können diese auch dadurch erreichen, daß sie in das Gesellschaftsvermögen vollstrecken. Eine Verpflichtung der Gesellschaft zur **Sicherheitsleistung** besteht auch während der Abwicklung nicht, auch nicht hinsichtlich der bedingten und betagten Forderungen. Für die Personengesellschaften gelten nicht die für die Kapitalgesellschaften (vgl. z. B. § 272 AktG) bestehenden Sicherheitsvorschriften. Die Gesellschaftsgläubiger können nur nach den allgemeinen Vorschriften sich durch Arrest oder einstweilige Verfügung sichern, wenn die gesetzlichen Voraussetzungen dafür vorliegen. Im übrigen liegt ihre Sicherheit in der persönlichen Haftung der Gesellschafter. Nehmen die Abwickler vor Beendigung der Abwicklung eine vorläufige Verteilung an die Gesellschafter vor, so haben sie die zur

Deckung der nicht fälligen oder streitigen Verbindlichkeiten erforderlichen Beträge zurückzubehalten; vgl. § 155 Abs. 2. Soweit das flüssige Gesellschaftsvermögen zur Befriedigung aller fälligen Verbindlichkeiten nicht ausreicht, können die Abwickler das Vorhandene zur verhältnismäßigen Befriedigung aller fälligen Verbindlichkeiten verwenden; das Recht der einzelnen Gläubiger im Vollstreckungswege die volle Befriedigung zu versuchen, wird dadurch nicht berührt.

Die Abwickler können auch Vergleiche über bestrittene Ansprüche schließen, Verzichte entgegennehmen; RG im Recht 1919 Nr. 132. **Anm. 27**

9. Die Abwickler haben auch die Ansprüche zu befriedigen, die den **Gesellschaftern gegen die Gesellschaft** zustehen. Dies gilt zunächst von Ansprüchen, die dem einzelnen Gesellschafter aus einem von dem Gesellschaftsverhältnis rechtlich unabhängigen Rechtsverhältnis zustehen, z. B. aus dem Verkauf von Waren, der Vermietung von Geschäftsräumen. Insofern ist der Gesellschaftergläubiger wie ein dritter Gläubiger zu behandeln und hat wie dieser Anspruch auf Befriedigung; er tritt mit diesen in Konkurrenz wie jeder andere Gläubiger; OLG Celle in LZ 13, 402. Es kann ihm also auch nicht entgegengehalten werden, daß die Barmittel zu seiner Befriedigung fehlen; er ist auch nicht verpflichtet, das Vorhandensein der Mittel zu beweisen. Unter Umständen kann aber die Gesellschaftertreue auch dem Gesellschafter als Drittgläubiger Rücksicht auf die Belange der Gesamtheit auferlegen; so kann er nicht verlangen, daß die Gesellschaft zur Erlangung der Barmittel zu seiner Befriedigung alsbald eine verlustbringende Verwertung von Vermögensgegenständen vornimmt; Schlegelberger-Gessler 14. Die Abwickler können gegenüber einer solchen Forderung kein Zurückbehaltungsrecht ausüben mit einem für den Gesellschafter voraussichtlich bei der Auseinandersetzung sich ergebenden Passivsaldo; DürHach. Anm. 16; Schlegelberger-Gessler 14; Hueck § 32 V 4; a. A. RG bei Bolze 7 Nr. 644. **Anm. 28**

Die Abwickler haben ferner die aus dem Gesellschaftsverhältnisse sich ergebenden Ansprüche der Gesellschafter gegen die Gesellschaft, die sogenannten **Sozialverbindlichkeiten** (§ 109 Anm. 5), zu erfüllen. Wenn BGH 37, 304 und in NJW 68, 2005 dies verneint, so kann dem nicht gefolgt werden. Der BGH beruft sich dabei auf seine Entscheidungen LM § 73 D Nr. 2 und 4. Diese Entscheidungen betreffen die BGB-Gesellschaft, bei der ein Abwicklungsverfahren nicht stattfindet. Auch handelt es sich dort nicht um Sozialverbindlichkeiten, sondern um Ansprüche der Gesellschafter untereinander. **Anm. 29**

Eine Sozialverbindlichkeit ist nicht der sogenannte Aktivsaldo auf dem Kapitalkonto der einzelnen Gesellschafter. Er stellt überhaupt keine Schuld der Gesellschaft dar, so wenig wie der Passivsaldo eine Forderung der Gesellschaft darstellt; vgl. oben Anm. 13, § 120 Anm. 25; er kann deshalb auch nicht von dem Gesellschafter zur Aufrechnung gegen einen Anspruch der Gesellschaft, z. B. auf eine rückständige Einlage, verwendet werden. Der Ausgleich der aktiven mit passiven Kapitalkonten der Gesellschafter untereinander erfolgt vielmehr erst nach Beendigung der Abwicklung, § 155 Anm. 19ff.

Zu den von den Abwicklern zu erfüllenden Ansprüchen gehört auch der Anspruch auf **Rückgabe** von der Gesellschaft nur zum Gebrauch überlassenen Gegenständen eines Gesellschafters, wenn das Benutzungsrecht der Gesellschaft infolge deren Auflösung (Aufhören des werbenden Betriebes) weggefallen ist; RG in LZ 31, 1388[11]. Für einen durch Zufall in Abgang gekommenen oder verschlechterten Gegenstand können Gesellschafter Ersatz nicht verlangen. **Anm. 30**

Von den Abwicklern während der Abwicklung zu erfüllen sind weiter die Ansprüche, deren Erfüllung ein Gesellschafter auch vor der Auflösung aus dem Gesellschaftsvermögen fordern kann, insbesondere auf Ersatz von Aufwendungen (§ 110) auf bereits erzielten und zu verteilenden Gewinn, auf die festgestellte Vorausdividende, § 121; OLG Celle in LZ 13, 402. Die Abwickler können die Erfüllung dieser Ansprüche nicht deshalb verweigern, weil die Masse nicht zur Befriedigung aller Gesellschaftsgläubiger ausreiche oder einen Nachweis der Zulänglichkeit der Masse für alle Gläubiger fordern, oder einwenden, daß die Masse für bedingte oder betagte oder bestrittene Forderungen zurückzuhalten sei. Soweit Mittel zu seiner Befriedigung im Gesellschaftsvermögen überhaupt vorhanden sind, kann auch der Gesellschafter Befriedigung dieser Forderungen verlangen; Schlegelberger Anm. 14; Ritter Anm. 6; Brand Anm. 2e; er muß **Anm. 31** nicht nachweisen, daß diese Mittel vorhanden sind; Hueck § 32 V 4; a. A. RG 29, 15; Schlegelberger-Gessler 14. Auch hier kann ihm die Passivität seines Kapitalanteils nicht entgegengehalten werden; Schlegelberger-Gessler 14; Hueck § 32 V 4; DürHach. Anm. 16; Wieland I 847 Anm. 7; a. M. RG 29, 15.

Auch bei Geltendmachung der Sozialansprüche kann sich aus der Gesellschaftstreue die Verpflichtung zur Berücksichtigung der Belange der Gesamtheit ergeben, vgl. Anm. 28.

Alle Gesellschafter können schon während der Abwicklung von den Abwicklern Zahlung der Beträge fordern, die während der Abwicklung nach Vorschrift des § 155 Abs. 2 zu verteilen sind; vgl. die Erl. dazu.

Anm. 32 Die Ansprüche der Gesellschafter aus dem Gesellschaftsverhältnis oder aus einem Drittschuldverhältnis können auch während der Abwicklung durch **Aufrechnung** mit den Ansprüchen der Gesellschaft gegenseitig getilgt werden ohne Rücksicht darauf, ob die Forderung und die ihr gegenüberstehende auf dem Gesellschaftsverhältnis oder einem anderen Rechtsgrunde beruht. Ein Gesellschafter kann aber selbstverständlich gegen einen Anspruch der Gesellschaft nicht aufrechnen mit der Forderung eines anderen Gesellschafters gegen die Gesellschaft; KG in OLGR 19, 314.

III. Die Vertretung der Gesellschaft während der Abwicklung

Anm. 33 1. Die Abwickler vertreten innerhalb ihres Geschäftskreises die Gesellschaft gerichtlich und außergerichtlich; Satz 2. Die Vorschrift tritt für die Dauer der Abwicklung an die Stelle der §§ 125, 126 Abs. 1, nach denen — während des werbenden Betriebes, also bis zur Auflösung — die vertretungsberechtigten Gesellschafter die Gesellschaft vertreten und deren Vertretungsmacht sich auf alle gerichtlichen und außergerichtlichen Geschäfte und Rechtshandlungen erstreckt. Die Abwickler sind danach, wie das einzige Geschäftsführungs- auch das einzige Vertretungsorgan der Abwicklungsgesellschaft; RG 5, 10; KGJ 33 A 184; OLG Braunschweig in OLGR 21, 388; Ritter Anm. 11; Wieland I 199 Anm. 20; Schlegelberger-Gessler 20. Sie sind in diesem Sinne ihre gesetzlichen Vertreter; vgl. § 125 Anm. 6. Sie vertreten nicht die einzelnen Gesellschafter, sondern die Gesellschaft und damit die Gesellschafter in ihrer Vereinigung; RG 17, 368; OLG Frankfurt in ZHR 37, 541.

Anm. 34 Als Vertreter können die Abwickler nicht in eigenem, sondern nur im Namen der Gesellschaft handeln (wegen Zeichnung der Firma vgl. § 153). Sie sind deshalb auch nicht als solche Kaufleute; Schlegelberger-Gessler 20.

Anm. 35 Die Befugnis der Abwickler zur Vertretung der Gesellschaft innerhalb ihres Geschäftskreises beruht auf ihrer Berufung zum Abwickler. Zu ihrer Tätigkeit innerhalb dieser Grenzen bedürfen sie keiner besonderen Vollmacht; KG in JFG 4, 276. Ihre Legitimation können sie in jeder glaubwürdig erscheinenden Form, insbesondere auch durch einen beglaubigten Auszug aus dem Handelsregister über ihre Eintragung (§ 148) erbringen.

Anm. 36 2. Der in Satz 1 umschriebene **„Geschäftskreis"** der Abwickler im Verhältnis zur Gesellschaft (vgl. oben Anm. 2) **begrenzt** auch ihre **Vertretungsmacht.** Dadurch unterscheidet sich Satz 2 von § 126 Abs. 1, der die Vertretungsmacht der Gesellschafter ohne Einschränkung auf einen bestimmten Geschäftskreis ausspricht. Die Vertretungsmacht der Gesellschafter nach § 126 geht danach weiter, weil eben ihr Geschäftskreis, ihre Aufgabe, nämlich die Vertretung der ein werbendes Unternehmen betreibenden Gesellschaft eine andere und weitere ist als der der Abwicklungsgesellschaft. Die Vertreter der werbenden Gesellschaft sind danach zu allen Vertretungshandlungen befugt, die das Bestehen der Gesellschaft als werbendes Unternehmen mit sich bringt, die Abwickler nur zu solchen, die im Rahmen der Abwicklung liegen, oder zu denen sie von den Gesellschaftern besonders ermächtigt sind; vgl. oben Anm. 7. Abgesehen von einer solchen besonderen Ermächtigung deckt sich der Rahmen der Vertretungsmacht der Abwickler mit dem Rahmen ihrer Geschäftsführungsbefugnis; DürHach. Anm. 22.

Anm. 37 Der Unterschied zwischen dem (weiteren) Umfang der Vertretungsmacht der vertretungsberechtigten Gesellschafter und dem (engeren) der Abwickler erklärt sich aus dem größeren Bedürfnis nach Rechtsschutz der werbenden Gesellschaft und der mit ihr in Verkehr tretenden Dritten. Da aber mit der Auflösung der Gesellschaft zwar der Erwerbszweck wegfällt, nicht aber ohne weiteres die äußere Erscheinung eines werbenden Unternehmens, da dieses gerade um den Abwicklungszweck zu erreichen, oft noch längere Zeit nach außen unverändert weitergeführt werden muß, und da das Gesetz in Satz 1 zur Erreichung dieses Zweckes auch ausdrücklich die Vornahme neuer Geschäfte zuläßt, wäre dem Schutze der mit der Abwicklungsgesellschaft durch deren einzige Vertreter, die Abwickler, in Verkehr tretenden Dritten, nicht gedient, wenn man mit der zum Teil vertretenen Meinung (Ritter Anm. 2; Brand Anm. 2b; RG 4, 61) annehmen würde, daß die Gesellschaft durch ein von den Abwicklern in ihrem Namen abgeschlossenes Rechtsgeschäft nur verpflichtet oder berechtigt werde, wenn das Geschäft objektiv in den Rahmen der Abwicklung fällt, und daß bei Überschreitung dieser Grenze der Dritte sich nur gemäß § 179 BGB an die Abwickler halten könne. Dem Verkehrsbedürfnisse wäre auch nicht ausreichend gedient, wenn man der Gesellschaft die Berufung darauf, daß das Geschäft objektiv nicht in den Rahmen der Abwicklung falle, also nicht zu deren Förderung zu dienen geeignet und bestimmt sei, nur dann versagen würde, wenn der Dritte beweist, daß er trotz Anwendung der erforderlichen Sorgfalt zu der Annahme berechtigt war, daß das Geschäft dem Abwicklungszwecke diene; ROHG 13, 226; 21, 308. Dem gutgläubigen Dritten würde dadurch eine meist unmögliche Beweislast aufgebürdet. Neue Geschäfte können nicht nur erforderlich sein, wenn es sich um die Beendigung schwebender Geschäfte handelt, sondern auch wenn sie in anderer Weise der Abwicklung der Gesellschaft dienen, wie der Erhaltung des Gesellschaftsvermögens oder seiner besseren Verwertung; vgl. Anm. 6. Fast jedes Geschäft, das im Betriebe eines lebenden Unternehmens vorkommen kann, kann auch ein solches Abwicklungsgeschäft sein, auch wenn es sich äußerlich als ein neues darstellt. Es würde den Verkehr erheblich erschweren und zur Rechtsunsicherheit führen, wenn Dritte, die mit einem in Abwicklung befindlichen Unternehmen in Geschäftsverbindung treten, in jedem Falle nachweisen müßten, daß es sich um ein Geschäft handelt, das der Abwicklung dient. Um dies zu vermeiden, müssen die Grundsätze angewendet werden, die für die Beschränkung der Vollmacht von Prokuristen und Handlungsbevollmächtigten gelten, § 54 Abs. 3; vgl. dazu für GmbH KG in HRR 1932 Nr. 51. Danach muß im Verhältnis zu Dritten als **Regel** angenommen werden daß ein **Geschäft als Abwicklungsgeschäft** gilt, wenn es ein solches sein kann und der Dritte nicht wußte oder den Umständen nach annehmen mußte, daß es sich nicht um ein solches handelt. Nimmt der Abwickler namens der Gesellschaft ein Geschäft vor, so ist er im Zweifel als dazu legitimiert anzusehen. **Die Gesellschaft,** die das Geschäft nicht für sich gelten lassen will, **muß dartun,** daß das Geschäft objektiv aus dem Rahmen der Abwicklung herausfällt und daß die äußeren Umstände erkennen ließen oder daß es dem Dritten bekannt war, daß das Geschäft nicht der Abwicklung des Unternehmens diente; BGH LM § 149 Nr. 2; Schlegelberger-Gessler 22; Hueck § 32 IV 5b; Wieland I 701; Fischer in EhrenbergHandb. III 1, 408; Schmidt-Goerdeler in Hachenburg Kom. z. GmbHG 6. Aufl. § 70 Anm. 15; vgl. aber auch Baumbach-Hueck GmbHG 13. Aufl. § 68 Anm. 2 B. Andererseits wird man von demjenigen, der mit einer als Firma „in Abwicklung“ zeichnenden oder als solcher erkennbaren Gesellschaft in Rechtsverkehr tritt, mindestens in zweifelhaften Fällen eine **sorgfältige Prüfung,** erforderlichenfalls auch eine Erkundigung, verlangen müssen, insbesondere wenn es sich um umfangreiche Arbeiten und solche handelt, die regelmäßig dem Aufbau, nicht dem Abbau eines Unternehmens dienen, wie Anschaffung neuer Maschinen, Neubau von Fabrikgebäuden oder erhebliche Vergrößerung solcher. Andernfalls würde die doch vom Gesetz gewollte Beschränkung der Vertretungsmacht der Abwickler auf den Kreis der Abwicklungsgeschäfte hinfällig werden und der Abwickler in der Vertretungsmacht vollständig dem vertretungsberechtigten Gesellschafter nach § 126 gleichgestellt werden.

Ist ein Geschäft nach Vorstehendem für die Gesellschaft verbindlich, liegt aber im inneren Verhältnis der Abwickler zur Gesellschaft eine Überschreitung der Befugnisse der Abwickler vor, so haften diese, falls sie schuldhaft gehandelt haben, der Gesellschaft für den durch die Pflichtverletzung entstandenen Schaden; vgl. unten Anm. 54.

Anm. 87a Hat der Dritte die Überschreitung der Befugnisse der Abwickler erkannt oder mußte er sie erkennen, so ist der geschlossene Vertrag für die Gesellschaft **nicht verbindlich,** die Gesellschaft kann ihn aber, und zwar durch Beschluß der Gesellschafter (nicht aller Abwicklungsbeteiligten, s. a. E. d. Anm.), genehmigen. Er wird dann durch Mitteilung der **Genehmigung** an den Dritten durch alle Gesellschafter oder einen von ihnen Bevollmächtigten für beide Teile wirksam; § 177 BGB. Die Gesellschaft kann sich dann auch nicht im inneren Verhältnis zu den Abwicklern auf die Überschreitung ihrer Befugnisse berufen.

Der Dritte kann eine Erklärung darüber, ob ein in den Rahmen der Abwicklung fallendes oder diesen überschreitendes Geschäft vorliegt, dadurch herbeiführen, daß er die Gesellschaft, und zwar alle Gesellschafter, zur **Erklärung über die Genehmigung** des Geschäfts auffordert; die Erklärung muß ihm gegenüber erfolgen; eine vor der Aufforderung den Abwicklern gegenüber erklärte Genehmigung oder Verweigerung der Genehmigung wird unwirksam. Die Genehmigung kann nur innerhalb von zwei Wochen nach dem Empfange der Aufforderung, d. h. nach ihrem Zugehen an alle Gesellschafter, erklärt werden; wird sie innerhalb der Frist nicht von allen Gesellschaftern erklärt, so ist sie unwirksam; § 177 Abs. 2 BGB. Der Dritte ist bis zur Genehmigung des Vertrags zum Widerruf berechtigt, es sei denn, daß er den Mangel der Vertretungsmacht bei dem Abschlusse gekannt hat; der Widerruf kann auch den Abwicklern gegenüber erklärt werden; § 178 BGB. Verweigert die Gesellschaft die Genehmigung eines die Vertretungsbefugnis der Abwickler überschreitenden Geschäfts, so ist weder sie noch der Dritte an das Geschäft gebunden. Es können dann nur Bereicherungsansprüche in Frage kommen, wenn der eine oder andere Teil auf Kosten des anderen etwas aus dem Geschäfte erlangt hat. Hat der Dritte den Mangel der Vertretungsmacht der Abwickler gekannt oder mußte er ihn kennen, so haften ihm die Abwickler nicht, wenn der Vertrag von der Gesellschaft nicht genehmigt wird; § 179 Abs. 3 BGB. War der Dritte in gutem Glauben, so ist das Geschäft für die Gesellschaft verbindlich, wenn es überhaupt ein Abwicklungsgeschäft sein konnte. Für eine persönliche Haftung des Abwicklers als falsus procurator nach § 179 Abs. 1 bleibt somit nur noch Raum, wenn das Geschäft zweifellos kein Abwicklungsgeschäft war, der Abwickler aber den Dritten über das Vorhandensein der Genehmigung oder eine über den Rahmen der Abwicklung hinausgehende Ermächtigung der Gesellschafter zum Abschluß des Geschäfts getäuscht hat; DürHach. Anm. 26; Hueck § 32 IV 5b.

Wer als Abwickler auftritt, ohne es zu sein, haftet dem gutgläubigen Dritten ebenso nach den Vorschriften des bürgerlichen Rechts, § 179 BGB; vgl. RG 106, 68; 144, 384.

Die Vorschriften der §§ 177—179 BGB gelten nur für Verträge. Bei einem einseitigen Rechtsgeschäft ist Vertretung ohne (oder außerhalb einer bestehenden beschränkten) Vertretungsmacht ausgeschlossen, § 180 Satz 2 BGB. Eine Ausnahme gilt nur, wenn derjenige, dem gegenüber das Geschäft vorzunehmen war, die von dem Vertreter behauptete Vertretungsmacht bei der Vornahme des Geschäfts nicht beanstandet hat oder damit einverstanden gewesen ist, daß der Vertreter ohne Vertretungsmacht handle. Es finden dann die Vorschriften über Verträge entsprechende Anwendung. Das gleiche gilt, wenn ein einseitiges Rechtsgeschäft gegenüber einem Vertreter ohne Vertretungsmacht mit dessen Einverständnis vorgenommen worden ist; § 180 BGB. Verlangt danach der Dritte weder die Vorlage einer die behauptete weitgehende Vertretungsmacht bezeugenden Urkunde, noch weist er das Geschäft unverzüglich zurück (§ 174 BGB), so ist das Geschäft wirksam, wenn es die Gesellschaft nach § 177 BGB genehmigt.

Die Genehmigung muß durch **alle Gesellschafter** geschehen; DürHach. Anm. 26; nach Hueck § 32 IV 5b Fußnote 53; Schlegelberger-Gessler 22 müssen auch die sonstigen Abwicklungsbeteiligten (also auch die nicht Gesellschafter gewordenen Erben und der Privatgläubiger eines Gesellschafters i. F. des § 135, s. § 146 Anm. 48, 49) zustimmen, weil ohne Zustimmung dieser nicht von der Abwicklung Abstand genommen werden dürfe; diese Erwägung würde aber doch nur zutreffen, wenn es sich um ein Geschäft handeln würde, durch welches die Abwicklung vereitelt oder wesentlich erschwert wird.

Anm. 88 Die Beschränkung der Vertretungsmacht der Abwickler auf den ihnen durch den Zweck der Abwicklung gezogenen Geschäftskreis besteht auch im Verhältnis zu den Gerichten und anderen öffentlichen Stellen. So hat der Registerrichter zu prüfen, ob eine von den Abwicklern vorgenommene Anmeldung in ihren Geschäftskreis fällt und sie zurückzuweisen, wenn dies nicht der Fall ist z. B. wenn das Ausscheiden oder der Eintritt von Mitgliedern von den Abwicklern und nicht von allen Gesellschaftern angemeldet wird, § 107, § 148. Auch der Grundbuch- und Vollstreckungsrichter hat zu prüfen, ob eine von den Abwicklern vorgenommene Rechtshandlung in den Geschäftskreis der Abwickler fällt; KGJ 21 A 258 = OLGR 3, 68. Für die Bejahung dieser Frage genügt es, daß die Handlung, z. B. Gebot auf ein Grundstück in der Zwangsversteigerung, in diesen Kreis fallen kann und sich aus den sonstigen Umständen nichts für das Gegenteil ergibt. Im streitigen Prozeß hat das Gericht auf Grund des § 56 ZPO auch den Mangel der Legitimation der Abwickler für den einzelnen Fall von Amts wegen zu prüfen.

3. Die Vertretungsbefugnis der Abwickler erstreckt sich auch auf die Rechtsverhältnisse der Abwicklungsgesellschaft gegenüber den **Angestellten und Arbeitern.** Die Abwickler nehmen die Rechtsgeschäfte vor, die sich auf das Dienst- oder Arbeitsverhältnis der im Dienste der Gesellschaft stehenden Personen beziehen. Sie können nach den allgemeinen Vorschriften solche Dienst- und Arbeitsverhältnisse begründen und lösen. Sie können, da auch die Abwicklungsgesellschaft Kaufmannseigenschaft hat, auch **Handelsbevollmächtigte** bestellen. Auch andere Gehilfen können sie anstellen, soweit dies die Durchführung der Abwicklung erfordert; RG im Recht 1914 Nr. 2310. Der Umfang der von ihnen erteilten Vertretungsmacht kann nicht größer sein als ihre eigene; RG 72, 123; Schlegelberger-Gessler 19. **Anm. 39**

4. Zur **Bestellung von Prokuristen** sind die Abwickler **nicht befugt.** Dies ist zwar nicht ausdrücklich im Gesetze ausgesprochen. Die Erteilung einer Prokura paßt aber nur für einen werbenden Betrieb, der für die Gesellschaft mit der Auflösung aufhört, wenn das Geschäft auch noch für Abwicklungszwecke weitergeführt wird. Die unbeschränkte Prokura würde nicht im Einklang stehen mit der beschränkten Aufgabe der Abwicklung; ROHG 13, 224; Schlegelberger-Gessler 19. Die Abwickler sollen die Geschäfte selbst führen. Zur Unterstützung können sie aber Bevollmächtigte und Gehilfen verwenden. Auch mit Zustimmung aller Gesellschafter können Prokuristen nicht bestellt werden; im Gesellschaftsvertrag kann nichts anderes bestimmt werden. Die bereits vorhandenen Prokuren (nicht aber bloße Handlungsvollmachten) erlöschen mit Auflösung der Gesellschaft; ROHG 13, 225; RG 72, 122; § 53 Anm. 7. Die Prokuristen werden durch das Erlöschen der Prokuren nicht ohne weiteres Handlungsbevollmächtigte. Sie können aber als solche bestellt werden. Da die Bevollmächtigung an keine Form gebunden ist, kann sie sich auch aus den Umständen ergeben, z. B. aus der Fortsetzung ihrer Tätigkeit unter Duldung der Abwickler. **Anm. 40**

Das Erlöschen der Prokuren ist durch die Abwickler zum Handelsregister anzumelden; § 53 Abs. 3. Sie können dazu durch Ordnungsstrafen angehalten werden, § 14. Dritte müssen sich das Erlöschen der Prokuren von dem Zeitpunkt an entgegenhalten lassen, in dem es im Handelsregister eingetragen und bekannt gemacht ist oder in dem sie von dem Erlöschen Kenntnis erlangt haben; § 15. Die Eintragung der Auflösung der Gesellschaft allein genügt nicht; Barz in Großkom. z. AktG 1937 2. Aufl. § 210 Anm. 7.

5. Die Abwickler können als Vertreter der Gesellschaft auch mit sich selbst Rechtsgeschäfte abschließen, soweit dies nach den allgemeinen Vorschriften des bürgerlichen Rechts zulässig ist, also dann, wenn es ihnen durch die Gesellschaft gestattet ist oder wenn das Rechtsgeschäft ausschließlich in der Erfüllung einer Verbindlichkeit besteht; § 181 BGB; RG 7, 119. Wegen der Zulässigkeit des sogenannten **Selbstkontrahierens** im allgemeinen und der Folgen der Überschreitung der durch § 181 BGB gezogenen Schranken vgl. Vorbem. 34—51 vor § 48. Soll den Abwicklern in weiterem Umfange als dies § 181 BGB als Regel vorsieht, gestattet werden, mit sich selbst zu kontrahieren, so kann dies nur durch die Gesellschafter geschehen, und zwar entweder im Gesellschaftsvertrage oder bei der Bestellung der Abwickler oder in einem besonderen Beschlusse der Gesellschafter — allgemein oder für einen einzelnen Fall. Verstößt ein Abwickler gegen die Vorschrift des § 181 BGB, so wird der Mangel durch Genehmigung der Gesellschafter oder anderer Abwickler, die die Gesellschaft vertreten können, geheilt. **Anm. 41**

Wird sie versagt, so hat der Abwickler ohne Vertretungsmacht gehandelt, das Geschäft ist unwirksam; DürHach. Anm. 30; RG bei Gruchot 37, 1031.

Anm. 42 6. Die Abwickler können auch Freigebigkeitshandlungen, die üblich oder dem Abwicklungszwecke förderlich sind, z. B. Spenden im öffentlichen Interesse, in dem den Vermögensverhältnissen der Gesellschaft angemessenen Umfang vornehmen.

Anm. 43 **7. In Prozessen der Gesellschaft sind die Abwickler die einzigen gesetzlichen Vertreter der Gesellschaft** im Sinne des sachlichen wie insbesondere auch des Prozeßrechts; vgl. § 51, ferner §§ 41, 56, 57, 102, 241, 246, 274, 313, 455 ZPO. Diese Vertretungsbefugnis besteht für Aktiv- und Passivprozesse der Gesellschaft und ohne Rücksicht auf den Gegenstand des Prozesses. Sie gilt deshalb auch, wenn es sich um einen Rechtsstreit handelt, der sich nicht unmittelbar auf die Abwicklung der Gesellschaft bezieht; insbesondere auch für einen Rechtsstreit zwischen der Gesellschaft und ihren Gesellschaftern aus dem Gesellschaftsverhältnis, z. B. auf Leistung der Beiträge. Nicht nur die Durchführung bereits anhängiger Prozesse fällt in den Aufgabenkreis der Abwickler. Auch die Einleitung neuer Prozesse kann der Abwicklung dienen, z. B. wenn sie zur Sicherung des Gesellschaftsvermögens und als Vorstufe für seine Verwertung erforderlich sind; ROHG 21, 127; RG in LZ 1912, 153. In allen solchen Prozessen sind insbesondere die erforderlichen Zustellungen an die Abwickler zu bewirken. Die **einzelnen Gesellschafter** sind zur Vertretung oder Mitvertretung der Gesellschaft in Gesellschaftsprozessen nicht berufen. Soweit sie befugt sind, Ansprüche der Gesellschaft geltend zu machen, indem sie auf Leistung an die Gesellschaft klagen (actio pro socio: vgl. Anm. 15), ist der einzelne Gesellschafter, nicht die Gesellschaft, Prozeßpartei. Jeder Gesellschafter kann aber in Prozesse der Gesellschaft dieser als Streitgehilfe beitreten; § 124 Anm. 21; Schlegelberger-Gessler 21. Die Abwickler haben die Prozeßbevollmächtigten zu bestellen und im Prozeß die erforderlichen Erklärungen namens der Partei abzugeben. Sie sind auch beim Beweis durch Parteivernehmung (§§ 445ff. ZPO) und beim Verfahren zur Vorlegung von Urkunden (§ 426 ZPO) wie die Partei zu vernehmen und zu beeidigen (§ 455 ZPO). Sie haben auch für die Gesellschaft den Offenbarungseid zu leisten. Sie sind dazu auch in der Lage, da ihnen alle Mittel zur Erforschung des Vermögensstandes der Gesellschaft, insbesondere die Einsicht der Geschäftsbücher zur Verfügung stehen. Sie sind auch schon auf Grund des § 154 zur Feststellung des Bestandes des Vermögens durch Aufstellung einer Eröffnungsbilanz verpflichtet. Sie haben auch die nach den Währungsgesetzen auf den Stichtag der Währungsumstellung aufzustellende DM-Eröffnungsbilanz und die anderen vorgeschriebenen Bilanzen aufzustellen, da die Gesellschaft auch in der Abwicklung diese Bilanzen aufzustellen hat.

Die Frage, ob neben den Abwicklern auch die Gesellschafter, soweit sie nicht Abwickler sind, als Partei zu vernehmen und zu beeidigen oder als Zeugen zu vernehmen sind und ob sie zur Leistung des Offenbarungseides verpflichtet sind, ist in gleicher Weise zu beantworten wie die Frage, welche Rolle vor der Auflösung der Gesellschaft die von der Vertretung ausgeschlossenen Gesellschafter neben den zur Vertretung berufenen im Gesellschaftsprozesse einnehmen; vgl. § 124 Anm. 22.

Anm. 44 Der allgemeine **Gerichtsstand** der Gesellschaft wird auch während der Abwicklung durch den Sitz der Gesellschaft bestimmt; § 17 ZPO. Auf den Wohnsitz oder Aufenthalt der einzelnen Gesellschafter kommt es nur an, soweit diese verklagt sind und nicht ein gemeinsamer Gerichtsstand für sie und die Gesellschaft besteht; vgl. § 22 ZPO.

Die Abwickler können mit dem Streitgegner vereinbaren, daß der Streit durch Schiedsrichter zu entscheiden ist.

Anm. 45 Die Abwickler sind allein zu den im Rechtsstreit erforderlichen oder zulässigen **Verfügungen** der Partei berufen. So können Anerkenntnisse, Verzichte, Geständnisse, Zurücknahme der Klage oder eines Rechtsmittels nur von ihnen, nicht von dem einzelnen Gesellschafter erklärt werden. Alle Gesellschafter gemeinsam können aber solche Erklärungen abgeben, da sie jederzeit die Abwicklung übernehmen können. Die Abwickler können den Streit durch Vergleich beendigen; RG in LZ 1919[12]; in HRR 1932 Nr. 257. Sie können aber durch Vergleich nur insoweit über den Streitgegenstand verfügen, als sie auch sonst über den gerade in Frage kommenden Gegenstand in ihrer Eigenschaft als Abwickler verfügen dürfen. Sie können sich also über die Grundlagen der Gesellschaft nur mit Zustimmung der Gesellschafter vergleichen. Dies gilt z. B. für die Anerkennung der Mitgliedschaft einer bestimmten Person oder den Übergang des Firmenrechts auf den Erwerber des Unternehmens; vgl. oben Anm. 9, 20.

Über Unterbrechung oder Aussetzung des Verfahrens s. § 124 Anm. 31. **Anm. 46**

Ein **Abwickler** kann selbst **Prozeßgegner** der Gesellschaft sein, auch wenn er Gesellschafter ist; RG 116, 116. Er kann dann diese im Rechtsstreit nicht vertreten, auch nicht gemeinschaftlich mit anderen Abwicklern. Will er die Gesellschaft verklagen, so kann er sich die Klage nicht selbst als Vertreter der Gesellschaft (vgl. § 171 ZPO) zustellen lassen; RG 7, 405; 47, 17; 116, 117. Ist außer dem klagenden oder verklagten Abwickler die zur Vertretung der Gesellschaft erforderliche Zahl von Abwicklern nicht mehr vorhanden, so muß zunächst für die erforderliche Vertretung gesorgt werden, entweder dadurch, daß weitere Abwickler durch die Gesellschafter bestellt oder vom Gericht ernannt werden (§§ 146, 147) oder falls die Gesellschaft verklagt werden soll, ein Prozeßvertreter nach § 57 ZPO bestellt wird; OLG Celle in LZ 1913, 402[1]; OLG Braunschweig im Recht 1910 Nr. 2898 = OLGR 21, 388. Bei Vorhandensein mehrerer, auch nur Gesamtvertretungsberechtigter genügt es, daß noch einer vorhanden ist, dem die Klage gegen die Gesellschaft zugestellt werden kann; § 171 Abs. 3 ZPO; vgl. auch § 150 Abs. 2 Satz 2 HGB. Die Bestellung anderer Vertreter der Partei ist namentlich nötig, wenn der als Prozeßgegner der Gesellschaft Auftretende der einzige Abwickler ist. Wenn nach der gesetzlichen Regel des § 146 alle Gesellschafter Abwickler sind, so ist der durch seine Prozeßgegnerschaft Verhinderte als nicht „vorhanden" anzusehen. Die anderen können dann die Gesellschaft allein vertreten. Es bedarf nicht einer besonderen Bestellung oder Ernennung von Abwicklern; a. A. RG 116, 116; DürHach. Anm. 30. Bestimmt dagegen der Gesellschaftsvertrag oder ein Gesellschafterbeschluß, daß bestimmte Personen Abwickler sind, oder daß eine bestimmte Zahl von Abwicklern mitwirken müssen, so muß die infolge Wegfalls des einen Abwicklers fehlende Zahl nach §§ 146, 147 ergänzt werden, falls nicht schon durch den Gesellschaftsvertrag oder Gesellschafterbeschluß für diesen Fall die Ergänzung angeordnet ist. Es übernehmen nicht ohne weiteres alle oder alle übrigen Gesellschafter oder die „Beteiligten" (§ 146 Abs. 2, 3) die Vertretung; RG a. a. O. Bei Bestellung der neuen Abwickler muß der Betroffene, wenn er Gesellschafter ist, mitwirken und zustimmen, da die Bestellung nicht nur für den Prozeß, sondern für die Dauer, d. h. bis zu einer Neuregelung nach §§ 146, 147 wirkt. Kommt keine Einigung zustande, so bleibt nur die Bestellung durch das Gericht (§ 146), notfalls nach § 57 ZPO. Im inneren Verhältnis kann dem Bestellten die Weisung erteilt werden, nur im Prozeß mitzuwirken; vgl. § 151; RG 116, 116. Die Sorge für die Vertretung kann auch in der Weise geschehen, daß die Gesellschafter oder das Gericht statt der bisherigen Gesamtvertreter oder neben diesen einen Einzelvertreter bestimmen; § 146 Anm. 30, 46. **Anm. 47**

Das Bestehen oder Bevorstehen eines Prozesses mit einem Abwickler kann einen wichtigen Grund zu dessen Abberufung oder einer von ihm ausgehenden Niederlegung seiner Stellung bilden.

Mehrere Abwickler können einem von ihnen Sondervollmacht zur Führung des Prozesses erteilen. Der am Prozeß beteiligte Abwickler muß dieser Vollmacht zustimmen, wenn die übrigen nicht auch sonst ohne ihn allein vertretungsberechtigt sind. Die Zustimmung kann sich auch aus den Umständen, z. B. aus seinem Verhalten im Prozeß, ergeben; RG 116, 116. **Anm. 48**

Die Abwickler müssen einen anhängigen Rechtsstreit in der Lage übernehmen, in der er sich befindet. Durch die Auflösung der Gesellschaft wird der Prozeß zunächst nicht berührt. Es treten nur an Stelle der bisherigen Vertreter neue. **Anm. 49**

Die formelle Parteifähigkeit der Gesellschaft dauert fort; § 124 Anm. 31. Die Prozesse werden unter ihrem Firmennamen (als Abwicklungsfirma) geführt. **Anm. 50**

Sachlich-rechtlich sind auch während der Abwicklung die Gesellschafter Träger aller Rechte und Pflichten. Sie haften auch für die durch die Führung des Rechtsstreits entstehenden Verbindlichkeiten der Gesellschaft, z. B. für die Gerichtskosten, Gebühren der Prozeßbevollmächtigten; § 128; RG 72, 119. **Anm. 51**

Die Wirkung der **Entscheidung** im Gesellschaftsprozesse ist die gleiche wie die einer vor der Auflösung ergangenen Entscheidung. Einwendungen, die der Gesellschaft **Anm. 52** durch die Rechtskraft des Urteils abgeschnitten werden, kann auch der einzelne Gesellschafter nicht mehr geltend machen. Zur Vollstreckung in das Gesellschaftsvermögen ist ein gegen die Gesellschaft, wenn auch vor der Auflösung ergangenes Urteil erforderlich. Gegen den einzelnen Gesellschafter kann aus einem solchen Urteil nicht vollstreckt werden; § 129 Abs. 1, 4; ROHG 6, 416; RG 116, 116; vgl. auch § 124 Anm. 28.

Anm. 53 8. Eine besondere Verpflichtung der Abwickler, im Falle der Zahlungsunfähigkeit oder der Überschuldung der Gesellschaft die Eröffnung des Konkursverfahrens oder des gerichtlichen Vergleichsverfahrens zu beantragen, wie sie § 71 Abs. 2 GmbHG und § 118 GenG festsetzen, besteht für die offene Handelsgesellschaft nicht. Aus ihrer allgemeinen Pflicht, die Belange der Gesellschaft zu wahren, kann sich aber im Einzelfall die Verpflichtung ergeben, einen entsprechenden Antrag zu stellen oder die Weisung der Gesellschafter einzuholen. Jeder einzelne Abwickler ist, auch wenn er nur Gesamtvertreter ist (§ 150) berechtigt, selbständig den Antrag zu stellen. Ein Zwangsvergleich kann nur auf Vorschlag aller persönlich haftenden Gesellschafter geschlossen werden; vgl. §§ 210, 211 KO und die Erläuterungsbücher zur Konkurs- und Vergleichsordnung und die Erl. zu §§ 124, 131.

IV. Die Haftung der Abwickler für Pflichtverletzungen

Anm. 54 1. Die Abwickler haften der Gesellschaft und den nach § 146 Abs. 2 u. 3 Beteiligten für die pflichtgemäße Erfüllung ihrer Aufgabe, vgl. OLG Hamm BB 54, 913. Das Maß der dabei anzuwendenden Sorgfalt ist verschieden, je nachdem ob die Abwickler Gesellschafter sind oder nicht. Sind sie zugleich **Gesellschafter,** so erfüllen sie mit der Abwicklung eine Gesellschafterpflicht. Sie haften dann nach § 708 BGB wie die geschäftsführenden und vertretungsberechtigten Gesellschafter nur für die Sorgfalt, die sie in eigenen Angelegenheiten anzuwenden pflegen. Dies gilt auch dann, wenn sie nicht kraft Gesetzes, sondern auf Grund Vereinbarung oder Gesellschafterbeschlusses oder Verfügung des Richters Abwickler geworden sind; §§ 146, 147; denn auch in diesen Fällen sind sie zur Führung des Amtes auf Grund ihrer Gesellschafterstellung verpflichtet; DürHach. Anm. 16. Die mildere Haftung nach § 708 BGB tritt nur ein, wenn die Gesellschafter als Abwickler im Rahmen ihrer Befugnisse als Abwickler gehandelt haben; haben sie diese Befugnisse überschritten, so haften sie als Geschäftsführer ohne Auftrag, § 677; vgl. zu derselben Frage bei der Haftung der geschäftsführenden und vertretungsberechtigten Gesellschafter RG 158, 302; § 116 Anm. 28. **Nichtgesellschafter** haften als Abwickler nach allgemeinen Vorschriften für jedes Verschulden; § 276 BGB; RG in LZ 13, 212[4] = Warneyer 13 Nr. 160. Als Nichtgesellschafter haftet auch der Konkursverwalter eines Gesellschafters, wenn er Abwickler ist; denn er ist es dann kraft seiner Stellung; vgl. § 146 Anm. 7. Der von den Erben bestellte gemeinsame Vertreter ist als solcher Abwickler und haftet als Dritter. Der in Konkurs befindliche Gesellschafter und die Erben eines Gesellschafters sind überhaupt nicht Abwickler und haften deshalb auch nicht als solche.

Sind neben Gesellschaftern auch Dritte Abwickler, so haftet jeder nach dem für ihn geltenden Haftungsmaßstab. Es gilt nicht für alle der mildere Maßstab; DürHach. Anm. 16. Die Abwickler haben zu beweisen, daß sie die ihnen obliegende Sorgfalt angewendet haben; vgl. § 116 Anm. 21.

Haben die Abwickler eine Handlung auf **Weisung der Gesellschafter** und sonstigen Beteiligten vorgenommen (§ 152) oder haben die Gesellschafter selbst gemeinsam die Abwicklung besorgt oder haben die Abwickler gemeinsam mit allen Beteiligten gehandelt, so entfällt eine Haftung der Abwickler gegenüber der Gesellschaft. Vgl. wegen des Anspruchs auch die Erl. zu § 116.

Über die Geltendmachung der Schadensersatzansprüche beschließen die Gesellschafter. Auch die Abwickler können einen solchen Anspruch namens der Gesellschaft geltend machen, z. B. gegen einen früheren Abwickler.

Gegen die Abwickler kann auch von der Gesellschaft, vertreten durch andere Abwickler, auf Erfüllung der Verpflichtungen als Abwickler geklagt werden.

Dem einzelnen Gesellschafter oder sonst Beteiligten kann ein besonderer Schadensersatzanspruch zustehen, wenn durch das Verhalten des Abwicklers seine besonderen

Rechte, z. B. auf Herausgabe zum Gebrauch überlassener Sachen, verletzt sind; RG in LZ 31, 1388[1].

Zu Dritten stehen die Abwickler, wenn sie als solche handeln, in keinem Vertragsverhältnis, wenn zwischen ihnen und dem Dritten nicht ein besonderes Rechtsverhältnis besteht, z. B. ein Dienstverhältnis, nach dem sie die Abwicklung zugleich im Auftrag des Gesellschaftsgläubigers vorzunehmen haben. Abgesehen hiervon können sie Dritten nur außervertraglich haften, etwa aus unerlaubter Handlung; RG 30, 50.

2. Die **Haftung der Gesellschaft** für Handlungen der Abwickler. Die Gesellschaft haftet Dritten aus Handlungen der Abwickler in gleicher Weise wie für Handlungen ihrer geschäftsführenden oder vertretungsberechtigten Gesellschafter; vgl. § 126 Anm. 22ff. Dies gilt insbesondere, wenn durch Handlungen der Abwickler Vertragspflichten der Gesellschaft schuldhaft verletzt werden. Für den durch unerlaubte Handlungen der Abwickler Dritten entstandenen Schaden haftet die Gesellschaft, wenn die Handlungen in Ausführung der den Abwicklern als solchen obliegenden Verrichtungen begangen werden, d. h. wenn die Abwickler innerhalb des ihnen in § 149 bestimmten Geschäftskreises tätig geworden sind. Die Gesellschaft haftet somit nicht, wenn die Abwickler außerhalb dieses Kreises sich betätigt und dabei eine unerlaubte Handlung begangen haben, z. B. wenn sie den werbenden Betrieb wieder aufgenommen und bei den dafür erforderlichen Bestellungen einen Betrug verübt haben. Als ein abwicklungsfremdes Geschäft ist dabei nur ein solches anzusehen, das als solches erkennbar war; vgl. Anm. 37. **Anm. 55**

§ 150

Sind mehrere Liquidatoren vorhanden, so können sie die zur Liquidation gehörenden Handlungen nur in Gemeinschaft vornehmen, sofern nicht bestimmt ist, daß sie einzeln handeln können; eine solche Bestimmung ist in das Handelsregister einzutragen.

Durch die Vorschrift des Abs. 1 wird nicht ausgeschlossen, daß die Liquidatoren einzelne von ihnen zur Vornahme bestimmter Geschäfte oder bestimmter Arten von Geschäften ermächtigen. Ist der Gesellschaft gegenüber eine Willenserklärung abzugeben, so findet die Vorschrift des § 125 Abs. 2 Satz 3 entsprechende Anwendung.

Inhaltsübersicht

§ 150 Abs. 1 stellt in Übereinstimmung mit Art. 136 ADHGB und den für die Abwicklung der Aktiengesellschaft geltenden Vorschriften (§ 269 Abs. 2 Satz 1 AktG) die gesetzliche Regel auf, daß mehrere Abwickler die zur Abwicklung gehörenden Handlungen nur in Gemeinschaft vornehmen können. Er schreibt ferner die Eintragung einer von diesem Grundsatz abweichenden Regelung zum Handelsregister vor. Abs. 2 stellt die Befugnis der Abwickler klar, einzelne von ihnen zur Vornahme bestimmter Geschäfte oder bestimmter Arten von Geschäften zu ermächtigen, und ordnet die passive Vertretungsmacht bei einer Mehrheit von Abwicklern. **Anm. 1**

1. Die gesetzliche Regel des Abs. 1 weicht von dem für die werbende Gesellschaft geltenden Grundsatz, daß, falls nichts anderes bestimmt ist, jeder Gesellschafter für sich allein zur Geschäftsführung und Vertretung berufen ist (§ 115 Abs. 1, § 125 Abs. 1 u. 2), ab. Das für das werbende Unternehmen bestehende Bedürfnis, daß jeder Gesellschafter allein namens der Gesellschaft handeln kann, besteht bei der Abwicklungsgesellschaft im allgemeinen nicht. Hier kommt es nicht auf die einem Erwerbsgeschäft dienende Möglichkeit jederzeitigen Eingreifens, sondern nur auf die Erfüllung der anders gearteten Aufgaben der Abwicklung (vgl. § 145 Anm. 1) an. Diesen entspricht die Zusammenarbeit aller Abwickler, also der Grundsatz der **Gesamtbefugnis** im Gegensatz zur Einzelbefugnis. Der Grundsatz und die Ausnahme davon gelten nicht nur für die **Anm. 2**

Vertretung der Gesellschaft, im Verhältnis nach außen, sondern auch für die **Geschäftsführung,** im Verhältnis der Abwickler zur Gesellschaft, im inneren Verhältnis. Das Gesetz geht bei der Abwicklung grundsätzlich davon aus, daß Geschäftsführungs- und Vertretungsbefugnis in einer Hand sind und übereinstimmen. Dies kommt auch in der Festlegung der Aufgaben der Abwickler in § 149 und in der allgemeinen Fassung des § 150 zum Ausdruck; DürHach. Anm. 1. Das Gesetz stellt somit für die Abwicklung den Zustand her, der bei der bürgerlich-rechtlichen Gesellschaft von Anfang an als gesetzliche Regel besteht; §§ 709, 714 BGB.

Anm. 3 Der Grundsatz der Gesamtgeschäftsführungs- und Vertretungsbefugnis gilt für alle Fälle einer Mehrheit von Abwicklern, gleichgültig, ob ihre Stellung auf dem Gesetz oder dem Willen der Gesellschafter oder Ernennung durch das Gericht beruht (§§ 146, 147) oder ob nur Nichtgesellschafter Abwickler sind oder die einen neben den anderen berufen sind. Eine Ausnahme gilt auch nicht für Gesellschafter, die vor der Auflösung zur Geschäftsführung oder Vertretung der Gesellschaft berufen waren und gleichgültig, wie ihre Befugnisse dabei geregelt waren; mit der Auflösung sind die früheren Befugnisse mit allen Wirkungen erloschen.

Die Folge des Grundsatzes ist, daß die Abwickler auch die in den Geschäftskreis der Abwicklung fallenden Handlungen (der Geschäftsführung oder Vertretung) nur mit **Zustimmung oder Mitwirkung** aller anderen Abwickler vornehmen dürfen. Dies gilt auch im Prozesse, deshalb ist eine von den Abwicklern im Prozesse abgegebene Erklärung nur dann eine Erklärung der Gesellschaft, wenn sie von allen gleichlautend abgegeben wird; RG im Recht 35, 5327; s. auch Anm. 14. Wegen der Bedeutung widersprechender Erklärungen vgl. § 124 Anm. 15. Die Zustimmung kann auch stillschweigend, durch schlüssige Handlungen (z. B. durch Dulden einer Handlung) erteilt werden. Fehlt es an der Zustimmung auch nur eines Abwicklers, so muß die Handlung unterbleiben. Dies gilt nicht nur, wenn die Zustimmung verweigert wird oder wenn einer der Abwickler der Handlung ausdrücklich widerspricht, sondern auch dann, wenn die Zustimmung aus anderen Gründen, etwa deshalb, weil einer der Abwickler abwesend ist, nicht beigebracht werden kann. Ist **Gefahr im Verzuge,** so können diejenigen, die nicht verhindert sind, allein mit Wirkung für und gegen die Gesellschaft handeln; § 115 Abs. 2 findet entsprechende Anwendung; Ritter Anm. 2a; Schlegelberger-Gessler 3; Hueck § 32 IV 5d; a.A. DürHach. Anm. 2. Es kann auch auf Antrag eines Beteiligten, zu denen aber die Abwickler nicht gehören, ein Abwickler mit Einzelbefugnis oder mit der Befugnis, in Gemeinschaft mit den noch vorhandenen zu handeln, durch das Gericht ernannt oder durch sämtliche Gesellschafter bestellt werden; s. Anm. 7ff. Die übrigen Abwickler haben die Pflicht, die Gesellschafter auf die etwa bestehende Notwendigkeit der Bestellung weiterer Abwickler hinzuweisen. Die übrigbleibenden könnten aber auch als Geschäftsführer ohne Auftrag handeln, wenn die Voraussetzungen dafür gegeben sind. Die Wirksamkeit des Geschäfts und die Verantwortlichkeit der Handelnden würden sich dann aber nach den für diese Art der Geschäftsführung geltenden Vorschriften richten; §§ 677ff. BGB; der handelnde Abwickler hat also nur im Falle dringender Gefahr Vorsatz und grobe Fahrlässigkeit zu vertreten (§ 680 BGB), während er sonst, falls er nicht Gesellschafter ist, für jedes Verschulden haftet; vgl. § 149 Anm. 54. Schon dieses Ergebnis spricht für die sinngemäße Anwendung des § 115 Abs. 2.

Fällt von nur zwei Abwicklern einer überhaupt weg, so tritt nicht ohne weiteres die Alleinbefugnis des anderen ein; RG 103, 417; 116, 117; Schlegelberger-Gessler 2; a.A. Ritter Anm. 2a. Auch wenn mehr als zwei Personen als Abwickler berufen sind, so tritt nicht beim Wegfall eines von ihnen die Befugnis der übrigbleibenden ein. Dies gilt auch, wenn nach der gesetzlichen Regel des § 146 Abs. 1 alle Gesellschafter Abwickler sind (anders die Vorauflage; wie hier Schlegelberger-Gessler 2). Für einen verstorbenen Gesellschafter gilt das in § 146 Anm. 10ff. Gesagte.

Anm. 4 **2.** Die **Verpflichtung** jedes einzelnen Abwicklers **zur Mitwirkung** oder zur Erteilung der Zustimmung zu einer Handlung, die von einem anderen Abwickler nicht allein vorgenommen werden kann, ergibt sich schon aus seiner Stellung, die ihm die Durchführung der Abwicklung zur Pflicht macht. Die Verweigerung der Mitwirkung oder der Zustimmung kann nicht rein willkürlich erfolgen. Sie ist nur zulässig, wenn sie nach pflichtgemäßer Prüfung des einzelnen Abwicklers im Gesellschaftsinteresse erforderlich ist. Der einzelne Abwickler ist der Gesellschaft für sorgfältige Prüfung der Zweckmäßigkeit der Vornahme oder des Unterbleibens einer Handlung verantwortlich. Jeder einzelne Abwickler ist auf Verlangen der übrigen oder der Gesamtheit der Gesellschafter auch verpflichtet, zu erklären, ob er die Zustimmung erteilt oder zur Mitwirkung bereit ist. Er ist auch verpflichtet, für den Fall der Weigerung die Gründe für sein Verhalten anzugeben, und falls es zur Prüfung der Stichhaltigkeit seiner Weigerung erforderlich ist, die erforderliche Auskunft über die Lage der Gesellschaft oder über einzelne Tatsachen (z. B. das Vorhandensein von Vorräten) zu geben. Diese Verpflichtung ergibt sich aus seiner allgemeinen Rechenschaftspflicht. Er kann auch von der Gesellschaft (nicht von den anderen Abwicklern persönlich, da diese einen solchen Anspruch nicht haben) auf Erfüllung dieser Verpflichtung verklagt werden; RG 12, 32; ebenso falls er selbst Gesellschafter ist, mit der actio pro socio, von einem einzelnen Gesellschafter; vgl. § 149 Anm. 15. Die Klage namens der Gesellschaft kann von allen Gesellschaftern erhoben werden; denn im Verhältnis zwischen der Gesellschaft und den Gesellschaftern oder den Abwicklern wird die Gesellschaft von allen Gesellschaftern vertreten. Die Klage kann auch von anderen, notfalls zu bestellenden oder zu ernennenden Abwicklern (§§ 146ff.), die zur Vertretung der Gesellschaft befugt sind, erhoben werden. Bei der Beschlußfassung der Gesellschaft und der Klagerhebung scheidet der zu verklagende Gesellschafterabwickler wegen Interessenwiderstreits aus; § 181 BGB.

Bestritten ist, ob der einzelne Abwickler auch auf Erteilung der Zustimmung zu oder auf **Mitwirkung bei einer einzelnen bestimmten Handlung** verklagt werden kann. Die früher herrschende Meinung versagt jedes Eingreifen des Gerichts in die Tätigkeit der Abwickler; RG 12, 32; OLG Frankfurt in ZHR 37, 544; OLG Kolmar in OLGR 6, 82; Brand Anm. 1d. Zweckmäßigkeitsgründe sprechen aber dafür, die Klage zuzulassen, wenn es sich nicht nur um eine sachliche Meinungsverschiedenheit unter den Abwicklern über die Zweckmäßigkeit eines bestimmten Geschäfts handelt, sondern die Weigerung nach den Umständen des Falles einen Verstoß gegen die Gesellschaftstreue oder eine Verletzung der Vertragspflicht aus dem der Abwicklerstellung zugrunde liegenden Rechtsverhältnis (Auftrag, Dienstverhältnis) darstellt; DürHach. 3; Ritter 2; Hueck § 32 IV 5d; Schlegelberger-Gessler 4; Baumbach-Duden 4A. Den Beteiligten würde oft nicht mit der Abberufung des widerspenstigen Abwicklers gedient sein. Solange jemand Abwickler ist und sich nicht veranlaßt fühlt und nicht berechtigt ist, seine Stellung niederzulegen, muß er die Stellung auch so ausüben, wie es den von ihm zu wahrenden Belangen entspricht und muß es einen Weg geben, ihn dazu zu zwingen. Danach ist die Klage zuzulassen, wenn das Verhalten des Abwicklers im einzelnen Falle gegen Treu und Glauben verstößt oder sonst pflichtwidrig ist. Sachliche Gründe stehen der Zulässigkeit einer solchen Klage nicht entgegen. Ist der Abwickler zur Mitwirkung oder Erteilung der Zustimmung verurteilt, so trifft ihn keine Verantwortung, wenn er seinerseits auf die bestehenden Bedenken hingewiesen hat.

Die Klage ist regelmäßig berechtigt, wenn die Beteiligten den Abwickler angewiesen haben, seine Zustimmung zu erteilen, oder mitzuwirken, falls die Weisung nicht auf eine gegen gesetzliche Vorschriften verstoßende Handlung geht, § 152; denn dann ist er von Verantwortung frei.

Für die Klagebefugnis gilt das in Abs. 1 a. E. Gesagte.

Eine unberechtigte Verweigerung der Auskunftserteilung oder der Mitwirkung oder der Zustimmung zu einer Handlung kann nach Lage des Falles einen Grund zur Abberufung eines Abwicklers, auch zur Kündigung eines Auftrags- oder Dienstverhältnisses oder zur Berufung anderer Abwickler bilden; §§ 146, 147. Bei schuldhaftem Verhalten des Abwicklers kann er auch auf Schadensersatz belangt werden; § 149 Anm. 54. Die übrigen Abwickler sind nach Lage des Falles verpflichtet, die Beteiligten auf eine unberechtigte Weigerung eines Abwicklers hinzuweisen, damit sie notfalls dessen Abberufung und die Berufung anderer Abwickler veranlassen können.

Fehlt es an der erforderlichen Mitwirkung oder Zustimmung eines Abwicklers, so ist die trotzdem von den anderen Abwicklern vorgenommene Handlung sowohl im inneren Verhältnis wie nach außen für und gegen die Gesellschaft unwirksam; RG 81, 325. Entsteht der Gesellschaft durch die Handlung Schaden, so kann sie die Han- **Anm. 5** delnden wegen Verletzung ihrer Pflichten zur Verantwortung ziehen. Die Handlung wird nach innen und außen wirksam, wenn die Gesellschaft sie durch in der Regel einstimmigen Beschluß (vgl. § 119) genehmigt oder wenn die Genehmigung der anderen (notfalls der neu bestellten oder ernannten) Abwickler nachträglich erteilt wird.

Anm. 6 Wegen der Art des Zusammenwirkens der nur zum gemeinsamen Handeln befugten Abwickler, der Möglichkeit einer Arbeitsteilung, der Bedeutung der Kenntnis eines einzelnen Abwicklers von rechtserheblichen Tatsachen, der Form der Zeichnung der gesamtvertretungsberechtigten Gesellschafter gilt das gleiche wie bei der Gesamtgeschäftsführung und -vertretung der werbenden Gesellschaft; vgl. die Erl. zu §§ 114ff., 125ff.

Anm. 7 **3. Abweichende Bestimmungen.**

Abweichend von der gesetzlichen Regel kann bestimmt werden, daß jeder Abwickler allein zum Handeln befugt ist. Die Bestimmung kann im ursprünglichen oder einem abgeänderten Gesellschaftsvertrag oder in einem besonderen Beschluß der Gesellschafter, auch nach Auflösung der Gesellschaft getroffen werden. Die Zustimmung der übrigen Beteiligten zu einem solchen Beschlusse der Gesellschafter (vgl. § 119) ist nicht erforderlich. Die Bestimmung kann auch stillschweigend erfolgen, z. B. dadurch, daß alle Gesellschafter die ihnen bekannte fortgesetzte selbständige Ausübung der Befugnisse der Abwickler durch einzelne ohne Mitwirkung der anderen dulden. Die bloße Kenntnis und Duldung der Abwickler würde nicht genügen, da sie zur Änderung der gesetzlichen Regel nicht befugt sind.

Anm. 8 Das **Gericht** kann bei der Ernennung von Abwicklern ebenfalls bestimmen, daß die von ihm ernannten Abwickler einzeln handeln dürfen. Auch durch späteren Beschluß kann es auf Antrag eines Beteiligten (§ 146) eine solche Anordnung treffen. Dagegen kann es ohne Zustimmung der betroffenen Abwickler nicht bestimmen, daß die nach dem Gesetz oder durch den Willen der Gesellschafter berufenen Abwickler einzeln handeln können, denn darin würde eine Erhöhung der Verantwortung des einzelnen, im Falle der Verselbständigung der anderen auch eine Beschränkung seiner Macht liegen. Indirekt kann das Gericht dieses Ergebnis aber doch dadurch erreichen, daß es — auf Antrag — die bisherigen Abwickler abberuft — vorausgesetzt, daß ein wichtiger Grund vorliegt — und sie mit Alleinhandlungsbefugnis neu bestellt. Es bedarf dann aber der Annahme der Stellung durch die neu bestellten, wenn sie nicht etwa als Gesellschafter oder auf Grund eines anderen Rechtsverhältnisses (z. B. eines Dienstvertrages) auch zur Annahme der Stellung in der neuen Gestaltung verpflichtet sind; vgl. § 146 Anm. 29, 40, 63.

Anm. 9 Die Abweichung von der Gesamthandlungsbefugnis kann auch in der Weise erfolgen, daß beim Vorhandensein von mehr als zwei Abwicklern nur ein Teil, z. B. **zwei** oder mit Namen bezeichnete **Abwickler gemeinsam** handeln müssen, oder daß der eine **Alleinbefugnis hat,** die anderen nur zusammen handeln dürfen. Da während der Abwicklung Prokuristen überhaupt nicht tätig sein können (vgl. § 149 Anm. 40), kann nicht, wie bei der Vertretung der werbenden Gesellschaft (§ 125 Abs. 3), bestimmt werden, daß ein Abwickler zusammen mit einem Prokuristen zur Vertretung der Gesellschaft ermächtigt sein solle (sog. unechte Gesamtvertretung). Auch die Vertretung der Gesellschaft durch einen Abwickler in Gemeinschaft mit einem nicht zum Abwickler bestellten Gesellschafter kann nicht angeordnet werden; jedoch kann in einer solchen Anordnung, wenn der Mitwirkende bestimmt bezeichnet ist, die Bestellung zum Abwickler liegen (DürHach. Anm. 9), die dann aber auch zum Handelsregister anzumelden ist, § 148. Die Frage, ob angeordnet werden kann, daß ein Abwickler nur gemeinsam mit einem Handlungsbevollmächtigten handeln darf, ist ebenso zu beantworten, wie die Frage, ob eine solche Anordnung für die Vertretung der werbenden Gesellschaft zulässig ist; vgl. § 125 Anm. 27. In einer solchen Anordnung kann ebenfalls unter Umständen die Bestellung zum Abwickler liegen.

Unzulässig ist es, einen Abwickler überhaupt von der Geschäftsführung **und** von der Vertretung **auszuschließen.** Die Ausschließung von der Geschäftsführung ist zwar denkbar, da sie nur das innere Verhältnis betrifft. Wie bei der werbenden Gesellschaft kann auch einem Nichtgesellschafter oder einem Nichtabwickler die Geschäftsführung durch Gesellschafterbeschluß oder durch den Gesellschaftsvertrag übertragen werden; vgl. § 114 Anm. 9. Enthält ein solcher Beschluß zugleich eine Abberufung, wird also einem Abwickler die Geschäftsführungsbefugnis durch Übertragung auf einen anderen (Abwickler oder Dritten) entzogen, so müssen auch die übrigen Beteiligten zustimmen, § 147. Die Vertretung der Gesellschaft gehört notwendig zur Stellung des Abwicklers; Wieland I 694 Anm. 15; DürHach. Anm. 9; Schlegelberger-Gessler 9; Hueck § 32 IV 5e. Aber im inneren Verhältnis kann einem Abwickler die Verpflichtung auferlegt werden, allgemein oder in bestimmten Fällen Vertretungshandlungen nicht oder nur mit Zustimmung eines anderen Abwicklers oder eines Gesellschafters vorzunehmen.

Die angeordnete Abweichung von der gesetzlichen Regel kann in der gleichen **Anm. 10**
Weise, in der sie erfolgt ist, auch wieder aufgehoben oder abgeändert werden.

Ist die Einzelhandlungsbefugnis jedes Abwicklers oder eines von ihnen angeordnet, **Anm. 11**
so handelt jeder selbständig im Namen der Gesellschaft und auf eigene Verantwortlichkeit. Diese Befugnis bezieht sich auf Geschäfte jeder Art, die in den Geschäftspreis der Abwickler fallen. Ein **Widerspruchsrecht,** wie es § 115 Abs. 1 für die Geschäftsführung der werbenden Gesellschafter vorsieht, besteht im Falle der Einzelhandelsbefugnis der Abwickler nicht (Schlegelberger-Gessler 7). Der zum selbständigen Handeln befugte Abwickler ist auch für Unterlassungen verantwortlich und wird nicht durch einen Widerspruch anderer Abwickler entlastet.

Ist nur für einen Abwickler Alleinhandlungs-, für die anderen aber Gesamthandlungsbefugnis angeordnet, so gilt für die Notwendigkeit des Zusammenwirkens der letzteren das gleiche wie wenn allgemein nur Gesamtbefugnis besteht.

Jede Abweichung von der gesetzlichen Regel ist in das **Handelsregister** **Anm. 12**
einzutragen; Abs. 1 Halbsatz 2. Die Vorschrift gilt nur für das Verhältnis nach außen, also für die Vertretung der Gesellschaft. Beruht die Abweichung auf einer Verfügung des Gerichts, so erfolgt die Eintragung von Amts wegen; andernfalls nur auf Anmeldung sämtlicher Gesellschafter; § 148. Die Wirkungen der Eintragung oder der Nichteintragung richten sich nach § 15; vgl. § 148 Anm. 18. Aus der Eintragung muß ersichtlich sein, inwiefern von der gesetzlichen Regel abgewichen wird und welche Vertretungsmacht jeder einzelne Abwickler hat.

War nur ein Abwickler vorhanden und eingetragen, und wird ein anderer bestellt und eingetragen, so gilt im Verhältnis zu Dritten künftig ohne weiteres die gesetzliche Gesamtvertretung, wenn nicht die Einzelbefugnis jedes Abwicklers eingetragen wird. Soll beim Wegfall des einen von zwei gesamtvertretungsberechtigten der übrigbleibende künftig Alleinvertretungsbefugnis haben, so ist auch dies einzutragen. Die für bestimmte Personen eingetragene Alleinvertretungsbefugnis gilt ohne Eintragung nicht für andere, die später Abwickler geworden sind; DürHach. Anm. 11.

Nicht eingetragen werden kann, daß die gesetzliche Regel gilt, da sich **Anm. 13**
dies mangels einer Eintragung einer Abweichung von selbst versteht und das Handelsregister für überflüssige Eintragungen nicht bestimmt ist.

Einzutragen sind **Änderungen des bisherigen Rechtszustandes,** auch wenn der gesetzliche Zustand wiederhergestellt wird, insbesondere wenn die bisherige Einzelbefugnis in eine Gesamtbefugnis umgewandelt wird; DürHach. Anm. 11. Nicht einzutragen ist die Erweiterung der Vertretungsmacht über ihren gesetzlichen Umfang hinaus.

4. Die Abwickler können einzelne von ihnen **zur Vornahme bestimmter Ge-** **Anm. 14**
schäfte oder bestimmter Arten von Geschäften ermächtigen; Abs. 2 Satz 1. Den nur zum gemeinsamen Handeln befugten Abwicklern wird hier in gleicher Weise wie den nur zur Gesamtvertretung ermächtigten Vertretern der werbenden Gesellschaft (§ 125 Abs. 2 Satz 2) die Befugnis erteilt, einzelnen von ihnen Sondervollmacht zu erteilen. Diese Befugnis erstreckt sich auf die Geschäftsführung und auf die Vertretung der Gesellschaft; wegen der Einzelheiten vgl. § 125 Anm. 18ff. Erhebt bei einer Zweimanngesellschaft der eine Gesellschafter Klage gegen die Gesellschaft, so ist darin die Ermächtigung zur Alleinvertretung durch den anderen Gesellschafter zu erblicken, RG 116, 116; BGH BB 64, 786.

5. Die passive Vertretungsmacht jedes einzelnen von mehreren Ge- **Anm. 15**
samtvertretern ist durch Abs. 2 Satz 2 in gleicher Weise geregelt wie bei der werbenden Gesellschaft in § 125 Abs. 2 Satz 3. An Stelle der vertretungsberechtigten Gesellschafter treten die Abwickler; vgl. § 125 Anm. 24.

§ 151

Eine Beschränkung des Umfanges der Befugnisse der Liquidatoren ist Dritten gegenüber unwirksam.

Inhaltsübersicht

Anm. 1 § 151 bestimmt in Übereinstimmung mit Art. 138 ADHGB die Unwirksamkeit einer Beschränkung der Befugnisse der Abwickler im Verhältnis zu Dritten. Er übernimmt damit für die Abwicklung den allgemeinen Grundsatz der Unbeschränkbarkeit der Vertretungsmacht der Vertreter der Handelsgesellschaften; § 126 Abs. 2 HGB, § 82 Abs. 1, § 269 Abs. 5 AktG; § 37 Abs. 2 GmbHG; vgl. auch § 27 Abs. 2 GenG. Es kann daher wegen des Inhalts der Vorschrift auf die Erläuterungen zu § 126 Abs. 2 verwiesen werden.

Anm. 2 **1.** Die Vorschrift schließt nur die Beschränkung der Befugnisse der Abwickler **im Verhältnis zu Dritten** aus. Sie gilt somit nicht für das Verhältnis der Abwickler zur Gesellschaft, für das innere Verhältnis, während die in § 150 ausgesprochene Beschränkung der Befugnisse durch Festlegung der gesetzlichen Regel der Gesamtbefugnis mehrerer Abwickler sich sowohl auf das innere wie auf das äußere Verhältnis die Geschäftsführung und die Vertretung, bezieht; vgl. § 150 Anm. 2. Aus dem umschriebenen Geltungsbereich des § 151 und auch aus § 152, der ausdrücklich Weisungen an die Abwickler „in betreff der Geschäftsführung" vorsieht, ergibt sich, daß eine Beschränkung der Befugnisse der Abwickler im Verhältnis zur Gesellschaft sowohl hinsichtlich der Geschäftsführung wie hinsichtlich der Vertretung zulässig ist; vgl. auch § 82 Abs. 1, § 269 Abs. 5 AktG, das ausdrücklich von Beschränkungen der Vertretungsbefugnis spricht. Den Abwicklern kann somit insbesondere im inneren Verhältnis vorgeschrieben werden, bestimmte Vertretungshandlungen überhaupt nicht oder nur in bestimmter Weise, z. B. nur nach Ablauf einer gewissen Zeit oder nur mit Zustimmung aller oder einzelner Gesellschafter oder Dritter, oder unter bestimmten Bedingungen (zu einem festgesetzten Preise) vorzunehmen; vgl. die Erl. zu § 152. Die Abwickler sind dann an diese Vorschriften der Gesellschaft gegenüber gebunden und für den durch Nichteinhaltung der Vorschrift entstandenen Schaden verantwortlich; sie können auch von der Gesellschaft, — wenn sie zugleich Gesellschafter sind, auch von einzelnen Gesellschaftern mit der actio pro socio (vgl. § 150 Anm. 4) — auf Vornahme der Handlung in der vorgeschriebenen Weise (oder auf Unterlassung) verklagt werden. Nur Dritten gegenüber sind diese Beschränkungen unwirksam. Die Gesellschaft kann sich somit Dritten gegenüber nicht darauf berufen, daß die Abwickler durch Vornahme eines Rechtsgeschäftes mit ihnen die ihnen gezogenen Schranken überschritten haben. Dritten gegenüber ist die Handlung wirksam, wenn sie in den den Abwicklern durch das Gesetz (§ 149) gezogenen Wirkungskreis fällt. Innerhalb dieses Wirkungskreises ist die Vertretungsmacht der Abwickler nur durch die gesetzliche Regel des § 150 über die Gesamtgeschäftsführungsbefugnis beschränkt, vgl. auch § 149 Anm. 37. Diese Beschränkung kann aufgehoben werden durch Einführung der Einzelbefugnis § 150. Dagegen ist eine weitere Einschränkung der Befugnis nicht zulässig.

Anm. 3 **2.** Da die Unbeschränkbarkeit der Vertretungsmacht nur im Verhältnis zu Dritten gilt, besteht sie nicht, soweit es sich um das Verhältnis der Gesellschaft zu ihren Gesellschaftern als solchen, also um die gegenseitigen Rechte und Pflichten aus dem **Gesellschaftsverhältnis** handelt. Beschränkungen der Vertretungsmacht in dieser Richtung, z. B. die Anweisung, einem Gesellschafter Stundung eines fälligen Anspruchs aus dem Gesellschaftsverhältnis zu gewähren, sind auch dem Gesellschafter gegenüber wirksam.

Anm. 4 Soweit ein Gesellschafter zu der Gesellschaft in einem von dem Gesellschaftsverhältnis **unabhängigen Rechtsverhältnis** steht, z. B. Waren aus dem Geschäfte der

Gesellschaft bezieht, ist er zwar grundsätzlich als Dritter zu behandeln. Die gesellschaftliche **Treupflicht** erfordert aber auch in diesem Falle, daß der Gesellschafter nicht schuldhaft dazu beiträgt, daß die Abwickler die ihnen im inneren Verhältnis gezogenen Schranken überschreiten. Dem Gesellschafter, der von den Abwicklern das Handelsunternehmen der Gesellschaft erwirbt, kann somit entgegengehalten werden, daß nach dem Gesellschaftsvertrag oder den Weisungen der Gesellschafter (§ 152) diese Art der Verwertung der Masse nur mit Zustimmung aller Gesellschafter zulässig sei; in der Mißachtung einer solchen Beschränkung würde eine Verletzung der Gesellschafterpflichten liegen, für die der Gesellschafter nach den allgemeinen Grundsätzen der Gesellschafterhaftung einzustehen hätte; er müßte sich daher entgegenhalten lassen, daß er vorsätzlich oder grob fahrlässig (§ 708 BGB) bei der Pflichtverletzung der Abwickler mitgewirkt habe; RG bei Gruchot 37, 1031. Ein unter Überschreitung der den Abwicklern gesetzten Schranken von einem Gesellschafter mit der Abwicklungsgesellschaft vorgenommenes Rechtsgeschäft ist somit wirksam, wenn der Gesellschafter in gutem Glauben und ohne grobe Fahrlässigkeit das Geschäft als erlaubt angesehen hat, etwa weil ihn der Abwickler über das Bestehen der Zustimmung der anderen Gesellschafter getäuscht hat.

3. Dritter im Verhältnis zur Gesellschaft ist auch **der Abwickler** selbst, wenn er mit ihr wie ein sonstiger Dritter in Rechtsverkehr tritt; RG 119; Ritter Anm. 2; Schwarz Anm. 1; Schlegelberger-Gessler 3. Auch wenn er nicht zugleich Gesellschafter ist, ergibt sich aber aus dem seiner Stellung zugrunde liegenden Rechtsverhältnis (Auftrag oder Dienstverhältnis), daß er nicht schuldhaft dabei mitwirken darf, daß die anderen Abwickler, auch wenn sie ohne ihn an sich vertretungsberechtigt sind (vgl. § 150), die ihnen im inneren Verhältnis gezogenen Schranken überschreiten. Er haftet der Gesellschaft für Schaden, der ihr durch ein durch seine Mitwirkung, wenn auch als Vertragsgegner, erst möglich gewordenes Geschäft entsteht. Als Nichtgesellschafter haftet er dabei für jedes Verschulden; vgl. § 149. Das gleiche gilt, wenn ein Abwickler mit sich selbst kontrahiert. War ihm das Selbstkontrahieren im allgemeinen nach den Vorschriften des § 181 BGB erlaubt, bestand aber für das einzelne Geschäft, z. B. die Veräußerung des ganzen Warenlagers oder für die Eingehung von Wechselverbindlichkeiten, eine besondere Beschränkung, so muß sich der Abwickler auch als Vertragsgegner der Gesellschaft die Überschreitung der Vertretungsmacht entgegenhalten lassen. **Anm. 5**

4. Abgesehen von den vorstehend behandelten besonderen Beziehungen zur Gesellschaft besteht die Unwirksamkeit von Beschränkungen der Vertretungsmacht im Verhältnis zu Dritten auch dann, wenn der **Dritte** bei Vornahme des Geschäfts die im inneren Verhältnis bestehenden Beschränkungen **kannte** oder infolge von ihm zu vertretender Fahrlässigkeit nicht kannte. Es kann ihm deshalb allein noch nicht der Einwand der Arglist entgegengehalten werden (RG 9, 149). Er kann es dem Abwickler überlassen, sich mit der Gesellschaft im inneren Verhältnis wegen Überschreitung seiner Befugnisse auseinanderzusetzen, insbesondere sich die Genehmigung der Gesellschaft zu erwirken. Handelt der Dritte mit den Abwicklern bewußt zum Nachteil der Gesellschaft zusammen, so handeln die Abwickler in einer auch dem Dritten erkennbaren Weise nicht zur Förderung des Abwicklungszweckes, überschreiten also ihren Geschäftskreis und sind deshalb für das einzelne Geschäft nicht vertretungsberechtigt; dieses ist somit für die Gesellschaft überhaupt nicht verbindlich; vgl. § 149 Anm. 37; DürHach. Anm. 3; Schlegelberger-Gessler 2. Regelmäßig würde in dem absichtlichen Handeln der Abwickler und des Dritten zum Nachteile der Gesellschaft auch eine gemeinsam begangene unerlaubte Handlung (§ 826 BGB) liegen; ein so zustande gekommenes Rechtsgeschäft würde gegen die guten Sitten verstoßen; § 138 BGB. Der Dritte könnte daraus keine Rechte herleiten; OLG Darmstadt im Recht 1903, 531; OLG Düsseldorf in JW 1925, 1795[5]; RG 57, 356; RG in HoldhMschr. 23, 212; in JR 1927 Nr. 1751; vgl. auch RG 145, 315. **Anm. 6**

5. Eine Beschränkung der Vertretungsmacht gegenüber Dritten ist auch nicht, wie § 126 Abs. 3 dies für die werbende Gesellschaft vorsieht, in der Weise zulässig, daß sie auf den Betrieb einer **Zweigniederlassung** beschränkt wird. Die genannte Vorschrift ist mangels eines Bedürfnisses für die Abwicklung nicht übernommen. Die **völlige Aufhebung** der Vertretungsmacht der Abwickler ist im Verhältnis zu Dritten ebenfalls nicht zulässig. Sie wäre mit der Eigenschaft als Abwickler unvereinbar; vgl. § 150 Anm. 9; Schwarz Anm. 1. **Anm. 7**

Anm. 8 6. Eine **Erweiterung** der Vertretungsmacht der Abwickler über den durch das Gesetz für sie gezogenen Geschäftskreis hinaus ist zulässig. Sie kann durch den Gesellschaftsvertrag oder Beschluß der Gesellschafter — wenn der Gesellschaftsvertrag es zuläßt, auch durch Mehrheitsbeschluß — (vgl. § 119) allgemein oder für einzelne Fälle auch bei den durch den Richter ernannten Abwicklern erfolgen; JFG 4, 80; RG 106, 72; vgl. auch § 149 Anm. 7. Sie kann auch in der Anweisung (§ 152) gefunden werden, ein bestimmtes, außerhalb des Abwicklungszweckes liegendes Geschäft, z. B. die Vergebung eines Fabrikneubaues, vorzunehmen. Geht die Erweiterung dahin, daß die Abwickler das Geschäft als werbendes Unternehmen dauernd fortführen sollen, so kommt dies auf eine Rückgängigmachung der Auflösung hinaus. Es sind also die Voraussetzungen eines Fortsetzungsbeschlusses zu erfüllen; vgl. § 131 Anm. 13, § 144, § 149 Anm. 7. Durch den Richter kann die Vertretungsmacht der Abwickler nicht erweitert werden.

Die Erweiterung bedarf zu ihrer Wirksamkeit auch gegenüber Dritten, wie eine sonstige Vollmacht, nicht der Eintragung ins Handelsregister und kann auch nicht eingetragen werden; deshalb findet auf sie auch § 15 keine Anwendung; vgl. § 150 Anm. 13.

§ 152

Gegenüber den nach § 146 Abs. 2, 3 Beteiligten haben die Liquidatoren, auch wenn sie vom Gerichte bestellt sind, den Anordnungen Folge zu leisten, welche die Beteiligten in betreff der Geschäftsführung einstimmig beschließen.

Inhaltsübersicht

Anm. 1 1. § 152 bestimmt in Übereinstimmung mit Art. 140 ADHGB, daß die Abwickler den Anordnungen der Beteiligten in betreff der Geschäftsführung Folge zu leisten haben. Die Vorschrift beruht auf dem Gedanken, daß die Gesellschafter die Herren des Gesellschaftsvermögens sind und daß die Abwicklung in ihrem und der sonstigen Beteiligten Interesse erfolgt. Derselbe Gedanke findet auch im Recht der Kapitalgesellschaften seine Verwirklichung; vgl. § 37 Abs. 1 GmbHG; vgl. auch Barz Großkomm. z. AktG 1937 § 209 Anm. 5; Baumbach-Hueck AktG 1965 § 268 Anm. 9. Da die Gesellschafter von einer Abwicklung nach den Regeln des Gesetzes überhaupt absehen können (§ 145), eine bereits im Gang befindliche durch einen Fortsetzungsbeschluß regelmäßig jederzeit beendigen können, da den Gesellschaftern auch die Macht verliehen ist, die Person der Abwickler zu bestimmen (§§ 146, 147) und damit den Gang der Abwicklung maßgebend zu beeinflussen, bringt § 152 den Grundgedanken der **Herrschaft der Beteiligten** zur folgerichtigen Durchführung, indem er deren einheitlichen Willen vor dem der Abwickler den Vorrang einräumt. Wenn außer den Gesellschaftern noch anderen Beteiligten (vgl. § 146 Abs. 2 u. 3) ein Mitbestimmungsrecht eingeräumt ist, so erklärt sich dies daraus, daß diese als Gläubiger oder Wahrer der Rechte der Gesamtheit der Gläubiger eines Gesellschafters (als Konkursverwalter) die Rechte dieser Gesellschafter ausüben. Hiernach liegt der gesetzgeberische Zweck der Vorschrift in der Wahrung der Belange der Beteiligten. Die Bindung der Abwickler an die Anordnungen der Beteiligten findet ihre rechtliche Begründung in dem Rechtsverhältnis zwischen der Gesellschaft als der Vereinigung aller Gesellschafter und den Abwicklern.

Anm. 2 2. Die Abwickler müssen auf Grund des § 152 den Anordnungen der Beteiligten nur Folge leisten, wenn sie von diesen „in betreff der Geschäftsführung" beschlossen sind. Dies ist nur der Fall, wenn es sich um eine Tätigkeit handelt, die in den **Geschäftskreis** fällt, den das Gesetz den Abwicklern als solchen überträgt und der in § 149 umschrieben ist. Die Verpflichtung zur Ausführung der Beschlüsse besteht somit auf Grund des § 152 nicht, wenn die Ausführung eine Tätigkeit zum Gegenstand hat, die außerhalb des Rahmens der Abwicklung liegt oder dieser gar hinderlich ist, wie die Anweisung, den werbenden Betrieb des Unternehmens fortzusetzen oder eine Handlung vorzunehmen, die diesem Zwecke dient (wie z. B. die Erbauung eines neuen Fabrikgebäudes). In einem solchen Beschluß kann aber die Ermächtigung für die Abwickler enthalten sein, die über ihre Aufgabe als Abwickler hinausgehende Handlung vorzunehmen. Zur Ausführung eines solchen Beschlusses sind die Abwickler aber nur verpflichtet, wenn sie den Auftrag annehmen, was auch stillschweigend geschehen kann; DürHach. Anm. 7.

Die Weisungsbefugnis der Beteiligten bezieht sich auch auf Handlungen der **Vertretung,** da diese sich im inneren Verhältnis als Akt der Geschäftsführung darstellen. Auf Weisung der Beteiligten müssen sie also ein bestimmtes Rechtsgeschäft mit Dritten, z. B. den Verkauf des Geschäfts, vornehmen oder unterlassen. **Anm. 3**

3. Auch wenn die Anordnung sich auf den Geschäftskreis der Abwickler bezieht, brauchen (und dürfen) die Abwickler ihr nicht nachkommen, wenn ihnen eine rechtswidrige, insbesondere eine sittenwidrige, anstößige oder gegen öffentlich-rechtliche Vorschriften, z. B. gegen die Buchführungspflicht oder gegen steuerrechtliche Verpflichtungen verstoßende Handlung zugemutet wird. **Anm. 4**

Im übrigen sind die Abwickler **zur Ausführung** der Beschlüsse **verpflichtet,** solange die Beschlüsse gelten, also nicht durch andere Beschlüsse aufgehoben sind. Der Aufhebungsbeschluß muß denselben Erfordernissen genügen, wie der Beschluß, durch den die Weisung erteilt wurde, also regelmäßig einstimmig gefaßt sein; vgl. Anm. 6. Eine Weisung wird auch unwirksam, wenn einer der Beteiligten seine Zustimmung zu dem Beschluß vor der Ausführung der Weisung widerruft. Der **Widerruf** ist, wie bei Gesellschafterbeschlüssen, nur aus wichtigem Grunde zulässig; vgl. § 115 Anm. 21, § 116 Anm. 5, § 119 Anm. 29; DürHach. Anm. 6. Aus dem zugrunde liegenden Rechtsverhältnisse, etwa dem Dienstvertrag mit dem Abwickler, kann sich ergeben, daß er an die Anordnungen der Beteiligten allgemein oder für bestimmte Fälle **nicht gebunden** ist.

Auch soweit der einzelne Abwickler persönlich zur Befolgung einer Anordnung nicht verpflichtet ist, darf er doch die Ausführung durch andere Abwickler nicht verhindern.

4. Bestritten ist, ob die Abwickler gemäß § 665 BGB von einer Anordnung **abweichen** dürfen, wenn sie den Umständen nach annehmen dürfen, daß die Beteiligten bei Kenntnis der Sachlage die Abweichung billigen würden. Die Frage ist zu bejahen. § 665 BGB bringt den der Lebenserfahrung, insbesondere auch im geschäftlichen Verkehr entsprechenden allgemeinen Gedanken zur Geltung, daß eine Anweisung nur unter den von den Anweisenden als tatsächlich vorhanden vorausgesetzten Umständen gelten soll, nicht aber, wenn sich die Verhältnisse unerwartet wesentlich geändert haben. Dies gilt namentlich, wenn es sich um allgemeine Anordnungen, nicht um solche für einen einzelnen, in der Regel in seiner Tragweite übersehbaren Fall handelt. Tritt eine solche Änderung ein, so haben die Abwickler die Beteiligten zunächst von der veränderten Sachlage in Kenntnis zu setzen und ihre neue Weisung abzuwarten. Bei Gefahr im Verzug können sie alsbald die frühere Anweisung unbeachtet lassen und nach eigenem pflichtmäßigen Ermessen handeln; § 655 Satz 2 BGB; Schlegelberger-Gessler 5; Hueck § 32 IV 6b. Der Befugnis zur Abweichung entspricht auch die Verpflichtung, in dieser Weise zu handeln, wenn die Belange der Beteiligten es erfordern. Regelmäßig wird man die Abwickler — auch im Falle der Gefahr im Verzuge — für verpflichtet ansehen müssen, die Beteiligten von der erfolgten Abweichung unverzüglich zu benachrichtigen, damit sie ihre weiteren Entschließungen treffen können, insbesondere wenn von einer allgemeinen Anordnung abgewichen worden ist. Ergibt sich aus der Anordnung, daß sie unter allen Umständen befolgt werden soll, nehmen also die Beteiligten die Gefahr, die sich aus einer Veränderung der Umstände ergeben kann, bewußt auf sich, so wird ein Abweichen nur bei ganz unerwarteten Veränderungen zulässig sein. **Anm. 5**

5. Die Abwickler haben nur einem **einstimmigen** Beschluß der Beteiligten Folge zu leisten. Der einzelne Beteiligte kann keine die Abwickler bindenden Anordnungen erlassen; BGH LM § 149 Nr. 2. Seine Meinungsäußerung wird aber die Abwickler zur sorgfältigen Prüfung ihrer hiervon abweichenden Maßnahmen nötigen, damit sie sich nicht schadensersatzpflichtig machen (BGH a. a. O.). **Anm. 6**

Anm. 7 **Beteiligt** sind nach § 146 Abs. 2 alle Gesellschafter. Ist ein Gesellschafter gestorben, so müssen, wenn nicht einzelne oder mehrere Erben an seiner Stelle Gesellschafter geworden sind (vgl. § 139), alle Erben in ihrer Verbindung als Erbengemeinschaft an der Beschlußfassung teilnehmen und zu stimmen;sie üben dabei nur das Stimmrecht ihres Erblassers aus, was insbesondere von Bedeutung ist, wenn das Stimmrecht sich nach der Beteiligung an der Gesellschaft richtet; vgl. § 146 Anm. 32, 33. Der von den Erben nach § 146 Abs. 1 Satz 2 bestellte gemeinsame Vertreter hat nicht mitzustimmen; er gehört als Abwickler zu denen, die die Anordnung zu befolgen, nicht sie zu erlassen haben. Die Abwickler als solche gehören nicht zu den Beteiligten. Beteiligt ist ferner der Privatgläubiger eines Gesellschafters, der nach § 135 die Pfändung und Überweisung des Auseinandersetzungsguthabens seines Schuldners erwirkt und daraufhin die Gesellschaft gekündigt hat; ist die Auflösung aus einem anderen Grunde erfolgt, so genügt zur Annahme der Bezeiligung die Pfändung und Überweisung (vgl. § 146 Anm. 48); der Gläubiger ist im Falle des § 135 zwar Beteiligter, aber er tritt nicht an die Stelle des Gesellschafters, sondern tritt nur neben ihn (§ 146 Anm. 48); der Gesellschafter muß ebenfalls mitwirken und zustimmen, damit eine wirksame Anordnung zustande kommt. Ist über das Vermögen eines Gesellschafters der Privatkonkurs eröffnet, so ist nicht der Gesellschafter, sondern an seiner Stelle nur der Konkursverwalter beteiligt; § 146 Abs. 3.

Anm. 8 Ein einstimmiger Beschluß liegt nur vor, wenn **alle Beteiligten** ihm **zustimmen.** Fehlt auch nur die Zustimmung eines einzigen Beteiligten, so liegt keine bindende Anordnung vor. Dies gilt auch, wenn ein Gesellschafter an der Abstimmung verhindert war, insbesondere, wenn er nicht zu erreichen war; auch bei Gefahr im Verzuge besteht keine Ausnahme; Ritter Anm. 4b; DürHach. Anm. 3; Hueck § 32 IV 6a. Bei Abwesenheit oder sonstiger Verhinderung eines Beteiligten kann die Bestellung eines Abwesenheitspflegers oder eines sonstigen Pflegers, gegebenenfalls auch eines Vormunds nach den Vorschriften des bürgerlichen Rechts veranlaßt werden. Im Falle des Todes eines Gesellschafters kann unter den Voraussetzungen des § 1960 BGB auch die Bestellung eines Nachlaßpflegers erfolgen. Diese üben dann die Rechte des Beteiligten aus. Richtet sich die anzuordnende Handlung gegen einen der Beteiligten, so ist dieser vom Stimmrecht nicht ausgeschlossen (a. M. die Vorauflage, wie hier Hueck § 32 IV 6a). Für den **Auschluß vom Stimmrecht** gilt das in § 119 Anm. 22 Gesagte. Genügt nach dem Gesellschaftsvertrag oder einem nachträglich gefaßten einstimmigen Beschlusse aller Gesellschafter zur Bindung aller Gesellschafter ein **Mehrheitsbeschluß,** so können auch Anordnungen nach § 152 mit Mehrheit beschlossen werden, wenn sich aus dem Gesellschaftsvertrag oder dem späteren Beschlusse ausdrücklich oder durch Auslegung ergibt, daß der Mehrheitsgrundsatz auch für solche Anordnungen gelten soll; vgl. § 119 Anm. 7ff., DürHach. Anm. 3. Die Gesellschafter sind dann an einen solchen Beschluß gebunden. Für die übrigen Beteiligten (Privatgläubiger und Konkursverwalter, vgl. oben Anm. 7) können die Gesellschafter den Mehrheitsgrundsatz nicht einführen. Die übrigen Beteiligten können sich aber durch Vereinbarung mit den Gesellschaftern dem Mehrheitsgrundsatz unterwerfen; ist dies nicht geschehen, so muß zu dem Mehrheitsbeschluß der Gesellschafter im Einzelfall die Zustimmung der übrigen Beteiligten hinzukommen; DürHach. Anm. 4; Ritter Anm. 4; Schlegelberger-Gessler 2; a.A. Schwarz Anm. 1; Hueck § 32 IV 6a. Durch Vereinbarung aller Beteiligten kann auch bestimmt werden, daß ein Mehrheitsbeschluß aller Beteiligten genügt; denn auch die außer den Gesellschaftern Beteiligten können sich einem solchen Mehrheitsbeschluß unterwerfen; wegen der gleichen Frage im Falle des § 147 vgl. daselbst Anm. 7.

Anm. 9 **6.** Durch den Gesellschaftsvertrag oder durch Vereinbarung der Beteiligten kann auch bestimmt werden, daß an Stelle der Gesamtheit der Gesellschafter oder der Beteiligten ein Ausschuß derselben oder ein einzelner von ihnen die Anordnungen erläßt. Auch einem Nichtgesellschafter kann das Recht zur Erlassung solcher Anordnungen übertragen werden; dies kann namentlich geschehen, wenn die Abwicklung im Interesse der Gesellschaftsgläubiger durchgeführt wird, und wenn die Abwickler nach Vereinbarung mit den Gläubigern bestellt worden sind; vgl. auch Anm. 14.

Anm. 10 **7.** Das Gericht ist nicht befugt, den Abwicklern bindende Anordnungen über die Geschäftsführung zu erteilen, auch soweit es die Abwickler selbst bestellt hat. Die der

Erteilung einer Anordnung durch die Beteiligten entgegenstehenden Hindernisse (vgl. Anm. 8) können aber nach Lage des Einzelfalles einen wichtigen Grund zur Abberufung von Abwicklern und Ernennung anderer auf Antrag eines Beteiligten bilden.

Die Befugnis zur Erlassung von Anordnungen steht den Beteiligten auch gegenüber den Abwicklern zu, die vom Gericht ernannt worden sind, nicht nur gegenüber den durch das Gesetz oder den Willen der Gesellschafter Berufenen.

8. Der **Inhalt der Anordnung** kann dahin gehen, daß die Abwickler eine bestimmte Handlung vorzunehmen oder zu unterlassen haben oder daß eine Handlung in bestimmter Art auszuführen oder nicht auszuführen sei. Die Anordnungen können sich auf ein einzelnes Geschäft beschränken oder allgemeinen Inhalts sein. Es können insbesondere Richtlinien über die Abwicklung im allgemeinen oder einzelne Zweige derselben aufgestellt werden, z. B. über die Anlegung von Geldern, die Reihenfolge der Verwertung der einzelnen Vermögensgegenstände, Unterlassung der Versilberung bestimmter Gegenstände und deren Verteilung in Natur, über die Buchführung, die Aufstellung von Jahresbilanzen, die Anstellung und Verwendung von Personal, über die Geltendmachung von Sozial- und anderen Ansprüchen gegen die Gesellschafter. Es kann auch angeordnet werden, daß bestimmte Geschäfte, z. B. die Veräußerung des ganzen Unternehmens nur mit Zustimmung der Gesellschafter oder eines Ausschusses vorgenommen werden dürfen. Soweit ein Ausschuß vorhanden ist, können auch dessen Befugnisse in der Anordnung näher geregelt werden; insbesondere kann bestimmt werden, daß er mit Mehrheit entscheidet und ob und in welcher Weise er abberufen werden kann. **Anm. 11**

9. Die Abwickler sind **nur den Beteiligten gegenüber** verpflichtet, deren Anordnungen Folge zu leisten. § 152 regelt nur die Geschäftsführung, d. h. die Tätigkeit der Abwickler im Verhältnis nach innen. Deshalb entstehen durch die Nichtbefolgung der Anordnungen nur Wirkungen im inneren Verhältnis. Gegenüber Dritten ist eine Handlung, auch wenn sie gegen eine Anordnung verstößt, wirksam, wenn die Abwickler im Rahmen ihrer Vertretungsmacht gehandelt haben; vgl. § 151 Anm. 6. Im Verhältnis zu den Beteiligten entsteht die **Schadensersatzpflicht** der Abwickler, wenn durch schuldhafte Zuwiderhandlung gegen eine bindende Anordnung der Gesellschaft oder den sonstigen Beteiligten Schaden entsteht, in gleicher Weise, wie wenn sie sonst ihre Pflichten als Abwickler verletzen (vgl. zur Haftung der Abwickler im allgemeinen § 149 Anm. 54). Der Ersatzanspruch kann auch in der Weise geltend gemacht werden, daß die Gesellschaft im Verhältnis zu den Abwicklern das verbotene Geschäft nicht als für ihre Rechnung gemacht gegen sich gelten läßt. Eine Zuwiderhandlung kann auch zu einer Abberufung durch die Beteiligten oder durch das Gericht nach §§ 146, 147 führen. Für die Gesellschaft können die Klage andere Abwickler erheben, wenn diese zur Vertretung der Gesellschaft trotz der Verhinderung des zu Verklagenden befugt sind, vgl. auch § 150 Anm. 14; es kann auch durch die Gesellschafter oder durch das Gericht zu diesem Zweck ein besonderer Abwickler bestellt werden; vgl. § 146. Auch alle Beteiligten können gemeinsam die Ansprüche auf Schadenersatz oder Ausführung der Anordnungen geltend machen; der einzelne Gesellschafter kann nur, wenn der Abwickler zugleich Gesellschafter ist, die Klage zugunsten der Gesellschaft (actio pro socio) erheben; wegen der Frage, ob der einzelne Abwickler auf Mitwirkung bei einer Handlung verklagt werden kann, vgl. § 149 Anm. 15, § 150 Anm. 4, wegen der Vertretung der Gesellschaft gegenüber den Abwicklern im allgemeinen vgl. auch § 150 Anm. 4. **Anm. 12**

Haben die Abwickler die Anordnungen der Beteiligten befolgt, so sind sie diesen für Schaden, der dadurch entsteht, nicht verantwortlich. **Anm. 13**

10. Die Vorschrift des § 152 enthält, da sie nur im Interesse der Beteiligten erlassen ist, **nicht zwingendes Recht** (vgl. auch oben Anm. 8). Das Recht der Beteiligten zur Erteilung von Weisungen kann durch den Gesellschaftsvertrag, nach Auflösung der Gesellschaft durch Beschluß der Beteiligten, aufgehoben oder beschränkt werden. Auch Dritten gegenüber kann auf das Recht zur Erteilung von Anordnungen verzichtet werden, z. B. durch Vereinbarungen mit den Gesellschaftsgläubigern, zugunsten eines von diesen als Abwickler vorgeschlagenen Treuhänders. Das gesellschafterliche Recht der Beteiligten zur Abberufung eines Abwicklers wird durch eine solche vertragliche Bindung nicht berührt; vgl. § 146; DürHach. Anm. 4. **Anm. 14**

§ 153

Die Liquidatoren haben ihre Unterschrift in der Weise abzugeben, daß sie der bisherigen, als Liquidationsfirma zu bezeichnenden Firma ihren Namen beifügen.

Inhaltsübersicht

Anm. 1 § 153 schreibt in Übereinstimmung mit Art. 139 ADHGB (vgl. auch § 269 Abs. 6 AktG) vor, wie die Abwickler ihre Unterschrift abzugeben haben. Eine entsprechende Vorschrift für die werbende Gesellschaft fehlt; wegen der Zeichnung für diese vgl. die Erl. zu § 108.

Anm. 2 **1.** Durch die Auflösung der Gesellschaft wird die **Firma der Gesellschaft nicht geändert.** Sie genießt auch während der Abwicklung den gleichen Schutz wie vorher, insbesondere gegen den Gebrauch verwechslungsfähiger Firmen durch Dritte. Solange die Firma nicht erloschen und im Handelsregister gelöscht ist, darf keine neue gleichlautende Firma eingetragen werden; KGJ 10, 17; 39 A 104; RG 29, 68; OLG Dresden in ZHR 37, 529. § 153 ergänzt die Vorschriften über die Offenkundigmachung des Zustandes der Auflösung, die in erster Linie durch Eintragung der Auflösung zum Handelsregister erfolgt, § 143. Die Firma soll deshalb im schriftlichen Verkehr mit einem die Abwicklung andeutenden **Zusatz** gebraucht werden; vgl. § 269 Abs. 6 AktG. Ins **Handelsregister** braucht der Zusatz nicht eingetragen zu werden; RG 15, 105. Der Zusatz wird nicht Bestandteil der Firma; OLG Hamburg in ZHR 35, 235; KGJ 26 A 218. Die Abwickler haben aber die Firma mit dem Zusatz mit ihrer Namensunterschrift zur Aufbewahrung beim Registergericht zu zeichnen; § 148 Abs. 3. Ein bestimmter Wortlaut für den Zusatz ist nicht vorgeschrieben; er kann z. B. lauten: „in Liquidation", „in Abwicklung" oder abgekürzt „in Liqu." (auch „i. L.", Baumbach-Duden), „in Abw.".

Anm. 3 **2.** Wird die Firma während der Abwicklung geändert, was insbesondere bei Veräußerung des Gesellschaftsunternehmens mit der Firma notwendig werden kann (vgl. § 145 Anm. 11), so muß sich die **neue Firma** deutlich von der bisherigen unterscheiden. Diesem Erfordernis würde ein die Abwicklung andeutender Zusatz nicht genügen. Die neue Firma ist ins Handelsregister einzutragen; §§ 30, 31; KGJ 39 A 104; OLG Kolmar in LZ 1909, 328. Die neue Firma ist dann im Verkehr mit dem in § 153 vorgeschriebenen Zusatz zu gebrauchen.

Anm. 4 **3.** Die Abwickler haben der mit dem Zusatz versehenen Firma ihren Namen, d. i. ihre Namensunterschrift, beizufügen.

Anm. 5 **4.** § 153 enthält nur eine **Ordnungsvorschrift.** Ihre Nichtbeachtung ist für die Rechtswirksamkeit eines Geschäfts für und gegen die Gesellschaft ohne Einfluß. Es kommt nur darauf an, ob für den anderen Teil erkennbar, ausdrücklich oder stillschweigend, namens der Gesellschaft gehandelt werden sollte; ROHG 9, 215; KGJ 10, 20; RG 50, 60; 75, 1; 83, 121; 119, 114. Auch wo das Gesetz die Schriftform vorschreibt, genügt es, wenn das Erfordernis der Eigenhändigkeit (§ 126 BGB) erfüllt ist. Die gesetzliche Schriftform erfordert auch nicht die Unterschrift des Vertreters mit seinem Namen, vielmehr genügt es, wenn er mit dem Namen (der Firma) der Gesellschaft unterzeichnet, RG (VZ) 74, 69, und wenn bei Gesamtvertretung ein Abwickler mit Zustimmung der anderen unterzeichnet oder mit ihrer Zustimmung ihre Namen beifügt; RG 118, 168. Bei Wechseln ist erforderlich, daß die Unterschrift die Firma enthält; es genügt aber die verkehrsübliche Bezeichnung der Firma; RG in JW 1928, 218[1]. Zur Gültigkeit der Wechselzeichnung ist nicht erforderlich, daß sich aus der Urkunde ergibt, daß die Gesellschaft sich in Abwicklung befindet, und wer namens der Gesellschaft unterzeichnet hat. Der Nachweis, daß ein vertretungsberechtigter Abwickler gehandelt hat, kann auch mit anderen Beweismitteln als der Urkunde erbracht werden; DürHach. Anm. 4.

Anm. 6 Die Ordnungsvorschrift des § 153 gilt nach ihrem Zweck nur für den schriftlichen Verkehr der Gesellschaft mit Dritten. Sie ist aber sinngemäß auch im Verhältnis nach innen anzuwenden, z. B. bei Zahlungsaufforderungen an die Gesellschafter.

Wird der vorgeschriebene Zusatz im **Verkehr mit Dritten** gebraucht, so hat dies insofern sachlich-rechtliche Bedeutung, als ein Dritter, demgegenüber der Zusatz gemacht worden ist, nicht geltend machen kann, daß die Auflösung nicht eingetragen sei oder daß ihm die erfolgte Eintragung ohne sein Verschulden unbekannt geblieben sei; § 15; vgl. § 143 Anm. 18. Die Unterlassung des Zusatzes kann unter Umständen zur Entschuldigung der Unkenntnis dienen. **Anm. 7**

Der Gesellschaftsvertrag kann weitergehende Ordnungsvorschriften über die Firmenzeichnung erlassen. Er kann aber nicht bestimmen, daß von der Einhaltung dieser oder der in § 153 enthaltenen Vorschrift die Rechtswirksamkeit der von den Abwicklern vorgenommenen Rechtshandlungen abhängig sein solle; eine solche Bestimmung würde eine unzulässige Beschränkung der Vertretungsmacht der Abwickler enthalten, § 151; KGJ 33 A 156; ROHG 18, 337 (341). Auch für den inneren Verkehr sind solche Bestimmungen im Zweifel nur als Ordnungsvorschriften anzusehen; das Gegenteil müßte in der Vorschrift unzweideutig zum Ausdruck kommen. **Anm. 8**

§ 154

Die Liquidatoren haben bei dem Beginn sowie bei der Beendigung der Liquidation eine Bilanz aufzustellen.

Inhaltsübersicht

§ 154 verpflichtet die Abwickler eine Eröffnungs- und eine Schlußbilanz aufzustellen. Im alten Recht war, da das ADHGB eine ausdrückliche Vorschrift nicht enthielt, die Frage streitig, ob eine solche Verpflichtung bestand; OLG Karlsruhe in ZHR 37, 542. **Anm. 1**

I. Die Eröffnungsbilanz

1. Die erste Bilanz ist bei dem Beginn der Abwicklung aufzustellen. Zweck dieser Bilanz ist, den Bestand des Gesellschaftsvermögens bei Beginn der Abwicklung festzustellen. Die Bilanz soll die Grundlage für die Tätigkeit der Abwickler bilden und den Ausgangspunkt für die von den Abwicklern bei Beendigung der Abwicklung zu legenden Rechnung sein. Die Meinung von Sudhoff NJW 57, 731 und Schmalenbach, Dynamische Bilanz 12. Aufl. S. 213, die Liquidationseröffnungsbilanz als Vermögensbilanz sei überflüssig, ist deshalb abzulehnen. Auch für die AG und die GmbH ist sie vorgeschrieben, Baumbach-Hueck AktG § 270 Anm. 8; Schmidt-Goerdeler in Hachenburg Komm. z. GmbHG § 71 Anm. 4. **Anm. 2**

Bei Beginn der Abwicklung bedeutet nach dem Zwecke der Vorschrift, daß die Bilanz auf den **Zeitpunkt des Beginns der Abwicklung** aufzustellen ist. Auf den Zeitpunkt, in dem die Aufstellung tatsächlich vorgenommen wird, kommt es nicht an. Die erste Bilanz ist danach zutreffend als **Eröffnungsbilanz** zu bezeichnen; so auch § 270 Abs. 1 des Aktiengesetzes, das auch zur Klarstellung ausspricht, daß die Bilanz „für den Beginn" der Abwicklung aufzustellen ist. Da die Abwicklung im **Zeitpunkt der Auflösung** (§ 131) beginnt, ist die Bilanz auf diesen Zeitpunkt (als Bilanzstichtag) aufzustellen.

2. Durch den angegebenen Zweck unterscheidet sich die Eröffnungsbilanz von der Jahresbilanz. Diese soll das Ergebnis des Gewerbebetriebes der werbenden Gesellschaft **Anm. 3**

für einen abgelaufenen periodischen Zeitraum, das Geschäftsjahr, darstellen und der Ermittlung des Gewinnes oder Verlustes dieses Zeitraums und deren Verteilung unter die Gesellschafter dienen. Sie ist daher in der Hauptsache Gewinnermittlungsbilanz (Erfolgsbilanz). Die Abwicklungseröffnungsbilanz läßt sich dagegen mit der Eröffnungsbilanz vergleichen, die jeder Kaufmann bei Beginn seines Handelsgewerbes aufzustellen hat und die die Grundlage für seinen werbenden Betrieb bilden soll. Wie diese soll sie das vorhandene Vermögen genau verzeichnen, den Wert der einzelnen Vermögensgegenstände angeben und einen das Verhältnis des Vermögens und der Schulden darstellenden Abschluß enthalten; § 39. Sie soll dem geänderten Zwecke der Gesellschaft, — Umsetzung des Vermögens in Geld, Befriedigung der Gläubiger und Loslösung des Gesellschaftsvermögens aus der gesellschafterlichen Bindung — angepaßt sein. Unter Berücksichtignug dieses Zweckes ist unter Zugrundelegung einer Inventur die Bilanz neu aufzustellen.

Anm. 4 Bei der **Bewertung des Vermögens** ist davon auszugehen, daß dieses veräußert und das Geschäft von den Gesellschaftern nicht fortbetrieben werden soll. Der aus diesem Zwecke sich ergebende wahre Wert des Gesellschaftsvermögens am Bilanzstichtage ist festzustellen; RG 80, 107. Dies gilt auch dann, wenn die Bilanz tatsächlich erst später aufgestellt wird. Die Bewertungen in der letzten Erfolgsbilanz, sind nicht maßgebend und nicht brauchbar. Dies gilt namentlich, wenn zum Zwecke einer vorsichtigen kaufmännischen Geschäftsgebarung bei Aufstellung der Jahresbilanzen stille Rücklagen, (Reserven), z. B. durch starke Abschreibungen der Aktiven, insbesondere des Anlagevermögens oder durch Überbewertung der Passiven gebildet worden und dadurch Gewinne von der Verteilung zurückgehalten worden sind. Es sind unter Außerachtlassung der für die Jahresbilanz maßgebenden Bewertungsgrundsätze vielmehr die **Werte einzusetzen, die sich nach vorsichtiger Schätzung bei einer Veräußerung des Vermögens voraussichtlich werden erzielen lassen** Schlegelberger-Geßler 4; Hueck § 32 VI 2. Dabei kann als werterhöhend auch berücksichtigt werden die etwa bestehende Möglichkeit, das Unternehmen als Ganzes mit oder ohne die Firma zu veräußern und damit den inneren Wert des Unternehmens (den Firmenwert) in Geld umzusetzen, oder wenigstens zusammengehörende Teile (wie das Warenlager) zu höherem Preise als bei Verkauf der einzelnen Teile abzusetzen. Besteht begründete Aussicht auf Veräußerung des Geschäfts als Ganzes und damit auf Erzielung eines höheren Erlöses, so kann statt Höhersetzung des Wertes der Bestandteile auch der innere Geschäftswert als besonderer Aktivposten eingesetzt werden; DürHach. Anm. 6; Schlegelberger-Gessler 4; Schwarz Anm. 2; Hueck § 32 VI 2; a. A.; Teichmann-Koehler Anm. 1. Andererseits können auch wertmindernde Umstände, z. B. die Notwendigkeit der Auflösung des Geschäfts und die damit verbundene Wertminderung des Anlagevermögens (der Maschinen), die Notwendigkeit schleuniger Abwicklung, z. B. durch alsbaldigen Grundstücksverkauf zum Zwecke der Beschaffung der Mittel zur Befriedigung drängender Gläubiger oder die allgemeine Lage (Konjunktur) und sonstige Tatumstände berücksichtigt werden. Da die Jahresbilanz einen anderen Zweck verfolgt als die Abwicklungseröffnungsbilanz, ist diese auch dann aufzustellen, wenn kurz vor der Auflösung das Geschäftsjahr abgelaufen war und für dieses eine Jahresbilanz aufgestellt war. Immerhin kann die letzte Erfolgsbilanz der Aufstellung der Eröffnungsbilanz als Grundlage dienen; letztere schließt sich zweckmäßig im Interesse der Klarheit und Übersichtlichkeit hinsichtlich ihres Aufbaues an die letzte Erfolgsbilanz an, soweit der geänderte Zweck nicht entgegensteht; vgl. auch Anm. 6.

Anm. 5 **3.** Da die Eröffnungsbilanz keine Erfolgsbilanz ist, also nicht der Feststellung des Ergebnisses einer abgelaufenen Geschäftsperiode dient, ist auch nicht durch Vergleichung der letzten Erfolgsbilanz mit der Eröffnungsbilanz festzustellen, ob im Verhältnis jener sich ein Gewinn oder Verlust ergibt; es sind deshalb auch nicht auf Grund einer solchen Gewinn- oder Verlustberechnung die Kapitalkonten der einzelnen Gesellschafter zu berichtigen, indem der so ermittelte Gewinn oder Verlust auf die Gesellschafter verteilt und ihren Kapitalkonten gut- oder zur Last geschrieben wird. Die Vergleichung der Abwicklungseröffnungsbilanz mit der letzten Erfolgsbilanz würde wegen der verschiedenen Bewertung einen Gewinn oder Verlust aufweisen, der in Wirklichkeit nicht vorhanden ist. Eine Kontenberichtigung auf diese Grundlage könnte zu einer unberechtigten Bevorzugung einzelner Gesellschafter und zur Benachteiligung anderer führen, wenn nach dem

Gesellschaftsvertrag Gewinn und Verlust ungleich verteilt werden. Es könnte namentlich einem Gesellschafter ein Gewinn gut geschrieben werden, während er nach dem sich nach der Schlußbilanz ergebenden Verluste nicht oder geringer beteiligt sein würde und umgekehrt; auch auf die Berechnung der Kapitaldividende nach § 121 Abs. 1 wäre die Gutschrift oder Lastschrift von Einfluß, wenn die Dividende nach dem Kapitalkonto berechnet würde, das sich auf Grund der Eröffnungsbilanz ergibt. Wird der Unterschied zwischen dem Vermögensstand der letzten Erfolgsbilanz und der Eröffnungsbilanz überhaupt festgestellt — was nicht nötig ist — und als Gewinn oder Verlust bezeichnet, so könnte er höchstens „vorgetragen" werden, so KG in OLGR 21, 378; Hueck § 32 VI 2. Da er im Laufe der Abwicklung verschwinden kann, kann die endgültige Feststellung eines Gewinns oder Verlusts erst in der Schlußbilanz erfolgen; vgl. unten Anm. 10; DürHach. Anm. 7, 11; Ritter Anm. 4 a, Baumbach-Duden 2; Schlegelberger-Gessler 4; a. A. Brand Anm. 2; Teichmann-Koehler Anm. 1; Schwarz Anm. 1. Zu berücksichtigen ist bei Aufstellung der Eröffnungsbilanz das Ergebnis der letzten Erfolgsbilanz (Anm. 6) der werbenden Gesellschaft in der Weise, daß nach deren Ergebnis die Kapitalkonten der Gesellschafter zu berichtigen und die so berichtigten Konten der Abwicklung, insbesondere der Berechnung der Kapitaldividende und der Vermögensverteilung zugrunde zu legen sind; vgl. Anm. 10. War die letzte Erfolgsbilanz bei Auflösung der Gesellschaft noch nicht aufgestellt, so ist sie nach den für jede Jahresbilanz geltenden Grundsätzen durch die dazu berufenen Personen aufzustellen und ihr Ergebnis bei Aufstellung der Eröffnungsbilanz durch die Abwickler zu berücksichtigen; Schlegelberger-Gessler Anm. 5 Z. 2.

4. Fällt der Zeitpunkt der Auflösung in den Lauf eines Geschäftsjahres **Anm. 6**
und hört damit der werbende Betrieb der Gesellschaft auf, so ist für die Zeit vom Ablauf des letzten Geschäftsjahres bis zur Auflösung (**Rumpfgeschäftsjahr**) eine Erfolgsbilanz aufzustellen und danach eine Berichtigung der Kapitalkonten vorzunehmen; a. M. die Voraufl. Anm. 5 und Hueck § 23 VI 1; wie hier Sudhoff NJW 57, 731; Schlegelberger-Gessler Anm. 5 (anders allerdings Anm. 3; Westermann in Hdbch. d. PersGes. I 696). Sudhoff weist mit Recht darauf hin, daß mit der Abwicklung eine neue Rechnungsperiode mit neuer Verwaltung und neuen Verantwortungsverhältnissen beginnt. Es würde die Verantwortlichkeiten verwischen und zu einer unrichtigen Darstellung des Abwicklungsergebnisses führen, wenn die Ergebnisse der letzten Rechnungsperiode der werbenden Gesellschaft und der Abwicklung zusammen ausgewiesen würden.

II. Jahresbilanzen während der Abwicklung

Die Aufstellung einer **Jahresbilanz** schreibt das HGB für die Dauer der Abwick- **Anm. 7**
lung im Gegensatz zu der ausdrücklichen Bestimmung des § 270 Abs. 1 AktG und des § 71 Abs. 2 GmbHG nicht vor. Aus dieser Unterlassung ergibt sich, daß der Gesetzgeber für die Abwicklung der offenen Handelsgesellschaft eine unbedingte Verpflichtung zur Aufstellung einer Jahresbilanz nicht aussprechen wollte. Sie ergibt sich auch nicht aus § 39 Abs. 2, der den Kaufleuten die Aufstellung von Jahresbilanzen vorschreibt; denn diese Vorschrift fällt nicht unter die in § 156 für anwendbar erklärten Vorschriften des zweiten und dritten Titels des zweiten Buchs. Das Nichtbestehen einer solchen allgemeinen Verpflichtung wird auch überwiegend angenommen; Ritter Anm. 3; Schlegelberger-Gessler 2; Hueck § 32 VI 1; Baumbach-Duden 2 C; Brand Anm. 5b; ROHG 12, 42; ebenso Denkschrift I S. 106; § 154 beschränkt sich aber nur auf die öffentlichrechtliche Verpflichtung der Abwickler zur Aufstellung der Eröffnungs- und Schlußbilanz; DürHach. Anm. 4. Aus der Aufgabe der Abwickler, die Gesellschaft zu Ende zu bringen und zu diesem Zwecke die in § 149 aufgeführte Tätigkeit auszuüben, kann sich jedenfalls bei Abwicklungen größeren Umfangs die zivilrechtliche Verpflichtung der Abwickler ergeben, im Interesse einer ordnungsmäßigen Geschäftsführung periodische Abschlüsse, am besten für jedes Geschäftsjahr zu machen, da sie einmal die Fortführung der Abwicklung erleichtern, dann aber auch den Gesellschaftern eine Kontrolle und die Ausübung des Weisungsrechts, § 152 ermöglichen. Die Gesellschafter können auch, wenn es nicht schon im Gesellschaftsvertrag geschehen ist, nach Auflösung der Gesellschaft mit Zustimmung der sonstigen Beteiligten die regelmäßige Aufstellung von Bilanzen für jedes Jahr, aber auch die Aufstellung von Monatsübersichten, z. B. über den Warenverkauf, die Einnah-

men und Ausgaben anordnen; § 152; Schlegelberger-Gessler 2; OLG Karlsruhe in ZHR 37, 542. Die danach aufzustellende Bilanz ist aber keine Gewinnermittlungsbilanz im Sinne der für die Dauer des werbenden Betriebs aufzustellenden Jahresbilanzen (ebenso Hueck § 32 VI 1). Sie ist ihrem Zwecke entsprechend so zu gestalten, daß sie einen Überblick über den Fortgang der Abwicklung gibt. Sie muß also auf der Abwicklungseröffnungsbilanz aufbauen.

§ 154 berührt nicht die steuerrechtliche Pflicht der Abwickler zur Erstellung von Jahresbilanzen.

III. Die Schlußbilanz

Anm. 8 1. Die Abwickler haben auch bei Beendigung der Abwicklung eine Bilanz, die Schlußbilanz, aufzustellen. Die Abwicklung im Sinne dieser Vorschrift ist **beendet**, wenn die den Abwicklern gestellten Aufgaben soweit ausgeführt sind, daß die Verteilung des Vermögens unter die Gesellschafter erfolgen kann, die ebenfalls Aufgabe der Abwickler ist, § 155 Abs. 1. Es müssen also gemäß § 149 die laufenden Geschäfte beendigt, die Forderungen eingezogen, das übrige Vermögen in Geld umgesetzt und die Gläubiger befriedigt sein. Jedoch müssen diese Aufgaben nur soweit erfüllt sein, daß der Vollbeendigung der Gesellschaft kein wesentliches Hindernis mehr entgegensteht (Schlegelberger-Gessler 6). Die Gesellschaftsschulden müssen daher nur insoweit bezahlt sein, als dies nach dem Vermögensstande der Gesellschaft möglich ist; KG in OLGR 9, 259. Der Aufstellung der Schlußbilanz steht auch nicht entgegen, daß noch unverwertbare Vermögensgegenstände oder schwer einziehbare oder uneinbringliche Forderungen vorhanden sind oder Ansprüche Dritter geltend gemacht werden können, wenn diese bestritten und nach der Überzeugung der Abwickler offenbar nicht begründet oder von voraussichtlich nicht eintretenden Bedingungen abhängig sind; KGJ 28 A 44. Sind die den Abwicklern in § 149 gestellten Aufgaben nach kaufmännischer Auffassung erfüllt, so ist die Abwicklung soweit beendigt, daß die Schlußbilanz aufgestellt und die Verteilung des Vermögens vorgenommen werden kann; Ritter Anm. 4b. Es kann dann den Gesellschaftern überlassen werden, selbst die restlichen Geschäfte, nötigenfalls in einem Nachverfahren, durch Wiederaufnahme der Abwicklung zu erledigen, insbesondere die noch vorhandenen Vermögensstücke unter sich zu verteilen und es bei streitigen Verpflichtungen den Gläubigern zu überlassen, unmittelbar die einzelnen Gesellschafter in Anspruch zu nehmen. Es besteht dann kein Hindernis, daß die Abwicklung als beendet angesehen, die Schlußbilanz aufgestellt und die Vermögensverteilung vorgenommen wird. Insbesondere kann auf einstimmige Anordnung der Gesellschafter, die jederzeit die Abwicklung beendigen können, so verfahren werden, vgl. § 152; DürHach. Anm. 9.

Eine Schlußbilanz ist auch nötig, wenn nach Berichtigung der Gesellschaftsschulden nichts mehr zu verteilen ist. Sie dient dann der Rechnungslegung der Abwickler.

Wird die Abwicklung und damit die Stellung der Abwickler dadurch beendigt, daß über das Vermögen der Gesellschaft das Konkursverfahren eröffnet wird, so kommt die Aufstellung einer Abwicklungsschlußbilanz nicht mehr in Betracht. Jedoch haben auch dann die Abwickler über ihre Tätigkeit Rechenschaft abzulegen. Dasselbe gilt, wenn die Abwicklung nicht zur Schlußverteilung durch die Abwickler führt, weil die Gesellschafter nachträglich eine andere Art der Auseinandersetzung oder die Fortsetzung der Gesellschaft vereinbaren; in diesen beiden Fällen können aber die Gesellschafter die Aufstellung einer Schlußbilanz anordnen; Ritter Anm. 4b.

Anm. 9 Da die Schlußbilanz die **Vermögensverteilung** vorbereiten soll, muß sie **vor** dieser aufgestellt werden (Schlegelberger-Gessler 6, Hueck § 32 VI 3). Die Schlußbilanz soll im Zusammenhalt mit der Eröffnungsbilanz und den etwaigen Zwischenbilanzen ergeben, wie sich das Vermögen der Gesellschaft während der Abwicklung entwickelt hat. Sie ist daher nach denselben Grundsätzen aufzustellen, wie die Eröffnungsbilanz, soweit sich nicht aus ihrem besonderen Zweck etwas anderes ergibt. Bewertungsfragen spielen dabei keine Rolle. Entweder ist das Vermögen in Geld umgesetzt oder es handelt sich um Vermögensstücke, deren Verwertung durch die Abwickler nicht in Betracht kommt, weil sie entweder unverwertbar sind oder unter die Gesellschafter nach Vereinbarung unter diesen in Natur verteilt werden sollen.

2. Der Abwicklungsgewinn oder -verlust in der Schlußbilanz. Anm. 10
Der Vermögensstand der Gesellschaft im Zeitpunkt der Beendigung der Abwicklung, kann und wird regelmäßig verschieden sein von dem, den die letzte Erfolgsbilanz der werbenden Gesellschaft oder die Abwicklungseröffnungsbilanz ausweist. Ein Unterschied zwischen der Eröffnungs- und Schlußbilanz ergibt sich regelmäßig auch aus Veränderungen, die in der Zwischenzeit zwischen dem Stichtage für beide Bilanzen eingetreten sind. Diese Veränderungen können auf Verlusten beruhen, die durch Zufall oder die Art der Geschäftsführung eingetreten sind, ebenso auf Verbesserungen die in gleicher Weise eingetreten sind. Da die Bewertung des Vermögens weitgehend auf Schätzungen beruht, kann sich aus der Veräußerung des Vermögens oder seiner Teile ein anderes Bild des Vermögensstandes ergeben. Erst nach Beendigung der Abwicklung, insbesondere nach Umsetzung des Vermögens in Geld läßt sich der Stand des verteilbaren Vermögens in der Schlußbilanz genau feststellen. Da während der Abwicklung kein werbender Betrieb stattfindet, läßt sich der Unterschied in den maßgebenden Bilanzen nur einheitlich für den ganzen in Betracht kommenden Zeitraum feststellen; D. I 106. Der sich bei der Vergleichung der letzten Erfolgsbilanz (Anm. 5, 6) mit der Schlußbilanz ergebende Unterschied stellt den sog. **Abwicklungsgewinn oder -verlust** dar (Schlegelberger-Gessler 8, Baumbach-Duden 2 B; Hueck § 32 VI 3; DürHach 7, 11).

Der so ermittelte Abwicklungsgewinn oder -verlust wird **wie sonstiger Gewinn oder Verlust** unter die Gesellschafter **verteilt**, d. h. ihrem Kapitalanteil zu- oder abgeschrieben. Von dem Gewinn wird den Gesellschaftern mit aktivem Kapitalanteil die Vorzugsdividende von 4% für den ganzen Zeitraum zwischen dem Stichtag der letzten Erfolgsbilanz und der Schlußbilanz gutgeschrieben; § 121; DürHach. Anm. 11; Schlegelberger-Gessler 8; Hueck § 32 VI 3; Ritter Anm. 4 b; Brand Anm. 3; a. A. D. I 106. Zu berechnen ist die Dividende von dem Kapitalkonto der letzten Erfolgsbilanz; nicht der Eröffnungsbilanz. Veränderungen der Kapitalanteile, die im Laufe der Abwicklung eingetreten sind, sind bei Berechnung der Vorzugsdividende in sinngemäßer Anwendung des § 121 Abs. 2 Satz 1 zu berücksichtigen.

3. Entnahmen, die ein Gesellschafter während der Abwicklung auf seinen Kapitalanteil gemacht hat, auch in Form von vorläufigen Verteilungen des Vermögens, § 155 Abs. 1, werden bei der endgültigen Feststellung des Kapitalanteils nach dem Verhältnis der bis zur Entnahme abgelaufenen Zeit berücksichtigt, § 121 Abs. 2 Satz 2; Hueck § 32 VI 3. Ein Recht zur Entnahme nach § 122, das ein werbendes Unternehmen und eine jährliche Gewinn- u. Verlustermittlung und Verteilung voraussetzt, besteht während der Abwicklung nicht; § 155 Anm. 9. Anm. 11

4. Der nach Verteilung der Vorzugsdividenden auf die Aktivkonten der Gesellschafter verbleibende **Gewinn** wird unter die Gesellschafter nach **demselben Maßstabe verteilt** und ihren Kapitalkonten gutgeschrieben, wie bei der werbenden Gesellschaft der **Jahresgewinn**; BGH 19, 48; Hueck § 32 VI 3; Knöchlein DNotZ 1961, 367; Sudhoff NJW 57, 734. Dies gilt auch für den durch Abschluß eines Liquidationsvergleichs entstehenden Buchgewinn; BGH 26, 126 = LM § 155 Nr. 1 m. Anm. v. Fischer = JZ 58, 401 m. Anm. v. Hueck. Beim Fehlen einer Vereinbarung wird der Gewinn nach Köpfen verteilt; § 121 Abs. 3; vgl. auch § 734 BGB, OLG Braunschweig in OLGR 16, 91; OLG Dresden bei Bauer 14, 260. In gleicher Weise wird der **Verlust** verteilt; vgl. §§ 722, 735 BGB; Fischer in JW 1926, 2896. Anm. 12

Der für die Gewinn- u. Verlustverteilung der werbenden Gesellschaft vereinbarte Verteilungsmaßstab gilt auch dann, wenn der Maßstab zugunsten eines geschäftsführenden Gesellschafters mit Rücksicht auf dessen Arbeitsleistung gewählt war und gleichgültig, ob der einzelne Gesellschafter Abwickler ist oder nicht; DürHach. Anm. 12 (nicht aber, wenn der Gesellschafter für seine Tätigkeit eine feste Vergütung erhält); Hueck § 32 VI 3. Die Gesellschafter können aber etwas anderes vereinbaren.

5. Sind die Anteile der Gesellschafter am Abwicklungsgewinn oder -verlust ihren Kapitalkonten, wie sie sich auf Grund der letzten Erfolgsbilanz (Anm. 5, 6) ergeben, zu- oder abgeschrieben und so der **abschließende Kapitalanteil** festgestellt, vgl. RG 117, 142; RG in JW 1926, 2894; RG Urt. v. 23. 1. 1941 = DR 1941, 1084; vgl. auch v. Godin in JW 1936, 351, so sind damit die Anteile der einzelnen Gesellschafter an dem Anm. 13

nach der Abwicklung vorhandenen und nach § 155 Abs. 1 unter die Gesellschafter zu verteilenden Vermögen festgestellt.

IV. Die Pflichten der Abwickler

Anm. 14 **1. Bilanzaufstellung.**

Die Aufstellung der Eröffnungs- und Schlußbilanzen ist eine öffentlich-rechtliche Verpflichtung der Abwickler. Fristen sind dafür nicht vorgeschrieben. Da die Eröffnungsbilanz die Grundlage des Abwicklungsverfahrens bildet, ist die Aufstellung alsbald nach der Auflösung der Gesellschaft vorzunehmen und in angemessener Frist zu beendigen. Abwickler, die erst im Laufe der Abwicklung an die Stelle ausgeschiedener Abwickler treten, sind ebenfalls zur Aufstellung oder Vollendung der Bilanz verpflichtet, wenn dies bei Antritt ihrer Stellung noch nicht geschehen war. Sie sind demgemäß auch verpflichtet, bei Beginn ihrer Tätigkeit das Vorhandensein der Eröffnungsbilanz festzustellen. Die Schlußbilanz ist aufzustellen, sobald die Abwicklung durchgeführt ist. Bei Verletzung dieser Vorschriften werden die Abwickler bestraft, wenn die Gesellschaft nach Antritt ihrer Stellung ihre Zahlungen eingestellt hat oder über ihre Vermögen das Konkursverfahren eröffnet worden ist; § 240 Nr. 9, § 288 KoukO. Die Bilanzen sind von den Abwicklern zu unterzeichnen; § 41. Da nur den Abwicklern, nicht den Gesellschaftern die Verpflichtung zur Aufstellung der beiden Bilanzen obliegt, sind wegen Unterlassung derselben nicht daneben auch die Gesellschafter strafbar, wenn sie nicht selbst Abwickler sind.

Auch zivilrechtlich im Verhältnis zur Gesellschaft sind die Abwickler auf Grund ihrer Stellung zur rechtzeitigen und ordnungsmäßigen Aufstellung der Bilanzen verpflichtet. Die Gesellschafter sind zur Mitwirkung bei der Aufstellung weder verpflichtet noch berechtigt. Der Gesellschaftsvertrag oder spätere Beschlüsse der Beteiligten, § 152, können aber die Mitwirkung der Gesellschafter oder der sonstigen Beteiligten vorschreiben, insbesondere auch anordnen, daß die Bilanzen den Gesellschaftern zur Genehmigung vorzulegen sind. In die öffentlich-rechtliche Verpflichtung der Abwickler zur Aufstellung wahrheitsgemäßer Bilanzen kann dadurch aber nicht eingegriffen werden. Jedem Gesellschafter müssen auf Verlangen die Bilanzen zur Einsicht vorgelegt werden. Die Gesellschaft, vertreten durch sämtliche Gesellschafter, oder durch andere Abwickler, wenn diese allein zur Vertretung der Gesellschaft berechtigt sind, können auf Erfüllung der Verpflichtung klagen. Aber auch jeder einzelne Gesellschafter, auch der Konkursverwalter eines im Konkurs befindlichen Gesellschafters, ebenso die Erben eines verstorbenen Gesellschafters, nicht aber ein Privatgläubiger eines Gesellschafters (§ 135), können auf Erfüllung der Verpflichtung klagen, da die Bilanzen auch der Feststellung der Ansprüche der einzelnen Gesellschafter dienen, § 155; KG in OLGR 21, 378; Schlegelberger-Gessler 11; DürHach. 13. Auch auf Berichtigung der aufgestellten Bilanz, insbesondere der Schlußbilanz kann in gleicher Weise geklagt werden. Zur Verfolgung der Ansprüche des einzelnen Gesellschafters auf Auszahlung seines Auseinandersetzungsguthabens ist aber eine solche Berichtigung nicht notwendig. Die Schlußbilanz bildet zwar die Grundlage für die Auseinandersetzung. Jeder Gesellschafter kann aber auch im Prozesse auf Zahlung seines Abwicklungsguthabens dartun, daß ihm ein höheres Guthaben zukommt, als sich aus der Schlußbilanz ergibt. Die Abwickler haften für Schaden, der durch die Verletzung ihrer Verpflichtungen entsteht.

Anm. 15 **2. Die Buchführung der Gesellschaft** während der Abwicklung.

Da die Gesellschaft auch während der Abwicklung Kaufmannseigenschaft hat, ist sie auch während dieses Zustandes und zwar bis zur Beendigung der Abwicklung nach den für Kaufleute bestehenden Vorschriften buchführungspflichtig; §§ 38 ff. und die Erläuterungen dazu; Schlegelberger-Gessler 13; Hueck § 32 VI 1; Ritter Anm. 2. Die Buchführung ist dem geänderten Zwecke der Gesellschaft anzupassen. Alle Geschäftsvorgänge müssen aus den Büchern ersichtlich sein. Die Bücher müssen so geführt sein, daß sie die Aufstellung und Prüfung der vorgeschriebenen Bilanzen, die Auseinandersetzung unter den Gesellschaftern und auch die Erfüllung der Rechenschaftspflicht der Abwickler ermöglichen. Die öffentlich-rechtliche, wie die zivil-rechtliche Verpflichtung zur ordnungsmäßigen Führung der Handelsbücher obliegt den Abwicklern als den Vertretern und Geschäftsführern der Gesellschaft. Wie die Vertreter der werbenden Gesellschaft sind sie nicht zur persönlichen Führung der Bücher verpflichtet, sie haben aber dafür zu sorgen, daß die Bücher ordnungsmäßig geführt werden, insbesondere durch entsprechende Anordnungen und Überwachung der damit betrauten Personen. Die Gesellschafter als solche sind während der Abwicklung zur Vertretung der Gesellschaft und zur Geschäftsführung nicht berufen und deshalb auch nicht buchführungspflichtig; DürHach. Anm. 3; Schlegelberger-Gessler 13; a. A. Ritter Anm. 2. Wegen der zivil- und strafrechtlichen Verantwortung, vgl. Anm. 14 und § 38 Anm. 6. Ist nach einer Geschäftsverteilung ein Abwickler mit der Buchführung betraut, so obliegt den übrigen doch die Pflicht zum Einschreiten, falls der Betraute seine Verpflichtung nicht erfüllt. Sie müssen ihre Stellung niederlegen, wenn Abhilfe, etwa durch Abberufung des säumigen oder widerstrebenden Abwicklers, §§ 146, 147, nicht möglich ist; RGSt. 45, 387.

3. Die Rechnungslegungs- und Auskunftspflicht der Abwickler. **Anm. 16**

Da die Abwickler fremde Geschäfte besorgen und eine mit Einnahmen und Ausgaben verbundene Verwaltung führen, haben sie über ihre Tätigkeit Rechenschaft abzulegen, und die erforderlichen Auskünfte zu erteilen; §§ 259, 666, 675, 713 BGB; RG im Recht 14 Nr. 2312. In der Regel hat die Rechnungslegung am Ende der Abwicklung nach Aufstellung der Schlußbilanz stattzufinden. Sie wird durch Vorlegung der ordnungsmäßig geführten Bücher und der Unterlagen und der aufgestellten Bilanzen vorgenommen; ROHG 25, 344; OLG Karlsruhe in ZHR 37, 542; in LZ 17, 556[10]; OLG Hamburg in JW 21, 687[2] mit Anm.; Wieland I 699 Anm. 42. Nur beim Vorliegen besonderer Umstände, z. B. wenn die Bücher lückenhaft sind, oder ein Abwickler unredlich gehandelt hat, oder der durch Tatsachen begründete Verdacht der Untreue besteht, oder es sich um eine besonders verwickelte Verwaltung handelt, über die die Bücher keinen ausreichenden Aufschluß geben, kann eine weitergehende Rechnungslegung, und eine solche auch während der Abwicklung verlangt werden. Was gefordert werden kann, richtet sich nach der Lage des Einzelfalls; OLG Karlsruhe a. a. O.; ROHG 12. Eine Verpflichtung zur Rechnungslegung während der Abwicklung besteht namentlich für einen Abwickler, der vor Beendigung der Abwicklung aus seiner Stellung ausscheidet; RG 91, 34; ROHG 23, 330. Den Anspruch auf die bei Beendigung der Abwicklung vorzunehmende Rechnungslegung hat jeder Gesellschafter, ebenso wie den Anspruch auf Vorlegung der Bilanzen, vgl. Anm. 14, vgl. auch die Erl. zu § 118.

Soweit während der Abwicklung Rechnungslegung gefordert werden kann, ist sie der Gesellschaft zu legen; die neuen Abwickler oder die nach Ausscheiden eines Abwicklers verbleibenden, wenn sie allein vertretungsberechtigt sind, können den Anspruch gegen den Ausgeschiedenen namens der Gesellschaft geltend machen; RG 91, 34; OLG Karlsruhe u. Hamburg a. a. O. Der einzelne Gesellschafter kann nur auf Leistung an die Gesellschaft klagen und nur wenn der Anspruch sich gegen einen Gesellschafter-Abwickler richtet; RG 91, 34; Wieland I 699 Anm. 42; Schlegelberger-Gessler 13; Ritter Anm. 5; vgl. auch § 114; dagegen können alle Gesellschafter gemeinsam klagen; RG 91, 36; a. A. DürHach. Anm. 14; vgl. auch JW 1918, 40.

Auskunft über die Sachlage kann auch während der Abwicklung, allerdings regelmäßig nur in angemessenen Zeiträumen, sonst nur, wenn ein besonderer Anlaß gegeben ist, von den Abwicklern verlangt werden. Jeder einzelne Gesellschafter hat das Überwachungsrecht nach § 118; vgl. die Erl. dazu; OLG Karlsruhe u. Hamburg a. a. O.; KG n OLGR 27, 333.

§ 155

Das nach Berichtigung der Schulden verbleibende Vermögen der Gesellschaft ist von den Liquidatoren nach dem Verhältnisse der Kapitalanteile, wie sie sich auf Grund der Schlußbilanz ergeben, unter die Gesellschafter zu verteilen.

Das während der Liquidation entbehrliche Geld wird vorläufig verteilt. Zur Deckung noch nicht fälliger oder streitiger Verbindlichkeiten sowie zur Sicherung der den Gesellschaftern bei der Schlußverteilung zukommenden Beträge ist das Erforderliche zurückzubehalten. Die Vorschriften des § 122 Abs. 1 finden während der Liquidation keine Anwendung.

Entsteht über die Verteilung des Gesellschaftsvermögens Streit unter den Gesellschaftern, so haben die Liquidatoren die Verteilung bis zur Entscheidung des Streites auszusetzen.

Inhaltsübersicht

Anm. 1 § 155 überträgt den Abwicklern die Aufgabe, das Vermögen der Gesellschaft unter die Gesellschafter zu verteilen. Abs. 1 regelt die endgültige Verteilung, die nach Beendigung der Hauptaufgabe der Abwickler, wie sie in § 149 umschrieben ist, vorzunehmen ist, Abs. 2 Satz 1 und 2 macht den Abwicklern zur Pflicht, schon vorher entbehrliches Geld vorläufig zu verteilen und trifft Vorsorge, daß durch die vorläufige Verteilung nicht die Erfüllung der noch unerledigten Aufgaben der Abwickler und die endgültige Verteilung beeinträchtigt wird. Abs. 2 Satz 3 stellt klar, daß während der Abwicklung das Entnahmerecht der Gesellschafter, § 122 Abs. 1, nicht besteht, Abs. 3 ordnet bei Streit unter den Gesellschaftern die Aussetzung der Verteilung bis zur Entscheidung des Streites an. Die Vorschriften in Abs. 1, Abs. 2 Satz 1 und 2 und Abs. 3 stimmen ihrem Inhalt nach mit Art. 141 u. 142 ADHGB überein.

I. Die Schlußverteilung

Anm. 2 1. Das nach Berichtigung der Schulden verbleibende Vermögen der Gesellschaft ist von den Abwicklern unter die Gesellschafter nach dem Verhältnis der Kapitalanteile, wie sie sich auf Grund der Schlußbilanz ergeben, zu verteilen; Abs. 1. Das Gesetz sagt nur, daß die Verteilung nach Berichtigung der Schulden der Gesellschaft zu erfolgen hat. Es sind aber vorher auch die anderen Aufgaben zu erfüllen, die das Gesetz den Abwicklern zuweist; namentlich ist zuvor das Vermögen in Geld umzusetzen; vgl. § 149; OLG Hamburg DB 58, 395. Denn das in Geld umgesetzte Reinvermögen der Gesellschafter soll verteilt werden, und die Verteilung soll nach dem Verhältnisse der Kapitalanteile erfolgen, welche sich auf Grund der **Schlußbilanz** ergeben; die Aufstellung der Schlußbilanz setzt aber die Beendigung der Abwicklung im Sinne der Erfüllung der in § 149 bezeichneten Tätigkeit der Abwickler voraus. Unerledigte Geschäfte, die der Aufstellung der Schlußbilanz nicht entgegenstehen, weil trotzdem die Abwicklung wirtschaftlich und nach kaufmännischer Auffassung beendigt ist, stehen der Verteilung des Vermögens nicht entgegen. Dies gilt namentlich, wenn noch unverwertbare Vermögensstücke vorhanden sind, oder voraussichtlich uneinbringliche Forderungen oder Rechtsverhältnisse bestehen, aus denen zwar eine Verpflichtung der Gesellschaft sich ergeben kann, der Eintritt dieser Folge aber unwahrscheinlich ist, z. B. wenn solche Ansprüche aus Gewährleistungen, Bürgschaften bestehen; vgl. § 154 Anm. 8.

Anm. 3 2. Zu verteilen ist nur, was zum **Gesellschaftsvermögen,** also zum Gesamthandseigentum der Gesellschafter gehört. Dazu gehören nicht Vermögensgegenstände, die Dritten gehören, auch nicht solche, die einzelnen Gesellschaftern gehören, die sie nur der Gesellschaft zur Benutzung für Gesellschaftszwecke überlassen haben. Diese sind, da es sich auch hier um die Erfüllung einer Gesellschaftsschuld handelt, durch die Abwickler an die Eigentümer zurückzugeben, und zwar sobald die Gesellschaft keinen

Anspruch auf die Benutzung mehr hat, was regelmäßig nach Einstellung des Betriebs der Fall sein wird, wenn sich nicht aus dem zugrunde liegenden Rechtsverhältnis, oder aus den Umständen, etwas anderes ergibt. Auf **Rückerstattung von Einlagen** in Natur, auch von anderen Gegenständen als vertretbaren Sachen, die nach dem Gesellschaftsvertrag in das Eigentum der Gesellschaft übergehen sollten, haben die Gesellschafter mangels abweichender Vereinbarungen keinen Anspruch, ebenso Art. 143 ADHGB; auch ein Anspruch auf Ersatz des Wertes besteht, — anders als bei der Gesellschaft des bürgerlichen Rechts, § 733 Abs. 2 BGB — und dem älteren Recht, Art. 143 ADHGB —, nicht. Die letztgenannte Vorschrift ist in das neue HGB bewußt nicht übernommen worden, da sie für Handelsgesellschaften nicht paßt; D. 114. An Stelle der Vorschriften des BGB tritt die Sonderregelung des § 155 Abs. 1. Die in das Eigentum der Gesellschaft übergegangene Einlage hat mit dem Eigentumsübergang ihre bisherige Rechtsstellung verloren. Für den sie leistenden Gesellschafter kommt sie künftig nur in seinem Kapitalanteil zum Ausdruck, dem sie gutgeschrieben ist; RG 56, 433. Dieser bildet mit dem, was während des Bestehens der Gesellschaft außer der Einlage ihm zugeschrieben ist, nach Abzug der Entnahmen und Verlustanteile eine Einheit; RG 114, 135; DürHach. Anm. 2; J. v. Gierke, HR (5) II 137/38; Heymann-Kötter § 155 Anm. 5; a.A. Fischer in JW 1926, 2894. Es wird nur der Bestand an baren Mitteln verteilt. Auf diesen haben die Gesellschafter Anspruch. Sie brauchen deshalb auch die etwa noch vorhandenen Einlagen nicht im Stück unter Anrechnung des Wertes auf ihre Auseinandersetzungsguthaben zurückzunehmen. Es kann aber etwas anderes im Gesellschaftsvertrag oder später durch die Gesellschafter vereinbart werden. Insbesondere kann bestimmt werden, daß eine Teilung des ganzen oder gewisser Teile des Gesellschaftsvermögens in Natur stattfinden soll oder daß jeder Gesellschafter seine noch vorhandene Einlage zurückfordern kann oder zurücknehmen muß, § 145. Hinsichtlich der nicht verwertbaren und auch nicht teilbaren Vermögensgegenstände ist eine Vereinbarung darüber, was mit ihnen geschehen soll, notwendig. Es kann auch vereinbart werden, daß die Tilgung der Schulden unterbleibt und das Vermögen alsbald verteilt wird; ebenso kann bestimmt werden, daß die Gesellschafter die Berichtigung der Schulden unter sich teilen. Ist die Verteilung erfolgt, so können sich die Gesellschaftsgläubiger nur an die Gesellschafter halten, § 128.

3. **Der Verteilungsmaßstab** ist das Verhältnis der Kapitalanteile der einzelnen Gesellschafter, wie er sich aus der nach § 154 aufgestellten Schlußbilanz ergibt. Wegen der Feststellung des Kapitalanteils des einzelnen Gesellschafters in der Schlußbilanz vgl. § 154 Anm. 12. Es wird also der durch die Abwicklung entstandene Gewinn oder Verlust dem Kapitalanteil nach dem gesetzlich oder vertraglich geltenden Gewinn- oder Verlustschlüssel in der Schlußbilanz zugeschrieben und danach das Vermögen nach dem Verhältnis der Kapitalanteile (Kapitalschlüssel) verteilt; BGH 19, 48; Schlegelberger-Gessler 4; Hueck § 32 VII 1 **Anm. 4**

Sind die Kapitalanteile aller Gesellschafter **aktiv**, so muß die Summe der Ziffern aller Kapitalanteile gleich dem in Geld umgesetzten oder sonst verteilbaren Gesellschaftsvermögen sein, wie sich dieses nach der Schlußbilanz darstellt. Jeder Gesellschafter erhält dann eine der Ziffer seines Kapitalanteils entsprechende Summe in bar oder Anteil an den nach anderweiter Vereinbarung (vgl. Anm. 3) zu verteilenden Gegenständen durch den Abwickler ausgehändigt. Ist ein Teil der Kapitalkonten der Gesellschafter **passiv**, so ist das Reinvermögen nur unter den Gesellschaftern mit aktivem Kapitalanteil nach dem Verhältnis ihrer Kapitalanteile zu verteilen.

II. Die vorläufige Verteilung während der Abwicklung

1. Das während der Abwicklung entbehrliche Geld wird vorläufig verteilt; **Abs. 2 Satz 1.** Mit dem Fortschreiten der Abwicklung, insbesondere mit dem Abbau des werbenden Betriebes werden meist schon vor Beendigung der Abwicklung Vermögensbestände entbehrlich, deren Festhaltung auch durch den veränderten Gesellschaftszweck nicht mehr geboten ist. Das Gesetz schreibt deshalb die vorläufige Verteilung entbehrlichen Geldes während der Abwicklung vor. Auch andere Vermögensgegenstände als Geld können vorläufig verteilt werden, wenn und soweit sie für Abwicklungszwecke entbehrlich sind und nach dem Willen der Gesellschafter Teilung in Natur erfolgen soll. **Anm. 5**

Ob entbehrliches, zur Verteilung geeignetes Vermögen vorhanden ist, haben die Abwickler nach Lage des Einzelfalles pflichtgemäß zu **prüfen.** Sie haben zu diesem Zwecke insbesondere festzustellen, welche Gelder zur Fortsetzung und Beendigung der Abwicklung erforderlich sind. Sie können die Prüfung an Hand der Bücher, der Eröffnungsbilanz und der fortschreitenden Entwicklung der Abwicklungsgeschäfte vornehmen. Dabei können sie auch den sachlichen und persönlichen Bedarf des Abwicklungsgeschäftes, auch der ihnen zustehenden Vergütung berücksichtigen. Sie können auch, um eine Übersicht zu gewinnen, eine besondere Bilanz aufstellen; nötig ist letzteres nicht. Jedenfalls hat der einzelne Gesellschafter keinen Anspruch auf Aufstellung einer solchen Bilanz. Die „Beteiligten" können durch einstimmigen Beschluß die Aufstellung einer solchen Bilanz anordnen, § 152. Es können wiederholt, auch in bestimmten Zwischenräumen z. B. jährlich nach dem Fortschreiten der Verwertung der Masse auch auf Grund jährlicher Bilanzen, vgl. § 154 Anm. 7, solche Abschlagsverteilungen erfolgen, auch von den Beteiligten **nach § 152 angeordnet** werden.

Anm. 6 **2.** Auch die vorläufige Verteilung erfolgt nach dem **Verhältnis der Kapitalanteile** der Gesellschafter; denn sie soll den Gesellschaftern einen Teil dessen verschaffen, was sie voraussichtlich endgültig erhalten werden; deshalb soll nach Abs. 2 Satz 2 auch so viel zurückgehalten werden, als zur Sicherung der den Gesellschaftern zukommenden Beträge erforderlich ist. Maßgebend sind die Kapitalanteile der letzten Erfolgsbilanz unter Berücksichtigung der bis zur vorläufigen Verteilung eingetretenen Veränderungen, § 154 Anm. 6, 10, 11. Da die Aufstellung der Eröffnungsbilanz zu einer Berichtigung der Kapitalanteile nicht führt und diese Bilanz wegen ihrer unsicheren Grundlage nicht brauchbar ist, kommt es auf sie nicht an; § 154 Anm. 5; a. A. D. I 107. Der einzelne Gesellschafter kann auf Grund einer Vereinbarung mit den übrigen auf die Beteiligung bei der vorläufigen Verteilung vorbehaltlich des Ausgleichs bei der Schlußverteilung zugunsten der übrigen Gesellschafter oder in der Weise verzichten, daß sein Anteil zunächst im Gesellschaftsvermögen verbleiben soll. Ob nach dem Willen der Beteiligten nur ein Gesellschafter zunächst unberücksichtigt bleiben, den anderen aber deshalb nicht mehr ausbezahlt werden soll, ist Sache der Auslegung der Vereinbarung.

Anm. 7 **3.** Zur Deckung noch nicht fälliger oder streitiger Verbindlichkeiten ist das Erforderliche zurückzuhalten; **Abs. 2 Satz 2.** Bei streitigen Verbindlichkeiten haben die Abwickler wie auch bei der Schlußverteilung nur dann einen entsprechenden Betrag zurückzubehalten, wenn nach pflichtmäßiger Prüfung mit dem Bestehen der Ansprüche zu rechnen ist, nicht wenn es sich um offenbar unbegründete Ansprüche handelt, die auch die Schlußverteilung nicht zu hindern brauchen, § 154 Anm. 8. Wie streitige sind auch bedingte Ansprüche zu behandeln. Statt der Zurückbehaltung können die Abwickler bei streitigen Ansprüchen schon während der Abwicklung von dem Recht zur Hinterlegung Gebrauch machen, vgl. auch § 149 Anm. 26.

Anm. 8 Zurückzubehalten ist ferner, was zur Sicherung der den Gesellschaftern bei der Schlußverteilung zukommenden Beträge erforderlich ist; **Abs. 2 Satz 2.** Für Ansprüche der Gesellschafter, die bereits fällig sind besteht kein Bedürfnis zur Sicherung. Sie sind, wie andere Schulden der Gesellschaft, alsbald aus dem vorhandenen Gesellschaftsvermögen zu befriedigen, § 149. Zu sichern ist dagegen der Anspruch der Gesellschafter, wie er sich voraussichtlich aus der künftigen Schlußbilanz ergibt. Die Verteilung des Vermögens nach den endgültigen Kapitalanteilen könnte gefährdet werden, wenn durch zu hohe Abschlagszahlungen der Kapitalanteil einzelner Gesellschafter passiv oder in höherem Maße als bisher passiv wurde, weil dann das für die Schlußverteilung vorhandene Vermögen nicht mehr zur Deckung aller aktiven Kapitalanteile ausreichen würde; vgl. Anm. 4; D. I S. 107; DürHach. Anm. 5. Eine Zurückbehaltung von Bargeld ist nur erforderlich, wenn die Zwecke, denen sie dienen soll, nicht sicher auf andere Weise zu erreichen sind; sie hat zu unterbleiben, wenn noch nicht versilberte Vermögensstücke vorhanden sind, durch deren künftige Veräußerung die Befriedigung der Gläubiger und der Gesellschafter gewährleistet ist.

Anm. 9 **4. Ausschließung des Entnahmerechts der Gesellschafter während der Abwicklung.**

Der Sicherung der Verteilung des Vermögens nach den endgültigen Kapitalanteilen dient auch die Bestimmung des Abs. 2 Satz 3, nach der während der Abwicklung die Vorschriften des § 122 Abs. 1 keine Anwendung finden. Danach besteht während der Abwicklung das Entnahmerecht der Gesellschafter nicht. Das Entnahmerecht beruht auf der Erwägung, daß während der Fortdauer des werbenden Betriebs weiter Gewinn erzielt und jährlich festgestellt und verteilt wird, und daß die Entnahmen ihren Ausdruck in der jährlichen Feststellung des Kapitalanteils finden. Alle diese Voraussetzungen fehlen, wenn die Gesellschaft sich im Zustande der Abwicklung befindet. Während der Abwicklung soll deshalb nur das an die Gesellschafter ausbezahlt werden, was mit Rücksicht auf das Ziel der Abwicklung möglich ist.

Das durch Abs. 2 Satz 3 ausgeschlossene Entnahmerecht bezieht sich sowohl auf den Vorzugsgewinnanteil von 4% wie auf den diesen Betrag übersteigenden Anteil am Gewinn des letzten Geschäftsjahres, § 122 Abs. 1. Gemeint ist damit das letzte volle, vor Beginn der Abwicklung abgelaufene Geschäftsjahr. Die Abwicklung beginnt mit der Auflösung der Gesellschaft (§ 154 Anm. 2, § 131). Fällt der Zeitpunkt der Auflösung in den Lauf eines Geschäftsjahres, so ist für die Zeit vom Ablauf des letzten Geschäftsjahres bis zur Auflösung (Rumpfgeschäftsjahr) ebenfalls noch eine Erfolgsbilanz aufzustellen (§ 154 Anm. 6). In diesem Falle bezieht sich der Ausschluß des Entnahmerechts sowohl auf das letzte volle Geschäftsjahr wie das zwischen diesem und dem Beginn der Abwicklung liegende Rumpfgeschäftsjahr. Die Meinung der Vorauflage, für den Gewinn des letzten (vollen) Geschäftsjahres bestehe das Entnahmerecht noch, wird aufgegeben. Sie steht mit der ausdrücklichen Regelung des Abs. 2 Satz 3 i.V. m. § 122 Abs. 1 in Widerspruch. Letztere Vorschrift betrifft ja gerade den Gewinn des abgelaufenen Geschäftsjahres; ebenso DürHach. 7, Schlegelberger-Gessler 13, Hueck § 32 VII 1.

5. Verrechnung der Abschlagszahlungen. **Anm. 10**

Diese sind Vorauszahlungen auf das künftige Auseinandersetzungsguthaben des einzelnen Gesellschafters. Sie sind ihm deshalb auf seinem Kapitalkonto zu belasten. Sie vermindern somit sein Kapitalkonto und damit seinen bei der Schlußverteilung maßgebenden Kapitalanteil. Da der Gesellschafter mit der Vorauszahlung auch die Nutzung des ausbezahlten Betrages erhält, ist dies bei der Berechnung der Vorzugsdividende aus dem Abwicklungsgewinn zu berücksichtigen; d. h. von der Leistung der Abschlagszahlung an ist die Vordividende nur aus dem verminderten Kapitalanteil zu berechnen; vgl. § 154 Anm. 10, 11. Wer auf die Vorausbezahlung verzichtet, bekommt bei der Schlußverteilung die volle Vordividende. Einen Vorteil bei der Schlußverteilung kann er dadurch aber nicht erlangen.

6. Da die Vorauszahlung nur ein Teil des endgültigen Auseinandersetzungsguthabens ist, ist er wie dieses abtretbar und pfändbar oder verpfändbar, § 717 BGB. Die Vorauszahlung ist daher, wenn die Abtretung oder Pfändung oder Verpfändung vorher erfolgt ist, an den zu leisten, der den Anspruch durch eine der bezeichneten Rechtsvorgänge erworben hat; vgl. § 135. **Anm. 11**

7. Da die Abschlagszahlung nur vorläufig, als Teil der künftigen Verteilung des endgültig festgestellten Vermögens erfolgt, müssen die Empfänger das Empfangene **zurückgeben,** sobald sich herausstellt, daß zuviel bezahlt ist, auch wenn ein ausdrücklicher Vorbehalt der Rückforderung bei der Zahlung nicht gemacht worden ist. Die Zuvielleistung kann sich schon vor der Aufstellung der Schlußbilanz ergeben und begründet dann den Anspruch der Gesellschaft auf alsbaldige Rückerstattung in das Gesellschaftsvermögen. Dieser Fall kann z. B. eintreten, wenn der Vermögensstand der Gesellschaft durch neue Ereignisse verschlechtert wird, z. B. durch Entwertung des noch nicht veräußerten Gesellschaftsvermögens oder durch Entstehung neuer Ansprüche, wie Schadensersatzansprüche aus Handlungen der Abwickler, schlechte Verwaltung des Vermögens und dadurch eingetretene Verluste, Auftauchen bisher nicht bekannter Schulden. Die mehr oder weniger entfernte Möglichkeit einer Verschlechterung der künftigen Vermögenslage genügt nicht, es muß sich vielmehr aus bestimmten Tatsachen als höchstwahrscheinlich ergeben, daß vorläufig zu viel verteilt worden ist; RG in LZ 1931, 1268, in DNotVZ 1931, 434[22]. Hat nur der einzelne Gesellschafter im Verhältnis zu den übrigen zuviel erhalten, ohne daß nach dem Stande der Abwicklung im Ganzen zu viel verteilt worden ist, so begründet dies keinen Rückforderungsanspruch der Gesellschaft, sondern nur einen Anspruch der Gesellschafter untereinander auf Ausgleichung nach Beendigung der Abwicklung, vgl. unten Anm. 18; RG in LZ 31, 1261[8]; DürHach. Anm. 11. **Anm. 12**

Der Anspruch auf **Rückerstattung** besteht auch gegen den Zessionar oder den Privatgläubiger oder gegen den Konkursverwalter eines Gesellschafters, wenn sie mehr erhalten haben, als der Gesellschafter endgültig zu beanspruchen hat. Denn auch der auf sie übergegangene Anspruch ist mit dem **gesetzlichen Vorbehalt** der Rückforderung belastet. Es liegt auch diesen Personen gegenüber **nicht ein bloßer Bereicherungsanspruch** im Sinne des bürgerlichen Rechts, § 812 BGB, vor, dessen Geltendmachung von dem Fortbestand der Bereicherung abhängig ist. Es kann vielmehr die geleistete Zahlung voll zurückgefordert werden, soweit es zur Durchführung der Abwicklung erforderlich ist; DürHach. 11; Schlegelberger-Gessler 14. Der Anspruch gegen den Konkursverwalter ist Masseschuld, § 59 Nr. 1 KO; nicht Bereicherungsanspruch nach § 59 Nr. 3 KO.

III. Der Anspruch der Gesellschafter auf Verteilung

Anm. 18 Die Gesellschafter haben einen **Anspruch auf Verteilung** des Vermögens, auch auf die vorläufige Verteilung, sobald deren Voraussetzungen vorliegen. Der Anspruch kann von jedem einzelnen Gesellschafter erhoben werden, da jeder einen Anspruch auf die auf ihn entfallenden Beträge, einschließlich der fälligen Abschlagszahlungen hat. Die vorläufige Zahlung kann ein Gesellschafter nur verlangen, wenn er dartut, daß der verlangte Betrag für die weitere Durchführung der Abwicklung, wenigstens nach dem voraussichtlichen weiteren Verlauf der Abwicklung, dauernd entbehrlich sein wird. Es genügt nicht, daß bares Geld bereit liegt, sondern daß es auch zur weiteren Durchführung der Abwicklung und insbesondere für die in Abs. 2 Satz 2 bezeichneten Zwecke nicht erforderlich, also entbehrlich ist. Wenn auch die Schlußverteilung auf Grund der **Schlußbilanz** erfolgen soll, so kann auch ohne deren Vorhandensein auf Vornahme der Verteilung und Zahlung des Betrages geklagt werden, wenn nachgewiesen werden kann, daß die Abwicklung soweit beendigt ist, daß die Schlußverteilung möglich ist, und wenn durch Aufstellung einer Berechnung dargetan werden kann, welche Beträge zu verteilen sind und was auf den einzelnen Gesellschafter entfällt, vgl. § 154 Anm. 14. Die Ansprüche auf Aufstellung der Schlußbilanz und auf Verteilung können in einer Klage verfolgt werden. Auch eine Klage auf **Auskunftserteilung** über den Stand der Abwicklung und **Rechnungslegung** und Zahlung des sich danach ergebenden Betrags kann erhoben werden, § 154 Anm. 16.

Der **Gläubiger,** dem der Anspruch auf das Auseinandersetzungsguthaben eines Schuldners gemäß § 135 überwiesen ist, oder der, dem die Forderung abgetreten oder verpfändet ist, können die Zahlung regelmäßig nicht verlangen, bevor die förmliche Schlußbilanz aufgestellt oder das Vorhandensein entbehrlicher Mittel von der Gesellschaft anerkannt ist. Sie haben keinen Anspruch gegen die Gesellschaft auf Auskunftserteilung über das Vorhandensein entbehrlicher Mittel oder auf Aufstellung der Schlußbilanz. Denn damit würden sie in die Abwicklung, also in eine innere Angelegenheit der Gesellschafter eingreifen. Der Anspruch auf eine solche Mitwirkung bei der Beendigung des Gesellschaftsverhältnisses könnte ihnen auch nicht übertragen werden; nur aus dem Rechtsverhältnis zu ihrem Schuldner, z. B. aus dem Abtretungs- oder Verpfändungsvertrag könnte sich — auch ohne ausdrückliche Bestimmung im Wege der Vertragsauslegung — die Verpflichtung ihres Schuldners ergeben, ihnen die erforderliche Auskunft zu geben und die Aufstellung der Schlußbilanz zu verlangen und notfalls durch Klage zu verwirklichen; RG in JW 17, 539[7]. Durch Nichterfüllung dieser Verpflichtung könnte der Schuldner ihnen auch schadensersatzpflichtig werden. Können sie aber ohne Eingriff in die inneren Verhältnisse nachweisen, daß der Anspruch besteht und fällig ist, so besteht vom Standpunkt der Gesellschaft aus kein Anlaß, ihnen die Führung dieses Beweises nicht zu ermöglichen. Dadurch wird die vom Gesetze anerkannte Zulässigkeit der Übertragung des Auseinandersetzungsanspruchs erst verwirklicht. Dies gilt namentlich, wenn die Auflösung der Gesellschaft gerade deshalb erfolgt ist, um dem Gläubiger eines Gesellschafters den Zugriff auf das in der Gesellschaft gebundene Vermögen seines Schuldners zu ermöglichen; § 131 Nr. 6, § 135. Ist es einmal zur Auflösung der Gesellschaft und zur Abwicklung gekommen, so ist die Gesellschaft zur **Auszahlung des Abwicklungserlöses** verpflichtet. Die Gesellschafter werden nicht dadurch benachteiligt, daß der Erwerber des Auszahlungsanspruchs diesen geltend macht. Auch wenn die übrigen Gesellschafter die durch den Vermögenszerfall eines Gesellschafters verusachte

Auflösung durch einen Fortsetzungsbeschluß nach § 141 verhindern, müssen sie dem ausgeschiedenen Gesellschafter oder seinem Gläubiger den geforderten Betrag auszahlen, auch wenn die Höhe des Abfindungsguthabens noch nicht vollständig ermittelt ist, aber bewiesen werden kann, daß es mindestens den geforderten Betrag erreicht; KG in LZ 17, 593; § 138 Anm. 21; Schlegelberger-Gessler 7; a. A. DürHach. Anm. 10.

Die **Klage** auf Vornahme der vorläufigen oder der Schlußverteilung und Zahlung der geforderten Beträge ist **gegen die Abwicklungsgesellschaft** zu richten, in deren Namen die Abwickler die Verteilung vorzunehmen haben, OLG Hamburg DB 58, 395. Gegen den einzelnen Gesellschafter als Gesamtschuldner kann nicht geklagt werden, da es sich nur um einen Anspruch aus dem Gesellschaftsverhältnis, und zwar auf das Gesellschaftsvermögen, nicht um einen Drittgläubigeranspruch handelt; § 128. Die Gesellschaft wird in dem Rechtsstreit durch die Abwickler vertreten; falls es wegen Beteiligung eines Abwicklers als Kläger an der erforderlichen Vertretung fehlt, müssen andere Abwickler durch alle Gesellschafter oder auf Antrag durch das Gericht bestellt werden, § 146; vgl. § 149 Anm. 29; RG 47, 17. Die Klage auf Vornahme der Verteilung kann aber auch **gegen die Abwickler,** wenn sie sich weigern, die Verteilung vorzunehmen, oder gegen einen einzelnen, der seine Mitwirkung versagt, auf Mitwirkung erhoben werden; RG 47, 17; OLG Celle in LZ 13, 402; OLGR 3, 338; OLG Hamburg DB 58, 395. Denn alle Abwickler sind zur Vornahme der Vermögensverteilung der Gesellschaft und den Gesellschaftern gegenüber verpflichtet. Sie haben diesen den durch schuldhafte Verletzung ihrer Pflichten entstehenden Schaden zu ersetzen. Eine Verpflichtung gegenüber Dritten, auch den Gesellschaftsgläubigern, besteht nicht, da die Abwickler zu diesen in keinem Rechtsverhältnis stehen. Die Gesellschaft kann gegen den Zahlungsanspruch eines einzelnen Gesellschafters mit Gegenforderungen der Gesellschaft gegen diesen aus dem Gesellschaftsverhältnis, z. B. einen Schadensersatzanspruch wegen mangelhafter Geschäftsführung oder aus einem anderen Rechtsgrunde nach den allgemeinen Vorschriften über die **Aufrechnung,** §§ 387ff. BGB, aufrechnen. Dies kann namentlich bei Vornahme von Abschlagszahlungen geschehen. Es ist aber auch bei der Schlußverteilung möglich; in der Schlußbilanz ist dann die Gesellschaftsforderung als getilgt zu behandeln. Eine Aufrechnung mit einer rückständigen Einlageforderung ist nicht zulässig. Denn die Einlage kann nach der Auflösung nur gefordert werden, wenn sie zur Durchführung der Abwicklung, z. B. zur Schuldentilgung noch erforderlich ist; dies ist aber nicht der Fall, wenn eine Verteilung von Vermögen unter die Gesellschafter möglich ist, § 149 Anm. 12. Auch der einzelne Gesellschafter kann seinen Anspruch auf das zu verteilende Geld zur Aufrechnung gegen eine Gesellschaftsforderung verwenden. **Anm. 14**

Nehmen die Abwickler eine Verteilung an die Gesellschafter vor, ohne daß die Voraussetzungen dafür vorliegen, etwa weil die Gesellschaftsgläubiger noch nicht befriedigt sind, so sind sie wegen eines dadurch etwa entstandenen **Schadens,** z. B. durch Eintritt einer Schadensersatzpflicht der Gesellschaft wegen Verzugs nur der Gesellschaft und den Gesellschaftern **verantwortlich;** nicht aber den Gläubigern der Gesellschaft; denn die Abwicklung wird, wenn nicht ein besonderes Rechtsverhältnis, wie die Vereinbarung der Abwicklung zur Befriedigung der Gläubiger unter Bestellung der Abwickler als Treuhänder, etwas anderes ergibt, nur im Interesse der Gesellschafter vorgenommen, vgl. § 145 Anm. 3; die Verteilung des Gesellschaftsvermögens unter die Gesellschafter vor Befriedigung der Gesellschaftsgläubiger kann aber einen Grund zur **Erlassung eines Arrestes** oder wenn es sich um die Sicherung eines Individualanspruchs handelt, einer **einstweiligen Verfügung** bilden; §§ 918ff. ZPO. **Anm. 15**

IV. Die nicht verteilten Vermögensstücke

Das Rechtsverhältnis an den bei der Schlußverteilung **nicht verteilten Vermögensstücken.** Sind nicht verwertbare Vermögensstücke vorhanden oder sind nach dem Gesellschaftsvertrage oder einem Beschlusse der Gesellschafter oder einer Anordnung der Beteiligten nach § 152 bestimmte Vermögensgegenstände, z. B. Grundstücke von der Abwicklung ausgeschlossen, vgl. § 145 Anm. 25, so bleiben sie im **Gesamthandseigentum** der Gesellschafter und unterstehen nach Beendigung der Abwicklung der Verfügung der Gesellschafter. Da mit der Beendigung der Abwicklung, insbesondere der Löschung der Firma, die Gesellschaft aufhört, offene Handelsgesellschaft zu sein, besteht **Anm. 16** sie hinsichtlich des nicht verteilten Vermögens als **Gesellschaft des bürgerlichen Rechts** fort, bis sie als solche nach den dafür geltenden Bestimmungen, §§ 705ff. BGB, beendigt wird; diese Beendigung kann z. B. dadurch herbeigeführt werden, daß die Gesellschafter das Gesamthandseigentum an den nicht veräußerten Grundstücken in Bruchteilseigentum umwandeln (wozu Auflassung erforderlich ist, § 105 Anm. 42a).

V. Die Aussetzung der Vermögensverteilung

Anm. 17 Entsteht über die Verteilung des Gesellschaftsvermögens Streit unter den Gesellschaftern, so haben die Abwickler die Verteilung bis zur Beendigung des Streites auszusetzen; **Abs. 3.** Die Vorschrift geht, wie schon Art. 142 Abs. 2 ADHGB, davon aus, daß ein Streit der Gesellschafter darüber, ob Gesellschaftsvermögen zu verteilen ist und was dem einzelnen Gesellschafter davon zukommt, **von den Gesellschaftern selbst** auszutragen und mangels einer Einigung unter ihnen durch den Richter zu entscheiden ist; durch die jetzt ausdrücklich in das Gesetz aufgenommene Anordnung der Aussetzung der Verteilung soll diese Austragung des Streites gesichert werden. Die Abwickler sind deshalb zur Entscheidung des Streites, auch nur vorläufig weder berechtigt noch verpflichtet; RG 47, 20; RG 59, 58; OLGR 24, 137.

Gegenstand des Streites kann jede Meinungsverschiedenheit der Gesellschafter über die Vornahme der Verteilung sein, z. B. darüber, ob eine vorläufige oder endgültige Verteilung überhaupt vorzunehmen oder ob das vorhandene Vermögen zur Befriedigung von Gesellschaftsschulden zu verwenden, oder aus einem anderen Grunde nach Abs. 2 zurückzuhalten ist, oder ob einem Gesellschafter weniger oder mehr zukommt, als der von den Abwicklern in Aussicht genommene Verteilungsmaßstab oder der von ihnen aufgestellte Verteilungsplan ergibt, ob die der Verteilung zugrunde zu legenden Kapitalanteile richtig berechnet sind, ob ein Vermögensgegenstand der Gesellschaft gehört und für diese zu versilbern und der Erlös zur Schuldentilgung zu verwenden ist, RG in LZ 31, 1388, ob der Anspruch eines Gesellschafters auf das vorläufig zu verteilende Geld durch Aufrechnung getilgt ist oder ob der Anspruch eines Dritten, einem Zessionar oder Pfändungspfandgläubiger zusteht, § 135.

Anm. 18 **Jeder Widerspruch** eines Gesellschafters gegen die geplante Verteilung verpflichtet die Abwickler zur Aussetzung der Verteilung, ohne daß die Abwickler ein Recht zur Prüfung der sachlichen Berechtigung des Widerspruchs haben; einen offenbaren Mißbrauch des Widerspruchsrechts brauchen sie allerdings nicht zu beachten, § 242 BGB. Jedoch handeln die Abwickler in diesem Fall auf die Gefahr, daß der Einwand der unzulässigen Rechtsausübung vom Gericht nicht als begründet anerkannt wird. Die Verteilung kann teilweise durchgeführt werden, wenn der Widerspruch sich nur auf einen Teil der zu verteilenden Summe oder den Anspruch eines einzelnen Gesellschafters oder einen die teilweise Ausführung nicht berührenden Gegenstand bezieht. Unter Umständen kann dann der streitige Betrag nach § 372 BGB hinterlegt und die Abwicklung beendigt werden. Bezieht sich der Widerspruch eines einzelnen Gesellschafters überhaupt nicht auf die Verteilung des zur Verteilung bereitstehenden Vermögens, sondern auf eine diese oder eine weitere Verteilung vorbereitende Handlung der Geschäftsführung, so ist er nicht zu beachten, so lange nicht eine gemeinsame Anordnung aller Beteiligten nach § 152 vorliegt. Denn der einzelne Gesellschafter kann nicht in diese Tätigkeit der Abwickler eingreifen.

Im Rechtsstreit über die Meinungsverschiedenheit der Gesellschafter können nur diese, nicht die Gesellschaft oder die Abwickler **Prozeßparteien** sein. Die Klage kann auf Unterlassung oder dahin gehen, daß die Verteilung in bestimmter Weise zu erfolgen habe. Auch eine Feststellungsklage ist zulässig. Es müssen nicht alle anderen Gesellschafter verklagt werden, sondern nur diejenigen, die dem Verlangen der Kläger widersprechen.

Hat ein verstorbener Gesellschafter **mehrere Erben** hinterlassen, so kann gegen einen der Miterben, der allein widersprochen hat, Klage erhoben werden. Bei der Verpflichtung zur Mitwirkung bei der Auseinandersetzung handelt es sich um eine Verbindlichkeit, die den einzelnen als „Erben" trifft, mithin um eine Nachlaßverbindlichkeit gemäß § 1965 BGB. Nach § 2058 BGB haften mehrere Miterben für die gemeinschaftlichen Nachlaßverbindlichkeiten als Gesamtschuldner. Bei Klagen aus § 2058 BGB besteht keine notwendige Streitgenossenschaft. Der Klage gegen den einzelnen Miterben auf Zustimmung zur Verteilung des Reinvermögens in bestimmter Weise steht auch nicht entgegen, daß zur Vollstreckung in den ungeteilten Nachlaß gemäß § 743 ZPO ein gegen alle Miterben ergangenes Urteil erforderlich ist; RGUrt. v. 7. 10. 43, II 89/43 = Seuff. A. 98, 30

Die Entscheidung erfolgt durch das **Gericht**, das auf Antrag auch eine einstweilige Verfügung erlassen kann. Die Gesellschafter können vereinbaren, daß die Entscheidung durch ein Schiedsgericht zu erfolgen habe. Die Gesellschafter können die schiedsrichterliche Entscheidung auch den Abwicklern übertragen. Die rechtskräftige Entscheidung des Gerichts ist für die Gesellschafter und für die Abwickler bindend. Die Abwickler sind für den Schaden verantwortlich, der durch Nichtbeachtung eines Widerspruchs eines Gesellschafters oder Zuwiderhandlung gegen eine rechtskräftige Entscheidung entsteht.

VI. Der Ausgleich der aktiven und passiven Kapitalkonten unter den Gesellschaftern

Haben die Abwickler die Schlußverteilung vorgenommen, und Rechnung gelegt, **Anm. 19**
so ist ihre Aufgabe als Abwickler beendigt. Sie haben nur noch die Verpflichtung, das Erlöschen der Firma zum Handelsregister anzumelden; § 157.

Haben nach der Schlußbilanz alle Gesellschafter nur aktive Kapitalanteile, so sind mit der Schlußverteilung auch die Rechtsbeziehungen unter den Gesellschaftern gelöst. Bestehen aber neben den aktiven auch passive Kapitalkonten, so übersteigt die Summe der Aktivkonten notwendig den Betrag des zu verteilenden Reinvermögens; jeder Gesellschafter mit aktivem Kapitalanteil erhält dann aus dem Gesellschaftsvermögen nur einen verhältnismäßigen Teil des ihm nach der Ziffer seines Kapitalanteils zukommenden Betrages (z. B. bei einer Gesellschaft mit drei Gesellschaftern und einem Reinvermögen von 100000 RM und Aktivkonten von 100000 und 50000 nur zwei Drittel). Es haben dann die Gesellschafter mit einem Passivsaldo (beispielsweise von 50000 RM) zum **Ausgleich** den Betrag ihres passiven Kapitalkontos an die Inhaber der aktiven Kapitalanteile **nach dem Verhältnis von deren Anteilen** (beispielsweise zu je zwei Dritteln) zu bezahlen; RG in JW 1915, 336[11]; BGH 26, 126 (133); Schlegelberger-Gessler 18; Hueck § 32 IX 1a; Knöchlein DNotZ 61, 361; a.M. van Randenborgh DNotZ 59, 382 und 61, 372, der den Ausgleich nach dem Verlustverteilungsschlüssel vornehmen will. Das ist aber deshalb unrichtig, weil der entstandene Verlust bereits in der Schlußbilanz nach dem Verlustverteilungsschlüssel verteilt wurde (entsprechend § 735 Satz 1 BGB), § 154 Anm. 12. Der Ausgleich hat deshalb nach dem Ziffernstand der Kapitalkonten zu erfolgen.

Die Vornahme des Ausgleichs, insbesondere die Einziehung der von den Inhabern passiver Kapitalkonten zu zahlenden Beträge fällt nicht mehr unter die den Abwicklern durch das Gesetz zugewiesenen Aufgaben. Sie sind zu einer solchen Tätigkeit weder berechtigt noch verpflichtet; ROHG 5, 391; RG in HoldhMschr. 07, 168[5]; Wieland I 703 Anm. 60. **Die Gesellschafter haben vielmehr die Ausgleichung der Konten unmittelbar untereinander vorzunehmen;** BGH BB 66, 844. Die Gesellschafter können aber durch den Gesellschaftsvertrag oder einen nachträglichen Beschluß, vgl. § 119, den Abwicklern mit ihrer Zustimmung auch diese Aufgabe übertragen; RG in LZ 14, 1030; Hueck § 32 IX 2, sie auch zum Schiedsrichter bei Meinungsverschiedenheiten unter ihnen über den Ausgleich bestellen. Findet **keine Abwicklung** statt, so kann die Ausgleichung alsbald nach der Auflösung erfolgen, BGH 26, 126 = LM § 155 Nr. 1 m. Anm. v. Fischer = JZ 58, 401 m. Anm. v. Hueck.

Gläubiger und Schuldner des Ausgleichsanspruchs sind die einzelnen Gesell- **Anm. 20**
schafter; die Gesellschaft als solche ist nicht Gläubiger; D. I 307; DürHach. Anm. 12. Der Ausgleichsanspruch ist als reiner Individualanspruch übertragbar und kann gepfändet oder verpfändet werden. Die Gesellschafter können die Nichtübertragbarkeit vereinbaren; die Pfändbarkeit des Anspruchs können sie aber dadurch nicht ausschließen; § 851 Abs. 2 ZPO; RG bei Holdh. 1915, 12; Geiler bei DürHach. II Allg. Einl. Anm. 36a u. c.

Kann von einem Gesellschafter der auf ihn entfallende Betrag nicht erlangt werden, so haben die übrigen Gesellschafter den Ausfall nach dem Verhältnisse zu decken, nach welchen sie nach dem Gesetz oder nach dem Gesellschaftsvertrag den Gesellschaftsverlust zu tragen haben; diese in § 735 Satz 2 für die bürgerlich-rechtliche Gesellschaft getroffene Regelung gilt auch für die offene Handelsgesellschaft; § 105 Abs. 2; Schlegelberger-Gessler 19; Knöchlein DNotZ 61, 369. Es haben somit nicht nur die Gesellschafter mit aktivem, sondern alle übrigen Gesellschafter den Ausfall zu tragen; D. I 108. Das Verhältnis, nach dem der Verlust zu tragen ist, bestimmt sich nach Aufstellung der Schlußbilanz nach dieser, wenn sich die Verlustbeteiligung nach dem Kapitalanteil richtet. Die Verlustbeteiligung richtet sich somit nach den Kapitalanteilen, die sich auf Grund der Schlußbilanz ergeben, nicht mehr nach dem früheren vorläufigen Maßstab der Verlustanteile; DürHach. Anm. 14; Hueck § 32 IX 1a.

Eine Ausgleichung unter den Gesellschaftern mit aktivem und passivem Kapitalanteil kann auch gefordert werden, wenn eine Verteilung von Vermögen an die Gesellschafter nicht stattfindet, weil nach Befriedigung der Gesellschaftsgläubiger kein zu verteilendes Reinvermögen vorhanden ist, oder wenn die Gesellschaft sogar überschuldet ist, so daß die Gläubiger nicht oder nicht ganz aus dem Gesellschaftsvermögen befriedigt werden können; Schlegelberger-Gessler 20; BGH 26, 126.

Anm. 21 Wird ein Gesellschafter von einem Gesellschaftsgläubiger als Gesamtschuldner auf den Ausfall, den der Gläubiger bei der Gesellschaft erlitten hat, in Anspruch genommen, so hat er gegen die Mitgesellschafter einen Ausgleichsanspruch nach Maßgabe der Verlustbeteiligung. Solange diese Inanspruchnahme des einzelnen Gesellschafters nicht erfolgt ist, hat nur der Ausgleich auf Grund der bisher feststehenden aktiven und passiven Kapitalkonten zu erfolgen; diese Ausgleichung kann somit nicht deshalb abgelehnt werden, weil noch unbefriedigte Gläubiger vorhanden sind und deshalb die Möglichkeit besteht, daß der auf Ausgleich belangte Gesellschafter nachträglich auf Zahlung von Gesellschaftsschulden in Anspruch genommen werden könnte; BGH 26, 126 (133); Schlegelberger-Gessler 20; Hueck § 32 IX 1b. Erfolgt später eine solche Zahlung, so muß ein **neuer Ausgleich** stattfinden; ROHG 12, 42; RG 40, 32; in LZ 08, 534[2]. Will ein Gesellschafter einen zweiten Ausgleich, der durch seine Inanspruchnahme durch unbefriedigte Gesellschaftsgläubiger droht, vermeiden, so kann er diese Gläubiger selbst befriedigen, und seine Aufwendungen dafür bei dem Ausgleich in Rechnung stellen. Der Inhaber eines aktiven Kontos kann von dem Inhaber des passiven nur die Ausgleichung dieser Konten in der angegebenen Weise verlangen, nicht aber, daß der letztere den zur Tilgung der durch das Gesellschaftsvermögen ungedeckten Schulden erforderlichen Betrag an ihn persönlich ganz oder nach Verhältnis seines Verlustanteils zahle. Tilgt er die Gesellschaftsschuld, so kann sich daraus für ihn nur ein **neuer Ausgleichsanspruch** ergeben; RG in LZ 08, 444[3]; DürHach. 13.

Anm. 22 Zu den ungedeckten Gesellschaftsschulden, die nach Vorstehendem für einen Saldenausgleich in Betracht kommen können, können auch Forderungen eines Gesellschafters gegen die Gesellschaft gehören, z. B. aus Aufwendungen für die Gesellschaft bei der Geschäftsführung oder aus der Tätigkeit als Abwickler, aus Gewährung von Darlehen an die Gesellschaft, aus Zahlung von Gesellschaftsschulden. Die Mitgesellschafter kann er aber nur insoweit in Anspruch nehmen, als der Verlust nach dem inneren Verhältnis unter den Gesellschaftern, d. h. nach dem Verhältnis, in dem der Verlust nach dem endgültigen Maßstab der Verlustverteilung (vgl. vorstehend Anm. 4), nicht von ihm selbst zu tragen ist; vgl. § 128 Anm. 32. Hat er nach der endgültigen Feststellung der Kapitalanteile im Verhältnis zu den Gesellschaftern mit passivem Kapitalanteil am ungedeckten Verluste nicht mit zu tragen, so kann er somit von den Gesellschaftern mit passivem Kapitalanteil Zahlung seiner ganzen Drittgläubigerforderung verlangen; vgl. DürHach. 14. Ist ein Gesellschafter Schuldner der Gesellschaft, so kann seine Schuld schon im Anschluß an die Schlußbilanz mit seinem Anspruch an die Teilungsmasse verrechnet werden. Ist sein endgültiger Kapitalanteil passiv, so ist dieser und seine ungedeckte Schuld an die Gesellschaft zusammenzurechnen und der sich so ergebende Betrag mit den anderen Gesellschaftern auszugleichen; Schlegelberger-Gessler 23, vgl. auch DürHach. 14. Im Falle der Überschuldung der Gesellschaft kann eine Ausgleichung unter den Gesellschaftern **zum Zwecke der Schuldentilgung** auch dann gefordert werden, wenn die Kapitalkonten aller Gesellschafter passiv sind.

Jeder Gesellschafter kann dann von dem anderen verlangen, daß dieser im inneren Verhältnis nach dem Maßstab seiner Verlustbeteiligung wie sich diese aus der Schlußbilanz ergibt, zur Tilgung der ungedeckten Gesellschaftsschulden beiträgt. Dabei ist wie in allen Fällen des Saldenausgleichs vorausgesetzt, daß die ungedeckte Gesellschaftsschuld bei Aufstellung der Schlußbilanz aus der sich aus dieser ergebenden endgültigen Feststellung des Maßstabes der Verlustverteilung berücksichtigt ist. Stellt sich nachträglich eine Gesellschaftsschuld heraus, so ist zunächst die Schlußbilanz und der Verlustbeteiligungsmaßstab zu **berichtigen** und danach der Ausgleich vorzunehmen; DürHach. Anm. 13.

Zu einem Ausgleichsanspruch kann es auch führen, wenn sich ein Gesellschafter den **Anm. 23** entscheidenden Vermögenswert aus dem abgewickelten Geschäftsunternehmen der Gesellschaft ohne Gegenleistung nutzbar macht, an dessen Verwertung die anderen Gesellschafter verhindert sind, BGH LM § 132 Nr. 2 = JZ 54, 194 m. Anm. v. Koehler; BGH LM § 282 ZPO Nr. 5 = MDR 58, 584; BGH DB 63, 410.

§ 156

Bis zur Beendigung der Liquidation kommen in bezug auf das Rechtsverhältnis der bisherigen Gesellschafter untereinander sowie der Gesellschaft zu Dritten die Vorschriften des zweiten und dritten Titels zur Anwendung, soweit sich nicht aus dem gegenwärtigen Titel oder aus dem Zwecke der Liquidation ein anderes ergibt.

Inhaltsübersicht

§ 156 bestimmt in Übereinstimmung mit Art. 144 Abs. 1 ADHGB, § 264 Abs. 2 **Anm. 1** AktG, § 69 GmbHG, § 87 GenG die Fortdauer der für die werbende Gesellschaft geltenden Vorschriften über das Rechtsverhältnis der Gesellschafter untereinander sowie der Gesellschaft zu Dritten, soweit sich nicht aus den besonderen Vorschriften über die Abwicklung oder aus dem Zweck der Abwicklung etwas anderes ergibt. Die Vorschrift entspricht dem Gedanken, daß durch die Auflösung die Gesellschaft nicht untergeht, sondern daß nur ihr Zweck geändert wird; § 131 Anm. 2. Nur soweit es der geänderte Zweck erfordert, sollen deshalb die für die werbende Gesellschaft bestehenden Vorschriften nicht weiter gelten; was an dessen Stelle gelten soll, ergibt sich einmal allgemein aus dem Zwecke der Abwicklung und dann aus den positiven Vorschriften über diese. **Die Fortgeltung der bisherigen Vorschriften bildet danach die Regel, ihr Außerkrafttreten die Ausnahme.** Auch die nicht im Zweiten und Dritten Titel enthaltenen Vorschriften gelten für die Abwicklungsgesellschaft, soweit sie für diese passen. Dies trifft namentlich auch für § 105 Abs. 2 zu, nach dem auf die offene Handelsgesellschaft die Vorschriften des BGB über die Gesellschaft Anwendung finden, soweit nicht im Ersten Abschnitt des Zweiten Buchs des HGB ein anderes bestimmt ist. Auch soweit die Vorschriften des BGB über die Gesellschaft durch die allgemeinen Vorschriften des BGB ergänzt werden, gelten diese allgemeinen Vorschriften sinngemäß für die Abwicklungsgesellschaft; vgl. die Erl. zu § 105 Abs. 2.

1. Wegen der sich aus der Auflösung der Gesellschaft und dem Eintritt der Ab- **Anm. 2** wicklung ergebenden Einwirkungen auf das Rechtsverhältnis der Gesellschafter untereinander und der Gesellschaft zu Dritten wird auf die Erläuterungen zu § 131 und zu den einzelnen Vorschriften des Fünften Titels und auch zu den vorhergehenden Vorschriften über die offene Handelsgesellschaft verwiesen. In Gestalt eines **Überblicks** ist nur folgendes zu bemerken:

2. Zu § 105. Die Gesellschaft bleibt, auch während der Abwicklung bis zur Voll- **Anm. 3** beendigung, Handelsgesellschaft und Firmengesellschaft. Die unter ihrer Firma abzuschließenden Geschäfte sind Handelsgeschäfte. Ihre Gesellschafter bleiben Kaufleute.

Anm. 4 Zu §§ 106—108. Die Verpflichtung zur Anmeldung der Errichtung der Gesellschaft und von Veränderungen der Firma, des Sitzes der Gesellschaft und des Mitgliederstandes besteht auch im Abwicklungszustande. Bis zur Auflösung versäumte Anmeldungen sind nachzuholen, soweit die Eintragung noch Zweck hat.

Anm. 5 3. Zu § 109. Auch während der Abwicklung richtet sich das Rechtsverhältnis der Gesellschafter untereinander in erster Linie nach dem Gesellschaftsvertrage. Durch Auslegung desselben ist zu ermitteln, ob einzelne Bestimmungen, z. B. über die Zulässigkeit von Mehrheitsbeschlüssen, Leistung von Diensten und anderen Beiträgen, über ein besonders geordnetes Wettbewerbsverbot, über besondere Vergütungen an einzelne Gesellschafter oder sonstige Vorrechte Einzelner, über eine Schiedsgerichtsvereinbarung, auch während der Abwicklung gelten sollen; vgl. RG in JW 1907, 431. Zur Frage, inwieweit der Gesellschaftsvertrag im Abwicklungsstadium noch durch einen vertraglich vorgesehenen Mehrheitsbeschluß geändert werden kann, s. BGH 48, 255f.

Anm. 6 Unberührt bleibt die den Gesellschaftern in Gesellschaftsangelegenheiten obliegende Sorgfaltspflicht, insbesondere auch die Vorschrift des § 708 BGB über das Maß der anzuwendenden Sorgfalt.

Anm. 7 Die Gemeinsamkeit der Rechte der Gesellschafter, insbesondere die Gesamthandsberechtigung am Gesellschaftsvermögen bleibt auch während der Abwicklung bestehen; §§ 718—720 BGB.

Anm. 8 Die Übertragbarkeit der Gesellschafterrechte und die dafür geltenden Beschränkungen bestehen während der Abwicklung in gleicher Weise wie bis zur Auflösung der Gesellschaft; § 717 BGB.

Anm. 9 Zu § 110. Der Ersatz von Aufwendungen, die ein Gesellschafter auch als Abwickler während der Abwicklung gemacht hat, kann auch während der Abwicklung von der Gesellschaft gefordert werden; wegen der Einzelheiten, insbesondere wegen der Behandlung der Bezahlung von Gesellschaftsschulden durch einen Gesellschafter, wegen des Ersatzes durch die Mitgesellschafter, wegen des Ersatzes von Verlusten, der Verzinsung aufgewendeten Geldes, vgl. die Erl. zu §§ 110, 128.

Anm. 10 § 111 über die Verzinsung von Entnahmen findet auch auf solche, die während der Abwicklung gemacht werden, Anwendung.

Anm. 11 Wegen der Fortdauer des gesetzlichen Wettbewerbsverbots vgl. die Erl. zu §§ 112, 113.

Anm. 12 Die Vorschriften der §§ 114—117 und der §§ 125ff. über das Recht und die Pflicht der Gesellschafter zur Geschäftsführung und Vertretung gelten während der Abwicklung nicht. Die Abwickler sind die Geschäftsführer und Vertreter der Gesellschaft; § 149.

Anm. 13 Das Kontrollrecht der einzelnen Gesellschafter besteht auch während der Abwicklung, § 118. Nach der Auflösung besteht sogar ein erhöhtes Bedürfnis dafür. Es besteht bis zu einem gewissen Grade auch noch nach Vollbeendigung der Gesellschaft; § 157 Abs. 3; RG in BankA 14, 69; OLG Karlsruhe in LZ 1917, 556[10]; KG in OLGR 27, 333.

Anm. 14 § 119, der die Beschlüsse der Gesellschafter regelt, gilt während der Abwicklung; vgl. auch Anm. 5.

Anm. 15 Zu den §§ 120—122. Da im Abwicklungszustand der Zweck der Gesellschaft nicht auf den Betrieb eines Handelsgewerbes gerichtet ist, sind keine Jahresbilanzen aufzustellen, keine jährlichen Gewinn- und Verlustverteilungen vorzunehmen. Auch das gesetzliche Entnahmerecht der Gesellschafter besteht nicht; die im Gesellschaftsvertrag etwa vorgesehene besondere Befugnis einzelner Mitglieder zu Entnahmen dauert nur fort, wenn sich dies aus dem Gesellschaftsvertrag, im Zweifel durch Auslegung ergibt. Hier gilt die in §§ 154, 155 enthaltene besondere Regelung, s. § 155 Anm. 9.

Anm. 16 4. Zu § 124. Auch während der Abwicklung tritt die Gesellschaft im Rechtsverkehr unter ihrer Firma auf, kann klagen und verklagt werden, vgl. § 148 Abs. 3, §§ 149, 153; RG 28, 134. Zur Zwangsvollstreckung in das Gesellschaftsvermögen ist ein gegen die Gesellschaft gerichteter Schuldtitel erforderlich.

Der Gerichtsstand der Gesellschaft dauert, wie Art. 144 Abs. 2 ADHGB ausdrücklich bestimmte, bis zur Beendigung der Abwicklung fort. Wird der Sitz der Gesellschaft während der Abwicklung verlegt, so gilt für die Zukunft der Gerichtsstand des neuen Sitzes.

Zu § 128. Die gesamtschuldnerische Haftung der Gesellschafter dauert fort für die zur Zeit der Auflösung bereits bestehenden Verbindlichkeiten der Gesellschaft. Die Gesellschafter haften ferner gesamtverbindlich für die während der Abwicklung entstandenen Schulden der Gesellschaft, namentlich soweit sie durch die Tätigkeit der Abwickler entstanden sind. **Anm. 17**

Wegen der Haftung der Erben eines Gesellschafters vgl. die Erl. zu § 139. **Anm. 18**

Ist ein Gesellschafter in Konkurs geraten, so haftet die Konkursmasse für die bis zur Konkurseröffnung entstandenen Schulden konkursmäßig. Sie haftet nicht für die später entstandenen Gesellschaftsschulden, auch wenn der Konkursverwalter als Abwickler mitgewirkt hat; es liegt darin nicht eine Handlung des Konkursverwalters im Sinne des § 59 Nr. 1 KO, sondern eine solche der offenen Handelsgesellschaft. Der in Konkurs geratene Gesellschafter haftet für die vor oder nach Konkurseröffnung entstandenen Gesellschaftsschulden mit seinem nicht zur Konkursmasse gehörenden Vermögen unbeschränkt; Schlegelberger-Gessler 7. **Anm. 19**

Zu § 129. Einwendungen gegen die persönliche Haftung eines Gesellschafters sind in derselben Weise möglich wie vor der Auflösung. Das gleiche gilt für die Aufrechnung. Zur Zwangsvollstreckung in das Privatvermögen eines Gesellschafters ist auch während der Abwicklung ein gegen diesen gerichteter vollstreckbarer Schuldtitel nötig. Die Gesellschaft haftet auch während der Abwicklung nicht für die persönlichen Schulden eines Gesellschafters. Seine Privatgläubiger können nur das pfänden und sich überweisen lassen, was ihm bei der Auseinandersetzung zukommt. **Anm. 20**

Zu § 130. Die Haftung während der Abwicklung neu eintretender Gesellschafter besteht in derselben Weise wie beim Eintritt in eine werbende Gesellschaft; RG 106, 66; KGJ 26 A 219; Wieland I 813. Die gilt nicht nur, wenn ein neuer Gesellschafter eintritt und zugleich die Fortsetzung der Gesellschaft beschlossen wird, sondern auch dann, wenn die Abwicklung mit dem neueingetretenen durchgeführt werden soll; dies kann namentlich vorkommen, wenn ein Gesellschafter während der Abwicklung ausscheidet und abgefunden wird und der neue an seine Stelle tritt; Dür-Hach. Anm. 10; Wieland I 813 Anm. 1. **Anm. 21**

5. Die Vorschriften des Vierten Titels über die Auflösung der Gesellschaft sind auf eine bereits aufgelöste Gesellschaft schon ihrer Natur nach nicht anwendbar. Die Vorschriften über die Fortsetzung der Gesellschaft unter Ausscheiden einzelner Gesellschafter finden, da sie nur die Fortsetzung der werbenden Gesellschaft oder die Erhaltung des werbenden Unternehmens zum Ziele haben, jedenfalls unmittelbar auf eine bereits aufgelöste Gesellschaft keine Anwendung. Soweit aber bestimmte **Ereignisse in der Person eines Gesellschafters** erst nach der aus anderen Gründen erfolgten Auflösung eintreten, wie die Eröffnung des Privatkonkurses über das Vermögen eines Gesellschafters und soweit durch ein solches Ereignis die vom Gesetz begünstigte **Fortsetzung der Gesellschaft** (vgl. § 138, §§ 140—142) vereitelt würde, kann eine sinngemäße Anwendung der §§ 138ff. in Frage kommen. Ist z. B. die Gesellschaft durch Zeitablauf aufgelöst und es gerät nach der Auflösung ein Gesellschafter in Konkurs oder sein Anspruch auf sein Auseinandersetzungsguthaben wird von einem Privatgläubiger gepfändet, so ist in sinngemäßer Anwendung des § 141 den übrigen Gesellschaftern das Recht zuzusprechen, die Fortsetzung der Gesellschaft — als Abwicklungsgesellschaft oder als werbendes Unternehmen — unter sich zu beschließen und den in Vermögenszerfall geratenen Gesellschafter auszuscheiden und in bar abzufinden. Ebenso wird man in sinngemäßer Anwendung der §§ 140, 142 eine **Ausschließung- oder Übernahmeklage** zulassen müssen, wenn die übrigen Gesellschafter die Gesellschaft oder der einzige Übrigbleibende das Unternehmen fortsetzen wollen. Dabei kommt nur beim Vorliegen besonderer Umstände, wenn nämlich eine sachgemäße und gerechte Abwicklung ohne Ausscheiden des anderen Gesellschafters nicht möglich ist, die Zubilligung eines Übernahmerechts aus Gründen, die erst nach der Auflösung eingetreten sind, in Betracht, BGH 1, 324 (332), BGH DB 68, 435. Vertragsbestimmungen, die die Fortsetzung der Gesellschaft bei Eintritt eines bestimmten Ereignisses erleichtern, werden, wenn sie während der Abwicklung eintreten, unter dem angegebenen gesetzgeberischen Bestreben der Erhaltung der Gesellschaft oder des Unternehmens bei Vertragsauslegung daraufhin zu prüfen sein, ob sie auch nach Auflösung der Gesellschaft gelten sollen. Insbesondere **Anm. 22**

kann auch eine Vereinbarung der Gesellschafter über die **Fortsetzung der Gesellschaft mit den Erben** eines verstorbenen Gesellschafters nach dem unter Umständen durch Vertragsauslegung zu bestimmenden Willen der Gesellschafter auch für den Fall gelten, daß nach der Auflösung der Gesellschaft aus anderem Grunde ein Gesellschafter stirbt, und nunmehr die Fortsetzung beschlossen wird; wird ein solcher Beschluß gefaßt, ohne daß dabei besondere Vereinbarungen über die Stellung der Erben getroffen werden, so sind die Vorschriften des § 139 sinngemäß anzuwenden; vgl. DürHach. Anm. 11. Die in § 139 Abs. 3 bestimmte Dreimonatsfrist wird in diesem Falle von dem Zeitpunkt des Zustandekommens des Fortsetzungsbeschlusses an laufen. Die Fortsetzung der Gesellschaft nach Beendigung ihres Konkurses (§ 144) kann auch beschlossen werden, wenn der Konkurs eröffnet wurde, als die Gesellschaft sich schon in Abwicklung befand. Die Vorschriften des § 143 Abs. 2 und 3 über die Anmeldung des Ausscheidens eines Gesellschafters gelten auch während der Abwicklung.

§ 157

Nach der Beendigung der Liquidation ist das Erlöschen der Firma von den Liquidatoren zur Eintragung in das Handelsregister anzumelden.

Die Bücher und Papiere der aufgelösten Gesellschaft werden einem der Gesellschafter oder einem Dritten in Verwahrung gegeben. Der Gesellschafter oder der Dritte wird in Ermangelung einer Verständigung durch das Gericht bestimmt, in dessen Bezirke die Gesellschaft ihren Sitz hat.

Die Gesellschafter und deren Erben behalten das Recht auf Einsicht und Benutzung der Bücher und Papiere.

Inhaltsübersicht

Anm. 1 Abs. 1 bestimmt, daß nach Beendigung der Abwicklung das Erlöschen der Firma durch die Abwickler zur Eintragung ins Handelsregister anzumelden ist. Das ADHGB enthielt diese Bestimmung nicht. Aber auch unter altem Recht bestand die allgemeine Verpflichtung der Kaufleute, das Erlöschen ihrer Firma anzumelden; Art. 25 Abs. 1 ADHGB, jetzt § 31 Abs. 2 HGB. Die Neuerung liegt nur darin, daß die Verpflichtung der Abwickler zur Anmeldung festgestellt wird; nach den allgemeinen Vorschriften würde sich nur die Anmeldepflicht der Gesellschafter als der Inhaber des Handelsunternehmens ergeben. Die Absätze 2 und 3 regeln die Aufbewahrung der Bücher und Schriften der Gesellschaft und deren Benützung durch die Gesellschafter nach Beendigung der Abwicklung; sie stimmen mit Art. 145 ADHGB überein.

Alle Vorschriften des § 157 gelten nur für die Zeit nach Beendigung der Abwicklung. Abs. 1 will dafür sorgen, daß die durch die Beendigung der Abwicklung erfolgte Vollbeendigung der Gesellschaft im öffentlichen Interesse offenkundig gemacht wird.

I. Die Anmeldung des Erlöschens der Firma

Anm. 2 **1. Beendigt** ist die Abwicklung im Sinne dieser Vorschriften, wenn die Aufgaben erfüllt sind, die den Abwicklern übertragen sind, um die aufgelöste Gesellschaft der Vollbeendigung entgegenzuführen. Dies ist der Fall, wenn die laufenden Geschäfte beendigt, die Forderungen eingezogen, das übrige Vermögen in Geld umgesetzt, die Gläubiger befriedigt sind (§ 149) und wenn das Gesellschaftsvermögen unter die Gesellschafter verteilt ist (§ 155); denn damit ist auch der Zweck der Abwicklungsgesellschaft (vgl. § 145 Anm. 1) erfüllt. Solange noch verteilbares und verwertbares Vermögen, auch in Gestalt von Forderungen gegen einen Gesellschafter oder gegen einen Abwickler vorhanden ist, ist jedenfalls die Abwicklung nicht beendigt; RG in JW 1926, 1432[1] mit Anm.; KGJ 28 A 14 = OLGR 9, 257; BayObLG 13, 165. Bis dahin ist die Gesellschaft noch offene Handelsgesellschaft und muß als solche eine Firma haben; vgl. § 145 Anm. 11. Dem steht nicht entgegen, daß zur Entstehung einer oHG der Betrieb eines Vollhandelsgewerbes gehört, § 105. Dieses Erfordernis besteht nur bis zur Auflösung der Gesellschaft: KG vom 14. März 1940, 1 W X 40/40; DR 1940, 806.

Unerledigte Aufgaben, die der Vornahme der Schlußverteilung nicht entgegenstehen, wie das Vorhandensein unverwertbarer Vermögensgegenstände, das Vorhandensein unbeibringlicher Außenstände oder nach der pflichtmäßigen Überzeugung der Abwickler nicht begründeter oder von sich nach aller Voraussicht nicht erfüllenden Bedingungen abhängiger Ansprüche Dritter, hindern die Anmeldung des Erlöschens der Firma nicht; vgl. § 154 Anm. 8.

Ist **kein** verteilbares oder zur Erfüllung der Aufgaben der Abwicklung, etwa zur Bezahlung von Gesellschaftsschulden brauchbares **Gesellschaftsvermögen** mehr vorhanden, auch nicht in Gestalt von noch einziehbaren Einlagerückständen, so ist die Gesellschaft ebenfalls vollbeendet und damit auch die Firma erloschen und das Erlöschen anzumelden; KGJ 28 A 42. Es wäre unzweckmäßig damit zu warten, bis etwa über einen Anspruch eines Dritten gegen die Gesellschaft rechtskräftig entschieden ist, wenn dieser mangels der erforderlichen Mittel doch nicht befriedigt werden könnte und durch die Hinausschiebung der Löschung den Anschein des Fortbestandes einer wenn auch in Abwicklung befindlichen Handelsgesellschaft zu erwecken. Die Hinausschiebung ist um so weniger unbedingt nötig, als ein bereits anhängiger Rechtsstreit durch die Löschung der Firma nicht notwendig sein Ende erreicht, sondern unter der bisherigen Firma fortgeführt werden kann; RG in JW 26, 1432[1]; vgl. unten Anm. 11. Es kann deshalb nicht allgemein gesagt werden, daß das **Bestehen anhängiger Prozesse** oder das Vorhandensein von Rechtsbeziehungen irgendwelcher Art die Anmeldung des Erlöschens der Firma ausschließt. Die Abwickler haben vielmehr im einzelnen Falle pflichtgemäß zu prüfen, ob es im Interesse der Gesamtheit der Gesellschafter zweckmäßig erscheint, mit der Anmeldung noch zu warten. Auch bei Vermögenslosigkeit der Gesellschaft kann im Einzelfall die Durchführung eines gegen die Gesellschaft bereits anhängigen Prozesses unter dem Gesichtspunkt der Erledigung schwebender Geschäfte (vgl. § 149) noch eine Aufgabe der Abwickler sein, insbesondere wenn durch die Feststellung des Bestehens eines streitigen Anspruchs besondere Klagen gegen die nach § 128 haftenden Gesellschafter vermieden werden. Regelmäßig wird es danach zweckmäßig und zulässig sein, die Anmeldung bis zur Erledigung eines anhängigen Rechtsstreits zu verschieben.

Auch aus anderen Gründen kann die Durchführung eines Geschäfts vor der Löschung zweckmäßig sein, z. B. wenn es sich um den Anspruch eines Dritten auf Bewilligung der Löschung einer Hypothek handelt. Besteht für die Gesellschaft noch eine Verpflichtung aus einem Rechtsverhältnis, z. B. aus einem Treuhandverhältnis, so wird die Aufgabe der Abwickler, auch wenn bereits die Vermögensverteilung erfolgt ist, regelmäßig noch nicht als beendet anzusehen und deshalb die Anmeldung der Löschung noch verfrüht sein. Es ist Pflicht der Abwickler, die Folgerungen aus dem Bestehen des Rechtsverhältnisses zu ziehen, die Pflichten der Gesellschaft daraus zu erfüllen, geeignetenfalls es, etwa durch Kündigung aus wichtigem Grunde oder Verhandlungen mit dem Vertragsgegner, seinem Ende entgegenzuführen; DürHach. Anm. 3; RG JW 1926, 1432[1] mit Anm.; vgl. auch OLG Karlsruhe in DNotVZ 1926, 491; RG in OLGR 24, 177; BayObLG in OLGR 6, 43.

2. Ist die regelmäßige Abwicklung nach dem Willen der Beteiligten nur **teilweise** durchgeführt, weil teilweise Naturalteilung stattgefunden hat oder ein Teil des Vermögens in ungeteilter Gemeinschaft geblieben ist (vgl. § 145 Anm. 25), ohne daß eine Wiederaufnahme des werbenden Betriebes oder eine Fortsetzung der Abwicklung in Betracht kommt, so ist die Abwicklung im Sinne des Abs. 1 voll beendigt und deshalb die Löschung der Firma herbeizuführen. Haben dagegen die Gesellschafter die im Gange befindliche **Anm. 3**

Abwicklung durch einstimmigen, oder soweit zulässig, durch Mehrheitsbeschluß beendigt, um die Gesellschaft **fortzusetzen** (vgl. § 144), so ist die Firma nicht erloschen und deshalb das Erlöschen auch nicht anzumelden. Vielmehr haben dann die Gesellschafter die Fortsetzung anzumelden, § 144 Abs. 2.

Dagegen ist die Firma erloschen, wenn die Abwickler das **Unternehmen** als Ganzes ohne das Recht zur Fortführung der Firma **veräußert** haben (vgl. § 149 Anm. 9) und wenn auch die sonstigen Aufgaben der Abwickler wie die Verteilung des Veräußerungserlöses beendigt sind. Ist das Geschäft mit dem Firmenrecht veräußert, so erlischt die Firma nicht; es tritt vielmehr nur ein Inhaberwechsel ein; in diesem Falle haben sämtliche Gesellschafter als bisherige Inhaber — nicht die Abwickler — und der neue Inhaber den Inhaberwechsel anzumelden; § 31 Abs. 1 und Anm. 6 dazu; KGJ 39 A 111. Muß zur Fortführung der Abwicklung im übrigen, etwa weil die Grundstücke oder eine Zweigniederlassung nicht mitveräußert worden sind, eine neue Firma angenommen werden (§ 145 Anm. 11), so ist durch die Gesellschafter die neue Firma anzumelden (vgl. §§ 107, 108, 156), nach vollständiger Beendigung der Abwicklung ist dann das Erlöschen der neuen Firma durch die Abwickler anzumelden; vgl. unten Anm. 5.

Ist das Unternehmen veräußert, sind aber bestimmte Vermögensstücke, z. B. die Grundstücke, zurückbehalten und sollen diese in Fortführung der Abwicklung veräußert werden, so besteht die Gesellschaft als offene Handelsgesellschaft fort; eine Löschung der Firma kommt dann bis zur Veräußerung nicht in Frage. Wollen aber die Gesellschafter die Abwicklung nicht fortsetzen, sondern die ungeteilte Gemeinschaft an dem Restvermögen aufrecht halten und es gemeinschaftlich nutzen, z. B. durch Verpachtung auf längere Zeit, so hat die Gesellschaft ihre Eigenschaft als oHG verloren und ist zu einer **bürgerlich-rechtlichen Gesellschaft** geworden. Dann ist die Firma als erloschen anzumelden. Im Grundbuch ist durch Grundbuchberichtigung die Umschreibung auf die aus den gleichen Personen bestehende bürgerlich-rechtliche Gesellschaft vorzunehmen. Eine Auflassung ist nicht erforderlich; KG in DR 1940, 806[22] mit Schrifttumsangaben; vgl. auch § 105 Anm. 42b. Eine Beendigung der Abwicklung und damit eine Verpflichtung zur Anmeldung nach § 157 kommt nicht in Betracht, wenn trotz der Auflösung eine Abwicklung überhaupt nicht stattgefunden hat, weil die Gesellschafter eine **andere Art der Auseinandersetzung** vereinbart haben; § 145. Dieser Fall liegt auch vor, wenn die Gesellschafter alsbald nach Eintritt der Auflösung eine derartige Vereinbarung getroffen und danach etwa die sofortige Veräußerung des Unternehmens an einen von ihnen oder einen dritten beschlossen und durchgeführt und dadurch den Beginn der Abwicklung verhindert haben; vgl. § 145. In diesem Falle ist die Firma, wenn sie nicht auf den Erwerber übertragen worden ist, ebenfalls erloschen. Die Anmeldung ist dann aber Aufgabe sämtlicher Gesellschafter als Inhaber der Firma auf Grund der allgemeinen Vorschrift des § 31 Abs. 2; OLGR 3, 346 = KGJ 22 A 109. Das bloße Fehlen eines Bedürfnisses für Abwicklungshandlungen, z. B. wegen **Vermögenslosigkeit** der Gesellschaft hindert dagegen den Eintritt der Abwickler in ihre Stellung nicht. Auch in diesem Falle ist das Erlöschen der Firma durch die Abwickler anzumelden.

Anm. 4 3. Anzumelden und einzutragen ist nur, daß die Firma erloschen ist, nicht daß die Gesellschaft oder daß die Abwicklung beendigt ist; vgl. auch § 31 Abs. 2.

Anm. 5 Die Anmeldung hat nicht zu erfolgen, wenn die Gesellschaft noch nicht angemeldet und eingetragen war. Die Anmeldung und Eintragung, auch die Nachholung der Eintragung der Firma wäre in diesem Falle zwecklos. Das Erlöschen der Firma und dessen Eintragung hat nicht die Rechtswirkungen, die an die Eintragung der Auflösung der Gesellschaft, insbesondere für den Beginn der Verjährung zu Gunsten der Gesellschafter geknüpft sind; vgl. § 159 Abs. 2.

Anm. 6 4. Anmeldepflichtig sind die Abwickler, weil sie auf Grund ihrer Stellung am besten in der Lage sind, zu beurteilen, ob die Abwicklung beendigt ist. Alle Abwickler haben die Anmeldung vorzunehmen. Da es sich nicht um einen Akt der rechtsgeschäftlichen Vertretung der Gesellschaft handelt, genügt es nicht, daß soviele mitwirken, als bei der Vertretung der Gesellschaft mitwirken müssen; DürHach. Anm. 4; a. A. Ritter Anm. 2. Die Abwickler, nicht die Gesellschafter sind auch anmeldepflichtig, wenn während der Abwicklung das Geschäft ohne die Firma veräußert wird und mit Beendigung aller Abwicklungsgeschäfte die Abwicklung beendigt ist; vgl. Anm. 3; DürHach. Anm. 4; a. A. KGJ 39 A 112.

Die Gesellschafter sind zur Anmeldung nicht verpflichtet. Melden aber alle Gesellschafter das Erlöschen der Firma an, so genügt auch dies, da die Gesellschafter jederzeit die Abwicklung beendigen oder diese selbst übernehmen können.

5. Die Anmeldung erfolgt nach den Vorschriften der §§ 12ff. Anm. 7

Die Anmeldepflicht ist eine öffentlich-rechtliche Pflicht der Abwickler. Sie gilt daher auch für Gesellschaften, die vor dem 1. Januar 1900 entstanden sind, wenn die Abwicklung nach diesem Zeitpunkt beendet wird. Es kann deshalb auch weder im Gesellschaftsvertrage noch durch Anordnung der Beteiligten (§ 152) rechtswirksam bestimmt werden, daß die Anmeldung zu unterbleiben hat, obwohl die Abwicklung beendigt ist; ebensowenig kann bestimmt werden, daß sie vor Beendigung der Abwicklung, also vor Erlöschen der Firma, vorzunehmen ist; OLG Hamburg in OLGR 9, 262. Die Erfüllung der Anmeldepflicht kann durch Ordnungsstrafen erzwungen werden; § 14. Führt dies nicht zum Ziel, so kann das Erlöschen der Firma von Amts wegen eingetragen werden; § 31 Abs. 2 HGB; § 141 FGG. Anm. 8

Die Abwickler sind auch der Gesellschaft gegenüber zivilrechtlich auf Grund ihrer Stellung zur Anmeldung verpflichtet. Die Gesellschaft und auch die einzelnen Gesellschafter können auf Erfüllung dieser Verpflichtung klagen, schon wegen der Wirkung der Nichtlöschung für ihre Haftbarkeit nach §§ 128, 15; vgl. unten Anm. 12. Die Nichterfüllung der Verpflichtung kann auch Schadensersatzansprüche der Gesellschafter begründen.

6. Der Registerrichter darf und muß sich in der Regel mit der Erklärung der Anmeldepflichtigen, daß die Firma erloschen ist, begnügen und kann nicht den Nachweis verlangen, daß die Abwicklung beendigt ist oder daß eine Abwicklung wegen Vereinbarung einer anderen Art der Auseinandersetzung nicht erforderlich ist; KGJ 22 A 107 = OLGR 3, 346. Ist ihm die Unrichtigkeit der Anmeldung bekannt, etwa weil ein Rechtsstreit über die Verteilung des Vermögens anhängig ist, so muß er die Eintragung ablehnen. Bestritten ist, ob er auch bei Zweifeln an der Richtigkeit der Anmeldung die Eintragung ablehnen oder selbst Ermittlungen anstellen darf; bejahend: Schlegelberger-Gessler 6; verneinend: DürHach. Anm. 5; OLG Hamburg in OLGR 9, 262; KG a. a. O. Da das Register nur die wahre Rechtslage wiedergeben soll und es sich um ein Verfahren der freiwilligen Gerichtsbarkeit handelt, für das regelmäßig der Amtsbetrieb gilt, der Registerrichter eine unrichtige Löschung auch von Amts wegen wieder löschen muß (vgl. Anm. 11), muß man ihm auch das Recht zugestehen, durch Tatsachen begründeten Zweifeln nachzugehen und von Amts wegen die erforderlichen Nachforschungen anzustellen, § 12 FGG (vgl. auch § 8 Anm. 9, 10). Anm. 9

7. Die Löschung hat nur rechtsbekundende, nicht rechtserzeugende Wirkung. Die Firma erlischt nicht erst durch die Löschung sondern durch die Beendigung der Abwicklung, weil damit die Gesellschaft selbst vollbeendet und die Grundlage für eine Firma weggefallen ist; RG in JW 1926, 1432[1]; KGJ 28 A 44; 41 A 138; KG im Recht 15, 1166. Anm. 10

8. Ergibt sich nachträglich, daß die Löschung zu Unrecht erfolgt ist, weil die Abwicklung noch nicht beendigt ist, so kann die Löschung, auch von Amts wegen, wieder gelöscht werden, § 142 FGG; KGJ 28 A 44; 34 A 125; KG in RJA 13, 23; Riechert, MDR 56, 149. Aber auch wenn die Berichtigung der unrichtigen Löschung noch nicht erfolgt ist, kann die Gesellschaft unter ihrer bisherigen Firma auftreten, z. B. klagen und verklagt werden, wenn sich heraustellt, daß sie noch Vermögen besitzt; RG in JW 1926, 1432[1]. Die Abwicklung ist dann eben nicht beendigt, sondern muß fortgesetzt werden; DürHach. Anm. 5; § 158 Anm. 11ff. Anm. 11

9. Die Folgen der Eintragung oder Nichteintragung der Löschung gegenüber gutgläubigen Dritten bestimmen sich nach § 15. Bis zur Löschung und deren Bekanntmachung gilt die Gesellschaft gutgläubigen Dritten gegenüber als fortbestehend und die Vertretungsmacht der Abwickler als fortdauernd. Die Gesellschafter haften aus den namens der Gesellschaft durch die Abwickler vorgenommenen Rechtshandlungen, wie wenn die Gesellschaft noch bestünde; § 128. Es kann noch gegen die Anm. 12

offene Handelsgesellschaft geklagt werden; RG 127, 98 = JW 1930, 2256[2] mit Anm. Durch die Erhebung einer solchen Klage wird die Verjährung auch gegenüber den Gesellschaftern unterbrochen. Einwendungen, die der Gesellschaft durch das im Gesellschaftsprozeß ergehende rechtskräftige Urteil verlorengehen, kann auch der einzelne Gesellschafter nicht mehr geltend machen; § 129. Die Gesellschafter gelten noch als Kaufleute, und soweit es auf ihre Eintragung als Kaufleute ankommt, z. B. für die Börsenterminfähigkeit, als eingetragene Kaufleute; RG in BankA 30, 52.

Die Rechtswirkungen der Nichteintragung bestehen auch, wenn keine Abwicklung erforderlich war, die Firma aber durch eine andere Art der Auseinandersetzung (§ 145) erloschen ist.

II. Die Verwahrung der Bücher und Papiere der Gesellschaft nach der Beendigung der Abwicklung

Anm. 13 Die Bücher und Papiere der aufgelösten Gesellschaft werden einem der Gesellschafter oder einem Dritten in Verwahrung gegeben; **Abs. 2 Satz 1.** Die Vorschrift ergänzt die allgemeine Vorschrift des § 44b, nach der die Kaufleute auf die Dauer von zehn Jahren zur Aufbewahrung ihrer Handelsbücher, Inventare und Bilanzen und 7 Jahre zur Aufbewahrung der empfangenen Handelsbriefe und der Abschriften der abgesendeten Handelsbriefe sowie der Buchungsbelege verpflichtet sind. Sie will im öffentlichen und im Interesse der Beteiligten dafür sorgen, daß die Verwahrung auch stattfindet, wenn keine Gesellschaftsorgane mehr vorhanden sind. Ihrem Zwecke entsprechend gilt die Vorschrift auch, wenn die Gesellschaft nicht durch Abwicklung, sondern eine andere Art der Auseinandersetzung (§ 145) vollbeendet ist. Sie gilt nicht, wenn die Bücher und Papiere bei Beendigung der Abwicklung oder der sonstigen Auseinandersetzung sich nicht mehr im Eigentum der Gesellschaft befinden, etwa deshalb, weil das Geschäft mit den Büchern und Papieren veräußert ist; RG 43, 133; in HoldhMschr. 9, 242. In diesem Falle geht aber die Aufbewahrungspflicht auf den Erwerber über; die nach der Veräußerung entstandenen Bücher und Papiere der Gesellschaft, die über die Fortsetzung der Abwicklung Aufschluß geben, sind nach Abs. 2 Satz 1 zu verwahren. Diese Verpflichtung besteht auch, wenn über das Vermögen der Gesellschaft der Konkurs eröffnet war und nach dessen Beendigung die Abwicklung durchgeführt worden ist (KG in OLGR 19, 318) oder wenn bei der Auflösung kein verteilbares Vermögen vorhanden und auch eine sonstige Abwicklungstätigkeit nicht erforderlich war, weil das Unternehmen schon vor der Auflösung (still) abgewickelt war.

Anm. 14 Die Verpflichtung, für die Verwahrung der Bücher und Papiere zu sorgen, ist eine **öffentlich-rechtliche.** Sie trifft den, der bei Beendigung der Gesellschaft über die Bücher und Papiere verfügt. Das sind die Abwickler oder, wenn die Gesellschaft ohne Abwicklung beendigt ist, die Gesellschafter. Auch zivilrechtlich besteht die Verwahrungspflicht im Interesse der Gesellschafter. Die Bücher und Schriften können zur Klarstellung der Rechtsverhältnisse der Gesellschafter untereinander oder auch zu Dritten dienen, insbesondere wenn ein Gesellschafter für eine unbefriedigte Gesellschaftsschuld in Anspruch genommen wird, § 128.

Die Abwickler oder Gesellschafter haben die in ihrem Besitz befindlichen Bücher und Papiere dem Verwahrer zu übergeben und bis dahin selbst für ihre Verwahrung zu sorgen. Sie sind in erster Linie dem zu übergeben, über den die **Gesellschafter** sich verständigen. An der Stelle eines verstorbenen Gesellschafters wirken bei der Verständigung dessen Erben mit, nicht der nach § 146 Abs. 2 Satz 2 von den Erben für die Abwicklung bestellte Vertreter; denn es handelt sich nicht um eine Abwicklungshandlung. Der Konkursverwalter eines Gesellschafters (vgl. § 146 Abs. 3) hat neben diesem mitzuwirken, wenn die Verständigung während des Konkurses getroffen wird; DürHach. Anm. 10. Für alleinige Mitwirkung des Konkursverwalters: Ritter Anm. 3; Brand Anm. 2d; Schlegelberger FGG § 145 Anm. 3. Die Gesellschaftsgläubiger oder Privatgläubiger eines Gesellschafters oder Zedenten oder Pfändungsgläubigers (§ 135) haben nicht mitzuwirken; auch nicht die Abwickler. Die Verständigung kann im Gesellschaftsvertrag oder später, auch nach der Abwicklung erfolgen. Die Zustimmung des einzelnen Gesellschafters kann aus wichtigem Grunde widerrufen, wie jede Willenserklärung auch wegen Willensmängeln (§§ 119ff. BGB) angefochten werden.

Der als Verwahrer Bestimmte ist zur Übernahme nur verpflichtet auf Grund eines diese Pflicht begründenden Rechtsverhältnisses, insbesondere eines **Verwahrungsvertrages** (§§ 688ff. BGB), den die Abwickler oder auch die Gesellschafter mit dem Verwahrer abschließen. Auch ein Gesellschafter ist zur Verwahrung ohne besondere Vereinbarung nicht verpflichtet. Übernimmt er sie, so haftet er nur nach § 708 BGB, da es sich um eine Nachwirkung des Gesellschaftsverhältnisses handelt; DürHach. Anm. 10. Im übrigen haftet er in gleicher Weise wie ein Gesellschafter, wenn die Verwahrung unentgeltlich erfolgt, sonst für jedes Verschulden; §§ 276, 690 BGB.

Erfolgt aus irgendeinem Grunde keine Verständigung, so wird der Verwahrer durch das **Gericht** bestimmt, **Abs. 2 Satz 2.** Zuständig ist das Amtsgericht, in dessen Bezirk die Gesellschaft zuletzt ihren Sitz hatte, § 145 FGG. Es hat die Voraussetzungen für sein Eingreifen, z. B. das Antragsrecht des Antragstellers, den Mangel einer Verständigung selbständig zu prüfen. Den **Antrag** auf Bestimmung des Verwahrers kann jeder zur Einsicht in die Bücher und Papiere Berechtigte, also insbesondere jeder Gesellschafter oder jeder Erbe eines solchen, auch schon vor Beendigung der Abwicklung stellen; ebenso jeder Abwickler, da er ein Interesse an der Befreiung von der eigenen Verwahrungspflicht hat; Schlegelberger-Gessler 11; a. A. Ritter Anm. 3. Eine bestimmte Person braucht nicht vorgeschlagen zu werden; KG in OLGR 19, 317; teilweise a. A.: OLG Dresden daselbst S. 316. Das Gericht ist auch an den Vorschlag des Antragstellers nicht gebunden. Das Gericht kann auch nicht die Ernennung von einer vorherigen Hinterlegung der Kosten der Verwahrung abhängig machen. Als Gegner im Sinne des § 146 Abs. 1 FGG sind die Gesellschafter oder die übrigen Gesellschafter zu hören. Das Amtsgericht hat nur über die Ernennung des Verwahrers zu entscheiden. Die Herausgabe der Bücher und Papiere an ihn kann es nicht durch Ordnungsstrafe erzwingen; LG Berlin in **JW 1932, 1040[1]**. Gegen die ergehende gerichtliche Verfügung findet sofortige Beschwerde statt; § 146 Abs. 2 FGG. Bei der Ernennung handelt das Gericht für die Gesellschafter. Kommt nachträglich eine Verständigung über die Person des Verwahrers (oder eines anderen an Stelle des zuerst ausgewählten) zustande, so erlischt die Befugnis des bisherigen; Delius in ZHR 46, 63. Auch der vom Gericht ernannte ist zur Annahme der Stellung nicht verpflichtet.

Die Bestellten können in sinngemäßer Anwendung des § 147 abberufen werden. Sie können die Stellung nach Maßgabe des mit ihnen abgeschlossenen Vertrages, also wie die Abwickler regelmäßig aus wichtigem Grunde niederlegen; vgl. auch §§ 695, 696 BGB. Nach dem Vertrage (Auftrag oder Dienstvertrag) bestimmt sich auch, ob der Verwahrer einen Anspruch auf Vergütung für seine Tätigkeit hat. Eine angemessene oder übliche Vergütung gilt als stillschweigend vereinbart, wenn die Verwahrung den Umständen nach nur gegen eine Vergütung zu erwarten ist; § 698 BGB. Der Verwahrer hat auch Anspruch auf Ersatz seiner Aufwendungen. Das ernennende Amtsgericht ist nicht befugt, bei der Bestellung oder später die Vergütung festzusetzen. Im Streitfall entscheidet das Prozeßgericht; KG in OLGR 19, 318. Der zum Verwahrer Bestellte kann die Annahme der Bestellung von der Leistung eines Vorschusses oder Sicherstellung der Kosten einschließlich seiner Vergütung abhängig machen. Die Kosten der Verwahrung hat die Gesellschaft zu tragen, da es sich um eine gemeinsame Angelegenheit der Gesellschafter handelt. Vor der Verteilung des Vermögens ist ein entsprechender Betrag zurückzubehalten; DürHach. Anm. 12; a. A. Ritter Anm. 3cc. Die Gesellschafter haften für die Kosten der Verwahrung als Gesamtschuldner, § 128 HGB; vgl. auch § 427 BGB.

Die zehnjährige Dauer der Verwahrungspflicht wird von der letzten Eintragung in die Bücher während der Abwicklung und die siebenjährige von dem Eingang oder Ausgang der letzten Handelsbriefe berechnet, vgl. § 44b.

III. Das Recht auf Einsicht und Benutzung der Bücher

Die Gesellschafter und deren Erben „behalten" das ihnen zustehende Einsichts- und Benutzungsrecht, **Abs. 3,** d. h. sie dürfen es so ausüben, wie es ihnen oder ihrem Erblasser nach dem Gesetz (§ 118) bisher zustand. Die Bücher und Papiere bleiben, wenn nicht durch die Gesellschafter anderweitig darüber verfügt wird, in **Gesamthandseigentum** der Gesellschafter. Daraus ergibt sich, daß das in Abs. 3 festgelegte Einsichts- und Benutzungsrecht nur den Gesellschaftern zusteht, die bei Beendigung der Abwicklung **Anm. 15**

Gesellschafter waren. Frühere Gesellschafter können ein solches Recht nur nach den allgemeinen Bestimmungen des bürgerlichen Rechts (§ 810 BGB) oder auf Grund besonderer Vereinbarung, die z. B. anläßlich ihres Ausscheidens getroffen sein kann, geltend machen; Ritter Anm. 4; Schwarz Anm. 5; Schlegelberger-Gessler 12; a. A. hinsichtlich der zur Zeit der Mitgliedschaft des betreffenden Gesellschafters bereits vorhandenen Bücher und Schriften: Delius in ZHR 43, 63. Auch die von der Geschäftsführung und Vertretung ausgeschlossen gewesenen Gesellschafter haben das Recht. Ob eine vereinbarte Beschränkung des gesetzlichen Informationsrechts nach § 118 auch für die Zeit nach Beendigung der Gesellschaft gilt, ist durch Vertragsauslegung unter Berücksichtigung des Zweckes der Vereinbarung zu ermitteln. Regelmäßig wird der Zweck der Beschränkung mit der Vollbeendigung der Gesellschaft weggefallen sein.

Die Abwickler als solche haben das Einsichtsrecht nicht; vgl. aber § 810 BGB.

Die Gläubiger eines Gesellschafters, einschließlich der Pfändungspfandgläubiger haben das Recht nur auf Grund der allgemeinen Voraussetzungen des bürgerlichen Rechts, oder einer besonderen Vereinbarung; vgl. die andere Regelung in § 273 Abs. 3 AktG.

Dem Konkursverwalter eines Gesellschafters steht, solange er Verwalter ist, neben diesem das Recht zu, da er auch nach Beendigung der Abwicklung ein Interesse an der Einsicht haben kann; DürHach. Anm. 15; a. A. Schlegelberger Anm. 12; Ritter Anm. 4.

Jeder einzelne Erbe eines Gesellschafters, auch eines nach der Auflösung Verstorbenen hat das Recht, nicht aber der gemeinsame Vertreter nach § 145 Abs. 1 Satz 2.

In einem Rechtsstreit kann auch das Gericht nach § 45 Vorlage der in Gemeinschaft gebliebenen Bücher und Schriften verlangen; a. A. DürHach. Anm. 14.

Dritte haben das Recht auf Einsicht nur auf Grund des bürgerlichen Rechts, § 810 BGB.

Sind die Bücher und Schriften bei der Veräußerung des Unternehmens an den Erwerber übergegangen, so besteht das Einsichtsrecht ebenfalls nur unter den Voraussetzungen des § 810 BGB oder auf Grund besonderer Vereinbarung. Die Vereinbarung kann sich auch aus den Umständen ergeben, z. B. für die Zeit bis zur endgültigen Festsetzung des Übernahmepreises oder die Dauer einer Gewinnbeteiligung; RG im HoldhMschr. 1900, 242. Das rechtliche Interesse des einzelnen Gesellschafters an der Einsichtnahme kann bestehen, weil er von Gesellschaftsgläubigern persönlich in Anspruch genommen wird oder weil sie für die Auseinandersetzung mit den Gesellschaftern erforderlich ist; RG 43, 145.

Das Einsichts- und Benutzungsrecht besteht auch zugunsten eines Gesellschafters, der selbst die Auflösung verschuldet hat. Im Einzelfall kann aber die Ausübung des Rechts gegen Treu und Glauben verstoßen, § 242 BGB.

Anm. 16 Ein rechtliches Interesse zur Einsicht und Benutzung auf Grund des Abs. 3 braucht nicht dargetan zu werden. Auch persönliche Belange, wie die Ausnutzung der Geschäftsbeziehungen oder von Fabrikgeheimnissen der Gesellschaft können durch Ausübung des Rechtes verfolgt werden; Handelsschiedsgericht Stuttgart in ZHR 15, 251; DürHach. Anm. 15. Da aber auch Geschäftsbeziehungen und Fabrikgeheimnisse einen Vermögenswert darstellen können, wird man die Verfügungen darüber im Zweifel nur mit Zustimmung aller Gesellschafter als Inhaber dieser Vermögenswerte zulassen können. Der zur Einsicht Berechtigte kann sich auch Abschriften aus den Büchern und Schriften fertigen. Ist das Geschäft veräußert, so dürfen die Gesellschafter von dem Einsichtsrechte in die mitveräußerten Bücher nicht zu dem Zwecke Gebrauch machen, um mit dem Erwerber in Wettbewerb zu treten oder einen solchen zu fördern oder auch nur einen solchen durch Fertigung eines Kundenverzeichnisses für die Zukunft zu ermöglichen; RG 43, 136. Allgemein darf die Ausübung des Rechts nicht gegen Treu und Glauben verstoßen; § 242 BGB. Das Recht kann auch unter Zuziehung eines Sachverständigen ausgeübt werden; ROHG 7, 75; RG 25, 88; in JW 1907, 523. Auch Ausübung durch einen Bevollmächtigten ist zulässig, wenn besondere Umstände dies erfordern; Schlegelberger-Gessler 12. Der Anspruch kann nicht abgetreten werden, auch nicht mit dem Anspruch auf das Auseinandersetzungsguthaben eines Gesellschafters. Einsicht und Benützung müssen an dem Orte erfolgen, an dem die

Bücher und Schriften verwahrt werden. An einem anderen Orte oder außerhalb der üblichen Geschäftszeit kann die Vorlegung nur verlangt werden, wenn ein wichtiger Grund dazu vorliegt. Sie erfolgt auf Gefahr und Kosten desjenigen, der die Vorlegung verlangt. Der Verwahrer kann sie verweigern, bis ihm der Berechtigte die Kosten vorschießt; § 811 BGB gilt sinngemäß.

Im Streitfall entscheidet das Prozeßgericht. In sinngemäßer Anwendung des § 273 AktG wird das Gericht der freiwilligen Gerichtsbarkeit, das Amtsgericht, in dessen Bezirk die Gesellschaft zuletzt ihren Sitz hatte, für befugt anzusehen sein, über die Einsicht zu entscheiden.

§ 158

Vereinbaren die Gesellschafter statt der Liquidation eine andere Art der Auseinandersetzung, so finden, solange noch ungeteiltes Gesellschaftsvermögen vorhanden ist, im Verhältnisse zu Dritten die für die Liquidation geltenden Vorschriften entsprechende Anwendung.

Inhaltsübersicht

I. Die entsprechende Anwendung der für die Abwicklung geltenden Vorschriften

1. Nach § 145 können die Gesellschafter die Abwicklung als regelmäßige Folge der Auflösung der Gesellschaft dadurch ausschließen, daß sie eine andere Art der Auseinandersetzung vereinbaren. Da mit der Auflösung die Vertretungsbefugnis der bisher vertretungsberechtigten Gesellschafter aufhört, das Gesetz aber nur für den Fall, daß eine Abwicklung stattfindet, die Vertretung der Gesellschaft durch die Abwickler anordnet (§ 149 Satz 2), bringt § 158 im Interesse der Gesellschaftsgläubiger eine Regelung für den Fall, daß die vereinbarte Auseinandersetzung nicht die Vollbeendigung der Gesellschaft im Zeitpunkt der Auflösung bringt, sondern nach diesem Zeitpunkt noch Gesellschaftsvermögen vorhanden ist. Es müssen dann insbesondere Organe vorhanden sein, denen gegenüber der Zugriff der Gesellschaftsgläubiger auf dieses Vermögen durchgeführt werden kann. Das ADHGB enthält keine den § 158 entsprechende Vorschrift. **Anm. 1**

2. § 158 findet nur Anwendung, wenn **überhaupt keine Abwicklung** nach der gesetzlichen Regel der §§ 145ff. erfolgt, an deren Stelle vielmehr eine **andere Art der Auseinandersetzung** stattfindet. Ist nur für einen Teil des Gesellschaftsvermögens eine andere Art der Auseinandersetzung vereinbart, z. B. dahin, daß das Geschäft oder eine Zweigniederlassung mit dem Eintritt der Auflösung an einen Gesellschafter übergehen soll, und ist noch anderes Vermögen vorhanden, für das keine besondere Bestimmung getroffen worden ist, oder ist nur vereinbart, daß ein Teil des Vermögens in Natur verteilt werden soll, so findet hinsichtlich des übrigen Teiles die Abwicklung nach den Regeln der §§ 145ff. oder nach den von den Gesellschaftern in zulässiger Weise bestimmten Abweichungen statt; § 145 Anm. 25; BayObLG im Recht 16 Nr. 994; OLG Hamburg in HansRZ 27, 745. Es gelten dann die §§ 146ff., insbesondere § 149 Satz 2, § 151 über die Vertretungsbefugnis der Abwickler und die Unbeschränktbarkeit der Vertretungsmacht. Für eine Anwendung des § 158 ist in diesem Falle kein Raum. Dies trifft auch zu, wenn die Gesellschafter vereinbart haben, daß bestimmte Vermögensstücke, z. B. die Grundstücke von der Abwicklung ausgeschlossen, aber dauernd im Gesamthandseigentum bleiben sollen. Dann bilden sie hinsichtlich dieser eine Gesellschaft bürgerlichen Rechts; im übrigen findet aber die Abwicklung statt. Die Abwicklung ist nicht ausgeschlossen, wenn die Gesellschafter nur vereinbart oder beschlossen haben, daß im **Anm. 2**

Falle der Auflösung der Gesellschaft keine Abwicklung stattfinden soll, aber noch nicht bestimmt haben, welche andere Art der Auseinandersetzung an die Stelle der Abwicklung tritt oder wenn sie nur vereinbart haben, daß erst nach der Auflösung von ihnen bestimmt werden soll, ob eine Abwicklung oder eine andere Art der Auseinandersetzung und welche stattfindet. Die vom Gesetz bestimmte Abwicklung als Folge der Auflösung kann nicht lediglich beseitigt werden, ohne durch eine im Zeitpunkt der Auflösung wirksam werdende andere Art der Auseinandersetzung ersetzt zu werden. Fehlt es an diesem Ersatz, so tritt kraft Gesetzes vorerst die Abwicklung ein; § 145 Anm. 7; Ritter Anm. 2; DürHach. Anm. 1, 2; a. A.: D. I 109, 117. § 158 ist anwendbar, wenn zunächst die Abwicklung begonnen hat und nachträglich eine andere Art der Auseinandersetzung vereinbart oder wirksam geworden ist. Ist vereinbart, daß die andere Art der Auseinandersetzung nur bei Eintritt einer Bedingung, z. B. bei Übergang des Geschäfts mit Aktiven und Passiven auf einen Gesellschafter eintreten soll, so gilt § 158 von dem Eintritt der Bedingung an; Schlegelberger-Gessler 2. Wegen der möglichen Fälle einer anderen Art der Auseinandersetzung vgl. § 145 Anm. 7ff.

Anm. 3 **3.** § 158 gilt nur solange noch **ungeteiltes Gesellschaftsvermögen** vorhanden ist. Dies trifft nicht zu, wenn vor der Auflösung vereinbart ist, daß im Zeitpunkt der Auflösung das Geschäft mit Aktiven und Passiven auf einen Gesellschafter übergeht und der Anspruch auf die Abfindung nach der Vereinbarung unmittelbar den einzelnen Gesellschaftern zusteht, oder wenn, z. B. nach Kündigung der Gesellschaft, aber schon vor der Auflösung alle Schulden der Gesellschaft getilgt und die Naturalteilung vollständig durchgeführt ist. Ist dagegen gleichzeitig neues Gesellschaftsvermögen entstanden, weil der Gesellschaft der Anspruch auf Auszahlung der Abfindung zusteht, so ist § 158 anwendbar. Das gleiche gilt, wenn das gesamte Vermögen zwar an einen Gesellschafter oder einen Dritten übergehen soll, der Übergang aber im Zeitpunkt der Auflösung noch nicht eintritt, etwa deshalb, weil der Übergang an einen Gesellschafter erst nach Feststellung und Zahlung der Abfindungssumme stattfinden soll oder die bei Veräußerung an einen Dritten notwendige Übertragung der einzelnen Vermögensstücke noch nicht oder nur zum Teil erfolgt ist oder weil die grundsätzlich vereinbarte Naturalteilung noch nicht durch Eigentumsübertragung durchgeführt ist.

Ungeteiltes Gesellschaftsvermögen ist auch dann noch vorhanden, wenn das auf Grund einer Vereinbarung über eine andere Art der Auseinandersetzung vorgenommene Veräußerungsgeschäft, z. B. die Veräußerung des Geschäfts an einen Dritten oder die Naturalteilung, nichtig oder mit Erfolg angefochten ist (§§ 119ff., 134, 138 BGB), denn dann ist die Gesellschaft Eigentümerin des Vermögens geblieben. Das gleiche gilt, wenn auf Grund des Anfechtungsgesetzes oder der Konkursordnung Rechtshandlungen der Gesellschaft angefochten werden und das durch die anfechtbare Handlung weggebene Vermögen zur Zwangsvollstreckung oder dem Konkursverwalter zurückzugewähren ist.

In allen diesen Fällen können Rechtshandlungen für oder gegen die Gesellschaft nötig sein, deren Vornahme § 158 ermöglichen will; KG in OLGR 43, 289.

Ist dagegen die Vereinbarung über eine andere Art der Auseinandersetzung selbst nichtig oder mit Erfolg angefochten, so ist die Gesellschaft mit der Auflösung kraft Gesetzes in Abwicklung getreten, wenn nicht die Nichtigkeit der Vereinbarung zugleich die Auflösung überhaupt verhindert hat, weil auch die Vereinbarung über die Auflösung selbst nichtig war oder mit Erfolg angefochten worden ist; KG in OLGR 43, 291.

Anm. 4 **4.** Die Wirkungen einer die Abwicklung ausschließenden Auseinandersetzungsvereinbarung und des Vorhandenseins von Gesellschaftsvermögen gehen nur dahin, daß **im Verhältnisse zu Dritten** die für die Abwicklung geltenden Vorschriften entsprechende Anwendung finden. **Im inneren Verhältnis** unter den Gesellschaftern gilt nur das, was die Gesellschafter über die Auseinandersetzung vereinbart haben. Ist vereinbart, daß das Unternehmen auf einen Gesellschafter gegen eine noch zu ermittelnde Abfindungssumme übergehen soll, so hat dieser Gesellschafter einen Anspruch auf die Überlassung des Unternehmens. Entsprechendes gilt, wenn Naturalteilung vereinbart oder bestimmt ist, daß das Unternehmen einem Dritten zu einem bestimmten Preis zu übertragen ist. Dann haben die Gesellschafter oder die einzelnen Berechtigten von ihnen einen klagbaren Anspruch darauf, daß nach der Vereinbarung verfahren wird. Es gilt also im inneren Verhältnis nicht die Vorschrift des § 149 Satz 1, nach der die Abwickler die laufenden Geschäfte zu beendigen, die Forderungen einzuziehen, das übrige Vermögen in Geld umzusetzen und die Gläubiger zu befriedigen haben.

Nur im Verhältnis zu Dritten sind die Vorschriften über die Abwicklung entsprechend anzuwenden. Gemäß § 156 kommen danach die Vorschriften des Dritten Titels, §§ 123—130, über das Rechtsverhältnis der Gesellschafter zu Dritten zur sinngemäßen Anwendung, soweit sich nicht aus dem Fünften Titel oder aus dem Zwecke der Abwicklung ein anderes ergibt. Die Gesellschaft gilt somit im Verhältnis zu Dritten zum Zwecke der Abwicklung als **fortbestehend**. Sie kann unter ihrer **Firma** Rechte erwerben und Verbindlichkeiten eingehen, klagen und verklagt werden; OLG Hamburg in HansRZ 27, 745. Hat sie keine Firma mehr, weil sie diese mit dem Unternehmen veräußert hat und der Erwerber als Firmeninhaber eingetragen ist, können die noch erforderlichen Übertragungen der einzelnen Vermögensstücke auf den Erwerber und auch die damit zusammenhängenden Rechtshandlungen durch sämtliche Gesellschafter vorgenommen, auch die sich aus der Verpflichtung dazu ergebenden Prozesse geführt werden. Die Gesellschafter in ihrer Gesamtheit können dabei (als Kläger oder Beklagte) als Handelnde auftreten. Eine neue Firma brauchen sie deshalb nicht anzunehmen; sie dürfen es auch wegen dieser einzelnen Handlungen nicht, weil die Gesellschaft in Wirklichkeit nicht fortbesteht und durch die Eintragung einer neuen Firma auch nicht der Anschein eines solchen Fortbestandes erweckt werden darf; § 145 Anm. 11; DürHach. 4a; a. M. Schlegelberger-Gessler 5. War die Firma gemäß § 31 gelöscht, weil das Unternehmen mit Aktiven und Passiven, aber ohne die Firma veräußert war, so kommt eine Wiedereintragung zur Vornahme der zum Vollzug der Vermögensübertragung nach Vorstehendem noch erforderlichen Handlungen ebenfalls nicht in Frage. Vollstrekkungshandlungen in das Gesellschaftsvermögen sind nach § 124 Abs. 2 nur auf Grund eines gegen die Gesellschaft erwirkten Schuldtitels möglich. Diese Bestimmung gilt aber nur, solange die Gesellschaft noch als Firmengesellschaft besteht. Besteht die Gesellschaftsfirma als solche nicht mehr, so können die Gesellschafter in ihrer Gesamtheit „als frühere Inhaber der Firma X" verklagt und auf Grund des so erwirkten Titels in das Gesellschaftsvermögen vollstreckt werden; Schlegelberger-Gessler 5. War die Gesellschaft verurteilt, so ist dem Kläger die Vollstreckungsklausel gegen die bisherigen Gesellschafter „als frühere Inhaber der Firma . . ." zu erteilen; vgl. die Erl. zu § 124; KG in OLGR 3, 345; vgl. RG 124, 150; a. A. KG in OLGR 14, 166; OLG Dresden in SächsOLG 32, 52; Schwarz Anm. 7; Ritter Anm. 4. DürHach. Anm. 4b und § 124 Anm. 18 hält eine Umschreibung auf die persönlichen Namen der Gesellschafter nicht für erforderlich. Sie dürfte aber unentbehrlich sein, da die Entscheidung, ob ein zur Vollstreckung ausreichender Titel vorhanden ist, nicht dem Vollstreckungsbeamten überlassen und zugemutet werden kann.

5. Im Verhältnis zu Dritten gelten **sämtliche Gesellschafter** als **Abwickler**, § 146. Sie vertreten die Gesellschaft gemeinsam; § 150. Erklärungen an die Gesellschaft können jedem einzelnen gegenüber abgegeben, Klagen jedem einzelnen wirksam zugestellt werden; § 150 Abs. 2 Satz 2; § 125 Abs. 2 Satz 3. Da die Gesellschafter nicht Abwickler sind, sondern nur im Verhältnis zu Dritten als solche gelten, sind sie auch nicht gemäß § 148 anzumelden und einzutragen; auch die Bestellung eines gemeinsamen Vertreters der Erben eines verstorbenen Gesellschafters (§ 146 Abs. 1 Satz 2) hat nicht zu erfolgen, da diese Vorschrift nur eine wirklich vorzunehmende Abwicklung erleichtern soll. Auch die einzelnen Miterben sind nicht vertretungsberechtigt. Die Vertretung obliegt vielmehr nur den übrigen Gesellschaftern, soweit die Erben nicht selbst Gesellschafter geworden sind; vgl. § 138; DürHach. Anm. 5d. Für einen in Konkurs befindlichen Gesellschafter gilt der Konkursverwalter als Abwickler, § 146 Abs. 3. **Anm. 5**

Die Gesellschafter können **einzelnen von ihnen oder Dritten** ihre Befugnisse übertragen, § 146 Abs. 1; auf Antrag Beteiligter kann die Ernennung anderer Personen durch das Gericht (§ 146 Abs. 2), es kann auch eine Abberufung nach § 147 erfolgen; Schlegelberger-Gessler 5; dagegen DürHach. Anm. 5d, mit der Begründung, die genannten Vorschriften setzten voraus, daß im Innenverhältnis eine wirkliche Abwicklung stattfinde. Dies ist aber für die entsprechende Anwendung der Vorschriften nicht nötig. Andererseits spricht ein Bedürfnis für die entsprechende Anwendung der genannten Vorschriften. Muß bis zur Übereignung der mit dem ganzen Unternehmen veräußerten einzelnen Ver- **Anm. 5a** mögensgegenstände eine Vertretung der Gesellschaft stattfinden, z. B. um diese Gegenstände einem Dritten, der sie der Gesellschaft widerrechtlich vorenthält, abzunehmen, oder sind andere Vertretungshandlungen erforderlich, oder sind Geschäftsführungshandlungen nötig, die mit der Vertretungshandlung, vielleicht untrennbar, verbunden sind, wie die Verwahrung der Vermögensgegenstände, oder ihre Versicherung gegen Diebstahl, so kann es zweckmäßig sein, daß diese Handlungen nicht nur durch eine Vielzahl von Personen, durch alle Gesellschafter, sondern durch einen einzelnen vorgenommen werden, oder daß die Mitwirkung aller (auch Abwesender) nicht erforderlich ist, daß insbesondere Einzelvertretungsbefugnis eingeführt wird (§ 150) oder daß bestimmte Personen abberufen werden, oder daß besonders geeignete die Stellung erhalten. Wird die Einzelvertretung eingeführt oder sonst von der gesetzlichen Regel abgewichen, so ist allerdings in sinngemäßer Anwendung der §§ 148, 150 die **Eintragung** mit einem entsprechenden Hinweis auf die Beschränkung der Vertretungsmacht erforderlich; vgl. die folgende Anm.; § 148 Anm. 16; vgl. auch § 15; Schlegelberger-Gessler 5. Die Vertretungsberechtigten können auch einzelne von ihnen nach § 150 Abs. 2 Satz 1 ermächtigen.

Anm. 6 **6.** Der Umfang der Vertretungsmacht der zur Vertretung Berufenen ergibt sich aus dem **beschränkten Zweck** ihrer Berufung. Sie können daher nicht wie ein wirklicher Abwickler, alle Geschäfte, die nicht erkennbar dem Zweck einer regelrechten Abwicklung widersprechen, mit Wirkung für und gegen die Gesellschaft und gegen die Gesellschafter (§ 128, vgl. unten Anm. 8) vornehmen; vgl. § 149 Anm. 36ff. Ihre Vertretungsmacht erstreckt sich vielmehr nur auf solche Handlungen, die ihre beschränkte Aufgabe, insbesondere das Vorhandensein von Gesellschaftsvermögen mit sich bringt und soweit nicht für Dritte erkennbar eine Überschreitung dieses Aufgabenkreises vorliegt. Für die unbeschränkte gesetzliche Vertretungsbefugnis der Gesellschafter spricht sich D I 110 aus. Zutreffend wird aber diese Ausdehnung der Vertretungsmacht nach dem Zweck des § 158 abgelehnt und darauf hingewiesen, daß es sich nur um eine sinngemäße Anwendung handelt und daß der Dritte weiß, daß er es nicht mit wirklichen Abwicklern zu tun hat; anders wenn der Schutz des § 15 eingreift, weil wohl die Auflösung der Gesellschaft nicht aber die Übertragung des Geschäfts mit Firma auf einen neuen Inhaber eingetragen ist, so daß ein Dritter annehmen kann, die Gesellschafter handelten als Abwickler im Sinne des § 146; DürHach. Anm. 5d. Mit der angegebenen Beschränkung sind die Gesellschafter oder die an ihrer Stelle Berufenen zur Vertretung der Gesellschaft gegenüber Dritten, insbesondere auch gegenüber Gesellschaftsgläubigern in Aktiv- und Passivprozessen und zur Vornahme der damit verbundenen Rechtshandlungen, wie Bestellung eines Prozeßbevollmächtigten, Abgabe von Prozeßerklärungen und Vornahme von sonstigen Prozeßhandlungen (Vergleiche, Verzichte), und zur Verfügung über den Streitgegenstand berufen. Ebenso können sie die zum Schutze und zur Erhaltung des Gesellschaftsvermögens erforderlichen Geschäftsführungs- und Vertretungshandlungen vornehmen; DürHach. Anm. 5d.

Anm. 7 Eine Beschränkung der Vertretungsmacht der Berufenen über die sich aus ihrer beschränkten Aufgabe ergebenden Grenzen hinaus ist Dritten gegenüber unwirksam, § 151.

Sinngemäß anwendbar sind auch die Vorschriften der §§ 128, 129 über die persönliche und gesamtschuldnerische Haftung der Gesellschafter für Verbindlichkeiten, die durch Handlungen der nach Vorstehendem zur Vertretung Berufenen zu Lasten der Gesellschaft entstanden sind.

Anm. 8 **7.** Rückwirkung der Handlungen nach § 158 auf das innere Verhältnis zu den Gesellschaftern. Die Handelnden berechtigen und verpflichten durch die im Rahmen ihrer Vertretungsbefugnis vorgenommenen Handlungen die Gesellschaft. Sie sind daher, wie andere Abwickler für pflichtgemäße Erfüllung ihrer Aufgaben verantwortlich und haben die sich daraus ergebenden Ansprüche, insbesondere auf Erstattung ihrer Aufwendungen; vgl. § 149 Anm. 54. Sie sind im inneren Verhältnis auch an die Weisungen der Beteiligten gebunden, § 152, soweit nicht durch besondere Vereinbarungen etwas anderes bestimmt ist.

Anm. 9 **8.** Über das noch vorhandene Gesellschaftsvermögen kann ein besonderes Konkursverfahren eröffnet werden. Die Eröffnung kann auch zu dem Zwecke erfolgen, durch Anfechtung von Rechtshandlungen nach der Konkursordnung oder dem Anfechtungsgesetz oder nach den allgemeinen Vorschriften des bürgerlichen Rechts oder durch Geltendmachung der Nichtigkeit von Rechtsgeschäften Vermögen herbeizuschaffen; vgl. oben Anm. 6.

9. Zwingende Natur der Vorschriften. Da § 158 im öffentlichen Interesse, zum Schutze der Gesellschaftsgläubiger erlassen ist, können die Gesellschafter seine Anwendung nicht durch Vereinbarung ausschließen. Aus dem gleichen Grunde gilt er auch für die vor dem 1. Januar 1900 entstandenen Gesellschaften. **Anm. 10**

II. Die Wiederaufnahme der Abwicklung

Anders als § 273 Abs. 4 AktG für die Aktiengesellschaft enthält das HGB für die offene Handelsgesellschaft keine besonderen Bestimmungen über die Wiederaufnahme einer durch Aufstellung der Schlußbilanz und Verteilung des vorhandenen Vermögens äußerlich beendeten und durch die Löschung der Firma als beendet bekundeten Abwicklung, §§ 154, 155, 157. Wie bei den Kapitalgesellschaften kann sich aber auch bei den Personengesellschaften nach Vornahme der bezeichneten Rechtsakte das Bedürfnis nach Ausführung weiterer Abwicklungshandlungen herausstellen. Dies trifft namentlich zu, wenn sich nachträglich noch verteilbares oder zur Befriedigung der Gläubiger verwertbares Vermögen herausstellt. Ist dies der Fall, so ist in Wirklichkeit die Abwicklung noch nicht beendigt. Sie ist vielmehr fortzusetzen. Daran ändert auch die Löschung der Firma nichts, da sie nur rechtsbekundende, nicht rechtserzeugende oder rechtsvernichtende Wirkung hat, § 157 Anm. 11. Die Gesellschaft hatte nur scheinbar, nicht in Wahrheit zu bestehen aufgehört; RG 41, 93; 109, 391; 134, 94; RG in JW 1926, 1432. Die Wiederaufnahme kann erfolgen, auch wenn und solange die Löschung nicht als unrichtig gelöscht ist. Schon die Tatsache, daß noch Abwicklungshandlungen vorzunehmen sind, rechtfertigt die Wiederaufnahme der Abwicklung; RG 109, 391; KGJ 28 A 55; RJA 14, 61. Regelmäßig, insbesondere wenn nicht nur eine einzelne Handlung, sondern eine fortgesetzte Verwaltungs- und Vertretungstätigkeit in Frage kommt, wird es zweckmäßig sein, die Löschung des Löschungsvermerks beim Registergericht anzuregen, um die Fortsetzung der Abwicklung auch äußerlich erkennbar zu machen. Diese Anregung ist selbst eine Fortsetzung der Abwicklung. Von der Neueintragung kann abgesehen werden, wenn ihr doch alsbald wieder die Löschung folgen müßte, so wenn es sich nur um wenige, bald zu erledigende Geschäfte handelt. Falls die bisherige **Firma** nicht weiter geführt werden kann, ist unter Umständen eine neue anzunehmen; § 145 Anm. 11. Auch solange die Wiedereintragung einer Firma nicht erfolgt ist, können aber alle Abwicklungshandlungen namens der Firma „in Abwicklung" vorgenommen, auch Prozesse für und gegen sie geführt werden; RG in JW 1906, 477[91]. Das Bedürfnis, über Vermögen der Gesellschaft zu verfügen, ist nur der wichtigste Anlaß zur Wiederaufnahme der Abwicklung. Es genügt, wie § 273 Abs. 4 AktG allgemein sagt, daß weitere Abwicklungsmaßnahmen nötig sind. Also alle Handlungen, die vor der Löschung als Abwicklungsmaßnahme denkbar waren, rechtfertigen die Wiederaufnahme der Abwicklung, wenn sich für sie ein Bedürfnis ergibt. Gleichgültig ist, ob sich die Gesellschaft dabei in aktiver oder passiver Rolle befindet; auch das Verlangen eines Dritten, daß die Gesellschaft bei der Löschung einer Hypothek mitwirkt, oder daß sie die Freigabe einer Sicherheit erklärt, rechtfertigt deshalb die Wiederaufnahme der Abwicklung und ein Auftreten der Gesellschaft als solcher; vgl. auch § 157 Anm. 3, 11. Jedoch können auch alle Gesellschafter die erforderliche Erklärung abgeben, wenn eine sonstige Abwicklungstätigkeit nicht erforderlich ist; sie übernehmen damit die weitere Abwicklung; vgl. Anm. 13, 14. Soweit es sich um Verwertung von Vermögen handelt, ist nicht nötig, daß es sich neu herausgestellt hat, daß es bisher den Abwicklern verborgen war. Auch wenn es bekannt war, aber aus irgendeinem Grunde die Verwertung unterblieb, kann eine Abwicklungshandlung geboten sein; KGJ 41 A 139. Der Umstand allein, daß ein Gläubiger sich nachträglich gemeldet hat, genügt nicht zur Wiederaufnahme der Abwicklung. Es muß auch Vermögen vorhanden sein oder herbeigeschafft werden können, aus dem der Gläubiger befriedigt werden könnte (z. B. durch Einziehung rückständiger Einlagen, vgl. § 149 Anm. 12). Ist das Vermögen an die Gesellschafter ordnungsgemäß nach § 155 verteilt, so besteht ein Rückforderungsanspruch der Gesellschaft an die Gesellschafter nicht deshalb, weil ein Gläubiger, der sich erst nach der Verteilung gemeldet hat, nicht auf anderem Wege durch die Gesell- **Anm. 11** schaft befriedigt werden kann; RG 124, 214. Dagegen ist verwertbares Vermögen vorhanden, wenn ein Rückforderungsanspruch gegen einen Gesellschafter gegeben ist, weil er mehr erhalten hat, als ihm zustand, vgl. § 155 Anm. 12, oder wenn ein Schadensersatzanspruch gegen die Organe der Gesellschaft, auch Abwickler, z. B. wegen Untreue besteht; LZ 13, 163, oder wenn durch Geltendmachung der Nichtigkeit oder durch Anfechtung von Rechtsgeschäften Vermögen der Gesellschaft herbeigeschafft werden kann; RG 155, 42 = ZAkDR 1937, 567.

Anm. 12 **Abwickler** sind die bisherigen Abwickler, nicht alle Gesellschafter. Es sind auch nicht, wie 273 Abs. 4 AktG für die Aktiengesellschaft vorschreibt, durch eine Verfügung des Gerichts die bisherigen Abwickler neu zu bestellen oder andere zu berufen. Die bisherigen Abwickler, so wie sie bis zur Beendigung der Abwicklung berufen waren, treten ohne weiteres wieder in Tätigkeit. Sie sind, wie früher, verpflichtet, ihre Tätigkeit aufzunehmen. Sie können auf Erfüllung dieser Verpflichtung verklagt werden. Das Registergericht kann sie nicht durch Ordnungsstrafen zur Fortsetzung ihrer Tätigkeit im Allgemeinen, sondern nur zu bestimmten, ihnen etwa obliegenden Anmeldungen anhalten; RG im Recht 15 Nr. 1166. Ist ein Gesellschafter, der Abwickler war, gestorben, so haben die Erben nach § 146 Abs. 1 Satz 2 einen gemeinsamen Vertreter zu bestellen.

Anm. 13 Die **Gesellschafter** können auch jetzt noch die gesetzlichen oder vertraglichen Bestimmungen über die Person der Abwickler oder über die Durchführung der Abwicklung ändern, auch Weisungen über die Durchführung erteilen, §§ 145, 152. Sie können auf diese Weise auch die weitere Abwicklung selbst übernehmen. Die vorhandenen Abwickler können, auch durch das Gericht, abberufen und durch andere ersetzt werden; §§ 146, 147. Änderungen in der Person oder in der Vertretungsmacht der Abwickler sind zum Handelsregister anzumelden und einzutragen, §§ 148, 150. Jedoch kann auch hier von der **Eintragung** abgesehen werden, wenn doch alsbald wieder die Löschung der Firma erfolgen müßet. Die Abwicklung ist nach den Vorschriften der §§ 145ff. weiter zu führen. Die Befugnisse und Pflichten der Abwickler sind dieselben wie vorher; sie sind also im inneren Verhältnis Geschäftsführer, nach außen Vertreter der Gesellschaft; §§ 149 bis 151. Da abgewickelt wird, findet § 158 keine Anwendung; KG im Recht 15 Nr. 1166. Die Gesellschafter können immer noch nach § 145 beschließen, daß statt der Fortführung der Abwicklung eine andere Art der Auseinandersetzung stattfindet; dann ist auch § 158 anwendbar.

Anm. 14 Da nur die bisherige Abwicklung weitergeführt wird, ist eine neue **Eröffnungsbilanz** nicht aufzustellen. Dagegen ist nach endgültiger Beendigung der Abwicklung erneut eine **Schlußbilanz** aufzustellen oder die bisherige zu berichtigen, die Verteilung des noch vorhandenen Vermögens vorzunehmen und erneut Rechnung zu legen, §§ 154, 155, und das Erlöschen der wieder eingetragenen Firma anzumelden, § 157. Die Rechte und Pflichten der Gesellschafter sind die gleichen, wie auch sonst während der Abwicklung, § 156. Es kann auch noch Gesellschaftskonkurs eröffnet werden. Stellt sich nach Beendigung eines Gesellschaftskonkurses noch Vermögen heraus, so kann der Konkursverwalter eine Nachtragsverteilung vornehmen; § 166 KO. Lehnt er dies ab, so kann die Abwicklung durch die Abwickler aufgenommen werden, wenn ein Bedürfnis dazu besteht. Nach Wiederaufnahme der Abwicklung kann auch die **Fortsetzung der Gesellschaft** beschlossen werden, wenn die allgemeinen Voraussetzungen dafür gegeben sind; vgl. § 131 Anm. 13, § 144.

Anm. 15 Trotz Durchführung der Abwicklung besteht die Gesellschaft insofern noch fort, als sie noch Trägerin von Schuldverpflichtungen sein kann. Dritte können die Schulden der Gesellschaft bezahlen. Bürgschaften und Pfandrechte für diese Schulden bleiben bestehen; RG, in HRR 1931 Nr. 777.

Anm. 16 Hat statt der Abwicklung eine andere Art der Auseinandersetzung stattgefunden, § 145, und ist diese beendigt, so kann sie ebenfalls wieder aufgenommen werden, wenn sich ein Bedürfnis dazu herausstellt.

Sechster Titel

Verjährung

§ 159

Die Ansprüche gegen einen Gesellschafter aus Verbindlichkeiten der Gesellschaft verjähren in fünf Jahren nach der Auflösung der Gesellschaft oder nach dem Ausscheiden des Gesellschafters, sofern nicht der Anspruch gegen die Gesellschaft einer kürzeren Verjährung unterliegt.

Die Verjährung beginnt mit dem Ende des Tages, an welchem die Auflösung der Gesellschaft oder das Ausscheiden des Gesellschafters in das Handelsregister des für den Sitz der Gesellschaft zuständigen Gerichts eingetragen wird.

Wird der Anspruch des Gläubigers gegen die Gesellschaft erst nach der Eintragung fällig, so beginnt die Verjährung mit dem Zeitpunkte der Fälligkeit.

Inhaltsübersicht

Die §§ 159 und 160 enthalten besondere Bestimmungen über die Verjährung der Ansprüche gegen einen Gesellschafter aus Verbindlichkeiten der Gesellschaft für den Fall, daß die Gesellschaft aufgelöst wird oder ein Gesellschafter aus der fortbestehenden Gesellschaft ausscheidet. Sie finden ihre Rechtfertigung darin, daß mit der Auflösung der Gesellschaft das werbende Unternehmen und nach dem Ausscheiden eines Gesellschafters aus der Gesellschaft dessen Beteiligung am Gesellschaftsvermögen und an der Verwaltung aufhört und deshalb ein Bedürfnis besteht, die an sich trotz der Auflösung und des Ausscheidens fortdauernde persönliche Haftung der Gesellschafter zeitlich zu begrenzen. Die Gesellschaftsgläubiger, deren Ansprüche regelmäßig durch den Rechtsverkehr mit der Gesellschaft entstanden sind, sollen ihre Befriedigung nur noch aus dem Gesellschaftsvermögen der fortbestehenden oder aufgelösten Gesellschaft, bei Ausscheiden eines Gesellschafters aus dem Vermögen der fortbestehenden Gesellschaft und daneben aus dem Vermögen der in der Gesellschaft Verbleibenden suchen, wenn sie nicht innerhalb bestimmter Zeit nach Auflösung der Gesellschaft oder des gesellschaftlichen Bandes von der persönlichen Haftung der Gesellschafter mit ihrem Privatvermögen Gebrauch gemacht haben. Da es sich regelmäßig um Ansprüche aus dem Handelsverkehr handelt und solche Ansprüche üblicher Weise bald nach ihrem Entstehen geltend gemacht werden, besteht **Anm. 1** kein Bedürfnis, die persönliche Haftung der Gesellschafter über die in § 159 bestimmte reichlich bemessene Frist hinaus auszudehnen. Die Vorschriften übertragen den Grundgedanken des § 26, nach dem der Veräußerer eines Handelsgeschäfts, wenn der Erwerber für die früheren Geschäftsverbindlichkeiten haftet, nach Ablauf einer bestimmten Zeit seine Inanspruchnahme abwehren kann, auf die Gesellschaft.

§ 159 bestimmt den Gegenstand der Verjährung, die Verjährungsfrist und deren Beginn. § 160 enthält eine Vorschrift über die Unterbrechung der Verjährung. Im ADHGB waren die entsprechenden Bestimmungen in den Art. 146 und 148 enthalten. Art. 149, der den Lauf der Verjährung gegen Minderjährige und Bevormundete und gegen juristische Personen regelte, ist durch die allgemeinen Bestimmungen des bürgerlichen Rechts über den Lauf der Verjährung gegen geschäftsunfähige und in der Geschäftsfähigkeit beschränkte Personen ersetzt; vgl. § 206 BGB.

Schrifttum: vgl. Jäger, Verjährung im Konkurse der o. HG; LZ 1910, 26.

I. Die der Verjährung unterliegenden Ansprüche

Anm. 2 **1.** Die Vorschriften der §§ 159 und 160 gelten nur, wenn ein Gesellschafter aus einer **Verbindlichkeit der Gesellschaft** in Anspruch genommen wird. Diese Inanspruchnahme ist nur möglich, wenn ein Gesellschafter nach den §§ 128—130 in seiner Eigenschaft als Gesellschafter für die Verbindlichkeiten der Gesellschaft haftet. Diese Haftung besteht nur für die Ansprüche **Dritter**, somit für Ansprüche aus einem anderen Rechtsverhältnis, als dem Gesellschaftsverhältnis. Danach gilt die kurze Verjährung des § 159 **nicht** für Ansprüche, die einem Gesellschafter aus dem **Gesellschaftsverhältnis** gegen die Gesellschaft zustehen. Für solche Ansprüche kann ein Gesellschafter überhaupt nur die Gesellschaft, nicht aber einen Mitgesellschafter in Anspruch nehmen. Auch Ansprüche, die ein Gesellschafter gegen einen anderen aus dem Gesellschaftsverhältnis hat, unterliegen nicht der kurzen Verjährung des § 159, sondern mangels einer anderen Vorschrift der dreißigjährigen Verjährung des § 195 BGB; zu diesen Ansprüchen gehören insbesondere die Ausgleichsansprüche der Gesellschafter gegeneinander nach § 735 BGB, die regelmäßig nach der Abwicklung der aufgelösten Gesellschaft oder in Verbindung mit einer Auseinandersetzung anderer Art, § 145, festzustellen und zu befriedigen sind; z. B. die Ansprüche der geschäftsführenden Gesellschafter auf Ersatz von Aufwendungen, § 110, die aus Gesellschaftsmitteln nicht gedeckt werden konnten (Schlegelberger-Gessler 4; DürHach. 2; Ritter 2; a. A. Hueck § 33 1 C); aus Befriedigung von Gesellschaftsgläubigern aus dem Privatvermögen eines Gesellschafters; vgl. § 155 Anm. 19; ROHG 8, 247; RG 7, 94; ebenso DürHach. Anm. 2; a. A. Schlegelberger-Gessler 4; Ritter 2; Hueck § 33 1 C.

Die dreißigjährige Verjährung gilt auch, wenn nach Beendigung der Abwicklung und Auseinandersetzung ein Gesellschafter von einem Gesellschaftsgläubiger in Anspruch genommen wird und nun ein neuer Ausgleich unter den Gesellschafter stattfinden muß und daraus ein Gesellschafter einen Anspruch gegen einen anderen hat; vgl. § 155 Anm. 21. Die auf Ausgleich in Anspruch Genommenen können nicht entgegenhalten, daß ihnen gegenüber der Anspruch des Gesellschaftsgläubigers verjährt sei; denn der Ausgleichsanspruch ist ein von dem Anspruch des Gesellschaftsgläubigers verschiedener selbständiger Anspruch und zwar ein solcher aus dem Gesellschaftsverhältnis; RG 69, 427; 77, 322; 146, 97; 159, 86 (89); Hueck § 33 1b Fußn. 5; DürHach. Anm. 2 (dem Ausgleich Begehrenden könnte höchstens entgegengehalten werden, daß er seinerseits dem ihn in Anspruch nehmenden Gesellschaftsgläubiger die etwa gegebene Einrede der Verjährung hätte entgegensetzen sollen, wenn ihm deren Geltendmachung nach kaufmännischer Auffassung zugemutet werden konnte). § 159 gilt auch nicht für andere Ansprüche der Gesellschafter gegeneinander, so aus einer bei der Auseinandersetzung übernommenen Gewährleistung für die dem einzelnen Gesellschafter dabei zugeteilte Vermögensstücke, oder für Schadensersatzansprüche der einzelnen Gesellschafter gegen andere aus ihrer Tätigkeit als Geschäftsführer oder als Abwickler.

Anm. 3 **2.** Nicht der kurzen Verjährung unterliegen die Ansprüche der **Gesellschaft** gegen einen Gesellschafter **aus dem Gesellschaftsverhältnis**, z. B. aus unerlaubten Entnahmen, zu Unrecht bezogenen Gewinnen, auf Leistung der Einlagen, aus Verletzung der Verpflichtungen als Geschäftsführer, Vertreter oder Abwickler.

Das HGB enthält auch nicht, wie z. B. § 93 Abs. 6 AktG, § 34 GenG eine besondere Vorschrift über eine kurze Verjährung der Ansprüche der Gesellschaft gegen ihre Organe wegen Verletzung ihrer Obliegenheiten. Daher gilt auch für die hier genannten Ansprüche die dreißigjährige Verjährung.

Die kurze Verjährung gilt auch nicht für Ansprüche der Gesellschaft gegen einen **Anm. 4**
ausgeschiedenen Gesellschafter auf Zahlung des sich bei der Auseinandersetzung zu seinen Lasten ergebenden Passivsaldos; RG 7, 94.

Die Ansprüche aus dem Gesellschaftsverhältnis ändern nicht ihre rechtliche Natur **Anm. 5**
dadurch, daß sie an einen Dritten abgetreten werden. Dies gilt auch für die Verjährung.

3. Der Anspruch eines **ausgeschiedenen** Gesellschafters gegen die fortbe- **Anm. 6**
stehende Gesellschaft auf sein **Abfindungsguthaben** unterliegt der kurzen Verjährung, wenn er gegen einen Gesellschafter geltend gemacht wird, denn der Ausgeschiedene steht der Gesellschaft nach dem Ausscheiden als Dritter gegenüber; RG 7, 93; Hueck § 33 1b. Ebenso verhält es sich, wenn der Ausgeschiedene nachträglich aus seiner Haftung als Gesamtschuldner von einem Gesellschaftsgläubiger in Anspruch genommen wird und ihm die Gesellschaft den aufgewendeten Betrag zu erstatten hat, weil der Anspruch des Dritten schon bei Feststellung des Abfindungsanspruchs in Rechnung gestellt war, und er anstatt dessen von den in der Gesellschaft verbliebenen oder eintretenden Gesellschaftern Zahlung verlangt; RG 11, 123. Trifft nach der Auseinandersetzungsvereinbarung mit dem Ausscheidenden nicht die Gesellschaft, sondern nur die oder nur einzelne Gesellschafter, z. B. einen an Stelle des ausgeschiedenen neu Eintretenden, die Verpflichtung zur Abfindung des Ausgeschiedenen, so findet § 159 keine Anwendung, weil eben keine Verbindlichkeit der Gesellschaft vorliegt.

4. Ansprüche, die auf einem anderen Rechtsverhältnis als dem Gesell- **Anm. 7**
schaftsverhältnis gegen die Gesellschaft beruhen, unterliegen auch dann der kurzen Verjährung des § 159, wenn sie einem Gesellschafter, z. B. aus einem mit der Gesellschaft abgeschlossenen Kaufvertrag zustehen, und nach §§ 128, 130 gegen einen anderen Gesellschafter geltend gemacht werden, denn der Gesellschafter steht insofern der Gesellschaft als **Dritter** gegenüber, vgl. § 149 Anm. 28.

Auch wenn ein Gesellschafter den einem Dritten aus einem anderen Rechtsverhältnis zustehenden Anspruch gegen die Gesellschaft, z. B. durch Abtretung, Pfändung und Überweisung, oder allgemeine Rechtsnachfolge (Erbschaft) erwirbt, und nun gegen einen anderen Gesellschafter geltend macht, gilt § 159.

5. Zusammentreffen mehrerer Haftungsgründe. **Anm. 8**

Es ist möglich, daß ein Gesellschafter einem Gesellschaftsgläubiger für einen Anspruch auf die gleiche Leistung nicht nur als Gesellschafter nach §§ 128, 130, sondern noch aus einem anderen Rechtsgrunde haftet, der selbständig die Verpflichtung zu der Leistung begründet. So wenn die Handlung, auf der der Anspruch gegen die Gesellschaft beruht, zugleich eine unerlaubte Handlung des in Anspruch genommenen Gesellschafters darstellt, oder wenn der Gesellschafter sich für die Schuld der Gesellschaft persönlich verbürgt hat, oder wenn er sich wechselmäßig zu der gleichen Leistung verpflichtet, oder wenn er dinglich oder aus ungerechtfertiger Bereicherung haftet, oder wenn er als Übernehmer des Geschäfts mit der Firma gemäß § 26 haftet (RG 142, 300), oder wenn er die Schuld oder Mithaftung übernommen hat. In diesen Fällen ist für die Anwendung des § 159 kein Raum. Denn die kurze Verjährung soll den Gesellschafter nur gegen die lange Zeit nach Auflösung der Gesellschaft oder seinem Ausscheiden aus ihr lediglich wegen seiner **Gesellschaftszugehörigkeit** geltend gemachte Haftung schützen; RG 7, 93; 10, 47; 11, 125; Bolze 11 Nr. 453; 16 Nr. 314; RAG, Bd. 34, 237; Schlegelberger-Gessler 5; Hueck § 33 1c.

Will der Gesellschafter mit seiner Erklärung der Mithaftung nur auf seine nach dem Gesetz bestehende persönliche Mithaftung hinweisen, so wird ihm dadurch die Berufung auf die kurze Verjährung nicht entzogen. Aus der Erklärung muß sich unzweideutig ergeben, daß er eine über die gesetzliche Haftung hinausgehende **besondere Verpflichtung** übernehmen wollte; OLG München in SeuffA 68 Nr. 96. Die Übernahme einer weitergehenden Verpflichtung liegt vor, wenn der Gesellschafter beim Erwerb eines Grundstückes die durch Eintragung einer Hypothek gesicherte Schuld der Gesellschaft in Anrechnung auf den Kaufpreis persönlich übernommen hat. Hat er für eine Gesellschaftsschuld eine Hypothek auf einen ihm gehörigen Grundstück bestellt, ohne die persönliche Haftung für die Schuld zu übernehmen, so kann er zwar der persönlichen nicht aber der dinglichen Klage die kurze Verjährung entgegenhalten; auch der ersteren nicht, wenn er, was sich auch aus den Umständen ergeben kann, auf die Einrede verzichtet hat.

Kann der Anspruch gegen den Gesellschafter auf mehrere Rechtsgründe gestützt werden, die ihn selbständig rechtfertigen, so hängt die Dauer (und der Beginn und das Ende) der Verjährungsfrist davon ab, auf welchen Rechtsgrund der Kläger die Klage stützt. Bringt er alle in Betracht kommenden Klagegründe vor, so kommt die Verjährungsbestimmung zur Anwendung, die ihm am günstigsten ist; RG 142, 300 = JW 34, 356 mit Schrifttumsangaben. Die Wahl steht nicht dem Schuldner zu; RG 81, 271. Solange noch irgendeine Verjährungsfrist läuft, unter die der Anspruch fällt, ist er nicht verjährt; RG 96, 56.

Anm. 9 Liegt ein gegen die Gesellschaft bestehender Anspruch vor, für den ein Gesellschafter nach §§ 128, 130 haftet, so ist § 159 ohne Rücksicht auf den Rechtsgrund des Anspruchs anwendbar. Die kurze Verjährung kommt dem Gesellschafter auch dann zugute, wenn der Anspruch gegen die Gesellschaft auf einer Handlung des Gesellschafters, etwa als Geschäftsführer oder Abwickler, auch auf einer unerlaubten Handlung, für die die Gesellschaft einzutreten hat, beruhte, sofern der Dritte ihn wegen der Gesellschaftsschuld, nicht lediglich persönlich, etwa wegen eigener Bereicherung, vgl. Anm. 8, in Anspruch nimmt. Unerheblich ist auch, aus welchem Grunde die offene Handelsgesellschaft aufgelöst oder der einzelne Gesellschafter aus ihr ausgeschieden ist.

Anm. 10 6. Auch die **Erben** eines Gesellschafters können sich auf die kurze Verjährung berufen, wenn sie als dessen Rechtsnachfolger in Anspruch genommen werden, falls die Gesellschaft aufgelöst oder ohne sie fortgesetzt wird; OLG Hamburg in Hans. RGZ 40 B 48; Schlegelberger-Gessler 2; ebenso derjenige, der für die persönliche Haftung eines Gesellschafters nach §§ 128, 130, nicht für die Gesellschaft, sich **verbürgt** hat; Bolze 11 Nr. 453.

Anm. 11 7. Die einzelnen Gesellschafter können sich auf die **zugunsten der Gesellschaft eingetretene Verjährung** berufen, da ihnen nach der allgemeinen Regel des § 129 Abs. 1 die der Gesellschaft zustehenden Einreden zugute kommen.

Anm. 12 8. Gesellschaftsverbindlichkeiten im Sinne des § 159 sind auch solche, die erst **nach Auflösung** der Gesellschaft entstanden sind, auch soweit sie durch Handlungen der Gesellschafter oder ihrer Erben, § 137, oder der Abwickler, entstanden sind. Auch für diese haften diejenigen, die bis zur Vollbeendigung der Gesellschaft Gesellschafter waren. Für Schulden, die erst nach dem Ausscheiden eines Gesellschafters entstanden sind, haftet dieser Gesellschafter nicht.

Anm. 13 9. Die Frage, wann eine Schuld entstanden ist, richtet sich nach den allgemeinen Vorschriften des bürgerlichen Rechts, vgl. die Erläuterungsbücher zum BGB, § 198.

Anm. 14 10. Der frühere Gesellschafter einer offenen Handelsgesellschaft, der das von der Gesellschaft betriebene Handelsgeschäft als Einzelkaufmann unter der bisherigen Firma fortführt, kann sich auf die Verjährungsvorschrift des § 159 nicht berufen. § 159 stellt eine aus Billigkeitsgründen gewährte Erleichterung für denjenigen dar, der aus einem Handelsgewerbe ausscheidet. Bei dem das Geschäft fortführenden, der auch das Geschäftsvermögen als Befriedigungsmittel übernimmt, treffen solche Billigkeitsgründe nicht zu; ebenso Hueck § 33 1c Fußn. 6; Heinrich Lehmann in JW 1934, 356 Anm.; a. A. RG 142, 300. Dagegen gelten sie, wenn ein Gesellschafter aus einer nur aus zwei Personen bestehenden Gesellschaft ausscheidet und der andere das Geschäft übernimmt für den Ausscheidenden; vgl. RG 142, 300 und die Erl. zu § 25.

Anm. 15 11. Für die **fehlerhafte Gesellschaft** gelten bezüglich der Verjährung keine Besonderheiten. Die Stellung der fehlerhaften Gesellschaft im Rechtsverkehr unterscheidet sich nicht von derjenigen der fehlerfreien Gesellschaft (§ 105 Anm. 104). Dem Gesellschafter steht daher auch die Einrede der Verjährung nach § 159 zu.

Soweit bei der **Scheingesellschaft** ein Scheingesellschafter dem Gesellschaftsgläubiger wie ein wirklicher Gesellschafter haftet (§ 105 Anm. 109), gilt auch § 159 zu seinen Gunsten (Schlegelberger-Gessler 6, Hueck § 33 Fußn. 2).

12. Die kurze Verjährung gibt den Gesellschaftern eine **persönliche** Einrede, die ihnen mit Rücksicht auf die Umgestaltung der Gesellschaft durch deren Auflösung, oder ihres Verhältnisses zu ihr (durch Ausscheiden) im Interesse der Beschränkung ihrer persönlichen Haftung gewährt wird. Die Einrede der kurzen Verjährung kann deshalb nicht von der Gesellschaft erhoben werden; denn sie haftet nur mit dem Gesellschaftsvermögen. Art. 147 ADHGB sprach dies ausdrücklich aus; das neue HGB hat diese Vorschrift als entbehrlich nicht übernommen; D. I 118. Die Verjährung gegen die Gesellschaft richtet sich lediglich nach den allgemeinen Vorschriften und dem Rechtsverhältnis, auf dem der Anspruch gegen die Gesellschaft beruht; vgl. z. B. die §§ 196ff. BGB. Anm. 16

Da die Einrede nur dem Gesellschafter gegeben ist, in dessen Person die tatsächlichen Voraussetzungen vorliegen, kann auch von einem von einem Dritten belangten Gesellschafter nicht geltend gemacht werden, daß die Haftung gegenüber einem anderen Gesellschafter verjährt sei.

Die Einrede ist nicht dadurch ausgeschlossen, daß die Gesellschaft rechtskräftig verurteilt oder die Forderung gegen die Gesellschaft zur Konkurstabelle festgestellt ist, und zwar gleichgültig, ob die Verurteilung der Gesellschaft vor oder nach deren Auflösung oder vor oder nach dem Ausscheiden des einzelnen Gesellschafters erfolgt und rechtskräftig geworden ist. Nur das Bestehen der Gesellschaftsschuld kann der Gesellschafter nach Rechtskraft des gegen die Gesellschaft ergangenen Urteils nicht mehr bestreiten; vgl. § 129 Abs. 1; RG 13, 97; 70, 323; 74, 63; RG JW 1938, 1174[26].

13. Die Verjährungsfrist. Anm. 17

Bis zur Auflösung und bis zum Ausscheiden eines Gesellschafters richtet sich die Verjährung gegen die Gesellschaft und die Gesellschafter nach den gleichen Vorschriften. Dies gilt auch für die Dauer der Verjährungsfrist und ihren Beginn. Die Übereinstimmung erklärt sich ohne weiteres daraus, daß die Gesellschafter in ihrer Gesamtheit die Träger der Rechte und Pflichten der Gesellschaft sind und daß die Verbindlichkeiten der Gesellschaft Verbindlichkeiten der Gesellschafter sind. Für die Zeit nach Auflösung der Gesellschaft oder dem Ausscheiden eines Gesellschafters aus ihr will das Gesetz die persönliche Haftung der Gesellschafter zeitlich beschränken. Es setzt deshalb in Abs. 1 eine **Höchstgrenze** für die Verjährung fest, die es auf fünf Jahre bestimmt. Durch den Zusatz, „sofern nicht der Anspruch gegen die Gesellschaft einer **kürzeren Verjährung** unterliegt“, bringt es zum Ausdruck, daß es sich lediglich um eine Begünstigung der Gesellschafter handelt. Den Gesellschaftern kommt also die gesetzliche Verjährungsfrist, oder die durch Vertrag — soweit dies nach dem allgemeinen Recht, vgl. § 225 BGB, über die Verjährung zulässig ist, vgl. unten Anm. 27 — bestimmte Verjährungsfrist, die für das dem Anspruch zugrunde liegende Rechtsverhältnis gilt, auch nach der Auflösung oder dem Ausscheiden aus der Gesellschaft zugute, wenn sie kürzer ist, als die in Abs. 1 bestimmte fünfjährige Verjährungsfrist. Unter diesen Voraussetzungen kann der einzelne Gesellschafter die Verjährungsfrist für sich in Anspruch nehmen, die ihm günstiger ist. Unterliegt die Gesellschaftsschuld, z. B. als Darlehnsschuld, der dreißigjährigen Verjährung, läuft diese aber bei Beginn der fünfjährigen Verjährung nur noch zwei Jahre, so kann sich auch der Gesellschafter nach Ablauf der zwei Jahre, gemäß § 129 Abs. 1, auf den Eintritt der Verjährung zu seinen Gunsten berufen; RG 70, 323; 74, 163 (VZ); Wieland I 730 Anm. 22. Die zugunsten der Gesellschaft laufende Frist läuft zugunsten des einzelnen Gesellschafters auch dann, wenn die Gesellschaft selbst voll beendet ist, gegen die Gesellschaft eine Verjährungsfrist also nicht mehr laufen kann.

Bei den meisten im Geschäftsbetrieb der Gesellschaft in Betracht kommenden Rechtsverhältnissen beträgt schon im Verhältnis zur Gesellschaft die Verjährungsfrist weniger als fünf Jahre; vgl. z. B. §§ 196, 197, 477, 368; 852 Abs. 2 BGB, §§ 414, 439 HGB. Die fünfjährige Verjährungsfrist kommt somit nur in verhältnismäßig seltenen Fällen zur Anwendung, z. B. bei Darlehnsforderungen.

Dauert im Einzelfall die Verjährung gegen die Gesellschaft länger als die nach § 159 berechnete Frist, so kommt im Verhältnis des Gläubigers zu dem Gesellschafter stets nur die letztere Frist zur Anwendung. War in dem für die Fristberechnung nach Abs. 2 und 3 **maßgebenden Zeitpunkt** zur Vollendung der Verjährung gegen die Gesellschaft eine kürzere Frist als die fünfjährige nach Abs. 1 ausreichend, wurde die Frist gegen die Gesellschaft aber **nachträglich** durch bestimmte Ereignisse, z. B. durch Herbeiführung eines rechtskräftigen Urteils gegen die Gesellschaft, oder durch Feststellung der Forderung im Konkurse der Gesellschaft verlängert, so wird dadurch die Verjährung gegen den Gesellschafter nicht über die in § 159 gezogene Grenze hinaus erstreckt. Es ist vielmehr von dem in Abs. 2 und 3 bestimmten Zeitpunkte ab gegenüber dem Gesellschafter die für das in Betracht kommende Rechtsverhältnis nach allgemeinen Vorschriften zu bestimmende (z. B. die vierjährige nach § 197 BGB) und daneben die fünfjährige Frist nach § 159 zu berechnen. Die dem Gesellschafter **günstigere** ist für ihn **maßgebend**; RG 70, 323; 74, 63 (VZ); in JW 1938, 1174[27]; OLG Dresden im Sächs. OLG 32, 364; DürHach. Anm. 5; Schlegelberger-Gessler 7; Hueck § 33 Fußn. 9; Ritter Anm. 4; a. A. Jaeger in LZ 1910, 26; wegen der Folgen der Unterbrechung oder Hemmung der Verjährung gegen die Gesellschaft für die Gesellschafter, vgl. § 160 Anm. 3 und 4.

Anm. 18 **14.** Ist ein Gesellschafter **vor** der Auflösung der Gesellschaft oder seinem Ausscheiden aus ihr auf Grund seiner Haftung nach § 128 **rechtskräftig verurteilt** oder gegen ihn die Forderung zur **Konkurstabelle festgestellt** worden, so kann er sich auf eine nachher eingetretene kurze Verjährung nicht berufen. Durch die rechtskräftige Verurteilung des Gesellschafters ist der Anspruch gegen diesen insofern auf eine neue Grundlage gestellt, als nunmehr der Grund seiner Verpflichtung (seine Beteiligung als Gesellschafter) in den Hintergrund tritt. Für die Zukunft ist allein der rechtskräftige Leistungsbefehl des Urteils maßgebend; er bildet die Grundlage für die Vollstreckung in das persönliche Vermögen des verurteilten Gesellschafters. Die rechtskräftige Verurteilung bringt alle die Gründe in Wegfall, aus denen die Begünstigung des aus dem Handelsgewerbe (durch Auflösung der Gesellschaft oder sein persönliches Ausscheiden) ausgeschiedenen Gesellschafters nach § 159 gerechtfertigt wird. Die Verurteilung des Gesellschafters zur persönlichen Erfüllung der Gesellschaftsverbindlichkeit hat volle Klarheit darüber geschaffen, was er schuldet und daß er von dem Gläubiger persönlich in Anspruch genommen wird. Es muß ihm überlassen werden dafür zu sorgen, daß nach Auflösung der Gesellschaft oder seinem Ausscheiden die Gesellschaftsschuld aus dem Gesellschaftsvermögen bezahlt wird oder daß er von der Gesellschaft und den Mitgesellschaftern von der Schuld freigestellt wird, wenn er im inneren Verhältnis zu diesen darauf einen Anspruch hat; § 738 BGB. Der für § 218 BGB maßgebende Gedanke, daß es nach Klärung und persönlicher Feststellung eines Anspruchs auf dessen Rechtsgrund und die nach diesem im BGB oder sonst abgestuften Verjährungsfristen nicht mehr ankomme und das rechtskräftige Urteil eine neue Grundlage schaffe, trifft auch auf die Haftung eines Gesellschafters für die Gesellschaftsschulden zu. Ist diese Haftung einmal durch Urteil gegen den Gesellschafter festgestellt, so gilt auch ihm gegenüber die dreißigjährige Verjährung; RG JW 1938, 1174[27] mit Anm.; Hueck § 33, 2. Wegen der Konkurrenz des § 159 mit der für den Fall der Geschäftsveräußerung geltenden kurzen Verjährung gegen den früheren Inhaber vgl. § 26 Anm. 4 Abs. 2.

II. Der Beginn der Verjährungsfrist

Anm. 19 Dieser ist in **Abs. 2** auf das Ende des Tages festgesetzt, an welchem die Auflösung der Gesellschaft oder das Ausscheiden des einzelnen Gesellschafters in das Handelsregister eingetragen ist. Es ist damit ein Zeitpunkt gewählt, der die Auflösung oder das Ausscheiden für jeden, der das Register einsieht, erkennbar macht. Aus der Vorschrift ergibt sich für den Registerführer die Verpflichtung, den Zeitpunkt der Eintragung der Auflösung oder des Ausscheidens im Register zu vermerken. § 15 der Handelsregisterverfügung vom 12. August 1937, Deutsche Justiz S. 1251, abgedruckt vor § 8 schreibt dies auch ausdrücklich vor und bestimmt weiter, daß der Tag der Eintragung und ihre Stelle im Register in den Registerakten bei der gerichtlichen Verfügung zu vermerken ist. Wer sich darauf beruft, daß die Eintragung an einem bestimmten Tage erfolgt ist, muß es beweisen. Ist die Eintragung und der Vermerk in den Registerakten nicht erfolgt, etwa deshalb, weil sie nach den früheren landesrechtlichen Registerverordnungen nicht vorgeschrieben war, so kann der Beweis auch in anderer Weise erbracht werden, etwa durch andere Vermerke in den Registerakten, Benachrichtigung der Beteiligten oder andere Eintragungen, die der Eintragung der hier in Betracht kommenden Tatsachen nachgefolgt sein müssen. Kann ein bestimmter Tag der Eintragung nicht festgestellt werden, so genügt der Nachweis, der auf Grund freier richterlicher Überzeugung als erbracht angesehen werden kann, daß jedenfalls seit der Eintragung die für die Verjährung erforderliche Zeit abgelaufen ist; ROHG 14, 256; 20, 398; RG 4, 237.

Ohne Eintragung kann die Verjährung nicht beginnen; ROHG 5, 82; 8, 248; auch nicht zum Nachteil des Gläubigers, der die Auflösung oder das Ausscheiden gekannt hat. Maßgebend ist allein der Tag der Eintragung; RG 10, 45; Schlegelberger-Gessler 8; Hueck § 33, 3. Ist die Gesellschaft nicht eingetragen, so muß deren Eintragung nachgeholt werden, damit auch die erforderlichen weiteren Eintragungen gemacht werden können. **Anm. 20**

Abweichend von der Regel des § 15 ist für die Ingangsetzung der Verjährungsfrist die **Bekanntmachung** der Eintragung nicht erforderlich; ROHG 98, 248; 19, 21. Sie muß auch nicht für Ablauf der Verjährungsfrist nachgeholt werden. Jeder Gläubiger muß mit einer nur eingetragenen Auflösung oder Ausscheiden eines Gesellschafters rechnen und sich danach (durch Einsicht des Registers) einrichten, um einen Rechtsverlust zu vermeiden; DürHach. Anm. 7; Hueck § 33, 3; a. A. Ehrenberg in s. Hdb. I 631. **Anm. 21**

Jede Art der Auflösung oder des Ausscheidens muß, wie auch § 143 allgemein vorschreibt, **eingetragen sein**, um die Verjährungsfrist in Lauf zu setzen. Auch wenn die Auflösung der Gesellschaft durch Konkurs über das Vermögen eines Gesellschafters eingetreten ist, muß die Auflösung selbst als Folge der Konkurseröffnung eingetragen werden. Es genügt nicht, daß die Ursache der Auflösung, z. B. der Tod oder die Konkurseröffnung über das Vermögen eines Gesellschafters eingetragen ist; die genannten Tatsachen müssen die Auflösung der Gesellschaft nicht zur Folge haben; § 138. Die bloße Eintragung des Auflösungsgrundes wäre auch unzulässig; RG 45, 48; Ritter Anm. 5. Die von Amts wegen erfolgte (§§ 6, 32 KO) Eintragung der Eröffnung des Gesellschaftskonkurses macht aber auch die als notwendige Folge der Konkurseröffnung eintretende Auflösung im Register der Gesellschaft offenkundig und gilt deshalb für den Beginn der kurzen Verjährung; Ritter Anm. 5; RG 70, 323; 74, 63; D I 110. Anders ist es bei der Eintragung des Erlöschens der Firma, sei es auf Grund Anmeldung, sei es von Amts wegen nach § 31 Abs. 2 Satz 2. Das Erlöschen der Firma ist nicht notwendig mit einer Auflösung der Gesellschaft verbunden, vgl. § 131 Anm. 25, § 31 Anm. 10, LG Dortmund NJW 61, 832; a. M. Schlegelberger-Gessler 8. **Anm. 22**

Auch im Falle des Ausscheidens eines Gesellschafters durch Übergang seiner Beteiligung auf einen anderen ist für den Beginn der Verjährung gegen den Ausgeschiedenen nicht der Zeitpunkt maßgebend, in dem der Mitgliederwechsel nach den Vereinbarungen der Beteiligten im inneren Verhältnis eintreten sollte, sondern der Zeitpunkt der Eintragung des Ausscheidens im Handelsregister.

Gleichgültig ist, aus welchem Grunde (z. B. aus Versehen des Gerichts trotz Anmeldung) die Eintragung der Auflösung oder des Ausscheidens unterblieben ist. Die Eintragung ist Tatbestandserfordernis für den Beginn der Verjährungsfrist, hat also insofern **rechtserzeugende** Wirkung; EhrenbergHandb. I 616; DürHach. Anm. 7. **Anm. 23**

Die schuldhafte Unterlassung der Eintragung kann einen Schadenersatzanspruch des Gesellschafters, dem dadurch die Geltendmachung der Verjährungseinrede abgeschnitten ist, gegen den Staat begründen; ebenso gegen diejenigen, die durch Versagen ihrer Mitwirkung bei der Anmeldung, § 143, die Eintragung unmöglich gemacht haben.

Ist die Eintragung erfolgt, so kann der Gesellschaftsgläubiger nicht Schadensersatzansprüche mit der Begründung geltend machen, daß die Bekanntmachung der Eintragung durch Verschulden des Gerichts unterblieben sei: denn zum Schutze des Gläubigers schreibt das Gesetz nur die Eintragung vor.

Maßgebend für den Beginn des Fristenlaufs ist, wie im Falle des § 26, die Eintragung in das Register des für den **Sitz** der Gesellschaft **zuständigen** Gerichts, Abs. 2. Bei Vorhandensein von Zweigniederlassungen entscheidet somit nur die Eintragung in das Register des Gerichts der Hauptniederlassung, auch wenn der Anspruch aus dem Rechtsverkehr mit einer Zweigniederlassung entstanden ist; vgl. § 13a, § 26 Abs. 2; OLG Köln in RheinArch. 18, 96 I 63. Der Tag der Eintragung wird bei Berechnung der Frist nicht mitgezählt; § 187 BGB. **Tritt** ein Gesellschafter erst nach der Auflösung in die Gesellschaft **ein**, so beginnt damit erst seine Haftung. An Stelle der Ein- **Anm. 24** tragung der Auflösung der Gesellschaft tritt dann für die gegen ihn laufende Verjährung die Eintragung seines Eintritts; Ritter Anm. 5.

III. Fälligkeit nach der Eintragung, Abs. 3 — Dauerschuldverhältnisse

Anm. 25 Wird der Anspruch des Gläubigers gegen die Gesellschaft erst **nach der Eintragung fällig,** so beginnt die Verjährung mit dem Zeitpunkt der Fälligkeit; **Abs. 3;** vgl. auch § 26 Abs. 2 Satz 2. Dies gilt nicht nur für Ansprüche, die erst nach der Auflösung, z. B. durch Handlungen der Abwickler oder der Gesellschafter, sondern auch für solche, die schon vorher entstanden, aber erst nachher fällig geworden sind, z. B. für gestundete Kaufpreisraten (BGH 50, 232), im Laufe der Abwicklung fällig werdende Kapitalzinsen, RG 10, 46.

Bei **Dauerschuldverhältnissen** ist zunächst festzustellen, ob eine Haftung des ausgeschiedenen Gesellschafters überhaupt noch besteht, vgl. dazu § 128 Anm. 29 und Hueck § 29 Fußn. 44. Ist die Frage zu bejahen, so beginnt die Verjährungsfrist für jede Teilleistung mit deren Fälligkeit. Die Verjährung des Anspruchs auf die Teilleistung berührt den Gesamtanspruch (das Stammrecht) nicht. Dieser verjährt vielmehr erst mit dem Anspruch auf die letzte Teilleistung (a. M. Schlegelberger-Gessler 10, Heyn NJW 59, 923). Dies gilt insbesonders für die Fälle, in denen der Gläubiger seine eigene Vertragsleistung schon vor der Eintragung des Ausscheidens des Gesellschafters voll erbracht hat, BGH 50, 232.

Ob und wann eine Forderung fällig ist, richtet sich nach dem ihr zugrunde liegenden Rechtsverhältnis. Wegen des Einflusses der Auflösung auf die Fälligkeit von Ansprüchen vgl. § 131 Anm. 10. Hängt die Fälligkeit von einer **Kündigung** des Gläubigers ab, so beginnt die Verjährung mit dem Zeitpunkte, von welchem an die Kündigung zulässig ist, und wenn die Leistung erst nach Ablauf einer bestimmten Frist seit der Kündigung verlangt werden kann, erst nach Ablauf dieser Frist, vgl. §§ 199, 200 BGB; Hueck § 33, 3. Ob der Gläubiger von dem Kündigungsrecht Gebrauch gemacht hat, ist unerheblich; RG in LZ 08, 157[4]. Die Befugnis des Inhabers eines **Blankowechsels,** durch Ausfüllung des Verfalltages und der Wechselsumme diesen erst zu einem fertigen Wechsel zu machen, ist kein der Verjährung unterliegender Anspruch im Sinne des § 194 BGB, sondern ein Gestaltungsrecht; Stranz, Wechselgesetz S. 166. Erst mit der Ausfüllung des Blanketts entsteht der wechselmäßige Anspruch. Die für diesen Anspruch geltenden besonderen kurzen Verjährungsfristen des Wechselgesetzes können erst mit der Ausfüllung des Blanketts laufen. Aber vorher liegt doch schon ein Anspruch auf Zahlung eines Betrages vor, dessen Höhe schon vor der Ausfüllung des Blanketts feststellbar ist, und dessen Fälligkeit durch eine der Kündigung ähnliche Handlung des Blankettinhabers bestimmt wird. Die Verjährung dieses Anspruchs beginnt mit dem Zeitpunkt, in dem der Betrag objektiv feststand, und auf den der Inhaber berechtigt war, ihn durch Ausfüllung des Blanketts fällig zu machen, Schlegelberger-Gessler 10. Dieser Anspruch unterliegt gegenüber der Gesellschaft der dreißigjährigen, gegenüber dem Gesellschafter im Falle des § 159 der fünfjährigen Verjährung. Die einmal in dieser Weise begonnene Verjährung kann nicht dadurch hinausgeschoben werden, daß der Blankettinhaber nach der Auflösung der Gesellschaft den Verfalltag durch Ausstellung des Blanketts so bestimmt, daß er in einen Zeitpunkt fällt, der später liegt, als der sich aus § 159 ergebende Ablauf der Verjährungsfrist; RG 58, 186; DürHach. Anm. 10; Ritter Anm. 6. Ist das Blankett früher ausgefüllt worden und der wechselmäßige Anspruch gegen die Gesellschaft vor Ablauf der Verjährung des § 159 verjährt, so kommt dies auch dem einzelnen Gesellschafter zugute; § 129 Abs. 1.

Hängt die Entstehung eines Anspruchs davon ab, daß der Berechtigte von einem ihm zustehenden Anfechtungsrecht Gebrauch macht, so beginnt die Verjährung mit dem Zeitpunkte, von welchem an die Anfechtung zulässig ist, § 200 BGB.

IV. Das Ende der Verjährungsfrist

Anm. 26 **Die Verjährungsfrist endet** mit Ablauf des Tages, der durch seine Zahl dem Tage der Eintragung oder der späteren Fälligkeit des Anspruchs entspricht; § 188 Abs. 2 BGB. Die Vorschrift des § 193 BGB über die Hinausschiebung der Frist zur Abgabe einer Willenserklärung oder zur Bewirkung einer Leistung auf den nächsten Werktag, falls der letzte

Tag der Frist auf einen Sonntag oder staatlich anerkannten Feiertag fällt, ist auf die Verjährung sinngemäß anzuwenden; RG 151, 345 mit Schrifttumsnachweisen unter Abweichung von einer früheren Entscheidung in BayZ 1906, 123.

Wird eine aufgelöste Gesellschaft auf Grund eines Fortsetzungsbeschlusses (vgl. § 144) fortgesetzt, so erlöschen die Wirkungen der Eintragungen für die kurze Verjährung. Die Gesellschafter haften wieder auf Grund der allgemeinen Haftungsvorschriften als Gesellschafter einer werbenden, nicht als solche einer aufgelösten Gesellschaft, soweit sie in der Gesellschaft verblieben sind. Auf die Eintragung und Bekanntmachung der Fortsetzung kommt es hier nicht an, dies gilt auch, wenn die fünfjährige Verjährungsfrist — etwa wegen langer Dauer des Gesellschaftskonkurses oder der Abwicklung im Zeitpunkt der Fassung des Fortsetzungsbeschlusses schon abgelaufen war.

V. Anwendung der BGB-Vorschriften über die Verjährung

Das HGB enthält keine erschöpfende Regelung der Verjährung des Anspruchs gegen die Gesellschafter. **Anm. 27** Es finden daher die Vorschriften des BGB über die Verjährung Anwendung, soweit nicht in den §§ 159, 160 etwas anderes bestimmt ist. Danach hat der Eintritt der Verjährung nur die Wirkung, daß der Schuldner die Leistung verweigern darf, § 222 Abs. 1 BGB. Er erlangt lediglich eine **Einrede.** Nur wenn diese erhoben wird, nicht von Amts wegen ist die Verjährung zu berücksichtigen; das zur Befriedigung des Anspruchs geleistete kann nicht zurückgefordert werden, auch wenn die Leistung in Unkenntnis der Verjährung bewirkt wurde; das gleiche gilt von einem vertragsmäßigen Anerkenntnis oder einer Sicherheitsleistung des Verpflichteten, die nach der Verjährung erfolgt sind; § 222 BGB. Die nach Bestellung einer Hypothek oder eines Pfandrechts eingetretene Verjährung hindert den Berechtigten nicht, die Befriedigung aus dem verhafteten Gegenstand zu suchen; § 223 BGB. Der Einrede der Verjährung kann mit dem Gegeneinwand der Arglist oder der unzulässigen Rechtsausübung, § 242 BGB, begegnet werden, insbesondere wenn der Gläubiger von dem Gesellschafter an der rechtzeitigen Geltendmachung des Anspruchs verhindert worden ist; RG 57, 372; 64, 220; 73, 321; 78, 133; 87, 281; 109, 309; 115, 135; JW 1924, 1967[2].

Ausschluß, Erschwerung oder Erleichterung der Verjährung durch **Anm. 28** Rechtsgeschäft. Die Verjährung kann nach der allgemeinen Vorschrift des § 225 Satz 1 BGB durch Rechtsgeschäfte weder ausgeschlossen noch erschwert werden. Die Verjährungsfrist kann also auch nicht verlängert werden. Eine dagegen verstoßende Vereinbarung ist nichtig; RG 87, 284. Beruht der Anspruch aber auf einem Rechtsverhältnis, für das die Verlängerung der Frist durch Vertrag nach besonderer gesetzlicher Vorschrift zugelassen ist, vgl. z. B. § 477 Abs. 1 Satz 2, § 486 Satz 1, § 490 Abs. 1 Satz 2, § 638 Abs. 2 BGB, § 414 Abs. 1 Satz 2, §§ 423, 439 HGB, so kann auch die Verjährungsfrist gegen den einzelnen Gesellschafter durch Vereinbarung mit ihm verlängert werden.

Die Erleichterung der Verjährung, insbesondere durch Abkürzung der Verjährungsfrist ist zulässig; § 225 Satz 2 BGB. Sie kann nur durch Vertrag mit dem Gläubiger, nicht aber einseitig durch den Gesellschaftsvertrag erfolgen. Die Vereinbarung kann mit dem begünstigten Gesellschafter, oder mit der Gesellschaft (Vertrag zugunsten Dritter, § 328 BGB) getroffen werden. Sie kann z. B. dahin gehen, daß die Verjährung schon mit der Auflösung der Gesellschaft oder dem Ausscheiden des Gesellschafters, nicht erst mit der Eintragung beginnt; RG 66, 413.

§ 160

Die Unterbrechung der Verjährung gegenüber der aufgelösten Gesellschaft wirkt auch gegenüber den Gesellschaftern, welche der Gesellschaft zur Zeit der Auflösung angehört haben.

Inhaltsübersicht

Anm. 1 § 160 bestimmt in sachlicher Übereinstimmung mit Art. 148 Abs. 2 ADHGB, daß die Unterbrechung der Verjährung gegenüber der aufgelösten Gesellschaft auch gegenüber den Gesellschaftern wirkt, welche der Gesellschaft zur Zeit der Auflösung angehört haben. Im übrigen enthält das HGB keine Bestimmungen über Unterbrechung der Verjährung. Es gelten vielmehr die allgemeinen Vorschriften des BGB, §§ 202ff. Wegen der Einzelheiten wird auf die Erläuterungsbücher zum BGB verwiesen.

Die zur Unterbrechung der Verjährung geeigneten Tatsachen wirken bei einer Mehrheit von Schuldnern gegen den einzelnen Schuldner nur dann verjährungsunterbrechend, wenn sie, wie das Anerkenntnis, von diesem Schuldner ausgehen, oder wie die Klageerhebung, gegen ihn gerichtet sind. Sie wirken daher nicht, wenn sie sich in der Person eines anderen Schuldners ereignet haben. § 160 macht eine Ausnahme von diesem Grundsatz, indem er bestimmt, daß bei Vorliegen der besonderen Voraussetzungen der Vorschrift, die gegenüber der Gesellschaft eingetretene Unterbrechung der Verjährung auch gegenüber den Gesellschafter wirkt. **Zweck** der Vorschrift ist, Klagen gegen die Gesellschafter zu vermeiden, die unnötig sind, wenn der Gläubiger durch die Gesellschaft befriedigt wird, Schlegelberger-Gessler 1, Hueck § 33, 5.

Anm. 2 **1.** Die Unterbrechung der Verjährung gegen die Gesellschaft wirkt nur gegen die Gesellschafter, die ihr zur Zeit der Auflösung **angehört haben,** und nur wenn die Unterbrechung gegen die aufgelöste Gesellschaft, d. h. **nach der Auflösung,** eingetreten ist. Ist ein Gesellschafter schon vor der Auflösung aus der Gesellschaft **ausgeschieden,** so bewirkt eine gegen die Gesellschaft vor oder nach seinem Ausscheiden eingetretene Unterbrechung der Verjährung nicht verjährungsunterbrechend gegen ihn, soweit er mit seinem Privatvermögen für die Gesellschaft eintreten soll. Der Ausgeschiedene haftet nur für die Gesellschaftsschuld so, wie sie sich bis zu seinem Ausscheiden, insbesondere durch das Verhalten der für sie Handelnden gestaltet hat. Mit seinem Ausscheiden, richtiger mit der Eintragung seines Ausscheidens beginnt dann zu seinen Gunsten die kurze Verjährung des § 159. Diese Verjährung wird durch nach dem Ausscheiden erfolgende Unterbrechungshandlungen gegen die Gesellschaft oder einen anderen Gesellschafter nicht unterbrochen; Art. 148 Abs. 1 ADHGB sprach dies ausdrücklich aus. Im neuen HGB ist die Vorschrift als entbehrlich weggelassen worden.

Eine gegen die Gesellschaft eingetretene Unterbrechung der Verjährung, die vor der Auflösung der Gesellschaft erfolgt ist, bewirkt nicht die Unterbrechung der Verjährung nach § 160. Nach § 159 soll mit der Auflösung oder dem Ausscheiden eines Gesellschafters gegen die Gesellschafter eine neue selbständige Verjährung beginnen. Dagegen entspricht es dem Zwecke des § 160, daß eine im Zeitpunkt der Auflösung, z. B. durch Fortdauer des Prozesses gegen die Gesellschaft, § 211 BGB, noch fortdauernde Unterbrechung den Beginn der Verjährung nach § 159 bis zur Beendigung der Unterbrechung gegen die Gesellschaft hinausschiebt; Ritter Anm. 2; Schlegelberger-Gessler 3.

Anm. 3 Gegen die der Gesellschaft im Zeitpunkt der Auflösung der Gesellschaft angehörenden Gesellschafter wirkt jede Tatsache verjährungsunterbrechend, die gegen die Gesellschaft nach der Auflösung die Verjährung unterbricht; d. h. durch eine solche Unterbrechung gegen die Gesellschaft **wird zugleich die nach § 159 mit der Auflösung,** richtiger mit deren Eintragung gegen die einzelnen Gesellschafter **laufende Verjährung unterbrochen.** (Es gilt aber nicht wieder die gegen die Gesellschaft laufende Verjährung nunmehr auch gegen die Gesellschafter.) Die Wirkung tritt z. B. ein durch ein Anerkenntnis, das ihre Abwickler im Rahmen ihrer Befugnisse abgeben, oder durch eine gegen die Gesellschaft oder ihre Abwickler als ihre Vertreter gerichtete Unterbrechungshandlung nach §§ 208ff. BGB. Im Konkurse der Gesellschaft erfolgt danach insbesondere eine Unterbrechung der Verjährung gegen die Gesellschaft und damit gegen die einzelnen Gesellschafter durch Anmeldung der Forderung zur Konkurstabelle; § 209 Abs. 2 Nr. 2 BGB; vgl. Jaeger in LZ 1910, 26ff.; RG 5, 9; D I 110. Die Unterbrechung kann auch durch Handlungen der Gesellschafter oder der Erben eines solchen eintreten, die diese, ohne Abwickler zu sein, für die Gesellschaft befugter Weise vornehmen, vgl. §§ 136, 137.

Anm. 4 **2.** Unterbleibt die Abwicklung durch Abwickler, weil die Gesellschafter eine andere Art der Auseinandersetzung vereinbart haben, § 145 (etwa daß ihnen das Gesellschaftsvermögen als Gesellschaftern einer bürgerlichrechtlichen Gesellschaft oder als Miteigentümern gehören soll), so ist mit Durchführung dieser Auseinandersetzung die Gesellschaft

voll beendet. Gegen eine durch Abwicklung oder in anderer Weise wirklich **vollbeendete**, also nicht mehr bestehende Gesellschaft kann aber keine Unterbrechung der Verjährung stattfinden, ebenso Hueck § 33, 5; Schlegelberger-Gessler 6; DürHach. 7. Unterbrechungshandlungen, die noch gegen sie (z. B. ihre früheren Organe) vorgenommen werden, auch Anerkenntnisse, die in ihrem Namen abgegeben werden, können deshalb die Verjährung gegen einzelne Gesellschafter nicht unterbrechen.

Wenn aber die Abwicklung bezüglich eines Teiles des Gesellschaftsvermögens nicht durchgeführt ist, also durch die Abwickler fortgesetzt werden muß, weil das noch vorhandene Vermögen solches der offenen Handelsgesellschaft blieb, kommt § 160 zur Anwendung; DürHach. Anm. 7 Abs. 2; Schlegelberger Anm. 6; Schwarz Anm. 3; a.A. Ritter Anm. 3; teilweise abw. RG in LZ 13, 846[2], 850[15]. Dies gilt auch, wenn statt der Abwicklung eine andere Art der Auseinandersetzung vereinbart und noch **ungeteiltes Gesellschaftsvermögen vorhanden** ist. Die Gesellschaft gilt dann gegenüber den Gläubigern noch als fortbestehend, § 158. Die Verjährung gegen sie kann noch unterbrochen werden, Schlegelberger-Gessler 7, Hueck § 33, 5.

Ist die Vollbeendigung nicht durch Löschung der Firma nach § 157 offenkundig gemacht, so wirkt sie gemäß § 15 auch nicht gegen einen gutgläubigen Dritten. Dies gilt auch im Verhältnis zu den einzelnen Gesellschaftern. Eine gegen die Gesellschaft vorgenommene Unterbrechungshandlung müssen sie daher auch für ihre persönliche Haftung gegen sich gelten lassen; DürHach. Anm. 7 Abs. 3. Wollen sie sich dagegen schützen, so müssen sie notfalls durch Klage gegen die Abwickler oder Anregung des Einschreitens des Registergerichts dafür sorgen, daß nach Vollbeendigung der Gesellschaft das Erlöschen der Firma angemeldet wird.

3. Eine gegen die Gesellschaft gerichtete Unterbrechung wirkt gegen den einzelnen Gesellschafter nur, wenn bei Eintritt der Unterbrechungshandlung die gegen den Gesellschafter nach § 159 laufende Verjährung **noch nicht vollendet** war. „Unterbrechung" setzt eine noch im Gang befindliche Verjährung voraus, mag es sich um eine gegen die Gesellschaft oder eine gegen den einzelnen Gesellschafter laufende Verjährung handeln. § 160 will aber nichts anderes sagen, wie Art. 148 Abs. 2 ADHGB, nach dem die zugunsten des Gesellschafters laufende Verjährung durch Rechtshandlungen gegen die Liquidatoren, d. h. gegen die Gesellschaft unterbrochen wird. Es soll durch § 160 nicht ausgesprochen werden, daß die gegen die einzelnen Gesellschafter nach § 159 bereits vollendete Verjährung durch eine Unterbrechung der gegen die Gesellschaft noch nicht vollendeten Verjährung wieder rückgängig gemacht wird. Eine solche Wirkung würde gerade dem Zwecke des § 159 wiedersprechen, die persönliche unbeschränkte Haftung des einzelnen Gesellschafters von der Auflösung der Gesellschaft oder seinem Ausscheiden an zeitlich ohne Rücksicht auf den Fortbestand der Gesellschaftsverbindlichkeit zu begrenzen. Auch der Zweck des § 160 erfordert eine solche Ausdehnung seiner Wirkung nicht. Die Frist des § 159 ist reichlich. Sie läuft erst von der Eintragung der Auflösung oder des Ausscheidens an, so daß den Gläubigern die Möglichkeit bleibt, durch periodische Einsicht des Registers sich über die eingetretene Änderung zu unterrichten, und innerhalb der Frist des § 159 eine Unterbrechungshandlung gegen die Gesellschaft oder den einzelnen Gesellschafter vorzunehmen. § 160 gilt somit nur für eine Unterbrechung, die **innerhalb** der gegen den einzelnen Gesellschafter laufenden Frist des § 159 oder der auch diesem gegenüber geltenden kürzeren Frist, vgl. § 159 Abs. 1, gegen die Gesellschaft vorgenommen worden ist. Nach dieser Frist haben somit einseitige Anerkenntnisse der Gesellschaft (auch durch Abschlagszahlungen) oder gegen sie vorgenommene Unterbrechungshandlungen keinen Einfluß auf die bereits vollendete Verjährung gegen den einzelnen Gesellschafter; ebenso Hueck § 33, 5. **Anm. 5**

Eine andere Frage ist es, ob die Gesellschaft durch die Abwickler während der Abwicklung, aber nach Ablauf der Verjährungsfrist des § 159 die ihr noch angehörenden Gesellschafter durch ein Anerkenntnis verpflichten kann. Grundsätzlich haften die Gesellschafter auch für die während der Abwicklung neu entstandenen Verbindlichkeiten der Gesellschaft. Eine solche Verbindlichkeit kann auch durch einen Vergleich oder ein vertragsmäßiges Anerkenntnis der Abwickler begründet werden. Es besteht dann ein **neuer selbständiger Verpflichtungsgrund** für die Gesellschaft, ebenso wie wenn die Abwicklungsgesellschaft eine ganz neue Verbindlichkeit durch die Abwickler eingeht; Hueck § 33 Fußn. 12; DürHach. Anm. 5; a. M. Ritter Anm. 5, RObHG 9, 84. Für die sich daraus ergebenden Verbindlichkeiten der Gesellschaft haften die Gesellschafter, die im Zeitpunkt der Begründung der neuen Verbindlichkeit noch Gesellschafter sind. Die Verjährung der Haftung beginnt dann gemäß § 159 Abs. 3 mit der Entstehung der neuen Verpflichtung oder ihrer späteren Fälligkeit (die sich z. B. aus einer Stundung ergeben kann); Schlegelberger-Gessler 5. Der Wille, durch ein Anerkenntnis eine neue Verbindlichkeit zu übernehmen, wird regelmäßig nur bestehen, wenn eine Gegenleistung gewährt wird; diese kann auch in dem Zustandekommen eines Vergleichs und in der darin liegenden Beseitigung von Streitpunkten oder in der Gewährung einer Stundung bestehen. Ob der neue Verpflichtungsgrund für die Gesellschaft und damit auch für die Gesellschafter bindend ist, richtet sich danach, ob die für die Gesellschaft Handelnden, also in der Regel die Abwickler — im Rahmen ihrer durch den Zweck der Abwicklung begrenzten Vertretungsmacht — gehandelt haben. Ein Anerkenntnis oder ein Vergleich über eine an sich — auch gegenüber der Gesellschaft — verjährte Forderung kann wohl in den Rahmen der Abwicklung fallen, z. B. wenn sie gegen eine Gegenleistung erfolgen. Die Abwickler sind deshalb Dritten gegenüber zur Vornahme dieser Handlungen vertretungsberechtigt, wenn sie nicht erkennbar dem Abwicklungszweck widersprechen, was regelmäßig bei Freigebigkeitshandlungen der Fall ist; vgl. § 149 Anm. 6, 36; Ritter Anm. 3; DürHach. Anm. 5. Wie ein vertragsmäßiges Anerkenntnis wirkt aber auch ein im Prozeß oder sonst abgegebenes einseitiges Anerkenntnis für die Gesellschaft und damit auch für die Gesellschafter verpflichtend. Die Gesellschafter haften für die Gesellschaftsschuld, so, wie sich diese durch das Anerkenntnis ihrer Vertreter gestaltet hat.

Die **rechtskräftige Verurteilung der Gesellschaft** begründet keine neue Verbindlichkeit der Gesellschaft, der gegenüber die Berufung auf eine Verjährung nach § 159 nicht zulässig wäre. Die Rechtskraft des Urteils bewirkt nur die Bindung der am Prozeß als Partei Beteiligten; der Gesellschafter nur insofern, als sie Einwendungen gegen den Bestand der Forderung nach § 129 Abs. 1 nicht mehr erheben können.

Anm. 6 4. Ist ein Gesellschafter nach der Auflösung der Gesellschaft aus dieser **ausgeschieden**, so wirken Unterbrechungshandlungen gegen die Abwicklungsgesellschaft, die nach dem Ausscheiden erfolgen, ebensowenig gegen ihn, wie wenn er vor Auflösung ausgeschieden ist und nachher die Verjährung gegen die Gesellschaft unterbrochen worden ist, Anm. 2; RG 3, 36.

Anm. 7 Ist das Ausscheiden eines Gesellschafters **nicht eingetragen**, so beginnt die kurze Verjährungsfrist des § 159 nicht zu seinen Gunsten zu laufen, bis die Eintragung erfolgt ist. Ist die Eintragung erfolgt, aber nicht bekannt gemacht, so hat der Lauf der Verjährung trotzdem mit der Eintragung begonnen. Eine nach der Eintragung erfolgte Unterbrechung gegen die Gesellschaft hat eine Unterbrechung gegen den ausgeschiedenen Gesellschafter nicht zur Folge. Ein Gläubiger kann sich in diesem Falle nicht darauf berufen, daß die Eintragung des Ausscheidens nicht bekannt gemacht sei, oder daß er ohne sein Verschulden keine Kenntnis davon erhalten habe (vgl. § 15); a. A. Hueck § 33 Fußn. 11, der zwar zugibt, daß mit der Eintragung des Ausscheidens die Verjährungsfrist des § 159 beginnt, aber annimmt, der ausgeschiedene Gesellschafter könne sich im übrigen mangels Bekanntmachung nicht auf sein Ausscheiden berufen und müsse deshalb eine gegenüber der OHG erfolgte Unterbrechung gegen sich gelten lassen.

Anm. 8 5. Nach seinem Zwecke gilt § 160 nicht nur für die Gesellschafter, die zur Zeit der Auflösung ihre Mitglieder waren, sondern auch für diejenigen, die es **später geworden** sind; Ritter Anm. 2; Hueck § 33 Fußn. 11; Schlegelberger-Gessler 4.

Anm. 9 6. Wegen seines Ausnahmecharakters läßt sich aus § 160 nicht der allgemeine Rechtssatz ableiten, daß die nach der Auflösung der Gesellschaft zugunsten der Gesellschafter laufende Verjährung von der für die Gesellschaft laufenden abhängig sei, oder umgekehrt; namentlich bewirkt eine Unterbrechung gegen einen Gesellschafter keine Unterbrechung gegen die Gesellschaft; RG 70, 323 (326).

Anm. 10 7. Ist eine Unterbrechung nach § 160 eingetreten, so beginnt nach deren Beendigung eine neue Verjährung. Die Verjährungsfrist gegenüber dem einzelnen Gesellschafter beträgt wieder fünf Jahre, sofern nicht der Anspruch gegen die Gesellschaft nach dem ihm zugrunde liegenden Rechtsverhältnis einer kürzeren Verjährung unterliegt; § 159 Abs. 1; RG 70, 323; 74, 63.

8. Die Hemmung der Verjährung gegen die Gesellschaft und gegen die einzelnen Gesellschafter richtet sich lediglich nach den allgemeinen Vorschriften; vgl. §§ 202 ff. BGB. **Anm. 11**

Durch die Eröffnung des Konkursverfahrens über das Vermögen der Gesellschaft wird die Verjährung gegen die einzelnen Gesellschafter nicht gehemmt, da dadurch das Vorgehen gegen die einzelnen Gesellschafter nicht gehindert wird (anders nach früherem Recht), RG 35, 24. Dies gilt auch, wenn zugleich über das Privatvermögen eines Gesellschafters das Konkursverfahren eröffnet wird und die Gesellschaftsgläubiger deshalb im Privatkonkurs nur für den Ausfall im Gesellschaftskonkurs Deckung erhalten, § 212 KO, denn sie können ihren Anspruch in beiden Konkursen voll anmelden; § 128 Anm. 24; Ritter § 159 Anm. 3; a. A. D I 110; Brand Anm. 3.

Wie die Unterbrechungsgründe müssen auch die Hemmungsgründe dem Schuldner gegenüber vorliegen, dem gegenüber der Anspruch geltend gemacht wird. Die Vorschrift des § 160 findet als Ausnahmebestimmung auf die Hemmung der Verjährung keine Anwendung; vgl. auch Anm. 9. Ist die Verjährung gegen die aufgelöste Gesellschaft gehemmt, so erstreckt sich die Hemmung auf die gegen den einzelnen Gesellschafter gerichtete Verjährung nur, wenn durch die Hemmungsgründe auch die Verfolgung des einzelnen Gesellschafters gehindert wird. Dies kann, muß aber nicht der Fall sein. So kann die Rechtsverfolgung gegen die Gesellschaft gehindert, gegen den einzelnen Gesellschafter möglich sein und umgekehrt. Dem einzelnen Gesellschafter kann z. B. Stundung gewährt sein, der Gesellschaft nicht. Die Eröffnung des Vergleichsverfahrens über das Vermögen der Gesellschaft braucht nicht die Rechtsverfolgung gegen einen Gesellschafter zu hindern. Wird während der Hemmung der Verjährung gegen einen Gesellschafter die ungehemmte Verjährung gegen die Gesellschaft beendigt, so kommt dies auch dem einzelnen Gesellschafter zugute, § 129 Abs. 1. Die nach § 129 Abs. 2 und 3 auch dem einzelnen Gesellschafter zustehenden Einwendungen, daß die Gesellschaft das zugrunde liegende Rechtsgeschäft anfechten, oder daß der Gläubiger sich durch Aufrechnung gegen eine fällige Gesellschaftsforderung befriedigen könne, hemmen nicht die Verjährung gegen den einzelnen Gesellschafter. § 202 Abs. 2 BGB, der die Hemmung gegenüber dem Bürgen ausschließt, ist sinngemäß auf § 129 Abs. 2 u. 3 anzuwenden; Ritter § 129 Anm. 3; Schwarz § 159 Anm. 4.

Zweiter Abschnitt

Kommanditgesellschaft

Vorbemerkungen

Inhaltsübersicht

Anm. 1 **Schrifttum** zur Kommanditgesellschaft: In den Kommentaren zum Handelsgesetzbuch: Flechtheim bei Düringer-Hachenburg 3. Aufl. 1932; Gessler bei Schlegelberger 4. Aufl. 1963; Baumbach-Duden 18. Aufl. 1968. Goldschmidt, Universalgeschichte des Handelsrechts, Stuttgart 1891 S. 254; Karl Lehmann, Handelsrecht 2. Aufl. 1912 S. 339; Rehme, Geschichte des Handelsrechts in Ehrenbergs Hdb. d. ges. Handelsrechts I 1913 S. 101, 162, 217; Wieland, Handelsrecht I 1921 S. 734; E. Flechtheim, Die kapitalistisch ausgestattete Personalgesellschaft, Mannheim 1934; Würdinger, Gesellschaften I 1937 S. 147; derselbe, Betrachtungen z. Reform d. Personalgesellschaften, AcP 24 (1938) 129; derselbe, Die Kommanditgesellschaft, 1. Arbeitsbericht des Ausschusses für das Recht der Personalgesellschaften der Akademie für Deutsches Recht, München 1939; Boesebeck, Die „kapitalistische" Kommanditgesellschaft, Frankfurt a. M. 1938; Steiner, Die offene Handelsgesellschaft und die Kommanditgesellschaft in der deutschen Wirtschaft, Tübingen 1950; Haupt-Reinhardt, Gesellschaftsrecht, 4. Aufl. 1952 S. 78; J. v. Gierke, Handels- und Schiffahrtsrecht 7. Aufl. 1955 S. 224; Hueck, Gesellschaftsrecht 15. Aufl. 1970 S. 90; Hch. Lehmann, Gesellschaftsrecht 2. Aufl. 1959 S. 146; Plum, Der fortschreitende Strukturwandel der Personalgesellschaft durch Vertragsgestaltung in Festschrift Deutscher Juristentag 1960 S. 137; Westermann u. a. Handbuch der Personengesellschaften I 787ff.

Anm. 2 Ihre **geschichtliche Herkunft** leitet die Kommanditgesellschaft (KG) aus zwei Wurzeln ab, einer selbständigen und einer von der offenen Handelsgesellschaft (oHG) abgezweigten (zur Geschichte der oHG § 105 Anm. 1ff.). Diese führte zu der gesetzlichen Regelung als einer Unterart der oHG. Sie geht ihrerseits auf 2 Erscheinungen zurück, die heute noch wirksam für die Entstehung einer KG aus einer oHG sind: Die eine ist familiärer Natur. Die Erben eines Unternehmers werden teils tätige Gesellschafter, teils nur kapitalistisch beteiligte. Die andere hat ihren Ursprung in den großen mittelalterlichen Handelsgesellschaften, die über den Familienverband hinaus nichttätige Kapitalgeber als Gesellschafter aufnahmen.

Man darf über dieser nur zu einer Erweiterung der oHG führenden Gestalt der KG die andere Wurzel nicht vergessen, bei der die Eigenart dieser Gesellschaftsform — Teilung von Arbeit und Kapital mit Gewinn- und Verlustgemeinschaft — Grund und Ursprung bildet. Es ist dies die mittelalterliche commenda, in der der Kapitalist (commendator) dem Unternehmer (tractator) Geld oder Ware für gemeinsame Rechnung überläßt. Dabei sind die Erscheinungsformen sehr verschiedenartig: einmal ist der commendator Herr des Unternehmens und der tractator nur in einer angestelltenähnlichen Stellung, einmal ist dieser selbständiger Unternehmer und der commendator nur rein kapitalistisch beteiligt, ähnlich wie ein stiller Gesellschafter. Mit einem gewissen Recht sagt daher Flechtheim (Vorbem. 11 vor § 161), daß das HGB die KG entgegen der historischen Entwicklung als bloße Abart der oHG behandle. (Stärker noch Ritter, Komm. z. HGB 2. Aufl. 1932 § 161 Anm. 5: Dies geschehe zu Unrecht.)

Ein Vergleich der KG in ihrer **gesetzlichen Regelung** mit den anderen Handelsgesellschaften und der stillen Gesellschaft in ihrer gesetzlichen Regelung ergibt im wesentlichen folgendes: **Anm. 3**

a) **oHG:** Es haften alle Gesellschafter den Gläubigern unbeschränkt und sind alle zur Geschäftsführung berechtigt und verpflichtet. Das gilt bei der KG nur für die persönlich haftenden Gesellschafter (Komplementäre). Die Kommanditisten haften auf ihre Einlage beschränkt und sind von der Geschäftsführung ausgeschlossen. Ihr Überwachungsrecht ist geringer. Aber auch sie sind an dem Gesellschaftsvermögen gesamthänderisch beteiligt. Anders als beim Komplementär löst ihr Tod die Gesellschaft nicht auf.

b) **Stille Gesellschaft:** Der Stille tritt nach außen nicht hervor. Er haftet den Gläubigern auch nicht beschränkt. An dem Vermögen des Inhabers des Handelsgeschäfts ist er nicht beteiligt, sondern nur an dessen Gewinn und Verlust. Sein Überwachungsrecht ist dasselbe wie das des Kommanditisten.

c) **GmbH:** (Siehe auch Schilling in Hachenburg Kom. z. GmbHG 6. Aufl. Allg. Einl. Anm. 26). Sie hat als Kapitalgesellschaft eigene Rechtspersönlichkeit und ist Eigentümerin des Gesellschaftsvermögens. Die Beteiligung des Gesellschafters ist im Geschäftsanteil verselbständigt und übertragbar. Die Gesellschafter schulden der Gesellschaft die bedungene Einlage, haften aber den Gläubigern auch nicht beschränkt. Andererseits sorgt das GmbH-Gesetz durch eine Reihe von Vorschriften, die bei der KG fehlen, für die Aufbringung und Erhaltung des Stammkapitals. Gründung, Satzungsänderung und Übertragung des Geschäftsanteils sind an die notarielle Form gebunden. Im Gegensatz zur KG ist Drittorganschaft möglich, d. h. Geschäftsführer kann auch ein Nichtgesellschafter sein. Die nach Kapitalanteilen berechnete einfache oder qualifizierte ($^3/_4$-) Mehrheit bestimmt die Geschicke der Gesellschaft einschließlich der laufenden Geschäftsführung (kapitalistisches Prinzip), während bei der KG Änderungen des Gesellschaftsvertrags und ungewöhnliche Geschäfte der Zustimmung aller Gesellschafter bedürfen, andererseits die Komplementäre in der laufenden Geschäftsführung frei sind.

d) **AG:** Die Verselbständigung des Gesellschaftsvermögens und der Beteiligung (Aktie) ist hier noch stärker ausgeprägt als bei der GmbH. Der Vorstand leitet die Gesellschaft unter eigener Verantwortung. Er wird durch ein besonderes Organ, den Aufsichtsrat, überwacht. Sonst gilt das für die GmbH Gesagte auch hier. Die Übertragung der Inhaberaktie kann überhaupt nicht beschränkt (Fungibilität), die der Namensaktie nur an die Zustimmung der Gesellschaft gebunden werden. Der Jahresabschluß, für den bis ins einzelne Bilanzierungsvorschriften bestehen, ist durch öffentlich bestellte Wirtschaftsprüfer zu prüfen und zu veröffentlichen. Die AG unterliegt der wirtschaftlichen Mitbestimmung der Arbeitnehmer durch Vertretung im Aufsichtsrat, ebenso die GmbH mit mehr als 500 Arbeitnehmern.

In der **Rechtswirklichkeit** bietet die KG ein buntes und oft — ermöglicht durch die weitgehende Vertragsfreiheit — ein von der gesetzlichen Regelung stark abweichendes Bild. Nach dem Grad ihrer Entfernung von der gesetzlichen Regelung lassen sich die zahlreichen **Erscheinungsformen** in drei Gruppen zusammenfassen: **Anm. 4**

a) Die erste Gruppe bleibt dem gesetzlichen Leitbild treu, ergänzt und modifiziert es aber nach den Bedürfnissen des Wirtschaftslebens. Insbesondere behalten die Komplementäre die ihnen vom Gesetz zugedachte starke Stellung in der Geschäftsführung. Diese wird nicht selten durch den Ausschluß der Zustimmungspflichtigkeit ungewöhnlicher Geschäfte (§ 164) noch verstärkt. Auch über den Stimmrechtsausschluß oder dem gemeinsamen Vertreter (dazu Hueck ZHR 125, 1) versucht man, die Alleinherrschaft der Komplementäre zu begründen, vgl. den Fall BGH 20, 363 und § 161 Anm. 33, 37. In der Regel wird abweichend vom Gesetz vereinbart, daß der Tod eines Komplementärs die Gesellschaft nicht auflöst (§ 139), ebensowenig die Kündigung eines Gesellschafters, daß diese vielmehr dessen Ausscheiden zur Folge hat (§ 138). Dabei wird meist auch das Abfindungsguthaben (§ 738 BGB) dahin beschränkt, daß eine Zahlung für den Geschäftswert (goodwill) nicht stattfindet, neuerdings öfters auch stille Reserven nicht oder nur bei Grundstücken zur Auflösung gelangen, so daß nur der Buchwert, häufig auch der Vermögenssteuerwert bezahlt wird. Der Anspruch des ausscheidenden Gesellschafters auf Befreiung von den oder Sicherheitsleistung für die Gesellschaftsschulden (§ 738 BGB) und auf Beteiligung an den schwebenden Geschäften

(§ 740 BGB) wird oft ausgeschlossen. Regelmäßig ordnet der Vertrag die Gewinnverteilung, begnügt sich also nicht mit der unbestimmten Vorschrift des § 168 Abs. 2. Meist erhalten auch die Komplementäre abweichend von § 120 Abs. 2 feste Kapitalanteile wie die Kommanditisten, § 167 Abs. 2. Ebenso wird das Entnahmerecht meist (abweichend von §§ 122, 169) für beide gleich geregelt, häufig auf die Steuern und einen Teil des nach Zahlung der Steuern verbleibenden Gewinns beschränkt. Der Kapitalanteil wird insoweit übertragbar gemacht, als Übertragungen an Gesellschafter und Abkömmlinge von solchen im Gesellschaftsvertrag zugelassen werden.

Alle diese Änderungen und Ergänzungen finden sich auch in den Gesellschaftsverträgen der oHG. Sie lassen den Kern der gesetzlichen Regelung unangetastet, wonach die KG gleich der oHG eine Arbeits- und Haftungsgemeinschaft der Komplementäre ist, kapitalistisch verstärkt durch die Einlagen der von der Geschäftsführung ausgeschlossenen und beschränkt haftenden, also außerhalb der Arbeits- und Haftungsgemeinschaft stehenden Kommanditisten. Unangetastet bleibt auch das individualistisch-monistische **Vertragsprinzip** der oHG. Der Gesellschaftsvertrag kann nur durch vertragliche Vereinbarung, also mit Zustimmung aller Gesellschafter geändert werden.

Anm. 5 b) Wir finden im Rechtsleben dann weiter **Mischformen** zwischen Vertragsprinzip und Körperschaftsverfassung. Es zeigen sich Ansätze zu einer dualistischen Organisation und zum Mehrheitsprinzip. Geschäftsführung (Komplementäre) und Gesellschafterversammlung (alle Gesellschafter) stehen sich als zwei Organe gegenüber. Diese stellt z. B. die von den Komplementären vorgelegte Bilanz durch Mehrheitsbeschluß fest und beschließt über die Gewinnverwendung (Entnahmen). Wichtigere Geschäfte, die meist in einem Katalog enumerativ oder exemplativ aufgeführt sind, bedürfen der Zustimmung durch einen Mehrheitsbeschluß der Gesellschafter. Das Stimmrecht richtet sich nach den Kapitalanteilen, nicht nach Köpfen. Das kapitalistische Prinzip ist im Vordringen, Komplementäre und Kommanditisten stehen sich etwa gleichrangig gegenüber. Es bleibt aber der Vertragscharakter bestehen, der Gesellschaftsvertrag kann nur einstimmig geändert werden.

Anm. 6 c) Auf der letzten Stufe ist die **körperschaftlich-kapitalistische Verfassung** noch stärker ausgebaut. Man spricht von einer kapitalistischen Kommanditgesellschaft. Wie eine AG verfügt die KG über 3 Organe: Die Gesellschafterversammlung als Basisorgan, die das Aufsichtsorgan (Beirat, Gesellschafterausschuß usw.) wählt und mit qualifizierter Mehrheit den Gesellschaftsvertrag ändern kann; das Aufsichtsorgan, das die Geschäftsleitung bestellt, überwacht, manchmal weisungsberechtigt ist; die Komplementäre, die ähnlich dem Vorstand auf Zeit bestellt werden. Alles das gibt es in zahlreichen Abstufungen und Varianten, mit mehr oder weniger starker Stellung der Komplementäre oder der Kommanditisten. Beispiele aus der Rechtsprechung für eine kapitalistisch gestaltete KG: RGZ 169, 105; BGHZ 6, 113; 18, 350. Verstärkt wird der kapitalistische Charakter neuerdings noch durch die Form der **GmbH & Co.,** die auch die Drittorganschaft (Nichtgesellschafter als Geschäftsführer der Komplementär-GmbH) ermöglicht, vgl. im einzelnen § 161 Anm. 20—26). Schließlich kann die Fungibilität der kommanditistischen Beteiligung ähnlich der einer Inhaberaktie wenigstens mittelbar geschaffen werden: Ein Treuhänder wird Kommanditist und gibt seinerseits übertragbare Anteile (Unterbeteiligungen, s. § 161 Anm. 29, 30) aus, vgl. BGH 10, 44. So werden z. B. jetzt sog. Hausbesitzbriefe ausgegeben, das sind treuhänderisch vermittelte Anteile an der Kommanditeinlage bei einer Grundstücksgesellschaft. Diese und andere neue Wege werden meist zur Erlangung steuerlicher Vorteile gegangen, vgl. auch Buchwald GmbH-Rdsch. 1969, 90.

Anm. 7 Versucht man sich danach ein Bild von dem **Wesen der KG** zu machen, so fällt zunächst die Variationsbreite ihrer Erscheinungsformen auf. Das hat sie mit der GmbH gemeinsam, mit der sie ja auch je nach der steuerlichen Zweckmäßigkeit immer wieder als Rechtskleid des Unternehmens ausgetauscht und jetzt auch eigenartig in der GmbH & Co. als Doppelgesellschaft (s. § 161 Anm. 20—26) verbunden wird.

Wie bei der GmbH wird diese Variationsbreite durch die für die innere Ausgestaltung gegebene **Vertragsfreiheit** ermöglicht. Mit der GmbH steht die KG so in der Skala der Gesellschaftsformen als Mittelstück zwischen der rein personalistischen oHG und der rein kapitalistischen großen Publikums-AG.

Nur durch die Vertragsfreiheit war es der KG auch möglich, sich in dem Jahrhundert seit ihrer gesetzlichen Regelung den starken Veränderungen des wirtschaftlichen Lebens durch die Bestimmungen anzupassen, wie sie in Anm. 4—6 beschrieben sind. Diese tragen der zunehmenden **Verselbständigung des Unternehmens** gegenüber den Personen der Gesellschafter Rechnung (vgl. Schilling in Hachenburg GmbHG Allg. Einl. Anm. 60). Soweit dabei das gesetzliche Leitbild nicht aufgegeben wurde (Anm. 5, 6), bleibt die **Eigenart der KG** die personalistische, gesamthänderische Verbindung zwischen den Komplementär-Unternehmern und den nur kapitalistisch beteiligten Kommanditisten. Bei der Auslegung des Gesetzes darf man daher nicht nur die persönliche Bindung unter den Gesellschaftern im Auge haben, sondern muß auch berücksichtigen, was den Kommanditisten vom Komplementär trennt.

Anders als bei den Kapitalgesellschaften ist die **Reform** des Personengesellschaftsrechts, insbesondere der KG, nach 1945 kaum Gegenstand der Erörterung gewesen. Ausführlich beschäftigt sich nur Steiner (wie in Anm. 1) mit der Frage. Er fordert ein gesetzliches, dispositives Normalstatut, das die Belange des Unternehmens gegenüber dem individualistischen Element mehr zur Geltung bringt. Insbesondere soll der Bestand des Unternehmens dadurch geschützt werden, daß Tod, Kündigung und Konkurs eines Gesellschafters nicht zur Auflösung der Gesellschaft, sondern zum Ausscheiden des betroffenen Gesellschafters führen (so schon Würdinger AcP 24, 142ff.). Dabei soll auch beim Tod des Komplementärs die Gesellschaft mit dessen Erben als Kommanditisten fortgesetzt werden (S. 120, 130, zustimmend Plum wie in Anm. 1 S. 179 Fußn. 78). Der Kommanditanteil soll übertragbar sein. **Anm. 8**

Im Vordergrund des von Würdinger verfaßten Arbeitsberichts (s. Anm. 1) stehen das Verhältnis zwischen Komplementären und Kommanditisten und der Gläubigerschutz. Unter Aufrechterhaltung der Vertragsfreiheit für die innere Gestaltung sollen im gesetzlichen Normalstatut die Auskunftspflicht des Komplementärs (§ 166) erweitert, das Mitwirkungsrecht des Kommanditisten bei ungewöhnlichen Geschäften (§ 164) beschränkt werden (S. 19, 23). Unter dem Gesichtspunkt des Formenmißbrauchs soll (zwingend) die unbeschränkte (subsidiäre) Haftung jener Kommanditisten eingeführt werden, „die statt der Komplementäre als die Träger der Geschäftsführung erscheinen“, es sei denn, daß ein besonderer Rechtfertigungsgrund vorliegt (S. 37). Dabei wird auf ähnliche Regelungen ausländischer Rechte hingewiesen (S. 32 und Boesebeck wie Anm. 1 S. 65). Diesem Vorschlag schließt sich Steiner S. 141 an. Auch Boesebeck (S. 67) befürwortet eine (im Umfang abgestufte) unbeschränkte Haftung des Kommanditisten, der sich an der Geschäftsleitung beteiligt, sofern ihm der Eintritt als Komplementär vernünftigerweise zuzumuten gewesen wäre. In seiner eigenen Stellungnahme (AcP 24, 129) erhebt Würdinger diese Reformforderung nicht; es müsse allerdings geprüft werden, ob zwingende Grundsätze des Kapitalgesellschaftsrechts (gemeint ist wohl vor allem der Gläubigerschutz) für die kapitalistische KG zu übernehmen seien (S. 141). Plum (S. 191) hält eine gesetzliche Regelung der kapitalistischen KG nicht für erforderlich.

Noch stärkere rechtspolitische Bedenken wurden in der Reformliteratur der **GmbH & Co.** entgegengebracht. Der Arbeitsbericht (S. 38) fordert die unbeschränkte Haftung der Kommanditisten, wenn die GmbH einziger Komplementär ist oder die geschäftsführenden Kommanditisten zugleich Gesellschafter der GmbH sind. Boesebeck (S. 82) schlägt bei der GmbH & Co. im engeren Sinn — die GmbH ist einziger Komplementär, ihre Gesellschafter sind personengleich mit den Kommanditisten — die Einführung der unbeschränkten Haftung aller Gesellschafter vor. Würdinger (S. 140) erwägt die unbeschränkte Nachschußpflicht der GmbH-Gesellschafter. Einem Verbot der GmbH & Co., wie es die Schweiz in Art. 594 Abs. 2 OK kennt, spricht aber niemand das Wort.

Einer der Gründe, die in der Praxis häufig zur GmbH & Co führen, ist bekanntlich die Sicherung der Nachfolge. Steiner (S. 132) will dieses Problem dadurch lösen, daß Nichtgesellschafter als „Komplementäre“, d. h. wohl zur Geschäftsführung und Vertretung zugelassen werden sollen (Drittorganschaft). Demgegenüber hält der Arbeitsbericht (S. 48) an der Selbstorganschaft fest.

Schließlich verlangt der Arbeitsbericht (S. 60), daß der Unterschied zwischen Haftsumme und Pflichteinlage im Gegensatz zu den §§ **161, 171, 172** im Gesetz klar herausgearbeitet wird. Dem Gläubiger soll ein Anspruch gegen den Kommanditisten auf Auskunft über Art und Höhe der Einlage und etwa erfolgte Rückzahlungen zustehen. Bei Sacheinlagen soll der Nachweis richtiger Bewertung den Gesellschaftern obliegen (S. 61). Bei Notleiden des Unternehmens kann das Entnahmerecht durch richterliche Entscheidung herabgesetzt werden (S. 62, ähnlich Steiner S. 76). Für die Abgrenzung von Gewinnausschüttung und Einlagerückzahlung sollen die aktienrechtlichen Bewertungsgrundsätze maßgeblich sein (S. 79).

Neuerdings mehren sich die Stimmen zur Rechtfertigung der GmbH & Co., die eine immer größere Bedeutung als Rechtsform der kleinen und mittleren Unternehmen annimmt, vgl. hierzu Böttcher, Die GmbH & Co. 1966; Hesselmann, Handbuch der GmbH & Co. 11. Aufl. 1970; Sudhoff, Der Gesellschaftsvertrag der GmbH & Co. 1967; Aktuelle Probleme der GmbH & Co. (Bericht über die Arbeitstagung in Köln 1967), dort insbesondere Wiethölter S. 11ff.; Schilling, Rechtspolitische Bemerkungen zur GmbH & Co., Festgabe für Otto Kunze, Berlin 1969 S. 189. Die GmbH & Co. ist in den Anm. 20—26 zu § 161 behandelt.

Anm. 9 **Eigene Stellungnahme:** Aufgabe des gesetzlichen **Normalstatuts** ist es, eine den praktischen Bedürfnissen des Regelfalls gerecht werdende Regelung zu geben. Das ist bei den gesetzlichen Vorschriften der KG heute nicht mehr der Fall, wie sich aus den starken Abweichungen der in der Praxis üblichen Verträge vom Gesetz ergibt, vgl. dazu insbesondere den Aufsatz von Plum (wie in Anm. 1) und das in Anm. 4—6 über die Erscheinungsformen der KG Gesagte. Die Anpassung des Gesetzes an die Rechtswirklichkeit sollte sich etwa an die Erscheinungsform der KG halten, wie sie in Anm. 4 beschrieben wurde. Sie soll also die starke Stellung des Komplementärs beibehalten. Sie soll den Fortbestand der Gesellschaft gegenüber Kündigung, Tod und Konkurs schützen, indem diese zum Ausscheiden des betroffenen Gesellschafters führen, wobei die Erben eines Komplementärs Kommanditisten werden. Sie soll das Abfindungsguthaben auf den Substanzwert beschränken, denn ein höherer Ertragswert muß täglich neu erarbeitet werden. Die Kapitalanteile auch der Komplementäre sollen fest sein, der Gewinn soll in ihrem Verhältnis geteilt werden, für seine geschäftsführende Tätigkeit soll der Komplementär eine feste, über Unkosten zu verbuchende angemessene Vergütung erhalten. Das Entnahmerecht soll auf die Steuern beschränkt werden, wenn und soweit weitergehende Entnahmen zum offenbaren Schaden der Gesellschaft gereichen (§ 122).

Im Verhältnis zwischen Komplementär und Kommanditisten sind folgende Punkte reformbedürftig: Die geschäftsführenden Gesellschafter sollen für die Sorgfalt eines ordentlichen Kaufmanns einzustehen haben (vgl. § 43 GmbHG, § 93 AktG), nicht nur für diejenige, die sie in eigenen Angelegenheiten anzuwenden pflegen (§ 708 BGB, ebenso Würdinger wie in Anm. 1 S. 140). Bei dem Mitwirkungsrecht der Kommanditisten in außerordentlichen Geschäften (§ 164) soll es bleiben, es könnte eher noch ausgebaut werden. Das Informations- und Auskunftsrecht der Kommanditisten (§ 166) bedarf einer Änderung. Das persönliche Recht zur Prüfung der Richtigkeit der Bilanz unter Einsicht der Bücher und Papiere ist unpraktisch und sollte ersetzt werden durch ein Auskunftsrecht, das außer der Bilanz auch die Geschäftslage betreffen soll, soweit dies zur Ausübung des Stimmrechts bei Gesellschafterbeschlüssen, insbesondere bei ungewöhnlichen Geschäften (§ 164 Anm. 5) erforderlich ist. Daneben soll der Kommanditist bei Vorliegen eines wichtigen Grundes statt der in § 166 Abs. 3 vorgesehenen Vorlegung der Bücher und Papiere eine Sonderprüfung (vgl. § 142 AktG) verlangen können, vgl. auch § 166 Anm. 1.

Bei alledem soll es aber bei der Vertragsfreiheit im bisherigen Umfang verbleiben, ausgenommen also die Gläubigerschutzbestimmungen. Neue Probleme könnten sich aber ergeben, wenn der treuhänderische Kommanditanteil als Kapitalsammelbecken (vgl. Anm. 6 a. E.) weitere Verbreitung fände und verbriefte Treugeberanteile auf dem Kapitalmarkt gehandelt würden. Dann müßten sich die Reformüberlegungen auch auf den Schutz dieser Geldgeber erstrecken (zur treuhänderischen Beteiligung s. § 161 Anm. 29). Das Gesetz über Kapitalanlagegesellschaften vom 16. 4. 1957 (BGBl. I 378), das in § 1 Abs. 2 die Rechtsform der AG oder GmbH vorschreibt, findet nur dann Anwendung, wenn die Geldanlage in Wertpapieren erfolgt.

Die Forderung nach der unbeschränkten Haftung des geschäftsführenden oder beherrschenden Kommanditisten und die Ablehnung der GmbH & Co. wurden und werden mit dem Satz: Keine Herrschaft ohne Haftung begründet. Dieser Satz kann aber weder de lege lata noch rechtspolitisch Anspruch auf Geltung erheben, vgl. BGH 45, 204; Limbach, Theorie und Wirklichkeit der GmbH, Berlin 1966 S. 15; dieselbe, Die beschränkte Haftung in Theorie und Wirklichkeit, GmbH-Rdsch. 67, 71; Wiethölter wie in Anm. 8 a. E. S. 37ff.; Hofmann, Unbeschränkte Kommanditistenhaftung und gesetzliche Wertung NJW 69, 577; Schilling wie in Anm. 8 (a. E.) unter III 1. Danach entspricht die Verknüpfung von Unternehmensführung und unbeschränkter Haftung — so wenig wie bei der Kapitalgesellschaft — auch bei der Kommanditgesellschaft nicht dem heutigen Rechtsdenken, das vielmehr in der Regel Haftung von Verschulden abhängig macht. Das bedeutet: Ein Kaufmann kann nicht gezwungen werden, für das allgemeine Unternehmenswagnis, das er, will er Geschäfte machen, eingehen muß, persönlich einzustehen.

Die GmbH & Co. ist aus unserem heutigen Rechtsleben nicht mehr wegzudenken. Auch wenn der Gesetzgeber eine „Personengesellschaft mit beschränkter Haftung" (dazu Wetter BB 68, 734 und Schilling wie in Anm. 8 a. E.) schaffen sollte, bliebe die GmbH & Co. (und die AG & Co.) als Mittel der Kooperation und Konzentration sowie genossenschaftlicher Zusammenschlüsse notwendig (Beispiele bei Wiethölter wie in Anm. 8 a. E. S. 30 und Böttcher, Steuerberater-Jahrbuch 1966/67 S. 147).

Übersicht über die §§ 167—177: Für die Kommanditgesellschaft gelten die Vorschriften über die offene Handelsgesellschaft (§§ 105—160), soweit nicht in den §§ 161—177 etwas anderes bestimmt ist, § 161 Abs. 2. § 161 Abs. 1 nennt das besondere Merkmal der KG, das sie von der oHG unterscheidet: die beschränkte Haftung eines oder mehrerer Gesellschafter bei unbeschränkter Haftung mindestens eines weiteren Gesellschafters. Die sich hieraus ergebenden Verhältnisse müssen auch im Handelsregister eingetragen werden, § 162. Auch bei der KG gilt für das **Innenverhältnis** Vertragsfreiheit, § 163. Die §§ 164—169 regeln das Innenverhältnis dispositiv und tragen dabei der Besonderheit der Kommanditistenstellung Rechnung. Die Kommanditisten sind von der Geschäftsführung ausgeschlossen, wenn auch mit der bedeutsamen Ausnahme der Mitwirkung bei ungewöhnlichen Geschäften, § 164. Sie unterliegen nicht dem Wettbewerbsverbot des § 112 (§ 165). Ihre Informationsrechte sind beschränkt, § 166. Ihr Kapital- und Gewinnanteil sowie ihr Entnahmerecht sind in den §§ 167—169 teilweise abweichend von den §§ 120—122 geregelt. **Anm. 10**

Die §§ 170—176 regeln das **Außenverhältnis,** und zwar **zwingend.** Von der Vertretung der Gesellschaft ist der Kommanditist ausgeschlossen. Von besonderer Bedeutung sind die folgenden dem Gläubigerschutz dienenden Haftungsvorschriften. §§ 171, 172 sichern die Erbringung und Erhaltung der Haftsumme (über den Unterschied zwischen Pflicht- und Hafteinlage oder Haftsumme s. § 161 Anm. 12). Die §§ 173—176 regeln die Haftung beim Eintritt eines Kommanditisten in eine bestehende Gesellschaft, bei der Herabsetzung seiner Einlage und beim Beginn der Geschäfte vor Eintragung der Gesellschaft.

Schließlich bestimmt § 177 im Gegensatz zu § 131, Z. 4, daß der Tod eines Kommanditisten die Gesellschaft nicht auflöst.

§ 161

Eine Gesellschaft, deren Zweck auf den Betrieb eines Handelsgewerbes unter gemeinschaftlicher Firma gerichtet ist, ist eine Kommanditgesellschaft, wenn bei einem oder bei einigen von den Gesellschaftern die Haftung gegenüber den Gesellschaftsgläubigern auf den Betrag einer bestimmten Vermögenseinlage beschränkt ist (Kommanditisten), während bei dem anderen Teile der Gesellschafter eine Beschränkung der Haftung nicht stattfindet (persönlich haftende Gesellschafter).

Soweit nicht in diesem Abschnitt ein anderes vorgeschrieben ist, finden auf die Kommanditgesellschaft die für die offene Handelsgesellschaft geltenden Vorschriften Anwendung.

Inhaltsübersicht

I. Wesensmerkmale der Kommanditgesellschaft

Anm. 1 **1.** Die Kommanditgesellschaft ist, wie das Gesetz jetzt zur Beseitigung früher geäußerter Zweifel ausdrücklich bestimmt, eine Gesellschaft, und zwar, wie die offene Handelsgesellschaft, eine Gesellschaft im Sinne der §§ 705ff. BGB. Dies ergibt sich schon aus der Fassung der Begriffsbestimmung in Abs. 1, die sich eng an die Begriffsbestimmung des § 105 Abs. 1 HGB anlehnt, ferner daraus, daß der Zweite Abschnitt keine vollständige selbständige Regelung des Rechtsverhältnisses enthält, sondern in Abs. 2 die Vorschriften über die offene Handelsgesellschaft für anwendbar erklärt, soweit nicht in den folgenden Vorschriften ein anderes bestimmt ist. Diese Vorschriften erklären sich aber allein aus der Abweichung der Kommanditgesellschaft von der offenen Handelsgesellschaft, die im wesentlichen in dem Vorhandensein von nur beschränkt haftenden Gesellschaftern neben den bei der offenen Handelsgesellschaft allein möglichen unbeschränkt haftenden besteht (Vorbem. 3a). Wegen dieser Gestaltung der Kommanditgesellschaft im Anschluß an die offene Handelsgesellschaft durch die Gesetzgebung wird, obwohl die Kommanditgesellschaft ihrem Ursprung nach selbständig neben der offenen Handelsgesellschaft steht, die erstere heute nicht ohne Berechtigung als eine Abart der offenen Handelsgesellschaft bezeichnet und werden daraus für die Darstellung des Rechtes der Kommanditgesellschaft die gebotenen Schlüsse gezogen (vgl. Vorbem. 2). Die Kommanditgesellschaft ist danach, wie die offene Handelsgesellschaft, keine juristische Person. Sie ist nur wie diese, da sie als Unternehmerin eines Handelsgewerbes im Rechtsverkehr auftritt, mit weitgehender Selbständigkeit ausgestattet, die sich insbesondere in dem Firmenrecht ausdrückt, wie es in § 124 für die offene Handelsgesellschaft des Näheren ausgestaltet ist. Die Kommanditgesellschaft ist auch nicht deshalb juristische Person, weil anders als bei der offenen Handelsgesellschaft ein Teil der Gesellschafter nur beschränkt den Gesellschaftsgläubigern für die Gesellschaftsschulden haftet. Daß daneben noch ein oder mehrere Gesellschafter unbeschränkt haften, würde allerdings das Vorhandensein einer juristischen Person nicht ausschließen. Aber bei der Kommanditgesellschaft haften wie bei der bürgerlich-rechtlichen Gesellschaft alle Gesellschafter, auch die Kommanditisten, persönlich, können also unter Umständen von den Gläubigern persönlich in Anspruch genommen werden, wie sich aus § 161 Abs. 1 in Verbindung mit den den Grundsatz dieser Bestimmung erläuternden Vorschriften der §§ 171, 172 ergibt. Daß die Kommanditgesellschaft keine juristische Peron, sondern eine Gesellschaft im Sinne des bürgerlichen Rechts ist, ist auch herrschende Lehre; RG 32, 399; 117, 267; 139, 252; 141, 280; BGH 34, 296; § 105 Anm. 7, 8; Flechtheim in Düringer-Hackenburg 3; Schlegelberger-Gessler 2, 26.

Da die Kommanditgesellschaft begrifflich Gesellschaft ist, müssen die Wesensmerkmale der Gesellschaft vorliegen. Es müssen sich also mehrere Personen zusammenschließen, um einen gemeinsamen Zweck gemeinsam zu verfolgen. Es muß deshalb auch im inneren Verhältnis unter den nach außen als Gesellschafter Auftretenden ein Gesellschaftsverhältnis bestehen; RG 31, 72; wegen der Voraussetzungen für das Bestehen eines solchen im allgemeinen vgl. die Erl. zu § 105. Mit dem Begriff der Kommanditgesellschaft ist es danach unvereinbar, wenn ein als Kommanditist bezeichneter Beteiligter im inneren Verhältnis nur Darlehnsgeber oder Angestellter sein soll. Doch ist eine gesellschafterliche Beteiligung nicht notwendig dadurch ausgeschlossen, daß der Kommanditist eine feste Verzinsung für seine Einlage erhält und im inneren Verhältnis am Gewinn und Verlust nicht teilnimmt; der sich mit einer Einlage Beteiligende kann, weil diese Gesellschaftsvermögen wird und den Gläubigern haftet, und auch wegen seiner persönlichen Haftung nach außen an dem Gedeihen des Unternehmens interessiert und dieses auch für ihn ein gemeinschaftliches Unternehmen sein; DürHach. Anm. 2. Umgekehrt muß jeder Gesellschafter nach außen als Träger des Gesellschaftsunternehmens auftreten (OHG 2, 253; BGH 10, 44 = LM § 161 Nr. 3). Anm. 2

2. Die Kommanditgesellschaft ist wie die offene Handelsgesellschaft eine Gesamthandsgemeinschaft (§ 105 Anm. 31ff.). Träger des Gesellschaftsvermögens und der damit verbundenen Rechte und Pflichten sind alle Gesellschafter, auch die Kommanditisten, in ihrer Gesamtheit, in ihrer Vereinigung zu einer Gesellschaft. Die für die offene Handelsgesellschaft geltenden Rechtsgrundsätze über das Gesamtverhältnis finden somit auch auf die Kommanditisten Anwendung, soweit nicht etwas anderes vorgeschrieben ist oder sich aus der Eigenart der kommanditistischen Beteiligung ergibt; RG 32, 399. Insbesondere haben auch die Kommanditisten Anteil am Gesellschaftsvermögen im Sinne des Gesamthandseigentums; RG bei Gruchot 28, 249. Im Rechtsstreit sind daher auch die Kommanditisten Träger der Parteirechte und Prozeßpartei (RG 141, 280). Anm. 3

Alle Gesellschafter bilden eine einheitliche Gesellschaft. Es besteht nicht, wenn mehrere persönlich haftende oder mehrere Kommanditisten vorhanden sind, unter jeder Gruppe noch eine besondere Gesellschaft. Art. 150 Abs. 2 ADHGB bestimmte, daß beim Vorhandensein mehrerer persönlich haftender Gesellschafter in Ansehung ihrer die Gesellschaft zugleich eine offene Handelsgesellschaft sei. Das bedeutete aber nur, daß für die persönlich haftenden Gesellschafter nach innen und außen die für die Gesellschafter einer offenen Handelsgesellschaft geltenden Bestimmungen Anwendung finden sollen. In das HGB ist die Vorschrift als entbehrlich nicht übernommen worden; D. I 122. Zulässig ist, daß eine Gruppe von Gesellschaftern sich zur Wahrung ihrer gemeinsamen Rechte zu einer besonderen Gesellschaft des bürgerlichen Rechts zusammenschließt; Schlegelberger-Gessler 26. Auch im Gesellschaftsvertrag für die Kommanditgesellschaft kann eine solche Regelung erfolgen. Anm. 4

3. Der Zweck der Gesellschaft muß auf den Betrieb eines Handelsgewerbes gerichtet sein. Anm. 5

Der Begriff des Handelsgewerbes und des Betriebes eines solchen ist der gleiche wie bei der offenen Handelsgesellschaft, für die der angegebene Zweck ebenfalls Begriffsmerkmal ist; vgl. die Erl. zu § 105; vgl. auch RG 158, 302 (305). Zweck des Unternehmens muß der Betrieb eines Vollhandelsgewerbes sein. Ein Kleingewerbe im Sinne des § 4 genügt nicht. Nicht erforderlich ist, daß der Zweck auf die Erzielung von Gewinn für die Gesellschaft durch den Betrieb des Handelsgewerbes gerichtet ist. Eine Kommanditgesellschaft (wie auch eine offene Handelsgesellschaft) kann z. B. die Vertriebsgesellschaft oder die Produktionsgesellschaft für eine andere Gesellschaft (etwa eine GmbH) sein mit der Vereinbarung, daß die andere Gesellschaft allen Gewinn erhält. Soll die Gesellschaft nur ihren Betrieb an eine andere Gesellschaft verpachten und liegen auch die Voraussetzungen des § 2 nicht vor, so fehlt es an dem wesentlichen Merkmal des Betriebes des Handelsgewerbes durch die verpachtende Gesellschaft; diese ist dann keine Kommanditgesellschaft. Die Gesellschafter können sich aber durch Vereinbarung verpflichten, sich jedenfalls im inneren Verhältnis so behandeln zu lassen, als bestände eine Kommanditgesellschaft. Auch Dritten gegenüber müssen die Beteiligten, wenn sie das Auftreten der Gesellschaft als Kommanditgesellschaft gewollt haben, die von deren Organen oder einzelnen Gesellschaftern mit ihrer Zustimmung vorgenommenen Rechtshandlungen gegen sich gelten lassen; vgl. RG 158, 302; § 162 Anm. 22.

Da die Gesellschaft Handelsgesellschaft ist, finden die „in betreff der Kaufleute" gegebenen Vorschriften auf die Gesellschaft Anwendung; § 6 Abs. 1 und Anm. 2 dazu. Die Kommanditgesellschaft hat danach insbesondere auch Kaufmannseigenschaft.

Anm. 6 4. Das Handelsgewerbe muß **unter gemeinschaftlicher Firma** betrieben werden. Auch insofern stimmt die Kommanditgesellschaft mit der offenen Handelsgesellschaft überein, vgl. § 105 Anm. 18—19a; Erl. zu § 17ff. Eine Kommanditgesellschaft besteht somit nicht, wenn das Unternehmen von einem Gesellschafter unter eigenem Namen oder seiner Firma als Einzelkaufmann betrieben wird, wenn es auch im inneren Verhältnis für Rechnung der Gesellschaft geführt wird.

Anm. 7 **Die Firma der Kommanditgesellschaft** hat den Namen wenigstens eines persönlich haftenden Gesellschafters mit einem das Vorhandensein einer Gesellschaft andeutenden Zusatze zu enthalten. Die Namen anderer Personen als der persönlich haftenden Gesellschafter dürfen in die Firma nicht aufgenommen werden; § 19 Abs. 2, 4. Die Bezeichnung als Kommanditgesellschaft ist nicht erforderlich; OLG München in HRR 1938 Nr. 535. Die Abkürzung „KG" genügt als Andeutung eines Gesellschaftsverhältnisses; KG DR 39, 2161[10]; Baumbach-Duden § 19 Anm. 1 D; a. M. Würdinger § 19 Anm. 6. Der Name des Kommanditisten darf nicht in eine neu zu bildende Firma mit aufgenommen werden. Handelt es sich dagegen um eine abgeleitete Firma, übernimmt z. B. die Gesellschaft das Geschäft eines Einzelkaufmanns mit der nach seinem Namen gebildeten Firma oder wird eine offene Handelsgesellschaft dadurch in eine Kommanditgesellschaft umgewandelt, daß einer der bisherigen persönlich haftenden Gesellschafter Kommanditist wird (vgl. unten Anm. 11), so kann die Firma beibehalten werden, auch wenn der bisherige Inhaber des Geschäfts Kommanditist wird oder der Name des nunmehrigen Kommanditisten in der Firma enthalten ist (vgl. auch wegen der Firma der Kommanditgesellschaft im allgemeinen, die Erl. zu § 19). Die weitergehende allgemeine Vorschrift des Art. 168 ADHGB, nach der der Name eines Kommanditisten in der Firma der Gesellschaft nicht enthalten sein darf und daß er im entgegengesetzten Fall den Gläubigern der Gesellschaft gleich einem offenen Gesellschafter haftet, ist gerade mit Rücksicht auf die Beibehaltung der bisherigen Firma bei Übergang des Unternehmens nicht in das HGB übernommen worden; D. II 126. Da für die abgeleitete Firma der Grundsatz der Firmenwahrheit nicht gilt (§ 22), kann sich ein Dritter nicht darauf verlassen, daß derjenige, dessen Name in der Firma einer Kommanditgesellschaft vorkommt, persönlich haftender Gesellschafter ist. Er muß sich vorher durch Einsicht in das Handelsregister erkundigen, wenn er auf die Eigenschaft eines Gesellschafters als persönlich Haftenden besonderen Wert legt. Liegen die Voraussetzungen für die Beibehaltung der Firma nicht vor, oder nimmt die Gesellschaft bei der Gründung oder bei einer Firmenänderung zu Unrecht den Namen eines Kommanditisten in die Firma auf, so hat der Registerrichter die Eintragung der Gesellschaft unter der unzulässigen Firma oder der Firmenänderung abzulehnen. Die trotzdem erfolgte Eintragung oder der trotzdem erfolgte Gebrauch der unzulässigen Firma begründet aber noch nicht allein die unbeschränkte Haftung des Kommanditisten. Da die Weglassung des Art. 168 ADHGB im HGB einem Mißstand abhelfen sollte, gilt dies auch für vor dem 1. Januar 1900 errichtete Gesellschaften, wenn der Anspruch des Gläubigers nach diesem Zeitpunkt entstanden ist; DürHach. Anm. 5. Dem Schutze der Gläubiger dienen die Vorschriften über die Offenkundigmachung der beschränkten Haftung der Kommanditisten durch Eintragung der Haftungsbeschränkung; §§ 162, 172—176. Die Vorschriften über den Inhalt der Firma und ihre Eintragung dienen nicht dem besonderen Schutze der Gläubiger einer Kommanditgesellschaft, was sich schon daraus ergibt, daß aus der Firma nicht einmal die Eigenschaft der Gesellschaft als Kommanditgesellschaft ersichtlich sein muß. Der Gebrauch einer Firma, in der der Name eines Kommanditisten zu Unrecht enthalten ist, kann im Einzelfall, ebenso wie wenn sich ein Kommanditist in anderer Weise im Rechtsverkehr als persönlich haftender Gesellschafter ausgibt, seine unbeschränkte Haftung begründen, wenn der Gebrauch der Firma insbesondere im Zusammenhang mit dem sonstigen Auftreten des Kommanditisten das Mittel ist, um den Anschein der Eigenschaft als persönlich haftender Gesellschafter zu erwecken. Dann haftet der Kommanditist auf Grund des von ihm hervorgerufenen Rechtsscheins oder der in seinem Verhalten liegenden Erklärung, wie ein persönlich haftender Gesellschafter haften zu wollen; vgl. § 164 Anm. 17.

Das Entstehen einer Kommanditgesellschaft mit dem sich daraus ergebenden Rechtsverhältnis, insbesondere im inneren Verhältnis unter den Gesellschaftern, wird durch die Wahl oder Eintragung einer unrichtigen Firma nicht gehindert. Der Registerrichter kann die etwa zu Unrecht eingetragene Firma von Amts wegen löschen; § 142 FGG. Regelmäßig sind die Gesellschafter gegenseitig verpflichtet, zur Änderung der unrichtigen Firma mitzuwirken, wenn sich nicht aus den Umständen ergibt, daß sie sich nur unter der von ihnen im Gesellschaftsvertrag bestimmten Firma zusammenschließen wollten. Kommt eine Einigung nicht zustande, so liegt darin ein wichtiger Grund zur Auflösung der Gesellschaft nach § 133.

Zwang zur Annahme und Anmeldung einer gemeinsamen Firma. **Anm. 8**
Betreiben mehrere Personen auf gemeinschaftliche Rechnung in einer Weise, daß ihr Zusammenschluß zu einer Gesellschaft nach außen hervortritt, ein Handelsgewerbe im Sinne des § 1 oder ein gewerbliches Unternehmen, das nach Art und Umfang einen in kaufmännischer Weise eingerichteten Geschäftsbetrieb erfordert und deshalb als Handelsgewerbe gilt (§ 2), so sind sie zur Annahme einer gemeinsamen Firma im Interesse der öffentlichen Ordnung, also öffentlich-rechtlich, verpflichtet und können vom Registerrichter zu deren Anmeldung zum Handelsregister durch Ordnungsstrafen angehalten werden; § 14. Soll nach dem zwischen ihnen bestehenden Gesellschaftsvertrag ein Teil der Gesellschafter den Gläubigern unbeschränkt, der andere beschränkt haften, so ist die Gesellschaft eine Kommanditgesellschaft und die Firma nach Vorschrift des § 19 Abs. 2, 4 zu bilden. Die Gesellschaft wird nicht dadurch, daß die Gesellschafter die Anmeldung als Kommanditgesellschaft unterlassen, zur offenen Handelsgesellschaft. Die Unterlassung der Herbeiführung der Eintragung hat nur die Haftung der beschränkt haftenden Gesellschafter wie unbeschränkt haftende zur Folge, § 176. Sie hebt aber die Verpflichtung zur Anmeldung, und zwar als Kommanditgesellschaft unter Angabe der Kommanditisten und der Haftsumme nicht auf (nach Schlegelberger-Gessler 4 können die Gesellschafter zur Anmeldung der beschränkten Haftung nicht gezwungen werden; wenn aber überhaupt die Gesellschaft aus öffentlich-rechtlichen Gründen angemeldet werden muß, muß sie auch so angemeldet werden wie sie besteht).

II. Die Gesellschafter und ihre Haftung

1. Zum Begriff der Kommanditgesellschaft gehört weiter das Vorhandensein **Anm. 9**
von zwei Arten von Gesellschaftern, solchen, die den Gesellschaftsgläubigern nur beschränkt und solchen, die ihnen unbeschränkt haften. Darin liegt der wesentliche Unterschied der Kommanditgesellschaft von der offenen Handelsgesellschaft, bei der alle Gesellschafter unbeschränkt haften.

Das Gesetz bezeichnet die unbeschränkt haftenden Gesellschafter als die **„persönlich haftenden"**, obwohl auch die beschränkt haftenden, die das Gesetz als Kommanditisten bezeichnet, persönlich, d. h. den Gläubigern unmittelbar, auch mit ihrem nicht in der Gesellschaft gebundenen Vermögen, ihrem Privatvermögen haften; der Unterschied liegt nur in der Unbeschränktheit der Haftung der Höhe nach bei der einen gegenüber der Beschränktheit der Haftung auf einen bestimmten Betrag bei der anderen Gruppe. Der persönlich haftende Gesellschafter wird auch Komplementär genannt.

Mindestens ein Gesellschafter muß persönlich, also unbeschränkt haften. Er haftet wie der Gesellschafter der offenen Handelsgesellschaft mit seinem ganzen Vermögen für die Verbindlichkeiten der Gesellschaft. Er kann unmittelbar von den Gläubigern der Gesellschaft in Anspruch genommen werden, haftet also nicht nur ersatzweise; ROHG 24, 166. Mehrere persönlich haftende Gesellschafter haften als Gesamtschuldner. Der einzelne haftet auch neben den Kommanditisten für dieselbe Schuld, nur ist die Haftung des letzteren dem Betrage nach beschränkt. Erwirbt ein Dritter das gesamte Vermögen der KG, so haftet er dessen Gläubigern nach § 419 BGB nur, wenn auch der Komplementär sein ganzes Vermögen auf ihn übertragen hat (BGH 27, 257).

Wie bei der offenen Handelsgesellschaft können die persönlich haftenden Gesellschafter und die Kommanditisten auch noch aus einem besonderen selbständigen Rechtsgrunde, z. B. einer Bürgschaft, einer Garantieübernahme für die Verbindlichkeiten der Gesellschaft haften; vgl. die Erl. zu § 128; OLG Karlsruhe in JurRundsch. 1 Nr. 2360.

Wie bei der offenen Handelsgesellschaft bezieht sich die Haftung nur auf das Verhältnis nach außen, zu den Gesellschaftsgläubigern. Sie gilt somit nicht für Verbindlichkeiten der Gesellschaft gegenüber den übrigen Gesellschaftern, soweit diese aus dem Gesellschaftsverhältnis entspringen.

Anm. 10 Im Verhältnis der Gesellschafter untereinander, im Innenverhältnis, kann durch den Gesellschaftsvertrag die Haftung der Gesellschafter abweichend von der gesetzlichen Regel geordnet werden. So kann bestimmt werden, daß alle Gesellschafter gleichmäßig zur Befriedigung der Gesellschaftsgläubiger beizutragen haben; dem nach außen unbeschränkt Haftenden kann das Recht auf Ausgleichung eingeräumt werden, d. h. das Recht, von den anderen, den unbeschränkt oder beschränkt haftenden, jederzeit Ersatz seiner Aufwendungen zur Befriedigung der Gläubiger ganz oder zu einem gewissen Betrage oder Befreiung von der Haftpflicht zu verlangen, vgl. auch § 168 Anm. 6 und § 164 Anm. 15. Den Kommanditisten kann zu diesem Zwecke die Leistung einer höheren Einlage als der von ihnen nach außen übernommenen Haftsumme zur Pflicht gemacht werden. Im inneren Verhältnis kann die Leistung der Kommanditisten auch höher bestimmt werden als die der persönlich haftenden Gesellschafter.

Anm. 11 **2.** Die **KG** ist kraft Rechtsform **Kaufmann.** Nach § 6 finden die Vorschriften für Kaufleute auf sie Anwendung. Ebenso ist der **Komplementär** in seiner Eigenschaft als Gesellschafter Kaufmann, § 105 Anm. 19a. Ob auch die Kommanditisten die Kaufmannseigenschaft besitzen, ist umstritten. Sie wird bejaht von Brüggemann in ds. Komm. § 1 Anm. 18 und Ritter § 1 Anm. 4a) ee), § 161 Anm. 2 mit der Begründung, auch im Namen des Kommanditisten als eines Mitträgers des Gesellschaftsvermögens und Unternehmens werde das Handelsgewerbe i. S. des § 1 betrieben. Ähnlich Ballerstedt (Jur. Schulung 1963, 259), der auch auf die gesellschaftliche Teilhabe am gemeinsamen Zweck hinweist. J. v. Gierke § 37 VII 2, Hueck Gesellschaftsrecht § 19 VI 2 und ihm folgend Schlegelberger-Gessler Anm. 27 vertreten eine vermittelnde Meinung. Sie sehen den Kommanditisten im Verhältnis zu seinen Mitgesellschaftern, zur Gesellschaft und auch zu den Gesellschaftsgläubigern als Kaufmann an, wenden also insoweit die Kaufmannsvorschriften an. Dagegen sollen alle Vorschriften, die eine unmittelbare Betätigung im Handelsgewerbe voraussetzen, nur für den Komplementär, nicht für den Kommanditisten gelten. Die Kaufmannseigenschaft des Kommanditisten wird schlechthin verneint von ROHG 14, 281; 16, 380; RG 55, 121 und 126, in HRR 1934 Nr. 143; RGSt. 69, 65; BGH 45, 282 = JZ 67, 221; OLG Hamburg Hans. GZ 1906, 156; Wieland I 755; Baumbach-Duden § 1 Anm. 3 B, § 161 Anm. 2 B. Einen besonderen Standpunkt vertreten Landwehr JZ 67, 198 und Lieb, DB 67, 759. Sie halten eine unterschiedliche Behandlung von Kommanditist und Komplementär in bezug auf die Kaufmannseigenschaft nicht für gerechtfertigt. Beide sind nach diesem Standpunkt nur in ihrer gesamthänderischen Verbundenheit Kaufleute („Gemeinschaftskaufleute").

Der differenzierenden Betrachtungsweise von v. Gierke, Hueck und Schlegelberger-Gessler ist zu folgen. Der Kommanditist ist Mitträger des gemeinsamen Unternehmens, insoweit betreibt er ein Handelsgewerbe. Aber ebenso wie der Komplementär nur in seiner Eigenschaft als Gesellschafter Kaufmann ist, ist es auch der Kommanditist nur in dem Umfang und in den Grenzen, in denen er Gesellschafterrechte und -pflichten im

Innen- und Außenverhältnis hat (ähnlich Westermann, Handbuch I 860). So gilt für seine Gläubigerhaftung nach § 171ff. der Zinssatz des § 352. So ist auch für ihn der Abschluß des Gesellschaftsvertrags ein Handelsgeschäft (vgl. § 105 Anm. 60a), so daß hierfür § 1027 Abs. 2 ZPO gilt. Leistet der Kommanditist Bürgschaft für eine Gesellschaftsschuld, so gehört das nicht zu seinen Gesellschafterpflichten. § 350 ist nicht anzuwenden. Gibt er aber gegenüber einem Gesellschaftsgläubiger bezüglich einer noch nicht geleisteten Einlage ein Schuldanerkenntnis ab, so handelt er im Rahmen seiner Gesellschafterpflichten. Es besteht Formfreiheit nach § 350. Verkauft er der Gesellschaft eine Sache, so gelten die §§ 433ff. BGB. Hat er eine bewegliche Sache als Einlage einzubringen, so sind, soweit Kaufvorschriften Platz greifen (Anm. 13, § 105 Anm. 45ff.), die über den Handelskauf anzuwenden.

3. Bei mindestens einem Gesellschafter muß die Haftung gegenüber den Gesellschaftsgläubigern auf den Betrag einer bestimmten Vermögenseinlage beschränkt sein. Anm. 12

Auch das ist begriffswesentlich für die Kommanditgesellschaft. Nach dem Wortlaut des Gesetzes ist die gesetzliche Festlegung der Haftung nach außen und deren Umfang an den Betrag einer bestimmten Vermögenseinlage gebunden. Es ist aber streng zu unterscheiden zwischen der Verpflichtung zur Einlage im Verhältnis der Gesellschafter untereinander und der Haftpflicht, zwischen **Einlagesumme** und **Haftsumme,** oder **Pflichteinlage** und **Hafteinlage,** vgl. Ritter 4b, Schlegelberger-Gessler 10, 11, Baumbach-Duden § 171 Anm. 1. Das Gesetz trifft diese Unterscheidung nicht mit genügender Deutlichkeit. In den §§ 161, 162, 171, 172, 174 und 175 meint es die Hafteinlage, in den §§ 167 (s. dort Anm. 11) und 169 die Pflichteinlage.

Die Verpflichtung zur Leistung der Einlage im inneren Verhältnis der Gesellschafter untereinander geht auf Zurverfügungstellung einer bestimmten vermögenswerten Leistung zum Zwecke der Erreichung des Gesellschaftszweckes. Die Einlage in diesem Sinne ist an die Gesellschaft, in das Gesellschaftsvermögen zu leisten. Als Bestandteil des Gesellschaftsvermögens dient die Einlage nach erfolgter Leistung wie andere Teile des Gesellschaftsvermögens den Gesellschaftsgläubigern als Befriedigungsmittel. Die Haftpflicht und die für ihre Begrenzung dienende Haftsumme hat aber nur das Verhältnis des Kommanditisten nach außen gegenüber den Gläubigern der Gesellschaft zum Gegenstande. Die Haftsumme begrenzt den Umfang dieser Haftung. Nur dies soll zum Ausdruck gebracht werden, wenn in § 161 gefordert wird, daß bei mindestens einem Gesellschafter die Haftung „auf den Betrag einer bestimmten Vermögenseinlage" beschränkt sein müsse. Die insbesondere in der Anmeldung zum Handelsregister liegende öffentliche Erklärung einer Person, daß sie sich als Kommanditist mit einer bestimmten Vermögenseinlage beteiligt, bedeutet danach, daß sie bis zu einem bestimmten Betrage, aber nicht darüber hinaus unmittelbar den Gesellschaftsgläubigern für die Verbindlichkeiten der Gesellschaft haften wolle. Die Begrenzung der Haftung „auf eine bestimmte Vermögenseinlage" enthält, wie sich aus § 171 Abs. 1, § 172 Abs. 4 ergibt, eine weitere Beschränkung der Haftung dahin, daß der Kommanditist seiner Haftpflicht genügt hat, solange er der Gesellschaft selbst den der Haftsumme entsprechenden Betrag als Einlage zur Verfügung gestellt hat. Solange dies der Fall ist, sollen sich die Gläubiger dem Kommanditisten gegenüber an das Gesellschaftsvermögen halten. Der Kommanditist haftet somit nicht dafür, daß den Gläubigern der Zugriff auf die Einlage bei der Gesellschaft auch tatsächlich möglich ist. Insofern bedeutet bei der Kommanditgesellschaft die Übernahme der Haftung auf den Betrag einer bestimmten Einlage nicht die Übernahme einer unbedingten Haftpflicht, wie sie bei der e. GenossenschaftmbH durch die Haftsumme (§§ 2, 131ff. GenG) zum Ausdruck kommt; DürHach. Anm. 7. Solange die Einlage nicht gemacht ist oder wenn sie wieder zurückgegeben ist, haftet der Kommanditist bis zu deren Höhe unmittelbar den Gläubigern mit seinem ganzen Vermögen. Es ist für die Haftung nach außen danach nicht nötig, daß der Kommanditist wirklich eine Einlage in das Gesellschaftsvermögen gemacht oder im inneren Verhältnis überhaupt die Leistung einer solchen versprochen hat. Insofern ist die Einlage nicht notwendiges Erfordernis der Eigenschaft der Gesellschaft als Kommanditgesellschaft und des einzelnen Gesellschafters als Kommanditisten. Nötig ist nur die Erklärung, die Haftung bis zu einem bestimmten Betrage, der Haftsumme, zu übernehmen; Wieland I 744 und 758 Anm. 4. Aber durch Leistung der Einlage in das Gesellschaftsvermögen kann sich der Kommanditist stets von der Haftung befreien; § 171: RG 51, 36.

Im inneren Verhältnis der Gesellschafter bestimmt der Gesellschaftsvertrag, ob und welche Einlage von den einzelnen Gesellschaftern, und zwar den persönlich haftenden oder den Kommanditisten, zu machen ist. Es gilt hier das gleiche wie bei der offenen Handelsgesellschaft. Die Einlage des Kommanditisten im inneren Verhältnis kann niederer sein als die Haftsumme; RG 150, 171; 163, 385. **Im Zweifel ist anzunehmen, daß Pflichteinlage und Hafteinlage gleich hoch sein sollen.** Der Kommanditist kann, anders als bei der stillen Gesellschaft (vgl. § 335) im inneren Verhältnis auch ganz von einer Beitragspflicht befreit werden. Durch Übernahme der Haftung allein trägt er dann ebenfalls zur Erreichung des Gesellschaftszweckes bei; DürHach. Anm. 7. Das gleiche gilt, wie bei der oHG, von dem persönlich haftenden Gesellschafter.

Anm. 13 Als Einlage kann im inneren Verhältnis eine **Geld- oder eine Sacheinlage** vereinbart werden; RG 2, 30; 150, 163, § 105 Anm. 17. Die Sacheinlage kann z. B. ein Handelsgeschäft, ein Patent, ein Fabrikgeheimnis sein. Auch das know how als die für die Anwendung eines bestimmten Verfahrens erforderlichen, nicht offenkundigen Kenntnisse und Erfahrungen ist einbringungsfähig (Barz, Know how als Einbringungsgegenstand, Festschr. f. W. Schmidt 1959 S. 157). Forderungen, auch erst in der Zukunft entstehende und solche gegen die Gesellschaft, z. B. Warenforderungen eines Dritten, der der Gesellschaft als Kommanditist beitritt, oder Forderungen gegen den früheren Geschäftsinhaber, der sein Unternehmen in die neu zu gründende Gesellschaft einbringt, sind zulässige Einlagen; RG in HoldhMschr. 14, 199; in JW 1906, 432[22]. Diese Art der Einlage kommt namentlich bei der Sanierung eines Unternehmens in Betracht.

Einlage kann auch die **Leistung von Diensten** sein. Es ist kein Grund ersichtlich, weshalb die Einlage nur in Geld oder anderen Sachwerten, z. B. Waren oder Rohstoffen, geleistet werden könnte, durch deren Verwertung die Gesellschaft sich die erforderlichen Dienstleistungen, wie die Erbauung eines Fabrikgebäudes verschaffen könnte, nicht aber unmittelbar in den Dienstleistungen eines Architekten. Die Bedeutung der Einlage des Kommanditisten als Maßstab für die Haftung des Kommanditisten gegenüber den Gesellschaftsgläubigern steht nicht entgegen. Auch das bei den Kapitalgesellschaften bestehende Bedenken gegen die Zulassung von Diensten als Einlage (vgl. Barz in GroßkommAktG 3. Aufl. § 27 Anm. 7, Schilling in Hachenburg § 5 Anm. 21) gilt hier nicht. Die Befreiung des Kommanditisten von der Haftpflicht tritt erst ein, wenn der Kommanditist die Dienste der Gesellschaft geleistet hat und damit der darin liegende Vermögenswert der Gesellschaft tatsächlich zugeflossen ist. Die Höhe der Leistung ist allerdings im Gesellschaftsvertrag wie auch in der Anmeldung auf einen bestimmten Markbetrag zu beziffern. Dieser kann aber wie der Wert anderer Sacheinlagen, z. B. eines eingebrachten Grundstücks durch Schätzung oder in anderer Weise bestimmt werden. Ebenso kann bestimmt werden, wieweit der Kommanditist durch die bisher geleisteten Dienste von der Haftung frei geworden ist; Wieland I 763; DürHach. Anm. 8. Die Verpflichtung zur bloß gelegentlichen aushilfsweisen Leistung von Diensten ist als Einlage eines Kommanditisten nicht geeignet, da sie nicht mit einem bestimmten Geldbetrag bewertet werden kann; Schlegelberger-Gessler 15.

Im **inneren Verhältnis** unter den Gesellschaftern ist es ausschließlich Sache der Gesellschafter, wie eine Sacheinlage, auch Dienste bewertet werden sollen und ob durch ihre Leistung die (innere) Einlagepflicht erfüllt ist. Für die Sach- und Rechtsmängelhaftung gilt das in § 105 Anm. 45—45e Gesagte. Damit der Kommanditist durch Leistung seiner Einlage von der **Haftpflicht** befreit wird, muß aber der Gesellschaft, objektiv betrachtet, eine Leistung zugeflossen sein, die dem **Werte** nach dem in Geld ausgedrückten Betrage entspricht; D I 112; RG 51, 33; 63, 266; 150, 163; in HoldhMschr. 1911, 147; Schlegelberger-Gessler 19; DürHach. Anm. 8. Soweit es sich um bereits bewirkte Leistungen handelt, ist maßgebend der Wert in dem Zeitpunkt, in dem die Leistung dem Vermögen der Gesellschaft zugeflossen ist. Dies gilt auch dann, wenn von der Gesellschaft statt der vereinbarten Leistung eine Ersatzleistung angenommen worden ist. Auch wenn ein Erwerbsgeschäft eingebracht ist, ist für die Haftung des Kommanditisten der **wahre Wert** im Zeitpunkt der Übernahme durch die Gesellschaft entscheidend, auch wenn im Verhältnis der Gesellschafter untereinander in zulässiger Weise die Werte der letzten Jahresbilanz zugrunde gelegt sind; ist danach der innere Wert des Geschäfts (Firmenwert) nicht berücksichtigt, so kann dieser dem Kommanditisten in der Frage seiner Befreiung von der Haftung doch zugute kommen.

Als Leistung einer Einlage mit der Wirkung der Befreiung des Kommanditisten von der Haftpflicht ist nicht anzusehen, was im Zeitpunkt der Leistung auch für die Gesellschaft keinen in Geld schätzbaren Vermögenswert hat. Dieser Fall kann vorliegen bei einer nicht übertragbaren, jederzeit widerruflichen behördlichen Konzession oder einer bloßen Kreditgewährung (durch ein Darlehen oder Stundung des Kaufpreises einer Warenlieferung); RG 31, 72. Doch kann auch in diesen Fällen der Gesellschaft ein durch Schätzung oder in anderer Weise feststellbarer Vermögenswert zufließen; insbesondere kann die Ausnutzung einer Gewerbekonzession von bestimmter Dauer für die Gesellschaft einen Vermögenswert darstellen, insbesondere wenn sie auf längere Zeit tatsächlich für die Gesellschaft ausgeübt wird. Die Einlage ist dann ganz oder teilweise geleistet, wenn und soweit die Genehmigung von der Gesellschaft genutzt worden ist. Ein Vermögenswert fließt der Gesellschaft auch zu, wenn sie durch eine Kreditgewährung Zinsen oder die Kosten für die Aufnahme eines Bankkredits spart oder wenn der Kommanditist sich für die Gesellschaft verbürgt und an Stelle der Gesellschaft die Schuld tatsächlich getilgt hat; Schlegenberger-Gessler 16; DürHach. Anm. 8; Ritter Anm. 4b.

Die Beschränkung der Haftung tritt nur ein, wenn die sie aussprechende Erklärung nach außen, durch Eintragung oder handelsübliche Bekanntmachung, abgegeben worden ist, und wenn sie auf einen bestimmten in Deutscher Mark ausgedrückten Geldbetrag lautet. Letzteres ist auch dann erforderlich, wenn im inneren Verhältnis die Einlagepflicht auf Leistung von Sachwerten, insbesondere von Diensten geht; D. I 115; RG 150, 163; Schlegenberger-Gessler 9. **Anm. 14**

Mit der Abgabe der öffentlichen Erklärung entsteht die Kommanditisteneigenschaft mit der Wirkung der Haftung nach außen, nicht durch die Leistung der Einlage.

Wegen der Art der Kundgebung im einzelnen, der Folgen der Kenntnis des einzelnen Gläubigers von der Beschränkung der Haftung, der Geltendmachung der Haftung, der Folgen der Leistung der Einlage, und einer Teilleistung, der Vereinbarung, daß die Leistung der Einlage in Raten (oder durch fortlaufende Dienste) zu erfolgen habe; vgl. die Erl. zu §§ 171—173, 176.

Im inneren Verhältnis unter den Gesellschaftern kann wirksam vereinbart werden, daß der Kommanditist die nach außen übernommene und insofern durch den Gesellschaftsvertrag nicht abdingbare Haftung nicht zu tragen hat. Er kann, wie der persönlich haftende Gesellschafter, von den Folgen der Haftung in der Weise entlastet werden, daß ihm die Mitgesellschafter oder die Gesellschaft alsbald das auf Grund der Haftpflicht Geleistete zu erstatten haben oder daß sie ihn den einzelnen Gläubigern gegenüber von der Haftung, z. B. durch Befriedigung des Gläubigers zu befreien haben. Übernehmen die übrigen Gesellschafter eine solche Verpflichtung, so liegt darin zugleich eine Erhöhung ihrer Beitragspflicht im inneren Verhältnis. **Anm. 15**

Da Einlagepflicht und Haftpflicht verschieden sein können, kann im inneren Verhältnis auch die Beitragspflicht des Kommanditisten höher sein als seine Haftpflicht. So kann vereinbart werden, daß der Kommanditist neben der Einlage, die die Grundlage der Haftpflicht sein soll, noch weitere Beiträge, z. B. neben der Bareinlage Dienste zu leisten hat; DürHach. Anm. 8 Abs. 7. Als Einlage im Sinne der §§ 161, 162, 172, 173, 176 ist dann, um Mißverständnisse und eine nicht gewollte Haftung zu vermeiden, nur der Betrag anzumelden, durch dessen Höhe die Haftpflicht umgrenzt werden soll.

4. Gesellschafter der Kommanditgesellschaft als persönlich haftender Gesellschafter oder als Kommanditist kann jeder werden, der Gesellschafter einer offenen Handelsgesellschaft werden kann; also jede rechtsfähige, insbesondere auch eine juristische Person, auch eine geschäftsunfähige und in der Geschäftsfähigkeit beschränkte Person, vgl. § 105 Anm. 23ff.; RG 123, 369; Schlegelberger-Gessler Anm. 20, 21; Ritter Anm. 2; zur GmbH u. Co. im besonderen s. Anm. 20—26. **Anm. 16**

Auch eine offene Handelsgesellschaft oder Kommanditgesellschaft kann Gesellschafter einer Kommanditgesellschaft sein. Die beitretende Gesellschaft als solche, nicht ihre Mitglieder, wird dann Gesellschafter der anderen Gesellschaft und haftet mit ihrem Vermögen nach der Art ihrer Beteiligung beschränkt oder unbeschränkt. Ihre

Mitglieder haften nur, soweit sie für die Verbindlichkeiten der Gesellschaft beschränkt oder unbeschränkt haften; DürHach. Anm. 11. Ein Einzelkaufmann kann unter seiner Firma als Kommanditist beitreten und eingetragen werden (§ 17), letzteres aber unter Hinzufügung seines bürgerlichen Namens (Firma X, Inh. Y). Denn Kommanditist ist diese natürliche Person, nicht die Firma als solche oder ihr jeweiliger Inhaber (KG Recht 1929 Nr. 2008).

Anm. 17 Der Beitritt einer geschäftsunfähigen oder in der Geschäftsfähigkeit beschränkten Person zu einer KG, sei es als Komplementär sei es als Kommanditist, bedarf stets der **vormundschaftsgerichtlichen Genehmigung** gemäß § 1822 Z. 3 BGB, denn auch der Kommanditist ist als Träger des Gesellschaftsvermögens Mitinhaber des gemeinsamen Unternehmens und als solcher am Betrieb des Erwerbsgeschäfts mitbeteiligt (BGH 17, 160 = LM § 1822 Z. 3 BGB Nr. 3 m. Anm. v. Fischer; § 105 Anm. 24; a. M. die Vorauflage). Das gleiche gilt für das rechtsgeschäftliche Ausscheiden dieser Person (vgl. auch Anm. 28). Dagegen bedarf die sonstige Änderung des Gesellschaftsvertrags, auch der Ein- und Austritt anderer Gesellschafter, nicht der Genehmigung des Vormundschaftsgerichts (BGH 38, 26; umstritten, s. Palandt § 1822 Anm. 4b). Zu beachten ist aber, daß die Änderung durch einstimmigen Gesellschafterbeschluß ein Rechtsgeschäft i. S. des § 181 BGB darstellt. Der Minderjährige muß daher durch einen Pfleger vertreten werden, wenn sein gesetzlicher Vertreter Mitgesellschafter ist (§§ 1629, 1795 Abs. 2, 1909 BGB; BGH LM § 138 HGB Nr. 8).

Anm. 18 Durch das eheliche Güterrecht wird ein **Ehegatte** nicht gehindert, Gesellschafter einer KG zu werden. Zu beachten ist aber § 1365 BGB, wonach ein Ehegatte sich nur mit Einwilligung des anderen verpflichten kann, über sein Vermögen im ganzen zu verfügen; s. im einzelnen § 105 Anm. 25b—d. Im gesetzlichen Güterstand der Zugewinngemeinschaft verwaltet der Ehegatte seine Beteiligung selbständig, § 1364 BGB, ebenso bei der Gütertrennung (1414). Überläßt ein Ehegatte seine Kommanditbeteiligung der Verwaltung des anderen Ehegatten (§ 1413), so gilt das in Anm. 34 Gesagte. Bei der Gütergemeinschaft wird der Kommanditanteil Sondergut, wenn der Gesellschaftsvertrag nicht die rechtsgeschäftliche Übertragung, sei es auch nur unter bestimmten Voraussetzungen, gestattet, § 1417 Abs. 2. Gehört der Anteil zum Gesamtgut, so ist eine gemeinschaftliche Verwaltung gemäß § 1421 nur möglich, wenn beide Ehegatten Gesellschafter sind oder die anderen Gesellschafter mit der Mitverwaltung des nicht der Gesellschaft angehörenden Ehegatten einverstanden sind. Es gilt das in Anm. 34 Gesagte auch hier; s. auch § 105 Anm. 25f—h.

Anm. 19 Eine Gesellschaft des bürgerlichen Rechts kann nicht Mitglied einer Kommanditgesellschaft sein, da sie nicht wie die Handelsgesellschaften unter ihrem Namen Träger von Rechten und Pflichten sein kann.

Das gleiche gilt von einer Erbengemeinschaft; BGH 22, 186 (192); KGJ 37 A 145; OLG Dresden in OLGR 40, 190; Schlegelberger-Gessler Anm. 22. Wird ein persönlich haftender Gesellschafter von mehreren Personen beerbt und machen diese von dem ihnen nach § 139 oder nach dem Gesellschaftsvertrag zustehenden Rechte Gebrauch, Kommanditisten zu werden oder wird ein Kommanditist von mehreren Personen beerbt, so wird jeder Miterbe für seine Person mit einer für ihn besonders zu berechnenden, seiner Beteiligung am Nachlaß entsprechenden Vermögenseinlage Kommanditist; es tritt eine Sonderrechtsnachfolge ein, BGH 22, 186; Siebert, Gesellschaftsvertrag und Erbrecht bei der offenen Handelsgesellschaft, 3. Auflage Karlsruhe 1958; vgl. die Erl. zu §§ 139, 177; KGJ 37 A 145; OLG Hamburg in HansGZ 1912, 283; Dresden in OLGR 40, 190; Kretzschmar in ZBlFG 17, 10; DürHach. § 177 Anm. 5; Ritter Anm. 2; a. A. KGJ 44, 133.

Wird ein Vorerbe als solcher Kommanditist, so ist er es mit allen Rechten und Pflichten eines solchen, bis die Vorerbschaft beendet ist. Dann tritt der Nacherbe an seine Stelle; KG in DNotVZ 1926, 488 Anm. 1b.

III. Die GmbH & Co.

Anm. 20 **1. Schrifttum:**

Wieland, Handelsrecht I 1921 § 85 C V 1; Zielinski, Grundtypenvermischung und Handelsgesellschaftsrecht, Marburg 1925; Ritter, Kommentar zum HGB 2. Aufl.

1932, München und Berlin § 105 Anm. 2b; Ernst A. B. Flechtheim, Die kapitalistisch ausgestattete Personengesellschaft, Mannheim 1924, S. 4ff.; Boesebeck, Die „kapitalistische" Kommanditgesellschaft, Frankfurt/Main 1938 S. 72ff.; Hueck, Die offene Handelsgesellschaft, 3. Aufl. 1964 § 2 I 2; J. v. Gierke, Handels- und Schiffahrtsrecht 7. Aufl. 1955 § 32 I 4; Lehmann, Gesellschaftsrecht 2. Aufl. 1959 § 23 III, § 62; Haupt-Reinhardt, Gesellschaftsrecht 4. Aufl. 1952 § 13 I 3a, § 20 IV 5a; Fischer in ds. Komm. § 105 Anm. 26; Schlegelberger-Gessler, Kommentar zum HGB 4. Aufl. 1963 § 105 Anm. 25, 26; Baumbach-Duden, HGB § 105 Anm. 1 C, § 161 Anm. 2 C; Scholz, Kommentar zum GmbH-Gesetz 4. Aufl. 1960 § 2 Anm. 6; Schilling in Hachenburg, Kommentar zum GmbH-Gesetz 6. Aufl. 1956 § 13 Anm. 7, 7a, derselbe JR 1964, 252 (Besprechung des nachstehend genannten Handbuchs von Hesselmann); derselbe, Rechtspolitische Gedanken zur GmbH & Co., Festgabe für Otto Kunze, Berlin 1969 S. 189; Hesselmann, Handbuch der GmbH & Co. 11. Aufl. 1970; Riechert, Die Firma der GmbH &. Co., DB 56, 493; Lutter, Kapital, Sicherung der Kapitalaufbringung und Kapitalerhaltung in den Aktien- und GmbHRechten der EWG 1964; Simon, Kann die GmbH & Co. KG Inhaberin der Geschäftsanteile ihrer persönlich haftenden Gesellschafterin sein? DB 63, 1209; George, Sachfirma der GmbH bei einer GmbH & Co. Kommanditgesellschaft BB 64, 326; Gonella, Kann die GmbH &. Co., Inhaberin sämtlicher Geschäftsanteile ihrer alleinigen persönlich haftenden GmbH-Komplementärin sein? DB 65, 1165; Howaldt, Gefahren der GmbH & Co. KG, Dissertation Hamburg 1965; Böttcher, Die GmbH & Co., Forkelreihe Stuttgart 1966; Mertens, Die Einmann-GmbH & Co. KG und das Problem der gesellschaftsrechtlichen Grundtypenvermischung, NJW 66, 1049; derselbe, GmbH & Co. und Gesellschaftsrechtsdogmatik, GmbH-Rdsch. 67, 45; Sudhoff, Der Gesellschaftsvertrag der GmbH & Co., München 1967, derselbe, Die gesellschaftsrechtliche Problematik der GmbH & Co., NJW 67, 2133 u. 2188; Aktuelle Probleme der GmbH & Co., Köln 1967 mit Beiträgen von Wiethölter, Sudhoff, Hesselmann, Böttcher, Meyer-Arndt und Dornfeld; Kuhn, Haftungsprobleme bei der GmbH & Co., Ehrengabe f. Heusinger 1968, S. 203; Winkler, Die Haftungsverfassung der GmbH & Co. (KG), NJW 69, 1009.

2. In Anm. 16 wurde schon darauf hingewiesen, daß Gesellschafter der KG jeder werden kann, der auch Gesellschafter der oHG sein kann, auch eine juristische Person, insbesondere eine GmbH, AG oder Stiftung, und zwar sowohl als Kommanditist wie als Komplementär. Besonders stark hat sich in der Praxis die GmbH & Co. KG durchgesetzt, bei der die GmbH meist einziger Komplementär der KG ist (im folgenden GmbH & Co. genannt). Die GmbH & Co. — eine Erfindung der Kautelarjurisprudenz aus dem Anfang unseres Jahrhunderts — ist eine geschickte Verbindung der Vorteile beider Gesellschaften. Das Personengesellschaftsrecht steuert zu dieser Mischung die elastischen und formfreien Vorschriften über Gründung und Auflösung und über Entnahmen — auch des Haftkapitals — bei, das GmbH-Recht den „unsterblichen" Geschäftsführer, die Drittorganschaft und, wenn, wie in der Regel, die GmbH einziger Komplementär ist, die Haftungsbeschränkung aller als Gesellschafter beteiligten natürlichen Personen. Seitdem die GmbH & Co. (in den 50er Jahren) ertragssteuerlich uneingeschränkt als Personengesellschaft anerkannt wurde (vgl. bei Hesselmann den Abschnitt D), wurde sie zu einer beliebten Gesellschaftsform für kleine und mittlere Unternehmen mit geringer Gesellschafterzahl. Sie dient der Verselbständigung und Festigung des Unternehmens gegenüber den Gesellschaftern. Gegenüber diesem Verwendungszweck ist der als Verbindung mehrerer selbständiger Unternehmen (s. darüber Zielinski) zurückgetreten. Anm. 21

Die Eigenart der heute vorherrschenden Erscheinungsform der GmbH & Co. liegt darin, daß zwei gesellschaftsrechtliche Organisationen für ein Unternehmen gebildet werden. Dabei sind zwei Fälle zu unterscheiden. In dem einen Fall sind die Gesellschafter der geschäftsführenden GmbH ganz oder teilweise andere Personen als die Kommanditisten, oder die Beteiligungen bei beiden Gesellschaften sind verschieden, etwa in der Weise, daß bei der Umwandlung einer KG in eine GmbH & Co. die früheren persönlich haftenden Gesellschafter die Anteile der nunmehr als Komplementär fungierenden GmbH allein oder mehrheitlich besitzen. Der andere Fall ist in der Praxis häufiger: Alle Gesellschafter sollen an beiden Gesellschaften im gleichen Verhältnis beteiligt sein. Hier muß für eine **einheitliche Willensbildung** in beiden Gesellschaften Vorsorge getroffen werden. Das geschieht vor allem durch Vertragsbestimmungen, die die Beteiligungsgleichheit bei beiden Gesellschaften gewährleisten (Anm. 22). Gerade hier liegt aber der Ansatzpunkt zu einer weiteren Entwicklung: Um die Klammer zwischen KG und GmbH unlösbar, d. h. unabhängig vom Wechsel der Gesellschafter zu machen, ist die Vertragspraxis in manchen Fällen dazu übergegangen, die Geschäftsanteile der GmbH in das Gesellschaftsvermögen der KG zu legen, so daß beide Gesellschaften wechselseitig aneinander beteiligt sind. Hierdurch entstehen besondere Probleme (Anm. 26).

Die GmbH & Co. ist **Kommanditgesellschaft.** Es gelten daher die §§ 161 ff. Andererseits untersteht die GmbH den Bestimmungen des GmbH-Gesetzes. Das kann zu Zweifelsfragen im Innen- und Außenverhältnis führen, vgl. Anm. 23, 24.

Die Zulässigkeit der GmbH & Co. ist mit der h. M. zu bejahen, vgl. die in Anm. 20 angeführte Literatur mit Ausnahme von Wieland, Ritter und Haupt-Reinhardt; Bedenken haben Lehmann, v. Gierke und Baumbach-Duden; für Zulässigkeit auch BGH in GmbH-Rdsch. 57, 41 = WM 56, 61; BGH 46, 7 (13).

Anm. 22 **3.** Werden bei der GmbH & Co. zwei gesellschaftsrechtliche Organisationen mit denselben Gesellschaftern und dem gleichen Beteiligungsverhältnis für ein Unternehmen gebildet und miteinander verbunden, so kann dieses nur gedeihlich geführt werden, wenn eine einheitliche **Willensbildung** in beiden Gesellschaften — KG und GmbH — gewährleistet ist. Dafür müssen die Gesellschaftsverträge Vorsorge treffen. Einmal in der Richtung, daß die verhältnismäßige Beteiligungsgleichheit gewahrt wird. Es muß daher in den Gesellschaftsverträgen bestimmt werden, daß beiden Gesellschaften nur die gleichen Gesellschafter mit einer verhältnismäßig gleichen Beteiligung angehören dürfen. Sodann müssen die möglichen Fälle des Ausscheidens und des Eintritts von Gesellschaftern (durch Veräußerung, Vererbung, Pfändung von Anteilen) in beiden Verträgen mit dem gleichen Ergebnis geregelt werden. Entsprechende Verpflichtungen sind in beiden Verträgen festzusetzen. Weiter muß die Einheitlichkeit der Willensbildung dadurch gewährleistet werden, daß jeder Gesellschafter das verhältnismäßig gleiche Stimmrecht hat und daß für den gleichen Beschlußgegenstand, z. B. Verträgsänderung oder Zustimmung zur Veräußerung der Beteiligung, die gleiche Mehrheit (oder Einstimmigkeit) gilt. Zweckmäßigerweise wird dabei die Beteiligung der GmbH an der KG stimmrechtslos gemacht.

Es ist aber weiter zu bedenken, daß das Gesetz die Bildung des Gesellschaftswillens für beide Gesellschaften grundsätzlich verschieden geregelt hat (vgl. auch Vorbem. 3c). Bei der KG sind — ähnlich wie bei der AG — die Gewalten geteilt. Den Komplementären obliegt die Geschäftsführung, soweit sie nicht über den gewöhnlichen Betrieb des Handelsgewerbes der Gesellschaft hinausgeht (§ 164). Die Kommanditisten wirken nur bei außergewöhnlichen Geschäften mit und sind im übrigen auf die Kontrolle beschränkt (§ 166). Für die Änderung des Gesellschaftsvertrags, wozu auch der Gesellschafterwechsel gehört, ist Übereinstimmung aller Gesellschafter erforderlich. Ganz anders ist die GmbH strukturiert: Bei ihr ist die Gesellschafterversammlung das oberste Organ. Mit einfacher Mehrheit bestellt sie die Geschäftsführer und beruft sie ab. Diese sind an ihre Weisungen gebunden (§ 47 Abs. 1 GmbHG). Änderungen des Gesellschaftsvertrages können mit $^3/_4$-Mehrheit vorgenommen werden. Der Gesellschafterwechsel vollzieht sich außerhalb des Gesellschaftsvertrages. Diese Verschiedenheit wird bei der Abfassung der Gesellschaftsverträge oft nicht genügend berücksichtigt, so daß sich Zweifelsfragen ergeben.

Anm. 23 **a)** Die Geschäftsführer der GmbH werden nach GmbH-Recht **bestellt und abberufen.** Nach § 38 GmbHG ist die Bestellung jederzeit widerruflich, wenn der Gesellschaftsvertrag nichts anderes bestimmt. Erfolgt die Bestellung eines Gesellschafters zum Geschäftsführer im Gesellschaftsvertrag, so ist es eine Auslegungsfrage, ob ihm damit ein Sonderrecht verliehen wird, so daß er nur aus wichtigem Grund abberufen werden kann (vgl. Schilling in Hachenburg § 6 Anm. 5, § 14 Anm. 18, § 35 Anm. 7, 8). Bei der GmbH & Co. wird dies im Zweifel anzunehmen sein. Es liegt ein ähnlicher Fall vor, wie wenn dem Kommanditisten in der KG Geschäftsführungsbefugnis erteilt wird. Auch diese kann nur aus wichtigem Grund gemäß § 117 entzogen werden (§ 164 Anm. 12). Hat der Gesellschafter-Kommanditist ein Sonderrecht auf die Geschäftsführung, so wird er in der Regel — entsprechend § 114 — auch dazu verpflichtet sein. Er kann also auch seinerseits nur aus wichtigem Grund kündigen.

b) Ist ein Gesellschafter Geschäftsführer, so kann zweifelhaft sein, ob er der **Weisungsbefugnis** der anderen Gesellschafter unterliegen soll. Im Verhältnis zwischen ihnen und der Komplementär-GmbH gilt KG-Recht. Diese ist also in der Geschäftsführung nicht weisungsgebunden, soweit der Gesellschaftsvertrag nichts anderes vorsieht. Aber die Weisungsfreiheit können die Kommanditisten „überspielen", indem sie als GmbH-Gesellschafter Geschäftsführungsbeschlüsse fassen. Denn die Geschäftsführung der KG ist Zweck der GmbH und gehört deshalb zu ihren Angelegenheiten i. S. des § 47 Abs. 1 GmbHG. Ähnlich verhält es sich mit dem **Auskunftsrecht.** Gegenüber der Komplementärin hat es der einzelne Kommanditist im Rahmen des § 166. Auch als einzelnem Gesellschafter der GmbH steht ihm ein — wenn auch anders geartetes — Auskunftsrecht gegenüber der Geschäftsführung zu (vgl. BGH 14, 53; Schmidt-Goerdeler in Hachenburg § 45 Anm. 56). — Aber daneben und darüber hinaus können die Gesellschafter der GmbH durch einfachen Mehrheitsbeschluß jederzeit jede Auskunft und jede Vorlage von den Geschäftsführern verlangen. Hier zeigt sich, wie sich in der GmbH & Co., obwohl sie KG ist, Elemente einer körperschaftlichen Verfassung durchsetzen.

c) GmbH-Recht setzt sich in der Frage der **Sorgfaltspflicht** durch. Die Komplementärin haftet für das Maß von Sorgfalt, das sie in eigenen Angelegenheiten anzuwenden pflegt (§ 708 BGB, § 116 Anm. 18). Da die Angelegenheiten der GmbH von ihren Geschäftsführern besorgt werden, gilt der strengere und zwingende Haftungsmaßstab des § 43 GmbHG d. i. die Sorgfaltspflicht eines ordentlichen Geschäftsmanns, auch im Verhältnis der GmbH zur KG. Auch das **Wettbewerbsverbot** des Geschäftsführers ergibt sich nicht aus KG-Recht (vgl. § 165), sondern aus seiner Treupflicht gegenüber der GmbH (Schilling in Hachenburg § 35 Anm. 52), deren Geschäftsbetrieb derjenige der GmbH & Co. ist.

4. Die **Firma** der GmbH & Co. richtet sich nach § 19, die der GmbH nach § 4 GmbHG. Tritt die GmbH in eine bestehende Einzelkaufmannsfirma oder Handelsgesellschaft ein, so gilt § 24. Auch wenn dann die GmbH einzige Komplementärin ist, kommt in der Firma nicht zum Ausdruck, daß keine natürliche Person mehr persönlich haftet. Das ist zulässig (BayObLG NJW 66, 2173). Denn der Kontinuitätsgrundsatz der §§ 22 und 24 verdrängt auch in anderen Fällen den Grundsatz der Firmenwahrheit. Anders beim Ausscheiden der GmbH aus der GmbH & Co., deren Firma gemäß § 19 Abs. 2 aus ihrem Namen gebildet worden ist: Hier kann die bisherige Firma nur fortgeführt werden, wenn das Ausscheiden der GmbH durch Streichung des Gesellschaftszusatzes **„GmbH"** oder durch Beifügung eines Nachfolgezusatzes erkennbar gemacht wird. Das entspricht einem allgemeinen Grundsatz (BGH 44, 286). **Anm. 24**

Der Zusatz „GmbH" kann in dieser abgekürzten Form verwendet werden. Die gegenteilige Meinung (in Hachenburg § 4 Anm. 6) wird aufgegeben. Die Abkürzung hat sich gegen den Wortlaut des § 4 Abs. 2 GmbHG gewohnheitsrechtlich durchgesetzt und ist heute allgemein verständlich. Auch der das Vorhandensein einer Personengesellschaft andeutende Zusatz (§ 19 Abs. 1) „KG" oder „& Co." oder „& Cie." kann abgekürzt werden (Anm. 6). Die Gesellschaftszusätze „GmbH" und „KG" können unmittelbar hintereinander folgen (streitig, vgl. Hesselmann C I 4a), aber nur in dieser Reihenfolge. Würde „GmbH" am Schluß der Firma stehen, so könnte im Verkehr der Eindruck entstehen, daß die GmbH & Co. nicht eine KG, sondern eine GmbH wäre.

Bei der GmbH & Co. zeugt die Unternehmens- und Unternehmereinheit auch firmenrechtliche Konsequenzen: Die Sachfirma der GmbH kann dem Gegenstand des Unternehmens der KG entnommen werden. Denn dieser ist auch derjenige der GmbH. Darüber hinaus ist eine Sachfirma der GmbH, die dem Gegenstand der KG fremd ist, unzulässig, weil täuschend. Die Firma „Parfümeriefabrik Duftstadt GmbH" kann nicht Bestandteil der Firma einer KG werden, die eine Düngemittelfabrik betreibt. Ferner: § 30 ist auf die GmbH & Co. nicht anzuwenden (streitig, wie hier Hesselmann C I 4 b; a. A. BGH 46, 7; wie hier Mertens GmbHRdsch. 67, 48). Er setzt voraus, daß die beiden Firmen mit den verwechslungsfähigen Namen verschiedene Unternehmen betreiben. Betreiben sie nur eines, so kann es keine Verwechslungen geben.

Anm. 25 5. Die Zulässigkeit der GmbH & Co. ist insbesondere unter dem Gesichtspunkt des **Gläubigerschutzes** bezweifelt worden. Es sei nicht angängig, daß die geschäftsführenden Gesellschafter nicht unbeschränkt für die Verbindlichkeiten der Gesellschaft hafteten. Aber das verlangt das Gesetz auch bei den Kapitalgesellschaften nicht. Bei der Kommanditgesellschaft ist die gesetzliche Regelung, wonach Unternehmensleitung und unbeschränkte Haftung miteinander verknüpft sind, nicht zwingend (BGH 45, 204; vgl. auch Vorbem. 9 a. E.). Übrigens ist auch die Haftung der Komplementär-GmbH eine unbeschränkte (Kuhn wie in Anm. 20 S. 203).

Die Kommanditisten, die zugleich Gesellschafter der Komplementär-GmbH sind, haften in zwei Richtungen. Einmal als Kommanditisten den Gläubigern der Gesellschaft unmittelbar, aber beschränkt auf ihre Haftungseinlage (Anm. 12) gemäß den §§ 171, 172 (Außenhaftung). Als GmbH-Gesellschafter schulden sie der Gesellschaft ihre Einlage und haften ihr darüber hinaus gesamtschuldnerisch für Ausfälle bei der Aufbringung des Stammkapitals durch die anderen Gesellschaften, §§ 19—25 GmbHG (Innenhaftung). Die Erhaltung des Stammkapitals ist durch die §§ 30, 31 geschützt, die die gleiche Haftung für die Rückzahlung von Einlagen vorsehen. Bei der GmbH & Co. kann nun eine Rückzahlung von Stammeinlagen der GmbH auch mittelbar erfolgen, indem der Gesellschafter seine von der GmbH als ihre Einlage an die KG geleistete Einlage entnimmt. Soweit hierdurch das Vermögen der GmbH — einschließlich ihres Anteils an der KG — unter die Ziffer des Stammkapitals sinkt, greift die Schutzwirkung des § 30 ein. Alle GmbH-Gesellschafter haften gemäß § 31 für die Rückerstattung (Winkler NJW 69, 1011, teilweise abweichend Kuhn wie in Anm. 20 S. 314ff.). Umgekehrt liegt ein Fall des § 172 Abs. 4 Satz 1 vor, wenn die Hafteinlage des Kommanditisten in das Vermögen der Komplementär-GmbH überführt und ihm von dieser ausbezahlt wird, vgl. § 172 Anm. 29.

Anm. 26 6. Um dem Ziel einer „Einheitsgesellschaft" (vgl. Sudhoff wie in Anm. 20 S. 47ff.) näherzukommen, bringen gelegentlich die Gesellschafter ihre GmbH-Anteile in die KG ein. Diese ist dann einzige Gesellschafterin der GmbH, die ihrerseits einziger Komplementär der KG ist. Es entsteht die GmbH & Co. **mit wechselseitiger Beteiligung.** Die Gesellschafter selbst haben nur noch eine Beteiligung, die bei der KG. Die Sorge um die einheitliche Willensbildung (Anm. 22) ist beseitigt. Jedoch ist diese Vertragsgestaltung unter 2 Gesichtspunkten bedenklich:

a) Es entsteht das Problem der Einlagenrückgewähr (bei der GmbH), wenn die KG die Geschäftsanteile von den Kommanditisten käuflich erwirbt und dafür das von der GmbH als Einlage bei der KG eingezahlte Stammkapital verwendet (vgl. das von Gonnella DB 65, 1165 gebildete und von Sudhoff S. 42 behandelte Beispiel). Für die Haftung der Gesellschafter gilt das in Anm. 25 a. E. gesagte. Gründet die KG die GmbH und verwendet für die Einzahlung Kommanditeinlagen, die sie dann wieder als Einlage der nunmehr in die KG als Komplementärin eintretenden GmbH zurückerhält, so wird das Haftkapital der Gesellschaften zum Schein verdoppelt **(Scheinkapital).** Das Kapital wechselseitig beteiligter Gesellschaften ist in dem Bruchteil nicht vorhanden („illusionär"), der dem Produkt der Quotienten der gegenseitigen Beteiligungen entspricht (Lutter wie in Anm. 20 S. 189 zu Fußn. 63—65). Hieraus kann sich eine Haftung der Beteiligten wegen Täuschung des Rechtsverkehrs ergeben (vgl. Fischer in „Aktuelle Probleme der GmbH & Co." S. 5).

Diese Bedenken entfallen, wenn die Kommanditisten die Geschäftsanteile der GmbH als Einlage einbringen, also ohne daß dadurch der KG Mittel entzogen werden (Sudhoff S. 54), und wenn die GmbH entweder keine Kapitaleinlage bei der KG leistet oder aus Mitteln, die das zur Erhaltung des Stammkapitals erforderliche Vermögen (§ 30 GmbHG) übersteigen (Hesselmann, Handbuch G II 1).

b) Ein weiteres Problem ist das der Funktionsfähigkeit der „Einheitsgesellschaft". Erfolgt doch die Willensbildung bei der GmbH durch sie selbst als Organ der einzigen Gesellschafterin, der KG. Sie ist deshalb noch nicht einer Keinmanngesellschaft gleichzuachten (so Gonnella DB 65, 1165; wie hier Mertens NJW 66, 1053). Der Satz des Reichsgerichts (RGZ 103, 64), auf den sich Gonnella stützt, wonach der Wille der Gesellschaft unmöglich mitbestimmend sein könne bei Beschlüssen, die gerade erst ergeben sollen, was die Gesellschaft will, gilt jedenfalls dann nicht, wenn die Willensbildung auf die Kommanditisten übertragen wird (vgl. dazu ausführlich Sudhoff, S. 50ff.). Das kann in beiden Gesellschaftsverträgen geschehen, bei der GmbH aber kraft zwingenden Rechts (Schilling in Hachenburg § 53 Anm. 38) nicht für Satzungsänderungen. Für sie sind die Gesellschafter, also die KG, vertreten durch die GmbH, ausschließlich zuständig. Die Geschäftsführer können unter Bruch der internen Bindungen mit Wirkung nach außen die Satzung ändern, sich also der GmbH „bemächtigen". Deren Funktionsfähigkeit nach außen wird dadurch nicht berührt. Den Gesellschaftern (oder übrigen Gesellschaftern) steht es offen, mit Hilfe des Gerichts ihr Recht wiederherzustellen.

Wird man deshalb auch nicht sagen können, daß die „Einheitsgesellschaft" bei entsprechender Vertragsgestaltung gegen die Rechtsordnung verstößt und damit unzulässig ist, so sind mit ihr doch Unsicherheiten verbunden, die ihre Wahl nicht ratsam erscheinen lassen. Die führenden Werke von Hesselmann (S. 233), Sudhoff (S. 55) und Böttcher (Die GmbH & Co. 1966, S. 32 und 40) raten deshalb auch davon ab.

IV. Die Kommanditbeteiligung

1. Eine Person kann nicht mit mehreren Kommanditanteilen Gesellschafter sein. Die Beteiligung ist vielmehr eine **einheitliche** für alle Gesellschafter, auch die persönlich haftenden. Sie kann in der Hand eines Gesellschafters nicht aufgespalten werden und ist nicht einer verschiedenen rechtlichen Gestaltung zugänglich, BGH 24, 106 (108). Ein Gesellschafter kann wohl seine Beteiligung durch Erhöhung seiner Einlage steigern. Erwirbt ein Kommanditist zu seiner ursprünglichen Beteiligung die eines anderen Kommanditisten, so wächst diese seiner eigenen ursprünglichen zu. Seine Kommanditeinlage, sein Kapitalanteil und seine Gewinn- und Verlustbeteiligung erhöhen sich entsprechend. Die erhöhte Beteiligung kann sich auch in einem erhöhten Stimmrecht äußern, wenn dieses sich gemäß dem Gesellschaftsvertrag nach der Kapitalbeteiligung richtet. Dieses Stimmrecht muß einheitlich ausgeübt werden, BGH 24, 106 (115). Eine Person kann nicht zugleich persönlich haftender Gesellschafter und Kommanditist sein, d. h. unbeschränkt und beschränkt haften; KG in JW 1936, 2933; Schlegelberger-Gessler 24. Wird ein Kommanditist persönlich haftender Gesellschafter, so geht seine beschränkte Haftung in der unbeschränkten unter. **Anm. 27**

2. Die **Übertragung** der Kommanditbeteiligung (vgl. Hueck, oHG § 27 II, unten § 173 Anm. 22). Nach der gesetzlichen Regelung der §§ 717 Satz 1, 719 BGB sind die Rechte und Pflichten des Gesellschafters aus dem Gesellschaftsverhältnis, insbesondere sein Anteil am Gesellschaftsvermögen (Mitgliedschaft, Beteiligung) nicht übertragbar. Das ist aber nachgiebiges Recht. Mit Zustimmung aller Gesellschafter kann die Beteiligung übertragen werden. Der Gesellschaftsvertrag kann die Übertragung auch allgemein zulassen, den Gesellschaftsanteil also übertragbar machen. Ohne die erforderliche Zustimmung ist die Übertragung schwebend unwirksam, BGH 13, 179. Die nachträglich erteilte Zustimmung (Genehmigung) wirkt nach § 184 BGB auf den Zeitpunkt des Übertragungsvertrags zurück. Der Gesellschaftsvertrag kann einen anderen Zeitpunkt der Wirksamkeit bestimmen, z. B. die Eintragung im Handelsregister, BGH WM 55, 805. Bis zum Eintritt der Wirksamkeit bleibt der Übertragende Gesellschafter mit allen Rechten und Pflichten, BGH 24, 114. Die Übertragung durch einen Geschäftsunfähigen oder beschränkt Geschäftsfähigen bedarf der Genehmigung des Vormundschaftsgerichts nach § 1822 Z. 3, vgl. auch Anm. 17. **Anm. 28**

Durch die Übertragung wird der Erwerber (derivativer) **Rechtsnachfolger** des Veräußerers in dessen Gesellschafterstellung, BGH 13, 179 (186); 44, 229. Es handelt sich um einen Gesellschafterwechsel, der sich nicht durch einen Austritts- und Aufnahmevertrag der übrigen Gesellschafter mit dem Ausscheidenden und dem Eintretenden, sondern durch die Übertragung des Gesellschaftsverhältnisses (des ganzen Schuldverhältnisses) vollzieht (BGH 44, 129; Wiedemann wie in Anm. 34 S. 58ff.).

Die Übertragung der Beteiligung berührt das Gesellschaftsvermögen nicht. Weder wächst der Anteil des Ausscheidenden den übrigen Gesellschaftern zu, noch ist das Gesellschaftsvermögen mit ihm auseinanderzusetzen, mit der Folge, daß er ein Auseinandersetzungsguthaben erwürbe. § 738 BGB ist also nicht anzuwenden. Die Gegenleistung für die Übertragung ist zwischen Veräußerer und Erwerber zu vereinbaren.

Anm. 29 **3. Die treuhänderische Beteiligung.**

Ein Kommanditanteil kann auch treuhänderisch begründet oder abgetreten werden (§ 105 Anm. 28 C). Der Treuhänder ist allein Gesellschafter. Aber der Treugeber ist der wirtschaftlich Beteiligte. Oft sind es mehrere, unter die das Kapitalrisiko verteilt wird. Um die Organisation der KG zu vereinfachen, den Wechsel der Treugeber zu erleichtern und damit eine gewisse Fungibilität der Treugeberanteile zu schaffen, wird nur der Treuhänder Kommanditist. Er handelt im eigenen Namen, aber für Rechnung der Treugeber, offen oder verdeckt (BGH WM 62, 1353). Das Treuhandverhältnis kann insofern mit dem Gesellschaftsverhältnis verzahnt sein, als dem Treugeber Kontrollrechte in der KG eingeräumt werden, vgl. BGH 10, 44 und Anm. 34; ferner RG Warneyer 18 Nr. 79; Lehmann in Bankarchiv 15, 32; Schlegelberger-Gessler Anm. 32; zur Stellung des Treuhänders s. Hein ZHR 1929, 195. Wie der in BGH 24, 106 entschiedene Fall zeigt, kann sich aus besonderen Umständen auch die Verpflichtung zur treuhänderischen Übertragung ergeben. Sie bedarf — ebenso wie der Wechsel des Treuhänders — der Zustimmung der übrigen Gesellschafter wie jede andere Abtretung (BGH 24, 114; Anm. 28). Denn der Treuhänder wird Kommanditist mit allen Rechten und Pflichten (BGH WM 62, 1353). Unter Umständen bedarf auch der Wechsel des Treugebers dieser Zustimmung. Denn auch dessen Person als wirtschaftlich Berechtigter und regelmäßig Weisungsbefugter kann den anderen Gesellschaftern nicht gleichgültig sein; vgl. f. d. GmbH RGZ 159, 281.

Die rechtlichen Beziehungen zwischen Treuhänder und Treugeber richten sich nach dem zugrundeliegenden Rechtsverhältnis. Ebenso hängt es von der Gestaltung des Einzelfalles ab, ob zwischen mehreren Treugebern Rechtsbeziehungen bestehen. Ohne weiteres wird man das nicht annehmen können. Sind sie zu einem gemeinsamen Zweck zusammengeschlossen, so liegt eine Gesellschaft des bürgerlichen Rechts vor.

Anm. 30 **4. Die Unterbeteiligung** (vgl. § 109 Anm. 26, Herzfeld AcP 137, 270; Geiler bei Staudinger[10] Anh. zu § 705 Anm. 74ff., Geiler-Kessler bei Staudinger[11] Anm. 46b, 48 vor § 705; J. v. Gierke, Handels- u. Schiffahrtsrecht § 53 I; Janberg DB 53, 77; Esch NJW 64, 902; Wiedemann wie in Anm. 34 S. 312, 387; Schneider, Festschrift Möhring 1965, 115; Rüthers AcP 168, 283; Westermann, Handbuch I 939ff.). Die Unterbeteiligung ist das Rechtsverhältnis zwischen einem Kommanditisten (Hauptbeteiligten) und einem Dritten (Unterbeteiligten), aufgrund dessen der Dritte an dem wirtschaftlichen Wert des Kommanditanteils (Hauptbeteiligung) beteiligt ist. Sie ist eine Beteiligung an einer Beteiligung. Da ihr Zweck auf eine gemeinsame Nutzung des Gesellschaftsanteils gerichtet ist, ist sie in der Regel eine Gesellschaft des bürgerlichen Rechts. Sie ist Innengesellschaft, denn der Hauptbeteiligte ist allein der Rechtsträger des Gesellschaftsanteils. Sie ist keine Beteiligung an der Gesellschaft und vermittelt keine Rechtsbeziehungen zu dieser, BGH 50, 316. Sie ist daher keine stille Gesellschaft. Die §§ 335ff., die auf eine unmittelbare Beziehung zu einem Unternehmen (nicht nur wie hier zu dem Anteil eines Mitunternehmers) abgestellt sind, finden keine Anwendung (a. M. Esch, Schneider). Von der Treuhand (Anm. 29) unterscheidet sie sich dadurch, daß sie nicht wie diese die ganze Mitgliedschaft erfaßt, sondern nur die Vermögenswerte, und auch diese nur zum Teil. Die Unterbeteiligung ist nicht auf den Betrieb eines Erwerbsgeschäfts gerichtet, eine vormundschaftsgerichtliche Genehmigung nach § 1822 Z. 3 BGB ist daher nicht erforderlich.

Die Unterbeteiligung verschafft keinen Einfluß auf die Gestaltung der Hauptbeteiligung. Sie bedarf deshalb nicht wie die Treuhand der Zustimmung der anderen Gesellschafter, BGH 50, 316. Wenn auch der Hauptbeteiligte als Geschäftsführer der Unterbeteiligungsgesellschaft die Interessen des Unterbeteiligten wahrzunehmen hat, so ergibt sich doch aus dem Rechtscharakter der Unterbeteiligung und ihrer Abgrenzung gegen die Treuhand, daß der Hauptbeteiligte bei der Verwaltung seines Gesellschaftsanteils frei von Weisungen des Unterbeteiligten sein und in seiner Dispositionsbefugnis uneingeschränkt bleiben muß. Aus diesem gleichen Grund ist seine Rechenschaftspflicht durch seine aus dem Gesellschaftsverhältnis fließende Schweigepflicht begrenzt. Es ist überhaupt die Eigenart der Unterbeteiligung, daß sie der Hauptbeteiligung untergeordnet und von ihr abhängig ist. Das gilt insbesondere für den Anteil am Gewinn und Verlust und am Auseinandersetzungsguthaben sowie für die Dauer. Ist allerdings die Dauer der Hauptgesellschaft unbestimmt, so auch die der Unterbeteiligung. Diese kann dann nach § 723 Abs. 1 Satz 1, Abs. 2 gekündigt werden, BGH 50, 316.

Der Beitrag des Unterbeteiligten, meist eine einmalige oder wiederkehrende Zahlung, geht mangels eines Gesamthandvermögens in das Vermögen des Hauptbeteiligten über. Die Einräumung einer Unterbeteiligung kann auch unentgeltlich erfolgen, so oft innerhalb der Familie. Darin nur ein Schenkungsversprechen zu sehen (so BGH 7, 179 und 378 = LM § 705 BGB Nr. 1 m. zust. Anm. v. Fischer, derselbe JR 62, 202 und in BGB-RGR § 705 Anm. 4, ebenda Kuhn § 518 Anm. 11, Erman-Böhle-Stammschräder § 518 Anm. 7), wird der Rechtsnatur der Innengesellschaft nicht gerecht. Durch den Abschluß des Unterbeteiligungsvertrags erlangt der Beschenkte bereits die ihm zugedachte Leistung, nämlich die Beteiligung mit ihren Rechten und Pflichten. Auch die Unterbeteiligung ist eine Mitgliedschaft, wenn auch in äußerst schwacher Ausprägung. Aber hierin liegt die für § 518 BGB entscheidende Abgrenzung gegenüber einem rein schuldrechtlichen Verhältnis. Die Leistung ist also erbracht, nicht erst i. S. des § 518 BGB versprochen (wie hier Hueck NJW 53, 138; Würdinger JZ 53, 226; v. Godin JR 53, 171; Siebert NJW 53, 807; Herzfeld S. 297; Schlegelberger-Gessler § 335 Anm. 13; Geiler-Kessler bei Staudinger[11] Vorbem. 46b vor § 705; ebenda Ostler § 518 Anm. 7; Schultze-v. Lasaulx bei Soergel-Siebert § 706 Anm. 32; ebenda Ballerstedt § 516 Anm. 20; Erman-Schulze-Wenck § 706 Anm. 2); zur gleichliegenden Streitfrage bei der stillen Gesellschaft s. § 335 Anm. 22.

IV. Die Verwaltungsrechte des Kommanditisten

1. Nach der gesetzlichen Regel stehen den Kommanditisten folgende Verwaltungsrechte zu: Das Stimmrecht bei den nach Gesetz oder Gesellschaftsvertrag zu fassenden Beschlüssen, insbesondere bei der Änderung des Gesellschaftsvertrages (§ 119), die Mitwirkung bei ungewöhnlichen Geschäften gemäß § 164 und die Überwachungsrechte des § 166 Abs. 1 und 3. Diese gesetzliche Regelung entspricht aber nicht immer den Bedürfnissen des Wirtschaftslebens. In den Vorbemerkungen 4—7 wurde bereits auf die Vielfalt der inneren Ausgestaltung der KG in der Praxis hingewiesen. Sie ist durch die in §§ 109, 163 gewährleistete Vertragsfreiheit für das ganze Innenverhältnis der Gesellschaft ermöglicht und gestattet die Anpassung an die Erfordernisse des Einzelfalles. So besteht z. B. — aus steuerlichen Gründen und um die Nachfolge zu sichern — das Bedürfnis, Kinder durch Schenkung von Kommanditanteilen in die Gesellschaft aufzunehmen. Bis zur Volljährigkeit verwalten die Eltern den Anteil kraft elterlicher Gewalt. Für den Todesfall kann eine Verwaltung durch Testamentsvollstrecker (§ 177 Anm. 22) vorgesehen werden. In vielen Fällen sollen aber die Verwaltungsrechte ganz oder teilweise erst von einem bestimmten Lebensalter an oder erst nach dem Ausscheiden des Vaters gewährt werden. Oder ein Kommanditist gehört einem Konkurrenzunternehmen an und soll deshalb die Verwaltungsrechte nicht oder nicht persönlich ausüben. Auch als milderes Mittel statt Ausschließung kommt ein Verzicht auf persönliche Ausübung der Verwaltungsrechte und Ausübung durch eine andere Person in Betracht (vgl. Hueck oHG § 29 I 2c S. 323). **Anm. 31**

Häufig und von großer Bedeutung für die Vertragspraxis sind die Fälle, in denen die Organisation der Kommanditgesellschaft derjenigen der Kapitalgesellschaft angenähert, also körperschaftlich ausgestaltet wird (vgl. Vorbem. 5, 6). Es werden Aufsichts- und Beschlußorgane geschaffen, die Verwaltungsrechte neben oder anstelle der Gesellschaften ausüben, diese also in ihren Rechten beschränken oder ausschließen, s. Anm. 38.

Um diesen Bedürfnissen gerecht zu werden, bestehen verschiedene Gestaltungsmöglichkeiten. Es können die Verwaltungsrechte des Kommanditisten ausgeschlossen werden (Anm. 33). Der Kommanditist kann sie auch ganz oder teilweise an einen anderen übertragen (Anm. 34) oder ihn zu ihrer Ausübung ermächtigen (Anm. 35). Er kann ferner einem anderen unwiderrufliche Vollmacht zur Ausübung seiner Verwaltungsrechte mit der Maßgabe erteilen, daß er selbst von der Wahrnehmung seiner Rechte ausgeschlossen ist (Anm. 36). Ähnliche Gestaltungen liegen vor beim gemeinschaftlichen Vertreter (Anm. 37) oder bei einem aufsichtsratähnlichen Gremium (Beirat, Gesellschafterausschuß, Anm. 38).

Immer handelt es sich dabei um eine besondere Ausgestaltung des Gesellschaftsverhältnisses und damit um einen Eingriff in die Rechtsbeziehungen der Gesellschafter untereinander. Als solche unterliegt sie den Bestimmungen über die **Änderung des Gesellschaftsvertrags** und bedarf der Zustimmung aller Gesellschafter (§ 119 Abs. 1) oder der nach dem Gesellschaftsvertrag hierfür erforderlichen Mehrheit (§ 119 Anm. 10), wenn sie dort nicht schon zugelassen ist. Unter dieser Voraussetzung ist es auch möglich, daß die Verwaltungsrechte der Kommanditisten durch **Nichtgesellschafter** ausgeübt werden. Der BGH hat die Übertragung von Gesellschafterrechten an Nichtgesellschafter in BGHZ 10, 44 und LM § 109 Nr. 6 zugelassen. Auch Hueck hält es in der Anm. zu der letzteren Entscheidung JZ 60, 492 für unbedenklich, einem Nichtgesellschafter die Entscheidung über Gesellschaftsangelegenheiten in weitem Umfang zu überlassen. Freilich gewinnt dieser damit eine gesellschafterähnliche Stellung, die ihn in der Ausübung seiner Befugnisse an die Regeln des Gesetzes, die Bestimmungen des Gesellschaftsvertrags und die gesellschafterliche Treupflicht (§ 105 Anm. 31 a ff.) bindet.

Die Übertragung (Überlassung, Vollmacht) und die Zustimmung der anderen Gesellschafter zu ihr können **aus wichtigem Grund** jederzeit **widerrufen** werden, vgl. BGH LM § 109 Nr. 6. Für den Widerruf ist ebenso wie für die Übertragung oder die Zustimmung Einstimmigkeit erforderlich, wenn der Gesellschaftsvertrag nichts anderes bestimmt.

Anm. 32 2. Die Beteiligung des Kommanditisten kann aber der Verwaltungsrechte nicht völlig entkleidet werden (für die GmbH vgl. Schilling in Hachenburg § 14 Anm. 21). Sie würde damit ihren Charakter als Mitgliedschaft verlieren. Sie wäre nur noch Objekt, während die Mitgliedschaft ein handelndes Subjekt, dem sie zugeordnet ist, voraussetzt. Es muß vielmehr ein **Kernbereich der Mitgliedschaft** beim Kommanditisten verbleiben, innerhalb dessen er seine Verwaltungsrechte nur kraft eigenen Willens wahrnehmen kann (BGH 20, 368; Fischer in der Anm. hierzu bei LM § 161 Nr. 7; Erman, Verwaltung der Rechte eines Kommanditisten durch einen persönlich haftenden Gesellschafter, Festschrift für Nipperdey 1965 Bd. I S. 277, 290). Dieser Kernbereich umfaßt alle Befugnisse, die dazu dienen, die Rechtstellung des Gesellschafters selbst in ihrem Bestand zu erhalten (H. P. Westermann, Vertragsfreiheit und Typengesetzlichkeit in Recht der Personengesellschaften, Heidelberg 1970 § 10 IIIc [22]). Das Stimmrecht muß deshalb dem Gesellschafter erhalten bleiben für Änderungen des Gesellschaftsvertrags, die seine Beteiligung beendigen, seinen Kapital- oder Gewinnanteil verkürzen, seine Haftsumme erhöhen, oder für sonstige wesentliche Eingriffe in seine Rechtsstellung. Insoweit bleibt — selbstverständlich — auch das Recht zur Teilnahme an der Gesellschafterversammlung bestehen.

Unverzichtbar nach allgemeinen Rechtsgrundsätzen sind ferner die Gesellschafterrechte, die **unentziehbar** sind wie das Kündigungsrecht (§ 723 Abs. 3 BGB), oder deren Ausübung einen **wichtigen Grund** voraussetzt, also die Klage auf Entziehung der Geschäftsführungs- und Vertretungsbefugnis sowie die Auflösungs- und Ausschließungsklage (§§ 117, 127, 133, 140). Wenn nach dem Gesellschaftsvertrag über sie abgestimmt wird, bleibt der Gesellschafter stimmberechtigt. Aus dem gleichen Grund kann ihm das Antragsrecht nach § 166 Abs. 3 nicht genommen werden (§ 166 Anm. 15).

Schließlich gebietet es die gesellschaftliche Treupflicht, dem von den Verwaltungsrechten ausgeschlossenen Kommanditisten ein unverzichtbares **Auskunftsrecht** gegenüber den Komplementären zu geben, das allerdings auf für ihn wesentliche Tatsachen beschränkt ist, wie z. B. über die Höhe seines Gewinnanteils oder über ohne ihn beschlossene Änderungen des Gesellschaftsvertrags.

Im Rahmen des ihm verbliebenen Kernbereichs bleibt der Gesellschafter auch **aktivlegitimiert** und prozeßführungsbefugt. Darüber hinaus wird man dem Gesellschafter das **Prozeßführungsrecht** in allen den Fällen geben müssen, in denen sich der Inhaber der Verwaltungsrechte (Bevollmächtigter, gemeinsamer Vertreter) pflichtwidrig weigert, Ansprüche des Gesellschafters gegen die Gesellschaft oder die Mitgesellschafter geltend zu machen. BGH 46, 291 hat überzeugend dargetan, daß die Verweigerung des Prozeßführungsrechts in einem solchen Fall für den Gesellschafter unzumutbar ist. Er hat daraus aber nicht die Konsequenz gezogen, daß bei pflichtwidriger Weigerung des Vertreters das Prozeßführungsrecht an den betroffenen Gesellschafter zurückfällt. Seine Erkenntnis, daß der Gesellschafter das Prozeßführungsrecht behält, wenn es im Gesellschaftsvertrag nicht ausgeschlossen ist, geht andererseits zu weit. Es besteht dazu solange kein Anlaß, als der Verwalter seine Pflichten ordnungsgemäß wahrnimmt.

3. Die Verwaltungsrechte des Kommanditisten können bis auf den in Anm. 32 bezeichneten Kernbereich **ausgeschlossen** werden (vgl. auch § 119 Anm. 13). Für das Stimmrecht ist dies bejaht worden von BGH 20, 363 (368), Hueck oHG § 11 III 1, Anm. 12, Geiler-Kessler in Staudinger § 709 Anm. 5a, Schultze-v. Lasaulx in Soergel-Siebert § 709 Anm. 31; verneinend Schlegelberger-Gessler § 119 Anm. 1 für die oHG. Die stimmrechtslose Beteiligung findet sich auch im Aktienrecht (§§ 12, 139 AktG) und im GmbH-Recht (BGH 14, 264, 271 m. weit. Nachw.). Da dem betroffenen Gesellschafter ein Kernbereich der Teilnahme am Gesellschaftsleben (Anm. 28) verbleibt, handelt es sich immer nur um einen Teilausschluß. Insoweit ist es auch zulässig, neben dem Stimmrecht die Rechte aus § 164 und § 166 Abs. 1 auszuschließen (vgl. auch § 164 Anm. 9 und § 166 Anm. 5), sei es für einzelne Kommanditisten, sei es für alle. Der nachträgliche Ausschluß bedarf der Zustimmung der Betroffenen. **Anm. 33**

4a) Der Ausschluß eines Kommanditisten von den Verwaltungsrechten kann auch so gestaltet werden, daß diese Rechte nicht untergehen, sondern auf einen anderen **übertragen** werden. Ist dieser ein Gesellschafter, so bewirkt dies eine Vermehrung seiner Rechte, beim Stimmrecht eine Erhöhung seiner Stimmen (vgl. BGH 20, 370). Der BGH (BGHZ 3, 354; LM § 105 Nr. 6; BGHZ 20, 363; in NJW 70, 468) und ihm folgend Hueck JZ 52, 115 und oHG § 11 II 3; Weipert JR 54, 60; Schlegelberger-Gessler § 119 Anm. 1; Fischer Anm. zu LM § 105 Nr. 6; Baumbach-Duden § 119 Anm. 2 E; Huber, Vermögensanteil, Kapitalanteil und Gesellschaftsanteil an Personalgesellschaften des Handelsrechts, Heidelberg 1970 S. 50, halten eine solche **Abspaltung** einzelner Verwaltungsrechte von dem Gesellschaftsanteil für unvereinbar mit dem Wesen der Gesamthandsgemeinschaft und Personengesellschaft, ferner für die oHG § 109 Anm. 7, 18, § 119 Anm. 25. Dem sind Holch (DNotZ 58, 288) und ausführlich Erman (wie in Anm. 32) sowie Ph. Möhring, Geschäftsführungs- und Überwachungsausschüsse in Personalgesellschaften, Juristenjahrbuch 1966/67 S. 132ff. entgegengetreten. **Anm. 34**

Wiedemann (Die Übertragung und Vererbung von Mitgliedschaftsrechten bei Handelsgesellschaften 1965 S. 265ff.) hält die Abtretung von Verwaltungsrechten (und die verdrängende Überlassung ihrer Ausübung, vgl. Anm. 35) deshalb für unzulässig, weil die Trennung von Recht und Rechtsausübung die Rechtssicherheit gefährde (S. 287) und dem Wesen des subjektiven Rechts widerspreche (S. 336), wobei offen bleibt, ob er nur dauernde Trennung meint (vgl. S. 285). Beide Argumente sind nicht überzeugend. Durch eine Gestaltung des Innenverhältnisses der Gesellschaft kann die Sicherheit des Rechtsverkehrs nicht gefährdet werden. Die — hier auf die Dauer der Mitgliedschaft — zeitlich begrenzte Trennung von Recht und Rechtsausübung findet sich auch bei anderen Rechtsverhältnissen, z. B. beim Nießbrauch. Sie wird hier noch durch die Belassung eines Kernbereichs der Selbstwahrnehmung (Anm. 32) gemildert.

b) Auch die Berufung auf das Wesen von Gesamthand und Gesellschaft ist nicht stichhaltig. Vielmehr ist es für sie gerade charakteristisch, die Rechtszuständigkeiten zur Verwaltung des Gesellschaftsvermögens und zur Erreichung des gemeinsamen Zwecks in der dem Einzelfall angemessenen Weise zu verteilen. Das Gesetz selbst teilt bei der KG die Mitverwaltungsrechte aller Gesamthänder-Gesellschafter unterschiedlich zu, indem es den Komplementären die Geschäftsführung und den Kommanditisten die Kontrolle gibt. Von dieser gesetzlichen Regelung können die Gesellschafter aber auch in beliebiger Weise abweichen (§ 109). Wenn es so nach BGH 20, 363 zulässig ist, daß ein Gesellschafter vom Stimmrecht ausgeschlossen ist und das eines anderen Gesellschafters entsprechend erhöht wird, oder wenn nach BGH 46, 291 der Kommanditist ständig durch die Einschaltung eines gemeinschaftlichen Vertreters (Anm. 37) von der unmittelbaren Teilhabe am Gesellschaftsleben ausgeschlossen werden kann, so ist nicht einzusehen, warum dasselbe Ergebnis nicht durch eine Übertragung der Verwaltungsrechte erreicht werden kann. Auch der von BGH 10, 44 entschiedene Fall stellt eine Abtretung der Kontroll- und Überwachungsrechte des Kommanditisten-Treuhänders an die

Treugeber, die nicht Gesellschafter sind, dar. Nimmt diese Rechte ein aus den Treugebern bestehender Ausschuß wahr, was der BGH für zulässig hält, so kann sie der Treuhänder als Kommanditist nicht noch einmal ausüben. Er hat sie also an den Ausschuß abgetreten. Das gilt allgemein für ein Organ **(Gesellschafterausschuß, Beirat, Verwaltungsrat),** bei dem einzelne Gesellschafter oder auch Nichtgesellschafter die Kommanditistenrechte wahrnehmen. Eine solche Einrichtung wird durchweg für zulässig gehalten (Hueck oHG § 11 III 1, Schlegelberger-Gessler § 119 Anm. 1, beide sprechen von einer Delegation des Stimmrechts; Wiedemann wie in Anm. 34 S. 385ff.; ferner BGH BB 61, 304). In einem anderen Fall (LM § 109 Nr. 6 = JZ 60, 490 m. zust. Anm. v. Hueck) hat der BGH es mit dem Wesen der Gesamthandsgemeinschaft als vereinbar angesehen, daß einem Nichtgesellschafter ein Widerspruchsrecht nach § 115 Abs. 1, das Recht, eine neue Entscheidung der Gesellschafter zu verlangen sowie ein Stimmrecht in der Gesellschafterversammlung verliehen wird. Der Meinung des BGH, in der Gewährung eines zusätzlichen Stimmrechts liege keine Abspaltung, kann nicht gefolgt werden. Er räumt selbst ein, daß die Gesellschafter ihre eigene Verfügungsbefugnis durch das Mitspracherecht eines Dritten beschränken. Damit spalten sie etwas von ihren Rechten zugunsten des Dritten ab. Da die Berechtigten diese Verwaltungsrechte als **eigene Rechte** ausüben sollen, können sie sie nur durch Übertragung (Abtretung) erlangen.

c) H. P. Westermann (wie in Anm. 32 § 11) hält dem entgegen, daß die Rechtsordnung für eine solche Verfügung keine Rechtsgeschäftsform bereitgestellt habe und ihr die verfügungsrechtliche Einheit der Gesamthand entgegenstehe, die in § 717 S. 1 BGB ihren zwingenden Ausdruck gefunden habe. Er läßt deshalb nur die unwiderrufliche verdrängende Vollmacht (Anm. 36) zu. Mit der Rechtsform der Vollmacht lassen sich aber anerkennenswerte wirtschaftliche Bedürfnisse, wie sie in den vom BGH (Bd. 10, 44; 20, 363 und LM § 109 Nr. 6) entschiedenen Fällen zum Ausdruck gekommen sind, nicht verwirklichen. Mindestens in den Fällen, in denen die Berechtigten nicht nur die Interessen einzelner Gesellschafter wahrnehmen, sondern auch oder ausschließlich gesellschaftsnützige Funktionen (z. B. als Aufsichtsorgan, s. Anm. 38) ausüben, müssen sie das aus **eigenem Recht** tun können. Da das Personengesellschaftsrecht Vertragsrecht ist und nicht die dem Körperschaftsrecht eigentümlichen Organisationsmittel bereitstellt, können solche Einrichtungen nur auf vertraglicher Grundlage durch Abtretung oder Ermächtigung geschaffen werden. Gegenüber diesen berechtigten wirtschaftlichen Bedürfnissen müssen konstruktive Bedenken zurückstehen.

d) Ob und wann die Verwaltungsrechte wieder an den übertragenden Gesellschafter oder seinen Rechtsnachfolger **zurückfallen,** ist eine Frage der Vertragsgestaltung und ihrer Auslegung. Die **Widerruflichkeit** aus wichtigem Grund ist zwingend (Anm. 31). Handelt es sich um eine körperschaftliche Einrichtung, so wird der Gesellschaftsvertrag meist die Amtsdauer und das Abberufungsverfahren regeln, s. auch Anm. 38. In dem wohl selten vorkommenden Fall, daß ein einzelner Gesellschafter seine Verwaltungsrechte an einen Nichtgesellschafter abtritt (hier ist eher an eine Ausübungsermächtigung, Anm. 35, zu denken), bleiben sie **akzessorisch** mit der Mitgliedschaft verbunden, erlöschen also mit dieser. Anders kann es bei der Abtretung an einen Gesellschafter sein, wenn z. B. zu Lasten des abtretenden Gesellschafters das Mehrstimmrecht eines Mitgesellschafters geschaffen werden soll. Dieses ist aber oft nur als persönliche Bevorzugung gewollt, so daß beim Ausscheiden des Mehrstimmberechtigten das Stimmrecht wieder an den abtretenden Gesellschafter oder seinen Rechtsnachfolger zurückfällt.

Anm. 35 **5.** Der Kommanditist kann einen anderen auch **zur Ausübung seiner Verwaltungsrechte ermächtigen.** Das ist anders als bei der Legitimationszession, nur **offen** möglich, da der Berechtigte bekannt ist und die anderen Gesellschafter zustimmen müssen (Anm. 31). Das Recht bleibt dann beim Kommanditisten, er ist aber gehindert, es selbst auszuüben. Der Begünstigte übt es im eigenen Namen aus. An eine solche Regelung ist zu denken, wenn bei einer Anteilsschenkung vom Vater an den Sohn der Vater sich die Verwaltungsrechte vorbehalten will, bis der Sohn ein bestimmtes Lebensalter erreicht hat. Oder wenn dem Nießbraucher, Pfandgläubiger (vgl. § 109 Anm. 20) oder Unterbeteiligten (Anm. 30) neben Vermögensrechten auch Verwaltungsrechte eingeräumt werden sollen. Der BGH hatte ursprünglich (Urteil vom 10. 1. 1951 NJW 51, 268) gegen eine solche Ausübungsüberlassung keine Bedenken. In LM § 105 Nr. 6 (Urteil vom 8. 10. 1953) neigt er dazu, sie für den Nießbraucher und den Ehemann (aufgrund güterrechtlichen Verwaltungsrechts) zuzulassen.

Für die Zustimmung der Mitgesellschafter und die Ermächtigung eines Nichtgesellschafters gilt das in Anm. 31 Gesagte, für den unverfügbaren Kernbereich Anm. 32. Der Kommanditist kann die Ausübung seiner Verwaltungsrechte einem anderen längstens für die Dauer seiner eigenen Mitgliedschaft überlassen. Die Ausübung ist ihrer Natur nach an das Bestehen der Mitgliedschaft des Überlassenden gebunden. Die Ermächtigung kann wie jedes Dauerverhältnis aus wichtigem Grund gekündigt werden.

6. Der Kommanditist kann, wenn der Gesellschaftsvertrag dies zuläßt oder die **Anm. 36**
übrigen Gesellschafter damit einverstanden sind, einen anderen Gesellschafter oder auch einen Nichtgesellschafter zur Ausübung seiner Verwaltungsrechte **bevollmächtigen.** In der Regel kann er diese Vollmacht frei widerrufen und jederzeit das Recht selbst ausüben. Aber auch wenn die Vollmacht unwiderruflich erteilt ist und der Kommanditist sich dem Bevollmächtigten gegenüber verpflichtet hat, die Verwaltungsrechte nicht selbst auszuüben und ihm auch keine Weisungen für die Ausübung zu erteilen, berühren diese schuldrechtlichen Abmachungen das gesellschaftsrechtliche Recht zur Selbstwahrnehmung nicht (vgl. für die GmbH Fischer in GmbH-Rundschau 1952, 115). Anders ist es aber, wenn derartige Abmachungen durch Zustimmung der anderen Gesellschafter oder durch Aufnahme in den Gesellschaftsvertrag **Bestandteil des Gesellschaftsverhältnisses** werden. Sie können dann nach dem Willen der Beteiligten eine absolute, das Selbstwahrnehmungsrecht **verdrängende Wirkung** erhalten.

Der BGH hat in den Anm. 34 genannten Entscheidungen die unwiderrufliche, mit einem Stimmrechtsverzicht vrrbundene Stimmrechtsvollmacht für unzulässig erklärt, weil sie in der Zielsetzung und im Erfolg einer unzulässigen Abtretung des Stimmrechts gleichkomme. Dem haben sich die in Anm. 34 genannten Autoren angeschlossen (Wiedemann a. a. O. S. 361ff. m. weit. Nachw.), ferner Fischer in seinem grundlegenden Aufsatz, Die unwiderrufliche Stimmrechtsvollmacht in der GmbH (GmbH-Rundschau 1952, 113). Eine mittlere Stellung nimmt Schlegelberger-Gessler § 119 Anm. 1 ein. Er hält zwar die Abtretung des Stimmrechts für unzulässig, die unwiderrufliche Vollmacht mit Ausübungsverzicht als Umgehung aber nur dann, wenn mit ihr wirtschaftlich dasselbe wie eine Abtretung beabsichtigt sei.

Entgegen diesen Meinungen ist die **unwiderrufliche verdrängende Vollmacht** unter den gleichen Voraussetzungen (Anm. 31, 32) und aus den gleichen Gründen (Anm. 34) wie die Abtretung und die Überlassung der Ausübung der Verwaltungsrechte **zuzulassen** (ebenso grundsätzlich Holch DNotZ 58, 288, Erman wie in Anm. 32, H. P. Westermann wie in Anm. 32 § 11 IV). Inzwischen hat BGH 46, 291 das gesellschaftsvertragliche Verbot, die Kommanditistenrechte persönlich wahrzunehmen, verbunden mit dem Gebot, die Rechte durch einen gemeinsamen Vertreter (s. Anm. 37) einheitlich auszuüben, für zulässig erklärt. Für die betroffenen Kommanditisten hat das dieselbe Wirkung wie die verdrängende unwiderrufliche Vollmacht, denn sie können weder ihre Rechte selbst wahrnehmen, noch kann der einzelne den Vertreter abberufen. Trotzdem hat der BGH geglaubt, sich nicht mit seiner früheren Rechtsprechung, die eine solche Vollmacht der unzulässigen Abspaltung gleichachtet (BGH 3, 354; 20, 363), auseinandersetzen zu müssen.

Während bei der Abtretung der Zessionar ein eigenes Recht in eigenem Namen, bei der Ausübungsüberlassung der Begünstigte ein fremdes Recht in eigenem Namen ausübt, handelt der Bevollmächtigte für fremdes Recht und in fremdem Namen. Inwieweit er dabei das eigene Interesse verfolgen darf, richtet sich nach dem der Vollmacht zugrundeliegenden Rechtsverhältnis. Im Zweifel wird man von ihm eine stärkere Rücksichtnahme auf die Interessen des betroffenen Gesellschafters fordern können als in den beiden anderen Fällen (ähnlich Erman wie in Anm. 34 S. 285). Die Wahrnehmung des **Kernbereichs** der Mitgliedschaft (Anm. 32) wird von der Vollmacht nicht erfaßt und bleibt auch hier dem Gesellschafter vorbehalten. Inwieweit der Bevollmächtigte an die **Weisungen** des Vollmachtgebers gebunden ist, richtet sich nach den zwischen ihnen getroffenen Vereinbarungen. Der weisungsgebundenen unwiderruflichen

Vollmacht wird man übrigens mit der Begründung, sie komme einer unzulässigen Abspaltung gleich, die Wirksamkeit nicht absprechen können, vgl. Anm. 37 Abs. 2. Denn der weisungsgebundene Bevollmächtigte übt den Willen des Rechtsinhabers aus. Recht und Rechtsausübung bleiben in einer Person vereint.

Die **Beendigung** der Vollmacht richtet sich nach allgemeinen Bestimmungen. Immer kann sie aus wichtigem Grund widerrufen werden.

Anm. 37 **7. Der gemeinsame Vertreter.**

In Gesellschaftsverträgen findet man häufig die Bestimmung, daß mehrere Gesellschafter, z. B. mehrere Erben eines verstorbenen Gesellschafters, einen gemeinsamen Vertreter zu bestellen haben, der ihre Gesellschafterrechte ausübt, sog. **Vertreterklausel.** Gegen ihre Zulässigkeit bestehen von dem hier vertretenen Standpunkt aus keine Bedenken. Auch Hueck, der ihr eine grundlegende Abhandlung gewidmet hat (Der gemeinschaftliche Vertreter mehrerer Erben einer Kommanditgesellschaft, ZHR 125 [1962] 1ff.), und Wiedemann wie in Anm. 34 S. 285ff. bejahen die Zulässigkeit, ebenso H. P. Westermann wie in Anm. 32 § 10 III 1, der die Vertreterklausel zutreffend als (zulässige) Durchbrechung des Prinzips der Selbstorganschaft würdigt.

In BGH 20, 363 hatte das Gericht eine Vertreterklausel zu beurteilen, wonach die Erben-Kommanditisten immer gemeinschaftlich durch den Miterben-Komplementär zu vertreten sind. Der BGH hat in dieser Regelung eine unzulässige Abspaltung des Stimmrechts erblickt (ebenso Fischer in der Anm. hierzu in LM § 161 Nr. 7). Ohne sich mit dieser Entscheidung auseinanderzusetzen, hat nunmehr BGH 46, 291 (= LM § 161 Nr. 20 mit Anm. v. Fischer) die Vertreterklausel für Kommanditisten zugelassen (vgl. dazu auch Anm. 36). Er kennzeichnet sie als das Verbot, die Gesellschafterrechte persönlich wahrzunehmen, verbunden mit dem Gebot, die Rechte durch einen gemeinschaftlichen Vertreter einheitlich auszuüben. Eine unzulässige Abspaltung — im Gegensatz doch wohl zu BGH 20, 363 — erblickt er darin nicht.

Auch für den gemeinsamen Vertreter gilt das in Anm. 31 und 32 Ausgeführte. Seine Einrichtung ist Bestandteil des Gesellschaftsverhältnisses. Von seiner Vertretungsmacht wird der unverfügbare Kernbereich der Mitgliedschaft des vertretenen Kommanditisten nicht erfaßt (ebenso H. P. Westermann wie in Anm. 32 § 10 III 1c [22]). Die gemeinsame Wahrnehmung der Rechte mehrerer Kommanditisten kann auch im Wege der Übertragung oder Überlassung der Ausübung der Verwaltungsrechte erfolgen (Anm. 34, 35). Immer hat die Vertreterklausel verdrängende, also das Recht der Selbstwahrnehmung ausschließende Wirkung (ebenso Wiedemann S. 389). Als Organ (so Wiedemann S. 389) wird man den gemeinsamen Vertreter nicht bezeichnen können, da er die Interessen einzelner Gesellschafter wahrnimmt, während die Organeigenschaft, wenn man diesen Ausdruck im weiteren Sinn gebrauchen will, die Wahrnehmung der Interessen der Gesellschaft voraussetzt, s. auch Anm. 38.

Meist treffen die Gesellschaftsverträge keine näheren Bestimmungen über den gemeinsamen Vertreter, insbesondere, wie er zu wählen und abzuberufen ist und ob und wie ihm Weisungen für die Ausübung der Verwaltungsrechte erteilt werden können. Daraus ergeben sich manche Zweifelsfragen. Für ihre Lösung ist in erster Linie der Gesellschaftsvertrag heranzuziehen, z. B. für die Frage, ob bei den Abstimmungen der Vertretenen das Einstimmigkeits- oder Mehrheitsprinzip gilt. Zwischen den Vertretenen wird eine Untergesellschaft (Anm. 30) anzunehmen sein, ebenso Hueck S. 13 und H. P. Westermann wie oben § 10 III 1 C (33), a. M. Wiedemann S. 388. Zum Vertreter kann auch ein Nichtgesellschafter gewählt werden (Hueck S. 17, einschränkend Wiedemann S. 393). Für die **Wahl** gilt das Abstimmungsprinzip der Gesellschaft (ebenso Westermann a. a. O.; Hueck S. 13 und Wiedemann S. 394 verlangen grundsätzlich Einstimmigkeit), ebenso für die **Abberufung.** Hueck S. 23 und Westermann a. a. O. lassen hier einen Mehrheitsbeschluß genügen. Wiedemann S. 395 gibt jedem Vertretenen das Recht zur Abberufung, wenn er das Vertrauen zum Vertreter verloren hat. Das ist aber wohl kaum praktikabel. Die Abberufung aus wichtigem Grund ist jederzeit möglich. Liegt ein solcher vor, so sind alle Vertretenen verpflichtet, bei der Abberufung mitzuwirken. Ist kein Vertreter bestellt, so können die betroffenen Gesellschafter ihre Rechte nicht ausüben (Hueck S. 15). Der Vertreter ist, wenn nicht Weisungsfreiheit vereinbart ist, an die **Weisungen** der Vertretenen gebunden (ebenso Fischer in der Anm.

zu LM § 161 Nr. 20, abweichend Hueck S. 20). Für die Weisungserteilung gilt das Abstimmungsprinzip der Gesellschaft (ebenso Wiedemann S. 393). Kommt mangels Mehrheit oder Einstimmigkeit keine Weisung zustande, so kann der Vertreter die Rechtsausübung unterlassen (nach Wiedemann S. 393 muß er es) oder sie nach seinem pflichtgemäßen Ermessen vornehmen. Handelt er, so hat er wie ein weisungsfreier oder weisungsloser Vertreter zu handeln, d. h. er muß diejenige Entscheidung treffen, die die Interessen der Vertretenen mit denen der Gesellschaft am ehesten in Übereinstimmung bringt. Im übrigen ist er verpflichtet, wenn nicht Weisungsfreiheit vorgesehen ist, Weisungen einzuholen. Auch ist er den Vertretenen zur Auskunft verpflichtet (ebenso Wiedemann S. 393). Zum **Prozeßführungsrecht** s. Anm. 32 letzter Abs.

8. Bei den körperschaftlich organisierten Gesellschaften (Vorbem. 5, 6) werden die Verwaltungsrechte der Gesellschafter oder nur der Kommanditisten ganz oder teilweise von **organschaftlichen** Gremien (Beirat, Verwaltungsrat, Gesellschafterausschuß) ausgeübt, s. Anm. 31, 34; Möhring wie in Anm. 34; Westermann, Handbuch I 150ff. Sie vertreten nicht die Interessen einzelner Gesellschafter, vielmehr leiten sie ihre Rechte von der **Gesellschaftergesamtheit** her und sind bei der Ausübung ihrer Tätigkeit allein ihr verpflichtet. Ihre Stellung ist im Zweifel von einem Gesellschafterwechsel unabhängig. Für von einzelnen Gesellschaftern oder Gesellschaftergruppen (Familienstämmen) entsandte Mitglieder gilt ähnliches wie für in den Aufsichtsrat entsandte Mitglieder (§ 101 AktG). Bei widerstreitenden Interessen gehen die der Gesellschaft vor. **Anm. 38**

Ihre Aufgaben, ihre **Wahl** und **Abberufung** regelt meistens der Gesellschaftsvertrag. Wenn er nichts anderes bestimmt, kann ein entsandtes Mitglied jederzeit von dem Entsendungsberechtigten abberufen werden (entsprechend § 103 Abs. 2 AktG), ein von der Gesellschaftergesamtheit gewähltes nur von dieser (BGH BB 68, 145; vgl. auch BGH LM § 109 Nr. 6). Das Recht zur Abberufung aus wichtigem Grund ist unabdingbar, vgl. Anm. 31 letzter Abs. Jeder Gesellschafter kann die anderen Gesellschafter auf Mitwirkung bei der Abberufung verklagen, wenn ein wichtiger Grund gegeben ist (so wohl auch BGH BB 70, 226).

Der Beirat usw. kann nur Überwachungsrechte haben, es können bestimmte Geschäfte an seine Zustimmung gebunden werden, ihm kann bei Meinungsverschiedenheit zwischen den Komplementären, ob eine Geschäftsführungshandlung vorgenommen werden soll, die Entscheidung zustehen und er kann darüber hinaus zu Weisungen an die geschäftsführenden Gesellschafter berechtigt sein.

Man findet gelegentlich auch gesellschaftsvertragliche Regelungen, worin dem Beirat usw. eine schiedsgutachterliche Tätigkeit zugewiesen wird, so die Feststellung, ob ein Gesellschafter zur Geschäftsführung geeignet ist, oder die Entscheidung, wer von mehreren Kommanditisten Komplementär werden soll, oder die Beschlußfassung über sonstige Änderungen des Gesellschaftsvertrags, z. B. die Umwandlung in eine GmbH & Co. Hier gelten die §§ 317ff. BGB. Die Entscheidung des Beirats ist bei offenbarer Unbilligkeit, gegebenenfalls auch bei offenbarer Unrichtigkeit für die Gesellschafter nicht verbindlich. Die Bestimmung erfolgt dann durch richterliches Urteil (§ 319 BGB). Die im vorhergehenden Absatz genannten Beschlüsse des Beirats usw. sind dagegen nur nichtig, wenn sie gegen das Gesetz oder den Gesellschaftsvertrag verstoßen. Es gilt dasselbe wie für Gesellschafterbeschlüsse, s. § 119 Anm. 14ff. und Hueck oHG § 11 V 2. Jeder Gesellschafter kann die Nichtigkeit (oder Unwirksamkeit, vgl. § 119 Anm. 20) durch eine Feststellungsklage geltend machen. Jeder Gesellschafter hat auch Anspruch darauf, daß ein wirksamer Beiratsbeschluß durchgeführt wird. Die Gesellschafterversammlung kann einen Beiratsbeschluß nur mit der zur Änderung des Gesellschaftsvertrags erforderlichen Mehrheit ändern (BGH BB 70, 226).

VI. Die Entstehung der Kommanditgesellschaft

1. **Zur Entstehung der Kommanditgesellschaft** ist, wie bei der offenen Handelsgesellschaft, stets der Abschluß eines **Gesellschaftsvertrages** erforderlich (§ 105 Anm. 47). Er bedarf keiner Form, wenn deren Einhaltung nicht wegen seines besonderen Inhalts, z. B. wegen der Verpflichtung zur Einbringung von Grundstücken oder einer **Anm. 39**

Beteiligung an einer GmbH (§ 313 BGB, § 15 GmbHG) geboten ist; dies gilt auch für Vorverträge; vgl. § 105 Anm. 61.

Zum wesentlichen Inhalt des Gesellschaftsvertrages gehört, daß die Errichtung einer Gesellschaft vereinbart wird, deren Zweck auf den Betrieb eines Handelsgewerbes unter gemeinschaftlicher Firma gerichtet ist, und daß einzelne Gesellschafter unbeschränkt haften, andere aber die Haftung nur bis zum Betrag einer bestimmten Vermögenseinlage übernehmen; RG in JW 1928, 1565[10] mit Anm. von Bondi und oben Anm. 9—15; zur Auslegung des Gesellschaftsvertrages s. § 105 Anm. 59; zur Änderung § 105 Anm. 60.

Die Gesellschaft entsteht in der Regel bereits mit dem Abschluß eines Gesellschaftsvertrages; RG 141, 277. Die Eintragung ist dazu nicht erforderlich. Wenn das Unternehmen erst infolge der Eintragung als Handelsgewerbe gilt (§§ 2, 3, 6, § 105 Anm. 62 C), wird die Gesellschaft aber erst mit der Eintragung Handelsgesellschaft und damit auch erst Kommanditgesellschaft, § 105 Anm. 62—62 b.

Durch die Eintragung allein entsteht noch keine Kommanditgesellschaft, wenn die sachlichen Voraussetzungen für deren Vorhandensein fehlen, z. B. die Gesellschaft nicht den Betrieb eines Handelsgewerbes zum Gegenstand hat.

Der Beginn des Geschäftsbetriebes ist zur Entstehung der Kommanditgesellschaft nicht erforderlich. Von der Entstehung der Gesellschaft, die sich auf das Verhältnis der Gesellschafter untereinander bezieht, ist der Eintritt ihrer Wirksamkeit nach außen zu unterscheiden; wegen dieser vgl. die Erl. zu § 123.

Anm. 40 2. **Die fehlerhafte Gesellschaft** ist in § 105 Anm. 68ff. dargestellt. Sie setzt den Abschluß eines Gesellschaftsvertrages voraus (Anm. 81), der aber fehlerhaft ist (Anm. 82ff.). Ist eine solche Gesellschaft in Vollzug gesetzt (Anm. 85f.), dann ist sie aus den in Anm. 77—80 angeführten Gründen als **rechtswirksam** zu behandeln und kann nur im Wege der Auflösungsklage (§ 133) beendigt werden, Anm. 87). Sie ist also nicht nichtig, sondern nur vernichtbar. Im Innenverhältnis gilt der Gesellschaftsvertrag, Anm. 88, Ausnahmen Anm. 90. Nach außen ist die Gesellschaft voll wirksam, Anm. 104. Das gilt insbesondere für die Haftung, Anm. 106.

Die Anerkennung der fehlerhaften Gesellschaft hat ihre Grenzen in den übergeordneten Gesichtspunkten des Verstoßes gegen ein gesetzliches Verbot (Anm. 95—97) und des Schutzes nicht voll geschäftsfähiger (Anm. 99—101) oder getäuschter (Anm. 102) Personen. Aber nur bei den Erstgenannten wirkt das auch nach außen, gegenüber Dritten, die mit der Gesellschaft in Rechtsverkehr treten (Anm. 105).

Anm. 41 Von der fehlerhaften Gesellschaft ist die **Scheingesellschaft** zu unterscheiden, § 105 Anm. 107ff. Sie ist nicht als rechtswirksam anzuerkennen, Anm. 108. Die Beteiligten haften aber für den von ihnen erzeugten Rechtsschein, Anm. 109, § 172 Anm. 15.

Anm. 42 3. Eine Kommanditgesellschaft kann auch durch **Umwandlung** einer bereits bestehenden **Personengesellschaft** entstehen, etwa dadurch, daß ein oder mehrere Gesellschafter einer offenen Handelsgesellschaft durch Änderung des Gesellschaftsvertrages oder durch Ausübung eines im ursprünglichen Gesellschaftsvertrage vorgesehenen Rechtes Kommanditisten werden, oder daß in die offene Handelsgesellschaft ein weiteres Mitglied als Kommanditist eintritt. Das Recht, die Mitgliedschaft als Kommanditist fortzusetzen, kann insbesondere den Erben eines offenen Gesellschafters im Gesellschaftsvertrag eingeräumt werden. Sollen sie nach dem Gesellschaftsvertrag die Gesellschaft als persönlich haftende Gesellschafter fortsetzen, so eröffnet ihnen § 139 einen Weg, Kommanditist zu werden oder aus der Gesellschaft auszuscheiden, wenn sie die unbeschränkte persönliche Haftung nicht übernehmen wollen. Die Umwandlung in eine Kommanditgesellschaft kann auch stillschweigend geschehen, etwa dadurch, daß der Erbe eines persönlich haftenden Gesellschafters von den übrigen Gesellschaftern als Kommanditist behandelt wird und als solcher auftritt. Regelmäßig ist aber, schon wegen Festsetzung der Haftsumme, eine ausdrückliche Vereinbarung nötig. Bei stillschweigender Vereinbarung würde auch wohl die Eintragung unterbleiben und dadurch die unbeschränkte Haftung nach § 172 eintreten, es sei denn, daß die kommanditistische Beteiligung dem Gläubiger bekannt war, § 176 Abs. 2 und dort Anm. 11; vgl. ferner Flechtheim bei DürHach. Anm. 10.

In allen diesen Fällen entsteht durch die Umwandlung keine neue Gesellschaft. Vielmehr bleibt die bisherige Gesellschaft bestehen; ihre Identität bleibt gewahrt; nur ihre Rechtsform ändert sich. Eine Übertragung des Vermögens auf die Gesellschaft in ihrer neuen Form, insbesondere eine Auflassung, ist nicht erforderlich. Es kommt nur eine Berichtigung des Grundbuchs und sonstiger öffentlicher Register in Frage; RG 55, 126; 128, 180; in JW 26, 1432[1]; KGJ 26 A 220; 27 B 36; 39 A 218; KG in OLG 13, 24; JFG 1, 370; Lehmann in ZHR 50, 18; Wieland I 819. Da keine Auflösung der bisheringen Gesellschaft eintritt, beginnt nicht die allgemeine Verjährung zugunsten aller Gesellschafter nach § 159. Wohl aber beginnt diese Verjährung zugunsten des unbeschränkt haftenden Gesellschafters, der Kommanditist wird, mit der Eintragung der beschränkten Haftung, für die bis dahin entstandenen Gesellschaftsverbindlichkeiten. Nach Ablauf der fünfjährigen Verjährungsfrist haftet er auch für diese Schulden nur noch mit der eingetragenen Haftsumme; DürHach. Anm. 9.

Über die Umwandlung einer KG in eine oHG s. § 105 Anm. 64 b.

Eine Kommanditgesellschaft kann auch durch **Umwandlung einer Kapitalgesellschaft** (AG, KommanditG a. Aktien, GmbH) auf Grund des Umwandlungsgesetzes vom 12. 11. 1956 in der Fassung vom 6. 11. 1969(BGBl. I 2081) entstehen, s. auch § 105 Anm. 64c. In diesem Falle geht das Vermögen durch Gesamtrechtsnachfolge auf die Kommanditgesellschaft über; §§ 5, 20 des Gesetzes; wegen der Einzelheiten s. die Kommentare von Böttcher-Meilicke, Veith-Börnstein, Baumbach-Hueck GmbHG § 81 Anhang, Schilling in Hachenberg GmbHG § 81 Anhang III. Für die oHG vgl. § 105 Anm. 64—64c. Keine Umwandlung ist die Übertragung des Unternehmens eines Einzelkaufmanns auf eine neu errichtete Kommanditgesellschaft. Hier findet keine Gesamtrechtsnachfolge statt. Vielmehr sind die einzelnen Vermögensstücke in den vorgeschriebenen Formen (Auflassung usw.) zu übertragen.

VII. Die Anwendung der Vorschriften über die offene Handelsgesellschaft

1. **Die Anwendung der Vorschriften über die offene Handelsgesellschaft,** die Abs. 2 anordnet, ist von besonderer Bedeutung, da die nachfolgenden Paragraphen nur einzelne Bestimmungen enthalten, die die allgemeinen Vorschriften über die offene Handelsgesellschaft der Eigenart der Kommanditgesellschaft, wie sie in dem Vorhandensein beschränkt haftender Gesellschafter zum Ausdruck kommt, anpassen. Es gelten mit dieser Einschränkung insbesondere die Vorschriften über die weitgehende rechtliche Selbständigkeit der Gesellschaft, über die Selbständigkeit ihres Vermögens, auch in der Zwangsvollstreckung, über ihr Auftreten als Firmengesellschaft im Rechtsverkehr, über ihre Parteifähigkeit, die Notwendigkeit ihrer Vertretung im Rechtsverkehr durch die dazu berufenen Gesellschafter, über die Zulässigkeit der Vernehmung der Gesellschafter als Zeugen oder als Parteivertreter, über die Zulassung der Gesellschaft zum Armenrecht, über die Wirkungen des gegen die Gesellschaft ergangenen Urteils, über die Geschäftsführung, über das Rechtsverhältnis der Gesellschafter untereinander, über die Geltendmachung der Gesellschafterrechte und über deren Inhalt, über die Auflösung der Gesellschaft und deren Wirkungen und über die Fortsetzung der aufgelösten Gesellschaft, über das Ausscheiden einzelner Gesellschafter; vgl. die §§ 105, 144ff., 124, 125, 129, 131ff. und die Erläuterungen dazu. Die anzuwendenden Vorschriften gelten grundsätzlich auch für die Kommanditisten, insbesondere für ihre Beteiligung am inneren Leben der Gesellschaft (z. B. der Beschlußfassung) und am Gesamthandsvermögen der Gesellschaft (RG 32, 399; RG bei Gruchot 28, 249) sowie für das Verhältnis der Gesellschafter untereinander, soweit sich aus der Eigenart der Gesellschaft und den besonderen Vorschriften nicht etwas anderes ergibt; vgl. auch die Erläuterungen zu den nachfolgenden Paragraphen. **Anm. 43**

Da § 105 Abs. 2 anwendbar ist, sind auch die Vorschriften des BGB über die bürgerlich-rechtliche Gesellschaft zur Ergänzung des Rechts der Kommanditgesellschaft anzuwenden, soweit auch das Recht der offenen Handelsgesellschaft dieser Ergänzung bedarf.

Anm. 44 2. Bemerkungen zur Anwendung der §§ 105ff. auf die KG finden sich an den folgenden Stellen:

§§106—108: Erläuterungen zu § 162
§ 109: § 163 Anm. 1
§§ 110—122: § 163 Anm. 2
§§ 112, 113: Erläuterungen zu § 165
§§ 114—117: § 164 Anm. 8ff.
§ 116 Abs. 3: § 164 Anm. 6
§ 118: Erläuterungen zu § 166
§ 119: Über die Verwaltungsrechte des Kommanditisten, insbes. das Stimmrecht s. Anm. 31—38
§ 120: Erläuterungen zu § 167
§ 121: Erläuterungen zu § 168
§ 122: Erläuterungen zu § 169
§ 123: Erläuterungen zu § 176
§§ 125—127: Erläuterungen zu § 170
§ 128: § 171 Anm. 9
§ 129: § 171 Anm. 5, 7
§ 130: Erläuterungen zu § 173
§ 131 Z. 1—3: § 177 Anm. 4—7
§ 131 Z. 4: § 177 Anm. 8
§ 131 Z. 5: § 177 Anm. 25
§§ 131 Z. 6, 132: § 177 Anm. 26
§ 133: § 177 Anm. 27
§ 134: § 177 Anm. 29
§ 135: § 177 Anm. 30
§§ 136, 137: § 177 Anm. 31
§ 138: § 177 Anm. 32—35
§ 139: § 177 Anm. 36, 36a
§ 140: § 177 Anm. 37, 38
§ 141: § 177 Anm. 39
§ 142: § 177 Anm. 40
§ 143: § 177 Anm. 41
§ 144: § 177 Anm. 42
§§ 145—158: § 177 Anm. 43—51
§§ 159, 160: § 177 Anm. 52

§ 162

Die Anmeldung der Gesellschaft hat außer den im § 106 Abs. 2 vorgesehenen Angaben die Bezeichnung der Kommanditisten und den Betrag der Einlage eines jeden von ihnen zu enthalten.

Bei der Bekanntmachung der Eintragung ist nur die Zahl der Kommanditisten anzugeben; der Name, der Stand und der Wohnort der Kommanditisten sowie der Betrag ihrer Einlagen werden nicht bekanntgemacht.

Diese Vorschriften finden im Falle des Eintritts eines Kommanditisten in eine bestehende Handelsgesellschaft und im Falle des Ausscheidens eines Kommanditisten aus einer Kommanditgesellschaft entsprechende Anwendung.

Inhaltsübersicht

Anm. 1 Das ADHGB regelte die Anmeldung der Gesellschaft und etwaiger Veränderungen für die offene Handelsgesellschaft in den Artt. 86—89 und für die Kommanditgesellschaft in den Artt. 151—157 jeweils besonders und erschöpfend. Das neue HGB enthält in § 162 nur die Abweichungen von den für die offene Handelsgesellschaft geltenden Vorschriften, die durch die Eigenart der Kommanditgesellschaft, das Vorhandensein von beschränkt haftenden Gesellschaftern, bedingt sind. Es nimmt besonders Bezug auf § 106 Abs. 2 über den Inhalt der Anmeldung. Soweit § 162 keine Vorschriften enthält, gelten die Vorschriften der §§ 106—108; § 161 Abs. 2.

I. Die Anmeldung der Gesellschaft

1. Anzumelden ist die Gesellschaft. Die Anmeldung hat unverzüglich nach Eröffnung des Geschäftsbetriebes zu erfolgen. Da aber die Gesellschaft ihren Geschäftsbetrieb auch vor der Eintragung beginnen kann und der Kommanditist, mit dessen Zustimmung der Betrieb begonnen hat, nach der Regel des § 176 Abs. 1 für die bis zur Eintragung begründeten Verbindlichkeiten wie ein persönlich haftender Gesellschafter haftet, besteht ein Bedürfnis, daß die Gesellschaft und die Haftsumme des Kommanditisten schon im Zeitpunkt des Geschäftsbeginns eingetragen sind; die Anmeldung und Eintragung ist daher schon nach Entstehung der Gesellschaft, also regelmäßig nach Abschluß des Gesellschaftsvertrags, zulässig; Schlegelberger-Gessler 3; DürHach. Anm. 1; vgl. auch die Erl. zu § 106. Die Anmeldung und Eintragung ist zulässig, solange die Gesellschaft besteht, auch im Abwicklungszustande. Sie kann auch dann noch nötig sein, insbesondere um die infolge der Auflösung notwendigen Eintragungen zu ermöglichen, um die Beschränkung der Haftung der Kommanditisten wenigstens für die später entstehenden Gesellschaftsverbindlichkeiten zu erreichen (§ 176 Abs. 1) und um die kurze Verjährung des § 159 in Lauf zu setzen; vgl. die Erl. zu §§ 143, 148, 159. **Anm. 2**

2. Der Inhalt der Anmeldung. Die Anmeldung muß zunächst die in § 106 Abs. 2 vorgeschriebenen Angaben über die Person der Gesellschafter, Firma und Sitz der Gesellschaft und den Zeitpunkt ihres Geschäftsbeginns enthalten; vgl. die Erl. zu § 106. Da auch die Kommanditisten Gesellschafter sind und § 162 Abs. 1 ihre Bezeichnung bei der Anmeldung noch besonders vorschreibt, sind auch sie mit Name, Vorname, Stand und Wohnort anzumelden. Weiter muß die Anmeldung den Betrag der Einlage eines jeden von ihnen enthalten; Zweck dieser Anmeldung und Eintragung ist, die Haftung des Kommanditisten und deren Umfang offenkundig zu machen. Betrag der Einlage ist daher die Haftsumme nach § 161 Abs. 1, § 172. Sie muß auf einen bestimmten Betrag in Deutscher Mark lauten; § 161 Anm. 14. **Anm. 3**

Für die Form der Anmeldung gelten die allgemeinen Vorschriften der §§ 12, 13.

3. Die Anmeldung hat bei dem Gerichte zu geschehen, in dessen Bezirk die Gesellschaft ihren Sitz hat; § 106 Abs. 1. Die Anmeldung der Errichtung einer Zweigniederlassung oder der sie betreffenden Änderungen hat nach der Neuregelung in § 13 Abs. 1 beim Gerichte des Sitzes der Gesellschaft zu geschehen, und zwar zur Eintragung in das Register des Sitzes der Zweigniederlassung, wenn diese im Bezirke eines anderen Gerichts ihren Sitz hat, andernfalls zur Eintragung auf einem besonderen Registerblatt; § 13 Anm. 17, 25. **Anm. 4**

4. Anmeldepflichtig sind sämtliche Gesellschafter, auch die Kommanditisten; § 108 Abs. 1; OLG Dresden in OLGR 27, 336. Ist eine Anmeldung ohne Mitwirkung der Kommanditisten oder der von der Geschäftsführung und Vertretung ausgeschlossenen persönlich haftenden Gesellschafter erfolgt und darauf die Eintragung geschehen, so ist die Eintragung, wenn sie sachlich richtig ist, nicht unwirksam und nicht nach § 142 Abs. 1 FGG als unzulässig zu löschen; § 8 Anm. 6; KGJ in RJA 12, 60 = DJZ 13, 412 = OLGR 28, 339; in OLGR 43, 202; KGJ 48, 116; 53, 257; JFG 1, 182; 2, 189; 16, 73. **Anm. 5**

Handelt es sich um die Anmeldung einer Zweigniederlassung, so ist nach der neuen Fassung des § 13 die Mitwirkung aller Gesellschafter nicht mehr erforderlich. Es genügt, wie auch bei der offenen Handelsgesellschaft, die zur Vertretung der Gesellschaft erforderliche Zahl vertretungsberechtigter Gesellschafter; § 13 Anm. 17; Schlegelberger-Gessler 5. Ist der anmeldepflichtige Gesellschafter eine juristische Person oder eine Personengesellschaft, so wird sie bei der Anmeldung durch die zu ihrer Vertretung im Rechtsverkehr Berufenen vertreten.

Jeder Gesellschafter, der die Gesellschaft vertreten soll, hat die Firma nebst seiner Namensunterschrift zur Aufbewahrung bei dem Gerichte zu zeichnen; § 108 Abs. 2.

Die Anmeldepflicht ist eine öffentlich-rechtliche Pflicht der Gesellschafter. Zur Erfüllung können sie, auch jeder einzelne, durch Ordnungsstrafen angehalten werden, § 14. Die Gesellschafter sind aber auch gegenseitig verpflichtet, die Anmeldung vorzunehmen und dabei mitzuwirken. Sie können wie bei der offenen Handelsgesellschaft von jedem Gesellschafter, auch einem Kommanditisten, auf Erfüllung verklagt werden. Bei **Anm. 6** schuldhafter Verletzung dieser Vertragspflicht sind sie den Mitgesellschaftern auch schadensersatzpflichtig, insbesondere, wenn Kommanditisten wegen Unterlassung der Eintragung wie persönlich haftende Gesellschafter in Anspruch genommen werden; § 176.

II. Die Eintragung der Gesellschaft und deren Bekanntmachung

Anm. 7 **1.** Die Prüfungspflicht des Registerrichters besteht in gleichem Umfange wie bei der offenen Handelsgesellschaft; § 8 Anm. 8—10; vgl. auch die Erl. zu § 108. Einzutragen sind alle anzumeldenden Tatsachen; vgl. HRegisterverfügung § 40 (abgedruckt vor § 8). Wegen der Zulässigkeit der **Beschwerde** gegen die Ablehnung eines Eintragungs- oder Löschungsantrages vgl. § 8 Anm. 12. Bestritten ist, ob gegen einen ablehnenden Beschluß des Registerrichters nur der Gesamtheit der Gesellschafter, so KG im Recht 15 Nr. 1610 = RJA 14, 44; DürHach. Anm. 3, oder auch dem einzelnen Gesellschafter das Beschwerderecht zusteht (so Schlegelberger-Gessler Anm. 8); vgl. auch Recht 14, 82 u. 176. Das praktische Bedürfnis spricht dafür, dem **einzelnen Gesellschafter,** auch dem Kommanditisten, das Beschwerderecht zu geben, wenn er an der abgelehnten Eintragung oder Berichtigung ein Interesse hat. Dieses Interesse ist namentlich bei einem Kommanditisten wegen seiner Haftung (§§ 172, 176) vorhanden, wenn er nicht als Kommanditist, sondern als persönlich haftender Gesellschafter oder wenn die Haftsumme nicht oder unrichtig eingetragen ist. Jeder einzelne Gesellschafter kann auch ein Interesse an einer Berichtigung der Eintragung haben und ist deshalb antrags- und beschwerdeberechtigt, auch wenn der Gesellschaftsvertrag oder sein Beitritt nichtig ist. Auch wenn die Auflösung der Gesellschaft (z. B. wegen Konkurses) eingetragen ist, kann ein solches Interesse noch bestehen und schutzbedürftig sein; KG in OLGR 28, 339.

Anm. 8 **2.** Entgegen der Regel des § 10 wird nicht der ganze Inhalt der Eintragung bekanntgemacht. Soweit es sich um die Beteiligung der Kommanditisten handelt, ist in der Bekanntmachung **nur die Zahl** der Kommanditisten anzugeben, nicht aber ihr Name, Stand und Wohnort sowie der Betrag ihrer Einlagen; Abs. 2. Auch auf Verlangen der Gesellschafter darf diese Bekanntmachung durch das Registergericht nicht angeordnet werden; Schlegenberger-Gessler 8; vgl. auch D II 116. Die Kommanditisten sollen nach außen nicht mehr erkennbar sein als durch die Eintragung im Register und die allgemeine Bekanntmachung der Zahl der Kommanditisten. Will ein Dritter, der aus der Bekanntmachung ersieht, daß es sich um einer Kommanditgesellschaft handelt, die Namen der Kommanditisten und die Haftsumme erfahren, so muß er das Register einsehen. Die Gesellschafter selbst können die Bekanntmachung der Personen der Kommanditisten und der Haftsumme jedes Einzelnen vornehmen, z. B. durch Rundschreiben, Aufdruck auf Geschäftsbriefen, aber nur mit Zustimmung der Kommanditisten.

Ist eine juristische Person oder eine offene Handelsgesellschaft oder eine Kommanditgesellschaft Mitglied einer Kommanditgesellschaft, so ist sie, gleichgültig, ob sie persönlich haftende Gesellschafterin oder Kommanditistin ist, unter ihrer Firma einzutragen; die Namen der persönlich haftenden Gesellschafter oder der Kommanditisten der Gesellschaften sind nicht einzutragen; Schlegelberger-Gessler 7; Ritter Anm. 2; a.A. DürHach. Anm. 3. Bei der Bekanntmachung ist die Gesellschafterin, wenn sie persönlich haftende Gesellschafterin ist, unter ihrer Firma mitzuveröffentlichen; wenn sie Kommanditistin ist, ist sie nur als eine Kommanditistin zu veröffentlichen; vgl. DürHach. Anm. 3.

III. Die Anmeldung, Eintragung und Bekanntmachung von Änderungen in den Rechtsverhältnissen der Gesellschaft während deren Bestehens

Anm. 9 **1.** Nach der allgemeinen Vorschrift des § 107 ist nur die Änderung der Firma, die Verlegung ihres Sitzes an einen anderen Ort und der Eintritt eines neuen Gesellschafters in die Gesellschaft anzumelden. Nach § 143 Abs. 2 ist auch das Ausscheiden eines Gesellschafters anzumelden. Andere Veränderungen sind nicht anzumelden. Tritt der neu Eintretende der Gesellschaft als Kommanditist bei oder scheidet ein Kommanditist aus irgendeinem Grunde, z. B. durch Tod, Ablauf der im Gesellschaftsvertrag für die Dauer seiner Mitgliedschaft bestimmten Zeit, Ausschließung, aus, so finden die Vorschriften der Abs. 1 u. 2 entsprechende Anwendung. Der **Eintritt eines Kommanditisten** ist unter dessen Bezeichnung mit Namen, Vornamen, Stand und Wohnort und Angabe des Betrags seiner Einlage anzumelden und einzutragen. Bekanntzumachen ist nur, daß ein Kommanditist eingetreten oder ausgetreten ist.

Wird die Stellung eines persönlich haftenden Gesellschafters einer oHG oder KG in die eines Kommanditisten umgewandelt, so ist dies wie ein Ausscheiden eines persönlich haftenden Gesellschafters, verbunden mit dem Eintritt eines Kommanditisten zu behandeln. Entsprechendes gilt, wenn ein Kommanditist persönlich haftender Gesellschafter geworden ist. Es ist also die Umwandlung der Stellung der betreffenden Gesellschafter und falls ein persönlich haftender Gesellschafter Kommanditist wird, auch die Haftsumme anzumelden und einzutragen. Bekanntzumachen ist mit den näheren Personalien der Name des Gesellschafters, der persönlich haftender Gesellschafter geworden ist oder aufgehört hat, es zu sein; weiter ist bekanntzumachen, daß ein Kommanditist der Gesellschaft beigetreten oder aus ihr ausgeschieden ist.

Eintritt und Ausscheiden eines Kommanditisten ist auch der **Übergang der Gesellschafterstellung** eines solchen auf einen Dritten durch Rechtsgeschäft unter Lebenden oder von Todes wegen. Ist der Neueintretende als Erbe des bisherigen Kommanditisten an dessen Stelle getreten, so ist der Grund des Wechsels **(als Erbe)** anzugeben, um klarzustellen, daß der Erbe hinsichtlich der Haftung vollständig an die Stelle des Erblassers tritt; RG GZSB v. 30. 6. 44, DNotZ 44, 195; § 173 Anm. 17; KGJ 44, 135 = OLGR 27, 339; DürHach. Anm. 7; wegen der Frage, inwieweit der Rechtsnachfolger, der durch Rechtsgeschäft unter Lebenden an die Stelle eines Gesellschafters tritt, auch in dessen Rechtsstellung hinsichtlich der Haftung tritt, vgl. die Erl. zu § 173. Wird ein Kommanditist nur von einem Erben beerbt, so bedarf es der Angabe der Höhe seiner Einlage nicht, da er auch für die Haftpflicht nur an die Stelle des Erblassers tritt. Beim Vorhandensein mehrerer Erben ist anzugeben, wie hoch die Einlage des einzelnen Erben ist; vgl. § 177. Bekanntzumachen ist, daß an Stelle eines verstorbenen Kommanditisten sein oder seine Erben getreten sind; KGJ 44A 135. Da jeder einzelne Miterbe selbständig Kommanditist wird, § 177, so müssen auch alle bei der Anmeldung des Wechsels wie bei sonstigen Änderungen im Sinne des § 107, § 143 Abs. 2 mitwirken.

Bedarf eine Ehefrau zur Kündigung des Gesellschaftsverhältnisses nach dem ehelichen Güterrecht der Zustimmung des Ehemannes, so ist diese doch nicht erforderlich, wenn es sich lediglich um die Anmeldung der erfolgten Auflösung oder des Ausscheidens aus der Gesellschaft handelt; LG Magdeburg in DNotZ 1935, 990; Schlegelberger-Gessler 19.

2. Hat sich durch den Ein- oder Austritt von Gesellschaftern oder einen Wechsel in ihrer Stellung die **Rechtsform** der Gesellschaft geändert, ist z. B. eine offene Handelsgesellschaft durch den Eintritt eines Kommanditisten Kommanditgesellschaft oder eine Kommanditgesellschaft durch den Austritt des einzigen Kommanditisten offene Handelsgesellschaft geworden, so ist auch dies anzumelden, einzutragen und bekanntzumachen. **Anm. 10**

Durch die vorstehend behandelten Änderungen in den Personen oder der Rechtsform der Gesellschaft bleibt die **Identität** der Gesellschaft unberührt. Es liegt keine Neugründung vor; RG 55, 126; in JW 1903, 293[18].

3. Sind infolge des Ausscheidens des **einzigen** persönlich haftenden Gesellschafters die Voraussetzungen für das Vorliegen einer Kommanditgesellschaft nicht mehr gegeben (§ 177 Anm. 32) und wird der Mangel nicht rechtzeitig durch Aufnahme eines neuen oder Umwandlung der Stellung eines Kommanditisten in die eines persönlich haftenden Gesellschafters behoben, so ist die Gesellschaft in dem Zeitpunkt aufgelöst, in dem der persönlich haftende Gesellschafter ohne Ersatz weggefallen ist. Es ist dann nicht nur das Ausscheiden des persönlich haftenden Gesellschafters, sondern auch die **Auflösung** der Gesellschaft anzumelden; dies gilt auch, wenn der Erbe des einzigen persönlich haftenden Gesellschafters nach § 139 sein Wahlrecht dahin ausübt, daß er nur Kommanditist sein will; KG in JW 1939, 163. Die Gesellschafter oder ihre Erben können aber nach der Auflösung unter Behebung des Mangels die Fortsetzung der Gesellschaft beschließen; vgl. § 131 Anm. 13f. Ist dies geschehen und wird die Gesellschaft unter allen bisherigen Ge- **Anm. 11**

sellschaftern fortgesetzt, so kann die Anmeldung der Auflösung und des Fortsetzungsbeschlusses unterbleiben.

Anm. 12 4. Wegen Anmeldung der Erhöhung und Herabsetzung der Haftsumme eines Kommanditisten vgl. § 175.

IV. Die zivilrechtlichen Wirkungen der Eintragung und der Nichteintragung

Anm. 13 Ist der Zweck der Gesellschaft auf den Betrieb eines Handelsgewerbes im Sinne des § 1 gerichtet, so ist die Eintragung zur Entstehung der Kommanditgesellschaft nicht erforderlich. Die Gesellschaft ist wie die offene Handelsgesellschaft regelmäßig mit dem Abschluß des Gesellschaftsvertrages entstanden; § 161 Anm. 39. Dies gilt uneingeschränkt im inneren Verhältnis der Gesellschafter. Die Wirksamkeit der Gesellschaft nach außen tritt spätestens mit der Eintragung, nicht erst mit der Bekanntmachung ein; wenn sie ihre Geschäfte früher begonnen hat, mit dem Zeitpunkt des Geschäftsbeginns; § 123 und die Erl. dazu.

Anm. 14 Handelt es sich um ein Unternehmen nach §§ 2 oder 3, so kann eine Gesellschaft unter den Beteiligten bestehen und der Betrieb auf Rechnung der Gesellschaft stattfinden, ohne daß eine Eintragung ins Handelsregister erfolgt ist. Die Gesellschaft ist aber bis zur Eintragung eine Gesellschaft des bürgerlichen Rechts; §§ 705ff. BGB. Ihre Gesellschafter haften dann Dritten, wie auch sonst die Gesellschafter einer bürgerlich-rechtlichen Gesellschaft; derjenige, der nach dem Gesellschaftsvertrag nur beschränkt, wie ein Kommanditist haften sollte, kann sich Dritten gegenüber auf die Haftungsbeschränkung nicht berufen, da diese Beschränkung die Eintragung der Gesellschaft als Kommanditgesellschaft und weiter Eintragung der Haftungsbeschränkung des Einzelnen voraussetzt; vgl. §§ 420, 427 BGB, § 176 HGB. In einem einzelnen Geschäft mit einem Dritten kann die beschränkte Haftung des einzelnen Gesellschafters vereinbart werden. Auch im inneren Verhältnis kann die Beschränkung der Haftung vor der Eintragung wirksam sein; sie gilt jedenfalls im Zweifel als vereinbart, wenn die Gesellschaft nach dem Willen der Gesellschafter als Kommanditgesellschaft eingetragen werden soll. Zur Handelsgesellschaft mit den sich daraus ergebenden Folgen, auch in öffentlich-rechtlicher Beziehung, z. B. hinsichtlich der Buchführungspflicht, wird die Gesellschaft erst mit der Eintragung. Vor der Eintragung kann sie auch nach außen nicht als Handelsgesellschaft nach § 123 in Wirksamkeit treten.

Anm. 15 Eine Vereinbarung, daß die Gesellschaft nach außen erst nach der Eintragung in Wirksamkeit treten soll, hat weder im Falle des § 1 noch in denen der §§ 2 und 3 Rechtswirkung; RG in HoldhMschr. 11, 127; vgl. auch die Erl. zu § 123.

Anm. 16 Nach § 5 kann nach der Eintragung der Gesellschaft als Kommanditgesellschaft im Handelsregister, nicht erst nach der Bekanntmachung, gegenüber demjenigen, der sich auf die Eintragung beruft, nicht geltend gemacht werden, daß das unter der Firma betriebene Gewerbe kein (Voll-)Handelsgewerbe sei oder daß es zu den im § 4 Abs. 1 bezeichneten Betrieben gehöre, also ein Handwerks- oder Kleingewerbebetrieb sei. § 5 schützt aber nicht gegen sonstige Einwendungen, z. B. daß die Gesellschaft überhaupt kein Gewerbe betreibe; vgl. hierzu und wegen der Folgen der Eintragung im einzelnen § 5 Anm. 2ff.

V. Die Publizitätswirkungen der Eintragung

Anm. 17 1. War die Gesellschaft nach gesetzlicher Vorschrift einzutragen, also in den Fällen der §§ 1 und 2, oder konnte sie eingetragen werden, § 3, und ist die Eintragung erfolgt und bekanntgemacht, so muß ein Dritter das Bestehen der Kommanditgesellschaft gegen sich gelten lassen, es sei denn, daß er es weder kannte noch kennen mußte, § 15 Abs. 2.

Ist die Eintragung sachlich unrichtig, so muß derjenige, der die Eintragung veranlaßt hat, oder der schuldhaft die Berichtigung einer unrichtigen Eintragung nicht herbeigeführt hat, nach der Lehre vom **Rechtsschein** zugunsten eines redlichen Dritten, der sein Verhalten nach der Eintragung richtet, sich so behandeln lassen, als sei die Eintragung richtig; er muß sie gegen sich gelten lassen; § 15 Anm. 21ff.; vgl. auch § 105 Anm. 68ff., 107ff. § 161 Anm. 39.

Auch wer sonst im Rechtsverkehr als Gesellschafter einer Kommanditgesellschaft auftritt, ohne es zu sein, muß sich gutgläubigen Dritten gegenüber als solcher behandeln lassen. Tritt eine Gesellschaft, die erst durch die Eintragung Kommanditgesellschaft wird (vgl. Anm. 14), vor der Eintragung im Rechtsverkehr als Kommanditgesellschaft, ihre Gesellschafter als solche einer Kommanditgesellschaft auf, so muß sich die Gesellschaft als solche, die einzelnen Gesellschafter, **so wie sie aufgetreten sind,** also entweder als persönlich haftende Gesellschafter oder als Kommanditisten behandeln lassen, der nicht eingetragene Kommanditist haftet dann aber nicht wie ein persönlich haftender Gesellschafter, sondern nur mit der vereinbarten Einlage; § 176 Abs. 1 Satz 1 gilt in diesem Falle nicht; § 176 Abs. 1 Satz 2.

Soweit die Haftung nur auf das Auftreten im Rechtsverkehr gestützt wird, kann sich nur der darauf berufen, dem gegenüber das Auftreten erfolgte; DürHach. Anm. 6 Abs. 2; anders nur, wenn eine öffentliche oder ihr gleichkommende Kundgebung (Rundschreiben) vorliegt.

Ist die Gesellschaft durch Herabsinken ihres Geschäftsbetriebes auf den des Kleingewerbes zur bürgerlich-rechtlichen Gesellschaft geworden, die Löschung der Firma im Handelsregister aber unterblieben, so müssen sich die Gesellschaft und die Gesellschafter gutgläubigen Dritten gegenüber als Handelsgesellschaft und als Gesellschafter einer solchen behandeln lassen, und zwar jeder so, wie er sich nach der Eintragung darstellt.

2. Ist eine an sich, also auch ohne Eintragung entstehende Kommanditgesellschaft (vgl. Anm. 13) **nicht eingetragen,** so kann von denjenigen, in deren Angelegenheiten sie einzutragen war, also von der Gesellschaft und den Gesellschaftern, das Bestehen der Gesellschaft einem Dritten nur entgegengehalten werden, wenn es ihm bekannt war. Das gleiche gilt von einzutragenden Veränderungen, insbesondere einem Mitgliederwechsel; § 15 Abs. 1. Dagegen können sich Dritte, ebenso wie die Gesellschafter untereinander, auf das Bestehen der Gesellschaft als Kommanditgesellschaft und die Eigenschaft der Gesellschafter als persönlich haftende oder als Kommanditisten berufen. **Anm. 18**

Die Nichteintragung einer bereits bestehenden Kommanditgesellschaft (vgl. Anm. 13) hat für den **Kommanditisten** noch die besondere Wirkung des § 176. Hat die Gesellschaft vor der Eintragung der Gesellschaft mit Zustimmung des Kommanditisten ihre Geschäfte begonnen, so haftet der Kommanditist für die bis zur Eintragung begründeten Verbindlichkeiten der Gesellschaft gleich einem persönlich haftenden Gesellschafter, es sei denn, daß seine Beteiligung als Kommanditist dem Gläubiger bekannt war; vgl. die Erl. zu § 176.

3. Auf die Eintragung der **Haftsumme** des Kommanditisten finden die Publizitätswirkungen des § 15 keine Anwendung. Diese setzen die Bekanntmachung der Eintragung voraus. Die Haftsumme des Kommanditisten wird zwar eingetragen, aber nicht bekanntgemacht; Abs. 2. Die Wirkungen der Eintragung oder Nichteintragung der Haftsumme sind in § 172 besonders geregelt. Die Eintragung hat die Wirkung, daß der Kommanditist Dritten nur in der aus der Eintragung ersichtlichen Höhe haftet, auch wenn ihnen die eingetragene Tatsache weder bekannt war, noch bekannt sein mußte; RG 17, 40; Schlegelberger-Gessler 12. Der Dritte kann sich auf das Bestehen der Haftung, der Kommanditist auf deren Beschränkung in diesem Umfange berufen. Ist die Gesellschaft als Kommanditist und der Kommanditist als solcher eingetragen, nicht aber seine Haftsumme, so tritt die beschränkte Haftung nur ein, wenn der Gläubiger wußte, daß ein Gesellschafter Kommanditist ist, auch wenn er die Höhe der Haftsumme nicht kannte. Er kann sich dann nicht darauf berufen, daß er den Gesellschafter für einen unbeschränkt haftenden halten konnte; vgl. die Erl. zu § 176. **Anm. 19**

§ 163

Für das Verhältnis der Gesellschafter untereinander gelten in Ermangelung abweichender Bestimmungen des Gesellschaftsvertrages die besonderen Vorschriften der §§ 164 bis 169.

Inhaltsübersicht

Anm. 1 **1. Vertragsfreiheit für das Innenverhältnis.**

§ 163 stellt in sachlicher Übereinstimmung mit Art. 159 ADHGB für das Verhältnis der Gesellschafter untereinander den Grundsatz der **Vertragsfreiheit** auf, wonach die besonderen Vorschriften der nachfolgenden §§ 164—169 nur mangels abweichender Bestimmungen des Gesellschaftsvertrages gelten. Da die §§ 164—169 nur einzelne Punkte des inneren Verhältnisses regeln, ist gemäß § 161 Abs. 2 die Ergänzung aus den das innere Verhältnis der Gesellschafter der offenen Handelsgesellschaft regelnden Bestimmungen der §§ 109 bis 122 nötig. § 109 verordnet nun, daß das Rechtsverhältnis der Gesellschafter untereinander sich zunächst nach dem Gesellschaftsvertrag richtet und daß die Vorschriften der §§ 110—122 nur insoweit Anwendung finden, als nicht durch den Gesellschaftsvertrag ein anderes bestimmt ist. Aus dem Zusammenhalt der genannten Vorschriften ergibt sich somit, wie es in Art. 157 ADHGB zum Ausdruck gekommen ist, für das innere Verhältnis unter den Gesellschaftern folgendes **Rangverhältnis:** In erster Linie ist der Inhalt des Gesellschaftsvertrages maßgebend. Soweit dieser keine Auskunft gibt, gelten die Vorschriften der §§ 109—122 über die offene Handelsgesellschaft, diese aber nur, soweit nicht in den §§ 164—169 etwas anderes bestimmt ist. Da das Recht der offenen Handelsgesellschaft in § 105 Abs. 2 ergänzend die Vorschriften des bürgerlichen Rechts über die Gesellschaft für anwendbar erklärt und nach § 161 Abs. 2 für die Kommanditgesellschaft auch § 105 Abs. 2 gilt, sind in Ermangelung anderer Vorschriften die Vorschriften des BGB über die Gesellschaft, auch für das innere Verhältnis unter den Gesellschaftern heranzuziehen. Die gesetzlichen Vorschriften über das innere Verhältnis der Gesellschafter sind danach grundsätzlich nachgiebigen Rechts. Sie gelten nur als gesetzliche Regel zur Ergänzung eines nicht im Gesellschaftsvertrage ausdrücklich oder stillschweigend zum Ausdruck gekommenen anderen Willens der Gesellschafter. Die Abweichungen von der gesetzlichen Regel können im ursprünglichen Gesellschaftsvertrag oder in einem Nachtrag enthalten sein. Auch nach Auflösung der Gesellschaft, im Abwicklungszustande, sind solche Abweichungen noch möglich. Die zulässigen Abweichungen von der Regel beziehen sich nur auf das innere Verhältnis. In diesem Verhältnis kann nach dem Willen der Gesellschafter auch etwas anderes gelten als nach außen.

Die Vereinbarungen können insbesondere im Verhältnis der persönlich haftenden Gesellschafter zu den **Kommanditisten** von der gesetzlichen Regel abweichen. So kann das Verhältnis, in dem Gewinn und Verlust von den Gesellschaftern zu tragen ist, die Ausgleichspflicht im Falle der Inanspruchnahme eines Gesellschafters durch einen Gläubiger, die Nachschußpflicht im Falle des Verlustes der Einlage oder die Verpflichtung der übrigen Gesellschafter, dem in Anspruch Genommenen das Geleistete zu ersetzen, oder das Wettbewerbsverbot abweichend von der gesetzlichen Regelung geordnet werden; es kann z. B. auch bestimmt werden, daß neu eintretende Gesellschafter im inneren Verhältnis nicht an den zur Zeit ihres Eintritts vorhandenen Gesellschaftsschulden beteiligt sind. Das Entnahmerecht kann anders als das Gesetz vorschreibt, geordnet, auch ganz beseitigt werden. Die Geschäftsführung kann allen Gesellschaftern, auch den Kommanditisten oder ausschließlich diesen übertragen werden (RG 31, 39 und 72) oder bestimmt werden, daß die persönlich haftenden Gesellschafter alle oder bestimmte Handlungen der Geschäftsführung nur mit Zustimmung der Kommanditisten oder einzelner von ihnen vornehmen dürfen. Es kann auch von dem Grundsatz der Gleichberechtigung der Gesellschafter, insbesondere hinsichtlich des Stimmrechts abgewichen werden.

Die Vertragsfreiheit verleiht der KG eine große Variationsbreite ihrer Erscheinungsformen, s. darüber Vorbem. 4—7 zu § 161. Über die GmbH & Co. s. § 161 Anm. 20—26, über die verschiedenen Möglichkeiten, die Verwaltungsrechte des Kommanditisten zu gestalten s. § 161 Anm. 31—38. Notwendig ist nur, daß die **Begriffsmerkmale** der Kommanditgesellschaft gewahrt bleiben, also Zusammenschluß zum Betrieb eines Handelsgewerbes als gemeinsamer Zweck unter gemeinschaftlicher Firma mit unbeschränkter Haftung mindestens eines Gesellschafters und Haftung der übrigen auf einen bestimmten Betrag, vgl. § 105 Anm. 9ff., § 161 Anm. 2, 5, 6, 9, 12 und 14.

Anm. 2 **2. Die Anwendung der §§ 110—122 HGB und §§ 705ff. BGB.**

Soweit der Gesellschaftsvertrag keine vom Gesetz abweichende Bestimmungen enthält, gelten auch für die Kommanditgesellschaft und ihre Gesellschafter folgende Vorschriften:

1. § 110 über Ersatz von Aufwendungen eines Gesellschafters. Er kommt in erster Linie für die geschäftsführenden Gesellschafter in Betracht, kann aber auch auf die übrigen Gesellschafter, insbesondere auch auf die Kommanditisten, Anwendung finden.

2. § 111 über die **Verzinsung unbefugter Entnahmen.** Im Falle sonstiger unbefugter Verfügung über das Gesellschaftsvermögen gilt ebenfalls das, was bei der offenen Handelsgesellschaft rechtens ist. In einer solchen Verfügung kann auch eine unerlaubte Handlung im Sinne des Zivil- und des Strafrechts, z. B. eine Unterschlagung, liegen; RGSt. 18, 123; vgl. die Erl. zu § 111.

3. Die §§ 112 und 113 über das **Wettbewerbsverbot,** s. im einzelnen die Erläuterungen zu § 165.

4. Die §§ 114—117 über die **Geschäftsführung,** jedoch mit der Maßgabe, daß die Kommanditisten von der Geschäftsführung ausgeschlossen und auf die Mitwirkung bei der Beschlußfassung über ungewöhnliche Geschäfte beschränkt sind, § 164.

5. § 118 über das **Aufsichtsrecht** der Gesellschafter. Er gilt aber nur für die persönlich haftenden Gesellschafter. Die Befugnisse der Kommanditisten sind in § 166 besonders geordnet.

6. § 119 über die Beschlußfassung der Gesellschafter. Bei den Beschlüssen, die die Kommanditgesellschaft in gleicher Weise wie die offene Handelsgesellschaft in ihren Angelegenheiten zu fassen hat, sind auch die Kommanditisten voll stimmberechtigt. Wegen der Zulässigkeit von Mehrheitsbeschlüssen vgl. die Erl. zu § 119.

7. Die §§ 120—122 über die Feststellung des jährlichen Gewinns und Verlustes und die Berechnung des Anteils jedes Gesellschafters daran und die Gut- und Lastschrift auf den Kapitalanteil der Gesellschafter, über die rechtliche Bedeutung des Kapitalanteils, über die Vordividende und die Verteilung des Restes des Gewinns und des Verlustes und über das Entnahmerecht der Gesellschafter. Diese Vorschriften gelten jedoch nur mit den Änderungen, die sich aus der besonderen Stellung des Kommanditisten als in der Hauptsache nur kapitalistisch Beteiligten ergeben, §§ 167—169.

8. Zur **Änderung des Gesellschaftsvertrages,** insbesondere auch zur **Aufnahme neuer Gesellschafter,** ist, wie bei der offenen Handelsgesellschaft, die Zustimmung aller Gesellschafter, auch der Kommanditisten erforderlich, soweit der Gesellschaftsvertrag nicht auch hier Mehrheitsbeschlüsse zuläßt; vgl. die Erl. zu §§ 119, 130.

Aus dem Recht der bürgerlich-rechtlichen Gesellschaft sind auf die Kommanditgesellschaft anwendbar die Vorschriften und Rechtssätze über die Beteiligung der Gesellschafter, auch der Kommanditisten am Gesellschaftsvermögen nach den Grundsätzen der gesamten Hand, über die Beiträge der Gesellschafter, über die Übertragbarkeit der gesellschaftlichen Rechte; vgl. die Erl. zu §§ 105, 109, 120, 130.

Das Maß der den Gesellschaftern obliegenden Sorgfalt bei Erfüllung ihrer Gesellschafterpflichten richtet sich wie bei der offenen Handelsgesellschaft nach § 708 BGB; vgl. die Erl. zu § 116.

§ 164

Die Kommanditisten sind von der Führung der Geschäfte der Gesellschaft ausgeschlossen; sie können einer Handlung der persönlich haftenden Gesellschafter nicht widersprechen, es sei denn, daß die Handlung über den gewöhnlichen Betrieb des Handelsgewerbes der Gesellschaft hinausgeht. Die Vorschriften des § 116 Abs. 3 bleiben unberührt.

Inhaltsübersicht

I. Die gesetzliche Regelung der Geschäftsführung

Anm. 1 **1.** § 164 regelt die Beteiligung des Kommanditisten an der Geschäftsführung der Gesellschaft, im wesentlichen in Übereinstimmung mit Art. 158 ADHGB.

Wie bei der offenen Handelsgesellschaft ist auch bei der Kommanditgesellschaft zu unterscheiden zwischen der Geschäftsführung, die die Betätigung der Gesellschafter im inneren Verhältnis zum Gegenstand hat, und der Vertretung der Gesellschaft, die sich nur auf deren Betätigung nach außen bezieht; vgl. § 114 Anm. 2. § 164 ordnet ausschließlich die Geschäftsführung, § 170 ausschließlich die Vertretung. Beide Paragraphen enthalten nur je eine besondere Vorschrift über die Stellung des Kommanditisten, indem sie ihn von der Geschäftsführung und Vertretung **ausschließen.** Im übrigen gelten in Ermangelung anderer gesetzlicher Vorschriften die für die offene Handelsgesellschaft maßgebenden Bestimmungen für die Geschäftsführung, insbesondere die §§ 114—117.

Anm. 2 Bei der offenen Handelsgesellschaft sind nach der gesetzlichen Regel des § 114 Abs. 1 alle Gesellschafter zur Führung der Geschäfte der Gesellschaft berechtigt und verpflichtet. Aus der Ausschließung der Kommanditisten von der Geschäftsführung folgt, daß bei der Kommanditgesellschaft nur die persönlich haftenden Gesellschafter und zwar alle zur Geschäftsführung berechtigt und verpflichtet sind. Art. 158 Abs. 1 brachte dies besonders zum Ausdruck durch den Satz: „Die Geschäftsführung der Gesellschaft wird durch den oder die persönlich haftenden Gesellschafter besorgt." Steht die Geschäftsführung danach mehreren persönlich haftenden Gesellschaftern zu, so ist jeder einzelne allein zu handeln berechtigt. Widerspricht jedoch ein anderer geschäftsführender Gesellschafter der Vornahme einer Handlung, so muß diese unterbleiben; § 115 Abs. 1. Die Befugnis zur Geschäftsführung erstreckt sich auf alle Handlungen, die der gewöhnliche Betrieb des Handelsgewerbes der Gesellschaft mit sich bringt. Zur Vornahme von Handlungen, die darüber hinausgehen, ist ein Beschluß sämtlicher Gesellschafter erforderlich; § 116 Abs. 1 und 2. Wegen des Inhalts der Alleingeschäftsführungsbefugnis, des Widerspruchsrechts, des Umfangs der Geschäftsführungsbefugnis und des Begriffs der Handlungen, die der gewöhnliche Geschäftsbetrieb mit sich bringt und solcher, die darüber hinausgehen, wegen der Notwendigkeit der Beschlußfassung durch sämtliche Gesellschafter, der Möglichkeit von Mehrheitsbeschlüssen, wegen der Wirkungen von Zuwiderhandlungen gegen die Berechtigung und Verpflichtung zur Geschäftsführung, insbesondere auch von Überschreitungen der Geschäftsführungsbefugnis gilt das gleiche wie bei der offenen Handelsgesellschaft, vgl. die Erl. zu §§ 114—116. Zu den Handlungen des gewöhnlichen Geschäftsbetriebs gehört auch die Unterzeichnung der jährlichen Bilanzen; RG 112, 125; vgl. hierzu § 166 Anm. 2. Der Gesellschaftsvertrag kann aber bestimmen, daß der Jahresabschluß der Zustimmung des Kommanditisten bedarf. Unterzeichnet dieser Inventar und Bilanz mit, so bekundet er damit seine Zustimmung, übernimmt aber keine Mitverantwortung für deren Richtigkeit (BGH WM 1952, 579, vgl. auch § 167 Anm. 3).

Anm. 3 Durch den gesetzlichen Ausschluß von der Geschäftsführung erhält der Kommanditist im wesentlichen die Stellung, die bei der offenen Handelsgesellschaft der durch den Gesellschaftsvertrag von der Geschäftsführung ausgeschlossene Gesellschafter einnimmt, vgl. § 114 Abs. 2 und die Erl. dazu. Er ist daher zur Geschäftsführung weder berechtigt noch verpflichtet. Er ist auch nicht verpflichtet, auf Vornahme von im Interesse der Gesellschaft gebotenen oder zweckmäßigen Geschäftsführungshandlungen, z. B. Einziehung von Forderungen zur Verhütung ihres Verlustes, etwa durch Aufforderung an die Geschäftsführer hinzuweisen, auch nicht, wenn die Handlung z. B. die Unterbrechung der Verjährung, gegen ihn selbst vorzunehmen wäre; RG im Recht 10 Nr. 295. Doch kann sich aus der jedem Gesellschafter — auch dem von der Geschäftsführung ausgeschlossenen — obliegenden allgemeinen Pflicht, die Belange der Gesellschaft nicht nur auf dem Gebiet der Geschäftsführung, sondern allgemein zu wahren, auch die Verpflichtung zu einem Einschreiten, z. B. durch Berufung einer Gesellschafterversammlung, Veranlassung eines Einschreitens gegen säumige Geschäftsführer ergeben. Wieweit diese Verpflichtung reicht, bestimmt sich nach den Grundsätzen über die gegenseitige Treupflicht der Gesellschafter, vgl. § 105 Anm. 31a—e und Hueck, oHG § 13 I.

Da der Kommanditist nur von der Geschäftsführung ausgeschlossen ist, ist er zur Mitwirkung bei allen anderen Handlungen berechtigt und verpflichtet, die das innere Leben der Gesellschaft, insbesondere die **Grundlagen des Gesellschaftsverhältnisses** zum Gegenstande haben. Hierher gehört die Mitwirkung bei Gesellschafterbeschlüssen, über die Auflösung der Gesellschaft, über Zustimmung zum Wettbewerb eines gesetzlich oder vertraglich davon ausgeschlossenen Gesellschafters, über Geltendmachung von Schadensersatzansprüchen wegen Zuwiderhandlungen gegen das Wettbewerbsverbot, §§ 112, 113, über Änderung des Gesellschaftsvertrages, über Aufnahme neuer Gesellschafter, auch Kommanditisten, über Fortsetzung nach Auflösung der Gesellschaft oder Ausscheiden von Gesellschaftern aus ihr, §§ 134, 141, 144, über Klagen auf Ausschließung aus der Gesellschaft oder von der Geschäftsführung oder Vertretung und Ermächtigung zur Übernahme des Geschäfts durch einen Gesellschafter, über Aufnahme der Erben eines Gesellschafters als Kommanditisten, §§ 117, 127, 139, 140, 142. In allen diesen Fällen ist der Kommanditist gleichberechtigt mit den persönlich haftenden Gesellschaftern. Dasselbe gilt von Rechten, die der einzelne Gesellschafter unabhängig von der Geschäftsführungs- und Vertretungsbefugnis geltend machen kann, wie das Recht auf Erhebung der Auflösungsklage, § 133, auf Verfolgung der Gesellschaftsrechte gegen einzelne Gesellschafter, z. B. auf Leistung der Einlage oder Erfüllung sonstiger Gesellschafterpflichten, actio pro socio, vgl. die Erl. zu § 124; RG in JW 1906, 144[21]. Darüber, ob und inwieweit die gesellschaftliche Treupflicht eine Mitwirkung bei den vorgenannten Handlungen gebietet, s. § 105 Anm. 31 c—e. Anm. 4

2. Die Mitwirkung der Kommanditisten bei außergewöhnlichen Geschäften. Anm. 5

Die Kommanditisten können einer Handlung der persönlich haftenden Gesellschafter nicht widersprechen, es sei denn, daß die Handlung über den gewöhnlichen Betrieb des Handelsgewerbes der Gesellschaft hinausgeht; Satz 1 Halbsatz 2. Die Ausschließung der Kommanditisten von der Geschäftsführung in Halbsatz 1 wird durch Halbsatz 2 erläutert und ergänzt. Beide Bestimmungen entspringen der Erwägung, daß der Kommanditist in der Hauptsache mit Kapital beteiligt ist und nur beschränkt haftet, und daß er an der Führung des Gesellschaftsunternehmens in der Regel nicht teilnehmen soll, auch nicht teilnehmen will. Durch Halbsatz 2 sollten die Verwaltungsbefugnisse der Kommanditisten gegenüber denen der Gesellschafter der offenen Handelsgesellschaft keinesfalls erweitert werden. Bei dieser Gesellschaft haben nun nur diejenigen Gesellschafter das Widerspruchsrecht gegen Handlungen anderer geschäftsführungsberechtigter Gesellschafter, die selbst zu den geschäftsführenden gehören; § 115 Abs. 1 Halbsatz 2. Schon aus diesem Grunde haben die Kommanditisten, weil sie gesetzlich von der Geschäftsführung ausgeschlossen sind, **kein Widerspruchsrecht gegen gewöhnliche Handlungen** der Geschäftsführung, d. h. gegen solche, die der gewöhnliche Betrieb des Handelsgewerbes der in Betracht kommenden Gesellschaft mit sich bringt; vgl. § 116 Abs. 1. In Abs. 1 Halbsatz 2 des vorliegenden Paragraphen wird dies auch noch durch den Ausspruch hervorgehoben, daß dem Kommanditisten der Widerspruch gegen Handlungen der Geschäftsführung der persönlich haftenden Gesellschafter versagt wird, wenn nicht die Handlung über den gewöhnlichen Betrieb des Handelsgewerbes der Gesellschaft hinausgeht. Bestritten ist, ob Halbsatz 2 nur dieses sagen will, oder ob er abweichend von § 116 Abs. 2, der zur Vornahme von Handlungen, die über den gewöhnlichen Betrieb des Handelsgewerbes der Gesellschaft hinausgehen, einen regelmäßig einstimmigen Beschluß der Gesellschafter fordert, dem Kommanditisten lediglich ein Widerspruchsrecht geben, die Rechtsunwirksamkeit ohne Zustimmung der Kommanditisten vorgenommener außergewöhnlicher Handlungen aber nicht aussprechen will. Die herrschende Meinung tritt für die Notwendigkeit der **Zustimmung auch der Kommanditisten** ein: RG 158, 302 (306f.); Schlegelberger-Gessler 3; DürHach. Anm. 3; Wieland I 752; Ritter (2) Anm. 3; Baumbach-Duden Anm. B; Hueck, Gesellschaftsrecht § 19 V; ders. ZHR 125 (1962) S. 20; für ein bloßes Widerspruchsrecht: Koehler Anm. 1; Brand Anm. 2a; Schwarz Anm. 1; Boesebeck JW 1939, 325. Würdinger Gesellschaften 1. Teil S. 152/53 gibt dem Kommanditisten nur ein Widerspruchsrecht, leitet aber aus der allgemeinen Treupflicht der Gesellschafter die Verpflichtung der geschäftsführenden Gesellschafter ab, dem Kommanditisten vor der Ausführung außergewöhnlicher Geschäfte von der beabsichtigten Vornahme Kenntnis zu geben, um ihm die Ausübung des Widerspruchsrechts zu ermöglichen; vgl. auch Würdinger: Das Recht der Personalgesellschaften, I. Teil die Kommanditgesellschaft, 1939. Der Ansicht des Reichsgerichts und **der herrschenden Meinung ist beizutreten.** Der gesetzgeberische Grund für die Beschränkung der Geschäftsführungsbefugnis der geschäftsführenden Gesellschafter auf die gewöhnlichen Betriebsgeschäfte liegt in der mit außergewöhnlichen Geschäften verbundenen Gefahr für den Bestand des Unternehmens und der damit verbundenen erheblichen Gefährdung der Vermögensinteressen der Gesellschafter. Solche Geschäfte berühren auch den Kommanditisten in erheblicher Weise. Daß der persönlich haftende Gesellschafter unbeschränkt haftet, kann unter diesem Gesichtspunkte nicht ausschlaggebend sein. Oft ist die kapitalistische Beteiligung des Kommanditisten für die Entstehung und Erhaltung des Unternehmens wichtiger als die Arbeitskraft des persönlich haftenden Gesellschafters und seine unbeschränkte Haftung. Das Widerspruchsrecht allein würde dem Kommanditisten, auch wenn der geschäftsführende Gesellschafter verpflichtet wäre, ihn von beabsichtigten ungewöhnlichen Geschäften rechtzeitig zu benachrichtigen, doch weniger Gewähr für die Wahrung seiner Interessen bieten und ihn ohne schwerwiegende Gründe schlechter stellen, als den von der Geschäftsführung ausgeschlossenen persönlich haftenden Gesellschafter. Der Wortlaut des Gesetzes zwingt auch nicht zu dieser Beschränkung des Mitwirkungsrechts der Kommanditisten. Auch die Belange des Unternehmens stehen nicht entgegen, da die geschäftsführenden Gesellschafter die Geschäfte, die der gewöhnliche Betrieb des Unternehmens mit sich bringt, ohne Zustimmung der Kommanditisten ausführen können und damit den Bedürfnissen des regelmäßigen Geschäftsverkehrs genügt ist.

Anm. 5a Wegen des Begriffs der über den gewöhnlichen Betrieb hinausgehenden Handlungen, wegen der Unbeachtlichkeit eines Widerspruchs und des Rechts zum Handeln ohne Zustimmung aller Gesellschafter, wenn es zur Erhaltung eines Gegenstandes des Gesellschaftsvermögens erforderlich ist, wegen der Verpflichtung des Gesellschafters, die Zustimmung zu erteilen und bei der Beschlußfassung mitzuwirken, wenn es die Belange der Gesellschaft gebieten und wegen der Unzulässigkeit eines Rechtsmißbrauchs durch willkürliche Verweigerung der Zustimmung, wegen der Schadensersatzpflicht bei Überschreitung der Geschäftsführungsbefugnisse und des dabei anwendbaren Maßstabes für die Sorgfaltspflicht, wegen der Geltendmachung dieses Anspruches durch die Gesellschaft und die einzelnen Gesellschafter; vgl. die Erl. zu § 116; RG 158, 302; BGH 17, 182.

Oft zählt der **Gesellschaftsvertrag** eine Reihe von Geschäften auf, die der Zustimmung des Kommanditisten bedürfen. Dabei werden meistens auch Handlungen angeführt, die zwar nicht über den gewöhnlichen Betrieb des Handelsgewerbes der Gesellschaft hinausgehen, aber doch von größerer Bedeutung sind und über das laufende tägliche Geschäft hinausragen, wie Investitionen, Kredite, Anstellungsverträge. Man wird im Zweifel anzunehmen haben, daß ein solcher Katalog zustimmungspflichtiger Geschäfte nur bezüglich der letztgenannten Handlungen **erschöpfend** ist, nicht aber für die in § 164 gemeinten. Denn bei der Abfassung des Gesellschaftsvertrages lassen sich nicht alle zukünftigen Fälle überblicken, in denen eine Handlung über den gewöhnlichen Betrieb des Handelsgewerbes der Gesellschaft hinausgeht.

Aus dem Recht des Kommanditisten auf Mitwirkung bei der Beschlußfassung über außergewöhnliche Geschäfte ergibt sich die Pflicht des Komplementärs, ihm über das zu beschließende Geschäft die zu einer sachgemäßen Beurteilung erforderliche **Auskunft** zu geben (§ 166 Anm. 1, J. v. Gierke § 37 VI 1a).

Bei dem Recht des Kommanditisten zur Mitwirkung bei ungewöhnlichen Geschäften handelt es sich um ein sog. Pflichtrecht, das ihm nicht im eigenen Interesse, sondern im Interesse der Gesellschaft gegeben ist (gesellschaftsnütziges Recht). Bei seiner Ausübung haben eigennützige Interessen des Kommanditisten hinter den Interessen der Gesellschaft zurückzutreten (§ 105 Anm. 31b). Verweigert er die Zustimmung zu einer im Interesse der Gesellschaft liegenden Handlung, so können sich die anderen Gesellschafter in der Regel darüber hinwegsetzen.

Anm. 6 **3.** Unberührt bleiben nach Satz 2 die Vorschriften des § 116 Abs. 3 über **Bestellung von Prokuristen** oder **Widerruf einer Prokura.** Danach bedarf es, wenn nicht Gefahr im Verzuge ist, auch bei der Kommanditgesellschaft im inneren Verhältnis der Gesellschafter, das § 116 Abs. 3, wie § 164 allein regelt, zur Bestellung von Prokuristen der Zustimmung aller geschäftsführenden Gesellschafter. Der Widerruf der Prokura kann durch jeden der zur Erteilung oder zur Mitwirkung bei der Erteilung, also durch jeden einzelnen, zur Geschäftsführung berufenen Gesellschafter erfolgen. Die Zustimmung der Kommanditisten ist weder zur Erteilung noch zum Widerruf der Prokura erforderlich. Im Einzelfall, insbesondere wenn der Inhalt des Dienstvertrages mit dem Prokuristen außerhalb des üblichen Rahmens liegt, kann der Abschluß dieses Vertrages ein außergewöhnliches Geschäft sein und deshalb der Zustimmung der Kommanditisten bedürfen. Für das Verhältnis zu Dritten, insbesondere auch für das Rechtsverhältnis zu dem Prokuristen kommt es nur darauf an, ob der den Prokuristen Bestellende im Rahmen seiner Vertretungsbefugnis gehandelt hat; vgl. § 170 und die Erl. zu 116.

4. Die Entziehung der Befugnis zur Geschäftsführung aus wichtigem Grunde kann wie bei der offenen Handelsgesellschaft auf Antrag der übrigen Gesellschafter erfolgen. Auch die Kommanditisten müssen bei dem Antrag mitwirken, wie bei der offenen Handelsgesellschaft die von der Geschäftsführung ausgeschlossenen Gesellschafter; § 117 mit Erl. Auch dem einzigen Komplementär kann die Geschäftsführungsbefugnis entzogen werden. Mit der Entziehung fällt, sofern der Gesellschaftsvertrag keine andere Regelung vorsieht, das Recht, Maßnahmen der Geschäftsführung zu treffen, der Gesamtheit der Gesellschafter zu (BGH 51, 198 = JZ 68, 469 m. Anm. v. Wiedemann). **Anm. 7**

II. Abweichende Vertragsregelung

1. Die Nachgiebigkeit der Vorschriften über das Verhältnis der Gesellschafter untereinander kommt insbesondere für die Regelung der Geschäftsführungsbefugnis der Gesellschafter in Betracht. Wie bei der offenen Handelsgesellschaft können auch bei der Kommanditgesellschaft für die nach dem Gesetz zur Geschäftsführung berufenen persönlich haftenden Gesellschafter die in den §§ 114ff. vorgesehenen Abweichungen von der gesetzlichen Regel eingeführt werden, z. B. durch Ausschließung eines Teiles dieser Gesellschafter von der Geschäftsführung, durch Einführung der Gesamtgeschäftsführungs- an Stelle der gesetzlichen Alleingeschäftsführungsbefugnis, durch Zulassung von Mehrheitsbeschlüssen, durch Erleichterung oder Erschwerung der Möglichkeit der Entziehung der Geschäftsführungsbefugnis; vgl. die Erl. zu §§ 114—117. **Anm. 8**

2. Zugunsten des Einflusses der persönlich haftenden Gesellschafter kann durch den Gesellschaftsvertrag das Erfordernis der Zustimmung der Kommanditisten zu außergewöhnlichen Geschäften beseitigt und ihnen nur ein Widerspruchsrecht eingeräumt, oder auch dieses beseitigt werden; oder diese Rechte können auf bestimmte wichtige Geschäfte beschränkt werden. Eine **Beschränkung** der Rechte der Kommanditisten ist auch möglich in der Weise, daß sie beim Vorhandensein mehrerer die Rechte nur gemeinsam, oder durch einen Ausschuß oder einen von ihnen geltend machen dürfen. Soweit gemeinschaftliches Handeln vorgeschrieben wird, kann ein Mehrheitsbeschluß für ausreichend erklärt werden. Eine solche Beschränkung kann im Interesse der Vereinfachung der Geschäftsführung und des Verkehrs zwischen den wirklich geschäftsleitenden Personen und den nur kapitalistisch beteiligten Gesellschaftern erwünscht sein, s. dazu § 161 Anm. 37, 38. **Anm. 9**

Nicht entzogen werden können den Kommanditisten Rechte, auf die auch die Gesellschafter der offenen Handelsgesellschaft nicht verzichten können, z. B. das Kündigungsrecht; das Recht, die Auflösung der Gesellschaft aus wichtigem Grunde herbeizuführen, weil im öffentlichen Interesse eine unlösliche Bindung nicht zulässig ist; vgl. § 161 Anm. 32 und die Erl. zu §§ 131, 132, 133, 141, 142. Die unentziehbaren Rechte, insbesondere das Recht auf Kündigung, können durch einschränkende Bestimmungen nicht derart beschränkt werden, daß dies auf eine Entziehung des Rechts hinauskommt. Dies wäre der Fall, wenn die Ausübung nur mit Zustimmung eines Mitgesellschafters oder eines Dritten möglich wäre; vgl. § 161 Anm. 32, 37 und die Erl. zu § 132. **Anm. 10**

3. Zugunsten der Kommanditisten kann abweichend von der Regel des § 164 vereinbart werden, daß sie zur **Geschäftsführung** berufen sind (BGH 17, 392), entweder in der Weise, daß sie nur das Recht zur Geschäftsführung haben oder daß sie dazu auch verpflichtet sind. Die Geschäftsführung kann ihnen neben den persönlich haftenden **Anm. 11**

Gesellschaftern oder unter deren Ausschluß übertragen werden (Schlegelberger-Gessler 7). Auch bei Ausschluß aller Komplimentäre von der Geschäftsführung bleibt das Prinzip der Selbstorganschaft in der Person der zur Geschäftsführung berufenen Kommanditisten gewahrt. Unzulässig ist ein solcher Ausschluß nur, wenn nicht gleichzeitig einem Kommanditisten die Geschäftsführungsbefugnis übertragen wird. Denn die gesellschaftliche Geschäftsführung kann notwendigerweise nur von einem Gesellschafter ausgeübt werden (§ 114 Anm. 9; BGH DB 68, 797 = WM 68, 509). Den Kommanditisten kann auch in der Weise Einfluß auf die Geschäftsführung eingeräumt werden, daß die persönlich haftenden Gesellschafter die Geschäfte nach ihren Weisungen vorzunehmen haben oder daß sie bestimmte Geschäfte, z. B. Bestellung und Abberufung von Prokuristen, nur mit ihrer Zustimmung vornehmen dürfen. Derartige Vereinbarungen kommen namentlich bei der sog. kapitalistischen Kommanditgesellschaft vor; vgl. § 161 Vorbem. 6. Zulässig ist auch eine Vereinbarung, nach der der Kommanditist die ihm eingeräumte Geschäftsführungsbefugnis durch einen anderen (auch einen Nichtgesellschafter) ausüben dürfe und daß der Beauftragte zum Prokuristen bestellt werden müsse. Die persönlich haftenden Gesellschafter sind dann verpflichtet, dem Vorgeschlagenen Einzelprokura zu erteilen. Sie können zur Erfüllung dieser Verpflichtung verurteilt werden; RG 31, 39 und 73; 123, 289; in LZ 1908, 535[4]; im Recht 10 Nr. 295; in SeuffA. 94, 26; OLG Hamburg in OLGR 3, 277. Wegen der Möglichkeit der Ausgestaltung der vertragsmäßigen Verwaltungsrechte der Kommanditisten durch Schaffung einer besonderen Organisation der Kommanditisten vgl. § 161 Anm. 31, 34, 38. Die Übertragung der Geschäftsführungsbefugnis an einen Kommanditisten kann auch durch schlüssige Handlungen, z. B. durch Duldung aller Gesellschafter erfolgen. Ist im Gesellschaftsvertrag die Geschäftsführung einem oder mehreren Kommanditisten übertragen, so ist es Sache der Vertragsauslegung im Einzelfall, ob damit die persönlich haftenden Gesellschafter von der Vertretung ausgeschlossen, oder die Kommanditisten nur neben ihnen geschäftsführungsberechtigt sein sollen. Das eine wie das andere kann dem Willen der Vertragschließenden entsprechen. Die Vermutung, die § 114 Abs. 2 für die offene Handelsgesellschaft zugunsten des Ausschlusses der im Gesellschaftsvertrag nicht als Geschäftsführer bestellten Gesellschafter ausspricht, gilt hier nicht. Sie erklärt sich daraus, daß bei der offenen Handelsgesellschaft alle Gesellschafter kraft Gesetzes, § 114 Abs. 1, zur Geschäftsführung berufen sind, und daß deshalb eine ausdrückliche Berufung einzelner Gesellschafter im Vertrage regelmäßig nur Sinn hat, wenn damit die anderen von der Geschäftsführung ausgeschlossen sein sollen; Schlegelberger-Gessler 10; a. A. Braude, Der Kommanditist im Dienste seiner Gesellschaft S. 20.

Anm. 12 a) Ist einem Kommanditisten die **Geschäftsführungsbefugnis** allein oder neben anderen Kommanditisten oder persönlich haftenden Gesellschaftern übertragen, so nimmt er im Zweifel dieselbe Stellung ein, wie ein persönlich haftender Gesellschafter als Geschäftsführer. Seine Rechte und Pflichten, insbesondere die Verpflichtung zur Tätigkeit für die Gesellschaft sind solche aus dem Gesellschaftsverhältnis; vgl. BGH 17, 392 = LM § 52 Nr. 1 m. Anm. v. Fischer; OLG Saarbrücken JZ 68, 386 m. Anm. v. Baur; dieser auch über die Zulässigkeit einer einstweiligen Regelung nach § 940 ZPO. Es gelten also auch für ihn die Vorschriften der §§ 114 bis 117 über die gesetzliche Alleingeschäftsführungsbefugnis, den Umfang der Befugnis, die Entziehung derselben und die Möglichkeit von Abweichungen durch besondere Bestimmungen des Gesellschaftsvertrags, z. B. durch Beschränkung der Befugnis auf einen bestimmten Geschäftskreis oder auf bestimmte Zeit oder für den Fall der Verhinderung des in erster Linie Berufenen, oder durch Einführung der Gesamtgeschäftsführungsbefugnis; ebenso gelten für ihn die Vorschriften über die Sorgfaltspflicht, § 708 BGB (§ 116 Anm. 18ff.), über die Rechenschaftspflicht, über den Anspruch auf Erstattung von Aufwendungen und Verlusten, § 110. Für die Buchführung, bei der es sich um eine öffentlich-rechtliche, nach außen wirkende Verpflichtung handelt, ist er nicht, auch nicht strafrechtlich (§§ 239ff. KO) verantwortlich; § 38 Anm. 10; DürHach. Anm. 6; Schlegelberger-Gessler 9. Im inneren Verhältnis kann er verantwortlich sein, wenn ihm die Buchführung als Teil der Geschäftsführung übertragen ist. vgl. auch die Erl. zu den genannten Paragraphen, Schwarz Anm. 2; RG 100, 418 = JW 1925, 1997; im Recht 10 Nr. 295; OLG Bamberg in OLGR 3, 277. Vererblich ist die Geschäftsführungsbefugnis im Zweifel nicht, § 177 Anm. 11.

b) Die Übertragung der Geschäftsführungsbefugnis auf Kommanditisten oder der **Anm. 13** Ausschluß der persönlich haftenden Gesellschafter von der Geschäftsführung kann, wie bei der offenen Handelsgesellschaft eine Abweichung von der gesetzlichen Regelung der Geschäftsführung, nicht ins Handelsregister eingetragen werden. Dieses ist nur für die Kundmachung der Rechtsverhältnisse der Gesellschaft bestimmt, die sich im Verhältnis zu Dritten äußern, z. B. für die Vertretung der Gesellschaft. Bei der Geschäftsführung handelt es sich aber nur um die inneren Verhältnisse der Gesellschaft; BayObLG im Recht 1924, 108; § 8 Anm. 7. Wegen der ausschließlichen Wirkung vom Gesetz abweichender Bestimmungen über die Geschäftsführung auf das Innenverhältnis ist ein Verstoß gegen sie, z. B. gegen die Vertragsbestimmung, daß gewisse Geschäfte nur mit Zustimmung der Kommanditisten vorgenommen werden dürfen, ohne Einfluß auf die Gültigkeit eines mit einem Dritten abgeschlossenen Geschäfts, wenn der im Namen der Gesellschaft Handelnde sich dabei im Rahmen seiner Vertretungsmacht gehalten hat. Denn der Kommanditist ist zur **Vertretung** der Gesellschaft nach der unabdingbaren Vorschrift des § 170 **nicht** nur nicht ermächtigt, die Vertretungsmacht der zur Vertretung der Gesellschaft berufenen Gesellschafter kann auch nicht durch Bestimmungen über die Mitwirkung der Kommanditisten bei der Geschäftsführung beschränkt werden; vgl. auch Anm. 14 und die Erl. zu § 170; OLG Düsseldorf in JW 1925, 1795[5]. Durch die im inneren Verhältnis bestehende Notwendigkeit der Zustimmung eines Kommanditisten und die Erklärung der Zustimmung zu einem bestimmten Geschäft wird der Kommanditist auch nicht im Verhältnis zu einem Dritten selbständiger Vertragspartner und Schuldner des Dritten. Gläubiger und Schuldner sind vielmehr nur die Kommanditgesellschaft und der mit ihr im Rechtsverkehr tretende Dritte. Aus der Notwendigkeit der Zustimmung des Kommanditisten zur Vornahme von bestimmten Handlungen ergibt sich auch nicht seine Mittäterschaft bei Zuwiderhandlungen gegen die konkursrechtlichen Strafvorschriften, §§ 239ff. KO; RGSt. in JurRdsch. 1926 Nr. 1588.

c) Aus der Übertragung der Geschäftsführung auf einen Kommanditisten folgt nicht **Anm. 14** ohnes weiteres, daß er auch zum **Prokuristen** oder zum Handlungsbevollmächtigten bestellt wird. Jedoch können ihm diese Stellungen neben der des Geschäftsführers übertragen werden; RG 110, 418; § 170 Anm. 8ff. Die Stellung des Kommanditisten in der Gesellschaft kann dadurch verstärkt werden. Diese Verbindung von Geschäftsführungsbefugnis und nicht gesellschaftsrechtlicher, sondern **rechtsgeschäftlicher Vertretungsmacht** kommt namentlich für die kapitalistische Kommanditgesellschaft in Betracht. Die Übertragung der Prokura oder Handlungsvollmacht ist dann nur die andere Seite des dem Kommanditisten gesellschaftsvertraglich eingeräumten Mitwirkungsrechts. Sie kann deshalb auch nur unter den gleichen Voraussetzungen **entzogen** werden wie die Geschäftsführungsbefugnis, nämlich aus **wichtigem Grund** (vgl. Anm. 12). Während diese aber in entsprechender Anwendung des § 117 dem Kommanditisten nur auf Antrag der übrigen Gesellschafter durch gerichtliche Entscheidung entzogen werden kann, verbietet sich aus Gründen der Rechtssicherheit eine analoge Heranziehung des § 127 für die Entziehung der rechtsgeschäftlichen Vertretungsmacht. Ihr Widerruf durch die vertretungsberechtigten Gesellschafter ist vielmehr stets wirksam. Ist die Entziehung mangels eines wichtigen Grundes zu Unrecht erfolgt, so hat der Kommanditist einen Anspruch auf Wiedereinräumung; BGH 17, 392; OLGS aarbrücken JZ 68, 386 m. Anm. v. Baur; dort auch zur Frage der einstweiligen Regelung.

4. Die Tätigkeit des Kommanditisten in der oder für die KG kann aber auch auf **Anm. 15** Grund eines Dienstvertrages oder **Arbeitsvertrages** erfolgen (vgl. eingehend hierzu G. Hueck DB 1962, 1363 und BGH WM 1963, 486 = LM BEG 1956 § 66 Nr. 17). Auch sie kann im Gesellschaftsvertrag verankert sein. Es handelt sich dann aber nicht um eine den Komplementären gleichgeordnete Geschäftsführung (Anm. 12), sondern um eine freiberufliche oder abhängige Tätigkeit.

5. Die Übertragung der Geschäftsführung, auch in Verbindung mit einer **Anm. 16** Prokura oder Handlungsvollmacht, auf einen Kommanditisten hebt die **Beschränkung seiner Haftung** auf den Betrag der Haftsumme nicht auf. Die unbeschränkte Haftung des Kommanditisten würde dem Wesen der Kommanditgesellschaft widersprechen. Da die Beschränkung der Haftung auch durch den Eintrag im Handelsregister offenkundig ist, kann sich niemand darauf berufen, daß er einen für die Gesellschaft handelnd Auftretenden wegen dieses Auftretens für einen unbeschränkt haftenden Gesellschafter angesehen habe. Art. 167 Abs. 3 ADHGB, der einen Kommanditisten, der für die Gesellschaft Geschäfte abschließt, ohne ausdrücklich zu erklären, daß er nur als Prokurist oder Handlungsbevollmächtigter handle, aus diesen Geschäften gleich einem persönlich haftenden Gesellschafter haften ließ, ist in das HGB nicht übernommen; ebenso Schlegelberger-Gessler 14; DürHach. Anm. 6; a. A. Müller-Erzbach in Festschrift für E. Heymann 1931, 737. Die Belange der persönlich haftenden Gesellschafter, die von der Geschäftsführung ausgeschlossen sind und Geschäftsführungshandlungen des geschäftsführungsberechtigten Gesellschafters nicht widersprechen können, § 115 Abs. 1 Halbsatz 2, aber für die Wirkungen der Geschäftsführungshandlungen mit ihrem ganzen Vermögen einzustehen haben, rechtfertigen keine andere Auffassung; die Möglichkeit einer solchen Gefährdung tritt auch bei der offenen Handelsgesellschaft ein, wenn ein Teil der Gesellschafter von der Geschäftsführung ausgeschlossen ist. In einem wie dem andern Fall handelt es sich um eine vertragsmäßig übernommene Gefahr. Sie besteht auch nur für Handlungen der gewöhnlichen Geschäftsführung, da für außergewöhnliche Handlungen auch der geschäftsführende Kommanditist nach der allerdings abdingbaren Regel des § 116 Abs. 2 der Zustimmung aller Gesellschafter bedarf. Außerdem helfen im äußersten Fall die Vorschriften des bürgerlichen Rechts, insbesondere über die Nichtigkeit gegen die guten Sitten verstoßender Rechtsgeschäfte (Knebelungsverträge), § 138; vgl. auch § 242 BGB gegen einen Mißbrauch der Vertragsfreiheit zugunsten der Kommanditisten und zum Nachteil der persönlich haftenden Gesellschafter. Auch Dritten gegenüber bietet schon das geltende Recht und dessen Handhabung durch die Rechtsprechung regelmäßig ausreichenden Schutz. Liegt eine von dem für die Gesellschaft Handelnden zu vertretende Irreführung eines Dritten vor, die von diesem nicht durch Anwendung der erforderlichen Sorgfalt zu vermeiden ist (vgl. § 254 BGB), so schützt den Dritten auch regelmäßig der Grundsatz, daß derjenige, der im Rechtsverkehr als persönlich haftender Gesellschafter einer offenen Handelsgesellschaft oder Kommanditgesellschaft auftritt, gutgläubigen Dritten gegenüber sich auch als solcher behandeln lassen muß; vgl. auch § 162 Anm. 17.

Anm. 17 Die Vorauflage vertrat den Standpunkt, daß die **unbeschränkte** Haftung des Kommanditisten auch dann eintreten müsse, wenn er die Geschäfte betreibe und eine vermögenslose Person als Komplementär vorschiebe (ebenso Schlegelberger-Gessler Anm. 14), und darüber hinaus ganz allgemein — wenn auch nur subsidiär bei Zahlungsunfähigkeit des Komplementärs —, wenn er tatsächlich als Träger der Geschäftsführung erscheine, es sei denn, er hätte einen Rechtfertigungsgrund für diese vom Gesetz abweichende Rechtsgestaltung (sog. **Mißbrauch der Rechtsform der KG**). Diese Meinung ist mit BGH 45, 204 (208) abzulehnen. Sie verkennt, daß die gesetzlichen Regeln über die Geschäftsführung nachgiebig sind (§§ 109, 163) und daß das Gesetz — anders als bei der Kapitalgesellschaft — ein Mindestvermögen des persönlich Haftenden nicht vorschreibt.

Noch weiter gehen Haupt-Reinhardt, Gesellschaftsrecht 4. Aufl. § 20 III (ebenso Staab BB 59, 435, gegen ihn Niethammer BB 59, 725). Die unbeschränkte Haftung des Komplementärs sei Ausdruck des wirtschaftsverfassungsrechtlichen Prinzips, daß der leitende Unternehmer voll für den geschäftlichen Erfolg seiner Betätigung im Wirtschaftsverkehr einzustehen habe. Nähmen die Kommanditisten die Führung des Unternehmens in die Hand, dann müßten sie auch die Konsequenz der unbeschränkten Haftung tragen. Ein solches Prinzip der Wirtschaftsverfassung (welcher?) gibt es aber, wie auch der BGH a. a. O. S. 206 feststellt, nicht. Nach ihm müßten auch der geschäftsführende GmbH-Gesellschafter oder Aktionär unbeschränkt haften. Und wie steht es mit Geschäftsführern und Vorständen, die nicht Gesellschafter sind? Vgl. zu der Frage ausführlich Hofmann NJW 69, 577.

Die Berufung auf die beschränkte Haftung des Kommanditisten kann im **Einzelfall rechtsmißbräuchlich** sein und damit gegen **Treu und Glauben** verstoßen, so wenn er den Anschein seiner unbeschränkten Haftung erweckt oder sonstwie gegen die Grundsätze des redlichen Geschäftsverkehrs verstößt. Meistens wird sich in solchen Fällen die

Mithaft für die Gesellschaftsschuld schon aus Kreditauftrag, Schuldbeitritt oder Garantieversprechen ergeben, so daß es einer Heranziehung der Grundsätze von Treu und Glauben gar nicht bedarf, vgl. den von BGH 45, 204 entschiedenen Fall und die Vorentscheidung des OLG Hamm MDR 63, 849; ferner Baumbach-Duden § 171 Anm. 1 A.

§ 165

Die §§ 112, 113 finden auf die Kommanditisten keine Anwendung.

Inhaltsübersicht

Schrifttum: Kardaras: Das Wettbewerbsverbot in den Personalgesellschaften 1967.

1. **Die Bedeutung der Vorschrift** wird vielfach überschätzt. Sie besagt nicht, daß dem Kommanditisten grundsätzlich gestattet sei, der Gesellschaft Konkurrenz zu machen. Vielmehr ist bei der Vielgestaltigkeit der Erscheinungsformen der KG (vgl. Vorbem. 4ff. vor § 161) eine allgemein gültige Vorschrift schwer zu finden. Es soll daher den Gesellschaften überlassen werden, eine für ihre Verhältnisse jeweils passende Regelung zu treffen (Anm. 2). In der Praxis geschieht das aber verhältnismäßig selten. Regelt der Gesellschaftsvertrag die Frage nicht, so ist sie nach den allgemeinen Grundsätzen über die Gesellschaftstreue zu beantworten (Anm. 3, 4), wie ja auch die §§ 112, 113 eine Konkretisierung der gesellschaftlichen Treupflicht sind (§ 112 Anm. 1). Nur wenn der Wettbewerb des Kommanditisten mit dessen Treupflicht zu vereinbaren ist, ist er erlaubt. In diesem Umfang ist er dann auch durch § 1 GWB geschützt (Anm. 6). Anm. 1

2. Die **Vereinbarung** eines Wettbewerbsverbots für den Kommanditisten kann ausdrücklich oder stillschweigend erfolgen. Letzterenfalls bedarf es der Auslegung des Gesellschafterwillens. Ist dem Kommanditisten die Geschäftsführungsbefugnis übertragen (§ 164 Anm. 12), so hat er damit im Zweifel auch die Pflichten eines Komplementärs übernommen, also auch das für diesen geltende Wettbewerbsverbot der §§ 112, 113 (§ 112 Anm. 2). Hat der Kommanditist die Stellung eines Handlungsgehilfen (§ 164 Anm. 15), so gilt das Wettbewerbsverbot der §§ 61, 62. Es ist nicht anzunehmen, daß der Kommanditist in diesem Falle den §§ 112, 113 unterstellt werden soll. Anm. 2

Der Umstand, daß der Inhaber eines Geschäfts dieses in eine Kommanditgesellschaft einbringt und Kommanditist wird, kann wie auch die sonstige Veräußerung eines Unternehmens für ein stillschweigend übernommenes Wettbewerbsverbot sprechen; vgl. § 22 Anm. 11. Andererseits kann der Umstand, daß der in eine Gesellschaft als Kommanditist Eintretende, wie den Mitgesellschaftern bekannt ist, ein Wettbewerbsunternehmen betreibt, gegen die stillschweigende Vereinbarung eines Wettbewerbsverbotes sprechen; vgl. § 112 Abs. 2. Die Verpflichtung kann auch dem Umfange nach und zeitlich beschränkt sein, z. B. wenn die Verpflichtung zur Geschäftsführung nur für die Dauer der Verhinderung eines anderen Gesellschafters oder nur für ein Zweiggeschäft besteht. Die Verpflichtung zur Unterlassung des Beginns eines Wettbewerbsunternehmens schließt nicht notwendig die Verpflichtung zur Aufgabe eines bereits bestehenden in sich, z. B. wenn es sich nur um eine vorübergehende Vertretung in der Geschäftsführung handelt. Im übrigen sind gemäß § 157 BGB auch für die Auslegung eines vereinbarten Wettbewerbsverbots die Grundsätze über die Gesellschaftstreue heranzuziehen (Anm. 3, 4). Soweit das dem Kommanditisten auferlegte Wettbewerbsverbot über die Anforderungen hinausgeht, die die Gesellschaftstreue an ihn stellt, verstößt es gegen § 1 GWB und ist unwirksam (Anm. 6).

3. Das Wettbewerbsverbot des § 112 ist ein Ausfluß der **Treupflicht** des Gesellschafters (§ 112 Anm. 1). Diese bestimmt nicht nur (wie der Grundsatz von Treu und Anm. 3

Glauben) Inhalt und Grenzen der Rechte und Pflichten des Gesellschafters, sondern ist eine von ihm den anderen Gesellschaftern geschuldete **Hauptpflicht** (§ 105 Anm. 31 a). Das gilt auch für den Kommanditisten, wenn auch in einer durch seine andere Rechtsstellung gewandelten Form. Aber auch diese Rechtsstellung ist in ein auf persönlichen Bindungen beruhendes Vertrauensverhältnis eingebettet. Nach der im Steuerrecht herrschenden wirtschaftlichen Betrachtungsweise wird der Kommanditist als Mitunternehmer angesehen. Vermögensrechtlich ist er als Gesamthänder Mitträger des Gesellschaftsvermögens (vgl. auch BGH 17, 164 und § 161 Anm. 17). Für die Gesellschaftsschulden haftet er persönlich, wenn auch auf seine Einlage beschränkt. Er ist zwar von der Geschäftsführung ausgeschlossen, er wirkt aber an ungewöhnlichen Geschäften mit (§ 164 Anm. 5, 5a). Insofern ähnelt er dem von der Geschäftsführung ausgeschlossenen offenen Gesellschafter (§ 116 Abs. 2), der dem Wettbewerbsverbot des § 112 unterliegt (§ 112 Anm. 2). Der Unterschied im Informationsrecht beider wird häufig betont. Er ist aber nicht so groß. Das Nachprüfungsrecht des Kommanditisten gemäß § 166 Abs. 1 erstreckt sich auf alle Geschäfte, die im Jahresabschluß ihren Niederschlag gefunden haben (§ 166 Anm. 3). Dasjenige des § 118 geht nur insofern darüber hinaus, als es sich auch auf Angelegenheiten bezieht, die noch nicht in den Büchern erfaßt sind, und als es zeitlich ungebunden ist, während der Kommanditist nur einmal im Jahr und nur die Vorgänge des abgeschlossenen Geschäftsjahres prüfen darf. Aber über seine Mitwirkung an ungewöhnlichen Geschäften hat er auf Grund des ihm dabei zustehenden Auskunftsrechts (§ 164 Anm. 5a) doch einen erheblichen Einblick in geschäftspolitische Fragen und damit gerade in die wettbewerblich interessanten Verhältnisse der Gesellschaft. Man denke z. B. an Investitionen mit Hilfe eines Kredits für die Herstellung eines neuen Artikels.

Mit dieser sich aus dem Gesetz ergebenden Rechtsstellung des Kommanditisten ist sein **Wettbewerb** mit der Gesellschaft in der Regel **nicht vereinbar**. Er würde von den Mitgesellschaftern mit Recht als treuwidrig und bei den im allgemeinen bestehenden persönlichen Bindungen unter den Mitgesellschaftern als anstößig empfunden werden. Der Wettbewerb des Kommanditisten ist ganz unüblich und verstößt deshalb auch mit Rücksicht auf die Verkehrssitte gegen die Gesellschaftstreue.

Anm. 4 Der **Umfang** des sich aus der Treupflicht des Kommanditisten ergebenden Wettbewerbsverbots kann oft nur aus den gesamten Umständen des Einzelfalles entnommen werden. Er richtet sich einerseits nach dem Grad der Bindung, des Einblicks und Einflusses des Kommanditisten, andererseits nach den schutzwürdigen Interessen seiner Mitgesellschafter. Schutzwürdig ist das Interesse an der Erhaltung und Entwicklung des gemeinsamen Unternehmens, insbesondere seiner Wettbewerbsfähigkeit, ebenso die Erhaltung des einer Personengesellschaft immanenten Vertrauens zwischen den Gesellschaftern.

Danach ist in aller Regel auch dem Kommanditisten verboten, ohne Einwilligung der anderen Gesellschafter in dem Handelszweig der Gesellschaft Geschäfte zu machen oder sich an einer gleichartigen Gesellschaft als persönlich haftender Gesellschafter zu beteiligen (§ 112 Abs. 1). Auch für ihn gilt die Einwilligung unter den Voraussetzungen des § 112 Abs. 2 als erteilt, wobei es auf die Kenntnis aller Gesellschafter, auch der Kommanditisten, ankommt. Aber auch im Falle der Einwilligung darf der Kommanditist nicht die Gesellschaft schädigen, z. B. dadurch, daß er eine Kaufgelegenheit, von der er als Gesellschafter Kenntnis erlangt hat, zum Schaden der Gesellschaft ausnutzt und ihr dadurch die Eindeckungsmöglichkeit abschneidet, oder daß er das Geheimverfahren der Gesellschaft in seinem eigenen Betrieb verwendet oder daß er der Gesellschaft Personal abwirbt.

Anm. 5 4. Die **Verletzung** des vertraglichen Wettbewerbsverbots begründet den Anspruch der Gesellschaft auf Unterlassung und Schadensersatz wegen Vertragsverletzung. Auch kann eine solche Handlung eine Klage gegen einen Kommanditisten auf Entziehung der ihm gesellschaftsvertraglich eingeräumten Geschäftsführung oder auf seine Ausschließung aus der Gesellschaft oder deren Auflösung rechtfertigen; §§ 117, 133ff.; vgl. auch § 113 Abs. 4.

Das der Gesellschaft in § 113 Abs. 1 Halbs. 2 gegebene **Eintrittsrecht** entspricht einem allgemeinen Rechtsgedanken (vgl. § 113 Anm. 8, Fischer in der Anm. zu BGH LM § 113 Nr. 1), der auch in § 687 Abs. 2 BGB zum Ausdruck kommt (vgl. auch Nipperdey,

Festschrift Böhm 1965 S. 163). Er gilt auch für die Ansprüche der Gesellschaft bei Verletzung des dem Kommanditisten durch die Treupflicht oder kraft Vereinbarung auferlegten Wettbewerbsverbots. Die Gesellschaft kann demgemäß statt Schadensersatz das Eintrittsrecht im Rahmen des § 113 gelten machen. Auch § 113 Abs. 2 — Gesellschafterbeschluß über die Geltendmachung — und Abs. 3 — Verjährung — gelten entsprechend, im einzelnen s. § 113 Anm. 4—10. Bei der Beschlußfassung wirken die Kommanditisten mit, ebenso kommt es bezüglich der Verjährung auch auf ihre Kenntnis an.

5. Vereinbarkeit mit § 1 GWB (Literatur: Ballerstedt, Festschrift Böhm 1965 S. 196; Becker NJW 61, 1998; Fischer in ds. Komm. § 112 Anm. 14—17 und in LM § 1 GWB Nr. 6; Gleiss-Hootz NJW 62, 1338; Hefermehl GRUR 1963, 385 und 66, 656f.; Knur DNotZ 1963, 643; Lieberknecht-Gnaek BB 63, 1067; Lutz NJW 63, 625; Magen NJW 61, 148 u. BB 63, 333; Komm. z. GWB: Frankfurter Komm. § 1 Anm. 14; Hefermehl 9. Aufl. Band I Teil I Anm. 79—81; Langen 4. Aufl. § 1 Anm. 72; Müller-Henneberg in Gemeinschaftskomm. 2. Aufl. § 1 Anm. 59; Rasch § 1 Anm. 6). Der Kartellsenat hat sich in dem vielbeachteten Urteil BGH 38, 306, dem die obenangeführte Literatur vorwiegend gewidmet ist, mit der Frage beschäftigt, ob das Wettbewerbsverbot der §§ 112, 113 in Widerspruch zu der zwingenden Vorschrift des § 1 GWB steht. In dem entschiedenen Fall war der nicht geschäftsführende Gesellschafter einer oHG in der (Kino-)Branche der Gesellschaft bei deren Eingehung bereits tätig und blieb es auch. Es kam zum Streit, als er in der Nähe eines Kinos der Gesellschaft ein gleichartiges Kino eröffnete. Der BGH entschied die Frage nicht allgemein, sondern hob auf die besondere Fallgestaltung ab, in der die Anwendung des § 1 GWB nicht wie im gesetzlichen Regelfall dazu führe, daß ein Gesellschafter seine Verpflichtung zur tätigen Mitarbeit bei der Führung des gemeinschaftlichen Unternehmens nicht mehr gesellschaftstreu zu erfüllen brauche (S. 316). Die wesentlich kapitalistische Beteiligung des Beklagten ähnle der eines Kommanditisten oder eines stillen Gesellschafters, die nach dem gesetzlichen Leitbild einem Wettbewerbsverbot nicht unterlägen. Das sei auch in der Rechtswirklichkeit der Regelfall, zumindest dann, wenn der Gesellschafter in der gleichen Branche selbständig tätig sei. Die gesellschaftliche Treue- und Förderungspflicht erfahre in diesen Fällen eine wesentliche Einschränkung; sie erschöpfe sich in der Erbringung vermögenswerter Leistungen und belasse dem kapitalistisch beteiligten Gesellschafter die Freiheit eigener unternehmerischer Tätigkeit auch in dem Geschäftszweig des Gesellschaftsunternehmens. Anm. 6

Aus dieser Entscheidung kann nicht entnommen werden, daß der Kartellsenat das Wettbewerbsverbot für den Kommanditisten als mit § 1 GWB unvereinbar ansehe. Seine Ausführungen beruhen vielmehr entscheidend auf der Tatsache, daß der Gesellschafter mit Einwilligung seines Mitgesellschafters in der gleichen Branche unternehmerisch tätig und gerade deshalb eine Mitarbeit im gemeinschaftlichen Unternehmen ausgeschlossen war. Wenn der Kartellsenat (übrigens nur beiläufig) darauf hinweist, daß der Kommanditist nach dem gesetzlichen Leitbild einem Wettbewerbsverbot nicht unterliege, so kann dem aus den in Anm. 3 angeführten Gründen nicht gefolgt werden. Für die Rechtswirklichkeit beschränkt der Senat den Hinweis auch („zumindest dann“) auf den Sonderfall der eigenen unternehmerischen Tätigkeit in der gleichen Branche außerhalb des Unternehmens. Dem ist beizupflichten. In einem solchen Fall greift nicht nur nicht das Gebot der Gesellschaftstreue ein, sondern würde die Vereinbarung eines Wettbewerbsverbots auch einen kartelltypischen Tatbestand schaffen.

In dem Gebot der Gesellschaftstreue und dem Kartellverbot des § 1 GWB stehen sich zwei Normen mit verschiedenen Zwecken und Wirkungsbereichen gegenüber. Die eine dient der Sicherung und Förderung des Gesellschaftszwecks, die andere der Erhaltung der Wettbewerbswirtschaft. Da diese wettbewerbsfähige Unternehmen voraussetzt, kann das GWB nicht einer Norm im Wege stehen, die der Sicherung und Förderung solcher Unternehmen dient. Versucht man den Wirkungsbereich beider Normen in diesem Sinne abzugrenzen, so wird man im Anschluß an Hefermehl GRUR 66, 657 ein Wettbewerbsverbot für den Kommanditisten unter drei Voraussetzungen als mit § 1 GWB vereinbar anzusehen haben: Das Wettbewerbsverbot darf nicht Haupt-, sondern nur Nebenwirkung des gesellschaftlichen Zusammenschlusses sein, es muß der Sicherung und Förderung des von der Gesellschaft betriebenen Unternehmens dienen und es darf über diesem Zweck nicht hinausgehen. Anm. 7

Anm. 8 6. Die persönlich haftenden Gesellschafter unterliegen dem Wettbewerbsverbot in gleicher Weise wie die Gesellschafter der offenen Handelsgesellschaft; §§ 112, 113, 161 Abs. 2. Die nach § 112 erforderliche Einwilligung zum Wettbewerb muß auch von den Kommanditisten erteilt werden. Sie müssen auch bei der Beschlußfassung nach § 113 Abs. 2 mitwirken. Ebenso kommt es bei § 112 Abs. 2 und § 113 Abs. 3 auch auf ihre Kenntnis an.

§ 166

Der Kommanditist ist berechtigt, die abschriftliche Mitteilung der jährlichen Bilanz zu verlangen und ihre Richtigkeit unter Einsicht der Bücher und Papiere zu prüfen.

Die im § 118 dem von der Geschäftsführung ausgeschlossenen Gesellschafter eingeräumten weiteren Rechte stehen dem Kommanditisten nicht zu.

Auf Antrag eines Kommanditisten kann das Gericht, wenn wichtige Gründe vorliegen, die Mitteilung einer Bilanz oder sonstiger Aufklärungen sowie die Vorlegung der Bücher und Papiere jederzeit anordnen.

Inhaltsübersicht

I. Die Informationsrechte des Kommanditisten

Anm. 1 Das dem Kommanditisten in § 166 (in Übereinstimmung mit Art. 160 ADHGB) gegebene Prüfungsrecht gehört zu seinen Verwaltungsrechten, § 161 Anm. 31. Die **Informationsrechte** des Kommanditisten sind damit nicht erschöpft. Sowohl aus dem Recht zur Mitwirkung bei Gesellschafterbeschlüssen nach § 119 (i. V. m. § 161 Abs. 2) wie nach § 164 bei ungewöhnlichen Geschäften (s. dort Anm. 5a) folgt ein **Recht auf Auskunft** über Angelegenheiten der Gesellschaft, soweit sie zur sachgemäßen Beurteilung des Gegenstands der Abstimmung erforderlich ist. Dem entspricht die Pflicht des Komplementärs, die Kommanditisten von sich aus über außergewöhnliche Vorkommnisse zu unterrichten. Da der Kommanditist steuerlich Mitunternehmer und als solcher steuerpflichtig ist, müssen ihm auch die für die Besteuerung maßgeblichen Unterlagen, insbesondere die Ertragssteuerbilanz zur Verfügung gestellt und die zur ordnungsmäßigen Erfüllung der Steuerpflicht notwendigen Auskünfte gegeben werden (vgl. § 118 Anm. 9, Schlegelberger-Gessler Anm. 3 u. 9, Baumbach-Duden Anm. 2 A; im einzelnen s. Ernst BB 57, 1047). Für die Geltendmachung dieser Auskunftsrechte gilt das in Anm. 6 Gesagte. Insgesamt bleiben die Informationsrechte des Kommanditisten nicht wesentlich hinter denen des von der Geschäftsführung ausgeschlossenen offenen Gesellschafters nach § 118 zurück, vgl. auch Anm. 5 und § 165 Anm. 3.

Die Regelung des § 166 ist unpraktisch und deshalb **reformbedürftig**. Die Nachprüfung durch den Kommanditisten ist für beide Teile mißlich, zeitraubend und oft auch unwürdig. Von ihr wird deshalb auch nur selten Gebrauch gemacht. An ihre Stelle sollte ein Auskunftsrecht und anstelle des Abs. 3 ein Recht auf Sonderprüfung durch einen öffentlich bestellten Sachverständigen treten, vgl. Vorbem. 9 vor § 161.

II. Das ordentliche Prüfungsrecht der Kommanditisten

1. Die Aufstellung der jährlichen Bilanz, die auch bei der Kommanditgesellschaft die Grundlage der Ermittelung und Verteilung des Jahresgewinns und der künftigen Geschäftsgebarung der Gesellschaft bildet, vgl. §§ 120, 167, ist ausschließlich Aufgabe der persönlich haftenden Gesellschafter. Die Bilanz ist auch nur von diesen zu unterschreiben; § 41, § 164 Anm. 2, § 167 Anm. 3. An dem Inhalt der Bilanz ist der Kommanditist insbesondere wegen seiner Beteiligung am Gewinn und Verlust in hohem Maße interessiert. Der Inhalt der Bilanz gibt ihm auch ein Bild über die Lage des Unternehmens, von dem er sein künftiges Verhalten zur Gesellschaft, z. B. die Ausübung eines Kündigungsrechts abhängig machen kann. Abs. 1 gibt ihm deshalb das Recht, die abschriftliche Mitteilung der jährlichen Bilanz zu verlangen, sobald diese fertiggestellt und unterschrieben ist. Er kann auch die ordnungsmäßige Aufstellung der Bilanz schon vor Einsicht in die Bücher und Papiere verlangen und im Klagewege erzwingen, ebenso die ordnungsmäßige Führung der Bücher, im Notfall die Richtigstellung der Bilanz und der Bücher, da nur dann die Ausübung des Prüfungsrechts einen Wert hat. Zur Jahresbilanz gehört auch die **Gewinn- und Verlustrechnung**, da nur Bilanz und Gewinn- und Verlustrechnung zusammen (Jahresabschluß) ein Bild von dem Vermögensstand der Gesellschaft geben. Der Kommanditist kann nicht Abschriften von gesetzlich nicht vorgeschriebenen Zwischenbilanzen verlangen. Das gleiche gilt von der Eröffnungsbilanz. Über den Vermögensstand im Zeitpunkt des Geschäftsbeginns ist er auch regelmäßig schon auf Grund des Gesellschaftsvertrages unterrichtet; jedoch kann er die Eröffnungsbilanz zum Zwecke der Prüfung der ersten Jahresbilanz einsehen, da diese auf der Eröffnungsbilanz aufgebaut ist. Der Kommanditist hat auch Anspruch auf Mitteilung einer Abschrift der DM-Eröffnungsbilanz und deren Prüfung, da diese die Grundlage für die künftigen Jahresbilanzen bildet, vgl. § 120 Anm. 30. **Anm. 2**

2 a) Der Kommanditist darf die **Richtigkeit** der Jahresbilanz prüfen, nicht nur die Übereinstimmung der ihm erteilten Bilanzabschrift mit der von den persönlich haftenden Gesellschaftern unterzeichneten Urschrift der Bilanz. Er darf danach prüfen, ob die einzelnen Ansätze der Bilanz dem Vermögensstande der Gesellschaft am Bilanzstichtage, dem Schlusse des Bilanzjahres entsprechen und ob die Bilanz nach den Grundsätzen ordnungsmäßiger Buchführung und den besonderen Anordnungen des Gesellschaftsvertrages aufgestellt ist. Zu diesem Zwecke kann er die Bücher und Schriften der Gesellschaft und zwar alle, auch Geheimbücher, und auch den Schriftwechsel mit Zweigniederlassungen einsehen; BayObLG in LZ 14, 499[4]. Dazu gehören auch die Bücher und Papiere einer GmbH, deren sämtliche Anteile die Gesellschaft besitzt und die deren Erzeugnisse vertreibt (BGH 25, 115 = JZ 58, 89 m. A. v. Hueck = LM § 166 Nr. 9 mit Anm. v. Fischer) oder in anderer Weise mit dem Unternehmen der KG verbunden ist (Köln OLGZ 67, 362). Aus dem Zwecke der Befugnis ergibt sich ihr Umfang und ihre Begrenzung. Die Einsicht darf deshalb nicht weiter ausgedehnt werden, als zur sachgerechten Prüfung der Bilanz erforderlich ist. Doch bestimmt der Kommanditist regelmäßig selbst, welche Bücher und Schriften einzusehen sind. Dabei ist nach Handelsbrauch zu verfahren; § 346 HGB. Bei Mißbrauch des Rechts kann die Gesellschaft die Einsicht gemäß § 242 BGB verweigern oder beschränken, vgl. auch Anm. 11. Will die Gesellschaft die Einsicht in eine bestimmte Unterlage verweigern, muß sie dartun und beweisen, daß diese für eine sachgerechte Prüfung nicht erforderlich ist (BGH 25, 115). Im Zweifel entscheidet darüber das Gericht, das auch im Wege der einstweiligen Verfügung eine Regelung treffen kann. **Anm. 3**

Ist die Gesellschaft unbeschränkt zur Vorlage verurteilt, so erfolgt die Entscheidung im Vollstreckungsverfahren gemäß § 766 ZPO (BGH und Fischer a. a. O.).

Die Herausgabe der Bücher und Papiere kann nicht gefordert werden. Der Kommanditist kann die Einsicht nur in den Geschäftsräumen der Gesellschaft vornehmen; ausnahmsweise auch außerhalb derselben, z. B. wenn sie sich aus besonderen Gründen an einem anderen Orte befinden. Zur Vornahme der Einsicht muß ihm eine angemessene Zeit, die von Mitteilung der Bilanzabschrift läuft, gelassen werden. Der Kommanditist muß bei Ausübung des Rechts die Belange der Gesellschaft, insbesondere die ordnungsmäßige Fortführung des Geschäftsbetriebes, beachten. Die Einsicht darf sich deshalb nicht grundlos auf eine längere Zeit und regelmäßig nicht über das nächste Geschäftsjahr hinaus erstrecken. Andererseits muß die Gesellschaft bei Gestattung der Einsicht nach den Grundsätzen von Treu und Glauben auch die Belange des Kommanditisten berücksichtigen. Der Kommanditist kann **nur durch Einsicht der Bücher und Papiere** die Prüfung der Bilanz vornehmen. Er hat also nicht das Recht, in anderer Weise die Richtigkeit der Bilanz festzustellen, z. B. durch Feststellung des Waren- oder Kassenbestandes. Der Kommanditist kann sich Aufzeichnungen aus den Büchern und Schriften machen, darf diese aber nur zum Zwecke der Prüfung, nicht zu Wettbewerbszwecken verwenden.

Wegen der Befugnis des Kommanditisten, die Bilanz anzufechten, vgl. § 167 Anm. 3.

Anm. 3a b) Schreibt der **Gesellschaftsvertrag** oder ein **Gesellschafterbeschluß** die Prüfung des Jahresabschlusses durch einen Sachverständigen **(Abschlußprüfung)** vor, so folgt daraus in der Regel, daß diese Prüfung im Interesse und zur Unterrichtung aller Gesellschafter, also auch der Kommanditisten, erfolgt. Jeder Kommanditist kann dann diesen Bericht bei der Gesellschaft einsehen, sein Prüfungsrecht nach Abs. 1 erschöpft sich aber auch in diesem **Einsichtsrecht**, vgl. Anm. 13. Ein Recht auf Aushändigung steht ihm nur zu, wenn der Gesellschaftsvertrag dies anordnet.

Hat der Komplementär von sich aus, also ohne daß der Gesellschaftsvertrag oder ein Gesellschafterbeschluß es anordnen, den Jahresabschluß prüfen lassen, so steht dem Kommanditisten ein **Wahlrecht** zu: Er kann entweder von seinem Prüfungsrecht nach Abs. 1 (auf seine Kosten, Anm. 4) Gebrauch machen oder er kann **Einsicht** in den Prüfungsbericht nehmen. Letzterenfalls gilt für die Einsicht durch einen Dritten oder die Zuziehung eines Sachverständigen das in Anm. 4 Gesagte. Dieses Wahlrecht ergibt sich aus einer Abwägung der gegenseitigen Treupflicht. Der Komplementär muß dem Kommanditisten den Prüfungsbericht vorlegen, weil dieser auf Grund der Unterlagen erstellt ist, deren Einsicht dem Kommanditisten nach Abs. 1 zusteht. Das bedeutet also kein Mehr zugunsten des Kommanditisten. Dazu kommt, daß der Prüfungsbericht in aller Regel auf Gesellschaftskosten erstellt ist. Andererseits wird aber das eigene Prüfungsrecht des Kommanditisten durch die Einsicht in den Prüfungsbericht verbraucht. Vertraut er dem Prüfer, so ist die nochmalige Prüfung unnötig, vertraut er ihm nicht, so kann er auf seiner eigenen Prüfung bestehen.

Anm. 4 c) Da das Prüfungsrecht aus der Zugehörigkeit zur Gesellschaft entspringt, darf der Kommanditist es nicht an einen Dritten abtreten, auch nicht mit dem Anspruch auf den Jahresgewinn; KGJ 30 A 123; er kann es **regelmäßig nur persönlich** ausüben (kritisch Wiedemann — wie in § 161 Anm. 34 — S. 352). Der Gesellschaftsvertrag kann eine andere Regelung treffen, Anm. 12, 13. Auch kann sich aus den Umständen, z. B. bei länger dauernder unverschuldeter Verhinderung des Kommanditisten (etwa durch Krankheit) nach § 242 BGB dessen Recht ergeben, unter Wahrung der Belange der Gesellschaft, die Einsicht nicht persönlich, sondern durch einen Dritten, z. B. durch einen beeidigten Büchersachverständigen vornahmen zu lassen; RG in HRR 1929 Nr. 964; BayObLG in BayObLGZ 14, 605 BGH 25, 115; vgl. auch die Erl. zu § 118. Unter Umständen kann die persönliche Verhinderung des Kommanditisten auch einen wichtigen Grund zu einer gerichtlichen Anordnung nach Abs. 3 bilden. Der Kommanditist kann sich zur Unterstützung bei der Einsichtnahme der Hilfe eines **Sachverständigen**, nicht nur eines Büchersachverständigen, sondern auch eines solchen, der über besondere Sachkunde auf dem Geschäftsgebiete der Gesellschaft verfügt, bedienen BGH 25, 115. Jedoch dürfen dadurch nicht die Belange der Gesellschaft geschädigt werden, z. B. durch Zuziehung eines Konkurrenten; ROHG 7, 71; KGJ 30 A 121; OLGR 45, 51; RG 25, 28; in JW 1907, 523; RG in DR 1942, 279[10]; RGUrt. v. 7. 41. 43, II 99/43; BGH DB 62, 1139; vgl. auch die Erl. zu § 118. Auch kann die Gesellschaft die Zuziehung eines Dritten von der Verpflichtung zur Geheimhaltung abhängig machen (OLG Stuttgart BB 56, 514).

Durch den persönlichen Charakter des Rechtes wird dessen Ausübung durch gesetzliche Vertreter oder durch den verwaltungsberechtigten Ehemann einer Gesellschafterin nicht ausgeschlossen; für den Pfleger s. OLG Hamm, Beschl. v. 27. 2. 1970, BB 70, 509.

Die **Kosten** der Einsichtnahme und des Sachverständigen trägt regelmäßig der prüfungsberechtigte Gesellschafter, falls nicht diese oder deren Höhe durch ein von der Gesellschaft zu vertretendes Verschulden ihrer Organe, z. B. durch unordentliche oder unredliche Buchführung verursacht sind; in letzterem Falle ist die Gesellschaft oder der schuldige Gesellschafter zur Tragung der Kosten verpflichtet (Schlegelberger-Gessler 6, Baumbach-Duden 2 B).

3. Abs. 1 regelt das ordentliche Prüfungsrecht des Kommanditisten erschöpfend. Über weitere Informationsrechte s. Anm. 1. Jedoch hat der Kommanditist kein weiteres Recht auf Rechnungslegung. Insbesondere stehen ihm die in § 118 dem von der Geschäftsführung ausgeschlossenen Gesellschafter eingeräumten weiteren Rechte nicht zu, Abs. 2. Er kann sich also nicht jederzeit von den Angelegenheiten der Gesellschaft persönlich unterrichten, jederzeit die Handelsbücher und Papiere der Gesellschaft einsehen und sich aus ihnen eine Bilanz anfertigen. Auch auf Grund der allgemeinen Bestimmung des § 810 BGB kann der Kommanditist nicht zwecks laufender Unterrichtung über die Gesellschaftsangelegenheiten in weiterem Umfang, als es § 166 bestimmt, Einsicht in die Bücher und Papiere verlangen; Schlegelberger-Gessler 10; Ritter Anm. 3; Schwarz Anm. 2. Unberührt durch die besondere Regelung des § 166 bleibt das Recht des Gerichts, nach § 45, im Laufe eines Rechtsstreits, auch eines solchen über die Ausübung des Aufsichtsrechts des Kommanditisten, auf Antrag oder von Amts wegen die Vorlegung der Handelsbücher der Gesellschaft anzuordnen. Steht der Kommanditist auf Grund eines Rechtsverhältnisses, z. B. eines Kaufvertrags mit der Gesellschaft in besonderen Beziehungen, so richtet sich das Recht zur Einsicht in gemeinschaftliche Urkunden nach dem zugrunde liegenden Rechtsverhältnis und den allgemeinen Vorschriften des bürgerlichen Rechts; vgl. § 810 BGB. Anm. 5

4. Geltendmachung des Prüfungsrechts. Anm. 6

Der Kommanditist kann den Anspruch auf Erteilung der Bilanzabschriften oder Gestattung der Einsicht in die Bücher und Schriften oder auf die durch den Gesellschaftsvertrag erweiterten Prüfungsrechte durch Klage geltend machen. (Köln OLGZ 67, 362). Die Klage richtet sich gegen die Gesellschafter, die zur Erfüllung des Anspruchs namens der Gesellschaft berufen und in der Lage sind; das sind regelmäßig die **geschäftsführenden Gesellschafter**, denen die Verfügung über die Bücher und Schriften zusteht; KG HRR 1931, 1690; OLG Hamm DB 1970, 43. Das Gericht kann auch durch einstweilige Verfügung eine vorläufige Regelung treffen, Anm. 3; Schlegelberger-Gessler 7. Stellt sich bei Prüfung der Bilanz deren Unrichtigkeit oder Unvollständigkeit oder die Mangelhaftigkeit der Buchführung heraus, so kann der Kommanditist von den Gesellschaftern, die die Bilanz aufzustellen und die Bücher zu führen haben, deren **Berichtigung** verlangen und auch diesen Anspruch durch Klage verfolgen; RG bei Gruchot 40, 1008; in DNotZ 1931, 740; vgl. auch § 167 Anm. 3. Unrichtig ist die Bilanz, wenn sie nicht mit der wahren Sach- und Rechtslage und dem Inhalt der ordnungsmäßig geführten Bücher übereinstimmt oder nicht nach Vorschrift der Gesetze oder des Gesellschaftsvertrages aufgestellt ist; vgl. die Erl. zu §§ 39ff., § 120.

Der Anspruch auf Erteilung einer Abschrift des Jahresabschlusses oder auf Prüfung unter Einsicht der Bücher und Papiere kann auch **gegen die Gesellschaft** geltend gemacht werden (BGH WM 55, 1585; wohl auch BGH 25, 115; OLG Stuttgart BB 56, 573; Hueck § 18 III 2; Fischer LM § 128 Nr. 11 unter 3; Ernst BB 57, 1051; a. M. OLG Hamm DB 53, 646; Schlegelberger-Gessler 7). Denn bei der Gewährung des Prüfungsrechts handelt es sich auch um die Erfüllung einer Sozialverpflichtung der Gesellschaft gegenüber dem Gesellschafter (Hueck a. a. O.). Das gleiche gilt für den Anspruch und die Klage auf Berichtigung des Jahresabschlusses.

Erhebt der Kommanditist unbegründete Beanstandungen, so kann die Gesellschaft, aber auch jeder Gesellschafter gegen ihn auf Anerkennung der Richtigkeit der Bilanz klagen, da sie ein Interesse an der Feststellung der Richtigkeit der Bilanz haben; a. A. OLG Dresden in LZ 18, 1292^5.

III. Das außerordentliche Prüfungsrecht des Kommanditisten, Abs. 3

Anm. 7 1. Das außerordentliche Prüfungsrecht besteht nur, wenn das beschränkte Prüfungsrecht nach Abs. 1 oder das dem Kommanditisten im Gesellschaftsvertrag eingeräumte erweiterte Prüfungsrecht nicht ausreicht, um die Belange des Kommanditisten zu wahren und deshalb eine erhebliche Gefährdung dieser Belange zu befürchten ist. Ein **wichtiger Grund** kann namentlich vorliegen, wenn die geschäftsführenden Gesellschafter sich weigern, dem Kommanditisten die Abschrift der Jahresbilanz zu erteilen, und ihm die zur Prüfung der Bilanz erforderliche Einsicht in die Bücher und Papiere verweigern (OLG Hamm, Beschluß vom 27. 2. 1970, BB 70, 509; s. auch Anm. 9 a. E.) oder wenn aus anderen Gründen, z. B. wegen mangelhafter Buch- oder sonstiger schlechter Geschäftsführung oder wegen Unredlichkeit der Geschäftsführer die Gefahr einer Beeinträchtigung des Kommanditisten besteht; BayObLG in LZ 14, 499. Oder wenn eine Buch- und Betriebsprüfung des Finanzamts erhebliche Änderungen früherer Jahresabschlüsse ergibt. Auch der durch Tatsachen gerechtfertigte Verdacht der Untreue oder schlechter Geschäftsführung kann ausreichen; KG in KGJ 30 A 124. Er kann sich auch aus Umständen des Privatlebens der Geschäftsführer, z. B. starke Verschuldung ergeben. Ein wichtiger Grund kann auch gegeben sein, wenn die Zustimmung des Kommanditisten zu einem außergewöhnlichen Geschäft von der Kenntnis der augenblicklichen Lage der Gesellschaft abhängt und die Jahresbilanz darüber keine genügende Auskunft gibt. Dann hat der Kommanditist die Wahl, ob er sein Auskunftsrecht (Anm. 1) einklagen oder einen Antrag nach Abs. 3 stellen will. Dagegen sind Anordnungen nach Abs. 3 nicht in jedem Falle schon dann gerechtfertigt, wenn die ordnungsmäßig aufgestellte Jahresbilanz nicht ohne weiteres vollen Aufschluß über die Lage des Unternehmers gibt. Der Kommanditist hat eben in der Regel nur die in Abs. 1 bezeichneten Rechte. Ein wichtiger Grund kann aber gegeben sein, wenn Tatsachen vorliegen, die für eine schlechte Lage des Unternehmens sprechen und der Kommanditist näherer Aufklärung bedarf, um sich darüber schlüssig zu machen, ob er von seinem Recht, die Auflösung der Gesellschaft oder die Beendigung seiner Mitgliedschaft durch Kündigung herbeizuführen, Gebrauch machen will.

Anm. 8 2. Ob ein wichtiger Grund vorliegt, **entscheidet das Gericht nach pflichtmäßigem Ermessen.** Das Gericht hat dabei auch die Belange der Gesellschaft, insbesondere des gemeinsamen Unternehmens zu berücksichtigen. Es kann die in Abs. 3 vorgesehenen Anordnungen auch erlassen, wenn die Befugnisse des Kommanditisten nach Abs. 1 durch den Gesellschaftsvertrag beschränkt sind; vgl. Anm. 13. Das Gericht hat in seiner Verfügung im einzelnen zu bestimmen, über welche Tatsachen eine **Aufklärung** zu geben ist, ob eine Bilanz **mitzuteilen** ist oder ob die **Vorlegung** der Bücher und Papiere und welcher zu erfolgen hat. Es kann auch angeordnet werden, daß der Kommanditist die **Einsicht** in die Bücher und Papiere in weiterem Umfang als zur Prüfung der Jahresbilanz erforderlich ist, vornehmen darf. z. B. in einen Prüfungsbericht, vgl. Anm. 3a. Das Gericht kann auch verfügen, daß die Einsicht nur unter Mitwirkung eines bestimmten **Sachverständigen** oder zur Wahrung der Belange des Unternehmens ausschließlich durch einen solchen geschehen darf; KGJ 30 A 122; 40 A 121; BGH BB 70, 187; OLG Hamm DB 70, 43. Es kann auch angeordnet werden, daß die Mitteilungen und die Vorlage der Bücher und Papiere an das Gericht zu erfolgen hat, und daß dort die Einsicht binnen bestimmter Frist zu geschehen hat. Das Gericht kann im Interesse der Gesellschaft oder auch im Allgemeininteresse, bestimmte Bücher und Papiere von der Vorlegung ausschließen. Es kann sich auf die Anordnung beschränken, daß nur die letzte oder eine bereits vorhandene frühere Bilanz mitgeteilt wird (z. B. die Eröffnungsbilanz), oder daß die Urschrift oder nur eine Abschrift vorgelegt wird; KGJ 30 A 123; BayObLG in LZ 1914, 499[1]. Es kann aber auch anordnen, daß eine neue Bilanz, auch auf einen Zeitpunkt innerhalb des Geschäftsjahres (Zwischenbilanz) aufgestellt wird und von den dafür verantwortlichen geschäftsführenden Gesellschaftern unterzeichnet wird; KGJ 30 A 122; KG in OLGR 27, 397. Es kann auch im einzelnen Zeit und Ort der Einsicht und die Zuziehung von Sachverständigen bestimmen. Die Anordnung kann auch dahin gehen, daß über bestimmte Geschäfte oder geschäftliche Vorgänge oder bestimmte Tatsachen, z. B. über den Kassen- und Warenbestand **Auskunft** zu geben ist und die sich darauf beziehenden Urkunden (Belege) zur Einsicht durch den Antragsteller vorzulegen sind. Die Anordnungsbefugnis des Gerichts beschränkt sich auf die in Abs. 3 umschriebene Mitteilung und Vorlegung. Die **Aushändigung** anderer Unterlagen als der Bilanz (mit Gewinn- und Verlustrechnung, vgl. Anm. 2) kann das Gericht **nicht** anordnen.

Das Gericht kann durch seine Entscheidung die gesetzlichen oder vertragsmäßigen Befugnisse der Kommanditisten nicht allgemein und auf die Dauer erweitern; z. B. nicht auf unbeschränkte Zeit (jederzeit) die Einsicht in die Bücher und Papiere gestatten, sondern nur die nach der Lage im Zeitpunkt der Entscheidung gebotenen Anordnungen treffen; Schlegelberger-Gessler 13. Es kann keine anderen Anordnungen treffen, als die in Abs. 3 vorgesehenen.

3. Die Entscheidung des Gerichts erfolgt nur auf Antrag eines Kommanditisten. **Anm. 9**
Jeder einzelne Kommanditist ist zur Stellung des Antrags befugt.

Zur Entscheidung berufen ist das Amtsgericht des Sitzes der Gesellschaft als Gericht der freiwilligen Gerichtsbarkeit; § 145 FGG; vgl. auch die Erl. zu § 146 HGB. Es hat auch dann zu entscheiden, wenn die Gesellschaft als Kommanditgesellschaft besteht, aber noch nicht in das Handelsregister eingetragen ist. Für das **Verfahren** gelten die Vorschriften des **FGG**. Das Gericht hat den Sachverhalt von Amts wegen, erforderlichenfalls nach Erhebung von Beweisen festzustellen; § 12 FGG. An die Anträge ist es nicht gebunden, darf aber auch nicht über sie hinausgehen. Als Gegner hat es tunlichst die Gesellschafter zu hören, die die Geschäfte der Gesellschaft zu führen haben, die die Verfügung über die Bücher und Papiere haben und die die geforderte Auskunft erteilen können; nach Lage des Einzelfalls kann auch die Anhörung der anderen Gesellschafter geboten sein; § 146 Abs. 1 FGG. Das Gericht hat auch über die Vorfragen zu entscheiden, von deren Beantwortung die Entscheidung abhängt, z. B. darüber, ob es sich um eine Kommanditgesellschaft, oder mangels Eintragung, vgl. § 3, um eine solche des bürgerlichen Rechts handelt, ob die Gesellschaft noch besteht oder bereits vollbeendet ist, etwa dadurch, daß ein Gesellschafter nach dem Gesellschaftsvertrag das ganze Gesellschaftsvermögen übernommen hat; vgl. unten Anm. 10, ob der Antragsteller Kommanditist ist; KG in OLGR 42, 117; Schlegelberger-Gessler 14. Die Entscheidung über die Vorfragen erlangt aber keine Rechtskraft. Das Gericht kann nicht das Verfahren über die Vorfragen bis zur Entscheidung des Prozeßgerichts darüber nach § 127 FGG aussetzen, denn es handelt sich nicht um eine Registersache; a. A. KG in RJA 4, 208; vgl. auch die Erl. zu § 146 HGB.

Liegt ein wichtiger Grund vor, so muß das Gericht die ihm geeignet erscheinenden Maßnahmen anordnen. Zur Erlassung einer einstweiligen Verfügung ist es nichtbefugt. Für ein besonderes Verfahren dieser Art besteht im Verfahren der freiwilligen Gerichtsbarkeit auch kein Bedürfnis; Schlegelberger-Gessler 15; vgl. die Erl. zu § 146 HGB; a. A. Ritter Anm. 3. Die ergehenden Entscheidungen können durch sofortige Beschwerde, bei Ablehnung des Antrags durch den Antragsteller, andernfalls durch den Gegner, § 146 Abs. 2 FGG, angefochten werden. Die Entscheidung ist nach § 33 FGG vollstreckbar.

Liegt nur eine Verletzung der Ansprüche nach Abs. 1 vor, so hat der Kommanditist nur das Recht, auf Gestattung der Ausübung seiner Befugnisse zu klagen. Liegen auch wichtige Gründe im Sinne des Abs. 3 vor, so kann er auch einen Antrag im Verfahren der freiwilligen Gerichtsbarkeit stellen (Köln OLGZ 67, 362). Regelmäßig wird die Verweigerung des Prüfungsrechts nach Abs. 1 einen wichtigen Grund zu einer Anordnung nach Abs. 3 bilden, weil sich aus der grundlosen Verweigerung der Bilanzmitteilung oder der Einsicht in die Bücher und Papiere die Gefahr einer erheblichen Beeinträchtigung der Belange des Kommanditisten ergibt; DürHach. 7; Schlegelberger-Gessler 12; OLG Hamm, B. v. 27. 2. 70, BB 70, 509.

IV. Gemeinsames zu Abs. 1 und 3

1. Das Prüfungsrecht **entsteht** mit dem Beginn der Gesellschaft, auch wenn sie **Anm. 10**
noch nicht im Handelsregister eingetragen ist (§ 161 Anm. 39). Die Ausübung der Befugnisse nach Abs. 1 und 3 ist nicht davon abhängig, daß die Kommanditisten ihre Verpflichtungen aus dem Gesellschaftsverhältnis, z. B. die Einlagepflicht erfüllt haben. Es kann ihnen nicht die Einrede des nichterfüllten Vertrages entgegengehalten werden. Es handelt sich nicht um Leistungen, die zueinander in einem Gegenseitigkeitsverhältnis

stehen; § 105 Anm. 47c; KG in LZ 1918, 66[8]; BayOLG in KGJ 53, 260; Schlegelberger-Gessler 6.

Die Befugnisse der Kommanditisten nach Abs. 1 und 3 und des Gerichts nach Abs. 3 bestehen auch während der **Abwicklung** bis zur Vollbeendigung der Gesellschaft; RG im Recht 1932 Nr. 337; Ritter Anm. 5; Schlegelberger-Gessler 8. An Stelle der Jahresbilanzen sind dem Kommanditisten Abschriften der Abwicklungseröffnungs- und Schlußbilanz, § 154, zur Prüfung mitzuteilen. Ein Bedürfnis zu einem Antrag nach Abs. 3 besteht nicht, wenn der Kommanditist Abwickler der aufgelösten Gesellschaft ist und sich in dieser Eigenschaft über die Verhältnisse unterrichten kann; KG in HRR 1931, 1690 = LZ 31, 1002. Wird ihm trotz seiner Eigenschaft als Abwickler die Einsicht verweigert, so muß er sie im Klagewege erzwingen.

Da es sich in § 166 um aus dem Gesellschaftsverhältnis entspringende Befugnisse handelt, können sie von einem früheren Kommanditisten nach seinem **Ausscheiden** aus der Gesellschaft nicht mehr geltend gemacht werden; BayObLG in KGJ 53, 260. Für die Zeit bis zu seinem Ausscheiden kann der Kommanditist jedoch die Rechte aus Abs. 1 und 3 geltend machen, solange er noch Gesellschafter ist. Durch sein danach erfolgtes Ausscheiden verliert er seine Klage- oder Antragsbefugnis nicht; OLG Hamburg MDR 61, 325; OLG Hamm DB 70, 724 = BB 70, 509; a. M. RG 117, 332; OGH 4, 42; BGH WM 61, 1329; 63, 989; vgl. auch § 118 Anm. 16. Den **Erben** eines Kommanditisten stehen die Befugnisse nur zu, wenn sie Gesellschafter geworden sind oder als Erben an der Abwicklung der aufgelösten Gesellschaft beteiligt sind. Die ausgeschiedenen Gesellschafter oder ihre Erben können im übrigen nach den Vorschriften des bürgerlichen Rechts, § 810 BGB, die Vorlegung der Bücher und Papiere begehren; s. die oben angeführte Rechtsprechung mit § 118 Anm. 16. Dies gilt auch, wenn es sich um die Ermittlung ihres Abfindungsguthabens handelt. Durch den Gesellschaftsvertrag können ihnen aber weitergehende Befugnisse eingeräumt werden.

Anm. 11 2. Das Informationsrecht des Gesellschafters ist ein **eigennütziges Recht**, das ihm zur Wahrung eigener Rechte in der Gesellschaft zusteht (§ 105 Anm. 31b, BGH DB 62, 1139; Fischer NJW 54, 777; 59, 1058). Seine Ausübung ist nicht schon deshalb unzulässig, weil sie Interessen der Gesellschaft, etwa an der Geheimhaltung eines Vorgangs, widerstreitet. Inhalt und Grenzen des Prüfungsrechts ergeben sich aus seinem **Zweck**: Es ist dem Kommanditisten zwar in seinem Interesse verliehen, aber nur zur Wahrnehmung seiner gesellschaftlichen Interessen, nicht solcher außerhalb der Gesellschaft, etwa zur Förderung eigenen Wettbewerbs (§ 118 Anm. 5; BGH BB 70, 187). Das wäre ein unzulässiger **Mißbrauch** des Prüfungsrechts. Überhaupt darf das Prüfungsrecht, wie alle Gesellschafterrechte, nur im Rahmen der gesellschaftlichen **Treupflicht** (§ 105 Anm. 31b, vgl. auch § 165 Anm. 3) ausgeübt werden. Unzulässig ist deshalb auch die Ausübung, wenn ein Gesellschafter sich dadurch die Möglichkeit verschaffen will, einem anderen Gesellschafter gegenüber vertragsuntreu zu werden (RG 148, 281).

Das Prüfungsrecht des Abs. 1 kann nicht mehr ausgeübt werden, wenn der Kommanditist darauf **verzichtet** oder den Jahresabschluß **anerkannt** hat. In dem Unterschreiben des Abschlusses ist regelmäßig dessen Anerkenntnis zu erblicken (OLG Nürnberg BB 57, 1053).

Das Prüfungsrecht kann nicht in entsprechender Anwendung des § 117 für dauernd beschränkt oder **entzogen** werden (§ 117 Anm. 2a; Fischer NJW 59, 1058; Peters NJW 65, 1212; a. M. OGH 1, 33 = SJZ 48, 755 m. Anm. v. Hueck). Das verbietet sich wegen der Andersartigkeit des Geschäftsführungsrechts, das ein gesellschaftsnütziges Pflichtrecht ist (§ 105 Anm. 31b). Auch genügt es zur Wahrung der Interessen der Gesellschaft, daß im Einzelfall gegen die Ausübung ein Verstoß gegen die Treupflicht eingewendet werden kann.

Anm. 12 3. Die Nichtgewährung des gesetzlichen oder vertragsmäßigen Prüfungsrechts oder die Nichtbefolgung der Anordnungen des Gerichts nach Abs. 3 kann auch **Schadensersatzansprüche** gegen die schuldigen Gesellschafter wegen Verletzung ihrer Verpflichtungen aus dem Gesellschaftsverhältnis begründen. Abs. 3 will diese Ansprüche nicht ausschließen, a. A. OLG Düsseldorf in JW 1929, 2169[8]. Geschädigt wird in der Regel der Gesellschafter sein, dem die Information vorenthalten worden ist. Der Anspruch richtet sich nach den allgemeinen Regeln des Vertragsrechts. Haftungsmaßstab ist § 708 BGB. Im einzelnen s. § 116 Anm. 18—27.

V. Abweichende Bestimmungen des Gesellschaftsvertrages

1 a) Abs. 1 enthält nachgiebiges Recht. Durch den Gesellschaftsvertrag kann das **ordentliche Prüfungsrecht** des Kommanditisten **beschränkt** werden. So kann bestimmt werden, daß mehrere Kommanditisten das Recht zur Einsichtnahme der Bücher und Schriften nur durch einen von ihnen, oder nur durch einen beeidigten Sachverständigen oder daß sie es nur innerhalb einer bestimmten Frist ausüben dürfen, oder daß bestimmte Bücher, z. B. Geheimbücher von der Einsichtnahme ausgeschlossen sind, oder daß die Kommanditisten sich mit dem Bericht eines von allen Gesellschaftern gemeinsam bestellten Sachverständigen begnügen müssen; RG in JW 1906, 144[21]; vgl. Anm. 3a. Das Einsichtsrecht kann auch für bestimmte Fälle beschränkt werden, z. B. für die Dauer des Betriebs eines Wettbewerbsunternehmens durch einen Kommanditisten. Die Informationsrechte der Kommanditisten können, wie dies bei der sog. kapitalistischen KG (§ 161 Vorbem. 6) häufig der Fall ist, auch auf einen Gesellschafterausschuß oder einen aus Gesellschaftern oder Nichtgesellschaftern bestehenden **Beirat** oder auf einen gemeinsamen Vertreter übertragen werden, vgl. im einzelnen § 161 Anm. 31—38, insbesondere 37, 38. Besteht ein Beirat, der den Jahresabschluß feststellt, so hat er auch das zur Erfüllung dieser Aufgabe notwendige Auskunfts- und Prüfungsrecht. Dem Kommanditisten steht dann im Zweifel nur noch das Recht auf abschriftliche Mitteilung des festgestellten Jahresabschlusses zu. Immer aber verbleibt dem einzelnen Kommanditisten ein zum unverzichtbaren Kernbereich seiner Mitgliedschaft gehörendes **Auskunftsrecht** über für ihn wesentliche Tatsachen (§ 161 Anm. 32), insbesondere auch soweit er sie zur Erfüllung seiner Steuerpflichten wissen muß, vgl. Anm. 1. Im übrigen kann die vertragsmäßige Beschränkung des Prüfungsrechts in sinngemäßer Anwendung des § 118 Abs. 2 nicht geltend gemacht werden, wenn Grund zu der Annahme unredlicher Geschäftsführung besteht; KGJ 30 A 123; Schlegelberger-Gessler Anm. 18. Auch kann dann der Kommanditist nach Abs. 3 verfahren. **Anm. 13**

b) Das Prüfungsrecht des Kommanditisten kann auch **erweitert** werden; z. B. können ihm die nach § 118 dem von der Geschäftsführung ausgeschlossenen Gesellschafter zustehenden Befugnisse eingeräumt werden; diese Einräumung kann sich auch ohne ausdrücklichen Ausspruch im Vertrage aus dessen Gesamtinhalt ergeben; RG 120, 141. Jedoch folgt die Einräumung der Befugnisse des § 118 nicht ohne weiteres aus der Übertragung von Geschäftsführungsbefugnissen auf einen Kommanditisten, sondern besteht nur im Rahmen der ihm übertragenen Verantwortung. Der Kommanditist, dem nur die technische Geschäftsführung übertragen ist, hat deshalb noch nicht das Recht zur Kontrolle der Kasse. Es kann dem Kommanditisten durch den Gesellschaftsvertrag auch gestattet werden, die Prüfung, insbesondere die Einsicht in die Bücher und Papiere jederzeit persönlich oder durch einen von ihm beauftragten Dritten vornehmen zu lassen. Die weitergehende Prüfung kann einem von dem Kommanditisten bestellten Treuhänder übertragen werden; RG in JW 1906, 144[21]; in HoldhMschr. 14, 23. Auch die Kosten der Prüfung können der Gesellschaft auferlegt werden. Solche Bestimmungen sind üblich, wenn die Kommanditisten erheblich mit Kapital beteiligt sind und sich den maßgebenden Einfluß auf das Unternehmen sichern wollen; vgl. § 161 Vorbem. 6. **Anm. 14**

2 a) Die Befugnisse der Kommanditisten nach **Abs. 3** können **nicht** durch den Gesellschaftsvertrag **aufgehoben** oder **beschränkt** werden; OLG Hamm DB 70, 724. Dies ergibt sich aus dem Zweck der Vorschrift, dem Kommanditisten bei Vorliegen eines wichtigen Grundes Schutz zu gewähren; Schlegelberger-Gessler 19, vgl. auch § 161 Anm. 32, 33. Die Beschränkung kann auch nicht in der Weise erfolgen, daß die Ausübung des Antragsrechts nur durch alle Kommanditisten gemeinsam oder auf Grund eines Mehrheitsbeschlusses erfolgen dürfe; Braude S. 18; a. A. Ritter im ArchBürgR 40, 417; DürHach. Anm. 10. Auch wenn die Überwachung der Geschäftsführung einem besonderen Organ übertragen worden ist (§ 161 Vorbem. 6, Anm. 38), bleibt das außerordentliche Prüfungsrecht bestehen (ebenso Schlegelberger-Gessler 19). Den Belangen der Gesellschaft wird **Anm. 15**

dadurch Rechnung getragen, daß dem Gericht die Entscheidung zusteht und daß dieses auch bestimmen kann, daß die Einsicht in die Bücher und Papiere nur durch einen Unparteiischen, z. B. einen Büchersachverständigen zu erfolgen hat. Zulässig ist die Vereinbarung, daß die Entscheidung nicht im Verfahren der freiwilligen Gerichtsbarkeit, sondern durch ein Schiedsgericht zu erfolgen hat (ebenso Schlegelberger-Gessler 19, Baumbach-Duden 3). Denn sachlich werden dadurch die zu schützenden Belange nicht beeinträchtigt. Auch wenn man eine Ausschließung oder Beschränkung des sachlichen außerordentlichen Prüfungsrechts für zulässig hält, gelten sie doch nicht, wenn der durch Tatsachen begründete Verdacht unredlicher Geschäftsführung besteht; vgl. § 118 Abs. 2.

Anm. 16 **b)** Eine **Erweiterung** des außerordentlichen Prüfungsrechts durch den Gesellschaftsvertrag ist zulässig in der Weise, daß beim Vorliegen bestimmter Tatsachen, etwa eines Verlustes in gewisser Höhe, den Kommanditisten die jederzeitige Einsicht in die Bücher und Papiere gestattet ist. Im Streitfalle entscheidet dann aber das Prozeßgericht oder ein vereinbartes Schiedsgericht. Durch Vereinbarung der Gesellschafter kann die erweiterte Zuständigkeit des Gerichts der freiwilligen Gerichtsbarkeit nicht begründet werden; KG in RJA 4, 209 = RGJ 28 A 59. Aber im Einzelfall kann die im Gesellschaftsvertrag als Voraussetzung des vereinbarten erweiterten Prüfungsrechts bezeichnete Tatsache auch einen wichtigen Grund nach Abs. 3 bilden.

VI. Das Informationsrecht des Komplementärs

Anm. 17 Das Prüfungsrecht des persönlich haftenden Gesellschafters ist mangels einer abweichenden Vorschrift des Gesetzes oder besonderer Bestimmungen des Gesellschaftsvertrages das gleiche wie das des Gesellschafters einer offenen Handelsgesellschaft; vgl. § 118.

§ 167

Die Vorschriften des § 120 über die Berechnung des Gewinns oder Verlustes gelten auch für den Kommanditisten.

Jedoch wird der einem Kommanditisten zukommende Gewinn seinem Kapitalanteile nur so lange zugeschrieben, als dieser den Betrag der bedungenen Einlage nicht erreicht.

An dem Verluste nimmt der Kommanditist nur bis zum Betrage seines Kapitalanteils und seiner noch rückständigen Einlage teil.

Inhaltsübersicht

I. Allgemeines

Anm. 1 **1.** § 167 Abs. 1 ordnet die Anwendung der Vorschriften des § 120 über die Berechnung des Gewinnes und Verlustes der offenen Handelsgesellschaft auf die Kommanditgesellschaft an. Abs. 2 begrenzt die Gutschrift des Gewinnanteils des Kommanditisten auf seinen Kapitalanteil und Abs. 3 seine Verlustbeteiligung auf seinen Kapitalanteil und seine noch rückständige Einlage. Abs. 2 ist neu. Im übrigen stimmen die Vorschriften mit Art. 161 ADHGB überein. Im Zusammenhang mit § 167 stehen § 168, der die Gewinn- und Verlustverteilung und § 169, der das Entnahmerecht des Kommanditisten regelt.

Anm. 2 2. **Die jährliche Ermittlung des Gewinnes und des Verlustes der Gesellschaft** erfolgt wie bei der offenen Handelsgesellschaft auf Grund einer auf Schluß jedes Geschäftsjahres aufzustellenden Bilanz, richtiger: **Jahresabschlusses,** also der Bilanz mit Gewinn- und Verlustrechnung. Die **Aufstellung** der Bilanz — wegen des Unterschieds zwischen Aufstellung und Feststellung der Bilanz vgl. § 120 Anm. 10—14 — geschieht durch die geschäftsführenden Gesellschafter; wenn Kommanditisten allein oder zusammen mit persönlich haftenden Gesellschaftern zur Geschäftsführung berufen sind, durch sie oder unter ihrer Mitwirkung; vgl. § 164. Im übrigen haben die Kommanditisten an der Aufstellung der Bilanz nicht mitzuwirken. Sie erhalten nur auf Verlangen eine Abschrift der Bilanz und können ihre Richtigkeit unter Einsicht der Bücher und Papiere prüfen; § 166.

Die Aufstellung der Bilanz, insbesondere die Bewertung der Aktiven und Passiven, die Vornahme von Abschreibungen und die Bildung von Rückstellungen hat nach den allgemeinen gesetzlichen Vorschriften, kaufmännischer Übung und den besonderen Vorschriften des Gesellschaftsvertrages zu erfolgen. Die kaufmännische Übung findet ihren Ausdruck in den (ungeschriebenen) Grundsätzen ordnungsmäßiger Buchführung und Bilanzierung, vgl. die Erläuterungen zu den §§ 38—40; ferner § 120 Anm. 3—5. Abweichungen hiervon, insbesondere die Bildung offener oder stiller Rücklagen, dieser z. B. durch willkürliche Unterbewertung der Aktiven oder Überbewertung der Passiven, sind nur mit Zustimmung aller Gesellschafter, auch der Kommanditisten zulässig, § 40 Anm. 4, weitergehend § 120 Anm. 7.

Anm. 3 3. Die Jahresbilanz ist von den persönlich haftenden Gesellschaftern zu **unterzeichnen;** § 41 Satz 2. Die Unterzeichnung ist die Bekundung, daß die Bilanz **festgestellt** ist. Sie ist damit zunächst für die Gesellschaft verbindlich. Die Kommanditisten haben nach der gesetzlichen Regel weder an der Aufstellung noch an der Feststellung der Bilanz mitzuwirken. Der Eintritt der Verbindlichkeit der Bilanz für das innere Verhältnis hängt nicht von der Mitwirkung oder Zustimmung oder einem Anerkenntnis der Kommanditisten ab. Der gegenteiligen Ansicht von Buchwald, die Bilanzen der Personalgesellschaften als Vereinbarungen zwischen den Gesellschaftern, Jur. Rundschau 1948, S. 65 kann für das geltende Recht nicht beigetreten werden, ebenso Schlegelberger-Gessler 3. Es kann ihm schon nicht zugestimmt werden, daß die Feststellung der Bilanz notwendig einen Vertrag zwischen den Gesellschafter darstellt und daß dieser deshalb nur mit Zustimmung aller Gesellschafter, bei der Kommanditgesellschaft auch aller Kommanditisten zustande komme. Die Aufstellung wie die Feststellung der Jahresbilanz sind ebenso wie bei den Kapitalgesellschaften Verwaltungsakte, die von den dazu berufenen Organen der Gesellschaft vorzunehmen sind. Da die Bilanzfeststellung über den Aufgabenkreis der Geschäftsführer hinaus geht, ist sie Sache der Gesellschafter, die darüber nach der Regel des § 119 durch einstimmigen Beschluß zu entscheiden haben. Daraus ergibt sich wohl für die offene Handelsgesellschaft die Notwendigkeit der Mitwirkung und Zustimmung aller Gesellschafter, auch der von der Geschäftsführung und Vertretung ausgeschlossenen. Für die Kommanditgesellschaft ergibt sich aber eine abweichende Regelung aus § 41 Abs. 1, nach dem nur die persönlich haftenden Gesellschafter die Bilanz zu unterzeichnen haben, womit sie deren Zustandekommen durch ihre Tätigkeit beurkunden und damit nicht nur in Erfüllung der öffentlich-rechtlichen Verpflichtung zur jährlichen Bilanzaufstellung, sondern auch für das Verhältnis der Gesellschafter untereinander die Verantwortung übernehmen, § 41 Anm. 2, 4. Zu diesem Ergebnis zwingt auch die Regelung des Überwachungsrechts des Kommanditisten in § 166. Hätte der Kommanditist das Recht und die Pflicht zur Mitwirkung bei der verantwortlichen Feststellung der Jahresbilanz, so hätte es keinen Zweck gehabt, ihm in § 166 Abs. 1 ausdrücklich das Recht zu verbriefen, die abschriftliche Mitteilung der jährlichen Bilanz zu verlangen und ihre Richtigkeit unter Einsicht der Bücher und Papiere zu prüfen. Müßte und dürfte er bei Feststellung der Bilanz mitwirken, so ergäbe sich daraus ohne weiteres auch das Recht, die von den Geschäftsführern aufgestellte d. h. entworfene Bilanz zu prüfen.

Daß aber der Kommanditist nicht das Recht zur Mitwirkung bei der Bilanzfeststellung, sondern nur das nachträgliche Prüfungsrecht hat, erklärt sich aus der Verschiedenheit seiner Stellung von der des persönlich haftenden Gesellschafters. Wenn er auch gesamthänderisch am Gesellschaftsvermögen beteiligt ist und auch den Gesellschaftsgläubigern bis zum Betrage der Hafteinlage haftet, so geht das Interesse des persönlich haftenden Gesellschafters viel weiter. Dieser haftet nicht nur mit seiner Beteiligung am Gesellschaftsvermögen, sondern mit seinem ganzen sonstigen Vermögen. Der Kommanditist hat weder die Pflicht zur Geschäftsführung, also zur Verwendung seiner Arbeitskraft, noch tritt er im Betriebe und nach außen hervor. Sein Name darf in der Regel nicht einmal in der Gesellschaftsfirma genannt werden. Auch in den Bekanntmachungen des Registergerichts darf er nicht genannt werden. Beim persönlich haftenden Gesellschafter gilt in allen diesen Punkten das Gegenteil. Dies rechtfertigt für die Regel die verschiedene Gestaltung der Rechte der beiden Arten von Gesellschaftern. Der Hinweis Buchwalds darauf, daß bei den Kapitalgesellschaftern alle Gesellschafter an der Feststellung der Jahresbilanz teilnehmen, obwohl sie nur mit ihrer Geldeinlage haften, ihr Name in der Firma nicht hervortritt und sie zur Mitarbeit nicht verpflichtet sind, kann zu einer anderen Auslegung der geltenden Vorschriften über die Kommanditgesellschaft nicht führen. Die Kapitalgesellschaften haben eben keine verschiedenen Arten von Gesellschaftern. Es müssen deshalb die vorhandenen, die sämtlich nur beschränkt haften, über den Jahresabschluß abstimmen. Da der Kommanditist nach § 166 Abs. 1 nicht nur die abschriftliche Mitteilung der Bilanz verlangen, sondern auch ihre Richtigkeit unter Einsicht der Bücher und Papiere prüfen und bei Vorliegen wichtiger Gründe auch nach § 166 Abs. 3 beim Gericht die Mitteilung einer anderen Bilanz (als der in Abs. 1 genannten) und sonstige Aufklärungen und die Vorlegung der Bücher und Papiere jederzeit beantragen kann, ist er auch im Regelfall in der Lage, sich über den Stand des Unternehmens zu unterrichten und damit auch die Richtigkeit der Bilanz zu prüfen und die erforderlichen Berichtigungen zu betreiben. Auch bei größerer Beteiligung und unübersichtlicher Lage des Unternehmens werden die Informationsrechte (§ 166 Anm. 1), notfalls das außerordentliche Kontrollrecht des § 166 Abs. 3 den Bedürfnissen des Kommanditisten genügen.

Die Kommanditisten sind an die Bilanz gebunden, wenn sie sie anerkannt haben, vgl. auch § 166 Anm. 11. Dies kann auch stillschweigend geschehen, z. B. durch längeres Schweigen nach Mitteilung der Bilanzabschrift. In der ständigen Duldung über das übliche Maß hinausgehender Abschreibungen kann auch eine Vereinbarung über solche Abschreibungen liegen. Wie von den die Bilanz aufstellenden und sie nach § 41 Abs. 1 unterschreibenden Gesellschaftern kann die Bilanz, oder die Anerkennung derselben auch von den Kommanditisten nach allgemeinen Rechtsgrundsätzen wegen Willensmängeln (Irrtum usw.) angefochten werden oder nichtig sein, vgl. § 119 Anm. 14ff., 28ff.; § 120 Anm. 12. Über die Bedeutung der **Bilanzunterschrift des Kommanditisten** s. BGH BB 62, 426 und 64, 1273.

II. Die Gewinnbeteiligung des Kommanditisten

Anm. 4 1. Der ordnungsmäßig aufgestellte Jahresabschluß bildet auch im Verhältnis zu den Kommanditisten die Grundlage für die Ermittelung des Gewinnes oder Verlustes der Gesellschaft im abgelaufenen Geschäftsjahr und für die Berechnung des Anteils für jeden Gesellschafter, auch die Kommanditisten daran; **Abs. 1** in Verb. mit § 120 Abs. 1.

Jeder Gesellschafter, auch der Kommanditist, nimmt nach der gesetzlichen Regel am Jahresgewinn oder Verlust teil. Wie bei der offenen Handelsgesellschaft nehmen auch die Gesellschafter der Kommanditgesellschaft, deren Kapitalkonto passiv ist, am Jahresgewinn teil. Sie erhalten nur nicht die Verzugsdividende nach § 121 Abs. 2, die als Vergütung für die bestehende Kapitalbeteiligung einen aktiven Kapitalanteil voraussetzt. Dies gilt auch für die Kommanditisten; vgl. § 168 Abs. 1 (wegen der Möglichkeit eines passiven Kapitalanteils des Kommanditisten vgl. unten Anm. 14).

Anm. 5 Der Kommanditist nimmt am vollen Gewinn der Gesellschaft teil. Dies ist die notwendige Folge seiner gesamthänderischen Beteiligung am ganzen Gesellschaftsvermögen. Der Kommanditist unterscheidet sich dadurch wesentlich vom stillen Gesellschafter, der nur an dem durch den Betrieb des Handelsgewerbes erzielten Gewinn, nicht aber an dem Betriebsvermögen beteiligt ist, das allein dem persönlich haftenden Gesellschafter gehört; vgl. die Erl. zu § 337. Der Kommanditist ist deshalb auch beteiligt an dem Gewinn, der ohne Zusammenhang mit dem Betrieb des Handelsunternehmens erzielt wird, wie etwa durch allgemeine Werterhöhung des von ihm oder den persönlich haftenden Gesellschaftern eingebrachten Vermögens, z. B. des Fabrikgeländes durch dessen Umwandlung in Baugelände auf Grund städtebaulicher Maßnahmen. Das gleiche gilt von einer Verbesserung des Vermögensstandes der Gesellschaft durch Wegfall oder Verminderung ihrer Schulden, z. B. durch einen Zwangsvergleich der Gesellschaft oder eine außergerichtliche Sanierung; Schlegelberger-Gessler Anm. 4. Andererseits nimmt er auch an einer Wertminderung aus mit dem Betrieb nicht zusammenhängenden Gründen innerhalb des Rahmens seiner Verlustbeteiligung teil. Dies gilt auch für sog. **Währungsgewinne oder Verluste.**

Die Anteile der Gesellschafter am Jahresgewinn oder -verlust bestimmen sich, wenn der Gesellschaftsvertrag nichts anderes vorsieht, nach dem in § 168 angegebenen Maßstabe; vgl. die Erl. zu § 168. Nach dem danach geltenden Verhältnis hat die Gesellschaft durch die geschäftsführenden Gesellschafter den ziffernmäßigen Betrag des Anteils jedes einzelnen Gesellschafters zu berechnen. **Anm. 6**

2. Die Gut- und Lastschrift des Gewinn- oder Verlustanteils der Gesellschafter. **Anm. 7**

Nach § 120 Abs. 2 wird der einem Gesellschafter zukommende Gewinn dem Kapitalanteile des Gesellschafters zugeschrieben; der auf einen Gesellschafter entfallende Verlust sowie das während des Geschäftsjahres auf den Kapitalanteil entnommene Geld wird davon abgeschrieben. Diese Vorschrift gilt bei der Kommanditgesellschaft für die persönlich haftenden Gesellschafter wie für die Kommanditisten. Die Gutschrift des Gewinnanteils des Kommanditisten ist aber durch Abs. 2 begrenzt, vgl. Anm. 10, während sie für den persönlich haftenden Gesellschafter unbegrenzt ist.

3. Der Begriff des Kapitalanteils ist bei der Kommanditgesellschaft der gleiche wie bei der offenen Handelsgesellschaft; vgl. hierzu § 120 Anm. 18—25. Der Kapitalanteil ist danach (Anm. 22) das ziffernmäßig (im Kapitalkonto) ausgedrückte **Beteiligungsrecht** des Gesellschafters. Der aktive Kapitalanteil des einzelnen Gesellschafters stellt somit nicht eine Forderung desselben an die Gesellschaft, der passive keine Schuld dar. Alle Kapitalanteile zusammen müssen dem buchmäßigen und bilanzmäßigen Gesellschaftsvermögen gleichkommen. Der Kapitalanteil jedes Gesellschafters wird gebildet aus den tatsächlich geleisteten (nicht aus den geschuldeten) Einlagen, die er nach dem Gesellschaftsvertrag zu leisten hatte und aus den nach § 120 Abs. 2 zu bewirkenden Gutschriften seines Gewinnanteils (beim Kommanditisten mit der Beschränkung des Abs. 2, s. Anm. 10); er vermindert sich um die jeweiligen Anteile des einzelnen Gesellschafters am Verlust, die ihm an seinem Kapitalanteil abzuschreiben sind, und durch die (zulässigen) Entnahmen des einzelnen Gesellschafters auf seinen Kapitalanteil; vgl. auch Anm. 14. **Anm. 8**

4. Von dem Kapitalanteil oder dem Kapitalkonto des Gesellschafters, aus dem sich die Entwicklung seines Kapitalanteils ergibt, ist zu unterscheiden sein **Privat-(Sonder- oder Separat)-konto,** auf dem die vermögensrechtlichen Vorgänge zwischen dem einzelnen Gesellschafter und der Gesellschaft zu buchen sind, soweit sie nicht in dem Kapitalkonto zum Ausdruck kommen. Auf dem Privatkonto ist insbesondere zu buchen: die rückständige Einlage der Gesellschafter, Ansprüche und Verbindlichkeiten und die entsprechenden Leistungen aus einem neben dem Gesellschaftsverhältnis bestehenden Rechtsverhältnis, z. B. aus einem Kaufgeschäft, ferner Gewinnanteile des Kommanditisten, die nach Abs. 2 nicht auf seinem Kapitalkonto zu verbuchen sind (Anm. 10); im einzelnen s. § 120 Anm. 26; ferner Potthoff-Zintzen, Handbuch der Gesellschaftsverträge in Personalgesellschaften 3. Aufl. 1965 S. 228ff. **Anm. 9**

5. Die Beschränkung der Gutschrift des Gewinnanteils des Kommanditisten. **Anm. 10**

Der einem Kommanditisten zukommende Gewinn wird seinem Kapitalkonto nur so lange zugeschrieben, als dieser den Betrag der bedungenen Einlage nicht erreicht; **Abs. 2.** Das ADHGB, dem diese Vorschrift fehlte, stellte hinsichtlich der Gutschrift der Gewinne persönlich haftende Gesellschafter und Kommanditisten einander gleich. Durch die neue Vorschrift wird verhindert, daß der Kapitalanteil eines Kommanditisten sich über den Betrag der bedungenen Einlage erhöht. Für den Kommanditisten hat dies den Vorteil, daß er über den Gewinnanteil, durch dessen Gutschrift auf Kapitalanteil dieser über den Betrag der bedungenen Einlage erhöht würde, frei verfügen kann, und insofern nicht an die Beschränkungen gebunden ist, denen der Kapitalanteil der Gesellschafter, z. B. hinsichtlich des Rechts zur Minderung ohne Einwilligung aller übrigen Gesellschafter, vgl. § 122 Abs. 2, unterliegt; vgl. D. I 114. Durch die Vorschrift wird auch verhindert, daß das Verhältnis der Beteiligung, wie es in dem Kapitalanteil zum Ausdruck kommt, vgl. Anm. 8, zum Nachteil des persönlich haftenden Gesellschafters und zum Vorteil der Kommanditisten verschoben wird.

Der gesetzgeberische Grund für die Beschränkung der Gutschrift des Gewinnes des Kommanditisten zu seinem Kapitalanteil liegt darin, daß er sich nur mit seiner Kommanditeinlage, also einem festen Betrag, an dem Unternehmen beteiligt und auch nur (nach Abs. 3) bis zum Betrage seines Kapitalanteils und seiner noch rückständigen Einlage am Verlust im inneren Verhältnis teilnimmt und nach außen nur bis zur Höhe seiner Einlage den Gläubigern unmittelbar haftet, während der persönlich haftende Gesellschafter auch mit seinem ganzen Privatvermögen den Gläubigern unmittelbar haftet. Da dieser das größere Risiko trägt, soll er auch in der Lage sein, durch Stehenlassen seines Gewinns seine Beteiligung am Gesellschaftsvermögen, wie sie im Kapitalanteil zum Ausdruck kommt, zu erhöhen. Dieser Gedanke ist auch bei Auslegung des Gesellschaftsvertrages zu beachten. Aus dem Umstande, daß die Gesellschafter, solange sie alle unbeschränkt hafteten, die Gewinne nur auf Privatkonten gutschrieben, kann deshalb im Falle der Umwandlung einer Beteiligung in eine kommanditistische, z. B. nach § 139 HGB, nicht geschlossen werden, es sei durch schlüssige Handlungen stillschweigend vereinbart, daß diese Übung auch nach der Veränderung gelten solle, vgl. auch § 139 Anm. 48.

Da Abs. 2 offensichtlich einen Mißstand abhelfen sollte, gilt die Vorschrift auch für vor Inkrafttreten des neuen HGB, 1. Januar 1900, entstandene Kommanditgesellschaften, soweit es sich um nach diesem Zeitpunkt entstandene und gutzuschreibende Gewinne handelt.

Anm. 11 Da § 167 nur das innere Verhältnis der Gesellschafter regelt, bildet die Grenze der Gutschrift der Betrag oder der Wert der Leistung, die der Kommanditist im inneren Verhältnis als Beitrag zur Erreichung des Gesellschaftszweckes, also als bedungene Einlage **(Pflichteinlage, Einlagesumme)** zu leisten hat. Auf die Höhe der Haftsumme, die nur das Verhältnis nach außen betrifft, und die höher oder geringer sein kann, als die im inneren Verhältnis zu leistende Einlage, vgl. § 161 Anm. 12, kommt es hiernach nicht an; Wieland I 747; Ritter Anm. 3; Schlegelberger-Gessler Anm. 6.

Anm. 12 Die Grenze der Gutschrift des Gewinnanteils auf den Kapitalanteil ist nicht erreicht, wenn entweder die bedungene Einlage noch nicht oder nicht vollständig geleistet oder zurückerstattet ist, oder der Kapitalanteil passiv ist, oder sich durch Verluste unter die bedungene Höhe vermindert hat.

Anm. 13 Soweit durch die Gutschrift auf Kapitalkonto der Betrag der bedungenen Einlage überschritten würde, hat die Gutschrift auf dieses Konto zu unterbleiben. Nach der Regel des Abs. 2 kann danach das Kapitalkonto des Kommanditisten nicht höher als seine bedungene Einlage sein; vgl. aber Anm. 16. Durch die Beschränkung der Gutschrift des Gewinnes auf Kapitalkonto wird die volle Beteiligung des Kommanditisten am Gewinn der Gesellschaft nach dem allgemeinen Maßstabe seiner Gewinnbeteiligung nicht eingeschränkt. Die Gutschrift des die Grenze des Abs. 2 überschreitenden Teiles des Gewinns muß aber auf das Privatkonto des Kommanditisten erfolgen; vgl. Anm. 9. Die auf diese Weise auf Privatkonto gebuchten Beträge sind, soweit der Gesellschaftsvertrag nicht etwas anderes bestimmt, sofort fällig. Sie bilden eine gewöhnliche Forderung. Sie können ohne Beschränkung abgetreten, verpfändet und gepfändet werden. Im Falle des Konkurses der Gesellschaft ist der Kommanditist für diese Ansprüche gewöhnlicher Konkursgläubiger; RFH 26, 108. Der Kommanditist kann auch nicht verlangen, daß dieser Teil des Gewinns bei der Gesellschaft als Darlehen gegen Verzinsung stehen bleibt. Die auf Privatkonto zu verbuchenden Beträge sind bei Berechnung der Vordividende nach § 168 Abs. 1, § 121 Abs. 1 und 2 nicht zu berücksichtigen; ebensowenig bei der Verteilung des Reinvermögens nach Beendigung der Gesellschaft (§ 155); sie sind vor dieser Verteilung aus dem Gesellschaftsvermögen zu befriedigen. Mit der Gutschrift auf Privatkonto gilt der Gewinn als „bezogen“ und braucht nicht zur Deckung späterer Verluste zur Verfügung gestellt zu werden; § 169 Abs. 3.

Wegen der Auszahlung des auf Kapitalanteil gutgeschriebenen Gewinns vgl. die Erl. zu § 169.

III. Die Beschränkung der Verlustbeteiligung des Kommanditisten Zulässigkeit eines passiven Kapitalanteils

Da das Gesetz für die Verlustbeteiligung des persönlich haftenden Gesellschafters keine Begrenzung enthält, trägt er im inneren Verhältnis der Gesellschafter den Verlust in gleicher Weise, wie der Gesellschafter der offenen Handelsgesellschaft. Er haftet somit nicht nur bis zum Betrage seiner bedungenen Einlage, sondern auch darüber hinaus bis zu dem Betrage, der nach dem in § 168 Abs. 2 aufgestellten Maßstabe für die Verlustbeteiligung auf ihn entfällt. Abweichend davon bestimmt § 167 Abs. 3, daß der Kommanditist am Verluste nur bis zum Betrage seines Kapitalanteils und seiner noch rückständigen Einlage teilnimmt. Die Bedeutung dieser Vorschrift war umstritten. Nach einer früher vertretenen Auffassung soll sie die Wirkung haben, daß der Kommanditist, auch wenn ihn nach dem Verteilungsmaßstab des § 168 Abs. 2 ein höherer Anteil an dem Verluste des einzelnen Jahres treffen würde, doch nur soweit damit belastet wird, bis durch die Lastschrift sein Kapitalanteil und die noch rückständige Einlage erschöpft ist. Eine weitergehende Lastschrift wird für unzulässig angesehen, da der Kapitalanteil des Kommanditisten nicht passiv sein könne. Die Folge dieser Meinung ist, daß der nach Erreichung der angegebenen Grenze verbleibende Teil des Jahresverlustes den persönlich haftenden Gesellschaftern und den übrigen Kommanditisten, diesen soweit ihr Kapitalanteil nicht dadurch selbst passiv würde, endgültig zur Last fiele; so u. a. Wieland I 746. Nach richtiger und herrschender Ansicht bestimmt Abs. 3 nur die **Grenze der endgültigen Verlusttragung,** bedeutet demnach, daß der Kommanditist bei der Auseinandersetzung, also bei der Beendigung der Gesellschaft oder der Beendigung der Beteiligung des einzelnen Gesellschafters an ihr (bei seinem Ausscheiden) höchstens durch den Verlust seiner bedungenen Einlage an dem Gesamtverlust der Gesellschaft teilnimmt. **Danach ist dem Kommanditisten zunächst der ganze Verlustanteil,** der ihn auch beim Verteilungsmaßstab des § 168 Abs. 2 trifft, auf seinem Kapitalkonto **zu belasten,** auch wenn dieses dadurch **passiv** wird. Die Belastung kann auch auf einem Verlustsonderkonto (Kapitalgegenkonto) erfolgen. Sein Anteil an **künftigen Gewinnen** ist zunächst auf seinem Kapitalanteil gutzuschreiben, bis das Passivum ausgeglichen und der aktive Kapitalanteil die Höhe der bedungenen Einlage erreicht hat. Der Kommanditist nimmt somit mit seinem Anteil an künftigen Gewinnen an der Deckung früherer Verluste teil. Dagegen ist er bei der Auseinandersetzung der Gesellschaft oder seinem Ausscheiden nicht zur Ausgleichung eines dann noch bestehenden Passivsaldos verpflichtet (ebenso Schlegelberger-Gessler Anm. 7, Ritter Anm. 4, Baumbach-Duden Anm. 2 B, Würdinger, Kommanditgesellschaft S. 156, DürHach. Anm. 4, Leitner, Bilanztechnik 1929 S. 215, Knöchlein DNotZ 61, 371; a.M. bez. des negativen [passiven] Kapitalkontos Buchwald BB 56, 886; van Randenborgh DNotZ 59, 384). **Anm. 14**

Der wesentliche Unterschied in der Risikoverteilung zwischen dem persönlich haftenden Gesellschafter und den Kommanditisten liegt darin, daß der erstere nicht nur nach außen, sondern auch nach innen und nicht nur mit einer bestimmten Vermögenseinlage, sondern auch mit seinem Privatvermögen das Risiko des Gesellschaftsunternehmens trägt, während sich das **Risiko des Kommanditisten auf eine bestimmte Vermögenseinlage beschränkt.** Der Kommanditist ist insofern dem stillen Gesellschafter gleichgestellt. Diese Beschränkung ist erreicht, wenn der Kommanditist endgültig nicht mehr als seine Einlage durch die Beteiligung an der Gesellschaft verlieren kann. Für eine andere Auffassung bietet weder der Wortlaut des Abs. 3, noch die Begriffsbestimmung der Kommanditgesellschaft eine Stütze. Da der Kommanditist mangels einer anderslautenden Vorschrift auch nach völligem Verlust seiner Einlage durch Verluste der Gesellschaft und völlige Abschreibung seines aktiven Kapitalanteils an den künftigen Gewinnen teilnimmt, und auch am Gesellschaftsvermögen als Gesamthänder beteiligt bleibt und damit die Aussicht behält, bei der Verteilung des Vermögens nach der Abwicklung der Gesellschaft einen entsprechenden Anteil zu erhalten, so entspricht es auch der Billigkeit, **daß er seinen Anteil an den künftigen Gewinnen zur Deckung früherer Verluste zur Verfügung stellt.** Verluste des gemeinsamen Unternehmens sind in erster Linie aus dem gemeinsamen Vermögen zu decken. Zu diesem gehören aber auch künftige Gewinne, die auch nur dadurch möglich sind, daß das Unternehmen trotz früherer Verluste bei Bestand geblieben ist. Der auf Grund der Bilanzierungsvorschriften sich ergebende Verlust eines Jahres bedeutet auch nicht immer, daß die Gesellschaft selbst passiv ist, d. h. ihr Vermögen hinter den Schulden zurückbleibt. Der Ausweis eines Verlustes kann sich z. B. ergeben, weil das Vermögen unter seinem Verkehrswerte in der Bilanz bewertet ist, etwa deshalb, weil seit einer Reihe von Jahren die üblichen keineswegs übertriebenen, sondern kaufmännischer Übung entsprechenden Abschreibungen, z. B. auf die Anlagewerte (Fabrik usw.) gemacht wurden. Die herrschende Meinung stimmt auch mit dem in § 169 Abs. 1 Satz 2, Halbsatz 2 ausgedrückten Gedanken überein, nach dem, solange die Einlage des Kommanditisten nicht voll gedeckt ist, sein Gewinnanteil zu deren Auffüllung verwendet werden soll.

Zum **negativen Kapitalkonto** (passivem Kapitalanteil, § 120 Anm. 25) des Kommanditisten bei der Auseinandersetzung s. § 177 Anm. 35; zu seiner steuerlichen Bedeutung, insbesondere bei Beendigung der Beteiligung BFH BStBl. 64 III 359; Thiel BB 64, 839 und DB 64, 1166; Klinger-Thiel DB 64, 1674.

IV. Kein Gegenseitigkeitsverhältnis

Anm. 15 Die Ansprüche der Gesellschafter, auch der Kommanditisten auf den Gewinn und auf die Verteilung von Gewinn und Verlust werden nicht dadurch berührt, daß ein Gesellschafter seine Verpflichtungen aus dem Gesellschaftsverhältnis nicht erfüllt, etwa seine rückständigen Einlagen nicht geleistet hat. Denn es handelt sich nicht um Leistungen, die in einem Gegenseitigkeitsverhältnis stehen; vgl. § 105 Anm. 47c; § 166 Anm. 10.

V. Abweichende Vereinbarungen der Gesellschafter

Anm. 16 1. Da die Vorschriften des § 167 nur das innere Verhältnis unter den Gesellschaftern regeln, können durch den ursprünglichen Gesellschaftsvertrag oder einen Nachtrag abweichende Vereinbarungen getroffen werden. Auch nach der Auflösung sind solche Vereinbarungen zulässig. So kann wie bei der offenen Handelsgesellschaft unter Mitwirkung aller Gesellschafter, auch der Kommanditisten, vereinbart werden, daß die Berechnung des Reingewinns anders als in Abs. 1 vorgeschrieben, zu erfolgen habe. Es kann z. B. bestimmt werden, daß höhere oder niedere Abschreibungen als dem Gesetze und der kaufmännischen Übung entspricht, gemacht und daß auf diese oder andere Weise besondere stille oder offene Rücklagen gebildet werden, und daß der erst dann sich ergebende Gewinn unter die Gesellschafter zu verteilen ist. Durch eine solche Vereinbarung wird aber die öffentlich-rechtliche Verpflichtung der Gesellschaft zur Aufstellung einer Bilanz nach §§ 40f. nicht berührt. Es kann auch vereinbart werden, daß abweichend von der gesetzlichen Regel die Gewinn- und Verlustermittelung und Verteilung für längere oder kürzere Zeiträume als ein Jahr zu erfolgen hat. In Abweichung von der Vorschrift des Abs. 2 können die persönlich haftenden Gesellschafter und die Kommanditisten hinsichtlich der Gutschrift ihrer Gewinnanteile auf ihren Kapitalanteil einander gleichgestellt werden, entweder so, daß auch der Gewinnanteil der persönlich haftenden Gesellschafter nur bis zur Höhe der von ihnen zu leistenden Einlage oder nur bis zu einem bestimmten Betrage oder Hundertsatze ihrem Kapitalanteil, im übrigen aber ihrem Privatkonto gutgeschrieben wird, oder daß auch der Gewinnanteil der Kommanditisten ihrem Kapitalanteil unbeschränkt oder weiter als in Abs. 2 vorgesehen, gutgeschrieben wird; RG 128, 175; RFH 16, 10.

Anm. 17 2. Durch Gesellschaftsvertrag oder Gesellschafterbeschluß wird neuerdings öfters bestimmt, daß ein Teil des Gewinnes nicht ausgeschüttet wird **(Entnahmebeschränkung).** Dabei bleibt oft ungeregelt, welchen rechtlichen Charakter die stehengelassenen Gewinnanteile haben (vgl. Bemmann DB 60, 688). Aus der buchhalterischen Handhabung kann auf den Willen der Gesellschafter geschlossen werden. Die Gutschrift auf **Darlehns-**

konto bedeutet in der Regel, daß die stehengebliebenen Gewinne nicht die Einlage erhöhen sollen. Ob und inwieweit sie gekündigt werden können und verzinst werden müssen, richtet sich mangels Regelung im Gesellschaftsvertrag nach den allgemeinen Vorschriften. Man wird aber aus dem Sinn der Entnahmebeschränkung die Unkündbarkeit auf angemessene Zeit herleiten müssen, auch muß der kündigende Gesellschafter auf die Bedürfnisse der Gesellschaft Rücksicht nehmen.

Die Gutschrift auf **Kapitalkonto** (auch Kapitalkonto II) ist in der Regel als vereinbarte **Erhöhung der Einlage** zu verstehen, und zwar der Pflichteinlage, der Hafteinlage wohl kaum ohne besondere Vereinbarung. Man spricht hier auch von einem Aufstockungsrecht und einer Aufstockungspflicht, über das erstere vgl. BGH WM 1967, 317, 318.

Es kann auch vereinbart werden, daß eine Gutschrift von Gewinn- oder eine Lastschrift von Verlustanteilen bis zur Auflösung oder Vollbeendigung der Gesellschaft überhaupt nicht stattfindet. Die Gut- und Lastschrift kann auch nur für bestimmte Fälle in Abweichung von der gesetzlichen Regel geordnet werden. Weiter kann vereinbart werden, daß der Kapitalanteil des Kommanditisten nicht passiv werden darf, daß also die **Lastschrift von Verlustanteilen** nur bis zum Betrage seiner bedungenen Einlage erfolgen darf und daß ein darüber hinausgehender Jahresverlust endgültig den persönlich haftenden Gesellschaftern und den übrigen Kommanditisten zur Last fällt, so daß künftige Gewinnanteile nicht zum Ausgleich eines Passivsaldos zu verwenden sind. In der bloßen Wiederholung des Textes des Abs. 3 im Gesellschaftsvertrag dürfte aber eine solche Vereinbarung nicht zu erblicken sein. Es kann auch vereinbart werden, daß der Kommanditist in höherem Maße als Abs. 3 vorsieht, am Verlust teilnimmt; insbesondere daß er für die Verlusttragung einem persönlich haftenden Gesellschafter gleichzustellen ist. Im letzteren Falle ist er auch beim Saldenausgleich wie ein persönlich haftender Gesellschafter zu behandeln; vgl. Anm. 14. Als Erhöhung der Verlustbeteiligung des Kommanditisten wirkt auch die Vereinbarung, daß der Gewinnanteil in höherem Maße als in Abs. 2 zugelassen, auf dem Kapitalkonto des Kommanditisten gutgeschrieben wird.

VI. Keine Geltung für die Abwicklung

Die Vorschriften des § 167 gelten **nicht für die Dauer der Abwicklung,** da mit der Auflösung der Zweck der Gesellschaft nicht mehr auf den Betrieb eines Handelsgewerbes gerichtet ist und damit auch eine jährliche Gewinn- und Verlustberechnung und Verteilung unterbleibt; vgl. § 154 Anm. 7ff. **Anm. 18**

§ 168

Die Anteile der Gesellschafter am Gewinne bestimmen sich, soweit der Gewinn den Betrag von vier vom Hundert der Kapitalanteile nicht übersteigt, nach den Vorschriften des § 121 Abs. 1, 2.

In Ansehung des Gewinnes, welcher diesen Betrag übersteigt, sowie in Ansehung des Verlustes gilt, soweit nicht ein anderes vereinbart ist, ein den Umständen nach angemessenes Verhältnis der Anteile als bedungen.

Inhaltsübersicht

1. § 168 regelt die Verteilung des Jahresgewinnes und -verlustes unter die Gesellschafter, während § 167 die Berechnung des Gewinnes und Verlustes und die Begrenzung der Gutschrift des Gewinnes auf den Kapitalanteil des Kommanditisten und den Umfang seiner Teilnahme am Verlust bestimmt. Von den entsprechenden Vorschriften der Artt. 161, 162 ADHGB weicht § 168 insofern ab, als er wie auch § 121 Abs. 1 HGB an Stelle der festen Verzinsung der Kapitalanteile eine Vorauszahlung auf den erzielten Gewinn, eine Vordividende, festsetzt. **Anm. 1**

Anm. 2 **2. Die Verteilung des Gewinnes der Gesellschaft. Die Vordividende, Abs. 1.** Von dem erzielten Jahresgewinn gebührt nach der in Abs. 1 für anwendbar erklärten Vorschrift des § 121 Abs. 1 Satz 1 zunächst jedem Gesellschafter, also auch jedem Kommanditisten, ein Anteil in Höhe von vier vom Hundert seines Kapitalanteils. Reicht der Jahresgewinn hierzu nicht aus, so bestimmen sich die Anteile nach einem entsprechend niedrigeren Satze; § 121 Abs. 1 Satz 2. Nach dem ebenfalls anwendbaren § 121 Abs. 2 werden bei Berechnung des einem Gesellschafter nach Abs. 1 zukommenden Gewinnanteils von vier vom Hundert Leistungen, die der Gesellschafter im Laufe des Geschäftsjahres gemacht hat, nach dem Verhältnisse der seit der Leistung abgelaufenen Zeit berücksichtigt. Hat ein Gesellschafter im Laufe des Jahres Geld auf seinen Kapitalanteil entnommen, so werden die entnommenen Beträge nach dem Verhältnis der bis zur Entnahme abgelaufenen Zeit berücksichtigt. Danach erhalten auch bei der Kommanditgesellschaft die Gesellschafter zunächst nur einen Anteil am Gewinn in Gestalt einer Vordividende, nicht eine feste Verzinsung, wie nach früherem Rechte. Wegen der Einzelheiten vgl. die Erl. zu § 121.

Anm. 3 Maßgebend ist der **aktive Kapitalanteil** des Gesellschafters; denn die Vordividende findet ihre Rechtfertigung darin, daß der vordividendenberechtigte Gesellschafter mit einem bestimmten Betrage an dem verantwortlichen Kapital der Gesellschaft beteiligt ist, ihr bestimmte Vermögensbeträge zur Verfügung stellt. Deshalb werden Beträge, die nicht auf Kapitalanteil, sondern auf Privatkonto des einzelnen Gesellschafters gutzuschreiben sind, insbesondere Gewinnanteile des Kommanditisten, die die in § 167 Abs. 2 oder vertragsmäßig vorgeschriebene Grenze überschreiten, bei Berechnung der Vordividende nicht berücksichtigt.

Anm. 4 **3.** Da es sich nur um die inneren Verhältnisse unter den Gesellschaftern handelt, kann im Gesellschaftsvertrage oder in einem Nachtrage, auch für ein einzelnes Geschäftsjahr, eine von der Regel des Abs. 1 **abweichende Vereinbarung** getroffen werden (§ 163). So kann bestimmt werden, daß keine Vordividende gewährt wird und daß der ganze Gewinn in anderer Weise, als das Gesetz vorsieht, etwa nach dem Verhältnis der Kapitalanteile, verteilt wird. Die Vordividende kann auch niedriger oder höher als vier vom Hundert festgesetzt oder ihre Gewährung von Bedingungen, z. B. der Erreichung eines bestimmten Mindestgewinns, oder einer bestimmten Höhe des Kapitalkontos des einzelnen Gesellschafters, abhängig gemacht werden. Oder es kann nur einzelnen Gesellschaftern eine Vordividende oder einzelnen eine höhere als den anderen eingeräumt werden. Es kann auch, so wie Art. 161 Abs. 1 ADHGB es vorsah, den Gesellschaftern ohne Rücksicht darauf, ob Gewinn oder zur Verteilung einer Vordividende ausreichender Gewinn erzielt wird, eine **feste Verzinsung** ihrer Kapitalanteile oder ein fester Betrag (vgl. BGH LM § 161 Nr. 2) eingeräumt werden. Dadurch kann insbesondere die Beteiligung von Gesellschaftern als Kommanditisten gefördert werden, da es diesen wegen ihrer im wesentlichen nur kapitalistischen Beteiligung oft gerade auf eine bestimmte Rente aus ihrem zur Verfügung gestellten Kapital ankommt. Aber auch persönlich haftenden Gesellschaftern kann eine solche feste Verzinsung zugesagt werden. Kann die Verzinsung dann nicht aus dem Gewinn bestritten werden, so kann ein Verlust entstehen, der von allen Gesellschaftern nach dem Verhältnis, in dem sie am Verluste beteiligt sind (vgl. unten Anm. 6), zu tragen ist. Soweit Kommanditisten beteiligt sind, gilt für sie auch für diesen Verlust die in § 167 Abs. 3 bezeichnete Grenze, soweit nicht auch insofern im Gesellschaftsvertrage etwas anderes bestimmt ist. Das gleiche gilt auch, wenn einzelnen Gesellschaftern ein bestimmter Gewinn in Höhe eines festen Betrages oder eines Hundertsatzes ihres Kapitalanteils im Gesellschaftsvertrag garantiert ist, falls die Zahlung nur aus Gesellschaftsmitteln erfolgen soll. Eine **Gewinngarantie** kann aber auch in der Weise übernommen werden, daß einem Gesellschafter von anderen ein bestimmter Gewinn garantiert wird; dann haben diese persönlich ihm den etwaigen Ausfall zu ersetzen. Schließlich kann ein Gesellschafter, auch ein Kommanditist, ganz vom Gewinn ausgeschlossen werden (§ 105 Anm. 9a).

Anm. 5 **4.** Für die **Verteilung des Restes des Jahresgewinns,** der sich nach Abzug der nach Abs. 1 zu leistenden Vordividende ergibt, gilt, soweit nicht ein anderes vereinbart ist, ein den Umständen nach angemessenes Verhältnis der Anteile als bedungen; **Abs. 2.** Diese Regelung weicht von der für die offene Handelsgesellschaft geltenden Vorschrift des § 121 Abs. 3 wesentlich ab, nach der mangels anderer vertraglicher Bestimmung der Rest nach Köpfen zu verteilen ist. Die Regelung des § 121 Abs. 3 paßt für die offene Handelsgesellschaft, bei der nur eine Art von Gesellschaftern vorhanden ist, die sämtlich unbeschränkt haften und wenigstens nach der Regel der §§ 115, 125 sämtlich an der Geschäftsführung und Vertretung der Gesellschaft beteiligt sind. Sie eignet sich nicht für die Kommanditgesellschaft. Das Gesetz verweist für diese in erster Linie auf eine Vereinbarung der Gesellschafter über die Verteilung des Gewinns. Sie wird regelmäßig im Gesellschaftsvertrage oder einem Nachtrage dazu vorgenommen. Auch hier kann für einzelne Jahre eine besondere Regelung getroffen werden. Der Gesellschaftsvertrag kann auch allgemein vorsehen, daß alljährlich über die Verteilung des ganzen Gewinnes oder des sich nach Abs. 1 ergebenden Restes zu beschließen ist. Ein solcher Beschluß bedarf, soweit der Gesellschaftsvertrag nicht auch für Beschlüsse dieser Art einen Mehrheitsbeschluß zuläßt (vgl. § 119 Anm. 7—13), der Zustimmung aller Gesellschafter, auch der Kommanditisten, soweit diese dadurch berührt werden (also nicht, wenn einem Kommanditisten oder anderen Gesellschafter vertragsmäßig ein bestimmter Gewinnanteil eingeräumt ist und nur über die Verteilung des Restes zu beschließen ist). Für den Fall, daß ein Beschluß nicht zustande kommt, gilt die gesetzliche Regel. Die Verteilung der Gewinne kann auch einzelnen Gesellschaftern oder einem Dritten durch den Gesellschaftsvertrag übertragen werden.

Eine vom Gesetz abweichende Vereinbarung kann sich auch aus den Umständen ergeben. Regelt der Gesellschaftsvertrag ausdrücklich nur die Beteiligung am Verlust, so ist nach der Auslegungsregel des § 722 Abs. 2 BGB der für den Verlust geltende Verteilungsmaßstab auch auf die Gewinnverteilung anzuwenden (und umgekehrt). Selbstverständlich kann Gewinn und Verlust durch den Gesellschaftsvertrag verschieden verteilt werden; RG bei Gruchot 38, 1132 = Bolze 17 Nr. 517; bei Warneyer 1934, 294.

Bei Ermittelung des **angemessenen Verhältnisses** der Anteile sind alle Umstände des Einzelfalles zu berücksichtigen. Neben der sich aus der Stellung der Kommanditisten ergebenden beschränkten Haftung kann in Betracht kommen, daß sie für die Geschäftsführung nicht verantwortlich sind, auch ihre Arbeitskraft nicht zur Verfügung zu stellen haben, daß sie vom Wettbewerbsverbot befreit sind; RG bei Gruchot 38, 1132. Diese Umstände können es rechtfertigen, den Gewinnanteil der **persönlich haftenden** Gesellschafter insbesondere den der **geschäftsführenden** Gesellschafter, **höher** zu bemessen als den der anderen Gesellschafter, insbesondere der Kommanditisten. Andererseits kann die Bedeutung der Einlage eines Gesellschafters für das Unternehmen, insbesondere bei der kapitalistisch organisierten Gesellschaft (vgl. § 161 Vorbem. 6), für eine höhere Beteiligung des einzelnen Gesellschafters (auch eines Kommanditisten) am Gewinn sprechen. Wenn auch durch die Vordividende nach Abs. 1 schon die kapitalistische Beteiligung berücksichtigt ist, kann doch im Einzelfall wegen der besonderen Bedeutung der Beteiligung für das einzelne Unternehmen eine erhöhte Beteiligung des einzelnen Gesellschafters am Reste des Gewinns angemessen sein; so wenn gerade durch die Beteiligung eines einzelnen Gesellschafters die Gründung oder Erhaltung eines gewinnbringenden Unternehmens erst möglich wurde. In diesem Falle kann auch die persönliche Haftung eines Gesellschafters, insbesondere wenn ihm größeres Privatvermögen nicht zur Verfügung steht oder er im inneren Verhältnis von der Haftung für Verlust befreit ist, geringer ins Gewicht fallen.

Die Verteilung des Restes des Gewinnes nach einem angemessenen Verhältnis gilt für alle Gesellschafter, **auch für die persönlich haftenden Gesellschafter.** § 168 unterscheidet nicht zwischen diesen und den Kommanditisten. Auch wenn mehrere persönlich haftende Gesellschafter vorhanden sind, ist wenn etwa andere Gesellschafter einen festgelegten Gewinnanteil erhalten, der auf sie entfallende Teil des Restes des Gewinns beim Fehlen einer anderen Vereinbarung unter ihnen nicht gemäß § 121 Abs. 3 nach Köpfen, sondern nach einem angemessenen Verhältnis zu verteilen (BGH WM 56, 1062). Bei Bestimmung dieses Verhältnisses kann neben den bereits genannten Umständen auch die Beteiligung oder Nichtbeteiligung einzelner persönlich haftender Gesellschafter an der Geschäftsführung berücksichtigt werden. Es sind die Verhältnisse aller Gesellschafter gegeneinander abzuwägen, nicht nur die jeder Gruppe unter sich.

Das angemessene Verhältnis ist im Streitfall durch **richterliches Urteil** festzustellen, wenn nötig — wie Art. 162 ADHGB ausdrücklich bestimmte — unter Zuziehung von

Sachverständigen. Die Entscheidung, bei der alle im Einzelfall wesentlichen Umstände zu berücksichtigen sind, ist eine tatrichterliche, die insoweit grundsätzlich vom Revisionsgericht nicht nachprüfbar ist (BGH WM 56, 1062). Die Feststellung kann als Grundlage für den Anspruch auf den Gewinn des einzelnen Jahres im Prozesse gegen die Gesellschaft auf Auszahlung oder Gutschrift des Gewinnes erfolgen. Sie begründet dann keine Rechtskraft für künftige Gewinnverteilungen; § 322 ZPO. Das Verhältnis kann aber auch durch Feststellungsklage gegen die Gesellschaft oder die das geltend gemachte Verhältnis bestreitenden Mitgesellschafter für die Dauer festgestellt werden; § 256 ZPO. Die Entscheidung gilt dann aber nur, solange die tatsächlichen Umstände, z. B. die Beteiligung der Gesellschafter an der Geschäftsführung und am verantwortlichen Kapital sich nicht wesentlich geändert haben.

Anm. 6 **Im Regelfall** ist es **angemessen,** den Komplementären für ihre persönliche Haftung und ihre unternehmerische Leistung einen **Gewinnvoraus** (üblicherweise etwa zwischen 10 und 30% insgesamt) zu gewähren und den verbleibenden Gewinn und den Verlust **nach dem Verhältnis der Kapitalanteile** zu verteilen. Unabhängig hiervon ist es heute üblich, den Komplementären für den Einsatz ihrer Arbeitskraft eine **feste Vergütung** zu bezahlen, die der Vergütung vergleichbarer Tätigkeiten entspricht und im Verhältnis der Gesellschafter zueinander als Aufwand zu verbuchen ist. Ist eine solche nicht ausdrücklich vereinbart, so wird ein Anspruch hierauf den Umständen unter Berücksichtigung der gesellschaftlichen Treuepflicht zu entnehmen sein, § 114 Anm. 13 a. E., vgl. i. übr. dort die ff. Anm.

Anm. 7 **5. Die Verteilung des Jahresverlustes** ist durch Abs. 2 in gleicher Weise geregelt wie die Verteilung des Jahresgewinnes. In erster Linie ist somit die **Vereinbarung** unter den Gesellschaftern maßgebend; vgl. auch wegen der Anwendbarkeit des § 722 Abs. 2 BGB Anm. 5. Fehlt es an einer solchen, so ist der Verlust in einem den Umständen nach angemessenen Verhältnis zu verteilen. Im **Regelfall** ist dies das Verhältnis der Kapitalanteile, vgl. Anm. 6. Eine verschiedene Verteilung von Gewinn und Verlust kann aber im Einzelfall den Umständen nach angemessen sein. Ist einem Gesellschafter z. B. eine feste Verzinsung seiner Einlage zugesagt, so kann dies für eine höhere Beteiligung dieses Gesellschafters am Verluste sprechen.

Einzelne Gesellschafter, persönlich haftende wie Kommanditisten, können durch den Gesellschaftsvertrag im inneren Verhältnis auch von der **Verlusttragung befreit werden** (vgl. § 105 Anm. 9a). Eine solche Befreiung liegt in der Zusage eines Mindestgewinns. Die im Gesellschaftsvertrage einem Gesellschafter, insbesondere einem Kommanditisten gegenüber übernommene Garantie der Rückzahlung seiner Einlage bedeutet noch nicht die Befreiung von der Teilnahme des Gesellschafters am Jahresverlust. Sie sagt nur, daß der begünstigte Gesellschafter bei Beendigung der Gesellschaft oder bei seinem Ausscheiden aus ihr seine Einlage oder einen entsprechenden Geldbetrag zurückerhalten solle und daß die übrigen Gesellschafter für diesen Erfolg einzutreten haben. An den Verlusten der einzelnen Jahre nimmt er aber teil, der Kommanditist mit der für ihn geltenden Beschränkung, § 167 Abs. 3. Da die durch Verluste aufgezehrte Einlage durch die Gewinne späterer Jahre wieder hergestellt werden kann, ergibt sich erst bei Beendigung der Gesellschaft oder der Mitgliedschaft, ob die Garantie praktisch wirksam wird. Die Übernahme einer solchen Garantie ist auch mit der Stellung als Gesellschafter nicht unvereinbar; der Begünstigte wird dadurch nicht zum bloßen Darlehnsgeber, wenn er auch durch die Garantie die Vorteile eines solchen genießt; vgl. RG in ZBayRpfl. 15, 41.

Eine **Befreiung des persönlich haftenden Gesellschafters von der Verlustbeteiligung** kann — insbesondere bei der kapitalistisch organisierten Gesellschaft — sich aus der vertragsmäßigen Gestaltung der Stellung des persönlich Haftenden ergeben, z. B. dann, wenn er nicht mit Kapital beteiligt ist und seine gesetzlichen Befugnisse derart eingeschränkt sind, daß er seinen Mitgesellschaftern — namentlich den Kommanditisten gegenüber — tatsächlich die Stellung eines Angestellten hat, wenn er nur Anspruch auf festes Gehalt mit Tantiemeberechtigung hat, wenn er verpflichtet ist, seinen Gewinnanteil voll zu entnehmen, wenn ihm jeder Zeit die Gesellschafterstellung gekündigt werden kann und er bei seinem Ausscheiden oder der Auflösung der Gesellschaft keinen Anspruch auf ein Auseinandersetzungsguthaben hat. Eine solche Gestaltung ist häufig bei der GmbH u. Co. (§ 161 Anm. 20ff.) der Fall. In diesem Falle kann er auch einem Mitgesellschafter, der ihn als Drittgläubiger nach § 128 in Anspruch nimmt, seine Nichthaftung entgegenhalten, RG 169, 105; vgl. auch § 161 Vorbem. 6, § 164 Anm. 11.

Eine Verpflichtung zu einer Einzahlung an die Gesellschaft entsteht durch die Verteilung des Jahresverlustes weder für die persönlich haftenden Gesellschafter noch für die Kommanditisten. Sie werden nur auf ihrem Kapitalkonto damit belastet. Auch wenn dieses passiv ist, entsteht dadurch keine Schuld gegenüber der Gesellschaft. Der persönlich haftende Gesellschafter ist aber bei der Auseinandersetzung bei Beendigung der Gesellschaft zur Ausgleichung verpflichtet; vgl. § 167 Anm. 14. Für den Kommanditisten kann die Verlustverteilung nur die Wirkung haben, daß seine Einlage aufgezehrt wird und er die Auszahlung späterer Gewinnanteile nicht verlangen kann, ehe sein passiver Kapitalanteil ausgeglichen und seine Einlage aufgefüllt ist; vgl. § 167 Anm. 14; § 169 Anm. 4f.

6. Übergangsrecht. Soweit Gesellschaften vor Inkrafttreten des HGB, 1. Januar 1900, entstanden sind, gilt für sie noch Art. 161 ADHGB. Die Gesellschafter erhalten also, wenn später nicht etwas anderes vereinbart ist, statt der Vordividende eine feste Verzinsung ihres aktiven Kapitalanteils von vier vom Hundert. Es werden ihnen aber auch Zinsen in dieser Höhe von den während des Geschäftsjahres auf den Kapitalanteil entnommenen Geldern zur Last geschrieben; Art. 106 Abs. 1; Art. 161 ADHGB. **Anm. 8**

§ 169

Der § 122 findet auf den Kommanditisten keine Anwendung. Dieser hat nur Anspruch auf Auszahlung des ihm zukommenden Gewinns; er kann auch die Auszahlung des Gewinns nicht fordern, solange sein Kapitalanteil durch Verlust unter den auf die bedungene Einlage geleisteten Betrag herabgemindert ist oder durch die Auszahlung unter diesen Betrag herabgemindert werden würde.

Der Kommanditist ist nicht verpflichtet, den bezogenen Gewinn wegen späterer Verluste zurückzuzahlen.

Inhaltsübersicht

1. § 169 schließt abweichend von Art. 161 ADHGB den Kommanditisten von dem in § 122 den Gesellschaftern der offenen Handelsgesellschaft eingeräumten, von einer Gewinnerzielung unabhängigen Entnahmerecht aus und gewährt ihm nur ein Recht auf Auszahlung des ihm zukommenden Gewinns. **Anm. 1**

2. Das Entnahmerecht des persönlich haftenden Gesellschafters. **Anm. 2**

Da das Gesetz nichts anderes vorschreibt, besteht es gemäß § 161 Abs. 2 in gleicher Weise wie für den Gesellschafter der offenen Handelsgesellschaft. Danach ist er berechtigt, aus der Gesellschaftskasse Geld bis zum Betrage von vier vom Hundert seines für das letzte Geschäftsjahr festgestellten Kapitalanteils zu seinen Lasten zu erheben. Dies gilt auch dann, wenn im letzten Jahre kein Gewinn erzielt worden ist oder wenn seine Einlage durch Verlust früherer Jahre gemindert ist; D I 122. Er kann ferner, soweit es nicht zum offenbaren Schaden der Gesellschaft gereicht, die Auszahlung seines den bezeichneten Betrag übersteigenden Anteils am Gewinne des letzten Jahres verlangen; § 122 Abs. 1 und die Erl. dazu.

Anm. 3 **3. Ein vom Gewinn unabhängiges Entnahmerecht des Kommanditisten besteht nicht.** Dies ist der Sinn des **Abs. 1 Satz 1**, wenn er die Anwendung des § 122 auf den Kommanditisten ausschließt. Satz 1 wird ergänzt durch Satz 2, der das Recht des Kommanditisten auf Auszahlung seines Anteils am Jahresgewinn besonders regelt; er ersetzt damit die Regelung des Gewinnbezuges in § 122 Abs. 1, soweit es sich um den 4% des Kapitalanteils übersteigenden Betrag handelt, vgl. Anm. 4. Die Ausschließung bezieht sich nur auf § 122 Abs. 1, der das Entnahmerecht regelt.

Unberührt bleibt die allgemeine Vorschrift des § 122 Abs. 2, nach der ein Gesellschafter nicht befugt ist, ohne Einwilligung der anderen Gesellschafter seinen Kapitalanteil zu vermindern. Sie ist die Folge der gesamthänderischen Bindung des Gesellschaftsvermögens. Dieser **Grundsatz der Kapitalerhaltung** gilt deshalb auch bei der Kommanditgesellschaft, und zwar für alle Gesellschafter, die persönlich Haftenden und die Kommanditisten. Für diese wird er bestätigt durch die Regelung des Satz 2, wonach sie „nur" Anspruch auf Auszahlung ihres Gewinnanteils haben, soweit dieser nicht zum Ausgleich eines vorgängigen Verlustes benötigt wird, vgl. Anm. 4 und 8. Erforderlich ist die Einwilligung aller Gesellschafter, auch der Kommanditisten, Schlegelberger-Gessler Anm. 14. Die Einwilligung wirkt nur im Verhältnis der Gesellschafter untereinander. Den Gläubigern gegenüber ist sie unwirksam; § 172 Abs. 4.

Durch die Beschränkung der Gewinnentnahme des Kommanditisten wird erreicht, daß seine Einlage, die seine einzige Leistung darstellt, dem Unternehmen erhalten wird. Es wird dadurch auch die Gefahr für die persönlich haftenden Gesellschafter, daß sie wegen Unzulänglichkeit des Gesellschaftsvermögens mit ihrem Privatvermögen für die Gesellschaftsschulden haften müssen, verringert; D I 114.

Anm. 4 **4. Der Anspruch des Kommanditisten auf Auszahlung des Gewinns.**

a) Der Kommanditist hat nur Anspruch auf Auszahlung des ihm zukommenden Gewinns; **Abs. 1 Satz 2 Halbsatz 1.** Vor der Auseinandersetzung hat der Kommanditist nur diesen Anspruch auf eine Leistung aus dem Gesellschaftsvermögen. Wird kein Gewinn erzielt, so besteht auch kein Zahlungsanspruch. Die Höhe des Anspruchs auf Gewinn ergibt sich aus den §§ 167, 168.

Der Anspruch geht, wie in § 122 ausdrücklich ausgesprochen ist, nur auf „Auszahlung" des Gewinnanteils, also auf eine Leistung in Geld. Der Gesellschaftsvertrag kann aber etwas anderes bestimmen, z. B. die Leistung in Sachwerten anordnen oder zulassen. Ist das geschuldete Geld nicht vorhanden, so muß die Gesellschaft es sich beschaffen, z. B. durch Inanspruchnahme von Kredit, Veräußerung von Gegenständen. **Schuldner** des Gewinnanteils des einzelnen Gesellschafters ist die **Gesellschaft**; denn der von ihr erzielte und zunächst in ihrem Vermögen befindliche Gewinn wird ausbezahlt. Deshalb ist die Klage auf Auszahlung des feststehenden Gewinnanteils gegen die Gesellschaft zu erheben (§ 122 Anm. 7; BGH WM 55, 1586; Hueck oHG § 18 III 2). Die übrigen Gesellschafter können auch nicht neben der Gesellschaft auf Leistung aus ihrem Privatvermögen verklagt werden; denn es handelt sich nicht um den Anspruch eines Dritten, für den die Gesellschafter beschränkt oder unbeschränkt haften (§§ 128, 171), sondern um einen Anspruch aus dem Gesellschaftsverhältnis, der nur aus dem Gesellschaftsvermögen zu erfüllen ist; RG in LZ 1928, 620[5]; Ritter 3, DürHach. 2, Schlegelberger-Gessler 5. Die Auszahlung des Gewinnanteils ist Aufgabe der geschäftsführenden Gesellschafter. Ist der Gewinnberechtigte selbst Geschäftsführer und verfügt er als solcher über die Gesellschaftskasse, so kann er den ihm geschuldeten Betrag aus der Kasse entnehmen. Verweigern die geschäftsführenden Gesellschafter die Auszahlung oder die erforderliche Mitwirkung dazu, so können sie auf Leistung aus dem Gesellschaftsvermögen verklagt werden; § 122 Anm. 7; ROHG 19, 416; Roth in JR 1928, 207; RG 170, 395. Eine Klage gegen die nicht geschäftsführenden Gesellschafter auf Duldung der Zahlung aus dem Gesellschaftsvermögen ist nicht zulässig. Sie hätte keinen Zweck, da zur Vollstreckung ein gegen die Gesellschaft gerichteter Schuldtitel genügt; RG 120, 135; Schlegelberger-Gessler 5. Unter Umständen kann eine Feststellungsklage gegen die einzelnen Gesellschafter gegeben sein, wenn deren allgemeine Voraussetzungen (§ 256 ZPO) vorliegen. Dieser Fall kann eintreten, wenn Streit über das Vorhandensein eines Gewinnanspruchs oder dessen Höhe besteht. In der Regel kann aber dieser in dem Prozeß gegen die Gesellschaft auf Auszahlung als Vorfrage entschieden werden.

b) Da § 122 Abs. 1 auf den Kommanditisten nicht anzuwenden ist, würde bei wörtlicher Auslegung des Abs. 1 Satz 1 für ihn auch nicht die dort aufgestellte Vorschrift gelten, daß der Gesellschafter die Auszahlung seines vier vom Hundert des Kapitalanteils übersteigenden Gewinnanspruchs nur verlangen kann, wenn sie nicht zum offenbaren Schaden der Gesellschaft gereicht a. M. Barella DB 52, 365. Der Unterschied gegenüber dem persönlich haftenden Gesellschafter ließe sich daraus erklären, daß dieser durch seine unbeschränkte Haftung und die regelmäßige Beteiligung an der verantwortlichen Leitung dem Unternehmen viel näher steht als der nur finanziell und beschränkt beteiligte Kommanditist. Aber aus der gesellschafterlichen **Treupflicht**, die auch für den Kommanditisten besteht (vgl. § 165 Anm. 3), kann sich nach Lage des Einzelfalls auch die Verpflichtung des Kommanditisten ergeben, von dem Verlangen auf sofortige Auszahlung eines fälligen Gewinnanteils abzusehen, solange dadurch die gemeinsamen Belange der Gesellschafter, insbesondere die Erhaltung des Gesellschaftsvermögens erheblich gefährdet werden, oder durch Versilberung von Vermögenswerten zur Unzeit unverhältnismäßiger Nachteil entsteht, der nicht auf andere Weise (z. B. Inanspruchnahme von Kredit) abgewendet werden kann. Deshalb wird man die Beschränkung des Auszahlungsanspruchs in § 122 trotz des anscheinend entgegenstehenden Wortlauts des § 169 Abs. 1 Satz 1 auch auf den Kommanditisten anwenden müssen, wenn ihm das Zurückstehen mit seinem Anspruch unter Berücksichtigung seiner eigenen Lage billiger Weise zuzumuten ist; vgl. im einzelnen § 122 Anm. 17—19; einschränkend Schlegelberger-Gessler 4; Baumbach-Duden 1 B. Hat ein Kommanditist nach dem Gesellschaftsvertrag im inneren Verhältnis die Stellung eines persönlich haftenden Gesellschafters, so findet auf ihn die Beschränkung des Auszahlungsrechts nach § 122 nach dem regelmäßig zu unterstellenden Vertragswillen in vollem Umfang Anwendung; RG 120, 137 = JW 1928, 1565[10]; a. A. Roth in JR 1928, 206. Anm. 5

c) Durch die Nichterfüllung der Verpflichtungen eines Gesellschafters, auch des Kommanditisten aus dem Gesellschaftsverhältnis z. B. der Einlagepflicht, wird dessen Anspruch auf den Gewinnanteil nicht ausgeschlossen. Es gilt nicht die Einrede des nichterfüllten Vertrages; § 105 Anm. 47c; vgl. § 166 Anm. 10, § 167 Anm. 15; Schlegelberger-Gessler 4. Im Einzelfall kann aber — was sich auch aus den Umständen ergeben kann — vereinbart sein, daß der Gesellschafter nur dann Anspruch auf den Gewinn haben soll, wenn er auch seine Verpflichtungen erfüllt hat, insbesondere wenn sie zur Erzielung des Gewinnes wesentlich beitragen sollten. Im übrigen kann die Gesellschaft nur Erfüllung der Verpflichtung, unter Umständen auch Schadensersatz wegen Nichterfüllung verlangen. Sie muß aber auch dem Gesellschafter seinen Gewinnanteil auszahlen. Sie kann nur gegenüber dem Auszahlungsanspruch nach allgemeinen Vorschriften (§ 273 BGB) das gesetzliche Zurückbehaltungsrecht zum Zwecke der Erzwingung der Gegenleistung, z. B. der Leistung einer Sacheinlage, aber nur bis zu deren Leistung ausüben. Anm. 6

An Stelle der Barzahlung kann die Gesellschaft durch die nach den allgemeinen Vorschriften des bürgerlichen Rechts zulässigen Ersatzleistungen sich von der Verpflichtung zur Auszahlung des Gewinns befreien. Sie kann insbesondere gegen eine gleichartige Forderung, z. B. eine Einlageforderung in Geld aufrechnen, wie auch der Gesellschafter sich auf diese Weise etwa von einer Einlageverpflichtung befreien kann. Ein Verbot der Aufrechnung besteht, wie bei der offenen Handelsgesellschaft — anders als bei den Kapitalgesellschaften — nicht. Mit der Erklärung der Aufrechnung sind Forderung und Gegenforderung erloschen. Es hört damit auch die Verzinsung rückständiger Einlagen, die auch bei der Kommanditgesellschaft gefordert werden kann (§ 111, § 161 Abs. 2), auf. Ein Zurückbehaltungsrecht oder eine Aufrechnung gegen noch nicht fällige Ansprüche kann nach den allgemeinen Regeln des bürgerlichen Rechts nicht geltend gemacht werden. Im Gesellschaftsvertrag kann etwas anderes vereinbart werden, etwa dahin, daß der Gewinnanteil eines Gesellschafters ganz oder teilweise, auch auf die noch nicht fällige Einlage zu verrechnen, also nicht bar auszuzahlen ist; vgl. Anm. 10.

d) Die zeitliche Begrenzung des Auszahlungsanspruchs. Anm. 7

Nach § 122 Abs. 1 kann der Gesellschafter der offenen Handelsgesellschaft, abgesehen von dem Recht auf die Vordividende, nur Auszahlung des Gewinns des letzten Jahres verlangen, und zwar nur bis zur Feststellung der Jahresbilanz für das nächste

Geschäftsjahr; vgl. § 122 Anm. 9. Diese Vorschrift gilt ohne weiteres für den persönlich haftenden Gesellschafter der Kommanditgesellschaft. **Nach ihrem Zwecke muß sie aber auch für den Kommanditisten gelten.** Nach § 120 Abs. 2, § 167 Abs. 2 wird der einem Gesellschafter, auch einem Kommanditisten zukommende Gewinnanteil seinem Kapitalanteil zugeschrieben, beim Kommanditisten mit der sich aus § 167 Abs. 2 ergebenden Begrenzung. Mit der Gutschrift auf Kapitalanteil wird der Gewinnanteil zunächst gebundenes Vermögen und nimmt an den Schicksalen desselben teil. Er ist bei den künftigen Gewinn- und Verlustverteilungen und auch bei der Auseinandersetzung als Teil des Kapitalanteils zu behandeln. Nur in der Erwägung, daß die Gesellschafter regelmäßig den Jahresgewinn zur Bestreitung ihres Lebensunterhaltes brauchen, gibt § 122 das Recht auf Abhebung des Gewinnes des letzten Jahres. Wird von dem Recht bis zur Feststellung der nächsten Jahresbilanz kein Gebrauch gemacht, so ist der Grund für die Einräumung des Auszahlungsrechts und damit dieses selbst weggefallen, der auf Kapitalanteil gutgeschriebene Betrag endgültig gebundenes Kapital geworden und kann diesen Charakter nur nach den dafür bestehenden allgemeinen Vorschriften, also regelmäßig mit Zustimmung aller Gesellschafter, verlieren; § 122 Abs. 2. Ein unbegrenztes jederzeitiges Abhebungsrecht wäre auch mit einer ordnungsmäßigen Geschäftsgebarung der Gesellschaft und der Klarstellung der gegenseitigen Rechte auf künftigen Gewinn und Auseinandersetzungsguthaben unvereinbar. Dies trifft auch für den Kommanditisten zu. Auch der Wortlaut des Gesetzes und die Stellung des Kommanditisten ergibt nichts dafür, daß das Gesetz dem Kommanditisten ein zeitlich weitergehendes Recht auf Auszahlung als dem persönlich haftenden Gesellschafter ohne Rücksicht auf die allgemeinen Belange einräumen wollte. Macht der Kommanditist von dem Abhebungsrecht nicht bis zur Feststellung der nächsten Jahresbilanz Gebrauch, so bleibt der gutgeschriebene Betrag dauernd gebundenes Kapital; D I **114**; Schlegelberger-Gessler 6; DürHach. 2. Da der Kommanditist ein besonderes Entnahmerecht auf die Vordividende nach § 122 Abs. 1 nicht hat, gilt dies von dem gesamten auf Kapitalanteil gutgeschriebenen Gewinnanteil des Kommanditisten. Soweit die Gutschrift auf Kapitalanteil nach § 167 Abs. 2 unzulässig, der überschießende Teil somit auf **Privatkonto** gutzuschreiben ist, kann der Kommanditist ihn auch noch nach Feststellung der nächsten Jahresbilanz abheben, wenn der Gesellschaftsvertrag nicht etwas anderes bestimmt.

Anm. 8 **5. Die Beschränkung des Auszahlungsanspruchs des Kommanditisten.**

Der Kommanditist kann die Auszahlung des Gewinns nicht fordern, solange sein Kapitalanteil durch Verluste unter den auf die bedungene Einlage geleisteten Betrag herabgemindert ist oder durch die Auszahlung unter diesen Betrag herabgemindert werden würde; **Abs. 1 Satz 2 Halbs. 2.** Die Vorschrift gilt nicht für den persönlich haftenden Gesellschafter; wegen des Grundes der Beschränkung des Auszahlungsanspruchs des Kommanditisten vgl. Anm. 3 Abs. 2. Die Beschränkung gilt für den **vollen Gewinnanteil** des Kommanditisten, auch für die Vordividende von vier vom Hundert seines Kapitalanteils.

Nur die Auszahlung des Gewinns ist durch die Vorschrift beschränkt. Dagegen erfolgt die Gutschrift auf das Kapitalkonto des Kommanditisten in voller Höhe seines Anteils am Gewinn bis zur vollen Höhe seiner bedungenen Einlage, also soweit nicht nach § 167 Abs. 2 die Gutschrift auf Kapitalanteil beschränkt ist. Auf diese Weise nimmt der Kommanditist nicht nur mit seiner Einlage und seinem Kapitalanteil (§ 167 Abs. 3), sondern auch mit seinem Gewinnanteil an der Deckung der Verluste teil; vgl. § 167 Anm. 14. Ist nicht nur die Einlage durch Verluste aufgezehrt, der Saldo des Kommanditisten vielmehr **passiv,** so ist späterer Gewinn zunächst zur Ausgleichung des Passivsaldos und dann zur Wiederauffüllung des Kapitalanteils zu verwenden. Dies gilt auch dann, wenn der Kommanditist seine Einlage noch nicht geleistet hat, sein Kapitalanteil aber durch frühere Verluste passiv geworden ist. Dann sind seine künftigen Gewinnanteile zunächst zum Ausgleich des Passivsaldos zu verwenden. Die Vorschrift regelt das Verhältnis der Gesellschafter zueinander (§ 163). Ihr entspricht für das Außenverhältnis, also für die Gläubigerhaftung des Kommanditisten, § 172 Abs. 4 Satz 2, vgl. § 172 Anm. 36.

Aufzufüllen ist der Kapitalanteil nur soweit er durch Verlust vermindert worden ist. Da die Einlage dem Kapitalanteil nur gutgeschrieben wird, soweit sie tatsächlich geleistet ist (vgl. § 167 Anm. 8), so hat die Auszahlung nur insoweit zu unterbleiben, **daß der früher auf die Einlage tatsächlich geleistete Betrag wieder erreicht** ist. Dies bringt § 169 Abs. 1 Satz 2 Halbsatz 2 unzweideutig zum Ausdruck, indem er die Auszahlung nur ausschließt, solange der Kapitalanteil des Kommanditisten durch Verluste unter den auf die bedungene Einlage geleisteten Betrag herabgemindert ist. Die Höhe der bedungenen Einlage bildet nur die Höchstgrenze für die Zurückhaltung des Gewinns von der Auszahlung. Die vorgeschriebene Einschränkung der Auszahlung soll nur den Ausgleich von Verlusten, nicht die Leistung einer rückständigen Einlage herbeiführen; wegen der Zulässigkeit der Tilgung der Einlageschuld durch Aufrechnung vgl. oben Anm. 6; DürHach. 2; Schlegelberger-Gessler 8. Die Beschränkung der Auszahlung besteht nicht, wenn der Kapitalanteil durch eine andere Ursache, z. B. durch **zulässige Entnahmen,** herabgemindert ist. Solche Entnahmen sind auch dem Kommanditisten gestattet, wenn sie der Gesellschaftsvertrag allgemein zuläßt oder wenn sie in einem Einzelfall mit Zustimmung aller Gesellschafter erfolgen und nicht auch für diesen Fall die Auffüllung aus künftigen Gewinnen durch Vereinbarung vorgeschrieben ist (vgl. Anm. 10); denn durch Vereinbarung können die Gesellschafter auch den Kommanditisten hinsichtlich des Entnahmerechts dem persönlich haftenden Gesellschafter gleichstellen. Sind **unzulässige Entnahmen** gemacht worden, so wird dadurch der Kapitalanteil des Gesellschafters nicht vermindert. Es entsteht vielmehr ein nach § 111 verzinslicher Rückzahlungsanspruch der Gesellschaft, der auf Privatkonto des Gesellschafters zu verbuchen ist und gegen den die Gesellschaft mit einem Gewinnanspruch des Gesellschafters aufrechnen kann. Solange die Aufrechnung nicht erklärt ist, besteht der Anspruch des Kommanditisten auf Auszahlung seines Anteils, soweit nicht Abs. 1 Halbsatz 2 entgegensteht; Schlegelberger-Gessler 9.

Maßgebender Zeitpunkt für die Frage, ob der Kommanditist die Barauszahlung fordern kann, ist der Zeitpunkt, in dem der Kommanditist die Auszahlung fordert. Es kommt also auf den Stand seines Kapitalkontos in diesem Zeitpunkt an. Ist das Begehren im Zeitpunkt der Anforderung unberechtigt, wird es aber innerhalb der Zeit, in der die Auszahlung überhaupt gefordert werden kann (vgl. Anm. 7), berechtigt, so kann alsdann die Auszahlung verlangt werden. Nach diesem Zeitpunkt ist die Rückbehaltung endgültig. Da die Gewinne, wie Art. 161 Abs. 2 ADHGB ausdrücklich sagte (durch die neue Fassung sollte in dieser Richtung eine Änderung nicht eintreten), unter den Voraussetzungen des § 169 zur Deckung früherer Verluste dienen sollen, kann der Kommanditist nicht Nachzahlung verlangen, wenn später sein Kapitalanteil sich so gestaltet, daß die Voraussetzungen der Rückbehaltung nicht mehr gegeben wären, oder wenn die früheren Verluste aus späteren Gewinnen gedeckt werden. Der zurückbehaltene Gewinnanteil wird vielmehr endgültig Bestandteil des Kapitalkontos des Kommanditisten, während er, solange das Auszahlungshindernis nicht bestand, nur vorläufig diese Eigenschaft hatte. Der gutgeschriebene Teil wird endgültig gebunden und haftet als solcher für künftige Verluste (§ 167 Abs. 3), bietet aber auch die sich daraus ergebenden Vorteile, z. B. auf Vordividende (§ 168), und bei der Verteilung des Reingewinns bei Auflösung der Gesellschaft oder dem Ausscheiden eines Kommanditisten. Ist die Zurückbehaltung des Gewinns zur Auffüllung der Einlage nur teilweise erforderlich, so ist der Mehrbetrag auszubezahlen.

Die Auszahlung des Gewinnanteils des Kommanditisten unterbleibt nicht nur, wenn sein Kapitalanteil durch Verluste bereits unter den auf die bedungene Einlage geleisteten Betrag herabgesunken ist, sondern auch, wenn er durch die Auszahlung unter diesen Betrag herabsinken würde.

Erfolgt die Auszahlung von Gewinn entgegen den Vorschriften des § 169 durch die geschäftsführenden Gesellschafter oder durch Entnahmen des Kommanditisten, so kann die Gesellschaft das Gezahlte nach den Vorschriften über die **ungerechtfertigte Bereicherung** zurückfordern; §§ 812ff. BGB. Dies gilt nicht, wenn alle Gesellschafter der Auszahlung zugestimmt haben. Aus Abs. 2 ergibt sich nichts anderes, denn Abs. 2 schließt nur die Verpflichtung des Kommanditisten zur Rückzahlung bezogener Gewinne zur Deckung späterer, nicht bereits entstandener Verluste aus; Ritter Anm. 4; Schlegelberger-Gessler 10; a. A. Wendt in Endemanns Handb. I 439.

Anm. 9 **6. Der Kommanditist ist nicht verpflichtet, den bezogenen Gewinn wegen späterer Verluste zurückzuzahlen: Abs. 2.**

Diese Vorschrift enthält keine Ausnahmebestimmung für den Kommanditisten, sondern will nur Zweifel, die sich etwa aus Abs. 1 Halbsatz 2 ergeben können, ausschließen. Auch der persönlich haftende Gesellschafter wie der Gesellschafter der offenen Handelsgesellschaft und einer Kapitalgesellschaft (vgl. § 62 Abs. 1 AktG, § 32 GmbHG) sind zur Rückzahlung rechtmäßig bezogener Gewinne zur Deckung späterer Verluste nicht verpflichtet.

Bezogen ist ein Gewinn nicht nur, wenn er tatsächlich an den Gesellschafter ausbezahlt oder als Kassenführer von ihm entnommen ist, sondern auch wenn er ihm auf Privatkonto gutgeschrieben ist und damit zu seiner freien Verfügung steht. Dies ist namentlich der Fall, wenn durch die Gutschrift auf Kapitalkonto der Betrag der bedungenen Einlage überschritten würde; § 167 Abs. 2.

Nur der **rechtmäßig bezogene Gewinn** ist nicht zurückzuzahlen. Erweist sich die Bilanz, auf Grund der die Auszahlung erfolgte, als falsch und ist sie mit Erfolg angefochten oder ist die erforderliche Zustimmung der Beteiligten wirksam widerrufen, so kann die Rückforderung ebenso geschehen, wie bei jeder ungerechtfertigten Leistung (vgl. §§ 812ff. BGB), und zwar nicht nur zur Deckung später entstandener Verluste, sondern unbedingt; vgl. auch Anm. 8. § 172 Abs. 5, nach dem der Kommanditist das was er auf Grund einer in gutem Glauben errichteten Bilanz als Gewinn bezieht, in keinem Falle zurückzuzahlen verpflichtet ist, gilt nur im Verhältnis zu Dritten, umgrenzt nur die Haftpflicht des Kommanditisten gegenüber Dritten. Der Geltendmachung eines Bereicherungsanspruchs im inneren Verhältnis zur Gesellschaft steht er nicht entgegen; DürHach. 4; Schlegelberger-Gessler 11; a. A. Wieland I 751. Andererseits hindert die Einwilligung aller Gesellschafter zur Auszahlung von Gewinn, obwohl dadurch die Einlage des Kommanditisten vermindert wurde, die Gesellschaftsgläubiger nicht, den Kommanditisten nach § 172 Abs. 4 in Anspruch zu nehmen.

Anm. 10 7. Die **vertragsmäßige Gestaltung** des Rechts auf Entnahme und Gewinnauszahlung. Da es sich nur um das innere Verhältnis unter den Gesellschaftern handelt, können sie das Recht auf Entnahme und auf Auszahlung des Gewinnes durch den Gesellschaftsvertrag oder einen Nachtrag dazu allgemein oder für einen Einzelfall, z. B. für den Gewinn eines bestimmten Jahres abweichend von der gesetzlichen Regel ordnen. Über **Entnahmebeschränkungen** — Aufstockungsrecht, Aufstockungspflicht, Kapitalkonto II — s. auch § 167 Anm. 17. Der Gesellschaftsvertrag kann die persönlich haftenden Gesellschafter und die Kommanditisten einander gleichstellen. Den Kommanditisten können die Rechte der persönlich haftenden Gesellschafter eingeräumt oder die Befugnisse der letzteren auf die der Kommanditisten beschränkt werden. Den Kommanditisten können auch weitergehende Befugnisse eingeräumt werden als den persönlich haftenden Gesellschaftern oder einzelnen von ihnen. So kann z. B. den Kommanditisten das volle Entnahmerecht eingeräumt werden, wie es den persönlich haftenden Gesellschaftern zusteht oder letzteren kann das Entnahmerecht entzogen werden. Das Recht der persönlich haftenden Gesellschafter auf Auszahlung bereits festgestellten Gewinns kann in gleicher Weise beschränkt werden wie bei den Kommanditisten. Die Kommanditisten können von der Beschränkung des Abs. 1 Satz 2 Halbsatz 2 befreit werden, so daß sie Auszahlung des auf sie entfallenden Gewinns fordern können, auch wenn ihr Kapitalanteil durch Verlust unter den durch die bedungene Einlage geleisteten Betrag herabgemindert ist oder herabgemindert würde. Der Auszahlungsanspruch der persönlich haftenden Gesellschafter kann den gleichen Beschränkungen unterworfen werden, wie sie das Gesetz für den Kommanditisten vorsieht. Für alle Gesellschafter oder einzelne von ihnen können weitere Beschränkungen des Anspruchs auf Barauszahlung eingeführt werden, z. B. für den Fall, daß der Kapitalanteil nicht durch Verluste, aber durch frühere Entnahmen unter den auf die bedungene Einlage geleisteten Betrag herabgemindert worden ist oder durch die Auszahlung herabgemindert werden würde oder es kann bestimmt werden, daß die Gewinne zurückbehalten werden, bis die volle, auch eine noch nicht fällige Einlage geleistet ist. Auch die Auszahlung festgestellten Gewinns an die Kommanditisten kann ausdrücklich (vgl. oben Anm. 5) ausgeschlossen werden, soweit sie zum offenbaren Schaden der Gesellschaft gereicht. Auch die Nachzahlung zunächst zurückgehaltenen Gewinns für den Fall der Besserung der Lage der Gesellschaft kann vereinbart werden. Oder es kann bestimmt werden, daß die zurückbehaltenen Beträge nur gestundet und verzinst werden und auf Verlangen des gewinnberechtigten Gesellschafters von seinem Kapitalkonto ab- und seinem Privatkonto gutgeschrieben werden und damit von der rechtlichen Behandlung als Teile des Kapitalkontos ausscheiden; vgl. Anm. 8. Es kann auch bestimmt werden, daß der Kommanditist oder der persönlich haftende Gesellschafter den bezogenen Gewinn wegen späterer Verluste zurückzugeben hat oder daß die Rückzahlung in gutem Glauben, wenn auch objektiv zu Unrecht bezogener Gewinne nicht stattfindet.

Wegen der Beschränkung der vertragsmäßigen Gestaltung des Entnahmerechts durch allgemeine Rechtsgrundsätze (§§ 138, 242 BGB) vgl. § 122 Anm. 21; RG 166, 65.

Anm. 11 8. Der Gesellschaftsvertrag bestimmt häufig, daß die Gesellschafter — auch die Kommanditisten — unabhängig von der Höhe und Fälligkeit ihres Gewinnanteils berechtigt sind, die auf ihre Beteiligung entfallenden **Steuern einschließlich Steuervorauszahlungen** zu entnehmen oder daß die Gesellschaft die Steuern für Rechnung der Gesellschafter entrichtet. Ein solcher Entnahmeanspruch kann sich auch ohne vertragliche Regelung aus der gesellschaftlichen Treupflicht (§ 105 Anm. 31a, vgl. auch § 165 Anm. 3) ergeben, insbesondere wenn ein Gesellschafter kein anderes Einkommen oder Vermögen hat, aus dem er zumutbarerweise die Steuerzahlungen auf die Beteiligung leisten kann; vgl. auch § 122 Anm. 10.

§ 170

Der Kommanditist ist zur Vertretung der Gesellschaft nicht ermächtigt.

Inhaltsübersicht

Anm. 1 § 170 bestimmt in Übereinstimmung mit Art. 167 ADHGB, daß der Kommanditist zur Vertretung der Gesellschaft nicht ermächtigt ist. Durch diese Vorschrift unterscheidet sich der Kommanditist wesentlich von den persönlich haftenden Gesellschaftern, die nach der auch für die Kommanditgesellschaft geltenden Regel des § 125 regelmäßig sämtlich zur Vertretung der Gesellschaft berufen sind. Abgesehen von der Vorschrift des § 170 regelt sich die Vertretung der Kommanditgesellschaft nach den für die offene Handelsgesellschaft geltenden Bestimmungen der §§ 125—127.

Zur grundsätzlichen Kritik am Prinzip der **Selbstorganschaft** (§ 125 Anm. 4) s. H. P. Westermann, Vertragsfreiheit und Typengesetzlichkeit im Recht der Personengesellschaften, Heidelberg 1970, §§ 10—12.

Anm. 2 1. **Die Vertretung der Kommanditgesellschaft** erfolgt durch die persönlich haftenden Gesellschafter. Jeder von ihnen ist für sich allein, also ohne Mitwirkung der anderen zur Vertretung der Gesellschaft ermächtigt, wenn er nicht durch den Gesellschaftsvertrag von der Vertretung ausgeschlossen ist oder wenn dieser nicht Gesamtvertretung bestimmt (§ 125). Durch den ursprünglichen Gesellschaftsvertrag oder eine Änderung desselben können ebenso wie bei der offenen Handelsgesellschaft nicht alle Gesellschafter von der Vertretung ausgeschlossen werden, da die Gesellschaft notwendig durch Gesellschafter organschaftlich vertreten sein muß, und zwar durch solche, die persönlich, d. h. unbeschränkt haften, BGH 41, 367 (369); DB 68, 797. Ebensowenig kann der einzige vertretungsberechtigte Gesellschafter durch den Gesellschaftsvertrag in der Vertretung durch die Notwendigkeit der Mitwirkung eines Kommanditisten oder eines Prokuristen oder eines sonstigen Dritten beschränkt werden (nur im inneren Verhältnis, also in der Frage der Geschäftsführung ist eine solche Beschränkung zulässig; demgemäß kann dem einzigen vertretungsberechtigten Gesellschafter im inneren Verhältnis zur Pflicht gemacht werden, eine Vertretungshandlung nur mit Zustimmung eines Kommanditisten oder Prokuristen vorzunehmen; die Rechtswirksamkeit der Handlung nach außen wird aber durch das Fehlen dieser Zustimmung nicht berührt). Denn es muß stets eine Vertretung allein durch die Komplementäre, durch einen oder durch mehrere, möglich sein; BGH 26, 333; KG in HRR 1939 Nr. 94 = JW 1939, 424; § 126 Anm. 12, 18; Schlegelberger-Gessler 3; a. A. OLG München in JFG 16, 65 = ZAkDR 1937, 761.

Durch den Gesellschaftsvertrag kann auch Gesamtvertretung nach § 125 Abs. 2 angeordnet werden.

Die zur Gesamtvertretung berechtigten Gesellschafter können einzelne von ihnen zur Vornahme bestimmter Geschäfte oder bestimmter Arten von Geschäften ermächtigen; § 125 Abs. 2 Satz 2 und die Erl. dazu.

Sind mehrere persönlich haftende Gesellschafter Gesamtvertreter, so kann bestimmt werden, daß, wenn nicht mehrere zusammen handeln, die Gesellschafter nur in Gemeinschaft mit einem Prokuristen zur Vertretung der Gesellschaft ermächtigt sein sollen (unechte Gesamtvertretung); § 125 Abs. 3 und die Erl. dazu. Auch hier gilt, daß eine Vertretung der Gesellschaft stets allein durch den oder die Komplementäre möglich sein muß. Fallen daher alle Komplementäre bis auf einen weg, so erstarkt dessen Gesamtvertretungsmacht zur Alleinvertretungsmacht (BGH 41, 367).

Anm. 3 2. Dem von der Vertretung ausgeschlossenen persönlich haftenden Gesellschafter kann wie dem Gesellschafter der offenen Handelsgesellschaft beschränkte Vollmacht für einzelne Geschäfte, auch Handlungsvollmacht (vgl. §§ 54ff.) erteilt werden. Grundsätzlich besteht auch kein Bedenken, ihn wie den Gesellschafter der offenen Handelsgesellschaft zum Prokuristen zu bestellen; Schlegelberger-Gessler 1; Schwarz Anm. 3. Es ist aber Sache der Vertragsauslegung, ob nicht in der vertragsmäßigen Ausschließung von der Vertretung im Einzelfall zugleich der Wille zum Ausdruck kommt, dem Gesellschafter eine so weitgehende gewillkürte Vertretungsmacht, wie sie in der Prokura liegt, nicht zu übertragen. Auch wenn der Gesellschaftsvertrag in diesem Sinne auszulegen ist, kann, da eine Änderung des Vertrages zulässig ist, mit Zustimmung aller Gesellschafter, auch der Kommanditisten, die Bestellung erfolgen.

Anm. 4 3. Alle **Abweichungen** von der gesetzlichen Regelung und jede Änderung in der Vertretungsmacht eines Gesellschafters sind von sämtlichen Gesellschaftern, also auch den von der Vertretung ausgeschlossenen persönlich haftenden Gesellschaftern und den Kommanditisten zur Eintragung in das Handelsregister **anzumelden;** § 125 Abs. 4; Schlegelberger-Gessler 3.

Anm. 5 4. Der **Begriff der Vertretung** und der Vertretungsmacht ist derselbe wie bei der offenen Handelsgesellschaft; vgl. die Erl. zu §§ 124, 125. Die zur Vertretung der Gesellschaft berufenen Gesellschafter haben für die Gesellschaft alle Rechtshandlungen vorzunehmen, zu deren Vornahme die Gesellschaft berechtigt ist. Sie haben im Namen, d. h. unter der Firma der Gesellschaft zu handeln, wenn es sich um den Erwerb von Rechten, auch des Eigentums und dinglicher Rechte, die Eingehung von Verbindlichkeiten für die Gesellschaft, die aktive und passive Führung von Prozessen handelt; § 124 Abs. 1.

Die Gesellschafter als solche, insbesondere die nicht zur Vertretung berufenen, haben nicht das Recht, namens der Gesellschaft Dritten gegenüber zu handeln, z. B. Gesellschaftsforderungen einzuziehen; RG in JW 1916, 837[10]. Dagegen kann jeder Gesellschafter, auch jeder Kommanditist, aber nur in eigenem Namen, gegen einen anderen Gesellschafter auf Erfüllung der sich aus dem Gesellschaftsverhältnis ergebenden Verpflichtungen, z. B. der Beitragspflicht, jedoch nur auf Leistung an die Gesellschaft klagen (actio pro socio); vgl. die Erl. zu § 124.

Zur Zwangsvollstreckung in das Gesellschaftsvermögen ist ein gegen die Gesellschaft gerichteter vollstreckbarer Titel erforderlich; § 124 Abs. 2. Zur Vollstreckung in das Privatvermögen eines Gesellschafters, auch soweit er Dritten aus Verbindlichkeiten der Gesellschaft haftet, bedarf es dagegen eines gegen den einzelnen Gesellschafter gerichteten vollstreckbaren Titels; § 129 Abs. 4.

5. Für den **Umfang der Vertretungsmacht** der zur Vertretung berufenen Gesellschafter, die Zulässigkeit einer Beschränkung dieses Umfangs, die passive Vertretungsmacht jedes einzelnen von mehreren Gesamtvertretern, die Haftung der Gesellschaft für Handlungen ihrer Vertreter und deren persönliche Verantwortung gegenüber der Gesellschaft und gegenüber Dritten gilt das gleiche wie bei der offenen Handelsgesellschaft; vgl. die Erl. zu §§ 125, 126. Die Vertretungsmacht umfaßt nicht die Änderung des Gesellschaftsvertrages, RG 162, 374; § 126 Anm. 4. Der Komplementär kann namens der KG eine stille Gesellschaft eingehen, nicht aber Kommanditisten aufnehmen, es sei denn, daß ihm dieses Recht im Gesellschaftsvertrag eingeräumt ist (BGH WM 62, 1353). **Anm. 6**

6. Die **Entziehung der Vertretungsmacht** erfolgt aus den gleichen Gründen und in der gleichen Weise wie bei der offenen Handelsgesellschaft, also aus wichtigem Grunde und durch richterliches Urteil; § 127. Bei Stellung des erforderlichen Antrags aller übrigen Gesellschafter müssen auch die **Kommanditisten** mitwirken; Schlegelberger-Gessler 3. Der Gesellschaftsvertrag kann bestimmen, daß die Mitwirkung der persönlich haftenden Gesellschafter oder der Kommanditisten oder einiger von ihnen genügt oder daß einzelne Gesellschafter, auch Kommanditisten, nicht antragsberechtigt sind. Der Gesellschaftsvertrag kann auch die Entziehung durch Beschluß der Gesellschafter, auch durch Mehrheitsbeschluß, vorbehaltlich der Nachprüfung seiner Rechtmäßigkeit durch den Richter, statt durch richterliches Gestaltungsurteil zulassen. Ein vertretungsberechtigter Gesellschafter kann auch die Vertretung aus wichtigem Grunde niederlegen; vgl. die Erl. zu § 127. Soweit die Niederlegung ohne einen solchen Grund mit Zustimmung der Gesellschafter erfolgen soll, ist auch die Zustimmung der Kommanditisten erforderlich, wenn der Gesellschaftsvertrag nicht etwas anderes bestimmt. **Anm. 7**

Die Vertretungsmacht kann auch dem **einzigen Komplementär** entzogen werden; a. M. BGH 51, 198 m. zust. Anm. v. Wiedemann. Die Folge ist die **Auflösung** der Gesellschaft. Denn die Vertretung durch einen persönlich haftenden Gesellschafter gehört zu den zwingenden gesetzlichen Erfordernissen der Kommanditgesellschaft. Fehlt es daran, so ist das ein Auflösungsgrund ebenso wie der Wegfall des einzigen Komplementärs, § 177 Anm. 28, 32 Abs. 2 und 38. Die Auflösung tritt mit der Rechtskraft des Entziehungsurteils ein. Damit entsteht die Vertretungsbefugnis aller Gesellschafter gemäß §§ 145ff. Ein rechtlich unmöglicher Zustand, wie der BGH a. a. O. meint, wird dadurch also nicht herbeigeführt. Richtig ist, daß die Gesellschafter mit der Entziehungsklage normalerweise nur eine Änderung der Vertretungsregelung unter Fortsetzung der werbenden Gesellschaft wollen und daß dieses Ziel hier nicht erreichbar ist. Deshalb wird aber die Entziehungsklage nicht unzulässig. Es besteht kein Anlaß, den übrigen Gesellschaftern diesen Rechtsbehelf zu nehmen. Oft können die Gründe zu einer Ausschließung nicht ausreichen, oft wollen die Gesellschafter diese auch nicht. **Anm 7a**

Im Entziehungsprozeß kann das Gericht eine **einstweilige Regelung** der Vertretungsverhältnisse gemäß § 940 ZPO erlassen (§ 127 Anm. 11, vgl. auch Baur JZ 68, 386). Es kann dabei auch dem einzigen Komplementär für die Dauer des Rechtsstreits die Vertretungsbefugnis entziehen und sie einem Kommanditisten, nötigenfalls auch einem Nichtgesellschafter übertragen (§ 127 Anm. 11; BGH 33, 105; Hueck § 20 IV 3). Über die Entziehung der Geschäftsführungsbefugnis s. § 164 Anm. 7.

II. Der Kommanditist als gewillkürter Vertreter

1. Der Kommanditist ist zur Vertretung der Gesellschaft nicht ermächtigt.

Auch durch den Gesellschaftsvertrag kann ihm die Organstellung, d. h. die im Gesetze geregelte Vertretung der Gesellschaft, nicht übertragen werden. Im Rechtsstreit der Gesellschaft wird er nicht als Partei, sondern als **Zeuge** vernommen (BGH JZ 65, 725). Da es sich um das Verhältnis der Gesellschaft nach außen handelt, ist die Vorschrift des § 170 zwingendes Recht; ROHG 15, 7; KG in JW 1939, 424; Ritter 2 und in ArchBürgR 40, 416; Wieland I 754 Anm. 2; Schlegelberger-Gessler 4; a. A.: Braude, Der **Anm. 8**

Kommanditist im Dienste seiner Gesellschaft, S. 33ff. Dagegen kann ihm, wie auch dem durch den Gesellschaftsvertrag von der Vertretung ausgeschlossenen persönlich haftenden Gesellschafter **Vollmacht** erteilt und er dadurch, wie jeder Nichtgesellschafter, zum gewillkürten Vertreter der Gesellschaft bestellt werden; RG 110, 418. Es kann ihm Vollmacht zu einzelnen Rechtshandlungen oder allgemeine Handlungsvollmacht oder Prokura erteilt werden; RG 31, 39; vgl. auch RG in SeuffA 24 Nr. 8; BayObLG in JFG 2, 193; OLG Bamberg in OLGR 3, 277; vgl. auch § 164 Anm. 14. Die unechte Gesamtvertretung (vgl. Anm. 2) kann auch in der Weise angeordnet werden, daß bei einer Mehrheit von Gesamtvertretern der einzelne gemeinsam mit einem zum Prokuristen bestellten Kommanditisten vertretungsberechtigt ist, § 125 Anm. 26. Einem Kommanditisten kann auch gemeinsam mit einem Nichtgesellschafter Gesamtprokura erteilt werden. Aus der beschränkten Haftung des Kommanditisten kann nicht etwas anderes abgeleitet werden, wie Koenige, JW 1923, 215, ausführt; denn auch zwei Prokuristen, die nicht Gesellschafter sind, können die Gesellschaft im Rahmen ihrer Vertretungsmacht verpflichten. Zur Bestellung eines Prokuristen oder zum Widerruf einer Prokura ist auch der so zum Gesamtprokuristen bestellte Kommanditist nicht ermächtigt, da er durch die Notwendigkeit seiner Mitwirkung nicht zum organmäßigen Vertreter der Gesellschaft wird; vgl. § 48 Abs. 1.

Anm. 9 2. Ein **geschäftsunfähiger** Kommanditist kann weder zum Bevollmächtigten noch zum Prokuristen bestellt werden; vgl. Vorbem. 17 vor § 48; § 48 Anm. 6. Die Frage, ob ein in der **Geschäftsfähigkeit beschränkter** Kommanditist Bevollmächtigter oder Prokurist seiner Gesellschaft werden kann, ist ebenso zu verneinen, wie die Frage, ob ein in dieser Weise persönlich beschränkter Gesellschafter einer offenen Handelsgesellschaft oder ein persönlich haftender Gesellschafter einer Kommanditgesellschaft organschaftlicher Vertreter im Sinne des § 125 sein kann. Nach § 165 BGB wird zwar die Wirksamkeit einer von oder gegenüber einem Vertreter abgegebenen Willenserklärung nicht dadurch beeinträchtigt, daß der Vertreter in der Geschäftsfähigkeit beschränkt ist. Aus dieser Vorschrift wird auch die Zulässigkeit der gewillkürten Vertretung der Gesellschaft durch einen in der Geschäftsfähigkeit beschränkten Gesellschafter abgeleitet; Brand § 125 Anm. 1b, cc; Wieland I 597. Aus § 165 ergibt sich zweifellos, daß ein in der Geschäftsfähigkeit Beschränkter einen Dritten wirksam vertreten kann, da die Beschränkung seiner Geschäftsfähigkeit ihn nur selbst gegen Benachteiligung schützen soll. Gegen die Anwendbarkeit des § 165 BGB auf die Vertretung der eigenen Gesellschaft wird aber mit Recht eingewendet, daß der für die Gesellschaft Handelnde nicht nur Dritte, sondern auch sich selbst vertritt und durch seine Handlungen auch sich selbst, insbesondere auch sein Privatvermögen belastet; ebenso Ritter 2; Schlegelberger-Gessler 4. Allerdings kann auch ein in der Geschäftsfähigkeit Beschränkter durch seinen gesetzlichen Vertreter mit Genehmigung des Vormundschaftsgerichts zum selbständigen Betrieb eines Erwerbsgeschäfts ermächtigt werden. Er kann dann aber nur solche Geschäfte vornehmen, welche der Geschäftsbetrieb mit sich bringt; vgl. §§ 112, 114 BGB. Die Ermächtigung gilt nicht für Rechtsgeschäfte, zu denen der gesetzliche Vertreter der Genehmigung des Vormundschaftsgerichts bedarf; § 112 Abs. 1 Satz 2. Eine solche Beschränkung der Vertretungsbefugnis ist aber mit der Stellung eines, wenn auch nur gewillkürten Vertreters einer Erwerbsgesellschaft unvereinbar. Sie würde nicht nur den Geschäftsverkehr erschweren, sondern auch die Gefahr der Rechtsunsicherheit begründen.

Eine Prokura kann einem nur in der Geschäftsfähigkeit Beschränkten auch deshalb nicht erteilt werden, weil die Prokura ihrer Natur nach höchstpersönlich ist und deshalb auch nicht durch den gesetzlichen Vertreter, auch nicht in der Gestalt der Zustimmung zu den über den Geschäftsbetrieb hinausgehenden Handlungen ausgeübt werden kann; § 52 Abs. 2; vgl. auch die Erl. zu §§ 125, 126; DürHach. § 126 Anm. 12; Kohler in ArchBürgR 40, 251.

Anm. 10 3. Tritt ein Kommanditist, ohne in zulässiger Weise als Bevollmächtigter oder Prokurist bestellt zu sein, im Namen der Gesellschaft handelnd auf, so wird die Gesellschaft aus dem Geschäfte berechtigt oder verpflichtet, wenn sie es ausdrücklich oder stillschweigend durch einen vertretungsberechtigten Gesellschafter genehmigt. Die Genehmigung kann auch in der Unterlassung eines Widerspruchs auf eine Vertragsbestätigung des anderen Teils liegen; RG in JW 1930, 3747[13].

Der Kommanditist, der, ohne gewillkürter Vertreter zu sein, für die Gesellschaft im Rechtsverkehr auftritt, haftet nach den Grundsätzen des BGB, die für das Auftreten als Vertreter ohne Vertretungsmacht gelten.

4. Der in zulässiger Weise zum Bevollmächtigten oder Prokuristen bestellte Kommanditist muß, wie jeder Vertreter, **im Namen der Gesellschaft** als seines Vollmachtgebers handeln, d. h. den Willen kundgeben, daß durch seine Handlung die Gesellschaft unmittelbar berechtigt oder verpflichtet sein soll. Dieser Wille kann sich auch aus den Umständen ergeben; § 164 Abs. 1 Satz 2 BGB. Tritt der Wille, im Namen der Gesellschaft zu handeln, nicht erkennbar hervor, so kommt der Mangel des Willens, im eigenen Namen zu handeln, nicht in Betracht; § 164 Abs. 2 BGB. Das Geschäft gilt somit als zwischen dem Vertreter persönlich und dem Dritten abgeschlossen; vgl. Vorbem. 3, 16 vor § 48 HGB. Der so handelnde Kommanditist wird im Verhältnis zu dem Dritten unbeschränkt verpflichtet, haftet also nicht nur bis zur Höhe seiner Einlage nach § 171 HGB (Art. 167 Abs. 3 ADGB ließ einen Kommanditisten, der für die Gesellschaft Geschäfte schließt, ohne ausdrücklich zu erklären, daß er nur als Prokurist oder Bevollmächtigter handle, aus diesen Geschäften gleich einem persönlich haftenden Gesellschafter haften). Anm. 11

Ist der Kommanditist in zulässiger Weise zum gewillkürten Vertreter der Gesellschaft bestellt und hat er in deren Namen gehandelt, so wird die Gesellschaft aus den vorgenommenen Handlungen in gleicher Weise berechtigt und verpflichtet, wie wenn sie einen Dritten zum Vertreter bestellt hätte. In gleicher Weise haftet sie auch für Schaden, den der Kommanditist in seiner Vertreterstellung oder als Geschäftsführer schuldhafterweise Dritten zufügt; §§ 278, 831 BGB; vgl. Vorbem. 52—78 vor § 48 HGB.

Handelt er auf Grund der ihm gesellschaftsvertraglich zugewiesenen Geschäftsführungsbefugnis (§ 164 Anm. 11), so haftet die Gesellschaft für seine Handlungen gemäß § 31 BGB (§ 126 Anm. 29, Schlegelberger-Gessler 5). Die Gesellschaft haftet nicht für unerlaubte Handlungen, die ein Kommanditist außerhalb eines ihm besonders zugewiesenen Geschäftskreises begeht; vgl. die Erl. zu § 126.

5. Im Verhältnis zur Gesellschaft und den übrigen Gesellschaftern, also im **Innenverhältnis,** bestimmen sich die Rechte und Pflichten eines zum Bevollmächtigten oder Prokuristen bestellten Kommanditisten in erster Linie nach dem Rechtsverhältnisse, auf dem seine Bestellung beruht. Regelmäßig wird die Bestellung, insbesondere wenn sie bereits durch den Gesellschaftsvertrag erfolgt oder in ihm vorgesehen ist, zugleich mit einer mindestens teilweisen Übertragung der Geschäftsführungsbefugnis verbunden sein, vgl. § 164 Anm. 12. Dies wird für die Bestimmung des Umfangs der Rechte und Pflichten von Einfluß sein. Der Kommanditist haftet dann auch für die Handlungen, die ihm nur kraft besonderer Bestellung obliegen, wie auch der geschäftsführende persönlich haftende Gesellschafter nur für die Sorgfalt, die er in eigenen Angelegenheiten anzuwenden pflegt; § 116 Anm. 18ff. Auch sein Anspruch auf Ersatz von Aufwendungen, die er in Gesellschaftsangelegenheiten gemacht hat, oder von Verlusten, die er durch die Ausführung der ihm übertragenen Handlungen erlitten hat, richtet sich, wenn nicht ausdrücklich oder stillschweigend etwas anderes vereinbart ist, nach den auch für den persönlich haftenden Gesellschafter geltenden Vorschriften des § 110.

6. Über die Entziehung der rechtsgeschäftlichen Vertretungsmacht s. § 164 Anm. 14.

7. Wegen Zulässigkeit des Kontrahierens mit sich selbst vgl. § 181 BGB; Vorbem. 34ff. vor § 48; § 49 Anm. 9.

§ 171

Der Kommanditist haftet den Gläubigern der Gesellschaft bis zur Höhe seiner Einlage unmittelbar; die Haftung ist ausgeschlossen, soweit die Einlage geleistet ist.

Ist über das Vermögen der Gesellschaft der Konkurs eröffnet, so wird während der Dauer des Verfahrens das den Gesellschaftsgläubigern nach Abs. 1 zustehende Recht durch den Konkursverwalter ausgeübt.

Schrifttum: Schwalb in ZHR 34, 838ff.; Furrer, Die Haftung des Kommanditisten, 1903; Linsmeyer in DJZ 1903, 471; Fritze, Zur Haftung des Kommanditisten für Gesellschaftsschulden NJW 1956, 975; Schumann, Zur konkursrechtlichen Stellung des zahlenden und rückgriffsberechtigten Kommanditisten JZ 58, 427; Neumann-Duesberg, Die Außenhaftung des Kommanditisten DB 1965, 769.

Inhaltsübersicht

Anm. 1 Die §§ 171—176 enthalten die Vorschriften über die Haftung des Kommanditisten gegenüber den Gesellschaftsgläubigern. Durch die hier gegebene Regelung unterscheidet sich die Kommanditgesellschaft wesentlich von der offenen Handelsgesellschaft. Während bei dieser alle Gesellschafter den Gesellschaftsgläubigern unbeschränkt haften, haften die Kommanditisten nur beschränkt. Da es sich um das Verhältnis zu Dritten handelt, können die Vorschriften nicht durch den Gesellschaftsvertrag geändert werden.

§ 171 Abs. 1 stellt im Anschluß an die Begriffsbestimmung der Kommanditgesellschaft in § 161 Abs. 2 den Grundsatz der beschränkten, aber unmittelbaren Haftung des Kommanditisten auf. Er stimmt sachlich mit Art. 165 Abs. 1 ADHGB überein. Die §§ 172—176 bringen Einzelheiten zur Durchführung des Grundsatzes. Abs. 2 enthält eine besondere Vorschrift über die Geltendmachung der Haftung im Falle des Gesellschaftskonkurses; im ADHGB fehlte diese Vorschrift.

Anm. 2 **Die Haftung des persönlich haftenden Gesellschafters gegenüber den Gesellschaftsgläubigern** richtet sich, da das Gesetz über sie keine besondere Bestimmung enthält, nach den für die Gesellschafter der offenen Handelsgesellschaft geltenden Vorschriften der §§ 128—130; § 161 Abs. 2. Danach haftet jeder persönlich haftende Gesellschafter für die Verbindlichkeiten der Gesellschaft persönlich, d. h. mit seinem ganzen Vermögen. Mehrere persönlich haftende Gesellschafter haften als Gesamtschuldner. Eine entgegenstehende Vereinbarung ist Dritten gegenüber unwirksam; § 128. Wegen der rechtlichen Natur dieser Haftung, wegen des Verhältnisses der Gesellschafterhaftung zur Haftung der Gesellschaft, des Gegenstandes der Haftung, der Möglichkeit der Erhebung von Einwendungen persönlicher Art und aus dem Rechte der Gesellschaft, der Rückwirkung der Gesellschafterhaftung auf die Stellung der Gesellschafter untereinander, insbesondere des Rückgriffs- und Ausgleichsrechts, der Stellung des einzelnen Gesellschafters als Gläubiger und Schuldner der Gesellschaft, des Rechts der Privatgläubiger auf Befriedigung aus dem Gesellschaftsvermögen, der Haftung ausgeschiedener und neu eingetretener Gesellschafter, des Einflusses des Konkurses der Gesellschaft oder des einzelnen Gesellschafters auf seine Haftung, wird auf die Erl. zu §§ 124, 128—130, 135 verwiesen.

I. Die Haftung der Kommanditisten

Der Kommanditist haftet den Gläubigern der Gesellschaft bis zur Höhe seiner Einlage unmittelbar; **Abs. 1 Halbsatz 1.** **Anm. 3**

1. Die **rechtliche Natur** der Haftung des Kommanditisten unterscheidet sich im Grundsatz nicht von derjenigen der Haftung des Komplementärs, Anm. 2, und des Gesellschafters der offenen Handelsgesellschaft, § 128, s. unten Anm. 9. Ein Unterschied kann sich nur daraus ergeben, daß der Kommanditist der Höhe nach beschränkt auf seine Hafteinlage haftet, s. dazu Anm. 11.

2. Die Haftung des Kommanditisten mit dem **Gesellschaftsvermögen** ist **mittelbar** und **unbeschränkt,** d. h. das ganze Gesellschaftsvermögen haftet für die Gesellschaftsschulden. Der Kommanditist kann insofern nicht geltend machen, daß seine unmittelbare Haftung geringer sei als seine sich aus seinem Kapitalanteil ergebende verhältnismäßige Beteiligung am Gesellschaftsvermögen im inneren Verhältnis; denn **beschränkt** ist nur seine **unmittelbare** Haftung mit seinem **Privatvermögen.** Zur Vollstreckung in das gesamte Gesellschaftsvermögen bedarf der Gesellschaftsgläubiger nur eines gegen die Gesellschaft gerichteten vollstreckbaren Schuldtitels, § 124 Abs. 2. **Anm. 4**

Da auch die Ansprüche der Gesellschaft gegen ihre Gesellschafter, mögen sie auf dem Gesellschaftsverhältnis oder einem anderen Rechtsverhältnis, z. B. einem Kaufvertrage, beruhen, zum Vermögen der Gesellschaft gehören, kann ein Gesellschaftsgläubiger im Wege der Vollstreckung gegen die Gesellschaft auch diese Ansprüche pfänden und sich überweisen lassen. Auf diese Weise kann er sich auch aus der noch rückständigen Einlage des einzelnen Gesellschafters, auch des Kommanditisten, befriedigen, d. h. aus dem, was der Gesellschafter der Gesellschaft im inneren Verhältnis als Beitrag zur Erreichung des Gesellschaftszweckes, als Pflichteinlage (im Gegensatz zur Hafteinlage, die nur für die unmittelbare Haftung in Betracht kommt, § 161 Anm. 12) schuldet. Auch auf die Nebenverpflichtungen des Gesellschafters, soweit sie mit der inneren Einlagepflicht zusammenhängen, z. B. auf die Zinsen einer rückständigen Einlage, Schadensersatzansprüche wegen verspäteter Leistung der Einlage, Kostenerstattungsansprüche, kann der Gesellschaftsgläubiger zum Zwecke seiner Befriedigung greifen. Er kann sich durch die Pfändung dieser Ansprüche dagegen sichern, daß die Gesellschaft diesen Vermögensgegenstand zu anderen Zwecken als zu seiner Befriedigung verwendet oder daß andere Gesellschaftsgläubiger ihm im Zugriff zuvorkommen. Andrerseits bleibt die unmittelbare Haftung des Kommanditisten gegenüber den anderen Gesellschaftsgläubigern so lange und so weit bestehen, als er nicht durch Leistung der Pflichteinlage an den pfändenden Gläubiger auch seine Hafteinlage entrichtet hat (Fritze NJW 1956, 975).

Da der Gläubiger aber die Rechte der Gesellschaft geltend macht, kann er nicht mehr fordern, als die Gesellschaft selbst fordern kann. Er muß sich deshalb auch alle Einwendungen entgegenhalten lassen, die der Gesellschafter erheben könnte, wenn er von der Gesellschaft in Anspruch genommen würde. So könnte er geltend machen, daß die Einlage nur unter einer noch nicht eingetretenen Bedingung geschuldet sei, daß sie noch nicht fällig sei, daß sie durch Aufrechnung mit einer Gegenforderung getilgt sei. Befindet sich die Gesellschaft bereits im Zustande der Auflösung, in der Abwicklung, so könnte eingewendet werden, daß nach dem Gesellschaftsvertrage die Einlage nur für die Dauer des werbenden Betriebes geschuldet sei oder daß zur Befriedigung aller Gläubiger ausreichendes Gesellschaftsvermögen vorhanden sei und daß der Gesellschafter deshalb zur Leistung der Einlage nicht verpflichtet sei.

Durch Pfändung und Überweisung kann der Gesellschaftsgläubiger aber nicht eine Leistung an sich erzwingen, die ihrer Natur nach oder nach dem Gesellschaftsvertrag nur an die Gesellschaft zu bewirken ist, z. B. eine Arbeitsleistung für das werbende Unternehmen zur Erreichung des Gesellschaftszwecks oder eine Leistung, die durch Bewirkung an einen Dritten ihre rechtliche Natur ändern würde.

Die Einlageforderung kann auch **abgetreten** werden, § 109 Anm. 27.

Anm. 5 **3.** Die Kommanditisten haften den Gesellschaftsgläubigern **unmittelbar** für die Gesellschaftsschulden, d. h. die Gesellschaftsgläubiger können, allerdings nur auf Grund eines gegen den einzelnen Gesellschafter gerichteten vollstreckbaren Schuldtitels (§ 129 Abs. 4), unmittelbar Befriedigung aus dem Privatvermögen des einzelnen Gesellschafters, d. h. aus seinem nicht zum Gesellschaftsvermögen gehörigen Vermögen, suchen. Diese unmittelbare Haftung ergibt sich, wie auch bei dem persönlich haftenden Gesellschafter, schon ohne weiteres daraus, daß die Gesellschafter einschließlich der Kommanditisten selbst die Träger der Gesellschaftsverbindlichkeiten, also selbst die Schuldner sind; vgl. Anm. 3. Die unmittelbare Haftung der Kommanditisten in diesem Sinne entsprach auch schon für das ADHGB der Rechtsprechung und herrschenden Lehre; vgl. ROHG 19, 349; RG 1, 68; 17, 37; 32, 399; 51, 36; Renaud, HR 403; a. M. Wendt 457ff. Um Zweifel auszuschließen, spricht Abs. 1 die unmittelbare Haftung noch ausdrücklich aus; D I 115. Im Sinne der unmittelbaren Haftung haftet somit auch der Kommanditist persönlich. Von der Haftung des persönlich haftenden Gesellschafters unterscheidet sich die Haftung des Kommanditisten nur der Höhe nach durch die Beschränkung auf die Höhe seiner Einlage.

Aus der Unmittelbarkeit der Haftung und der Eigenschaft der Kommanditisten als Schuldner der Gesellschaftsschulden ergibt sich, daß die Gesellschaftsgläubiger die Wahl haben, ob sie die Gesellschaft oder ihre einzelnen Gesellschafter, auch die Kommanditisten in Anspruch nehmen wollen. Die Gesellschafter können sie nicht auf das Gesellschaftsvermögen verweisen, auch wenn dieses zur Befriedigung der Gläubiger ausreicht.

Anm. 6 **4.** Jeder Kommanditist haftet als **Gesamtschuldner** mit allen anderen Gesellschaftern, den persönlich haftenden und den anderen Kommanditisten. Der Gesellschaftsgläubiger kann deshalb gleichzeitig Erfüllung der Gesellschaftsschuld von der Gesellschaft, von allen Gesellschaftern, auch den Kommanditisten, aber auch von jedem einzelnen oder einigen von ihnen allein begehren und im Klagewege verfolgen. Bei der Geltendmachung gegen den Kommanditisten ist er nur an die Grenze gebunden, die sich aus der Höhe der Einlage desselben ergibt. Der Begriff der Gesamthaftung und die Folgen der Leistung durch einen Gesamtschuldner sind dabei die gleichen wie bei der offenen Handelsgesellschaft; vgl. die Erl. zu § 128.

Anm. 7 **5.** Dem Kommanditisten, der unmittelbar in Anspruch genommen wird, stehen alle **Einwendungen** zu, die auch ein unbeschränkt haftender Gesellschafter erheben kann. Er kann also alle Einwendungen geltend machen, die auch die Gesellschaft vorbringen kann, und außerdem die in seiner Person begründeten; § 129 Abs. 1. Er kann die Befriedigung des Gläubigers verweigern, solange der Gesellschaft das Recht zusteht, das ihrer Verbindlichkeit zugrunde liegende Rechtsgeschäft anzufechten (§ 129 Abs. 2) oder solange sich der Gläubiger durch **Aufrechnung** gegen eine fällige Forderung der Gesellschaft befriedigen kann, § 129 Abs. 3. Er kann auch selbst gegenüber einem Anspruch, den ein Gesellschaftsgläubiger gegen ihn erhebt, in gleicher Weise aufrechnen, wie ein Gesellschafter einer offenen Handelsgesellschaft oder der persönlich haftende Gesellschafter der Kommanditgesellschaft; vgl. § 124 Anm. 47ff.; § 129 Anm. 8; vgl. auch RG 63, 265. Da der Gläubiger der Gesellschaft jeden Gesellschafter, den Kommanditisten beschränkt, unmittelbar in Anspruch nehmen kann, kann er auch mit der Gesellschaftsschuld gegen eine Privatforderung des Gesellschafters aufrechnen, § 124 Anm. 46. Die Aufrechnung ist auch noch möglich, wenn die Gesellschaft in Konkurs geraten ist, wenn beide Forderungen vor Konkurseröffnung sich als aufrechnungsfähig gegenüberstanden; RG 41, 25; wegen der Aufrechnung und der Geltendmachung sonstiger Einwendungen im einzelnen vgl. die Erl. zu §§ 124, 128, 129. Über die Haftung bei **fehlerhafter Gesellschaft** und **Scheingesellschaft** s. § 172 Anm. 15.

6. Die unmittelbare gesamtschuldnerische Haftung des Kommanditisten wie des persönlich haftenden Gesellschafters besteht auch, solange sich die Gesellschaft in Abwicklung oder im Konkurs befindet; vgl. auch Anm. 35. Sie dauert fort, wenn die Gesellschaft ohne Abwicklung oder nach Abwicklung vollbeendet wird oder ein Kommanditist aus der fortbestehenden Gesellschaft ausscheidet; vgl. die Erl. zu § 128; ROHG 25, 278; RG 64, 80; OLG Hamburg in OLGR 32, 109. **Anm. 8**

7. Der **Inhalt der Haftung** läßt sich nicht aus der Rechtsnatur der Personengesellschaft bestimmen, sondern muß aus dem Zweck des § 128 hergeleitet werden (BGH 23, 305; Hueck § 21 II 3, 5). Diese Vorschrift dient einerseits der Sicherung der Gläubiger und der Stärkung des Kredits der Gesellschaft, sie will aber andererseits nicht in die gesellschaftsfreie Privatsphäre des Gesellschaftsvertrags eingreifen, s. die Erl. zu § 128. Im Anschluß an Hueck a. a. O. ergibt sich daraus folgendes: In § 128 wird die Verbindlichkeit der Gesellschaft mit der der Gesamtheit der Gesellschafter gleichgesetzt, nicht mit der des einzelnen Gesellschafters (als Einzelperson und in seiner gesellschaftsfreien Privatsphäre). Dieser hat dafür zu **sorgen,** daß die von der Gesellschaft geschuldete Leistung erbracht wird, und er hat diese Leistung dem Gläubiger aufgrund seiner persönlichen Haftung zu erbringen, wenn er zu ihr der Gesellschaft gegenüber als Gesellschafter verpflichtet ist, insbesondere wenn sie Inhalt seiner **Einlagepflicht** ist. Dann gehört sie der **Gesellschaftssphäre** und nicht der Privatsphäre an. Schuldet die Gesellschaft eine **Geldzahlung,** so haftet der Kommanditist in Höhe seiner noch rückständigen Einlage dem Gläubiger unmittelbar auf die Geldzahlung, auch wenn er der Gesellschaft eine Sacheinlage schuldet. Zu einem sonstigen Tun oder Unterlassen ist er dem Gläubiger gegenüber nur verpflichtet, wenn er es auch der Gesellschaft schuldet. Dabei ist es gleichgültig, ob der Kommanditist die Leistung als Einlage oder aus einer sonstigen gesellschaftlichen Pflicht (nicht aus einem Drittschuldnerverhältnis) zu erbringen hat. Der Sicherungszweck des § 128 verlangt, daß der Kommanditist alles ihm in der gesellschaftlichen Sphäre Obliegende tut, um den Gesellschaftsgläubiger zu befriedigen. Nicht aber ist der Kommanditist verpflichtet, eine Leistung zu erbringen, die er zwar aus seiner Privatsphäre erbringen könnte, die er aber der Gesellschaft gegenüber zu erbringen nicht verpflichtet ist. **Anm. 9**

Im Grundsatz ebenso: BGH 23, 305 = LM § 128 Nr. 4 mit Anm. v. Fischer; Baumbach-Duden § 128 Anm. 2 B; Fischer ZHR 125, 203; a. M. Schlegelberger-Gessler 3.

8. Die Haftung des Kommanditisten erstreckt sich auf **alle Schulden** der Gesellschaft **gegenüber Dritten.** Dies gilt auch für Verbindlichkeiten der Gesellschaft aus unerlaubter Handlung und solcher öffentlich-rechtlicher Art, z. B. Steuerschulden; für diese gilt aber auch die Beschränkung der Haftung auf die Höhe der Einlage. Insbesondere kann eine unbeschränkte Haftung für die Gewerbesteuer auch nicht aus § 5 Abs. 1 Satz 3 GewStG hergeleitet werden (Schlegelberger-Gessler 8; Bühler JW 37, 2809; Haupt-Reinhardt § 21 III 5; Paulick BB 64, 1337). Die Haftung besteht nicht für Ansprüche der Mitgesellschafter gegen die Gesellschaft aus dem Gesellschaftsverhältnis, wohl aber für solche, die aus einem anderen als dem Gesellschaftsverhältnis bestehen. Es gilt hier grundsätzlich das gleiche wie bei der Haftung der Gesellschafter der offenen Handelsgesellschaft und der persönlich haftenden Gesellschafter, § 128 Anm. 31 f. **Anm. 10**

9. Die **Beschränkung der Haftung** des Kommanditisten auf die Höhe seiner Einlage beeinflußt den in Anm. 9 dargestellten Inhalt seiner Haftung nur der Höhe, nicht der Art nach. Zu mehr als er in seiner Gesellschaftereigenschaft schuldet, ist der Kommanditist auch dem Gesellschaftsgläubiger nicht verpflichtet. Hat er als Einlage 10 Maschinen zu leisten und schon 5 geliefert, so schuldet er dem Gläubiger nur diese 5, auch wenn dieser von der Gesellschaft 10 zu fordern hat. **Anm. 11**

II. Die Befreiung des Kommanditisten von der Haftung

1. Die Haftung des Kommanditisten ist ausgeschlossen, soweit die Einlage geleistet ist; **Abs. 1 Halbsatz 2.** Die hier ausgesprochene Haftungsbefreiung **Anm. 12**

des Kommanditisten bringt die folgerichtige Durchführung der Vorschrift in Halbsatz 1, nach der die Haftung des Kommanditisten auf den Betrag seiner Einlage beschränkt ist. Wenn auch Haftsumme und Einlage rechtlich verschieden sind (vgl. § 161 Anm. 12), so sind sie doch miteinander insofern in Verbindung gesetzt, als die Einlagepflicht regelmäßig auch den Umfang der Haftung bestimmt und der Kommanditist eben im wesentlichen nur mit seiner Einlage an dem Schicksal des Unternehmens beteiligt sein soll. Hat der Kommanditist seine Einlage geleistet, so soll er nach innen von weiterer Leistung befreit sein, aber auch nach außen, da er das Vermögen der Gesellschaft, aus dem die Gesellschaftsgläubiger naturgemäß in erster Linie zu befriedigen sind, um einen der von ihm übernommenen Leistung entsprechenden Betrag verstärkt hat. Die **Beweislast** für die Leistung, ihre Höhe und ihren Wert trägt der Kommanditist (OLG Nürnberg, WM 61, 124).

Anm. 18 **2.** Geleistet ist die Einlage im Sinne des Abs. 1 Halbsatz 2 (also die Hafteinlage), wenn der Gesellschaft ein Vermögenswert in Höhe der Einlage zugeflossen ist. Da der Kommanditist durch die Leistung von der Haftung gegenüber den Gläubigern befreit werden soll, muß er so viel an die Gesellschaft geleistet haben, als dem Betrag der Haftsumme entspricht. Da diese höher oder niedriger sein kann als der Betrag oder Wert der im inneren Verhältnis zu leistenden Einlage (der sog. Pflichteinlage) ausmacht (vgl. § 161 Anm. 12, 13), müssen also dem Gesellschaftsvermögen Werte zugeflossen sein, die dem in Geld ausgedrückten Betrage der **Haftsumme wertmäßig** gleichkommen. Sind diese Werte geleistet, so ist der Kommanditist von der Haftung auch dann befreit, wenn im inneren Verhältnis eine höhere Einlage geschuldet wird. Deshalb tritt auch eine Erhöhung der Haftpflicht nicht dadurch ein, daß der Kommanditist aus Gründen, die auf dem inneren Verhältnis beruhen, zu einer höheren Leistung gegenüber der Gesellschaft verpflichtet ist, z. B. zur Leistung von Verzugszinsen, Schadensersatz, Vertragsstrafen. Auf diese Leistungen haben die Gläubiger auf Grund der Haftpflicht des Kommanditisten keinen Anspruch (sie können sie aber im Vollstreckungsverfahren gegen die Gesellschaft pfänden und sich überweisen lassen, vgl. Anm. 4). Prozeßkosten und Prozeßzinsen, die durch die Nichterfüllung der Verpflichtung aus der unmittelbaren Haftung des Kommanditisten entstanden sind, hat der Kommanditist gegenüber dem Gesellschaftsgläubiger zu tragen, weil er diesem gegenüber seine Verpflichtung nicht erfüllt hat, die Prozeßkosten nach den allgemeinen Regeln des Prozeßrechts. Hat der Kommanditist die Einlage in **Geld** zu leisten, so ist er soweit befreit als er einen der Haftsumme entsprechenden Geldbetrag an die Gesellschaft wirklich geleistet hat. Abzüge, die ihm die Gesellschaft gestattet hat, etwa für Aufwendungen für Beschaffung der baren Geldes, können ihm zwar im inneren Verhältnis als Leistung der Einlage angerechnet werden; in dieser Höhe wird er aber nicht von der Haftpflicht befreit, da die nicht gezahlten Beträge nicht in das Gesellschaftsvermögen geflossen sind und deshalb auch nicht zur Erfüllung der Gesellschaftsverbindlichkeiten verwendet werden konnten; RG 37, 85; vgl. unten Anm. 16, 18.

Da es zur Befreiung von der Haftpflicht genügt, daß der Kommanditist an die Gesellschaft Werte geleistet hat, die dem Betrage der Haftsumme entsprechen, ist es gleichgültig, ob der Kommanditist der **Art** nach gerade das geleistet hat, was er nach dem Gesellschaftsvertrag im inneren Verhältnis als Einlage zu bewirken hatte. Der für die Kapitalgesellschaft geltende Grundsatz, daß Bareinlageverpflichtungen nicht durch Sachleistungen erfüllt werden können, gilt für die Kommanditgesellschaft nicht; BGH 39, 329 = LM § 172 Nr. 2 m. Anm. v. Fischer. Hatte der Kommanditist nach dem Vertrage eine **Sacheinlage** zu machen, z. B. ein Geschäft einzubringen oder Dienste zu leisten, und hat er diese geleistet, so ist er in Höhe ihres **wahren Wertes** auch von der Haftpflicht befreit (BGH 39, 329); D I 112; RG 41, 38; 63, 260; RG bei Holdheim 11, 147; Wieland I 762 Anm. 19; Ritter Anm. 32; Schlegelberger-Gessler 13. Er ist auch befreit, wenn er mit Zustimmung aller Gesellschafter statt der bedungenen Sacheinlage eine andere oder statt Sachwerten Geld geleistet hat oder Gesellschaftsgläubiger befriedigt hat; vgl. Anm. 20. Hatte er Geld zu leisten, so kann die Gesellschaft auch Sachleistungen an Erfüllungs Statt annehmen; § 364 BGB. Immer muß aber das Geleistete seinem objektiven Werte nach dem Betrag der eingetragenen Haftsumme entsprechen. Ist der Wert des Geleisteten **geringer,** so ist die Einlage nur zu diesem geringeren Werte geleistet, soweit es sich um die Befreiung von der Haftung handelt. Im inneren Verhältnis kann aber die Leistung der Einlage nach dem Gesellschaftsvertrag oder besonderen Vereinbarungen aller Gesellschafter als geleistet gelten, auch wenn der Wert der Haftsumme nicht erreicht ist. Ist eine Sacheinlage nach dem Gesellschaftsvertrag mit einem bestimmten Werte einzubringen und liegt der angenommene Betrag unter dem objektiven Werte, ist dieser also **höher,** so gilt die Vereinbarung jedenfalls im inneren Verhältnisse unter den Gesellschaftern. Für die Haftung nach außen ist die Leistung aber nach ihrem höheren wahren Werte zu behandeln, d. h. die Einlage gilt in dessen Höhe dem Gläubiger gegenüber als geleistet. Soll sie nach dem Willen der Gesellschafter auch im äußeren Verhältnis nur mit dem im Vertrag angenommenen Werte berechnet werden, so liegt darin zugleich die Vereinbarung der Höhe der Haftsumme, falls die Vereinbarung erst nach der ursprünglichen Festlegung der Haftsumme erfolgt, eine Erhöhung der Haftsumme. Die Erhöhung gilt den Gesellschaftsgläubigern gegenüber nur in derselben Weise wie eine sonst vereinbarte Erhöhung der Haftsumme, wenn die Erhöhung dem einzelnen Gläubiger nicht besonders mitgeteilt worden ist also nur, soweit sie sich aus dem Eintrag im Handelsregister ergibt; vgl. § 176; vgl. auch Schlegelberger-Gessler 13.

3. Der Kommanditist kann nach den allgemeinen Regeln des bürgerlichen Rechts **Anm. 13a** über die **Aufrechnung** sich von seiner innergesellschaftlichen Einlagepflicht und in der Höhe der damit geleisteten Einlage auch von der Haftpflicht befreien; BGH 51, 391; RG 63, 367; Gruchot 26, 718; HoldhMschr. 1905, 199; JW 1907, 275. Dabei ist zwischen dem Rechtsgeschäft, aus dem die zur Aufrechnung gestellte Forderung des Kommanditisten erwächst, und der Leistung der Einlage zu unterscheiden. Letztere muß zum Zwecke der Erfüllung der Einlagepflicht erfolgt sein. Es genügt deshalb nicht, daß der Kommanditist auf Grund eines nicht auf dem Gesellschaftsverhältnis beruhenden Rechtsgeschäfts, z. B. eines Darlehens- oder Kaufgeschäfts dem Gesellschaftsvermögen Werte (Geld oder Waren) zugeführt hat. Erst die Aufrechnung der sich aus dem Geschäft für den Kommanditisten ergebenden Ansprüche, z. B. auf den Kaufpreis, mit dem Einlageanspruch der Gesellschaft, führt dessen Erfüllung und damit auch die Befreiung von der Einlagepflicht herbei. Maßgebend ist dann aber nur der Wert des auf Gund des Rechtsgeschäfts der Gesellschaft Zugeflossenen, z. B. der gelieferten Ware, nicht des über diesen Wert hinausgehenden und vereinbarten Kaufpreises; RG 63, 267; Schlegelberger-Gessler 15 Abs. 2. Nicht erforderlich ist, daß die zur Aufrechnung verwendete Schuld der Gesellschaft mit Rücksicht auf deren Vermögenslage vollwertig ist, denn durch die Aufrechnung wird die Gesellschaft immer von einer Schuld in Höhe der Einlage befreit; Schlegelberger-Gessler 15 Abs. 1; vgl. Anm. 14.

4. Für die Bewertung des als Einlage Geleisteten ist dessen Wert in dem **Anm. 14** **Zeitpunkt** maßgebend, in dem das Geleistete dem Gesellschaftsvermögen **tatsächlich zugeflossen** ist, in dem es der Gesellschaft zur Erfüllung des Gesellschaftszweckes zur Verfügung stand. Ist die Einlage schon vor der Entstehung der Gesellschaft erbracht, so ist der Zeitpunkt der Entstehung (§ 161 Anm. 39f.) maßgebend; BGH WM 1956, 284. Unerheblich ist der Wert im Zeitpunkt der Vereinbarung über das Einbringen der Sachwerte. Es kommt deshalb nicht auf die Bewertungsgrundsätze an, die für die Aufstellung der Jahresbilanz gelten. Insbesondere ist nicht entscheidend der Anschaffungspreis, hier der Betrag, zu dem die Gesellschaft einen Gegenstand, z. B. ein Geschäft, nach der Vereinbarung mit dem Kommanditisten übernommen hat, wenn der wahre Wert des Eingebrachten geringer ist. Entscheidend ist regelmäßig der Betrag, den die Gesellschaft im Zeitpunkt des Übergangs der geleisteten Sache in ihre Verfügungsgewalt (regelmäßig in ihr Eigentum) **auf dem freien Markte** zur Anschaffung der Gegenstände hätte aufwenden müssen. Der durch die Einbringung so ersparte Betrag steht ihr zu Gesellschaftszwecken zur Verfügung. Hat der Kommanditist eine Sache (z. B. ein Geschäft) an die Gesellschaft verkauft und soll nun die Einlage durch Aufrechnung geleistet werden, so ist nicht der Kaufpreis maßgebend, sondern der gemeine Wert, Anm. 13, 13a. Hat das Geleistete für die Erfüllung des Gesellschaftszweckes weder als Anlage- noch als Betriebsvermögen (Waren oder Rohstoff) Wert, so kann nur der Wert in Betracht kommen, zu dem die Veräußerung im Zeitpunkt der Leistung auf dem freien Markte möglich war.

Wird eine Forderung gegen einen Dritten eingebracht, so ist deren Wert im Zeitpunkt der Einbringung, bei Zweifeln über die Zahlungsfähigkeit des Schuldners oder Abhängigkeit von einer Bedingung, unter Umständen durch Schätzung festzustellen. Soweit die Forderung aber tatsächlich befriedigt worden ist, ist das Bezahlte voll anzurechnen, da insoweit der Zweck des Abs. 1 Halbsatz 2 erfüllt ist. **Rechnet** der Einlagepflichtige mit einer Forderung gegen die Gesellschaft auf, so sind beide Forderungen nach ihrem Nennwerte in Rechnung zu stellen; denn jeder Teil kann hier sich durch Aufrechnung nach dem Nennwerte befreien. Ein im Recht der Kapitalgesellschafte geltender Rechtssatz, nach dem gegen eine Einlageschuld nur mit vollwertigen Gegenforderungen aufgerechnet werden darf, besteht für die Personengesellschaften nicht; BGH 51, 391.

Anm. 15 Ist eine Barzahlung auf eine Einlageschuld in **entwertetem Gelde** — namentlich in ausländischer Währung — geleistet, so ist die Einlage nur so weit geleistet und damit die Befreiung von der Haftung eingetreten, als der Wert der Geldzahlung im Zeitpunkt der Leistung dem Geldwert der Einlage im Zeitpunkt der Begründung der Einlagepflicht entspricht. Auch die Haftsumme ist, falls nicht eine Umstellung auf Goldmark oder RM oder DM erfolgt und eingetragen ist, nach ihrem Geldwert im Zeitpunkt der Festsetzung der Haftsumme zu bestimmen; vgl. die Rechtsprechung über die Geldentwertung nach dem ersten Weltkrieg: RG in JW 1930, 2658 mit Anm.; vgl. auch JW 1928, 595; BankA 23, 81; DürHach. § 161 Anm. 8a.

Anm. 16 Nur die wirkliche Leistung der Einlage in das Gesellschaftsvermögen wirkt nach dem Zwecke der Befreiungsvorschrift befreiend. Es muß dem Gesellschaftsvermögen von außen etwas zugeflossen sein, das Vermögen und damit die Deckungsunterlage für die Gläubiger muß also durch die Leistung wirklich erhöht sein. Nur soweit diese Erhöhung objektiv, d. h. nach dem wahren Werte der Leistung bemessen, eintritt, erfolgt Befreiung von der Haftpflicht, mag es sich um die ursprüngliche oder um eine erhöhte Hafteinlage handeln. Deshalb sind **Vereinbarungen der Gesellschafter,** auch im Gesellschaftsvertrag, nach denen durch eine bestimmte Leistung die Einlagepflicht erfüllt ist, etwa daß eine Sacheinlage in bestimmter Weise zu bewerten ist, für die Frage der Leistung der Hafteinlage, wie sie sich aus dem Registereintrag ergibt, den Gläubigern gegenüber nicht bindend. Wird der Kommanditist nur aus einem anderen Grunde im inneren Verhältnis von der Leistungspflicht befreit, etwa wegen Unmöglichkeit der versprochenen Leistung oder wegen des Verhaltens der Gesellschaft (Verzug, Vereitelung der Leistung), so tritt die Befreiung von der Haftung nicht ein. Erlangt der Kommanditist infolge des Verhaltens der Gesellschaft gegen diese einen Schadensersatzanspruch, so kann er diesen nach den allgemeinen Regeln gegen eine gleichartige Einlageverpflichtung aufrechnen und diese dadurch mit haftungsbefreiender Wirkung erfüllen; BGH 51, 391. Über Leistung aus Mitteln der Gesellschaft s. Anm. 26.

Anm. 17 **5.** Die Einlage kann mit haftungsbefreiender Wirkung auch dadurch geleistet werden, daß der Kommanditist seinen **Gewinnanteil** nicht erhebt und dieser auf die Einlage **verrechnet** wird; D I 114; Schlegelberger-Gessler 23. Gewinn kann aber nur dann zur Leistung einer Einlage verwendet werden, wenn er nicht zu anderen Zwecken zu verwenden ist. Es kann auch vereinbart werden, daß der den Gesellschaftern nach der Bilanz und dem Gesellschaftsvertrag zukommende Gewinnanteil nicht in bar ausbezahlt, sondern zur Erfüllung einer bereits bestehenden Einlagepflicht oder zur Erhöhung der Einlage eines Kommanditisten verwendet werden muß. Zwar ist der Gewinn zunächst Gesellschaftsvermögen und bleibt es, wenn er nicht ausbezahlt wird. Aber durch eine Vereinbarung des genannten Inhalts soll doch nicht gesagt werden, daß der Gewinn seinem regelmäßigen Zweck, dem Gesellschafter zugute zu kommen, entzogen werden soll. Nur die Art seiner Verwendung soll — auch zugunsten der Gesellschaft — beschränkt werden. Der Gesellschaft soll der Betrag zur Verfügung gestellt, der Kommanditist soll von einer Schuldverpflichtung befreit und seine Beteiligung an dem Unternehmen erhöht werden. Die darin liegende Leistung des Kommanditisten kommt auch den Gesellschaftsgläubigern zugute, weil eben das Gesellschaftsvermögen von der nach der gesetzlichen Regel bestehenden Verpflichtung zur Auszahlung des Gewinns befreit wird. Damit ist der ratio des Grundsatzes, daß die Einlage nicht aus Mitteln der Gesellschaft geleistet werden soll (Anm. 26), genügt. Eine Vereinbarung dieser Art ist gerade geeignet, die Leistung der Einlage im Interesse der Gesellschaftsgläubiger zu sichern.

Handelt es sich um eine Erhöhung der Einlage über den im Handelsregister eingetragenen Betrag der Einlage, so ist die Bestimmung zunächst insofern rechtlich unbedenklich, als es sich um Erhöhung der Pflichteinlage handelt. Wie diese zu leisten ist, können die Gesellschafter frei bestimmen. Soll sie auch als **Erhöhung der Hafteinlage** nach dem Willen der Gesellschafter wirken, so muß sie allerdings eingetragen oder in handelsüblicher Weise kundgemacht oder in anderer Weise den Gesellschaftsgläubigern von der Gesellschaft mitgeteilt werden, § 172 Abs. 2, und die Gesellschafter sind dann gegenseitig verpflichtet, bei der Eintragung mitzuwirken, d. h. sich bei der Anmeldung zu beteiligen. Allerdings muß die Erhöhung, damit sie eingetragen werden kann, auf einen bestimmten Betrag lauten. Gegen die Zulässigkeit der Leistung der Einlage aus Gewinnanteilen, die nicht ausbezahlt, sondern nur zur Erhöhung der Einlage verwendet werden sollen: Günther Donner, Pflichteinlage und Hafteinlage der Kommanditisten, insbesondere bei Kapitalerhöhungen aus dem Gewinn der Kommanditgesellschaft in DNotZ 1943, S. 288ff.

Ist die Einlage zum Teil geleistet und insofern Befreiung erfolgt, sind aber später **Verluste** eingetreten, so müssen nachfolgende Gewinne zunächst zur Wiederauffüllung der durch Verlustbeteiligung des Kommanditisten verminderten Einlage verwendet werden (§ 169 Abs. 1 Satz 2 Halbsatz 2); insoweit können sie nicht auf den noch gar nicht geleisteten Teil der Einlage verrechnet und dadurch die Haftungsbefreiung erreicht werden. Die Verwendung der künftigen Gewinne zur Deckung noch nicht geleisteter Einlageteile wäre im Erfolg ebenso eine Rückzahlung der Einlage wie die Auszahlung des Gewinns in bar vor Wiederauffüllung der durch Verlust geminderten bereits geleisteten Einlage; § 172 Abs. 4; DürHach. Anm. 7; Schlegelberger-Gessler 23.

Nur wirklich erzielter Gewinn kann zur Erfüllung der Einlagepflicht verwendet werden; RG 37, 85. Ist die Gewinnfeststellung und -verteilung und die entsprechende Gutschrift zu Unrecht erfolgt, so hat die Verrechnung des Gewinnes auf die Einlage diese Wirkung nicht. Auch bei gutem Glauben des Kommanditisten tritt diese Wirkung nicht ein; Schlegelberger-Gessler 24. Hatte er aber den Gewinn auf Grund einer in gutem Glauben errichteten Bilanz „bezogen", d. h. war er ihm bar ausbezahlt oder auf sein Bankkonto überwiesen und hat er ihn dann zur Leistung der Einlage verwendet, so braucht er ihn nicht zurückzuzahlen (§ 172 Abs. 5) und wird durch die spätere Verwendung zur Einlagezahlung von der Haftung frei. War der Gewinn nur auf Privatkonto gutgeschrieben, weil die Gutschrift auf Kapitalkonto gemäß § 167 Abs. 2 nicht mehr zulässig war, so kann der Kommanditist die so entstandene Buchforderung zur Aufrechnung auf eine später fällig werdende Einlageschuld verwenden und dadurch ebenfalls Befreiung von der Haftsumme erreichen, aber nur, wenn der Gewinnanspruch objektiv begründet war; denn insofern steht ihm der gute Glaube nicht zur Seite. „Bezogen" ist der Gewinn durch die bloße Gutschrift nur im Sinne des § 169 Abs. 2, also im inneren Verhältnis für die Frage, ob der Kommanditist verpflichtet ist, bezogenen Gewinn wegen späterer Verluste zurückzuzahlen. Im Verhältnis zu Dritten (nach § 172 Abs. 5) kommt es nur darauf an, ob der Gewinn ausbezahlt ist. Bloße Gutschrift genügt hier nicht; § 172 Anm. 39; DürHach. § 172 Anm. 14; Schlegelberger-Gessler § 172 Anm. 28.

6. Die Befreiung tritt schon durch die bloße Tatsache der Leistung der Einlage an die Gesellschaft ein. Sie hängt nicht davon ab, ob die der Gesellschaft zugeflossenen Vermögenswerte von dieser zur Befriedigung von Gesellschaftsgläubigern verwendet worden sind oder ob sie — wie Dienste — dazu verwendet werden können, oder ob sie etwa in der Hand der Gesellschaft anderweit verbraucht oder untergegangen sind. **Anm. 18**

Die bloße Möglichkeit, sich durch Leistung der Einlage von der Haftung zu befreien, führt die Befreiung noch nicht herbei. Der Kommanditist kann sich daher nicht darauf berufen, daß seine innere Einlage noch nicht fällig sei, daß er z. B. die übernommenen Dienste erst nach und nach in der Zukunft zu leisten habe. Nur soweit die Einlage bereits geleistet ist, ist die Haftung ausgeschlossen.

7. Der Kommanditist kann sich nicht auf die Befreiung berufen, wenn diese Berufung nach Lage des Einzelfalls gegen Treu und Glauben verstößt und deshalb eine unzulässige Rechtsausübung darstellt; § 242 BGB. Die Leistung der Einlage kann **Anm. 19**

auch unter den allgemeinen Voraussetzungen des Anfechtungsgesetzes (§§ 3ff.) eine den Gesellschaftsgläubigern gegenüber anfechtbare Rechtshandlung enthalten, z. B. dann, wenn die geschäftsführenden Gesellschafter und die Kommanditisten zusammenwirken, um die geleisteten Vermögenswerte den Gesellschaftsgläubigern zu entziehen oder um einzelne Gläubiger vor anderen in unzulässiger Weise zu bevorzugen. Macht ein Gesellschaftsgläubiger von diesem Anfechtungsrecht Gebrauch, so bringt er damit aber nur die Rechte der Gesellschaft, die sich auf die anfechtbare Handlung stützen, z. B. auf Rückgewährung verschobener Vermögensgegenstände, auf Leistung der im inneren Verhältnis geschuldeten Einlage zur Geltung. Es liegt dann nicht der Fall der unmittelbaren Inanspruchnahme eines Gesellschafters nach Abs. 1 vor, sondern der Gläubiger handelt als Gläubiger der Gesellschaft, indem er die Rechtshandlungen dieses Schuldners anficht. Der Anspruch richtet sich somit nach dem inneren Verhältnis des Gesellschafters zur Gesellschaft. Der Anspruch kann dann weiter oder enger sein als der Anspruch nach Abs. 1, insbesondere deshalb weil die innere Einlagepflicht größer oder geringer sein kann als die Haftpflicht nach Abs. 1.

III. Leistung durch Befriedigung von Gesellschaftsgläubigern

Anm. 20 1. Die Leistung der Einlagepflicht mit haftungsbefreiender Wirkung kann auch **durch Befriedigung von Gesellschaftsgläubigern** erfolgen. Diese Wirkung tritt namentlich ein, wenn die im inneren Verhältnis zu leistende Einlage des Kommanditisten, d. h. sein Beitrag zur Erfüllung des gemeinsamen Zweckes, nach dem Gesellschaftsvertrage gerade dadurch zu leisten ist, daß der Kommanditist bestimmte Gläubiger der Gesellschaft befriedigt oder die zur Verfügung gestellte Summe zur Befriedigung von Gesellschaftsgläubigern nach seiner Wahl oder nach einer Anweisung durch die geschäftsführenden Gesellschafter zu verwenden ist. Dieser Weg wird insbesondere gewählt, wenn es sich um die Sanierung eines notleidenden Unternehmens durch Errichtung einer Gesellschaft und Einbringung des Unternehmens in diese handelt. Auf diese Weise können auch die Gläubiger des bisherigen Alleininhabers ihre Forderungen gegen diese einbringen und dadurch Kommanditisten werden. Sie leisten dann ihre Einlage entsprechend dem Gesellschaftsvertrag durch Aufrechnung der Einlageschuld mit ihrer Forderung, deren Befriedigung die Gesellschaft übernommen hat; RG in HoldhMschr. 1905, 199; OLG Kolmar in ElsLothZschr. 27, 230.

Befriedigt ein Kommanditist im Rahmen seiner Haftpflicht ohne eine solche besondere vertragliche Verpflichtung Gesellschaftsgläubiger, die ihn nach Abs. 1 in Anspruch nehmen, so leistet er damit zwar nicht seine etwa auf Zahlung eines bestimmten Geldbetrages gerichtete Einlage. Die Leistung der Einlage auf diesem Wege würde nur eintreten, wenn der Kommanditist mit Zustimmung der Gesellschaft die Befriedigung der Gläubiger an Erfüllungs Statt ausführen würde; D. I 115; RG 7, 48; 37, 137; 63, 265; LZ 1907, 342[3] = JW 1907, 275[30]; Warneyer 1909 Nr. 151. Aber durch Erfüllung der Haftpflicht nach Abs. 1 gegenüber Gesellschaftsgläubigern wird er auch ohne eine solche Vereinbarung **von der Haftpflicht frei,** wenn und soweit dadurch die Grenze der Haftpflicht erreicht, die Haftsumme ganz oder teilweise erschöpft ist. Er haftet zwar jedem Gesellschaftsgläubiger, aber dem einzelnen nur unter der Voraussetzung, daß nicht schon durch Befriedigung anderer Gläubiger die Haftsumme erreicht ist; BGH 51, 391. Dadurch unterscheidet sich die Haftpflicht des Kommanditisten gerade von der des persönlich haftenden Gesellschafters. Unter mehreren Gläubigern hat er die Wahl, Anm. 24. Die befreiende Wirkung der Befriedigung eines Gesellschaftsgläubigers tritt nicht nur ein, wenn sie mit Zustimmung der Gesellschaft oder auf Grund eines gegen die Gesellschaft ergangenen rechtskräftigen Urteils geschieht. Zu einer solchen Einschränkung bietet das Gesetz und sein Zweck keine Stütze. Es haben auch nicht sämtliche Gesellschaftsgläubiger einen Anspruch auf gemeinsame und verhältnismäßige Befriedigung aus einem der Haftsumme gleichkommenden Geldbetrag. Die Gläubiger sind nicht Gesamtgläubiger nach § 428 BGB. Die zuerst befriedigten Gläubiger beschränken damit zugleich die Möglichkeit der Befriedigung der anderen aus dem Privatvermögen des Kommanditisten, soweit dessen Haftpflicht erschöpft ist. Sie sind den anderen Gläubigern gegenüber auch nicht ausgleichspflichtig, da zwischen allen

Gläubigern zwar eine Interessen-, aber keine Rechtsgemeinschaft besteht, aus der sich eine solche Ausgleichspflicht ableiten ließe: Schneider in LZ 1907, 626ff.; DürHach. Anm. 2.

Da der Kommanditist im Rahmen seiner Haftpflicht zur vollen Befriedigung jedes Gesellschaftsgläubigers verpflichtet ist, wird er mit dem Betrage frei, den er zur Befriedigung des Gläubigers tatsächlich geleistet hat. Es kommt daher nicht darauf an, ob die Forderung gegen die Gesellschaft mit Rücksicht auf deren Vermögenslage vollwertig war oder nicht; BGH NJW 69, 1210. Gegen die Unzulänglichkeit des Gesellschaftsvermögens soll dem Gläubiger gerade die unmittelbare Haftung des Kommanditisten Schutz gewähren; dieser aber braucht im ganzen nicht mehr zu leisten, als was der Haftsumme entspricht. Hat der Kommanditist die Forderung der Gläubiger nur teilweise befriedigt, so ist er nur in Höhe des Geleisteten frei geworden. Dies gilt auch dann, wenn der Gläubiger ihm — etwa durch Vergleich — einen Teil der Schuld erlassen hat, gleichgültig, ob der Erlaß nur ihm oder auch der Gesellschaft oder den Mitgesellschaftern gegenüber wirkt (wegen der Möglichkeit eines nur auf einen von mehreren Gesamtschuldnern beschränkten Erlasses vgl. die Erl. zu § 128). Durch den Erlaß wird der Kommanditist nur von der Verpflichtung zur Befriedigung des erlassenden Gläubigers, nicht von seiner Haftpflicht im allgemeinen befreit. Es besteht kein Grund, weshalb der Kommanditist in höherem Umfange befreit sein soll als seiner tatsächlichen Leistung entspricht; DürHach. 9 Abs. 3; Schlegelberger-Gessler 20.

2. Besteht der Anspruch des Dritten gegen die Gesellschaft, nicht, **Anm. 21**
etwa weil der Gläubiger schon aus Mitteln der Gesellschaft befriedigt war oder weil nicht die Gesellschaft, sondern ein anderer der Schuldner war, so wird der Kommanditist durch eine Leistung an den angeblichen Gläubiger nicht befreit, weil er **nur durch Erfüllung einer wirklichen Gesellschaftsschuld** befreit wird. Auch unverschuldeter guter Glaube an das Bestehen der Schuld der Gesellschaft befreit ihn nicht von der Haftpflicht gegenüber anderen Gläubigern, Schlegelberger-Gessler 17 (wohl aber kann sich aus der in gutem Glauben erfolgten Befriedigung unter Umständen ein Erstattungsanspruch gegen die Gesellschaft im Sinne des § 110 ergeben, vgl. die Erl. dazu). Gegen die Gefahr, daß im Verhältnis zu einem späteren Gläubiger das Bestehen der früher getilgten Schuld als Gesellschaftsschuld nicht anerkannt wird, kann sich der zahlende Kommanditist nicht dadurch schützen, daß er der Gesellschaft oder den übrigen Gesellschaftsgläubigern den Streit verkündet. Letzteres wäre auch nur gegenüber den bereits vorhandenen, nicht auch gegenüber späteren möglich; er haftet aber auch diesen, wenn die Haftsumme nicht durch Befriedigung wirklicher Gesellschaftsgläubiger erschöpft ist; a. A. Wieland I 765. Hat der Kommanditist auf Grund eines im streitigen Verfahren gegen die Gesellschaft ergangenen rechtskräftigen Urteils bezahlt, so wäre es unbillig und würde auch dem Gedanken der beschränkten Haftung widersprechen, wenn er sich darauf nicht berufen könnte; ebenso Schlegelberger-Gessler 17; a. A. DürHach. Anm. 9 Abs. 2. Das gleiche gilt, wenn der Kommanditist selbst im streitigen Verfahren verklagt, der Gesellschaft den Streit verkündet und zur Zahlung rechtskräftig verurteilt wird; Schlegelberger-Gessler 17; Wieland I 765; vorausgesetzt, daß er die Verurteilung nicht durch Anwendung der ihm obliegenden Sorgfalt abwenden konnte; vgl. Anm. 22—24.

Gegen die Gefahr, mehr als die Haftsumme leisten zu müssen, kann sich der Kommanditist unbedingt dadurch schützen, daß er seine **Einlage** in dem für die Befreiung von der Haftung erforderlichen Umfange **an die Gesellschaft leistet.** Dazu ist er auch insoweit berechtigt, als die Haftsumme die Pflichtsumme (vgl. § 161 Anm. 12) übersteigt; vgl. Schlegelberger-Gessler 10. Die gleiche Möglichkeit besteht für den aus der fortbestehenden Gesellschaft ausgeschiedenen Kommanditisten; denn Abs. 1 Halbsatz 2 gibt ihm ohne Einschränkung das Recht, sich durch Leistung der Einlage, und zwar nicht nur der im inneren Verhältnis geschuldeten, sondern einer solchen, deren Leistung eben die Befreiung von der Haftpflicht herbeiführt, von der Haftung zu befreien. Die Gesellschaft kann dann mit dem an sie Geleisteten ihren Gläubiger befriedigen oder falls sie ihm nichts schuldet, durch ein auch dem Kommanditisten zur Sicherheit dienendes Feststellungsurteil (vgl. § 129 Abs. 1) das Nichtbestehen einer Gesellschaftsschuld feststellen lassen. Verweigert die Gesellschaft grundlos die Annahme der Leistung, so kann sich der Kommanditist durch Hinterlegung befreien; §§ 372ff. BGB. Damit die Befreiungsvorschrift ihren Zweck erfüllt, muß sie so ausgelegt werden, daß die Hinterlegung auch zugunsten des Kommanditisten als Leistung der Einlage gilt. Der Gläubiger kann dann auf Grund eines gegen die Gesellschaft erwirkten Schuldtitels deren Anspruch auf Auszahlung des Hinterlegten pfänden und sich überweisen lassen. Eine Leistung an die Gesellschaft, die nach dem inneren Verhältnis nicht als Einlage zu machen ist, sondern nur der Befreiung von der äußeren Haftung dienen soll, kann nicht dem Kapitalanteil, sondern nur dem Privatkonto des Kommanditisten gutgeschrieben werden. Sie kann auch zurückbezahlt werden; es lebt dann aber die Haftpflicht wieder auf; § 172 Abs. 4.

Anm. 22 **3.** Ist der Kommanditist zur Leistung an den Gesellschaftsgläubiger nicht nur auf Grund seiner Haftung als Kommanditist verpflichtet, sondern auch noch aus einem **anderen selbständigen Rechtsgrunde,** z. B. einer Bürgschaft, einem von ihm persönlich, aber gemeinsam mit der Gesellschaft abgeschlossenen Rechtsgeschäft (§ 427 BGB) oder aus einer gemeinsam begangenen unerlaubten Handlung, so tritt durch die Befriedigung des Gläubigers auch dann Befreiung als Kommanditist ein, wenn von ihm auch wegen des anderen Rechtsgrundes Befriedigung verlangt und geleistet worden ist; denn Befreiung tritt ein, wenn eine Schuld der Gesellschaft getilgt wurde, mag dadurch auch zugleich der Kommanditist von einer nicht auf seiner Zugehörigkeit zur Gesellschaft beruhenden Verpflichtung befreit werden; RG 7, 48; Ritter Anm. 3c; Schlegelberger-Gessler 19; a. M. Wieland I 764 Anm. 28.

Anm. 23 **4.** Das bloße Bestehen der Verpflichtung des Kommanditisten zur Befriedigung eines Gesellschaftsgläubigers befreit ihn noch nicht von der Haftung für andere, sondern **nur die wirkliche Befriedigung** (a. M. Gramlich NJW 67, 1447 für den Fall der Sicherungsabtretung der Einlageforderung an einen Darlehnsgläubiger der Gesellschaft). Das bloße Erfüllungsverlangen eines Gesellschaftsgläubigers hat diese Wirkung erst recht nicht. Der zuerst Befriedigung verlangende Gesellschaftsgläubiger erlangt dadurch noch kein Recht auf bevorzugte Befriedigung vor anderen Gläubigern. Die Befreiung tritt auch nicht dadurch ein, daß der Kommanditist sich einem anderen Gesellschaftsgläubiger zur Befriedigung besonders verpflichtet, Bürgschaft oder Sicherheit leistet; RG im Recht 1909 Nr. 139.

Anm. 24 **5.** Der Kommanditist kann, auch nachdem er von einem Gläubiger in Anspruch genommen, auch verklagt ist, seine Befreiung von der Haftung noch dadurch herbeiführen, daß er die Einlage **an die Gesellschaft** leistet oder einen **anderen Gläubiger** befriedigt. Geschieht dies, so erledigt sich der Rechtsstreit in der Hauptsache und es ist nur noch über die Prozeßkosten zu entscheiden. Diese fallen dem Beklagten zur Last, wenn die Klage bis zur Erledigung der Hauptsache begründet war; a. A. Linsmeyer in DJZ 1903, 475. Hält der Gläubiger den Anspruch trotz Erledigung der Hauptsache aufrecht, so wird seine Klage abgewiesen und werden ihm die Kosten auferlegt. Der Kommanditist kann auch nach rechtskräftiger Verurteilung seine Befreiung von der Haftung in der angegebenen Weise herbeiführen. Gegen die Vollstreckung des Urteils kann er sich durch die Vollstreckungsgegenklage schützen. Es steht eben in seinem Belieben, welchen Gläubiger er befriedigt; Anm. 20; BGH 39, 328; 42, 192; NJW 69, 1210; vgl. auch Kuhn WM 1968, 1078 Z. 8c unter a). Nach Lage des Einzelfalls kann aber die Herbeiführung der nachträglichen Befreiung von der Haftung, insbesondere durch Bevorzugung eines anderen Gesellschaftsgläubigers gegen Treu und Glauben verstoßen und die Berufung auf sie eine unzulässige Rechtsausübung darstellen.

Anm. 25 **6.** Auf welche **Art** die Schuld getilgt ist, ob durch Leistung des Geschuldeten oder Leistung an Erfüllungs Statt oder Aufrechnung, ist für die Befreiung des Kommanditisten gleichgültig.

Anm. 26 **7.** Die Befreiung durch Leistung der Einlage oder Befriedigung von Gesellschaftsgläubigern tritt nicht ein, wenn sie **aus Mitteln der Gesellschaft,** z. B. aus einem von der Gesellschaft gewährten Darlehen oder aus Geldern erfolgte, die der Kommanditist als Prokurist oder Angestellter der Gesellschaft eingenommen hatte. Eine Befreiung durch Leistung der Einlage liegt auch nicht vor, wenn der Kommanditist nur sein Privatkonto buchmäßig belasten und einen entsprechenden Betrag seinem Kapitalkonto gutschreiben läßt; denn dadurch fließen der Gesellschaft keine Vermögenswerte zu. Nicht erforderlich ist, daß der Kommanditist die Einlage persönlich oder aus eigenen Mitteln leistet. Auch ein Dritter, z. B. der Treugeber, für den jemand als Treuhänder Kommanditist geworden ist, kann sie mit haftungsbefreiender Wirkung leisten. Eine Leistung aus Mitteln der Gesellschaft ist es nicht, wenn der persönlich haftende Gesellschafter dem Kommanditisten aus seinem Privatvermögen die Mittel zur Leistung der Einlage gewährt oder wenn er von seinem Kapitalkonto einen Teil abbuchen und dem Kapitalkonto des Kommanditisten gutschreiben läßt; denn das Kapitalkonto des persönlich haftenden Gesellschafters kann auch durch Rückzahlung seiner Einlage ohne Einfluß auf dessen Haftung vermindert und der dadurch frei werdende Betrag nach Belieben des persönlich haftenden Gesellschafters auch zur Leistung der Einlage eines Kommanditisten verwendet werden; OLG Düsseldorf, GmbHRdsch. 1959, 114; Schlegelberger-Gessler 22; vgl. auch RFH in StuW 26 Nr. 504.

8. Im **inneren Verhältnis** unter den Gesellschaftern hat die Befriedigung eines Gesellschaftsgläubigers durch einen Kommanditisten die Wirkung, daß der Kommanditist auch seine innere Einlagepflicht erfüllt hat, wenn diese gerade auf Befriedigung der Gesellschaftsgläubiger ging oder die Gesellschaft mit dieser Art der Erfüllung der Pflichteinlage einverstanden ist; vgl. Anm. 20. Geschah die Befriedigung lediglich in Erfüllung der Haftpflicht nach Abs. 1, so erlangt der Kommanditist, wie jeder Gesellschafter, der eine Gesellschaftsschuld tilgt, einen **Ersatzanspruch gegen die Gesellschaft nach § 110,** mit dem er oder auch die Gesellschaft gegen eine gleichartige Einlageverpflichtung **aufrechnen** kann, § 387 BGB. Die Aufrechnung ist auch möglich, wenn der Kommanditist im inneren Verhältnis nur berechtigt, nicht verpflichtet war, eine dem Gegenanspruch gleichartige Leistung als Einlage zu machen. Ist die Aufrechnung nicht möglich, weil der Anspruch des Gläubigers auf Geld, die Einlageverpflichtung auf eine Sachleistung lautet oder weil der Kommanditist im inneren Verhältnis überhaupt keine Einlage zu machen hatte oder weil die Einlage noch nicht fällig war, so hat der Kommanditist nur einen Ersatzanspruch gegen die Gesellschaft. Ist er zu einer andersartigen Leistung verpflichtet, so bleibt diese bestehen; er kann sie aber bis zur Befriedigung seines Ersatzanspruchs zurückhalten; § 273 BGB. **Anm. 27**

Hat der Kommanditist einen Ersatzanspruch nach § 110 aus der von ihm in Erfüllung seiner Haftpflicht bewirkten Tilgung einer Gesellschaftsschuld, so ist die Frage, ob er während des Bestehens der werbenden Gesellschaft oder während oder erst nach der Abwicklung bei der Ausgleichung der Aktiv- und Passivsalden von den Mitgesellschaftern Ersatz verlangen kann, in gleicher Weise zu beantworten, wie wenn ein Gesellschafter der offenen Handelsgesellschaft oder der diesem gleichstehende persönlich haftende Gesellschafter der Kommanditgesellschaft eine solche Befriedigung eines Gesellschaftsgläubigers bewirkt hat; vgl. die Erl. zu § 110; § 128 Anm. 15ff., 32. Die etwa bestehende Ausgleichspflicht richtet sich nach der Beteiligung der Gesellschafter am Verlust, BGH 37, 299. Die Kommanditisten nehmen dabei nach der Regel des § 167 Abs. 3 nur bis zum Betrage ihres Kapitalanteils und ihrer noch rückständigen Einlage teil. **Anm. 28**

9. Wird ein Gesellschafter von einem **Mitgesellschafter** auf Grund eines von dessen gesellschafterlichen Beteiligung unabhängigen Rechtsverhältnisses (eines **Drittschuldverhältnisses**) in Anspruch genommen (vgl. RG 85, 157ff.), so muß sich der fordernde Gesellschafter, wie bei der offenen Handelsgesellschaft, das abziehen lassen, was er nach seiner Verlustbeteiligung selbst zu tragen hat; vgl. § 128 Anm. 32; Wieland I 850. Soweit der Kommanditist an einen Mitgesellschafter als Drittgläubiger zahlt, hat diese Zahlung für seine Haftungsbefreiung und für seine Ansprüche gegen die Gesellschaft die **gleiche Wirkung,** wie wenn er an einen Nichtgesellschafter eine Gesellschaftsschuld zahlt. Von seiner Haftpflicht gegenüber anderen Gesellschaftsgläubigern wird er nur insofern befreit, als er an den Mitgesellschafter-Gläubiger eine Zahlung (auch durch Aufrechnung) leistet. Was er auf Grund der gegenseitigen Ausgleichspflicht zurückhalten kann, befreit ihn gegenüber anderen Gläubigern nicht; denn durch das Verhältnis der Gesellschafter untereinander wird die Haftpflicht gegenüber den Gesellschaftsgläubigern nicht berührt. **Anm. 29**

10. Ist ein **Kommanditist** selbst **Gläubiger** der Gesellschaft aus einem **Drittschuldverhältnis,** so kann er bei Gleichartigkeit der gegenseitigen Ansprüche auch diese Schuld **Anm. 30**

der Gesellschaft durch **Aufrechnung** gegen seine Verpflichtung aus der Haftpflicht tilgen. Er erfüllt damit seine Haftpflicht mit befreiender Wirkung nach Abs. 1 Halbsatz 2 und zugleich seine im inneren Verhältnis bestehende Einlagepflicht, insbesondere wenn diese auf Zahlung von Gesellschaftsschulden geht; denn auch dadurch hat er die Gesellschaft von einer Schuld befreit; BGH 51, 391; RG 63, 267; bei Gruchot 26, 718; in JW 1907, 275[39]; LZ 1907, 342[5]; OLG Hamburg in OLGR 8, 258. Die Wirkung tritt auch ein, wenn die Gesellschaft überschuldet war; RG in HoldhMschr. 1905, 199; OLG Kolmar in ElsLothZ 27, 230. Hat der Kommanditist in Kenntnis der Zahlungseinstellung der Gesellschaft eine wegen Überschuldung der Gesellschaft nicht vollwertige Forderung gegen die Gesellschaft erworben, so kann die Aufrechnung, auch die vertragsmäßige der Konkursmasse gegenüber nach den Vorschriften der §§ 29ff. KO unwirksam sein, ohne daß es einer Anfechtung bedarf; RG 85, 38; in LZ 14, 1914[13]; 15, 510[22]; Jaeger KO § 55 Anm. 17. Die Befriedigung eines Gesellschaftsgläubigers durch einen Kommanditisten kann im Einzelfall nach den allgemeinen Vorschriften des Anfechtungsgesetzes und der Konkursordnung anfechtbar sein; vgl. auch Anm. 24 a. E.

Eine unzulässige oder anfechtbare Aufrechnung liegt nicht ohne weiteres vor, kann aber nach den Umständen des Einzelfalls gegeben sein, wenn einzelne Gläubiger eines Einzelkaufmanns mit diesem eine Gesellschaft gründen und dabei ihre Forderungen als Einlagen einbringen; Wieland I 763 Anm. 21; vgl. auch RG 17, 37.

Anm. 31 **11.** Aufhebung der befreienden Wirkung der Leistung der Einlage oder der Befriedigung eines Gesellschaftsgläubigers. Wird dem Kommanditisten die Einlage **zurückgezahlt,** so gilt sie den Gläubigern gegenüber nicht als geleistet; § 172 Abs. 4. Dieser Fall liegt auch vor, wenn der Kommanditist gerade zum Zwecke der Befreiung von der Haftpflicht eine Einlagezahlung gemacht hatte und diese ihm erstattet wird, weil die Gesellschaft ihre Schuld nicht anerkannt und nichts darauf geleistet hat. Ebenso verhält es sich, wenn der Kommanditist auf Grund seiner Befriedigung einer Gesellschaftsschuld von der Gesellschaft tatsächlich Ersatz erhalten hat. Die befreiende Wirkung hört auch auf, wenn dem Kommanditisten die an einen Gesellschaftsgläubiger bewirkte Zahlung von diesem erstattet wird.

Anm. 32 **12.** Die **Verjährung** des Anspruchs des Gesellschaftsgläubigers aus der Haftpflicht richtet sich nach den für die Verjährung des Anspruchs gegen die Gesellschaft geltenden Vorschriften; wegen der kurzen Verjährung nach Auflösung der Gesellschaft oder Ausscheiden eines Gesellschafters vgl. § 159 mit Erl.

Anm. 33 **13. Die Klage des Gesellschaftsgläubigers gegen den Kommanditisten.**

Der Kläger hat zur Begründung der Klage nur zu beweisen, daß ihm ein Anspruch mit dem geltend gemachten Inhalt gegen die Gesellschaft zusteht und darzutun, daß der Beklagte Kommanditist ist, und daß sein Anspruch sich innerhalb der Haftsumme hält. Werden die Gesellschaft selbst und persönlich haftende Gesellschafter und Kommanditisten gleichzeitig verklagt, so lautet der Klagantrag, soweit der Anspruch die Haftsumme übersteigt, gegen den Kommanditisten auf den der Haftsumme entsprechenden Betrag, gegen die übrigen Beklagten unbeschränkt. Der beklagte Kommanditist kann einwenden, daß er vor oder nach Klagerhebung von der Haftung entweder durch tatsächliche Leistung der Einlage oder durch Befriedigung anderer Gesellschaftsgläubiger befreit sei. Er hat die die Befreiung rechtfertigenden Tatsachen zu **beweisen;** D. I 123; ROHG 25, 279. Der Kommanditist ist zum Zwecke der Vermeidung seiner Verurteilung zur Tragung der Kosten nicht verpflichtet, dem Gläubiger schon vor Klagerhebung nachzuweisen, daß er von der Haftung befreit ist. Nach dem zwischen ihm und dem Gläubiger bestehenden Schuldverhältnis ist er aber verpflichtet, ihn auf Befragen so gut wie möglich **Auskunft** zu geben und die ihm vorliegenden Beweismittel (Quittungen) zur Einsicht vorzulegen; § 242 BGB; Schlegelberger-Gessler 26; Neumann-Duesberg DB 65, 769. Soweit die Befreiung durch Befriedigung anderer Gläubiger geschehen sein soll, hat er auch zu beweisen, daß die Befriedigten Gläubiger der Gesellschaft in Höhe des an sie Geleisteten waren (vgl. oben Anm. 20, 21). Handelt es sich um die Haftungsbefreiung durch Leistung der Einlage, so hat der Kommanditist, wenn nicht eine Geldzahlung vorliegt, auch zu beweisen, daß das Geleistete seinem wirklichen Werte nach der Haftsumme gleichkommt; vgl. Anm. 14. Der Kläger kann den Gegeneinwand erheben, daß die Haftung durch Rückzahlung der Einlage oder an andere Gläubiger bezahlter Beträge wieder wirksam geworden sei; vgl. Anm. 31. Dem Kommanditisten kann nicht der regelmäßig unmögliche Beweis aufgebürdet werden, daß er die Einlage nicht zurückerhalten habe; a. M. Wieland I 762. Will der Gesellschafter den Einwand des Klägers, daß er entgegen der Vorschrift des § 172 Abs. 4 Satz 2 Gewinne bezogen habe und daß darin eine Rückzahlung der Einlage liege, mit dem Einwande begegnen, daß er das Erhaltene auf Grund einer in gutem Glauben errichteten Bilanz als Gewinn bezogen habe (§ 171 Abs. 5), so muß er den guten Glauben bei Aufstellung der Bilanz und beim Bezug des Gewinns beweisen. Ist der Anspruch des Klägers unbegründet, so ist die Klage abzuweisen. Er ist nicht zur Stellung des fürsorglichen Antrages auf Verurteilung zur Leistung der etwa noch rückständigen Einlage an die Gesellschaft legitimiert. Nur die Gesellschaft oder die übrigen Gesellschafter, auch ein anderer Kommanditist (diese mit der actio pro socio), könnten einen solchen Anspruch durch Klage verfolgen; RG 163, 267; Ritter Anm. 4; a. A. Linsmeyer in DJZ 1903, 475; vgl. § 124; der Gläubiger nur, wenn er den Anspruch der Gesellschaft gegen den Kommanditisten gepfändet und sich zur Einziehung hat überweisen lassen, vgl. Anm. 4.

Da der Kommanditist die Schuld der Gesellschaft zu erfüllen hat, ist für die Klage gegen ihn auch das Gericht des Erfüllungsortes der Gesellschaft für den Anspruch zuständig. **Anm. 34**

IV. Die Haftung des Kommanditisten während des Konkurses der Gesellschaft

1. Auch solange die Gesellschaft sich im Konkurse befindet, haftet der Kommanditist den Gläubigern der Gesellschaft bis zur Höhe seiner Einlage, d. h. er haftet mit seiner bereits an die Gesellschaft geleisteten Einlage und, soweit er die Einlage noch nicht geleistet hat, mit seinem sonstigen Vermögen, aber nur bis zur Höhe seiner Einlage. Auch hier ist für die Höhe der Einlage der im Handelsregister eingetragene Betrag maßgebend. Die Haftung ist danach sachlich die gleiche, wie außerhalb des Konkurses. Während der Dauer des Konkursverfahrens wird aber das den Gesellschaftsgläubigern nach Abs. 1 zustehende Recht durch den Konkursverwalter ausgeübt; **Abs. 2.** Diese Bestimmung ist im Anschluß an die Rechtsprechung zum ADHGB, in dem eine ausdrückliche Bestimmung fehlte, zur Beseitigung von Zweifeln in das neue HGB aufgenommen worden (wegen der Rechtsprechung zum ADHGB vgl. RG 1, 68; 37, 84; 46, 352; vgl. auch RG 51, 36). Eine entsprechende Vorschrift enthielt § 217 HGB (dann § 56 Abs. 3 AktG 1937, jetzt § 62 Abs. 2 AktG 1965), nach der die Haftung der Aktionäre gegenüber den Gesellschaftsgläubigern, soweit sie entgegen den Vorschriften des Gesetzes Zahlungen von der Gesellschaft empfangen haben, während des Konkurses über das Vermögen der Gesellschaft (nur) von dem Konkursverwalter geltend gemacht werden kann. In Nachbildung der genannten Vorschriften bestimmt § 93 Abs. 5 Satz 4 AktG ferner, daß das den Gesellschaftsgläubigern, die von der Aktiengesellschaft keine Befriedigung erlangen können, zustehende Recht auf Geltendmachung des Ersatzanspruchs der Gesellschaft gegen ihre Organe wegen Verletzung ihrer Verpflichtungen während der Dauer des Konkursverfahrens über das Vermögen der Gesellschaft von dem Konkursverwalter ausgeübt wird. Vgl. auch § 13 Abs. 1 AnfGesetzes, nach dem nach Eröffnung des Konkursverfahrens über das Vermögen eines Schuldners die Verfolgung der von Konkursgläubigern erhobenen Anfechtungsansprüche dem Konkursverwalter zusteht. Durch die Vorschriften soll dem Zwecke des Konkursverfahrens, allen Gläubigern eine verhältnismäßige Befriedigung aus den zu diesem Zwecke zur Verfügung stehenden Mitteln zu gewähren, Geltung verschafft und verhütet werden, daß durch das selbständige Vorgehen einzelner Gläubiger die Einlage der Konkursmasse entzogen wird; D. I 115, 123. Die Beseitigung der unmittelbaren Inanspruchnahme der Gesellschafter während des Gesellschaftskonkurses gilt **nur gegenüber den Kommanditisten,** nicht gegenüber den persönlich haftenden Gesellschaftern. Dies ergibt sich klar aus dem Wortlaut der Vorschrift und seiner Stellung unter den für die Kommanditisten geltenden Bestimmungen §§ 171—176. Ihre Beschränkung erklärt sich daraus, daß die Haftung der Kommanditisten auf den Betrag einer bestimmten Vermögenseinlage beschränkt ist. Dieser Betrag soll ebenso wie das Gesellschaftsvermögen im Falle des Konkurses der gemeinsamen verhältnismäßigen Befriedigung aller Gesellschafter dienen. Den Komplementären wie auch den Gesellschaftern der offenen Handelsgesellschaft gegenüber ist gerade wegen **Anm. 35**

der Unbeschränktheit ihrer Haftung eine solche Beschränkung ihrer Inanspruchnahme durch den einzelnen Gläubiger nicht geboten.

Anm. 36 **2.** Der wesentliche Inhalt des Abs. 2 geht, wie sich aus dem hervorgehobenen Zweck der Vorschrift ergibt, dahin, daß während der Dauer des Gesellschaftskonkurses die **unmittelbare Haftung** der Kommanditisten gegenüber den Gesellschaftsgläubigern nicht besteht, daß diese vielmehr nur Befriedigung aus der Konkursmasse erlangen können und daß sich die Haftung der Kommanditisten nur darin äußert, daß sie ihre (Haft-)Einlage an die Konkursmasse zu leisten haben. Der Konkursverwalter handelt bei Ausübung des Rechtes nach § 171 auch nicht als Vertreter des Gemeinschuldners, der Gesellschaft, sondern er übt ein selbständiges, ihm vom Gesetz übertragenes Recht aus. Der Inhalt dieses Rechtes bestimmt sich aber nach dem sachlichen Inhalt des Rechtes der Gläubiger, d. i. des Rechts auf Befriedigung aus den Mitteln des Kommanditisten, das dem Umfange nach durch den Betrag der Einlage, wie sich diese aus dem Eintrage im Handelsregister ergibt, bestimmt ist. Es handelt sich also bei dem Rechte des Konkursverwalters sachlich um das auf dem Gesetz beruhende Recht der Gläubiger auf Befriedigung, nicht um das Recht der Gesellschaft auf Leistung der nach dem inneren Verhältnis, nach dem Gesellschaftsvertrage zu machenden (Pflicht-)Einlage, vgl. Anm. 38. Nur wird es während der Dauer des Konkursverfahrens nicht von den einzelnen Gläubigern, sondern von dem Konkursverwalter im Interesse der Gläubigerschaft als Gesamtheit ausgeübt; § 171 Abs. 2 begründet keinen gesetzlichen Forderungsübergang, sondern gewährt dem Konkursverwalter nur die alleinige Befugnis zur Geltendmachung des Haftungsanspruchs. Er übt ein fremdes Recht im eigenen Namen für Rechnung derjenigen Gläubiger aus, denen das Recht zusteht. Sind dies nicht alle Konkursgläubiger in gleicher Weise (vgl. Anm. 42), so bilden die gemäß § 171 Abs. 2 eingezogenen Beträge eine **gesonderte Vermögensmasse** zur gleichmäßigen Befriedigung der Berechtigten (BGH 27, 56 = LM § 172 Nr. 1 m. Anm. v. Fischer; BGH LM § 171 Nr. 1 = JZ 58, 699 m. Anm. v. Schumann; BGH 42, 192 = LM § 171 Nr. 5 m. Anm. v. Fischer; Schumann JZ 58, 427; Schlegelberger-Gessler 31; Wieland I 760 Anm. 13.

Der einzelne **Gesellschaftsgläubiger** kann sich danach während des Konkurses der Gesellschaft nur an die persönlich haftenden Gesellschafter und an die Gesellschaft halten. Den Anspruch **gegen die Gesellschaft** macht er gegen die Konkursmasse, durch Anmeldung zur Konkurstabelle geltend. Von dem Kommanditisten als solchen kann er unmittelbare Befriedigung nicht mehr fordern. Soweit der Kommanditist auf Grund eines anderen Rechtsverhältnisses, z. B. aus einer Bürgschaft, einer Sicherheitsleistung eines gemeinsam mit der Gesellschaft vorgenommenen Rechtsgeschäfts oder einer unerlaubten Handlung haftet, kann er ihn auf Grund dieses besonderen Rechtsverhältnisses nach wie vor unmittelbar, wie jeden Dritten, der ihm für die gleiche Schuld haftet in Anspruch nehmen.

Anm. 37 **3.** Der Kommanditist kann sich nach der Konkurseröffnung durch eine **Leistung an den einzelnen Gläubiger** nach Maßgabe des Absatzes 1 Halbsatz 2 von der Haftpflicht **nicht befreien.** Er schuldet vielmehr nach wie vor das, was er ohne diese Leistung an den einzelnen Gläubiger zur Erfüllung seiner Haftpflicht nach Abs. 1 Satz 1 zur Befriedigung der Gesellschaftsgläubiger zu leisten hat. Nur hat er es nun an den Konkursverwalter zu leisten; RG 37, 82. Dem Anspruch des Konkursverwalters kann aber der Kommanditist entgegenhalten, daß er vor Eröffnung des Konkursverfahrens durch Leistung seiner Einlage an die Gesellschaft oder durch Befriedigung von Gesellschaftsgläubigern von der Haftpflicht befreit worden sei; vgl. Anm. 20ff. Denn durch die Eröffnung des Konkursverfahrens wird die bereits eingetretene Befreiung von der Haftpflicht nicht wieder aufgehoben.

Eine nach Konkurseröffnung erfolgte Befriedigung eines einzelnen Gesellschaftsgläubigers kann den Anspruch des Verwalters auf Leistung an ihn zugunsten der Masse auch dann nicht beeinträchtigen, wenn sie in gutem Glauben, insbesondere ohne Kenntnis der Konkurseröffnung geschieht. Der Kommanditist kann sich gegen die Gefahr doppelter Zahlung dadurch schützen, daß er gemäß Abs. 1 Halbs. 2 statt an den einzelnen Gesellschaftsgläubiger an die Gesellschaft leistet; vgl. Anm. 21 Abs. 2. Er ist dann ebenso geschützt wie ein anderer, der ohne Kenntnis des Konkurses an den Gemeinschuldner leistet; § 8 KO. Hat er ohne Kenntnis der Konkurseröffnung an den Gläubiger bezahlt, so kann er von diesem das Geforderte nach den Grundsätzen über ungerechtfertigte Bereicherung (§§ 812ff. BGB) zurückfordern.

Wird die Konkursmasse durch eine nach Konkurseröffnung durch den Kommanditisten erfolgte Befriedigung eines einzelnen Gesellschaftsgläubigers von dieser Schuld befreit, so ist sie auf Kosten des Kommanditisten um das bereichert, was der Gläubiger ohne diese Befriedigung aus der Konkursmasse erhalten hätte, also um die Konkursquote dieses Gläubigers. Der Kommanditist wird also den entsprechenden Betrag aus der Konkursmasse schon nach Bereicherungsgrundsätzen fordern können. Hatte der Gläubiger seine Forderung zur Konkursmasse angemeldet, so muß er dem Kommanditisten auch seinen Anspruch aus der Anmeldung abtreten.

4. Der Konkursverwalter kann den Kommanditisten nach der Konkurseröffnung unter zwei rechtlichen Gesichtspunkten in Anspruch nehmen: Er kann 1. das fordern, was der Kommanditist im inneren Verhältnis noch als Einlage zu leisten hat, die **Pflichteinlage** (vgl. § 161 Anm. 12), 2. das, was er im äußeren Verhältnis auf Grund der eingetragenen Haftsumme zu leisten hat, die **Hafteinlage.** Beide Ansprüche gehören zur Konkursmasse; OLG Karlsruhe in OLGR 11, 407. **Anm. 38**

Jedem Anspruch stehen die besonderen Einwendungen entgegen, die sich aus seiner rechtlichen Natur ergeben.

Macht der Konkursverwalter den Anspruch auf die im inneren Verhältnis geschuldete Einlage geltend, so kann er sie nur so fordern, wie sie nach dem Gesellschaftsvertrag zu leisten ist, also je nach dem Inhalt des Vertrags eine Sach- oder eine Geldleistung. Der Gesellschafter kann ihm entgegenhalten, daß sie zur Erreichung des Gesellschaftszweckes nicht mehr erforderlich ist. So kann er dartun, daß eine Sachleistung entbehrlich ist, weil sie nur für den Betrieb des Unternehmens, der mit der Auflösung der Gesellschaft durch Konkurseröffnung in der Regel wegfällt, bestimmt war. Zur Erreichung des Gesellschaftszweckes gehört aber auch die Befriedigung der Gesellschaftsgläubiger. Ist die Einlage dazu geeignet, so kann sie gefordert werden, wenn sich nicht aus dem Gesellschaftsvertrag ergibt, daß sie nur für den Betrieb des werbenden Unternehmens zu leisten war; dann kann nur die Haftsumme gefordert werden. Der Gesellschafter hat den Beweis der Entbehrlichkeit zu erbringen. Der Verwalter ist aber, da er allein dazu in der Lage ist, verpflichtet, die zur Nachprüfung der Erforderlichkeit geeigneten Darlegungen zu machen.

Leistet der Kommanditist auf Verlangen des Konkursverwalters die im inneren Verhältnis geschuldete Einlage, so ist sie so zu bewerten, wie der Gesellschaftsvertrag es vorsieht; sie kann nicht niederer bewertet werden, weil sie für die im Konkurs befindliche Gesellschaft einen geringeren Wert hat als für das werbende Unternehmen. Verlangt der Konkursverwalter aber die Leistung der Haftsumme und wird darauf die im inneren Verhältnis geschuldete Sacheinlage geleistet, so wird der Kommanditist von der Haftung nur soweit befreit, als das Geleistete für die in Konkurs befindliche Gesellschaft Wert hat, d. h. soweit durch Verwertung des Geleisteten Mittel zur Befriedigung der Gesellschaftsgläubiger beschafft werden können; Schlegelberger-Gessler 30.

Der Anspruch des Verwalters ermäßigt sich um das, was der Kommanditist bereits geleistet hat, auch durch vor Konkurseröffnung erfolgte Befriedigung von Gesellschaftsgläubigern. Dabei ist der Wert maßgebend, den die früheren Leistungen im Zeitpunkt ihrer Ausführung hatten. Geldzahlungen, die vor der Währungsreform fällig waren oder angenommen wurden, sind im Verhältnis 1 RM = 1 DM zu werten.

Da die Einlage im inneren Verhältnis geringer oder höher sein kann als die im äußeren Verhältnis zu leistende Haftsumme, und da der Konkursverwalter sowohl die Rechte der Gesellschaft, wie die der Gesellschaftsgläubiger ausübt, liegt es in seinem pflichtgemäßen Ermessen, welchen Anspruch er geltend macht. Er kann jedenfalls den größeren Anspruch verfolgen. Weder die Gesellschafter als Gemeinschuldner noch die Gesellschaftsgläubiger können verlangen, daß der Verwalter gerade das eine und nicht das andere Recht geltend macht; vgl. auch Anm. 39.

5. Da auch die auf Grund der Haftpflicht von dem Kommanditisten zu machende Leistung an die Konkursmasse zu bewirken ist und mit der übrigen Masse zur verhältnismäßigen Befriedigung aller Konkursgläubiger dient, kann der Anspruch nicht mehr auf **Anm. 39**

Erfüllung der individuellen Ansprüche der einzelnen Gesellschaftsgläubiger, insbesondere auch nicht auf Leistung an diese gehen, sondern nur auf Leistung eines **Geldbetrages** an den Konkursverwalter, dessen Höhe durch die Höhe der Haftsumme, d. h. durch den Betrag der eingetragenen Einlage bestimmt wird. Dieser Anspruch wird nicht dadurch berührt, daß der Kommanditist im inneren Verhältnis eine Sacheinlage, z. B. Dienste zu leisten hat; RG 51, 36.

Anm. 40 6. Die Leistung des danach der Konkursmasse geschuldeten Geldbetrages kann unter den allgemeinen Voraussetzungen des bürgerlichen Rechts auch durch Ersatzleistungen, z. B. mit Zustimmung des Verwalters durch **Hingabe an Zahlungs Statt** erfolgen. Sie kann, da der Kommanditist nach Konkurseröffnung mit seiner Zahlungsverpflichtung Schuldner der in Konkurs befindlichen Gesellschaft ist, auch durch **Aufrechnung** mit Ansprüchen gegen die Gesellschaft erfolgen, und zwar kann die Aufrechnung durch den Verwalter oder durch den Kommanditisten geschehen, soweit eine solche Aufrechnung nach den Vorschriften der Konkursordnung (§§ 53ff.) zulässig ist; RG 37, 87; 63, 265; bei Gruchot 49, 976. Aufgerechnet kann nur werden der Anspruch der Konkursmasse auf Leistung der Haftsumme; nicht die Forderungen der einzelnen Gläubiger und der Anspruch der Kommanditisten gegen die Gesellschaft; HRR 34, 1043. Die einzelnen Gesellschaftsgläubiger können ihre Forderungen nur im Konkursverfahren, also durch Anmeldungen zur Konkurstabelle, verfolgen; auch der Konkursverwalter kann nicht für sie die Aufrechnung gegen die Haftungsschuld des Kommanditisten erklären. Zur Aufrechnung stehen sich nur die Forderung der Gesellschaft auf Leistung der Haftsumme und die Gegenforderung des Kommanditisten gegenüber. Mit seiner Forderung gegen einen Gläubiger kann der Kommanditist nach der Konkurseröffnung nicht mehr aufrechnen; BGH 42, 192. Dagegen könnte sich der Konkursverwalter oder der Kommanditist auf eine bereits vor der Konkurseröffnung vollzogene Aufrechnung zwischen der Forderung eines Gesellschaftsgläubigers und einer Forderung des Kommanditisten gegen diesen berufen; denn der von einem Gesellschaftsgläubiger unmittelbar in Anspruch genommene Kommanditist kann mit einer eigenen Forderung an den Gesellschaftsgläubiger aufrechnen, dadurch dessen Forderung tilgen und in Höhe der getilgten Forderung sich zugleich von der Haftpflicht gemäß Abs. 1 Halbs. 2 befreien, Anm. 25.

Hat der Kommanditist auf Grund einer vor der Konkurseröffnung übernommenen Bürgschaft für eine Gesellschaftsschuld nach Konkurseröffnung den Gesellschaftsgläubiger befriedigt, so kann er die sich daraus ergebende Ersatzforderung gegen die Gesellschaft, die an sich schon durch die Bürgschaftsübernahme entstanden, aber erst mit der Zahlung fällig geworden ist, gegen die Forderung auf Leistung der Haftsumme aufrechnen; in diesem Falle war er zur Befriedigung des Gesellschaftsgläubigers verpflichtet; RG 37, 87; JW 1907, 275; Schlegelberger-Gessler 34. Der ausgeschiedene Kommanditist kann nicht mit seinem Anspruch auf sein Auseinandersetzungsguthaben gegen die Gesellschaft gegen den Haftungsanspruch aufrechnen; denn dadurch würde ihm sein Auseinandersetzungsguthaben bezahlt werden; darin würde aber eine Rückzahlung seiner Einlage liegen und dadurch würde seine Haftpflicht wieder aufleben; § 172 Abs. 4 und die Erl. dazu; OLG Hamburg in OLGR 32, 102; in HansRGZ 1934 B 363.

Anm. 41 7. Dem Anspruch des Verwalters auf Leistung der Haftsumme kann der Kommanditist nur solche **Einwendungen** entgegenhalten, die ihm gegenüber allen Gesellschaftsgläubigern oder der Gesellschaft zustehen, nicht solche, die nur gegenüber einzelnen Gesellschaftsgläubigern begründet sind; denn es wird nur der Anspruch der Gesellschaft und der Gesamtheit der Gläubiger gegen ihn erhoben; DürHach. Anm. 17; Schlegelberger-Gessler 35; a. M. Wieland I 760 Anm. 14; Ritter Anm. 5c. Dem Anspruch des Verwalters aus der Haftung kann der Kommanditist durch den von ihm zu führenden Nachweis begegnen, daß seine Leistung an die Masse zur Befriedigung der Gesellschaftsgläubiger **nicht** oder nicht vollständig **erforderlich** sei, insbesondere deshalb, weil das Gesellschaftsvermögen selbst hierzu ausreiche; RG 51, 38. Der Kommanditist kann z. B. nachweisen, daß ein größeres Gesellschaftsvermögen vorhanden sei, als der Konkursverwalter behaupte. Gegenüber der Darstellung des Verwalters über den Schuldenstand der Gesellschaft ist dem Kommanditisten der Nachweis gestattet, daß einzelne Schulden in Wirklichkeit gar nicht bestehen. Dies ist auch dann noch zulässig, wenn eine Schuld zur Konkurstabelle oder durch rechtskräftiges Urteil als Gesellschaftsschuld (§ 146 KO) festgestellt ist. Die Feststellung hat nur zur Folge, daß der Gläubiger ein Recht auf anteilmäßige Befriedigung aus dem in der Masse befindlichen Vermögen hat; § 145 Abs. 2, § 149 KO. Sie ist aber nicht maßgebend dafür, was zur Masse gehört oder zu ihr zu leisten ist; RG 51, 40.

8. Die Legitimationsbefugnis des Konkursverwalters beruht auf dem Prinzip der gleichmäßigen Befriedigung der Gesellschaftsgläubiger während des Konkurses (Anm. 36). Dieses Prinzip ist aber für den **ausgeschiedenen Kommanditisten** insofern eingeschränkt, als er nur für die bis zur Eintragung seines Ausscheidens entstandenen Verbindlichkeiten der Gesellschaft haftet (§§ 128, 159; vgl. BGH 36, 225). Seine Haftung besteht also nur gegenüber den sog. **Altgläubigern.** Nur zu deren (gleichmäßiger) Befriedigung darf der Konkursverwalter das von dem ausgeschiedenen Kommanditisten Erlangte verwenden. Die Haftungsansprüche der Altgläubiger stellen für diese ein zusätzliches Haftungsobjekt dar, das ihnen allein gebührt und auf das die Neugläubiger, deren Forderungen gegen die Gesellschaft erst nach dem Ausscheiden des Kommanditisten entstanden sind, keinen Anspruch haben (BGH 27, 51 = LM § 172 Nr. 1 m. Anm. v. Fischer; BGH LM § 171 Nr. 1 = JZ 58, 699 m. Anm. v. Schumann; BGH 39, 319 = LM § 172 Nr. 2 m. Anm. v. Fischer = JR 64, 99 m. Anm. v. Schilling; BGH 42, 192; OLG Stuttgart NJW 55, 1928; Wieland I 760, Schlegelberger-Gessler 36; Schumann JZ 58, 427; a. M. die Vorauflage, Düringer-Hachenburg 17, OLG Hamburg Hans. RGZ 34 B 363). Anm. 42

Die Gegenmeinung (Düringer-Hachenburg 17) wird damit begründet, daß die Einlage des ausgeschiedenen Kommanditisten Alt- und Neugläubigern gleichermaßen zugute gekommen wäre, wenn er sie vor der Konkurseröffnung in das Gesellschaftsvermögen geleistet hätte. Der Kommanditist wird aber in der Regel keinen Anlaß haben, nach seinem Ausscheiden seine Haftungseinlage an die Gesellschaft zu leisten, zumal wenn es sich dabei um die Rückzahlung seines Abfindungsguthabens handelt (BGH 27, 57). Er wird vielmehr abwarten, ob ein Altgläubiger ihn in Anspruch nimmt. Das ist der Regelfall, für den nicht von dem Ausnahmefall der nachträglichen Leistung der Hafteinlage an die Gesellschaft her argumentiert werden kann.

Steht von vornherein fest, daß die Inanspruchnahme des ausgeschiedenen Kommanditisten zur Befriedigung der Altgläubiger nicht erforderlich ist, so ist die Einziehung der Hafteinlage durch den Konkursverwalter unzulässig. Das ist der Fall, wenn sich überhaupt keine Altgläubiger am Konkursverfahren beteiligen (BGH LM § 171 Nr. 1) oder wenn ihre Forderungen aus der Konkursmasse voll befriedigt werden können (BGH 39, 319, 326).

Wird der Kommanditist während seiner Zugehörigkeit zur Gesellschaft aus seiner Haftpflicht in Anspruch genommen, so steht ihm ein Ersatzanspruch nach § 110 gegen die Gesellschaft zu (Anm. 27, 28). Wird er erst nach seinem Ausscheiden herangezogen, so hat er zwar keinen Ersatzanspruch nach § 110, aber die von ihm befriedigte **Forderung geht** in entsprechender Anwendung von § 426 Abs. 2 BGB (i. V. m. §§ 412, 401 Abs. 2) nebst Sicherheiten und Vorrechten auf ihn **über** (BGH 39, 325). Dabei bestimmt sich seine Rechtsstellung im Konkurs der Gesellschaft nach § 68 KO (BGH 27, 59). Das bedeutet, daß er seine Rückgriffsforderung aus § 426 Abs. 2 BGB erst anmelden kann, wenn die Altgläubiger voll befriedigt sind (BGH 27, 59; 39, 327; Mentzel-Kuhn Komm. z. KO 7. Aufl. § 68 Anm. 7). Anm. 42a

9. Die vorstehenden Grundsätze gelten auch für andere Fälle, in denen sich die unmittelbare Haftung des Kommanditisten **nicht auf alle Gesellschaftsschulden** erstreckt, etwa deshalb, weil bei Begründung einzelner Schuldverhältnisse die Haftung des Kommanditisten vertraglich ausgeschlossen ist oder weil ihm für eine einzelne Schuld die persönliche Haftung unter Aufrechterhaltung der Haftung der Gesellschaft erlassen ist (vgl. die Erl. zu § 128). Das ist ferner der Fall bei einer Herabsetzung der Haftsumme. Hier steht die Differenz zwischen alter und neuer Haftsumme nur den Gläubigern zur Verfügung, deren Forderungen vor der Eintragung der Änderung im Handelsregister entstanden sind (§ 174). Eine Haftung in verschiedener Höhe kann sich auch aus § 172 Abs. 2 und aus § 176 ergeben, vgl. § 172 Anm. 25. Anm. 42b

Anm. 43 **10.** Ist zur Zeit der Konkurseröffnung die **Klage eines Gläubigers** gegen den Kommanditisten aus dessen Haftpflicht anhängig, so wird das Prozeßverfahren dadurch nicht unterbrochen; denn keine Prozeßpartei ist im Konkurs. Aber der Rechtsstreit ist in der Hauptsache erledigt; denn der sachlichrechtliche Anspruch des einzelnen Gesellschaftsgläubigers gegen die Kommanditisten auf unmittelbare Befriedigung ist mit der Konkurseröffnung und während der Dauer des Verfahrens hinfällig geworden. Es ist dann nur über die Prozeßkosten zu entscheiden. Sie sind der Partei aufzuerlegen, die ohne diese Erledigung unterlegen wäre. Hält der Kläger den Klagantrag zur Hauptsache aufrecht, so ist die Klage kostenpflichtig abzuweisen; RG 74, 428.

Der Kläger kann den Prozeß fortsetzen, wenn an Stelle des ursprünglichen Anspruchs ein anderer getreten ist oder neben diesem bereits bestand. So kann der einzelne Gläubiger einen Schadensersatzanspruch gegen den Kommanditisten weiter verfolgen, wenn ihm durch den Leistungsverzug des Kommanditisten Schaden entstanden ist, er etwa verspätet befriedigt wird, oder er wegen der Konkurrenz anderer Gläubiger weniger erhält, als wenn ihn der Kommanditist befriedigt hätte.

Der **Konkursverwalter** kann auf Grund der auf ihn übergegangenen Sachbefugnis (Anm. 36) in den Rechtsstreit anstelle des klagenden Gläubigers **eintreten.** Es handelt sich um denselben Anspruch (Anm. 36) und es würde der Prozeßökonomie widersprechen, den Konkursverwalter zu zwingen, einen neuen Rechtsstreit zu beginnen, was er aber im übrigen auch kann (ebenso Ritter 5c, a. M. DürHach. 17, Schlegelberger-Gessler 32). Für die gleichliegenden Fälle des § 217 Abs. 2, HGB § 56 Abs. 2, § 84 Abs. 5 Satz 4 AktG 37, § 93 Abs. 5 Satz 4 AktG 65 wird das Eintrittsrecht bejaht von RG JW 30, 3730; JW 35, 3301; Fischer Großkomm. z. AktG 37 § 56 Anm. 14; Schilling ebenda § 84 Anm. 53; v. Godin-Wilhelmi Komm. z. AktG 65 § 93 Anm. 30.

Auch mit Zustimmung des Konkursverwalters ist die Fortführung eines anhängigen Prozesses durch einen einzelnen Gläubiger oder die Erhebung einer neuen Klage durch einen Gläubiger nicht zulässig. Die Zulassung würde der im öffentlichen Interesse getroffenen Regelung des Konkursrechts, zu dem auch die Vorschrift des § 171 Abs. 2 gehört, widersprechen. Während des Gesellschaftskonkurses ist der Verwalter zur Geltendmachung der Haftung allein befugt. Auch in der Ablehnung der Verfolgung liegt eine dem Verwalter allein zustehende Verfügung über den Anspruch; vgl. Schilling in Großkomm. z. AktG 37 § 84 Anm. 53 und die dort zit. Entsch. Der Verwalter kann deshalb auch nicht seine Befugnis einem einzelnen Gläubiger „übertragen" oder „rückübertragen", so Ritter Anm. 5d oder den Anspruch „freigeben", so Schlegelberger Anm. 38 (wie hier Baumbach-Duden 3 B).

Das ausschließliche Recht des Konkursverwalters zur Geltendmachung des Haftungsanspruchs erstreckt sich auch auf Kommanditisten, die bereits vor Konkurseröffnung aus der Kommanditgesellschaft ausgeschieden sind. Dies gilt auch, soweit der Anspruch darauf gestützt wird, daß der Ausgeschiedene beim Ausscheiden, etwa infolge seines Abfindungsguthabens, seine Einlage zurückerhalten hat; OLG Hamburg in HRR 1934 Nr. 1043; s. Anm. 42, 42a.

Anm. 44 **11.** Da die Ausübung der Rechte der Gesellschaftsgläubiger nur für die Dauer des Konkursverfahrens dem Konkursverwalter zusteht, endigt dessen Befugnis mit der Beendigung seines Amtes und jedenfalls mit der **Beendigung des Konkursverfahrens.** Im letzten Falle können die einzelnen Gläubiger ihre Ansprüche wieder gegen den Kommanditisten verfolgen und den etwa ruhenden früheren Rechtsstreit fortsetzen, soweit sie nicht inzwischen befriedigt sind oder der Kommanditist durch seine Leistungen an die Konkursmasse oder nach Beendigung des Verfahrens durch Befriedigung anderer Gesellschaftsgläubiger von der Haftpflicht befreit ist. Hat der Konkursverwalter während der Dauer seiner Befugnis im Rahmen seiner Verfügungsgewalt über den Anspruch verfügt, etwa einen Vergleich geschlossen, so bindet diese Verfügung auch die einzelnen Gesellschafter und die Gesellschaftsgläubiger für die Zeit nach Beendigung des Konkursverfahrens; RG 39, 64; 63, 203; 84, 251; Schlegelberger-Gessler 37. Ein Erlaß oder Verzicht auf den Anspruch liegt, soweit er nicht nach Lage des Einzelfalls der Durchführung des Konkursverfahrens dient, außerhalb der Aufgaben und Befugnisse des Verwalters. Er kann dem Konkurszwecke, z. B. dienen, wenn durch den Verzicht Ansprüche gegen die Gesellschaft im Vergleichswege beseitigt werden; RG

63, 101. Es genügt, daß der Konkursverwalter den Verzicht subjektiv im Interesse der Masse für geboten hielt. Hat er seine Befugnisse überschritten, so kann sich der Kommanditist nicht auf die nach außen unbeschränkte Verfügungsmacht des Verwalters berufen; denn er ist nicht Dritter, sondern Mitglied der Gesellschaft, um deren Ansprüche es sich handelt. Ist die Klage des Verwalters bis zur Beendigung des Konkursverfahrens noch nicht rechtskräftig entschieden, so ist die Hauptsache erledigt. Die einzelnen Gläubiger können nur eine neue Klage erheben oder eine von ihnen früher erhobene fortsetzen. Ist das Urteil im Prozeß des Verwalters vor Konkursbeendigung rechtskräftig geworden, so gilt die Entscheidung zur Sache auch für die einzelnen Gläubiger; RG in JW 1935, 3301.

12. Nach Sinn und Zweck der Vorschrift (Anm. 35) findet sie auch Anwendung, wenn **alle Kommanditisten ausgeschieden** sind und die Gesellschaft als oHG fortgesetzt oder das Geschäft von dem einzigen Komplementär übernommen wird und die oHG oder der Übernehmende nunmehr als Einzelkaufmann in Konkurs fällt (a. M. Hamburg OLG Rspr. 32, 109 und Schlegelberger-Gessler 38). **Anm. 45**

13. Die Beschränkung der Rechte der Gläubiger nach Abs. 2 gilt nicht, wenn über das Vermögen der Gesellschaft das gerichtliche Vergleichsverfahren eröffnet ist. Sein Bestehen hindert die Gesellschaftsgläubiger nicht, die Kommanditisten unmittelbar in Anspruch zu nehmen. **Anm. 46**

14. Die Eröffnung des **Konkurs-** oder Vergleichsverfahrens über das Vermögen **des Kommanditisten** berührt nicht das Recht der Gesellschaftsgläubiger, den Kommanditisten nach § 171 Abs. 1 unmittelbar in Anspruch zu nehmen. Sie können daher ihre Ansprüche insbesondere auch im Konkurs des Kommanditisten anmelden und verhältnismäßige Befriedigung suchen. Wenn aber gleichzeitig Gesellschaftskonkurs besteht, kann nur der Verwalter im Gesellschaftskonkurse die Ansprüche nach Abs. 2 im Privatkonkurse des Kommanditisten geltend machen. **Anm. 47**

Da der Kommanditist nicht zu den „persönlich", d. h. unbeschränkt haftenden Gesellschaftern im Sinne des § 212 KO gehört, können die Gesellschaftsgläubiger in seinem Privatkonkurs (wie in seinem Vergleichsverfahren) nicht nur Befriedigung wegen des Betrags verlangen, für welchen sie im Gesellschaftskonkurs keine Befriedigung erhalten. Sie sind vielmehr in beiden Konkursen bis zu ihrer vollen Befriedigung nach dem Verhältnis ihrer Forderungen zu dem Schuldenbestand der Masse zu berücksichtigen. Ist auch Gesellschaftskonkurs eröffnet, so kann nur der Verwalter in diesem Konkurse die Ansprüche aus der Haftung gemäß Abs. 2 im Privatkonkurse des Kommanditisten geltend machen; Jaeger, KO § 212 Anm. 11. **Anm. 48**

15. Durch den **Zwangsvergleich** im Konkurs — oder Vergleichsverfahren der Gesellschaft wird zugleich der Umfang der persönlichen Haftung der Gesellschafter begrenzt, § 211 Abs. 2 KO, § 109 Nr. 3 VerglO. Dies gilt auch für den **Kommanditisten;** Jaeger KO § 211 Anm. 4; Heinemann GmbH-Rdsch. 68, 203; Bley VglO 1935, § 109 Anm. 22 (im Ergebnis); Flechtheim § 177 Anm. 16; a. M. RG 150, 163; Schlegelberger-Gessler Anm. 39; Mentzel-Kuhn KO § 211 Anm. 8; Kiesow VerglO 1927 § 89 Anm. 13; Vogels-Nölte VglO 1935 § 109 III 13. Das ergibt sich aus dem Wortlaut der angeführten Bestimmungen — auch der Kommanditist haftet persönlich — und aus ihrem Sinn. Der Zwangsvergleich wirkt für und gegen alle von ihm betroffenen Gläubiger. Es leuchtet nicht ein, daß ein Gläubiger von der Gesellschaft und dem Komplementär nur die Vergleichsquote verlangen kann, von dem Kommanditisten aber den vollen Betrag seiner ursprünglichen Forderung. Das würde zu einem Wettlauf der Gläubiger und zu einer unberechtigten Bevorzugung des Schnellsten führen, also im Widerspruch zum Grundgedanken der gleichen Behandlung der Gläubiger stehen. Die Haftung des Kommanditisten wird dadurch nicht verkürzt. Zwar kann jeder Vergleichsgläubiger von ihm nur die Vergleichsquote zu den Bedingungen des Vergleichs verlangen, der Gesellschaft und der Gesamtheit der Vergleichsgläubiger, ebenso jedem vom Vergleich nicht betroffenen oder künftigen Gläubiger gegenüber, bleibt aber die Haftsumme in ihrer vollen Höhe bestehen. Bis zu ihrer Erschöpfung können also auch mehrere Vergleichsgläubiger vom Kommanditisten die Zahlung der Vergleichsquote verlangen; auch bleiben bis zur Beendigung des Konkursverfahrens die Rechte des Konkursverwalters aus § 171 Abs. 2 unberührt. Bei einem Liquidationsvergleich (vgl. den von RG 150, 163 entschiedenen **Anm. 49**

Fall) darf der Kommanditist nur an den Treuhänder leisten, da die Vergleichsgläubiger nur Anspruch auf Befriedigung aus dem vom Treuhänder zu verwertenden Gesellschaftsvermögen haben.

Anm. 50 **16. Zuständiges Gericht.**

Für die Klage des Konkursverwalters gegen den Kommanditisten ist das Gericht des allgemeinen Gerichtsstandes der Gesellschaft zuständig, § 22 ZPO (DürHach. 17, Schlegelberger-Gessler 37, vgl. auch Fischer Großkomm. z. AktG 37 § 56 Anm. 14). Dies gilt nicht nur, wenn der Konkursverwalter die im inneren Verhältnis geschuldete Einlage fordert, sondern auch wenn er nach Abs. 2 die Haftung des Kommanditisten nach außen geltend macht, denn er klagt auf Zahlung in das Gesellschaftsvermögen (Konkursmasse). Geklagt kann auch werden am Gerichtsstande des Erfüllungsortes für die interne Einlagepflicht oder für die Haftpflicht, und zwar so wie diese während des Konkurses der Gesellschaft besteht; § 29 ZPO. Ob die beiden Verpflichtungen nach dem Willen der Gesellschafter am Sitze der Gesellschaft zu erfüllen sind oder ob ein anderer Erfüllungsort besteht, ist durch Auslegung des Gesellschaftsvertrages zu ermitteln. Daß die Verpflichtung am Sitze der Gesellschaft zu erfüllen ist, ist nicht ohne weiteres anzunehmen. Es kann deshalb auch ein anderer Ort Erfüllungsort sein; RG 46, 352. Der für den Anspruch des einzelnen Gläubigers bestehende Erfüllungsort ist nicht Erfüllungsort für den Anspruch nach § 171 Abs. 2, anders bei der Gläubigerklage, Anm. 34.

Anm. 51 17. Die Vorschriften des Abs. 2 enthalten wie die des Abs. 1 **zwingendes Recht.** Die Befugnisse des Konkursverwalters können nicht durch den Gesellschaftsvertrag aufgehoben und den einzelnen Gläubigern die Befugnis zum Vorgehen gegen den Kommanditisten eingeräumt werden. Da es sich um das Konkursverfahren der Gesellschaft und damit um im öffentlichen Interesse erlassene Vorschriften handelt, gilt Abs. 2 auch für vor Inkrafttreten des HGB, 1. Januar 1900, entstandene Gesellschaften, wenn die Konkurseröffnung nach diesem Zeitpunkt eingetreten ist.

§ 172

Im Verhältnis zu den Gläubigern der Gesellschaft wird nach der Eintragung in das Handelsregister die Einlage eines Kommanditisten durch den in der Eintragung angegebenen Betrag bestimmt.

Auf eine nicht eingetragene Erhöhung der aus dem Handelsregister ersichtlichen Einlage können sich die Gläubiger nur berufen, wenn die Erhöhung in handelsüblicher Weise kundgemacht oder ihnen in anderer Weise von der Gesellschaft mitgeteilt worden ist.

Eine Vereinbarung der Gesellschafter, durch die einem Kommanditisten die Einlage erlassen oder gestundet wird, ist den Gläubigern gegenüber unwirksam.

Soweit die Einlage eines Kommanditisten zurückbezahlt wird, gilt sie den Gläubigern gegenüber als nicht geleistet. Das gleiche gilt, soweit ein Kommanditist Gewinnanteile entnimmt, während sein Kapitalanteil durch Verlust unter den Betrag der geleisteten Einlage herabgemindert ist, oder soweit durch die Entnahme der Kapitalanteil unter den bezeichneten Betrag herabgemindert wird.

Was ein Kommanditist auf Grund einer in gutem Glauben errichteten Bilanz in gutem Glauben als Gewinn bezieht, ist er in keinem Falle zurückzuzahlen verpflichtet.

Inhaltsübersicht

I. Inhalt der Vorschrift

Die Absätze 1 und 2 enthalten Vorschriften über die **Wirkung der** in § 162 vorgeschriebenen **Eintragung** des Betrags der Einlagen der Kommanditisten auf den Umfang ihrer Haftung gegenüber den Gesellschaftsgläubigern. Sie werden ergänzt durch die Vorschriften der §§ 174 und 176, die die Wirkung der Eintragung einer Herabsetzung der Einlage und die Haftung der Kommanditisten bis zur Eintragung regeln. Das ADHGB enthielt keine ausdrücklichen Bestimmungen mit dem Inhalt der Abs. 1 und 2. Rechtsprechung und Rechtslehre vertraten aber auch schon für das Recht des ADHGB den in den neuen Vorschriften zum Ausdruck gekommenen Rechtsstandpunkt; RG 17, 40; Renaud, Das Recht der KommGes. 416; Wendt in Endemanns Handb. I 466; v. Hahn ADHGB I 649. **Anm. 1**

Die Absätze 3 und 4 sichern die Gläubiger gegen eine Beeinträchtigung, indem sie ihnen gegenüber einen **Erlaß oder eine Stundung der Einlage** oder deren Rückzahlung für unwirksam erklären. Abs. 5 enthält eine Ausnahme von Abs. 4 für gutgläubig bezogene Gewinne. Die entsprechenden Vorschriften des ADHGB waren in Art. 165 Abs. 2, 4 und 5 enthalten. Da nach dem HGB die Einlage der Gesellschafter nicht verzinst wird, sie vielmehr nur eine Vorauszuteilung auf den erzielten Gewinn nach Maßgabe ihres Kapitalanteils erhalten, §§ 122, 169, fehlt eine dem Art. 165 Abs. 3 entsprechende Bestimmung, nach der Zinsen den Gesellschaftern nur insoweit ausbezahlt werden können, als dadurch die ursprüngliche Einlage nicht verändert wird. Der Schutz der Gläubiger gegen Veränderung der Haftung durch Zahlung vereinbarter Zinsen wird im HGB durch die allgemeine Vorschrift des Abs. 4 gewährt; vgl. auch BGH 39, 332 = LM § 172 Nr. 2 m. A. v. Fischer Z. I 3.

Sämtliche Vorschriften des § 172 beziehen sich nur auf die **Hafteinlage** des Kommanditisten, also auf die Haftsumme, nicht auf die im inneren Verhältnisse zu leistende Einlage, die Pflichteinlage; vgl. §. 161 Anm. 12. **Anm. 2**

Da die Vorschriften dem Schutze der Gesellschaftsgläubiger dienen, enthalten sie **zwingendes** Recht. Sie können durch den Gesellschaftsvertrag nicht außer Kraft gesetzt werden. Wohl aber kann durch besondere Vereinbarungen mit einzelnen Gläubigern hinsichtlich der Haftung des Kommanditisten etwas anderes bestimmt werden, z. B., daß der Kommanditist einem einzelnen Gläubiger gegenüber nur zu einem geringeren, aber **Anm. 3** auch zu einem höheren Betrage haftet, oder daß er erst nach fruchtloser Vollstreckung in das Gesellschaftsvermögen unmittelbar in Anspruch genommen werden kann.

II. Die Grenze der unmittelbaren Haftung

Anm. 4 **Schrifttum:** Friese, Der Einfluß der Handelsregistereintragung über die Haftsumme auf die Haftung der Kommanditisten, JW 1930, 3698 mit weiteren Schrifttumsnachweisen.

1. Im Verhältnis zu den Gläubigern der Gesellschaft wird nach der Eintragung in das Handelsregister die Einlage eines Kommanditisten durch den in der Eintragung angegebenen Betrag bestimmt; **Abs. 1.** Nach § 162 Abs. 1 in Verbindung mit den allgemeinen Vorschriften der §§ 106, 108 ist die Kommanditgesellschaft von sämtlichen Gesellschaftern, auch den Kommanditisten, zur Eintragung ins Handelsregister anzumelden. Nach § 162 Abs. 1 hat die Anmeldung die Bezeichnung der Kommanditisten und den Betrag der Einlage eines jeden von ihnen zu enthalten. Danach hat die Eintragung der angemeldeten Tatsachen zu erfolgen. Da aber weder die Person der Kommanditisten noch der Betrag ihrer Einlagen bekanntzumachen ist, § 162 Abs. 2, hat die Eintragung selbst nicht die in § 15 Abs. 2 bezeichnete Publizitätswirkung, die gerade die Bekanntmachung voraussetzt; § 15 Anm. 7.

Die **Bedeutung der Eintragung der Haftsumme** ergibt sich aus einem Vergleich des § 171 Abs. 1, der den Grundsatz der durch die Höhe der Einlage beschränkten unmittelbaren Haftung des Kommanditisten aufstellt, mit § 176, nach dem der Kommanditist, mit dessen Zustimmung die Gesellschaft vor der Eintragung ihre Geschäfte begonnen hat, für die bis zur Eintragung begründeten Verbindlichkeiten der Gesellschaft den Gläubigern, denen seine Beteiligung als Kommanditist nicht bekannt war, gleich einem persönlich haftenden Gesellschafter, also unbeschränkt haftet. Da nach § 176 der Kommanditist bis zur Eintragung des Betrages seiner Einlage unbeschränkt haftet, und für die Beschränkung der Haftung der Betrag maßgebend ist, der als Einlage eingetragen ist, hat die Eintragung die Wirkung, daß durch sie erst die Haftung des Kommanditisten gegenüber den Gesellschaftsgläubigern auf einen bestimmten, nämlich den im Eintrag angegebenen Betrag begrenzt wird. Die Eintragung des Betrages der Einlage hat somit nicht nur rechtsbekundende, sondern **rechtschaffende** (konstitutive) **Wirkung.** Die Eintragung begründet danach nicht, wie die Eintragung im Grundbuch, den öffentlichen Glauben an ihre Richtigkeit (so Ehrenberg Handb. I 620). Sie hat auch nicht nur die Bedeutung einer Erklärung an die Öffentlichkeit, in Höhe des eingetragenen Betrags für die Gesellschaftsschulden unmittelbar haften zu wollen mit der Wirkung, daß der Erklärende sie gutgläubigen Dritten gegenüber gegen sich gelten lassen muß; so Friese a. a. O. Abs. 1 hat auch nicht nur den Zweck, den Unterschied zwischen der Einlagepflicht im inneren Verhältnis und der Haftpflicht gegenüber Dritten klarzustellen. Angesichts der Vorschrift des § 176 kann § 172 nur den **Zweck** haben, die Begrenzung der bis zur Eintragung unbeschränkten Haftpflicht durch den Eintritt eines äußerlich erkennbaren Ereignisses, nämlich der Eintragung eines bestimmten Betrages als Haftsumme herbeizuführen. Diese Wirkung entspricht nicht nur dem Wortlaut des § 172 Abs. 1, sondern auch dem Bedürfnis des Rechtsverkehrs und der Rechtssicherheit, den Inhalt der Haftpflicht unzweideutig zu bestimmen.

Anm. 5 **2.** Die Haftung des Kommanditisten wird somit weder durch die Vereinbarung über eine im inneren Verhältnis zu leistende Einlage, noch einer im Gesellschaftsvertrag festgelegten Haftsumme, noch durch die Anmeldung eines solchen zum Handelsregister, sondern lediglich durch die **Eintragung eines bestimmten Betrages** als Einlage ins Handelsregister des zuständigen Gerichts bestimmt, vgl. auch § 176 Anm. 4. Auch auf die Bekanntmachung der Eintragung kommt es nicht an, auch wenn in dieser entgegen der Vorschrift des § 162 Abs. 2 der Betrag der Einlage bekannt gegeben worden ist; DürHach. Anm. 2; Koenige-Teichmann Anm. 2; Ritter Anm. 2; Cosack 490; Schlegelberger-Gessler 2. Der Kommanditist kann sich daher nicht darauf berufen, daß mit den Gesellschaftern eine geringere Haftsumme vereinbart und die Eintragung einer höheren als angemeldet erfolgt sei. Lautet die **Eintragung,** etwa aus Versehen des Gerichts, **unrichtig** auf einen höheren Betrag, so ist die nach § 176 zunächst unbeschränkte Haftung bis zur Höhe des eingetragenen Betrags bestehen geblieben. Die

Unrichtigkeit der Eintragung geht nicht zu Lasten des Dritten, sondern desjenigen, dessen Haftung durch die Eintragung beschränkt werden sollte. Die Beschränkung ist eben nur teilweise durch die Eintragung wirksam geworden (wie sie überhaupt nicht wirksam geworden ist, wenn die Eintragung eines bestimmten Betrages aus irgendeinem Grunde ganz unterblieben ist, vgl. § 176 Anm. 4 letzter Abs.). Da die Eintragung demjenigen, der sie beantragt hat, bekanntgemacht werden muß; § 130 Abs. 2 FGG, ist der Kommanditist auch in der Lage, die Vollziehung und die Richtigkeit der Eintragung durch Einsicht in das Register nachzuprüfen und für Berichtigung einer unrichtigen Eintragung zu sorgen, vgl. Anm. 10. Eine Verpflichtung des Dritten zu einer solchen Prüfung besteht nicht. Der Kommanditist kann selbstverständlich auch nicht geltend machen, daß die beantragte und danach bewirkte Eintragung einer höheren Haftsumme dem Willen der Gesellschafter nicht entspreche, daß sie etwa nur zur Erhöhung des Kredits der Gesellschaft veranlaßt sei.

Ein Dritter kann sich auf die Eintragung berufen, auch wenn sie ihm zur Zeit seines Rechtsverkehrs mit der Gesellschaft nicht bekannt war, nicht aber, wenn er **wußte**, daß ein höherer Betrag als der angemeldete, eingetragen war; DürHach. Anm. 3; Wieland I 768 Anm. 46; Schlegelberger-Gessler 3. Dagegen kann ihm nicht entgegengehalten werden, daß ihm bekannt gewesen sei, daß im Gesellschaftsvertrag eine niedere Haftsumme vereinbart sei; Schlegelberger-Gessler 2; a.M. Friese in JW 1930, 3698. Er kann dann die Haftung bis zu dem eingetragenen Betrage geltend machen.

3. Da es nur auf die Eintragung ankommt, ist eine entgegen der Vorschrift des § 162 Abs. 2 erfolgte Bekanntmachung, wenn sie von der Eintragung abweicht, für den Umfang der Haftung des Kommanditisten ohne Bedeutung. **Anm. 6**

Die Wirkungen der Eintragung treten in dem Zeitpunkt ein, in dem die Eintragung erfolgt ist.

4. Auch zugunsten des Kommanditisten bestimmt die tatsächliche Eintragung den Umfang seiner Haftung. Ist ein geringerer Betrag eingetragen, als angemeldet oder im Gesellschaftsvertrag als Haftsumme bezeichnet ist, so kann auch ein Gläubiger sich auf eine weitergehende Haftung nicht berufen. **Anm. 7**

5. Wie sich aus der Vergleichung mit Abs. 2 und auch aus dem Zwecke des Abs. 1, die Beschränkung der Haftung vollkommen klar zu stellen, ergibt, kann die Beschränkung nur durch Eintragung erfolgen, nicht wie die Erhöhung der Haftung auch durch eine in handelsüblicher Weise erfolgte Kundmachung oder eine sonstige Mitteilung. Ist aber eine Beschränkung der Haftung eingetragen, und damit offenkundig gemacht, daß ein Gesellschafter nur beschränkt haftet, und ist nur ein **geringerer Betrag** als der angemeldete oder vereinbarte eingetragen, so ist **Abs. 2 sinngemäß anzuwenden,** der Kommanditist haftet also mit der höheren Haftsumme, wenn die Haftung mit dieser in handelsüblicher Weise kundgemacht oder in anderer Weise in der in Abs. 2 vorgesehenen Art (vgl. unten Anm. 21) mitgeteilt worden ist; Schlegelberger-Gessler 3. **Anm. 8**

6. Aus der Eintragung ergibt sich nur, in welcher Höhe der Kommanditist den Gesellschaftsgläubigern nach dem Gesellschaftsvertrag, also ursprünglich haftete. Die Haftung ist aber nach § 171 Abs. 1 Halbsatz 2 ausgeschlossen, soweit die Einlage an die Gesellschaft geleistet ist. Die Leistung kann auch durch Befriedigung anderer Gesellschaftsgläubiger geschehen; § 171 Anm. 20. Die Befreiung kann auf diese Weise auch vor der Eintragung erfolgt sein. Die Eintragung ergibt daher kein Bild, inwieweit die Haftung des Kommanditisten in einen bestimmten Zeitpunkt noch besteht. Ein Dritter, der mit der Gesellschaft in Rechtsverkehr treten will, hat **keinen Anspruch** gegenüber dem Kommanditisten oder der Gesellschaft auf **Auskunft** darüber, ob die Haftung noch besteht oder Befreiung nach § 171 Abs. 1 Halbsatz 2 eingetreten ist; Schlegelberger-Gessler 5 (über das Auskunftsrecht nach Entstehung einer Gesellschaftsschuld vgl. § 171 Anm. 33). Soweit es sich um die Begründung eines Anspruchs durch Rechtsgeschäft handelt, kann der Dritte sich dadurch sichern, daß er den Abschluß des Rechtsgeschäfts mit der Gesellschaft von einer besonderen Haftungserklärung des Kommanditisten abhängig macht. **Anm. 9**

7. Eine unrichtige Eintragung kann auch von Amts wegen, durch Löschung und Eintragung der richtigen Haftsumme entsprechend der Anmeldung der Gesellschafter berichtigt werden; § 142 FGG. Ob das Registergericht von seiner Befugnis **Anm. 10**

zur Löschung der bestehenden unrichtigen Eintragung Gebrauch machen soll, hängt von seinem pflichtmäßigen Ermessen ab; RG 122, 714; 132, 314; insbesondere davon, ob die Amtslöschung im öffentlichen oder im Interesse der Beteiligten liegt. Die Löschung allein ohne gleichzeitige Eintragung der richtigen Haftsumme hätte den Nachteil, daß der Kommanditist unbeschränkt haften würde; KG in JW 1934, 2699. Gegen die Ablehnung einer von ihm angeregten Berichtigung einer unrichtigen Eintragung steht dem davon betroffenen Kommanditisten das Recht der Beschwerde zu; § 20 FGG KG in JW 34, 2699.

Anm. 11 Die **Berichtigung** wirkt, soweit die eingetragene Summe zu niedrig war, ebenso wie eine Erhöhung der Haftsumme, auch zugunsten derjenigen, deren Forderung vor Eintragung der Berichtigung entstanden ist; vgl. Abs. 2. War die Haftsumme zu hoch eingetragen, so wirkt die Eintragung der Berichtigung nicht zum Nachteil derjenigen, deren Forderungen vor Eintragung der Berichtigung begründet waren.

Anm. 12 **8.** Da § 172 nur das Verhältnis zu Dritten regelt, gilt Abs. 1 nicht im Verhältnis der Gesellschafter untereinander. Auch soweit ein Gesellschafter aus einem Drittschuldverhältnis Gesellschaftsgläubiger ist, bestimmt sich der Ausgleich unter den Gesellschaftern lediglich nach dem inneren Verhältnis; vgl. § 171 Anm. 27ff. § 172 gilt auch nur für die Haftung des Kommanditisten mit seinem Privatvermögen, nicht mit seiner Beteiligung am Gesellschaftsvermögen. Ist der Aktivsaldo des Kommanditisten höher als seine Hafteinlage, so haftet er mit seiner sich aus seinem Kapitalanteil ergebenden Beteiligung am Gesellschaftsvermögen unbeschränkt. Die Vollstreckung in das Gesellschaftsvermögen wird durch die innere Beteiligung der Gesellschafter nicht beschränkt.

Anm. 13 **9.** Da die dem Schutze der Gesellschaftsgläubiger dienenden Vorschriften der §§ 171ff. **nur für eine Kommanditgesellschaft** und einen Kommanditisten gelten, entfällt ihre Anwendbarkeit, wenn keine Kommanditgesellschaft, sondern eine Gesellschaft des bürgerlichen Rechts besteht. Die Haftung der Gesellschafter richtet sich dann nur nach der für die Gesellschaft des bürgerlichen Rechts geltenden Regeln, vgl. auch § 176 Anm. 19 Abs. 2. Hat die Kommanditgesellschaft diese Eigenschaft dadurch verloren, daß ihr Betrieb zum Kleingewerbe herabsinkt oder daß sie kein Handelsgewerbe mehr betreibt, besteht die Gesellschaft aber als solche des bürgerlichen Rechts weiter, so können die Gläubiger gegen sie und ihre Gesellschafter nicht die aus §§ 172ff. sich ergebende besondere Rechtsstellung beanspruchen. Um das klarzustellen, ist die Gesellschaft auch als Kommanditgesellschaft im Handelsregister zu löschen; RG 155, 77ff. (87). Das gleiche gilt, wenn die Gesellschaft von Anfang an zu Unrecht als Kommanditgesellschaft eingetragen ist. Solange aber die Löschung nicht erfolgt ist, muß der als Kommanditist Eingetragene Dritten gegenüber sich auch als solcher behandeln lassen. Er haftet also aus Rechtsgeschäften, die vor der Löschung mit der noch als Kommanditgesellschaft eingetragenen Gesellschaft geschlossen sind, als Kommanditist und mit der eingetragenen Haftsumme.

Anm. 14 **10.** Hat eine Kommanditgesellschaft eine **Zweigniederlassung,** so gilt für den Rechtsverkehr mit dieser und die sich daraus ergebende Haftung der Kommanditisten der in das Register der Zweigniederlassung eingetragene Betrag der Einlage; vgl. § 15 Abs. 3; DürHach. Anm. 4; Ritter Anm. 2; Schlegelberger-Gessler 4; Dengler, Die Stellung der Filiale 1902, 187. Nach der neuen Regelung der Anmeldungen zum Handelsregister beim Vorhandensein von Zweigniederlassungen sind auch die für Zweigniederlassungen bestimmten Anmeldungen bei dem Registergericht der Hauptniederlassung vorzunehmen. Das Gericht der Zweigniederlassung hat seine Eintragung auf Grund der Mitteilung des Gerichts der Hauptniederlassung über die dort bewirkte Eintragung vorzunehmen, §§ 13, 13a. Dadurch ist das Vorkommen verschieden lautender Eintragungen tunlichst eingeschränkt. Aus Versehen können sie vorkommen. Auch kann die Eintragung bei der Hauptniederlassung infolge früherer Eintragung früher wirksam sein, als die entsprechende Eintragung bei der Zweigniederlassung. Eine mit der Eintragung verbundene Haftungsbeschränkung, § 176, oder eine Haftungserhöhung, Abs. 2, kann deshalb für die Hauptniederlassung früher wirksam geworden sein als für die Zweigniederlassung.

Anm. 15 **11.** Ist die Gesellschaft **fehlerhaft,** so berührt dies das Rechtsverhältnis der Gesellschaft und der Gesellschafter zu Dritten grundsätzlich nicht, § 105 Anm. 68ff., § 161 Anm. 40. Dies gilt auch für den fehlerhaften Ein- und Austritt eines Gesellschafters,

§ 105 Anm. 84. Eine Ausnahme gilt für nicht voll geschäftsfähige Personen. Ihr Schutz geht dem Vertrauensschutz Dritter vor, § 105 Anm. 99—101, 105. Im übrigen gelten die Bestimmungen der §§ 171ff. über die Haftung des Kommanditisten gegenüber den Gesellschaftsgläubigern auch für die fehlerhafte Gesellschaft. Bei der **Scheingesellschaft** (§ 105 Anm. 107ff.), die anders als die fehlerhafte keine rechtswirksame Gesellschaft ist, haften die Beteiligten nur insoweit, als sie einen Rechtsschein erzeugt haben, § 105 Anm. 109, § 161 Anm. 41. Ist der Scheingesellschafter im Handelsregister als Kommanditist eingetragen, so haftet er den Gläubigern in Höhe der eingetragenen Summe. Auch hier geht der Schutz nicht voll geschäftsfähiger Scheingesellschafter dem Vertrauensschutz Dritter vor. Tritt etwa ein Minderjähriger ohne vormundschaftsgerichtliche Genehmigung (§ 161 Anm. 17) in die Gesellschaft als Kommanditist ein, so haftet er den Gesellschaftsgläubigern in keinem Fall.

12. Wegen der Bedeutung der Haftung mit einem bestimmten Betrage, wegen der Befreiung von der Haftung durch Leistung der Einlage an die Gesellschaft, oder durch Befriedigung anderer Gesellschaftsgläubiger, wegen der Bewertung des Geleisteten vgl. die Erl. zu § 171. **Anm. 16**

III. Die nichteingetragene Erhöhung der Einlage, Abs. 2

1. Auf eine nicht eingetragene Erhöhung der aus dem Handelsregister ersichtlichen Einlage können sich die Gläubiger nur berufen, wenn die Erhöhung in handelsüblicher Weise kundgemacht oder ihnen in anderer Weise von der Gesellschaft mitgeteilt worden ist; **Abs. 2.** Die Erhöhung der Haftung des Kommanditisten setzt eine **Einigung** der Gesellschafter, und zwar aller Gesellschafter hierüber voraus. Durch eine solche Vereinbarung übernimmt der Kommanditist zunächst im inneren Verhältnis unter den Gesellschaftern die Verpflichtung, künftig den Gesellschaftsgläubigern mit einem höheren Betrage als bisher zu haften, und dadurch zur Erreichung des gemeinsamen Gesellschaftszweckes, insbesondere durch Erhöhung des Gesellschaftskredits beizutragen. Die Vereinbarung erfolgt in der Regel durch eine Änderung des Gesellschaftsvertrages. Es kann aber auch schon im ursprünglichen Gesellschaftsvertrag die Verpflichtung des Kommanditisten zur Erhöhung seiner Haftung für einen späteren Zeitpunkt oder unter einer Bedingung festgelegt sein. Der Gesellschaftsvertrag kann auch bestimmen, daß die Erhöhung der Haftung, wie jede Änderung des Gesellschaftsvertrags durch Mehrheit beschlossen werden kann. Die Grenzen, die der Erhöhung der Beitragspflicht durch Mehrheitsbeschluß bei der offenen Handelsgesellschaft gezogen sind, sind auch hier einzuhalten; insbesondere ist im Gesellschaftsvertrag zu bestimmen, bis zu welchem Betrage die Erhöhung der Haftsumme, wie auch der inneren Einlage erfolgen darf. Die Zulässigkeit der Festsetzung einer unbegrenzten Haftung der Kommanditisten würde dem Wesen der beschränkten Haftung und damit der Kommanditgesellschaft überhaupt widersprechen. Aus der Bestimmung der Zulässigkeit von Mehrheitsbeschlüssen muß sich unzweideutig ergeben, daß solche Beschlüsse auch für Beschlüsse der vorliegenden Art zulässig sein sollen; BGH 8, 41; § 119 Anm. 12. **Anm. 17**

Die Erhöhung der Haftsumme wie der Pflichteinlage kann noch im Zustande der Abwicklung der Gesellschaft erfolgen; KG in JW 1935, 1100[1].

Regelmäßig erfolgt gleichzeitig die Erhöhung der Haftpflicht und der inneren Einlagepflicht. Im Zweifel sind Pflicht- und Hafteinlage gleich (§ 161 Anm. 12). Nötig ist dies aber nicht. Die Haftpflicht und die innere Einlagepflicht können verschieden sein. Im **inneren Verhältnis** wird die Verpflichtung zur Erhöhung der Haftpflicht regelmäßig **wirksam** mit der Vereinbarung unter den Gesellschaftern oder der Fassung des Mehrheitsbeschlusses und dessen Mitteilung an die übrigen Gesellschafter, oder bei Eintritt des vorgesehenen Zeitpunktes oder der vereinbarten Bedingung. Mit dem Eintritt der Wirksamkeit der Vereinbarung im inneren Verhältnis entsteht auch die Verpflichtung der Gesellschafter dahin zu wirken, daß die erhöhte Haftpflicht auch im Verhältnis zu Dritten wirksam wird. Dies geschieht durch Eintragung ins Handelsregister, durch handelsübliche Kundmachung oder besondere Mitteilung in der in Abs. 2 angegebenen Weise. Öffentlich-rechtlich sind die Gesellschafter nicht verpflichtet, die vereinbarte Erhöhung der Hafteinlage zur Eintragung ins Handelsregister anzumelden;

die Erzwingung der Anmeldung durch Ordnungsstrafen nach § 14 findet nicht statt, § 175 Satz 3. Das allgemeine Interesse an der Eintragung der Gesellschaft und der bei Errichtung der Gesellschaft vereinbarten Haftsumme besteht nicht, wenn es sich nur um die Erhöhung oder Herabsetzung der Haftsumme handelt. Die geringere Bedeutung der Erhöhung zeigt sich auch darin, daß für diese anders als für die ursprüngliche Festsetzung der Haftsumme oder für deren Herabsetzung, § 174, als Mittel der Kundmachung nicht nur die Eintragung und Bekanntmachung, sondern auch eine andere Kundmachung in handelsüblicher Form neben der sonstigen Mitteilung an die Gläubiger zugelassen ist. Die Gesellschafter können durch Vereinbarung die Verpflichtung zur Mitwirkung bei der Bekanntgabe der Erhöhung auf eine bestimmte Art der Bekanntgabe, etwa auf die Bekanntmachung durch Rundschreiben, Zeitungsanzeige oder besondere Mitteilung an einzelne Dritte beschränken.

Anm. 18 **2.** Abs. 2 geht davon aus, daß im Handelsregister **bereits eine bestimmte Haftsumme eingetragen** ist. Denn ohne eine solche Eintragung haftet der Kommanditist unbeschränkt. Es kann deshalb nur eine Änderung der bereits bestehenden und durch Eintragung wirksam gewordenen Haftungsbeschränkung durch Erhöhung der Haftsumme in Frage kommen. Vorausgesetzt ist auch immer die Eintragung der Gesellschaft selbst. Denn ohne diese Eintragung kann auch nicht eine Haftungsbeschränkung eingetragen sein. Ist die Gesellschaft noch nicht eingetragen, so muß erst diese Eintragung nachgeholt werden, damit die Haftungsbeschränkung und Änderungen der Haftsumme eingetragen werden können. Ist die Eintragung der ursprünglichen Haftsumme bei Eintragung der Gesellschaft unterblieben, was nur aus Versehen des Registerrichters geschehen kann, da dieser darauf zu achten hat, daß die Anmeldung einer Kommanditgesellschaft auch die Angabe der Hafteinlage enthält, und ist inzwischen eine Erhöhung erfolgt, so ist die neue Summe sofort einzutragen. Ist die ursprüngliche Haftsumme herabgesetzt, und ist die ursprüngliche Haftsumme nicht eingetragen, so ist bei Wiedererhöhung der Haftsumme nur die erhöhte einzutragen. Die nachträgliche Eintragung der ursprünglichen hätte keinen Zweck mehr, denn bis zur Eintragung würde der Kommanditist nach § 176 unbeschränkt haften und von der Eintragung der erhöhten an nur auf Grund der ebenfalls einzutragenden neuen Haftsumme.

Anm. 19 **3.** Ist eine Haftungsbeschränkung bereits eingetragen und damit nach Abs. 1 wirksam geworden und wird eine vereinbarte Erhöhung der Haftsumme **in keiner Weise kundbar** gemacht, so ist die Erhöhung Dritten gegenüber unwirksam. Es bleibt bei der eingetragenen Beschränkung. Es tritt nicht etwa in sinngemäßer Anwendung des § 176 bis zur Eintragung oder andersartigen Kundgebung der Erhöhung unbeschränkte Haftung des Kommanditisten ein. Der der Vorschrift des § 176 zugrunde liegende Gedanke, daß Dritte sich auf eine beschränkte Haftung in bestimmter Höhe vor jeder Eintragung des Haftungsbetrages nicht einrichten können und brauchen, trifft auf den Fall der Erhöhung der Haftsumme nicht zu.

Anm. 20 **4.** Die **Wirksamkeit** der Erhöhung der Haftsumme kann auf drei Wegen eintreten:

a) Durch **Eintragung** der neuen Haftsumme. Wird dieser Weg gewählt, so ist die Wirkung der Eintragung dieselbe wie bei Eintragung der ursprünglichen Haftsumme. Der in der Eintragung kundgegebene Betrag ist für die Haftung maßgebend. Auf die Bekanntmachung des Betrags, die auch hier nicht stattzufinden hat, kommt es nicht an; vgl. § 175 Abs. 1 Satz 2, § 162 Abs. 2. Der Kommanditist kann dem Gläubiger gegenüber nicht geltend machen, daß die Erhöhung auf einen geringeren Betrag oder daß überhaupt keine Erhöhung vereinbart sei, oder daß er im inneren Verhältnis als erhöhte Einlage nur eine Leistung bestimmter Art, z. B. eine Sachleistung schulde, und deshalb den andersgearteten Anspruch des Gesellschaftsgläubigers nicht zu erfüllen brauche. Andererseits wirkt die tatsächliche Eintragung auch zugunsten des Kommanditisten. Es kann ihm nicht entgegengehalten werden, daß eine größere Erhöhung seiner Haftung unter den Gesellschaftern vereinbart, als eingetragen sei. Hat der Registerrichter eine **gar nicht angemeldete** Erhöhung oder eine höhere Summe als angemeldet eingetragen, so tritt durch die Eintragung die Wirksamkeit der Erhöhung nicht ein. Denn es handelt sich hier nicht wie im Falle des Abs. 1 um die Herbeiführung der Wirksamkeit der Beschränkung der Haftung, sondern um ihre Erhöhung. Ein Anlaß, den

Kommanditisten für das alleinige Versehen des Registerrichters haften zu lassen, besteht in diesem Falle nicht; ebenso DürHach. Anm. 5. Hat aber der Kommanditist durch die Mitteilung des Registerrichters, § 130 FGG, von der unrichtigen Eintragung Kenntnis erhalten, und tut er nichts, um ohne schuldhaftes Zögern die Berichtigung des unrichtigen Eintrags herbeizuführen, so muß er diesen gegen sich gelten lassen, da in seinem Verhalten die Kundgebung an die Öffentlichkeit liegt, nach Maßgabe des Eintrags haften zu wollen; Schlegelberger-Gessler 7.

Anm. 21
b) Die Wirksamkeit der Erhöhung der Haftung nach außen tritt auch ohne Eintragung durch eine **handelsübliche Kundmachung** der Erhöhung ein. Der Begriff der handelsüblichen „Kundmachung" ist derselbe wie der der handelsüblichen „Bekanntmachung" der Übernahme der Verbindlichkeiten eines Handelsgeschäfts durch den Erwerber des Geschäfts, § 25 Abs. 3, vgl. Anm. 28, 29 dazu. Sie kann namentlich erfolgen durch Bekanntmachung in einer Tageszeitung, auch im redaktionellen Handelsteil, wenn sie erkennbar von der zur Erklärung berufenen Stelle ausgeht; vgl. unten Anm. 22. Die Mitteilung muß erkennen lassen, um welchen Betrag die Einlage und damit die Haftung jedes einzelnen Kommanditisten erhöht ist. Nur dann kann sie die Eintragung ins Handelsregister ersetzen, wenn aus ihr nicht bloß die Tatsache der Erhöhung, sondern auch deren **Betrag** zu ersehen ist; vgl. § 162 Abs. 1. Eine Angabe der Gesamterhöhung der Einlagen genügt nicht; RG in JW 1930, 2658[4] mit Anm. Auch die Versendung von Rundschreiben mit entsprechendem Inhalt genügt, wenn sie mit Rücksicht auf die Zahl und den Kreis der Empfänger als **allgemeine Kundgebung** der Haftungserhöhung anzusehen ist. Dann können auch einzelne Gläubiger, die das Schreiben nicht erhalten haben, sich auf dessen Inhalt ebenso berufen, wie im Falle der Kundgebung durch Eintragung im Handelsregister diejenigen, die den Eintrag nicht erfahren haben. Eine Ausnahme gilt hinsichtlich einzelner Gläubiger, die in dem Rundschreiben oder durch besondere Mitteilung von der Übernahme der erhöhten Haftung ausgeschlossen sind; RG 17, 98; 38, 177. Die Wirkung der handelsüblichen Kundmachung ist die gleiche, wie die der Eintragung ins Register. Sie ist also insbesondere ohne Rücksicht auf den wirklichen Inhalt der Vereinbarung der Gesellschafter über die Haftungserhöhung maßgebend; vgl. oben Anm. 20.

Anm. 22
c) Die Wirkung der Haftungserhöhung tritt auch ein durch eine in anderer Weise erfolgende **Mitteilung der Gesellschaft an die Gläubiger.** Hier kommen namentlich Mitteilungen an einzelne Gläubiger oder Gruppen von solchen in Betracht. Sie können allgemein lauten oder nur die Übernahme der erhöhten Haftung für ein einzelnes Geschäft aussprechen. In diesem Falle wirkt die Erhöhung nur für die Angehörigen der Gruppe, denen das Rundschreiben zugegangen ist, oder die einzeln Benachrichtigten.

Anm. 23
Zu b) und c): Die Wirkung der handelsüblichen Kundmachung wie der Einzelmitteilung tritt nur ein, wenn sie von der **Gesellschaft** ausgehen. Beide Kundgebungen sollen nur die auf Grund einer Anmeldung durch die Gesellschaft, und zwar aller Gesellschafter, erfolgte Eintragung ins Handelsregister ersetzen. Deshalb genügt die Kundgebung durch irgend einen Gesellschafter als solchen nicht. Jedoch muß es genügen, daß der **Kommanditist,** dessen Haftung erhöht wird, die Erklärung abgibt; Ritter Anm. 3; Baumbach-Duden 1 B; Schlegelberger-Gessler 8. Die besondere Mitteilung muß dem Gläubiger als solchen gemacht werden. Es genügt nicht, daß der Gläubiger lediglich in seiner Eigenschaft als Gesellschafter an der Gesellschafterversammlung teilgenommen hatte, in der über die Erhöhung der Haftsumme verhandelt und diese beschlossen wurde; RG in JW 1930, 2658[4].

Anm. 24
5. Die Eintragung oder die handelsübliche Bekanntmachung der Erhöhung der Haftung hat die **Wirkung,** daß der Kommanditist den Gläubigern der Gesellschaft bis zu dem erhöhten Betrage haftet; ist die Mitteilung nur an einen einzelnen Gläubiger erfolgt, so wirkt sie nur zu dessen Gunsten.

Ist die Erhöhung der Haftung durch Eintragung wirksam geworden, so gilt sie auch für die Verbindlichkeiten der Gesellschaft, die vor dem Eintritt der Wirksamkeit entstanden sind. Wie der Gesellschafter, der neu in eine Gesellschaft eintritt, für die vor seinem Eintritte begründeten Verbindlichkeiten haftet, §§ 130, 173, haftet auch der Kommanditist, der bisher nur mit einem geringeren Betrag haftet, künftig für alle Verbindlichkeiten, auch die vor der Erhöhung entstandenen, mit dem höheren Betrage. Das gleiche gilt, wenn die erhöhte Haftung durch handelsübliche Kundmachung wirksam geworden ist. Wie aber einzelne Gläubiger in der Kundmachung oder in gleichzeitigen besonderen Mitteilungen von der Erhöhung der Haftung ausgeschlossen werden können, können auch die vor dem Wirksamwerden der Erhöhung entstandenen Verbindlichkeiten besonders ausgeschlossen werden, wenn sich dies aus der handelsüblichen Kundmachung oder der besonderen Kundmachung unzweideutig ergibt. Ist die Erhöhung nur durch besondere Mitteilung an einen einzelnen Gläubiger erfolgt, so gilt sie zwar nur diesem gegenüber, aber auch für die bereits bestehenden Ansprüche desselben, falls sich nicht aus der Mitteilung eine Einschränkung ergibt. Eine Beschränkung der Erhöhung der Haftung auf die nach der Eintragung entstandenen Verbindlichkeiten oder die Beschränkung der Erhöhung auf bestimmte Arten von Verbindlichkeiten durch entsprechende Eintragung ist begrifflich ebenfalls nicht ausgeschlossen. Sie steht jedenfalls mit dem Wesen der kommanditistischen Haftung nicht im Widerspruch.

Anm. 25 6. Die Haftung aus der Haftungserhöhung ist ihrer **rechtlichen Natur nach die gleiche** wie bei der ursprünglichen Kommanditistenhaftung. Dem Kommanditisten stehen auch insofern dieselben Einwendungen und Befreiungsgründe (durch Leistung der Einlage an die Gesellschaft, durch Befriedigung anderer Gesellschaftsgläubiger, vgl. § 171) zur Seite, wie bei der ursprünglichen Haftung. Im Konkurse der Gesellschaft kann deshalb das Recht auf Befriedigung nur durch den Konkursverwalter ausgeübt werden, § 171 Abs. 2. Dies gilt auch, wenn die Haftungserhöhung einzelnen Gesellschaftsgläubigern gegenüber durch Sondermitteilung erfolgt ist; diese Gläubiger haben aber im Gesellschaftskonkurse ein Recht auf abgesonderte Befriedigung aus dem vom Konkursverwalter eingezogenen Erhöhungsbetrag; das in § 171 Anm. 42—42b Ausgeführte gilt entsprechend. Aber auch sie müssen sich entgegenhalten lassen, daß der Kommanditist sich von der erhöhten Haftung durch Leistung an die Gesellschaft oder Befriedigung anderer Gesellschaftsgläubiger befreit habe; § 171 Abs. 1 Halbsatz 2; Schlegelberger-Gessler 10. Hat der Kommanditist aber nicht die erhöhte Haftung als Kommanditist übernommen, sondern sich durch ein nicht gesellschaftliches Rechtsgeschäft, etwa durch eine Bürgschaft, Schuldübernahme neben der Gesellschaft, einem einzelnen Gläubiger gegenüber verpflichtet, was unter Umständen durch Vertragsauslegung festzustellen ist, so kann sich der Gläubiger auf Grund dieses besonderen Rechtstitels auch im Gesellschaftskonkurse unmittelbar an den Kommanditisten halten, und dieser kann ihm seine Befreiung als Kommanditist oder die ausschließliche Befugnis des Konkursverwalters nicht entgegenhalten.

IV. Die Unwirksamkeit des Erlasses und der Stundung der Hafteinlage

Anm. 26 Die Unwirksamkeit eines Erlasses oder einer Stundung der Hafteinlage durch Vereinbarung der Gesellschafter im Verhältnis zu den Gesellschaftsgläubigern, wie sie **Abs. 3** ausdrücklich ausspricht, ergibt sich schon aus dem Wesen der Kommanditistenhaftung. Die Gesellschafter können nicht durch bloße Vereinbarung unter sich die Sicherheit aufheben, die die Gesellschaftsgläubiger durch die unmittelbare, wenn auch beschränkte Haftung des Kommanditisten genießen. Sie können das ebensowenig, wie sie die unmittelbare unbeschränkte Haftung der persönlich haftenden Gesellschafter, § 128, lediglich durch Vereinbarung unter sich ausschließen oder aufheben können. Sie würden dadurch in die Rechte der Gesellschaftsgläubiger eingreifen. Selbstverständlich kann mit Zustimmung einzelner Gesellschaftsgläubiger mit Wirkung nur gegenüber diesen ein Erlaß oder eine Stundung vereinbart werden. Eine solche Vereinbarung kann sogar lediglich zwischen den Gläubigern und den einzelnen Kommanditisten ohne Mitwirkung der übrigen Gesellschafter in bezug auf die Haftung nach außen getroffen werden. Sie hat aber keine Wirkung gegenüber anderen Gesellschaftsgläubigern, insbesondere nicht gegenüber solchen, die es erst später geworden sind.

Anm. 27 Die im inneren Verhältnis geschuldete Einlage (**Pflichteinlage,** vgl. § 161 Anm. 12) können die Gesellschafter einem von ihnen, auch einem Kommanditisten erlassen oder stunden. Es ist dies ebensogut möglich, wie ein Kommanditistenverhältnis von Anfang an ohne innere Einlageverpflichtung begründet werden kann; § 161 Anm. 13;

DürHach. § 161 Anm. 7. Erlaß oder Stundung haben aber nur Wirkung nach innen. Die Gesellschaft kann Leistung der erlassenen Einlage überhaupt nicht mehr, der gestundeten während der Stundungsfrist nicht mehr fordern. Erlaß oder Stundung sind aber ohne Einfluß auf die nach außen bestehende Haftpflicht. Diese besteht unverändert fort. Dagegen muß ein Gesellschaftsgläubiger Erlaß oder Stundung gegen sich gelten lassen, wenn er nicht die unmittelbare Haftpflicht des Kommanditisten geltend macht, sondern als Gläubiger der Gesellschaft deren Anspruch auf Leistung der im inneren Verhältnis geschuldeten Einlage (der Pflichteinlage) pfänden und sich überweisen läßt. Durch Erlaß oder Stundung der Pflichteinlage ist der Kommanditist nicht gehindert, einen der Haftsumme entsprechenden Betrag an die Gesellschaft zu bezahlen und sich dadurch nach § 171 Abs. 1 Halbsatz 2 von der Haftpflicht zu befreien, vgl. § 171 Anm. 12ff., 24.

V. Die Wirkungen der Rückzahlung der Einlage

1. Soweit die Einlage zurückgezahlt wird, gilt sie den Gläubigern gegenüber nicht als geleistet, **Abs. 4 Satz 1.** Diese Vorschrift steht im Zusammenhang mit der Bestimmung des § 171 Abs. 1 Halbsatz 2, nach der die Haftung des Kommanditisten ausgeschlossen ist soweit die Einlage geleistet ist. Entsprechend seiner beschränkten Haftung soll der Kommanditist nur mit einem bestimmten Betrag — seiner Einlage —, an dem Risiko der Gesellschaft beteiligt sein. Hat er die Einlage geleistet und damit der Gesellschaft einen Vermögenswert im Betrage der Einlage zur Verfügung gestellt, aus dem die Gesellschaft ihre Gläubiger befriedigen kann, so soll er nach § 171 Abs. 1 Halbsatz 2 von der unmittelbaren Haftung befreit sein. Der Grund der Befreiung und damit diese selbst fällt nach Abs. 4 Satz 1 weg, wenn das als Einlage Geleistete an den Kommanditisten zurückbezahlt wird. **Anm. 28**

2. Rückzahlung ist nach dem Sinne des Abs. 4 Satz 1 in Verbindung mit § 171 Abs. 1 Halbsatz 2 jede Zuwendung an den Kommanditisten aus dem Vermögen der Gesellschaft, durch die dem Gesellschaftsvermögen Vermögenswerte im Betrage der geleisteten Einlage ohne eine dem Gesellschaftsvermögen zufließende gleichwertige Gegenleistung entzogen werden, da damit die Fähigkeit der Gesellschaft zur Befriedigung der Gesellschaftsgläubiger vermindert wird (OLG Düsseldorf GmbH-Rdsch. 59, 114). Unter den Begriff der Rückzahlung fällt danach nicht nur Erstattung der geleisteten Einlage in Natur oder die Zahlung eines der Haftsumme entsprechenden Geldbetrages oder die unmittelbare Überführung von Vermögensstücken der Gesellschaft in das Vermögen des Kommanditisten, sondern auch jede andere Verwendung von Gesellschaftsvermögen zugunsten des Kommanditisten, durch die der Gesellschaft Werte entzogen werden. Dahin gehört z. B. die Verwendung von Gesellschaftsvermögen zur Deckung von Privatschulden des Kommanditisten (auch durch Einlösung von Wechseln, um den Kommanditisten von einer ihn treffenden Wechselverpflichtung zu entlasten); die Bestellung einer Verkehrshypothek oder einer Grundschuld auf Gesellschaftsgrundstücken, wenn der Kommanditist sich durch deren Verwertung Geld verschafft hat; vgl. Anm. 31; die Übernahme von Verpflichtungen des Kommanditisten; die Umwandlung einer Beteiligung in eine Darlehnsschuld der Gesellschaft erst, wenn ihr die Auszahlung des entsprechenden Betrags aus dem umgewandelten Rechtsverhältnis folgt, BGH 39, 331, nicht schon die Umwandlung selbst, so Ritter 5, vgl. Anm. 31; die Abschreibung eines Betrages von dem Kapitalkonto des Kommanditisten auf sein Privatkonto mit der Folge, daß die Eigenschaft als verantwortliches Kapital mit der diesem eigentümlichen Verfügungsbeschränkung aufhört und der Kommanditist über das durch die Umbuchung entstandene Guthaben frei verfügen kann, sobald er diese Verfügung etwa durch Abhebung des Betrags oder Abtretung oder Verpfändung des Anspruchs an einen Dritten vorgenommen hat; vgl. Anm. 31. Eine Rückzahlung an den Kommanditisten liegt auch vor, wenn die Leistung an den Treugeber erfolgt, als dessen Treuhänder der Kommanditist Mitglied der Gesellschaft ist. Rückzahlung der Einlage liegt ferner vor, wenn ein Kommanditist eine Gesellschaftsschuld bezahlt und ihm die Gesellschaft dafür Ersatz geleistet hat; § 171 Anm. 31 oder wenn ihm die Gesellschaft die Einlage **mittelbar** zurückzahlt, indem sie das Gesellschaftsvermögen zugunsten eines Dritten verkürzt und der Dritte es dafür **Anm. 29**

übernimmt, eine entsprechende Zahlung an den Kommanditisten zu leisten, BGH 47, 149; Kuhn in Ehrengabe für Bruno Heusinger S. 216.

Nach dem Sinne der Vorschrift ist es der Rückzahlung gleichzustellen, wenn die Gesellschaft zwar nicht durch ihre dazu berufenen Organe Vermögenswerte auf den Kommanditisten übertragen hat, wenn dieser sie sich aber **selbst angeeignet,** z. B. aus der ihm als geschäftsführender Gesellschafter oder Prokurist zugänglichen Gesellschaftskasse Geld für seine Privatzwecke entnommen hat; Schlegelberger-Gessler 14.

Eine den Gläubigern gegenüber unwirksame Rückzahlung liegt nicht vor, wenn die Gesellschaft zu der Leistung auf Grund eines nicht in der Mitgliedschaft des Kommanditisten liegenden Rechtsgrundes verpflichtet war, z. B. wenn es sich um die Bezahlung von Waren handelt, die der Kommanditist der Gesellschaft außerhalb des Gesellschaftsverhältnisses geliefert hat oder wenn sie ein ihr von ihm gewährtes Darlehen zurückzahlt. Dagegen kann die bloße Einkleidung einer Zuwendung an den Kommanditisten in die Form eines gegenseitigen Vertrags, z. B. die Lieferung von Waren an ihn ohne Barzahlung, sondern auf Kredit oder die Gewährung eines Darlehens an ihn, insbesondere mit langer Rückzahlungsfrist, nach Lage des Einzelfalls wegen ihres wirtschaftlichen Ergebnisses als Rückzahlung aufzufassen sein, wenn dadurch nur die offene Rückzahlung umgangen, dem Kommanditisten nur durch Vorschiebung einer anderen Rechtsform die Rückerstattung erspart und die Aufrechterhaltung der geleisteten Einlage ermöglicht wird; Schlegelberger-Gessler 14; DürHach. Anm. 8 Abs. 2.

Anm. 30 **3.** Daß die Leistung **aus Mitteln der Gesellschaft** erfolgt sein muß, liegt schon im Begriff der Rückzahlung der Einlage (vgl. Art. 165 Abs. 5 ADHGB, nach der der Kommanditist für Verbindlichkeiten der Gesellschaft haftete, wenn und soweit er den Vorschriften der Abs. 2—4 daselbst zuwider „Zahlungen von der Gesellschaft empfangen hat“); D. I 116. Eine Zahlung aus Mitteln der Gesellschaft liegt auch vor, wenn ein Dritter, z. B. die Bank der Gesellschaft, für deren Rechnung die Zahlung an den Gesellschafter oder zu dessen Gunsten an einen Dritten (seine Bank) geleistet hat.

Aus Mitteln der Gesellschaft erfolgt die Rückzahlung auch dann, wenn einem ausscheidenden Kommanditisten sein **Abfindungsguthaben** aus dem Vermögen der Gesellschaft bezahlt wird; nicht aber, wenn die Abfindung von den übrigen Gesellschaftern aus deren Privatvermögen geleistet wird, ohne daß sie einen Ersatzanspruch gegen die Gesellschaft haben oder wenn ein Gesellschafter, der dem Kommanditisten Freiheit von Verlusten garantiert hat, einen dem eingetretenen Verlustanteil entsprechenden Betrag aus seinem Privatvermögen ausbezahlt; wohl aber, wenn ein neu eintretender Gesellschafter seine Einlage an die Gesellschaft leistet und aus den so der Gesellschaft zugeflossenen Mitteln die Abfindung eines gleichzeitig oder früher oder später ausgeschiedenen Kommanditisten bezahlt wird; DürHach. Anm. 9; OLG Dresden (7. Senat) in SeuffA. 64 Nr. 171 I; a.A. das gleiche Gericht (4. Senat) daselbst unter II. Eine Rückzahlung ist es auch, wenn während der Abwicklung dem Kommanditisten Abschlagszahlungen auf sein Auseinandersetzungsguthaben oder bei der endgültigen Auseinandersetzung dieses ganz aus dem Gesellschaftsvermögen ausbezahlt wird; ROHG 25, 278; RG 64, 82. Eine Rückzahlung liegt weiter vor, wenn der einzige persönlich haftende Gesellschafter das Geschäft mit Aktiven und Passiven übernimmt und dem Kommanditisten sein Abfindungsguthaben auszahlt; denn die Leistung erfolgt dann aus dem Vermögen der Gesellschaft, das sich infolge des Ausscheidens des Kommanditisten mit dem Privatvermögen des Übernehmers untrennbar vereint, auch für seine Privatschulden haftet. Durch die Zahlung der Abfindungssumme werden so Mittel, die zur Befriedigung der Gesellschaftsgläubiger dienen konnten, dieser Aufgabe entzogen. Darin liegt nach dem Sinne des Abs. 4 eine Rückzahlung, vgl. auch § 173 Anm. 34.

Eine Rückzahlung der Hafteinlage liegt nicht vor, wenn die **Pflichteinlage höher** ist als die Hafteinlage und nur der die letztere übersteigende Betrag zurückbezahlt wird. Ebenso nicht, wenn stehengebliebene Gewinnanteile, die dem Kommanditisten auf Kapitalkonto II oder Darlehnskonto oder sonstwie gutgeschrieben worden sind, an ihn ausbezahlt werden, ohne daß seine Hafteinlage angegriffen wird.

Eine Rückzahlung der Hafteinlage liegt auch nicht vor, wenn ein **Kommanditisten-Wechsel** stattfindet, d. h. der ausscheidende Kommanditist seine Beteiligung auf einen neueintretenden überträgt, ohne daß er aus dem Gesellschaftsvermögen abgefunden wird, § 173 Anm. 22—27, vgl. auch BGH 47, 155f.

4. Dem Zwecke des Abs. 4, die Befriedigung der Gesellschaftsgläubiger nicht durch Leistungen der Gesellschaft an den Kommanditisten im Betrage der bereits geleisteten Einlage, also durch deren Rückzahlung zu erschweren, entspricht es, daß ein Kommanditist einen Anspruch auf Rückerstattung der Einlage, z. B. in Gestalt des Anspruchs auf Auszahlung seines Ausscheidungsguthabens oder einer Abschlagszahlung während der Abwicklung nicht zum Nachteil der Gesellschaftsgläubiger geltend machen kann. **Er muß vielmehr mit seinem Anspruch hinter den Gesellschaftsgläubigern zurücktreten.** Dies gilt auch dann, wenn ihm für seinen Rückzahlungsanspruch eine **Sicherheit** am Gesellschaftsvermögen bestellt ist. Der Gesellschaftsgläubiger kann ohne Rücksicht auf die dadurch erfolgte Belastung des Gesellschaftsvermögens in die belasteten Gegenstände oder Rechte vollstrecken, hat also den Vorrang auf den Erlös; ROHG 14, 92; RG 27, 18; bei Gruchot 29, 997. Der Gesellschaftsgläubiger kann das Recht auf Befriedigung aus dem Pfande bei Bestreiten des Kommanditisten auch durch Feststellungsklage feststellen lassen. Dies gilt aber nur soweit der Kommanditist den Gesellschaftsgläubigern haftet, also gegenüber denjenigen, die bereits Gläubiger waren, als er aus der Gesellschaft ausschied (Altgläubiger, vgl. § 171 Anm. 42), nicht denen gegenüber, die es erst später geworden sind. Mit diesen steht er im gleichen Rang. Das gleiche gilt auch im **Konkurse** der Gesellschaft. Der Kommanditist kann deshalb auch nicht mit seinem Anspruch auf das Auseinandersetzungsguthaben gegen den Anspruch des Konkursverwalters auf Leistung der Haftsumme aufrechnen; OLG Hamburg in HansRGZ 1934 B 363. In der Leistung des Rückzahlungsversprechens und der Leistung der Sicherheit liegt die Rückzahlung selbst noch nicht; deshalb lebt auch die unmittelbare Haftpflicht des Kommanditisten dadurch noch nicht auf. Dies gilt auch bei Leistung einer Sicherheit durch Bestellung einer Sicherungshypothek, OLG Breslau in JW 1931, 807[4] mit Anm., muß aber auch für die Bestellung einer Verkehrshypothek gelten, soweit sich der Kommanditist durch deren Verwertung noch nicht befriedigt hat. Erst wenn das Versprechen zur Rückzahlung erfüllt ist, z. B. durch Verwertung der Sicherheit, treten die Folgen der Rückzahlung ein; Schlegelberger-Gessler 18; Ritter 5; DürHach. 10; a. A. Schwarz 4; vgl. auch Anm. 29. Anm. 31

Das gleiche gilt, wenn der Anspruch des Kommanditisten auf Rückzahlung seiner Einlage oder auf sein Auseinandersetzungsguthaben in eine **Darlehnsschuld umgewandelt** wird oder ein Betrag in Höhe der geleisteten Einlage von seinem Kapitalkonto ab und seinem Privatkonto gutgeschrieben wird. Die Rückzahlung ist in allen diesen Fällen erst erfolgt, wenn aus dem Vermögen der Gesellschaft etwas herausgegeben und dadurch dem Zugriff der Gesellschaftsgläubiger entzogen ist (BGH 39, 331 = LM § 172 Nr. 2 m. A. v. Fischer Z. I 2). Das ist aber nicht der Fall, wenn zwar ein Anspruch auf die Leistung besteht, der Forderungsberechtigte mit ihm aber hinter den Gesellschaftsgläubigern zurücktreten muß; Schlegelberger-Gessler 19; a.M. Ritter 5; wegen der Bedeutung dieser Frage im Falle des Wechsels in der Person des Kommanditisten vgl. § 173 Anm. 24.

5. Die **Rechtsfolge** der Zurückzahlung der Einlage geht dahin, daß die Einlage den Gesellschaftsgläubigern gegenüber nicht als geleistet gilt. Im Verhältnis der Gesellschafter untereinander kann sie dagegen wirksam sein. Die Gesellschaft kann mit Zustimmung aller Gesellschafter, wenn der Gesellschaftsvertrag dies vorsieht, auch auf Grund eines Mehrheitsbeschlusses, § 119, dem Kommanditisten das als Einlage Geleistete oder einen entsprechenden Vermögenswert zurückerstatten, etwa deshalb, weil sie dem Kommanditisten, der das Erstattete zu Privatzwecken braucht, entgegenkommen will oder weil ihr die Einlage entbehrlich ist oder weil der Kommanditist aus der Gesellschaft ausscheidet und abgefunden werden soll. Eine solche Rückzahlung kann auch bereits im Gesellschaftsvertrag vorgesehen sein, etwa in der Weise, daß der Kommanditist die Einlage nur auf bestimmte Zeit zur Verfügung stellen muß oder daß er sie bei eigenem Bedarf zurückfordern kann. Die Rückzahlung kann die Leistung zum Gegenstand haben, die der Kommanditist im inneren Verhältnis als Einlage zu machen hat, aber auch eine Leistung, die der Kommanditist lediglich an die Gesellschaft bewirkt hat, um sich vor der unmittelbaren Haftpflicht gemäß § 171 Abs. 1 Halbsatz 2 zu befreien. Anm. 32

Regelmäßig hat die Rückzahlung die Wirkung, daß der Kommanditist damit auch von seiner im inneren Verhältnis bestehenden Einlagepflicht dauernd befreit ist. Aus den Vereinbarungen der Gesellschafter, auch den Umständen, kann sich etwas anderes ergeben, so wenn die Rückzahlung nur für eine bestimmte Zeit oder für die Dauer eines bestimmten Bedürfnisses des Kommanditisten erfolgt ist.

Im Verhältnis zu den Gesellschaftsgläubigern tritt durch Rückzahlung der Einlage die Folge ein, daß der Kommanditist künftig wieder den Gesellschaftsgläubigern in Höhe des zurückerstatteten Betrages unmittelbar haftet; § 171 Abs. 1 Satz 1; ROHG 25, 278; RG 64, 82. Die befreiende Wirkung der Leistung der Einlage (§ 171 Abs. 1 Halbsatz 2) hört vom Zeitpunkt der Rückzahlung an auf. In der Zwischenzeit war aber der Kommanditist befreit und für die Zwischenzeit dauert diese Wirkung fort. Der Kommanditist hat somit in der Zwischenzeit die unmittelbare Befriedigung eines Gesellschaftsgläubigers mit Recht verweigert; durch eine in der Zwischenzeit erfolgte Zahlungsaufforderung kam er nicht in Verzug, auch nicht im Zeitpunkt der Rückzahlung. Von der wiederaufgelebten unmittelbaren Haftung kann er sich in gleicher Weise befreien wie von der ursprünglichen, also insbesondere durch Wiedereinzahlung der Einlage an die Gesellschaft, Befriedigung anderer Gesellschaftsgläubiger; § 171 Anm. 12ff; BGH 39, 328 = LM § 172 Nr. 2, Fischer Anm. Z. I 4 hierzu.

Anm. 33 6. Das Wiederaufleben der unmittelbaren Haftung tritt nur ein, soweit ein der geleisteten Einlage **entsprechender Wert** aus dem Gesellschaftsvermögen dem Kommanditisten zugeflossen ist. Wird mehr an den Kommanditisten geleistet, wird ihm z. B. das erstattet, was er über den im Handelsregister als Einlage eingetragenen Betrag hinaus an die Gesellschaft geleistet hat, etwa weil seine Pflichteinlage höher war, als seine Hafteinlage, so tritt durch Erstattung des Mehrbetrags eine unmittelbare Haftpflicht des Kommanditisten nicht ein. Dies gilt namentlich auch, wenn infolge höherer innerer Einlagepflicht der Kapitalanteil des Kommanditisten höher war als seine im Handelsregister eingetragene Hafteinlage. Der Kommanditist haftet eben den Gesellschaftsgläubigern unmittelbar nur bis zum Betrage der eingetragenen Einlage, nicht bis zum Betrage seines aktiven Kapitalanteils.

Anm. 34 Die **Bewertung** des als Rückzahlung Geleisteten hat in der gleichen Weise zu erfolgen, wie die Bewertung der Leistungen, durch die sich der Kommanditist durch Leistung seiner Einlage von der unmittelbaren Haftung befreit; § 171 Abs. 1 Halbsatz 2 und Anm. 14 dazu. Maßgebend ist der Wert im Zeitpunkt der Rückzahlung.

Anm. 35 7. Rückzahlung ist nicht die **Herabsetzung der Einlage,** durch die, nur für die Zukunft, die Haftpflicht vermindert wird; vgl. § 174. Soweit aber dem Kommanditisten der herabgesetzte Betrag zurück bezahlt ist, gelten im Verhältnis zu den Altgläubigern die Bestimmungen des § 172; § 174 Halbsatz 2, s. dort Anm. 10.

VI. Die Entnahme von Gewinnanteilen

Anm. 36 **Die Entnahme von Gewinnanteilen durch den Kommanditisten** gilt **als Zurückzahlung** der **Einlage** im Sinne des Abs. 4 Satz 1, wenn sie erfolgt, während sein Kapitalanteil durch Verlust unter den Betrag der geleisteten Einlage herabgemindert ist oder soweit durch die Entnahme der Kapitalanteil unter den bezeichneten Betrag herabgemindert wird; **Abs. 4 Satz 2.** Diese Vorschrift bildet die Ergänzung zu der Bestimmung des § 169 Abs. 1 Satz 2 Halbsatz 2. Dieser bestimmt für das Verhältnis der Gesellschafter untereinander, daß der Kommanditist die Auszahlung des ihm nach der Gewinnermittelung und seinem Beteiligungsverhältnis an sich zukommenden Gewinns nicht fordern kann, solange sein Kapitalanteil durch Verlust unter den auf die bedungene Einlage geleisteten Betrag herabgemindert ist oder durch die Auszahlung unter diesen Betrag herabgemindert werden würde. Im inneren Verhältnis können die Gesellschafter von dieser Vorschrift abweichen, dem Kommanditisten also einen Gewinn auszahlen, obwohl er die Auszahlung nicht fordern könnte. Sie können auch bereits im Gesellschaftsvertrage dem Kommanditisten das Recht auf Auszahlung der Gewinne unter Abweichung von der gesetzlichen Regel zusprechen. Dies ist namentlich der Fall, wenn dem Kommanditisten eine Garantie auf einen bestimmten Gewinn gegeben ist und die Auszahlung aus Mitteln der Gesellschaft erfolgt. Abs. 4 Satz 2 spricht aus, daß die trotz der Vorschrift erfolgte Auszahlung im Verhältnis zu den

Gesellschaftsgläubigern eine Rückzahlung der Einlage ist, daß im Betrage dieser Rückzahlung die Einlage als nicht geleistet gilt und die unmittelbare Haftpflicht des Kommanditisten wieder auflebt; vgl. oben Anm. 32. Diese Folge gegenüber den Gläubigern tritt ein ohne Rücksicht darauf, ob die Gewinnentnahme mit oder ohne Zustimmung der übrigen Gesellschafter erfolgt ist. Sie soll den Gesellschaftsgläubigern den Zugriff auf das Gesellschaftsvermögen und die darin steckende, bereits geleistete Einlage sichern und die Gläubiger trotz Zahlung des Gewinns so stellen, wie wenn der Gewinnanteil des Kommanditisten zur Wiederauffüllung seiner durch Verlust verminderten Einlage verwendet worden wäre. Der Ausgleich wird dadurch geschaffen, daß in Höhe des gezahlten Gewinns die Haftpflicht des Kommanditisten wieder auflebt.

Der Fall des Abs. 4 Satz 2 liegt auch dann vor, wenn der Verlust des Kommanditisten nicht nach, sondern vor der Leistung seiner Einlage eingetreten war; denn auch in diesem Falle durfte er Gewinnanteile nicht in bar beziehen, sondern mußte sie zur Ausgleichung seines Verlustsaldos verwenden; vgl. § 169 Anm. 8; Schlegelberger-Gessler 21.

Ob die gezogene Grenze eingehalten oder überschritten ist, bestimmt sich lediglich nach dem im Handelsregister als **Hafteinlage** eingetragenen Betrag, nicht nach der Höhe der im inneren Verhältnis geschuldeten (Pflicht-)Einlage. Da die Pflichteinlage größer sein kann als die Hafteinlage und umgekehrt, kann eine Gewinnentnahme im inneren Verhältnis, nach § 169 Abs. 1 Satz 2, unzulässig sein, weil der Kapitalanteil unter den auf die bedungene Pflichteinlage geleisteten Betrag durch Verluste gemindert ist oder durch die Auszahlung gemindert würde, während die Barzahlung im Verhältnis zu den Gläubigern nicht unzulässig ist, weil sie sich wegen der geringeren Haftsumme innerhalb der durch Abs. 4 gezogenen Grenzen hält; ebenso kann die Abhebung des Gewinns im inneren Verhältnis zulässig, im äußeren unzulässig sein; Schlegelberger-Gessler 22.

Die Haftpflicht lebt auch wieder auf, wenn dem Kommanditisten nicht Gewinne, aber vertragsmäßig vereinbarte **Zinsen** auf seinem Kapitalanteil ausbezahlt werden, wenn dadurch tatsächlich eine Rückerstattung auf die bereits geleistete Einlage erfolgt. Dies gilt auch jetzt noch, obwohl die ausdrückliche Vorschrift des Art. 165 Abs. 3 ADHGB, nach der Zinsen dem Kommanditisten nur insoweit bezahlt werden können, als dadurch die ursprüngliche Einlage nicht vermindert wird, nicht in das HGB aufgenommen ist. Die Nichtübernahme erklärt sich daraus, daß dem Kommanditisten nach dem HGB ein gesetzlicher Anspruch auf Verzinsung seiner Einlage oder seines Kapitalanteils nicht zusteht. Aber aus dem Zweck des Abs. 4 ergibt sich, daß die Haftung des Kommanditisten mit dem Gesellschaftsvermögen oder unmittelbar auch nicht durch Auszahlung von vereinbarten Zinsen vermindert werden soll. Das gilt auch, wenn das Abfindungsguthaben des ausgeschiedenen Kommanditisten in ein Darlehn umgewandelt wird und hierauf Zinsen gezahlt werden (BGH 39, 332 = LM § 172 Nr. 2, Fischer Anm. I 3 hierzu). Den Gläubigern gegenüber ist diese Zinszahlung wie eine Gewinnausschüttung zu behandeln. Ist diese unzulässig, so ist es auch jene.

VII. Die Pflicht zur Rückzahlung bezogener Gewinnanteile des Kommanditisten

1. Was ein Kommanditist auf Grund einer in gutem Glauben errichteten Bilanz in gutem Glauben als Gewinn bezieht, ist er in keinem Falle zurückzuzahlen verpflichtet; **Abs. 5.** Die Vorschrift regelt die Folge der Auszahlung von Scheingewinnen oder dem Kommanditisten nach dem Gewinnverteilungsmaßstab nicht zukommenden Gewinnen. Die Vorschrift bezieht sich, wie schon ihre Stellung unter den Bestimmungen über die Haftung des Kommanditisten gegenüber den Gläubigern der Gesellschaft ergibt, nur auf das Verhältnis zu den Gläubigern. **Anm. 37**

Für das innere Verhältnis unter den Gesellschaftern gilt folgendes: Hat der Kommanditist Beträge als Gewinn bezogen, obwohl überhaupt kein Gewinn oder nicht in solcher Höhe erzielt worden ist, als der Gewinnverteilung zugrunde gelegt wurde oder hat er mehr erhalten als ihm nach seiner Beteiligung zukam und hatte er auf die bezogenen Beträge im inneren Verhältnisse auch nicht aus einem besonderen Grunde einen Anspruch, etwa weil alle Gesellschafter mit der Auszahlung der Beträge einverstanden waren, so ist er nach den allgemeinen Vorschriften über die ungerechtgefertigte Bereicherung (§§ 812ff. BGB) zur Rückerstattung an die Gesellschaft verpflichtet. Dies gilt auch, wenn er die Auszahlung des tatsächlich gezahlten Gewinns deshalb nicht fordern konnte, weil sein Kapitalanteil durch Verlust unter den auf die bedungene Einlage geleisteten Betrag herabgemindert war oder durch die Auszahlung herabgemindert wurde; § 169 Abs. 1 Halbsatz 2. Für den bezogenen Gewinn gilt im inneren Verhältnis noch die besondere Vorschrift des § 169 Abs. 2, nach der der Kommanditist nicht verpflichtet ist, den bezogenen Gewinn wegen späterer Verluste zurückzuzahlen; vgl. § 169 Anm. 9. Soweit die Gesellschaft nach diesen Vorschriften zu Unrecht bezahlten Gewinn zurückfordern kann, können auch die Gesellschaftsgläubiger ihn zu ihrer Befriedigung einziehen, wenn sie den Anspruch der Gesellschaft pfänden und sich überweisen lassen.

Im Verhältnis zu den Gesellschaftsgläubigern ist der Bezug in Wirklichkeit nicht entstandener Gewinne oder den einzelnen Kommanditisten nicht zukommender Gewinnanteile von Bedeutung, weil dadurch eine Verringerung des Gesellschaftsvermögens und damit der Deckungsmasse für die Befriedigung der Gesellschaftsgläubiger eintritt. Deshalb kann in der Zahlung nicht geschuldeter Gewinne eine Verkürzung der von dem Kommanditisten geleisteten Einlage liegen. Er erhält auf Kosten des Gesellschaftsvermögens seine Einlage zurück. Daher gilt die Einlage in Höhe des bezahlten Gewinnanteils nach dem Grundsatze des Abs. 4 als nicht geleistet mit der Wirkung, daß seine Haftpflicht wieder auflebt; RG bei Gruchot 37, 1163. **Von dieser Regel macht Abs. 5 aus Billigkeitsgründen eine Ausnahme.** Bei Vorliegen des Tatbestandes des Abs. 5 soll die durch die Leistung der Einlage erloschene Haftpflicht nicht wieder aufleben. Dies ist der Sinn der Vorschrift. Es soll dadurch **nicht eine Ausnahme von dem im inneren Verhältnis bestehenden Rückforderungsrecht** der Gesellschaft geschaffen werden, obwohl Abs. 5 ungenau und in Anlehnung an den Wortlaut des § 169 Abs. 2 von der Verpflichtung zur Rückzahlung der Gewinne spricht. Liegen die Voraussetzungen für die Ausnahme des Abs. 5 nicht vor, so sollen die Gesellschaftsgläubiger nicht nur berechtigt sein, den Rückforderungsanspruch der Gesellschaft auf Grund einer Forderungspfändung und Überweisung geltend zu machen. Sie können den Kommanditisten vielmehr unmittelbar in Höhe der bezahlten Beträge bis zur Höhe der geleisteten Einlage in Anspruch nehmen; RG bei Gruchot 37, 1163; Schlegelberger-Gessler 29.

Eine ähnliche Vorschrift gilt für den Gewinnbezug der Aktionäre; § 62 Abs. 1 Satz 2 AktG; vgl. auch die wesentlich abweichende Vorschrift für die GmbH § 31 GmbHG.

Anm. 38 2. Die durch Leistung der Einlage erfolgte Befreiung von der Haftung bleibt nur bestehen, wenn drei Voraussetzungen vorliegen:

a) Die Bilanz, auf Grund deren der objektiv zu Unrecht ausbezahlte Gewinnanteil geleistet wurde, **muß in gutem Glauben errichtet sein.** Der gute Glaube muß bei allen denen vorhanden sein, die die Bilanz errichtet haben. Aufzustellen haben die Bilanz die geschäftsführenden Gesellschafter. Zu unterschreiben ist sie aber von allen persönlich haftenden Gesellschaftern. Sie müssen sie prüfen und übernehmen mit der Unterschrift die Verantwortung dafür. Erst mit dieser Unterschrift bildet sie die Grundlage der Gewinnverteilung; vgl. § 167 Anm. 3. Deshalb tritt die Ausnahme des Abs. 5 nicht ein, wenn auch nur einer derjenigen, die die Bilanz unterzeichnet haben, im Zeitpunkt der Unterzeichnung nicht in gutem Glauben war. Der **gute Glaube** muß aber auch noch im Zeitpunkt der **Auszahlung** bei denen vorhanden sein, die die Auszahlung vornehmen; Ritter 7; Schlegelberger-Gessler 25. Erkennt einer der für die Errichtung der Bilanz Verantwortlichen nachträglich ihre Unrichtigkeit, so muß er die Richtigstellung herbeiführen. Auf den guten Glauben der anderen Kommanditisten kommt es nicht an, da die Kommanditisten an der Errichtung der Bilanz nicht beteiligt sind. Dies gilt nicht, wenn ihnen durch den Gesellschaftsvertrag die Geschäftsführung übertragen ist; § 164 Anm. 11.

In gutem Glauben ist die Bilanz errichtet, wenn die für ihre Richtigkeit Verantwortlichen ohne von ihnen zu vertretendes Verschulden im Zeitpunkt der Errichtung der Überzeugung waren, sie entspreche den gesetzlichen Vorschriften, insbesondere den §§ 39, 40 HGB und den besonderen Vorschriften des Gesellschaftsvertrages. Der gute Glaube besteht auch dann nicht, wenn die Verantwortlichen die Unrichtigkeit kennen mußten, wenn sie also sie aus Fahrlässigkeit nicht gekannt haben. Verschulden liegt vor, wenn die Verantwortlichen die in eigenen Angelegenheiten geübte Sorgfalt nicht angewendet haben; § 708 BGB. Grobe Fahrlässigkeit stellt stets ein Verschulden dar (§ 277 BGB), ist aber nicht unbedingt erforderlich; § 932 Abs. 2 BGB, der den guten Glauben nur verneint, wenn das Nichtbestehen des Eigentums des Veräußerers an einer Sache dem Erwerber bekannt oder infolge grober Fahrlässigkeit unbekannt war, ist den besonderen Bedürfnissen des Eigentumserwerbs angepaßt und deshalb nicht ohne weiteres auf andere Rechtsverhältnisse zu übertragen; DürHach. 13; Schlegelberger-Gessler 24; Ritter 7; a.M. Baumbach-Duden 2 D.

b) Der Kommanditist muß den Gewinn in gutem Glauben bezogen haben. Der gute Glaube des Kommanditisten ist nur vorhanden, wenn er die Bilanz ohne Verschulden für richtig hielt und annahm, daß ihm der ausbezahlte Betrag nach dem für die Gewinnverteilung anzuwendenden Maßstab zukomme. Eine den guten Glauben ausschließende Fahrlässigkeit kann auch vorliegen, wenn der Kommanditist von dem ihm zustehenden Prüfungsrecht (§ 166) keinen Gebrauch gemacht hat. § 166 soll allerdings nur die Belange des Kommanditisten im Verhältnis zu den Mitgesellschaftern schützen. Macht der Kommanditist aber von dem ihm gegebenen Mittel, sich über die Lage der Gesellschaft zu unterrichten, keinen Gebrauch, so kann darin eine Fahrlässigkeit gegenüber den Gläubigern liegen, jedenfalls wenn Anlaß bestand, an der Richtigkeit der Bilanz zu zweifeln. Auch wenn der Gewinnanspruch an einen Dritten abgetreten war, kommt es auf den guten Glauben des Kommanditisten an, nicht auf den des Zessionars. Da der Kommanditist den Schutz des guten Glaubens genießt und er bei dessen Fehlen als Gesellschafter haftet, muß der gute Glaube bei ihm vorhanden sein. Auf den bösen Glauben eines Dritten, der die Zahlung empfängt, kommt es deshalb nicht an; Schlegelberger-Gessler 26; a.A. Ritter 7. Der gute Glaube des Kommanditisten muß im **Zeitpunkt der Auszahlung** vorhanden sein. Es genügt nicht, daß er bei Gutschrift auf das Privat- oder Kapitalkonto des Kommanditisten vorhanden ist. Nach dem Zweck des Abs. 5 ist diese Gutschrift kein Bezug, da dadurch das dem Zugriff der Gesellschaftsgläubiger unterliegende Vermögen der Gesellschaft nicht vermindert wird; vgl. 31, 32; Schlegelberger-Gessler 28. Der gute Glaube des Kommanditisten ist überhaupt nicht geschützt, wenn er den Gewinn eigenmächtig entnommen hat; Schlegelberger-Gessler 28. Anm. 39

c) Voraussetzung des Schutzes ist, daß der Kommanditist das Ausgezahlte **als Gewinn** erhalten hat. Dies ist der Fall, solange der Kommanditist festgestellten Gewinn als solchen noch erheben durfte, also nicht mehr, wenn er endgültig seinem Kapitalanteil zugeschrieben ist, etwa auf Grund einer Vereinbarung unter den Gesellschaftern oder weil er von dem Abhebungsrecht rechtzeitig, regelmäßig bis zur Feststellung der Bilanz des nächsten Jahres (vgl. § 169 Anm. 7) keinen Gebrauch gemacht hat; denn dann handelt es sich nicht mehr um einen Gewinnanspruch. Es handelt sich dann um eine Rückzahlung verantwortlichen Kapitals; diese ist aber, wie auch sonst die Rückzahlung von Einlagen, nicht durch den guten Glauben geschützt; Schlegelberger-Gessler 27. Gewinn im Sinne des Abs. 5 liegt auch nicht vor, wenn es sich nur um eine Vorauszahlung auf voraussichtlichen Gewinn, einen **Gewinnvorschuß,** oder um einen sogenannten **garantierten Gewinn** handelt, und im gegebenen Fall der Zahlung kein wirklicher, durch die Bilanz festgestellter Gewinn zugrunde lag. In allen diesen Fällen ist der Kommanditist den Gesellschaftsgläubigern in Höhe des aus dem Vermögen der Gesellschaft Erhaltenen haftbar, soweit dadurch seine Einlage vermindert wird; RG 37, 82; Schlegelberger-Gessler 27. Eine Auszahlung von Gewinn liegt nicht vor, wenn dem Kommanditisten auf Grund eines nicht in seiner Zugehörigkeit zur Gesellschaft beruhenden Rechtsverhältnisses, z. B. aus einem Dienstvertrag, eine Vergütung ausbezahlt wird, falls das Rechtsverhältnis nicht nur geschaffen ist, um eine in Wirklichkeit gewollte Gewinnausschüttung zu verschleiern. Anm. 40

3. Abs. 5 ist sinngemäß auch auf den Fall anzuwenden, daß dem Kommanditisten nach der richtig aufgestellten Bilanz ein bestimmter Gewinnanteil zukam, dessen Auszahlung aber nach Abs. 4 Satz 2 den Gläubigern gegenüber unwirksam war, wenn aber die Gesellschaft bei Aufstellung der Bilanz ohne Verschulden der verantwortlichen Gesellschafter davon ausging, daß der Kapitalanteil des Kommanditisten nicht durch Verlust unter den Betrag der geleisteten Einlage herabgemindert sei oder durch die Auszahlung unter diesen Betrag herabgemindert werde, und wenn der Kommanditist Anm. 41

bei Auszahlung des Gewinns ebenfalls in gutem Glauben war; Schlegelberger-Gessler 23; DürHach. Anm. 18.

Anm. 42 **4. Beweislast.**

Das Vorhandensein der objektiven Voraussetzungen für die Haftbarkeit des Kommanditisten hat der Gläubiger zu beweisen, der den Kommanditisten in Anspruch nimmt. Außer dem Bestehen seiner Forderung gegen die Gesellschaft hat er zunächst nur darzutun, daß der in Anspruch Genommene nach dem Registereintrag in Höhe des geltend gemachten Anspruchs haftet. Dieser hat dann darzutun, und zu beweisen daß er von der Haftung befreit ist. Der Gläubiger kann dann beweisen, daß die Befreiung durch Rückzahlung wieder weggefallen ist. Nimmt ein Gesellschaftsgläubiger einen Kommanditisten unmittelbar in Anspruch, weil er ohne die Voraussetzungen des Abs. 5 Scheingewinne bezogen habe, so muß er beweisen, daß objektiv ein Anspruch auf den Gewinn nicht bestand, daß also die Bilanz unrichtig war oder daß der Kommanditist mehr bezogen hat als ihm zustand. Der Kommanditist hat dann zu beweisen, daß die Aufstellung der Bilanz und die Auszahlung an ihn in gutem Glauben erfolgt ist; Schlegelberger-Gessler 30; Ritter 7; Wieland I 764 Anm. 27; vgl. die ähnliche Regelung in § 62 Abs. 1 Satz 3 AktG.

VIII. Rechtsnatur des Gläubigeranspruchs

Anm. 43 **1.** Der Anspruch des Gesellschaftsgläubigers auf Grund der wiederauflebenden Haftung des Kommanditisten ist kein Anspruch aus ungerechtfertigter Bereicherung. Der Haftungsanspruch als Anspruch auf Erfüllung einer Gesellschaftsschuld (vgl. § 171 Anm. 9) verliert nicht dadurch seine rechtliche Natur, daß die zuerst erloschene Verpflichtung wieder aufgelebt ist. Der Kommanditist kann sich deshalb nicht durch den Nachweis befreien, daß er das Empfangene nicht mehr besitzt.

Anm. 44 **2.** Der **Einfluß der Währungsreform** auf das Rechtsverhältnis des Kommanditisten zur Gesellschaft und zu ihren Gläubigern, ist in der Vorauflage § 172 Anm. 41 ausführlich dargestellt worden. Hierauf wird verwiesen.

§ 173

Wer in eine bestehende Handelsgesellschaft als Kommanditist eintritt, haftet nach Maßgabe der §§ 171, 172 für die vor seinem Eintritte begründeten Verbindlichkeiten der Gesellschaft, ohne Unterschied, ob die Firma eine Änderung erleidet oder nicht.

Eine entgegenstehende Vereinbarung ist Dritten gegenüber unwirksam.

Inhaltsübersicht

§ 173 ordnet in Übereinstimmung mit Art. 166 ADHGB die Haftung des in eine bestehende Handelsgesellschaft als Kommanditist Eintretenden. Die Vorschriften sind mit den sich aus der beschränkten Haftung des Kommanditisten ergebenden Abweichungen den Bestimmungen des § 130 über die Haftung des in eine offene Handelsgesellschaft Eintretenden nachgebildet. Es ist daher für die Auslegung des § 173 im allgemeinen auf die Erläuterungen zu § 130 zu verweisen. **Anm. 1**

Die §§ 173—176 grenzen die Haftung des Kommanditisten zeitlich ab. Während § 173 die Haftung für vor dem Eintritt begründete Gesellschaftsschulden behandelt, befaßt sich § 176 Abs. 2 mit den zwischen Eintritt und Eintragung entstandenen Verbindlichkeiten, s. Anm. 4. Diese beiden Vorschriften gelten für den Eintritt in eine bestehende, § 176 Abs. 1 dagegen für die neu gegründete Gesellschaft. § 174 grenzt die Wirksamkeit der Herabsetzung der Kommanditeinlage zeitlich ab, § 175 enthält die Registervorschriften für Erhöhung und Herabsetzung.

I. Die Haftung des als Komplementär Eintretenden

Die Haftung des in eine bestehende Handelsgesellschaft als persönlich haftender Gesellschafter Eintretenden richtet sich, da das Gesetz eine abweichende Bestimmung nicht enthält, nach den für die Gesellschafter der offenen Handelsgesellschaft geltenden Vorschriften; § 161 Abs. 2. Danach haftet der in eine Handelsgesellschaft als persönlich haftender Gesellschafter Eintretende gleich den bereits vorhandenen persönlich haftenden Gesellschaftern nach Maßgabe der §§ 128, 129 für die vor seinem Eintritt begründeten Verbindlichkeiten der Gesellschaft ohne Unterschied, ob die Firma eine Änderung erleidet oder nicht; § 130 Abs. 1. Eine entgegenstehende Vereinbarung ist Dritten gegenüber unwirksam; § 130 Abs. 2. Wegen der Einzelheiten vgl. die Erl. zu § 130. **Anm. 2**

II. Die Haftung des in eine bestehende Handelsgesellschaft als Kommanditist Eintretenden für die vor seinem Eintritt begründeten Verbindlichkeiten

1. Auch wer in eine Handelsgesellschaft als Kommanditist eintritt, haftet für die vor seinem Eintritt begründeten Verbindlichkeiten der Gesellschaft. Er haftet zunächst mit dem gesamten Gesellschaftsvermögen unbeschränkt wie die persönlich haftenden Gesellschafter. Er haftet ferner mit seinem Privatvermögen für die früheren Verbindlichkeiten als Gesamtschuldner mit den übrigen Gesellschaftern, den persönlich haftenden wie den anderen Kommanditisten in gleicher Weise wie für die nach seinem Eintritt begründeten Verbindlichkeiten. Aus seiner Rechtsstellung als Kommanditist ergibt sich aber, daß er nur beschränkt, d. h. nach Maßgabe der §§ 171, 172 haftet. Der Kommanditist haftet danach für die alten (wie für die neuen Schulden) unmittelbar, d. h. mit seinem Privatvermögen den Gläubigern nur bis zur Höhe seiner Einlage; § 171 Abs. 1 Halbsatz 1. **Anm. 3**

Begründet ist eine Verbindlichkeit, wenn ihre Rechtsgrundlagen so gelegt sind, daß sie klageweise, wenn auch nur durch eine Feststellungsklage, geltend gemacht werden kann. Auf die Fälligkeit kommt es nicht an. Der Ausdruck ist gleichbedeutend mit „entstanden" in § 198 BGB, vgl. § 128 Anm. 29, Schlegelberger-Gessler § 128 Anm. 31, BGH 36, 225. Über den Begriff des **Eintritts** s. Anm. 11 und § 176 Anm. 21—24, über den für die Haftung maßgeblichen Zeitpunkt Anm. 12.

Anm. 4 2. Die Vorschrift betrifft nur die Haftung für **vor dem Eintritt** begründete Verbindlichkeiten. Die Haftung für Verbindlichkeiten, die **zwischen** dem Eintritt des Kommanditisten und dessen **Eintragung** entstanden sind, ist in § 176 Abs. 2 geregelt: Er haftet für sie nach näherer Bestimmung des § 176 Abs. 1 wie ein persönlich haftender Gesellschafter (§ 176 Anm. 20). Für die **nach Eintragung** des Eintritts begründeten Verbindlichkeiten gilt wieder die nach §§ 171, 172 beschränkte Haftung (Schlegelberger-Gessler 8). Fallen der Zeitpunkt des Eintritts und der Eintragung zusammen, so haftet der Kommanditist immer nur nach Maßgabe der §§ 171, 172.

Anm. 5 Auch im Verhältnis zu den alten Gläubigern wird der Kommanditist durch Leistung der Einlage an die Gesellschaft befreit; § 171 Abs. 1 Halbsatz 2. Auch insofern gelten die Vorschriften über den Eintritt der Wirkung einer Erhöhung der Haftung, über die Unwirksamkeit des Erlasses oder der Stundung, über das Wiederaufleben einer erloschenen Haftung, über die Bedeutung des guten Glaubens beim Empfang von Gewinn, über die Geltendmachung der Haftung im Konkurse der Gesellschaft; § 172 Abs. 2—5, § 171 Abs. 2 und die Erl. dazu.

Anm. 6 3. Ihrer Art nach ist die Haftung für die alten Schulden dieselbe wie für die neuen. Dies gilt namentlich auch für die Geltendmachung der unmittelbaren Haftung im Gerichtsstand des Erfüllungsortes der Gesellschaft, für die Erhebung von Einwendungen, für die Notwendigkeit eines gegen den Kommanditisten gerichteten Vollstreckungstitels; § 129; vgl. die Erl. zu § 171.

Anm. 7 4. Die Haftung des neu eintretenden Kommanditisten für die alten Schulden besteht, ohne Unterschied, ob die **Firma** eine **Änderung** erleidet oder nicht. Insofern gilt somit für den Kommanditisten das gleiche, wie für den neu in eine offene Handelsgesellschaft oder den als persönlich haftenden Gesellschafter in eine Kommanditgesellschaft Eintretenden. § 173 stimmt danach mit § 130, nicht aber mit § 25 überein, der die Beibehaltung der bisherigen Firma, wenn auch unter Beifügung eines das Nachfolgeverhältnis andeutenden Zusatzes, für die Haftung des ein Handelsgeschäft durch Rechtsgeschäft unter Lebenden Erwerbenden für die vorher begründeten Verbindlichkeiten des früheren Inhabers voraussetzt. In Übereinstimmung mit § 130 sieht § 173 (vgl. auch Abs. 2) anders als § 28 nicht vor, daß eine die Haftung des Neueintretenden für die alten Schulden ausschließende Vereinbarung der Gesellschafter Dritten gegenüber dadurch wirksam gemacht werden kann, daß sie in das Handelsregister eingetragen und bekanntgemacht oder von einem Gesellschafter dem Dritten mitgeteilt wird. Im inneren Verhältnis der Gesellschafter kann vereinbart werden, daß der Neueintretende für die alten Schulden nicht hafte; dadurch entsteht aber nur die Verpflichtung der Gesellschaft und der übrigen Gesellschafter, ihn von der Haftung freizuhalten, im Falle der Inanspruchnahme durch einen Gläubiger diesen zu befriedigen. Im Verhältnis zu dem Gläubiger wird die Haftung des Neueintretenden dadurch nicht berührt.

Anm. 8 5. Die Haftung für die früheren Schulden nach § 173 setzt voraus, daß jemand in eine **bestehende Gesellschaft** eintritt. Es muß bereits eine Gesellschaft bestanden haben. Dies ist nicht der Fall, wenn jemand in das Unternehmen eines Einzelkaufmanns als Kommanditist eintritt, wenn sich also erst durch seine Beteiligung eine Handelsgesellschaft bildet; die Haftung des neu Eintretenden richtet sich dann nach § 28; RG 142, 101; § 176 Anm. 20. Voraussetzung der Haftung nach § 173 ist auch, daß die Gesellschaft mit dem neu Eintretenden fortgesetzt wird. Löst die bisherige Gesellschaft sich auf und wird eine neue unter Beteiligung eines weiteren Gesellschafters gebildet, so findet § 173 keine Anwendung. Erwirbt die neue Gesellschaft das Unternehmen der aufgelösten, so haften die neue Gesellschaft und ihre Gesellschafter nach §§ 28, 128, 171.

Die Gesellschaft, in die der Eintritt erfolgt, muß eine **Handelsgesellschaft** sein. Dies ist der Fall, wenn sie offene Handelsgesellschaft oder Kommanditgesellschaft ist. § 173 ist somit auch anwendbar, wenn jemand als Kommanditist in eine offene Handelsgesellschaft eintritt.

Wird ein von **Minderkaufleuten** in Form einer Gesellschaft des bürgerlichen Rechts betriebenes Handelsgewerbe erst durch den Beitritt eines weiteren Gesellschafters zum Vollhandelsgewerbe, so liegt der Fall des § 173 nicht unmittelbar vor, wohl aber ist er sinngemäß anzuwenden, wenn der neue Gesellschafter Kommanditist wird. Durch die Umwandlung einer bürgerlich-rechtlichen Gesellschaft in eine Handelsgesellschaft wird die Identität der Gesellschaft nicht berührt. Die Gesellschaft besteht weiter. Die fortbestehende Gesellschaft haftet weiter mit ihrem bei der Umwandlung vorhandenen und ihrem späteren Vermögen. Nur erfolgt die Geltendmachung der Ansprüche gegen sie künftig nach den für Handelsgesellschaften geltenden Vorschriften, § 124. Ihre Gesellschafter haften nach den Regeln, die für ihre Stellung als Gesellschafter einer Handelsgesellschaft gelten, also entweder als persönlich haftende Gesellschafter oder als Kommanditisten. Sind sie in der Gesellschaft in deren neuer Rechtsform Kommanditisten, so haften sie als solche auch für die alten Schulden. Waren sie schon bisher Gesellschafter der bürgerlich-rechtlichen Gesellschaft, so kann ihre Haftung durch die Umwandlung gegenüber den alten Gläubigern nicht vermindert werden; vgl. auch § 28 Anm. 2. § 173 findet nicht Anwendung, wenn jemand in eine Gesellschaft von Minderkaufleuten eintritt und das Unternehmen ein Kleingewerbe bleibt. Denn Minderkaufleute können keine Handelsgesellschaft bilden; § 4 Abs. 2.

Tritt jemand in das Geschäft eines einzelnen Minderkaufmanns ein und wird das Geschäft erst durch seinen Beitritt zum Vollhandelsgewerbe und wird damit die erst entstehende Gesellschaft zur Handelsgesellschaft, in der der Eintretende nach dem Vertrag Kommanditist sein soll, so ist § 173 entsprechend anwendbar. Der Kommanditist haftet nach Maßgabe der §§ 171, 172 beschränkt, der ursprüngliche Inhaber unbeschränkt; RG 164, 115 = DR 1940, 1463[1] mit abweichender Anm. von Dietrich, § 28 Anm. 6.

6. Der Eintritt eines neuen Kommanditisten (wie auch eines persönlich haftenden Gesellschafters) kann auch erfolgen, während sich die Gesellschaft in Abwicklung befindet; RG in JW 1935, 1100. Er kann namentlich zweckmäßig sein, um einen gleichzeitig ausscheidenden Gesellschafter abzufinden und dann die Gesellschaft fortzusetzen. Er kann aber auch erfolgen, um die Abwicklung mit den übrigen Gesellschaftern durchzuführen. Auch dann gelten die Vorschriften der Abs. 1 und 2. **Anm. 9**

7. Der Eintritt eines Gesellschafters, auch eines Kommanditisten, in eine bestehende Handelsgesellschaft kann, wie bei der offenen Handelsgesellschaft, nur auf Grund eines Vertrages, also mit **Zustimmung aller Gesellschafter,** auch der schon vorhandenen Kommanditisten und des Neueintretenden erfolgen; RG 128, 176. Die Vereinbarung unter den bisherigen Gesellschaftern kann schon im ursprünglichen Gesellschaftsvertrag endgültig oder für den Fall des Eintritts eines bestimmten Ereignisses z. B. des Todes eines Gesellschafters, getroffen werden. Es muß dann aber die Zustimmung des neu Eintretenden hinzukommen. **Anm. 10**

Der Eintritt des neuen Kommanditisten kann auch durch **Übertragung** der Beteiligung eines bisherigen Kommanditisten erfolgen, § 161 Anm. 28 und unten Anm. 22.

Wegen des Falles, daß die Erben eines persönlich haftenden Gesellschafters oder eines Kommanditisten als Kommanditisten eintreten, vgl. §§ 139, 177.

8. Der Eintritt wird im **inneren Verhältnis** unter den Gesellschaftern regelmäßig wirksam mit dem Abschluß des Vertrages, wenn nach dem Vertrag nicht für den Eintritt der Wirksamkeit ein späterer Zeitpunkt oder ein späteres Ereignis maßgebend sein soll. Wegen § 176 Abs. 2 (s. Anm. 4 und § 176 Anm. 20ff.) empfiehlt es sich, den Eintritt im Innenverhältnis und damit im Regelfall auch die Haftung (Anm. 12) erst mit der **Eintragung** wirksam werden zu lassen. **Anm. 11**

9. Nach außen wirksam wird der Eintritt spätestens dadurch, daß er ins Handelsregister eingetragen wird; er wird schon vorher wirksam, sobald die Geschäfte mit Zustimmung des Neueintretenden fortgesetzt werden; vgl. § 123. Erst mit der Wirksamkeit nach außen tritt die **Haftung** des Neueintretenden gegenüber den Gläubigern für die alten und die neuen Verbindlichkeiten der Gesellschaft ein. Da die Geschäfte der bestehenden Gesellschaft in der Regel durch den Eintritt eines Kommanditisten nicht unterbrochen werden, fallen Wirkung nach innen und außen regelmäßig zusammen. **Anm. 12**

10. Jeder Eintritt eines Kommanditisten ist von sämtlichen Gesellschaftern, auch allen Kommanditisten, einschließlich des Neueintretenden, zum Handelsregister anzumelden; § 162 Abs. 3; §§ 107, 108. **Anm. 13**

11. Mit dem Eintritt erlangt der Neueintretende in jeder Beziehung die Rechtsstellung eines Gesellschafters, insbesondere wird er am Gesellschaftsvermögen gesamthänderisch beteiligt. **Anm. 14**

Die Gesellschaft in der früheren Zusammensetzung ist **identisch** mit der Gesellschaft in ihrer neuen Zusammensetzung. Es findet deshalb keine Übertragung der einzelnen Vermögensstücke durch besondere Übertragungsakte auf die Gesellschaft in ihrer neuen Zusammensetzung statt. Es tritt auch keine allgemeine Rechtsnachfolge ein; vgl. § 105 Anm. 42.

Anm. 15 12. Der Fall des § 173 liegt nicht vor, wenn ein Kommanditist seine Beteiligung an einen bereits vorhandenen **anderen Kommanditisten** ganz oder teilweise **abtritt.** Eine Änderung in der Haftung tritt dadurch nicht ein. Der den Anteil Erwerbende haftet auch mit der Einlage des Abtretenden. Dieser ist aber wie ein Ausgeschiedener zu behandeln und haftet wie ein solcher weiter; insbesondere auch wenn ihm die Einlage zurückbezahlt wird; vgl. die folgenden Anmerkungen.

III. Die Haftung für die alten Verbindlichkeiten im Falle des Wechsels in der Person des Kommanditisten

Anm. 16 1. Der Eintritt eines Kommanditisten in eine bestehende Handelsgesellschaft kann mit dem Ausscheiden eines Kommanditisten verbunden sein. Besteht zwischen dem Ausscheiden des einen und dem Eintritt des anderen Kommanditisten **kein rechtlicher Zusammenhang,** ist etwa nur mit Rücksicht auf das Ausscheiden eines Kommanditisten, durch Vertrag der übrigen Gesellschafter mit einem Dritten dieser als neuer Kommanditist aufgenommen worden, so folgt die Haftung des ausgeschiedenen und des neu eingetretenen Kommanditisten, auch wenn Austritt und Eintritt gleichzeitig erfolgen, ihren besonderen Regeln. Der **Ausgeschiedene** haftet den Gesellschaftsgläubigern für die bis zu seinem Ausscheiden entstandenen Verbindlichkeiten der Gesellschaft weiter, ohne daß diese Haftung durch den Neueintritt beeinflußt wird. Die fünfjährige Verjährungsfrist des § 159 beginnt mit dem Ende des Tages, an dem sein Ausscheiden in das Handelsregister des Gesellschaftssitzes eingetragen wird. Seine Haftung bestimmt sich gemäß § 171 Abs. 1, § 172 Abs. 1 nach der Höhe seiner Einlage, und zwar von der Eintragung an nach dem in der Eintragung angegebenen Betrag. Seine Haftung ist nach § 171 Abs. 1 Satz 2 ausgeschlossen, soweit die Einlage vor oder nach dem Ausscheiden geleistet ist, was auch durch Befriedigung von Gesellschaftsgläubigern geschehen kann; § 171 Anm. 20. Die Haftung des Ausgeschiedenen lebt wieder auf, soweit die Einlage an ihn zurückbezahlt wird; § 172 Abs. 4. Eine Rückzahlung in diesem Sinne liegt auch vor, wenn dem Kommanditisten sein **Abfindungsguthaben** aus dem Vermögen der Gesellschaft ausbezahlt wird, soweit darin zugleich die Einlage enthalten ist; § 172 Anm. 29. Eine Rückzahlung aus dem Vermögen der Gesellschaft ist es auch, wenn die Abfindung aus dem geleistet wird, was der neu eintretende Kommanditist als Einlage geleistet hat; denn auch das als Einlage Geleistete gehört nach der Leistung zum Gesellschaftsvermögen. Durch die Leistung der Einlage wird nur der **Neueintretende** gemäß § 171 Abs. 1 Halbsatz 2 von seiner Haftpflicht befreit. Solange er diese nicht geleistet hat, ist er Schuldner der Gesellschaft im inneren Verhältnis und haftet den Gesellschaftsgläubigern nach § 171 Abs. 1 Halbsatz 1. Das gleichzeitige ohne unmittelbaren rechtlichen Zusammenhang erfolgende Ausscheiden eines anderen Kommanditisten ist darauf ohne Einfluß. Dies gilt auch insbesondere im Verhältnis zu den Gesellschaftsgläubigern, wenn der Ausscheidende sein Abfindungsguthaben nicht verlangt oder erhalten hat, dessen Einlage sich also noch im Besitze der Gesellschaft befindet. Auch wenn das Ausscheiden und der Neueintritt auf einer Vereinbarung zwischen dem Ausscheidenden und dem Neueintretenden beruhte, so wird dadurch allein an der Selbständigkeit der Stellung beider Kommanditisten im Verhältnis zur Gesellschaft und zu den Gesellschaftsgläubigern nichts geändert.

Anm. 17 **2. Der Kommanditistenwechsel auf Grund allgemeiner Rechtsnachfolge.**

Durch den Tod eines Kommanditisten wird die Gesellschaft nicht aufgelöst; § 177. Die Gesellschaft wird vielmehr mit dem Erben fortgesetzt. In diesem Falle tritt der Erbe kraft Gesamtrechtsnachfolge vollständig an die Stelle des verstorbenen Kommanditisten in dessen Rechtsstellung ein. Dessen (aktiver oder passiver) Kapitalanteil geht auf ihn über. Er schuldet der Gesellschaft die Einlage und haftet den Gesellschaftsgläubigern in gleicher Weise wie der verstorbene Kommanditist. Er wird durch dessen Leistungen nach § 171 Abs. 1 Halbsatz 2 auch von der Haftung gegenüber den Gläubigern frei (RG GZS B v. 30. 9. 44; DNotZ 44, 197; Weipert DR 43, 270). Durch Rückzahlung der

Einlage lebt auch seine Haftung wieder auf; § 172 Abs. 4. Für die vor seinem Eintritt begründeten Verbindlichkeiten haftet er — auf die Haftsumme beschränkt — auch persönlich. § 173 gilt also auch für den als Kommanditist eintretenden Erben (bestr. s. § 177 Anm. 13). Da der Erbe lediglich in die beschränkte Haftung des Erblassers als Kommanditist eintritt, haftet er nicht bis zur Eintragung seiner Person nach § 176 Abs. 2 unbeschränkt, § 177 Anm. 14.

Bei der **Eintragung** des Wechsels in der Person des Kommanditisten ist einzutragen, daß der neue Kommanditist **„als Erbe"** des bisherigen eingetreten ist, damit nicht bei den Gläubigern der Anschein erweckt wird, als ob ein weiterer Kommanditist mit selbständiger Haftung eingetreten sei; RG a. a. O.; OLG Köln DNotZ 53, 435; § 162 Anm. 9; Schlegelberger-Gessler 10); RG DNotZ 1944, 197f.; Donner in Anm. zu KG a. a. O.; Weipert DR 43, 270; Donner ebenda S. 971; Richert NJW 58, 1472; a. M. KG DR 43, 931; Groschaff DR 43, 975; Dietrich DR 43, 1201; vgl. auch § 177 Anm. 11ff.

3. Bestimmt ein Kommanditist jemanden durch **Vermächtnis** zu seinem Rechtsnachfolger in seiner Kommanditistenstellung, so kann der Eintritt in diese nur mit Zustimmung aller übrigen Gesellschafter erfolgen; vgl. Anm. 10. Diese kann schon im Gesellschaftsvertrage erteilt werden. Wird das Vermächtnis von dem Erben vollzogen, so tritt damit der Vermächtnisnehmer ohne weiteres **wie ein Erbe** (vgl. vorige Anm. Schlegelberger-Gessler 10) in die Rechtsstellung des Erblassers ein. Der Erbe, der das Vermächtnis erfüllt, ist nicht als ausscheidender Gesellschafter anzusehen und mit einer Haftung für die Einlage zu belasten (RG 162, 266); d. h. er haftet nicht persönlich mit seinem Privatvermögen den Gläubigern. Die kommanditistische Beteiligung des Erblassers fiel zwar in den Nachlaß und damit zunächst den Erben zu. Das hat aber nur zur Folge, daß der Erbe nach erbrechtlichen Grundsätzen, d. h. mit dem Nachlaß haftete, so lange er die erbrechtliche Haftungsbeschränkung geltend machen kann. Ihn, wenn er die kommanditistische Beteiligung an einen Vermächtnisnehmer abgeben muß oder abgegeben hat, persönlich haften zu lassen, ergibt sich nicht aus dem Zweck des § 173. Die Haftung des Nachlasses für die Hafteinlage dauert aber fort, auch wenn der Vermächtnisnehmer Kommanditist geworden ist. Denn durch den Tod des bisherigen Gesellschafters sollen die Ansprüche der Gläubiger nicht beeinträchtigt werden. **Anm. 18**

4. Eintrittsrecht: Der Gesellschaftsvertrag kann auch vorsehen, daß nach dem Tode eines Kommanditisten eine von diesem oder eine schon im Gesellschaftsvertrag bestimmte Person das Recht hat, anstelle des Verstorbenen als Kommanditist in die Gesellschaft einzutreten (vgl. für die oHG Siebert, Gesellschaftsvertrag und Erbrecht bei der Offenen Handelsgesellschaft, 3. Aufl. 1958, Verlag C. F. Müller, Karlsruhe S. 12ff.). Die Kommanditbeteiligung ist dann abweichend von § 177 nicht vererblich. Sie erlischt mit dem Tode. Die Erben haben den Abschichtungsanspruch gemäß § 738 BGB. **Sie haften** nach erbrechtlichen Grundsätzen, also auf den Nachlaß beschränkbar, für die bis zum Ausscheiden (maßgeblich ist der Zeitpunkt der Bekanntmachung der Eintragung oder die Kenntnis des Gläubigers, § 15) entstandenen Gesellschaftsschulden in Höhe einer rückständigen oder zurückgezahlten Einlage gemäß §§ 171, 172, 159. **Anm. 19**

Macht der Berechtigte von seinem Eintrittsrecht keinen Gebrauch, so hat es dabei sein Bewenden. Tritt er ein, so **haftet er** seinerseits nach den §§ 171—173, also auch für die vor seinem Eintritt begründeten Verbindlichkeiten der Gesellschaft. Ist er Alleinerbe, so erbringt er seine Einlage durch Rückumwandlung seines Abschichtungsanspruchs, desgleichen, wenn ihm als Miterbe dieser bei der Erbauseinandersetzung zugeteilt wird. Andernfalls muß er die Einlage aus seinem Privatvermögen leisten. Die für die Einzelrechtsnachfolge in eine Kommanditbeteiligung geltenden Grundsätze (Anm. 22ff., insbes. Anm. 28) können hier nicht angewendet werden. Es liegt **keine Rechtsnachfolge** vor, vielmehr geht die Beteiligung durch den Tod unter und es wird durch den Eintritt eine neue begründet.

5. Ist der **Erbe eines persönlich haftenden Gesellschafters** einer Kommanditgesellschaft oder eines Gesellschafters einer offenen Handelsgesellschaft dadurch Kommanditist geworden, daß er von der Befugnis des § 139 Gebrauch gemacht hat, oder war im Gesellschaftsvertrage bestimmt, daß der Erbe eines solchen Gesellschafters das Gesellschaftsverhältnis als Kommanditist mit der Einlage des Erblassers fortsetzen solle, so gilt folgendes: Der Erbe kann sich zur Befreiung von der Haftung auf die von **Anm. 20**

dem Erblasser geleisteten Einlagen berufen. Für die vor seinem Eintritt entstandenen Verbindlichkeiten haftet er in seiner Eigenschaft als Erbe unbeschränkt, haftet aber auch insofern nur mit dem Nachlaß, soweit ihm als Erben die erbrechtlichen Haftungsbeschränkungen zugute kommen; vgl. die Erl. zu § 139. Auch in diesen Fällen ist zur Vermeidung des Anscheins einer neu entstandenen selbständigen Haftung durch Eintritt eines weiteren Gesellschafters im **Handelsregister** einzutragen, daß der neu Eingetragene als Erbe des früher unbeschränkt haftenden Gesellschafters Kommanditist geworden ist; vgl. Anm. 17.

Anm. 21 **6.** Der Eintritt eines neuen Kommanditisten durch **Gesamtrechtsnachfolge** ist auch in der Weise möglich, daß eine Kapitalgesellschaft, z. B. eine Aktiengesellschaft, die Kommanditistin einer Kommanditgesellschaft ist, durch Verschmelzung von einer anderen Gesellschaft übernommen wird. Mit dem Übergang des Vermögens der übertragenden auf die übernehmende Gesellschaft gehen auch deren Beteiligungen, also auch eine kommanditistische Beteiligung auf die übernehmende Gesellschaft kraft Gesamtrechtsnachfolge über; vgl. § 346 Abs. 3 AktGes. Einer Zustimmung der übrigen Gesellschafter der Kommanditgesellschaft bedarf dieser Übergang der Kommanditistenstellung ebensowenig wie der Eintritt des Erben eines Kommanditisten nach § 177. Die Verschmelzung und der damit verbundene Gesellschafterwechsel kann aber nach Lage des Einzelfalls einen wichtigen Grund zur Auflösung der Kommanditgesellschaft oder zur Ausschließung des neuen Gesellschafters oder zu einer Übernahmeklage des einzigen anderen Gesellschafters bilden; vgl. §§ 133ff., 140ff.; § 161 Abs. 2; z. B. wenn die übernehmende Gesellschaft Konkurrentin der Kommanditgesellschaft ist.

Mit dem Übergang tritt die übernehmende Gesellschaft vollständig in die Rechtsstellung der übertragenden Gesellschaft ein. Sie haftet namentlich wie diese den Gesellschaftsgläubigern nach §§ 171, 172 und kann sich auf die der übertragenden erwachsenen Rechte und Einwendungen berufen. Anders als der Erbe eines Kommanditisten kann sie die Beschränkung der Haftung auf das übernommene Vermögen nicht geltend machen, da im Falle der Verschmelzung die übernehmende Gesellschaft für die Verbindlichkeiten der übertragenden Gesellschaft auch mit ihrem sonstigen Vermögen haftet.

Ein Übergang der Stellung als Kommanditist durch Gesamtrechtsnachfolge liegt auch vor, wenn eine Kapitalgesellschaft Kommanditist ist und nach dem Umwandlungsgesetz vom 12. 11. 1956 (i. d. F. v. 6. 11. 1969 BGBl. I 2081) in eine offene Handelsgesellschaft oder Kommanditgesellschaft umgewandelt oder ihr Vermögen unter Ausschluß der Abwicklung auf den alleinigen Gesellschafter übertragen wird; vgl. § 5 UmwandlG.

Auch in diesen Fällen ist es erforderlich, daß im **Handelsregister** der Grund der Rechtsnachfolge eingetragen wird, etwa: „auf Grund Verschmelzungsvertrag vom . . .“; vgl. Anm. 17 Abs. 2.

Anm. 22 **7. Der Kommanditistenwechsel durch Einzelrechtsnachfolge.**

a) Zulässigkeit der Übertragung der Mitgliedschaft (s. auch § 161 Anm. 28). Nach den allgemeinen Regeln des Gesellschaftsrechts (§ 717 BGB) ist die Stellung als Teilhaber einer Personengesellschaft wegen des persönlichen Charakters der Mitgliedschaft nicht übertragbar. Dies gilt, wie für die offene Handelsgesellschaft, auch für die Kommanditgesellschaft, und zwar nicht nur für die persönlich haftenden Gesellschafter, sondern auch für die Kommanditisten. Zwar überwiegt bei den Kommanditisten die kapitalistische Seite der Beteiligung und die persönliche Seite tritt zurück, da der Kommanditist an der Verwaltung der Gesellschaft, insbesondere in der Regel an der Geschäftsführung, und grundsätzlich an der Vertretung der Gesellschaft nicht beteiligt ist (§§ 164, 170) und damit auch die persönliche Zusammenarbeit der Gesellschafter und das sie erfordernde persönliche Vertrauen eine geringere Rolle spielt als bei den persönlich haftenden, in der Regel zur Geschäftsführung und Vertretung berufenen Gesellschaftern. Aber die persönlichen Beziehungen bestehen doch auch hier. Dem Kommanditisten kann auch während des Bestehens der Gesellschaft die Geschäftsführungsbefugnis übertragen werden, wenn auch in der Regel — soweit der Gesellschaftsvertrag nicht Mehrheitsbeschlüsse zuläßt — nur mit Zustimmung aller Gesellschafter. Der Kommanditist hat bei außergewöhnlichen Geschäften nicht nur ein Widerspruchsrecht gegen Handlungen der persönlich haftenden Gesellschafter, sondern es ist die Zustimmung des Kommanditisten zu solchen Geschäften erforderlich; vgl. RG 158, 305; § 164 Anm. 5. Der Kommanditist hat ferner ein wenn auch beschränktes Überwachungsrecht, das ihm aber immerhin Einblick in die Lage des Unternehmens im allgemeinen und durch das Recht der Einsicht der Bücher und Papiere auch in die einzelnen Geschäfte gibt (§ 166). Aus seiner Treupflicht ergibt sich in der Regel ein Wettbewerbsverbot, § 165 Anm. 3, 4. Der Kommanditist kann auch auf die Geschäftsführung insofern einwirken, als seine Mitwirkung bei der Abberufung der Geschäftsführer und Vertreter und der Berufung von solchen durch Änderung des Gesellschaftsvertrages nötig ist. Er hat ferner mitzuwirken bei allen Beschlüssen, die die Grundlage des Unternehmens zum Gegenstand haben, wie Aufnahme neuer Mitglieder, Ausscheiden von Mitgliedern, Auflösung der Gesellschaft, deren Fortsetzung nach Auflösung. Alle diese Befugnisse berühren weitgehend das persönliche Verhältnis unter allen Gesellschaftern. Deshalb ist auch die Mitgliedschaft als Kommanditist **grundsätzlich nicht übertragbar.**

Wie bei der offenen Handelsgesellschaft enthält aber auch bei der Kommanditgesellschaft der Grundsatz der Unübertragbarkeit der Mitgliedschaft nachgiebiges Recht. **Die Gesellschafter können die Übertragung zulassen,** § 161 Anm. 28. Dies kann schon durch den Gesellschaftsvertrag geschehen, indem allgemein oder für bestimmte Fälle ein Wechsel der Mitglieder, Ausscheiden bisheriger und Eintritt neuer vorgesehen wird. Auch Mehrheitsbeschlüsse können in dieser Beziehung zugelassen werden, § 119 Anm. 12. Ebenso kann einzelnen Gesellschaftern, auch Kommanditisten, das Recht eingeräumt werden, auszuscheiden und einen neuen Gesellschafter als Nachfolger zu bestimmen; vgl. die Erl. zu § 130. Auch ohne Bestimmungen des Gesellschaftsvertrags kann ein solcher Wechsel mit Zustimmung aller Beteiligten, auch der Kommanditisten und der neu Eintretenden erfolgen. Die Zustimmung der Gesellschaftsgläubiger ist dagegen nicht erforderlich; RG 162, 264. Das Ausscheiden eines persönlich haftenden Gesellschafters kann freilich nur erfolgen, wenn noch ein persönlich haftender Gesellschafter übrig bleibt oder ein Kommanditist oder ein Dritter persönlich haftender Gesellschafter wird. Es kann deshalb nicht vereinbart werden, daß das Unternehmen lediglich durch die Kommanditisten unter Aufrechterhaltung ihrer beschränkten Haftung als Handelsgesellschaft fortgeführt wird. Der Wegfall aller persönlich haftenden Gesellschafter ohne Ersatz hätte die Auflösung der Gesellschaft zur Folge, da eine Kommanditgesellschaft ohne persönlich haftenden Gesellschafter nicht möglich ist, vgl. § 170 Anm. 7. Wenn die Auflösung durch Wegfall des einzigen persönlich haftenden Gesellschafters, z. B. durch dessen Tod, oder Ausschließung bereits eingetreten ist, kann die Gesellschaft durch Aufnahme eines neuen persönlich haftenden Gesellschafters oder durch Umwandlung der Stellung eines Kommanditisten in die eines persönlich haftenden Gesellschafters fortgesetzt und damit wieder in eine werbende verwandelt werden; RG 106, 63 = JW 1925, 169[5] mit Anm. Der Fortsetzungsbeschluß und die Aufnahme eines neuen persönlich haftenden Gesellschafters oder die Umwandlung der Stellung eines Kommanditisten bedürfen auch der Zustimmung der Kommanditisten und der Erben eines verstorbenen Gesellschafters. Möglich ist auch die Vereinbarung, daß ein persönlich haftender Gesellschafter (oder ein Gesellschafter einer offenen Handelsgesellschaft) ausscheidet und an seiner Stelle ein Dritter als Kommanditist eintritt oder umgekehrt.

b) Mit dem Wirksamwerden des Ausscheidens des bisherigen Gesellschafters tritt der Neueintretende in seine Rechtsstellung zur Gesellschaft und den Mitgesellschaftern ein. Dies hat zunächst für das **innere Verhältnis** unter den Gesellschaftern die Wirkung, daß der Neueintretende die Mitgliedschaft des Ausgeschiedenen fortsetzt. Er tritt in dessen Rechte und Pflichten ein. Er wird Teilhaber des Gesamthandsvermögen. Leistungen, die der Ausscheidende auf Grund seiner gesellschaftlichen Beteiligung zu machen hatte und gemacht hat (z. B. die bedungene Einlage), wirken auch zu seinen Gunsten. Verpflichtungen, die der Ausscheidende noch nicht erfüllt hat, gehen auf ihn über. Er nimmt mit der Kapitalbeteiligung des Ausscheidenden am künftigen Leben der Gesellschaft teil. Dies äußert sich insbesondere in der Teilnahme am Gewinn und Verlust und bei der künftigen Auseinandersetzung nach Auflösung der Gesellschaft oder seinem persönlichen Ausscheiden. Mit der gesellschafterlichen Beteiligung geht auch der buchmäßige Kapitalanteil des Ausgeschiedenen, der seiner Natur nach den Maßstab der Beteiligung bildet, auf den Neueintretenden über. Er ist, **Anm. 23**

gleichgültig, ob er aktiv oder passiv ist, in den Büchern der Gesellschaft für den Ausscheidenden zu löschen und dem Neueintretenden zuzuschreiben.

Im inneren Verhältnis unter den Gesellschaftern einschließlich des Ausscheidenden und des Neueintretenden wird der Rechtsübergang wirksam mit dem Abschluß der Vereinbarung, wenn diese nicht einen anderen Zeitpunkt vorsieht. Im Verhältnis nach außen tritt die Rechtswirksamkeit des Gesellschafterwechsels in dem Zeitpunkt ein, in dem der Wechsel in das Handelsregister eingetragen wird, Anm. 11, 12.

Anm. 24 c) Die **bloße Umbuchung des Kapitalanteils** des ausscheidenden Kommanditisten auf den vertragsmäßig als seinen Rechtsnachfolger Eintretenden, ohne daß der Ausscheidende eine Zahlung aus dem Gesellschaftsvermögen erhält, ist **keine Rückzahlung** der Einlage an den Ausscheidenden, so daß also seine Haftung für die bis zur Eintragung seines Ausscheidens entstandenen Gesellschaftsverbindlichkeiten nicht wieder auflebt. Die früher herrschende Lehre sah auch in der bloßen Umbuchung des Kapitalanteils eine Rückzahlung der Einlage; vgl. die älteren Erläuterungsbücher: u. a. Dür-Hach. Anm. 7; ferner Schwalb ZHR 34, 402 u. 409. KG in JW 1934, DR 43, 981; Groschuff DR 43, 975; Dietrich DR 43, 1201; vgl. auch OLG Düsseldorf in HRR 1938, 538; RG 128, 175 = JW 1930, 2659; a. M. Ritter § 173 Anm. 2; v. Braunbehrens, Die Haftung des Kommanditisten, in DR 1941, 1134, Zur Rechtfertigung dieser Lehre wurde geltend gemacht: Nach außen, insbesondere im Handelsregister, trete nicht hervor, ob der neue Kommanditist selbständig, also ohne Zusammenhang mit dem Ausscheiden eines anderen, oder ob er als dessen Rechtsnachfolger in der Mitgliedschaft Kommanditist geworden sei. Den Rechten der Gesellschaftsgläubiger könne durch die interne Vereinbarung kein Abbruch geschehen. Für die alten Schulden hafte der frühere Kommanditist nach § 171, der neue nach § 173. Diese doppelte Haftung könne nicht durch eine einmalige Einlage gedeckt werden. Der neue könne sich nicht ohne weiteres auf die Leistung des Ausgeschiedenen berufen. Dies sei nur möglich, wenn ihm dessen Kapitalanteil abgetreten werde. Dadurch lebe aber die Haftung des Ausgeschiedenen wieder auf. Es sei so anzusehen, als habe die Gesellschaft dem Ausgeschiedenen sein Kapitalguthaben ausgezahlt und als habe der neu Eintretende den gleichen Betrag als seine Einlage einbezahlt.

Aus dieser Auffassung ergeben sich erhebliche Nachteile, die schon RG 162, 267 erkannt hat. Zwar ist die freie **Veräußerlichkeit** einer Beteiligung an einer Personengesellschaft, anders als bei der Aktiengesellschaft, nicht die gesetzliche Regel. Wegen der persönlichen Beziehungen der Gesellschafter ist sie vielmehr, auch soweit es sich um die Beteiligung des Kommanditisten handelt, regelmäßig nicht zulässig. Sie kann aber schon im Gesellschaftsvertrag zugelassen werden und mit Zustimmung aller Gesellschafter jederzeit stattfinden; vgl. Anm. 22. Die Veräußerung einer Beteiligung kann auch oft im Interesse aller Beteiligten oder des Kommanditisten erwünscht sein. So kann es im Interesse des Unternehmens liegen, daß ein durch Verlust seines Privatvermögens notleidend gewordener Kommanditist aus der Gesellschaft ausscheidet und ein anderer an seine Stelle tritt. Auch andere in der Person des Kommanditisten liegende Gründe, z. B. sein Eintritt in ein Konkurrenzgeschäft, können das Ausscheiden im Interesse des Geschäftsbetriebes oder des Ansehens der Gesellschaft, als deren Gesellschafter auch der Kommanditist im Handelsregister erscheint, zweckmäßig erscheinen lassen. Der Gesellschafterwechsel kann geboten sein, um die Gewinnung eines anderen kapitalkräftigen Gesellschafters zu ermöglichen. Die Durchführung des Wechsels durch Vereinbarung der Gesellschafter kann der mit der Anrufung des Gerichts mit einer Ausschließungsklage verbundenen Verzögerung vorbeugen und auch die mit der Klage verknüpfte persönliche Belästigung der Beteiligten ausschließen. Es kann auch im Interesse eines notleidenden Kommanditisten liegen, sich im Wege der Vereinbarung statt durch eine Auflösungsklage aus der Bindung zu befreien, um das frei gewordene Vermögen zur Sicherung seiner Existenz zu verwenden. Ist jemand als Treuhänder Dritter, etwa der hauptsächlichen Geldgeber des Unternehmens, Kommanditist geworden, so kann sein Ausscheiden unter gleichzeitigem Eintritt eines neuen Gesellschafters im Interesse der Treugeber geboten sein. Würde aber die Haftung des Kommanditisten, der seine Einlage voll bezahlt hat, nur deshalb wieder aufleben, weil er seine Beteiligung an einen Dritten veräußert hat und damit sein Kapitalanteil an den Erwerber übergegangen ist, auch ohne daß der Erwerber selbst die Einlage einseitig zurückfordern könnte, so würde darin eine erhebliche Erschwerung der Veräußerung liegen. Auch die Verwendung der Rechtsform der Kommanditgesellschaft für ein Familienunternehmen für das sie an sich besonders geeignet ist, würde dadurch erschwert werden; vgl. Mügel in SozPr. Jahrg. 48 (1939) S. 1056; vgl. auch Boesebeck, Die kap. Kommanditgesellschaft, S. 46, 62. Diese Nachteile können auch nicht dadurch abgewendet werden, daß ein Treuhänder die Stelle des Kommanditisten einnimmt; denn die Forthaftung des Treuhänders nach seinem Ausscheiden würde die Gewinnung eines Treuhänders für diese Stellung oft unmöglich machen oder die Treugeber müßten ihn, um die doppelte Haftung zu vermeiden, in seiner Stellung belassen, obwohl er ihr Vertrauen nicht mehr genießt. Wohl könnte der ausscheidende Kommanditist vor den Folgen des Wiederauflebens seiner Haftung bis zu einem gewissen Grade geschützt werden. Regelmäßig würde sich aus dem Veräußerungsvertrag und auch aus der Vereinbarung mit den übrigen Gesellschaftern ergeben, daß die Vertragsgenossen ihn von der Inanspruchnahme durch die alten Gesellschaftsgläubiger freizustellen haben, etwa in der Weise, daß sie an seiner Stelle die Befriedigung der alten Gläubiger übernehmen. Von den Verpflichteten könnte ihm auch nach besonderer Vereinbarung eine Sicherheit bestellt werden; dies wäre aber für die Sicherheitspflichtigen mit Aufwendungen verbunden. Auch würde der Ausgeschiedene den Gläubigern gegenüber nicht von der Haftung frei werden, ehe die Gläubiger befriedigt sind.

Das Wiederaufleben der Haftung des ausgeschiedenen Kommanditisten läßt sich aber auch durch die bloße Umschreibung seines Kapitalkontos in Höhe der geleisteten Einlage auf den Rechtsnachfolger in der Kommanditistenstellung nicht rechtfertigen. Der Kommanditist haftet den Gesellschaftern nur bis zur Höhe seiner im Handelsregister eingetragenen Einlage unmittelbar; § 171 Abs. 1 Halbs. 2; § 172 Abs. 1. Die Haftung ist ausgeschlossen, soweit er die Einlage geleistet hat; § 171 Abs. 1 Halbs. 2; die Haftung lebt wieder auf, soweit die Einlage des Kommanditisten zurückbezahlt wird; § 172 Abs. 4 Satz 1. Durch diese einander ergänzenden Vorschriften erachtet das Gesetz den Schutz der Gesellschaftsgläubiger genügend für gewährleistet. Der Kommanditist, der anders als der persönlich haftende Gesellschafter nicht unbeschränkt, sondern nur bis zur Höhe seiner Einlage haftet, soll diese unbedingt den Gesellschaftsgläubigern zu ihrer Befriedigung zur Verfügung stellen. Er kann dies dadurch tun, daß er den Betrag der Einlage an die Gesellschaft leistet. Sie wird dann Bestandteil des Gesellschaftsvermögens und haftet mit diesem den Gläubigern. Oder der Kommanditist kann in Höhe der Einlage unmittelbar Gesellschaftsgläubiger befriedigen. Nur wenn er das Geleistete zurückerhält, entweder aus dem Vermögen der Gesellschaft oder von einem Gesellschaftsgläubiger, soll die Haftung wieder aufleben. Im ersten Falle ist dies deshalb gerechtfertigt, weil das Gesellschaftsvermögen um den Betrag des Zurückbezahlten vermindert ist und im Betrage der Zurückzahlung nicht mehr unmittelbar den Gläubigern als Befriedigungsmittel dienen kann; im zweiten deshalb, weil der Grund der Befreiung, die Befriedigung des Gesellschaftsgläubigers nachträglich weggefallen ist. Ein Grund zum Wiederaufleben liegt deshalb nicht vor, solange an den ausgeschiedenen Gesellschafter nichts gezahlt und damit dem Gesellschaftsvermögen entzogen ist. Daran ändert auch die Umbuchung der Kapitalkonten nichts, die nur einen inneren Vorgang unter den Gesellschaftern darstellt; denn trotz dieser Umbuchung steht das ganze Aktivvermögen der Gesellschaft den Gesellschaftsgläubigern zur Verfügung. Durch die Umbuchung von einem Kapitalkonto auf ein anderes wird kein Teil des Gesellschaftsvermögens von der gesamthänderischen Bindung frei. Auch der Rechtsnachfolger kann über das Gesamthandsvermögen und seine Beteiligung daran nicht frei verfügen. Ohne Einwilligung der übrigen Gesellschafter kann auch er nicht über seinen Kapitalanteil verfügen; § 122 Abs. 2, § 161 Abs. 2. Der aktive Kapitalanteil stellt bekanntlich keine Forderung des Gesellschafters auf Auszahlung einer seinem Nennbetrage entsprechenden Summe dar, sondern bringt nur die wirtschaftliche Beteiligung des Gesellschafters am Gesellschaftsvermögen zum Ausdruck und bildet die Grundlage für seine Gewinn- und Verlustverteilung, für das Entnahmerecht, §§ 121, 122, 168, 169 und für die künftige Auseinandersetzung, § 155. Auch der neue Kommanditist hat nur die in § 169 bezeichneten, im Verhältnis zum persönlich haftenden Gesellschafter beschränkten Ansprüche auf Leistungen aus dem Gesellllschaftsvermögen. Die bloße Umbuchung der Kapitalanteile kann somit nach dem Zwecke des § 172 Abs. 4, die Anm. 25

Gläubiger gegen eine Verminderung des Gesellschaftsvermögens als Zugriffsobjekt durch Wiederaufleben der unmittelbaren Haftung zu schützen, als Rückzahlung der Einlage im Sinne der genannten Vorschrift nicht angesehen werden. Es kann deshalb auch nicht unter dem Gesichtspunkte des **Gläubigerschutzes** gesagt werden, daß die Umbuchung einer Rückzahlung der Einlage an die ausscheidenden Kommanditisten gleichzustellen sei; das Gesellschaftsvermögen als Deckungsobjekt der Gläubiger wird durch diesen Vorgang nicht verkürzt. Die Haftung lebt erst wieder auf, wenn nach der Umbuchung eine wirkliche Rückzahlung und damit eine Verminderung des Gesellschaftsvermögens zum Nachteil der Gesellschaftsgläubiger stattfindet. Es ist auch kein überzeugender Grund erkennbar, weshalb die Umschreibung des Kapitalanteils auf den neuen Kommanditisten eine doppelte Haftung begründen soll, wenn der Übergang der Kommanditistenstellung im Wege der Einzelrechtsnachfolge erfolgt, während sich die Gesellschaftsgläubiger beim Rechtsübergang durch Gesamtrechtsnachfolge mit der Haftung des neuen Gesellschafters begnügen müssen, vgl. Anm. 17 und 20. Im letztgenannten Falle kommt unbestritten eine doppelte Haftung nicht in Betracht. Denn sowohl beim Rechtsübergang auf Grund Erbfolge wie auf Grund einer sonstigen allgemeinen Rechtsnachfolge, z. B. durch Verschmelzung zweier Kapitalgesellschaften, ist der ursprüngliche Kommanditist überhaupt nicht mehr vorhanden.

Anm. 26 **d)** Bei dieser Rechtslage darf allerdings in den Gesellschaftsgläubigern **nicht der Anschein** erweckt werden, als sei zu dem bisherigen Kommanditisten noch ein neuer hinzugekommen, der mit einer selbständigen Haftsumme hafte. Dabei muß der gleiche Weg eingeschlagen werden, um den unrichtigen Anschein zu vermeiden, wie wenn jemand als Gesamtrechtsnachfolger eines Kommanditisten in seine Stellung eingerückt ist. Der unrichtige Anschein wird nicht durch die Umbuchung der Kapitalanteile erweckt; denn diese ist ein interner Vorgang, der sich nur innerhalb der Gesellschafter, einschließlich des Neueintretenden und des Ausscheidenden abspielt, aber nach außen nicht hervortritt. Nach außen in die Erscheinung tritt nur die **Eintragung** im Handelsregister. Bei dieser ist, wie im Falle der Rechtsnachfolge durch Erbschaft oder eine sonstige Gesamtrechtsnachfolge, z. B. Verschmelzung (vgl. Anm. 20), oder durch Vermächtnis auch bei **Einzelrechtsnachfolge ein entsprechender Vermerk** (als Rechtsnachfolger des ......) zu machen. Daß die Vorschriften über die Führung des Handelsregisters die Aufnahme eines entsprechenden Vermerkes über den Eintritt eines Kommanditisten als Rechtsnachfolger eines anderen nicht ausdrücklich vorsehen, kann das sachliche Recht nicht beeinträchtigen und kann das Wiederaufleben einer erloschenen Haftung nicht zur Folge haben. Die Registerführung hat sich vielmehr als Mittel zur Verwirklichung des sachlichen Rechts diesem anzupassen. Es muß deshalb auch die Möglichkeit bestehen, wie im Falle der Rechtsnachfolge durch Erbgang auch bei Einzelrechtsnachfolge den erforderlichen Vermerk im Register zu machen. Es kann dies durch entsprechende Eintragung in Sp. 5, notfalls in der Bemerkungsspalte geschehen. Bei dem Eintrag über den ursprünglichen Kommanditisten ist ein entsprechender Hinweis aufzunehmen; vgl. Handelsregisterverfügung § 40 Nr. 5 (1) abgedruckt bei § 7, Bd. I S. 208.

In dem Beschluß des Großen Zivilsenats vom 30. 9. 1944 (DNotZ 1944, 195, auch WM 64, 1130, vgl. BGH 47, 155) hat auch das Reichsgericht entgegen der Auffassung des Kammergerichts die Eintragung des Grundes des Gesellschafterwechsels durch Rechtsnachfolge für erforderlich erklärt. Für den Fall der Sonderrechtsnachfolge verlangt das RG, um dem Registerrichter die Nachprüfung zu ermöglichen, bei der Anmeldung eine Versicherung der Beteiligten, daß der ausscheidende Gesellschafter von Seiten der Gesellschaft **keinerlei Abfindung** für die von ihm aufgegebenen Rechte **aus dem Gesellschaftsvermögen** erhalten hat.

Danach lebt die durch Leistung der Einlage erloschene Haftung des ursprünglichen Kommanditisten durch Übergang seiner Beteiligung und damit seines Kapitalanteils auf einen neuen Kommanditisten und auch durch die Umbuchung auf diesen nicht wieder auf. Bei der Eintragung des neuen Kommanditisten muß aber erkennbar gemacht werden, daß der neue Kommanditist nur der Rechtsnachfolger des bisherigen ist. In der Bekanntmachung kann auch angegeben werden, daß ein Kommanditist ausgeschieden und an seiner Stelle ein anderer als Rechtsnachfolger eingetreten ist. Die Vorschrift des

§ 162 Abs. 2 Halbsatz 2 steht einer solchen Bekanntmachung nicht entgegen. Ist dies geschehen, so ist offensichtlich, daß der neue Kommanditist nur der Rechtsnachfolger des bisherigen ist. Dann kann von den Gläubigern nicht geltend gemacht werden, daß eine Leistung nicht zur Deckung zweier Einlageverpflichtungen verwendet werden könne. Es bestand nur eine Beteiligung mit einer Einlagepflicht, die durch eine einmalige Leistung erfüllt ist, nur die Person des Beteiligten hat gewechselt. Die Gläubiger können, wenn die Einlage bereits von dem früheren Gesellschafter geleistet ist, auch nicht geltend machen, es könne ihnen nicht gleichgültig sein, wer Kommanditist ist und ob er zahlungsfähig ist. Ist die Einlage noch nicht geleistet, so bleibt die Zahlungspflicht des früheren Gesellschafters den Gläubigern gegenüber bestehen; zu seinen Gunsten beginnt nur die fünfjährige Verjährungsfrist des § 159 zu laufen. Der an seine Stelle tretende Rechtsnachfolger haftet daneben auf Grund des § 173. Die Gläubiger sind also durch den Gesellschafterwechsel nicht schlechter gestellt. Die vorstehend wiedergegebene Meinung ist heute unbestritten, Weipert DR 43, 270; Donnes DR 43, 571 und in der Anm. zu RG DNotZ 44, 195; OLG Köln NJW 58, 1472; Schlegelberger-Gessler 11; Wiedemann, Die Übertragung und Vererbung von Mitgliedschaftsrechten bei Handelsgesellschaften 1965 S. 225; weitere Einzelheiten und Zusammenfassung s. Anm. 28.

e) Ist **die Rechtsnachfolge nicht erkennbar gemacht,** sondern wie im Falle RG 162, 264 nur eingetragen, daß eine Person als Kommanditist ausgeschieden, eine andere als Kommanditist eingetreten sei, so müssen sich der ausgeschiedene und der neueingetretene Kommanditist von den Gesellschaftsgläubigern so behandeln lassen, als ob es sich um zwei selbständige Beteiligungen handle, als ob ein Kommanditist ausgeschieden und unabhängig davon ein neuer eingetreten sei. Die Gläubiger können gegen jeden die sich daraus ergebenden Rechte herleiten, aber auch nicht mehr. Jeder haftet den Gläubigern mit einer besonderen Haftsumme, der Ausscheidende nach § 171 Abs. 1 Satz 1, der Neueintretende nach § 173 Abs. 1. Auch in diesem Falle könnten die Gläubiger nicht geltend machen, daß die Umbuchung des Kapitalanteils des Ausgeschiedenen auf den Neueintretenden eine Rückzahlung der Einlage an den Ausscheidenden sei; denn auch dann würde durch die bloße Umbuchung kein Teil des Gesellschaftsvermögens dem Zugriff der Gesellschaftsgläubiger entzogen. Die Gläubiger könnten sich aber auf den internen Vorgang der Umbuchung auch deshalb nicht berufen, weil sie die doppelte Haftung nur in Anspruch nehmen können, weil sie auf Grund des das Nachfolgeverhältnis nicht angebenden Registereintrags annehmen konnten, es handle sich um zwei selbständige Beteiligungen. Mit dieser Stellungnahme würde es im Widerspruch stehen, wenn sie sich gerade auf den internen Vorgang der Übertragung der Kapitalanteile und damit die Rechtsnachfolge in der Gesellschafterstellung berufen würden. War ihnen die einzutragende Tatsache, nämlich die Entstehung der Kommanditistenstellung des neuen Gesellschafters, durch Rechtsnachfolge bekannt, so müssen sie sich diese Tatsache auch ohne Eintragung entgegenhalten lassen; § 15 Abs. 1. Der **ausgeschiedene** Kommanditist, der seine Einlage geleistet hat, kann somit trotz der Umbuchung und des fehlerhaften Registereintrags nicht in Anspruch genommen werden. Dies entspricht auch der Billigkeit; denn über seine Stellung gibt der Registereintrag über sein Ausscheiden ein völlig klares Bild. Mangelhaft ist der Registereintrag nur hinsichtlich der Entstehung der Beteiligung des **Neueingetretenen.** Er muß die Folgen dieses Mangels tragen, den er durch entsprechende Anmeldung und Prüfung des Registereintrags, notfalls durch Herbeiführung einer Berichtigung des Registers, äußerstenfalls durch Beschreitung des Rechtsmittelweges vermeiden konnte. Seine Haftung beruht darauf, daß er durch Zulassung der mangelhaften Eintragung den Rechtsschein erweckt hat, als sei er unabhängig von dem Ausscheiden eines anderen Gesellschafters Kommanditist mit einer besonderen Hafteinlage geworden. Die Haftung des Neueintretenden erstreckt sich nicht nur auf die alten Schulden (§ 173), sondern auch auf die neuen. Würde man nur die Haftung des Ausgeschiedenen wieder aufleben lassen, so wären die neuen Gläubiger durch den Rechtsschein nicht geschützt. Der neue Kommanditist kann sich von der den Gläubigern gegenüber selbständigen Haftung nur dadurch befreien, daß er die Einlage an die Gesellschaft leistet, d. h. durch eine Leistung das Gesellschaftsvermögen vermehrt, — was aber durch eine bloße Umbuchung der Kapitalanteile nicht geschieht, — oder dadurch, daß er Gesellschaftsgläubiger bis zum Betrage der Anm. 27

Einlage befriedigt. Auf die frühere Leistung der Einlage durch den ausgeschiedenen Kommanditisten kann er sich gegenüber den Gesellschaftsgläubigern nicht berufen. Seine Haftung dauert fort, bis die **Berichtigung des Registers** erfolgt ist. Zugunsten derjenigen, die erst nach der Berichtigung Gesellschaftsgläubiger geworden sind, gilt sie nicht mehr. Durch die Berichtigung kann sich der neue Kommanditist nicht von der Haftung für die zwischen der unrichtigen Eintragung und der Berichtigung entstandenen Verbindlichkeiten befreien, wohl aber von der Haftung für die vorher entstandenen Verbindlichkeiten; denn die Gläubiger dieser Verbindlichkeiten können nicht geltend machen, daß sie durch die unrichtige Eintragung zum Rechtsverkehr mit der Gesellschaft bestimmt worden sind. Wer im Zeitpunkt des Rechtsverkehrs mit der Gesellschaft die wahre Rechtslage kannte, kann sich ebenfalls nicht auf den Rechtsschein berufen.

Anm. 28 f) Die Rechtslage ist wie folgt zusammenzufassen:

1. Wird ein Kommanditanteil rechtsgeschäftlich übertragen, ohne daß der ausscheidende Kommanditist eine Abfindung aus dem Gesellschaftsvermögen erhält, so ist die Einzelrechtsnachfolge im Handelsregister zu **vermerken.**

2. Voraussetzung für den Vermerk ist, daß die Beteiligten **versichern**, daß der Ausscheidende keinerlei Abfindung aus dem Gesellschaftsvermögen erhalten hat (vgl. auch unten Z. 7). Die Versicherung ist von dem ausscheidenden Kommanditisten und der Gesellschaft (vertreten durch den oder die Komplemetäre) abzugeben (ebenso Schlegelberger-Gessler 11 und Donner DNotZ 44, 200). Die Meinung der Vorauflage (Anm. 24 S. 667), daß auch der Neueintretende die Versicherung abgeben muß, wird aufgegeben. Er kann nichts versichern, was seiner Nachprüfung entzogen ist. Die Versicherung ist formfrei. Die §§ 12, 108 sind nicht anzuwenden, da es sich nicht um eintragungsfähige Tatsachen handelt (Donner a. a. O.).

3. Ist die Einlage beim Ausscheiden **voll geleistet**, so ist die Haftung des Ausgeschiedenen und unter den Voraussetzungen der Z. 1 und 2 auch des Neueintretenden gemäß § 171 Abs. 1 Halbs. 2 ausgeschlossen. Ist kein Rechtsnachfolgevermerk eingetragen, so haftet der Neueingetretene den Gläubigern auf die volle Haftsumme.

4. Ist die Einlage beim Ausscheiden ganz oder teilweise noch **nicht geleistet**, oder ist sie dies, wird sie aber später an den ausgeschiedenen oder an den neu eingetretenen Kommanditisten **zurückgezahlt** (i. S. des § 172 Abs. 4 Satz 1 oder 2), so **haften** bei Eintragung des Rechtsnachfolgevermerks **beide als Gesamtschuldner**, der Ausgeschiedene jedoch nur den Altgläubigern und mit der Einrede der Verjährung gemäß § 159 (RG DNotZ 44, 199; Schlegelberger-Gessler 11). Die Meinung der Vorauflage (Anm. 25, ebenso Richert NJW 58, 1474), daß im Falle der Rückzahlung nur der Empfänger hafte, wird aufgegeben. Die Einheitlichkeit der Einlage bedingt die gesamtschuldnerische Haftung. Der Gläubigerschutz verlangt, daß **diese** Einlage den gesetzlichen Bestimmungen entsprechend geleistetet wird und geleistet bleibt. So wie die Leistung des einen auf die Einlage dem anderen zugute kommt, so muß dieser für die Rückzahlung an jenen einstehen.

5. Bezüglich des **Verlustanteils** des Kommanditisten gelten die Bestimmungen der §§ 167 Abs. 3, 169 Abs. 2, 172 Abs. 4 S. 2. Ist die Einlage durch Verlust gemindert, so muß sie nur aus späteren Gewinnen aufgefüllt werden.

6. Überträgt ein Kommanditist einen **Teil** seiner Kommanditeinlage an einen neueintretenden Kommanditisten, so gelten die vorstehenden Grundsätze für den übertragenen Teil, vgl. dazu auch § 174.

7. Die vorstehenden Grundsätze sind nicht anzuwenden, wenn der Ausscheidende auch nur **teilweise** eine **Abfindung** aus dem Gesellschaftsvermögen erhält (a. M. Donner DNotZ 44, 200 Z. I 2). Denn dann liegt keine Sonderrechtsnachfolge durch Übertragung des Gesellschaftsanteils vor (§ 161 Anm. 28), sondern — wenn auch möglicherweise nur teilweise — der gesetzlich geregelte Fall des Ausscheidens mit der Folge der Anwachsung und Auseinandersetzung. Wollen die Gesellschafter dem Ausscheidenden eine Zahlung aus dem Gesellschaftsvermögen zukommen lassen, so haben sie zwei Möglichkeiten:

a) Sie vereinbaren für einen Teil seiner Beteiligung das Ausscheiden nach der gesetzlichen Regelung des § 738 BGB (vgl. § 138 Anm. 8ff.) mit der Folge der Anwachsung und Auseinandersetzung. Der andere Teil der Einlage wird an den neuen Kommanditisten übertragen. Für diesen Teil gelten dann die obigen Grundsätze, vgl. auch Z. 6.

b) Die ganze Beteiligung wird an den neuen Kommanditisten übertragen. Die Zahlung aus der Gesellschaftskasse erfolgt als Rückzahlung der Einlage, für die beide i. S. des oben Z. 4 Gesagten haften.

IV. Übertragung unter den Gesellschaftern

1. Die in den Anm. 22—28 niedergelegten Grundästze sind auch anzuwenden, wenn ein Kommanditist seine Beteiligung nicht an eine als neuer Gesellschafter eintretende Person überträgt, sondern **an einen anderen Kommanditisten.** Bei dem Erwerber ist dann der Rechtsnachfolgevermerk (Anm. 26) hinter seiner ursprünglichen Eintragung anzubringen. **Anm. 29**

2. Überträgt der Kommanditist seine Beteiligung **an einen Komplementär,** so geht die Kommanditeinlage als solche unter. Schon deshalb kommt eine entsprechende Anwendung der in Anm. 22—28 niedergelegten Grundsätze, die gerade die Erhaltung der Einlage voraussetzen, nicht in Frage. Der Erwerber haftet schon auf Grund seiner bisherigen Beteiligung den Gesellschaftsgläubigern unbeschränkt. Die beschränkte Haftung geht hinsichtlich seiner Person in der unbeschränkten Haftung unter. **Anm. 30**

Hatte der Kommanditist im Zeitpunkt des Übergangs seiner Beteiligung seine Einlage noch nicht voll geleistet, so dauert seine beschränkte Haftung für die bis zum Wirksamwerden des Ausscheidens begründeten Gesellschaftsschulden fort. War er bereits durch Leistung der Einlage von der Haftung befreit und wird sie an ihn zurückbezahlt, so lebt seine Haftung wieder auf. Dabei spielt es keine Rolle, ob die Rückzahlung aus dem Gesellschaftsvermögen oder aus dem Privatvermögen des Komplementärs erfolgt. Denn auch im letzteren Fall wird die den Gesellschaftsgläubigern zur Verfügung stehende Zugriffsmasse verkürzt (OLG Frankfurt NJW 63, 545).

3. Wird auf Grund einer Vereinbarung aller Gesellschafter, auch der Kommanditisten, die Stellung eines persönlich haftenden Gesellschafters, bei der offenen Handelsgesellschaft die Stellung eines Gesellschafters, **in die eines Kommanditisten umgewandelt,** so haftet er für die bis zum Eintritt der Wirksamkeit der Umwandlung nach außen entstandenen Gesellschaftsschulden (Altgläubiger) unbeschränkt, für die später entstandenen nur bis zum Betrag der vereinbarten Haftsumme. Wirksam wird die Umwandlung im Verhältnis zu den Gesellschaftsgläubigern erst mit der Eintragung. Die Änderung ist von allen Gesellschaftern zur Eintragung anzumelden; §§ 107, 175. Maßgebend für die Haftung für die neuen Schulden ist nach der Eintragung der Hafteinlage der eingetragene Betrag; § 172 Abs. 1. **Anm. 31**

Der zum Kommanditisten gewordene Gesellschafter kann seine Kommanditeinlage dadurch leisten, daß sein bisheriger Kapitalanteil in Höhe der Kommanditeinlage ihm als Einlage gutgeschrieben und damit nach §§ 171, 172 gebunden wird. Der überschießende Teil ist so zu behandeln, wie wenn der Gesellschafter ausgeschieden wäre, wenn nicht etwas anderes vereinbart wird (was sich auch aus den Umständen ergeben kann), z. B. daß der ganze Kapitalanteil als solcher bestehen bleibt. Soweit er höher ist als die Haftsumme, ist künftig seine innere Einlage (Pflichteinlage, § 161 Anm. 12) höher als die Haftsumme.

4. Wird ein Kommanditist persönlich haftender Gesellschafter, so geht seine bisherige beschränkte Haftung in der nunmehrigen unbeschränkten Haftung auf, da ein Gesellschafter nicht zugleich beschränkt und unbeschränkt haften kann. Er haftet künftig für alle Gesellschaftsverbindlichkeiten unbeschränkt, auch insoweit sie vor der Umwandlung seiner Stellung entstanden sind; § 130. Im inneren Verhältnis unter den Gesellschaftern ist die Umwandlung mit der dahingehenden Vereinbarung aller Gesellschafter wirksam geworden. Die Vereinbarung kann sich auch aus den Umständen ergeben; die Eintragung ins Handelsregister ist zum Eintritt dieser Wirkung nicht erforderlich; RG im Recht 30 Nr. 329. Von den Gläubigern kann die unbeschränkte Haftung geltend gemacht werden, sobald ins Handelsregister eingetragen ist, daß der bisherige Kommanditist persönlich haftender Gesellschafter geworden ist oder sobald nach Zustandekommen des Vertrags unter den Gesellschaftern über die Änderung seiner Stellung mit seiner Zustimmung die Geschäfte der Gesellschaft fortgesetzt werden; denn damit ist die Wirksamkeit seiner Teilhaberschaft als persönlich haftender Gesellschafter im Verhältnis zu Dritten eingetreten; § 123. § 172 Abs. 2, der die Wirksamkeit einer Haftungserhöhung im **Anm. 32**

Verhältnis zu den Gläubigern von der Eintragung oder einer Kundmachung der Gesellschaft abhängig macht, ist nicht, auch nicht sinngemäß anzuwenden. Der Übergang von der beschränkten zur unbeschränkten Haftung kann nicht als Erhöhung der beschränkten Haftung angesehen werden.

Anm. 33 **5. Übernimmt ein Kommanditist** das Unternehmen als alleiniger Inhaber durch Rechtsgeschäft unter Lebenden, auch bei der Auseinandersetzung nach Auflösung der Gesellschaft, so bestimmt sich seine Haftung für die im Betriebe des Geschäfts begründeten früheren Verbindlichkeiten nach § 25. Soweit er nach dieser Bestimmung haftet, haftet er mit seinem ganzen Vermögen. Deshalb kommt in diesem Falle eine Fortdauer oder ein Wiederaufleben einer beschränkten Haftung nicht in Betracht. Soweit er nach § 25 Abs. 2 u. 3 nicht haftet, bleibt seine frühere beschränkte Haftung bestehen und kann auch wieder aufleben, wenn er, insbesondere bei der Auseinandersetzung der Gesellschaft, seine Einlage zurückerhält.

Anm. 34 6. Hat ein **persönlich haftender Gesellschafter das Geschäft übernommen,** so dauert seine schon ohnedies bestehende unbeschränkte Haftung fort. Auch die unbeschränkte Haftung der übrigen persönlich haftenden Gesellschafter und die beschränkte Haftung der Kommanditisten für die bis zur Beendigung der Gesellschaft entstandenen Gesellschaftsschulden dauert fort. Die Auszahlung der Kommanditisten aus dem übernommenen Vermögen läßt ihre Haftung wieder aufleben, vgl. § 172 Anm. 30.

V. Unabdingbarkeit der Vorschriften über die Haftung des neu eintretenden Kommanditisten

Anm. 35 Der Vorschrift des Abs. 1 entgegenstehende Vereinbarungen der Gesellschafter sind Dritten gegenüber unwirksam; Abs. 2.

Die Vorschrift stimmt mit der für den persönlich haftenden Gesellschafter geltenden Vorschrift des § 130 Abs. 2 überein. Durch Vereinbarung mit einzelnen alten Gläubigern kann die Befreiung diesen gegenüber wirksam vereinbart werden. Im Verhältnis der Gesellschafter untereinander kann der nach dem Gesellschaftsvertrag oder nach Änderung desselben neu eintretende Kommanditist von der Haftung für die alten Gesellschaftsschulden befreit werden.

Für den Fall des Eintritts in das Geschäft eines Einzelkaufmanns besteht die Unabdingbarkeit nicht; § 28 Abs. 2.

§ 174

Eine Herabsetzung der Einlage eines Kommanditisten ist, solange sie nicht in das Handelsregister des Gerichts, in dessen Bezirke die Gesellschaft ihren Sitz hat, eingetragen ist, den Gläubigern gegenüber unwirksam; Gläubiger, deren Forderungen zur Zeit der Eintragung begründet waren, brauchen die Herabsetzung nicht gegen sich gelten zu lassen.

Inhaltsübersicht

Anm. 1 **1.** § 174 spricht aus, daß die Herabsetzung der Einlage des Kommanditisten den Gläubigern gegenüber nicht vor der Eintragung ins Handelsregister wirksam wird. Das ADHGB, Art. 171, faßte die Herabsetzung der Haftung als Ausscheiden mit einem Teil der Einlage auf und verband mit der vorgeschriebenen Eintragung nur die allgemeinen Publizitätswirkungen der Handelsregistereintragung, Art. 25 ADHGB. Das HGB will nach D I 117 die Eintragung zur unbedingten Voraussetzung der Wirksamkeit machen und spricht einer sonstigen allgemeinen Kundmachung die gleiche Wirkung wie die mit der Eintragung verbundene ab; vgl. Anm. 7.

Die Vorschriften des § 174 haben nur die Herabsetzung der Haftsumme zum Gegenstande, also des Betrages, mit dem der Kommanditist nach der Begriffsbestimmung der Kommanditgesellschaft und der näheren Ausgestaltung dieses Begriffes (§ 161 Abs. 1, § 171 Abs. 1, § 172 Abs. 1) den Gesellschaftsgläubigern unmittelbar haftet. Unter Einlage ist deshalb, wie in den genannten Bestimmungen, nicht der im inneren Verhältnis geschuldete Betrag, die Pflichteinlage, sondern die **Hafteinlage** zu verstehen. Die Pflichteinlage ist im Verhältnis zu den Gesellschaftsgläubigern ohne Bedeutung. Sie kann durch bloße Einigung der Gesellschafter nicht nur herabgesetzt, sondern auch ganz erlassen werden. Aber eine solche Herabsetzung der Pflichteinlage läßt die Haftung des Kommanditisten gegenüber den Gesellschaftsgläubigern völlig unberührt. Anm. 2

Die Herabsetzung der Einlage im Sinne einer Herabsetzung der Hafteinlage bedarf, wie auch die ursprüngliche Festsetzung der Hafteinlage oder ihre Erhöhung, einer **Einigung** unter den Gesellschaftern, einschließlich der Kommanditisten. Denn es berührt auch das innere Verhältnis unter den Gesellschaftern, in welchem Umfange der einzelne Gesellschafter den Gesellschaftsgläubigern unmittelbar haftet; wegen der Möglichkeit von Mehrheitsbeschlüssen vgl. § 172 Anm. 17, § 119 Anm. 12. Für die fehlerhafte Herabsetzung gilt das in § 161 Anm. 40, § 172 Anm. 15 Gesagte. Anm. 3

2. Die Herabsetzung der Haftsumme kann mit der Herabsetzung der Beteiligung des Kommanditisten im inneren Verhältnis, also mit der Herabsetzung der **Pflichteinlage,** verbunden sein; es kann also gleichzeitig auch die Pflichteinlage herabgesetzt werden. Notwendig ist dies nicht, da Pflichteinlage und Hafteinlage verschieden sein können, § 161 Anm. 12. Sind Hafteinlage und Pflichteinlage gleich groß, so ist es Sache der Vertragsauslegung, ob eine Vereinbarung über Herabsetzung der Einlage ohne nähere Bezeichnung sich auf beide Einlagen beziehen soll. Im Zweifel wird dies anzunehmen sein. Die Herabsetzung der Pflichteinlage wie der Hafteinlage kann auch erfolgen, wenn beide Einlagen bereits voll geleistet sind, insbesondere wenn der Kommanditist durch entsprechende Leistungen an die Gesellschaft oder diesen gleichstehende Leistungen (Befriedigung von Gesellschaftsgläubigern) bereits von der Haftpflicht befreit ist. Ergibt sich nach Herabsetzung der Pflichteinlage oder der Hafteinlage, daß bereits mehr geleistet ist als dem geänderten Betrag der Einlage entspricht, so ist, falls sich aus der Vereinbarung nichts anderes ergibt, der Mehrbetrag aus Gesellschaftsmitteln an den Kommanditisten zurückzuzahlen oder ihm zur freien Verfügung auf Privatkonto gutzuschreiben; Schlegelberger-Gessler 3; vgl. im übrigen über die Gestaltung des Kapitalkontos des Kommanditisten § 167 Anm. 16, 17. Bleibt die Pflichteinlage unverändert und wird nur die Hafteinlage herabgesetzt, so kommt eine Umbuchung auf dem Kapitalkonto nicht in Betracht, auch wenn auf die Hafteinlage eine Rückzahlung erfolgt. Anm. 4

Erfolgt auf Grund der Herabsetzung der Pflichteinlage eine **Rückzahlung** aus dem Gesellschaftsvermögen und wird dadurch die geleistete Einlage unter den Betrag der Haftsumme, wie sie sich nach deren Herabsetzung ergibt, herabgedrückt, so lebt in Höhe des fehlenden Betrages die unmittelbare Haftung des Kommanditisten wieder auf; § 171 Abs. 1 Halbsatz 2, § 172 Abs. 4. Eine Rückzahlung liegt nicht darin, daß ein Teil des Kapitalkontos eines Kommanditisten einem neueintretenden oder einem anderen Kommanditisten gutgeschrieben wird und zur Deckung von dessen Einlage verwendet wird, § 173 Anm. 22ff., insbesondere Anm. 28 Z. 6, Anm. 29.

3. Die Wirkung der Eintragung der Herabsetzung Anm. 5

Wegen der Anmeldung und Eintragung der Herabsetzung vgl. § 175.

Die Wirkung der Herabsetzung. Im Verhältnis der Gesellschafter untereinander wirkt die Vereinbarung einer Herabsetzung der Einlage, soweit nicht eine spätere Wirkung vereinbart ist, mit dem Zeitpunkt ihres Zustandekommens. Anm. 6

Den **Gesellschaftsgläubigern** gegenüber ist die Herabsetzung vor der Eintragung unwirksam; Halbsatz 1. Halbsatz 2 ergänzt dies dahin, daß Gläubiger, deren Forderungen zur Zeit der Eintragung begründet waren, die Herabsetzung nicht gegen sich gelten zu lassen brauchen. Diese Vorschriften sprechen aus, was sich auch schon aus § 171 Abs. 1 ergibt, daß für den Umfang der Haftung die Eintragung einer bestimmten Haftsumme maßgebend ist. Erst wenn eine Herabsetzung der Haftsumme eingetragen ist, soll die Wirkung der bisherigen Eintragung aufhören. Die Eintragung der Herabsetzung ist ein notwendiges Erfordernis für den Eintritt der Anm. 7

Wirksamkeit der Haftungsbeschränkung; EhrenbergHandb. I 616, 620. Anders als im Falle der Erhöhung der Haftsumme (§ 172 Abs. 2) kann somit die Eintragung der Herabsetzung nicht durch eine handelsübliche Bekanntmachung ersetzt werden; Schlegelberger-Gessler 6. Die auf die herabgesetzte Einlage beschränkte Haftung des Kommanditisten kann vor der Eintragung der Herabsetzung nur durch Vereinbarung mit dem einzelnen Gläubiger herbeigeführt werden; die bloße Mitteilung (so die frühere Auflage) genügt nicht, ebenso Schlegelberger-Gessler 6, vgl. auch unten Anm. 12.

Anm. 8 4. Aus dem Ausspruch, daß die Beschränkung vor der Eintragung unwirksam ist, ergibt sich nicht, daß sie mit der Eintragung unbedingt wirksam ist; RG in JW 87, 17[18]. Vielmehr bestimmt sich die Wirksamkeit der Haftungsbeschränkung im übrigen nach den allgemeinen Vorschriften des § 15, soweit sie mit den besonderen Bestimmungen des § 174 nicht unvereinbar sind. Ist die Herabsetzung zwar eingetragen, aber noch nicht **bekanntgemacht,** daß eine Herabsetzung stattgefunden hat (§ 175), so kann sie einem Dritten nur entgegengehalten werden, wenn sie ihm bei Entstehung seines Anspruchs bekannt war; § 15 Abs. 1. Daß letzteres der Fall war, hat der Kommanditist zu beweisen; D I 117. Ist die Herabsetzung eingetragen und bekanntgemacht, so muß ein Dritter sie gegen sich gelten lassen; § 15 Abs. 2 i. d. F. d. Ges. v. 15. 8. 69 (BGBl I 1446).

Anm. 9 5. Die Wirkungen der Eintragung treten, wie das Gesetz unzweideutig hervorhebt, mit der Eintragung in das Register des **Sitzes der Gesellschaft** ein. Die Eintragung in das Register des Sitzes einer **Zweigniederlassung** ist zum Eintritt dieser Wirkung nicht erforderlich, also nicht unbedingte Voraussetzung des Eintritts der Wirksamkeit; sie hat nicht rechtschaffende Wirkung. Es gelten aber doch insofern die Vorschriften des § 15, insbesondere des Abs. 3. War die Herabsetzung nur in das Register des Sitzes der Hauptniederlassung eingetragen und diese Eintragung bekanntgemacht, so kann einem Dritten, der nur mit der Zweigniederlassung im Rechtsverkehr stand und daraus Ansprüche ableitet, die Herabsetzung nur entgegengehalten werden, wenn sie ihm bekannt war; § 15 Abs. 1; D. I 117, 125; Schlegelberger-Gessler 7; vgl. auch die Erl. zu § 13ff.

Anm. 10 **6. Die Rechtsfolgen der Herabsetzung und ihrer Eintragung.**

Solange die Herabsetzung nicht eingetragen ist, treten keinerlei Wirkungen nach außen ein. Daher können alle Gläubiger, deren Forderungen vor der Eintragung entstanden sind, sich auch dann auf die frühere Eintragung berufen, wenn sie ihnen nicht bekannt war. Ist die Herabsetzung auf Grund der Eintragung wirksam geworden (vgl. vorige Anm.), so haftet der Kommanditist den Gläubigern, denen gegenüber die Herabsetzung wirksam geworden ist, nur mit dem herabgesetzten Betrag. Wenn er die frühere Hafteinlage voll geleistet hatte und ihm der die neue Haftsumme übersteigende Betrag **zurückbezahlt** wird, lebt dadurch seine Haftung nur wieder auf, soweit es sich um Gläubiger handelt, denen er noch mit der alten Haftsumme haftet; § 172 Anm. 35; Schlegelberger-Gessler Anm. 9. Der Kommanditist kann sich durch Wiedereinzahlung des Erhaltenen erneut befreien; § 171 Abs. 1 Halbsatz 2. Die Befreiung tritt auch dann ein, wenn die Gesellschaft das an sie Zurückbezahlte zur Befriedigung neuer Gläubiger verwendet. Sie hätte auch von vornherein die neuen Gläubiger befriedigen können, statt an den Kommanditisten etwas zurückzuzahlen.

Anm. 11 7. Befindet sich die Gesellschaft im Konkurse und macht deshalb der Konkursverwalter die Ansprüche der Gesellschaftsgläubiger geltend (§ 171 Abs. 2), so kann er die Kommanditisten mit der vor der Herabsetzung bestehenden Haftsumme in Anspruch nehmen, wenn Gesellschaftsgläubiger vorhanden sind, für die die Haftungsbeschränkung nicht gilt (Altgläubiger). Es gilt das in § 171 Anm. 42—42 C für den ausgeschiedenen Kommanditisten Gesagte entsprechend.

Anm. 12 8. Die Wirkung der Herabsetzung bezieht sich ausschließlich auf den Umfang der Haftung. Der Kommanditist kann sich deshalb nicht wie ein ausgeschiedener Gesellschafter, auch nicht, soweit es sich um die frühere höhere Haftung handelt, auf die kurze **Verjährung** des § 159 berufen und etwa nach Ablauf der Verjährungsfrist seit der Eintragung der Herabsetzung die Verjährung geltend machen, soweit er mit einem die ermäßigte Haftsumme übersteigenden Betrag in Anspruch genommen wird; DürHach. Anm. 1. Die die Haftung durch die Notwendigkeit der Eintragung der Herabsetzung verschärfende Vorschrift des § 174 kann andererseits nicht sinngemäß angewendet werden auf den Fall der Auflösung der Gesellschaft oder des Ausscheidens eines Kommanditisten; insbesondere kann nicht das Wirksamwerden der Beschränkung der Haftung auf die bis zum Ausscheiden des Kommanditisten entstandenen Gesellschaftsschulden unbedingt von der Eintragung des Ausscheidens abhängig gemacht werden. § 174 enthält eine Ausnahme, die als solche nicht auszudehnen ist. Der Grund für die Annahme, den Umfang der Haftung durch Eintragung der Beschränkung (oder Erhöhung, § 172 Abs. 2) klarzustellen, besteht hier nicht oder nicht in demselben Maße. Es ist, soweit es sich um das Ausscheiden oder die Auflösung handelt, kein Grund vorhanden, den persönlich haftenden Gesellschafter und den Kommanditisten verschieden zu behandeln. Es bestimmt sich daher lediglich nach § 15, welchen Einfluß die Eintragung oder Nichteintragung der Auflösung der Gesellschaft oder des Ausscheidens eines Kommanditisten auf dessen Haftung gegenüber den Gläubigern hat. Solange die Auflösung oder das Ausscheiden nicht eingetragen und bekanntgemacht ist, kann sich der Kommanditist Dritten gegenüber auf diese Vorgänge, insbesondere das Ausscheiden, nur berufen, wenn sie dem Dritten bekannt waren und das Bekanntsein diesem nachgewiesen wird; § 15 Abs. 1. Nach der Eintragung und Bekanntmachung muß andererseits ein Dritter die eingetragenen Tatsachen gegen sich gelten lassen, wenn er nicht beweist, daß sie ihm weder bekannt waren noch daß er sie nicht kennen müßte; § 15 Abs. 2; Schlegelberger-Gessler 5.

9. Übergangsrecht. Anm. 13

Die Vorschriften über die Eintragung der Haftungsbeschränkung als Voraussetzung ihrer Wirkungen finden, da sie der Klarstellung des Haftungsumfangs dienen und deshalb im öffentlichen Interesse gegeben sind, auch auf Gesellschaften, die vor dem Inkrafttreten des Handelsgesetzbuchs, 1. Januar 1900, entstanden sind, zugunsten solcher Gesellschaftsschulden Anwendung, die seit dem genannten Zeitpunkt entstanden sind.

§ 175

Die Erhöhung sowie die Herabsetzung einer Einlage ist durch die sämtlichen Gesellschafter zur Eintragung in das Handelsregister anzumelden. Die Bekanntmachung der Eintragung erfolgt gemäß § 162 Abs. 2. Auf die Eintragung in das Handelsregister des Sitzes der Gesellschaft finden die Vorschriften des § 14 keine Anwendung.

Inhaltsübersicht

1. § 175 ordnet die Anmeldung der Erhöhung und der Herabsetzung der Einlage zum Handelsregister an (Satz 1), gibt eine besondere Vorschrift über den Inhalt der Bekanntmachung der Eintragung (Satz 2) und schließt die Anwendung von Ordnungsstrafen zur Erzwingung der Anmeldung aus (Satz 3). Die Sätze 1 und 2 stimmen mit den entsprechenden Vorschriften des ADHGB (Art. 171) überein. Jedoch fehlte dort eine besondere Vorschrift über die Anmeldung der Erhöhung der Haftsumme. Ebenso fehlte eine dem Satz 3 entsprechende Vorschrift. Anm. 1

2. Anzumelden ist nur die Erhöhung oder Herabsetzung der **Haftsumme (der Hafteinlage),** die allein für das Verhältnis nach außen in Betracht kommt, nicht eine Veränderung der im inneren Verhältnis zu leistenden Einlage (der Pflichteinlage); vgl. § 172 Abs. 2, § 174. Anm. 2

Die Anmeldung ist durch **sämtliche Gesellschafter,** auch die von der Vertretung ausgeschlossenen persönlich haftenden und die Kommanditisten vorzunehmen. Anm. 3

Die Anmeldung hat beim Gerichte des **Sitzes** der Gesellschaft zu geschehen; soweit Zweigniederlassungen bestehen, sind soviel Stücke der Anmeldungen einzureichen, wie Niederlasssungen bestehen. Das Gericht des Sitzes der Gesellschaft veranlaßt auch die Eintragung in das Register der Zweigniederlassung; § 13a. Anm. 4

Anm. 5 Aus der Anmeldung und Eintragung muß ersichtlich sein, wie die Haftsumme **ziffernmäßig geändert** ist und auf welchen Kommanditisten sich die Änderung bezieht. Nach der allgemeinen Vorschrift in § 40 Nr. 6 der Handelsregisterverfügung (HRV, vor § 8, S. 202) ist auch der **Tag der Eintragung** anzugeben; diese Angabe ist wichtig wegen der Bedeutung der Eintragung für die Wirksamkeit der Erhöhung oder Herabsetzung; vgl. § 172 Abs. 2; § 174; Schlegelberger Anm. 2. Ist die Erhöhung der Haftsumme vor der Eintragung in handelsüblicher Weise bekanntgemacht und bereits dadurch wirksam geworden (§ 172 Abs. 2), so kann nicht in sinngemäßer Anwendung des § 106 Abs. 2 Nr. 3 auch angemeldet und eingetragen werden, in welchem Zeitpunkt diese Kundmachung erfolgt ist; denn für solche Eintragungen ist das Handelsregister nicht bestimmt. Diese Eintragung hätte auch keine rechtschaffende Wirkung; Schlegelberger Anm. 2. Es kann auch nicht eingetragen werden, daß die Erhöhung oder Herabsetzung erst in einem der Eintragung folgenden Zeitpunkt wirksam werden solle; dies würde dem dem § 123 Abs. 3 zugrunde liegenden Gedanken und der Bedeutung der hier in Betracht kommenden Eintragungen, wie sie in § 172 Abs. 2, § 174 zum Ausdruck kommt, widersprechen.

Anm. 6 **3. Bekanntgemacht** wird nur, daß die Einlage eines oder mehrerer Kommanditisten erhöht oder herabgesetzt worden ist. Der Betrag der Änderung und die Namen des betroffenen Kommanditisten sind nicht anzugeben; Satz 2, § 162 Abs. 2. Über den näheren Inhalt der Eintragung kann sich jedermann durch Einsicht des Registers, durch Anforderung einer Abschrift der Eintragung und soweit er ein berechtigtes Interesse glaubhaft macht, durch Anforderung einer Abschrift der zum Register eingereichten Schriftstücke, unterrichten; § 9.

Anm. 7 **4.** Die Vorschriften des § 14 über die Erzwingung der Anmeldung durch Ordnungsstrafen finden nach Satz 3 auf die Eintragung in das Handelsregister des Sitzes der Gesellschaft keine Anwendung. Es soll den Gesellschaftern überlassen bleiben, ob und wann sie eine von ihnen beschlossene Änderung der Haftung nach außen wirksam machen wollen. Die Einschränkung auf das Register des Gerichtssitzes hat nach der Neuordnung des Anmeldewesens beim Vorhandensein von Zweigniederlassungen keine Bedeutung mehr; vgl. § 13a HGB. Melden die Gesellschafter die Änderung zum Register der Hauptniederlassung an, so können sie nicht verlangen, daß die Eintragung im Register der Zweigniederlassung unterbleibt. Diese muß vielmehr von Amts wegen erfolgen. Die Anmeldenden können auch durch Ordnungsstrafen gezwungen werden, die für die Zweigniederlassung erforderlichen Abschriften einzureichen; Schlegelberger Anm. 3. Im inneren Verhältnis sind die Gesellschafter gegenseitig verpflichtet, bei der Anmeldung mitzuwirken, soweit die Eintragung für den Eintritt der Wirksamkeit der Änderung erforderlich ist. Auf Erfüllung der Verpflichtung oder auf Feststellung ihres Bestehens kann geklagt werden. Wegen der Möglichkeit des Ersatzes der Mitwirkung bei der Anmeldung durch eine rechtskräftige oder vollstreckbare Entscheidung, auch eine einstweilige Verfügung, vgl. § 16.

Anm. 8 **5.** Wegen der Form der Anmeldung, der Stellvertretung, der Rücknahme wird auf die Erläuterungen zu § 12 verwiesen.

Anm. 9 **6.** Nach § 72C Abs. 1 DMBilG (i. d. F. des § 12 Nr. 10 d. 3. ErgG v. 21. 6. 55, BGBl. I 297) sind sämtliche Gesellschafter anzumelden verpflichtet, daß die Hafteinlage von Reichsmark auf Deutsche Mark im Verhältnis 1:1 **umgestellt ist;** näheres bei Gessler DNotZ 55, 472.

§ 176

Hat die Gesellschaft ihre Geschäfte begonnen, bevor sie in das Handelsregister des Gerichts, in dessen Bezirke sie ihren Sitz hat, eingetragen ist, so haftet jeder Kommanditist, der dem Geschäftsbeginne zugestimmt hat, für die bis zur Eintragung begründeten Verbindlichkeiten der Gesellschaft gleich einem persönlich haftenden Gesellschafter, es sei denn, daß seine Beteiligung als Kommanditist dem Gläubiger bekannt war. Diese Vorschrift kommt nicht zur Anwendung, soweit sich aus dem § 2 ein anderes ergibt.

Tritt ein Kommanditist in eine bestehende Handelsgesellschaft ein, so findet die Vorschrift des Abs. 1 Satz 1 für die in der Zeit zwischen seinem Eintritt und dessen Eintragung in das Handelsregister begründeten Verbindlichkeiten der Gesellschaft entsprechende Anwendung.

Inhaltsübersicht

I. Inhalt der Vorschrift

§ 176 paßt (in Übereinstimmung mit Art. 163 ADHGB) die Vorschrift des § 123 über den Eintritt der Wirksamkeit der offenen Handelsgesellschaft im Verhältnis zu Dritten der Eigenart der Kommanditgesellschaft, die sich in dem Vorhandensein von nur beschränkt haftenden Gesellschaftern äußert, an; Abs. 1. Er enthält zu dem gleichen Zweck eine Vorschrift über die Haftung eines in eine bestehende Gesellschaft eintretenden Kommanditisten; Abs. 2. Das ADHGB enthielt eine ausdrückliche Vorschrift hierüber nicht. Die Rechtsprechung hatte aber auch schon für das Recht des ADHGB das Bestehen des sich aus Abs. 2 ergebenden Rechtssatzes anerkannt; ROHG 12, 14; D I 118; II 125. **Anm. 1**

Abs. 1 Satz 2 stellt klar, daß Satz 1 nicht gilt, wenn die Gesellschaft erst durch die Eintragung zur Handelsgesellschaft wird.

Nach dem Grundsatze des § 123 tritt die Wirksamkeit der offenen Handelsgesellschaft im Verhältnisse zu Dritten spätestens mit dem Zeitpunkt ein, in welchem die Gesellschaft in das Handelsregister eingetragen wird. Beginnt sie aber ihre Geschäfte schon vor der Eintragung, so tritt die Wirksamkeit mit dem Zeitpunkt des Geschäftsbeginns ein, soweit nicht aus dem § 2 sich ein anderes ergibt; vgl. die Erläuterungen zu § 123. Diese Regel gilt auch für die Kommanditgesellschaft, soweit es sich um die Rechtsbeziehungen der Gesellschaft selbst oder um die sich aus der Zugehörigkeit zur Gesellschaft ergebenden Rechtsbeziehungen der **persönlich haftenden Gesellschafter** zu Dritten, namentlich um deren Haftung für die Verbindlichkeiten der Gesellschaft handelt; § 161 Abs. 2. Denn insofern wird das Rechtsverhältnis der Gesellschaft und der genannten Gesellschafter durch die in § 123 genannten Vorgänge ausreichend klargestellt. Das ADHGB sprach diesen Grundsatz ausdrücklich aus, indem es die Vorschrift des Art. 110 (sachlich übereinstimmend mit § 123 Abs. 1 u. 2 des neuen HGB) als Regel übernahm und daran die sich aus der Eigenart der Kommanditgesellschaft ergebenden besonderen Bestimmungen über die Haftung der Kommanditisten anschloß. **Anm. 2**

Da bei der offenen Handelsgesellschaft alle Gesellschafter unbeschränkt haften, kann über den Umfang der Haftung aller Gesellschafter kein Zweifel bestehen, wenn die Gesellschaft auch nicht schon durch die Eintragung sich als offene Handelsgesellschaft zu erkennen gegeben hat, sondern wenn sie nur ihre Geschäfte begonnen hat. Der bloße Geschäftsbeginn einer nach dem Gesellschaftsvertrag als Kommanditgesellschaft errichteten Gesellschaft läßt aber nicht immer erkennen, daß es sich um eine Gesellschaft handelt, deren Mitglieder zum Teil nur beschränkt haften. Es sind auch Zweifel darüber möglich, welche Gesellschafter unbeschränkt und welche beschränkt haften. Diese Zweifel will § 176 ausschließen, indem er die beschränkte Haftung des **Kommanditisten** erst mit der Eintragung der Gesellschaft eintreten läßt. Ist diese Eintragung erfolgt, so ist offenkundig, daß es sich um eine Kommanditgesellschaft handelt, daß also ein Teil der Gesellschafter nur beschränkt haftet. Dritte, die mit der Gesellschaft im Rechtsverkehr treten, können sich dann danach richten und auch feststellen, welche Gesellschafter nur beschränkt haften.

Abs. 2 sichert Dritte für den Fall, daß jemand als Kommanditist in eine bestehende Handelsgesellschaft eintritt. § 176 verfolgt danach rechtspolitische Zwecke. Er bildet die Ergänzung zu den Vorschriften der §§ 172 Abs. 1 u. 2, § 174, die für die Höhe der Haftung des Kommanditisten der Eintragung im Handelsregister maßgebende Bedeutung beilegen. Der Hauptzweck des § 176 ist Sicherung des Rechtsverkehrs. Mittelbar soll durch die Vorschriften auf jeden Kommanditisten eingewirkt werden, die Eintragung der Kommanditgesellschaft oder seines Beitritts zu betreiben, um die durch die Nichteintragung entstehende unbeschränkte Haftung zu vermeiden. Insofern kann man von einem strafartigen Charakter der Vorschrift sprechen; ROHG 25, 117; RG 128, 181. Jedoch können daraus keine weiteren Folgen gezogen werden, als die, die das Gesetz in § 176 ausspricht. Auch werden die Folgen der Nichteintragung nicht dadurch ausgeschlossen, daß den Kommanditisten kein Verschulden an der Nichteintragung trifft.

II. Die Eintragung der Gesellschaft als Voraussetzung der beschränkten Haftung

Anm. 3 **1.** Da der Kommanditist grundsätzlich sowohl im inneren wie im Verhältnis zu Dritten nur beschränkt haften soll, ist die Eintragung der Gesellschaft vor Geschäftsbeginn als die Regel anzusehen. Aus demselben Grunde ist die Eintragung vor Geschäftsbeginn zweifellos auch **zulässig.** Aus dem Interesse des Kommanditisten an der Wirksamkeit der vereinbarten Haftungsbeschränkung ergibt sich, daß jeder Kommanditist von allen Mitgesellschaftern verlangen kann, daß sie durch Mitwirkung bei der Anmeldung der Gesellschaft darauf hinwirken, daß die Eintragung der Gesellschaft tunlichst bald und noch vor Geschäftsbeginn erfolgt. Auf die Erfüllung dieser Verpflichtung kann geklagt werden, sobald die Gesellschaft entstanden ist. Die Anmeldung kann auch durch Ordnungsstrafen erzwungen werden; § 14.

Anm. 4 **2.** Nur die **Eintragung** der Gesellschaft bewirkt die Beschränkung der Haftung, nicht die Anmeldung; ROHG 23, 280.

Die Gesellschaft muß auch **als Kommanditgesellschaft** eingetragen sein; denn es muß eben aus dem Register ersichtlich sein, daß es sich um eine Gesellschaft handelt, deren Gesellschafter zum Teil nur beschränkt haften. Zweifelhaft ist nach dem Wortlaut des Gesetzes, ob auch der einzelne Gesellschafter, der die beschränkte Haftung für sich in Anspruch nimmt, **als Kommanditist** eingetragen sein muß. Für die Notwendigkeit dieser Eintragung spricht der Zweck des § 176, Klarheit darüber zu schaffen, wer beschränkt und wer unbeschränkt haftet. § 162 Abs. 1 schreibt auch aus diesem Grunde die Anmeldung und Eintragung der Person der Kommanditisten vor. Der Registerrichter müßte auch eine Eintragung der Gesellschaft ohne diese Angabe ablehnen. Zur Abwendung der unbeschränkten Haftung genügt es also nicht, wenn nur die persönlich haftenden Gesellschafter eingetragen sind. Aus dem Register ist dann nicht ersichtlich, ob noch weitere nicht eingetragene Gesellschafter vorhanden sind und ob diese als Kommanditisten nur beschränkt haften; a. A. Jacobi in JW 1930, 3746. Ist aus dem Register ersichtlich, daß alle Gesellschafter eingetragen sind, und ist bei einzelnen vermerkt, daß sie persönlich haftende Gesellschafter sind, so kann daraus im Zusammenhang mit der Eintragung der Gesellschaft als Kommanditgesellschaft entnommen werden, daß die anderen Gesellschafter Kommanditisten sind. Gleichgültig für die Bejahung der unbeschränkten Haftung ist, ob die Unterlassung der erforderlichen Eintragung oder die unrichtige Eintragung eines Kommanditisten als persönlich haftenden Gesellschafter aus Versehen des Registerrichters oder auf Grund unrichtiger Anmeldung durch die Gesellschafter erfolgt ist; Schlegelberger-Gessler 3. Das Versehen des Gerichts kann Schadenersatzansprüche gegen den Staat begründen. Zur Abwendung eines durch eine fehlerhafte Eintragung entstehenden Schadens hat aber der Kommanditist die Pflicht, darüber zu wachen, ob eine beantragte Eintragung auch rechtzeitig und richtig ausgeführt worden ist; § 254 BGB. Insbesondere muß er die ihm nach § 138 Abs. 2 FGG zugehende Nachricht über die Eintragung nachprüfen und die alsbaldige Eintragung des richtigen Sachverhalts und die Berichtigung einer unrichtigen Eintragung beantragen.

Erforderlich ist ferner **die Eintragung der Höhe der Haftsumme.** Das ergibt sich zwar nicht aus § 176, aber aus § 172 Abs. 1. Danach ist für die beschränkte Haftung die Eintragung einer **bestimmten Haftsumme** Voraussetzung, § 172 Anm. 4, 5. Ist daher überhaupt keine Hafteinlage eingetragen, so kann die Haftungsbeschränkung allein durch Eintragung der Gesellschaft und der Person des Kommanditisten nicht herbeigeführt werden (a. M. die Vorauflage und Schlegelberger-Gessler 3).

3. Die **Bekanntmachung** der erforderlichen Eintragungen, auch der Kommanditgesellschaft selbst, ist zur Abwendung der unbeschränkten Haftung **nicht erforderlich.** Es genügt die Eintragung im Register. Ist sie erfolgt, so ist die unbeschränkte Haftung für alle nach der Eintragung begründeten Verbindlichkeiten ausgeschlossen. Ein Dritter kann sich nicht darauf berufen, daß er die eingetragenen Tatsachen nicht kannte oder nicht kennen mußte. § 15 Abs. 2 findet keine Anwendung, da § 176 eine Sonderregelung enthält; Schlegelberger-Gessler 12; Baumbach-Duden 1 B; a.M. Ritter 2d. Das gleiche gilt von § 15 Abs. 1. Ist eine Verbindlichkeit der Gesellschaft zwischen der Eintragung und Bekanntmachung entstanden, so braucht der Kommanditist zur Wirksamkeit der beschränkten Haftung nicht zu beweisen, daß dem Dritten die beschränkte Haftung bekannt war; Schlegelberger-Gessler 12; Baumbach-Duden 1 B; a. A. DürHach. 4; Ritter 2d; Wieland I 766. **Anm. 5**

4. Eine Bekanntmachung ohne Eintragung, auch eine in handelsüblicher Form durch die Gesellschaft oder den Kommanditisten selbst erfolgte, ersetzt die Eintragung nicht; § 172 Abs. 2, der die handelsübliche Bekanntmachung einer Erhöhung der Haftsumme der Eintragung gleichgestellt, enthält eine Ausnahmevorschrift. Sie gilt nicht, wenn es sich darum handelt, ob jemand überhaupt nur beschränkt oder unbeschränkt haftet. § 176 läßt die beschränkte Haftung nur eintreten, wenn entweder die vorgeschriebene Eintragung erfolgt oder die Haftungsbeschränkung dem beteiligten Dritten bekannt ist, Anm. 11. § 176 bestimmt im Interesse der Rechtssicherheit die Voraussetzungen der beschränkten Haftung erschöpfend; Schlegelberger-Gessler 4. **Anm. 6**

Ist die Eintragung unterblieben, so kann die unbeschränkte Haftung nicht dadurch abgewendet werden, daß der Kommanditist durch Vereinbarung mit den Mitgesellschaftern aus der Gesellschaft ausscheidet. Solange sein Austritt nicht eingetragen ist, ist er Dritten gegenüber als Kommanditist zu behandeln und haftet unbeschränkt auch für die nach dem Austritt entstandenen Verbindlichkeiten der Gesellschaft. Um die Haftung wenigstens für die Zukunft zu verhüten, muß also die Eintragung nachgeholt und auch der Austritt eingetragen werden; DürHach. 4.

III. Der Geschäftsbeginn vor der Eintragung, Abs. 1 S. 1

1. Weitere Voraussetzung der unbeschränkten Haftung ist, daß die Gesellschaft vor ihrer Eintragung ihre **Geschäfte begonnen** hatte und daß dies mit Zustimmung des in Anspruch genommenen Kommanditisten geschehen ist. Der Begriff des Beginns der Geschäfte der Gesellschaft ist derselbe wie bei der entsprechenden Vorschrift des § 123 Abs. 2. Danach muß die Gesellschaft als solche ihre Geschäfte begonnen, d. h. irgend ein Geschäft, das in ihren Geschäftsbereich fällt, vorgenommen haben. Der für sie Handelnde muß zum Handeln für die Gesellschaft von den Gesellschaftern ermächtigt sein. Er muß ausdrücklich oder durch die Art seines Auftretens zu erkennen gegeben haben, daß er für die Gesellschaft handle. Der Dritte muß sich auch bewußt gewesen sein, daß er mit einer Gesellschaft abschließt. Der Gebrauch der Firma ist ein sicheres Zeichen hierfür, aber nicht unbedingt erforderlich. Die Aufnahme eines stillen Gesellschafters bedeutet noch nicht den Geschäftsbeginn, KG WM 56, 544; vgl. im übrigen § 123 Anm. 9—12. **Anm. 7**

Anm. 8 2. Die **Zustimmung** des Kommanditisten kann ausdrücklich oder durch schlüssige Handlungen (stillschweigend, z. B. durch Duldung des Geschäftsbetriebs unter der Firma) gegeben werden; RG 128, 480 = JW 1930, 2659[5] und 3746[12] mit Anm. von Netter und Jacobi. In dem Abschluß eines Gesellschaftsvertrags, in dem nicht ausdrücklich bestimmt ist, daß der Geschäftsbetrieb erst in einem späteren Zeitpunkt beginnen solle, liegt noch nicht ohne weiteres die Zustimmung zum alsbaldigen Geschäftsbeginn vor Eintragung der Gesellschaft. Das Interesse des Kommanditisten, von Anfang an nur beschränkt zu haften, spricht, soweit seine Zustimmung in Betracht kommt anders als bei dem überhaupt unbeschränkt haftenden Gesellschafter, gegen die Ableitung der Zustimmung schon aus der Tatsache des Vertragsschlusses. Jedoch ist auch bei den persönlich haftenden Gesellschaftern diese Zustimmung nicht immer schon aus der Tatsache des Vertragsschlusses zu entnehmen. Nach Lage des Einzelfalls, also nach den Gesamtumständen des Falles, kann sich etwas anderes ergeben; Schlegelberger-Gessler 2; Schwarz Anm. 1; insbesondere auch aus einem Miet- oder Pachtvertrag oder aus einem Anstellungsvertrage, den der Kommanditist mit der Gesellschaft abschließt und dessen Wirksamkeit sofort oder in einem vor der Eintragung liegenden Zeitpunkt beginnen soll. Im Gesellschaftsvertrag oder später kann auch **vereinbart werden, daß der Geschäftsbeginn nicht vor der Eintragung** der Gesellschaft und des einzelnen Kommanditisten erfolgen dürfe; Rospatt in ZHR 31, 172; Jacobi in IheringsJ 70, 308, 325. Auch diese Vereinbarung kann sich aus den Umständen ergeben. **Sie schützt den Kommanditisten am besten gegen die unbeschränkte Haftung.**

Ihrer rechtlichen Natur nach ist die Zustimmung zum Geschäftsbeginn ein gesellschaftsrechtlicher Vorgang; eine Handlung, die im inneren Verhältnis unter den Gesellschaftern vorgenommen wird; vgl. auch Neumann-Duesberg DB 65, 771. Sie wirkt aber nach außen, wenn ihr der nach außen in die Erscheinung tretende Geschäftsbeginn nachfolgt und in diesem Zeitpunkt die Eintragung in das Handelsregister noch nicht erfolgt war.

Die Zustimmung zum Beginn der Geschäfte hat auch dann die unbeschränkte Haftung des Kommanditisten nach Abs. 1 zur Folge, wenn die Beteiligung des Kommanditisten ohne seine Einwilligung bekanntgegeben worden ist. War er Gesellschafter und war er damit einverstanden, daß die Gesellschaft in den Rechtsverkehr trat, so haftet er als ein nicht eingetragener Kommanditist, auch wenn er seine Beteiligung nicht offenkundig machen wollte. Will er die Beschränkung der Haftung wirksam machen, so muß er für seine Eintragung sorgen; RG 128, 181 = JW 1930, 2660 und 3746 mit Anm.

Die Zustimmung muß in dem **Zeitpunkt** vorhanden sein, in dem das Rechtsgeschäft mit dem Dritten, aus dem die Haftung des Kommanditisten in Anspruch genommen wird, vorgenommen wurde. Sie muß also nicht gerade schon beim ersten Geschäft der Gesellschaft vorliegen; es genügt auch, wenn sie später gegeben wurde, für die nachfolgenden Geschäfte. Daß die Zustimmung in dem maßgebenden Zeitpunkte vorlag, hat der zu beweisen, der sich auf sie beruft. Erteilt der Kommanditist nach Vornahme des Rechtsgeschäfts seine Zustimmung, so hat das die gleiche Wirkung wie eine vorher gegebene. Sie wirkt auf den Zeitpunkt der Vornahme zurück, § 184 BGB. Die Anfechtung der Zustimmung wegen Willensmängeln erfolgt nach den allgemeinen Vorschriften über die Anfechtung von gesellschaftsrechtlichen Erklärungen, § 119 Anm. 28. Ebenso wie der Gesellschaftsvertrag wegen Willensmängeln nicht mehr angefochten werden kann, wenn die Gesellschaft nach außen in den Rechtsverkehr getreten ist, kann aber auch die Zustimmung zum Geschäftsbetrieb nach diesem Zeitpunkt nicht mehr angefochten oder widerrufen werden; vgl. § 105 Anm. 68ff., 102.

Anm. 9 Wie für die Haftung des Kommanditisten überhaupt, ist es auch für seine unbeschränkte Haftung (wie auch für die eines persönlich haftenden Gesellschafters) nach § 176 ohne Bedeutung, ob der Dritte im Zeitpunkt der Begründung seines Anspruchs davon **Kenntnis** gehabt hat, daß der in Anspruch Genommene Gesellschafter war, und daß die Gesellschaft und der Kommanditist als solcher damals nicht eingetragen war und ob der Kommanditist dem Geschäftsbeginn zugestimmt hat; RG 128, 182; Jacobi in JW 1930, 3746.

Für die **vor der Erteilung der Zustimmung** zum Geschäftsbeginn für die Gesellschaft begründeten Verbindlichkeiten haftet der Kommanditist zunächst unmittelbar weder beschränkt noch unbeschränkt; Schlegelberger-Gessler Anm. 5. Wird aber das vorher vorgenommene Geschäft für die Gesellschaft nachträglich verbindlich, etwa durch Genehmigung ihrer Vertreter nach der Eintragung, so haftet der Kommanditist dafür nicht nur mit dem Gesellschaftsvermögen, sondern auch, wie für andere Gesellschaftsverbindlichkeiten unmittelbar, aber nur bis zur Höhe seiner Einlage. **Anm. 10**

3. Die unbeschränkte Haftung tritt nicht ein, wenn dem Gläubiger die Beteiligung des Gesellschafters **als Kommanditist bekannt** war. Wer bei Begründung seines Anspruchs weiß, daß er es mit einer Kommanditgesellschaft zu tun hat und daß der von ihm später Belangte Kommanditist ist, bedarf keines Schutzes. Der Kommanditist, der als unbeschränkt Haftender in Anspruch genommen wird, muß **beweisen,** daß dem Dritten seine beschränkte Beteiligung bei der Gesellschaft bekannt war (so der Wortlaut des Art. 163 Abs. 3 ADHGB, dem § 176 Abs. 1 nachgebildet ist). Es genügt also nicht, daß der Gläubiger gewußt hat, daß der Beklagte irgendwie, entweder als persönlich haftender Gesellschafter oder als Kommanditist beteiligt ist. Es genügt auch nicht die Kenntnis, daß die Gesellschaft eine Kommanditgesellschaft ist. Nicht notwendig ist, daß dem Gläubiger die Höhe der Einlage bekannt ist; RG 12, 135; 128, 183; KG bei Bauer 9, 42. Die Kenntnis muß dahin gehen, daß der Gesellschafter den Gläubigern beschränkt haftet. Es genügt nicht die Kenntnis, daß der Gesellschafter im Innenverhältnis beschränkt haftet; Schlegelberger-Gessler 10. Erforderlich ist wirkliche Kenntnis. Kennenmüssen, d. h. auf Verschulden beruhende Unkenntnis, genügt nicht; RG 128, 182. Dritte, die mit der Gesellschaft im Rechtsverkehr treten, haben keine Erkundigungspflicht. **Anm. 11**

4. Auch die unbeschränkte Haftung der Kommanditisten nach § 176 erstreckt sich wie ihre regelmäßige beschränkte Haftung und die unbeschränkte Haftung der persönlich haftenden Gesellschafter **nicht nur** auf Verbindlichkeiten der Gesellschaft, die auf dem **Geschäftsverkehr** der Gesellschaft beruhen (so Schlegelberger-Gessler 6, Dür-Hach. § 176 Anm. 6, § 15 Anm. 4, Ritter Anm. 2c; Neumann-Duesberg DB 65, 771; LG Osnabrück Nieders. Rechtspfl. 59, 274), sondern auf Verbindlichkeiten **jeder Art,** auch aus unerlaubter Handlung ihrer Organe, und aus ungerechtfertigter Bereicherung (ebenso Barella DB 52, 465). Der Wortlaut des Gesetzes bietet auch hier für eine Unterscheidung nach dem Grund des Anspruchs keine Stütze. Auch der Schutzgedanke, der dem § 176 zugrunde liegt, erfordert die Einschränkung auf Verbindlichkeiten, die unmittelbar aus dem Geschäftsbetrieb herrühren, nicht. Der Kommanditist kann seine unbeschränkte Haftung dadurch vermeiden, daß er die Eintragung betreibt und vorher die Zustimmung zum Geschäftsbetrieb verweigert. Gibt er die Zustimmung, so muß er damit rechnen, daß er hinsichtlich der Haftung in jeder Beziehung wie ein persönlich haftender Gesellschafter behandelt wird. Die unbeschränkte Haftung beruht dann auf seinem freien Willen. Er muß insbesondere auch damit rechnen, daß im Zusammenhang mit dem Geschäftsbetrieb eine Haftung der Gesellschaft durch unerlaubte Handlungen der handelnden Gesellschafter oder aus anderen Rechtsgründen entsteht. Es muß auch angenommen werden, daß die allgemeine Fassung des § 176 aus Gründen der Rechtssicherheit gewählt ist. **Anm. 12**

5. § 176 gilt nur im Verhältnis zu Dritten, nicht für Ansprüche der Gesellschafter gegen die Gesellschaft und gegen die Mitgesellschafter aus dem Gesellschaftsverhältnis, vgl. auch § 171 Anm. 10. **Anm. 13**

6. Die **Folge** des Geschäftsbeginns vor der Eintragung und mit Zustimmung des Kommanditisten beschränkt sich darauf, daß der Kommanditist gleich einem persönlich haftenden Gesellschafter **haftet.** Er hat aber vor der Eintragung nicht darüber hinaus die Stellung eines persönlich haftenden Gesellschafters. Insbesondere kommt ihm nicht die nach der gesetzlichen Regel oder besonderen Bestimmungen des Gesellschaftsvertrages den persönlich haftenden Gesellschaftern zustehende Vertretungs- oder Geschäftsführungsbefugnis zu. Er hat auch nicht das dem persönlich haftenden Gesellschafter nach §§ 118, 161 Abs. 2 zustehende Kontrollrecht; OLG Dresden in DJZ 1899, 24; Schlegelberger-Gessler 7, 9. Wegen der Verjährung s. Anm. 25. **Anm. 14**

Anm. 15 **7.** Soweit der Kommanditist unbeschränkt haftet, ist für die Geltendmachung der Haftung auch nicht die Vorschrift des § 171 Abs. 2 anwendbar, nach der während der Dauer des **Gesellschaftskonkurses** das den Gläubigern nach § 171 Abs. 1 zustehende Recht auf unmittelbare Haftung nur von dem Konkursverwalter ausgeübt werden kann. § 171 Abs. 2 beruht gerade darauf, daß der Kommanditist nur beschränkt haftet und die so zur Verfügung stehende beschränkte Leistung zur gemeinsamen Befriedigung aller Gläubiger verwendet werden soll. Es kann daher auch während des Gesellschaftskonkurses jeder Gesellschaftsgläubiger, dem der Kommanditist unbeschränkt haftet, ihn unmittelbar in Anspruch nehmen, ebenso wie einen persönlich haftenden Gesellschafter. Der Konkursverwalter kann nicht verlangen, daß der Kommanditist an die Masse Zahlung in Höhe der Ansprüche aller Gläubiger leistet, denen der Kommanditist unbeschränkt haftet; Schlegelberger-Gessler 7. Dagegen kann er die im inneren Verhältnis noch geschuldete Einlage, die Pflichteinlage, einfordern. Er kann aber auch die Hafteinlage, soweit sie höher ist als die Pflichteinlage, einfordern; denn insofern kann er die Rechte der Gesamtheit der Gesellschaftsgläubiger geltend machen. Er kann das fordern, was er fordern könnte, wenn die Beschränkung der Haftung durch Eintragung im Sinne des § 176 offenkundig gemacht worden wäre. Er hat dieses Recht aber nur, wenn Gläubiger vorhanden sind, denen der Kommanditist nur beschränkt haftet, etwa weil einzelnen Gläubigern die beschränkte Haftung des Kommanditisten bekannt war oder weil die Eintragung nachgeholt ist und später neue Gesellschaftsschulden entstanden sind, für die der Kommanditist nur beschränkt haftet. Er ist daran nicht dadurch gehindert, daß auch Gläubiger vorhanden sind, denen der Kommanditist unbeschränkt haftet. Sind nur solche vorhanden, so kommt eine solche Einforderung nicht in Betracht, da der Kommanditist dann hinsichtlich der Haftung in jeder Beziehung einem persönlich haftenden Gesellschafter gleichsteht.

Anm. 16 **8.** Hat ein Kommanditist auf Grund seiner beschränkten oder seiner unbeschränkten Haftung Gesellschaftsgläubiger befriedigt, so kann er geltend machen, daß er insofern seine Einlage geleistet habe und dadurch gemäß § 171 Abs. 1 Halbsatz 2 von der **beschränkten unmittelbaren Haftung befreit** sei. Dies gilt sowohl, wenn der Konkursverwalter, soweit zulässig (vgl. vorhergehende Anm.), die Einlage einfordert, wie wenn ein Gesellschaftsgläubiger außerhalb des Konkursverfahrens ihn aus der beschränkten Haftung in Anspruch nimmt. Auf die Hafteinlage sind somit auch Zahlungen anzurechnen, die der Kommanditist auf Grund seiner unbeschränkten Haftung geleistet hat; Schlegelberger-Gessler 7. Dies gilt gegenüber dem Konkursverwalter, der die beschränkte Haftung nach § 171 Abs. 2 geltend macht, auch dann, wenn der Kommanditist nach Konkurseröffnung einen Gläubiger auf Grund seiner unbeschränkten Haftung befriedigen mußte; nicht aber, wenn er nach Konkurseröffnung einen Gläubiger befriedigt hat, dem er nur beschränkt haftete; denn dieser hatte nach Konkurseröffnung keinen Anspruch auf unmittelbare Befriedigung; vgl. die Erl. zu § 171 Abs. 2. Den Gläubigern gegenüber, die die unbeschränkte Haftung geltend machen, kann der Kommanditist natürlich nicht einwenden, daß die Hafteinlage erschöpft sei. Dagegen kann er dem Konkursverwalter, der die Hafteinlage fordert, entgegenhalten, daß der geforderte Betrag zur Befriedigung der Gläubiger, denen er beschränkt haftet, nicht oder nicht vollständig erforderlich sei; § 171 Anm. 41.

Anm. 17 **9.** Besteht gleichzeitig Konkurs über das Gesellschaftsvermögen und über das Privatvermögen des Kommanditisten, so können die Gesellschaftsgläubiger, denen der Kommanditist unbeschränkt haftet, im Privatkonkurs oder Vergleichsverfahren des Kommanditisten Befriedigung für den Ausfall erlangen; Schlegelberger-Gessler 7; § 212 KO; § 110 VergleichsO. Soweit nur beschränkte Haftung geltend gemacht wird, kann nur der Verwalter Ansprüche erheben; vgl. § 171 Abs. 2.

Anm. 18 **10.** Hat ein Kommanditist auf Grund seiner unmittelbaren beschränkten oder nach § 176 unbeschränkten Haftung Gesellschaftsgläubiger befriedigt, so richtet sich sein **Anspruch auf Ersatz** gegen die Gesellschaft und auf Ausgleichung gegen die Mitgesellschafter nach den gleichen Grundsätzen, wie wenn ein Gesellschafter einer offenen Handelsgesellschaft oder ein persönlich haftender Gesellschafter einer Kommanditgesellschaft solche Schulden bezahlt; vgl. die Erl. zu §§ 110, 128.

11. Die Unanwendbarkeit des Abs. 1 im Falle des § 2 HGB, **Abs. 1 Satz 2.** Die unbeschränkte Haftung nach Abs. 1 tritt nicht ein, wenn es sich um eine Gesellschaft handelt, die nicht ein unter § 1 Abs. 2 HGB fallendes sog. Grundhandelsgewerbe, aber ein gewerbliches Unternehmen betreibt, das nach Art und Umfang einen in kaufmännischer Weise eingerichteten Geschäftsbetrieb erfordert. Da ein solches Unternehmen als Handelsgewerbe im Sinne des HGB nur gilt, wenn die Firma des Unternehmens in das Handelsregister eingetragen ist (§ 2 Abs. 1), wird die Gesellschaft, die das Unternehmen betreibt, auch **erst mit der Eintragung Handelsgesellschaft,** und zwar offene Handelsgesellschaft, wenn alle Gesellschafter unbeschränkt, Kommanditgesellschaft, wenn ein Teil der Gesellschafter nur beschränkt unmittelbar haftet. In diesem Falle entsteht die Gesellschaft zwar im inneren Verhältnis schon mit dem Abschluß des Gesellschaftsvertrages, wenn dieser nichts anderes bestimmt; nach außen wird sie aber erst mit der Eintragung wirksam. Vorher kann sie ihre Geschäfte nach außen nicht beginnen, jedenfalls nicht als Handelsgesellschaft, und bei beschränkter Haftung eines Teiles ihrer Mitglieder auch nicht als Kommanditgesellschaft. Dies spricht Abs. 1 Satz 2 ausdrücklich aus. Er sagt damit für die Kommanditisten das gleiche, was § 123 Abs. 2 für die offene Handelsgesellschaft und deren Gesellschafter bestimmt und was gemäß § 161 Abs. 2 auch für die Kommanditgesellschaft und deren persönlich haftende Gesellschafter gilt; vgl. die Erl. zu § 123. Die Vorschrift findet auch Anwendung im Falle des § 3, nach dem ein land- oder forstwirtschaftlicher Nebenbetrieb erst von der Eintragung an als Handelsgewerbe gilt. Hat eine solche Gesellschaft schon vor der Eintragung ihren Geschäftsbetrieb begonnen, so kann ein Dritter aus § 176 die unbeschränkte Haftung eines Gesellschafters, der nach dem Gesellschaftsvertrag nur bis zum Betrage einer bestimmten Einlage haften soll, nicht herleiten, auch wenn der Geschäftsbeginn mit seiner Zustimmung erfolgte. Der Dritte kann nicht annehmen, daß alle Gesellschafter unbeschränkt haftende Gesellschafter einer Handelsgesellschaft sind; KG in JW 1924, 1181[10] mit Anm. **Anm. 19**

Wieweit ihm die einzelnen Gesellschafter haften, richtet sich nach den Vorschriften **des BGB über die Gesellschaft;** § 705 BGB. Auch nach bürgerlichem Recht ist es möglich, eine Gesellschaft zu begründen, bei der nicht alle Gesellschafter unbeschränkt, sondern einzelne nur bis zu einem bestimmten Betrage haften. Die für die Gesellschaft Handelnden können dann die Gesellschafter persönlich auch nicht über den Betrag der übernommenen Haftung hinaus verpflichten, da dies über ihre Vertretungsbefugnis hinausginge; Baumbach-Duden 1 C. Es ist auch nach bürgerlichem Recht durchaus möglich, die Vertretungsmacht der geschäftsführenden Gesellschafter in dieser Weise zu beschränken. Die geschäftsführenden Gesellschafter müßten freilich dem Dritten gegenüber für den Mangel der Vollmacht eintreten, wenn sie ihm gegenüber nicht die Beschränkung des Umfangs der Vollmacht zu erkennen geben, also zum Ausdruck bringen, daß einer von ihnen nur beschränkt haftet; vgl. Geiler bei DürHach. II 1, Allg. Einl. Anm. 38. **Tritt** die noch nicht eingetragene Gesellschaft mit Zustimmung des beschränkt Haftenden **als Kommanditgesellschaft auf,** so ist der Vertrag mit dem Dritten so auszulegen, daß die Gesellschafter ihm gegenüber sich so behandeln lassen wollen, als sei bereits eine — allerdings noch nicht eingetragene — Kommanditgesellschaft vorhanden. Der im inneren Verhältnis beschränkt Haftende haftet dann wie ein nicht eingetragener Kommanditist, also unbeschränkt; OLG Nürnberg WM 61, 126; Schlegelberger-Gessler 11; Ritter Anm. 3; Baumbach-Duden 1 C; vgl. auch RG 39, 31. War aber der Dritte besonders darauf hingewiesen, daß ein bestimmter Gesellschafter nur beschränkt hafte, so muß der Dritte sich das entgegenhalten lassen; Baumbach-Duden 1 C; vgl. Anm. 23. Tritt die Gesellschaft nur als gewöhnliche Gesellschaft bürgerlichen Rechts auf, so haftet der im inneren Verhältnis nur beschränkt Haftende auch Dritten gegenüber nur beschränkt, wenn der geschäftsführende Gesellschafter keine Vollmacht hatte, ihn nach außen weitergehend zu verpflichten. Eine Ermächtigung kann aber darin liegen, daß der beschränkt Haftende seine Zustimmung dazu gibt, daß der Geschäftsführer auch für ihn handelt, ohne die Beschränkung der Haftung bekannt zu geben. Ist die Gesellschaft mit Zustimmung des beschränkt Haftenden **als offene Handelsgesellschaft** aufgetreten, so haften ebenfalls alle Gesellschafter unbeschränkt.

12. Die Gesellschaft kann auch in der Weise gegründet werden, daß ein Gesellschafter das von ihm bisher als **Einzelkaufmann betriebene Geschäft** einbringt und die **Anm. 20**

anderen Gesellschafter, wie § 28 es ausdrückt, in dieses Geschäft als persönlich haftende Gesellschafter oder als Kommanditisten eintreten. Nach § 28 haftet die Gesellschaft für die Verbindlichkeiten des eingebrachten Geschäfts. Sie werden Gesellschaftsverbindlichkeiten. Ein persönlich haftender Gesellschafter haftet für sie nach § 128 unbeschränkt, ein Kommanditist nach § 171 beschränkt (§ 28 Anm. 6). **§ 176 ist auf diese Schulden nicht anwendbar.** Er bezieht sich nur auf Verbindlichkeiten, die entstanden sind, nachdem die **Gesellschaft** ihre Geschäfte begonnen hat (Dür.-Hach. 5, Ritter 2 a, Schlegelberger-Gessler 5). Nun wird aber das eingebrachte Geschäft in der Regel fortgeführt. Es entstehen also zwischen dem Abschluß des Gesellschaftsvertrags und der Eintragung der Gesellschaft Verbindlichkeiten. Der Kommanditist kann sich gegen eine unbeschränkte Haftung für sie durch die Vereinbarung (im Gesellschaftsvertrag) sichern, daß die Einbringung des Geschäfts erst mit der Eintragung der Gesellschaft in das Handelsregister **wirksam** wird. Dann ist Schuldner der zwischenzeitlich begründeten Verbindlichkeiten nicht schon die Gesellschaft, sondern noch der einbringende Einzelkaufmann. Dabei kann vereinbart werden, daß dieser von einem bestimmten Tag an (meist der Stichtag der Einbringungsbilanz) das Geschäft für Rechnung der Gesellschaft führt. Diese Vereinbarung berührt nur das Innenverhältnis zwischen den Gesellschaftern, nicht aber die Gläubigerhaftung.

IV. Eintritt in eine bestehende Gesellschaft, Abs. 2

Anm. 21 **1.** Auf die Haftung bei Eintritt eines Kommanditisten in eine bestehende Handelsgesellschaft findet die Vorschrift des Abs. 1 Satz 1 entsprechende Anwendung; **Abs. 2.** Der neu Eintretende haftet demnach für die in der Zeit zwischen seinem Eintritt und dessen Eintragung in das Handelsregister begründeten Verbindlichkeiten gleich einem persönlich haftenden Gesellschafter, wenn die Gesellschaft **mit Zustimmung** des neu Eintretenden ihre Geschäfte **fortgesetzt** hat, ehe der Eintritt ins Handelsregister eingetragen worden ist. Die Handelsgesellschaft, in die der Eintritt erfolgt, kann eine offene Handelsgesellschaft oder eine Kommanditgesellschaft sein. Abs. 2 gilt auch, wenn die Gesellschaft schon ins Handelsregister eingetragen war; RG 128, 172; Jacobi in JW 1930, 3746. War die Gesellschaft bereits Kommanditgesellschaft, so bedarf es zur Abwendung der unbeschränkten Haftung nur der Eintragung des neu Eintretenden als Kommanditist. War sie eine offene Handelsgesellschaft, so ist zwar auch einzutragen, daß die Gesellschaft nunmehr Kommanditgesellschaft ist; dies ergibt sich aber auch daraus, daß eine Person als Kommanditist eingetragen wird.

Der **Eintritt** ist erfolgt, wenn jemand im inneren Verhältnis Gesellschafter geworden ist, also regelmäßig mit **Abschluß des Vertrags über den Beitritt,** wenn dieser nicht nach dem Vertrage zu einem späteren Zeitpunkt wirksam werden soll. Zur Vermeidung der unbeschränkten Haftung empfiehlt es sich, zu vereinbaren, daß der Eintritt erst mit der Eintragung wirksam wird. Für die **vor** seinem Eintritt begründeten Verbindlichkeiten der Gesellschaft haftet der neu Eintretende nur beschränkt nach Maßgabe der §§ 171, 172, 173 (§ 173 Anm. 4); denn § 176 Abs. 2 spricht deutlich die unbeschränkte Haftung nur für die **zwischen dem Eintritt und dessen Eintragung** begründeten Verbindlichkeiten aus; a. A. v. Braunbehrens in DR 1941, 1134 ff. **Vor dem Eintritt begründet** ist der Anspruch auch dann, wenn der Abschluß des Geschäfts vorher stattfindet, wenn auch die Ausführung des Vertrages, z. B. die Lieferung der gekauften Ware, erst später erfolgt; Brand Anm. 4. Die unbeschränkte Haftung für die nach dem Eintritt bis zur Eintragung begründeten Verbindlichkeiten setzt voraus, daß die Geschäfte durch die Gesellschaft fortgeführt werden. Die **Fortführung** ersetzt hier den Beginn der Geschäfte im Sinne des Abs. 1 und begründet die Wirksamkeit der Gesellschaft in ihrer neuen Zusammensetzung nach außen. Die **Zustimmung** des Kommanditisten muß sich auf die Fortführung des Betriebes für die Gesellschaft in der neuen Zusammensetzung und damit auch auf Rechnung des neu Eintretenden beziehen. Der bloße Abschluß des Vertrags über den Eintritt genügt auch hier nicht. Erforderlich ist die positive Zustimmung, die sich aber auch aus den Umständen ergeben kann. Sie liegt nicht schon immer in bloßer Duldung der Fortführung des Geschäfts wie bisher. Doch kann sich aus der Duldung nach den Gesamtumständen des Falles die Zustimmung ergeben. Regelmäßig liegt sie in einer Teilnahme am Leben der Gesellschaft, z. B. Beteiligung an Gesellschaftsversammlungen, an der Gewinnverteilung, RG 128, 180. Die Zustimmung braucht nicht nach außen erklärt zu werden; vgl. Anm. 8. Nicht erforderlich ist, daß die Fortführung auf gemeinsame Rechnung nach außen hervortritt; a. A. OLG Hamburg in HansRZ 27, 61.

2. Der Fall des Eintritts als Kommanditist in eine bestehende Gesellschaft liegt auch vor, wenn der **Erbe eines persönlich haftenden Geselllschafters gemäß § 139 Kommanditist** wird, § 173 Anm. 20. Ist er nach dieser Vorschrift Kommanditist geworden, so hat er von seinem Beitritt an die Stellung als Kommanditist. Bis dahin war er als Rechtsnachfolger des Verstorbenen persönlich haftender Gesellschafter, haftete aber unbeschränkt nur mit den Mitteln des Nachlasses, sofern nicht aus erbrechtlichen Gründen seine erbrechtliche Haftungsbeschränkung erloschen war. Um zu vermeiden, daß er trotz Umwandlung seiner Stellung in die des Kommanditisten für die von da an begründeten Gesellschaftsverbindlichkeiten unbeschränkt, und zwar auch nicht mehr erbrechtlich beschränkt haftet, muß er für unverzügliche Eintragung seiner künftigen Beteiligung als Kommanditist und der Löschung der etwaigen Eintragung als persönlich haftender Gesellschafter sorgen und bis dahin seine Zustimmung zur Fortführung des Geschäftsbetriebes versagen; vgl. die Erl. zu § 139. Wegen der Erben eines Kommanditisten, der nach § 177 an seine Stelle tritt, vgl. § 173 Anm. 17—19 und § 177. **Anm. 22**

3. Einem Neueintritt ist gleichzustellen die **Umwandlung einer Beteiligung als persönlich haftender Gesellschafter** in die eines Kommanditisten. Solange jemand als persönlich haftender Gesellschafter eingetragen ist, haftet er auch im Falle der Umwandlung seiner Stellung auf Grund des fortbestehenden Eintrags gutgläubigen Dritten unbeschränkt, und zwar, auch wenn er der Fortführung des Geschäftsbetriebs nach der Umwandlung nicht zugestimmt hat. Seine fortdauernde unbeschränkte Haftung beruht dann nicht auf § 176, sondern auf seiner Beteiligung als persönlich haftender Gesellschafter, die mangels Löschung in dieser Eigenschaft ihre Wirkung noch nicht verloren hat. **Anm. 23**

Auch in diesem Fall ist die unbeschränkte Haftung ausgeschlossen, wenn dem Dritten die Beteiligung als Kommanditist bekannt war.

4. Da Abs. 1 Satz 1 nach Satz 2 daselbst keine Anwendung findet, wenn **§ 2 HGB** gilt, eine Handelsgesellschaft somit erst mit ihrer Eintragung entsteht, haftet jemand, der einer solchen Gesellschaft vor der Eintragung beitritt, nicht schon mit dem Beitritt unbeschränkt. Wird nach seinem Beitritt die Gesellschaft eingetragen, unterbleibt aber seine Eintragung als Kommanditist, so haftet er für die von der Eintragung der Gesellschaft bis zu seiner Eintragung begründeten Verbindlichkeiten unbeschränkt, falls der Geschäftsbetrieb nach der Eintragung mit seiner Zustimmung, die auch vorher erteilt sein kann, fortgesetzt wird. **Anm. 24**

V. Verjährung

Haftet ein Kommanditist nach Abs. 1 oder 2 unbeschränkt und erfolgt nachträglich die Eintragung als Kommanditist, so beginnt die **Verjährung** aus dieser erhöhten Haftung mit der Eintragung. Das gleiche gilt im Falle der Umwandlung der unbeschränkten Beteiligung in eine kommanditistische. Nach Ablauf der Verjährungsfrist des § 159 haftet er aber für diese Verbindlichkeiten weiter beschränkt als Kommanditist; Ritter Anm. 2b. Für diesen Teil der Forderung beginnt mit der Eintragung nach § 176 somit keine Verjährung. **Anm. 25**

§ 177

Der Tod eines Kommanditisten hat die Auflösung der Gesellschaft nicht zur Folge.

Inhaltsübersicht

Anm. 1 **Einleitung:** § 177 spricht in Übereinstimmung mit Art. 170 ADHGB die gesetzliche Regel aus, daß die Kommanditgesellschaft durch den Tod des Kommanditisten nicht aufgelöst wird. Er weicht damit von der für die offene Handelsgesellschaft geltenden Vorschrift des § 131 Nr. 4 ab, nach der die Gesellschaft durch den Tod eines Gesellschafters aufgelöst wird, sofern nicht aus dem Gesellschaftsvertrag sich ein anderes ergibt. Der Unterschied rechtfertigt sich daraus, daß bei der Beteiligung des Kommanditisten an einem Handelsunternehmen die Einlage des Kapitals die Hauptrolle spielt, während die persönliche Seite, die sich besonders bei der offenen Handelsgesellschaft in der regelmäßig gemeinsamen Zusammenarbeit der persönlich haftenden Gesellschafter in der Geschäftsführung und Vertretung der Gesellschaft äußert, in den Hintergrund tritt. Durch die Aufrechterhaltung der Bindung des in der Gesellschaft festgelegten Kapitals trotz des Todes des Kapitalgebers sucht das Gesetz zugleich die Erhaltung des Unternehmens selbst zu fördern. Die Kommanditgesellschaft nähert sich dadurch den Kapitalgesellschaften, bei denen der Tod des Gesellschafters grundsätzlich die Auflösung der Gesellschaft nicht zur Folge hat.

Anm. 2 Da § 177 die einzige Bestimmung über Auflösung der Kommanditgesellschaft enthält, richtet sich im übrigen die **Auflösung** der Gesellschaft nach den allgemeinen Vorschriften der §§ 131—137 über die Auflösung der offenen Handelsgesellschaft. Die für diese Gesellschaftsart geltenden Bestimmungen sind auch anwendbar, soweit es sich um das **Ausscheiden** von Mitgliedern und das Fortbestehen der Gesellschaft unter den übrigen und die Übernahme des Unternehmens durch einen einzigen Gesellschafter, die Fortsetzung einer aufgelösten Gesellschaft (§§ 138 bis 144), um die **Abwicklung** der Gesellschaft (§§ 145—158) und die mit der Auflösung oder dem Ausscheiden einzelner Gesellschafter einsetzende kurze **Verjährung** (§§ 159, 160 HGB) handelt; § 161 Abs. 2. Bei Anwendung dieser Vorschriften ist die Eigenart der Kommanditgesellschaft, insbesondere der bereits hervorgehobene kapitalistische Charakter der kommanditistischen Beteiligung zu berücksichtigen. In der Folge sollen die erwähnten Änderungen im Bestande der Gesellschaft und deren Rechtsfolgen zusammenhängend dargestellt werden und dabei auch die Erläuterung des vorliegenden Paragraphen erfolgen.

I. Die Auflösung der Kommanditgesellschaft

Begriff der Auflösung. Auflösung bedeutet bei der Kommanditgesellschaft das gleiche, wie bei der offenen Handelsgesellschaft. Die Gesellschaft hört mit Eintritt der Auflösungstatsachen (der Auflösungsgründe) nicht auf zu bestehen. Sie tritt nur in einen anderen Stand ihrer Entwicklung, nämlich in den Stand der Abwicklung. An Stelle des Erwerbszweckes tritt als Gesellschaftszweck die Abwicklung der Gesellschaft mit dem Ziele der Lösung der gesellschafterlichen Bindungen, Verteilung des Gesellschaftsvermögens und zuletzt der Vollbeendigung der Gesellschaft. Auch die Folgen der Auflösung sind die gleichen wie bei der offenen Handelsgesellschaft; vgl. die Erl. zu § 131. **Anm. 3**

Die gesetzlichen Auflösungsgründe sind in § 131 genannt; vgl. wegen der Einzelheiten die Erläuterungen dazu. Danach sind Auflösungsgründe: **Anm. 4**

1. der Ablauf **der Zeit**, für welche die Gesellschaft eingegangen ist; § 131 Nr. 1;

2. ein **Auflösungsbeschluß** der Gesellschafter, § 131 Nr. 2; da es sich nicht nur um die Geschäftsführung, sondern um den Bestand der Gesellschaft handelt, müssen alle Gesellschafter, auch die Kommanditisten, an der Beschlußfassung teilnehmen und zustimmen. Der Gesellschaftsvertrag kann die Beschlußfassung einzelnen Gesellschaftern übertragen, auch Mehrheitsbeschlüsse zulassen; vgl. die Erl. zu §§ 119, 131; **Anm. 5**

3. die Eröffnung des **Konkurses über das Vermögen der Gesellschaft;** § 131 Nr. 3. Für den Konkurs gelten die allgemeinen Vorschriften des Konkursrechts über den Konkurs der offenen Handelsgesellschaft; §§ 209ff. KO. Es findet also ein besonderes Konkursverfahren über das Gesellschaftsvermögen statt. Als Gemeinschuldner gelten aber nur die persönlich haftenden Gesellschafter, nicht die Kommanditisten. Jaeger KO § 209 Anm. 9, 10; Mentzel-Kuhn KO § 209 Anm. 9. Dies gilt z.B. auch, wenn es sich um die Anfechtbarkeit eines mit einem nahen Angehörigen des Gemeinschuldners abgeschlossenen Rechtsgeschäfts auf Grund der Vermutung der Gläubigerbenachteiligungsabsicht des § 31 Nr. 2 KO handelt; vgl. Jaeger-Lent KO § 31 Anm. 27. Nur die Erstgenannten (außer den Abwicklern) können den Antrag auf Eröffnung des Konkursverfahrens stellen (§ 210 Abs. 1 KO) und (nur alle zusammen) einen Zwangsvergleichsvorschlag machen; § 211 KO. Entsprechendes gilt für das gerichtliche Vergleichsverfahren (durch dessen Eröffnung aber die Auflösung der Gesellschaft nicht herbeigeführt wird); § 109 VglO von 1935; vgl. § 144. Da der Kommanditist nicht Gemeinschuldner ist, finden auf ihn die Vorschriften der §§ 239ff. KO über Konkursvergehen keine Anwendung (RGSt. in JurRundsch. 1926 Nr. 1588); er erleidet auch nicht die mit der Konkurseröffnung für die Gemeinschuldner verbundenen Rechtsminderungen öffentlich-rechtlicher Art. Im übrigen bleibt aber die Rechtsstellung des Kommanditisten als Gesellschafter durch die Konkurseröffnung unberührt. Er bleibt gesamthänderisch gebundener Teilhaber des Gesellschaftsvermögens. Seine Beteiligung drückt sich nach wie vor in seinem Kapitalanteil aus; dessen rechtliche Natur bleibt bestehen. Es entsteht weder eine Forderung des Kommanditisten an die Konkursmasse in Höhe der Ziffer seines aktiven Kapitalanteils noch schuldet er einen dem passiven Kapitalanteil entsprechenden Betrag. Der Kommanditist kann so wenig wie der persönlich haftende Gesellschafter im Gesellschaftskonkurse seine gesellschaftsrechtlichen Ansprüche auf Rückzahlung der Einlage oder auf sein Auseinandersetzungsguthaben geltend machen, sondern muß insofern hinter den Gesellschaftsgläubigern zurücktreten; KG in OLGR 42, 76. Die Grundsätze über die Aufrechnung im Konkurse gelten für den Kommanditisten ebenso wie für den persönlich haftenden Gesellschafter. **Anm. 6**

Während der Dauer des Konkursverfahrens macht der Konkursverwalter die vermögensrechtlichen Ansprüche der Kommanditgesellschaft gegen die einzelnen Gesellschafter geltend. Er zieht namentlich auch die noch rückständigen Einlagen ein. Er übt auch die Rechte der Gesellschaftsgläubiger auf Befriedigung in Höhe der Haftsumme aus, § 171 Abs. 2.

Der im Konkurs- oder Vergleichsverfahren abgeschlossene **Zwangsvergleich** begrenzt, soweit er nicht ein anderes festsetzt, zugleich den Umfang der persönlichen Haf- **Anm. 7** tung der Gesellschafter; § 211 Abs. 2 KO, § 109 Nr. 3. Vgl. O. Umstritten ist, ob und wieweit diese Beschränkung auch zugunsten des Kommanditisten gilt; dazu s. § 171 Anm. 49.

II. Der Tod eines Gesellschafters

Anm. 8 **1. Der Tod eines Komplementärs** ist nach §§ 131 Z. 4, 161 Abs. 2 Auflösungsgrund. Meist sieht der Gesellschaftsvertrag etwas anderes vor. Bestimmt er, daß die Gesellschaft mit dem Erben fortgesetzt wird, so geht, wenn sich aus den Umständen nichts anderes ergibt, die **Geschäftsführungs- und Vertretungsbefugnis** auf den Erben über (§ 139 Anm. 21; R. Fischer BB 56, 841). Ist der Erbe Kommanditist, so wird er Komplementär. Sein Kapitalanteil wächst dem ererbten zu. Bestimmt der Gesellschaftsvertrag, daß die Gesellschaft mit mehreren Erben fortgesetzt wird, daß aber nur einer von ihnen Komplementär werden kann, so kann das bedeuten, daß die anderen Erben Kommanditisten werden sollen (BGH WM 1967, 319).

Anm. 9 Dem Tode gleichstehende Tatsachen. Dieselben Wirkungen auf den Bestand und die Übertragung der Beteiligung wie der Tod eines Menschen haben auch andere Ereignisse, die dem Tode als Grund für die Auflösung einer Gesellschaft nach § 131 Nr. 4 gleichgestellt werden wie die Todeserklärung, Verschollenheit; vgl. die Erl. zu § 131. Dies gilt auch von der Tatsache der Beendigung einer privatrechtlichen Gesellschaft oder einer Körperschaft des öffentlichen oder Privatrechts, die Komplementär einer Kommanditgesellschaft ist; vgl. die Erl. zu § 131. Es ist aber nicht schon die Auflösung einer Kapitalgesellschaft oder einer Personengesellschaft des Handelsrechts, sondern nur ihre **Vollbeendigung** dem Tode gleichzustellen; denn mit der Auflösung tritt die Gesellschaft erst in den Zustand der Abwicklung. Aufgabe der Abwickler ist zwar die Abwicklung der einzelnen Rechtsbeziehungen der Gesellschaft. Die sich aus diesen ergebenden Verpflichtungen müssen aber erfüllt werden. Die Auflösung befreit deshalb die Gesellschaft noch nicht von der Bindung in einer anderen Gesellschaft. Die aufgelöste Gesellschaft kann auch wieder zu einer werbenden werden. Die aufgelöste Gesellschaft bleibt daher solange Mitglied der Kommanditgesellschaft, bis diese sich mit ihr auseinandergesetzt oder sie ihren Anteil mit Zustimmung der übrigen Gesellschafter veräußert hat; KGJ 14, 53. Der Gesellschaftsvertrag kann bestimmen, daß schon durch die Auflösung einer Gesellschaft, durch eine Verschmelzung oder eine sonstige Umwandlung die Mitgliedschaft erlischt und die Gesellschaft nur unter den übrigen Gesellschaftern fortgesetzt oder daß sie mit Eintritt des erwähnten Ereignisses aufgelöst wird. Die Vereinbarung, daß im Falle der Verschmelzung (oder des Todes) die Beteiligung nicht auf den Rechtsnachfolger übergehen soll, ist im Zweifel nicht dahin auszulegen, daß die Gesellschaft aufgelöst wird, sondern daß sie unter den übrigen unter Abfindung des Rechtsnachfolgers fortgesetzt wird. Dies ergibt sich aus dem Bestreben des Gesetzes, auch des § 177, die Gesellschaft tunlichst zu erhalten; vgl. auch §§ 138ff.

Anm. 10 **2. Der Tod eines Kommanditisten hat die Auflösung der Gesellschaft nicht zur Folge.** Die Gesellschaft besteht vielmehr als werbende Gesellschaft fort. An die Stelle des verstorbenen Kommanditisten treten ebenso wie wenn beim Tode eines persönlich haftenden Gesellschafters nach dem Gesellschaftsvertrag die Gesellschaft mit seinen Erben fortgesetzt werden soll (§ 139), die Erben des Kommanditisten. Der Rechtsübergang tritt ohne weiteres mit dem Tode des Kommanditisten ein, ohne daß es einer Eintrittserklärung der Erben oder einer Annahme des Eintritts durch die übrigen Gesellschafter bedarf; § 1922 BGB; RG 123, 289 (293) und 369; RG in DNotZ 1944, 197; KGJ 44, 133 = OLGR 27, 338. Die Eröffnung der Nachlaßverwaltung über das Vermögen des Kommanditisten macht den mit seinem Tode bereits eingetretenen Übergang seiner Rechtsstellung als Kommanditist nicht rückgängig. Wegen der Folge der Eröffnung des Nachlaßkonkurses vgl. unten Anm. 24.

Erben sind nur diejenigen, die nach den allgemeinen erbrechtlichen Vorschriften auf Grund des Gesetzes oder letztwilliger Verfügung (vgl. RG 123, 289 [293]) durch allgemeine Rechtsnachfolge in die Rechtsstellung der Erben eingetreten sind, nicht die **Vermächtnisnehmer**, nicht die nur Pflichtteilsberechtigten oder die Erbschaftskäufer; vgl. §§ 2371ff. BGB. Der Folge, daß er mit dem Erbfall Kommanditist wird, kann sich der Erbe nur dadurch entziehen, daß er die Erbschaft ausschlägt. Schlägt der Erbe die Erbschaft aus, so gilt er von Anfang an nicht als Erbe. Erbe wird der nach ihm

Berufene. Der Nacherbe tritt mit dem Eintritt des Nacherbfalles, wie der ursprüngliche Erbe, aber nur für die Zukunft ohne weiteres an die Stelle des Erblassers. Ist die Beteiligung an der Gesellschaft jemanden als **Vermächtnis** zugewendet, so wird zunächst der Erbe als allgemeiner Rechtsnachfolger des Verstorbenen Kommanditist; er ist nur verpflichtet, dem Vermächtnisnehmer die Kommanditbeteiligung zu übertragen. Die Übertragung kann nur mit Zustimmung der anderen Gesellschafter erfolgen, wenn diese nicht schon auf Grund des Gesellschaftsvertrages zur Annahme des Vermächtnisnehmers als Rechtsnachfolger verpflichtet sind. Wird die erforderliche Zustimmung verweigert, so muß der Erbe dem Vermächtnisnehmer wenigstens die übertragbaren Rechte (§ 717 S. 2 BGB abtreten) und auch sonst bei Ausübung seiner Stellung die Belange des Vermächtnisnehmers beachten; vgl. auch § 173 Anm. 18, 19.

Ist ein Kaufmann unter seiner Firma Gesellschafter geworden, so wird sein Rechtsnachfolger als Gesellschafter nicht der spätere Inhaber der Firma, sondern sein gesetzliche oder Testamentserbe; LZ 1929, 1483.

3. Die Erben (wie auch die Vermächtnisnehmer) treten **mit allen Rechten und Pflichten** des Erblassers in die Kommanditistenstellung ein. Im inneren Verhältnis übernehmen sie den Kapitalanteil des Verstorbenen, gleichgültig, ob er aktiv oder passiv ist. Sie haben eine etwa rückständige Einlage zu leisten. Leistungen des Erblassers auf die Einlageverpflichtung, z. B. durch eine vollzogene Aufrechnung, wirken auch zu ihren Gunsten. Soweit die Einlage durch Verluste aus der Zeit des Erblassers vermindert ist, sind sie zur Auffüllung verpflichtet; § 169. War der Erblasser nach dem Gesellschaftsvertrag zur Geschäftsführung befugt (§ 164 Anm. 11), so geht die Befugnis im Zweifel nicht auf den Erben über (R. Fischer BB 56, 841; a. M. Schlegelberger-Gessler 4 und die Vorauflage). Es ist nicht ohne weiteres anzunehmen, daß die Gesellschafter die einem Kommanditisten erteilte Geschäftsführungsmacht auch dem Erben erteilen wollten. Dasselbe gilt für eine dem Erblasser erteilte Prokura (hier ebenso Gessler a. a. O.). Anders ist es mit rein kommanditistischen Rechten des Erblassers, die der Gesellschaftsvertrag erweitert oder besonders ausgestaltet hat, z. B. ein über die gesetzliche Norm (§ 166) hinausgehendes Überwachungsrecht oder ein sonstiges Vorzugsrecht, z. B. bei der Gewinnverteilung. Sie gehen auf den Rechtsnachfolger über, soweit sich nicht aus dem Gesellschaftsvertrag (auch aus den Umständen) etwas anderes ergibt. **Anm. 11**

Auch im Verhältnis nach außen tritt der Erbe oder Vermächtnisnehmer an die Stelle des Erblassers. Er haftet wie dieser den Gesellschaftsgläubigern und kann die diesem zustehenden Befreiungsgründe (§ 171 Abs. 1) geltend machen, s. auch Anm. 13, 14. Auch wenn ein Vermächtnisnehmer Kommanditist wird, können sich die Gläubiger in Höhe der Haftsumme an den Nachlaß halten, § 173 Anm. 18, 19. Durch das Vermächtnis können die Rechte der Gesellschaftsgläubiger nicht beeinträchtigt werden. Für das innere Verhältnis zwischen den Erben und dem Vermächtnisnehmer kommt es darauf an, ob nach der letztwilligen Verfügung des Erblassers die Erben die Einlage zu leisten haben oder ob der Vermächtnisnehmer die Beteiligung mit der damit verbundenen Verpflichtung zur Leistung der Einlage erhalten sollte (Auslegungsfrage).

Der Erbe eines Kommanditisten ist auch hinsichtlich der Zeitdauer der Gesellschaft oder der Zugehörigkeit zu dieser an die Verpflichtungen des Erblassers gebunden.

4. Der den Erben eines persönlich haftenden Gesellschafters in § 139 eröffnete Weg, sich vorzeitig aus der gesellschafterlichen Bindung zu lösen, indem er Umwandlung seiner Stellung in die eines Kommanditisten verlangt und bei Ablehnung dieses Begehrens aus der Gesellschaft ausscheidet, ist dem Erben oder Vermächtnisnehmer des Kommanditisten versagt. § 139 will nur gegen die Gefahren der unbeschränkten Haftung schützen, diese trifft aber den Erben eines Kommanditisten nicht, da er wie der Erblasser überhaupt nur beschränkt haftet. Es besteht deshalb auch nicht die in § 139 Abs. 3 vorgesehene Überlegungsfrist und die sich daraus ergebende Schwebezeit. Eine Schwebezeit besteht nur, bis feststeht, wer Erbe wird; KGJ 44 A 132. **Anm. 12**

5. Die Haftung des Erben für die Schulden der Gesellschaft. **Anm. 13**

Auch der Erbe des Kommanditisten haftet grundsätzlich nur bis zur Höhe der Hafteinlage; §§ 171, 172. Nach der Annahme der Erbschaft haftet der Erbe für die von da an begründeten Gesellschaftsverbindlichkeiten — bis zur Höhe der Haftsumme — mit seinem ganzen Vermögen, nicht nur mit dem Nachlasse; RG 123, 370.

Umstritten ist, ob er für die vor seinem Eintritt begründeten Gesellschaftsverbindlichkeiten bis zur Grenze der noch nicht erschöpften Haftsumme nur mit dem Nachlaß oder **auch mit seinem Privatvermögen** haftet. Für die erste Ansicht: Brand 2c 8; Ritter 3d; Schwarz Anm. 2; Wieland I 770 Anm. 24; Schlegelberger-Gessler 5. Für die zweite: RG 123, 370 DürHach. 4.

Der zweiten Ansicht ist beizutreten; die weitergehende Haftung ergibt sich aus § 173. Nach ihm haftet der in eine Handelsgesellschaft als Kommanditist eingetretene für die vor seinem Eintritt begründeten Verbindlichkeiten allgemein nach §§ 171, 172, also nur mit der Beschränkung auf seine Kommanditeinlage. Gegenüber dieser Sonderbestimmung scheidet die allgemeine Vorschrift des bürgerlichen Rechts (§§ 1975ff. BGB), nach der der Erbe die erbrechtliche Beschränkung für Nachlaßschulden geltend machen kann, für den Sonderfall, daß der Erbe Kommanditist an Stelle des Erblassers wird, aus. Die Grenze liegt nur in der Höhe der Haftsumme (darüber, wieviel diese bei Vorhandensein mehrerer Erben für den einzelnen Miterben beträgt, vgl. Anm. 16). Glaubt der Erbe, die noch rückständige Hafteinlage nicht aus dem sonstigen Nachlaß decken zu können und scheint ihm der Wert der Beteiligung die Aufbringung der Hafteinlage aus seinem Privatvermögen nicht zu lohnen, so bleibt ihm nur die Ausschlagung der Erbschaft. Es besteht auch kein Anlaß, den Erben besser zu stellen als einen bloßen **Vermächtnisnehmer.** Dieser haftet aber nach § 173 für die vor seinem Eintritt begründeten Gesellschaftsverbindlichkeiten bis zur Höhe der Haftsumme auch mit seinem Privatvermögen. Daneben können sich die Gesellschaftsgläubiger wegen dieser Schulden aber auch an den Nachlaß halten, § 173 Anm. 18. Über die Haftung im Falle eines **Eintrittsrechts** s. § 173 Anm. 19.

Anm. 14 **6.** Umstritten ist, ob auf den Wechsel der kommanditistischen Beteiligung durch Eintritt eines Erben § 176 Abs. 2 Anwendung findet, der Erbe also für die **zwischen seinem Eintritt und seiner Eintragung** als Kommanditist begründeten Gesellschaftsverbindlichkeiten **gleich einem persönlich haftenden** Gesellschafter haftet, falls seine Beteiligung als Kommanditist dem Gläubiger nicht bekannt war. Die Frage wird überwiegend mit der Begründung verneint, daß der Betrag der Einlage des Erblassers eingetragen ist; Brand 2c 8; Ritter 3d; Schlegelberger-Gessler 5; a.A. DürHach. 4. Der herrschenden Meinung ist beizutreten. § 176 Abs. 2 will die Gesellschaftsgläubiger davor schützen, daß jemand der Gesellschaft nur als beschränkt haftender Gesellschafter beitritt, aber die Eintragung der Haftungsbeschränkung unterläßt und dadurch den Anschein erweckt, als sei ein unbeschränkt haftender Gesellschafter beigetreten. Tritt aber jemand lediglich als allgemeiner Rechtsnachfolger in die Kommanditistenstellung ein und ist sein Rechtsvorgänger als Kommanditist eingetragen, so tritt er auch in die durch diese Eintragung geschaffene geschützte Rechtsstellung ein. Ein Grund, in diesem Falle den Gläubigern eine erhöhte Haftung zu verschaffen, ist nicht ersichtlich.

Auch wenn jemand als Vermächtnisnehmer oder durch Abtretung der Kommanditistenbeteiligung Kommanditist geworden ist, tritt er in vollem Umfang in die Rechtsstellung des Rechtsvorgängers, also auch in den durch dessen Eintragung als Kommanditist gewährten Schutz. Erfolgt die Eintragung des Rechtsnachfolgers, so muß zur Vermeidung des Anscheins, als ob ein weiterer Kommanditist eingetreten sei, im Register das Nachfolgeverhältnis ersichtlich gemacht werden, Anm. 17.

War der Erblasser nicht als Kommanditist eingetragen, so haftet der Nachlaß nicht nur für die bis zum Erbfall, sondern auch für die später bis zur Eintragung der Beschränkung entstehenden Verbindlichkeiten gleich einem persönlich haftenden Gesellschafter; ebenso der Erbe, bis seine Beteiligung als Kommanditist eingetragen ist; § 176.

Anm. 15 **7. Die Rechtsnachfolge bei einer Mehrheit von Erben.**

Wird ein persönlich haftender Gesellschafter von mehreren Personen beerbt und soll nach dem Gesellschaftsvertrag die Gesellschaft mit den Erben fortgesetzt werden, so wird jeder Miterbe für seine Person selbständig persönlich haftender Gesellschafter. Bestritten ist, ob auch beim Tode eines Kommanditisten jeder Erbe selbständiger Kommanditist wird oder ob zunächst nur die Erbengemeinschaft Kommanditist wird und es bleibt, bis der Nachlaß auseinandergesetzt ist; vgl. zu der Frage auch die

Erl. zu § 139 und das dort angeführte Schrifttum. Für die letzte Auffassung wird geltend gemacht (vgl. RG 123, 366 [aufgegeben in DR 43, 1228]; KGJ 44, 133 = OLGR 27, 338; Günther Brunstäd, Die Beerbung eines Kommanditisten durch mehrere Erben, 1939; vgl. auch Wieland I 742 Anm. 13 und 770): Zwar könne eine Erbengemeinschaft ebenso wie eine Gesellschaft des bürgerlichen Rechts nicht bei der Errichtung einer offenen Handelsgesellschaft oder Kommanditgesellschaft und auch nicht durch Beitritt auf Grund Vertrags Gesellschafterin einer solchen Gesellschaft werden, weil diese Vereinigungen nicht wie eine physische oder eine juristische Person oder wie die offene Handelsgesellschaft auf Grund positiver gesetzlicher Bestimmung (§ 124 HGB) selbständig im Rechtsverkehr auftreten könnten, sie also kein besonderes Rechtsgebilde sei, das als solches Rechte erwerben und Verbindlichkeiten eingehen könne. Daraus ergebe sich aber nichts für den Fall, daß ein Kommanditist mit Hinterlassung mehrerer Erben stirbt. Die Frage, ob die Erbengemeinschaft in diesem Falle als Kommanditistin anzusehen und deshalb auch als solche ins Handelsregister einzutragen sei, sei allein aus § 177 zu entscheiden. Nach diesem treten die Erben des Kommanditisten ohne weiteres in die Rechtsstellung des Verstorbenen ein. Solange die Erbschaft noch nicht auseinandergesetzt sei, die ungeteilte Erbengemeinschaft also noch bestehe, könne vom Vorhandensein mehrerer einzelner Kommanditisten als Erben des Verstorbenen Kommanditisten nicht die Rede sein; denn der Nachlaß des Erblassers sei insolange noch Gesamtgut, an dem die Miterben zwar nach Maßgabe ihrer Erbteile berechtigt seien, an dessen einzelnen Bestandteilen aber keinem von ihnen ein Bruchteil zustehe. Das gelte auch von der Kommanditeinlage des Verstorbenen; auch sie gehöre bis zur Auseinandersetzung den Miterben gemeinschaftlich zur gesamten Hand.

Dieser Begründung und der daraus gezogenen Folge kann nicht beigetreten werden. Ist eine Erbengemeinschaft, eben weil ihr die für das selbständige Auftreten im Rechtsverkehr erforderliche Organisation fehlt, nicht fähig, durch Vertrag Kommanditistin einer Handelsgesellschaft zu werden, so kann ihr diese Fähigkeit auch nicht in einem Ausnahmefalle zukommen, wenn das Gesetz diese Ausnahme nicht unzweideutig aufstellt. Es folgt diese Ausnahme namentlich nicht daraus, daß die Gesellschaft nach § 177 HGB durch den Tod des Kommanditisten nicht aufgelöst wird und demnach fortdauert. Man muß im Gegenteil, da auch im Falle des § 177 die Voraussetzungen für ein selbständiges Auftreten der Erbengemeinschaft im Rechtsverkehr fehlen, daraus schließen, daß nicht die Gemeinschaft, sondern **die einzelnen Erben im Wege der Sonderrechtsnachfolge Kommanditisten** werden, (herrschende Meinung: RG DR 1943, 1228; Dresden OLG 40, 190; OLG Hamburg Hans RGZ 33 Nr. 134; Ritter 3d; Schwarz 2; Düringer-Hachenburg-Flechtheim 5; Schlegelberger-Gessler 6; Baumbach-Duden § 161 Anm. 2; Donner DR 1943, 1205; Siebert — für die oHG —; Gesellschaftsvertrag und Erbrecht bei der oHG 3. Aufl. Karlsruhe 1958; Kipp-Coing § 91 IV 8; Wiedemann, die Übertragung und Vererbung von Mitgliedschaftsrechten bei Handelsgesellschaften 1965 S. 196ff., der die vererbte Beteiligung als „erbrechtliches Sondergut" auffaßt, S. 206). Dies entspricht auch ihrer Stellung in der Gesellschaft. Die einzelnen Erben erlangen zwar die Kommanditisteneigenschaft auf Grund ihrer Eigenschaft als Erben. Als Kommanditisten haften sie aber auch mit ihrem sonstigen Vermögen, insbesondere für die seit ihrem Eintritt begründeten Verbindlichkeiten; vgl. Anm. 15. Ihre Stellung hat zwar im Erbrecht ihren Ursprung, ist aber keine rein erbrechtliche, was nur bei Beschränkung ihrer Haftung auf den Nachlaß angenommen werden könnte.

Unbeschadet dieser Sondernachfolge **gehören** die Kommanditbeteiligungen des oder der Erben **zum Nachlaß** (Schlegelberger-Gessler 3, 4, 6; Kipp-Coing § 91 IV 8c; Wiedemann a. a. O. S. 160; Schilling in Festschrift für W. Schmidt 1959 S. 213).

Hiernach wird mit dem Erbfall jeder Erbe selbständiger Kommanditist. Die einheitliche Beteiligung des Erblassers zerfällt in so viele selbständige Beteiligungen, als Erben vorhanden sind. Jeder dieser neuen Kommanditisten ist selbständig als Gesamthänder am Gesellschaftsvermögen beteiligt. Der Kapitalanteil, mag er aktiv oder passiv sein, ist damit notwendig unter die Miterben geteilt, und zwar im Verhältnis zu ihrer Erbbeteiligung. In gleicher Weise teilt sich auch die Teilnahme am Gewinn und Verlust. Jeder Kommanditist haftet für die noch geschuldete Pflichteinlage der Gesellschaft nach dem Maßstabe seiner Beteiligung als Erbe. Jeder kann selbständig auch **Anm. 16**

die mit der Kommanditistenstellung verbundenen Rechte geltend machen, so das Überwachungsrecht (§ 166; a. M. KGJ 44, 133), das Stimmrecht. Bei außergewöhnlichen Geschäften, Aufnahme und Entlassung von Gesellschaftern, Erhebung von Ausschließungs- oder Auflösungsklagen, ist die Zustimmung jedes einzelnen Erben erforderlich, soweit der Gesellschaftsvertrag nicht etwas anderes bestimmt.

Auch im **Verhältnis nach außen** tritt diese Teilung ein. Jeder Erbe haftet den Gesellschaftsgläubigern nach seiner Erbbeteiligung aus der Hafteinlage des Erblassers. Diese Haftung ist demnach ebenfalls entsprechend geteilt. Für die bis zum Tode des Erblassers entstandenen Gesellschaftsverbindlichkeiten haftet, da sie zugleich Nachlaßverbindlichkeiten sind, zunächst jeder Erbe mit dem ganzen Nachlaß in Höhe der für die Erblasser geltenden Haftsumme. Mehrere Erben sind insofern Gesamtschuldner, auch im inneren Verhältnis. Der Erbe haftet für die vor seinem Eintritt begründeten Verbindlichkeiten der Gesellschaft aber auch auf Grund des Beitritts nach § 173 persönlich, also auch mit seinem Privatvermögen, bis zur Höhe der für ihn maßgebenden, also nach Maßgabe seiner Erbbeteiligung begrenzten Haftsumme; vgl. Anm. 14. Für die nach dem Erbfall entstandenen Gesellschaftsverbindlichkeiten haftet jeder Erbe bis zu der Haftsumme, die auf ihn auf Grund seiner Beteiligung als Erbe entfällt.

Anm. 17 **8.** Alle Gesellschafter, auch die Neueintretenden, haben das Ausscheiden des verstorbenen Gesellschafters und den Neueintritt der Rechtsnachfolger unverzüglich nach dem Erbfall und sobald feststeht, wer Erbe ist, zum Handelsregister anzumelden. Die Miterben sind mit ihrer Beteiligung an der Einlage (der Hafteinlage) des Erblassers einzutragen; vgl. Anm. 15 Abs. 2. Die Eintragung darf nicht bis zur Auseinandersetzung unter den Erben unterbleiben; a. A. OLG Hamburg in HansGZ 33 Nr. 134; vgl. auch Anm. 16. Sie muß einen Vermerk enthalten, daß der Rechtsnachfolger als Erbe eingetreten ist, § 173 Anm. 17, 20.

Anm. 18 **9.** Die **Auseinandersetzung** unter den Miterben ist auf deren Beteiligung als Einzelkommanditisten (vgl. Anm. 16) ohne Einfluß. Die Erben können aber unter sich Vereinbarungen über eine andere Verteilung der Anteile treffen; so können sie zum Zwecke einer unter den Erben vorzunehmenden Ausgleichung, etwa für Vorempfänge eines Miterben, bestimmen, daß die kommanditistische Beteiligung des Erblassers nur auf einen einzigen oder einen Teil der Erben übergehen oder daß der Kapitalanteil des Erblassers anders als nach der Erbbeteiligung verteilt werden soll. Der Vollzug solcher Vereinbarungen, insbesondere durch Umbuchung der Kapitalanteile oder das Ausscheiden von Miterben als Kommanditisten, kann aber nur mit Zustimmung aller Gesellschafter erfolgen; § 122 Abs. 2. In der bloßen Umbuchung vom Kapitalanteil des einen Kommanditisten auf den eines anderen liegt noch keine Rückzahlung der Einlage im Sinne des § 172 Abs. 4; vgl. § 172 Anm. 28, 29; § 173 Anm. 24.

In der Umbuchung von einem Kapitalanteil auf einen anderen kann eine vertragsmäßige Erhöhung der Einlage liegen. Die Veränderungen können sich nach dem Willen aller Gesellschafter auf das innere Verhältnis beschränken. Soll auch die **Haftsumme** geändert, die eine erhöht oder die andere herabgesetzt werden, so sind die für die Wirksamkeit nach außen erforderlichen Eintragungen zum Handelsregister oder die sie ersetzenden Bekanntgaben und Mitteilungen zu machen (§ 172 Abs. 2, §§ 174, 175); ebenso ist das damit verbundene Ausscheiden eines Kommanditisten zur Eintragung anzumelden; § 162 Abs. 3.

Anm. 19 **10.** Ist der **Erbe** eines Kommanditisten bereits **persönlich haftender Gesellschafter,** so kann er im Verhältnis nach außen nicht in die Stellung als Kommanditist eintreten und zugleich persönlich haftender Gesellschafter bleiben; denn der gleiche Gesellschafter kann nicht zugleich beschränkt und unbeschränkt haften. Die bisher schon unbeschränkte Haftung des Erben bleibt jedenfalls trotz des Erbfalls bestehen. Die Gesellschaft wird aber auch nicht aufgelöst, da dies dem Zwecke des § 177 widersprechen würde. Mit diesem wäre aber auch das völlige Erlöschen aller Rechtswirkungen der kommanditistischen Beteiligung mit der Folge, daß der Kommanditist als ausgeschieden betrachtet und dem Erben das beim Ausscheiden zu leistende Abfindungsguthaben auszuzahlen wäre, unvereinbar; denn § 177 will gerade der Gesellschaft und ihrem Unternehmen das darin angelegte Kapital des Kommanditisten für die Zeit nach seinem Tode erhalten. Dieses Ziel kann auch erreicht werden, wenn die Beteiligung nicht mehr eine selbständige kommanditistische ist. Für den Erben des Kommanditisten entsteht kein Nachteil dadurch, daß er bereits persönlich haftender Gesellschafter ist. Seine Bindung mit dem der Kommanditeinlage entsprechenden Betrag wird dadurch nicht erhöht. Auch für die Gesellschaftsgläubiger entsteht durch die Fortdauer der Bindung kein Nachteil. Sie können sich wie bisher an das Vermögen der Gesellschaft halten, dem die etwa bereits geleistete Einlage zugeflossen ist oder der der Anspruch auf Leistung der noch rückständigen Einlage zusteht. Sie können sich auch an den Erben halten, nur haftet er unbeschränkt. Man wird daher § 177, der den Willen der Gesellschafter auf Fortdauer der Bindung trotz des Todes des Gesellschafters als gesetzliche Regel unterstellt, dahin auslegen müssen, daß die Bindung auch weiter besteht, wenn der Erbe zugleich persönlich haftender Gesellschafter ist. Die Bindung dauert also ohne besondere Vereinbarung fort. Das Gegenteil müßte vereinbart sein. Nur wird das Rechtsverhältnis umgestaltet. Es ist im Verhältnis nach außen kein Kommanditistenverhältnis mehr. **Im inneren Verhältnis bleibt aber der Erbe so gebunden, wie es der Erblasser war;** Ritter Anm. 3d; Schwarz Anm. 2; Schlegelberger-Gessler Anm. 7; a. A. DürHach. Anm. 8. Er hat insbesondere die Verpflichtung zur Leistung der Einlage. Der besondere Kapitalanteil bleibt selbständig bestehen. Er wird nicht mit dem des Erben als persönlich haftender Gesellschafter vereinigt. Jeder Kapitalanteil hat seine Selbständigkeit. Das weitergehende Entnahmerecht des § 122 richtet sich nur nach dem Kapitalanteil aus der Beteiligung als persönlich haftender Gesellschafter, im übrigen gilt die Beschränkung des § 169. Die Trennung der Beteiligung nach ihrem Ursprung ist namentlich auch von Bedeutung, wenn besondere vertragliche Bestimmungen über die Rechte des Kommanditisten oder des persönlich haftenden Gesellschafters bestehen, z. B. über eine Verzinsung der Einlagen, eine Gewinngarantie, über das Recht des einzelnen Gesellschafters zur Aufnahme von weiteren Mitgliedern oder den den Kommanditisten sonst eingeräumten erhöhten Einfluß auf die Geschicke des Unternehmens, z. B. die ihm eingeräumte Geschäftsführungsbefugnis, das Übernahmerecht des Kommanditisten, das Recht des Kommanditisten zur Kündigung seiner Beteiligung. Eine Vereinigung der beiden Kapitalanteile und damit eine völlige Vereinigung der selbständigen Beteiligungsrechte ist nur mit Zustimmung aller Gesellschafter möglich, da sie eine Änderung des Gesellschaftsvertrages enthält.

Ist nur einer von mehreren Erben des Kommanditisten persönlich haftender Gesellschafter, so tritt die Umgestaltung des Kommanditistenverhältnisses nur in seiner Person ein. Die Stellung der übrigen Erben als Kommanditisten wird dadurch nicht berührt.

Ist der Erbe oder ein Miterbe bereits Kommanditist, so geht auf ihn die kommanditistische Beteiligung des Erblassers unverändert über. Beide Beteiligungen vereinigen sich in einer Person. Ihre Kapitalanteile vereinigen sich. War aber nach dem Gesellschaftsvertrag im inneren Verhältnisse die Beteiligung der einzelnen verschieden geordnet, z. B. hinsichtlich der Gewinnbeteiligung, so bleiben diese Unterschiede aufrechterhalten.

11. Abweichende Bestimmungen des Gesellschaftsvertrages sind zulässig, da § 177 nachgiebiges Recht enthält. Es kann namentlich unter den Gesellschaftern vereinbart werden, daß durch den Tod eines Kommanditisten die Gesellschaft aufgelöst wird oder daß sie nur unter den übrigen Gesellschaftern oder nur mit einem Teil der Erben fortgesetzt wird und die übrigen wie ausscheidende Gesellschafter nach dem Vermögensstande der Gesellschaft im Zeitpunkte des Todes des Kommanditisten abgefunden werden; KGJ 44 A 132. Es kann auch vereinbart werden, daß mehrere Miterben ihre Rechte nur gemeinschaftlich durch einen von ihnen zu bestellenden Vertreter ausüben dürfen (§ 161 Anm. 37) oder daß einer von ihnen allein, zugleich als Treuhänder der übrigen (§ 161 Anm. 29), Kommanditist wird. Den Erben der Kommanditisten oder den übrigen Gesellschaftern kann auch das Wahlrecht eingeräumt werden, ob die Gesellschaft aufgelöst oder nur unter den übrigen Gesellschaftern oder einigen von ihnen oder mit einem Teil der Erben fortgesetzt werden soll. **Anm. 20**

Anm. 21 **12. Testamentsvollstreckung.**

Schrifttum: Donner DNotZ 44, 145; Weiler, DNotZ 52, 183; Weipert JR 54, 60; Schilling Festschrift W. Schmidt 1959 S. 213; Staudinger-Dittmann Komm. z. BGB 11. Aufl. § 2205 Anm. 69; Kregel in BGB RGRK 11. Aufl. § 2205 Anm. 8; Kipp-Coing, Erbrecht 12. Bearb. § 68 III 2c; Wiedemann, die Übertragung und Vererbung von Mitgliedschaftsrechten bei Handelsgesellschaften 1965 S. 322; Komm. z. HGB: Schlegelberger-Gessler Anm. 4; Baumbach-Duden § 139 Anm. 4; Westermann, Handbuch der Personengesellschaften I 507.

Anm. 22 Beim Tode eines **Komplementärs** gilt für die Rechtsstellung des Testamentsvollstreckers (TV) das in § 105 Anm. 28c—e Gesagte. Für die von einem **Kommanditisten** vererbte Kommanditbeteiligung sind die Rechte des TV sehr umstritten, Drei Meinungen werden vertreten: Nach der einen Meinung hat der TV bei einer Kommanditbeteiligung ebensowenig Rechte wie bei der oHG. Eine Mittelmeinung billigt dem TV nur einen Teil der Mitgliedsrechte zu, so die Vorauflage nur die „gewöhnlichen Rechte". Schließlich wird der Standpunkt vertreten, daß dem TV **alle** aus der Kommanditbeteiligung fließenden **Rechte** zustehen. Dieser letzteren Meinung ist beizutreten.

Was zunächst die ebenfalls umstrittene Frage betrifft, ob der Kommanditanteil **zum Nachlaß gehört,** so kann daran angesichts der Regelung des § 177 kein Zweifel sein, vgl. Anm. 11, 16 § 105 Anm. 28c (teilweise abweichend RG 170, 392; 172, 203; BGH LM § 105 Nr. 6). § 177 macht die Kommanditistenstellung uneingeschränkt vererblich. Damit gehört sie auch in vollem Umfang zum Nachlaß.

RGZ 172, 203 verneint die Zulässigkeit der Testamentsvollstreckung für den Kommanditanteil mit den gleichen Gründen wie für die oHG-Beteiligung: wegen seines personalistischen Charakters. In Widerspruch dazu läßt es allerdings eine Auflage an den Erben zu, seine Mitgliedsrechte dem TV zur Ausübung zu überlassen. Wenn der personalistische Charakter die Ausübung der Kommanditistenrechte durch den TV verböte, müßte auch die Überlassung kraft Auflage unzulässig sein. In Wirklichkeit ist die Verteilung der Rechtszuständigkeiten innerhalb der gesellschaftlichen Organisation — auch unter Mitwirkung von Nichtgesellschaftern — mit dem personalistischen Charakter der Gesellschaft durchaus vereinbar (vgl. § 161 Anm. 34), wenn nur die Zustimmung der Mitgesellschafter gegeben ist (§ 161 Anm. 31, s. unten). Die Gründe, die gegen die Zulässigkeit der Testamentsvollstreckung in der oHG sprechen (§ 105 Anm. 28c—e), kommen beim Kommanditanteil nicht zur Geltung. Dem Kommanditisten steht nicht die unübertragbare und unvertretbare (BGH 36, 292; § 114 Anm. 9) Geschäftsführungsbefugnis zu. Seiner Rechtstellung steht auch nicht entgegen, daß der TV gemäß § 2206 BGB Verbindlichkeiten nur für den Nachlaß eingehen kann (Anm. 23).

Die Gründe, die bei der rechtsgeschäftlichen Übertragung von Verwaltungsrechten den Vorbehalt eines unverfügbaren Kernbereichs nötig machen (§ 161 Anm. 32), sind hier nicht gegeben (anders der gemeinsame Vertreter, § 161 Anm. 37). Aus dem Amtscharakter der Testamentsvollstreckung und ihrem Zweck ist vielmehr herzuleiten, daß sie die **Mitgliedschaft als Ganzes** erfaßt. Der TV kann also auch die in § 161 Anm. 32 bezeichneten außergewöhnlichen Rechte des Kommanditisten wahrnehmen. Für die Verletzung seiner Sorgfaltspflicht haftet er dem Erben nach § 2219 BGB.

Immer ist Voraussetzung für die Ausübung der Kommanditistenrechte durch den TV, daß die **Mitgesellschafter zustimmen,** sei es durch besonderen Gesellschafterbeschluß (vgl. die Erläuterung zu § 119), sei es im Gesellschaftsvertrag. Beschränkt dieser die Erbfolge nicht, ist also jeder als Rechtsnachfolger des Kommanditisten zugelassen, so kann daraus in der Regel auch auf die Zulässigkeit der Rechtsausübung durch einen TV geschlossen werden, ebenso § 105 Anm. 28c.

Was in Anm. 22 und 23 für den Erben ausgeführt wird, gilt ebenso für den **Vermächtnisnehmer.** Bei einer **Mehrheit von Erben** (Anm. 16) verwaltet der TV jede Beteiligung selbständig; inwieweit er sie einheitlich zu verwalten hat, richtet sich nach dem letzten Willen des Erblassers.

Anm. 23 **Haftungsfragen.** Die Testamentsvollstreckung ist auch zulässig, wenn beim Erbfall die **Einlage noch nicht** geleistet ist (ebenfalls umstritten): Der Erbe haftet dann unbeschränkt und unbeschränkbar in Höhe der noch nicht erbrachten Einlage, Anm. 13. Diese Haftung wird von der Testamentsvollstreckung nicht berührt. Ohne Zustimmung des Erben kann der TV die Einlage nicht erhöhen, da er den Erben persönlich, d. h. über den Nachlaß hinaus, nicht verpflichten kann (§ 2206 BGB). In den Fällen des § 172 Abs. 4 — Rückzahlung der Einlage oder unzulässige Gewinnauszahlung an den Erben — haftet der Erbe persönlich. § 172 Abs. 4 stellt diese Fälle dem Fall der noch nicht geleisteten Einlage gleich. Erfolgt die Zahlung an den TV, ohne in das persönliche Vermögen des Erben zu gelangen, so haftet dieser gleichwohl persönlich. Auch findet insoweit § 2214 BGB keine Anwendung. Es liegt hier ein Konflikt zwischen Gesellschaftsrecht und Erbrecht vor, der zugunsten des Gesellschaftsrechts zu entscheiden ist. Mit der Annahme der Erbschaft übernimmt der Erbe eine mit der Testamentsvollstreckung belastete Kommanditbeteiligung und damit auch das Risiko der Haftung für gesetzeswidrige Handlungen des TV. Daß der Erbe hier dieses Risiko nicht auf den Nachlaß beschränken kann, ergibt sich aus dem Gläubigerschutz, der Vorrang hat vor dem Schutz des Gesellschafter-Erben.

13. Der Tod eines Kommanditisten oder ein ihm gleichstehendes Ereignis allein ist **Anm. 24** kein wichtiger Grund zur Auflösung der Gesellschaft. § 177 will die Gesellschaft trotz des Todes des Kommanditisten unter Fortdauer der Bindung seiner Vermögenseinlage fortbestehen lassen. In Verbindung mit anderen Tatsachen kann aber der Tod des Kommanditisten für die übrigen Gesellschafter oder auch für die Erben des Verstorbenen einen wichtigen Grund zur Auflösung oder deren Ersatz nach §§ 140ff. abgeben, so wenn der Erbe ein Konkurrent der Gesellschaft ist, oder wenn durch eine Vielzahl von Erben der Verkehr mit den neuen Kommanditisten besonders erschwert ist und dadurch die Belange der Gesellschaft gefährdet werden — was allerdings wegen der überwiegend nur kapitalistischen Bedeutung der kommanditistischen Beteiligung nur ausnahmsweise zutreffen wird. Die durch den Erbgang selbst hervorgerufenen Veränderungen, wie etwa das Bedürfnis des Erben zu anderweitiger Verwendung des in der Gesellschaft festgelegten Vermögens, oder im Falle der Auflösung der als Kommanditistin beteiligten Aktiengesellschaft, der Wunsch, ihre Abwicklung zu beendigen, bilden regelmäßig keinen wichtigen Grund zur Auflsöung der Gesellschaft oder zum Ausscheiden aus ihr. Dies würde dem Gedanken des § 177 widersprechen. Dagegen kann der Erbe wichtige Gründe geltend machen, die auch dem Erblasser zur Seite stehen würden, wie die Unerreichbarkeit des Gesellschaftszweckes, Vertragsbruch der übrigen Gesellschafter; vgl. Brunstäd (wie in Anm. 15) S. 74, 78ff. Die Auflösung der Kommanditgesellschaft würde auch die Erben oder sonstige Rechtsnachfolger (so im Falle der Verschmelzung) regelmäßig nicht zu dem erstrebten Ziele führen, wenigstens nicht, soweit sie Befreiung von der Haftung von den bis zur Vollbeendigung der Kommanditgesellschaft entstehenden Verbindlichkeiten und Auszahlung ihres Abfindungsguthabens erstreben. Diese Auszahlung würde die unmittelbare Haftung wieder aufleben lassen und damit die Abwicklung der aufgelösten Kommanditistin verhindern.

III. Der Konkurs über das Vermögen eines Gesellschafters, § 131 Z. 5

Die **Eröffnung des Konkurses** über das Vermögen eines Gesellschafters, auch eines **Anm. 25** Kommanditisten, bringt die Kommanditgesellschaft ebenfalls zur Auflösung, § 131 Nr. 5; vgl. auch § 138. Auch die Eröffnung des Nachlaßkonkurses über das Vermögen des Kommanditisten hat diese Wirkung; das was sich bei der Auseinandersetzung der Gesellschaft oder bei deren Fortsetzung durch die übrigen Gesellschafter als Abfindungssumme ergibt, fällt in die Masse des Nachlaßkonkurses. Gerät ein Erbe des Kommanditisten nach dem Erbfall in Konkurs so hat dies ebenfalls die Auflösung der Gesellschaft zur Folge. Daß ein Erbe im Zeitpunkt des Erbanfalls in Konkurs war, hindert nicht, daß er Kommanditist wird; denn was er nach Konkurseröffnung erwirbt, gehört nicht zur Konkursmasse, § 1 KO. Die Kommanditgesellschaft wird durch diesen Privatkonkurs nicht berührt.

Durch Eröffnung des gerichtlichen Vergleichsverfahrens über das Vermögen eines Gesellschafters wird die Gesellschaft nicht aufgelöst. Wegen der Befugnis des Gesellschafters, nach Verfahrenseröffnung die Erfüllung des Gesellschaftsvertrages mit Ermächtigung des Vergleichsgerichts abzulehnen und die Folgen dieser Ablehnung (auch als Auflösungsgrund) vgl. § 131 Anm. 28.

IV. Kündigung und Auflösungsklage

Anm. 26 **1. Die Kündigung durch einen Gesellschafter** kann durch einen persönlich haftenden Gesellschafter, aber auch durch einen Kommanditisten erfolgen; § 131 Nr. 6. Wegen der Einzelheiten wird auf die Erläuterungen zu § 132 verwiesen, insbesondere wegen der gesetzlichen Dauer der Kündigungsfrist, der Änderung derselben durch den Gesellschaftsvertrag, der Zulässigkeit der vertragsmäßigen Beschränkung der Kündigung, der Form der Kündigung, der Wirkungen der rechtzeitigen oder der verspäteten Kündigung.

Der Gesellschaftsvertrag kann den Komplementären das Recht geben, den Kommanditisten zu kündigen mit der Wirkung, daß diese ausscheiden (BGH WM 68, 532). Ist dabei die Auszahlung zum Buchwert bestimmt und führt dies infolge hoher stiller Reserven oder eines hohen Goodwills zu einer erheblichen Benachteiligung des ausscheidenden Kommanditisten, so kann die Abfindungsbestimmung sittenwidrig sein. Das Abfindungsguthaben ist alsdann nach den gesetzlichen Bestimmungen zu berechnen, also unter Berücksichtigung der stillen Reserven und des Goodwills (BGH BB 62, 465).

Anm. 27 2. Zur Erhebung der **Auflösungsklage** gemäß § 133 ist jeder Gesellschafter, auch **jeder Kommanditist** befugt. Da die Klage gegen alle anderen Gesellschafter zu richten ist, sind auch außer den Klägern vorhandene Kommanditisten mit zu verklagen. Auch die Kommanditisten müssen daher im Prozeß Partei auf der einen oder anderen Seite sein. Wegen der Auflösungsklage im allgemeinen, des wichtigen Grundes, der Form der Klage, des Inhalts der Entscheidung und ihrer Wirkung wird auf die Erläuterungen zu § 133 verwiesen. Eine Tatsache, die die Auflösungsklage eines persönlich haftenden Gesellschafters oder gegen einen solchen rechtfertigt, braucht nicht einen wichtigen Grund darzustellen, wenn ein Kommanditist klagt oder die Klage sich auf in seiner Person liegende Gründe stützt. Bei Beurteilung der Tatsachen ist die Verschiedenartigkeit der Stellung beider Arten von Gesellschaftern, so einerseits die Notwendigkeit der persönlichen Zusammenarbeit der persönlich haftenden, insbesondere der geschäftsführenden Gesellschafter, andererseits das im wesentlichen auf der Kapitalbeteiligung beruhende und deshalb mehr unpersönliche Verhältnis der Kommanditisten zu den übrigen Gesellschaftern zu beachten, vgl. Vorbem. 7 vor § 161. Der Verlust der Kommanditeinlage im Betriebe des Unternehmens bildet regelmäßig keinen Grund zur Auflösungsklage; RG im Recht 13 Nr. 3051. Auch Vermögenszerfall des Kommanditisten, namentlich, wenn er seine Einlage bereits geleistet hat, wird die Auflösungsklage anders als beim persönlich haftenden Gesellschafter regelmäßig nicht begründen.

Durch die Rückzahlung der Einlage wird die Kommanditgesellschaft nicht ohne weiteres aufgelöst; vgl. (für die stille Gesellschaft) RG SeuffA 95 Nr. 35 = DR 1941, 1542[4].

V. Wegfall aller Komplementäre

Anm. 28 Ein besonderer Auflösungsgrund für die Kommanditgesellschaft ist der Wegfall aller Komplementäre oder des einzigen. Das Vorhandensein mindestens eines persönlich haftenden Gesellschafters gehört zu den zwingenden gesetzlichen Erfordernissen der Kommanditgesellschaft, vgl. § 161 Anm. 9, § 162 Anm. 11, KGJ 11, 29 unten Anm. 32 Abs. 2. Das gleiche gilt, wenn dem einzigen Komplementär die Vertretungsbefugnis entzogen wird, § 170 Anm. 7a.

VI. Anwendung der §§ 134—139

Anm. 29 1. Anwendbar ist auf die Kommanditgesellschaft auch die Vorschrift des § 134 über die auf **Lebenszeit** eingegangene Gesellschaft. Wenn der Gesellschaftsvertrag auf die Dauer des Lebens eines Kommanditisten eingegangen ist oder wenn die Gesellschaft, an der ein Kommanditist beteiligt ist, nach Ablauf der vertragsmäßigen Dauer stillschweigend fortgesetzt wird, steht die Gesellschaft im Sinne der Vorschriften der §§ 132, 133 einer für unbestimmte Zeit eingegangenen Gesellschaft gleich.

Anm. 30 2. Das Kündigungsrecht des **Privatgläubigers** eines Gesellschafters besteht auch bei der Kommanditgesellschaft, auch wenn der Schuldner ein Kommanditist ist; § 135; vgl. die Erläuterungen dazu. Die Kündigung durch den Privatgläubiger eines Kommanditisten ist auch dann zulässig und von praktischem Wert, wenn der Kommanditist seine Einlage noch nicht geleistet hat oder wenn sein Kapitalkonto passiv ist. Bei der auf Grund der Kündigung eintretenden Auflösung der Gesellschaft oder im Falle der Fortsetzung der Gesellschaft durch die übrigen Gesellschafter (§ 141 Abs. 1, vgl. unten Anm. 39) kann sich, etwa wegen des Vorhandenseins stiller Rücklagen, ein Aktivum für den Kommanditisten und damit ein Befriedigungsobjekt für seine Gläubiger ergeben.

3. Die Vorschriften über die beschränkte **Fortdauer der Geschäftsführungsbefugnis** der geschäftsführenden Gesellschafter (§ 136) im Falle der Auflösung der Gesellschaft außer durch Kündigung und die **Anzeige- und Fürsorgepflicht des Erben** im Falle des Todes eines Gesellschafters oder der übrigen Gesellschafter im Falle der Auflösung der Gesellschaft durch Eröffnung des Konkurses über das Privatvermögen eines Gesellschafters (§ 137) gelten auch für die Kommanditgesellschaft und auch für den Kommanditisten oder seine Erben. Die Führung der Geschäfte kann dem Kommanditisten übertragen sein; § 164 Anm. 11. Eine Anzeigepflicht besteht auch, wenn nach dem Gesellschaftsvertrag die Gesellschaft nicht mit den Erben des Kommanditisten fortgesetzt wird, sondern ohne sie oder wenn sie durch den Tod des Kommanditisten aufgelöst wird. **Anm. 31**

4. Für das **Ausscheiden eines Gesellschafters aus der fortbestehenden Gesellschaft** gelten bei der Kommanditgesellschaft dieselben Regeln wie bei der offenen Handelsgesellschaft. Nach § 138 kann danach im Gesellschaftsvertrage bestimmt werden, daß im Falle der Kündigung durch einen Gesellschafter oder im Falle seines Todes oder der Eröffnung des Konkursverfahrens über sein Vermögen die Gesellschaft unter den übrigen Gesellschaftern fortgesetzt wird. Damit scheidet der Gesellschafter, in dessen Person das Ereignis eintritt, aus der Gesellschaft aus. Im Falle des Todes des Kommanditisten gilt zwar diese Regel nicht, da § 177 diesen Fall anders ordnet. Das Ausscheiden des Kommanditisten und die Fortsetzung unter den übrigen kann aber vereinbart werden. Das Ausscheiden eines Gesellschafters kann auch wegen anderer Tatsachen als der im Gesetz besonders geregelten Ausschließungsgründe vereinbart werden. So kann vereinbart werden und wird regelmäßig vereinbart, daß die **Kündigung** eines Gesellschafters nur sein Ausscheiden, nicht die Auflösung der Gesellschaft zur Folge hat; oder daß ein Gesellschafter auf Verlangen der übrigen, oder einer Gruppe von ihnen, z. B. ein Kommanditist auf Beschluß der persönlich haftenden Gesellschafter oder umgekehrt ausscheiden muß. Wegen der möglichen Vereinbarungen vgl. auch die Erl. zu § 138. Liegen solche Vereinbarungen vor und tritt der vorgesehene Fall ein, so scheidet nur der betroffene Gesellschafter aus und die Gesellschaft wird unter den übrigen fortgesetzt. Die Gesellschaft besteht somit als solche, nur in anderer Zusammensetzung weiter. **Anm. 32**

Voraussetzung der Fortdauer der Gesellschaft ist, daß trotz des Ausscheidens noch zwei Gesellschafter übrig bleiben und daß noch ein persönlich haftender Gesellschafter vorhanden ist, da eine Handelsgesellschaft, die nur aus Kommanditisten besteht, nicht möglich ist, oben Anm. 28. Diesen Erfordernissen ist genügt, wenn mit dem Ausscheiden des einen von zwei Gesellschaftern gleichzeitig ein anderer eintritt, und wenn gleichzeitig mit dem Ausscheiden des einzigen persönlich haftenden Gesellschafters ein anderer, ein Kommanditist oder ein Dritter persönlich haftender Gesellschafter wird. In diesen Fällen wird die alte Gesellschaft fortgesetzt, wenn die Fortsetzung dem Willen der Beteiligten entspricht. Der Parteiwille kann aber auch dahin gehen, eine neue Gesellschaft zu gründen; FG in LZ 13, 287; RG 106, 66; RFH in JW 1920, 64 mit Anm. = RFH 1, 261; a. A. OLG Kiel im Recht 22 Nr. 1576.

Fällt der einzige Kommanditist weg, so verwandelt sich die Kommanditgesellschaft in eine offene Handelsgesellschaft, wenn noch zwei persönlich haftende Gesellschafter übrig bleiben; dies ist auch der Fall, wenn ein Kommanditist offener Gesellschafter wird.

Die **Auseinandersetzung** der Kommanditgesellschaft mit einem ausscheidenden Gesellschafter, auch einem ausscheidenden Kommanditisten, erfolgt in gleicher Weise wie bei der offenen Handelsgesellschaft; vgl. die Erläuterungen zu § 138 über die Rechte der in der Gesellschaft verbleibenden Gesellschafter, die Aufstellung der Abschichtungsbilanz und die dabei maßgebenden Bewertungsgrundsätze, die rechtliche Natur des Abfindungsguthabens, die Gesellschaft als Schuldnerin desselben, die Haftung der verbleibenden und der neu eintretenden Gesellschafter für dieses, die Auszahlung des Abfindungsguthabens, die Gesellschaftsschulden, die Teilnahme des Ausscheidenden an **Anm. 33** schwebenden Geschäften (vgl. RG 56, 16), über den Anspruch des Ausgeschiedenen auf Rechnungslegung, das Wettbewerbsverbot.

Anm. 34 Bestritten ist, ob in die Abschichtungsbilanz, wenn es sich um die Abschichtung eines Kommanditisten handelt, auch ein Betrag für den **inneren Geschäftswert** des Unternehmens aufzunehmen ist. Gegen den Ansatz eines solchen Postens wird geltend gemacht, daß der Kommanditist in der Regel nicht an der Geschäftsführung und damit an der Schaffung des Firmenwertes teilnehme. Nach anderer Meinung soll der Ansatz nur erfolgen, wenn der Kommanditist tatsächlich an der Schaffung des Geschäftswerts teilgenommen hat; Müller-Erzbach in Festschrift für E. Heymann, 1931, 740ff. Die verschiedene Behandlung des persönlich haftenden Gesellschafters und des Kommanditisten bei der Auseinandersetzung ist aber nicht gerechtfertigt. Bei der Abschichtung handelt es sich um die Ermittlung des Anteils des Ausscheidenden am Gesellschaftsvermögen, zu dem auch der innere Geschäftswert gehört, und die Auskehrung dieses Anteils in Geld, nicht um eine Vergütung für geleistete Arbeit; andernfalls dürfte auch der von der Geschäftsführung ausgeschlossene persönlich haftende Gesellschafter an dem inneren Wert des Unternehmens nicht teilnehmen. Die Schaffung des Gesellschaftsvermögens, auch der innere Wert, kann aber auch wesentlich auf der von den Geldgebern geschaffenen Kapitalgrundlage, insbesondere auch dem durch ihren Beitritt geschaffenen Kredit der Gesellschaft beruhen. Das von ihnen getragene Risiko kann auch viel größer sein, als das der persönlich haftenden Gesellschafter. Es ist im Einzelfall auch oft unmöglich, zuverlässig zu ermitteln, ob der innere Wert auf der Tätigkeit einzelner Gesellschafter oder auf der Kapitaleinlage beruht. Soweit der Gesellschaftsvertrag nichts anderer bestimmt, muß deshalb auch bei der Abschichtung des Kommanditisten der innere Geschäftswert in die Bilanz eingestellt werden; ebenso Schlegelberger-Gessler 15.

Anm. 35 Bei der Auseinandersetzung unter den Gesellschaftern ist zu beachten, daß der Kommanditist im Verhältnis der Gesellschafter untereinander nur bis zum Betrage seiner Pflichteinlage mit seinem Privatvermögen am **Verluste** der Gesellschaft teilzunehmen hat, § 167 Abs. 2 und dort Anm. 14. Ergibt sich bei der Ermittlung seines Abfindungsguthabens für ihn ein Passivsaldo, so hat er anders als der persönlich haftende Gesellschafter, wenn er seine Pflichteinlage voll geleistet hat, **keine Ausgleichszahlung** zu leisten. Der sich dadurch ergebende Ausfall geht zu Lasten der übrigen Gesellschafter, auch soweit es sich um andere Kommanditisten handelt. Er ist bis zur Höhe ihrer eigenen Verlustbeteiligung und deren Kapitalkonten zu belasten; vgl. die Erl. zu §§ 138, 155. Ist der Kommanditist mit seiner Einlage im Rückstand, so hat er diese an die Gesellschaft zu leisten und damit zur Verlustdeckung beizutragen.

Durch das Ausscheiden des Kommanditisten aus der Gesellschaft wird an seiner Haftung für die bis zum Ausscheiden entstandenen Gesellschaftsschulden nichts geändert. Sie richtet sich nach den §§ 171, 172, 173, 176; vgl. die Erl. dazu.

Anm. 36 **5. Die Vorschrift des § 139 über die Fortsetzung der Gesellschaft mit den Erben eines persönlich haftenden Gesellschafters** findet auch auf die Kommanditgesellschaft Anwendung, aber nur soweit es sich um die persönlich haftenden Gesellschafter handelt. § 139 will die Erben nur gegen die mit der unbeschränkten Haftung verbundenen Gefahren schützen und gibt ihnen deshalb die Möglichkeit Kommanditist zu werden oder ganz auszuscheiden.

Auch auf den persönlich haftenden Gesellschafter kann § 139 nur sinngemäß angewendet werden. Stirbt der einzige persönlich haftende Gesellschafter und machen alle seine Erben von dem Recht nach § 139 Gebrauch, ohne daß gleichzeitig ein anderer Gesellschafter oder ein Dritter persönlich haftender Gesellschafter wird, so hat die Annahme des Umwandlungsbegehrens, aber auch seine Ablehnung, da die Erben nicht gezwungen werden können, persönlich haftende Gesellschafter zu bleiben, die Auflösung der Gesellschaft zur Folge; denn ohne persönlich haftenden Gesellschafter kann eine Kommanditgesellschaft nicht bestehen, oben Anm. 28. Der Antrag hat dann dieselbe Wirkung wie eine Kündigung der Gesellschaft; KG in JW 1939, 163; Schlegelberger-Gessler 16; vgl. auch JW 1929, 1363 Anm.; DürHach. Anm. 12. Der Antrag nach § 139 muß innerhalb der Überlegungsfrist des § 139 Abs. 3 allen übrigen Gesellschaftern, auch den Kommanditisten gegenüber gestellt werden und ihnen zugehen; vgl. die Erl. zu § 139. Der Antrag ist schon dann abgelehnt, wenn auch nur einer der übrigen Gesellschafter, auch ein Kommanditist, und beim Vorhandensein mehrerer Erben einer von ihnen widerspricht; denn auch die Miterben sind mit dem Erbfall Gesellschafter geworden.

Nehmen die übrigen Gesellschafter den erst nach Fristablauf gestellten Antrag des Erben des einzigen persönlich haftenden Gesellschafters an, so liegt darin die Vereinbarung der Auflösung (oder ein Auflösungsbeschluß). Diese wirkt aber nur für die Zukunft. Der Erbe ist mit Fristablauf endgültig persönlich haftender Gesellschafter geworden. Er kann also die bei rechtzeitiger Stellung des Antrages eintretenden erbrechtlichen Haftungsbeschränkungen (§ 139 Abs. 4) nicht geltend machen.

Übernahmerecht eines Kommanditisten. Streitig ist, ob im Falle der Stellung des Antrages des Erben des einzigen persönlich haftenden Gesellschafters, nach § 139, und bei dessen endgültiger Weigerung, persönlich haftender Gesellschafter zu bleiben, der einzige Kommanditist das Geschäft mit Aktiven und Passiven übernehmen kann. Bei der offenen Handelsgesellschaft wird beim Ausscheiden des Erben des einen Gesellschafters nach § 139 diese Befugnis dem anderen Gesellschafter zuerkannt; vgl. die Erl. zu § 139; DürHach. § 139 Anm. 29. Gegen die Ausdehnung auf die Kommanditgesellschaft wird eingewendet, daß durch § 139 gerade dem offenen Handelsgesellschafter, dessen Stellung wegen seiner unbeschränkten Haftung und seiner (regelmäßigen) Beteiligung an der Geschäftsführung eine andere ist, als die des Kommanditisten, die Existenzgrundlage erhalten werden solle. Aber die Erhaltung des Unternehmens an sich ist auch aus allgemeinen Rücksichten erwünscht; vgl. die Erl. zu § 138. Wenn man dem Kommanditisten das Recht einräumt, nach § 142 das Geschäft zu übernehmen, (vgl. unten Anm. 38), so besteht kein Anlaß, ihm dieses Recht im Falle des § 139 zu versagen (ebenso Schlegelberger-Gessler Anm. 16, a. M. Flechtheim Anm. 12). Auch den etwa vorhandenen mehreren Kommanditisten wird man dieses Recht zugestehen müssen, wenn sie sich zu einer offenen Handelsgesellschaft oder einer Kommanditgesellschaft zusammenschließen oder eine solche durch Umgestaltung des Gesellschaftsvertrags bilden. Jedenfalls kann im Gesellschaftsvertrage bestimmt werden, daß bei der Weigerung des Erben, persönlich haftender Gesellschafter zu bleiben, der oder die Kommanditisten oder einzelne von ihnen das Recht haben sollen, das Geschäft zu übernehmen oder persönlich haftende Gesellschafter zu werden. Eine solche Umwandlung ist auch in der Weise zulässig, daß ein oder mehrere Kommanditisten persönlich haftende Gesellschafter und der Erbe des persönlich haftenden Gesellschafters Kommanditist werden. Dem Erben können dadurch auch — bei fristgerechter Stellung des Antrags nach § 139 Abs. 3 — die Vorteile der beschränkten Haftung nach Abs. 4 daselbst gesichert werden. Anm. 36a

Macht von mehreren Erben einer von seinem Wahlrecht keinen Gebrauch, so bleibt die Kommanditgesellschaft bestehen, die anderen werden Kommanditisten oder scheiden bei Ablehnung ihres Antrages aus.

Wegen der Bedeutung des § 139 im allgemeinen, insbesondere wegen des vorläufigen Eintritts des Erben als persönlich haftender Gesellschafter, vgl. die Erläuterungen zu § 139.

VII. Ausschließung und Übernahme

1. Die **Ausschließungsklage** ist sowohl gegen einen Komplementär wie gegen einen Kommanditisten möglich (RG JW 38, 2212 Nr. 28; BGH 18, 350; für die Übernahmeklage: OGH 3, 209 = NJW 50, 346; BGH NJW 61, 1767; BGH 46, 392; OLG Hamm MDR 56, 746). Sie richtet sich nach den Vorschriften des § 140, vgl. die Erläuterungen dort. Ähnlich wie bei der Auflösungsklage (Anm. 27) ist auch bei der Ausschließungsklage zu prüfen, ob durch ein leichteres Mittel die Schwierigkeiten behoben werden können (BGH 18, 362; NJW 61, 1768). Anm. 37

Für die Frage der Wichtigkeit des Grundes sind bei dem Ausschluß eines Kommanditisten die Unterschiede seiner Rechtsstellung gegenüber der des Komplementärs zu berücksichtigen (vgl. für die Auflösungsklage Anm. 27). Die Verbindung und das Zusammenwirken zwischen beiden und der Kommanditisten untereinander ist in der Regel weniger eng als zwischen persönlich haftenden geschäftsführenden Gesellschaftern. Es sind deshalb an die Ausschließungsklage gegen einen Kommanditisten im allgemeinen strengere Anforderungen zu stellen (RG JW 38, 2212; OGH 3, 209). Aber auch bei der kapitalistisch organisierten Kommanditgesellschaft (vgl. Vorbem. 6 vor § 161) sind Ausschlußgründe denkbar (BGH 18, 350).

Anm. 38 2. Streitig ist, ob die Klage auf **Ausschließung gegen den einzigen persönlich haftenden Gesellschafter** zulässig ist. Gegen die Zulässigkeit wird geltend gemacht, daß die Gesellschaft ohne persönlich haftenden Gesellschafter nicht bestehen könne; aus diesem Grunde sei nur die Auflösungsklage nach § 133 oder die Übernahmeklage nach § 142 gegeben; Schlegelberger-Gessler Anm. 17 und Gessler JZ 52, 530; DürHach. Anm. 13. Diese Bedenken stehen aber der Zulässigkeit der Klage nicht entgegen; für die Zulässigkeit auch BGH 6, 113 = LM § 140 Nr. 1 m. Anm. v. Fischer. Hat die Klage Erfolg, so scheidet der verklagte Gesellschafter aus der Gesellschaft aus. Die Gesellschaft wird dadurch aufgelöst (Anm. 28). Aber sie besteht doch als Abwicklungsgesellschaft weiter. Während der Abwicklung kann sie durch Aufnahme eines neuen persönlich haftenden Gesellschafters oder entsprechende Umwandlung der Stellung eines Kommanditisten, mit Zustimmung aller Gesellschafter oder, wenn der Gesellschaftsvertrag dies bestimmt, der entsprechenden Mehrheit wieder in eine werbende Gesellschaft umgewandelt werden, § 131 Anm. 13. Im Gesellschaftsvertrag kann schon die erforderliche Umgestaltung für den Fall des Ausscheidens des einzigen persönlich haftenden Gesellschafters vorgesehen werden. Damit diese Möglichkeit eröffnet wird, besteht ein Interesse der Beteiligten, daß eine Entscheidung über eine Ausschließungsklage oder doch eine Feststellungsklage über das Vorliegen eines Ausschlußgrundes möglich ist. Das Argument Gesslers, eine (aufgelöste) KG ohne Komplementär gebe es nicht, trifft nicht zu. Sie liegt vielmehr in allen Fällen vor, in denen der einzige Komplementär ausscheidet und nicht gleichzeitig ein anderer eintritt (so auch Schlegelberger-Gessler § 177 Anm. 15).

Besteht die Kapitalbeteiligung des persönlich haftenden Gesellschafters nur in einem ganz geringfügigen Anteil an dem Gesellschaftsvermögen und nähert sich seine Stellung als Geschäftsführer in der Gesellschaft sehr stark der Stellung eines leitenden Angestellten, so wird beim Vorliegen eines wichtigen Grundes im allgemeinen nur seine Ausschließung und nicht ein weniger starkes Mittel in Betracht kommen können. Es ist jedoch in einem solchen Fall zu erwägen, ob bei einer langjährigen Tätigkeit als Komplementär in der Gesellschaft seine Ausschließung nur unter der Voraussetzung einer mäßigen Altersversorgung in Betracht kommen kann (BGH 6, 113).

Anm. 39 3. Im Falle der Ausübung des Kündigungsrechts eines Privatgläubigers eines Gesellschafters oder der Eröffnung des Konkursverfahrens über das Vermögen eines Gesellschafters können auch die übrigen Gesellschafter einer Kommanditgesellschaft gemäß § 141 die Fortsetzung der Gesellschaft beschließen und dadurch das Ausscheiden des von dem Ereignis betroffenen Gesellschafters aus der Gesellschaft herbeiführen. Dies gilt auch, wenn der Betroffene ein Kommanditist ist. An dem erforderlichen einstimmigen Beschluß der übrigen Gesellschafter müssen auch die (übrigen) Kommanditisten mitwirken. Scheidet auf diese Weise der einzige persönlich haftende Gesellschafter aus, so kann die Auflösung nur vermieden werden, wenn ein neuer persönlich haftender Gesellschafter eintritt oder die Stellung eines Kommanditisten entsprechend umgewandelt wird. Dem Ziele des Gesetzes, ein Unternehmen und auch eine Gesellschaft tunlichst zu erhalten, entspricht es, daß die erforderlichen Vereinbarungen von den übrigen Gesellschaftern ohne die betroffenen Gesellschafter abgeschlossen werden können. (Bleibt nur ein Gesellschafter übrig, so ist § 142 sinngemäß anzuwenden.)

Anm. 40 4. **Das Recht auf Übernahme des Geschäfts beim Vorhandensein von nur zwei Gesellschaftern nach § 142** besteht auch bei der Kommanditgesellschaft. Es kann auch von den Kommanditisten gegen den persönlich haftenden Gesellschafter ausgeübt werden; RG 82, 362; in DJZ 13, 1202. Die Übernahme des Geschäfts durch den Kommanditisten kann namentlich gerechtfertigt sein, wenn er das Geschäft in die Gesellschaft eingebracht hatte oder wenn er nach dem inneren Verhältnis unter den Gesellschaftern die Geschäftsführung hatte. Erfolgt die Übernahme durch einen Gesellschafter, auch den Kommanditisten, so gelten die Grundsätze über die Anwachsung; vgl. die Erl. zu § 142: BayObLG in OLGR 32, 109. Für die Übernahmeklage gegen einen Kommanditisten gilt das in Anm. 37 Ausgeführte, vgl. auch die dort für die Übernahmeklage angeführten Entscheidungen.

VIII. Anwendung der §§ 143, 144

1. Gemäß § 143 ist die Auflösung der Kommanditgesellschaft und das Ausscheiden von Gesellschaftern, auch Kommanditisten, aus ihr, von sämtlichen Gesellschaftern, einschließlich der Kommanditisten, zum Handelsregister anzumelden. Der Name des ausscheidenden Kommanditisten und der Betrag seiner Einlage werden nicht bekanntgemacht; § 162 Abs. 3. **Anm. 41**

2. Nach Beendigung des Konkursverfahrens kann die Fortsetzung der Kommanditgesellschaft durch alle Gesellschafter einschließlich der Kommanditisten in gleicher Weise wie bei der offenen Handelsgesellschaft beschlossen werden, § 144; wegen der Fortsetzung der Gesellschaft in anderen Fällen vgl. auch die Erl. zu § 131. **Anm. 42**

IX. Die Abwicklung der aufgelösten Kommanditgesellschaft

Für die Abwicklung gelten die gleichen Vorschriften wie für die offene Handelsgesellschaft, §§ 145—158; vgl. die Erläuterungen dazu. **Anm. 43**

Die regelmäßige Folge der Auflösung der Gesellschaft ist, daß die Abwicklung stattzufinden hat. Dies gilt nicht, wenn über das Vermögen der Gesellschaft das Konkursverfahren eröffnet ist. Die Gesellschafter können statt der als Regel vorgeschriebenen Abwicklung eine andere Art der Auseinandersetzung vereinbaren; § 145. Bei dieser müssen auch die Kommanditisten mitwirken. Es kann auch vereinbart werden, daß ein Kommanditist das Geschäft mit Aktiven und Passiven übernimmt; vgl. die Erl. zu § 145. In sinngemäßer Anwendung des § 25 kann dabei die Haftung des Kommanditisten für die bisher im Betriebe des Geschäfts begründeten Verbindlichkeiten ausgeschlossen und der Ausschluß auch Dritten gegenüber nach Maßgabe des § 25 Abs. 2 wirksam gemacht werden. Seine bereits bestehende Haftung als Kommanditist bleibt dadurch aber unberührt. Eine durch Leistung der Einlage bereits erloschene Haftung (§ 171 Abs. 1) lebt wieder auf, da in der Übergabe des Geschäfts — ebenso wie in der Auszahlung des Abfindungsguthabens, wenn ein anderer das Geschäft übernimmt — in Höhe des Wertes des Geschäfts — bis zur Höhe der Haftsumme — eine Rückzahlung der Einlage liegt; § 172 Abs. 4.

Durch die Übertragung des Geschäfts auf einen Kommanditisten bleibt die unbeschränkte Haftung des persönlich haftenden Gesellschafters unberührt. Wegen der rechtlichen Natur der Abwicklung, ihrer Voraussetzungen und Rechtsfolgen im allgemeinen vgl. die Erl. zu § 145.

Die Vorschriften des § 146 über die gesetzliche Berufung der Gesellschafter zu Abwicklern und die Übertragung der Abwicklung auf andere Personen, die Ernennung von Abwicklern durch das Gericht, des § 147 über die Abberufung von Abwicklern gelten auch für die Kommanditgesellschaft. Zu den durch das Gesetz berufenen **Abwicklern** gehören außer den von der Geschäftsführung und Vertretung ausgeschlossenen persönlich haftenden Gesellschaftern **auch die Kommanditisten;** KG in LZ 1931, 1002. Da die Ausschließung des Kommanditisten von der Geschäftsführung und Vertretung nur für den Betrieb des Handelsgewerbes gilt und bei der Abwicklung die Belange der persönlich haftenden Gesellschafter und der Kommanditisten gleichwertig sind, haben während der Abwicklung alle Gesellschafter bei Durchführung derselben gleiche Rechte und Pflichten. **Anm. 44**

Auch die Kommanditisten gehören zu den Beteiligten im Sinne des § 146 Abs. 2, §§ 147, 152. **Anm. 45**

Anwendbar sind auch die Vorschriften des § 148 über die Anmeldung der Abwickler und von Änderungen in ihrer Person und ihrer Vertretungsmacht und über die Zeichnung der Firma durch die Abwickler zur Aufbewahrung bei dem Gericht. Auch die Kommanditisten haben bei den Anmeldungen mitzuwirken; KG im Recht 1912 Nr. 1364. **Anm. 46**

Die Vorschriften des § 149 über die Aufgaben der Abwickler und die Vertretung der Gesellschaft durch sie, des § 150 über die Vertretungsbefugnis beim Vorhandensein mehrerer Abwickler, des § 151 über die Unbeschränkbarkeit der Vertretungsbefugnis der Abwickler, des § 152 über die Verbindlichkeit von Anordnungen der Beteiligten über die Geschäftsführung, des § 153 über die Unterschrift der Abwickler im geschäftlichen Verkehr, des § 154 über die **Anm. 47**

Aufstellung einer Abwicklungseröffnungs- und Schlußbilanz gelten auch für die Abwicklung der Kommanditgesellschaft.

Anm. 48 Auch die Vorschriften des § 155 über die vorläufige und endgültige Verteilung des Gesellschaftsvermögens nach Durchführung der Abwicklung gelten für die Kommanditgesellschaft. Bei der Auseinandersetzung unter den Gesellschaftern, insbesondere beim Saldenausgleich, ist ebenso wie beim Ausscheiden eines Kommanditisten aus der fortgesetzten Gesellschaft zu beachten, daß der Kommanditist nur bis zur Höhe seiner Pflichteinlage aus seinem Privatvermögen zur Verlusttragung beizutragen hat; vgl. Anm. 35; vgl. auch die Erl. zu §§ 155 und § 167 Anm. 14.

Anm. 49 Die Vorschrift des § 156 gilt sinngemäß auch für die Kommanditgesellschaft. Bis zur Beendigung ihrer Abwicklung kommen daher in bezug auf das Rechtsverhältnis der bisherigen Gesellschafter untereinander sowie der Gesellschaft zu Dritten die Vorschriften des Zweiten und Dritten Titels, also die Vorschriften über die lebende Kommanditgesellschaft zur Anwendung. Danach hat auch während der Abwicklung der persönlich haftende Gesellschafter, auch wenn er von der Abwicklung ausgeschlossen ist, das in § 118 umschriebene Aufsichtsrecht. Der Kommanditist hat dagegen nur das in § 166 bestimmte beschränkte Überwachungsrecht. Ist der Kommanditist Abwickler, so hat er daneben das einem solchen zukommende Informationsrecht in gleicher Weise, wie dieses Recht einem Kommanditisten zusteht, dem durch den Gesellschaftsvertrag die Geschäftsführung übertragen ist; vgl. § 164 Anm. 12. Kann der Kommanditist auf Grund seiner Stellung als Abwickler sich in gleicher Weise unterrichten wie ein persönlich haftender Gesellschafter, so fehlt es regelmäßig an einem Rechtsschutzbedürfnis zu einem Antrag auf eine gerichtliche Anordnung nach § 166 Abs. 3; KG in LZ 1931, 1002[3]. Es kann aber wie bei der offenen Handelsgesellschaft im Einzelfall gegeben sein; vgl. auch § 166 Anm. 10.

Anm. 50 Anwendbar auf die Kommanditgesellschaft sind auch die Vorschriften des § 157 über die Anmeldung des Erlöschens der Firma, die Verwahrung der Bücher und Papiere der aufgelösten Firma und das Einsichtsrecht der Gesellschafter und ihrer Erben. Auch die Kommanditisten haben das Einsichtsrecht.

Anm. 51 Es gilt auch die Vorschrift des § 158, nach der, falls die Gesellschafter statt der Abwicklung eine andere Art der Auseinandersetzung vereinbart haben, solange noch ungeteiltes Gesellschaftsvermögen vorhanden ist, im Verhältnis zu Dritten die für die Abwicklung bestehenden Vorschriften entsprechend anzuwenden sind.

X. Die Verjährung der Ansprüche gegen die Gesellschafter

Anm. 52 Die Vorschriften der §§ 159, 160 über die kurze Verjährung der Ansprüche der Gesellschaftsgläubiger im Falle der Auflösung der Gesellschaft oder des Ausscheidens eines Gesellschafters aus der fortbestehenden Gesellschaft gelten auch für die Gesellschafter einer Kommanditgesellschaft, und zwar für die persönlich Haftenden ebenso wie für die Kommanditisten. Hat der Kommanditist vor Ablauf der fünfjährigen Verjährungsfrist des § 159 bei seinem Ausscheiden seine Einlage zurückerhalten, was auch durch Zahlung der ihm im inneren Verhältnisse unter den Gesellschaftern zukommenden Abfindungssumme geschehen kann, oder hat er sie durch Auszahlung seines Auseinandersetzungsguthabens während der Abwicklung oder nachher zurückerhalten, so lebt die durch Zahlung der Einlage erloschene Haftung wieder auf. Mit dem Zeitpunkt dieser Rückzahlungen beginnt die fünfjährige Verjährung. Auch soweit der Kommanditist nach § 176 unbeschränkt haftet, unterliegt der Anspruch der kurzen Verjährung; denn der Kommanditist kann hinsichtlich der Verjährung nicht schlechter gestellt sein als ein persönlich haftender Gesellschafter.

Die Eintragung der beschränkten Haftung nach § 176 Abs. 1 oder 2 steht zwar dem Ausscheiden aus der Gesellschaft nicht gleich. Die sinngemäße Anwendung der Verjährungsvorschriften erfordert aber mit der Eintragung die kurze Verjährung insofern beginnen zu lassen, als der Kommanditist über den Betrag seiner Hafteinlage hinaus haftet. Nach Ablauf der Verjährungsfrist seit der Eintragung haftet er auch für die vor der Eintragung begründeten Gesellschaftsverbindlichkeiten nur noch mit der Hafteinlage. Die Eintragung der Herabsetzung der Einlage setzt dagegen eine Verjährung hinsichtlich der den neuen Betrag der Einlage übersteigenden Haftsumme nicht in Lauf; vgl. § 174 Anm. 12; a. A. Ritter Anm. 5.

Dritter Abschnitt, §§ 178—319

Aktiengesellschaft

Vierter Abschnitt, §§ 320—334

Kommanditgesellschaft auf Aktien

Die Vorschriften des Dritten und Vierten Abschnitts waren durch das Aktiengesetz vom 30. Januar 1937, RGBl. I 107, ersetzt und durch § 1 Abs. 1, § 18 Abs. 1 des Einführungsgesetzes zum Aktiengesetz vom gleichen Tage, RGBl. I 166, mit Wirkung seit 1. Oktober 1937 aufgehoben worden.

An die Stelle des Aktiengesetzes 1937 ist mit Wirkung vom 1. Januar 1966 das Aktiengesetz vom 6. 9. 1965 getreten, §§ 29, 46 EG AktG 1965 (BGBl. 1965 I 1185).

Fünfter Abschnitt

Stille Gesellschaft

§ 335

Wer sich als stiller Gesellschafter an dem Handelsgewerbe, das ein anderer betreibt, mit einer Vermögenseinlage beteiligt, hat die Einlage so zu leisten, daß sie in das Vermögen des Inhabers des Handelsgeschäfts übergeht.

Der Inhaber wird aus den in dem Betriebe geschlossenen Geschäften allein berechtigt und verpflichtet.

Inhaltsübersicht

Schrifttum: Saenger, Die stille Gesellschaft 1924; Lang, Die Typen der stillen Gesellschaft 1930; Lübbert, Die Rechtsnatur der stillen Gesellschaft, ZHR 58, 464; Hueck, Die Übertragung von Geschäftsanteilen, ZHR 83, 1; ders., Die stille Beteiligung an Handelsgesellschaften, Festschrift für Heinrich Lehmann 1937, 239; Otto, Moderne Erscheinungsformen der stillen Beteiligung, BB 1948, 210; ders., Die stille Gesellschaft, Heidelberger Musterverträge B 8, 1965; Siebert, Zur atypischen stillen Gesellschaft NJW 53, 806; Aulinger, Die atypische Gesellschaft 1955; Paulick, Handbuch der stillen Gesellschaft, 1959; Koenigs, Die stille Gesellschaft, 1961; Rasner, Die atypische stille Gesellschaft, 1961 (bespr. v. Zöllner, ZHR 126, 161).

Übersicht: § 335 enthält in Verbindung mit § 336 Abs. 2 die Begriffsbestimmung der stillen Gesellschaft. Die §§ 336 und 337 regeln die Ermittelung von Gewinn und Verlust der Gesellschaft und die Beteiligung des stillen Gesellschafters daran; § 338 umschreibt das Überwachungsrecht des stillen Gesellschafters. Die §§ 339 und 340 enthalten die Bestimmungen über die Auflösung der Gesellschaft und die Auseinandersetzung unter den Gesellschaftern. § 341 behandelt die Stellung des stillen Gesellschafters im Konkurse des Geschäftsinhabers. § 342 schafft ein besonderes Anfechtungsrecht zugunsten der Konkursgläubiger des Geschäftsinhabers. **Anm. 1**

I. Die wirtschaftliche Bedeutung der stillen Gesellschaft

Mit der offenen Handelsgesellschaft und der Kommanditgesellschaft hat die stille Gesellschaft gemeinsam, daß alle drei Gesellschaftsarten wirtschaftliche Zwecke, und zwar die Förderung von Handelsunternehmungen durch eine Verbindung von Arbeitskraft und Kapital, verfolgen. Während bei der offenen Handelsgesellschaft und der Kommanditgesellschaft alle Gesellschafter durch die Eintragung ins Handelsregister nach außen hervortreten und den Gesellschaftern unmittelbar, die Kommanditisten allerdings nur beschränkt haften, eröffnet die Einrichtung der stillen Gesellschaft einen Weg, um die Beteiligung von Kapital an der Förderung eines Handelsbetriebes in den Fällen zu ermöglichen, in denen der einen oder anderen Seite die Beteiligung nach außen und eine unmittelbare, wenn auch beschränkte Haftung gegenüber den Gläubigern nicht erwünscht ist. Der Grund für die nicht äußerlich erkennbare, also nur stille Beteiligung kann auf Seiten des Geschäftsinhabers, d. h. desjenigen liegen, der nach außen als Inhaber des Unternehmens auftritt, z. B. deshalb, weil er überhaupt nicht zu erkennen geben will, daß er mit dem Kapital eines anderen arbeitet oder weil er die Verbindung mit einer bestimmten Person als Geldgeber nicht in die Erscheinung treten lassen will. Auf Seiten des Geldgebers kann der Grund der Geheimhaltung namentlich darin zu suchen sein, daß er etwa wegen seiner Stellung im öffentlichen Leben oder in der Wirtschaft sich an einem Erwerbsunternehmen offen überhaupt nicht beteiligen darf oder weil das Offenkundigwerden seiner Beteiligung an einem bestimmten Unternehmen wegen seiner Beteiligung an anderen (Wettbewerbs-)Unternehmungen ihm oder Dritten nachteilig sein könnte. Zur wirtschaftlichen Bedeutung der stillen Gesellschaft vgl. auch: Schlegelberger-Gessler 21, Koenigs S. 43, Rasner S. 16. **Anm. 2**

Die Bedeutung der stillen Gesellschaft für die Wirtschaft wird durch die weitgehende **Vertragsfreiheit** gefördert. Innerhalb der Grenzen, die einerseits von der Personalhandelsgesellschaft, andrerseits vom partiarischen Darlehn (Anm. 40) bestimmt werden, ist für die Vertragsgestaltung Spielraum, vgl. insbesondere zur atypischen stillen Gesellschaft Anm. 17, 18.

II. Der Begriff der stillen Gesellschaft

Anm. 3 1. Die §§ 105 und 161 enthalten eine unmittelbare Begriffsbestimmung der offenen Handelsgesellschaft und der Kommanditgesellschaft, indem sie bestimmte Begriffsmerkmale bezeichnen, bei deren Vorhandensein eine Gesellschaft eine offene Handelsgesellschaft oder eine Kommanditgesellschaft ist (Betrieb eines Handelsgewerbes durch eine Gesellschaft unter gemeinschaftlicher Firma als Gesellschaftszweck, unmittelbare Haftung gegenüber den Gesellschaftsgläubigern, und zwar bei der offenen Handelsgesellschaft für alle Gesellschafter unbeschränkt, bei der Kommanditgesellschaft teils unbeschränkt, teils beschänkt). Bei der stillen Gesellschaft ergeben sich die Begriffsmerkmale nur indirekt aus den Vorschriften des § 335, durch die die Art der Beteiligung des stillen Gesellschafters im inneren Verhältnis unter den Gesellschaftern und sein Verhältnis nach außen umschrieben ist, und aus § 336 Abs. 2 Halbsatz 2, nach dem durch den Gesellschaftsvertrag die Beteiligung des stillen Gesellschafters am Gewinn nicht ausgeschlossen werden kann (ebenso Koenigs S. 3).

Anm. 4 Die stille Gesellschaft ist keine Handelsgesellschaft. Dies ergibt sich schon aus der Überschrift des Zweiten Buches „Handelsgesellschaften und stille Gesellschaft". Die stille Gesellschaft ist auch ihrem Wesen nach keine Handelsgesellschaft; denn sie betreibt kein Handelsgewerbe. Sie ist nur an den Ergebnissen des Handelsgewerbes beteiligt, das einer ihrer Gesellschafter betreibt.

2. Die stille Gesellschaft ist aber nach dem Sprachgebrauche des HGB eine Gesellschaft. Da sie keine Handelsgesellschaft mit eigener Rechtspersönlichkeit ist, kann sie nur eine Personengesellschaft im Sinne der §§ 705ff. BGB sein. Sie erfüllt auch alle Begriffsmerkmale dieser Gesellschaftsart. Sie ist eine Vereinigung mehrerer Personen, die keine eigene Rechtspersönlichkeit besitzt, deren Mitglieder sich durch den Gesellschaftsvertrag gegenseitig verpflichten, die Erreichung eines gemeinsamen Zweckes in der durch den Vertrag bestimmten Weise zu fördern; § 705 BGB; vgl. auch die Erl. zu § 105 HGB.

Das HGB bezeichnet auch nicht nur die Vereinigung des Geschäftsinhabers und des stillen Gesellschafters nach §§ 335ff. als „Gesellschaft" (§§ 339, 240), es bringt die Unterordnung der stillen Gesellschaft unter den Gesellschaftsbegriff des BGB auch dadurch zum Ausdruck, daß es bestimmte Vorschriften des BGB über die Gesellschaft für unanwendbar, andere durch einzelne Vorschriften des HGB als nicht berührt erklärt; § 338 Abs. 2; § 339 Abs. 1 Satz 2. Daß die stille Gesellschaft eine Gesellschaft im Sinne des § 705 BGB ist, entspricht auch der Auffassung der Rechtsprechung und des überwiegenden Teiles des Schrifttums; vgl. RG in JW 1912, 462[9]; DürHach. 2; Schlegelberger-Gessler Anm. 2; Wieland I 771ff.; Müller-Erzbach 355f.; Teichmann-Koehler Anm. 1; Ritter Anm. 3; Baumbach-Duden Anm. 1; J. v. Gierke § 38; Hueck § 20 III, Lehmann § 29 I, Paulick S. 36, Koenigs S. 20, Rasner S. 29; D I 183; a. A. Lübbert S. 502ff. Lang sieht die stille Gesellschaft regelmäßig nur als gesellschaftsähnliche Interessenverknüpfung auf kreditähnlicher Grundlage, als ein Mittelding zwischen Gesellschaft und partiarischem Darlehn an, hält aber bei entsprechender Ausgestaltung des Vertragsverhältnisses im inneren Verhältnis eine Gesellschaft für möglich.

Der Annahme einer Gesellschaft steht nicht entgegen, daß die stille Gesellschaft kein Gesellschaftsvermögen kennt, da die Einlage in das Vermögen des Geschäftsinhabers übergeht. Das Bestehen eines Gesellschaftsvermögens gehört nicht zu den Begriffsmerkmalen der Gesellschaft im Sinne des bürgerlichen Rechts (Fischer in BG BRGRK § 705 Vorbem. 5). Es ist deshalb auch nicht nötig, daß auf Grund besonderer Vereinbarung auch nur im inneren Verhältnis der Gesellschafter ein Gesellschaftsvermögen vorhanden ist, d. h. daß das Geschäftsvermögen im inneren Verhältnis so behandelt werden muß, als wäre es Gesellschaftsvermögen. Gegen die Annahme einer Gesellschaft spricht auch nicht, daß sich aus dem Verhältnis zwischen den Vertragschließenden nur gegenseitige schuldrechtliche Verpflichtungen ergeben und nicht darüber hinaus noch eine personenrechtliche Verbundenheit besteht. Letztere ist kein besonderes Begriffsmerkmal der Gesellschaft im Sinne des bürgerlichen Rechts. Es genügt, daß die gegenseitigen Verpflichtungen auf einer sozialrechtlichen Verbundenheit beruhen, der Erreichung eines gemeinsamen Zwecks zu gemeinsamem Nutzen dienen (DürHach. 2, Fischer a. a. O. § 705 Anm. 2, Staudinger-Geiler-Kessler § 705 Vorbem. 23).

Die stille Gesellschaft ist danach und auf Grund ihrer besonderen Begriffs- **Anm. 5**
merkmale nach den §§ 335, 336 eine **Gesellschaft des bürgerlichen Rechts** zwischen dem Inhaber eines Handelsgeschäfts und einem anderen, der sich an diesem Geschäfte mit einer Vermögenseinlage beteiligt, die in das Vermögen des Geschäftsinhabers übergeht, und bei der der Geschäftsinhaber allein das Unternehmen betreibt, der stille Gesellschafter aber stets am Gewinn des Unternehmens beteiligt ist; D. I 167. Durch den Ausschluß der Gesellschaft vom Rechtsverkehr nach außen kennzeichnet sich die stille Gesellschaft als typische **Innengesellschaft.** Sie unterscheidet sich dadurch wesentlich von der offenen Handelsgesellschaft und der Kommanditgesellschaft, die unter einer gemeinsamen Firma in den Rechtsverkehr treten, also typische Außengesellschaften sind. Zur **Abgrenzung** von anderen Verträgen s. Anm. 40—41.

Die stille Gesellschaft ist wie die offene Handelsgesellschaft und die Komman- **Anm. 6**
ditgesellschaft eine Abart der bürgerlich-rechtlichen Gesellschaft, d. h. sie weicht in wesentlichen Merkmalen von der gewöhnlichen Geselllchaft des bürgerlichen Rechts ab. Dies zeigt sich vor allem darin, daß sie keine Gesamthandsgemeinschaft ist; vgl. hierzu die folgenden Anmerkungen.

III. Der Inhaber des Handelsgeschäfts

1. Es müssen zwei Arten von Gesellschaftern vorhanden sein: ein Gesell- **Anm. 7**
schafter, der Inhaber des Handelsgeschäfts, muß ein **Handelsgewerbe** betreiben; ein anderer, der stille Gesellschafter, muß sich an dem Handelsgewerbe des Geschäftsinhabers beteiligen; wegen einer Mehrheit von stillen Gesellschaftern vgl. Anm. 71, 72.

2. Der Zweck der Gesellschaft muß auf die **Erzielung von Gewinn** gerichtet sein. **Anm. 8**
Der Gewinn muß durch den Betrieb des Handelsgewerbes des einen Gesellschafters erzielt werden. Durch den Betrieb des Handelsgewerbes trägt der Inhaber zur Förderung des gemeinsamen Zweckes bei; der stille Gesellschafter fördert dagegen den Gesellschaftszweck dadurch, daß er den vereinbarten Betrag in das Vermögen des Geschäftsinhabers leistet.

Da zum Wesen des Handelsgewerbes die Absicht gehört, durch die Ausübung des Handels Gewinn zu erzielen, besteht keine stille Gesellschaft im Sinne des HGB, wenn sich jemand an einem anderen Unternehmen als einem Handelsunternehmen, etwa einem wissenschaftlichen oder einem Wohltätigkeitsunternehmen beteiligt. Öffentlichrechtliche Beschränkungen des Betriebs, z. B. das Erfordernis einer staatlichen Erlaubnis (Apothekenkonzession) schließen das Bestehen eines Handelsgewerbes nicht aus; RG in JW 1909, 501[7]; 1929, 2227; BGH 8, 157. Das Erfordernis der persönlichen Erlaubnis zum Gewerbebetrieb kann aber gerade zur Wahl der Rechtsform der stillen Gesellschaft führen, wenn nicht jeder Gesellschafter die Erlaubnis erhalten kann oder einholen will; vgl. Anm. 2. Wegen des Begriffs des Handelsgewerbes vgl. § 1 Anm. 4ff.

3. Der Betrieb eines Handelsgewerbes liegt auch vor, wenn zwar nicht ein **Anm. 9**
Grundhandelsgewerbe nach § 1, sondern ein anderes gewerbliches Unternehmen betrieben wird, das auf Grund **Eintragung** nach § 2 oder § 3 Abs. 2 als Handelsgewerbe gilt. Es genügt dabei zur Entstehung der Gesellschaft, daß nach dem Willen der Vertragschließenden ein Handelsgewerbe nach § 1 betrieben werden und in den Fällen der §§ 2 u. 3 die Eintragung erfolgen soll; Schlegelberger-Gessler Anm. 8; Ritter Anm. 4a; a. A. Wieland I 774 Anm. 9. Es genügt aber nicht, daß z. Zt. des Vertragsschlusses der eine Vertragschließende Inhaber eines Handelsbetriebes war. Der Wille der Vertragschließenden muß vielmehr auf den Betrieb des Handelsgewerbes durch ihn gerichtet sein.

4. Ist eine Gesellschaft unter einer Firma ins Handelsregister eingetragen, obwohl **Anm. 10**
das unter der Firma betriebene Gewerbe kein Handelsgewerbe ist, oder obwohl es zu den in § 4 Abs. 1 bezeichneten Handwerks- und Kleingewerbebetrieben gehört, so kann der Mangel der Eintragungsfähigkeit gemäß § 5 nicht geltend gemacht werden, soweit sich ein Beteiligter auf die Eintragung beruft. Nimmt der Unternehmer eines solchen Betriebs einen anderen als stillen Gesellschafter auf, so entsteht dadurch eine stille Gesellschaft im Sinne der §§ 335ff., sowohl im inneren Verhältnis wie nach

außen, z. B. für die Anfechtung nach § 342. Dem Erfordernis des Betriebs eines Handelsgewerbes ist auch genügt, wenn ein Minderhandelsgewerbe betrieben wird. Ein Vollhandelsgewerbe ist nicht erforderlich. Auch ein **Minderkaufmann** kann somit einen stillen Gesellschafter aufnehmen; RG 9, 81; OLG Darmstadt in JW 1933, 2663; Schlegelberger-Gessler Anm. 7; Baumbach-Duden 2 A.

Anm. 11 **5.** Der eine Vertragschließende, und zwar der Inhaber des Handelsunternehmens muß das Handelsgewerbe betreiben; doch ist Inhaber auch derjenige, der es von einem anderen, etwa dem stillen Gesellschafter, gepachtet hat. Die Gesellschaft darf es nicht betreiben. Hierdurch unterscheidet sich die stille Gesellschaft wesentlich von der offenen Handelsgesellschaft und der Kommanditgesellschaft. Auch unter den Personennamen der Gesellschafter darf das Geschäft nicht betrieben werden. Andernfalls ist es jedenfalls nach außen Handelsgesellschaft und die Gesellschafter haften den Gläubigern als Gesellschafter einer Handelsgesellschaft (vgl. BGH in DB 64, 476).

Der Geschäftsinhaber darf auch wegen Beteiligung eines stillen Gesellschafters seiner Firma keinen das Bestehen eines Gesellschaftsverhältnisses andeutenden Zusatz (z. B. u. Co.) hinzusetzen. Er darf nur unter seiner eigenen Firma auftreten. Er tritt allein nach außen in die Erscheinung; er allein haftet den Gläubigern, vgl. Anm. 73.

Da der Geschäftsinhaber das Handelsgewerbe, wenn auch auf gemeinsame Rechnung, betreibt, ist er stets Kaufmann. Er wird Kaufmann durch den Betrieb des Unternehmens. Er braucht es nicht schon bei Abschluß des Gesellschaftsvertrages zu sein.

Anm. 12 **6.** Geschäftsinhaber kann eine **Einzelperson oder eine Handelsgesellschaft** sein, also eine offene Handelsgesellschaft (ROHG 13, 62; RG 30, 33; 126, 386; bei Gruchot 29, 994; RFH 2, 115; 20, 194) oder eine Kommanditgesellschaft (RG 25, 41; bei Gruchot 29, 994; RFH 7, 159) oder eine Kapitalgesellschaft, also eine Aktiengesellschaft (OLG Dresden bei Bauer 7, 45; in Holdh-Mschr. 9, 41; RFH in StuW 29 Nr. 270) oder eine Kommanditgesellschaft auf Aktien oder eine GmbH (RFH 1, 77).

Die Kapitalgesellschaften sind zwar kraft Gesetzes Handelsgesellschaften, auch wenn der Gegenstand ihres Unternehmens nicht im Betrieb eines Handelsgewerbes besteht; §§ 3 AktG, § 13 GmbHG. Einen stillen Gesellschafter können sie aber nur aufnehmen, wenn sie ein Handelsgewerbe betreiben, nicht wenn sie einem anderen, z. B. einem idealen Zwecke dienen. Dies ergibt sich auch aus § 336, nach dem der Zusammenschluß zu einer stillen Gesellschaft Gewinnerzielung zum Gegenstand hat.

Anm. 13 **7.** Bestritten ist, ob auch eine **Gesellschaft des bürgerlichen Rechts** einen stillen Gesellschafter aufnehmen kann. Gegen die Zulässigkeit der stillen Gesellschaft wird geltend gemacht, daß die bürgerlich-rechtliche Gesellschaft nicht Firmengesellschaft ist und nicht als solche im Rechtsverkehr auftritt. Praktisch wird die Frage nur, wenn zwei Personen als Gesellschafter nur ein Minderhandelsgewerbe betreiben und deshalb nach § 4 Abs. 2 keine offene Handelsgesellschaft oder Kommanditgesellschaft begründen können. Nimmt man wie hier (vgl. Anm. 10) an, daß eine Person, die ein Minderhandelsgewerbe betreibt, einen stillen Gesellschafter aufnehmen kann, so ist nicht ersichtlich, weshalb es nicht mehrere tun können, die das Gewerbe in Gestalt einer Gesellschaft des bürgerlichen Rechts betreiben. Die Gesellschaft wird dadurch nicht zur Handelsgesellschaft. Die Gesellschafter betreiben nach wie vor das Geschäft unter ihren bürgerlichen Namen, nicht unter den Namen der Gesellschaft. Durch den Gesellschaftsvertrag über die stille Gesellschaft wird auch nicht die bürgerlich-rechtliche Gesellschaft, sondern deren Gesellschafter berechtigt und verpflichtet; Ritter Anm. 3; Flechtheim in DürHach. Anm. 3; Schlegelberger-Gessler 9; Baumbach-Duden 2 A; Koenigs S. 13. Da eine Erbengemeinschaft das Handelsgeschäft des Erblassers fortsetzen kann (§ 27 Anm. 16, s. aber auch § 105 Anm. 65ff), kann sie auch einen stillen Gesellschafter aufnehmen.

Anm. 14 **8.** Während der Abwicklung einer Handelsgesellschaft kann ein stiller Gesellschafter nicht aufgenommen werden. Dies würde dem Zwecke der Abwicklung, die Handelsgesellschaft ihrem Ende zuzuführen, widersprechen, ebenso dem gemeinsamen Zweck der stillen Gesellschaft durch den Betrieb eines Handelsgewerbes auf gemeinsame Rechnung Gewinn zu erzielen; Schlegelberger-Gessler Anm. 9; a. M. Ritter Anm. 3. Dem Abwickler würde auch die Vertretungsbefugnis zum Abschlusse des Vertrages fehlen, da er über die Aufgabe der Abwicklung hinausgehen würde. Dagegen wären alle Gesellschafter gemeinsam zum Abschluß eines solchen Vertrags namens der Gesellschaft legitimiert. Der Abschluß wäre als Beschluß auf Fortsetzung der Gesellschaft, also auf Wiederaufnahme des werbenden Betriebes anzusehen und nur bei Vorhandensein des Fortsetzungswillens zulässig; vgl. § 144 HGB. Wenn eine aufgelöste Aktiengesellschaft fortgesetzt werden soll, so sind auch die besonderen Vorschriften des § 274 AktG zu beachten.

IV. Die Vermögenseinlage

1. Der stille Gesellschafter muß sich **mit einer Vermögenseinlage** an dem Handelsunternehmen eines anderen beteiligen. In dem Erfordernis der Leistung einer Vermögenseinlage durch den einen Gesellschafter stimmt die stille Gesellschaft mit der Kommanditgesellschaft überein. Eine stille Gesellschaft ohne Vermögenseinlage des stillen Gesellschafters kann nicht errichtet werden; RG in HoldhMschr. 15, 308, Flechtheim 6, Schlegelberger-Gessler 11, Koenigs S. 122; a. M. Lang S. 41, Fischer JR 62, 201; wohl auch Rasner S. 101. Nach der gesetzlichen Regelung ist die Einlage ein wesentliches Merkmal der stillen Gesellschaft. Womit sollte der Stille auch sonst den Gesellschaftszweck fördern? Die nachträgliche Rückzahlung der Einlage oder deren Verbrauch durch Verlust schließt aber den Fortbestand der Gesellschaft nicht aus, hat also die Auflösung der Gesellschaft nicht notwendig zur Folge, dies ergibt sich auch aus § 342 Abs. 1 Satz 2; RG in SeuffA 95 Nr. 35 = DR 1941, 1542[4]; s. Anm. 26. Anm. 15

2. Anders als bei der offenen Handelsgesellschaft, der Kommanditgesellschaft und der gewöhnlichen Gesellschaft des bürgerlichen Rechts ist die Vermögenseinlage so zu leisten, daß sie in das **Vermögen des Inhabers** des Handelsgeschäfts übergeht. In dieser Vorschrift kommt das Wesen der stillen Gesellschaft als Innengesellschaft in besonderem Maße zum Ausdruck; D. I 197. Es gibt bei der stillen Gesellschaft kein Gesellschaftsvermögen, weder Gesamthandsvermögen noch Gemeinschaftsvermögen nach Bruchteilen. Soll ein solches Gesellschaftsvermögen mit dinglicher Wirkung, also mit Wirkung nach außen, als Gesamthandseigentum nach dem Willen der Gesellschafter bestehen, so liegt keine stille Gesellschaft vor, die den Regeln der §§ 335ff. untersteht. Jedoch kann eine solche Vereinbarung eine gewöhnliche Gesellschaft des bürgerlichen Rechts erzeugen und rechtswirksam sein. Wollen die Gesellschafter aber eine stille Gesellschaft errichten, so muß ihre Vereinbarung dahingehen, daß die Vermögenseinlage des Stillen in das Vermögen des Geschäftsinhabers übergeht. Sie wird mit ihrer Leistung Bestandteil des einheitlichen Vermögens des Geschäftsinhabers (RG 126, 390) und teilt die rechtlichen Schicksale dieses Vermögens, unterliegt also auch der Zwangsvollstreckung der Gläubiger, auch der Privatgläubiger des Geschäftsinhabers. Der Stille wird deshalb auch nicht Mitinhaber des Geschäfts. Der andere Gesellschafter ist vielmehr, anders als bei der offenen Handelsgesellschaft und der Kommanditgesellschaft, Alleininhaber des Handelsgeschäfts. Anm. 16

Übergang in das Vermögen des Geschäftsinhabers bedeutet nicht, daß das Geleistete in das Eigentum des Geschäftsinhabers übergehen muß, wie Art. 252 ADHGB in zu enger Fassung sich ausdrückte. Dem Geschäftsinhaber muß nur die rechtliche Verfügung über den Gegenstand der Einlage zustehen. Deshalb kann die Einlage auch in einer Gebrauchsüberlassung, der Übertragung eines Nutzungsrechtes bestehen.

3. Die Bezeichnung **„atypische stille Gesellschaft“** wurde ursprünglich nur i. S. einer Erweiterung der **Vermögensrechte** des Stillen verwendet, vgl. DürHach., der von einer nicht typischen stillen Gesellschaft sprach, § 335 Vorbem. 2, Anm. 28, § 340 Anm. 4, 17. Man verstand darunter eine stille Gesellschaft mit der Vereinbarung, daß der Stille im Innenverhältnis — in schuldrechtlicher Form — am Geschäftsvermögen so beteiligt ist, als ob es ihm und dem Geschäftsinhaber gemeinschaftlich gehöre (RG 126, 390; BGH 7, 174 Leitsatz 1). Im Steuerrecht wird der Begriff im wesentlichen heute noch so verstanden (Koenigs 47ff., Rasner 83ff.). Der Stille erlangt durch eine solche Vereinbarung nur schuldrechtliche Ansprüche gegen den Geschäftsinhaber, dingliche Rechte am Geschäftsvermögen erwirbt er nicht. Aber er wird bei der Gewinnermittlung und bei der Auseinandersetzung wie der Gesellschafter einer Personalhandelsgesellschaft behandelt, vgl. § 337 Anm. 12, § 340 Anm. 18, Rasner S. 60ff.). Anm. 17

Anm. 18 Eine atypische stille Gesellschaft liegt auch vor, wenn dem Stillen im Gesellschaftsvertrag **Verwaltungsrechte,** nicht nur die Informationsrechte des § 338 eingeräumt werden. Das ist der Fall, wenn er an der Geschäftsführung beteiligt wird, wenn z. B. bestimmte Geschäfte oder alle Handlungen des Geschäftsinhabers, die über den gewöhnlichen Betrieb seines Handelsgewerbes hinausgehen (entsprechend §§ 116, 164), der Zustimmung des Stillen bedürfen, s. auch Anm. 60 und § 338 Anm. 8.

Von einer atypischen stillen Gesellschaft sollte man — insoweit Rasner (S. 17, 47, 77) folgend — nur sprechen, wenn der Gesellschaftsvertrag von der gesetzlichen **Struktur** der stillen Gesellschaft abweicht. Nach Rasner ist das nur bei der Gewährung von Verwaltungsrechten an den Stillen der Fall. Aber auch die vermögensrechtliche Gleichstellung des Stillen mit dem Gesellschafter einer oHG oder KG bedeutet eine Strukturänderung. Die Nichtbeteiligung des Stillen am Geschäftsvermögen ist ein wesentliches Merkmal der gesetzlichen Regelung. Es ist daher gerechtfertigt, in beiden Fällen von einer atypischen stillen Gesellschaft zu sprechen (ebenso Schlegelberger-Gessler 20a, Aulinger S. 16, 27 und Paulick S. 984).

Anm. 19 **4.** Wie die **Übertragung** der Einlage in das Vermögen des Geschäftsinhabers zu erfolgen hat, bestimmt sich nach den allgemeinen Vorschriften über die Übertragung von Sachen und Rechten. Danach sind Grundstücke aufzulassen, bewegliche Sachen nach den dafür gegebenen Formen zu übereignen, Forderungen abzutreten, Orderpapiere durch Indossament zu übertragen. Auch Erfüllungsersatz durch Leistung an Erfüllungs Statt, Schuldumwandlung ist nach den allgemeinen Vorschriften des bürgerlichen Rechts möglich. Die Übertragung in das Vermögen des Geschäftsinhabers braucht auch nur insoweit zu erfolgen, daß die Erfüllung des Gesellschaftszweckes nicht beeinträchtigt ist. Eine Belastung des zum Gebrauch zu überlassenden Gegenstandes mit dem Rechte eines Dritten braucht deshalb nicht beseitigt zu werden, wenn dadurch die Benützung der Sache für das Unternehmen nicht gehindert ist. Es ist daher auch möglich, zur Sicherung des Anspruchs auf Rückzahlung der Einlage eine Hypothek oder ein Pfandrecht an dem eingebrachten Gegenstande bestellen zu lassen; ROHG 12, 99; RG 84, 434; Warneyer 13 Nr. 211.

Anm. 20 **5.** Der Begriff der **Vermögenseinlage** ist der gleiche wie bei der Kommanditgesellschaft; vgl. § 161 Anm. 13. Danach kann Vermögenseinlage alles sein, was einen **Vermögenswert** hat (BGH 7, 177) und übertragbar ist, also nicht nur Geld, sondern auch bewegliche und unbewegliche Sachen jeder Art, Wertpapiere, Patente und sonstige übertragbare Schutzrechte, Lizenzen, die Kundschaft eines Geschäfts, Fabrikgeheimnisse (RG 122, 72), die Kenntnis von Bezugsquellen (RG 95, 150), die Verpflichtung zur Unterlassung bestfmmter Handlungen (Recht 1925 Nr. 28), das Firmenrecht, soweit es übertragbar ist, ein Handelsunternehmen (RG 20, 163; 30, 57). Auch übertragbare Forderungen des stillen Gesellschafters gegen den Geschäftsinhaber können als Einlage eingebracht werden. Da die Forderung mit der Einbringung erlischt, ist das Vermögen des Geschäftsinhabers um den entsprechenden Betrag bereichert.

Geht die Verpflichtung auf eine Leistung in Geld oder vertretbare Sachen, so kann der stille Gesellschafter diese auch ohne Vereinbarung durch Aufrechnung mit einem zur Aufrechnung geeigneten Anspruch tilgen und damit seine Einlagepflicht erfüllen. Es kann auch mit einer Forderung aufgerechnet werden, die vor Errichtung der stillen Gesellschaft entstanden ist. Vollwertigkeit der Gegenforderung wie bei den Kapitalgesellschaften ist nicht erforderlich; vgl. § 171 Anm. 13a. Als Einlage kann auch die Befreiung des Geschäftsinhabers von einer Schuld gegenüber einem Dritten vereinbart werden; RG im Recht 1909 Nr. 2634.

Anm. 21 Ein bloßer Warenkredit zu den üblichen Bedingungen ist keine Vermögenseinlage, da die Kreditgewährung allein noch keinen selbständigen, in Geld schätzbaren Vermögenswert darstellt; RG 31, 74; DJZ 1908, 370; RG in LZ 1918, 1051. Dagegen kann Einlage sein die Eröffnung eines Kredits bei dem stillen Gesellschafter zu günstigeren Bedingungen, als er bei einem Dritten zu beschaffen wäre oder die Beschaffung eines solchen Kredits bei einem Dritten (DürHach. 7, Schlegelberger-Gessler 12, Koenigs S. 125). Auch ein **Lieferungsvertrag,** bei dem nicht die Leistung und Gegenleistung sich ausgleichen kann, sondern darüber hinaus von dem anderen Teil dem Geschäftsinhaber zur Förderung seines Handelsgeschäftes etwas gewährt wird, z. B. die Lieferung zu Vorzugspreisen oder mit langer Zahlungsfrist, aber zu Barzahlungspreisen, oder mit einem Alleinbezugsrecht oder mit dem Versprechen der Nichtbelieferung eines Konkurrenten, kann eine Einlage sein, da sie einen Vermögenswert darstellt. **Dienstleistungen** können wie bei der gewöhnlichen bürgerlich-rechtlichen Gesellschaft (§ 706 Abs. 3), der offenen Handelsgesellschaft und der Kommanditgesellschaft ebenfalls die Einlage des stillen Gesellschafters bilden; RG in HoldhMschr. 1905, 214; RG SeuffA Bd. 93 Nr. 59 = JW 1939, 489[16]; KG in JFG 6, 207; Schlegelberger-Gessler Anm. 14; Ritter Anm. 4c u. f; vgl. auch § 161 Anm. 13; a. A. Lastig in ZHR 32, 234ff.; Lübbert S. 515. Wieland I 774 will nur die Vergütung für die Dienste als Einlage anerkennen. Erforderlich ist, daß ein Anspruch des Geschäftsinhabers auf die Leistung der Dienste besteht und diese einen Vermögenswert haben, was insbesondere darin zum Ausdruck kommen kann, daß dadurch eine andere Arbeitskraft erspart wird. Die Verpflichtung zu nur gelegentlichen Dienstleistungen oder zur Aushilfe im Notfall genügt nicht. Über die Behandlung von Dienstleistungen als Einlage s. im einzelnen § 337 Anm. 30.

Die Leistungen sind nur dann Einlage, wenn sie zum Zwecke der Erfüllung der gesellschafterlichen Einlagepflicht bewirkt werden sollen, nicht wenn es sich um Erfüllung einer von dem Gesellschafterverhältnis unabhängigen Verpflichtung, z. B. eines Dienstvertrages, oder Mietvertrages, eines Kaufvertrages, eines Darlehensvertrages handelt. Ob das eine oder andere gewollt ist, ist durch Vertragsauslegung zu ermitteln.

6. Die Einlage kann auch aus Mitteln des Geschäftsinhabers durch **Schenkung** an **Anm. 22**
den Stillen erbracht werden, z. B. vom Vater an seine Kinder. Es wird ausdrücklich oder stillschweigend ein Gesellschaftsvertrag abgeschlossen (Anm. 32ff.) und der Einlagebetrag vom Kapitalkonto des Geschäftsinhabers auf Einlagekonto des Stillen umgebucht. Darin nur ein der Form des § 518 BGB unterliegendes Schenkungsversprechen zu sehen (so die Vorauflage und BGH 7, 179 und 378 = LM § 705 BGB Nr. 1 mit zust. Anm. v. Fischer, derselbe JR 62, 202 und BGB-RGRK § 705 Anm. 4, ebenda Kuhn § 518 Anm. 11, DürHach. 6, Erman-Böhle-Stammschräder § 518 Anm. 7), wird der Rechtsnatur der Innengesellschaft nicht gerecht. Auch sie vermittelt eine mitgliedschaftliche Rechtsstellung, die schon durch den Abschluß des Gesellschaftsvertrags geschaffen und nicht erst (i. S. des § 518 BGB) versprochen wird. (Ebenso Hueck ZHR 83, 1 und NJW 53, 138; Würdinger JZ 53, 226; v. Godin JR 53, 177; Siebert NJW 53, 807; Paulick § 6 II 2; Koenigs S. 74; Rasner S. 96; Schlegelberger-Gessler 13; Geiler-Kessler bei Staudinger Vorbem. 46b vor § 705; ebenda Ostler § 518 Anm. 7; Schultze-v. Lasaulx bei Soergel-Siebert § 706 Anm. 32; ebenda Ballerstedt § 516 Anm. 20; Erman-Schulze-Wenck § 706 Anm. 2). Ein formbedürftiges Schenkungsversprechen liegt vor, wenn der Geschäftsinhaber einem anderen verspricht, ihn schenkweise als Stillen aufzunehmen. Die Aufnahme selbst, der Abschluß des Gesellschaftsvertrages, ist schon die Bewirkung der versprochenen Leistung.

Die **Leistung der Einlage** erfolgt durch die Umbuchung vom Kapitalkonto des Geschäftsinhabers auf das Einlagekonto des Stillen. Die Beteiligten ziehen damit zwei Rechtsvorgänge zusammen — Schenkung und Wiedereinzahlung des Einlagebetrags — und vermeiden damit ein unnützes Hin- und Herschieben von Geld. Man kann aber auch mit Koenigs S. 77 einen einheitlichen Vorgang annehmen, nämlich Schenkung der Beteiligung eines stillen Gesellschafters, der seine Einlage geleistet hat.

Formbedürftigkeit ist auch nach der Gegenmeinung nicht gegeben, wenn die stille Beteiligung als **Ausstattung** gewährt wird, denn dann liegt nach § 1624 BGB keine Schenkung vor (BGH in einem unveröffentlichten Urteil d. 2. ZS v. 6. 3. 1967).

7. Die Vermögenseinlage muß auf eine **bestimmte Leistung** lauten oder **Anm. 23**
mindestens bestimmbar sein. Deshalb genügt nicht die Verpflichtung, eine Leistung zu bewirken, „wenn der Stille dazu in der Lage ist" und ein Bedürfnis des Unternehmens für die Leistung besteht. Bei dieser Umgrenzung der Leistung besteht in Wirklichkeit eine Verpflichtung nicht. Anders nur, wenn die Vereinbarung so auszulegen ist, daß der Stille unbedingt zu einer Leistung verpflichtet ist, und nur der Umfang seiner Verpflichtung von seiner Leistungsfähigkeit oder dem Bedürfnisse des Unternehmens abhängt; vgl. RG im Recht 1928 Nr. 39. Eine bestimmte oder bestimmbare Leistung liegt auch nicht vor, wenn der Stille nur für den Fall des Eintritts eines möglichen, aber ungewissen

Ereignisses sich zu einer dann im Interesse des Unternehmens erforderlichen Leistung verpflichtet; RG in HoldhMschr. 1906, 308. Es fehlt auch an der erforderlichen Verpflichtung zu einer Einlage, wenn der Gesellschafter sie nur zu leisten hat, wenn Gewinn erzielt wird und aus dem Gewinnanteil die Einlage geleistet werden kann (ebenso Schlegelberger-Gessler 16; Paulick § 6 I 5). Zulässig ist die Vereinbarung, daß die Einlage erst später und in Raten geleistet wird. Die Gesellschaft und das Gewinnbeteiligungsrecht entsteht dann bereits mit dem Abschluß des Vertrages, nicht erst mit der Leistung der Einlage; KG in JFG 6, 207.

Es braucht nicht, wie bei der Kommanditgesellschaft, ein bestimmter Geldbetrag vereinbart zu werden, den der Wert der etwa in anderer Weise zu leistenden Einlage erreichen muß. Die Festlegung eines solchen Geldbetrages im Gesellschaftsvertrag und dessen Eintragung im Handelsregister ist bei der Kommanditgesellschaft nur vorgeschrieben, weil der so festgesetzte Betrag die Haftsumme bezeichnet, mit der der Kommanditist den Gesellschaftsgläubigern unmittelbar haftet; §§ 171, 172. Bei der stillen Gesellschaft kommt eine solche Haftung überhaupt nicht in Betracht. Hier ist die Einlage lediglich eine im Innenverhältnis zu bewirkende Leistung. Diese muß nur einen in Geld abschätzbaren Vermögenswert haben; KGJ 6, 207. Deshalb können die Gesellschafter auch die Höhe der Einlage in einem **bestimmten Verhältnis** (Prozentsatz) zum Wert des Geschäftsvermögens an einem bestimmten Datum festsetzen (BGH 7, 179).

Anm. 24 **8.** Die Gesellschafter können den **Wert der Einlage** nach freiem Ermessen mit einem bestimmten Geldbetrage bewerten (ebenso Schlegelberger-Gessler 11, Koenigs S. 124). Sie werden es auch zweckmäßig tun, z. B. wenn es sich um Dienste handelt, insbesondere wenn sich die Gewinnbeteiligung nach der Einlage richten soll, auch damit die Buchung auf Einlagekonto in den Büchern des Unternehmens erfolgen kann; vgl. RG 126, 386 (393). Sie sind dabei nur an die allgemeinen Vorschriften des bürgerlichen Rechts über die Gültigkeit von Verträgen gebunden (vgl. z. B. die Vorschriften über die Nichtigkeit wegen Wuchers, § 138 Abs. 2). Ist vertragsmäßige Feststellung des Werts der Einlage nicht erfolgt, so ist der Wert im Zeitpunkt der Vertragschließung, und soweit es sich um den Wert des Geleisteten handelt, im Zeitpunkt der Bewirkung der Einlage durch Schätzung, notfalls durch richterliches Urteil festzustellen. Die Feststellung kann namentlich erforderlich sein, wenn es sich um die Rückzahlung der Einlage oder um die Beteiligung des Stillen am Verlust handelt; vgl. die Erl. zu § 337.

BGH 7, 179 bejaht die Bewertungsfreiheit, hält aber notarielle Beurkundung des Gesellschaftsvertrags gemäß § 518 Abs. 1 BGB (Schenkungsversprechen) für erforderlich, wenn die Überbewertung der Einlage nach dem Willen der Parteien eine unentgeltliche Zuwendung des Geschäftsinhabers an den Stillen darstellen soll. Dem kann aus den in Anm. 22 angeführten Gründen nicht gefolgt werden (ebenso Koenigs S. 77).

Anm. 25 **9.** Da die Einlage den Betrieb des Handelsunternehmens während der Dauer der Gesellschaft fördern soll, kann sie nicht in vor Errichtung der stillen Gesellschaft bewirkten Leistungen, insbesondere nicht in früher geleisteten Diensten bestehen; RG in LZ 1908, 158[5]. Es kann also niemandem eine stille Beteiligung in der Weise eingeräumt werden, daß als seine Einlage seine Verdienste bei der bereits vor Entstehen der stillen Gesellschaft erfolgten Errichtung des Handelsunternehmens bestimmt werden; Ritter Anm. 4c; Schlegelberger-Gessler Anm. 14. Möglich ist aber, daß nachträglich eine zusätzliche Vergütung für die geleisteten Dienste vereinbart und als Einlage verrechnet wird (BGH 7, 181; Schlegelberger-Gessler 14). Eine Einlage liegt vor, wenn der stille Gesellschafter dem Geschäftsinhaber eine ihm früher nur auf Zeit gewährte Leistung, z. B. eine mietweise überlassene Sache weiterhin ohne Mietzins für Geschäftszwecke überläßt; denn dann liegt die Einlage in der Gebrauchsüberlassung.

Anm. 26 **10.** Die Einlage muß **nicht während der ganzen Dauer** des Gesellschaftsverhältnisses bestehen bleiben. Auch hier herrscht — anders bei der Kommanditgesellschaft, § 172 Abs. 4 — Vertragsfreiheit. Die Parteien können — bei Beginn der Gesellschaft oder später — vereinbaren, daß die Einlage dem Geschäftsinhaber nur für eine bestimmte Zeit zur Verfügung stehen solle. Auch dadurch kann der Beitragspflicht des Stillen Genüge getan werden, vgl. Anm. 15. Die Einlage — Bar- oder Sacheinlage — kann gerade für eine bestimmte Zeit für das Geschäft wertvoll sein, für eine andere Zeit aber entbehrlich. Das ist heute gegenüber älterer Rechtsprechung (RG 46, 120; Warneyer 1916 Nr. 98, ebenso DürHach. 6) herrschende Ansicht, RG Warneyer 1925 Nr. 167; DR 1941, 1542[4]; SeuffArch. 95 Nr. 35; OLG Kolmar LZ 1912, 861[2]; Schlegelberger-Gessler 17; Paulick § 6 V 2; Koenigs S. 139, 278.

V. Die Beteiligung an dem Handelsgewerbe des Geschäftsinhabers

1. Der stille Gesellschafter muß **an dem Handelsgewerbe des Geschäftsinhabers** beteiligt sein. Da er weder an dem Geschäftsvermögen noch an dem Betriebe des Handelsunternehmens beteiligt ist, kann die Beteiligung des stillen Gesellschafters sich nur auf die Ergebnisse des Handelsgewerbes beziehen; er kann nur am Gewinn und Verlust beteiligt sein. **Am Gewinn** muß er beteiligt sein. (BGH in BB 54, 172; OLG Hamburg MDR 50, 229). Denn nach § 336 Abs. 2 Halbsatz 2 kann seine Beteiligung am Gewinn nicht ausgeschlossen werden. Die Gewinnbeteiligung des Stillen bildet das notwendige Gegenstück zu seiner Beteiligung durch Leistung einer Vermögenseinlage. Wird die Gewinnbeteiligung des Stillen vertragsmäßig ausgeschlossen, so liegt eine stille Gesellschaft nicht vor; RG in JW 1936, 921. Es kann aber dann eine gewöhnliche Gesellschaft bürgerlichen Rechts bestehen, da bei dieser die Gewinnbeteiligung ausgeschlossen werden kann; EG 90, 14; in JW 1915 1428[3]; Fischer in BGB-RGRK § 705 Vorbem. 5. Auch diese Gesellschaft kann eine Innengesellschaft sein; es kann also auch bestimmt werden, daß kein Gesellschaftsvermögen besteht oder ein Gesellschafter Alleininhaber des Handelsgewerbes ist und es auch allein betreibt und daß die Einlage in sein Vermögen übergeht. Auf eine solche Gesellschaft finden aber die besonderen Vorschriften über die stille Gesellschaft keine Anwendung, insbesondere nicht die das Verhältnis nach außen regelnden Vorschriften der §§ 341, 342. Die Anwendung der übrigen kann aber für eine solche Gesellschaft, auch stillschweigend, bedungen werden; RG im Recht 1904 Nr. 2063; in HRR 1929 Nr. 1035. Anm. 27

Zulässig ist die Vereinbarung, daß der stille Gesellschafter **nicht am Verlust** teilnimmt ; § 336 Abs. 2 Halbsatz 1. Der Geschäftsinhaber kann vom Gewinn oder Verlust ausgeschlossen werden. Aber irgendwie muß auch der Geschäftsinhaber an dem Ergebnisse des Unternehmens beteiligt sein, da es andernfalls an einem gemeinsamen Zwecke, also an einem wesentlichen Erfordernisse der Gesellschaft überhaupt fehlen würde.

2. Eine Beteiligung des stillen Gesellschafters am Gewinn liegt nur vor, wenn seine Ansprüche in irgendeiner Weise davon abhängen, daß das Unternehmen einen Gewinn erzielt, wenn seine Rechtstellung durch die Erzielung von Gewinn beeinflußt wird. Er muß also die Gefahr, daß im Betriebe des Handelsgewerbes nichts verdient wird, wenn auch nicht allein, so doch mittragen; RG 122, 390. Eine Beteiligung des Stillen am Gewinn besteht nicht, wenn er ohne Rücksicht darauf, ob Gewinn oder Verlust erzielt wird, nur den Anspruch auf periodische Auszahlung einer bestimmten Geldsumme, etwa in Gestalt eines Hundertsatzes seiner Einlage oder seines Kapitalkontos, also auf eine Verzinsung seines Kapitals hat; RG 122, 390; 130, 4; BGH LM § 139 Nr. 8; OLG Hamburg MDR 50, 229. Eine Gewinnbeteiligung liegt auch nicht vor, wenn der Geldgeber nur eine Vergütung erhält, die in einem bestimmten Hundertsatz des Gesamtumsatzes des Unternehmens oder des Bezugs von Rohstoffen aus irgendeinem Betriebe oder in einem festen Zuschlag zu dem Kaufpreis zu den Waren besteht, die er an das Unternehmen zu liefern hat. Eine solche Vergütung kann auch in einem Gesellschaftsvertrage bedungen sein, insbesondere im Zusammenhang mit einem Alleinbelieferungsrecht des Geldgebers oder einem Alleinbezugsrecht des Geschäftsinhabers. Diese Gesellschaft ist aber keine stille Gesellschaft; auf sie können die Vorschriften der §§ 335—340 nur kraft ausdrücklicher oder stillschweigender Vereinbarung und nur sinngemäß Anwendung finden; RG 122, 70; in LZ 28, 1546[4]; im Recht 1928 Nr. 1572; KG in OLGR 19, 390. Eine stille Gesellschaft liegt bei solcher Vertragsgestaltung selbst dann nicht vor, wenn der Geldgeber am Verlust beteiligt ist; RG im Recht 1904 Nr. 2063; Warneyer 1916 Nr. 98. Die Zusage derartiger Bezüge schließt aber das Bestehen einer Gewinnbeteiligung nicht aus, wenn sie wenigstens zum Teil von einer Gewinnerzielung des Unternehmens abhängig sind oder wenn daneben eine vom Gewinn abhängige Leistung an den Geldgeber vereinbart ist. So Anm. 28

wenn die nach dem Umsatze zugesagte Vergütung oder der Zuschlag zum Kaufpreise der gelieferten Waren ganz oder teilweise davon abhängt, ob die Gesellschaft in dem betreffenden Jahre Gewinn erzielt; ROHG 12, 98; RG 33, 31; 92, 292; 122, 387; im Recht 1914 Nr. 114; RFH 7, 163 = JW 1922, 116; anders früher RG 20, 165.

In einer sog. **Gewinngarantie** liegt eine Beteiligung am Gewinn nicht, wenn der garantierte Betrag ohne Rücksicht darauf, ob Gewinn erzielt wird oder nicht, zu zahlen ist, s. auch § 336 Anm. 4. Gewinnbeteiligung liegt auch vor, wenn der festbestimmte Betrag sich erhöht, falls ein bestimmter Gesamtgewinn erzielt wird, oder wenn vereinbart ist, daß der Anteil am Gewinn eine bestimmte Summe oder einen bestimmten Hundertsatz der Einlage oder des Kapitalkontos nicht übersteigen darf (RG 122, 390; BayObLG; NJW 51, 237) oder daß der Gewinn zur Auffüllung einer durch Verlust aufgezehrten oder verminderten Einlage verwendet werden muß oder daß, falls der Gewinn nicht eine bestimmte Höhe erreicht, andere Gesellschafter, auch der Geschäftsinhaber, einen Vorzugsanspruch auf den Gewinn haben sollen (hier a. A. RG im Recht 1914 Nr. 114) oder daß zunächst alle Gesellschafter von dem Gewinn einen bestimmten Hundertsatz ihres letzten Kapitalkontos erhalten und der Rest nach einem anderen Maßstabe verteilt werden soll.

Anm. 29 3. Nur eine Beteiligung des Stillen am Gewinn des Unternehmens ist Begriffsmerkmal der stillen Gesellschaft. Dagegen ist nicht nötig, daß er an dem sich bei der Auseinandersetzung ergebenden Überschuß des Vermögens über dessen bei Gesellschaftsbeginn vorhandenen Wert, z. B. an stillen Rücklagen beteiligt ist, wie dies bei der atypischen stillen Gesellschaft der Fall ist, Anm. 17, 18. Es kann also z. B. vereinbart werden, daß der Stille nur an den bilanzmäßigen Jahresgewinnen oder nur an dem sich bei der Auseinandersetzung ergebenden Überschuß beteiligt ist.

Anm. 30 4. Erforderlich ist Beteiligung am Gewinn des **Unternehmens.** Dies ist auch der Fall, wenn der Stille nur an einer von mehreren Niederlassungen des Geschäftsinhabers oder einer selbständigen Abteilung des Unternehmens, z. B. der Auslandsabteilung beteiligt ist; RG in HoldhMschr. 15, 308; RFH 4, 15; in StuW 29 Nr. 276; OLG Düsseldorf in JW 1929, 2169[8]; Schlegelberger-Gessler 19. Keine Beteiligung an dem Unternehmen ist die Beteiligung an einem oder mehreren einzelnen Geschäften (sog. Metageschäft). Hier liegt eine Gesellschaft des bürgerlichen Rechts vor. Wer nur auf Grund einer Vereinbarung mit dem Gesellschafter einer Handelsgesellschaft an dem Gewinn beteiligt ist, der dem Gesellschafter am Gewinn der Gesellschaft zusteht, ist nicht an dem Handelsunternehmen der Gesellschaft beteiligt, sondern steht in einer Gesellschaft bürgerlichen Rechts mit dem Gesellschafter (Unterbeteiligung, § 161 Anm. 30).

VI. Wer kann Stiller sein?

Anm. 31 Stiller Gesellschafter kann jede natürliche und juristische Person und jede Handelsgesellschaft werden. Das gleiche gilt von einer bürgerlich-rechtlichen Gesellschaft und einer Erbengemeinschaft. Das gegen die Zulassung der bürgerlich-rechtlichen Gesellschaft als Geschäftsinhaber geltend gemachte Bedenken, daß es ihnen an einer für das Auftreten als Kaufmann erforderlichen Organisation, insbesondere auch einer Firma fehle (vgl. auch Anm. 12 u. 71), besteht hier nicht; denn der Stille betreibt das Handelsgeschäft nicht; er tritt nicht nach außen hervor. Der stille Gesellschafter braucht nicht Kaufmann zu sein, er wird es auch nicht durch die stille Beteiligung; denn er betreibt als solcher kein Handelsgeschäft.

Auch eine in **Abwicklung** befindliche Gesellschaft kann stiller Gesellschafter eines anderen Unternehmens sein. Ob sie es während der Abwicklung werden kann, hängt davon ab, ob eine solche Beteiligung noch in den Rahmen der Abwicklung fällt. Nur dann sind die Abwickler zum Abschluß eines solchen Vertrages berechtigt, § 149. Wenn wegen anderer Abwicklungsgeschäfte mit einer längeren Dauer der Abwicklung zu rechnen ist oder wenn durch die Beteiligung an einem Unternehmen die Abwicklung selbst gefördert wird, so kann die Beteiligung im Einzelfall zulässig sein. Kann aber die Beteiligung dem Abwicklungszwecke dienen, so sind die Abwickler auch grundsätzlich legitimiert. Dem anderen Teil könnte nur entgegengehalten werden, daß ihm bekannt war, daß im Einzelfall die Beteiligung nicht im Interesse der Abwicklung lag, dann würde eine Berufung auf die Legitimation des Abwicklers eine unzulässige Rechtsausübung darstellen und wäre deshalb nicht zu beachten; vgl. die Erl. zu § 149. Mit Zustimmung aller Gesellschafter ist die Beteiligung stets zulässig. Unter Umständen ist sie ein Zeichen für den Willen der Gesellschafter, den laufenden Betrieb wieder aufzunehmen.

VII. Der Gesellschaftsvertrag

1. Die Entstehung der stillen Gesellschaft erfordert stets einen auf ihre Errichtung gerichteten Vertrag der künftigen Gesellschafter; § 705 BGB. Mit dem Abschluß des Gesellschaftsvertrages kommt die Gesellschaft zur Entstehung, wenn nicht die Entstehung in einem späteren Zeitpunkt oder unter einer aufschiebenden Bedingung vereinbart ist. Zur Entstehung der Gesellschaft ist nicht erforderlich, daß die beiderseitigen Hauptverpflichtungen der Gesellschaft, der Beginn des Handelsbetriebes des Inhabers auf gemeinsame Rechnung, die Einbringung der Einlage, bereits erfüllt sind. **Anm. 32**

2. Der Abschluß des Vertrages kann **formlos** erfolgen (Art. 250 Abs. 2 ADHGB sprach dies ausdrücklich aus; in das HGB wurde eine solche Bestimmung nicht aufgenommen, da nach seinem Recht grundsätzlich Formfreiheit für Verträge besteht und Ausnahmen besonders bestimmt sein müssen). Ausnahmen bestehen nur, soweit sich aus dem Inhalt des Vertrages etwas anderes ergibt, nämlich dann, wenn der Vertrag ein Rechtsgeschäft enthält, das einer besonderen Form bedarf. In Betracht kommt insbesondere das Erfordernis der gerichtlichen oder notarischen Beurkundung nach § 313 BGB, wenn ein Grundstück die Einlage bilden soll, nach § 311 BGB, wenn die Verpflichtung zur Übertragung des Vermögens oder eines Bruchteils des Vermögens des Stillen übernommen werden soll, nach § 15 GmbHG, wenn ein Geschäftsanteil an einer GmbH abgetreten werden soll. Das gleiche gilt für Verpflichtungen, die der Geschäftsinhaber dem Stillen gegenüber für den Fall der Auseinandersetzung eingeht. Fehlt es an der Einhaltung der Form, so tritt Heilung des Mangels ein, wenn die in den Formvorschriften vorgesehenen Handlungen vorgenommen sind (Auflassung des Grundstücks und Eintragung, Vollzug der Abtretung in der vorgeschriebenen Form). Zur Frage, wie die Verpflichtung zur Einbringung des Geschäfts des Stillen als Einlage zu erfüllen ist, s. § 22 Anm. 20. Der Mangel der Form bewirkt nur dann Nichtigkeit des ganzen Vertrages, wenn nicht anzunehmen ist, daß er auch ohne den nichtigen Teil geschlossen worden wäre; § 139 BGB. Da nur der stille Gesellschafter den Gegenstand der Einlage in das Vermögen des Geschäftsinhabers zu übertragen hat, dieser aber Eigentümer des Unternehmens und der dazugehörenden einzelnen Vermögensstücke bleibt, bedarf die Übernahme der ihm obliegenden Verpflichtung, das Handelsgewerbe für gemeinschaftliche Rechnung zu betreiben, nicht der Einhaltung einer Form, auch wenn zu dem Unternehmen Grundsrücke gehören. **Anm. 33**

Der Gesellschaftsvertrag kann ausdrücklich oder stillschweigend (durch schlüssige Handlungen) geschlossen werden; BayObLG in OLGR 38, 196; Fischer in BGB-RGRK § 705 Anm. 2. Da Abreden über Einzelheiten, insbesondere über Art und Höhe der Einlagen, und über den Anteil des Stillen am Gewinn nötig sind, ist ausdrücklicher Abschluß des Vertrages die Regel. **Anm. 34**

3. Sehr umstritten ist die Frage, ob der gewetzliche Vertreter einer geschäftsunfähigen oder in der Geschäftsfähigkeit beschränkten Person (Minderjähriger oder Mündel) zum Abschluß des Gesellschaftsvertrages, sei es als Stiller, sei es als Geschäftsinhaber der **vormundschaftsgerichtlichen Genehmigung** nach den §§ 1643 Abs. 1, 1822 Nr. 3 bedarf; verneinend die Vorauflage, ebenso § 1 Vorbem. 39, DürHach., 13 Schlegelberger-Gessler 28, Paulick § 9 II 1, Rasner S. 89, Fischer JR 62, 202; bejahend Koenigs S. 80; auch Knopp NJW 62, 2181, es sei denn, der Stille ist vom Verlust ausgeschlossen, ebenso LG Bielefeld NJW 69, 753; vgl. auch die Komm. zu § 1822 Nr. 3 BGB. Der BGH hat in LM § 1643 Nr. 2 = NJW 57, 672 = JZ 57, 382 ausgesprochen, daß der Vertragsabschluß für einen minderjährigen Stillen dann keiner Genehmigung bedarf, wenn dieser nur eine einmalige Kapitaleinlage zu leisten hat, vom Verlust ausgeschlossen und an der Geschäftsführung nicht beteiligt ist (ebenso Baumbach-Duden 2 D). **Anm. 35**

Bei der Beantwortung der Frage ist vom Gesetzeszweck des § 1822 Nr. 3 auszugehen. Dabei muß im Interesse der Rechtssicherheit eine Auslegung gefunden werden, die für den Rechtsverkehr eine praktische klare Handhabung ermöglicht und nicht einer differenzierten, auf den jeweiligen Einzelfall abgestellten Beurteilung Raum gibt (BGH 17, 163 für die KG, vgl. dazu § 161 Anm. 17; ebenso Fischer u. Knopp a. a. O.).

Der Wortlaut des § 1822 Z. 3 macht keinen Unterschied, ob der Gesellschaftsvertrag, der zum Betrieb eines Erwerbsgeschäfts eingegangen wird, auf eine Außen- oder eine Innengesellschaft gerichtet ist, ob also alle oder nur einzelne Gesellschafter Träger des Unternehmens sind. Der Gesetzeszweck spricht gegen eine auf den ersten Fall beschränkende Auslegung. § 1822 will den Abschluß von Geschäften, die durch ihren Umfang, ihre Dauer oder durch das mit ihnen verbundene Risiko besonders tief in die wirtschaftlichen Verhältnisse des Mündels eingreifen, unter die Kontrolle des Vormundschaftsgerichts stellen. Bei der Beteiligung an einem Erwerbsgeschäft treffen diese Merkmale immer zu. Wenn der Stille vom Verlust ausgeschlossen ist, mindert sich zwar das Risiko, aber es bleibt bezüglich der Rentabilität der Vermögensanlage bestehen, ebenso Umfang und Dauer des Geschäfts. Entgegen BGH, Knopp u. a. muß daher auch in diesem Fall an der Genehmigungspflicht festgehalten werden. Auf die Beteiligung an der Geschäftsführung (vgl. Anm. 18) kommt es nicht an. Das Gesetz hat die Vermögensinteressen des Mündels im Auge. Deshalb wird auch das Mündel, das nur vermögensmäßig an dem Betrieb des Erwerbsgeschäfts beteiligt ist, geschützt. Ein Gesellschaftsvertrag der zum Betrieb eines Erwerbsgeschäfts eingegangen wird, liegt im übrigen auch deshalb vor, weil der Geschäftsinhaber die Grundlagen des Geschäfts nicht ohne Zustimmung des Stillen ändern darf, vgl. Anm. 47ff.

Aus den gleichen Gründen bedarf auch das Eingehen einer stillen Gesellschaft für oder durch (§ 112 BGB) einen Minderjährigen oder ein Mündel als **Geschäftsinhaber** stets der vormundschaftsgerichtlichen Genehmigung. Er geht in jedem Falle eine gesellschaftliche Bindung in dem Betrieb seines Erwerbsgeschäfts ein.

Anm. 36 **4.** Ist eine juristische Person, namentlich eine Kapitalgesellschaft oder eine offene Handelsgesellschaft oder eine Kommanditgesellschaft oder ein rechtsfähiger Verein oder auch eine bürgerlich-rechtliche Gesellschaft Vertragschließende, so wird sie beim Vertragsschluß durch ihre zur Vertretung berufenen Organe vertreten.

Die Zustimmung der Hauptversammlung der Aktionäre einer **Aktiengesellschaft** oder der Gesellschafter einer GmbH ist zur Wirksamkeit des Vertrages regelmäßig nicht erforderlich, da derartige Verträge in den Rahmen der unbeschränkten Vertretungsmacht des Vorstandes oder Geschäftsführers fallen; s. aber den folgenden Absatz. Bedürfen die gesetzlichen Vertreter der Gesellschaft im Innenverhältnis der Zustimmung eines anderen Organs, z. B. des Aufsichtsrats nach § 111 Abs. 4 AktG, so berührt das Fehlen dieser Zustimmung die Wirksamkeit des Vertrages nicht; die für die Gesellschaft Handelnden können aber der Gesellschaft schadensersatzpflichtig werden. Soll die Einlage des stillen Gesellschafters durch Übertragung des ganzen Gesellschaftsvermögens einer Aktiengesellschaft oder einer Kommanditgesellschaft auf Aktien geleistet werden, so ist zur Wirksamkeit des Vertrages ein Beschluß der Hauptversammlung mit der in § 361 Abs. 1 AktG bezeichneten erhöhten Mehrheit erforderlich. Insofern ist also die Vertretungsmacht des Vorstandes beschränkt.

Anm. 37 Ist eine **Aktiengesellschaft Geschäftsinhaber,** so ist die stille Gesellschaft ein **Teilgewinnabführungsvertrag,** § 292 Abs. 1 Nr. 2 AktG (ebenso Würdinger, Aktien- und Konzernrecht, § 59 II 1b). Denn sie verpflichtet sich, an den Stillen einen Teil ihres Gewinnes abzuführen. Ein Vertrag des laufenden Geschäftsverkehrs ist die stille Gesellschaft nicht, so daß die Ausnahmebestimmung des § 292 Abs. 2 nicht zutrifft. Die stille Gesellschaft ist also für die Aktiengesellschaft als Geschäftsinhaber ein Unternehmensvertrag, der nur mit Zustimmung der Hauptversammlung wirksam wird, § 293. Der Beschluß bedarf einer Mehrheit von drei Vierteln des bei der Beschlußfassung vertretenen Grundkapitals, wenn nicht die Satzung eine größere Mehrheit vorschreibt. Der Vertrag bedarf der Schriftform, § 293 Abs. 3 S. 1. Er wird erst wirksam, wenn sein Bestehen in das Handelsregister des Sitzes der Aktiengesellschaft eingetragen wird, § 294 Abs. 2. Er kann nur mit Zustimmung der Hauptversammlung — ebenfalls mit $^3/_4$-Mehrheit — geändert werden, § 295. Für die Aufhebung und Kündigung gelten

§§ 296—298. Für die Bemessung der Zuweisung an die gesetzliche Rücklage darf der abzuführende Teilgewinn nicht abgezogen werden, § 300 Nr. 2. Für die Berechnung des Gewinns gilt § 301. Die Vorschriften zur Sicherung der außenstehenden Aktionäre, §§ 304—307, gelten für Teilgewinnabführungsverträge nicht (Komm. z. AktG v. Godin-Wilhelmi § 304 Anm. 1, Baumbach-Hueck § 304 Anm. 2, vgl. aber Brauksiepe BB 66, 145).

Ist eine **offene Handelsgesellschaft** oder **Kommanditgesellschaft** Vertragschließende, so sind ihre zur Vertretung der Gesellschaft berufenen Gesellschafter auch zum Abschluß des Vertrages über die stille Gesellschaft berufen, § 126 Anm. 5. Auch zur Wirksamkeit der Aufnahme eines stillen Gesellschafters ist die Zustimmung der Gesellschaft nicht erforderlich. Im inneren Verhältnis unter den Gesellschaftern kann — und wird regelmäßig — aber die Aufnahme eines stillen Gesellschafters durch einen allein vertretungsberechtigten Gesellschafter vertragswidrig oder deshalb unzulässig sein, weil sie ein außergewöhnliches Geschäft darstellt und deshalb der Zustimmung aller Gesellschafter bedarf; § 116 Abs. 2; RG 153, 371 = JW 1937, 1492[12] mit zust Anm. von Boesebeck; BGH WM 60, 187; 62, 1353; § 114 Anm. 2b, § 116 Anm. 2a, § 126 Anm. 5, Schlegelberger-Gessler 28, Koenigs S. 85, Paulick § 9 II 3, Rasner S. 95. **Anm. 38**

Anders muß die Beurteilung sein, wenn die oHG oder KG als Geschäftsinhaber eine **atypische** stille Gesellschaft (Anm. 17, 18) eingeht. Hier werden dem Stillen in schuldrechtlicher Form die Rechte eines Kommanditisten oder Komplementärs eingeräumt. Das greift in das Verhältnis der Gesellschafter zueinander ein und wirkt materiell als eine Änderung des Gesellschaftsvertrags. Diese ist von der Vertretungsmacht der §§ 125, 126 nicht gedeckt (§ 114 Anm. 26, § 116 Anm. 2a Abs. 4, § 126 Anm. 4). Der Abschluß einer atypischen stillen Gesellschaft als Geschäftsinhaber bedarf daher zu ihrer Wirksamkeit der Zustimmung durch einen Gesellschafterbeschluß gemäß § 119, ebenso Paulick § 9 II 3a, a. M. Koenigs S. 87).

5. Der Gesellschaftsvertrag ist auf Seiten des Geschäftsinhabers stets ein **Handelsgeschäft.** Er ist es auch für den stillen Gesellschafter, wenn die Beteiligung zum Betrieb seines Handelsgewerbes gehört; §§ 343ff.; 352f., vgl. auch die Erl. zu § 105. **Anm. 39**

6. Der Inhalt des Vertrages. **Anm. 40**

Die Vertragschließenden müssen darüber einig sein, daß sie ein Gesellschaftsverhältnis des sich aus den §§ 335 und 336 ergebenden Inhalts begründen wollen, daß also der eine Gesellschafter sein Handelsunternehmen auf gemeinschaftliche Rechnung betreiben und daß der andere sich daran durch Leistung einer in das Vermögen des Geschäftsinhabers fließenden Einlage gegen Teilnahme am Gewinn des Unternehmens beteiligen soll. Eine ausdrückliche Einigung auf die einzelnen Tatumstände der §§ 335 und 336 ist nicht erforderlich. Die Einigung über die wesentlichen Punkte kann sich schon aus der Abrede ergeben, daß der eine in das Unternehmen des anderen als stiller Gesellschafter mit einer bestimmten Einlage eintritt. Das Nähere, z.B. der Anteil des stillen Gesellschafters am Gewinn, ergibt sich dann aus dem Gesetz; § 336 Abs. 1.

Haben die Vertragschließenden sich ausdrücklich nur über bestimmte Punkte geeinigt, so ist durch Vertragsauslegung zu ermitteln, ob eine Gesellschaft oder ein Rechtsverhältnis anderer Art vorliegt. In Betracht kommt insbesondere ein Mietsverhältnis oder ein Darlehen mit Gewinnbeteiligung, **partiarisches Darlehen** oder ein Dienstverhältnis mit Gewinnbeteiligung. Die Überlassung des Gebrauchs einer Sache kann Gesellschaftereinlage sein, aber auch auf Grund eines Mietsvertrages erfolgen, auch wenn die Gegenleistung nur oder teilweise in Gestalt eines Anteils am Gewinn gewährt wird. Eine Beteiligung am Gewinn kann auch dem Darlehensgeber neben festen Zinsen oder an deren Stelle eingeräumt sein. Die Vereinbarung einer Verzinsung ist aber auch nicht wesentliches Erfordernis eines Darlehens; RG 31, 34; in LZ 1930, 1451; in JW 1936, 921[10]; Bolze 16 Nr. 346; in JW 1904, 197[6]; KG in OLGR 19, 390. Die Nichtbeteiligung am Verlust spricht nicht unbedingt für ein Darlehen, da auch der stille Gesellschafter nach dem Gesellschaftsvertrage von der Teilnahme am Verlust befreit sein kann. Die Zusage einer **Mindestvergütung** kann auch bei der stillen Gesellschaft vereinbart werden und enthält dann zugleich die Ausschließung vom Verlust; vgl. § 121 Anm. 16; RFH 3, 321; 7, 159; 22, 288; RG 122, 387; im Recht

1930 Nr. 345. Die Bezeichnung des Rechtsverhältnisses als Darlehen oder stille Gesellschaft kann einen Anhaltspunkt für die Auslegung geben, ist aber nicht immer ausschlaggebend, insbesondere wenn nicht rechtskundige Personen den Vertrag abgeschlossen haben; RG 30, 57; 31, 34; 92, 292; RG in LZ 1917, 974[12] und 1930, 1451; bei Gruchot 69, 612. Ist der Geldgeber vom Verlust ausgeschlossen und erhält er nur eine feste Vergütung (Zins), so besteht keine stille Gesellschaft, sondern ein Darlehensverhältnis; RG 77, 223; BGH LM § 335 Nr. 8, § 336 Nr. 1; OLG Hamburg MDR 50, 229. Ist der Geldgeber am Verlust beteiligt, so spricht dies für eine stille Gesellschaft; RG in LZ 1919, 211. Eine stille Gesellschaft kann auch vorliegen, wenn dem Geldgeber für seine Ansprüche eine Sicherheit bestellt wird; vgl. oben Anm. 19; RG im Recht 1913 Nr. 746. Die Verpflichtung des Geschäftsinhabers, das Geschäft zu betreiben, kann auch zugunsten eines Darlehensgebers, namentlich eines am Gewinn beteiligten übernommen werden. Die Vereinbarung, daß der Geldgeber seine Ansprüche nicht abtreten darf, entspricht der bei der Gesellschaft bestehenden gesetzlichen Regel (§ 717 BGB, unten Anm. 66) und ist deshalb ein Anzeichen für die Vereinbarung einer stillen Gesellschaft. In besonderem Maße spricht für die stille Gesellschaft die Einräumung eines umfangreichen Überwachungsrechts an den Geldgeber; RG 57, 176; 99, 163; 105, 32; 122, 72; in LZ 1912, 318[2]; 1917, 133[7]; JW 1912, 462[5]; KG in OLGR 40, 205; OLG Augsburg in LZ 1914, 1816; Kolmar in LZ 1912, 801; Dresden in DJZ 1908, 370; Wieland I 467ff. Allerdings kann ein ausgedehntes Überwachungsrecht auch einem Darlehensgeber eingeräumt werden. Für eine stille Gesellschaft spricht in erheblichem Maße, die Einräumung eines Mitverwaltungsrechts, insbesondere der Befugnis zur Geschäftsführung; vgl. Anm. 18 und 60; dagegen, aber für ein partiarisches Darlehn, läßt sich die ausdrückliche Vereinbarung verwerten, daß die Feststellung der Grundlagen für den Gewinnanteil des Geldgebers, insbesondere die Bewertung des Aktivvermögens und die Abschreibungen ausschließlich der Entscheidung des Geschäftsinhabers unterstehen. Auch die Beschränkung der Gewinnbeteiligung auf die Ergebnisse eines Teils des Unternehmens kann in diesem Sinne gedeutet werden. Die Leistung von Diensten für das Handelsgewerbe des Geschäftsinhabers kann Gesellschaftseinlage sein. Die Gewährung einer Gewinnbeteiligung für zu leistende Dienste kommt aber auch beim Dienstvertrage vor (commis interessé). Der Angestellte kann sogar am Verluste beteiligt sein; vgl. § 59 Anm. 37. Hat der Dienstleistende lediglich den Weisungen des Geschäftsinhabers zu folgen und hat er kein Überwachungsrecht, so spricht dies gegen seine Beteiligung als Gesellschafter. Einem Angestellten werden Überwachungsrechte nicht eingeräumt; Wieland I 467. Die Gleichstellung beider Vertragschließenden in der Geschäftsführung und Gewinnbeteiligung spricht für eine Gesellschaft und gegen ein Dienstverhältnis; RG 142, 22. Ist der „Geschäftsinhaber“ ganz an die Weisungen des Geldgebers gebunden, was namentlich vorkommt, wenn dieser allein oder überwiegend die Mittel zum Erwerb und Betrieb des Unternehmens aufgebracht hat, so liegt im inneren Verhältnis keine Gesellschaft, sondern ein Dienstvertrag vor (nach außen muß sich aber der „Geschäftsinhaber“ auf Grund seines Auftretens auch als solcher behandeln lassen).

Anm. 40a Im Zweifel ist nach den **Gesamtumständen des Falles** zu entscheiden, ob die Anlegung des Vermögens und die Gewährung einer gleichmäßigen Rente oder die Beteiligung an einem aussichtsreichen, aber im Ertrage und der Erhaltung der Einlage unsicheren Unternehmen nach den Erklärungen und Vorstellungen der Vertragschließenden im Vordergrunde stehen sollen.

Dabei sind der Vertragszweck und die wirtschaftlichen Ziele der Vertragschließenden zu berücksichtigen, BGH LM § 335 Nr. 1 u. 8. Sie müssen sich durch die Vereinbarung eines gemeinsamen Gesellschaftszwecks zu einem gemeinsamen von der Gesellschaftstreue beherrschten Rechtsverhältnis zusammenschließen, damit eine stille Gesellschaft vorliegt, BGH 3, 81. Diese zielt auf die Bildung einer **Zweckgemeinschaft** ab, BGH WM 65, 944; LM § 335 Nr. 8. Entscheidend ist nach alledem, ob die Beteiligten sich zur Erreichung eines gemeinsamen Zieles verbunden haben und ihre schuldrechtlichen Beziehungen demgemäß ein gesellschaftsrechtliches Element in sich tragen oder ob sie ohne gemeinsamen Zweck lediglich ihre eigenen Interessen verfolgen und ihre Beziehungen zueinander ausschließlich durch die Verschiedenheit ihrer beiderseitigen Interessen bestimmt werden, BGH WM 65, 944; LM § 335 Nr. 8, s. auch Schlegelberger-

Gessler 22—25; Baumbach-Duden 1 C—E; Flechtheim 9—11; Paulick § 8, Koenigs S. 26—43; Lehmann, Gesellschaftsrecht § 29 I 7, Hueck Gesellschaftsrecht § 20 IV 3. Zur Abgrenzung von der Unterbeteiligung s. § 161 Anm. 30.

Wollten die Vertragschließenden eine gesellschafterliche Bindung, liegen aber die Voraussetzungen für eine stille Gesellschaft nicht vor, etwa weil das Geschäftsvermögen und insbesondere die Einlage des einen Gesellschafters Gesellschaftsvermögen werden sollte oder weil der die Einlage Leistende nicht am Gewinn beteiligt sein sollte oder weil das Unternehmen unter gemeinschaftlicher Firma geführt werden sollte, so besteht keine stille Gesellschaft, auch wenn die Vertragschließenden sie als solche bezeichnen. Es kann aber ein **Rechtsverhältnis anderer Art** zustande gekommen sein, z. B. eine bürgerlichrechtliche Gesellschaft, eine offene Handelsgesellschaft oder eine Kommanditgesellschaft, wenn der Inhalt der Vereinbarung den Erfordernissen eines solchen genügt oder auch ein Vertrag nicht gesellschaftsrechtlicher Art; vgl. Anm. 40. Wollen die Gesellschafter trotz Fehlens einer gesetzlichen Voraussetzung eine stille Gesellschaft errichten und ist die Vereinbarung nach Vorstehendem rechtswirksam, so kann sich aus dem Abschluß des Vertrags ihr Wille ergeben, daß die Vorschriften über stille Gesellschaft sinngemäß angewendet werden sollen; RG 45, 40; 77, 228; im Recht 1928 Nr. 73. **Anm. 41**

7. Streitig ist, ob für den Abschluß des Gesellschaftsvertrags die Vorschriften des BGB über die **Nichtigkeit** und **Anfechtbarkeit** von Rechtsgeschäften anzuwenden sind oder ob und in welchem Umfang die für die oHG und die KG entwickelten Rechtsgrundsätze (§ 105 Anm. 68—102, § 161 Anm. 40) über die **fehlerhafte Gesellschaft** auch für die stille Gesellschaft Geltung beanspruchen können. Letzteres wurde von der Vorauflage (anders die 1. Aufl.) und wird von Koenigs S. 104 verneint, dieser mit Ausnahme der stillen Gesellschaft, die dem Geschäftsbesorgungsvertrag angenähert ist (S. 110), wo also der Stille wirtschaftlich der Geschäftsherr und Risikoträger ist. Auch Rasner S. 103 verneint die Geltung der Grundsätze über die fehlerhafte Gesellschaft für die stille Gesellschaft. Er will nur, wenn der Stille im Geschäft seine Arbeitskraft einsetzt, die Grundsätze über das faktische Arbeitsverhältnis anwenden (S. 114). Die überwiegende Meinung bejaht die Anwendbarkeit der Grundsätze über die fehlerhafte Gesellschaft bei atypischer Gestaltung (vgl. Anm. 17, 18) des Gesellschaftsverhältnisses; BGH 8, 157 (166); Schlegelberger-Gessler 56; Siebert NJW 53, 808 und BB 58, 1065; Paulick § 11; Fischer JR 62, 203; Geiler-Kessler bei Staudinger § 705 Anm. 132—135. Den meisten Autoren (Gessler, Paulick, Kessler, wohl auch Fischer) genügt die vermögensmäßige Angleichung an die oHG (s. Anm. 17), während Siebert eine auf die Dauer gerichtete werteschaffende Arbeitsgemeinschaft fordert (BB 58, 1068). **Anm. 42**

Auch BGH 8, 166 hebt in dem entschiedenen Fall darauf ab, daß die Gesellschafter jahrelang gemeinsam tätig gewesen sind, durch eigene Arbeit für gemeinsame Rechnung Werte geschaffen und erworben und damit gemeinsame Leistungen vollbracht haben. Bei einer atypischen stillen Gesellschaft, bei der im Innenverhältnis nicht nur die Beteiligung an dem Gesellschaftsvermögen (richtig: Geschäftsvermögen), sondern auch die Tätigkeit der Gesellschafter im Unternehmen nach den Grundsätzen des Rechts der oHG ausgerichtet ist, treffe der Grundgedanke für die Anerkennung des tatsächlich geschaffenen Gesellschaftsverhältnisses zu.

Bei der Beantwortung der Frage ist davon auszugehen, daß es sich auch hier um eine Gesellschaft handelt. Auch bei der stillen Gesellschaft haben sich die Gesellschafter zu einem gemeinsamen Zweck verbunden. Der Geschäftsinhaber führt das Geschäft auf gemeinsame Rechnung, der Stille hat ihm die Einlage zu diesem Zweck anvertraut. Die Bindung der Gesellschafter ist nicht so schwach, wie sie öfters dargestellt wird, insbesondere können die Grundlagen des Geschäfts nur gemeinsam geändert werden, Anm. 47ff. Entscheidend ist, worauf auch Fischer hinweist, daß die Gesellschafter sich zu einer **Risikogemeinschaft** verbunden haben. Die in der Regel auf längere Zeit vereinbarte Teilung von Gewinn und Verlust des Unternehmens, zu dem auch der Stille seinen Beitrag in Form der Einlage erbracht hat, verdient denselben Bestandschutz (vgl. § 105 Anm. 68) wie oHG und KG. Die Grundsätze über die fehlerhafte Gesellschaft sind deshalb auf **jede, auch die typische Gesellschaft,** anzuwenden. Eine **Ausnahme** ist nur für den Fall zu machen, daß der Stille nicht am Verlust beteiligt ist (§ 336, Abs. 2), denn dann fehlt das entscheidende Merkmal der Risikogemeinschaft.

Anm. 42a Wegen der Einzelheiten wird auf § 105 Anm. 68ff. verwiesen. Die fehlerhafte Gesellschaft setzt auch hier den Abschluß eines — wenn auch fehlerhaften — Gesellschaftsvertrags voraus, Anm. 81ff. Ist sie in Vollzug gesetzt, hat der Geschäftsinhaber also bereits mit dem Geschäftsbetrieb auf gemeinsame Rechnung begonnen, dann ist sie aus den in Anm. 77—80 angeführten Gründen als **rechtswirksam** zu behandeln und kann nur im Wege der Kündigung beendet werden. Der Entstehungsmangel genügt immer als wichtiger Grund i. S. des § 723 BGB (vgl. § 105 Anm. 91 und § 339 Anm. 23). Die fehlerhafte Gesellschaft ist also nicht nichtig, sondern nur vernichtbar. Im Verhältnis der Gesellschafter gilt der Gesellschaftsvertrag, Anm. 88, mit den in Anm. 90 behandelten Ausnahmen. Die Anerkennung der fehlerhaften Gesellschaft hat ihre Grenzen in den übergeordneten Gesichtspunkten des Verstoßes gegen ein gesetzliches Verbot (Anm. 95—97) und des Schutzes nicht voll geschäftsfähiger (Anm. 99—101) oder getäuschter (Anm. 102) Personen, vgl. BGH BB 68, 268.

Anm. 43 8. Der Grundsatz der **Vertragsfreiheit.** Die ergänzende Geltung der Vorschriften des BGB. Liegen die Merkmale einer stillen Gesellschaft vor, so können die Vertragschließenden nach dem Grundsatze der Vertragsfreiheit im übrigen das Vertragsverhältnis frei gestalten, soweit einzelne Bestfmmungen nicht gegen das Gesetz (§ 134 BGB) oder gegen die guten Sitten (§ 138 BGB, vgl. auch Anm. 42) verstoßen. Soweit der Gesellschaftsvertrag das Rechtsverhältnis der Gesellschafter nicht regelt, gilt die gesetzliche Regelung. Da das HGB nur in einzelnen Punkten eine Regelung der stillen Gesellschaft gibt und anders als bei der Kommanditgesellschaft (§ 161 Abs. 2) eine allgemeine Verweisung auf die Vorschriften über die offene Handelsgesellschaft fehlt, diese Vorschriften auch nur auf Handelsgesellschaften als Außengesellschaften (Firmengesellschaften) zugeschnitten sind, finden ergänzend die Bestimmungen des BGB über die bürgerlich-rechtliche Gesellschaft und die allgemeinen Vorschriften des BGB Anwendung, soweit sie mit den besonderen Vorschriften über die stille Gesellschaft und deren Eigenart nicht in Widerspruch stehen; vgl. § 338 Abs. 2, § 339 Abs. 1, die die ergänzende Geltung des bürgerlichen Rechts voraussetzen; vgl. Anm. 4; D.I 183; RG in JW 1912, 462; Wieland I 771; Ritter Anm. 21; Schlegelberger-Gessler 29; Koenigs S. 116.

Folgende Bestimmungen sind **zwingendes Recht** und können deshalb nicht abgedungen werden: im Verhältnis der Gesellschafter: die Beteiligung des Stillen am Gewinn, § 336 Abs. 2; das Recht zur Kündigung der Gesellschaft aus wichtigem Grund, § 339 Abs. 1 Satz 2, im Verhältnis zu den Gläubigern: das Kündigungsrecht eines Gläubigers des Stillen gemäß § 135 i. V. m. § 339 Abs. 1 Satz 1; die konkursrechtlichen Vorschriften der §§ 341 Abs. 2, 342.

VIII. Das Rechtsverhältnis der Gesellschafter untereinander

Anm. 44 **Das Rechtsverhältnis der Gesellschafter untereinander** richtet sich in erster Linie nach dem Gesellschaftsvertrag.

Anm. 45 1. Die stille Gesellschaft ist kein reiner Austauschvertrag (vgl. Anm. 40a), aber es bestehen gegenseitige Leistungspflichten, die im gesellschaftsrechtlichen Sinne voneinander abhängig sind. Eine sinngemäße Anwendung der §§ 320ff. BGB über den gegenseitigen Vertrag kommt daher insoweit in Frage, als sie sich mit der Rechtsnatur der Gesellschaft und den besonderen Vorschriften der §§ 335ff. verträgt, Fischer BGB-RGRK § 705 Anm. 8, 9; vgl. für die oHG und die KG § 105 Anm. 47b—g (ebenso Schlegelberger-Gessler 37, Koenigs S. 66; verneinend Paulick § 9 III).

Im einzelnen ergibt sich daraus: Die §§ 320—322 sind auf die stille Gesellschaft als zweigliedrige Gesellschaft anwendbar; das gleiche gilt für § 324. Anders wird man aber die Anwendbarkeit des § 323 beurteilen müssen. Er paßt nicht für die stille Gesellschaft als Gemeinschaftsverhältnis. Insbesondere bei unverschuldeter Unmöglichkeit der Leistungspflicht des Stillen müssen die Gesellschafter gemäß der ihnen obliegenden Gesellschaftstreue (Anm. 46) eine Anpassung versuchen; ist das nicht möglich oder zumutbar, so bleibt ihnen die Kündigung aus wichtigem Grund, § 723 BGB. Die §§ 325—327 sind aus den in Anm. 42, 42a genannten Gründen auf die in Vollzug gesetzte stille Gesellschaft nicht anwendbar (ebenso Schlegelberger-Gessler 37, Koenigs S. 66; s. auch Anm. 54; zum Schadensersatzanspruch s. Anm. 51.

2. Die stille Gesellschaft ist als Gemeinschaftsverhältnis von dem Grundsatz der **Gesellschaftstreue** beherrscht, BGH 3, 81; BB 63, 1277; § 105 Anm. 31a—e; Schlegelberger-Gessler 30, Paulick § 12 I 4; Koenigs S. 222, Rasner S. 117. Die Gesellschaftstreue bestimmt Inhalt und Schranken der gegenseitigen Rechte und Pflichten, vgl. im einzelnen die folgenden Anm. **Anm. 46**

3. Der Geschäftsinhaber hat das Handelsgewerbe zu betreiben, und zwar in eigenem Namen, aber auf Rechnung der stillen Gesellschaft. Ist er zur Führung einer bestimmten Handelsfirma öffentlich-rechtlich verpflichtet und berechtigt, so ist er auch dem stillen Gesellschafter gegenüber auf Grund des Vertrages zur Führung dieser Firma verpflichtet. Er ist im inneren Verhältnis zum stillen Gesellschafter, falls der Vertrag nicht etwas anderes ergibt, zur Änderung oder Aufgabe der Firma nicht berechtigt. Er hat das Geschäft auch so zu führen, wie es dem Gesellschaftszwecke, also dem gemeinsamen Vorteil der Gesellschafter, entspricht. Er hat alles zu unterlassen, was der Erreichung dieses Zweckes nachteilig ist. Er darf auch das Geschäftsvermögen, z. B. das Geschäftshaus, und auch die zum Geschäftsbetriebe bestimmte Einlage des Stillen dem Betriebe nicht willkürlich entziehen; RG 126, 391. **Er darf ohne Zustimmung des Stillen den Charakter des Geschäfts nicht wesentlich ändern** (BGH BB 63, 1277), z. B. durch Übergang vom Fabrikbetrieb zum Handel oder vom Handel zum Agenturgeschäft. Er darf auch nicht den Sitz des Geschäfts, insbesondere ins Ausland, verlegen. Er darf auch nicht einen Dritten als offenen Gesellschafter oder Kommanditisten aufnehmen oder das Geschäft an einen Dritten veräußern. Er darf auch nicht den Betrieb einstellen. Besteht das Geschäft noch nicht, so hat er es einzurichten, und zwar so, wie es der Vertrag ausdrücklich oder stillschweigend vorschreibt. Ist der Betrieb des Geschäfts eines Dritten vorgesehen, so hat er es zu erwerben. Dagegen wird man dem Geschäftsinhaber das Recht zubilligen müssen, etwa aus steuerlichen Gründen unter Beibehaltung des Geschäftscharakters lediglich die **Rechtsform** des Unternehmens zu **ändern,** z. B. durch **Umwandlung** einer AG in eine GmbH oder einer GmbH in eine KG oder umgekehrt (a. A. Koenigs S. 257). **Anm. 47**

Der Geschäftsinhaber ist zwar mit Wirkung nach außen zu den in Anm. 47 genannten Veränderungen berechtigt; insbesondere muß der stille Gesellschafter eine Veräußerung des Geschäfts dem dritten Erwerber gegenüber gegen sich gelten lassen, wenn nicht Veräußerer und Erwerber in gegen die guten Sitten verstoßenderweise zusammengewirkt haben, um dem stillen Gesellschafter Schaden zuzufügen; vgl. § 826 BGB. **Anm. 48**

Die vorgenannten Handlungen des Geschäftsinhabers sind auch dem stillen Gesellschafter gegenüber erlaubt, wenn ihre Vornahme im Gesellschaftsvertrag ausdrücklich zugelassen ist oder die Zulassung sich aus den Umständen ergibt. Der stille Gesellschafter kann die erforderliche Zustimmung, insbesondere zum Übergang der Rechte und Pflichten aus der stillen Gesellschaft auf die Geschäftserwerber auch nachträglich durch schlüssige Handlungen, z. B. Abrechnung mit dem Erwerber genehmigen. Wenn wichtige Gründe vorliegen, die den Geschäftsinhaber zur Kündigung der Gesellschaft berechtigen, z. B. Unfähigkeit zu der nach Lage des Falles unentbehrlichen persönlichen Mitarbeit im Geschäft oder Verbot des weiteren Geschäftsbetriebs durch Gesetz oder Verfügung der zuständigen staatlichen Behörde, ist er auch zur Aufgabe des Geschäftsbetriebes befugt, jedenfalls dann, wenn er von dem Kündigungsrecht Gebrauch gemacht hat und Abhilfe nicht in anderer ihm zumutender Form möglich ist. Das gleiche gilt, wenn der stille Gesellschafter gekündigt hat und die etwa einzuhaltende Kündigungsfrist abgelaufen ist. Der stille Gesellschafter kann den Weiterbetrieb des Unternehmens auch dann nicht fordern, wenn dieses Begehren nach den Umständen des Falles gegen Treu und Glauben verstoßen würde, Anm. 46.

Auch der Vollzug der im inneren Verhältnis unzulässigen Einstellung des Betriebes, der Veräußerung des Geschäfts oder der Aufnahme eines Gesellschafters oder der Umwandlung in eine andere Unternehmungsform bringen die **Verpflichtung des Geschäftsinhabers zum Betrieb des Unternehmens** für gemeinsame Rechnung noch nicht ohne weiteres zum Erlöschen; sie haben auch nicht unbedingt die Auflösung der Gesellschaft wegen Unerreichbarkeit des Gesellschaftszwecks zur Folge, Anm. 52 und § 339 Anm. 9, 26; Schlegelberger-Gessler 31; Wieland I 783; Ritter Anm. 4a; a. A. RG in LZ 16, 808[23].

Für den stillen Gesellschafter können diese Handlungen des Geschäftsinhabers wohl einen wichtigen Grund zur Kündigung der Gesellschaft bilden, insbesondere wenn der Geschäftsinhaber dadurch schuldhaft dem Gesellschaftsvertrage zuwider gehandelt hat. Der stille Gesellschafter kann aber auch Erfüllung, d. h. Fortsetzung oder Wiederaufnahme des Betriebs, geeignetenfalls durch Rückgängigmachung der Veräußerung, der Aufnahme eines Gesellschafters oder der Umwandlung, verlangen, solange diese, wenn auch mit erheblichen Opfern des Geschäftsinhabers, möglich ist. Unmöglich ist die Rückgängigmachung der Veräußerung auch dann nicht, wenn schon die Organisation des Geschäfts, die Kundschaft und die Firma übertragen war. Auch die Rückübertragung dieser Werte ist möglich, ohne daß der Charakter des Unternehmens geändert wird. Die Rückerwerbung wird freilich nicht gefordert werden können, wenn sie in einem außerordentlichen Mißverhältnis zu dem für den stillen Gesellschafter mit der Fortsetzung des Betriebs durch den Geschäftsinhaber zu erreichenden Erfolge stehen würde. In jedem Fall ist der Geschäftsinhaber verpflichtet, auch bei einer Veräußerung des Geschäfts die Belange des stillen Gesellschafters zu wahren. Er ist dazu auch durch entsprechende Gestaltung des Veräußerungsvertrages in der Lage. Ein **Übergang** des stillen Gesellschaftsverhältnis vom alten auf den neuen Geschäftsinhaber bedarf aber der Zustimmung des Stillen; wegen der Verschmelzung s. § 339 Anm. 10.

Anm. 49 4. Wird das Unternehmen schon zur Zeit der Errichtung der stillen Gesellschaft von einer offenen Handelsgesellschaft oder einer Kommanditgesellschaft betrieben, so ist ein **Gesellschafterwechsel** ohne Einfluß auf den Bestand der stillen Gesellschaft, da die genannten Handelsgesellschaften trotz des Gesellschafterwechsels fortbestehen; die Veränderung kann aber nach Lage des Einzelfalls einen wichtigen Grund zur fristlosen Kündigung der stillen Gesellschaft bilden (ebenso Fischer JR 62, 205; Paulick § 12 I 2d; a. M. Köenigs S. 254, der den Wechsel für der Zustimmung des Stillen bedürftig hält). Im Gesellschaftsvertrage kann auch für den Fall des Gesellschafterwechsels etwas anderes vereinbart werden.

Anm. 50 5. Es erscheint zweckmäßig, die Folgen einer Veränderung in der Person des Inhabers im Vertrag besonders zu regeln. Dem Geschäftsinhaber kann z. B. das Recht eingeräumt werden, einen Gesellschafter aufzunehmen, das Geschäft zu veräußern und die Rechte und Pflichten aus dem Vertrage auf den Erwerber zu übertragen. Es kann das Ausscheiden des stillen Gesellschafters bei Eintritt einer solchen Veränderung vereinbart oder ihm ein Austrittsrecht eingeräumt werden; auch seine Abfindung kann geregelt werden.

Anm. 51 6. Die **Schadensersatzpflicht** der Gesellschafter gegeneinander richtet sich nach allgemeinem Schuldrecht i. V. m. § 708 BGB (vgl. Anm. 45). Sie haften sich demgemäß wegen Unmöglichkeit, § 280 BGB, Verzugs, §§ 285, 286 und aus positiver Vertragsverletzung (ebenso Koenigs S. 70, Geiler-Kessler bei Staudinger § 705 Anm. 22, 23), jedoch nur für diejenige Sorgfalt, welche sie in eigenen Angelegenheiten anzuwenden pflegen, Anm. 58. Daneben kommt die Kündigung aus wichtigem Grund in Frage, § 339 Anm. 22, 23; zur Schadensersatzpflicht des Geschäftsinhabers s. auch Anm. 52, des Stillen Anm. 53, 54.

Im Falle der Veräußerung des Unternehmens kann der Stille als Schadensersatz keinen Anteil an dem durch die Veräußerung des Geschäfts erzielten Gewinn verlangen. In dem Veräußerungserlös steckt zwar auch der innere Wert des Geschäfts und damit die Gewinnaussicht. Auf diese hat er aber keinen Anspruch; vgl. die Erl. zu § 340. Er kann nur das verlangen, was er erhalten hätte, wenn das Geschäft von dem Geschäftsinhaber weiter betrieben worden wäre; Schlegelberger-Gessler 32. Er kann nur Ersatz für den entgangenen Gewinn fordern. Dies gilt auch, wenn der Geschäftsinhaber den Geschäftsbetrieb eingestellt hat. Erfolgt die Einstellung des Betriebs wegen Unrentabilität, so fehlt es regelmäßig an einem Verschulden und an einem Schaden, da der stille Gesellschafter in diesem Falle doch keinen Gewinnanspruch gehabt hätte. Doch kann auch die voreilige Einstellung des Betriebs einen Schadenersatzanspruch begründen, wenn dadurch die Wiedereröffnung wegen Verlaufens der Kundschaft, Eröffnung von Konkurrenzunternehmen unmöglich gemacht oder erschwert wird.

Anm. 52 7. Der stille Gesellschafter kann auf Feststellung der Verpflichtung zum Geschäftsbetrieb oder zur Wiederaufnahme desselben, aber auch auf Verurteilung zur **Erfüllung** dieser Verpflichtung **klagen,** und zwar auch nach unzulässiger Einstellung des Betriebs oder Veräußerung des Geschäfts, solange die Wiederaufnahme noch möglich ist; Schlegelberger-Gessler 31. Der Verurteilung zur Erfüllung steht nicht entgegen, daß nach § 888 Abs. 2 ZPO die Verurteilung zur Leistung von Diensten nicht nach Maßgabe des § 888 Abs. 1 vollstreckt werden kann. Selbst wenn man diese Vorschrift, die nur die Erzwingung der Leistung von Diensten aus einem Dienstvertrag im Sinne des § 611 BGB verbietet, auf Fälle ausdehnt, in denen der zur Vornahme einer Handlung Verpflichtete sich nicht in abhängiger Stellung zu dem anderen Teile befindet, so folgt aus dem Zweck der Vorschrift doch nicht, daß auch die Verurteilung zur Vornahme der Handlung unzulässig ist. Auch wenn die Handlung nicht erzwungen werden kann, hat doch der Anspruchsberechtigte an der Verurteilung ein Interesse, weil die Verurteilung den Verpflichteten zur Erfüllung veranlassen kann. Dadurch können Veränderungen der Rechtsverhältnisse, wie die fristlose Kündigung, die dem stillen Gesellschafter unerwünscht sein kann und immer nur den äußersten Rechtsbehelf darstellen soll (vgl. die Erl. zu § 133), erspart werden. Die Nichtbeachtung eines gerichtlichen Befehls kann auch eine fristlose Kündigung erleichtern, weil sie die Hartnäckigkeit des schuldigen Gesellschafters in der Verweigerung der Erfüllung seiner Verpflichtungen erweist. Das rechtskräftige Urteil auf Erfüllung bietet dem stillen Gesellschafter aber auch mehr als ein bloßes Feststellungsurteil, denn es bildet die Grundlage für die Erfüllungsablehnung seinerseits und eine **Schadensersatzklage** nach § 283 BGB, bei der dem anderen Teil, abgesehen von der Einrede der unverschuldeten Unmöglichkeit der Erfüllung, die Einrede abgeschnitten ist, er sei in konkretem Falle zur Leistung nicht verpflichtet gewesen; vgl. auch RGUrt. vom 27. Juni 1940 III 32/39 = SeuffA Bd. 94 Nr. 76, das trotz der Vorschrift des § 888 Abs. 2 ZPO die Verurteilung des Gesellschafter-Geschäftsführers einer GmbH zur Rückgängigmachung einer satzungswidrigen Handlung zuläßt, und RGUrt. vom 18. Oktober 1939 VI 86/39 = SeuffA Bd. 94 Nr. 8, das die Verurteilung zur Bestellung eines Prokuristen zuläßt. Für Zulässigkeit der Erfüllungsklage auch Ritter 4a; Schlegelberger-Gessler 31; Flechtheim 21; Koenigs S. 151; a. A. KG in DJZ 1901, 50; Wieland I 781. Auf Vornahme einzelner Geschäftsführungs-Handlungen, z. B. Abschluß eines Kaufvertrages, kann nicht geklagt werden, da es sich um die Art des Betriebes handelt, die allein der Geschäftsinhaber zu bestimmen hat. Dagegen kann mangelhafte Geschäftsführung Schadensersatzansprüche begründen, Anm. 51.

8. Der stille Gesellschafter hat die bedungene **Vermögenseinlage** zu machen, und zwar so, daß sie in das Vermögen des Geschäftsinhabers übergeht. Die Einlage ist, falls der Vertrag nicht etwas anderes bestimmt, zu leisten, sobald der Geschäftsinhaber den Geschäftsbetrieb für gemeinschaftliche Rechnung aufnimmt. Soll sie zum Erwerb des Handelsgeschäfts nach dem Vertrag verwendet werden, ist sie schon vorher zu leisten. Im Falle der Zuwiderhandlung stehen dem Geschäftsinhaber die gleichen Rechte zu wie dem stillen Gesellschafter wenn der Geschäftsinhaber seine Verpflichtungen nicht erfüllt: Einrede des nicht erfüllten Vertrags, fristlose Kündigung aus wichtigem Grunde, Schadensersatzanspruch und Klage auf Erfüllung vgl. die Anm. 45, 51, 52. **Anm. 53**

Als Folge des Verzugs mit Leistung der Einlage tritt die Verpflichtung zur Zahlung von Verzugszinsen ein; § 288 BGB, § 352 HGB. Daneben ist weiterer Schaden zu ersetzen, z. B. wenn der Geschäftsführer wegen Mangels von Barmitteln infolge der Säumigkeit des Gesellschafters den Geschäftsbetrieb einstellen oder einschränken oder Dritten wegen Nichterfüllung von Verträgen Schadensersatz leisten muß. Die weiter gehende Verzinsungspflicht des § 111 HGB (im Falle nicht rechtzeitiger Ablieferung eingenommener Gesellschaftsgelder oder unbefugter Entnahmen) findet auf den stillen Gesellschafter keine Anwendung; Verzinsung und Schadensersatz kann in diesen Fällen nur nach den Vorschriften des bürgerlichen Rechts (vgl. §§ 284ff. BGB) gefordert werden. Ebenso besteht nicht die Haftung der Gesellschaft nach § 110 HGB für Schäden, die dem Geschäftsinhaber unmittelbar durch die Geschäftsführung oder aus Gefahren entstanden sind, die mit der Geschäftsführung untrennbar verbunden sind.

Sind körperliche Sachen oder Rechte als Einlage zu leisten, so finden wie bei der Einlage des Gesellschafters einer Handelsgesellschaft die Vorschriften des BGB über die Gewährleistung beim Kauf oder die Veräußerung von Rechten (§§ 435—440, 445, 459ff., § 493 BGB) sinngemäß Anwendung. Bei der in Vollzug gesetzten Gesell- **Anm. 54** schaft, bei der also der Geschäftsinhaber schon mit dem Geschäftsbetrieb auf gemeinsame Rechnung begonnen hat, gilt dies jedoch nur mit den in § 105 Anm. 45a—c aufgeführten Einschränkungen, vgl. oben Anm. 45, (ebenso Koenigs S. 134).

Dem Anspruch des Geschäftsinhabers auf Leistung der Einlage kann der stille Gesellschafter mit den sich aus §§ 320ff. BGB ergebenden Einreden begegnen, soweit sie nach Anm. 45 anwendbar sind, also insbesondere mit der **Einrede** des nicht erfüllten Vertrags, z. B. dann, wenn der Geschäftsinhaber das Geschäft nicht nach dem Vertrage eingerichtet hat oder betreibt oder den bisher geleisteten Teil der Einlage nicht vertragsmäßig verwendet. Tritt nach Vertragsschluß eine wesentliche Verschlechterung in den Vermögensverhältnissen des anderen Teils ein, durch die sein Anspruch auf den Betrieb des Geschäfts und die ihm daraus zukommenden Gewinnanteile und auf Rückzahlung der Einlage gefährdet wird, so kann er nach § 321 die Leistung der Einlage verweigern, bis die Gegenleistung bewirkt oder Sicherheit für sie geleistet ist. Die Gegenleistung kann unter Umständen dauernd gefährdet sein, z. B. wenn der Geschäftsinhaber erhebliche Privatschulden hat; dann braucht die Einlage nur gegen Sicherheitsleistung bewirkt zu werden. Die Verschlechterung der Vermögensverhältnisse des Geschäftsinhabers kann auch nach Leistung der Einlage die fristlose Kündigung aus wichtigem Grunde rechtfertigen.

Nur der Geschäftsinhaber hat Anspruch auf Leistung der Einlage, nicht seine Gläubiger. Diese können aber den Anspruch pfänden und sich überweisen lassen, auch wenn ihr Anspruch nicht aus Geschäften herrührt, die auf gemeinschaftliche Rechnung der Gesellschaft geführt sind. Wird aber durch Leistung der Einlage an Gläubiger die Fortführung des Geschäfts gefährdet, so braucht der stille Gesellschafter nur gegen Sicherheitsleistung zu leisten. Im Konkurse des Geschäftsinhabers macht der Konkursverwalter den Anspruch auf die Einlage geltend und übt auch das Anfechtungsrecht aus.

Auch dem Geschäftsinhaber steht das Leistungsverweigerungsrecht nach §§ 320, 321 BGB zu, Anm. 45.

Anm. 55 9. Zur **Erhöhung** des vereinbarten Beitrags oder zur Ergänzung der durch Verlust verminderten Einlage ist kein Gesellschafter verpflichtet; § 707 BGB. Danach ist der Geschäftsinhaber nicht verpflichtet, zum Betriebe des Unternehmens aus seinem sonstigen Vermögen weitere Mittel zur Verfügung zu stellen, wenn das, was er nach dem Gesellschaftsvertrag zu leisten hat, nicht ausreicht, auch wenn eine Änderung in der Lage des Unternehmens, das Bedürfnis nach dessen Erweiterung oder Umgestaltung oder Verluste die Zuführung weiterer Mittel geboten erscheinen lassen. Ebensowenig ist der stille Gesellschafter zur Erhöhung seiner Einlage verpflichtet. Ergibt sich aus dem Mangel neuer Mittel die Notwendigkeit der Einstellung oder der Einschränkung des Betriebs, so kann darin ein wichtiger Grund zur fristlosen Kündigung liegen. Durch den Gesellschaftsvertrag kann die Nachschußverpflichtung der Gesellschafter eingeführt werden. Zweckmäßig ist es, im Gesellschaftsvertrag auch näher zu bestimmen, was der Geschäftsinhaber zur Erreichung des Gesellschaftszweckes zu leisten hat.

Anm. 56 Kein Gesellschafter hat das Recht, einseitig seinen Beitrag zu erhöhen. Der Geschäftsinhaber darf also den Geschäftsbetrieb nicht über den vereinbarten Rahmen hinaus erweitern; der stille Gesellschafter darf nicht mehr als vereinbart einlegen. Dagegen hat jeder das Recht darauf, daß sein Beitrag auch im Interesse der Gesellschaft verwendet wird. Der Gesellschaftsvertrag kann auch hier etwas anderes bestimmen, z. B. dem Stillen das Recht einräumen, seinen Gewinnanteil als Einlage stehen zu lassen.

Anm. 57 Da die Beitragspflicht nur das innere Verhältnis der Gesellschaft berührt, können diese sich gegenseitig die geschuldeten Leistungen **erlassen** oder sie durch Vereinbarung **herabsetzen,** z. B. den Geschäftsbetrieb einschränken oder die Höhe der Einlage des stillen Gesellschafters ermäßigen. Jedoch darf dadurch nicht ein wesentliches Merkmal der stillen Gesellschaft (Betrieb eines Handelsgewerbes, Anm. 7 und Einlage des Stillen in das Geschäftsvermögen des Inhabers, Anm. 15, 26) beseitigt werden, andernfalls bedeutet dies die Beendigung der stillen Gesellschaft durch Vereinbarung der Gesellschafter. Erlaß, Ermäßigung und Rückzahlung können auf Grund der allgemeinen Vorschriften über die Anfechtung von Rechtshandlungen angefochten werden. Wegen des besonderen Anfechtungsrechtes im Konkurse vgl. § 342.

10. Jeder Gesellschafter haftet dem anderen für die **Sorgfalt,** die er in eigenen Angelegenheiten anzuwenden pflegt; § 708 BGB (Schlegelberger-Gessler 38). Dies gilt namentlich für den Geschäftsinhaber, soweit er das Handelsgeschäft zu betreiben hat; RG bei Gruchot 50, 1026; a. A. Lübbert S. 513. Er haftet auch für seine Angestellten; § 278 BGB. Er kann nicht geltend machen, daß es sich um Angestellte der Gesellschaft handelt. Da er alleiniger Geschäftsinhaber ist, sind die Angestellten nur seine Angestellten; Ritter Anm. 4b. Durch die Beschränkung der Haftung nach § 708 BGB wird die Haftung für grobe Fahrlässigkeit nicht aufgehoben; § 277 BGB. Ist dem stillen Gesellschafter durch den Gesellschaftsvertrag die Befugnis zur Geschäftsführung übertragen oder seine Bestellung zum Prokuristen oder Handelsbevollmächtigten vereinbart, so haftet er ebenfalls nach § 708 BGB; denn er handelt dann als Gesellschafter. Ist er aber auf Grund gewöhnlichen Dienstvertrags Prokurist oder Handelsbevollmächtigter oder sonst Angestellter, so haftet er nach den allgemeinen Vorschriften. Anm. 58

Daß er die erforderliche Sorgfalt angewendet hat, hat der zu einer Handlung oder Unterlassung verpflichtete Gesellschafter zu beweisen. Wenn der andere Gesellschafter der Handlung zugestimmt oder sie nachträglich genehmigt hat, ist er von der Haftung frei.

11. Die **Geschäftsführung** ist ausschließlich Aufgabe und Recht des Geschäftsinhabers (Koenigs S. 152). Die Geschäfte der stillen Gesellschaft bestehen nur in der Führung des Handelsgewerbes des Geschäftsinhabers. Dieser betreibt allein das Handelsgewerbe, und zwar sein eigenes, allerdings für Rechnung der stillen Gesellschaft. Er handelt dabei völlig selbständig. Er bedarf nicht der Zustimmung des stillen Gesellschafters, auch nicht zu ungewöhnlichen Geschäften. Der stille Gesellschafter hat kein Widerspruchsrecht. Er ist von der Geschäftsführung vollständig ausgeschlossen. Die Vorschriften der §§ 709—711 BGB gelten für die stille Gesellschaft nicht. Der Geschäftsinhaber hat aber das Geschäft so zu führen, wie es dem Vertrage und den gemeinschaftlichen Belangen entspricht. Soweit sich der Rahmen der zulässigen Geschäftsführung nicht aus dem Vertrage und der Eigenart des Geschäfts ergibt, ist auch zu beachten, was bei Geschäften gleicher Art und mit gleichem Vermögensstand üblich ist; RG 92, 292. Anm. 59

Handlungen, die nach dem Vertrage nicht **Gegenstand** des auf gemeinschaftliche Rechnung zu betreibenden **Unternehmens** sind, ganz aus dessen Rahmen herausfallen oder nach der Vereinbarung unter den Gesellschaftern nicht vorgenommen werden durften, z. B. Börsen- oder Wechselgeschäfte, braucht der stille Gesellschafter im Verhältnis zu dem Geschäftsinhaber nicht gegen sich gelten zu lassen. Er nimmt weder an dem durch sie erzielten Gewinne noch an dem dadurch entstandenen Verluste teil; RG 48, 80; 92, 292. Will der Geschäftsinhaber solche Geschäfte für Rechnung der Gesellschaft vornehmen, so ist die Zustimmung des stillen Gesellschafters erforderlich, dieser kann die Handlungen auch nachträglich genehmigen. Hat der stille Gesellschafter vor Vornahme eines Geschäfts die erforderliche Genehmigung abgelehnt, so kann er es nicht nachträglich ohne Einwilligung des Geschäftsinhabers genehmigen. Er nimmt weder an dem Gewinne noch am Verluste des Geschäfts teil; RG 48, 80; 92, 292 = JW 1918, 304[7]. Hat der Geschäftsinhaber für das Handelsunternehmen ein Geschäft vorgenommen, so kann er nachträglich nicht geltend machen, daß das Geschäft aus dem Rahmen der Gesellschaft herausfalle. Er muß es für die Gesellschaft gelten lassen, wenn der stille Gesellschafter es nachträglich genehmigt. Der stille Gesellschafter muß, sobald er von einem solchem Geschäft und seinem Abschluß für die Gesellschaft Kenntnis erhält, erklären, ob er es genehmigt oder nicht; er darf nicht abwarten, bis sich herausstellt, ob es mit Gewinn oder Verlust endet; Schlegelberger-Gessler 39. Sein Schweigen gilt als Genehmigung. Entsteht durch Vornahme einer unzulässigen Geschäftsführungshandlung dem stillen Gesellschafter Schaden, z. B. dadurch, daß der Gläubiger aus dem Geschäft in das Geschäftsvermögen vollstreckt, und wird dadurch der Betrieb des Unternehmens und sein Gewinn beeinträchtigt, so ist der Geschäftsinhaber schadensersatzpflichtig.

Anm. 60 **Abweichende Vereinbarungen über die Geschäftsführung.** Durch den Gesellschaftsvertrag kann die Geschäftsführung abweichend von der gesetzlichen Regel geordnet werden. Die Geschäftsführungsbefugnis des Geschäftsinhabers kann namentlich beschränkt werden. So kann bestimmt werden, daß er allgemein oder für bestimmte Geschäfte, insbesondere ungewöhnliche (vgl. § 116), der Zustimmung des stillen Gesellschafters bedarf. Es kann auch angeordnet werden, daß der Geschäftsinhaber an die Weisungen des stillen Gesellschafters, z. B. über den Warenbezug aus bestimmten Quellen, gebunden ist. Dem stillen Gesellschafter kann allgemein oder für bestimmte Fälle ein Widerspruchsrecht eingeräumt werden. Es kann vereinbart werden, daß der Geschäftsinhaber und der stille Gesellschafter die Geschäfte gemeinschaftlich zu führen haben. Eine solche Bestimmung kann namentlich in der weitergehenden Vereinbarung liegen, daß der stille Gesellschafter im inneren Verhältnis allgemein die Stellung eines persönlich haftenden Gesellschafters haben soll. Er ist dann nicht nur in bezug auf das Geschäftsvermögen wie der Gesellschafter einer offenen Handelsgesellschaft zu behandeln, sondern hat im inneren Verhältnis auch die gleichen Geschäftsführungsbefugnisse wie der Geschäftsinhaber (sog. atypische stille Gesellschaft, BGH 8, 160 und Anm. 18). Ist der Geschäftsinhaber eine offene Handelsgesellschaft, so kann auch einem offenen Gesellschafter zusammen mit einem stillen Gesellschafter die Geschäftsführungsbefugnis übertragen oder auch bestimmt werden, daß sie das Geschäft nach den Weisungen eines anderen Gesellschafters zu führen haben; vgl. RG in HRR 1933 Nr. 1447; RFH 2, 117. Die Geschäftsführung kann auch dem Geschäftsinhaber durch den Gesellschaftsvertrag vollständig entzogen und dem stillen Gesellschafter übertragen werden. Auch ein Nichtgesellschafter kann zum Geschäftsführer bestellt werden. Da es sich bei der Geschäftsführung, anders als bei der Vertretung, nur um das innere Verhältnis unter den Gesellschaftern handelt, stehen einer solchen Vereinbarung keine Bedenken entgegen; über ihre Bedeutung s. § 114 Anm. 9. Es kann auch bestimmt werden, daß die Geschäfte durch einen auf Verlangen des stillen Gesellschafters zu bestellenden Prokuristen geführt werden. Der Geschäftsinhaber ist dann zur Bestellung des Benannten verpflichtet und kann auch verurteilt werden, diesen zu bestellen und zum Handelsregister anzumelden; RG in SeuffA 94 Nr. 8.

Die Geschäftsführungsbefugnis des stillen Gesellschafters und des Geschäftsinhabers kann auch in der Weise verteilt werden, daß jedem ein bestimmter Geschäftszweig oder Tätigkeit, z. B. die Fabrikation, die Buchführung, übertragen wird. Dem einen oder anderen kann auch nur das Recht, nicht die Verpflichtung zur Geschäftsführung übertragen werden; vgl. auch die Erl. zu § 164. Sind beide Gesellschafter zur Geschäftsführung berufen, so ist es Sache der Vertragsauslegung, ob jeder für sich oder ob sie nur gemeinsam zu handeln befugt sind. § 709 BGB findet keine Anwendung, Anm. 59. Das für die Handelsgesellschaften maßgebende Bedürfnis nach Erleichterung der Geschäftsführung durch die gesetzliche Regel der Einzelgeschäftsführungsbefugnis spricht im Zweifel für die sinngemäße Anwendung des § 115 und auch des § 116 HGB.

Sind dem Stillen Geschäftsführungsbefugnisse erteilt, so stehen sie unter dem Gebot der **Gesellschaftstreue,** Anm. 46. Es handelt sich um ein Pflichtrecht i. S. des § 105 Anm. 31 b, für seine Ausübung gilt das dort sowie in § 115 Anm. 8, 9 und in § 164 Anm. 5a Gesagte, vgl. auch Koenigs S. 223, Rasner S. 124, Hueck oHG § 10 IV, § 11 III.

Anm. 61 Kraft Gesetzes ist der stille Gesellschafter **nicht** befugt, dem Geschäftsinhaber **wegen eines wichtigen Grundes die Geschäftsführungsbefugnis zu entziehen;** ebensowenig kann der Geschäftsinhaber selbst die Geschäftsführung niederlegen. § 712 BGB findet auch nicht sinngemäß Anwendung, auch nicht, wenn im inneren Verhältnis der Gesellschafter ein Gesellschaftsvermögen besteht. § 335 überträgt dem einen Gesellschafter nicht die Befugnis zur Führung eines gemeinschaftlichen Handelsgeschäfts, sondern läßt nur zu, daß er sein eigenes Geschäft für Rechnung der Gesellschaft führt. Deshalb ist der regelmäßige Rechtsbehelf gegen Beeinträchtigungen durch die Art der Geschäftsführung, abgesehen von der Klage auf ordnungsmäßige Geschäftsführung und aus Geltendmachung von Schadensersatzansprüchen, nur die fristlose Kündigung aus wichtigem Grunde nach § 723 BGB. Wie dem Geschäftsinhaber durch den Vertrag von vornherein die Geschäftsführung entzogen werden kann, kann aber auch durch den

Gesellschaftsvertrag angeordnet werden, daß dem Geschäftsinhaber die Geschäftsführungsbefugnis durch den stillen Gesellschafter oder durch Entscheidung eines Schiedsgerichts entzogen und dem stillen Gesellschafter übertragen werden kann. Dies ist ebensogut möglich, wie dem geschäftsführenden Gesellschafter einer Handelsgesellschaft die Geschäftsführungsbefugnis statt durch richterliches Urteil durch Beschluß der übrigen Mitglieder oder durch das einzig übrigbleibende Mitglied entzogen werden kann; es wird dadurch nur der Zustand hergestellt, der für die bürgerlich-rechtliche Gesellschaft kraft Gesetzes gilt, § 712 BGB, vgl. § 117 Anm. 28ff. Wegen der Möglichkeit, daß bei der nur aus zwei Gesellschaftern bestehenden Gesellschaft der eine dem anderen die Geschäftsführungsbefugnis entzieht, vgl. RG in JW 1924, 671[4]; RG 162, 83. Allerdings steht diese Befugnis dem stillen Gesellschafter nicht schon kraft Gesetzes zu, da er nicht gleichberechtigter Gesellschafter ist und nicht etwa selbst nun zusammen mit dem Geschäftsinhaber zur Geschäftsführung berufen sein kann.

Eine **Klage** auf Entziehung der Befugnis, wie sie § 117 für die Handelsgesellschaften vorsieht, ist dem stillen Gesellschafter nicht gegeben. Ist nicht durch den Vertrag die Entziehung der Befugnis vorgesehen, so bleibt nur die Kündigung aus wichtigem Grunde. Wenn die Geschäftsführungsbefugnis auf Grund des Vertrags in zulässiger Weise entzogen ist, so wandelt sich die Gesellschaft nicht ohne weiteres in eine Außengesellschaft (ebenso Koenigs S. 155). Im Gesellschaftsvertrag kann aber diese Folge vereinbart werden. Wird nicht für Ersatz des fehlenden Geschäftsführers gesorgt, so hat dies die Auflösung der Gesellschaft zur Folge; denn ohne Geschäftsführer kann die Gesellschaft nicht bestehen.

Die Ausschließung des Geschäftsinhabers hat auf dessen alleinige Befugnis, **nach außen** zu handeln, keinen Einfluß (Koenigs S. 159). Diese Befugnis, die auf seiner Eigenschaft als Inhaber des Geschäftsvermögens beruht, kann ihm weder durch den Gesellschaftsvertrag noch durch richterliches Urteil entzogen werden. Die Handlungen nach außen können daher stets nur durch den Geschäftsinhaber oder eine von ihm bevollmächtigte Person (Handlungsbevollmächtigten oder Prokuristen) vorgenommen werden. Der Gesellschaftsvertrag kann bestimmen, daß der stille Gesellschafter in dieser Weise bevollmächtigt wird; vgl. RG II 86/39 vom 18. Oktober 1939 in SeuffA 94 Nr. 8. Anm. 62

Wenn dem Stillen gesellschaftsvertraglich Geschäftsführungsbefugnisse erteilt sind (Anm. 60), so fragt sich, ob der Geschäftsinhaber sie ihm aus **wichtigem Grund entziehen** kann. Das ist in entsprechender Anwendung des § 712 BGB zu bejahen; ebenso Koenigs S. 158, Schlegelberger-Gessler 52; a. M. Paulick § 12 I 2f.; vgl. für die gesellschaftsvertragliche Geschäftsführungsbefugnis des Kommanditisten BGH 17, 392 und § 164 Anm. 12. Das dort Gesagte gilt auch für eine dem Stillen gesellschaftsvertraglich erteilte Prokura oder Handlungsvollmacht. Wird sie von dem Geschäftsinhaber ohne wichtigen Grund widerrufen, so wirkt das zwar nach außen, der Geschäftsinhaber ist aber verpflichtet, sie wieder zu erteilen (Koenigs S. 160). Beruht die Prokura oder die Handlungsvollmacht auf einem **Anstellungsvertrag** zwischen Geschäftsinhaber und Stillem, so gilt § 52 Abs. 1 uneingeschränkt. Ebenso kann das Anstellungsverhältnis nach den dafür geltenden Vorschriften gekündigt werden. Über den Unterschied zwischen gesellschaftsvertraglichen Befugnissen und solchen aufgrund Anstellungsvertrags s. auch RG 142, 13 und Koenigs S. 160. Anm. 62a

Eine besondere **Vergütung für die Tätigkeit** der Gesellschafter sieht das Gesetz nicht vor; RG 84, 434. Sie handeln als Gesellschafter in ihrem eigenen Interesse und finden ihre Entlohnung in der Beteiligung an den Ergebnissen des Unternehmens. Im Gesellschaftsvertrage kann aber dem geschäftsführenden Gesellschafter eine besondere Vergütung bewilligt werden, entweder in Form einer festen Summe oder in Form eines Vorzugsanteils oder eines erhöhten Hundertsatzes am Gewinn oder durch Verbindung beider Arten von Leistungen. Es kann auch vereinbart werden, daß die Vergütung nur aus erzieltem Gewinn als Vorausleistung gewährt wird. Ist dies vereinbart, was unter Umständen durch Vertragsauslegung zu ermitteln ist, und erhalten die Gesellschafter eine feste Verzinsung ihres Kapitalkontos, so geht diese im Zweifel dem Vergütungsanspruch für die Tätigkeit der Gesellschafter vor, ebenso Koenigs S. 161. Anm. 63

Ist im Gesellschaftsvertrage einer offenen Handelsgesellschaft oder einer Kommanditgesellschaft bestimmt, daß deren geschäftsführende Gesellschafter eine besondere Vergütung für ihre Tätigkeit erhalten und tritt nach ihrer Errichtung jemand als stiller Gesellschafter bei, so ist diese Vereinbarung auch für ihn bindend, falls er beim Beitritt davon Kenntnis hatte oder er sich, wenn auch stillschweigend, den Vereinbarungen unter den Gesellschaftern der offenen Handelsgesellschaft oder Kommanditgesellschaft unterworfen hat. Andernfalls sind sie für ihn nicht bindend; Schlegelberger-Gessler 41, Koenigs S. 161. Nach seinem Beitritt können die Gesellschafter ohne seine Zustimmung zu seinem Nachteil keine Vergütung mehr bewilligen; sie können nur bestimmen, daß von dem auf sie entfallenden Gewinn den geschäftsführenden Gesellschaftern eine Vergütung bewilligt wird. Eine Vergütung, die nicht aus dem Gewinne zu leisten ist, ist unter Aufwand zu verbuchen. Sie schmälert also den Gewinn und kann den Verlust erhöhen.

Aufwendungen, die der geschäftsführende Gesellschafter den Umständen nach für erforderlich halten durfte, sind ihm aus dem Geschäftsvermögen zu erstatten; §§ 713, 670 BGB. Die Vorschrift des § 110 Abs. 2 HGB über die Verzinsung aufgewendeten Geldes von der Zeit der Aufwendung an gilt nicht; Schlegelberger-Gessler 41. Der Geschäftsführer, der über die Geschäftskasse verfügt, kann das zu Erstattende oder die ihm zukommende Vergütung selbst aus der Kasse entnehmen.

Anm. 64 **12.** Bestimmungen über ein **Wettbewerbsverbot** enthält das Gesetz für die stille Gesellschaft nicht. Für den **stillen Gesellschafter** besteht es in der Regel nicht. Die Gesellschaftstreue verbietet ihm aber, die Gesellschaft zu schädigen, etwa indem er bei ihr erworbene geschäftliche Kenntnisse ausnützt (Schlegelberger-Gessler 45). Weiter gehen seine Pflichten, wenn er die Rechte eines atypischen stillen Gesellschafters hat (Anm. 17, 18). Es gilt dann das in den Erläuterungen zu § 165 für den Kommanditisten Gesagte (ähnlich Gessler a. a.O. , RG in HoldhMschr. 11, 189.

Der **Geschäftsinhaber** darf dagegen ohne Einwilligung des stillen Gesellschafters nicht für eigene Rechnung Geschäfte machen oder durch einen Dritten machen lassen, durch die er in Wettbewerb zu dem Handelsgewerbe tritt, das er auf Rechnung der Gesellschafter, wenn auch in eigenem Namen ,betreibt. Diese Beschränkung seiner Betätigungsfreiheit ergibt sich aus dem **Zwecke** des gesellschafterlichen Zusammenschlusses, durch den Betrieb des Handelsunternehmens auf gemeinsame Rechnung Gewinn zu erzielen. Die Vornahme von Wettbewerbshandlungen auf eigene Rechnung wäre daher eine Verletzung der Gesellschaftstreue und damit auch eine Vertragsverletzung; Brand Nr. 4; Lang S. 62; Wieland I 781 Anm. 19; Schlegelberger-Gessler 44. Der Geschäftsinhaber muß aber nur solche Geschäfte unterlassen, durch die das auf gemeinsame Rechnung betriebene Unternehmen und damit der Gewinn der Gesellschafter beeinträchtigt wird. Es ist daher dem Geschäftsinhaber nicht, wie § 112 HGB für die offene Handelsgesellschaft bestimmt, jedes Geschäftemachen im Handelszweige des Unternehmens verboten, sondern nur ein solches, das die gemeinsamen Belange schädigt. Er kann Geschäfte, deren Vornahme der stille Gesellschafter etwa auf Grund eines ihm im Gesellschaftsvertrage eingeräumten Mitverwaltungs- oder Widerspruchsrecht widerspricht, auf eigene Rechnung vornehmen; jedoch kann auch dies vertragswidrig sein, wenn dadurch das Vertragsunternehmen gefährdet wird; Schlegelberger-Gessler Anm. 42. Dies kann der Fall sein bei Vertrieb einer neuen Ware, durch deren Absatz der Umsatz einer von dem Vertragsunternehmen geführten Ware vermindert wird. Die zur Vornahme der Geschäfte auf persönliche Rechnung erforderliche Einwilligung des stillen Gesellschafters kann auch durch schlüssige Handlungen, z. B. Duldung eines Wettbewerbsbetriebes, erteilt werden.

Handelt der Geschäftsinhaber dem Verbot zuwider, so ist er zum Ersatz des durch seine Handlung entstandenen Schadens verpflichtet. Der stille Gesellschafter ist so zu stellen, wie wenn die Wettbewerbshandlung nicht vorgenommen worden wäre. Er kann auch auf Unterlassung des unzulässigen Wettbewerbs klagen.

Das in § 113 der offenen Handelsgesellschaft eingeräumte Eintrittsrecht besteht nicht; Wieland I 781; Schlegelberger-Gessler 44, Koenigs S. 226, Rasner S. 122. Aber die ihm zugrunde liegende Erwägung, daß bei Unterlassung des verbotenen Wettbewerbs das Unternehmen der Gesellschaft das Geschäft gemacht hätte, kann unter dem Gesichtspunkte des Schadensersatzes zu dem gleichen Ergebnis führen, daß nämlich der Vertragsverletzer das Geschäft als für gemeinsame Rechnung gemacht gegen sich geltend lassen und die aus dem Geschäft bezogene Vergütung dem Geschäftsvermögen zuführen, die noch ausstehende für dieses einziehen muß; RG 89, 99 = JW 1917, 104[6] mit Anm. Die kurze Verjährungsfrist des § 113 Abs. 3 HGB gilt für die stille Gesellschaft nicht.

Durch den **Gesellschaftsvertrag** kann das Wettbewerbsverbot abweichend vom Gesetz geregelt werden. Um zu verhindern, daß die Arbeitskraft des Geschäftsinhabers dem Unternehmen entzogen wird oder daß das Unternehmen durch Verbindlichkeiten desselben aus anderen Geschäften gefährdet wird, kann ihm insbesondere jede andere geschäftliche Betätigung oder die Vornahme bestimmter Geschäfte verboten werden. Auch dem stillen Gesellschafter kann ein Wettbewerbsverbot auferlegt werden. Für die Zulässigkeit nach § 1 GWB gilt das in § 165 Anm. 6 Gesagte. Ist er durch den Gesellschaftsvertrag zur Geschäftsführung berufen, so gilt das Verbot ohne weiteres auch für ihn, falls nicht etwas anderes vereinbart ist.

13. Das Überwachungsrecht des stillen Gesellschafters ist in § 338 besonders geregelt. **Anm. 65**

14. Die **Übertragung der Ansprüche** aus dem Gesellschaftsverhältnis ist wie bei der bürgerlich-rechtlichen Gesellschaft regelmäßig ausgeschlossen; § 717 BGB; wie dort ist sie auch hier mit Zustimmung aller Gesellschafter, die auch im Gesellschaftsvertrag erteilt werden kann, zulässig. Übertragbar sind auch die in § 717 Satz 2 BGB bezeichneten Ansprüche, also die einem Gesellschafter aus der Geschäftsführung zustehenden Ansprüche, soweit deren Befriedigung vor der Auseinandersetzung verlangt werden kann, sowie die Ansprüche auf einen Gewinnanteil oder auf dasjenige, was einem Gesellschafter bei der Auseinandersetzung zukommt. **Anm. 66**

15. Da bei der stillen Gesellschaft ein selbständiges dingliches Gesellschaftsvermögen nicht vorkommt, finden die dessen Rechtsverhältnisse regelnden Vorschriften der §§ 718—720 BGB über die Zusammensetzung des Gesellschaftsvermögens, über die Verfügung über den Anteil eines Gesellschafters an diesem Vermögen und über den Schutz eines Schuldners gegen Unkenntnis der Zugehörigkeit einer Forderung zu diesem Vermögen keine Anwendung. **Anm. 67**

16. Die Beteiligung der Gesellschafter am Gewinn und Verlust und die Berechnung des Gewinnes und Verlustes ist in §§ 336, 337 besonders geregelt. Darüber, wieweit daneben die Vorschriften der §§ 721, 722 BGB gelten und welchen Einfluß dabei eine Vereinbarung hat, nach der im inneren Verhältnis unter den Gesellschaftern das Geschäftsvermögen als Gesellschaftsvermögen zu behandeln ist, vgl. die Erläuterungen zu den genannten Vorschriften. **Anm. 68**

17. Wegen der Auflösung der stillen Gesellschaft vgl. § 339; wegen der Auseinandersetzung § 340. Ausschließung und Ausscheiden von Mitgliedern kommen bei der stillen Gesellschaft nicht vor, da sich nur zwei Gesellschafter gegenüberstehen. Die §§ 736ff. BGB sind daher nicht anwendbar; s. aber Anm. 72. **Anm. 69**

18. Zur Entscheidung von Streitigkeiten zwischen dem Geschäftsinhaber und dem stillen Gesellschafter aus dem Gesellschaftsverhältnis sind die Kammern für Handelssachen sachlich zuständig, auch wenn der stille Gesellschafter nicht Kaufmann ist; § 95 Nr. 4a GVG. Der Gerichtsstand des Gesellschaftssitzes nach § 22 ZPO besteht nicht, da eine nach außen in die Erscheinung tretende Gesellschaft nicht vorhanden ist; RG in JW 1900, 621. Jeder Gesellschafter muß an seinem persönlichen allgemeinen Gerichtsstand verklagt werden, soweit nicht ein besonderer Gerichtsstand wie der Gerichtsstand des Erfüllungsortes, gegeben ist. **Anm. 70**

IX. Mehrheit von stillen Gesellschaftern

Schrifttum: Schlegelberger-Gessler 5; Baumbach-Duden 2b; Paulick § 5 II 3; Koenigs S. 228.

1. An einem Handelsunternehmen können mehrere stille Gesellschafter beteiligt sein. Der Geschäftsinhaber, der schon einen stillen Gesellschafter hat, bedarf zur Aufnahme eines weiteren stillen Gesellschafters nicht der Zustimmung des ersten; denn durch den Vertrag entstehen lediglich Ansprüche auf Beteiligung an dem Ergebnisse des Unternehmens und auf Leistungen an den Inhaber (Einlage): Ansprüche dieser Art **Anm. 71**

können **selbständig** nebeneinander bestehen. Der Geschäftsinhaber kann namentlich den Gewinn mit mehreren teilen. Nimmt er einen weiteren stillen Gesellschafter auf und verspricht er diesem mehr an Gewinnbeteiligung als er noch zu vergeben hat, so wird dadurch der Anspruch des ersten nicht berührt; ebenso wird der Anspruch des später aufgenommenen durch eine frühere Beteiligung im Verhältnis zum Geschäftsinhaber nicht berührt. Im inneren Verhältnis kann die Aufnahme eines weiteren stillen Gesellschafters vertragswidrig sein, insbesondere wenn jedem Rechte eingeräumt werden, die sich ausschließen; z. B. wenn jedem das alleinige Recht zur Geschäftsführung eingeräumt ist. Aus der Unerfüllbarkeit beider Ansprüche können dann Schadensersatzansprüche gegen den Inhaber entstehen oder kann die Zuwiderhandlung gegen einen Vertrag einen wichtigen Grund zur fristlosen Kündigung des Gesellschaftsverhältnisses bilden. Gegeneinander haben aber die mehreren stillen Gesellschafter keine Ansprüche, da sie in keinem Vertragsverhältnis stehen. Keiner hat einen Vorrang vor dem anderen, soweit er ihm nicht durch Vertrag mit dem Inhaber und dem anderen stillen Gesellschafter eingeräumt ist. Es bestehen so viele stille Gesellschaften als rechtlich voneinander unabhängige Gesellschaftsverträge vorhanden sind.

Anm. 72 2. Nimmt der Geschäftsinhaber mehrere Dritte gleichzeitig in einem **einheitlichen Vertrage** als stille Gesellschafter auf, so kommt es auf den näheren Inhalt des Vertrages an. Ist die Einlage jedes Einzelnen besonders bestimmt, so ist im Zweifel nicht anzunehmen, daß sie für alle Einlagen gegenseitig als Gesamtschuldner haften; § 427 BGB. Sie sind auch nicht Gesamtgläubiger im Sinne des § 428 BGB. Dies ist aber anzunehmen, wenn bestimmt ist, daß der Gewinnanteil aller an einem von ihnen zu bezahlen ist, oder wenn einer von ihnen im Gesellschaftsvertrag als Vertreter aller benannt ist. Die mehreren stillen Gesellschafter können unter sich eine Gesellschaft des bürgerlichen Rechts bilden und in dieser Zusammenfassung den Vertrag abschließen (RG in LZ 1930, 1451[6]), dann sind sie gesamthänderisch berechtigt und verpflichtet und haften als Gesamtschuldner. Die Rechte dieser Gesellschafter als stiller Gesellschafter werden von den nach dem bürgerlichen Recht (§§ 714ff. BGB) zur Vertretung dieser Gesellschaft Berechtigten ausgeübt. Auch die gegenseitigen Rechte und Pflichten der Gesellschafter bestimmen sich nach bürgerlichem Recht. Mehrere stille Gesellschafter können auch nachträglich eine bürgerlich-rechtliche Gesellschaft zur gemeinsamen Wahrung ihrer Interessen bilden; dem Geschäftsinhaber gegenüber bleibt aber jeder Einzelne selbständiger stiller Gesellschafter. Es kann einer zum gemeinsamen Vertreter zur Ausübung der Gesellschafterrechte als stiller Gesellschafter bestellt werden. Es kann aber auch bei der Errichtung der stillen Gesellschaft die gleichzeitige Vereinigung aller zu einer bürgerlich-rechtlichen Gesellschaft vereinbart werden. Es kann dabei, insbesondere bei Vorhandensein einer größeren Anzahl von stillen Gesellschaftern vereinbart werden, daß sie nach Art der Aktiengesellschaft oder der Kommanditgesellschaft eine Organisation bilden, die die gemeinsamen Belange (durch die Gesellschafterversammlung) durch Mehrheitsbeschlüsse ausübt und dem Geschäftsinhaber als Einheit durch einen von der Gesellschafterversammlung gewählten Vertreter (Ausschuß) gegenübertritt; vgl. Lehmann in BankA 15, 32ff.; OLG Dresden in HoldhMschr. 1900, 41. Durch den Zusammenschluß der stillen Gesellschafter zu einer Gesellschaft kann das Recht jedes Einzelnen zur Ausübung des Kündigungsrechts nicht weiter eingeschränkt werden als das Gesetz die Beschränkung des Kündigungsrechts zuläßt; vgl. die Vorschriften des § 339 über das Kündigungsrecht und die Erl. zu § 132. Die Kündigung des Einzelnen für seine Person kann danach nicht an die Zustimmung der anderen Gesellschafter oder einen Mehrheitsbeschluß gebunden, werden oder mit sie erschwerenden Nachteilen für den Kündigenden verknüpft werden. Im Verhältnis zum Geschäftsinhaber kann der einzelne stille Gesellschafter mit dessen Zustimmung seine Beteiligung übertragen, auch wenn die anderen stillen Gesellschafter nicht zustimmen. Im inneren Verhältnis zu ihnen kann die Abtretung aber den Vereinbarungen unter ihnen widersprechen und unzulässig sein.

X. Das Verhältnis der stillen Gesellschaft nach außen

Anm. 73 Der Inhaber wird aus den im Betriebe geschlossenen Geschäften allein berechtigt und verpflichtet; **Abs. 2.** Aus dem Wesen der stillen Gesellschaft ergibt sich, daß sie nach außen überhaupt nicht in die Erscheinung tritt. Dem Inhaber des Geschäftsvermögens stehen alle damit verbundenen, auch die im Betriebe begründeten Rechte zu. Er ist nach außen allein Schuldner aller Geschäftsverbindlichkeiten. Der stille Gesellschafter als solcher haftet den Geschäftsgläubigern nicht; RG in HRR 1933 Nr. 1447. Er kann aber auf Grund eines anderen Rechtsverhältnisses, z. B. einer Bürgschaft, einer Schuldübernahme den Gläubigern unmittelbar haften.

Der **Stille haftet** den Geschäftsgläubigern **nicht** schon deswegen, weil er den Geschäftsbetrieb beherrscht und wirtschaftlich als der **eigentliche Geschäftsherr** anzusehen ist. Für den Kommanditisten hat das BGH 45, 208 ausgesprochen, s. § 164 Anm. 17; für den Stillen gilt es um so mehr, als er nach außen überhaupt nicht hervortritt, ebenso BGH DB 64, 476; Fischer JR 62, 201; Koenigs S. 237; Rasner S. 131; a. M. Schlegelberger-Gessler 51; Paulick Anh. § 8 II; Lehmann § 29 IV 2.

Anm. 74 Der **Name** des stillen Gesellschafters durfte nach Art. 257 ADHGB, überhaupt nicht in der **Firma** vorkommen; andernfalls haftete er Gläubigern der Gesellschaft persönlich und solidarisch. Im neuen Recht fehlt diese Bestimmung. Jetzt darf der Name des stillen Gesellschafters nur nicht zur Bildung der Firma, weder bei der ersten Wahl derselben, noch bei einer Änderung derselben, insbesondere nicht beim Eintritt eines stillen Gesellschafters verwendet werden; § 19 Abs. 4. Kommt der Name des stillen Gesellschafters aber bereits in der Firma vor, weil dieser früher Inhaber oder persönlich haftender Gesellschafter war, und wird er nun stiller Gesellschafter, so kann der Name in der Firma bleiben. Eine persönliche Haftung des stillen Gesellschafters tritt also allein wegen des Vorkommens seines Namens in der Firma nicht ein; a. A. Müller-Erzbach in Beiträge zum Wirtschaftsrecht v. Heymann II 737.

Die Beteiligung des stillen Gesellschafters darf nicht in das Handelsregister eingetragen werden.

Da der Geschäftsinhaber Träger aller Rechte und Pflichten ist, kommt eine Vertretung durch ein Gesellschaftsorgan nicht in Betracht. Der Inhaber tritt gerichtlich und außergerichtlich allein als handelnd auf. Seine Verfügungen über das Geschäftsvermögen sind nach außen wirksam, auch wenn sie im Verhältnis zum stillen Gesellschafter unzulässig sind; dies gilt auch, wenn dem Dritten die Verfügungsbeschränkung bekannt war. Handeln jedoch beide im Einverständnis mit der Absicht, den Stillen zu schädigen, so begehen sie eine unerlaubte Handlung nach § 826 BGB und können sich deshalb auf die Rechtswirksamkeit der Handlung nicht berufen. Eine Beschränkung der Vertretungsmacht ist begrifflich ausgeschlossen.

Im Prozesse ist nur der Geschäftsinhaber Partei; der stille Gesellschafter kann als Zeuge vernommen werden.

Im Konkurse ist nur der Geschäftsinhaber Gemeinschuldner. Der stille Gesellschafter kann Konkursgläubiger sein.

§ 336

Ist der Anteil des stillen Gesellschafters am Gewinn und Verluste nicht bestimmt, so gilt ein den Umständen nach angemessener Anteil als bedungen.

Im Gesellschaftsvertrage kann bestimmt werden, daß der stille Gesellschafter nicht am Verluste beteiligt sein soll; seine Beteiligung am Gewinne kann nicht ausgeschlossen werden.

Inhaltsübersicht

Anm. 1 Abs. 1 regelt in sachlicher Übereinstimmung mit Art. 254 ADHGB die Beteiligung des stillen Gesellschafters am Gewinn und Verlust, wenn der Gesellschaftsvertrag darüber keine Bestimmung enthält. Abs. 2 Halbsatz 1 spricht zwecks Beseitigung eines nach dem älteren Recht bestehenden Zweifels aus, daß die Beteiligung des stillen Gesellschafters am Verlust durch den Gesellschaftsvertrag ausgeschlossen werden kann; vgl. für das Recht des ADHGB für die Zulässigkeit des Verlustausschlusses: ROHG 12, 100; RG 20, 165; 27, 16; 30, 57; 31, 35; dagegen RG 3, 9. Abs. 2 Halbsatz 2 stellt als ein Begriffsmerkmal der stillen Gesellschaft die Beteiligung des stillen Gesellschafters am Gewinn auf; vgl. § 335 Anm. 5, 27, 28.

Anm. 2 **1. Der Anteil des stillen Gesellschafters am Gewinn und Verlust.**

Abs. 1 bestimmt den Maßstab, nach dem der stille Gesellschafter am Gewinn und Verlust beteiligt ist, nur für den Fall, daß der Gesellschaftsvertrag eine Vereinbarung hierüber nicht enthält. Das Gesetz verweist also in erster Linie auf den Gesellschaftsvertrag. Eine besondere Regelung durch diesen ist zweckmäßig, damit sich die Verteilung von Gewinn und Verlust der Lage der einzelnen Gesellschaft anpassen kann. Die gesetzliche Regel des Abs. 1 gilt auch nur für den Fall, daß die Gesellschafter weder über den Anteil des stillen Gesellschafters am Gewinn noch am Verlust eine Vereinbarung getroffen haben. Haben sie sich über den Anteil des stillen Gesellschafters am Gewinn oder am Verlust geeinigt, so greift die Auslegungsregel des § 722 Abs. 2 BGB ein. Diese ist auch auf die stille Gesellschaft anwendbar, da sie mit dem Wesen dieser Gesellschaftsart nicht unvereinbar ist und die dort gegebene Regel auch regelmäßig dem Parteiwillen der Gesellschafter entspricht; RG in LZ 1911, 58[2]; BGH BB 60, 14; Schlegelberger-Gessler 3. Danach gilt, wenn nur der Anteil am Gewinn oder am Verlust bestimmt ist, die Bestimmung für Gewinn und Verlust. Im Einzelfall kann sich aus dem Gesellschaftsvertrage, auch aus den Umständen ergeben, daß der im Vertrag aufgestellte Maßstab nur für den Gewinn und nicht für den Verlust oder umgekehrt gelten soll; dann gilt die Regel des Abs. 1 sinngemäß für die Beteiligung, deren Maßstab die Gesellschafter nicht selbst bestimmen wollten; RG bei Gruchot 38, 1132.

Die gesetzliche Regelung des Maßstabes der Gewinn- und Verlustbeteiligung bei der stillen Gesellschaft schließt sich an die Regelung des § 168 Abs. 2 an, nach der bei der Kommanditgesellschaft „ein den Umständen nach angemessenes Verhältnis der Anteile" als bedungen gilt, soweit nicht nach Abs. 1 daselbst eine Vordividende von vier vom Hundert aus dem Kapitalanteil des einzelnen Gesellschafters zu leisten ist. Darüber, welcher Anteil den Umständen nach angemessen ist und welche Gesichtspunkte bei der Bemessung des Anteils in Betracht kommen können, vgl. § 168 Anm. 5, 6. Im Streitfall entscheidet das richterliche Ermessen.

Keine Vordividende. Von der Gewinnverteilung bei der Kommanditgesellschaft weicht die Regelung des § 336 Abs. 1 wesentlich dadurch ab, daß nicht wie dort (§ 168 Abs. 1 in Verbindung mit § 121 Abs. 1 u. 2) von dem Jahresgewinn jedem Gesellschafter zunächst ein Anteil von vier vom Hundert seines Kapitalanteils gebührt, so daß nur der Rest angemessen verteilt wird. Vielmehr ist der ganze Gewinn in dieser Weise zu verteilen.

Unter Gewinn oder Verlust im Sinne der Vorschriften des § 336 ist, wie auch § 337 ergibt, der Jahresgewinn oder -verlust zu verstehen, d. h. der sich aus dem Betrieb des Handelsgewerbes in einem Geschäftsjahre ergebende Überschuß oder der dadurch eintretende Verlust. An einem Gewinn oder Verlust, der nicht durch den Betrieb des Handelsgewerbes, sondern etwa durch Wertsteigerungen oder Minderungen des Anlagevermögens, insbesondere bei Veräußerung des Handelsgeschäfts oder des Anlagevermögens entsteht, nimmt der stille Gesellschafter nicht teil; KG in DJZ 1901, 50; anders, wenn der Mehrwert durch Aufwendungen, aus dem Geschäftsgewinne geschaffen ist; RG 120, 411; § 337 Anm. 4. Im Gesellschaftsvertrag kann aber etwas anderes vereinbart werden; RG in DJZ 1912, 1355.

Anm. 3 Durch den **Gesellschaftsvertrag** können die Gesellschafter den Maßstab der Gewinn- und Verlustverteilung beliebig regeln; RG 25, 44. Sie können z. B. die Regelung bei der Kommanditgesellschaft übernehmen, also bestimmen, daß jeder Gesellschafter oder einer von ihnen aus dem Gewinn eine Vordividende aus seinem Kapitalanteil oder Kapitalkonto, oder seiner Einlage oder eine feste Summe im voraus erhält und daß der Rest angemessen oder nach einem anderen Maßstabe verteilt wird. Es kann auch vereinbart werden, daß der ganze Gewinn nach dem Verhältnis der Kapitalanteile oder der Einlagen verteilt wird. Die Verteilung des Gewinns kann auch nach anderen Gesichtspunkten geordnet werden als die des Verlustes.

Eine von der gesetzlichen Regel abweichende Vereinbarung kann sich auch aus den Umständen ergeben, z. B. aus einer bestehenden Übung. Scheidet ein persönlich haftender Gesellschafter einer Personengesellschaft als solcher aus bestimmten Gründen aus und wird er unter Aufrechterhaltung seiner Kapitalbeteiligung und seiner bisherigen Betätigung in der Geschäftsführung stiller Gesellschafter, so spricht dies bis zu einem gewissen Grade dafür, daß seine Beteiligung am Gewinn und Verlust die gleiche bleiben soll, wie bisher. Immerhin kann der Wegfall seiner unmittelbaren und unbeschränkten Haftung eine andere Verteilung angemessen erscheinen lassen. Aus der Regelung der Gewinn- und Verlustbeteiligung des stillen Gesellschafters im Einzelfall ergibt sich zugleich die Beteiligung des Geschäftsinhabers am Gewinn und Verlust. Er bekommt den Gewinnanteil und trägt den Anteil am Verlust, der nicht auf den stillen Gesellschafter entfällt.

2. Der Ausschluß des stillen Gesellschafters vom Verlust kann durch den Gesellschaftsvertrag ausgesprochen werden; Abs. 2 Halbsatz 1. Durch eine solche Vereinbarung wird der Charakter der Gesellschaft als einer stillen nicht berührt. Anm. 4

Die Ausschließung des stillen Gesellschafters von der Verlustbeteiligung kann sich auch aus den Umständen ergeben; RG im Recht 1927 Nr. 599. Da die Beteiligung des Stillen auch am Verlust die gesetzliche Regel ist, muß die Ausschließung von dem, der sie für sich geltend macht, also in der Regel von dem stillen Gesellschafter bewiesen werden. Die Ausschließung liegt nicht schon darin, daß im Gesellschaftsvertrag nur eine Bestimmung über die Gewinnbeteiligung enthalten ist. Ist der Gewinnanteil des stillen Gesellschafters nach dem Vertrage durch die Höhe seiner Einlage bestimmt, so kann die Vereinbarung seines Ausschlusses von der Teilnahme am Verlust nicht daraus abgeleitet werden, daß durch Verluste die ganze Einlage aufgezehrt werden könne und der stille Gesellschafter dann nicht mehr am Gewinn teilnehmen würde; RG im Recht 1917 Nr. 1037. Die Möglichkeit der Aufzehrung der Einlage ist die notwendige Folge der Verlustbeteiligung; eine weitere Folge ist dann bei entsprechender Vertragsgestaltung der Wegfall der Gewinnbeteiligung. Die Ausschließung vom Verlust liegt auch nicht in der Vertragsbestimmung, daß der stille Gesellschafter bei Beendigung der Gesellschaft seine Einlage zurückerhalten solle. Es wird ihm dadurch nur die Zahlung eines der Einlage entsprechenden Betrages aus dem Vermögen des Inhabers bei Beendigung der Gesellschaft zugesagt, ebenso Schlegelberger-Gessler 6. An den Jahresverlusten nimmt er deshalb doch teil. In Verlustjahren wird ihm sein Anteil an seiner Einlage abgeschrieben; sein Gewinnanteil späterer Jahre wird zur Wiederauffüllung der Einlage verwendet.

Die Ausschließung von Verlust liegt vor, wenn der Geschäftsinhaber einem anderen die Zahlung eines **bestimmten Betrages** oder Prozentsatzes der Einlage **garantiert.** Dann ist allerdings auch keine stille Gesellschaft gegeben, § 335 Anm. 28, Koenigs S. 179. Ist ein bestimmter **Mindestgewinn** garantiert, so liegt eine echte Gewinnbeteiligung vor. Bei der Vereinbarung eines Mindestgewinns ist zu unterscheiden, ob sie nur für den Fall, daß überhaupt ein Gewinn erzielt wurde, getroffen ist — dann bleibt die Verlustbeteiligung bestehen, oder ob der garantierte Betrag auch im Verlustfalle gezahlt werden soll — dann ist Ausschluß vom Verlust gegeben. Was gewollt ist, ist den gesamten Umständen zu entnehmen (abw. Schlegelberger-Gessler 6 und Paulick § 7 III, die immer den letzteren Fall annehmen).

Der stille Gesellschafter kann sich auch im Konkurse des Geschäftsinhabers auf den vertragsmäßigen Ausschluß seiner Verlustbeteiligung berufen. Eine nachträgliche Änderung der Verlustbeteiligung zu seinen Gunsten unterliegt der Anfechtung unter den Voraussetzungen des § 342. Hat der stille Gesellschafter gegen den Geschäftsinhaber aus der Vereinbarung seiner Verlustbefreiung einen Anspruch, z. B. auf ungeschmälerte Rückzahlung seiner Einlage, so ist er nur gewöhnlicher Konkursgläubiger, auch wenn ihm der Geschäftsinhaber bevorzugte Befriedigung aus dem Geschäftsvermögen, z. B. aus dem Verkauf des Geschäfts zugesagt hat; RG im Recht 12 Nr. 268. Aus einer ordnungsmäßig bestellten Sicherheit (z. B. einer Hypothek) kann er aber Befriedigung suchen; ROHG 12, 100.

3. Auch die Beteiligung des **Geschäftsinhabers** am **Verlust** kann im Gesellschaftsvertrag **ausgeschlossen** werden. Diese Befreiung des Geschäftsinhabers kommt namentlich in Betracht, wenn der stille Gesellschafter durch den Umfang seiner Kapitalbetei- Anm. 5

ligung und die ihm übertragene Geschäftsführungsbefugnis im inneren Verhältnis die maßgebende Person in dem Unternehmen ist, der Geschäftsinhaber seine Anweisungen zu befolgen hat und nicht oder nur wenig mit Kapital beteiligt ist. Die Befreiung des Geschäftsinhabers vom Verlust wirkt nur im inneren Verhältnis. Den Gläubigern haftet der Inhaber unbeschränkt; vgl. auch § 335 Anm. 73.

Anm. 6 **4. Die Beteiligung des stillen Gesellschafters am Gewinn** kann nicht ausgeschlossen werden; Abs. 2 Halbsatz 2. Sie bildet ein wesentliches Merkmal der stillen Gesellschaft; § 335 Anm. 5. Die Vereinbarung des Ausschlusses bewirkt nicht die Nichtigkeit des Vertrages. Es liegt dann nur keine stille Gesellschaft vor, möglicherweise aber ein Rechtsverhältnis anderer Art, z. B. eine Gesellschaft des bürgerlichen Rechts; RFH in RStBl. 31, 357; RG **90**, 14; JW **1915**, 1428; **1917**, 719. Der stille Gesellschafter muß also in irgendeiner Weise am Gewinn teilnehmen; er darf nicht gänzlich ausgeschlossen werden. Die Art der Teilnahme können die Gesellschafter beliebig bestimmen. Sie können z. B. bestimmen, daß der stille Gesellschafter an dem Gewinn (und Verlust) aus den bei Beginn der Gesellschaft schwebenden Geschäften nicht teilnehmen solle; RG in SeuffA 93 Nr. 59. Wegen des Wesens der Gewinnbeteiligung und der möglichen Arten derselben vgl. § 335 Anm. 27, 28.

Anm. 7 5. Der **Geschäftsinhaber** kann durch den Gesellschaftsvertrag vom **Gewinn** des Unternehmens **ausgeschlossen** werden. Dies kann namentlich geschehen, wenn der stille Gesellschafter das Unternehmen allein finanziert und der Geschäftsinhaber im inneren Verhältnis von ihm abhängig ist. Regelmäßig ist er dann auch vom Verlust befreit.

§ 337

Am Schlusse jedes Geschäftsjahrs wird der Gewinn und Verlust berechnet und der auf den stillen Gesellschafter fallende Gewinn ihm ausbezahlt.

Der stille Gesellschafter nimmt an dem Verluste nur bis zum Betrage seiner eingezahlten oder rückständigen Einlage teil. Er ist nicht verpflichtet, den bezogenen Gewinn wegen späterer Verluste zurückzuzahlen; jedoch wird solange seine Einlage durch Verlust vermindert ist, der jährliche Gewinn zur Deckung des Verlustes verwendet.

Der Gewinn, welcher von dem stillen Gesellschafter nicht erhoben wird, vermehrt dessen Einlage nicht, sofern nicht ein anderes vereinbart ist.

Inhaltsübersicht

§ 337 ordnet in Übereinstimmung mit Art. 255 ADHGB die jährliche Berechnung des Gewinns und Verlustes und die Auszahlung des Anteils des stillen Gesellschafters am Gewinne an; Abs. 1. Er begrenzt den Umfang der Verlustbeteiligung des stillen Gesellschafters auf den Betrag seiner Einlage, stellt seine Freiheit von der Verpflichtung zur Rückzahlung bezogenen Gewinns zur Deckung späterer Verluste fest und ordnet die Auffüllung einer durch Verlust geminderten Einlage aus späteren Gewinnanteilen an; Abs. 2. Er spricht endlich aus, daß nicht erhobener Gewinn mangels anderer Vereinbarung die Einlage des stillen Gesellschafters nicht vermehrt; Abs. 3. Die Vorschriften sind den für die Beteiligung des Kommanditisten an Gewinn und Verlust geltenden Vorschriften der §§ 167 und 169 nachgebildet. Anm. 1

I. Die Berechnung von Gewinn und Verlust

1. Sie erfolgt wie bei der offenen Handelsgesellschaft „am Schlusse jedes Geschäftsjahres"; § 120 Abs. 1, § 167 Abs. 1. Damit wird nicht nur der Zeitpunkt angegeben, in welchem die Berechnung vorzunehmen ist, sondern auch der Zeitraum bestimmt, für welchen jeweils Gewinn und Verlust festzustellen ist. Gewinn und Verlust sind am Schlusse jedes Geschäftsjahres für dieses zu berechnen. Anm. 2

2. Die Grundlage der Berechnung ist die auf den Schluß jedes Geschäftsjahres aufzustellende **Bilanz,** § 120 spricht dies für die offene Handelsgesellschaft ausdrücklich aus. Es gilt aber auch für die Kommanditgesellschaft und die stille Gesellschaft. Ist der Geschäftsinhaber Kaufmann, so folgt seine Verpflichtung zur Aufstellung der Jahresbilanz schon aus den allgemeinen Vorschriften des § 39 Abs. 2 HGB. Diese Bilanz muß so aufgestellt sein, wie es das Gesetz für kaufmännische Jahresbilanzen vorschreibt; §§ 39ff. HGB. Ist Geschäftsinhaber eine Kapitalgesellschaft, so sind die für eine solche geltenden Vorschriften zu beachten. Ist der Geschäftsinhaber Minderkaufmann, so muß er eine Übersicht des Vermögens aufstellen, aus der sich dessen Bestand und Entwicklung im abgelaufenen Geschäftsjahr und insbesondere der entstandene Jahresgewinn oder Verlust ergibt. Um diese Verpflichtung erfüllen zu können, muß er auch Bücher führen, die wie beim Kaufmann die Unterlage der Bilanz bilden. Zur Aufstellung dieser Bilanz oder Übersicht ist der Geschäftsinhaber dem stillen Gesellschafter gegenüber auf Grund des Gesellschaftsverhältnisses auch zivilrechtlich verpflichtet; denn ohne eine solche Bilanz oder Übersicht ist keine Berechnung von Gewinn und Verlust möglich. Außer der Bilanz sind auch die Bücher und Schriften zur Berechnung des Jahresgewinnes und -verlustes heranzuziehen, soweit dies zur Klärung und etwaiger Berichtigung der Bilanz erforderlich ist; denn die Bilanz bildet zwar die Grundlage der Berechnung, ist aber nicht allein maßgebend, BGH BB 60, 14 = LM § 340 Nr. 3. Sie bedarf der **Berichtigung,** die sich aus der besonderen Gestaltung der stillen Gesellschaft, der Beschränkung des stillen Gesellschafters auf die Teilnahme am Betriebsgewinn- und Verlust und dem Fehlen eines Gesellschaftsvermögens ergeben; vgl. die folgenden Anmerkungen. Anm. 3

3. Zu berechnen ist der Gewinn und Verlust des Handelsunternehmens, also der sich aus dem **Betriebe des Handelsgewerbes** ergebende Gewinn und Verlust; denn nur an diesem ist der stille Gesellschafter beteiligt, nicht aber an dem Vermögen des Geschäftsinhabers, § 335 Anm. 27; RG 120, 410; 126, 393; 153, 371; RG in SeuffA 93 Nr. 59. Es scheidet daher ein Gewinn oder Verlust aus, den der Geschäftsinhaber mit seinem sonstigen Vermögen, seinem **Privatvermögen,** erzielt oder erlitten hat. Ist das Privatvermögen eines Einzelkaufmanns und der daraus erwachsene Gewinn oder Verlust in der Jahresbilanz des Handelsgeschäfts mit aufgenommen und beides nicht gesondert aufgeführt, was jedenfalls bei Vorhandensein eines stillen Gesellschafters nicht zweckmäßig ist (vgl. § 38 Anm. 13), so ist zum Zwecke der Gewinn- und Verlustberechnung diese Sonderung vorzunehmen, die betreffenden Vermögensteile und Einkünfte sind also auszuscheiden; RG in SeuffA 93 Nr. 59. Der stille Gesellschafter ist auch nicht am **Geschäftsvermögen,** also dem Vermögen beteiligt, das dem Geschäftsbetriebe gewidmet ist. Allerdings kann der stille Gesellschafter an einem Gewinn oder Verlust teilnehmen, der die Folge einer wertmäßigen Veränderung des Geschäftsvermögens ist, nämlich dann, wenn die wertmäßige Veränderung durch den Betrieb des Handelsgewerbes verursacht ist (RG in SeuffA a. a. O.) oder wenn die Werterhöhung durch Aufwendungen Anm. 4

aus dem Geschäftsvermögen während der Gesellschaftsdauer herbeigeführt wurde, RG 120, 410; BGH BB 60, 14 = LM § 340 Nr. 3.

Eine Vermehrung des nicht zum Umsatz im Handelsbetriebe bestimmten Geschäftsvermögens, also des **Anlagevermögens** infolge allgemeiner oder besonderer Wertsteigerung, z. B. wegen der Erschließung als Baugelände, oder durch günstige Veräußerung oder durch nichtbetriebliche Vorgänge eintretende Gewinne oder Verluste gehören danach nicht zum Betriebsgewinn oder -verlust. Das gleiche gilt von einem bei der Veräußerung des Handelsgeschäfts als Ganzen infolge allgemeiner Konjunkturänderung eingetretenen Gewinn oder Verlust; RG 120, 410; in HoldhMschr. 1905, 214; DNotZ 1932, 475; DJZ 12, 1335; OLGR 22, 37. Das Aufgeld (Agio), das eine Aktiengesellschaft, die einen stillen Gesellschafter hat, bei Ausgabe junger Aktien erzielt, ist ebenfalls kein Betriebsgewinn.

Gewinn und Verlust, der durch Wertsteigerung oder -minderung der zum **Umlaufvermögen** gehörenden Gegenstände, insbesondere der Waren eintritt, kommt auch dem stillen Gesellschafter zugute und belastet ihn; RG in JW 1901, 404. Beerbt der Geschäftsinhaber einen Geschäftsgläubiger und erlischt dadurch die Geschäftsverbindlichkeit, so liegt nicht eine mit dem Geschäftsbetrieb zusammenhängende Veränderung vor. Der Wegfall der Schuld vermehrt deshalb nicht den Betriebsgewinn. Ist dagegen eine Geschäftsschuld verjährt oder erlassen, so wird dadurch das Ergebnis des Jahres verändert, in das das Ereignis fällt. Das gleiche gilt von einem allgemeinen Schuldnachlaß, auch durch Zwangsvergleich, den die Geschäftsgläubiger bis zur Auflösung der stillen Gesellschaft bewilligen; vgl. auch § 341 Anm. 12. Denn dabei handelt es sich um einen Geschäftsvorgang, durch den das Jahresergebnis beeinflußt und der künftige Geschäftsbetrieb erleichtert oder ermöglicht wird; Schlegelberger-Gessler 6. Muß der stille Gesellschafter an den Verlusten teilnehmen, so muß ihm auch die Verbesserung zugute kommen, die durch einen Schuldnachlaß eintritt. Aber auch, wenn er an dem Verlust überhaupt nicht teilnimmt, so kann ihm doch der Schuldnachlaß zum Vorteil gereichen, wenn dadurch der Jahresgewinn erhöht wird. Werden einzelne Schulden, insbesondere von nahen Angehörigen des Geschäftsinhabers erlassen, so kommt der Erlaß dem stillen Gesellschafter nicht zugute, wenn, was unter Umständen durch Vertragsauslegung zu ermitteln ist, der Erlaß nur dem Geschäftsinhaber bewilligt werden sollte; Schlegelberger-Gessler 6. Auch eine Verminderung der Geschäftsschulden durch Schuldabwertung infolge Geldentwertung oder durch die Währungsumstellung ist als Betriebsgewinn zu behandeln, wie der am Verlust beteiligte stille Gesellschafter auch einen Verlust mittragen muß, der durch Geldentwertung entsteht; RG 120, 410; Schlegelberger-Gessler 6.

Zum Betriebsgewinn gehört auch der Erlös aus der Veräußerung von Teilen des Geschäftsvermögens, die während Bestehens der Gesellschaft aus den Betriebseinnahmen angeschafft worden sind; RG 120, 412; Müller-Erzbach in Festschr. f. Heymann 1931, 742. Betriebsgewinn ist ferner die Wertsteigerung von Gegenständen des Umlaufvermögens, z. B. des Warenbestandes, der zur Veräußerung angeschafften Grundstücke einer Grundstücksgesellschaft; RG in JW 1901, 404[22]; s. auch Anm. 12.

Anm. 5 Umstritten ist, welche Rolle der sogenannte innere oder **Geschäftswert** des Handelsunternehmens bei der Berechnung des Jahresgewinns und bei der Ermittelung des Auseinandersetzungsguthabens des stillen Gesellschafters bei Beendigung der stillen Gesellschaft spielt. Zweifellos ist der bei Beginn der stillen Gesellschaft schon vorhandene innere Wert des Unternehmens nicht zu berücksichtigen; denn der stille Gesellschafter ist am Geschäftsvermögen, zu dem auch der innere Wert des Geschäfts gehört, nicht beteiligt. Aber auch der während der Dauer der stillen Gesellschaft erst entstandene innere Wert kann nicht berücksichtigt werden. Dies gilt zunächst für die Feststellung des Jahresgewinns. Dieser kann nur auf Grund einer nach kaufmännischen Grundsätzen aufgestellten Bilanz ermittelt werden. Die Aufnahme des inneren Wertes in die Jahresbilanz würde aber schon der allgemeinen kaufmännischen Auffassung über das Wesen des jährlichen Betriebsgewinns widersprechen. Betriebsgewinn kann nur sein, was dem Unternehmen ohne Gefährdung seines Bestandes entzogen werden kann. Kein Kaufmann würde aber annehmen, daß ein dem inneren Wert oder dessen Zuwachs entsprechender Betrag jährlich aus dem Geschäft herausgezogen und verbraucht werden und deshalb etwa auch steuerrechtlich als Einkommen behandelt werden könne. Dies verbietet sich schon deshalb, weil es sich um einen durchaus unsicheren, leicht der Verflüchtigung unterliegenden Wert handelt, der keineswegs ohne gleichzeitige Veräußerung des Unternehmens realisiert werden könnte. Es widerspricht aber allgemeiner kaufmännischer Anschauung, noch nicht realisierte Gewinne als Aktivum in die Jahresbilanz aufzunehmen, etwa durch Aufnahme des voraussichtlichen Verkaufswertes einer Ware statt des Anschaffungswertes. Es ist auch allgemein anerkannt, daß rein ideelle Werte, wie die eigene Firma, die selbst erworbene Kundschaft oder der beides umfassende innere oder Geschäftswert nicht als Aktivposten in die Bilanz eingestellt werden können; § 39 Anm. 9 A I 5. § 153 Abs. 5 AktG verbietet es ausdrücklich zwingend für die Jahresbilanz der Aktiengesellschaft. Was nach diesen Bestimmungen nicht gewinnbildend sein kann, kann es auch nicht im Sinne der Bilanz sein, die die Verteilung des Jahresgewinns der Gesellschaft zum Ziele hat. Es kann auch nichts anderes gelten, wenn etwa ein Teil des Unternehmens, etwa eine selbständige Niederlassung unter Fortdauer der Gesellschaft verkauft und dabei ein dem Wert der einzelnen Gegenstände übersteigender Erlös und damit eine Vergütung für den inneren Wert erzielt wird. Auch für die Auseinandersetzung kann nichts anderes gelten.

Für die Einstellung in die Auseinandersetzungsbilanz kann auch nicht mit J. v. Gierke, Handelsrecht (7) § 38 IV 5b, Würdinger, Personalgesellschaften, S. 174, geltend gemacht werden, daß die Erhöhung des Geschäftswerts sowohl durch Arbeit wie durch Zurverfügungstellung von Betriebsmitteln geschaffen werde. Die Förderung des gemeinsamen Zweckes durch die Leistungen der Gesellschafter ist zwar deren Aufgabe als Gesellschafter. Aber darauf, ob der eine oder der andere Gesellschafter zur Erarbeitung des Gewinnes beigetragen hat und in welcher Weise es geschehen ist, kommt es, wenn der Gesellschaftsvertrag nicht etwas anderes bestimmt, für die Beteiligung an dem Ertrag der Arbeit weder für die jährliche Gewinnverteilung noch für die Auseinandersetzung, bei der es sich doch, abgesehen von der Rückgabe der Einlagen, nur um die endgültige Ausschüttung des Gewinns handelt, an. Was während des Betriebs nicht Gewinn sein kann, kann es auch bei Beendigung der Gesellschaft nicht sein. Andererseits hängt der sogenannte innere Wert des Unternehmens untrennbar mit diesem zusammen. Wem das Unternehmen gehört, dem gehört auch der Geschäftswert oder Firmenwert: das ist allein der Geschäftsinhaber. Deshalb nimmt der stille Gesellschafter an dem während der Dauer der Gesellschaft entstandenen Firmenwert auch bei der Auseinander setzung nicht teil; so auch die herrschende Meinung; RG 120, 410; KG in DJZ 1901, 50; OLGR 22, 37; Schlegelberger-Gessler 6; vgl. auch Müller-Erzbach in Festschrift für Heymann, S. 740; s. auch Anm. 12.

Aufwendungen, die ihrer Art nach die Gewinnerzielung fördern sollen, können, **Anm. 6**
auch wenn durch sie zugleich der Geschäftswert erhöht ist, nicht eine Beteiligung des stillen Gesellschafters am inneren Wert des Unternehmens rechtfertigen; denn sie sind in erster Linie zur Erzielung laufenden Gewinns gemacht worden und bei dessen Feststellung als Passivum zu berücksichtigen. Dagegen könnte eine Zuwendung an das Geschäftsvermögen aus Betriebsmitteln angenommen werden, wenn die Aufwendungen nicht dem gegenwärtigen Betriebe dienten, sondern einer späteren Zeit zugute kommen sollen, zu der der stille Gesellschafter nicht mehr am Gewinn beteiligt ist. Hier wäre ein Posten als Aktivum in die Gewinnberechnung einzustellen.

Ist das Geschäft mit der Einlage des stillen Gesellschafters erworben und **Anm. 7**
damit auch sein schon beim Erwerb vorhandener Firmenwert aus dieser Einlage bezahlt worden, so kann im Einzelfall als vereinbart gelten, daß der stille Gesellschafter auch an diesem Firmenwert bei der Auseinandersetzung teilnehmen soll. Auch wenn der stille Gesellschafter im inneren Verhältnis der eigentliche Inhaber des Unternehmens ist und der nominelle Geschäftsinhaber sich in abhängiger Stellung befindet, wenn z. B. der stille Gesellschafter das Geschäftsvermögen überwiegend oder das bereits bestehende Geschäft eingebracht hat, ist den Umständen nach in der Regel als vereinbart anzusehen, daß ihm der innere Wert des Unternehmens allein zukommen soll; RG in HRR 1931 Nr. 527; Schlegelberger-Gessler 6.

Von den Einnahmen sind bei der Gewinnermittlung abzuziehen die kauf- **Anm. 8**
männischer Übung und Vorsicht entsprechenden **Abschreibungen** sowohl auf das An-

lagevermögen wie auf das Umlaufsvermögen; also nicht nur die Abschreibungen auf den Warenbestand, die die Möglichkeit der Entwertung dieses Teiles des Geschäftsvermögens berücksichtigen, sondern auch die durch die Benutzung und Abnutzung des Anlagevermögens entstehende Wertminderung. Diese wird nach gesunder kaufmännischer Auffassung regelmäßig durch Erneuerung aus den laufenden Einnahmen ausgeglichen. Deshalb belasten die Abschreibungen und Zurückstellungen für Erneuerungen den laufenden Gewinn ebenso wie Ausgaben, die durch Miete von Gebrauchsgegenständen entstehen und in denen ebenfalls die Vergütung für die Abnutzung steckt.

Anm. 9 **Steuern** sind als Geschäftsunkosten zu behandeln, soweit sie auf dem Geschäfte als solchen ruhen. Solche Steuern sind vor allem die aus Geschäftsvorgängen entstehenden Steuern, wie die Umsatzsteuer, aber auch die allgemein mit dem Betriebe zusammenhängenden Steuern, die Gewerbesteuer, die Grundsteuer, aus den dem Geschäftsbetriebe dienenden Grundstücken. Die Einkommensteuer, die Vermögenssteuer und die Vermögensabgabe zum Lastenausgleich mindern bei Kapitalgesellschaften, nicht jedoch bei Personengesellschaften und beim Einzelkaufmann den für die Gewinnermittlung maßgeblichen Handelsbilanzgewinn.

Anm. 10 Wegen der Vergütung der Gesellschafter für ihre **Tätigkeit** als Geschäftsführer vgl. § 335 Anm. 63. Ist ihnen eine besondere Vergütung bewilligt, so ist durch Vertragsauslegung zu ermitteln, ob sie als Geschäftsunkosten zu behandeln ist. Aber auch, wenn sie sie aus dem Gewinn als Voraus erhalten sollen, ist der Stille nur an dem Restgewinn beteiligt.

Anm. 11 Besondere **Vereinbarungen** der Gesellschafter über Bilanzierung und Gewinnberechnung. Die Gesellschafter können im Gesellschaftsvertrage besondere Vereinbarungen über die Berechnung des Gewinns und die ihr zugrunde zu legende Bilanzaufstellung treffen. Auch für die Bilanzaufstellung sind sie hierbei völlig frei, soweit es sich nur um die Feststellung des Gewinns handelt. Die öffentlich-rechtlichen Vorschriften über die Aufstellung der Bilanz werden dadurch nicht berührt. Genügt die nach Vereinbarung aufgestellte Bilanz den öffentlich-rechtlichen Verpflichtungen nicht, so muß der Geschäftsinhaber daneben eine Bilanz nach Maßgabe der öffentlich-rechtlichen Bestimmungen aufstellen. Vereinbarungen über die Bilanzierung können auch stillschweigend getroffen werden. Bei Umwandlung der Stellung eines persönlich haftenden Gesellschafters in die eines stillen Gesellschafters kann die Beibehaltung der bisherigen Bilanzierungsgrundsätze als vereinbart angesehen werden. Auch aus einer bestehenden Übung kann sich eine Vereinbarung ergeben; RFH in BankA. 30, 322; Mirre daselbst S. 284. Die Gesellschafter können insbesondere die zulässigen Abschreibungen im einzelnen festlegen. Sie können namentlich Abschreibungen über das übliche Maß hinaus oder Unterbewertungen von Aktiven oder bestimmte Mindestabschreibungen anordnen. Es werden dadurch **stille Rücklagen** über das übliche Maß hinaus geschaffen, was sonst ohne Zustimmung des stillen Gesellschafters nicht zulässig ist; RG im Recht 14 Nr. 667. Wenn nichts anderes vereinbart ist, sollen solche ungewöhnlichen Rücklagen nicht dem Geschäftsinhaber verbleiben. Werden sie vereinbart, so soll dadurch die Rentabilität des Unternehmens, also die künftige Gewinnerzielung gesichert werden. Werden sie später aufgelöst, insbesondere durch Veräußerung der zu nieder bewerteten Gegenstände, oder durch Veräußerung des Geschäfts, so sind sie als **Gewinn** zu behandeln. Der stille Gesellschafter nimmt daran teil entweder bei der nächsten Gewinnberechnung oder bei der Auseinandersetzung bei Beendigung der Gesellschaft. Stille Rücklagen, die vor dem Eintritt des stillen Gesellschafters gebildet wurden, kommen dagegen im Falle ihrer Auflösung allein dem Geschäftsinhaber zugute, da der sich aus der Realisierung ergebende Gewinn kein Betriebsgewinn ist; Schlegelberger-Gessler 8; RG in LZ 13, 763.

Die Gesellschafter können auch vereinbaren, daß der stille Gesellschafter an Wertsteigerungen und -minderungen des Geschäftsvermögens beteiligt sein soll. Es kann auch über seine Beteiligung am inneren oder Geschäftswert eine von der gesetzlichen Regel abweichende Vereinbarung erfolgen. Insbesondere kann er an dem durch Veräußerung des Geschäfts erzielten Gewinn beteiligt werden. Aus einer solchen Vereinbarung folgt noch nicht (sondern bedarf besonderer Vereinbarung, die auch stillschweigend erfolgen kann), daß er an einer noch nicht durch Veräußerung des Anlagevermögens oder des Geschäfts gesicherten Wertsteigerung teilnehmen soll, etwa dadurch, daß der eingetretene Mehrwert als Aktivum in die Gewinnberechnung oder eine entsprechende Wertminderung in die Verlustberechnung eingestellt und dadurch der zu verteilende Gewinn oder Verlust erhöht wird; RG in DJZ 12, 1355; RFH in StuW 29 Nr. 708; 30 Nr. 610 und 1363; s. auch Anm. 12.

Zusammenfassung: Die Grundlage für die Gewinnbeteiligung des Stillen bildet die nach den Grundsätzen ordnungsmäßiger Buchführung und Bilanzierung aufgestellte Handelsbilanz des Geschäftsinhabers (Anm. 3). Grundsätzlich nimmt der Stille nur am ordentlichen Geschäftsergebnis teil, nicht an außerordentlichen Erträgen oder Verlusten (Anm. 4). Eine Ausnahme hiervon gilt, wenn der außerordentliche Ertrag oder Verlust während der Gesellschaftsdauer durch den Geschäftsbetrieb verursacht, insbesondere durch Aufwendungen aus dem Geschäftsvermögen herbeigeführt worden ist (Anm. 4). An dem Geschäftswert, auch wenn er durch Veräußerung oder Teilveräußerung des Geschäfts realisiert ist, nimmt der Stille nicht teil, es sei denn, daß dies besonders vereinbart ist (Anm. 5—7). Die Bildung offener Rücklagen kann den Gewinnanteil des Stillen nicht schmälern. Gesetzliche stille Reserven, die durch Befolgung gesetzlicher Bewertungsvorschriften oder der Grundsätze ordnungsmäßiger Bilanzierung entstehen, z. B. wenn der Marktpreis einer Sache über ihren Anschaffungs- oder Herstellungskosten liegt (vgl. § 40 Anm. 3), muß der Stille gegen sich gelten lassen. Das gleiche gilt für Schätzungsreserven, die dadurch entstehen, daß eine nach dem Grundsatz vorsichtiger Bewertung vorgenommene Bewertung objektiv unter dem wirklichen Wert liegt. Anders ist es mit den Willkürreserven, die aus bewußter Unterbewertung von Aktiven, insbesondere aus überhöhten Abschreibungen, oder Überbewertung von Passiven entstehen. Sie können den Gewinnanteil des Stillen nicht mindern (Anm. 11). Umgekehrt hat der Stille an Gewinnen, die durch Auflösung vorgesellschaftlicher stiller Reserven im Anlagevermögen entstanden sind, als außerordentlichen Erträgen keinen Anteil. Anm. 12

Die vorstehenden Grundsätze entsprechen der herrschenden Meinung, vgl. RG 120, 410; BGH LM § 340 Nr. 3; Schlegelberger-Gessler 4—10; Paulick § 14; Koenigs S. 181, Rasner S. 62, im Ergebnis auch Fischer JR 62, 204; teilw. abw. Baumbach-Duden 1 A. Eine andere Meinung vertritt Sudhoff NJW 60, 2121. Er geht unrichtigerweise davon aus, daß der Stille obligatorisch am Geschäftsvermögen berechtigt sei, und will ihn deshalb uneingeschränkt an dem gesamten Unternehmensgewinn teilhaben lassen. Damit verwischt er die Grenzen zwischen typischer und atypischer Gesellschaft, vgl. das Folgende.

Im Hinblick auf die bestehende Vertragsfreiheit können die Parteien anderes vereinbaren. Dies gilt insbesondere für die vermögensrechtlich **atypische stille Gesellschaft,** § 335 Anm. 17. In ihr berechnet sich der Gewinnanteil nach den Grundsätzen die für die oHG und KG gelten, vgl. die Erläuterungen zu § 120.

4. Eine Verzinsung des von den Gesellschaftern für Gesellschaftszwecke zur Verfügung gestellten Vermögens, also des Wertes des vom Geschäftsinhaber dem Handelsgewerbe gewidmeten Vermögens oder der Einlage des stillen Gesellschafters, und eine Belastung des Betriebsgewinnes mit solchen Zinsen findet nicht statt. Das Gesetz sieht eine solche Verzinsung nicht vor. Jedoch kann die Verzinsung vereinbart werden. Anm. 13

5. Wegen der buchmäßigen Behandlung der Einlage des stillen Gesellschafters vgl. Anm. 29. Anm. 14

6. Der Anspruch des Geschäftsinhabers auf Leistung der Einlage ist eine echte Forderung. Der Anspruch des stillen Gesellschafters auf Rückzahlung der Einlage ist eine echte Schuld des Geschäftsinhabers, die allerdings regelmäßig erst bei Beendigung der stillen Gesellschaft fällig wird und nur besteht, wenn die Einlage nicht durch den vom stillen Gesellschafter zu tragenden Verlustanteil aufgezehrt ist; vgl. Abs. 2 und unten Anm. 22ff. Anm. 15

7. Zu berechnen ist jeweils der Gewinn oder der Verlust **für ein Geschäftsjahr.** Es ist also nur zu ermitteln, ob im abgelaufenen Geschäftsjahr im Vergleich mit dem Vermögensstand des Unternehmens am Schlusse des vorhergegangenen Geschäftsjahres ein Vermögenszuwachs oder -verlust eingetreten ist, der in dem Geschäftsbetrieb Anm. 16

seine Ursache hat (nicht in Vermögensvermehrungen oder -verminderungen, die nur den Inhaber treffen, vgl. oben Anm. 4, 12). Es kann danach in einem Jahre ein verteilbarer Gewinn vorhanden sein, auch wenn vorhergegangene Geschäftsjahre mit Verlust abgeschlossen haben, auch wenn dadurch ein Teil des Geschäftsvermögens einschließlich der darin steckenden Einlage des stillen Gesellschafters verlorengegangen ist. Jede Jahresbilanz muß danach auf der nach den gleichen Grundsätzen aufgestellten Bilanz des vorhergehenden Jahres aufbauen (**Bilanzkontinuität**). Bestand das Unternehmen schon bei Eintritt des stillen Gesellschafters, so ist die Bilanz des letzten Jahres vor seinem Eintritt zugrunde zu legen, wenn der Eintritt zum Beginn eines neuen Jahres erfolgt. Geschieht er während des Geschäftsjahres, so ist auf den Zeitpunkt des Eintritts eine Bilanz für die abgelaufene Zeit des Jahres aufzustellen, die dann der nächsten als Grundlage dient. Dies ist notwendig, um die künftigen gemeinschaftlichen Gewinne und Verluste feststellen zu können. Diese Bilanz hat dann die Bedeutung einer Eröffnungsbilanz, deren Aufstellung allerdings nicht ausdrücklich vorgeschrieben ist. Die Gesellschafter können die Berechnung des Gewinns und Verlustes des ersten Jahres in anderer Weise durch Vereinbarung regeln, z. B. die Bilanz des letzten abgelaufenen Geschäftsjahres für maßgebend erklären.

Anm. 17 **8.** Ist der Geschäftsinhaber eine **offene Handelsgesellschaft** oder eine **Kommanditgesellschaft,** so ist der Jahresgewinn oder -verlust der stillen Gesellschaft in gleicher Weise zu berechnen, wie wenn ein Einzelkaufmann Geschäftsinhaber ist. Der stille Gesellschafter nimmt auch hier an den Wertsteigerungen oder -minderungen des Geschäftsvermögens nicht teil; vgl. Anm. 4, 12. Neben dem Gewinn der stillen Gesellschaft ist aber auch der Gewinn der oHG oder KG zu berechnen. Bei Feststellung dieses Gewinnes sind auch die Veränderungen des Gesellschaftsvermögens zu berücksichtigen, da die Gesellschafter dieser Gesellschaften auch an dem durch solche Veränderungen entstehenden Gewinn oder Verlust teilnehmen. Daraus ergibt sich die Notwendigkeit einer doppelten Gewinnberechnung. Zuerst ist der Gewinn, d. i. der Betriebsgewinn, der stillen Gesellschaft nach den für diese geltenden Grundsätzen zu berechnen. Dabei sind also die Wertänderungen des Geschäftsvermögens regelmäßig nicht zu berücksichtigen; vgl. oben Anm. 4, 12. Auch die Abschreibungen und die Bildung stiller Rücklagen sind nur nach den für die stille Gesellschaft geltenden Vorschriften und nach den zwischen den Gesellschaftern der stillen Gesellschaft hierüber getroffenen Vereinbarungen vorzunehmen, Anm. 8, 11. Vereinbarungen der Gesellschafter der offenen Handelsgesellschaft oder der Kommanditgesellschaft über die Gewinn- oder Verlustberechnung, insbesondere auch über die Bildung stiller oder offener Rücklagen, gelten hier nicht; Schlegelberger-Gessler 9. Die Gesellschafter der stillen Gesellschaft können aber ihre Anwendung auch für die Gewinn- und Verlustberechnung der stillen Gesellschaft vereinbaren. Es kann auch hier vereinbart werden, daß der stille Gesellschafter an den Veränderungen des Geschäftsvermögens bei der Berechnung seines Gewinns beteiligt ist. Wenn der Gewinn oder Verlust der stillen Gesellschaft berechnet ist, ist er zwischen Geschäftsinhaber und stillem Gesellschafter zu verteilen; § 336. Erst was nach Abzug des Gewinns des stillen Gesellschafters übrig bleibt, ist Gewinn der oHG oder KG und kann unter deren Gesellschafter verteilt werden; denn was diese Gesellschafter an den stillen Gesellschafter abzugeben schuldrechtlich verpflichtet sind, ist für sie kein verteilbarer Gewinn, sondern schmälert ihren Gewinn. Bei Verteilung des Gewinns unter die Gesellschafter der oHG oder KG sind dann die Grundsätze anzuwenden, die für die Gewinnberechnung dieser Gesellschaft gelten, z. B. die Vereinbarungen über Bildung außergewöhnlicher Rücklagen, Verzinsung des eingebrachten Kapitals.

Anm. 18 **9.** Ist eine **Aktiengesellschaft** oder eine Kommanditgesellschaft auf Aktien oder eine **GmbH** oder eine andere juristische Person Geschäftsinhaber, so ist der Betriebsgewinn der stillen Gesellschaft nach den in Anm. 4—12 angegebenen Regeln zu berechnen. Grundlage hierfür bildet die von der Gesellschaft aufgestellte Bilanz. Soweit sie von der für stille Gesellschaft geltenden Regeln (Anm. 4—12) abweicht, ist sie für die Errechnung des Gewinnanteils des Stillen zu berichtigen. Dieser mindert den von der Gesellschaft in ihrem Jahresabschluß auszuweisenden Gewinn. Bei der Aktiengesellschaft ist die stille Gesellschaft ein Unternehmensvertrag, der der Zustimmung der Hauptversammlung bedarf, § 335 Anm. 37.

10. Die **Aufstellung** der Jahresbilanz und der jährlichen Gewinn- und Verlustberechnung ist im Verhältnis zum stillen Gesellschafter alleinige Aufgabe des **Geschäftsinhabers.** Der stille Gesellschafter hat dabei nicht mitzuwirken. Er braucht sie aber auch nicht ohne weiteres als richtig hinzunehmen. Er kann auf Grund seines Überwachungsrechts die abschriftliche Mitteilung der jährlichen Bilanz fordern und ihre Richtigkeit unter Einsicht der Bücher und Papiere prüfen; vgl. § 338. Er kann die Unrichtigkeit der Bilanz und der Gewinn- und Verlustberechnung geltend machen und die Richtigstellung, auch im Wege der Klage, insbesondere durch Feststellungsklage, aber auch in einer Klage auf Zahlung seines Gewinnanteils betreiben. Andererseits kann auch der Geschäftsinhaber die Anerkennung der Richtigkeit der Bilanz und Gewinnberechnung im Klagewege verlangen. Soweit die Bilanz nur die inneren Verhältnisse der Gesellschaft, z. B. der Aktiengesellschaft, regelt, steht dem Gesellschafter natürlich kein Recht zur Beanstandung der Bilanz, z. B. durch die aktienrechtliche Anfechtungs- oder Nichtigkeitsklage, zu. Anm. 19

Die Aufstellung der Gewinn- und Verlustberechnung hat unverzüglich, d. h. sobald zu geschehen, als dies bei ordnungsmäßigem Geschäftsgang möglich ist. Gilt für die Aufstellung der öffentlich-rechtlich vorgeschriebenen Bilanz des Geschäftsinhabers eine Frist (z. B. § 41 GmbHG), so darf der Geschäftsinhaber diese auch gegenüber dem stillen Gesellschafter einhalten; denn die Vorbereitungszeit, die er für die öffentlich-rechtliche Bilanz braucht, hat er auch für die Bilanz nötig, die die Grundlage für die Gewinn- und Verlustrechnung bildet. Durch die Aufstellung der Bilanz und der Gewinn- und Verlustrechnung und durch Vorlage der zur Prüfung der Bilanz erforderlichen Bücher und Schriften (§ 338), erfüllt der Geschäftsinhaber regelmäßig auch seine **Rechenschaftspflicht,** die ihm als Geschäftsführer obliegt; §§ 713, 666 BGB; erforderlichenfalls muß er dem stillen Gesellschafter die näheren Erläuterungen geben; vgl. § 338.

II. Die Auszahlung des Gewinnanteils

1. Der nach der Berechnung auf Grund der Jahresbilanz auf den stillen Gesellschafter entfallende Gewinnanteil ist an ihn auszuzahlen. Der Anspruch geht auf Zahlung einer bestimmten Geldsumme. Der Gesellschaftsvertrag kann etwas anderes bestimmen, z. B. Naturalleistungen anordnen, oder dem Geschäftsinhaber oder dem stillen Gesellschafter ein Wahlrecht einräumen. Der Anspruch ist fällig, sobald der Geschäftsinhaber nach ordnungsmäßigem Geschäftsgang die Bilanz aufgestellt und den Gewinnanteil des stillen Gesellschafters berechnet haben kann; RFH 12, 342; Ott in BankA 24, 93. Der Anspruch richtet sich gegen den Geschäftsinhaber. Dieser haftet dafür mit seinem ganzen Vermögen. Erfüllungsort ist der Ort der Hauptniederlassung des Geschäftsinhabers; § 269 BGB. Er muß das Geschuldete dem stillen Gesellschafter übersenden; § 270 BGB. Ist die Berechnung noch nicht erfolgt oder ist sie fehlerhaft so kann der stille Gesellschafter auf deren Aufstellung oder Berichtigung und gleichzeitig auf Zahlung dessen, was ihm nach der Berechnung zukommt, klagen; § 254 ZPO. Er kann auch in diesem Rechtsstreit Vorlegung der Bücher verlangen. Er braucht nicht eine besondere Klage auf deren Vorlegung zu erheben; RG im Recht 1915 Nr. 1392; §§ 45—47. Kann der stille Gesellschafter seinen Gewinnanteil selbst berechnen, etwa deshalb, weil er Geschäftsführer oder Angestellter (Prokurist) des Unternehmens ist, oder weil es sich um eine einfache Geschäftsführung handelt, so kann er alsbald auf Zahlung klagen. Die Vorschrift des § 122, nach der der Gesellschafter einer offenen Handelsgesellschaft sein Entnahmerecht nicht zum offenbaren Schaden der Gesellschaft ausüben darf, gilt nicht für den Anspruch des stillen Gesellschafters auf Auszahlung seines fälligen Gewinnanteils. Mit dem Ablauf des Geschäftsjahres und der Abrechnung hat der stille Gesellschafter einen unbedingten Anspruch auf die Zahlung, ohne Rücksicht auf die Lage des Unternehmens. Er kann deshalb den Anspruch auch noch geltend machen, wenn sich die Lage des Unternehmens verschlechtert hat; ROHG 13, 65; RG 48, 82. Die allgemeine Treupflicht der Gesellschafter, die auch für die stille Gesellschaft gilt, kann aber im Einzelfall eine Zurückhaltung in der Geltendmachung des Anspruchs gebieten (wegen der gleichen Frage bei der Kommanditgesellschaft vgl. § 169 Anm. 5). Anm. 20

Das Recht auf den Gewinn wird nicht dadurch berührt, daß der stille Gesellschafter seine **Einlage** noch nicht oder nicht vollständig geleistet hat. Der Geschäftsinhaber kann aber gegen einen fälligen Einlageanspruch aufrechnen und, sofern die Einlage nicht in Geld zu leisten ist, das gesetzliche Zurückbehaltungsrecht geltend machen; § 273 BGB. Auch der stille Gesellschafter kann die Aufrechnung erklären oder ein Zurückbehaltungsrecht ausüben. Der Gesellschaftsvertrag kann bestimmen, daß der Gewinn zur Deckung einer — auch noch nicht fälligen — Einlage zu verwenden ist oder daß die Auszahlung nicht gefordert werden kann, wenn sie dem Unternehmen nachteilig ist.

Ergibt sich nachträglich die Unrichtigkeit der Berechnung, so kann das Zuvielgezahlte wegen ungerechtfertigter Bereicherung (§§ 812ff. BGB) zurückgefordert, das zu wenig Geleistete nachgefordert werden. Der gute Glaube des Empfängers des Gewinns schützt ihn nicht vor der Rückforderung. § 172 Abs. 5 ist nicht sinngemäß anwendbar. Wegen der Anfechtung eines abgegebenen Anerkenntnisses der Bilanz vgl. § 120 Anm. 12. Im Gesellschaftsvertrag kann bestimmt werden, daß die Anfechtung der Bilanz und der Abrechnung nur innerhalb bestimmter Frist zulässig ist. Wegen bloßer Meinungsverschiedenheit über die Schätzung der Vermögenswerte kann die Anfechtung nicht erfolgen, wohl aber wegen willkürlicher Unterbewertung; RG 48, 82.

Der Anspruch auf den Gewinnanteil ist, falls der Gesellschaftsvertrag ein beiderseitiges Handelsgeschäft ist, also beide Vertragschließende Kaufleute sind, vom Fälligkeitstage mit 5% (§§ 352, 353 HGB), andernfalls bei Verzug seit dessen Eintritt mit 4% zu verzinsen; die Geltendmachung eines höheren Schadens bleibt vorbehalten; §§ 284, 288 BGB. Die Zinsen und die weiteren Folgen des Verzugs fallen dem Geschäftsinhaber persönlich zur Last, sind also nicht Geschäftsunkosten. Die Zinsen sind aber unter Umständen dem Geschäftsinhaber gutzuschreiben, soweit der Betrieb von der Zurückhaltung der Zahlung, etwa durch Ersparung von Bankzinsen, Vorteil gehabt hat.

Der Geschäftsinhaber kann sich seinen fälligen Gewinnanteil selbst aus der Kasse entnehmen; ebenso der stille Gesellschafter, wenn er als Geschäftsführer oder Prokurist oder Angestellter über die Kasse verfügt.

Anm. 20a 2. Ein **Entnahmerecht,** wie es dem Gesellschafter einer offenen Handelsgesellschaft oder dem persönlich haftenden Gesellschafter einer Kommanditgesellschaft zusteht, also ein Recht, ohne Rücksicht auf erzielten Gewinn aus der Geschäftskasse Geld bis zum Betrage von vier vom Hundert seines Kapital- oder Einlagekontos oder bis zu seinem Gewinnanteil des letzten Jahres zu erheben (§ 122), besteht bei der stillen Gesellschaft nicht. Insbesondere hat der stille Gesellschafter wie der Kommanditist (§ 169 Abs. 1) nur Anspruch auf seinen Anteil an dem bereits entstandenen und festgestellten Gewinn. Durch den Gesellschaftsvertrag kann dem stillen Gesellschafter ein Entnahmerecht eingeräumt werden. Dies geschieht namentlich, wenn er an der Geschäftsführung beteiligt ist. Es kann auch das Entnahmerecht beider Gesellschafter im Vertrage im einzelnen geregelt werden, insbesondere auch im Anschluß an das Entnahmerecht der Gesellschafter einer offenen Handelsgesellschaft; OLGR 22, 37. Von den danach zulässigen Entnahmen werden dem stillen Gesellschafter Zinsen nicht zur Last geschrieben, wenn nichts anderes vereinbart ist. Unzulässige Entnahmen sind bei Verzug vorbehaltlich weiterer Schadensersatzansprüche nach § 288 BGB mit 4%, und wenn der Gesellschaftsvertrag ein beiderseitiges Handelsgeschäft ist, von der Entnahme an mit 5% zu verzinsen, § 352 HGB.

Der Geschäftsinhaber verfügt zwar als Inhaber des Geschäftsvermögens über dieses nach außen unbeschränkt. Aus seiner Verpflichtung, das Geschäft für gemeinschaftliche Rechnung zu betreiben und das Geschäftsvermögen diesem Zwecke zu widmen, ergibt sich aber, daß er nicht willkürlich Entnahmen machen darf, durch die der Zweck der stillen Gesellschaft, durch den Geschäftsbetrieb gemeinsam Gewinn zu erzielen, beeinträchtigt wird. Er darf also nicht Gelder für Privatzwecke entnehmen, die in Geschäftsbetrieb gewinnbringend verwertet werden können oder durch Bankkredit ersetzt werden müssen. Den dem Betrieb dadurch entstehenden Verlust und weiter entstandenen Schaden hat er zu ersetzen.

Der Anspruch auf Auszahlung des Gewinnanteils ist nicht wie bei der offenen Handelsgesellschaft (vgl. § 122 und Anm. 16 dazu) zeitlich bis zur Feststellung der nächsten Jahresbilanz beschränkt.

3. Die Behandlung nicht abgehobenen Gewinns. Anm. 21

Nicht abgehobener Gewinn vermehrt die Einlage des stillen Gesellschafters nicht, sofern nicht ein anderes vereinbart ist; **Abs. 3.** Die Vorschrift hat den gleichen Zweck wie § 167 Abs. 2, wonach der dem Kommanditisten zukommende Gewinn seinem Kapitalanteile nur solange gutzuschreiben ist, als dieser den Betrag der bedungenen Einlage nicht erreicht. Durch Stehenlassen von Gewinn soll die Einlage nicht über den vereinbarten Betrag erhöht werden. Durch die Nichtabhebung fälligen Gewinns wird die rechtliche Natur des Anspruchs auf Zahlung eines festgestellten Gewinnanteils als einer gewöhnlichen Forderung des stillen Gesellschafters gegen den Geschäftsinhaber (vgl. oben Anm. 20) nicht geändert. Der stehengebliebene Betrag ist wie jede Forderung eines Dritten zu behandeln und deshalb auch auf Privatkonto zu verbuchen. Wie eine solche Forderung kann der Anspruch auch im Konkurse des Geschäftsinhabers geltend gemacht werden. Durch das Stehenlassen erlangt der Anspruch somit nicht die rechtliche Natur einer Einlage. Der stehengebliebene Betrag ist ohne Einfluß auf die Rechte des stillen Gesellschafters, die sich für ihn aus der Leistung der Einlage ergeben. Insbesondere erhöht sich sein Gewinnanteil nicht, wenn für diesen nach dem Gesellschaftsvertrag die Höhe der geleisteten Einlage maßgebend ist. Er erhält aus diesem Betrage auch keine Vorzugsdividende, wenn dem stillen Gesellschafter eine solche nach dem Gesellschaftsvertrag zusteht; der stehengebliebene Gewinn erhöht deshalb auch nicht die Verlustbeteiligung, wenn die Gewinnbeteiligung nach § 722 Abs. 2 BGB zugleich den Maßstab für die Verlustbeteiligung bildet; vgl. § 336. Ist die Einlage bereits voll geleistet, so kann sie also durch Stehenlassen von Gewinn nicht erhöht werden. Dagegen kann der Gewinn zur Leistung einer noch ausstehenden Einlage verwendet werden.

Durch den Gesellschaftsvertrag oder einen Nachtrag, auch durch schlüssige Handlungen, z. B. durch dauernde Behandlung des stehengebliebenen Betrages als Einlage, insbesondere bei der künftigen Gewinnverteilung, wenn sie nach dem Maßstab der geleisteten Einlage erfolgt, kann vereinbart werden, daß der nicht abgehobene Gewinn die Einlage erhöht; RFH in StuW 29 Nr. 355.

Der Geschäftsinhaber kann die Abhebung fälligen Gewinns durch den stillen Gesellschafter zu seiner Entlastung, auch zu seiner Befreiung von der Verpflichtung zur Verzinsung verlangen.

III. Die Begrenzung der Beteiligung des stillen Gesellschafters am Verlust

1. Nach dem Vorbilde des § 167 Abs. 3 über die Verlustbeteiligung des Kommanditisten, bestimmt **Abs. 2,** daß der stille Gesellschafter an dem Verluste nur bis zum Betrage seiner eingezahlten oder rückständigen Einlage teilnimmt. Damit wird nur die bereits in § 335 enthaltene Begriffsbestimmung der stillen Gesellschaft näher erläutert. Auch die Vorschrift des Abs. 2 Satz 2 Halbsatz 1, stellt den stillen Gesellschafter dem Kommanditisten gleich, indem sie bestimmt, daß er bezogenen Gewinn wegen späterer Verluste nicht zurückzuzahlen hat; vgl. § 169 Abs. 2. Für später entstandene Verluste haftet der stille Gesellschafter danach außer mit seiner Einlage nur mit späteren Gewinnen, nicht mit früheren, festgestellten, wenn auch noch nicht abgehobenen; deren Auszahlung kann wegen späterer Verluste nicht abgelehnt werden; RG 13, 65; vgl. oben Anm. 20. Anm. 22

2. Die Auffüllung einer durch Verlust geminderten Einlage. Ebenso wie beim Kommanditisten (§ 169 Abs. 1 Satz 2 Halbsatz 2) wird, wenn die geleistete Einlage des stillen Gesellschafters durch Verluste vermindert ist, der jährliche Gewinn zur Deckung dieses Verlustes, also zur **Wiederauffüllung der Einlage,** verwendet. Die Wiederauffüllung der Einlage bewirkt, daß der stille Gesellschafter für weitere Verluste bis zum Betrage der wiederaufgefüllten Einlage haftet. Der stille Gesellschafter haftet somit wie der Kommanditist mit seinem Privatvermögen nur bis zum Betrage seiner Einlage und darüber hinaus mit seinem Anteil am Gewinn, soweit er zur Auffüllung einer bereits geleisteten, aber durch Verlust geminderten Einlage erforderlich ist; vgl. § 167 Anm. 14, § 169 Anm. 8. Wie bei dem Kommanditisten kann dem stillen Gesellschafter ein Anteil Anm. 23

am Verlust auch für die Zeit, nachdem seine Einlage durch frühere Verluste aufgezehrt ist, zur Last geschrieben und sein Konto dadurch **passiv** werden; vgl. Anm. 29. Spätere Gewinnanteile sind danach zuerst zur Ausgleichung des Passivkontos und dann zur Wiederauffüllung der verlorenen Einlage zu verwenden; § 167 Anm. 14, § 169 Anm. 8.

Anm. 24 Ist Gewinn **ausbezahlt,** der zur Wiederauffüllung der Einlage verwendet werden sollte, so kann er durch den Geschäftsinhaber zurückgefordert werden. Ein Geschäftsgläubiger kann den Anspruch auch, wie eine Einlageforderung, pfänden. Er muß sich aber die Einwendungen entgegenhalten lassen, die der stille Gesellschafter auch dem Geschäftsinhaber entgegenhalten könnte. Ist die Auszahlung trotz der Kenntnis, daß der Gewinnanteil zur Deckung von Verlusten erforderlich war, erfolgt, so kann die Rückzahlung nicht begehrt werden; denn der Geschäftsinhaber kann hierauf wie auf die Leistung einer Einlage verzichten. Der Verzicht kann aber wegen Gläubigerbenachteiligung, im Konkurse des Geschäftsinhabers nach § 342 anfechtbar sein.

IV. Abweichende Vereinbarungen der Gesellschafter

Anm. 25 Da § 337 nur das innere Verhältnis unter den Gesellschaftern regelt, können dessen Bestimmungen durch abweichende Vereinbarungen der Gesellschafter ersetzt werden. So kann zu Abs. 1 vereinbart werden, daß die Gewinn- und Verlustberechnung und die Auszahlung des Gewinnanteils des stillen Gesellschafters nicht alljährlich, sondern für längere oder kürzere Zeiträume erfolgt oder daß sie während des Bestehens der Gesellschaft überhaupt nicht, sondern erst bei der Auseinandersetzung stattfindet. Es kann bestimmt werden, daß der stille Gesellschafter auch über den Betrag seiner Einlage hinaus oder in geringerem Maße am Verlust teilnimmt. Es kann auch vereinbart werden, daß der stille Gesellschafter an den Verlusten mit einem bestimmten Hundertsatz der Einlage oder des Verlustes oder in anderer Weise, etwa bis zu einem bestimmten jährlichen Betrage, teilnimmt; RG in SeuffA. 93 Nr. 59. Es kann auch abweichend von Abs. 2 Satz 2 vereinbart werden, daß der stille Gesellschafter (aber auch der Geschäftsinhaber) den bezogenen Gewinn bei Eintritt späterer Verluste in die Geschäftskasse zurückzuzahlen hat, oder daß die Auffüllung einer durch Verlust verminderten Einlage nicht zu erfolgen hat. Zulässig ist auch die Vereinbarung, daß eine durch Verlust aufgezehrte oder verminderte Einlage des stillen Gesellschafters nicht nur durch spätere Gewinne aufzufüllen ist, sondern auch durch weitere Leistungen aus dem Privatvermögen des stillen Gesellschafters. Es kann auch der gesamte Verlust dem Stillen aufgebürdet und der Geschäftsinhaber ganz vom Verlust ausgeschlossen werden, § 336 Anm. 5; Schlegelberger-Gessler 16, Paulick § 14 V 2, Koenigs § 12; a.A. RG 33, 129.

Anm. 26 Ist der stille Gesellschafter nicht am Verlust beteiligt, so erhält er den im einzelnen Jahre ihm zustehenden Gewinnanteil voll ausbezahlt.

Anm. 27 Verluste, die der stille Gesellschafter nicht mitzutragen hat, fallen dem Geschäftsinhaber endgültig zur Last. Er kann solche Verluste nicht auf das folgende Geschäftsjahr vortragen. Der Gesellschaftsvertrag kann aber einen solchen Verlustvortrag anordnen.

V. Die Abtretung des Gewinnanspruchs

Anm. 28 Der Anspruch auf Auszahlung des Gewinns kann **abgetreten** werden, auch vor Entstehung des Anspruchs und vor Feststellung des Gewinns. Der Abtretungsempfänger kann jedoch Zahlung erst nach Berechnung des Gewinns fordern. Den Anspruch auf die Berechnung kann er sich nicht abtreten lassen (§ 717 BGB), dagegen kann er auf Zahlung klagen, wenn er den Gewinn selbst berechnen kann; Schlegelberger Anm. 14.

VI. Das Einlagekonto des Stillen

Anm. 29 1. Die buchmäßige Verrechnung von Gewinn und Verlust. Der stille Gesellschafter hat sich mit seiner Einlage in das Vermögen des Geschäftsinhabers an dessen Handelsbetriebe zu beteiligen. Durch Leistung der Einlage erfüllt er diese Verpflichtung. Die Leistung hat aber darüber hinaus Bedeutung. Sie befreit den stillen Gesellschafter in Höhe des Geleisteten von der Haftung für Verluste. Sie ist auch die Grundlage für die Rückerstattung der Einlage bei Beendigung der Gesellschaft. Aus diesem Grunde ist die Leistung der Einlage in den Büchern des Geschäftsinhabers auf **Einlagekonto** zu verbuchen. Auf diesem Konto sind weitere Leistungen, die als Einlagen gemacht werden, zu verbuchen. Abzubuchen sind die Beträge, mit denen der stille Gesellschafter jährlich am Verlust beteiligt ist. Die Abbuchung in voller Höhe hat auch zu erfolgen, wenn das Einlagekonto des stillen Gesellschafters dadurch passiv wird, vgl. Anm. 23. Gewinnanteile des stillen Gesellschafters sind auf diesem Konto nur gutzuschreiben, soweit dies zur Wiederauffüllung der Einlage erforderlich ist, Anm. 23. Sonst sind sie bar auszuzahlen oder auf **Privatkonto** zu verbuchen; denn es handelt sich um eine reine Gläubigerforderung des stillen Gesellschafters gegen den Geschäftsinhaber. Das Einlagekonto wird auch Kapitalkonto genannt. Es ist aber von dem Kapitalkonto des Gesellschafters der offenen Handelsgesellschaft oder der Kommanditgesellschaft wesentlich verschieden. Es bringt zwar zum Ausdruck, wie sich der stille Gesellschafter durch Leistung seiner Einlage und durch Mittragung des Verlustes an der Gesellschaft beteiligt hat. Es stellt aber nicht, wie bei den genannten Gesellschaften, die Beteiligung des Gesellschafters am Gesellschaftsvermögen, das bei der stillen Gesellschaft nicht besteht, dar; vgl. § 120 Anm. 16ff.

2. Besteht die Einlage nicht in einer Geld-, sondern in einer **Sachleistung,** so ist deren Wert auf dem Einlagekonto anzugeben. Haben sich die Gesellschafter nicht über den Wert geeinigt, so ist er durch Schätzung zu bestimmen. **Anm. 30**

3. Hat der stille Gesellschafter nach dem Gesellschaftsvertrage als Einlage nur **Dienste** zu leisten oder die **Benutzung** eines Gegenstandes zu überlassen, so ist ihm nach § 733 Abs. 2 Satz 3 BGB, der auch für die stille Gesellschaft gilt, Ersatz nicht zu leisten. Er erhält in diesem Falle die zur Benutzung überlassene Sache selbst zurück und seine Arbeitskraft wird wieder frei. Sind nur Dienste zu leisten, so ist im Zweifel anzunehmen, daß die Gegenleistung lediglich in der Beteiligung am Gewinn bestehen soll; RG in SeuffA. 93 Nr. 59. Deshalb kann ihm die Leistung der Dienste oder die Gebrauchsüberlassung nicht als geleistete (und deshalb bei Beendigung der Gesellschaft zu erstattende) Einlage auf Einlagekonto gutgeschrieben werden; BGH 7, 181, LM § 340 Nr. 4; Schlegelberger-Gessler 16; Koenigs S. 128. **Anm. 31**

Umstritten ist, ob der nur zur Dienstleistung oder Gebrauchsüberlassung verpflichtete Stille mangels Einlagekonto am **Verlust** überhaupt **teilnimmt.** Das verneinte die Vorauflage (Anm. 30). Paulick § 6 IV 2 und Koenigs S. 178 nehmen einen stillschweigenden Ausschluß vom Verlust an. Die Begründung der Vorauflage, der Verlustanteil könne nicht belastet werden, da dem Stillen keine Einlage gutgeschrieben werde und er kein Einlagekonto habe, ist aber ebensowenig stichhaltig wie die von Koenigs, der Stille wolle die Verlustbelastung nicht, weil er den Gewinn regelmäßig für seinen Lebensunterhalt benötige. Auch die stille Gesellschaft mit (nur) Dienstleistung oder Gebrauchsüberlassung seitens des Stillen ist eine Risikogemeinschaft. Wenn nichts anderes vereinbart, ist daher der Stille auch in diesen Fällen am Verlust beteiligt. Die Höhe der Verlustbeteiligung ergibt sich aus § 336 Abs. 1 und § 722 Abs. 2 BGB, vgl. § 336 Anm. 2. Der Verlustanteil ist auf einem zu diesem Zweck einzurichtenden passiven Einlagekonto zu belasten. Spätere Gewinne sind solange gutzuschreiben und nicht auszuzahlen, bis der Passivsaldo ausgeglichen ist, vgl. Anm. 23, ebenso Schlegelberger-Gessler 16.

4. Soweit das aktive Einlagekonto des stillen Gesellschafters zur Abdeckung seines Verlustanteiles nicht ausreicht, kann der Geschäftsinhaber den noch ausstehenden Rest der Einlage, soweit er fällig ist, zu diesem Zweck einziehen. Er kann aber nur das verlangen, was der stille Gesellschafter nach dem Gesellschaftsvertrage zu leisten hat, nicht gerade einen dem Verlustanteil entsprechenden Geldbetrag; wenn z. B. Rohstoffe als Einlage zu leisten sind, kann diese Leistung begehrt werden. Daß die Leistung erfolgt ist, hat der stille Gesellschafter im Streitfalle zu beweisen.

§ 338

Der stille Gesellschafter ist berechtigt, die abschriftliche Mitteilung der jährlichen Bilanz zu verlangen und ihre Richtigkeit unter Einsicht der Bücher und Papiere zu prüfen.

Die im § 716 des Bürgerlichen Gesetzbuchs dem von der Geschäftsführung ausgeschlossenen Gesellschafter eingeräumten weiteren Rechte stehen dem stillen Gesellschafter nicht zu.

Auf Antrag des stillen Gesellschafters kann das Gericht, wenn wichtige Gründe vorliegen, die Mitteilung einer Bilanz oder sonstige Aufklärungen sowie die Vorlegung der Bücher und Papiere jederzeit anordnen.

Inhaltsübersicht

Anm. 1 **1.** § 338 regelt das Überwachungsrecht des stillen Gesellschafters. Die Absätze 1 und 3 stimmen mit Art. 253 Abs. 1 u. 3 ADHGB überein. Er ordnet, in wörtlicher Übereinstimmung der Absätze 1 und 3 mit § 166 Abs. 1 u. 3, das ordentliche und außerordentliche Überwachungsrecht des stillen Gesellschafters in gleicher Weise wie die entsprechenden Befugnisse des Kommanditisten. Durch Abs. 2 schließt das Gesetz die in § 716 Abs. 2 BGB dem von der Geschäftsführung ausgeschlossenen Gesellschafter einer bürgerlich-rechtlichen Gesellschaft zustehende weitergehende Befugnis zu persönlicher Unterrichtung über die Angelegenheit der Gesellschaft und zur Einsicht in die Bücher und Papiere der Gesellschaft für den stillen Gesellschafter ebenso aus, wie dies in § 166 Abs. 2 für den Kommanditisten geschieht. Über die weiteren Informationsrechte des Kommanditisten, die sich aus seinen Mitwirkungsbefugnissen gemäß §§ 119, 164 ergeben, s. § 166 Anm. 1.

Anm. 2 **2.** Der stille Gesellschafter hat Anspruch auf Mitteilung einer Abschrift der **Jahresbilanz,** die der Geschäftsinhaber nach § 39 HGB aufzustellen hat. Sie gibt ihm in dieser Gestalt ein Mittel, sich über den Stand des Unternehmens im allgemeinen zu unterrichten. Da er aber anders als die Gesellschafter der offenen Handelsgesellschaft und der Kommanditgesellschaft nicht am Geschäftsvermögen, sondern nur am Betriebsgewinn und -verlust beteiligt ist, muß ihm daneben auch eine Bilanz mitgeteilt werden, aus der lediglich die **Betriebsergebnisse** ersichtlich sind. Soweit diesem Erfordernis nicht durch entsprechende Gestaltung oder Ergänzung der gewöhnlichen Bilanz oder durch gesonderte Darstellung der Veränderungen des Geschäftsvermögens Rechnung getragen ist, kann der stille Gesellschafter Aufstellung einer besonderen Darstellung der Betriebsergebnisse, aus der sich der zu verteilende Gewinn und Verlust ergibt, und Mitteilung einer Abschrift dieser Aufstellung verlangen; vgl. § 335 Anm. 30, § 337 Anm. 4, 16. Durch die Aufstellung der ordnungsmäßigen Bilanz mit den notwendigen Ergänzungen und Mitteilung der Abschriften genügt der Geschäftsinhaber regelmäßig seiner Rechenschaftspflicht. Eine weitergehende Rechnungslegung nach § 259 BGB kann nicht verlangt werden. § 338 enthält eine besondere Regelung und ersetzt damit die allgemeine des § 259 BGB. Nur unter besonderen Umständen kann nach den Grundsätzen von Treu und Glauben (§ 242 BGB) eine weitergehende Rechnungslegung verlangt werden; RG in JW 1927, 368[2]; Schlegelberger-Gessler 2, Koenigs S. 169. Die Herausgabe der Urschrift der Bilanzen kann nicht gefordert werden; OLG Jena bei Bauer 10, 186. § 338 regelt das Überwachungsrecht des stillen Gesellschafters auch im übrigen erschöpfend.

Anm. 3 **3.** Wegen der Notwendigkeit der persönlichen Ausübung der Befugnisse aus **Abs. 1,** insbesondere auch des Rechts auf **Einsicht der Bücher und Papiere,** wegen der Möglichkeit der Ausübung durch einen Bevollmächtigten (vgl. BayObLG in LZ 1914, 499[1]) und der Zuziehung eines Sachverständigen (KG in KGJ 30 A 121; RG in DNotVZ 1929, 353[2] und OLGR 49, 390) und der Pflicht zur Tragung der dadurch entstehenden Kosten, wegen der Beschränkung der Ausübung des Einsichtsrechts auf seinen Zweck (Prüfung der Richtigkeit der Bilanz) und die Unzulässigkeit eines Rechtsmißbrauchs und wegen der Verpflichtung des Geschäftsinhabers zur Erläuterung der Bilanz bei bestehenden Unklarheiten siehe § 166 Anm. 2—6, 10—12.

Einen **Sachverständigen** kann der stille Gesellschafter ebenso, wie der von der Geschäftsführung ausgeschlossene offene Handelsgesellschafter oder der Kommanditist ohne besonderen Nachweis der Notwendigkeit dieser Hilfe zuziehen. Dieses Recht hat er nur nicht, wenn die Zuziehung völlig überflüssig ist oder wenn überwiegende Belange des Unternehmens entgegenstehen. Für beides ist der Geschäftsinhaber beweispflichtig. Es kann auch ein Sachverständiger zugezogen werden, der auf dem in Betracht kommenden Gebiete die dem Gesellschafter fehlende Sachkunde hat; RG 25, 88; RGUrt. v. 27. 10. 1941, II 94/41 in SeuffA 96 Heft 2. Die **Kosten** des Sachverständigen fallen in der Regel dem Stillen zur Last. Nur wenn durch Verschulden des Geschäftsinhabers, z. B. durch unordentliche Buchführung oder Verzögerung der Einsicht Mehrkosten entstehen, hat dieser sie dem Stillen zu ersetzen, § 335 Anm. 51, § 166 Anm. 4, OLG München BB 54, 669; Schlegelberger-Gessler 2, Paulick § 12 II 4a, Koenigs S. 169; a. A. OLG Düsseldorf JW 29, 2169.

4. Die Ausübung der Befugnisse des § 338 ist nicht davon abhängig, daß der stille Gesellschafter seine eigenen Verpflichtungen erfüllt, insbesondere die bedungene **Einlage** geleistet hat. Es handelt sich nicht um Leistungen, die gegeneinander auszutauschen sind. Es kann dem Anspruch deshalb nicht mit der Einrede des nicht erfüllten Vertrages begegnet werden; BayObLG in OLGR 36, 196 = KGJ 53 A 260 = LZ 19, 61[2]. Anm. 4

Hat ein Geschäftsinhaber mehrere stille Gesellschafter, so kann jeder einzelne die Befugnisse für sich ausüben, wenn sich nicht aus dem Gesellschaftsvertrage ergibt, daß sie sie nur gemeinschaftlich oder durch einen von ihnen oder einen Bevollmächtigten ausüben dürfen; vgl. § 335 Anm. 71, 72 und unten Anm. 8.

5. Auch gegenüber einem **Minderkaufmann** als Geschäftsinhaber bestehen die Befugnisse des stillen Gesellschafters. Statt einer Abschrift der kaufmännischen Bilanz kann eine Aufstellung über die Geschäftsergebnisse des abgelaufenen Jahres verlangt werden; vgl. § 337 Anm. 3. Der Minderkaufmann muß auch die Einsicht in diese und in die geführten Bücher und die Geschäftspapiere gestatten. Auch ihm gegenüber kann das Gericht Anordnungen nach Abs. 3 erlassen. Anm. 5

6. Wegen der Voraussetzungen einer Anordnung nach **Abs. 3**, der Zuständigkeit des Gerichts und des möglichen Inhalts der Anordnungen, der Befugnis des Gerichts zur Entscheidung von Vorfragen, des Wahlrechts des stillen Gesellschafters nach Abs. 3 oder im ordentlichen Prozeßweg vorzugehen, siehe § 166 Anm. 7—12. Anm. 6

7. Die Befugnisse nach § 338 bestehen nur **während der Dauer der Gesellschaft**, nicht nach deren Beendigung bis zur Auseinandersetzung unter den Gesellschaftern. Für die Zeit bis zur Beendigung gilt das in § 166 Anm. 10 Abs. 3 Gesagte entsprechend. Mit der Beendigung der Gesellschaft geht das Unternehmen wieder auf alleinige Rechnung des Geschäftsinhabers. Damit fällt der Grund für ein Überwachungsrecht des bisherigen stillen Gesellschafters weg; BGH DB 69, 39, KG in LZ 19, 1088[5]; JFG 6, 207; BayObLG in KGJ 53 A 260 = LZ 19, 61[2]; Ritter Anm. 5; Schlegelberger-Gessler; Koenigs S. 171; Paulick § 12 III 4. A. A. OLG Marienwerder in OLGR 14, 359; Baumbach-Duden § 340 Anm. 2B. Auch die Befugnisse des Gerichts nach Abs. 3 bestehen nach Beendigung der Gesellschaft nicht mehr; KGJ 23 A 56 = RJA 4, 208; LZ 19, 1088[5]. Dagegen hat der stille Gesellschafter nach den allgemeinen Bestimmungen des bürgerlichen Rechts (§§ 810f. BGB) noch das Recht auf Vorlegung der Bücher und Papiere zur Einsicht, wenn er daran, insbesondere zum Zwecke der Auseinandersetzung, ein rechtliches Interesse hat; BGH DB 69, 39. RG in JW 26, 1812[4]; KG in HRR 29, 743. Im übrigen kann er seine Ansprüche nur im ordentlichen Prozesse verfolgen. In diesem kann das Gericht die Vorlegung der Bücher und Papiere anordnen; §§ 45, 47. Wegen des Rechts auf Auskunft über zur Zeit der Beendigung der Gesellschaft schwebende Geschäfte vgl. § 340 Abs. 3. Anm. 7

8. Durch den **Gesellschaftsvertrag** kann das Überwachungsrecht des stillen Gesellschafters erweitert oder beschränkt werden. Die Erweiterung kann sich auch aus den Umständen ergeben, z. B. aus einer bestehenden Übung, aber auch aus der Einräumung von Mitverwaltungsrechten, insbesondere des Geschäftsführungsrechts, oder aus der Einräumung der Stellung des Gesellschafters einer offenen Handelsgesellschaft für das innere Verhältnis unter den Gesellschaftern; RG in JW 27, 1350[2]; OLG Kolmar in LZ 14, 405; vgl. § 335 Anm. 17, 18. Eine vertragliche Beschränkung des Überwachungsrechts kann durch die unbedeutende kapitalistische Beteiligung oder durch die Betätigung des stillen Gesellschafters als Wettbewerber gerechtfertigt sein. Eine Beschränkung kann auch in der Weise erfolgen, daß mehrere stille Gesellschafter die Befugnisse nur ge- Anm. 8

meinsam oder durch einen von ihnen oder einen Dritten ausüben dürfen; vgl. § 335 Anm. 71, 72. Die Beschränkung gilt nach dem sinngemäß anzuwendenden § 716 Abs. 2 BGB nicht, wenn Grund zur Annahme unredlicher Geschäftsführung besteht.

§ 339

Auf die Kündigung der Gesellschaft durch einen der Gesellschafter oder durch einen Gläubiger des stillen Gesellschafters finden die Vorschriften der §§ 132, 134, 135 entsprechende Anwendung. Die Vorschriften des § 723 des Bürgerlichen Gesetzbuchs über das Recht, die Gesellschaft aus wichtigen Gründen ohne Einhaltung einer Frist zu kündigen, bleiben unberührt.

Durch den Tod des stillen Gesellschafters wird die Gesellschaft nicht aufgelöst.

Inhaltsübersicht

Anm. 1 Die §§ 339 und 340 enthalten Vorschriften über die Beendigung der stillen Gesellschaft. Abweichend von Art. 216 ADHGB gibt das HGB keine Aufzählung der Auflösungsgründe. § 339 Abs. 1 erklärt nur einige Bestimmungen über die Kündigung der offenen Handelsgesellschaft für anwendbar und spricht aus, daß die Vorschriften des § 723 BGB über das Recht zur Kündigung aus wichtigem Grunde unberührt bleiben. Abs. 2 stellt in Übereinstimmung mit der Vorschrift des § 177, nach der durch den Tod des Kommanditisten die Gesellschaft nicht aufgelöst wird, die gleiche Regel für den Fall des Todes des stillen Gesellschafters auf. Da auf die stille Gesellschaft, soweit nicht etwa anderes bestimmt ist, die Vorschriften über die Gesellschaft des bürgerlichen Rechts anwendbar sind (§ 335 Anm. 43), richtet sich die Auflösung der stillen Gesellschaft nach den Vorschriften der bürgerlich-rechtlichen Gesellschaft; §§ 723—728 BGB. Sachlich stimmen die Auflösungsgründe des ADHGB mit denen der genannten Vorschriften des BGB überein.

I. Der Rechtsbegriff der Auflösung

Anm. 2 Im Anschluß an den Sprachgebrauch des ADHGB (vgl. Art. 261) und des HGB in den Vorschriften über die offene Handelsgesellschaft (§ 131) spricht das HGB ebenfalls von der Auflösung der stillen Gesellschaft (§ 339 Abs. 2, § 340). Auflösung bedeutet aber bei den Handelsgesellschaften (offene Handelsgesellschaft, Kommanditgesellschaft, Aktiengesellschaft, Kommanditgesellschaft auf Aktien, GmbH) wie auch bei der bürgerlich-rechtlichen Gesellschaft etwas anderes als bei der stillen Gesellschaft. Dies zeigt sich vor allem in den Wirkungen des mit Auflösung bezeichneten Rechtsvorganges. Bei den Handelsgesellschaften ist Auflösung nur die Einleitung eines Zustandes der Gesellschaft, an dessen Ende regelmäßig erst die Beendigung (oder Vollbeendigung) der Gesellschaft und damit ihr Verschwinden aus dem Rechtsverkehr steht. Bei den Handelsgesellschaften ändert sich mit dem Eintritt des Auflösungsgrundes nur der Zweck der Gesellschaft, während diese noch fortbesteht. Bei der offenen Handelsgesellschaft tritt an Stelle des auf Betrieb des Handelsgewerbes gerichteten Gesellschaftszweckes der Zweck, die bestehende Bindung der Gesellschafter und des Gesellschaftsvermögens zu lösen und letzteres der freien Verfügung der Gesellschafter wieder zuzuführen; vgl. die Erl. zu § 131. Das regelmäßige Vorhandensein eines besonderen Gesellschaftsvermögens und die Notwendigkeit seines Umsatzes in Geld und der Befriedigung der Gesellschaftsgläubiger erfordert nach Eintritt der Auflösungstatsachen Maßnahmen der Gesellschaft, die erst ihre Vollbeendigung ermöglichen. Das Fehlen eines Gesellschaftsvermögens und das ausschließliche Auftreten des Geschäftsinhabers nach außen (§ 335 Anm. 11, 73, 74) schließen bei der stillen Gesellschaft einen solchen Zwischenzustand der Auflösung aus. Mit der Auflösung hört jeder Zweck der stillen Gesellschaft auf, nicht nur der auf den Betrieb eines Handelsgewerbes des Geschäftsinhabers auf gemeinschaftliche Rechnung gerichtete. Es tritt nicht auch nur vorübergehend ein anderer an seine Stelle. Die wesentlichen Pflichten der Gesellschafter, die gerade der Erreichung des gemeinsamen Zweckes dienen sollten — Geschäftsbetrieb auf gemeinschaftliche Rechnung durch den Inhaber, Wettbewerbsverbot für diesen, Leistung und Zurverfügunghaltung der Einlage durch den stillen Gesellschafter —, hören mit Eintritt der Auflösungstatsachen ohne weiteres auf, wenn auch noch eine gewisse Fortwirkung des einmal geknüpften Bandes besteht, die sich vor allem in der Verpflichtung zur Auseinandersetzung (§ 340) und in einer begrenzten Fortdauer der Geschäftsführungsbefugnis des etwa mit der Geschäftsführung betrauten stillen Gesellschafters äußert; § 729 BGB; Koenigs S. 261. Bei der stillen Gesellschaft ist somit Auflösung gleichbedeutend mit Beendigung oder Vollbeendigung der Gesellschaft; Ritter Anm. 4, Koenigs S. 261; über die Fortsetzung der stillen Gesellschaft s. Anm. 32; über die fehlerhafte stille Gesellschaft s. § 335 Anm. 42, 42a.

II. Die Auflösungsgründe

Auflösungsgründe sind die Tatsachen, welche die Auflösung verursachen. Auflösungsgründe sind nach dem BGB:

1. Der Ablauf der Zeit, für welche die Gesellschaft eingegangen ist. Das BGB nennt **Anm. 3**
diesen Auflösungsgrund, anders als § 131 Nr. 1 HGB, zwar nicht ausdrücklich, geht aber von seinem Bestehen als selbstverständlich aus, indem es nur für die Fälle des Fehlens einer Zeitbestimmung Vorschriften über die Kündigung der Gesellschaft gibt; §§ 723, 724 BGB. Die Beendigung der Gesellschaft durch Ablauf der vertragsmäßig bestimmten Dauer ist auch selbstverständlich, da sie den Willen der Vertragschließenden verwirklicht (D. I,185, 199). Darüber, wann eine Vereinbarung auf bestimmte Zeit vorliegt, vgl. die Erl. zu § 131 Nr. 1.

Haben die Gesellschafter bestimmt, daß die Gesellschaft mit Eintritt eines künftigen Ereignisses ihr Ende findet, also eine auflösende Bedingung vereinbart, so wird die Gesellschaft mit Eintritt dieses Ereignisses aufgelöst.

2. Der Beschluß der Gesellschafter, vgl. § 131 Nr. 2. Nach dem Grundsatz der Ver- **Anm. 4**
tragsfreiheit können die Gesellschafter jederzeit das Vertragsverhältnis durch eine neue Vereinbarung aufheben und damit auch das Gesellschaftsverhältnis beendigen. Wenn nur zwei Gesellschafter vorhanden sind (vgl. § 335 Anm. 71, 72), kommt ein Mehrheitsbeschluß nicht in Frage; es ist daher die Zustimmung beider Gesellschafter erforderlich. Jedoch kann abweichend von der Regel des § 132 (vgl. unten Anm. 18) jedem Gesellschafter das Recht eingeräumt werden, auch ohne wichtigen Grund mit sofortiger Wirkung zu kündigen.

Die auf Grund einer Vereinbarung der Gesellschafter erfolgte Rückgabe der in das Vermögen des Geschäftsinhabers geflossenen Einlage des stillen Gesellschafters oder die Aufzehrung der Einlage durch Verluste hat die Auflösung der stillen Gesellschaft nicht notwendig zur Folge; vgl. § 335 Anm. 15, 26; Koenigs S. 278.

Anm. 5 **3.** Da die stille Gesellschaft eine reine Innengesellschaft ist und kein Gesellschaftsvermögen besteht (vgl. § 335 Anm. 6), ist anders als bei der offenen Handelsgesellschaft und der Kommanditgesellschaft ein **Gesellschaftskonkurs** nicht möglich. Er scheidet damit als Auflösungsgrund aus.

4. Tod des Geschäftsinhabers.

Anm. 6 **a)** Der Tod eines Gesellschafters ist nach § 727 BGB für die bürgerlich-rechtliche Gesellschaft ebenso wie nach § 131 Nr. 4 für die offene Handelsgesellschaft Auflösungsgrund, wenn der Gesellschaftsvertrag nicht etwas anderes bestimmt. Dies gilt auch für die stille Gesellschaft, aber nur für den Fall des Todes des **Geschäftsinhabers;** denn nach Abs. 2 wird durch den Tod des stillen Gesellschafters die Gesellschaft nicht aufgelöst; vgl. Anm. 33.

Die auflösende Wirkung des Todes des Geschäftsinhabers tritt auch ein, wenn seine Erben das von ihm betriebene Handelsgeschäft fortführen. Zwar haften die Erben grundsätzlich für die früheren Geschäftsverbindlichkeiten des Erblassers; §§ 25, 27 HGB. Aber die besondere Vorschrift über die Auflösung der Gesellschaft durch den Tod des Gesellschafters befreit sie von der Verpflichtung zur Fortsetzung der stillen Gesellschaft, ebenso wie der stille Gesellschafter beim Tode des Geschäftsinhabers zur Fortsetzung der Gesellschaft mit den Erben nicht verpflichtet ist.

Dem Tode des Geschäftsinhabers steht die Todeserklärung oder eine sonst auf dem Gesetze beruhende Todesvermutung gleich; vgl. die Erl. zu § 131 Nr. 4.

Anm. 7 **b)** Umstritten ist, ob die **Auflösung** einer juristischen Person, z. B. einer Aktiengesellschaft oder GmbH, oder einer offenen Handelsgesellschaft oder Kommanditgesellschaft, die in der stillen Gesellschaft die Rolle der Geschäftsinhaberin hat, dem Tode des Geschäftsinhabers gleichzustellen ist und deshalb auch die Auflösung der stillen Gesellschaft zur Folge hat (so Schlegelberger-Gessler 10, Baumbach-Duden 2b, Paulick § 15 II 10) oder ob diese Wirkung erst mit der **Vollbeendigung** der aufgelösten Gesellschaft eintritt (so Ritter Anm. 1c) oder ob diese Wirkung mit der tatsächlichen Einstellung des Gewerbebetriebs oder der Veräußerung des Handelsgeschäfts des Geschäftsinhabers eintritt (so DürHach. Anm. 8). Der letztgenannten Meinung wird mit Recht entgegengehalten, daß es nicht im Belieben des Geschäftsinhabers liegen kann, durch die endgültige **Einstellung** des Handelsgewerbes oder dessen Unmöglichmachung durch **Geschäftsveräußerung** den stillen Gesellschafter auszuschalten und die stille Gesellschaft zum Erlöschen zu bringen. Ist Geschäftsinhaber eine Gesellschaft, so kann sie dieses Ziel nicht dadurch erreichen, daß sie sich selbst durch Beschluß ihrer Gesellschafter auflöst. Im einen wie im anderen Falle würde sie durch ihr Verhalten ihrer Verpflichtung zum Betriebe des Handelsgewerbes auf gemeinschaftliche Rechnung zuwiderhandeln. Hat sie ohne Auflösung den Betrieb eingestellt, so kann sie auf Erfüllung, d. h. auf Fortsetzung oder Wiederaufnahme des Betriebs, verklagt werden; § 335 Anm. 48. Hat sie willkürlich einen **Auflösungsbeschluß** gefaßt, so liegt auch darin eine Vertragsverletzung und sie ist dem stillen Gesellschafter gegenüber zur Wiederherstellung des früheren Zustandes, notfalls durch Fassung eines Fortsetzungsbeschlusses verpflichtet; vgl. die Erl. zu §§ 131, 134 HGB; § 274 AktG. Hat die Gesellschaft das Geschäft veräußert und ist die Wiedererwerbung desselben unmöglich, so könnte darin höchstens ein wichtiger Grund zur Auflösung der stillen Gesellschaft nach § 723 BGB liegen, den aber die Geschäftsinhaberin, da sie ihn selbst veranlaßt hat, nicht, wohl aber der stille Gesellschafter geltend machen könnte; vgl. auch unten zur Frage der Auflösung aus wichtigem Grunde Anm. 22. Die Auflösung der geschäftsinnehabenden Gesellschaft kann allerdings auch ohne den Willen und damit auch ohne Verschulden dieser Gesellschaft erfolgen, würde also ein von der Gesellschaft zu vertretendes Verhalten nicht darstellen, so wenn die Gesellschaft durch Zeitablauf oder ihren eigenen Konkurs oder den eines ihrer Gesellschafter oder durch den Tod eines Gesellschafters oder durch Kündigung eines Gesellschafters oder ein Auflösungsurteil (vgl. §§ 131ff. HGB, §§ 262ff. AktG) oder ein Nichtigkeitsurteil nach §§ 275ff. AktG aufgelöst würde.

In diesen Fällen könnte eine Fortsetzung der Gesellschaft und damit des Handelsgewerbes unter dem Gesichtspunkt des Schadensersatzes wegen schuldhafter Vertragsverletzung (durch Wiederherstellung des früheren Zustandes, § 249 BGB) nicht gefordert werden. Aber soweit das Gesetz oder der Gesellschaftsvertrag den Gesellschaftern der aufgelösten Gesellschaft oder einem Teil von ihnen die Fortsetzung der Gesellschaft gestattet (vgl. §§ 138, 140, 141 HGB; § 274 AktG) und von dieser Möglichkeit Gebrauch gemacht wird, kann sich im Wege der Auslegung des Gesellschaftsvertrages über die stille Gesellschaft im Einzelfall die vertragliche Verpflichtung der fortbestehenden Geschäftsinhaberin ergeben, auch die stille Gesellschaft fortzusetzen. Unter Umständen kann sogar die Vertragspflicht bestehen, einen Fortsetzungsbeschluß zu fassen.

Die bloße **Auflösung** einer Handelsgesellschaft befreit aber diese auch grundsätzlich nicht von der Verpflichtung zur Erfüllung bestehender Verbindlichkeiten, so wenig ihre Rechte aus einem mit einem Dritten bestehenden Rechtsverhältnis, z. B. aus einer Beteiligung an einem anderen Unternehmen dadurch ohne weiteres hinfällig werden. Vielmehr hat die aufgelöste Gesellschaft die bestehenden Verpflichtungen insbesondere aus einem Vertragsverhältnis, z. B. aus einem Lieferungsvertrag zu erfüllen, ebenso wie sie selbst Erfüllung eines solchen Vertrages verlangen kann. Dies gilt sowohl bei Auflösung einer juristischen Person wie einer Personengesellschaft des Handelsrechts; vgl. Barz in Großkomm. zu AktG 37 § 203 Anm. 8 und die Erl. zu § 131. Die Verpflichtung zur Erfüllung von Verträgen ist im Gegenteil geeignet, die Vollbeendigung einer Gesellschaft hinauszuschieben, da vor Beendigung der laufenden Geschäfte die Abwicklung der Gesellschaft nicht beendigt ist; vgl. §§ 149ff. Auch für die Personengesellschaften des Handelsrechts (offene Handelsgesellschaft und Kommanditgesellschaft) gilt nichts anderes. Zwar ist von ihrer Auflösung an ihr Gesellschaftszweck nicht mehr auf den Betrieb eines Handelsgewerbes und damit auf die Gewinnerzielung gerichtet. Diese Änderung des Gesellschaftszwecks tritt aber zunächst nur im inneren Verhältnis unter den Gesellschaftern der aufgelösten Gesellschaft ein. Eine Befreiung von der Verpflichtung zur Erfüllung der Verbindlichkeiten gegenüber Dritten tritt dadurch nicht ein. Soweit es die Erfüllung einer solchen Verpflichtung erfordert, z. B. die Erfüllung eines langfristigen Liefervertrages, muß die Gesellschaft auch ihren Betrieb fortsetzen. Zur Beendigung schwebender Geschäfte kann sie auch neue Geschäfte eingehen; § 149. Zu den zu erfüllenden Verpflichtungen gehört auch die zur Erfüllung eines Gesellschaftsvertrages über eine stille Gesellschaft. Solange diese Verpflichtung besteht, muß die Gesellschaft auch ihr Handelsgewerbe fortsetzen. Die Auflösung allein bildet keinen Grund, auch die stille Gesellschaft aufzulösen. Nach Lage des Einzelfalles kann freilich die Auflösung der Geschäftsinhaberin sowohl für diese wie für den stillen Gesellschafter einen wichtigen Grund nach § 723 BGB bilden; vgl. unten Anm. 22. **Unmöglich** i. S. des § 726 BGB ist der Gesellschaftszweck auch dann **nicht** geworden, wenn das Geschäftsvermögen liquidiert ist (so Koenigs S. 272), vgl. Anm. 26. Solange die Verpflichtung zum Betriebe gegenüber dem stillen Gesellschafter besteht, kann sie sich nur durch eine Vereinbarung mit dem stillen Gesellschafter über die Auflösung der stillen Gesellschaft oder durch Ausübung des ordentlichen Kündigungsrechts (vgl. Anm. 18) von ihrer Verpflichtung befreien. **Anm. 8**

Solange die aufgelöste Gesellschaft das Handelsgewerbe dem stillen Gesellschafter gegenüber fortführen muß, hat dieser auch Anspruch auf die jährliche Ermittelung und Verteilung des Gewinnes und Verlusts und auf Auszahlung seines Gewinnanteils. Die Erfüllung dieser Verpflichtung geht den Belangen der Gesellschafter der aufgelösten Gesellschaft an der Abwicklung und Vollbeendigung der Gesellschaft vor. Die stille Gesellschaft kann nur nach den für sie selbst geltenden Vorschriften (etwa durch Zeitablauf, Kündigung) beendigt werden. Erst wenn die stille Gesellschaft beendigt ist, ist auch die Geschäftsinhaberin vollbeendet. **Anm. 9**

Nur die Vollbeendigung der aufgelösten Geschäftsinhaberin hat auch die Auflösung der stillen Gesellschaft zur notwendigen Folge.

c) Auch die Vereinigung einer Gesellschaft, die Geschäftsinhaberin ist, mit einer anderen, insbesondere die **Verschmelzung** einer Kapitalgesellschaft mit einer anderen, ist dem Tode des Geschäftsinhabers nicht gleichzustellen und **löst die stille Gesellschaft** **Anm. 10**

nicht auf. Bei der Verschmelzung handelt es sich nicht um den einfachen Untergang der einen Gesellschaft, sondern, wie schon der Ausdruck Verschmelzung ergibt und auch im Gesetz ausdrücklich ausgesprochen ist, § 339 AktG, um die Vereinigung zweier Gesellschaften; vgl. auch § 351 AktG. Nimmt eine Gesellschaft die andere auf, so erlischt zwar die aufgenommene als selbständige Rechtspersönlichkeit. Sie lebt aber in der übernehmenden fort. Ihr Vermögen einschließlich der Verbindlichkeiten geht im Wege der Gesamtrechtsnachfolge auf die übernehmende über. Diese übt alle Rechte der übertragenden aus, auch solche, die bei natürlichen Personen durch den Tod des Berechtigten erlöschen, wie Nießbrauchsrechte und persönliche Dienstbarkeiten; vgl. §§ 1059a, 1092 Abs. 2 BGB. Ebenso bleiben Beteiligungen, auch solche gesellschaftsrechtlicher Art, bestehen; vgl. Schilling zu § 240 AktG 37 Anm. 26, 28. Dies gilt auch von einer Beteiligung an einer stillen Gesellschaft, auch wenn es sich um die Beteiligung als Geschäftsinhaber handelt. Ist die übernehmende Gesellschaft in der stillen Gesellschaft Geschäftsinhaberin, so kann sie das Geschäft ohne weiteres fortführen und den stillen Gesellschafter daran beteiligen. Ist die übertragende Gesellschaft Geschäftsinhaberin, so geht die Verpflichtung der übertragenden zum Geschäftsbetrieb auf die übernehmende über und diese haftet als allgemeine Rechtsnachfolgerin für die Erfüllung dieser Verpflichtung. A. M. sind Schlegelberger-Gessler 11 und Koenigs S. 274, die Auflösung annehmen, nach Koenigs, weil die Erreichung des Gesellschaftszwecks nicht mehr möglich sei. Aber das kann man keineswegs in der Regel annehmen.

Im Einzelfall kann eine Verschmelzung sowohl für die Geschäftsinhaberin oder die übernehmende Gesellschaft wie für den stillen Gesellschafter nach den Gesamtumständen des Falles einen **wichtigen Grund zur Kündigung** der stillen Gesellschaft nach § 723 BGB bilden. Auf Seiten der Geschäftsinhaberin kann dies namentlich der Fall sein, wenn die Verschmelzung zur Abwendung unzumutbarer Nachteile für die Geschäftsinhaberin unvermeidbar ist, vielleicht im Interesse der Erhaltung des Unternehmens, auch der Allgemeinheit dringend geboten ist, und anderseits die Aufrechterhaltung der stillen Gesellschaft in der neuen Form des Unternehmens nicht möglich ist, auch nicht durch eine beide Parteien zumutbare Umgestaltung des Vertragsverhältnisses ermöglicht werden kann. Ist eine solche Umgestaltung möglich, etwa in der Weise, daß der stille Gesellschafter an dem Gewinn und Verlust des durch die Verschmelzung vergrößerten Unternehmens mit einem geringeren Anteile als bisher teilnimmt, so liegt nach dem Grundsatze, daß die Auflösung einer Gesellschaft aus wichtigem Grunde nur der äußerste Rechtsbehelf sein soll (vgl. die Erl. zu §§ 133ff.) ein wichtiger Grund nicht vor. Dafür, daß sich die übernehmende Gesellschaft zur Vermeidung der Auflösung der stillen Gesellschaft auf eine Umgestaltung des Rechtsverhältnisses einlassen muß, spricht auch der dem § 346 Abs. 3 Satz 2 AktG zugrunde liegende Gedanke, daß bei einem durch eine Verschmelzung entstandenen Interessenwiderstreit die übernehmende Gesellschaft sich nicht einfach von einer nach der Regel des § 346 Abs. 3 Satz 1 auf sie übergehenden Verbindlichkeit lösen kann, sondern das leisten muß, was unter Würdigung der vertraglichen Rechte aller Beteiligten der Billigkeit entspricht; vgl. Schilling Anm. 41 zu § 240 AktG 37. Auch falls ein wichtiger Grund zur Auflösung der stillen Gesellschaft vorliegt, so ist der Geschäftsinhaber dann nicht von der Schadensersatzpflicht befreit, wenn er durch sein Verhalten den wichtigen Grund herbeigeführt hat, § 335 Anm. 51. Dies gilt auch im Falle der Verschmelzung. Über die **Umwandlung** s. § 335 Anm. 47 a. E.

Auch die Vereinigung von zwei Personengesellschaften oder die Übertragung des Unternehmens auf eine andere Gesellschaft ist dem Tode des Geschäftsinhabers nicht gleichzustellen und hat die Auflösung der stillen Gesellschaft nicht zur Folge; vgl. auch § 335 Anm. 47, 48.

Anm. 11 **d)** Pflichten der **Erben** im Falle des Todes des Geschäftsinhabers. Nach § 727 Abs. 2 Satz 1 erster Fall hat der Erbe eines Gesellschafters im Falle der Auflösung der Gesellschaft durch den Tod diesen unverzüglich den Mitgesellschaftern anzuzeigen. Diese Vorschrift, die nach § 137 Abs. 1, § 161 Abs. 2 HGB auch für die offene Handelsgesellschaft und die Kommanditgesellschaft besteht, gilt auch für die Erben des Geschäftsinhabers bei der stillen Gesellschaft. Durch die Anzeige soll der stille Gesellschafter in die Lage gesetzt werden, seine Belange zu wahren. Umstritten ist, ob gegenüber dem stillen Gesellschafter auch die in § 727 Abs. 2 aufgestellte, auch bei der offenen

Handelsgesellschaft und Kommanditgesellschaft geltende (vgl. § 137 HGB) Verpflichtung der Erben besteht, die dem verstorbenen Gesellschafter durch den Gesellschaftsvertrag übertragenen Geschäfte, wenn mit dem Aufschube Gefahr verbunden ist, fortzuführen, bis die übrigen Gesellschafter in Gemeinschaft mit ihnen anderweit Fürsorge treffen können. Gegen die Anwendung der Vorschrift wird eingewendet, daß bei der bürgerlich-rechtlichen und den genannten Handelsgesellschaften die Fortführung der Geschäfte für Rechnung aller Gesellschafter geschehe und alle gemeinschaftlich über die Art dieser Fortführung zu beschließen haben; dies treffe bei der stillen Gesellschaft nicht zu; von der Auflösung an gehe das Geschäft nur auf Rechnung der Erben; der Stille sei an der Führung der Geschäfte, wie überhaupt nicht beteiligt; DürHach. Anm. 10, Koenigs S. 275. Die Fortführungspflicht ist aber auch gegenüber dem stillen Gesellschafter zu bejahen, soweit die Belange des stillen Gesellschafters die Fortführung erfordern. Ist der stille Gesellschafter auch nicht an dem Ergebnisse des Handelsbetriebes beteiligt, der nach Beendigung der Gesellschaft stattfindet, so hat er an der Fortführung der Geschäfte doch ein Interesse wegen seiner Ansprüche aus der aufgelösten Gesellschaft.

Wie der Geschäftsinhaber die Geschäfte so führen mußte, daß die Belange des stillen Gesellschafters gewahrt wurden, müssen es auch die Erben tun, und zwar gerade deshalb, weil der stille Gesellschafter zu persönlichem Eingreifen nicht befugt ist. Da aber der stille Gesellschafter nach dem Gesetz zur Führung der Geschäfte nicht befugt ist, kommt die Beschränkung der Geschäftsführungspflicht der Erben bis zu dem Zeitpunkt, in dem alle Gesellschafter gemeinsam Fürsorge treffen können, in Wegfall, wenn nicht nach dem Gesellschaftsvertrag auch der stille Gesellschafter geschäftsführungsberechtigt ist. (Weitergehend Schlegelberger-Gessler 13, der auch die Einschränkung der Gefahr im Verzug wegfallen lassen will.) Die schwebenden Geschäfte, an denen der stille Gesellschafter beteiligt ist, haben die Erben unter allen Umständen weiter zu führen, auch wenn nicht Gefahr im Verzug ist, und zwar ebenfalls ohne Mitwirkung des stillen Gesellschafters; Ritter Anm. 2c; Schlegelberger-Gessler 13.

Ist der **stille Gesellschafter** an der **Geschäftsführung beteiligt,** so gilt für seinen Erben auch § 727 Abs. 2 BGB, § 137 HGB. Er ist zur Anzeige des Todes des Stillen und zur einstweiligen Fortführung der ihm übertragenen Geschäfte verpflichtet.

e) Abweichende Vereinbarungen. Durch den Gesellschaftsvertrag kann bestimmt werden, daß die Gesellschaft durch den Tod des Geschäftsinhabers oder einen ihm gleichkommenden Tatbestand nicht aufgelöst wird. Es kann vereinbart werden, daß die Gesellschaft zwischen den Erben oder einzelnen von ihnen als Geschäftsinhabern und dem stillen Gesellschafter fortgesetzt wird oder daß die Fortsetzung auf Verlangen der Erben oder einzelner von ihnen (und dann nur mit diesen) oder des Stillen zu erfolgen hat. Es kann auch bestimmt werden, daß die Fortsetzung unter Änderung des Vertragsinhalts, z. B. unter zeitlicher Beschränkung erfolgt. Die Fortsetzung kann auch ausdrücklich für den Fall vereinbart werden, daß die Erben das Handelsgewerbe in einer anderen Gesellschaftsform, z. B. einer Kommanditgesellschaft (vgl. auch § 139), einer Aktiengesellschaft weiterbetreiben (vgl. auch § 335 Anm. 47f.). Möglich ist auch die Vereinbarung, daß im Falle des Todes des Geschäftsinhabers der stille Gesellschafter das Geschäft als Inhaber übernimmt und die Erben des bisherigen Inhabers stille Gesellschafter werden oder mit oder ohne Abfindung aus dem Geschäft ausscheiden oder daß der stille Gesellschafter den Nachfolger als Geschäftsinhaber bestimmt; derartige Vereinbarungen können namentlich vorkommen, wenn der stille Gesellschafter infolge seiner kapitalistischen Beteiligung die maßgebende Person in dem Unternehmen ist und der „Geschäftsinhaber“ sich in abhängiger Stellung befindet. Wird auf diese Weise ein Dritter Geschäftsinhaber, so haben die Erben des Verstorbenen auf diesen das Geschäft zu übertragen. Es entsteht dann eine neue Gesellschaft. Es wird nicht die bisherige unter Wechsel eines Gesellschafters fortgesetzt. Solche Vereinbarungen können auch noch nach dem Tode des Geschäftsinhabers getroffen werden. Da aber mangels einer solchen die Gesellschaft schon mit dem Tode aufhört, handelt es sich rechtlich um die Errichtung einer neuen Gesellschaft mit der Bestimmung, daß es so angesehen werden solle, als sei die Vereinbarung schon vor dem Tode getroffen worden (ebenso Koenigs S. 275). **Anm. 12**

Anm. 13 Sind die Erben nach dem Gesellschaftsvertrage zur **Fortsetzung** der Gesellschaft verpflichtet, so müssen sie auch das Handelsgewerbe fortführen (ebenso Koenigs S. 275). Sie können sich dieser Verpflichtung nur durch Ausschlagung der Erbschaft entziehen. Sie können nicht nach § 139 die Einräumung der Stellung eines Kommanditisten verlangen und im Falle der Ablehnung ihres Verlangens aus dem Unternehmen ausscheiden. § 139 will die Erben nur gegen die Gefahr schützen, die mit dem Betrieb eines Handelsgewerbes als persönlich haftender Gesellschafter einer Handelsgesellschaft, insbesondere auch mit der gesamtverbindlichen Haftung verbunden ist; vgl. die Erl. zu § 139. Ist der Erblasser persönlich haftender Gesellschafter der Geschäftsinhaberin, so können sie selbstverständlich von dem Rechte des § 139 Gebrauch machen. Dann dauert aber die Gesellschaft, die Geschäftsinhaberin ist, fort und ein dem Tode des Geschäftsinhabers gleichzustellender Fall liegt schon aus diesem Grunde überhaupt nicht vor; vgl. oben Anm. 9.

Anm. 14 Sind **mehrere Erben vorhanden,** so übt die Erbengemeinschaft als solche die Rechte des Geschäftsinhabers aus. Die Erben können aber auch eine offene Handelsgesellschaft oder eine Kommanditgesellschaft errichten. Koenigs S. 275 hält hierzu die Zustimmung des Stillen für erforderlich, ebenso Schlegelberger-Gessler 12 und Paulick § 15 II 8b für die Errichtung einer Kommanditgesellschaft. Die letztere Ansicht ist richtig, die erstere (Koenigs) geht zu weit, zumal bei Fortführung des Geschäfts über die Frist des § 27 Abs. 2 hinaus eine oHG gegeben ist (§ 105 Anm. 67).

Anm. 15 Ist nur allgemein die Fortsetzung mit den Erben vereinbart, so können die Miterben nicht ohne **Zustimmung** des stillen Gesellschafters im Wege der Nachlaßauseinandersetzung vereinbaren, daß einer von ihnen in die Stellung des Geschäftsinhabers einrückt und die übrigen ausscheiden. Erfolgt durch letztwillige Verfügung des Erblassers eine solche Bestimmung oder wird einem Vermächtnisnehmer diese Stellung zugedacht, so ist zum Eintritt in das Vertragsverhältnis die Zustimmung des stillen Gesellschafters ebenfalls erforderlich.

Anm. 16 **5. Die Eröffnung des Konkurses über das Vermögen eines Gesellschafters.**

§ 728 BGB, der die Auflösung der Gesellschaft in diesem Falle anordnet, gilt auch für die stille Gesellschaft; Schlegelberger-Gessler 14, Koenigs S. 305; a. A. Lübbert S. 517. Auch der Konkurs des stillen Gesellschafters hat die Auflösung zur Folge; RG 122, 70; Schlegelberger-Gessler 14, Koenigs S. 322. Auch der Konkurs über den **Nachlaß** eines Gesellschafters hat diese Folge, auch wenn nach dem Gesellschaftsvertrag die stille Gesellschaft mit seinen Erben fortgesetzt werden sollte. Bei Konkurs des Gesellschafters überhaupt soll die Befriedigung seiner Gläubiger durch Lösung der gesellschafterlichen Bindung ermöglicht werden. Im Falle des Nachlaßkonkurses soll durch die Auflösung auch die Abwicklung des Nachlasses erleichtert werden. Die Eröffnung der Nachlaßverwaltung oder des gerichtlichen Vergleichsverfahrens bewirkt dagegen die Auflösung der stillen Gesellschaft nicht; BGH 51, 350; Schlegelberger-Gessler 14. Die Eröffnung dieser Verfahren kann aber nach Lage des Einzelfalls einen wichtigen Grund zur fristlosen Kündigung der Gesellschaft bilden; s. auch § 341 Anm. 16ff.

Nach § 728 Satz 2, in Verbindung mit § 727, § 729 BGB, § 137 HGB, ist im Falle der Auflösung der Gesellschaft durch Konkurs eines Gesellschafters der andere zur Fortführung der ihm übertragenen Geschäfte verpflichtet und legitimiert. Dies gilt auch für den stillen Gesellschafter, wenn er Geschäftsführungsbefugnis hat. Der andere Gesellschafter ist als Geschäftsinhaber ohnedies zur Geschäftsführung berechtigt und ebenso wie im Falle des Todes eines Gesellschafters auch verpflichtet; vgl. oben Anm. 11; vgl. ferner § 28 KO über die Ansprüche des geschäftsführenden Gesellschafters im Konkurse des anderen Gesellschafters.

Auf den stillen Gesellschafter findet § 240 Nr. 1 KO keine Anwendung; denn er ist nicht Schuldner der Geschäftsgläubiger.

Anm. 17 6. Der Eintritt der **rechtlichen Unfähigkeit** des Geschäftsinhabers zur selbständigen Vermögensverwaltung bewirkt, anders als nach Art. 261 Abs. 1 Nr. 2 ADHGB, nicht die Auflösung der stillen Gesellschaft (Koenigs S. 278). Nach dem Recht des BGB und des HGB kann auch der Geschäftsunfähige und der in der Geschäftsfähigkeit Beschränkte ein Handelsgeschäft betreiben, wenn auch regelmäßig nur durch seinen gesetzlichen Vertreter. Im Gesellschaftsvertrag kann der Eintritt einer solchen Beschränkung als Auflösungsgrund vereinbart werden. Auch kann auf sie im Einzelfall eine fristlose Kündigung der Gesellschaft aus wichtigem Grunde, durch den einen oder den anderen Gesellschafter gestützt werden; vgl. unten Anm. 22. Sie kann auch die Unmöglichkeit der Erreichung des Gesellschaftszweckes herbeiführen und eine Auflösung nach § 726 BGB zur Folge haben; vgl. unten Anm. 27.

7. Die ordentliche Kündigung.

a) Die Kündigung der nicht für bestimmte Zeit eingegangenen Gesellschaft des **Anm. 18**
bürgerlichen Rechts ist nach § 723 Abs. 1 BGB jederzeit zulässig, d. h. sie kann jederzeit mit sofortiger Wirkung erfolgen. Da die Bestimmung für die Beteiligung an einem Handelsgewerbe, das seiner Natur nach auf längere Dauer berechnet ist, nicht paßt, erklärt § 339 Abs. 1 den § 132 für sinngemäß anwendbar; D I 199; RG in JW 1926, 1759 mit Anm. Danach kann die Kündigung nur für den Schluß eines Geschäftsjahres erfolgen; sie muß mindestens sechs Monate vor diesem Zeitpunkt geschehen. Jeder Gesellschafter kann in dieser Weise kündigen. Geschäftsjahr ist das Geschäftsjahr des Handelsgewerbes, an dem sich der stille Gesellschafter beteiligt. Die Einführung einer Kündigungsfrist soll die Beendigung auf einen Zeitpunkt, der mit dem Ende des Geschäftsjahres des Betriebes zusammenfällt, als Regel festsetzen. Der Gesellschaftsvertrag kann die Fristen anders festsetzen, auch verlängern, wie er die Dauer der Gesellschaft auf längere Zeit als die in § 132 bestimmten Fristen festlegen kann. Die Kündigungsfrist kann für den Geschäftsinhaber anders als für den stillen Gesellschafter festgesetzt werden. Sie kann für bestimmte Fälle, z. B. bei vereinbarter Fortsetzung durch den Erben des Geschäftsinhabers, kürzer als für den Regelfall bestimmt werden. Bei fristbestimmter Dauer des Gesellschaftsverhältnisses kann für einzelne Fälle eine kürzere Kündigungsfrist vereinbart werden. Es kann auch vereinbart werden, daß die Gesellschaft zunächst für bestimmte Zeit und nach deren Ablauf für unbestimmte Zeit bestehen solle (RG 156, 134).

b) Nach dem in § 339 ebenfalls für anwendbar erklärten § 134 steht eine **auf Lebens-** **Anm. 19**
zeit eingegangene oder nach dem Ablaufe der für ihre Dauer bestimmten Zeit **stillschweigend fortgesetzte Gesellschaft** im Sinne des § 132 einer für unbestimmte Zeit eingegangenen Gesellschaft gleich. Dadurch ist eine auf Lebenszeit erfolgte Bindung des Geschäftsinhabers wie des stillen Gesellschafters zwingend ausgeschlossen. Ob eine auf unbestimmte oder auf bestimmte Zeit eingegangene Gesellschaft vorliegt, was sich auch aus dem Zweck der Gesellschaft ergeben kann, und ob eine auf bestimmte Zeit eingegangene Gesellschaft stillschweigend fortgesetzt ist, ist im Streitfall durch Ermittelung des erklärten Willens der Gesellschafter festzustellen; vgl. die Erl. zu den §§ 132, 134. Eine Fortsetzung der Gesellschaft durch schlüssige Handlungen liegt nicht schon in dem Fortbetrieb des Unternehmens, da es der Inhaber auch auf eigene Rechnung weiter betreiben kann, sondern nur in Umständen, die den **beiderseitigen Fortsetzungswillen** zum Ausdruck bringen, wie jährliche Gewinnberechnung und -verteilung, Mitteilung von Bilanzabschriften und -anerkenntnissen, Gutschrift älterer Gewinne statt Auszahlung und Nichterhebung derselben durch den stillen Gesellschafter. Wegen der Einzelheiten, insbesondere wegen des Begriffs der auf bestimmte oder unbestimmte oder auf Lebenszeit eingegangenen Gesellschaft, wegen der Beweislast für die Behauptung einer von der gesetzlichen Regel abweichenden Vereinbarung, wegen der Zulässigkeit der Beschränkung oder des Ausschlusses der ordentlichen Kündigung durch den Gesellschaftsvertrag, wegen der Form und des Wirksamwerdens der Kündigung, der Folgen verspäteter Kündigung, wird auf die Erläuterungen zu §§ 131, 132, 134 verwiesen.

c) **Die Wirkung der Kündigung** kann nur die Auflösung der Gesellschaft auf den **Anm. 20**
Zeitpunkt des Ablaufs der Kündigungsfrist sein. Ein Ausscheiden eines Gesellschafters aus der fortbestehenden Gesellschaft kann nicht erfolgen und deshalb auch nicht im Gesellschaftsvertrage vereinbart werden, weil nur zwei Gesellschafter vorhanden sind und nach dem Ausscheiden eines von ihnen eine Gesellschaft nicht mehr bestehen würde. Tritt vor Ablauf der Kündigungsfrist ein sofort wirkender Auflösungsgrund wie Tod eines Gesellschafters, ein, so wird schon mit dessen Eintritt die Gesellschaft aufgelöst; RG 93, 54.

d) Die ordentliche Kündigung kann **nicht ausgeschlossen** werden, BGH 23, 10 = **Anm. 21**
LM § 339 Nr. 1 m. zust. Anm. v. Fischer = JZ 57, 308 m. zust. Anm. v. Koehler; BGH

LM § 339 Nr. 2; Schlegelberger-Gessler 16, Baumbach-Duden 3 A, Koenigs S. 264, Paulick § 15 II 6a, Hueck Gesellschaftsrecht § 20 IX 1; a. M. RG 156, 129 (134) und die Voraufl. § 132 Anm. 15. Mit dem BGH ist anzunehmen, daß der für die BGB-Gesellschaft, die oHG und die KG geltende allgemeine Grundsatz der Nichtausschließbarkeit der ordentlichen Kündigung auch für die stille Gesellschaft gilt. Der Sinn des § 339 ist, die stille Gesellschaft in bezug auf die ordentliche Kündigung der oHG (§ 132) gleichzustellen, in bezug auf die außerordentliche der BGB-Gesellschaft (§ 723). § 339 Abs. 1 S. 2 will nicht die Anwendung des § 723 Abs. 3 BGB einschränken, sondern nur klarstellen, daß die Auflösung aus wichtigem Grund nicht wie bei der oHG (§ 133) durch einen richterlichen Gestaltungsakt, sondern durch Kündigungserklärung eines Gesellschafters (§ 723) erfolgt.

Zutreffend weist Fischer (LM § 339 Nr. 1) darauf hin, daß dieses Ergebnis rechtspolitisch unbefriedigend ist. Während der Kommanditist durch den in der Vertragspraxis regelmäßig verwirklichten Grundsatz „wer kündigt, scheidet aus" genügend geschützt ist, kann der Geschäftsinhaber den Stillen — gegebenenfalls nach Ablauf der vereinbarten festen Vertragszeit — hinauskündigen. Man sollte deshalb bei der Auslegung von Vertragsbestimmungen, die die Kündigung seitens des Geschäftsinhabers erschweren und so dem Stillen einen besseren Bestandschutz gewähren, großzügig sein.

Der Geschäftsinhaber kann dem stillen Gesellschafter, dessen Vermögenseinlage vertragsgemäß mit mehr als 6% jährlich zu verzinsen ist, und der am Gewinn und Verlust des Handelsgeschäfts beteiligt ist, nicht nach § 247 BGB kündigen, RG 168, 284.

Anm. 22 **8. Die außerordentliche (fristlose) Kündigung aus wichtigem Grunde.**

Während § 339 die ordentliche Kündigung im Anschluß an die §§ 132, 134 selbständig regelt, erklärt er die Vorschriften des § 723 BGB über das Recht, die Gesellschaft aus wichtigem Grunde zu kündigen, für unberührt. Danach wird die stille Gesellschaft, gleichgültig, ob die Gesellschaft auf bestimmte oder auf unbestimmte Zeit eingegangen ist, durch Kündigung eines Gesellschafters aus wichtigem Grunde aufgelöst. Diese Wirkung tritt — wenn wirklich ein wichtiger Grund vorliegt — schon mit ordnungsmäßiger Erklärung der Kündigung gegenüber dem anderen Gesellschafter ein. Die Auflösung tritt nicht, wie bei den Personengesellschaften des Handelsrechts, § 133, § 161 Abs. 2 HGB und der Kommanditgesellschaft auf Aktien, § 278 Abs. 2 AktG, Barz im Großkomm. z. AktG 37 (2. Aufl.) § 231 Anm. 13ff., erst auf Klage durch rechtsgestaltendes rechtskräftiges Urteil ein; D I 199; BayObLG in OLGR 32, 196; KG in HRR 1929 Nr. 743.

Der Begriff des wichtigen Grundes ist derselbe wie im Falle des § 133 HGB; vgl. die Erläuterungen dazu. Danach ist ein wichtiger Grund dann gegeben, wenn nach den Umständen des Falles dem kündigenden Gesellschafter billigerweise nicht zugemutet werden kann, die Gesellschaft fortzusetzen. Als Beispiele nennen die § 723 BGB, § 133 HGB übereinstimmend: vorsätzliche oder grob fahrlässige Verletzung einer dem einen Gesellschafter nach dem Gesellschaftsvertrage obliegenden wesentlichen Verpflichtung oder das Unmöglichwerden der Erfüllung einer solchen Verpflichtung. Ein wichtiger Grund ist namentlich auch dauernde Unrentabilität des Geschäfts, wenn ihr nicht durch geeignete Maßnahmen abgeholfen werden kann; vgl. Anm. 23 (ebenso Schlegelberger-Gessler 20, Koenigs S. 276). Wegen weiterer Beispiele wird auf die Erläuterungen zu § 133 Bezug genommen. Bei Anwendung der zu § 133 entwickelten Grundsätze ist aber die **Eigenart der stillen Gesellschaft** zu beachten. Tatsachen, die bei der offenen Handelsgesellschaft einen wichtigen Grund bilden, sind nicht immer als wichtiger Grund anzusehen, wenn sie bei der stillen Gesellschaft vorkommen und umgekehrt. Namentlich kommt hier in Betracht, daß bei der stillen Gesellschaft, ähnlich wie bei der Kommanditgesellschaft, die Mitgliedschaft des stillen Gesellschafters sich wesentlich in einer finanziellen Beteiligung erschöpft und die persönliche Mitwirkung des stillen Gesellschafters an der Geschäftsführung regelmäßig ausgeschlossen ist. Tatsachen, wie das persönliche Verhalten eines Gesellschafters gegenüber anderen, die insbesondere bei der offenen Handelsgesellschaft die Zusammenarbeit der Gesellschafter stören, kommen deshalb bei der stillen Gesellschaft weniger als Auflösungsgrund in Betracht als bei der offenen Handelsgesellschaft, sofern nicht auch der stille Gesellschafter ausnahmsweise nach dem Gesellschaftsvertrag an der Geschäftsführung beteiligt ist. Doch können auch schwere Störungen in den persönlichen Beziehungen der Gesellschafter im Einzelfall einen wichtigen Grund bilden. Ungeeignetheit zur Führung der Geschäfte, z. B. wegen Geisteskrankheit, kann bei dem geschäftsführenden Gesellschafter einen wichtigen Grund bilden, aber nicht bei dem von der Geschäftsführung kraft Gesetzes oder durch den Vertrag ausgeschlossenen. Andererseits besteht angesichts des geringeren Überwachungsrechts des stillen Gesellschafters — auch im Verhältnis zu dem von der Geschäftsführung ausgeschlossenen Gesellschafter der offenen Handelsgesellschaft, vgl. § 338 — eine verschärfte Verpflichtung des geschäftsführenden Gesellschafters zu sorgfältiger Geschäftsführung, zur Verwendung der Einlage des stillen Gesellschafters nur für Geschäftszwecke und zur Vermeidung von Mißtrauen des stillen Gesellschafters in die Redlichkeit seiner Geschäftsführung und die Erfüllung seiner Treuepflicht. Dies ist auch bei Beurteilung einer einzelnen Vertragsverletzung (z. B. durch Aufnahme eines neuen offenen Gesellschafters, vgl. RG im Recht 1929 Nr. 232) als wichtiger Grund zu beachten; RG in JW 27, 1350[3]; 1928, 1568; vgl. auch Schlegelberger-Gessler 18, Koenigs S. 267. Der Entstehungsmangel bei einer **fehlerhaften** Gesellschaft ist immer wichtiger Grund, § 335 Anm. 42a.

Wie die Klage auf Auflösung einer Handelsgesellschaft stellt auch die fristlose Kündigung der stillen Gesellschaft nur das **äußerste Mittel** dar, um einem unhaltbaren Zustand ein Ende zu machen. Ein wichtiger Grund ist nicht vorhanden, wenn auf anderem Wege, z. B. durch Vertragsänderung, die dem anderen Teile zuzumuten ist, Abhilfe geschaffen werden kann; wenn der wichtige Grund in der Unzulänglichkeit der vorhandenen Mittel liegen soll, etwa durch eine freiwillige Erhöhung der Einlage des anderen Teils, oder beider Teile, oder bei Unfähigkeit zur Geschäftsführung durch Zuziehung des anderen Gesellschafters zur Geschäftsführung oder durch Einstellung einer Hilfskraft auf Kosten des Behinderten. Genügt die vertragsmäßige oder gesetzlich befristete Kündigung den Belangen der Beteiligten, so ist die fristlose Kündigung nicht berechtigt. **Anm. 23**

Ob ein wichtiger Grund vorliegt, entscheidet im Streitfalle das Gericht nach freiem, pflichtgemäßem Ermessen unter Würdigung aller Umstände des Falls. Die Beweislast für die Tatsachen, in denen der wichtige Grund zu finden ist, trifft den Kündigenden.

Die fristlose Kündigung ist wie die ordentliche eine empfangsbedürftige Willenserklärung; vgl. auch Anm. 19. Wegen ihrer Form vgl. die Erl. zu § 132.

Das Recht zur fristlosen Kündigung aus wichtigem Grunde kann, wie die Auflösungsklage bei den Personengesellschaften (§ 133 Abs. 3), durch Vereinbarung der Gesellschafter nicht ausgeschlossen werden; § 723 Abs. 3 BGB; vgl. die Erl. zu § 133 HGB. Dagegen können durch den Gesellschaftsvertrag bestimmte Tatsachen als unbedingte Gründe für eine fristlose Kündigung festgesetzt werden; ROHG 12, 100. Auch die Ausübung des Rechts zur fristlosen Kündigung ist unzulässig, wenn sie nach Lage des Falles gegen Treu und Glauben verstößt; § 242 BGB.

Schadensersatzpflicht des schuldigen Gesellschafters. Der Gesellschafter, der durch sein schuldhaftes Verhalten dem anderen Gesellschafter Veranlassung zur Erklärung der fristlosen Kündigung gegeben hat, ist diesem zum Ersatz des durch sein Verhalten entstandenen Schadens auf Grund der allgemeinen Vorschriften über die Folgen einer Vertragsverletzung verpflichtet; vgl. auch zur Bedeutung mitwirkenden Verschuldens die Erl. zu § 133; RG 89, 398; im Recht 1916 Nr. 1964. **Anm. 24**

9. Die Kündigung durch einen Gläubiger des stillen Gesellschafters. **Anm. 25**

Da § 339 den § 135 auf die Kündigung der Gesellschaft durch einen Gläubiger des stillen Gesellschafters für entsprechend anwendbar erklärt, bewirkt auch die Kündigung eines solchen Gläubigers die Auflösung der stillen Gesellschaft, wenn sie unter den in § 135 bezeichneten Voraussetzungen geschieht. Wegen dieser Voraussetzungen und der Wirkungen einer solchen Kündigung vgl. die Erl. zu § 135.

Für die Gläubiger des Geschäftsinhabers besteht, wie schon der Wortlaut des § 339 ergibt, ein solches außergewöhnliches Kündigungsrecht nicht. Ein praktisches Bedürfnis dafür besteht auch insofern nicht, als die Gläubiger des Geschäftsinhabers, auch seine Privatgläubiger, da auch das Geschäftsvermögen ihm allein gehört, unbeschränkt in sein gesamtes Vermögen, auch das Geschäftsvermögen vollstrecken können. § 725 BGB, der dem Gläubiger jedes Gesellschafters der bürgerlich-rechtlichen Gesellschaft das Recht zur Kündigung ohne Einhaltung einer Kündigungsfrist und ohne innerhalb der letzten sechs Monate erfolglos versuchte Vollstreckung in das bewegliche Vermögen des Gesellschafters gibt, gilt nicht für die stille Gesellschaft.

Statt der Kündigung der Gesellschaft können die Gläubiger des stillen Gesellschafters auch seine Ansprüche aus dem Gesellschaftsverhältnis pfänden und sich überweisen lassen, soweit sie übertragbar sind; vgl. § 335 Anm. 66; § 717 BGB.

Anm. 26 **10. Die Erreichung oder der Eintritt der Unmöglichkeit des Gesellschaftszweckes.** Beide Umstände bringen nach § 726 BGB die Gesellschaft zur Auflösung. Die Vorschrift gilt auch für die stille Gesellschaft. Bei den Personengesellschaften des Handelsgesetzbuchs und der Kommanditgesellschaft auf Aktien ist streitig, ob es sich um einen selbständigen Auflösungsgrund handelt, ob also mit Eintritt der genannten Tatsachen die Auflösung von selbst eintritt, oder ob sie nur einen wichtigen Grund zur Auflösung der Gesellschaft durch richterliches Urteil bilden können; vgl. § 133 Anm. 12. Für die stille Gesellschaft ist die Frage jedenfalls im ersten Sinne zu beantworten, OLG Hamburg MDR 50, 426; Ritter Anm. 4, Schlegelberger-Gessler 20, Koenigs S. 277; denn die Erwägung, daß aus Gründen der Rechtssicherheit die Auflösung der Handelsgesellschaften wegen der genannten Tatsachen nur angenommen werden könne, wenn sie nach § 133 HGB durch richterliches Urteil festgestellt sind, trifft für die stille Gesellschaft als reine Innengesellschaft nicht zu.

Zweck der stillen Gesellschaft ist die gemeinsame Gewinnerzielung durch Betrieb des Handelsgewerbes des Geschäftsinhabers. Dieser Zweck kann z. B. erreicht sein, wenn Gegenstand des Handelsgewerbes nur die kaufmännische Verwertung der Ausbeute eines bestimmten Vorkommens von Rohstoffen war und das Lager erschöpft ist. Unmöglich kann die Erreichung des Gesellschaftszweckes werden, wenn der Gewerbebetrieb durch einen zulässigen Verwaltungsakt oder gesetzlich verboten wird oder die Einfuhr, die Gegenstand des Handelsbetriebes war, tatsächlich dauernd oder auf absehbare Zeit unmöglich wird oder wenn das Geschäft nach seiner besonderen Art nur von dem Geschäftsinhaber persönlich betrieben werden kann, dieser aber dauernd unfähig wird, das Geschäft zu betreiben.

Durch die bloße Einstellung des Gewerbebetriebs durch den Geschäftsinhaber oder durch Veräußerung des Handelsgeschäfts an einen Dritten wird die Erreichung des Gesellschaftszweckes noch nicht unmöglich, solange noch die Möglichkeit besteht, den Betrieb wieder aufzunehmen oder das Geschäft zurückzuerwerben oder ein gleichartiges Geschäft zu beginnen. Die stille Gesellschaft entsteht regelmäßig schon durch den Abschluß des Vertrages; damit beginnt auch die Verpflichtung des einen Gesellschafters zum Betrieb eines Handelsgewerbes, auch wenn es tatsächlich noch nicht begonnen hat. Die Verpflichtung wird deshalb auch nicht durch das Aufhören des Betriebes beseitigt. Der Geschäftsinhaber kann sich also nicht durch Betriebseinstellung oder Geschäftsveräußerung von seinen Pflichten befreien; vgl. § 335 Anm. 47, 48.

Eine bloße Veränderung des Charakters des Unternehmens oder die Erweiterung seines Umfanges hat die Auflösung der stillen Gesellschaft nicht zur Folge. Ist die Veränderung gegen den ausdrücklichen oder durch Auslegung zu ermittelnden Inhalt des Gesellschaftsvertrages erfolgt, so kann sie dem stillen Gesellschafter Anlaß geben, die aus der Vertragsverletzung entstandenen Rechte geltend zu machen (Verlangen der Herstellung des vertragsmäßigen Zustandes, Anspruch auf Schadensersatz, fristlose Kündigung, vgl. § 335 Anm. 47, 48, 51). Liegt eine Vertragsverletzung nicht vor, so ist es Auslegungsfrage, ob der stille Gesellschafter auch an dem Gewinn oder Verlust des geänderten Unternehmens teilnehmen soll und ob insbesondere nicht seine Beteiligung am Gewinn oder Verlust nach dem Grundsatze des § 336 Abs. 1, anders als bisher, angemessen zu verteilen ist. Eine andere Verteilung kann z. B. angemessen sein, wenn die Gewinnaussicht oder die Verlustgefahr sich geändert hat. Solche Veränderungen können auch selbständig einen wichtigen Grund zur fristlosen Kündigung nach § 723 BGB bieten.

Anm. 27 **11. Weitere Auflösungsgründe** als die gesetzlichen können durch den Gesellschaftsvertrag bestimmt werden. So kann auch bestimmt werden, daß die Auflösung eintritt, wenn ein Dritter den Gesellschaftern die Auflösung der Gesellschaft erklärt oder wenn sich die Gesellschaft auflöst, die Geschäftsinhaberin ist; vgl. Anm. 9.

12. Die Ausschließung des Gesellschafters kann nicht erfolgen, weil die stille Gesellschaft nur aus zwei Gesellschaftern, dem Geschäftsinhaber und dem stillen Gesellschafter besteht und nach dem Ausscheiden eines von ihnen keine Gesellschaft mehr vorhanden wäre. Deshalb kann auch nicht in entsprechender Anwendung der §§ 138, 141 für den Fall der Kündigung auch durch einen Privatgläubiger (§ 135) oder der Konkurseröffnung über das Vermögen eines Gesellschafters oder des Todes eines solchen die Fortsetzung der stillen Gesellschaft unter den übrigen vereinbart oder beschlossen werden. Aber nach der Auflösung, z. B. durch Konkurs eines Gesellschafters, können die Beteiligten eine neue stille Gesellschaft bilden; vgl. Anm. 32. Anm. 28

Dagegen kann nach dem Vorbilde des § 142 vereinbart werden, daß bei Eintritt eines Auflösungsgrundes in der Person des Geschäftsinhabers der stille Gesellschafter das **Recht** haben soll, das Geschäft mit Aktiven und Passiven **zu übernehmen;** denn auch die Gesellschafter einer bürgerlich-rechtlichen Gesellschaft können die entsprechende Anwendung der Vorschriften der §§ 140—142 HGB vereinbaren, da zwingende Gesetzesbestimmungen einer solchen Vereinbarung entgegenstehen; RGUrt. vom 13. Februar 1941, II 72/40 = SeuffA 95 Nr. 33. Allerdings kann nicht vereinbart werden, daß die Zuerkennung der Befugnis zur Geschäftsübernahme nach dem Vorbilde des § 142 HGB durch richterliches Gestaltungsurteil zu erfolgen habe; denn die Gesellschafter können dem Gericht eine ihm nicht nach dem Gesetz zukommende Aufgabe nicht übertragen. Die Ausübung des vertraglichen Übernahmerechts erfolgt durch Erklärung gegenüber dem Geschäftsinhaber oder seinem Rechtsnachfolger. Sie begründet einen schuldrechtlichen Anspruch auf Übertragung (der einzelnen Gegenstände) des Gesellschaftsvermögens und die Pflicht, den Geschäftsinhaber abzufinden (Koenigs S. 269).

13. Die Beendigung der stillen Gesellschaft tritt auch dadurch ein, daß die Rechte der Gesellschafter sich **in einer Hand vereinigen,** da damit die Voraussetzungen für eine Gesellschaft, das Vorhandensein von mindestens zwei Personen, die gegenseitig gebunden sind, wegfällt. Dies ist der Fall, wenn ein Gesellschafter den anderen beerbt oder wenn die beiden Gesellschaften, die die stille Gesellschaft bilden, sich vereinigen (verschmelzen). Anm. 29

Die Beendigung der Gesellschaft durch die Vereinigung der Beteiligungen in einer Hand unterscheidet sich von der Auflösung der Gesellschaft durch Eintritt der im Gesetz oder durch Vertrag festgelegten Auflösungsgründe dadurch, daß im Falle der Vereinigung der Beteiligungen wegen Nichtvorhandenseins zweier einander gegenüberstehender Berechtigten eine Auseinandersetzung, insbesondere eine Auszahlung nach § 340 nicht stattfindet.

III. Verehelichung der Gesellschafter

Die Verehelichung der beiden Gesellschafter allein führt das Ende der stillen Gesellschaft noch nicht herbei. Auch Ehegatten können nach deutschem Recht eine Gesellschaft errichten und nach der Eheschließung Gesellschafter einer zwischen ihnen bereits bestehenden Gesellschaft bleiben; vgl. § 105 Anm. 25g. Wird unter den Ehegatten eine eheliche Gütergemeinschaft begründet, so fällt ihre Beteiligung an einer Gesellschaft an sich nicht in die Gütergemeinschaft, da von dem Gesamtgut Gegenstände (auch Rechte) ausgeschlossen sind, die nicht durch Rechtsgeschäft übertragen werden können (§ 1417 BGB) und die Beteiligung an einer Gesellschaft nach der Regel des § 719 Abs. 1 BGB nicht übertragbar ist. Die Übertragung ist aber mit Zustimmung aller Gesellschafter möglich. Sind Ehegatten die Gesellschafter, so erteilen sie sich mit Abschluß des Ehevertrages über die Errichtung der Gütergemeinschaft gegenseitig die Zustimmung, wenn sie nicht bestimmen, daß die Beteiligung Vorbehaltsgut sein soll. Wird dieser Vorbehalt gemacht, so verwaltet jeder Ehegatte seine Beteiligung. Wird er nicht gemacht, so erlischt die Gesellschaft infolge Vereinigung der beiderseitigen Gesellschafterrechte in einer Hand; vgl. Geiler bei DürHach. II 1 Anm. 219. Anm. 30

IV. Keine Eintragung im Handelsregister

Da die stille Gesellschaft nicht ins **Handelsregister** einzutragen ist, darf auch ihre Auflösung nicht eingetragen werden. Dies gilt auch dann, wenn nach dem Gesellschaftsvertrag der stille Gesellschafter im inneren Verhältnisse die Rechte eines offenen Han- Anm. 31

delsgesellschafters hat und am Geschäftsvermögen beteiligt ist (§ 335 Anm. 17, 18) und das Unternehmen im Falle der Auflösung der stillen Gesellschaft abzuwickeln ist. Die Eintragung kann auch nicht vereinbart werden. Der Registerrichter hätte die Vereinbarung nicht zu beachten; Ritter § 340 Anm. 7. Aus einer Verpflichtung des Geschäftsinhabers, das Geschäft abzuwickeln, kann sich auch seine Verpflichtung ergeben, seine eigene Firma, aber regelmäßig erst nach Durchführung der Abwicklung des Unternehmens löschen zu lassen; vgl. § 1 Anm. 17, 18; § 31 Anm. 8ff.; § 157 HGB; § 273 AktG; § 69 GmbHG; § 87 GenG. Ist die das Unternehmen betreibende Gesellschaft aufgelöst, so ist nach den für diese Gesellschaft bestehenden Vorschriften auch die Auflösung einzutragen; vgl. § 143 HGB; § 263 AktG; § 65 GmbHG; § 82 GenG. Aus dem Gesellschaftsvertrage kann sich (auch durch Auslegung) auch gegenüber dem stillen Gesellschafter die Verpflichtung des Geschäftsinhabers ergeben, die danach erforderlichen Anmeldungen zum Handelsregister vorzunehmen.

V. Fortsetzung der aufgelösten Gesellschaft

Anm. 32 Eine **Fortsetzung** der aufgelösten stillen Gesellschaft mit der Wirkung, daß die Gesellschaft unter Aufrechterhaltung ihrer Einheit (Identität) mit der bisherigen Gesellschaft weiterbesteht, ist nicht möglich. Die Auflösung der stillen Gesellschaft ist gleichbedeutend mit ihrer Vollbeendigung; Anm. 2. Eine vollbeendete Gesellschaft kann nicht fortgesetzt werden. Es ist nur eine Neugründung mit den gleichen Vertragsbestimmungen wie bei der beendeten möglich. Es kann auch vereinbart werden, daß es unter den Gesellschaftern so gehalten werden soll, als sei die Beendigung der ursprünglichen Gesellschaft nicht erfolgt. Der stille Gesellschafter nimmt dann an den Ergebnissen des vom Inhaber fortgeführten Unternehmens so teil, als wenn es auch in der Zwischenzeit auf gemeinschaftliche Rechnung betrieben worden wäre (Koenigs S. 261/62).

VI. Keine Auflösung durch den Tod des stillen Gesellschafters, Abs. 2

Anm. 33 **1.** Die Vorschrift stimmt überein mit Art. 164 ADHGB und der entsprechenden Vorschrift für die Kommanditgesellschaft, § 177. Mit dem Tode des stillen Gesellschafters **treten seine Erben** ohne weiteres **an seine Stelle,** ohne daß es einer Erklärung der Erben oder des Geschäftsinhabers bedarf. Weder der Geschäftsinhaber noch die Erben können die Fortsetzung des Gesellschaftsverhältnisses ablehnen. Die Erben können sich ihrer Verpflichtung nur durch Ausschlagung der Erbschaft entziehen. Rechte, wie der Erbe eines persönlich haftenden Gesellschafters nach § 139, können sie ebensowenig geltend machen, wie die Erben eines Kommanditisten; vgl. § 177. Da sie nur mit der Einlage haften und regelmäßig nicht zur Geschäftsführung verpflichtet sind, besteht für das Recht, eine Umwandlung der Beteiligung zu verlangen, auch kein Bedürfnis. Der Eintritt des Erbfalls kann jedoch zwar nicht allein, aber im Zusammenhang mit den Gesamtumständen des Falles für beide Teile einen wichtigen Grund zur fristlosen Kündigung des Gesellschaftsverhältnisses bilden, z. B. wenn der stille Gesellschafter zur Geschäftsführung berechtigt oder verpflichtet ist und der Erbe sich dazu nicht eignet. In diesem Fall der **atypischen stillen Gesellschaft** (Anm. 18) kann auch aus den Umständen auf den Parteiwillen geschlossen werden, daß die Gesellschaft durch den Tod des Stillen aufgelöst wird, vgl. Anm. 35 (Rasner S. 139 nimmt dies als Regel an).

Für die Verwaltung der stillen Beteiligung durch den **Testamentsvollstrecker** gilt das in § 177 Anm. 22 gesagte: Mit Zustimmung des Geschäftsinhabers ist die Verwaltung zulässig, ebenso BGH WM 1962, 1085.

Anm. 34 **2. Mehrere Erben** eines stillen Gesellschafters treten als gemeinsam Berechtigte, als Erbengemeinschaft an seine Stelle. Die Gemeinschaft gilt als ein stiller Gesellschafter. Sie übt die Rechte eines solchen, z. B. das Überwachungsrecht, gemeinsam aus. Es entstehen nicht, wie bei der Beerbung eines Kommanditisten, selbständige Beteiligungen für jeden einzelnen Erben. Der Erbengemeinschaft ist die Bilanzabschrift zu erteilen (§ 338) und der jährliche Gewinn oder das Auseinandersetzungsguthaben auszuzahlen; §§ 336, 340. Die Teilung unter den Erben erfolgt im Wege der Nachlaßauseinandersetzung. Die Rechtsstellung der Erben eines stillen Gesellschafters ist wesentlich verschieden von der der Erben eines Kommanditisten; die letzteren sind Mitinhaber des Geschäfts und des Gesellschaftsvermögens und treten insbesondere durch die Eintragung ins Handelsregister und die unmittelbare Haftung gegenüber den Gesellschaftsgläubigern nach außen hervor. Bei der stillen Gesellschaft liegen aber nur Rechtsbeziehungen im inneren Verhältnis und rein schuldrechtlicher Art vor; vgl. RG 126, 392;. Bei der Nachlaßauseinandersetzung können die Erben ohne Zustimmung des Geschäftsinhabers nicht einem von ihnen die Beteiligung übertragen; § 717 BGB; Ritter 3; Schlegelberger-Gessler 24.

3. Durch den **Gesellschaftsvertrag** kann von der Regel des Abs. 2 abgewichen werden. Es kann vereinbart werden, daß die Gesellschaft mit dem Tode des stillen Gesellschafters aufgelöst wird; diese Vereinbarung kann sich auch aus den Umständen ergeben, z. B. wenn die Einlage des stillen Gesellschafters in der technischen Leitung des Betriebes bestand und diese Leistung nicht durch die eines beliebigen Dritten ersetzt werden kann. Es kann auch vereinbart werden, daß nicht alle, sondern nur einzelne Erben oder nur Familienangehörige Rechtsnachfolger sein sollen (BGH WM 1962, 1084) oder daß die Erben einem von ihnen die Mitgliedschaft übertragen dürfen oder daß sie die Mitgliedschaft ablehnen können oder daß der Geschäftsinhaber das Wahlrecht hat, ob die Gesellschaft mit den Erben fortgesetzt oder aufgelöst werden soll. Auch die Bedingungen der Beteiligung können für den Fall des Todes des stillen Gesellschafters geändert werden. Es kann auch bestimmt werden, daß die bisher auf unbestimmte Zeit eingegangene Gesellschaft nur noch bestimmte Zeit bestehen soll, etwa bis zum Ablaufe des nächsten Geschäftsjahres. Anm. 35

VII. Umgründung der stillen Gesellschaft

Im Gesellschaftsvertrag oder in einem späteren Vertrag kann die Umgründung der stillen Gesellschaft in eine Gesellschaft anderer Art, z. B. in eine offene Handelsgesellschaft oder in eine Kommanditgesellschaft oder in eine Kapitalgesellschaft, vereinbart werden. Die Umgründung kann in der Weise geschehen, daß das Unternehmen in eine neu zu gründende Gesellschaft eingebracht wird. Es kann auch bestimmt werden, daß der stille Gesellschafter als persönlich haftender Gesellschafter oder als Kommanditist in das Unternehmen eintritt. Für die Zukunft finden dann die für eine solche Gesellschaft, insbesondere auch für einen Eintritt in ein bestehendes Handelsunternehmen, geltenden allgemeinen Vorschriften Anwendung; vgl. §§ 28, 130, 173. Die stille Gesellschaft ist mit der Entstehung der neuen Gesellschaft oder dem Eintritt in das Unternehmen aufgelöst und beendet; vgl. § 340 Anm. 2. Eine Auseinandersetzung findet in diesem Falle nicht statt, wenn nicht etwas anderes vereinbart ist. Die Einlage des stillen Gesellschafters wird zur Einlage in der neuen Gesellschaft. Die Beteiligung nimmt die für die neue Gesellschaft maßgebende Gestalt (als offener Gesellschafter, Kommanditist, Aktionär) an. Dem stillen Gesellschafter, aber auch dem Geschäftsinhaber oder auch ihren Erben kann im Gesellschaftsvertrage das Recht eingeräumt werden, eine solche Umgründung zu verlangen. Eine derartige Vereinbarung muß als Vorvertrag für die Errichtung einer anderen Gesellschaft den für diese wesentlichen Inhalt haben und der dafür vorgesehenen Form (z. B. gerichtliche oder notarische Beurkundung bei der Aktiengesellschaft) genügen; RG 156, 129; vgl. auch Schlegelberger-Gessler Anm. 26; Koenigs S. 277. Anm. 36

VIII. Verlust der Kaufmannseigenschaft

Verliert das Unternehmen den Charakter als Handelsgewerbe, etwa weil es erst auf Grund Eintragung der Firma ins Handelsregister nach §§ 2, 3 als Handelsgewerbe gilt und die Firma gelöscht worden ist, so löst sich dadurch die Gesellschaft nicht auf. Sie ist aber keine stille Gesellschaft mehr, sondern eine andere Gesellschaft des bürgerlichen Rechts; Schlegelberger-Gessler 25. Es ist aber im Zweifel als Wille der Gesellschafter anzunehmen, daß die Gesellschaft auch künftig nach den Regeln der stillen Gesellschaft beurteilt werden soll. Wird der Geschäftsinhaber zum Minderkaufmann, so wird dadurch das Bestehen der stillen Gesellschaft nicht berührt, da auch ein Minderkaufmann einen stillen Gesellschafter haben kann, § 335 Anm. 10. Die bezeichneten Veränderungen können im Einzelfall einen wichtigen Grund zur Auflösung der Gesellschaft bilden; § 723 BGB. Anm. 37

Zur Bedeutung von Nichtigkeits- und Anfechtungsgründen (fehlerhafte Gesellschaft) s. § 335 Anm. 42, 42a; zur Anwendbarkeit der §§ 320ff. BGB s. § 335 Anm. 45.

§ 340

Nach der Auflösung der Gesellschaft hat sich der Inhaber des Handelsgeschäfts mit dem stillen Gesellschafter auseinanderzusetzen und dessen Guthaben in Geld zu berichtigen.

Die zur Zeit der Auflösung schwebenden Geschäfte werden von dem Inhaber des Handelsgeschäfts abgewickelt. Der stille Gesellschafter nimmt teil an dem Gewinn und Verlust, der sich aus diesen Geschäften ergibt.

Er kann am Schlusse jedes Geschäftsjahrs Rechenschaft über die inzwischen beendigten Geschäfte, Auszahlung des ihm gebührenden Betrages und Auskunft über den Stand der noch schwebenden Geschäfte verlangen.

Inhaltsübersicht

Anm. 1 § 340 Abs. 1 ordnet in Übereinstimmung mit Art. 265 Abs. 1 ADHGB die Auseinandersetzung mit dem stillen Gesellschafter und die Auszahlung dessen Guthabens in Geld durch den Geschäftsinhaber an. Abs. 2 Satz 1 spricht nach dem Vorbilde des Art. 265 Abs. 2 ADHGB aus, daß dem Geschäftsinhaber die Abwicklung der zur Zeit der Auflösung schwebenden Geschäfte obliegt. Abs. 2 Satz 2 ist neu. Er stellt klar, daß der stille Gesellschafter an dem Gewinn und Verluste der schwebenden Geschäfte teilnimmt. Abs. 3 ist ebenfalls neu. Er umschreibt das Recht des stillen Gesellschafters auf Rechnungslegung und Auskunft über die schwebenden Geschäfte und Auszahlung seines Gewinnanteils an ihnen.

I. Die Folgen der Auflösung im allgemeinen

Anm. 2 Da die stille Gesellschaft durch die Auflösung voll beendigt ist (vgl. § 339 Anm. 2), enden mit der Auflösung die Verpflichtungen beider Gesellschafter aus dem Gesellschaftsverhältnis. Der Geschäftsinhaber ist nicht mehr verpflichtet, das Geschäft auf gemeinsame Rechnung zu betreiben. Er verfügt auch im inneren Verhältnis allein über das Geschäft; er kann es weiterbetreiben oder aufgeben oder veräußern. Der stille Gesellschafter ist für die Zukunft nicht mehr am Gewinn oder Verlust des Geschäftsbetriebes beteiligt. Damit wird auch eine etwaige Gewinngarantie für die Zukunft hinfällig; RG 43, 34; ROHG 12, 100. Er hat auch keine Beiträge mehr für den künftigen Betrieb zu leisten. Dagegen sind die Rechtsbeziehungen, die durch das Gesellschaftsverhältnis entstanden waren, abzuwickeln. Diesem Zwecke dient die Auseinandersetzung. Während dieser dauert aber die Gesellschaft nicht, auch nicht, wie bei den Personengesellschaften und Kapitalgesellschaften des Handelsrechts, als Abwicklungsgesellschaft fort; vgl. die Erl. zu §§ 131, 145. Die früheren Gesellschafter stehen sich nur noch als Gläubiger und Schuldner gegenüber; Schlegelberger-Gessler 2, Koenigs S. 284, Paulick § 15 I; a.M. Wieland I 784 Anm. 13, Baumbach-Duden § 339 Anm. 1.

II. Die Auseinandersetzung mit dem stillen Gesellschafter

1. Nach der Auflösung der Gesellschaft hat sich der Inhaber des Handelsgeschäfts mit dem stillen Gesellschafter auseinanderzusetzen; Abs. 1. Da die stille Gesellschaft kein Gesellschaftsvermögen und auch keine Gesellschaftsschulden hat, fällt bei ihr die bei den Personengesellschaften des Handelsrechts regelmäßige (§§ 145ff. HGB), bei den Kapitalgesellschaften notwendige (vgl. § 264 AktG) Abwicklung der Gesellschaft, insbesondere die Hauptaufgabe der Abwicklung, der Umsatz des Gesellschaftsvermögens in Geld, die Befriedigung der Gesellschaftsgläubiger und die Verteilung des Reinvermögens unter die Gesellschafter (§§ 149, 155 HGB; §§ 267, 271 AktG) weg. Da der stille Gesellschafter weder Mitinhaber des Handelsgeschäfts noch Mitinhaber des Geschäftsvermögens war, erhält er auch nicht, wie der aus einer fortbestehenden Personengesellschaft ausscheidende Gesellschafter eine Abfindung für die Aufgabe dieser Beteiligung und deren Überlassung an die übrigen Gesellschafter, oder beim Vorhandensein von nur zwei Gesellschaftern an den anderen; vgl. die Erl. zu §§ 138, 142 HGB. Der dem stillen Gesellschafter zustehende Auseinandersetzungsanspruch hat, wie seine Beteiligung überhaupt, einen rein schuldrechtlichen Charakter (BGH BB 68, 268). Er beschränkt sich auf die Rückerstattung seiner Einlage, da sie für Gesellschaftszwecke nicht mehr erforderlich ist, und zwar so, wie sie sich infolge der Beteiligung am Gewinn und Verlust des Unternehmens gestaltet hat, und auf Zahlung des noch nicht ausgezahlten Gewinnanteils. Die Ermittelung des Umfangs dieses Anspruchs, mit der notwendig auch eine Abrechnung über den Verlust verbunden ist, wenn der stille Gesellschafter am Verlust überhaupt teilnimmt (§ 337 Anm. 22ff.), ist der **Gegenstand der Auseinandersetzung.** An diese Ermittelung schließt sich dann notwendig die Leistung dessen an, was dem einen oder anderen Gesellschafter nach dem Ergebnis der Auseinandersetzung zukommt, nämlich die Auszahlung des Guthabens des stillen Gesellschafters an diesen oder die Zahlung des Verlustanteils des stillen Gesellschafters an den Geschäftsinhaber, soweit der stille Gesellschafter für den Verlust aufzukommen hat. Bei der stillen Gesellschaft bedeutet Auseinandersetzung somit nur, daß das Guthaben des stillen Gesellschafters, so wie es sich während der Dauer des Gesellschaftsverhältnisses entwickelt hat, oder die sich aus dem Gesellschaftsverhältnis ergebende Verpflichtung des stillen Gesellschafters nach Maßgabe des Gesellschaftsvertrages festzustellen und der sich daraus ergebende Betrag der Forderung des einen oder anderen Gesellschafters zu zahlen ist; vgl. RG in HRR 1936, Nr. 611. Anm. 3

2. Bei der Auseinandersetzung ist, wie bei der jährlichen Ermittelung des Gewinnes und Verlustes (vgl. § 337 Anm. 4—12) davon auszugehen, daß der stille Gesellschafter nur an dem Betrieb des Handelsgewerbes eines anderen, also an dem Ergebnisse dieses Geschäftsbetriebes, am Betriebsgewinn oder -verlust beteiligt ist, nicht aber am Geschäftsvermögen, das dem Geschäftsinhaber allein gehört. Da regelmäßig jährlich über Gewinn und Verlust abzurechnen ist, setzt sich das **Auseinandersetzungsguthaben** des stillen Gesellschafters zusammen aus seiner Einlage, so wie sie sich am Schlusse des letzten Geschäftsjahres ergeben hat und dem Gewinn oder Verlust, der seit Schluß des letzten Geschäftsjahres bis zur Auflösung entstanden ist. Aus dieser Bedeutung der Auseinandersetzung und der sich daraus ergebenden wesentlichen Verschiedenheit von der Auseinandersetzung mit dem ausscheidenden Gesellschafter einer bürgerlich-rechtlichen oder handelsrechtlichen Personengesellschaft folgt, daß die für diese maßgebenden Vorschriften der §§ 738—740 BGB (vgl. die Erl. zu § 138) auf die Auseinandersetzung mit dem stillen Gesellschafter nicht, auch nicht sinngemäß anzuwenden sind; DürHach. Anm. 1; Schlegelberger-Gessler 2, Koenigs S. 285. Anm. 4

3. Wie die Ermittelung des Jahresgewinns oder -verlustes kann auch die Auseinandersetzung bei Auflösung der Gesellschaft nur auf Grund einer nach kaufmännischen Grundsätzen aufgestellten Bilanz oder, falls der Geschäftsinhaber als Minderkaufmann zur Aufstellung einer solchen nicht verpflichtet ist, auf Grund einer Übersicht erfolgen, die die Entwicklung des Betriebes und die durch diesen verursachte Entstehung von Gewinn und Verlust deutlich ersichtlich macht; vgl. § 337 Anm. 3ff. Diese Bilanz (oder Übersicht), die man als **Auseinandersetzungsbilanz** bezeichnen kann, ist weder eine Vermögens- noch eine Abwicklungsbilanz im Sinne der Schlußbilanz, die die Anm. 5

Abwickler einer Handelsgesellschaft bei Beendigung der Abwicklung aufzustellen haben (vgl. § 154 HGB), sondern eine Ertragsbilanz; RG in SeuffA. 93 Nr. 59.

Bei deren Aufstellung ist nach dem vorstehend angegebenen Zwecke der Auseinandersetzung davon auszugehen, daß der stille Gesellschafter nicht an Werterhöhungen oder Minderungen des Geschäftsvermögens, insbesondere nicht des bei Beginn der Gesellschaft vorhandenen Anlagevermögens teilnimmt, die nicht durch den Betrieb und Aufwendungen aus Betriebsgewinn verursacht sind; vgl. § 337 Anm. 4; RG in HRR 1931 Nr. 257. Er nimmt auch nicht teil an dem inneren Geschäftswert oder Firmenwert des Unternehmens, auch soweit er während des Geschäftsbetriebs auf gemeinschaftliche Rechnung entstanden ist; vgl. § 337 Anm. 5. Die Bewertung, namentlich des Umlaufsvermögens (der Warenbestände, Rohstoffe, Forderungen und Schulden), hat so zu erfolgen wie in den Jahresbilanzen. Insbesondere sind noch nicht erzielte Gewinne nicht als schon erzielt zu behandeln. Es ist von dem Niederstwertgrundsatz auszugehen, nicht von dem etwa erzielbaren Wert des Warenlagers. Der stille Gesellschafter würde andernfalls an künftigen Gewinnen teilnehmen. Diese fallen aber allein dem Geschäftsinhaber zu, der auch das Wagnis eines Verlustes, z.B. durch Änderung der Konjunktur allein zu tragen hat; vgl. § 337 Anm. 5. Es kann deshalb auch nicht darauf ankommen, ob der Geschäftsinhaber das Geschäft weiterbetreibt oder aufgeben will. Ist nach der Auflösung der Gesellschaft ein Verkauf, z.B. der Warenvorräte, erfolgt, so ist der dabei erzielte Erlös auch nicht unbedingt ausschlaggebend für die Bewertung der Waren in der Auseinandersetzungsbilanz. Er kann höchstens einen Anhaltspunkt für die in Zweifelsfällen vorzunehmende Schätzung bieten; aber immer ist der im Kaufpreis einer Ware steckende Gewinn, wenn der Verkauf nach der Auflösung erzielt worden ist, abzuziehen. Verluste, die bei Auflösung der Gesellschaft schon eingetreten sind, z. B. durch Entwertung der Warenbestände wegen Modeänderungen sind als bereits erfolgt zu behandeln, auch wenn der Verkauf erst später erfolgt.

Offene Rücklagen (Reserven), die während des Bestehens der stillen Gesellschaft aus Betriebsgewinnen gebildet worden sind, sind in der Auseinandersetzungsbilanz als Gewinn zu behandeln. **Stille Rücklagen,** die in dieser Weise entstanden sind, etwa durch Unterbewertung des Warenlagers, der Rohstoffe oder durch Überbewertung von Verbindlichkeiten, sind aufzulösen, d.h. der Betrag der Über- oder Unterbewertung ist als Gewinn oder Verlust in die Bilanz einzustellen. Dies gilt auch dann, wenn die frühere Bilanzierung mit Zustimmung oder Duldung des stillen Gesellschafters erfolgt ist. Solange die stille Gesellschaft am Erträgnis des Unternehmens beteiligt war, konnte der stille Gesellschafter ebenso wie der Geschäftsinhaber ein Interesse an der Bildung der offenen oder stillen Rücklagen haben, da durch Erhöhung des Betriebskapitals aus den gebildeten Rücklagen auch der Betrieb des Unternehmens und damit die Gewinnerzielung gefördert werden konnte. Dieses Interesse fällt mit der Auflösung der stillen Gesellschaft weg. Die Zustimmung zur Bildung der Rücklagen gilt daher im Zweifel nur für die Dauer des Betriebs auf gemeinschaftliche Rechnung. Die Auflösung stiller Rücklagen geschieht aber nur, soweit ihre Bildung über das übliche Maß hinausgeht, nicht soweit es sich um die allgemeine üblichen, auf kaufmännischer Vorsicht beruhenden Abschreibungen, auch des Anlagevermögens handelt. Es gilt auch hier das in § 337 Anm. 11 u. 12 Gesagte. Abschreibungen, in denen sich die Abnutzung der Gegenstände durch ihren Gebrauch für den Handelsbetrieb ausdrückt, gehen nach kaufmännischer Auffassung stets auf Kosten des Betriebs und vermindern, ebenso wie z. B. Ausgaben für Miete, stets den Gewinn; vgl. § 337 Anm. 8; RG 94, 108; LZ 17, 732[10]; BGH LM § 340 Nr. 3; Schlegelberger-Gessler 6; Koenigs S. 287; Sudhoff NJW 1960, 2127. Anders ist es bei der vermögensrechtlich **atypischen** stillen Gesellschaft (§ 335 Anm. 17), s. Anm. 18.

Anm. 6 Die Auseinandersetzungsbilanz ist auf den **Zeitpunkt** aufzumachen, in dem die Gesellschaft aufgelöst wird; also bei Auflösung durch Tod eines Gesellschafters auf den Todestag, bei Auflösung durch Beschluß (= Vereinbarung) der Gesellschafter auf den Tag der Beschlußfassung, falls die Auflösung nicht für einen späteren Zeitpunkt vereinbart ist; bei Auflösung durch Konkurs eines Gesellschafters auf den Zeitpunkt der Konkurseröffnung; bei Auflösung durch Erreichung oder Unmöglichwerden der Erreichung des Gesellschaftszweckes auf den Zeitpunkt, in dem die maßgebenden Ereignisse eintreten; bei Auflösung durch befristete Kündigung auf den Zeitpunkt des Ablaufes der Kündigungsfrist. Bei Auflösung durch fristlose Kündigung ist der Zeitpunkt entscheidend, in dem die Kündigungserklärung wirksam wird, nicht der Zeitpunkt, in dem sich die den wichtigen Grund darstellende Tatsache ereignet hat, auch nicht der Zeitpunkt der Rechtskraft eines die Kündigung bestätigenden Urteils oder der Klagerhebung, da weder die Klage noch das Urteil rechtsgestaltende Wirkung hat; vgl. § 339 Anm. 22.

Zugrunde zu legen sind danach die Werte, die im Zeitpunkt der Auflösung gelten. **Wertveränderungen,** die erst die **Folge der Auflösung** sind, sind bei der Auseinandersetzung weder zugunsten des Geschäftsinhabers noch zugunsten des stillen Gesellschafters zu berücksichtigen (Koenigs S. 286). Sie berühren nur den Geschäftsinhaber in seiner Eigenschaft als Inhaber des Geschäftsvermögens. Deshalb können die Erben des Geschäftsinhabers für die Berechnung des bis zur Auflösung entstandenen Gewinnes nicht eine geringere Bewertung des Warenlagers mit der Begründung verlangen, daß durch den Tod des Geschäftsinhabers die Fortführung des Geschäfts und damit der Absatz des Warenlagers notleide. Ebensowenig kann eine geringere Bewertung deshalb verlangt werden, weil durch die Konkurseröffnung über das Vermögen des Geschäftsinhabers die Fortführung des Geschäfts in Frage gestellt sei und bei einer Veräußerung des Warenlagers im Konkurs mit einem Mindererlös zu rechnen sei; Ritter § 341 Anm. 2; Schlegelberger-Gessler § 341 Anm. 2; a.A. RG in JW 1903, 10; HoldhMschr. 93, 48. Zu berücksichtigen ist aber der schon vor Konkurseröffnung eingetretene Rückgang des Unternehmens, soweit er auf den Wert des Warenlagers von Einfluß ist. Andererseits kommen dem stillen Gesellschafter Besserungen des Vermögensstandes des Geschäftsinhabers, z. B. durch Werterhöhung des Warenlagers oder einen Zwangsvergleich, die nach der Auflösung der Gesellschaft eintreten, nicht zugute; RG in JW 1901, 404[22].

Zu berechnen ist der volle bis zum Zeitpunkt der Auflösung eintretende Gewinn und Verlust, auch wenn dieser Zeitpunkt in den Lauf des Geschäftsjahres des Unternehmens fällt. Es ist dann im Anschluß an die Bilanz des letzten vollen Geschäftsjahres Gewinn und Verlust der nachher bis zur Auflösung abgelaufenen Zeit festzustellen; denn der stille Gesellschafter ist während der ganzen Dauer der Gesellschaft, also bis zur Auflösung am Gewinn und Verlust beteiligt und stellt solange auch seine Einlage zur Verfügung. Wollen die Gesellschafter eine solche Berechnung auf den Tag der Auflösung, die für das Unternehmen die Aufstellung einer **Zwischenbilanz** erfordert, vermeiden, so können sie im Gesellschaftsvertrag oder später, auch noch nach der Auflösung vereinbaren, daß der Stille am Gewinn oder Verlust des laufenden Geschäftsjahres zeitlich anteilig beteiligt wird. **Anm. 7**

Die **Aufstellung** der Auseinandersetzungsbilanz wie der sich daran anschließenden Gewinn- und Verlustberechnung und des Anteils des stillen Gesellschafters daran ist Aufgabe des **Geschäftsinhabers.** Der stille Gesellschafter hat dabei nicht mitzuwirken. Die Aufstellung hat unverzüglich, d. h. ohne schuldhaftes Zögern, nach Auflösung der Gesellschaft zu erfolgen, Schlegelberger-Gessler 5, Koenigs S. 286. Der Geschäftsinhaber hat auch, soweit erforderlich, auf Grund einer Schätzung die maßgebenden Werte zu bestimmen. Er kann sich bei Erfüllung seiner Aufgabe der Hilfe von Sachverständigen bedienen; Warneyer RG 12 Nr. 347. Im Gesellschaftsvertrag oder später kann die gemeinschaftliche Aufstellung durch beide Gesellschafter und die Schätzung durch Sachverständige oder überhaupt die Zuziehung eines Sachverständigen vereinbart werden. Im Falle des Todes des Geschäftsinhabers haben seine Erben, nach Konkurseröffnung über sein Vermögen der Konkursverwalter, und zwar außerhalb des Konkursverfahrens die Auseinandersetzung vorzunehmen (§ 16 KO) und demgemäß auch die Auseinandersetzungsbilanz und die Berechnung aufzustellen; RG in JW 1884, 270. **Anm. 8**

4. Auf Grund der Schlußbilanz und des sich aus ihr ergebenden Betriebsgewinns und -verlusts des letzten Geschäftsjahres oder des Teiles dieses Jahres (vgl. Anm. 7) ist das Guthaben oder die Schuld des stillen Gesellschafters zu berechnen. Sein Anteil am Gewinn ist seinem **Einlagekonto,** wie es sich auf Grund der Gewinn- oder Verlustberechnung des vorhergegangenen letzten Geschäftsjahres ergab, zuzurechnen, sein Anteil am Verlust ist davon abzurechnen; vgl. § 337 Anm. 29. Ergibt sich dabei auf dem **Anm. 9**

Einlagekonto ein Überschuß zugunsten des stillen Gesellschafters, so stellt dieser sein Auseinandersetzungsguthaben dar. Der stille Gesellschafter kann also nicht nach Auflösung der Gesellschaft einfach die geleistete Einlage zurückfordern. Er hatte die Einlage auf Grund des Gesellschaftsvertrags zum Betriebe des Unternehmens zur Verfügung zu stellen und mußte mit ihr das Wagnis des Geschäftsbetriebs nach Maßgabe seiner Verlustbeteiligung tragen. Nur so wie sich die Einlage bei Auflösung der Gesellschaft auf seinem Einlagekonto unter Berücksichtigung seiner Gewinn- und Verlustbeteiligung bis zur Beendigung der Gesellschaft darstellt, stellt sie zugleich sein Auseinandersetzungsguthaben dar.

Für **geleistete Dienste** des Stillen erfolgt in der Regel keine Gutschrift, § 337 Anm. 30. Anders ist es, wenn die Dienste durch den bis zum Ausscheiden errechneten Gewinnanteil noch nicht voll abgegolten sind. Dann hat der Stille noch einen weitergehenden Anspruch, BGH LM § 340 Nr. 4 = NJW 66, 501.

Anm. 10 **5.** Der Geschäftsinhaber hat, wie Abs. 1 ausdrücklich ausspricht, das nach Vorstehendem berechnete Auseinandersetzungsguthaben des stillen Gesellschafters **in Geld zu berichtigen.** Der stille Gesellschafter hat nur einen Anspruch auf diese Geldleistung. Seine Einlage, insbesondere eine Sacheinlage, kann er nicht in Natur zurückfordern, auch nicht unter Anrechnung ihres Wertes auf das in Geld berechnete Auseinandersetzungsguthaben. Die Einlage ist in das Vermögen des Geschäftsinhabers übergegangen, § 335. Ihr Wert ist dem stillen Gesellschafter auf sein Einlagekonto gutgeschrieben und wird ihm, so wie sie sich durch Zu- und Lastschrift von Gewinn und Verlust und Entnahme entwickelt hat, in Geld erstattet. Der stille Gesellschafter ist auch nicht verpflichtet, die geleistete Einlage in Natur zurückzunehmen. Nur wenn er sie nach dem Gesellschaftsvertrage dem Geschäftsinhaber nur zum Gebrauch zu überlassen hatte, ist sie ihm zurückzugeben; § 732 BGB. Die Rückgabe hat auch zu erfolgen, wenn die Sache zwar dem Geschäftsinhaber zu Eigentum zu übergeben, aber nach dem Gesellschaftsvertrag bei Beendigung der Gesellschaft zurückzugeben war. Die Rückgabe hat dann nach den für die Übertragung des Eigentums an einer Sache oder eines Rechts geltenden Vorschriften, bei Grundstücken durch Auflassung zu geschehen; RG in LZ 31, 1388[11].

Anm. 11 **6.** Wie das Einlagekonto des stillen Gesellschafters während des Bestehens der Gesellschaft infolge früherer Verluste, die er anteilig zu tragen hat, passiv werden kann (vgl. § 337 Anm. 23), kann auch das Konto des stillen Gesellschafters, das sich auf Grund der Schlußbilanz und der sich daran anschließenden Schlußverteilung ergibt, **passiv** sein. Da aber der stille Gesellschafter nur bis zum Betrage seiner geleisteten oder noch rückständigen Einlage und mit seinem Gewinnanteil, soweit er zur Auffüllung einer bereits geleisteten, aber durch Verlust verminderten Einlage erforderlich ist, haftet (vgl. § 337 Anm. 23), kommt ein Passivkonto, das sich aus der Schlußabrechnung für ihn ergibt, nur insofern in Betracht, als er seine Einlage noch nicht geleistet hat. Nur in Höhe der **rückständigen Einlage** hat der stille Gesellschafter den sich bei der Schlußabrechnung ergebenden Anteil am Verlust zu tragen. Nur den so sich ergebenden Betrag hat er an den Geschäftsinhaber zu leisten. Soweit die noch nicht geleistete Einlage höher ist als der Passivsaldo des stillen Gesellschafters, hat er sie nach Auflösung der Gesellschaft nicht mehr zu leisten; denn nach der Auflösung der Gesellschaft ist der Zweck der Einlage, die Erreichung des Gesellschaftszwecks zu fördern, weggefallen. Die Einlage dient nur noch der Beteiligung am Verlust. Nur soweit sie zur Verlustdeckung erforderlich ist, kann ihre Leistung begehrt werden. Zu leisten ist zum Zwecke der Verlustdeckung die Einlage, soweit sie noch nicht geleistet ist. Dabei kann als bereits geleistete Einlage nur das angesehen werden, was auf Einlagekonto gutgeschrieben werden kann, also nicht eine bloße **Gebrauchsüberlassung** oder die Leistung von **Diensten,** Schlegelberger-Gessler 16, Koenigs 297. Ist nicht vereinbart, daß der Wert der Gebrauchsüberlassung oder der Dienste mit einem bestimmten Geldbetrage als Einlage angesehen und deshalb auf Einlagekonto gutgeschrieben werden soll, so ist als vereinbart anzusehen, daß diese Leistungen bei der Auseiandersetzung nicht als Einlagen in Rechnung gestellt werden sollen, daß sie vielmehr durch die laufenden Gewinnanteile als abgegolten angesehen werden sollen; vgl. § 337 Anm. 30; RG in SeuffA. 93 Nr. 59. Andererseits haftet der stille Gesellschafter auch nicht für den Verlust in Höhe solcher Leistungen, die wie die genannten nicht auf Einlagekonto gutgeschrieben werden können. Hat er also nur eine solche Leistung zu machen, so kommt sie für die Höhe seiner Verlustdeckungspflicht nicht in Betracht. Er haftet nur bis zur Höhe der sonstigen Leistungen; § 337 Anm. 30.

Da der Geschäftsinhaber nach Auflösung der Gesellschaft nicht die Leistung der vollen noch rückständigen Einlage, sondern nur des zur Verlustdeckung erforderlichen Betrags verlangen kann, muß er auf Grund der von ihm aufzustellenden Auseinandersetzungsbilanz und Abrechnung den Nachweis erbringen, daß die geforderte Leistung zur Deckung des Verlustanteils des stillen Gesellschafters erforderlich ist.

Der stille Gesellschafter hat, wie während Bestehens der Gesellschaft, auch bei der Auseinandersetzung zur Verlustdeckung durch Leistung der Einlage nur so beizutragen, wie er die Einlage nach dem Gesellschaftsvertrage schuldet. Er hat nicht, falls der Gesellschaftsvertrag das nicht bestimmt, den nach der Schlußabrechnung als Verlustanteil auf ihn fallenden Betrag unbedingt in Geld zu bezahlen. Nur sein Guthaben ist nach Abs. 1 in Geld zu berichtigen; diese Vorschrift erklärt sich daraus, daß der stille Gesellschafter am Geschäftsvermögen nicht beteiligt ist. Es folgt aus ihr aber nicht, daß auch der Verlustanteil in Geld zu bezahlen ist. Er kann also auch nach der Auflösung sich durch Leistung der geschuldeten **Sacheinlage** von der Haftung befreien. Es besteht auch kein Grund, weshalb mit der Auflösung der stillen Gesellschaft der Inhalt der Leistungspflicht sich ändern sollte. Die Auflösung der stillen Gesellschaft hat die Abwicklung des Unternehmens selbst nicht zur Folge. Es ist daher davon auszugehen, daß der Geschäftsinhaber die Sacheinlage auch noch nach Auflösung der stillen Gesellschaft verwenden kann. Wenn er im Einzelfall diesen Gebrauch nicht machen kann, muß er den dadurch etwa eintretenden Verlust tragen, wie ihm der nach der Auflösung (etwa durch günstige Verwertung des als Einlage Geleisteten) entstehende Vorteil zugute kommt. War der stille Gesellschafter mit der Leistung der Einlage in Verzug, so kann der Geschäftsinhaber die Verzugsfolgen nach § 326 BGB geltend machen, unter Umständen also auch die Annahme der Leistung verweigern und Schadensersatz wegen Nichterfüllung oder wegen verspäteter Erfüllung begehren. Auch der stille Gesellschafter kann wegen der Auflösung der Gesellschaft die bedungene Sachleistung nicht verweigern und seinen Passivsaldo in Geld abdecken, soweit sich nicht aus dem Gesellschaftsvertrage, auch aus den Umständen, ein anderes ergibt. **Anm. 12**

7. Der Anspruch des stillen Gesellschafters auf Auszahlung seines Guthabens ist **fällig,** sobald die Aufstellung der Auseinandersetzungsbilanz und die Berechnung des Guthabens bei ordnungsmäßigem Geschäftsgang möglich war, vgl. auch Anm. 15. Zahlungsfristen bestehen nicht, wenn sie nicht besonders vereinbart sind. Der Anspruch des Geschäftsinhabers auf Leistung des zur Abdeckung des endgültigen Verlustanteils des stillen Gesellschafters noch erforderlichen Betrages der rückständigen Einlage ist ebenfalls fällig, sobald die Auseinandersetzungsbilanz und -abrechnung aufgestellt und dem stillen Gesellschafter mitgeteilt ist. War jedoch die Einlage noch nicht fällig, etwa weil sie in Raten zu zahlen war, so tritt nicht vorzeitige Fälligkeit ein; der stille Gesellschafter kann vielmehr die vereinbarten Zahlungstermine einhalten, wenn nicht für den Fall der Auflösung der Gesellschaft etwas anderes vereinbart ist. **Anm. 13**

Im Falle des Zahlungsverzugs sind Verzugszinsen zu bezahlen, und zwar von dem Geschäftsinhaber, da er Kaufmann ist, stets 5%, von dem stillen Gesellschafter nur, wenn die Beteiligung auch für ihn ein Handelsgeschäft ist, andernfalls nur 4%. Die Geltendmachung eines höheren Verzugsschadens ist daneben möglich; § 288 BGB; § 352 HGB; RG in JW 1938, 3047[26].

8. Mit der Aufstellung und Vorlegung der Auseinandersetzungsbilanz genügt der Geschäftsinhaber in der Regel auch seiner **Rechenschaftspflicht** über die bis zur Beendigung der Gesellschaft auf gemeinsame Rechnung erfolgte Geschäftsführung. Der stille Gesellschafter hat gemäß § 810 BGB das Recht, zum Zwecke der Prüfung der Richtigkeit der Aufstellung die Bücher und Papiere des Geschäftsinhabers einzusehen, soweit sie sich auf das für Rechnung der Gesellschaft geführte Unternehmen beziehen; vgl. § 338 Anm. 2, 7. **Anm. 14**

Anm. 15 **9.** Der stille Gesellschafter kann **Berichtigung** der unrichtigen Auseinandersetzungsbilanz verlangen. Er kann auf Aufstellung der Bilanz und Berichtigung einer unrichtigen Bilanz klagen. Mit dieser Klage kann er auch die Verurteilung zur Zahlung desjenigen, was sich aus der Auseinandersetzungsbilanz ergibt, beantragen; § 254 ZPO. Der Übergang von der Klage auf Bilanzaufstellung und Auseinandersetzung auf **Zahlung** des Auseinandersetzungsguthabens ist keine Klageänderung; RG in JW 1897 Nr. 603. Kann der stille Gesellschafter, etwa auf Grund seiner Beteiligung an der Geschäftsführung sein Guthaben selbst berechnen, so kann er unter Darlegung des Sachverhalts, auch ehe eine förmliche Auseinandersetzungsbilanz und Abrechnung des Geschäftsinhabers vorliegt, auf Auszahlung seines Guthabens oder des Betrags klagen, der ihm nach den gegebenen Unterlagen mindestens zukommt. Der Geschäftsinhaber muß sich auf eine solche Klage einlassen und darlegen, in welchen Punkten die Aufstellung des stillen Gesellschafters unrichtig ist, und eine Berichtigung vornehmen; RG in LZ 1912, 862; 1929, 605[2]; Recht 1929 Nr. 232; BGH LM § 340 Nr. 3; Koenigs S. 294. Ist der stille Gesellschafter nur am Gewinn, nicht am Verlust beteiligt, so kann er ohne weiteres Rückzahlung seiner Einlage fordern, da ihm dieser Anspruch mindestens zusteht; ebenso genügt für die Einklagung dieses Anspruchs die Behauptung unter Berufung auf die Geschäftsbücher, daß die Gesellschaft überhaupt keinen Verlust gehabt habe. Ist dem Kläger fortgesetzt Gewinn ausbezahlt worden, so ist dies ein Anzeichen dafür, daß in den Jahren, in denen Gewinn ausbezahlt wurde, kein Verlust eingetreten ist. Auch eine vom Geschäftsinhaber aufgestellte, wenn auch vom stillen Gesellschafter in einzelnen Punkten beanstandete Aufstellung kann ein Beweismittel sein; Bolze 6 Nr. 629; anders im Urkundenprozeß, Bolze 3 Nr. 777. Behauptet der Geschäftsinhaber, die Einlage des stillen Gesellschafters sei durch Verluste aufgezehrt, so muß er dies **beweisen;** dies folgt schon aus seiner Rechenschaftspflicht; ROHG 23, 131; RG in JW 1903, 10[23]; BGH LM § 340 Nr. 3.

Anm. 16 Der Geschäftsinhaber kann **Anerkennung** der Richtigkeit der von ihm aufgestellten Bilanz und Abrechnung verlangen und diesen Anspruch durch Klage verfolgen. Er hat dann den **Beweis** für die Richtigkeit der behaupteten tatsächlichen Unterlagen zu erbringen.

Anm. 17 Die **Anfechtung** einer aufgestellten und anerkannten Bilanz oder Abrechnung wegen Irrtums oder arglistiger Täuschung steht beiden Gesellschaftern nach den allgemeinen Vorschriften zu; vgl. § 120 Anm. 12.

Anm. 18 **10.** Die Gesellschafter können im Gesellschaftsvertrag oder nach Auflösung der Gesellschaft die Auseinandersetzung **abweichend** von der gesetzlichen Regel ordnen. Es kann z. B. bestimmt werden, daß die stillen oder offenen Rücklagen dem Geschäftsinhaber allein verbleiben oder daß die Bewertung des Umlaufsvermögens nach anderen als den üblichen Regeln erfolgt oder daß der stille Gesellschafter nur eine feste Abfindungssumme erhält, daß also eine Auseinandersetzung auf Grund einer Gewinn- und Verlustfeststellung nicht stattfindet. Die Gesellschafter können auch vereinbaren, daß eine Auflösung und Abwicklung des Unternehmens stattfindet oder daß der stille Gesellschafter es unter Abfindung des Geschäftsinhabers übernimmt oder nach seiner Wahl übernehmen darf. Statt der Berichtigung des Guthabens des stillen Gesellschafters in Geld kann auch eine Naturalleistung vereinbart werden, z.B. dahin, daß die Inventarstücke, das Warenlager, Maschinen in bestimmter Weise in Natur geteilt werden sollen. Handelt es sich dabei um die Verpflichtung zur Übereignung von Gegenständen, für die eine bestimmte Form vorgeschrieben ist, z. B. § 313 BGB, muß für diese Vereinbarung diese Form (notarielle oder gerichtliche Beurkundung) eingehalten werden (RG 166, 165), wenn der Geschäftsinhaber sie nicht während des Bestehens des Gesellschaftsverhältnisses für Geschäftszwecke erworben hat, und auf Grund des Gesellschaftsvertrages zur Herausgabe oder Teilung verpflichtet ist.

Es kann auch vereinbart werden, daß der stille Gesellschafter bei der Auseinandersetzung an dem inneren Werte des Unternehmens (Firmenwert) ebenso teilnimmt, wie ein aus einer Handelsgesellschaft ausscheidender Gesellschafter; vgl. die Erl. zu § 138; diese Vereinbarung kann sich auch aus den Umständen ergeben. Hat der stille Gesellschafter beim Eintritt an den Geschäftsinhaber eine nicht in das Geschäft fließende besondere Vergütung für den bereits bestehenden inneren Wert bezahlt, so kann sich daraus durch Vertragsauslegung ergeben, daß er auch am Geschäftswert teilnehmen soll. Ist eine **vermögensrechtlich atypische stille Gesellschaft** (§ 335 Anm. 17) vereinbart, wonach der stille Gesellschafter im inneren Verhältnis wie ein offener Gesellschafter behandelt werden soll, so ist auch die Auseinandersetzung so vorzunehmen, als ob er offener Gesellschafter wäre; das gilt jedenfalls für die Berechnung seines Auseinandersetzungsguthabens, vgl. § 337 Anm. 12 a. E. und die Erl. zu § 138. Daß das Unternehmen selbst abzuwickeln sei, folgt daraus aber nicht, RG 166, 160; Koenigs S. 302; vgl. auch Schlegelberger-Gessler 3.

Auch über die Zahlung des Abfindungsguthabens können besondere Abreden getroffen werden, z. B. über Bewilligung von Ratenzahlungen. Der stille Gesellschafter kann auch noch für einige Zeit, etwa bis Ende des Geschäftsjahres, unter Umwandlung seiner Forderung in eine Darlehnsforderung am Gewinn beteiligt werden.

III. Die Teilnahme des stillen Gesellschafters an schwebenden Geschäften, Abs. 2 und 3

1. Das Gesetz enthält keine Bestimmungen darüber, ob der stille Gesellschafter an den bei Errichtung der stillen Gesellschaft schwebenden Geschäften teilnimmt. **Anm. 19** Die Frage ist zu bejahen; denn von Beginn der Gesellschaft an nimmt er am Gewinn und Verlust des Handelsgewerbes des Geschäftsinhabers teil. Wird aus einem schwebenden Geschäft erst nach Beginn der Gesellschaft Gewinn erzielt oder entsteht dadurch Verlust, so ist der stille Gesellschafter auch daran beteiligt, wenn im Gesellschaftsvertrag nichts anderes bestimmt ist. Es kommt nur darauf an, wann der Gewinn oder Verlust eingetreten, nicht wann das einzelne Geschäft eingeleitet ist.

Abs. 2 Satz 2 spricht ausdrücklich aus, daß der stille Gesellschafter an **Anm. 20** dem Gewinn und Verlust der zur Zeit der Auflösung der stillen Gesellschaft schwebenden Geschäfte teilnimmt. Er bestimmt damit das gleiche, was § 740 BGB für den Fall des Ausscheidens eines Gesellschafters einer bürgerlich-rechtlichen Gesellschaft aus der fortbestehenden Gesellschaft anordnet und was gemäß § 105 Abs. 2, § 161 Abs. 2 auch für den Fall des Ausscheidens eines Gesellschafters aus einer Handelsgesellschaft und für den Fall der Übernahme des Geschäfts durch den einen der beiden einzigen Gesellschafter einer solchen Gesellschaft (§ 142) gilt; vgl. die Erl. zu §§ 138, 142. Wegen des Begriffs der schwebenden Geschäfte vgl. § 138 Anm. 43. Wie bei den genannten Gesellschaften wird auch bei der stillen Gesellschaft durch die Beteiligung des stillen Gesellschafters am Gewinn und Verlust der schwebenden Geschäfte weder ein neues Gesellschaftsverhältnis begründet noch besteht das bisherige Gesellschaftsverhältnis, wenn auch nur unter Beschränkung auf die schwebenden Geschäfte fort; Ritter Anm. 4, 5; Schlegelberger-Gessler 17, Koenigs S. 284. Bei der Beteiligung des stillen Gesellschafters an diesen Geschäften handelt es sich nur um eine Nachwirkung des mit der Auflösung bereits endgültig erloschenen Gesellschaftsverhältnisses. Deshalb wird die nach der Auflösung der Gesellschaft vorzunehmende Auseinandersetzung des Geschäftsinhabers mit dem stillen Gesellschafter (Abs. 1) durch das Vorhandensein schwebender Geschäfte nicht gehindert. Der Geschäftsinhaber kann wegen schwebender Geschäfte die Aufstellung der Auseinandersetzungsbilanz und der Abrechnung von Gewinn und Verlust nicht hinausschieben. In der Auseinandersetzungsbilanz und in der Abrechnung sind diese Geschäfte nicht zu berücksichtigen; Schlegelberger-Gessler 17; Geiler bei DürHach. II 1 S. 333. Das sich aus der so aufgestellten Abrechnung ergebende Guthaben des stillen Gesellschafters ist ohne Rücksicht auf die schwebenden Geschäfte und dabei möglicherweise eintretende Verluste auszuzahlen. Schuldet der stille Gesellschafter auf Grund der Abrechnung zum Zwecke der Verlustabdeckung noch eine Einlage (vgl. oben Anm. 11), so kann er die Zahlungspflicht nicht durch Berufung auf voraussichtlich eintretende Gewinne aus schwebenden Geschäften abwenden. Nur wenn die Abrechnung über diese schon erfolgt ist oder sofort erfolgen kann, können sie auch bei der Auseinandersetzung nach Abs. 1 oder beim Begehren der Zahlung auf Grund der bereits erfolgten Auseinandersetzung berücksichtigt werden.

2. Die Abwicklung der schwebenden Geschäfte.

Die zur Zeit der Auflösung schwebenden Geschäfte werden von dem **Anm. 21** Geschäftsinhaber abgewickelt. Dies bestimmt **Abs. 2 Satz 1** in Anlehnung an die für den Fall des Ausscheidens eines Gesellschafters aus einer fortbestehenden bürgerlichrechtlichen oder Handelsgesellschaft geltende Vorschrift des § 740 Abs. 1 Satz 2, der die Beendigung der schwebenden Geschäfte den übrigen Gesellschaftern überträgt. Diese Regelung entspricht der Stellung des Geschäftsinhabers als alleinigen Inhabers des Geschäftsvermögens. Dieser besorgt die Abwicklung der schwebenden Geschäfte in eigenem Namen oder unter seiner Firma nach seinem pflichtmäßigen Ermessen, so wie es ihm am vorteilhaftesten erscheint; § 740 Abs. 1 Satz 2 BGB; vgl. die Erl. zu § 138. Der stille Gesellschafter ist an der Beendigung dieser Geschäfte auch dann nicht beteiligt, wenn er bis zur Auflösung an der Geschäftsführung beteiligt war; Schlegelberger-Gessler 19, Rasner S. 141. Soweit es zur Abwicklung eines schwebenden Geschäfts nötig ist, kann der Geschäftsinhaber auch neue Geschäfte, z. B. durch Ankauf von Rohstoffen, auf gemeinsame Rechnung eingehen; vgl. § 149 Abs. 1 Halbs. 2. Da es sich um eine aus dem Gesellschaftsverhältnis hervorgegangene Verpflichtung handelt, haftet der Geschäftsinhaber dem stillen Gesellschafter nur für die Sorgfalt, die er in eigenen Angelegenheiten anzuwenden pflegt, nicht wie ein Dritter für die Sorgfalt eines ordentlichen Kaufmanns; Ritter Anm. 4; Schlegelberger-Gessler 19; Wieland I 784; Koenigs S. 298; a.M. RG bei Bolze 11 Nr. 466. Daß er die erforderliche Sorgfalt angewendet habe, hat er auf Grund seiner Rechnungslegungspflicht zu beweisen; vgl. die Erl. zu § 138, 114.

Anm. 22 Da nicht die Abwicklung einer Gesellschaft, sondern nur die Beendigung einzelner Geschäfte auf gemeinsame Rechnung stattfindet, finden die Vorschriften über die Abwicklung einer Gesellschaft keine Anwendung. Insbesondere erfolgt keine Ernennung oder Abberufung von Abwicklern durch das Gericht; vgl. §§ 146, 147; RG 19, 170. Zur Wahrung der Belange des stillen Gesellschafters kann aber eine einstweilige Verfügung oder auch ein Arrest, z. B. zur Sicherung des Anspruchs auf Auszahlung des Gewinnanteils des stillen Gesellschafters erlassen werden, wenn die prozeßrechtlichen Voraussetzungen hierfür gegeben sind. Der stille Gesellschafter kann auch auf Erfüllung der Verpflichtung zur Abwicklung der schwebenden Geschäfte, insbesondere auch einzelner Geschäfte, klagen; Schlegelberger-Gessler 19.

Anm. 23 **3. Die Rechenschafts- und Auskunftspflicht des Geschäftsinhabers über die schwebenden Geschäfte.**

Der stille Gesellschafter kann am Schlusse jedes Jahres Rechenschaft über die inzwischen beendigten Geschäfte und Auskunft über den Stand der noch schwebenden Geschäfte verlangen; **Abs. 3.** Die Vorschrift entspricht der für den Fall des Ausscheidens eines Gesellschafters aus einer bürgerlich-rechtlichen Gesellschaft oder einer Handelsgesellschaft geltenden Vorschrift des § 740 Abs. 3 BGB; vgl. die Erl. zu § 138. Der Geschäftsinhaber kommt der Rechenschaftspflicht regelmäßig ausreichend nach durch Erteilung einer Abrechnung über die einzelnen von ihm erledigten Geschäfte. Ein Recht, wie während Bestehens der Gesellschaft, die Richtigkeit der Jahresbilanz des Unternehmens unter Einsicht der Bücher und Papiere des Geschäftsinhabers zu prüfen, steht dem stillen Gesellschafter nicht zu. Ein Recht auf Einsicht der Bücher und Papiere hat er nur nach den allgemeinen Vorschriften des bürgerlichen Rechts; § 810 BGB, § 338 Anm. 7. Auf Grund dieser Vorschriften kann er Einsicht in die Schriften, die sich auf das einzelne abgewickelte Geschäft beziehen, und in die Bucheinträge, welche die Geschäftsvorgänge über dieses Geschäft zum Gegenstande haben, verlangen. Der Richter kann im Prozeß die Vorlegung der Bücher und Papiere anordnen, § 45; RG in JW 1926, 1812; 1929, 2169.

Anm. 24 **4.** Die **Verteilung** des sich aus den einzelnen erledigten Geschäften ergebenden **Gewinnes oder Verlusts** geschieht nach demselben Maßstab, nach dem auch während Bestehens der Gesellschaft und bei der Auseinandersetzung die Verteilung erfolgt; § 336 Abs. 1.

Der stille Gesellschafter kann am Schlusse jedes Geschäftsjahres Auszahlung des ihm nach der Abrechnung zukommenden oder von ihm selbst berechneten Betrages verlangen; Abs. 3.

Schließt die Abrechnung für das einzelne Jahr mit einem Verlust ab, so ist auch dieser nach dem vereinbarten oder gesetzlichen Maßstabe zu verteilen. Der stille Gesellschafter hat den Betrag seines Anteils an den Geschäftsinhaber zu bezahlen, soweit nicht seine Verlustdeckungspflicht bereits durch Leistung seiner vollen Einlage erschöpft ist; vgl. oben Anm. 11; Koenigs S. 300.

Kein Gesellschafter kann seine Zahlungspflicht mit dem Hinweis darauf bestreiten, daß die übrigen noch schwebenden Geschäfte mit Gewinn oder Verlust abschließen werden und deshalb im Gesamtergebnis kein Verlust oder Gewinn eintreten werde. Denn es ist am Schlusse jedes Geschäftsjahres über die im abgelaufenen Jahre abgewickelten Geschäfte abzurechnen und für jedes einzelne Jahr die Ausgleichung vorzunehmen.

Geschäftsjahr im Sinne des Abs. 3 ist wie bei Feststellung des Jahresgewinns und -verlustes während Bestehens der Gesellschaft das Geschäftsjahr des Handelsbetriebes des Geschäftsinhabers, nicht das Geschäftsjahr der stillen Gesellschaft; denn die Beteiligung des stillen Gesellschafters und auch ihre Nachwirkungen beruhen auf dem Handelsbetrieb des Inhabers.

Die sich aus der Auseinandersetzung bei Auflösung der Gesellschaft und der Abrechnung über die schwebenden Geschäfte ergebenden Ansprüche können **abgetreten** werden, nicht aber die Ansprüche auf Auseinandersetzung und Abrechnung oder auf Einsicht in die Bücher und Papiere des Geschäftsinhabers.

5. Durch den Gesellschaftsvertrag kann die Beteiligung des stillen Gesellschafters an den schwebenden Geschäften **abweichend** von der gesetzlichen Regel geordnet werden. Der stille Gesellschafter kann von dieser Beteiligung ganz ausgeschlossen werden. Der Ausschluß ist nicht ohne weiteres darin zu finden, daß im Gesellschaftsvertrag ausdrücklich die Beteiligung des stillen Gesellschafters an den bei Beginn der Gesellschaft schwebenden Geschäften ausgesprochen ist; vgl. RG 18, 43. An Stelle der Beteiligung an den schwebenden Geschäften kann auch eine Abfindung vereinbart werden. Dem stillen Gesellschafter kann auch ein weitergehendes Prüfungsrecht eingeräumt werden. Er kann auch an der Abwicklung der schwebenden Geschäfte beteiligt werden. Die Abwicklung kann auch einem Dritten übertragen werden. **Anm. 25**

IV. Aufbewahrung der Bücher und Papiere

Da das Handelsunternehmen durch die Auflösung der stillen Gesellschaft nicht aufgelöst wird, bleiben die Bücher und Papiere Eigentum des Geschäftsinhabers. Er hat allein über sie unter Beachtung der für ihre Aufbewahrung geltenden allgemeinen Vorschriften zu verfügen. **Anm. 26**

V. Einwirkung der Währungsgesetze auf das Rechtsverhältnis zwischen dem Geschäftsinhaber und dem stillen Gesellschafter

Dieser Fragenkomplex wurde in der Vorauflage Anm. 33 eingehend dargestellt. Hierauf kann verwiesen werden; vgl. auch BGH 3, 75; 4, 364. **Anm. 27**

§ 341

Wird über das Vermögen des Inhabers des Handelsgeschäfts der Konkurs eröffnet, so kann der stille Gesellschafter wegen der Einlage, soweit sie den Betrag des auf ihn fallenden Anteils am Verlust übersteigt, seine Forderung als Konkursgläubiger geltend machen.

Ist die Einlage rückständig, so hat sie der stille Gesellschafter bis zu dem Betrage, welcher zur Deckung seines Anteils am Verlust erforderlich ist, zur Konkursmasse einzuzahlen.

Inhaltsübersicht

Anm. 1 § 341 regelt in Übereinstimmung mit Art. 258 ADHGB die Geltendmachung des Anspruchs des stillen Gesellschafters auf Erstattung seiner Einlage und seine Verpflichtung zur Zahlung einer rückständigen Einlage im Konkurs des Geschäftsinhabers.

I. Konkurs des Geschäftsinhabers

Anm. 2 **1. Die Auseinandersetzung mit dem stillen Gesellschafter** erfolgt im Falle der Auflösung der Gesellschaft durch Konkurseröffnung über das Vermögen des Geschäftsinhabers durch den Konkursverwalter **außerhalb des Konkursverfahrens, § 16 KO.** Der Konkursverwalter hat dabei die Rechte und Pflichten des Gemeinschuldners. Er hat die Auseinandersetzungsbilanz aufzustellen und den zwischen den Gesellschaftern zu verteilenden Gewinn und Verlust zu berechnen. Er hat wie außerhalb des Konkurses der Geschäftsinhaber auf Grund seiner Rechnungslegungspflicht darzutun, daß ein Verlust eingetreten ist und daß die Einlage des stillen Gesellschafters durch Verlust vermindert oder aufgezehrt ist oder daß zur Deckung des Verlustes die noch ausstehende Einlage zu leisten ist. Maßgebender Zeitpunkt für die Berechnung ist der Zeitpunkt der Konkurseröffnung, wenn durch diese die stille Gesellschaft aufgelöst ist; RG in JW 84, 270[20]; 1901, 204[22]; § 340 Anm. 6. Wird das Konkursverfahren erst eröffnet, nachdem die stille Gesellschaft aus einem anderen Grunde aufgelöst war, so tritt der Konkursverwalter ebenfalls für die Auseinandersetzung an die Stelle des Geschäftsinhabers.

Anm. 3 **2. Die Geltendmachung des Auseinandersetzungsguthabens des stillen Gesellschafters.** Ergibt die Auseinandersetzung ein Guthaben des stillen Gesellschafters, so kann der stille Gesellschafter den ihm zukommenden Betrag im Konkurse des Geschäftsinhabers als Konkursgläubiger geltend machen; **Abs. 1.** Einlage im Sinne des Abs. 1 ist alles, was der stille Gesellschafter auf Grund seiner gesellschafterlichen Beitragspflicht geleistet hat, also auch die nachträglich erhöhte Einlage. Gewinne, die nicht abgehoben sind, vermehren die Einlage nicht. Sie bilden eine gewöhnliche Schuld des Geschäftsinhabers. Bei ihnen ist ein Verlustabzug nicht zu machen; vgl. aber § 337 Abs. 2 Satz 2 Halbsatz 2. Durch Abs. 1 wird klargestellt, daß der stille Gesellschafter im Konkurse des Geschäftsinhabers mit seinem Auseinandersetzungsguthaben **Konkursgläubiger** ist. Der stille Gesellschafter darf also anders als der Gesellschafter der offenen Handelsgesellschaft oder der Kommanditgesellschaft seinen Anspruch neben den sonstigen Gläubigern des Geschäftsinhabers geltend machen; er muß nicht wie die Gesellschafter der genannten Gesellschaften mit seinen Ansprüchen aus seiner Beteiligung hinter den übrigen Gläubigern zurücktreten, sondern ist mit den übrigen Gläubigern des Geschäftsinhabers gleichberechtigt; RG 31, 36; 84, 437. Dieser Unterschied erklärt sich daraus, daß der stille Gesellschafter anders als die Gesellschafter der genannten Gesellschaften nicht am Geschäftsvermögen beteiligt ist (§ 335; Jaeger-Lent, KO § 3 Anm. 7) und daß er nicht Schuldner der Geschäftsschulden ist. Andererseits hat der stille Gesellschafter auch keinen Anspruch auf bevorzugte Befriedigung. Er ist einfacher Konkursgläubiger. Auch wenn ihm Verlustfreiheit zugesagt ist, er seine Einlage also unvermindert zurückerhalten soll, ist er nur gewöhnlicher Konkursgläubiger; RG 31, 33. Er hat auch kein Aussonderungsrecht nach § 51 KO, soweit seine Einlage noch im Stück vorhanden ist; D. I 186; RG bei Gruchot 29, 996; OLG Augsburg in LZ 14, 1816[5]; BGH BB 1955, 331; Koenigs S. 308. Sie ist mit ihrer Leistung in das Vermögen des Geschäftsinhabers übergegangen und dient damit allen seinen Gläubigern, auch denen, die es nicht im Betriebe seines Handelsgewerbes geworden sind, als gemeinsames Befriedigungsmittel (anders im Konkurse der handelsrechtlichen Personengesellschaften, oHG, KG, in dem nur die Gesellschaftsgläubiger Befriedigung finden können). Nur soweit Gegenstände dem Geschäftsinhaber lediglich zum Gebrauch überlassen worden sind, kann der stille Gesellschafter sie auf Grund seines Eigentumsrechts vom Konkursverwalter zurückverlangen; §§ 43, 46 KO. Eine Vergütung für geleistete Dienste und die Benutzung von Sachen kann er mangels einer besonderen Vereinbarung nicht verlangen; § 335 Anm. 63; § 337 Anm. 30; § 340 Anm. 11. Sind dem stillen Gesellschafter Gegenstände des Vermögens des Geschäftsinhabers, auch Grundstücke für seine Ansprüche aus dem Gesellschaftsverhältnis verpfändet oder zur Sicherung übereignet, so kann er sich daraus wie jeder andere in dieser Weise gesicherte Gläubiger befriedigen.

Die Geltendmachung des Auseinandersetzungsguthabens des stillen Gesellschafters erfolgt durch **Anmeldung im Konkursverfahren** nach den allgemeinen Vorschriften; § 139 KO. In diesem Verfahren und im Falle des Bestreitens in dem sich daran anschließenden Prozeß kann der stille Gesellschafter auch ohne vorausgegangene Aufstellung einer Auseinandersetzungsbilanz seinen Anspruch geltend machen, wenn er ihn ziffernmäßig darlegen kann, damit eine Feststellung zur Konkurstabelle möglich ist. In dem Konkursverfahren und dem sich anschließenden Prozeß kann außer dem Konkursverwalter auch jeder andere Gläubiger die angemeldete Forderung bestreiten; § 144 KO. Der stille Gesellschafter kann aber gerade zur Vorbereitung einer Anmeldung zur Tabelle regelmäßig vorher die **Auseinandersetzung** nach § 340 auf Grund einer Auseinandersetzungsbilanz **verlangen** und auf Erfüllung dieses Anspruchs klagen. Er kann auch während des Konkursverfahrens gegen den Konkursverwalter die Ansprüche auf Rechnungslegung und Auskunftserteilung geltend machen. Ist ein Prozeß auf Feststellung zur Tabelle anhängig, so wird es regelmäßig für einen besonderen Feststellungsprozeß nach § 256 ZPO an einem Rechtsschutzinteresse fehlen; RG in JW 1903, 10[23]; in HoldhMschr. 1903, 48; Jaeger-Lent, KO § 16 Anm. 5. Hat der Konkursverwalter bei der außerhalb des Konkursverfahrens vorgenommenen Auseinandersetzung mit dem stillen Gesellschafter dessen Anspruch anerkannt oder ist dieser rechtskräftig festgestellt, so können die anderen Konkursgläubiger den Anspruch nicht mehr bestreiten; RG 84, 437.

Im Konkursverfahren des Geschäftsinhabers kann der stille Gesellschafter auch Ansprüche auf nicht abgehobene Gewinne als gewöhnlicher Konkursgläubiger geltend machen. Diese gelten nicht als Einlage, sind also wie eine andere Forderung aus einem außergesellschaftlichen Rechtsverhältnis zu behandeln.

3. Die rückständige Einlage hat der stille Gesellschafter bis zu dem Betrage, welcher zur Deckung seines Anteils am Verlust erforderlich ist, zur Konkursmasse einzuzahlen; **Abs. 2.** Die Vorschrift beruht wie die des Abs. 1 darauf, daß der stille Gesellschafter für den Verlust nur bis zum Betrage seiner Einlage haftet, § 337 Abs. 2. Soweit er die Einlage schon geleistet hat, bekommt er sie bei der Auflösung nur zurück, soweit sie nicht durch seine Verlustbeteiligung aufgezehrt ist. Soweit er sie noch nicht geleistet hat, muß er sie leisten, soweit es zur Deckung seines Anteils am Verlust erforderlich ist. Was er danach noch zu zahlen hat, hat er nach Konkurseröffnung an den Konkursverwalter zu zahlen. Die Zahlungspflicht besteht erst nach Feststellung des Verlustanteils durch Auseinandersetzung nach § 340 Abs. 1. Da mit der Auflösung der Gesellschaft die Einlage nur noch der Abdeckung des Verlustanteils, nicht mehr dem gemeinsamen Betrieb des Unternehmens dient, kann der Konkursverwalter nicht, wie der Geschäftsinhaber es vor der Auflösung konnte, die Leistung der vollen noch rückständigen Einlage fordern. Der stille Gesellschafter, der seine Einlage noch nicht geleistet hat, ist gegenüber dem, der sie geleistet hat, insofern begünstigt, als er den nicht zur Verlustabdeckung nötigen Teil seiner Einlage voll behält, während der stille Gesellschafter, der die Einlage geleistet hat, für den über seine Verlustbeteiligung hinaus geleisteten Betrag nur die Konkursdividende erhält. Der Konkursverwalter kann die volle, bei Konkurseröffnung noch ausstehende Einlage, soweit sie zur Verlustabdeckung nicht erforderlich ist, auch dann nicht verlangen, wenn der stille Gesellschafter mit der Leistung im Verzug ist; war aber durch den Verzug des stillen Gesellschafters bis zur Konkurseröffnung Schaden entstanden, so kann den Schadensersatzanspruch einschließlich des Anspruchs auf Verzugszinsen auch der Konkursverwalter geltend machen; denn insofern handelt es sich nicht um eine rückständige Einlage, sondern um eine gewöhnliche Forderung des Geschäftsinhabers. Auch Zinsen, die von der Fälligkeit an entstanden sind (vgl. §§ 352, 353 HGB), kann der Konkursverwalter einziehen. Anm. 4

Die rückständige Einlage ist auch an den Konkursverwalter so zu leisten, wie es sich aus dem Gesellschaftsvertrage ergibt. Es ist also nicht statt einer Sacheinlage eine Geldeinlage zu leisten. Die **Sacheinlage** ist zu dem Werte, den sie im Zeitpunkt der Leistung für ein werbendes Unternehmen hat, anzurechnen. Daß der Konkursverwalter sie wegen Stillstands des Betriebes infolge Konkurseröffnung nicht zu diesem Werte verwerten kann, geht zu Lasten der Masse, nicht des stillen Gesellschafters, wie eine besonders günstige Verwertung ihm keinen Vorteil bringt. Anm. 5

Anm. 6 War die Einlage bei Konkurseröffnung noch **nicht fällig,** so kann sie auch vom Konkursverwalter erst bei Fälligkeit gefordert werden; Jaeger-Lent, KO § 17 Anm. 34, § 65 Anm. 3; Paulick § 17 I 4; Koenigs S. 310; a. M. Schlegelberger-Gessler 4. Der stille Gesellschafter kann sich gegenüber dem Anspruch aus Abs. 2 nicht darauf berufen, daß sich aus noch schwebenden Geschäften, vgl. Anm. 7, ein Gewinn ergeben könne, aus dem der Verlust ohne Leistung der rückständigen Einlage abgedeckt werden könne; § 340 Anm. 20. Der stille Gesellschafter kann aber bei der Leistung wegen des künftigen Anspruchs auf seinen Gewinnanteil aus den schwebenden Geschäften gemäß § 54 Abs. 3 KO Sicherheit verlangen. Man kann zwar nicht sagen, daß der Anspruch auf den künftigen Gewinnanteil von einer aufschiebenden Bedingung im Rechtssinne abhängt; aber sinngemäß ist § 54 Abs. 3 hier anzuwenden; DürHach. Anm. 5; Ritter Anm. 2.

Anm. 7 **4. Schwebende Geschäfte.**

Der stille Gesellschafter nimmt auch an dem Gewinn und Verlust an den bei Konkurseröffnung schwebenden Geschäften teil. Die Abwicklung der schwebenden Geschäfte obliegt an Stelle des Gemeinschuldners dem Konkursverwalter. Er hat dabei die konkursrechtlichen Vorschriften über die Erfüllung der „Rechtsgeschäfte“ (§§ 17—28) zu beachten. Wie der Geschäftsinhaber wickelt er die schwebenden Geschäfte nach pflichtmäßigem Ermessen ab; § 340 Anm. 21. Er hat dabei die Interessen der Gesamtheit der Konkursgläubiger zu wahren; RG 17, 85. Wie aber der Geschäftsinhaber selbst außerhalb des Konkurses nach der Auflösung der Gesellschaft aus einem anderen Grunde bei Abwicklung der schwebenden Geschäfte nicht nur seine eigenen, sondern die ihm und dem stillen Gesellschafter gemeinsamen Belange zu wahren hat und nicht seine eigenen voranstellen darf, indem er das Geschäft so gestaltet, wie es ihm persönlich am nützlichsten ist, darf auch der Konkursverwalter nicht ausschließlich die Belange der Gesamtheit wahren; denn dadurch würde er den Vertrag mit dem stillen Gesellschafter verletzen. Lehnt er z. B. die Erfüllung eines Vertrages nach § 17 KO ab und wird dadurch die Masse entlastet, weil der Vertragsgegner aus dem gegenseitigen Vertrage mit seinem Schadensersatzanspruch nur die Konkursdividende erhält, so kann dadurch nicht der stille Gesellschafter belastet werden. Der Verlustanteil des stillen Gesellschafters kann dadurch nicht erhöht werden. Der stille Gesellschafter hat nur die Verluste zu tragen, die auch entstanden wären, wenn das Geschäft außerhalb des Konkursverfahrens abgewickelt, von dem Vorrecht des § 17 KO also kein Gebrauch gemacht worden wäre. Der stille Gesellschafter braucht also nicht an Verlusten teilzunehmen, die bei der vom Konkursverwalter gewählten Art der Abwicklung entstanden sind; DürHach. Anm. 5a; Ritter Anm. 2; Schlegelberger-Gessler Anm. 6; Paulick § 17 I 2. In der Praxis wird sich freilich nur selten feststellen lassen, daß die Art der Abwicklung nach pflichtmäßigem Ermessen des Konkursverwalters nicht auch die Wahrung der gemeinsamen Belange der Gesamtheit der Konkursgläubiger und des stillen Gesellschafters bezweckten.

Anm. 8 Der Konkursverwalter **haftet** für die sorgfältige Erfüllung der Pflicht zur Abwicklung der schwebenden Geschäfte nicht nur den am Konkurs unmittelbar Beteiligten, also dem Gemeinschuldner und den Konkursgläubigern, uneingeschränkt nicht nur für Vorsatz, sondern auch für jede Fahrlässigkeit; § 82 KO. Als beteiligt im Sinne des § 82 KO sind alle Personen anzusehen, denen gegenüber dem Verwalter als solchen Pflichten obliegen, d. h. denen gegenüber er Amtspflichten zu erfüllen hat; Jaeger-Weber KO § 82 Anm. 5; Menzel-Kuhn § 82 KO. Anm 2; JW 1920, 747 ff. Zu diesen Personen gehört auch der frühere stille Gesellschafter. Es besteht kein Anlaß, den Konkursverwalter ihm gegenüber gemäß § 708 BGB nur für die Sorgfalt haften zu lassen, die der Geschäftsinhaber an den Tag zu legen verpflichtet war (so Ritter Anm. 2).

Anm. 9 Der Konkursverwalter ist dem stillen Gesellschafter zur jährlichen **Rechnungslegung und Auskunftserteilung** über den Stand der noch schwebenden Geschäfte nach Maßgabe des § 340 Abs. 3 verpflichtet. Hat der stille Gesellschafter auf Grund der jährlichen Abrechnung etwas zu fordern, so kann er nicht Vorauszahlung verlangen, sondern nimmt mit dem ermittelten Anspruch am Konkursverfahren teil, erhält also aus ihm nur die Konkursdividende; Ritter Anm. 2. Er hat den Anspruch nach der jährlichen Abrechnung jeweils zur Konkurstabelle anzumelden und wird für ihn nur wie gewöhnliche Konkursgläubiger bei der Zwischen- und der Schlußverteilung aus der Masse, nicht etwa bevorzugt aus dem Ergebnis des einzelnen abgewickelten Geschäfts befriedigt.

Stellt sich bei der Abrechnung ein vom stillen Gesellschafter zu tragender **Verlust** heraus, so muß der stille Gesellschafter den auf ihn fallenden Betrag bis zur Höhe seiner noch rückständigen Einlage an den Verwalter zahlen; vgl. § 340 Anm. 24. Hatte er aus der auf den Zeitpunkt der Auflösung der Gesellschaft aufzumachenden Abrechnung ein Guthaben (§ 340 Abs. 1) oder ergab sich ein solches für ihn aus der Abrechnung über früher abgewickelte schwebende Geschäfte, so kann er (aber auch der Konkursverwalter) mit diesem aufrechnen gegen eine Verlustdeckungsschuld, die sich aus einer späteren Abrechnung ergab. Wegen der Bedeutung der Aufrechnung vgl. § 53 KO und Jaeger-Lent Anm. 29ff. dazu. Dagegen kann er die Zahlung seines Verlustanteils auch im Konkurse nicht wegen der bloßen Möglichkeit der Erzielung von Gewinn aus noch nicht abgewickelten Geschäften verweigern; es bleibt ihm nur der Anspruch auf Sicherheitsleistung nach § 54 Nr. 3 KO; vgl. oben Anm. 6. **Anm. 10**

Der Anspruch des stillen Gesellschafters auf Abwicklung der schwebenden Geschäfte, auf die Abrechnung über diese, auf Rechnungslegung und Auskunft ist Masseschuld im Sinne des § 59 Nr. 2 KO; Jaeger-Lent, KO § 16 Anm. 5; Ritter Anm. 2. **Anm. 11**

5. Ein nach Auflösung der stillen Gesellschaft dem Geschäftsinhaber bewilligter **Schuldnachlaß** durch einzelne seiner Gläubiger oder auch ein allgemeiner Schuldnachlaß, auch durch einen **Zwangsvergleich,** der in dem Konkursverfahren, das zur Auflösung der Gesellschaft geführt hat, oder in einem erst nach der Auflösung eröffneten Konkursverfahren oder einem Vergleichsverfahren abgeschlossen worden ist, kommt dem stillen Gesellschafter nicht zugute; denn maßgebender Stichtag für die Auseinandersetzung unter den Gesellschaftern ist der Zeitpunkt der Auflösung der stillen Gesellschaft; § 340 Anm. 6. Nachher eintretende Veränderungen im Vermögensstande des Geschäftsinhabers sind weder zugunsten noch zuungunsten des Gesellschafters zu berücksichtigen; Koenigs S. 306; vgl. auch § 337 Anm. 4. **Anm. 12**

6. § 341 enthält **zwingendes Recht.** Vereinbarungen, die mit dessen Vorschriften in Widerspruch stehen, sind unwirksam, soweit sie der Gesamtheit der Konkursgläubiger nachteilig sind; OLG Hamburg in ZHR 40, 482. Danach kann insbesondere nicht vereinbart werden, daß der stille Gesellschafter bevorzugt aus der Konkursmasse befriedigt werden soll (dagegen ist ein im Gesellschaftsvertrag ihm eingeräumtes Pfandrecht oder sonstiges Sicherungsrecht, z. B. eine Sicherungsübereignung, wirksam; vgl. oben Anm. 3). Unwirksam ist auch die Vereinbarung, daß der stille Gesellschafter seinen Verlustanteil nicht an die Masse zu leisten hat, sondern an den Gemeinschuldner oder an Dritte oder daß er im Falle des Konkurses des Geschäftsinhabers nicht am Verlust beteiligt sein soll. Wirksam ist aber die Vereinbarung, daß der stille Gesellschafter überhaupt nicht oder nach einem geringeren Maßstab als dem gesetzlichen, insbesondere geringer als am Gewinn, am Verlust teilnehmen soll, § 336 Abs. 2; RG 31, 36; 84, 436; eine solche Vereinbarung wirkt auch gegen Dritte. Zulässig ist, da sie die Konkursgläubiger nicht benachteiligt, die Vereinbarung, daß der stille Gesellschafter mit seinem Auseinandersetzungsguthaben erst nach den übrigen Gläubigern befriedigt werden soll oder daß er über die rückständige Einlage hinaus für seinen Verlustanteil haftet; § 337 Anm. 25. **Anm. 13**

7. Vereinbarungen über die Auseinandersetzung, insbesondere über die Berechnung des Auseinandersetzungsguthabens, die gegenüber dem Geschäftsinhaber gelten, sind auch für den Konkursverwalter bindend, soweit sie nicht von den in § 341 enthaltenen Vorschriften abweichen. Das Recht des Konkursverwalters auf Vornahme der Auseinandersetzung und auf die konkursmäßige Abwicklung, auch der schwebenden Geschäfte, kann durch Parteivereinbarung nicht aufgehoben oder beschränkt werden. Ein dem entgegenstehendes Mitverwaltungsrecht des stillen Gesellschafters besteht während des Konkursverfahrens ebensowenig, wie die Geschäftsführungsbefugnis des Geschäftsinhabers. Hat der stille Gesellschafter nach dem Vertrage im inneren Verhältnis die Stellung des Gesellschafters einer offenen Handelsgesellschaft und demgemäß auch bei der Abwicklung des Unternehmens mitzuwirken und soll das Geschäftsvermögen im inneren Verhältnis als Gesellschaftsvermögen behandelt werden (**atypische stille Gesellschaft,** § 335 Anm. 17, 18), so wird dadurch das alleinige Recht des Konkursverwalters, das gesamte Vermögen zu verwalten und konkursmäßig zu verwerten, ebenfalls nicht berührt; Ritter Anm. 4, Koenigs S. 308. Der stille Gesellschafter hat auch in diesem Falle **kein Absonderungsrecht** an den zum Ge- **Anm. 14**

schäftsvermögen gehörenden Vermögensgegenständen im Sinne des § 51 KO. Aus dem sachlich-rechtlichen Inhalt einer solchen Vereinbarung kann sich aber eine Konkursforderung des stillen Gesellschafters ergeben, z. B. deshalb, weil der Geschäftsinhaber vor Konkurseröffnung vertragswidrig ohne Zustimmung des stillen Gesellschafters über Geschäftsvermögen verfügt oder dem Stillen zur Sicherung übereignete Gegenstände veräußert hat.

II. Konkurs des stillen Gesellschafters

Anm. 15 Wird die Gesellschaft durch den **Konkurs des stillen Gesellschafters** aufgelöst, so erfolgt die Auseinandersetzung nach § 340 durch den Geschäftsinhaber und den Konkursverwalter, und zwar, ebenso wie wenn der Geschäftsinhaber in Konkurs gerät, außerhalb des Konkursverfahrens; § 16 KO. Was der Geschäftsinhaber nach der Auseinandersetzung schuldet, hat er an den Konkursverwalter zu zahlen; was er zu fordern hat, ist Konkursforderung und als solche anzumelden. Ist der stille Gesellschafter aus einem anderen Rechtsverhältnis Schuldner des Geschäftsinhabers und ist die Beibringlichkeit der Forderung wegen seiner Zahlungsunfähigkeit oder seines Konkurses zweifelhaft, so ist die auf Grund der Auflösung der stillen Gesellschaft erforderliche Auseinandersetzung nach § 340 nicht zu verschieben, bis — etwa mit Beendigung des Konkurses des stillen Gesellschafters — feststeht, bis zu welchem Betrage der Geschäftsinhaber einen Verlust erleidet. Vielmehr ist wie regelmäßig der Vermögensstand des Geschäfts am Auflösungstage zu ermitteln. Zu diesem Zwecke ist, wie bei anderen zweifelhaften Forderungen der Wert der Forderung gegen den stillen Gesellschafter nach den Aussichten ihres Eingangs im Zeitpunkt der Auflösung zu schätzen; Ritter Anm. 5; Schlegelberger- Gessler 7; Dür-Hach. Anm. 9; vgl. zu der Frage auch Saxl, LZ 1907, 903. Es kann also ohne Rücksicht auf den tatsächlichen späteren Eingang der bis zur Auflösung eingetretene Gewinn und Verlust festgestellt und dessen Verteilung vorgenommen und danach ermittelt werden, was der stille Gesellschafter als Auseinandersetzungsguthaben zu fordern oder was er als Verlustanteil zu zahlen hat.

III. Das gerichtliche Vergleichsverfahren über das Vermögen eines Gesellschafters

Anm. 16 1. Der Einfluß der Eröffnung eines gerichtlichen Vergleichsverfahrens über das Vermögen eines Gesellschafters auf den Bestand der stillen Gesellschaft. Da durch Eröffnung eines solchen Verfahrens die stille Gesellschaft nicht aufgelöst wird (vgl. § 339 Anm. 16), **dauert die Gesellschaft** unter den Gesellschaftern **fort;** BGH 51, 350. Durch die Eröffnung des Verfahrens wird auch das Recht der Gesellschafter zur Verfügung über ihre sich aus dem Gesellschaftsvertrag ergebenden Rechte nicht berührt, soweit sich nicht aus den besonderen Bestimmungen der Vergleichsordnung oder den dort vorgesehenen gerichtlichen Verfügungsbeschränkungen etwas anderes ergibt; vgl. §§ 12, 39, 57ff. VerglO von 1935. Die Eröffnung eines solchen Verfahrens kann im Einzelfall einen wichtigen Grund zur fristlosen Kündigung des Gesellschaftsverhältnisses nach § 723 BGB bilden (vgl. § 339 Anm. 16), z. B. wenn bei einem auf dem Kredit des Geschäftsinhabers gegründeten Unternehmen, diese Grundlage durch die Eröffnung des Verfahrens erschüttert und damit auch die Gewinnaussicht vermindert und die Verlustgefahr vergrößert wird.

Anm. 17 2. Da der Gesellschaftsvertrag ein gegenseitiger Vertrag im Sinne des § 36 VerglO ist, kann der **stille Gesellschafter** statt von dem Rechte zur fristlosen Kündigung nach § 723 BGB Gebrauch zu machen oder wenn deren Voraussetzungen nicht gegeben oder zweifelhaft sind, auf Grund des § 50 VerglO **als Vergleichsschuldner** mit Ermächtigung des Vergleichsgerichts die Erfüllung oder die weitere Erfüllung des Gesellschaftsvertrages ablehnen. Die Voraussetzung dieser Vorschrift, daß der Vertrag zur Zeit der Eröffnung des Vergleichsverfahrens noch von keiner Vertragspartei vollständig erfüllt ist, ist gegeben, solange die Gesellschaft überhaupt besteht. Denn solange können noch Rechte und Verpflichtungen aus dem Vertrage bestehen; dies ist auch dann der Fall, wenn der stille Gesellschafter die Einlage vollständig geleistet hat und dadurch auch von der Beteiligung am Verlust befreit ist. Auch wenn nicht auf Grund des Vertrages besondere Verpflichtungen, etwa zur Geschäftsführung oder zur Einhaltung eines Wettbewerbsverbots bestehen, besteht jedenfalls noch die allgemeine gesellschafterliche Treupflicht; vgl. RG 147, 340 (für die Kommanditgesellschaft). Wird von der etwa erteilten Ermächtigung Gebrauch gemacht und die weitere Erfüllung abgelehnt, so liegt darin aber noch nicht ohne weiteres die Auflösung der stillen Gesellschaft, wie RG 147, 340 für die Kommanditgesellschaft annimmt. Auch wenn der Ablehnende den Vertrag nicht mehr weiter zu erfüllen hat, so ist der Vertrag damit doch nicht rückwirkend aufgehoben; vgl. Jaeger-Lent, KO § 17 Anm. 44. Es kann auch trotz Ablehnung der Erfüllung in der Zukunft doch noch das beiderseitige Interesse vorhanden sein, die Gesellschaft fortzusetzen. Da der Vergleichsschuldner nach § 50 VerglO eben nur die weitere Erfüllung ablehnen, aber das bereits Geleistete nicht zurückfordern kann, kann die Gesellschaft trotzdem noch bestehen. Dies ist namentlich der Fall, wenn der stille Gesellschafter seine Einlage bereits ganz oder größtenteils geleistet hat. Das Geleistete kann zum Betrieb des Handelsunternehmens ausreichen. Oft ist im Vertrag auch vorgesehen, daß zunächst nur ein Teil der Einlage und der Rest erst bei Bedarf auf Erfordern des Geschäftsinhabers einzuzahlen ist. Der Bedarf tritt unter Umständen gar nicht ein, weil sich das Geschäft günstig entwickelt hat; oftmals wird sich der Geschäftsinhaber das Fehlende auch durch Aufnahme eines Kredits auf Rechnung der Gesellschaft verschaffen können. Er hat aber ein Interesse am Fortbestand der Gesellschaft, weil er dann das bereits Geleistete behalten darf. Das Interesse wird regelmäßig fehlen, wenn der stille Gesellschafter überhaupt noch nichts geleistet hat und die Einlage auch nicht durch Aufrechnung auf einen bereits entstandenen, aber noch nicht ausgezahlten Gewinnanteil gedeckt werden kann. Auch der stille Gesellschafter kann ein Interesse am Fortbestand der Gesellschaft haben. Durch die Ablehnung der weiteren Erfüllung wird der stille Gesellschafter auch nicht, wie RG 147, 340 annimmt, ein Gesellschafter ohne Pflichten und Rechte, was allerdings mit dem Bestehen eines Gesellschaftsverhältnisses unvereinbar wäre. Er hat immer noch die Treupflicht. Er nimmt auch am Gewinn und Verlust teil. Am Verlust allerdings nur bis zur Höhe der geleisteten Einlage, nicht mehr bis zur Höhe der noch geschuldeten Einlage; denn er schuldet nach der Ablehnung der weiteren Erfüllung keine Einlage mehr; er ist so zu behandeln, wie wenn seine Einlage nur in Höhe des Geleisteten bedungen wäre; vgl. § 337 Abs. 2. Im übrigen nimmt er nach der Vorschrift des § 336 Abs. 1 am Gewinn und Verlust, soweit nicht ein anderes vereinbart ist, in einem den Umständen nach angemessenen Verhältnis teil. Diese Vorschrift ermöglicht es auch während der Dauer des Gesellschaftsverhältnisses eintretende Veränderungen in den Pflichten eines Gesellschafters angemessen zu berücksichtigen. Nach dem Grundgedanken des § 336 Abs. 1 (vgl. auch § 168 Abs. 2) gilt die Gewinn- und Verlustbeteiligung als bedungen, die den jeweiligen Leistungen der Gesellschafter entspricht.

Danach führt die Ablehnung der weiteren Erfüllung nicht notwendig zur Auflösung der stillen Gesellschaft; sie bildet nicht einen **selbständigen** Auflösungsgrund (ebenso Schlegelberger-Gessler 1, Koenigs S. 323, 327). Wohl aber kann die Tatsache der Erfüllungsablehnung nach Lage des Einzelfalls für den Geschäftsinhaber einen wichtigen Grund zur fristlosen Kündigung bilden, etwa deshalb, weil das bereits Geleistete zur Erreichung des Gesellschaftszweckes nicht ausreicht und dem Geschäftsinhaber nicht zugemutet werden kann, den stillen Gesellschafter an den Ergebnissen des Unternehmens teilnehmen zu lassen, vielleicht auch das Bedürfnis besteht, einen zahlungsfähigen Dritten als stillen Gesellschafter aufzunehmen. Auch für den stillen Gesellschafter kann ein solcher wichtiger Grund gegeben sein, weil im Einzelfall die bloße Befreiung von weiteren Leistungen nicht ausreicht, um dem Vergleichsschuldner die Erhaltung oder den Wiederaufbau seiner Vermögensgrundlage zu ermöglichen, weil er etwa zu diesem Zwecke auch der bereits geleisteten Einlage bedarf. **Anm. 18**

Andererseits rechtfertigt die Eröffnung des gerichtlichen Vergleichsverfahrens nicht immer die Erteilung einer **Ermächtigung** zur Ablehnung der weiteren Erfüllung durch den Vergleichsrichter. Sie kann, da die Ermächtigung nur zur Ablehnung der weiteren Erfüllung, nicht aber zur Rückforderung des bereits Geleisteten berechtigt, nur in Betracht kommen, wenn durch die Leistung des noch Geschuldeten das Zustandekommen oder die Erfüllbarkeit des Vergleichs gefährdet würde, § 50 Abs. 2 Satz 5 VerglO. Aus dem hier zum Ausdruck gekommenen Zweck der Ermächtigung ergibt sich, daß auch die einzelnen noch geschuldeten Leistungen darauf zu prüfen sind, ob durch die Befreiung von ihnen die Gefährdung des Vergleichs beseitigt würde. Danach kann und muß **Anm. 19** der Vergleichsrichter die Ermächtigung auf die notwendige Befreiung beschränken. Er kann also zur Ablehnung bestimmter Leistungen, z. B. einer Arbeitsleistung, ermächtigen und im übrigen die Ermächtigung ablehnen. Es muß nicht notwendig die Ermächtigung der Ablehnung jeder weiteren Erfüllung ausgesprochen werden. So braucht die Erfüllung einer im Verhältnis zur Gesamtschuldenmasse des Vergleichsschuldners unbedeutenden Beitragspflicht in Geld den Vergleich oder seine Erfüllung nicht zu gefährden. Auch die weitere Erfüllung der bloßen Treupflicht braucht eine solche Gefährdung nicht herbeizuführen. Nach § 50 Abs. 2 Satz 5 VerglO ist die Ermächtigung auch nur zu erteilen, wenn sie dem Vertragsgegner keinen unverhältnismäßigen Schaden bringt. Dieser Gesichtspunkt kommt namentlich in Betracht, wenn durch die Ablehnung der weiteren Erfüllung das Unternehmen des Geschäftsinhabers selbst gefährdet würde. Die Rücksicht auf die Erhaltung eines Unternehmens entspricht auch dem Bestreben des Gesetzes, wie sie in anderen gesetzlichen Bestimmungen zum Ausdruck kommt; vgl. §§ 138ff. HGB. Die Ermächtigung wird auch nur zu erteilen sein, wenn sich bei der vorgeschriebenen Anhörung des Vertragsgegners, also des Geschäftsinhabers oder den von Amts wegen anzustellenden Beweisanordnungen (vgl. § 50 Abs. 2, § 115 VerglO) ergibt, daß das Ziel des Vergleichverfahrens nicht auf andere Weise als durch Ablehnung der weiteren Erfüllung erreicht werden kann, z. B. durch eine Änderung des Gesellschaftsvertrages, etwa durch eine vertragsmäßige Herabsetzung der Einlage, Gewährung einer Stundung. Denn wie die Auflösung einer Gesellschaft aus wichtigem Grunde (vgl. die Erl. zu § 133), darf auch die Ermächtigung zur Erfüllungsablehnung nur der äußerste Rechtsbehelf zur Abwendung einer Gefährdung sein.

Die Kündigung aus wichtigem Grunde muß unzweideutig erklärt werden. Sie liegt noch nicht in der Erklärung der Ablehnung der weiteren Erfüllung, da die Gesellschaft trotz einer solchen Ablehnung weiter bestehen kann.

Anm. 20 3. Wie der stille Gesellschafter kann auch der im **Vergleichsverfahren befindliche Geschäftsinhaber** mit Ermächtigung des Vergleichsgerichts die weitere Erfüllung des Gesellschaftsvertrages ablehnen; BGH 51, 350. Auch hier kann zur Erreichung des Vergleichszweckes eine teilweise Ablehnung der Erfüllung genügen, etwa in der Weise, daß der stille Gesellschafter mit einem geringeren Anteil am Gewinn (und Verlust) als vereinbart beteiligt wird und die Beteiligung nach § 336 Abs. 1 neu geregelt wird, oder in der Weise, daß der Geschäftsinhaber den Umfang des Handelsgewerbes, etwa durch Aufgabe einer Zweigniederlassung, einschränkt. Auch hier kann die Ablehnung der weiteren Erfüllung einen wichtigen Grund zur fristlosen Kündigung bilden, insbesondere für den stillen Gesellschafter, wenn durch Einschränkung des Handelsbetriebes die Beteiligung mit der geleisteten oder noch zu leistenden Einlage für ihn kein Interesse mehr hat. Lehnt der Geschäftsinhaber mit Ermächtigung des Vergleichsgerichts den Betrieb des Handelsgewerbes auf gemeinschaftliche Rechnung überhaupt ab, so fehlt es damit an einem wesentlichen Erfordernis einer stillen Gesellschaft und ist damit die Gesellschaft beendigt.

Anm. 21 **4. Teilnahme des anderen Gesellschafters am Vergleichsverfahren.**

Da der Gesellschaftvertrag ein gegenseitiger Vertrag ist und der Vertrag, solange die Gesellschaft besteht, noch von keiner Seite vollständig erfüllt ist (vgl. Anm. 16), ist im Vergleichsverfahren eines Gesellschafters der andere Gesellschafter nicht Vergleichsgläubiger und nimmt deshalb nicht am Vergleichsverfahren teil; BGH 51, 350; § 25 Abs. 1, § 36 Abs. 1 VerglO; vgl. auch Koenigs S. 327. Seine Ansprüche werden deshalb auch nicht durch einen im Vergleichsverfahren abgeschlossenen Zwangsvergleich berührt.

Hat der Vergleichsschuldner mit Ermächtigung des Vergleichsgerichts nach § 50 VerglO die weitere Erfüllung des Vertrages ganz oder teilweise abgelehnt, so ist er dem anderen Gesellschafter zum Schadensersatz wegen Nichterfüllung verpflichtet; BGH 51, 350. Dieser ist mit seinem Ersatzanspruch am Vergleichsverfahren beteiligt und wird von dem Vergleiche betroffen; § 52 Abs. 1 VerglO. Hat der Geschäftsinhaber abgelehnt, so hat er den stillen Gesellschafter so zu stellen, wie wenn die Gesellschaft bis zum vertragsmäßigen Ende oder einer fristgerechten Kündigung und dem Ablauf der Kündigungsfrist fortgedauert hätte. Ebenso hat der ablehnende stille Gesellschafter den Geschäftsinhaber so zu stellen, wie wenn er den Vertrag erfüllt hätte; er hat höchstens so viel zu leisten, als seiner Einlage- und Verlustdeckungspflicht entspricht, zuzüglich eines etwaigen Verzugsschadens. Beide Gesellschafter haben den Schadensersatz in Geld zu leisten. Der Anspruch ist bei der Auseinandersetzung unter den Gesellschaftern der stillen Gesellschaft geltend zu machen, wenn infolge der Erfüllungsablehnung durch fristlose Kündigung (vgl. Anm. 15) die stille Gesellschaft ihr Ende erreicht. Durch einen zugunsten eines Gesellschafters abgeschlossenen Vergleich mindert sich auch diese Schuld.

§ 342

Ist auf Grund einer in dem letzten Jahre vor der Eröffnung des Konkurses zwischen dem Inhaber des Handelsgeschäfts und dem stillen Gesellschafter getroffenen Vereinbarung diesem die Einlage ganz oder teilweise zurückgewährt oder sein Anteil an dem entstandenen Verluste ganz oder teilweise erlassen worden, so kann die Rückgewähr oder der Erlaß von dem Konkursverwalter angefochten werden. Es begründet keinen Unterschied, ob die Rückgewähr oder der Erlaß unter Auflösung der Gesellschaft stattgefunden hat oder nicht.

Die Anfechtung ist ausgeschlossen, wenn der Konkurs in Umständen seinen Grund hat, die erst nach Vereinbarung der Rückgewähr oder des Erlasses eingetreten sind.

Die Vorschriften der Konkursordnung über die Geltendmachung der Anfechtung und deren Wirkung finden Anwendung.

Inhaltsübersicht

1. § 342 gewährt im wesentlichen in sachlicher Übereinstimmung mit Art. 259 **Anm. 1**
ADHGB dem Konkursverwalter des Geschäftsinhabers ein besonderes Anfechtungsrecht. Da die stille Gesellschaft eine reine Innengesellschaft ist und deshalb die Gesellschafter grundsätzlich ihr Rechtsverhältnis ohne Rücksicht auf die Gläubiger des Geschäftsinhabers gestalten können, können sie auch während des Bestehens der Gesellschaft die Rückgabe der von dem stillen Gesellschafter zur Förderung des Gesellschaftszweckes geleisteten Einlage vereinbaren. Ebenso können sie die Befreiung des stillen Gesellschafters von der im inneren Verhältnis bestehenden Verpflichtung zur Teilnahme am Verlust vereinbaren. Da die Leistungen des stillen Gesellschafters in das Vermögen des Geschäftsinhabers fließen (§ 335), dienen sie dessen Gläubigern als Deckungsobjekt. Dessen Verminderung durch Rückgewähr der Einlage oder Befreiung des stillen Gesellschafters an der Beteiligung am Verlust können die Gläubiger des Geschäftsinhabers wie jeder Rechtshandlung ihres Schuldners nach den Vorschriften des allgemeinen Rechts, nämlich des Anfechtungsgesetzes und der Konkursordnung, über die Anfechtung von Rechtshandlungen eines Schuldners begegnen. Daneben schafft § 342 ein **außerordentliches Anfechtungsrecht,** das der Möglichkeit eines Mißbrauchs des freien Verfügungsrechts der Gesellschafter über die Einlage und die Haftpflicht des stillen Gesellschafters entgegenwirken soll.

Aus dem Zwecke der Vorschrift, die Belange der Gesamtheit der Gläubiger zu wahren, ergibt sich, wie auch der Wortlaut des Gesetzes zum Ausdruck bringt, daß das Anfechtungsrecht **nur dem Konkursverwalter** des Geschäftsinhabers zusteht. Weder die einzelnen Gläubiger noch der Geschäftsinhaber persönlich haben dieses Recht, weder innerhalb noch außerhalb des Konkurses, auch nicht, wenn sie das Zurückzugewährende zur gleichmäßigen Befriedigung der Gläubiger des Geschäftsinhabers verwenden wollen. Auch das bereits entstandene und durch Ausübung wirksam gewordene Anfechtungsrecht erlischt mit der Beendigung des Konkursverfahrens. Es geht nicht auf den früheren Gemeinschuldner über.

Anm. 2 Ist eine offene Handelsgesellschaft oder Kommanditgesellschaft oder eine Kommanditgesellschaft auf Aktien Geschäftsinhaberin, so besteht das Anfechtungsrecht, wenn über deren Vermögen das Konkursverfahren eröffnet ist; es kann nur durch deren Konkursverwalter ausgeübt werden. Die Eröffnung des Konkursverfahrens über das Vermögen eines Gesellschafters dieser Gesellschaften genügt nicht; RG 30, 36.

Anm. 3 Das Anfechtungsrecht besteht auch nur, wenn eine stille Gesellschaft vorhanden ist oder war. Daß die stille Gesellschaft noch zur Zeit der Eröffnung des Konkursverfahrens oder der Ausübung des Anfechtungsrechts bestand, ist nicht erforderlich; Schlegelberger-Gessler 2.

Anm. 4 Das außerordentliche Anfechtungsrecht will nur denen dienen, die mit einem Handelsgewerbetreibenden in Rechtsverkehr treten. Deshalb gilt es auch nicht, wenn die sachlichen Voraussetzungen für eine stille Gesellschaft fehlen, es sich etwa um eine gewöhnliche Gesellschaft des bürgerlichen Rechts (§§ 705ff. BGB) handelt; so wenn sich jemand an dem Gewerbebetrieb still beteiligt, wohl aber, wenn es sich um den Betrieb eines Minderkaufmanns handelt; § 335 Anm. 9, 10. Soweit danach § 342 nicht gilt, kann sein Inhalt auch nicht durch Vereinbarung unter den Gesellschaftern wirksam werden; denn § 342 schafft wie das Anfechtungsrecht der Konkursordnung, das er ergänzt, eine im Allgemeininteresse liegende und insofern öffentlich-rechtliche Befugnis, die nicht durch Parteivereinbarung ausgedehnt werden kann; a. M. RG 27, 16. Die Gesellschafter einer bürgerlich-rechtlichen Gesellschaft können sich aber in einem Vertrag mit einem Dritten verpflichten, daß die von einem stillen Gesellschafter geleistete Einlage nicht zurückerstattet und dieser nicht von der Teilnahme am Verlust befreit wird. Andererseits kann durch Vereinbarung unter den Gesellschaftern das Anfechtungsrecht nach § 342 nicht wegbedungen werden, denn die Vorschrift enthält ihrem Zwecke entsprechend zwingendes Recht.

Anm. 5 **2. Die sachlichen Voraussetzungen des Anfechtungsrechts.**

Die Rückgewähr der Einlage oder die Befreiung von der Beteiligung an dem Verluste muß auf Grund einer zwischen dem Geschäftsinhaber und dem stillen Gesellschafter getroffenen **Vereinbarung** erfolgt sein. Dies ist nicht der Fall, wenn es nicht vom freien Willen des Geschäftsinhabers abhing, ob er die Einlage zurückzahlen oder den stillen Gesellschafter von der Verlustbeteiligung befreien will. Es muß also eine nach Entstehung der Verpflichtung zur Leistung der Einlage oder zur Beteiligung am Verluste getroffene Vereinbarung unter den Gesellschaftern vorliegen, auf Grund deren die Rückzahlung der bereits geleisteten Einlage oder die Befreiung von der Verlustbeteiligung erfolgt ist. Ein Anfechtungsrecht besteht deshalb nicht, wenn der Geschäftsinhaber ohne eine besondere Vereinbarung auf Grund des Gesetzes oder des ursprünglichen Gesellschaftsvertrages zur Rückzahlung oder Befreiung verpflichtet war; OLG Hamburg in ZHR 48, 345; RG 27, 18; 84, 434. Die Gesellschafter konnten bei Errichtung der Gesellschaft bestimmen, wieweit der stille Gesellschafter sich mit einer Einlage und am Verlust beteiligen solle. Auf eine weitergehende Beteiligung haben die Gläubiger des Geschäftsinhabers keinesfalls Anspruch. Auch wenn der Gesellschaftsvertrag erst in dem letzten Jahre vor Konkurseröffnung abgeschlossen war, und auf Grund der darin enthaltenen Verpflichtung des Geschäftsinhabers die Rückzahlung oder Befreiung erfolgt, sind diese Rechtshandlungen nicht anfechtbar. Das Anfechtungsrecht des § 342 soll nur verhüten, daß in der kritischen Zeit vor Konkurseröffnung erst eine Verpflichtung zur Rückzahlung oder Befreiung geschaffen, die Haftung des stillen Gesellschafters zum Nachteil der Gläubiger des Geschäftsinhabers vermindert oder beseitigt wird; Bolze 5 Nr. 1101.

Anm. 6 Eine freiwillige Rückzahlung liegt nicht vor, wenn ein vertragliches oder gesetzliches **Kündigungsrecht** (auch das Recht zur fristlosen Kündigung aus wichtigem Grunde) ausgeübt ist oder die Gesellschaft aus einem anderen Grunde aufgelöst worden ist und aus diesem Grunde die Rückzahlung erfolgen mußte. Konnte der Geschäftsinhaber die

Kündigung zurückweisen, weil sie zur Unzeit geschah, hat er aber die Kündigung angenommen, so ist die darauf erfolgte Rückzahlung freiwillig geschehen. Die Anerkennung einer Kündigung begründet das Anfechtungsrecht nur, wenn die Anerkennung verweigert werden konnte, durch die Anerkennung also erst die Verpflichtung geschaffen wurde. Ein Fall der freiwilligen Rückzahlung liegt vor, wenn die Gesellschafter die vorzeitige Auflösung der Gesellschaft vereinbart haben und dadurch die Rückzahlungspflicht begründet wurde. Die bloße Einigung der Gesellschafter über die Art der Rückgewähr ist keine Vereinbarung im Sinne des Abs. 1, wenn die Verpflichtung zur Rückgewähr auch ohne die Vereinbarung in vollem Umfang bestand; RG in LZ 1915, 507[12]. Wird dem stillen Gesellschafter auf Grund der Vereinbarung mehr gewährt als er zu fordern hatte, so ist die Einlage teilweise freiwillig zurückgewährt. Eine auf dem Gesetz beruhende Verpflichtung zur Rückgewähr besteht auch dann, wenn der stille Gesellschafter die Rückzahlung wegen unerlaubter Handlung (z. B. eines Betruges) des Geschäftsinhabers beim Vertragschluß (§§ 823, 826 BGB) verlangen konnte.

Anfechtbar ist nur die Rückgewähr der Einlage und die Befreiung von der Verlustbeteiligung; nicht die Vereinbarung hierüber. Solange die Vereinbarung nicht ausgeführt ist, besteht kein Anfechtungsrecht des Konkursverwalters. Er kann aber die Ausführung der Vereinbarung ablehnen.

3. Jede Art der **Rückgewähr der Einlage** ist anfechtbar. Rückgewähr liegt vor, **Anm. 7**
wenn dem Vermögen des Geschäftsinhabers Werte entzogen werden, die der Befriedigung seiner Gläubiger dienen konnten. Eine anfechtbare Handlung liegt deshalb nicht vor, wenn die Rückgewähr nicht durch den Geschäftsinhaber oder auf seine Rechnung, sondern durch einen Dritten aus dessen Vermögen erfolgt. Die Rückgewähr muß nicht durch Herausgabe von Sachen und Sachwerten, insbesondere nicht durch Rückgabe des als Einlage Geleisteten erfolgen. Rückgewähr ist auch die Aufrechnung, durch die ein Anspruch des Geschäftsinhabers gegen den stillen Gesellschafter getilgt wird, ebenso die Hingabe an Erfüllungs Statt; vgl. § 172 Anm. 29. Die Rückgewähr braucht nicht endgültig geschehen zu sein. Auch die Rückgewähr mit der Verpflichtung zur künftigen Wiederzuführung des Gewährten an den Geschäftsinhaber kann anfechtbar sein. Die Rückgabe einer nur zum Gebrauch überlassenen Sache ist nach § 342 nicht anfechtbar, da sie den Gläubigern des Geschäftsinhabers doch nicht als Befriedigungsobjekt dienen konnte, sondern im Falle des Konkurses auch vom Konkursverwalter zurückgegeben werden mußte. Aber die Aufgabe des Gebrauchsrechts kann in Höhe des Wertes dieses Gebrauchsrechts eine nach allgemeinen Vorschriften des Anfechtungsrechts anfechtbare oder eine unerlaubte Handlung nach § 826 BGB enthalten.

Rückgewähr ist auch die nicht bereits im Gesellschaftsvertrage oder vor der Jahresfrist des Abs. 1 vereinbarte Sicherstellung des Anspruchs des stillen Gesellschafters auf Rückzahlung seiner Einlage (z. B. durch Bestellung einer Hypothek oder eines Pfandrechts oder Sicherungsübereignung); ROHG 14, 93; RG 27, 13; 84, 434; RG bei Gruchot 29, 994; Schlegelberger-Gessler 5. Die Umwandlung **(Novation)** des Anspruchs des stillen Gesellschafters auf Rückgewähr seiner Einlage (z. B. in eine Darlehnsschuld des Geschäftsinhabers) **ist** nach § 342 **anfechtbar** (a. M. Schlegelberger-Gessler 7, Paulick § 17 III 3, Koenigs S. 315). Der stille Gesellschafter könnte, wenn allein der neue Rechtsgrund des Anspruchs maßgebend wäre, Rückzahlung verlangen, auch wenn ein Verlust entstanden wäre, für den er mit der Einlage haften würde. Die Umwandlung würde also zu einer Befreiung von der Verlustbeteiligung führen und unter diesem Gesichtspunkte anfechtbar sein; vgl. Ritter Anm. 2c. Ist auf Grund der Umwandlung die Rückzahlung erfolgt, so ist jedenfalls diese anfechtbar; Koenigs S. 315. Erfolgt die Rückgewähr auf Grund eines rechtskräftigen oder vollstreckbaren Schuldtitels, so ist sie anfechtbar, wenn der Schuldtitel auf eine Vereinbarung im Sinne des Abs. 1 gestützt ist, nicht, wenn er auf einer ohne eine solche Vereinbarung bestehenden Verpflichtung beruht. In diesem Falle kann die Anfechtung nur auf Grund der allgemeinen Anfechtungsvorschriften begründet sein.

Die **Auszahlung des Gewinns** ist anfechtbar, wenn er zur Verlustdeckung, also zur Auffüllung einer durch Verlust verminderten Einlage verwendet werden mußte und deshalb die Auszahlung in bar unzulässig war (§ 337 Abs. 2); denn dann liegt im Ergebnis eine Rückzahlung der Einlage vor; Schlegelberger-Gessler 10.

Die Rückzahlung der Einlage ist auch dann anfechtbar, wenn der stille Gesellschafter nach dem Gesellschaftsvertrage am Verlust nicht beteiligt ist. Mit der geleisteten Einlage, die mit der Leistung in das Geschäftsvermögen geflossen ist, ist er gewöhnlicher Konkursgläubiger. Er hat nur einen rein schuldrechtlichen Anspruch auf Rückgewähr der Einlage. Mit diesem konkurriert er aber mit den anderen Gläubigern als bloßer Konkursgläubiger. Er kann sich nicht durch die Rückzahlung des vollen Betrags einen Vorzug verschaffen; RG 84, 434; Schlegelberger-Gessler 9.

Anm. 8 **4. Die Befreiung von dem Verlustanteile.**

Anfechtbar ist nur die Befreiung von dem Anteil des stillen Gesellschafters an dem entstandenen Verluste, d. h. an dem Verluste, der im Zeitpunkt der Vereinbarung bereits entstanden war. Nicht anfechtbar auf Grund des § 342 ist die Vereinbarung der Befreiung von der Beteiligung an erst künftig entstehendem Verlust. Eine solche Befreiung kann nur nach den allgemeinen Anfechtungsvorschriften anfechtbar sein. Eine Befreiung von der Verlustbeteiligung kann nur vorliegen, wenn der stille Gesellschafter ohne die Vereinbarung am Verlust beteiligt war; RG 31, 37. Die Verlustbefreiung ist auch nur anfechtbar, wenn sie zum Nachteil des Geschäftsinhabers erfolgte und damit mittelbar seinen Gläubigern ein Befriedigungsobjekt entzogen wurde; nicht anfechtbar ist deshalb die von einem Dritten übernommene Garantie der Verlustfreiheit. Auch die Garantieübernahme durch einen Gesellschafter einer offenen Handelsgesellschaft, die Geschäftsinhaberin ist, begründet kein Anfechtungsrecht im Konkurse der Gesellschaft, da dieser dadurch nichts zum Nachteile ihrer Gläubiger entzogen wird. Eine solche Garantie befreit den stillen Gesellschafter auch nicht gegenüber der offenen Handelsgesellschaft; RG 30, 33.

Anm. 9 5. Anfechtbar ist die Rückgewähr oder die Befreiung von der Verlustbeteiligung auch dann, wenn dafür von dem stillen Gesellschafter dem Geschäftsinhaber eine **Gegenleistung** gewährt wird, etwa durch vertragsmäßige Herabsetzung der Gewinnbeteiligung des stillen Gesellschafters, oder wenn die Herabsetzung der Verlustbeteiligung durch die Zusage einer künftigen Einlageerhöhung ausgeglichen werden soll. Da aber durch das Anfechtungsrecht eine Benachteiligung der Konkursgläubiger abgewehrt werden soll, besteht es nicht, wenn die Gegenleistung einen dem zurückgewährten oder der Befreiung gleichkommenden Vermögenswert hat, der in das Vermögen des Geschäftsinhabers fließt und dadurch ein Befriedigungsobjekt für die Gläubiger wird. Hatte sich der stille Gesellschafter zu einer geringen Einlage, aber einer ziffernmäßig höheren Verlustbeteiligung (etwa des doppelten der Einlage) verpflichtet, so liegt keine Benachteiligung der Gesellschaftsgläubiger vor, wenn der stille Gesellschafter seine Einlage erhöht und gleichzeitig die Verlustbeteiligung so vermindert wird, daß für die Gläubiger Werte in gleicher Höhe die Deckungsmittel bilden. Daß der Gegenwert tatsächlich zur Gläubigerbefriedigung verwendet wird, ist ebensowenig nötig wie bei der Befreiung des Kommanditisten von seiner persönlichen Haftung durch die Leistung seiner Einlage; vgl. § 171 Anm. 18, 19.

Anm. 10 6. Neben der Rückzahlung der bereits geleisteten Einlage ist nur die **Befreiung** von der Verlustbeteiligung, nicht von der noch **rückständigen Einlage** nach dem Wortlaut des Abs. 1 anfechtbar. In der Befreiung von der rückständigen Einlage liegt allerdings auch eine Befreiung von der Verlustbeteiligung; denn wird die Einlage geleistet, so wird sie Bestandteil des Vermögens des Geschäftsinhabers und haftet damit auch für dessen Verbindlichkeiten. Ist aber der stille Gesellschafter überhaupt nicht am Verlust beteiligt, so kann auch in der Erlassung der Einlage keine Befreiung von der Verlustbeteiligung liegen. Ist er zwar am Verlust beteiligt, war aber zur Zeit der Befreiung kein vom stillen Gesellschafter mitzutragender Verlust vorhanden oder kann dieser aus dem breits geleisteten Teil der Einlage gedeckt werden; so ist der Erlaß der noch rückständigen Einlage ebenfalls nicht nach § 342 anfechtbar; D I 186, 200; DürHach. Anm. 11. Nur wenn der stille Gesellschafter mit seiner Einlage im Rückstand und sein Einlagekonto wegen seiner Beteiligung an **bereits entstandenen Verlusten** passiv ist, liegt der Anfechtungstatbestand vor. Im Falle der Anfechtung ist der Stille verpflichtet, den rückständigen Betrag der Einlage zum Ausgleich des Passivums, also zur Verlustdeckung einzuzahlen (Schlegelberger-Gessler 12, Koenigs 317).

Anm. 11 7. Die **Vereinbarung** auf der die Rückgewähr oder die Verlustbefreiung beruht, muß in dem **letzten Jahre** vor der Eröffnung des Konkurses getroffen sein.

Ist sie vorher erfolgt, aber erst innerhalb Jahresfrist vor Konkurseröffnung ausgeführt, d. h. die Rückzahlung geschehen oder der Erlaß erklärt, so sind diese Handlungen nicht auf Grund des § 342 anfechtbar. Sie können dann nur nach den allgemeinen Anfechtungsvorschriften anfechtbar sein. Für die Fristberechnung sind die §§ 187, 188 BGB sinngemäß anzuwenden. Ist dem Konkurs ein gerichtliches Vergleichsverfahren vorhergegangen, so ist die einjährige Frist von der Eröffnung des Vergleichverfahrens an zu rechnen; § 107 Abs. 2 VerglO von 1935 (anders für die alte VerglO vgl. Kiesow, VerglO § 87 Anm. 11).

8. Ohne Einfluß auf das Bestehen des Anfechtungsrechts ist es, ob die Rückgewähr oder die Haftungsbefreiung unter **gleichzeitiger Auflösung** der stillen Gesellschaft stattgefunden hat oder nicht; Abs. 1 Satz 2. **Anm. 12**

9. Daß die Gesellschafter oder einer von ihnen bei Abschluß der Vereinbarung oder deren Ausführung die **Absicht hatten, die Gläubiger zu benachteiligen** oder den stillen Gesellschafter vor den übrigen Gläubigern des Geschäftsinhabers zu begünstigen, ist nicht Voraussetzung der Anfechtung. Es genügt vielmehr das bloße Vorhandensein der in Satz 1 genannten Tatsachen; D 500; ROHG 14, 93; RG in JW 1900, 621; SeuffA 56 Nr. 109; Schlegelberger-Gessler 3. Der stille Gesellschafter kann deshalb die Anfechtung nicht durch den Nachweis abwehren, daß er in gutem Glauben gehandelt, und daß ihm jede Benachteiligungsabsicht gefehlt habe. **Anm. 13**

10. Die Ausnahme von der Anfechtbarkeit. **Anm. 14**

Die Anfechtung ist ausgeschlossen, wenn der Konkurs in Umständen seinen Grund hat, die erst nach der Vereinbarung der Rückgewähr oder des Erlasses eingetreten sind; **Abs. 2.** Der Konkursverwalter braucht zur Begründung der Anfechtung nur darzutun, daß innerhalb des Jahres vor Konkurseröffnung eine Vereinbarung über Rückgewähr der Einlage oder Haftungsbefreiung getroffen und daß auf Grund dieser die vereinbarten Maßregeln durchgeführt worden sind. Der stille Gesellschafter muß dann zur Abwendung der Anfechtung behaupten und beweisen, daß die alleinige Ursache des Konkurses Tatsachen sind, die erst nach der Vereinbarung eingetreten sind. — Auf die Zeit der Vereinbarung, nicht ihrer Durchführung kommt es auch hier an, wie der Wortlaut des Abs. 2 in Gegensatz zu Art. 259 Abs. 4 ADHGB, der den Zeitpunkt der Rückzahlung oder der Haftungsbefreiung für entscheidend erklärte, unzweideutig ergibt. Solche Ursachen können z. B. sein: das Mißlingen eines erst nach der Vereinbarung eingeleiteten großen Geschäfts oder der Ausbruch eines Krieges, unerwarteter Zusammenbruch eines Kunden, eine gesetzgeberische Maßnahme, die den Betrieb unmöglich oder unrentabel machte, oder ein Naturereignis, durch das die Betriebsanlagen oder die Rohstoffquellen vernichtet wurden. Hätte trotz dieser Ereignisse der Konkurs vermieden werden können, wenn die Rückgewähr der geleisteten Einlage nicht erfolgt oder die Verlustbeteiligung nicht erlassen worden wäre, hat also die Schwächung der finanziellen Lage des Geschäftsinhabers durch die bezeichneten Maßnahmen zugunsten des stillen Gesellschafters den Konkurs auch nur **mitverursacht,** so ist die Ausnahme des Abs. 2 nicht gegeben. Der Nachweis, daß zur Zeit der Vereinbarung der Geschäftsinhaber weder überschuldet noch zahlungsunfähig war, genügt nicht unbedingt zur Ausschließung der Anfechtung; denn auch dann kann gerade durch die Entziehung der Einlage oder die Verlustbefreiung und erhöhte Gewinnausschüttung die Standhaftigkeit des Unternehmens gegen Gefährdungen aus anderen Ursachen erschüttert worden sein; ROHG 14, 94; Ritter Anm. 3; Schlegelberger-Gessler 13, Koenigs S. 320.

11. Die Geltendmachung der Anfechtung und ihre Wirkung richten sich nach den Vorschriften der Konkursordnung; Abs. 3. Die **Geltendmachung** erfolgt durch den Konkursverwalter entweder durch Erhebung der Anfechtungsklage oder durch Einrede oder Gegeneinrede. **Anm. 15**

Da der Anfechtungsanspruch nicht auf einer unerlaubten Handlung, sondern nur auf dem Vorhandensein der in Abs. 1 bezeichneten Tatumstände beruht (vgl. Anm. 13), ist der Gerichtsstand des § 32 ZPO nicht gegeben. Auch der Gerichtsstand des Erfüllungsortes § 29 ZPO oder der Mitgliedschaft nach § 22 ZPO ist nicht gegeben; vgl. RG in JW 1900, 621; Ritter Anm. 4; Schlegelberger-Gessler 14.

Die **Anfechtungsfrist** beträgt ein Jahr seit Eröffnung des Konkursverfahrens; § 41 Abs. 1 KO. Die Erfüllung einer durch die anfechtbare Handlung begründeten Verpflichtung kann der Konkursverwalter auch dann verweigern, wenn er von der Anfechtung innerhalb dieser Frist keinen Gebrauch gemacht hat; § 41 Abs 2 KO. Dem Zwecke dieser Bestimmung entsprechend ist die Einrede auch dann begründet, wenn der Geschäftsinhaber zur Sicherung des durch die Vereinbarung begründeten Anspruches des stillen Gesellschafters diesem eine dingliche Sicherheit, etwa durch Bestellung einer Hypothek oder eines Pfandrechts, gewährt oder ihm sicherungshalber das Eigentum an Vermögensgegenständen übertragen hat und der stille Gesellschafter nun die abgesonderte Befriedigung aus dem Pfande oder die Herausgabe des zur Sicherung übereigneten Gegenstandes betreibt; Jaeger-Lent, KO § 41 Anm. 10; vgl. RG 84, 434. Die Einrede ist nach Fristablauf auch dann gegeben, wenn der stille Gesellschafter infolge Befreiung von der Verlustbeteiligung seine volle Einlage zurückfordert, während ohne diese er sich seinen Anteil am Verlust abziehen lassen müßte; Schlegelberger-Gessler 14.

Anm. 16 **12. Die Wirkungen der Anfechtung** ergeben sich aus den §§ 37–40 KO. Der stille Gesellschafter muß alles, was durch die anfechtbare Handlung aus dem Vermögen des Geschäftsinhabers veräußert, weggegeben oder aufgegeben ist, zur Konkursmasse zurückgewähren; § 37 Abs. 1 KO. Zugunsten der Konkursmasse ist der Zustand herzustellen, der ohne die Rückgewähr oder Verlustbefreiung bestanden hätte. Der stille Gesellschafter muß das, was er als Einlage zurückerhalten hat, der Masse zuführen. Eine durch Aufrechnung erloschene Forderung des Geschäftsinhabers ist an die Masse zu erfüllen. Der Anspruch des stillen Gesellschafters auf Befriedigung aus der gegebenen Sicherheit erlischt. Die Sicherheit muß, z. B. durch Bewilligung der Löschung der eingetragenen Hypothek, aufgegeben, eine als Pfand oder sicherungshalber übereignete Sache zurückgegeben werden. Der Betrag des erlassenen Verlustanteils muß an die Masse bezahlt oder von dem Anspruch auf Rückzahlung der Einlage in Abzug gebracht werden. Die für die anfechtbare Leistung gewährte Gegenleistung ist aus der Konkursmasse zu erstatten, soweit sie sich in dieser befindet oder soweit die Masse um ihren Wert bereichert ist; darüber hinaus kann der Anspruch nur als Konkursforderung geltend gemacht werden; § 38 KO. Hat der stille Gesellschafter die anfechtbare Leistung zurückgewährt, so tritt seine Forderung wieder in Kraft; § 39 KO. Er erhält das, was er zu beanspruchen gehabt hätte, wenn die Rückgewähr oder die Verlustbefreiung nicht eingetreten wäre. Hatte er im Zeitpunkt der angefochtenen Rückgewähr ein Auseinandersetzungsguthaben, weil die Gesellschaft aus irgendeinem Grunde aufgelöst war, so kann er es so geltend machen, wie es sich ohne die Rückgewähr oder Verlustbefreiung berechnet hätte. Dies gilt auch dann, wenn die Auflösung auf Grund derselben Vereinbarung erfolgt ist, auf Grund der die anfechtbare Handlung geschehen ist; denn nur die Rückgewähr oder Verlustbefreiung ist anfechtbar, nicht aber die Vereinbarung selbst; vgl. Anm. 6. Die Auflösung bleibt also wirksam, und zwar von dem Zeitpunkt der Vereinbarung an. Das Guthaben des stillen Gesellschafters ist nach dem Stande von diesem Zeitpunkte festzustellen; durch die spätere Entwicklung wird es nicht berührt; Schlegelberger-Gessler 15. Was dem stillen Gesellschafter danach zusteht, kann er als Konkursforderung geltend machen. Hat der Konkurs erst die Auflösung zur Folge, kann der stille Gesellschafter seine sich aus der Auflösung ergebenden Ansprüche ebenfalls so geltend machen, wie sie sich ohne die anfechtbare Handlung im Zeitpunkt der Konkurseröffnung ergeben hätten. Nach § 40 Abs. 1 KO findet die Anfechtung auch gegen den Erben des stillen Gesellschafters und unter den in Abs. 2 daselbst angegebenen Voraussetzungen auch gegen andere Rechtsnachfolger statt.

Anm. 17 **13.** Die Eröffnung des gerichtlichen Vergleichsverfahrens über das Vermögen des Geschäftsinhabers begründet kein Anfechtungsrecht nach § 342.

Jansen, FGG

Gesetz über die Angelegenheiten der freiwilligen Gerichtsbarkeit mit Nebengesetzen und bundes- und landesrechtlichen Ergänzungs- und Ausführungsvorschriften

Kommentar

Bearbeitet von PAUL JANSEN, Senatspräsident am Kammergericht a. D.

2., neubearbeitete und erweiterte Auflage
3 Bände. 1969/1970. Lexikon-Oktav. Gebunden

Band I: Einleitung. Erster Abschnitt, Allgemeine Vorschriften §§ 1—34. Anfechtung von Justizverwaltungsakten §§ 23—30 EGGVG. Anerkennung ausländischer Entscheidungen in Ehesachen. Art. 7 FamRÄndG. XVI, 685 Seiten. 1969. DM 128,—

Band II: Zweiter — neunter Abschnitt (§§ 35—166)
XII, 634 Seiten. 1970. DM 144,—

Band III: Im Druck

Vergleichsordnung

Kommentar von Dr. ERICH BLEY, ordentl. emer. Prof. der Rechte

3. Auflage. Neubearbeitet von Dr. JÜRGEN MOHRBUTTER, Oberamtsrichter i. R.

Erscheint in 2 Bänden. Lexikon-Oktav. Gesamtumfang etwa 1180 Seiten.

Band I: §§ 1—81. XVI, 772 Seiten. 1970. Subskriptionspreis gebunden DM 144,—. (Der Subskriptionspreis gilt bis zum Vorliegen des Werkes. Der Bezug des Bandes verpflichtet zur Abnahme des Gesamtwerkes)

Band II, Lfg. 1: §§ 82—101. Im Druck.
Band II, Lfg. 2: §§ 102—Schluß. In Vorbereitung.

Der Kommentar will in seiner neuen Auflage alle Interessierten über sämtliche mit einem Vergleichsverfahren zusammenhängenden Fragen umfassend unterrichten.
Die Fortentwicklung des Rechts durch Wissenschaft und Praxis ist gleichermaßen berücksichtigt worden.

FSC
www.fsc.org
MIX
Papier | Fördert
gute Waldnutzung
FSC® C083411

Kolibri 360 GmbH
Ferdinand-Jühlke-Straße 7
99095 Erfurt, Deutschland
produktsicherheit@kolibri360.de